3대 주석과 함께 읽는

논어 II

3대 주석과 함께 읽는

논어 II

고주, 주자 집주, 다산 고금주

임헌규 지음

제11편~제20편

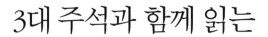

머리말

1.

"사서四書란 본성 회복을 근본지귀로 하는 이학 체계이다. 사서 가운데『대학』은 오로지 덕을 말하고, 『논어』는 오로지 인을 말하고(論語只說仁), 『맹자』는 오로지 마음(心)을 말하고, 『중용』은 오로지 이치(理)를 말했다. 『논어』는 성인 공자의 가르침이 나타나 있는 유일한 책으로 오로지 인仁을 말하는데, 하나같이 예를 회복하여 인으로 돌아가는 것(復禮歸仁)을 말하면서 모두가 본성의 인을 조존操存·함양涵養하는 요령을 제시하고 있다. 읽는 자로 하여금 근본을 세우게 해 준다. 먼저『대학』을 읽어 그 규모를 정한 다음『논어』를 읽어 그 근본을 세우고, 다음으로『맹자』를 읽어 그 발산한 점을 보고, 다음으로『중용』을 읽어 옛 사람의 미묘한 뜻을 추구해야 한다." (주자)

"유교의 수기치인修己治人의 정신에 입각하여 반드시 먼저 경학經學으로 토대를 정립하여, 역사서를 통해 득실得失·치란治亂의 이치를 알고, 궁극적으로 실용의 학문에 뜻을 두고 세상을 경영하고 백성을 구제하려는 뜻을 품은 군자를 육성하고자 한다. 육경六經·사서四書로 수기修己를 이루고 일표一表(『경세유표』49권)·이서二書(『목민심서』48권, 『흠흠심서』30권)로 천하·국가를 다스리게 함으로써 본말을 갖추었다. 그런데 사서는 우리 도의 지남指南이다. 그 가운데 후학들이 존신尊信·체행體行할 것은 오직『논어』한 권뿐이다. 예성叡聖스러워 어떠한 하자도 없는 것은『논어』이다. 육경이나 여러 성현의 책은 모두 읽어야 하겠지만, 오직『논어』만은 죽을 때까지 읽어야 한다. 인仁이란 한 글자는『논어』20편의 주재主宰이다." (다산)

일반적으로 『논어』의 고주(옛 주석)라 하면 주자朱子(1130~1200)의 『논어집주』(新注)가 나오기 이전 삼국시대 위나라 하안何晏(~249)의 『논어집해』, 남북조시대 양나라 황간黃侃(488~545)의 『논어의소』, 그리고 하안의 주에 북송시대 형병邢昺(932~1010:『정의』)이 소를 붙인 『논어주소』를 말한다.*

한당 시대 훈고학으로 특징 지어지는 고주는 어떤 특정한 한 사람에 의해 이루어진 것이 아니라, 여러 사람들(孔安國, 包咸, 馬融, 鄭玄, 王肅, 周生烈 등)이 함께 이루어낸 집단지성의 문화적 작품이라고 할 수 있다. 이들은 논어를 다음과 같이 이해하였다.

> 『한서』「예문지」를 살피면, "『논어』란 공자께서 제자 및 당시 사람들에게 응답하신 것과 공자께 직접 들은 말들을 그 당시 제자들이 각자 기록한 것인데, 공자께서 돌아가시자 문인들이 모아서 편찬하였기에 붙여졌다." … 정현이 말했다. "중궁·자유·자하 등이 찬했다. 론論이란 륜綸·륜輪·리理·차次·찬撰이다. 이 책으로 세상일을 경륜經綸할 수 있기에 륜綸(經綸世務)이라 하며, (그 작용이) 원만하게 두루 통하여 무궁하기에 륜輪(圓轉無窮)이라 하며, 온갖 이치를 온축하기에 리理(蘊含萬理)라 하며, 편장에 순서가 있기에 차次(編章有序)라 하며, 여러 현인들이 모여 찬정했기에 찬撰(群賢集定)이라 한다. 답술을 '어語'라 하는데, 이 책에 기록한 것은 모두 공자께서 제자 및 당시 사람들에게 응답한 말씀이므로 어語라고 했다." (고주: 『논어주소』「서해」)

그런데 주자는 "한漢·위魏의 여러 유학자들은 음독音讀를 바로 잡고 훈고를 통하게 하였으며, 제도를 상고하고 명물名物을 변별하였으니, 그 공이 크다."고 일단 인정한다. 그런데 그는 장구와 의리를 함께 고려해야 한다는 원칙에 입각하여, 모름지기 먼저 자의字義를 해석하고, 다음으로 문의文義를 해석하고, 나아가 경經의 뜻을 근본까지 추론하되 모름지기 경에 나아가 간략하게 문의와 명물을 해석함으로써 학자들로 하여금 스스로 그 취지를 구하도록 인도한다는 입장에서 새로운 주석을 시도하였다. 주자의 『논어』 주석은 거의 40여 년 동안 끊임없는 학습, 사유, 각성, 비판, 수정, 종합의 과정을 통해 점진적으로 완성되었다.

2.

주자는 10대 초에 당시 학계를 주도하던 정문程門의 삼전三傳 제자인 부친(韋齋 朱松:1097~1143)으로부터 『논어』를 학습하기 시작하여, 무이武夷의 세 선생(胡憲, 劉勉之, 劉子翬)으로부터 배우면서 호상학파湖相學派의 사량좌謝良佐에게 관심을 갖고 첫 번째 책인 『논어집해』를 기술했는데, 이 책은 모든 학설을 두루 구비한 전체적인 것이었으며, 도교와 불교의 학설까지 포함한 잡다한 것이었다.

그런데 과거급제(19세) 이후 주자는 초기 관료생활을 하던 동안同安 시절, 불학과 도학이 아니라 이학理學이야말로 남송의 쇠퇴한 세상을 구제할 수 있는 정신적 역량이자 윤리적 지주라고 생각하게 된다. 이런 가운데 주자는 최초의 깨달음(理一分殊)을 얻고(1156), 24세에 스승 연평延平 이통李侗(1093~1163)을 만나고, 10여 년간 가르침을 받으면서 이정二程의 학문을 본격적으로 접하면서, 마침내 두 번째 저술인 『논어요의論語要義』(1163)를 편집함과 동시에, 자구의 훈고를 취합하여 동몽들의 습독 교재로 『논어훈몽구의論語訓蒙口義』를 편찬했다. 그러나 이것이 주자의 마지막 귀결점은 아니었다.

이통이 죽은 바로 다음 해(1164)에, 주자는 이른바 불학논전佛學論戰을 통해 선禪에서 벗어나 유가로 돌아오는 길에서 두 번째 이학의 비약을 감행

---

* 한대 ~ 청대의 『논어』에 대한 주석은 1,100여 종이다. 이중 하안 · 황간 · 형병 · 주자의 주석을 '4대'라고 한다. 정태현 · 이성민 공역, 「해제」, 『역주논어주소』1, 전통문화연구회, 2014 참조. 혹은 3대 주석으로 最古로 하안의 『집해』 最精으로 주자의 『집주』 그리고 最博으로 劉寶楠(1191~1855)의 『論語正義』를 꼽기도 한다.

한다. 그는 끝내 호상학의 구인求仁 방법인 선찰식先察識-후존양後存養에 만족할 수 없었다. 그래서 주자는 호상학의 극복을 위해 이정의 저서를 전부(『유서』, 『외서』, 『문집』, 『경설』, 『역전』) 열람하고, 손수 교정하는 수고를 마다하지 않았다(1167~1169). 이 과정에서 주자는 마침내 "함양은 모름지기 경으로써 하고(涵養須用敬), 진학은 치지에 있다(進學則在致知)."는 정호程顥의 말을 인용하고, 중화신설 정립을 위한 마지막 영감과 돈오를 증득한다(己丑之悟:1169). 경敬 · 지知의 겸수兼修를 특징으로 하는 주자의 이 방법은 지경持敬의 함양과 치지致知의 찰식察識, 즉 도덕의 수양과 인식 방법의 통일이었다(知行並進). 여기서 주자는 자신의 사상 역정을 총결하고, 나아가 자신의 파란만장한 사상의 변이 과정이 종결되었음을 선언한다. 주자가 「인설仁說」을 써서, 인에 대한 자신의 관점을 총결하고, 다른 모든 관점을 비정한 것도 바로 이 해였다. 이 과정에서 주자(43세)는 이전의 『논어요의』를 넘어서, 10년 만에 『논어정의論語精義』(1173)를 펴낸다. 이 책에서 그는 이정자二程子의 설을 수집하여 원문 아래에 붙이고, 그 아래에 이전 9가家(장재, 범조우, 여대림과 여본중, 사량좌, 유작, 양시, 후중량, 윤돈 등)의 설을 취합 · 대조하여, 가장 신뢰할 만한 주석을 제시하였다(『논어집의서』).

그러나 주자는 『논어정의』 또한 아직 여러 학자들의 설들을 잡다하게 수집하는 데 중점을 둔 것으로 독창적인 설을 만들지 못하고 있다고 판단하고, 고금의 학자들을 종합 · 융해 · 관통하여 이른바 가법家法 · 사법師法도 없이 전통 경학에 얽매이지 않는 새로운 완성으로 나아갈 결심을 하게 된다. 이 가운데 주자는 여조겸과의 한천寒泉의 회합(1175.2), 육구연 형제와의 아호鵝湖의 회합(1175.5), 그리고 삼구三衢의 회합(1176) 등을 통해 그 학문이 일취월장하는 계기를 마련한다. 1177년 주자는 드디어 『사서집주』의 서문을 처음 확정함으로써 전반기 학문을 총결하고, 이른바 『집해』에서 『집주』의 시기로 이행함으로써 독자적인 경학 세계로 진입하게 된다. 이전의 『논맹정의』에서 정확하고 순수한 내용을 골라 범박한 것에서 요약하는 것으로 돌이켜 정수를 취하여, 제가를 융합하되 독자적으로 일이관지함으로써 탄생한 것이 바로 그의 기념비적인 걸작 『논어집주』이다. 그리고 그는 『집주』를 구성하면서 논변할 때 취하고 버렸던 뜻을 문답으로 구성하여 『혹문』을 편찬한다. 따라서 『집주』와 『혹문』은 상호 보완 · 인증하는 역할을 한다. 주자의 『집주』는 이정 이래 당시 역사적 추세에 따라 발생한 논어학의 역사적 총결이었다. 주자는 이 책에서 한 · 위 · 수 · 당의 주석가들의 설을 극히 제한적으로 인용하고, 이정 이래 이학가들의 설을 대부분 인용하면서 이정의 설을 인용할 때는 정자程子라 하고, 정문程門의 제자들을 인용할 때는 씨氏로, 그리고 그 이외의 학자들을 인용할 때는 성명姓名을 함께 병기함으로써 이정 이후 논어학의 연구 성과를 널리 흡수 · 융합 · 관통하였다는 것을 분명히 하였다. 따라서 이 책은 정주학파의 논어학의 총결산이며, 주자 자신의 이학사상의 정점이라고 할 수 있다.

주자는 이후 수차례 전면 혹은 부분적으로(1182, 1185, 1186, 1188, 1192, 1199 등) 『집주』의 개정을 시도한다. 주자는 1186년의 수정 후 「서문」을 다시 확정하고, 당시 간행한 판본(靜江本 및 成都本)을 정본으로 생각하였다(2차 학문의 총결). 그러나 끊임없이 정진했던 주자는 1192년에 또 다시 일부 수정하고, 남강에서 증보본을 출간한다. 이것이 바로 주자의 생에서 가장 잘 알려진 것으로 경원慶元 연간 당권자에 의해 금지당한 판본이다. 주자는 만년에 또다시 남강본을 대대적으로 수정하고, 마지막 정본(1199, 建陽本)을 내놓고 몇 달 후 세상을 떠났다. 주자 스스로는 40여 년간 끊임없는 절차탁마로 완성한 『논어집주』에 대해 "한 글자도 보탤 것이 없고(모자라지 않는다) 한 글자도 뺄 것이 없다(많지 않다)." 혹은 "저울에 단다고 하더라도 차이가 없으니, 높지도 낮지도 않다(『어류』)."라고 자부했다. 그리고 이 책은 역사상 가장 정밀한(最精) 『논어』 주석서로 공인받고 있다.

3.

주지하듯이 다산 정약용(茶山 丁若鏞, 1762-1836)은 16세에 이익李瀷의 유고 遺稿를 읽고, 이듬해에는 동림사에서 『논어』와 『맹자』를 숙독한 다음 학문에 입지를 굳혔다. 28세에 등용되어 정조(재위 1776-1800)의 두터운 신임을 받지만, 정조 사후 종교적인 문제로 다산은 18년간 유배생활(1801-1818)을 하였다. 이 오랜 유배생활은 독자적인 거대한 체계를 지닌 위대한 학자로서의 다산이 탄생하는 계기를 제공했다. 그는 당시 조선 후기 사회의 심화된 모순을 절감하며 이를 극복할 새로운 학문 체계 정립에 온갖 힘을 기울여 "육경사서六經四書로 수기修己를 이루고, 일표이서一表二書로 천하국가를 다스리게 함으로써, 본말을 갖추었다."고 『자찬묘지명』(집중본, 61세)에서 자부하였다. 그는 유학의 수기치인의 정신에 입각하여 총 232권의 경학 관련 저술을 하였는데, 반드시 경학을 근본으로 경세를 논하였다; "반드시 먼저 경학으로 토대를 정립한 다음 역사서를 섭렵하여, 득실과 치란의 근원을 알아야 한다. 또한 모름지기 실용의 학문에 마음을 두고 옛 사람이 세상을 경영하고 백성을 구제했던 글들을 보기를 좋아하고, 이 마음을 항상 만백성을 보존하고 윤택하게 하며 만물을 육성하겠다는 의지를 지녀야 한다. 이런 뒤에라야 독서하는 군자가 될 수 있다."(「기이아, 임술」)

다산은 당시 지배적인 성리학적 도통의 경학을 비판하여 "유가에는 도를 전하는 비결은 없다."고 선언한다. 나아가 그는 "도의 큰 근원은 요순에서 일어나 하나라와 은나라를 거쳐 주나라의 예禮로 흘러, 마침내 공자문하에서 『대학』과 『중용』 두 권의 책을 형성한 뒤에 그치었다(「오학론」)."고 말한다. 특히 그는 사서를 중시하여 "사서는 우리 도의 나침반이다."라고 말하였다. 사서 가운데에도 다산은 유독 『논어』를 중시하였는데, 이는 초기(30세)의 「논어대책」에서부터 분명히 드러나 있다; "인간보다 신령한 것은 없고, 성인보다 존귀한 사람은 없고, 공자보다 위대한 성인은 없으며, 공자의 한

마디 말과 한 글자도 살아가는 백성의 모범이 되고 세상을 유지하는 벼리가 되기에 진실로 충분하다.···후학이 높이 믿고 체득하여 실천할 것은 오직 『논어』 한 권뿐이다."

다산의 서간 곳곳에서 "육경이나 여러 성현의 글은 모두 읽어야 하겠지만 오직 『논어』만은 종신토록 읽음직하다." 혹은 "예지가 있고 성스러워 어떠한 하자도 없는 것이 『논어』이다." 등과 같이 표현되어 있다. 이런 관심에서 다산은 "드디어 『논어』를 취하여 『집해』나 『집주』의 사례를 따라 천고의 잘된 주를 수집하여 묶어 하나의 책으로 만들려고" 결심을 하였다; "평소 『논어』에 대한 고금의 여러 학설을 수집한 것이 적지 않았지만, 매번 한 장씩 대할 때에 고금의 여러 학설을 다 고찰하여 그 잘된 것을 취하여 논단하였으니, 비로소 이 밖에 새로 더 추가할 것이 없다(「답중씨」)."

이런 과정을 통해 탄생한 걸작이 바로 다산의 『논어고금주』이다. 「연보」에 다음과 같은 글이 보인다; "1813년(순조 13, 52세) 겨울에 『논어고금주』가 이루어졌다. 이 책은 여러 해 동안 자료를 수집하여 이 해 겨울에 완성했는데 40권이다. 이강회李綱會, 윤동尹峒이 도왔다. 『논어』에 대해서는 이의異義가 너무 많아 「원의총괄原義總括」 표를 만들어 「학이」편에서 「요왈」편까지 원의를 총괄한 것이 175조가 되지만, 다만 그 대강만 거론한 것일 따름이다. 『춘추삼전』이나 『국어』에 실린 공자의 말을 모아 한 편을 만들어 책 끝에 붙였는데, 『춘추성언수』 63장이 그것이다."

총 40권에 이르는 다산의 『논어고금주』는 그의 『논어』 관계 대표 저술로 여섯 가지 경전 해석 방식을 사용하는데, (1) 「보왈補曰」로 본문의 의미를 여러 학설을 인용하여 보완하고, (2) 「박왈駁曰」로 포함, 형병, 황간 등 고주의 경문 해석을 비판하고, (3) 「안案」으로 다산 자신의 입장을 개진하고, (4) 「질의質疑」를 통해 원문 자체에 회의를 표하거나, 다른 주석가(특히 朱子)에 대한 의문을 표하고, (5) 「인증」으로 경서 및 역사서의 사실을 인용하여 본문의 사건과 문장의 의미를 밝히고(以史證經), (6)「사실事實」은 여러 주석을 참조하면서 본문의 사건 내용을 설명하였다. 이『고금주』에서 다산은 주자를 398회, 한대의 공안국을 305회, 후한의 정현을 150회, 일본의 다자이 슌(太宰純)을 148회, 포함을 117회, 오규 소라이(荻生雙松)를 50회 인용했다.(장곤장, 「정다산과 다자이 슌다이의『논어』해석 비교연구」, 『다산학』8, 293쪽, 주17.) 그런데 다산은 특히 주자의『논어집주』에 대해서 무려 123조에 걸쳐「질의」 형식으로 주자의 해석을 보완하거나 의문을 표시하고 있다. 그러나 그는 주자를 끝내「박왈」의 형식으로 직접 비판하지는 않는 방식을 취했다.

나아가 그는『논어』에서 공자가 말한 객관적인 배움(學)과 주체적인 사유(思)의 병진竝進 정신에 입각하여 고금의 주석을 논단하였다고 말하였다; "한유漢儒의 경전 주석은 옛것을 상고하는 것으로 법도로 삼고 명변이 부족하였으므로 참위와 사설을 함께 거두어들이는 것을 면하지 못하였으니 이것이 배우고서 생각하지 않은 폐단이다. 후유後儒의 경전 해설은 궁리窮理를 위주로 하고 고전을 소홀히 하여 제도와 명물에 때로 어긋나는 것이 있으니, 이것은 생각하면서 배우지 않은 허물이다(「고금주」)."

주자는 40여 년간 정성을 다해 집필한『논어집주』를 두고 "한 글자도 보탤 것이 없고, 한 글자도 모자라지 않는다. 한 글자도 뺄 것이 없고, 한 글자가 많지도 않다. 혹은 저울에 단다고 하더라도 차이가 없으니, 높지도 않고 낮지도 않다."고 자부하였다. 다산 역시 "『논어고금주』는 여러 해 동안 자료를 수집하여 완성했는데 40권이다. 매번 한 장씩 대할 때에 고금의 여러 학설을 다 고찰하여 그 잘된 것을 취하여 논단하였으니, 비로소 이 밖에 새로 더 추가할 것이 없다."고 자부하였다.

4.

20대의 필자는 특히『맹자』를 좋아했다. 그래서 당시 민족문화추진회(현한국고전번역원)에서 『맹자』 강독을 수강하면서, 거기에 나오는 한자를 찾아 기록하는 것을 즐겨했다. 석사학위 논문 주제 또한 당연히 그 안에서 찾았다. 그 후 유도회부설 한문연수원을 3년간 다니면서 사서삼경 전체를 주자의 주석과 함께 처음으로 통독했다. 그리고 현대 심리철학과 연관한 유교 심성론으로 관심이 기울어져, 자연스럽게 맹자와 주자를 중심으로 유가의 심성론을 살펴보는 주제로 박사학위 논문을 썼다. 학위를 받고 10여 년간 필자는 학위 논문의 연장선상에서 주로 성리학을 중심으로 연구하면서, 서양의 현상학 및 심리철학에 많은 관심을 갖고 있었다. 이런 과정에서 당시 (2008) 필자가 소속되어 있던 동양고전학회에서 '사서삼경의 세계'라는 주제로 7년간 시리즈 학술대회를 함께 기획했다. 『논어』를 시작으로 사서삼경에 대해 차례대로 (1) 중국의 주요 주석, (2) 한국의 주요 주석, 그리고 (3) 다양한 학제간적 연구를 통해 현대적 이해를 시도한다는 것이었다. 필자는 이 학술대회에 적극 참여하여, 주자와 다산의 『논어』·『대학』·『중용』·『맹자』·『서경』의 주석에 대한 비교 연구를 지속적으로 수행했다. 약 5~6년간 주자와 다산의 경학에 대한 대비적 고찰을 계속해 나가면서, 필자는 경문에 대한 주자와 다산의 해석과 주석을 나란히 제시해 주고, 거기에 제시된 여러 개념들을 역사적으로 대비하여 종합적인 해설을 시도하면서, 공부하는 필자와 앞으로 이 분야를 공부할 학인들에게 많은 도움이 되어야겠다는 생각을 하게 되었다. 필자는 대략 이런 생각에서 이 책을 구상하여, 집필 도중 한국연구재단의 저술지원사업에 응모했는데 마침내 선정되었다. 그런데 그 「의견서」에서 "「고주」도 함께 다루어 주면 좋겠다."는 언명이 있었다. 생각해 보니, 참으로 지당한 견해라고 생각되어 함께 다루게 되었다.

필자는 본래 이 책에서 『논어』 원문에 고주·주자·다산의 주석에 따른 원문의 번역과 주석에 나타난 쟁점만 해설할 생각이었다. 그런데 이러한 방식은 필자의 선입견에 의해 독자들을 자칫 오도할 수 있다는 생각을 하게 되었다. 그래서 최대한 객관적인 자료를 제시하고, 판단은 학인들이 하도록 하기 위해 다음과 같이 이 책(Ⅰ, Ⅱ, Ⅲ권)을 구성하였다.

첫째, 원문. 『논어』 원문은 다산의 『고금주』에 제시된 것을 따랐다. 다산은 유력한 이본異本이 있거나, 이전 주요 주석들과 장·절·구두가 다른 경우 반드시 표시하고, 여러 자료들을 원용하여 고증(「考異」)했다. 더하여 필자가 독자의 편의를 위해 편·장 번호(양백준의 『논어역주』 등 참조)를 붙였는데, 각각의 주석들이 장·절의 구분을 달리하는 경우에는 반드시 표시·설명했다.

둘째, 원문의 번역. 고주는 위나라의 하안何晏(?~249:『집해』), 양나라의 황간黃侃(488~545:『의소』), 그리고 북송의 형병邢昺(932~1010:『정의』⇒『주소』)에 이르는 집단지성의 산물로, 한당의 시대정신을 반영하는 가장 오래된(最古) 주석이다. 역사상 가장 정밀한(最精) 『논어』 주석인 주자의 『집주』(신주)는 복송오자로 대표되는 송대 사대부들의 활발한 학술 활동의 종합이자 그 귀결 이념이었다. 그리고 다산의 『고금주』는 이러한 신·고주를 주요 기반으로 하고 비정·결산하면서, 이후의 다양한 연구 성과를 자신의 철학체계 속에 융해하여 탄생시킨 역사상 최고 주석서 중의 하나이다. 이들 주석들은 각각 고유한 독자적인 학문적 가치를 지니는 동시에 상호 대비되는 상대적 가치를 지닌다. 새로운 주석인 주자의 『집주』와의 대비를 통해 고주를 재평가해 보면, 고주의 특징·장점·한계가 여실히 드러난다. 그리고 역으로 고주와 함께 주자의 『집주』를 보면, 그 혁신적인 특징과 철학적 의미 또한 명확히 부각된다. 나아가 다산의 『고금주』에 근거하여 주자의 『집주』를 다시 읽으면, 절대적인 것으로 신봉되던 『집주』 또한 여러 주석 중의 하나로 상대화되는 동시에, 주자 철학의 특징과 한계 또한 더욱 명확해진다. 다산의 『고금주』 또한 고·신 주석 및 다양한 당대의 주석들과 함께 대비하여 보았을 때, 그 특징과 의미가 선명히 부각될 수 있을 것이다.

바로 이 점에 착안하여 이 책에는 고주의 주석에 근거하여 고주적인 원문

읽기, 주자의 주석에 근거한 주자의 원문 읽기, 그리고 다산의『고금주』에 제
시된 견해에 근거하여 다산적인 원문 읽기를 각각 제시하여, 상호 대조·평
가가 가능하도록 하였다. 그리고 각 주석의 특징을 드러내고 이해에 도움을
주기 위해 괄호 속에 주석 내용을 보완하였다.

셋째, 어원풀이. 한자는 한 글자도 그냥 만들어지지 않았다. 모든 한자는
조어造語 원리에 의거하여 이해·연역되어야 한다. 갑골문이 발굴·해명되
고, 수많은 전적들이 출판됨에 따라 현대의 우리는 이전의 주석가들보다 한
자 어원 이해에 더 유리한 입장에 있다. 그래서 현대 어원사전 등을 참조하
여『논어』원문에 나타난 한자 어원을 가능한 상세하게 풀이했다. 특히 여러
주석들에서 쟁점이 되는 한자의 어원은 가능한 빠짐없이 풀이하려고 했다.
모든 주석이 기본적으로 자의의 훈고에서 출발하지만, 특히 다산의 주석은
어원 분석을 통한 원의原義를 철두철미하게 해명해 준다. 다산의 천재적인
어원 분석과 현대 어원 해석을 비교해 보는 것도 매우 유익할 것이다.

넷째, 3대 주석의 제시. 다산의『논어고금주』는 (1) 신·고주를 중심으로
자신이 타당하다고 생각되는 것을 수용·보완하고, (2) 부당하다고 생각되
는 대표적인 주석을 논박하거나「질의」를 통해 회의를 표하고, (3) 자신의 입
장을 확연하게 개진하고, (4)「인증」및「사실」을 통해 추가적인 설명을 하는
것으로 구성되어 있다. 수많은 주석이 인용되지만, 특히 고주와 주자의『집
주』는 매 장·절마다 인용되며 수용·회의·비판되고 있다. 고주는 다양한
주석가들이 존재하고 그 체계 또한 통일적이지 않다는 점에서 다산의『고금
주』에 인용된 것으로 대신하고, 설명이 부족하다고 판단되면 필자가 보충했
다. 주자의『집주』는 현토를 달아(동양고전학회편,『현토주해논어집주』및 성백효
역주,『논어집주』참조) 그 전체를 제시했다. 그리고 다산의『고금주』에서는 (1)
고주와 관련되는 부분은 빠짐 없이 제시하고, (2)『집주』를 그대로 인용·수
용하여 중복되는 부분은 생략하고,『집주』에 대한 다산의 견해가 피력된 부

분은 전부 제시했으며, (3) 다산의 견해가 드러나 있는 것과 논의상 필요한 여타 주석에 대한 인용 또한 최대한 제시했다.

다섯째, 비평. 원문 해석과 거기에 내재되어 있는 철학적 쟁점을 필자가 요약·비정하려고 했다. 『주자집주대전』과 『논어주소』, 그리고 다양한 현대의 주석서 등을 참조하여, 필자 나름의 보완적 설명을 시도했다.

여섯째, 주제·개념·쟁점 해설. Ⅲ권에서는 『논어』의 주요 주제와 여러 개념들을 해설하고, 이에 대한 쟁점을 서술했다. (1) 「위정2:4」에 대한 주석을 중심으로 공자의 생애와 학문을 제시하고, (2) 시작(「학이」) 및 마지막(「부지명」) 장을 중심으로 『논어』의 핵심 주제를 해설하고, (3) 『논어』에 나타난 우주론·인성론·수양론·학문·교육 등과 결부된 다양한 주요 개념들에 대한 해설을 제시했다. 특히 공자 이전(『시』·『서』 등)의 용례와 『논어』에서의 용례, 그리고 그 개념들에 대한 고주·주자·다산의 정의·해설을 상호 대비하여 제시했다.

필자가 이 책을 구성하고 해설하는 데에, 인터넷에 공개되어 있는 많은 자료와 기존의 연구 및 주석서들의 많은 도움을 받았다. 특히 한국고전번역원의 한국고전종합DB, 전통문화연구회의 동양고전종합DB, 다산학술문화재단 등의 자료들이 많은 수고를 덜어 주었다. 고주는 '뿌리와샘'의 영인본(『논어집해』)과 정태현·이성민 공역본(『역주논어주소』, 전통문화연구회)을 주로 참고하였으며, 박유리 선생이 역주한 『논어상해』도 많은 도움을 주었다. 다산의 『고금주』는 기존의 한국학자료원이 발간한 『여유당전서』 안에 수록된 것을 참조하면서 한국고전종합DB를 활용하였으며, 이지형 선생(『역주논어고금주』)과 전주대 호남학연구소(『논어고금주』) 번역본의 도움을 받았다. 그리고 박헌순 선생(『논어집주』)과 김도련 선생(『주주금석논어』)의 『집주』 역주본에 부가된 다산의 고금주의 역주·해설에도 많은 의지를 하였다. 『논어집주』에 대해서는 박성규 선생이 역주한 『대역논어집주』와 이인서원 기획(김동인·

지정민·여영기 역)의『세주완역논어집주대전』등 여러 번역서들을 참조했다. 필자가 참고한 여러 번역서와 해설서, 자전 그리고 논문 등은 3권의 각주에 제시된 것들을 보기 바란다. 이 책은 이러한 기존의 풍족한 연구 성과를 기반으로 하여, 수년간 전통 한학 교육과 현대 교육기관에서 여러 선생님들로부터 동·서 철학을 아울러 공부한 필자가 나름 최선의 노력을 다해 집필한 것임을 밝힌다. 필자는 이 책의 집필에 꼬박 만 6년의 세월을 바쳤다. 필자에게는 많은 깨달음이 있었던 소중한 시간이었다. 공부하는 사람들에게도 조금이나마 도움이 되었으면 하는 마음 간절하다.

이 책을 집필하는 데 많은 분들로부터 도움을 받았다. 한서대의 안외순 교수님(전 동양고전학회 회장)과 파라북스의 김태화 대표님, 그리고 한국외대의 장영란 교수님은 이 책을 집필하는 계기를 마련해 주셨고, 집필 도중 많은 용기를 주셨다. 우의에 감사한다. 경북대 대학원의 후배 추나진 선생은 바쁜 와중에도 원고 전체를 꼼꼼히 읽고 교정해 주었다. 그리고 너무나도 감사한 것은 오직 인내천의 정신에 따라 한결같은 마음으로 문화 사업에 헌신하는 도서출판 모시는사람들의 박길수 대표와 편집부 여러 선생님들의 노고이다. 특히 박 대표님은 약 3,000쪽에 달하는 방대한 이 원고를 손수 교정해 주시면서 많은 가르침을 주셨다. 이 책이 오류를 줄이고 조금이나마 덜 부끄럽게, 세상의 빛을 보게 된 것은 이분들의 은공이다.

그리고 나를 철학의 길로 인도해 주신 스승 낙도재 신오현 선생님과 오늘날 나를 존재하게 해 주신 부모님께 우러러 사모하는 마음을 올린다. 그리고 매일 연구실로 혹은 산으로 돌아다니는 나를 믿고 인고해 준 황미정 선생과 잘 자라준 현우·현서에게도 사랑하는 마음을 전한다.

2020년 3·1절에 감개무량하여
임헌규 손모음

차례　　　　　　3대 주석과 함께 읽는 논어 II

머리말 ———————— 4

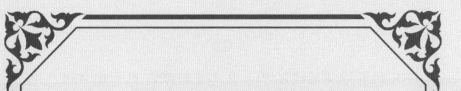

제11편

선진
先進

此는 爲書之首篇이라 故로 所記多務本之意하니 乃入道之門이요
積德之基니 學者之先務也라 凡十六章이라
이는 책의 첫 편이다. 그러므로 근본에 힘쓰라는 뜻이
많이 기록되었으니, 곧 도에 들어가는 문이며 덕을 쌓는 토대이다.
배우는 자가 먼저 힘쓸 것이다.
모두 16장이다.

11:1. 子曰: "先進於禮樂, 野人也. 後進於禮樂, 君子也. 如用之, 則 吾從先進."

고주 —— 공자께서 말씀하셨다. "(내가 볼 때) (먼저 벼슬한) 선진은 예악에서 (고풍스러워) 야인(=농부)이고, (늦게 벼슬한) 후진은 예악에서 (時中을 얻었으니) 군자이다. 만일 예악을 쓴다면 (풍속을 바꾸어 순후·소박하게 돌리기 위하여) 나는 선진을 따르겠다."

주자 —— 공자께서 말씀하셨다. "'선배(先進=先輩)들은 예악에서 야인(=교외 지인)이고, 후배들은 예악에서 군자(어진 사대부)이다.'라고 (세상사람들이 평가) 하는데, (내가 평가하자면) 만일 예악을 쓴다면, 나는 (문질의 마땅함을 얻은) 선진을 따르겠다."

다산 —— 공자께서 (문인들 중 벼슬한 자들에게) 말씀하셨다. "'(여러분은) 예악에 익숙하다고 하여 먼저 벼슬한 선진들은 예악에서 야인(質勝文)이고, 후배들 (여러분 자신들)은 예악에서 군자(=사대부:文質彬彬)이다.'라고 하는데, 만일 예악을 쓴다면, 나는 (순후하고 소박한) 선진에서(從=自) 시작하겠다."

집주 —— ■先進後進은 猶言前輩後輩라 野人은 謂郊外之民이요 君子는 謂

자원풀이 ■野는 里(마을 리)+予(나 여)의 형성자로 마을(里)이 들어선 들판을 뜻한다. 원래는 林(수풀 림)과 土 (흙 토)로 구성되어 숲(林)이 우거진 땅(土), 아직 농경지로 개간되지 않은 교외의 들녘을 의미했다. 野는 읍(邑)과 대칭되어 성 밖의 주변지역을 말하는데, 이때 野에는 거칠고 야생적이라는 뜻이 생겼고, 조야粗野, 야만野蠻, 야 심野心 등의 단어가 만들어졌다.

賢士大夫也라

선진先進・후진後進은 선배前輩・후배後輩라는 말과 같다. 야인野人은 교외郊外의 백성이다. 군자君子는 어진 사대부(賢士大夫)를 말한다.

■程子曰 先進이 於禮樂에 文質得宜어늘 今反謂之質朴하여 而以爲野人이라 하고 後進之於禮樂에 文過其質이어늘 今反謂之彬彬하여 而以爲君子라 하니 蓋周末文勝이라 故로 時人之言이 如此하여 不自知其過於文也니라

정자가 말했다. "예악禮樂에서 선배들은 문・질이 마땅함을 얻었지만, 지금 사람들은 도리어 질박質朴하다고 평하면서 야인이라 여긴다. 후배들은 예악에서 문이 그 질을 지나쳤음에도 지금 사람들은 도리어 문・질이 빈빈彬彬하다고 평하면서 군자답다고 여긴다. 대개 주나라 말기에 문이 지나쳤기(周末文勝) 때문에 당시 사람들의 말이 이와 같았는데, 그 자신들은 문文에서 지나쳤다(過)는 것을 알지 못했다."

■用之는 謂用禮樂이라 孔子旣述時人之言하고 又自言其如此하시니 蓋欲損過以就中也시니라

'그것을 쓴다(用之)'는 것은 예악을 쓴다는 말이다. 공자께서는 이미 당시 사람들의 말을 기술하시고, 또한 스스로 이와 같이 말씀하셨으니, 대개 과도한 것을 덜어(損過) 써 중용(中)을 취하시고자 하신 것이다.

고금주 ── ■孔曰: "先進後進, 謂仕先後輩也." ○補曰 野人, 農夫也. 君子, 士大夫也. 從, 猶自也. 孔子責門人仕者曰: "爾曹習於禮樂, 輕視先進, 以爲野人. [質勝文則野] 自處以君子, [自以爲文質彬彬] 如使我用之, 則必自先進始. [從, 自也]" 謂先用先進也. [以淳質可貴]

공안국이 말했다. "선진先進・후진後進은 벼슬의 선・후배를 말한다." ○보완하여 말한다. 야인野人은 농부農夫이다. 군자는 사대부士大夫이다. 종從은 자自(부터)와 같다. 공자께서 문인들 중에 벼슬한 자를 책망하여 말씀하시길,

"너희들은 예악에 익숙하다고 하여 선진을 경시輕視하여 야인으로 여기면서 (質이 文을 능가하면 野하다), 스스로는 군자로 자처하지만(스스로 문질이 빈빈하다고 여긴다), 만일 나로 하여금 등용하게 한다면 반드시 선진으로부터 시작할 것이다."라고 하셨다. (從은 自이다.) 먼저 선진을 등용하겠다고 말씀하신 것이다(순후·질박한 것을 귀하게 여길 만하다).

■ 孔曰: "禮樂因世損益, 後進與禮樂, 俱得時之中, 斯君子矣, 先進有古風, 斯野人也." ○ 駁曰 非也. 後進誰也? 旣得時中, 則皆聖人也. 孔子又何以不取?

공안국이 말했다. "예악은 세대에 따라 손익損益해야 한다. 후진은 예악에서 모두 시중時中을 얻었으니, 이에 군자이다. 선진은 고풍古風이 있으니, 이에 야인野人이다." ○ 논박하여 말하면, 그릇되었다. 후진은 누구인가? 이미 시중時中을 얻었다면 모두 성인이다. 또한 공자께서는 어찌하여 (후진을) 취하지 않으셨겠는가?

■ 包曰: "移風易俗, 歸之淳素, 先進猶近古風, 故從之." ○ 駁曰 非也. 孔子亟稱曰'文質彬彬, 然後君子', 則君子者, 全德之人也. 以君子之習於禮樂, 視爲弊俗, 而欲移風易俗, 則禮樂者, 仍是傷風敗俗之物, 而可通乎?

포함이 말했다. "풍속을 바꾸어 순후·소박하게 돌리려고 한다면, 선진이 오히려 고풍에 가깝기 때문에 따르겠다고 말씀하신 것이다." ○ 논박하여 말하면, 그릇되었다. 공자께서 자주 말씀하시길, '문질이 빈빈한 연후에 군자이다.'라고 하셨으니, 군자란 덕을 온전히 갖춘 사람이다. 군자가 예악에 익숙한 것을 폐속弊俗으로 보면서 풍속을 바꾸려 한다면, 예악이란 곧 풍속을 손상시키는 것이 되니, 통할 수 있겠는가?

■ 質疑 從舊說, 則魯之後進, 無故爲禮樂時中之君子. 從『集注』, 則魯之先進, 無故爲文質得宜之君子. 夫孔子之時, 游於孔子之門者, 誠習於禮樂. 其他後進, 何以謂之禮樂之君子乎? 況孔子先輩, 皆文質得宜, 而今其後進, 文過其質, 則是先輩彬彬之俗, 有禮樂者, 來而壞之耳, 豈可說乎? 大抵'周末文勝'之說, 原是冤語. 孔子之時, 禮壞樂崩, 『詩』亡『書』缺, 至孟子之時, 諸侯滅去典籍. 故季文子聘於隣國, 艱求逸禮, [即朝聘遭喪之禮]魯哀公因恤由之喪, 始修士禮, [見〈雜記〉] 滕文公欲行三年之喪, 問於孟子. 其視西周之盛, 蓁莽晦盲, 天昏地黑, 何得謂之'周末文勝'乎? 眞若周末文勝, 柀・顯之治, 其盛於文・武矣. 文雖待質以成章, 質亦待文以存本, 何則? 質也者, 孝弟忠信也. 文之旣亡, 三綱淪而九法斁, 質安得獨存乎? 今之急務, 在乎修文, 文修而後質可復也.

질의한다. 구설舊說을 따르면, 노나라의 후진은 까닭 없이 예악에서 시중을 얻은 군자이다. 『집주』에 따르면, 노나라의 선진은 까닭 없이 문・질이 마땅함을 얻은 군자이다. 대저 공자 시대에 공자문하에서 수업한 자들은 진정으로 예악을 익혔겠지만, 그 밖의 후진들은 어떻게 예악에서 군자라 할 수 있겠는가? 하물며 공자의 선배들은 모두 문・질이 마땅함을 얻었는데, 당시 그 후진들이 문이 그 질보다 지나쳤다면, 이는 선배들의 빈빈彬彬한 풍속을 예악을 지닌 자가 와서 무너뜨린 것이 되니, 어찌 말이 되겠는가? 대저 주나라 말기에 문이 지나쳤다(周末文勝)는 설은 본래 누명을 씌운 원통한 말(冤語)이다. 공자 시대에 예악은 붕괴되고, 『시』는 망실되고, 『서』는 잔결되었다. 맹자의 시대에 이르러서는 제후들이 전적典籍을 없애 버렸다. 그런 까닭에 계문자는 이웃 나라에 빙문하여 잃어버린 예를 어렵게 구했으며, 노애공魯哀公은 휼유의 초상(恤由之喪)으로 인해 비로소 사례士禮를 닦았으며, 등문공滕文公은 삼년상(三年之喪)을 행하고자 맹자에게 물었다. 이때를 서주西周가 융성했던 시기와 견주어보면 황폐하고 깜깜하여 천지가 암흑과 같았는데, 어찌 주나라 말기에는 문이 지나쳤다고 할 수 있겠는가? 진정 주나라 말기가 문이 지나쳤다고 한다면, 난柀・현顯 왕의 치세가 문文・무武 왕 때보다 더 융성했을 것이다. 문文은 비록 질質을 대대하여 문장을 이루지만, 질質 또한 문文을 대대하여 근본을 보존한다. 어째서 그런가? 질이란 효제충신孝弟忠信이다. 문이 이미 없어지면 삼강三綱도 없어지고 구법九法도 무너지는데, 질이 어디에서 홀로 존속할 것인가? 오늘날의 급선무는 문을 닦는 데(修文)에 있다. 문이 닦인 이후에 질이 회복될 수 있다.

■ 『釋文』曰: "包云, '先進, 謂仕也.'[以仕之先後言] 鄭云, '謂學也.'[以學之先後言]" ○ 侃曰: "先輩, 謂五帝以上也. 後輩, 謂三王以還也." ○ 駁曰鄭說非也, 侃之言太廣闊.

『경전석문』에서 말했다. "포함이 말했다. '선진은 벼슬仕을 말한다(벼슬한 선후로써 말한 것이다).' 정현이 말했다. '배움(學)을 말한다(배움의 선후로써 말한 것이다).'" ○ 황간이 말했다. "선배는 오제五帝 이상을 말한다. 후배는 삼왕 이후를 말한다." ○ 논박하여 말하면, 정현의 설은 그릇되었고, 황간의 말은 너무 광활하다.

비평 ── (1) 선진先進 · 후진後進과 야인野人 · 군자君子를 어떻게 볼 것인가? (2) 앞 구절이 누구(세평 혹은 제자들)의 말인가? (3) 누구를 대상으로 말한 것인가? 등에 대해 견해가 서로 다르다. 또한 (4) 깊이 논의해야 할 문제로 '문文 · 질質의 관계를 어떻게 볼 것인가?' 하는 것이 있다. (1) 고주와 다산은 선진先進 · 후진後進을 제자들 중 벼슬한(仕) 선 · 후배를 평하여 지칭한 것이라고 했다. 주자는 단지 선진先進 · 후진後進을 선 · 후배라고만 주석하고, 구체적으로 명시하지 않았다. 야인과 군자에 대해 고주에서는 선진은 고풍古風이 있으니 야인野人이고, 후진은 시중時中을 얻었으니 군자라 했다. 주자는 야인이란 교외의 백성을, 그리고 군자란 어진 사대부를 지칭한다고 주석했다. 그리고 이 말은 당시의 세평世評으로, "예악에서 선배들은 문 · 질의 마땅함을 얻었지만, 지금 사람들은 도리어 질박質朴하다고 평하면서 야인이라 여기고, 후배들은 예악에서 문이 그 질을 지나쳤음에도 지금 사람들은 도리어 문 · 질이 빈빈彬彬하다고 평한다."는 정자의 말을 인용했다. 이에 대한 다산의 입장은 그의 「질의」에 잘 나타나 있다. (2) 고주는 앞 구절을 공자의 평가로 보았지만, 주자는 세평世評으로, 그리고 다산은 제자들의 자평으로 보았다. (3) 말을 듣는 대상과 연관하여 고주와 다산은 이 말이 공자가 제자들을 책망한 것이라 했지만, 주자는 공자의 자평自評이라 했다. (4) 문文ㆍ질質의 관계와 연관해서, 주자와 다산 간의 개념상(본말과 선후, 그리고 상호작용 등) 이견이 있다. 별도의 심층적인 논의를 하고자 한다. 3권의 「예」에 관한 항목을 참조하기 바란다.

11:2-1. 子曰: "從我於陳ㆍ蔡者, 皆不及門也."

고주 —— (11:2) 공자께서 말씀하셨다. "진ㆍ채 나라 사이에서 (곤액을 당하면서) 나를 따랐던 제자들이 모두 (벼슬로 들어가는:仕進) 문에 미치지는 못했다 (당연히 얻어야 할 벼슬을 얻지는 못했다)."

주자 —— (11:2-1) 공자께서 말씀하셨다. "진ㆍ채 나라 사이에서 (곤액을 당하면서) 나를 따랐던 제자들이 모두 문하에 있지는 않다."

다산 —— (11:2) 공자께서 말씀하셨다. "진ㆍ채 나라 사이에서 (곤액을 당하면서:애공6년) 나를 따라다녔던 문인들 중에 모두가 (위나라의) 성문에 도달하지는 않았다."(章)

집주 —— ■孔子嘗厄於陳蔡之間할새 弟子多從之者러니 此時에 皆不在門이라 故로 孔子思之하시니 蓋不忘其相從於患難之中也시니라

공자께서 일찍이 진陳·채蔡나라 사이에서 곤액厄을 당하셨을 때, 제자들 중 따른 자가 많았다. 그런데 이 말씀하셨을 당시에 모두가 문하에 있지는 않았다(此時皆不在門). 그러므로 공자께서 그들을 회상하신 것이다. 대개 환란 중에 서로 함께했던 것을 잊지 못하신 것이다.

고금주 ── ■補曰魯哀公六年, 孔子厄於陳·蔡. 從我, 謂門人之從行者也. 不及門, 謂孔子先反衛, 而從行者皆不及於衛國之城門也. 凡奔難者, 以殿爲善, [孟之反奔而殿] 所以衛其長上也. 子畏於匡, 顏淵後. [見下章]

보완하여 말한다. 노魯나라 애공哀公 6년에 공자께서 진·채나라에서 곤액을 당하셨다. 종아從我란 문인들 중 따라다녔던 사람이고, 불급문不及門은 공자께서 먼저 위나라로 돌아왔지만, 따라다녔던 제자가 전부 위나라의 성문에 도달하지는 않았다는 것을 말한다. 무릇 난을 당하여 달아날 때에는 뒤에 처지는 것을 최선으로 여기는데(맹지반은 달아날 때 뒤에 처져 엄호했다. 「옹야」), 그 장상長上을 호위하기 때문이다. 공자께서 광匡 땅에서 두려워하셨는데, 안연이 뒤에 처졌다(아래 장에 나타난다).

■鄭曰: "言弟子從我而厄於陳·蔡者, 皆不及仕進之門而失其所." [邢云: "不從於陳·蔡, 得仕進者也."] ○駁曰 非也. [邢疏連上章爲說, 其義尤謬] 門一字, 不得爲仕進之門.

정현이 말했다. "제자들 중 나를 따라다니면서 진·채나라에서 곤액厄을 당

자원풀이 ■급及은 人(사람 인)+又(또 우)의 회의자로 사람(人)의 뒤쪽을 손(又)으로 잡은 모습에서 잡다의 뜻을 나타냈으며, '~에 이르다'는 뜻이 되었다.
■문門은 문짝(戶)이 두 개로 구성된 양쪽 문을 그린 상형자이다. 문은 벽이나 담에 의해 단절된 두 공간을 서로 통하게 하는 소통의 장치이며, 사람이나 물건이 드나드는 공간인 관계로 소통이 주된 의미였다. 같은 문을 사용한다고 가문家門, 학술이나 종교의 유파를 지칭하기도 한다. 여기서 불급문不及門(문에 이르지 못했다)의 문門은 (1) 공자의 문하(주자), (2) 벼슬길에 오르는 문(仕進門, 登龍門, 卿大夫之門:고주), (3) 성인聖人으로 나아가는 문, (4) 운수의 문(開泰之門), (5) 위나라의 성문城門(공자께서 먼저 위나라 성문에 돌아왔지만, 뒤따른 제자들은 모두 위나라 성문에 이르지 못했음:다산) 등으로 다양하게 해설할 수 있다.

한 자들은 모두 벼슬에 나아가는 문에 미치지 못하여(不及仕進之門), 그 마땅히 있어야 할 지위를 잃어버렸다는 말이다."(형병이 말했다. "진·채에서 따라다니다가 벼슬에 나아가지 못한 자이다.") ○논박하여 말하면, 그릇되었다(형병의 소는 앞 장과 연관시켜 설명했기에 더욱 잘못되었다). 문門이라는 한 글자를 벼슬길에 나아가는 문(仕進之門)으로 해석할 수 없다.

■質疑『集注』以四科十哲爲陳·蔡從行之人, 即此十人, 奔奏禦侮, 不離左右, 無一時盡散之理, 且不在門, 不可曰不及門. ○又案 及者, 逮也. 『說文』云] 孔子先反乎衛, 而從者緩行, 使孔子得先入國門, 而自捍追者, 門閉而猶不至, 其忠勇可紀, 而衆人一心, 無或先者, 此所謂皆不及門也. [皆一字見其深褒之]孟之反奔而殿, 亦及門而策馬. [將入門策馬] 及門不及門, 是又奔難者之大限也.

질의한다. 『논어집주』에는 사과십철四科十哲을 진陳·채蔡나라에서 따라갔던 사람으로 간주했다. 그렇다면 이 십인十人은 분주히 뛰어다니며 위해를 막으면서 공자 곁을 떠나지 않았을 것이고, 일시에 모두 흩어질 리가 없다. 또한 문하에 있지 않는 것(不在門)을 '불급문不及門(문에 미치지 못했다)'이라고 할 수 없다. ○또 살핀다. 급及이란 체逮(미친다, 도달하다, 뒤따르가 붙잡다)이다 (『설문』에서 그렇게 말했다). 공자가 먼저 위나라로 돌아왔는데, 따르던 제자들은 천천히 오면서 공자로 하여금 먼저 국문國門에 들어가게 하면서 자신들은 추격자를 막고, 성문을 닫고는 자신들은 오히려 성문에 도달하지 못했으니 그 충용忠勇은 기강으로 삼을 만하다. 그리고 여러 사람들이 한마음이 되어 혹 먼저 들어가려고 한 자도 없었으니, 이것이 이른바 모두 문에 도달하지 못했다(皆不及門也)고 한 것이다(皆라는 한 글자는 그들을 깊이 襃獎한 것이다). 맹지반이 패주할 때 맨 뒤에 뒤쳐져 오다가 또한 성문에 도달하여 말을 채찍질했으니(將入門策馬), 문에 도달함(及門)과 문에 도달하지 못함(不及門), 이 또한 어려움을 당해 달아난 것의 큰 경계가 된다.

비평 —— 불급문不及門(문에 이르지 못했다.)에 대해 모두 서로 다른 해석을 했다. 고주는 사진문仕進問으로, 주자는 공자 자신이 지금 있는 문하(孔門)로, 다산은 역사적 사실에 입각하여 위나라의 성문城門으로 각각 해석했다. 나름으로 일장일단이 있다.

&c&o

11:2-2. "德行, 顔淵 · 閔子騫 · 冉伯牛 · 仲弓. 言語, 宰我 · 子貢. 政事, 冉有 · 季路. 文學, 子游 · 子夏."[舊本, '德行'上有'子曰'二字○ 『史記 · 冉伯牛傳』, 亦孔子稱之爲德行]

고주 —— (11:3) "(공자께서 말씀하시길, 벼슬 문에 나아감에) 덕행으로 임용한다면 (若任用德行) 안연 · 민자건 · 염백우 · 중궁이고, 언어와 변설로 임용한다면 (若任用言語辨說) 재아 · 자공이고, 정사를 다스리면서 결단하여 의심하지 않을 사람이라면(若治理政事 決斷無疑) 염유 · 계로이며, 문장과 널리 배움으로 임용한다면(文章博學) 자유 · 자하이다."

주자 —— (11:2-2) "(제자들이 공자의 말씀에 근거하여, 열 사람의 장점을 四科로 나누어 말하기를) 덕행에는 안연 · 민자건 · 염백우 · 중궁이고, 언어에는 재아 · 자공이고, 정사에는 염유 · 계로이며, 문장에는 자유 · 자하이다."

다산 —— (11:3) "(제자들이 공자의 말씀에 근거하여, 열 사람의 장점을 四科로 나누어 말하기를) 덕행에는 안연 · 민자건 · 염백우 · 중궁이고, 사령(言語=辭令)에는 재아 · 자공이고, 정사에는 염유 · 계로이며, 문장에는 자유 · 자하이다." (구본에는 '德行' 위에 '子曰' 두 글자가 있다. ○『사기 · 염백우전』에서도 공자께서 염백우를 덕행이 있다고 칭했다.)

집주 ── ■弟子因孔子之言하여 記此十人하고 而并目其所長하여 分爲四科하니 孔子敎人에 各因其材를 於此에 可見이니라

제자들이 공자의 말씀에 근거하여 이 열 사람을 기록하면서, 아울러 그들의 장점을 지목하여 4과四科로 나누었다. 공자께서 사람을 각각 그 자질에 따라 가르쳤음을 여기서 볼 수 있다.

■程子曰 四科는 乃從夫子於陳蔡者爾라 門人之賢者 固不止此하니 曾子傳道而不與焉이라 故로 知十哲世俗論也니라

정자가 말했다. "4과四科(에 언급된 자)는 곧 진 · 채에서 공자를 따른 자들뿐이다. 제자 중에 현명한 자는 진실로 이들에 그치는 것은 아니다. 증자는 도를 전했지만 여기에 들어가지 못했으니, 10철十哲이란 세속의 논임을 알 수 있다."

고금주 ── ■邢曰: "鄭氏以合前章, 皇氏別爲一章." [邢本亦別爲一章] ○補曰 十人皆稱字, 則非夫子言也. 當別爲一章. 言語, 謂辭命. [邢云: "言語辯說, 以爲行人, 使適四方."]

형병이 말했다. "정현은 이 장을 앞장과 합했고, 황간은 따로 한 장이라고 했다."(형병의 본 역시 따로 一章으로 했다.) ○보완하여 말한다. 열 사람 모두 자字로 칭했으니, 공자의 말이 아니다. 그러므로 마땅히 따로 한 장으로 하여야 한다. 언어言語는 (외교의) 사령辭令을 말한다.(형병이 말했다. "言語辯說로써 行人이 되어 사방으로 사신 간다.")

■案 當如朱子之說, 但不可合之爲一章. 十人之爲陳 · 蔡從行之人無疑, 但義不相涉, 恐不必合之爲一章.

살핀다. (이 장에 대한 설명은) 마땅히 주자의 설명과 같아야 하지만, 단지 합하여 한 장으로 할 수는 없다. 열 사람이 진·채에서 공자를 따라다녔던 사람임에는 의심이 없으나, 다만 그 뜻이 서로 관련되지 않아 아마도 한 장으로 할 필요는 없을 듯하다.

■韓曰: "德行科最高者, 言語科次之者, 政事科次之者, 文學科爲下者." ○駁曰 非也. 當平爲一列. ○案 通執七十二人而言之, 則曾子·有若·公西華·高柴之倫, 不可少也.

한유가 말했다. "(四科 가운데) 덕행이 최고가 되고, 언어가 그다음이 되고, 정사政事가 또 그다음이 되고, 문학이 맨 뒤가 된다." ○논박하여 말하면 한유의 설명은 잘못되었다. 이는 마땅히 공평하게 일렬一列로 해야 한다. ○살핀다. 72인을 통틀어서 말한다면, 증자曾子·유약有若·공서화公西華·고시高柴 등을 소홀히 할 수 없다.

비평 —— (1) 문門에 대한 해석에 따라 고주(仕進門)는 공자가 10철이 벼슬할 자질을 지니고 있음을 사과四科(덕행, 언어, 정사, 문학)로 평가한 말이라고 해석했다. 이에 비해 주자와 다산은 제자들의 '자字'를 불렀다는 점에서 이 구절을 (공자의 언명에 근거한) 제자들의 언명으로 보면서, 제자들의 장점을 기술한 것으로 보았다.

사과(덕행-언어-정사-문학)의 순서에 대해 주자는 다음과 같이 말한 바 있다.

덕행德行이란 내면 깊이 도를 체득하고 중도에 부합하여, 뜻이 돈독하며 실천에 힘쓰니, 말하지 않아도 미더운 자이다. 언어言語란 응대하는 말을 잘하는 자이다. 정사政事란 나라를 다스리고 백성들 다리스리는 일에 뛰어난 자이다. 문학文學이란 시서예악詩書禮樂의 문을 배워 그 뜻을 잘 말하는 자이다. 공자께서 사람들을 가르칠 때에 각각 장점에 근거해 도로 들어가도록 하셨다. 그러나 그 순서는 반드시 덕행을 먼저 해야 한다.(『논어혹문』)

　　주자가 말했다. 덕행이란 마음으로 터득하여 행동과 일에 드러난 경우를 일컫는다(德行者 得於心而見於行事者). 덕이란 행의 근본이니, 군자는 덕을 완성하는 것을 행의 표준으로 삼는다. 덕이라고 하면 행은 그 안에 포함된다. 덕행은 내외를 겸하고 본말을 관통하는 전체적인 것이다. 그 나머지 셋은 각각 하나에만 쓰임이 드러나는 것이다.(『주자어류』)

　　이에 비해 다산은 사과四科는 공평하게 일렬로 해야 한다고 말했다.

　　(2) 장章·절節의 구분에 이견을 보였다. 고주에서 황간은 (앞의 구절과) 1장으로 합쳤고, 정현과 형병은 별개의 장으로 나누었다. 주자는 합하여 하나의 장으로 보면서, 다만 절節만 나누면서 두 번째 절은 공자의 언명이 아니라고 했다. 다산은 두 번째 절(德行 이하)은 공자의 언명이 아니라는 주자의 말에 동의하면서도, 마땅히 별개의 장으로 나누어야 한다고 말했다. 장절의 구분은 강조점의 차이에 불과하고, 중요한 의미를 지니는 것은 아니라고 할 수 있다.

～✦～

11:3. 子曰: "回也, 非助我者也! 於吾言, 無所不說."

고주 —— 공자께서 말씀하셨다. "안회는 나에게 유익함을 주는 사람이 아니다. 나의 말에 (묵묵히 기억하여) 곧바로 이해하지(說=解) 못하는 것이 없구나!" (나를 감발시켜 유익함을 주는 것이 없다.)

주자 —— 공자께서 말씀하셨다. "안회는 (의문을 품고 질문함으로써) 나를 (성장하도록) 돕는 사람이 아니다. 나의 말에 (묵묵히 깨닫고 마음으로 통하여 疑問할 것이 없어) 기뻐하지 않음이 없다."(유감이 있는 말투이지만, 그 실제는 안회가 도달한 경지를 깊이 기뻐하신 것이다.)

다산 —— 공자께서 말씀하셨다. "안회는 나를 (바로잡아 주는 말로) 돕는 사람이 아니다. 나의 말에 (아첨이 아니라, 묵묵히 契合하여:聲入心通) 기뻐하지 않음이 없다."(세상 사람들이 첨유하는 것을 차용하여 말씀하신 것이지만, 나를 發起함이 없다는 말은 아니다)

집주 —— ■ 助我는 若子夏之起予니 因疑問而有以相長也라 顔子於聖人之言에 黙識心通하여 無所疑問이라 故로 夫子云然하시니 其辭若有憾焉이나 其實은 乃深喜之시니라

'나를 돕는다助我'란 '자하가 나를 불러일으킨다(子夏之起予. 3:8)'처럼 의문을 품고 질문함으로써 서로 성장함이 있음이다. 안자는 성인의 말씀에 묵묵히 깨닫고 마음으로 통하여 의심을 품거나 질문할 것이 없었다. 그러므로 공자께서 이렇게 말씀하셨다. 공자의 말씀이 마치 한스러움이 있는 듯하지만, 그 실제는 바로 깊이 기뻐하신 것이다.

■ 胡氏曰 夫子之於回에 豈眞以助我望之시리오 蓋聖人之謙德이요 又以深贊顔氏云爾니라

호병문이 말했다. "공자께서 안회에게 어찌 참으로 자신을 돕기를 바라겠는

자원풀이 ■조助는 力(힘 력)+且(할아비 조:組)의 형성자. 조상(且)의 힘(力)을 빌려 도움을 받는 것, 돕다의 뜻이다. ■열說(설)은 言(말씀 언)+兌(기쁠 태)의 형성자로 '말을 풀이하다'는 뜻이다. 어려운 내용을 말(言)로 잘 풀어내면 상대에게 기쁨(兌)을 주며, 상대를 잘 설득시키기에 좋다. 여기서 '기쁘다'와 설득하다說(遊說)는 뜻이 나왔다. 원래의 말씀을 뜻할 때에는 설명說明처럼 '설'로, 기쁘다(=悅)는 뜻으로 쓰일 때는 '열'로, 유세遊說하다는 뜻으로 쓰일 때는 '세'로 읽는다.

가? 대개 성인의 겸양의 덕이며, 또한 안회를 깊이 칭찬하여 말씀하셨을 뿐이다."

고금주 —— ■孔曰: "助, 益也." ○補曰 匡拂之言乃有益, 言而莫之違, 則非益我者也. 在他人則爲媚悅, 在孔·顏則爲契合.

공안국이 말했다. "조助는 유익(益)이다." ○보완하여 말한다. 바로잡아 주는 말이 곧 유익한데, 말해 주어도 어김이 없다면 나를 유익하게 하는 자가 아니다. 다른 사람들에 있어서는 미열媚悅이 되지만, 공자와 안자에 있어서는 계합契合이 된다.

■孔曰: "回聞言即解, 無發起增益於己."[邢云: "與子夏論『詩』, 子曰, '起予者商也.' 如此是有益於己."] ○駁曰 非也. 君臣之際貴諫爭, 言而莫之違者諂也. 朋友之間貴切偲, 言而莫之違者諛也. 諂諛者能相助乎? 顏子於孔子之言, 有順無違, [即所云不違如愚] 則聲入而心通, 非諂諛而然, 然孔子言之者, 借世之諂諛者而言之, 若以爲無所發起, 則失之遠矣.

공안국이 말했다. "안회는 말을 들으면 즉시 이해하니, 나를 발기發起·증익增益함이 없다."(형병이 말했다. "子夏와 『시』를 논할 때, 공자께서 '나를 흥시키시는 자는 商이로구나!'라고 말씀하셨는데, 이와 같다면 나에게 유익이 있다.") ○논박하여 말하면, 그릇되었다. 임금과 신하가 만날 때는 간쟁을 귀하게 여기는데, (군주가) 말을 하면 어기지 않는 것은 아첨이다. 붕우 간에는 꾸짖음은 간곡(切)·장엄(切偲)을 귀히 여기는데, 말해 주면 어기지 않는 것은 아유(諛)다. 첨유諂諛하는 것이 서로 돕는 것인가? 안자는 공자의 말씀에 순종하여 어김이 없는 것(곧 어기지 않는 것이 마치 어리석은 것 같다고 말한 것)은 소리가 들어가면 마음이 통한 것이지, 첨유하여 그런 것이 아니다. 그러나 공자께서 말씀하신 것은 세상 사람들이 첨유하는 것을 차용하여 말씀하신 것이다. 만일 흥기發起함이 없다고 간주한다면 과오가 심하다.

비평 —— 고주에서는 "안회는 나의 말을 들으면 즉시 이해하여, 그대로 실천에 옮겼기 때문에 그 말에 담긴 뜻을 발기 혹은 증익하여 나를 도와주는 것이 없다."는 말로 해설한 것에 대해, 주자는 "공자의 말씀이 마치 유감이 있는 것 같지만, 그 실제는 바로 깊이 기뻐하신 것이다."라고 간접적으로 비판했다. 다산은 주자의 해석에 동의하면서, 고주를 직접 비판했다. 다산의 해석대로 공자의 말은 비록 첨유하는 형식을 차용하긴 했지만, 공자와 안회 간에는 소리가 들어가면 마음이 통하여 상호 계합함이 있다는 것을 표현했다고 하겠다.

✦

11:4. 子曰: "孝哉, 閔子騫! 人不間於其父母昆弟之言."

고주 —— 공자께서 말씀하셨다. "효성스럽구나! 민자건이여! 사람들이 민자건의 부모·형제들의 (칭찬하는) 말에 비난하여 헐뜯으며 끼어들지(非毀間厠) 않는구나!"

주자 —— 공자께서 말씀하셨다. "효성스럽구나! 민자건이여! 사람들이 민자

자원풀이 ■효孝는 老(늙을 노)+子(아들 자)의 회의자. 자식(子)이 늙은 부모(老)를 업은 모습. 효의 개념을 그렸다.
■간間은 門(문 문)과 日(날 일)의 회의자로 문틈(門)으로 스며드는 햇빛(日)으로 틈(隙)을 말했다. 원래는 閒(사이 간, 틈 한)으로 문틈(門)으로 스며드는 달빛(月)이었으나, 月이 日로 바뀌었다. 사이와 중간中間 혹은 공간空間, 그리고 시간時間이란 뜻이 추가되었다. (1) 사이·때·양수사(집의 간살, 번), (2) 차별·혐의·틈·사이에 두다·이간질하다·헐뜯다·간첩·참여·살피다·틈을 타다, (3) 검열하다.
■곤昆은 日(날 일)+比(견줄 비)의 회의자로 태양(日)아래 두 사람이 나란히 선 모습(比). 정오(정 남쪽)를 나타내는 회의자 혹은 곤충昆蟲의 모습을 그린 상형자로 형, 자손, 후사後嗣 등의 뜻이 나왔다. (1) 맏형, (2) 나중(昆命于元龜), (3) 자손(垂裕後昆), (4) 잡다하다(昆小蟲), (5) 곤충(昆蟲毋作). 그리고 혼混과 통용되어 섞이다, 넓다는 뜻으로도 쓰인다.
■제弟는 弋(주살 익)+己(몸 기)의 회의자로 주살(弋)을 끈으로 묶음, 혹은 가죽 끈으로 위에서 아래로 감아 내린 모양을 나타내는 상형자로 차례와 순서를 뜻하고, 형제처럼 동생이라는 뜻이 나왔다.

건의 부모·형제들의 (칭찬하는) 말에 (모두 믿어) 사이에 끼어들지 않는구나!"
(자건의 효성·우애의 실질이 마음 가운데에 쌓여 밖으로 드러난 것이기에 공자께서 감탄하신 것이다.)

다산 —— 공자께서 말씀하셨다. "효성스럽구나! (우리) 민자건이여! (라고 세상사람 혹은 부모·형제들이 말을 했다.) 사람들이 민자건의 부모·형제들의 (칭찬하는) 말 사이에 끼어들지 (다른 말을 하지) 않는구나!"

집주 —— 胡氏曰 父母兄弟稱其孝友에 人皆信之하여 無異辭者는 蓋其孝友之實이 有以積於中而著於外라 故로 夫子嘆而美之하시니라

호인이 말했다. "부모·형제가 민자건의 효성·우애를 칭찬하니, 사람들이 모두 신뢰하여 다른 말이 없었다는 것은 대개 그의 효성·우애의 실질이 마음 가운데에 쌓여 밖으로 드러난 것이 있었다. 그래서 공자께서 감탄하여 찬미하셨다."

고금주 —— ■補曰 '孝哉閔子騫'一句, 蓋時人之言, 亦閔子父母昆弟之言也. 間者, 介於隙也. (間, 厠也) 父母昆弟曰 '孝哉, 吾子騫', 時人亦曰 '孝哉, 閔子騫', 是不以異言介之於其父母昆弟之言之間也. ○案 夫子於門人, 未嘗稱字, 首一句乃時人之言.

보완하여 말한다. '효재민자건孝哉閔子騫'이라는 한 구절은 대개 당시 사람들의 말이며, 또한 민자건의 부모·형제들의 말이다. 간間이란 틈에 끼어드는 것(介於隙)이다(間은 끼이다:厠이다.) 부모·형제들이 말하여 '효성스럽구나! 우리 민자건이여'라고 했고, 당시 사람들 역시 '효성스럽다, 민자건이여!'라고 했다. 이것이 부모·형제의 말 사이에 끼어들 다른 말이 없었다는 것이다. ○살핀다. 공자께서는 문인들에게 일찍이 자字로 칭하지 않았다. 앞의 한 구

절은 곧 당시 사람들의 말이다.

■ 引證 『韓詩外傳』云: "閔子早喪母, 父再娶, 生二子. 繼母獨以蘆花衣子騫, 父覺之, 欲逐其妻. 子騫曰, '母在, 一子寒. 母去, 三子單.' 母得免逐. 其母聞之, 待之均平, 遂成慈母." ○案 孝哉一語, 蓋在其母底豫之後.

인증한다. 『한씨외전』에서 말했다. "민자閔子가 일찍 어머니를 여의고, 아버지가 다시 장가를 들어 두 자식을 낳았다. 계모繼母가 오로지 자건에게만 갈대꽃 솜으로 만든 옷을 입혔다. 아버지가 그것을 알고 그 처를 쫓으려 하자, 자건이 '어머니께서 계시면 한 아들만 춥지만, 어머니께서 떠나시면 세 아들이 홀로자식이 됩니다.'라고 말하여, 어머니가 쫓겨나는 것을 면했다. 그 어머니가 이 말을 듣고, 세 아들을 공평하게 대하여, 마침내 자애로운 어머니가 되었다." ○살핀다. '효재孝哉'라는 한마디 말은 대개 그 어머니가 기뻐한 뒤에 했던 말인 듯하다.

비평 —— '효재민자건孝哉閔子騫'이란 말을 누가 했는가에 대해 이견이 있다. 고주는 공자가 민자건을 탄미한 것이라고 했다. 주자는 "부모·형제가 민자건의 효성·우애를 칭찬하니"라는 호씨의 말을 인용하고 있는데, 아마도 부모형제의 말로 해석한 듯하다. 다산은 "공자께서는 문인들에게 일찍이 자字로 칭하지 않았다."는 사실에 근거하여, 당시 사람들의 말(부모형제, 혹은 繼母, 世評)로 보고 있다.

11:5. 南容三復白圭. 孔子以其兄之子妻之.

고주 —— 남용이 (『시』를 읽다가) 「백규」의 시를 세 번 반복하여 읽으니, (그 마음이 말을 삼가는 데 있기에) 공자께서 형의 딸을 그의 아내로 삼게 하셨다.

주자 —— 남용이 「백규」의 시를 하루에 세 번씩 반복하여 암송하니, (말을 삼가는 데에 깊이 유의하니) 공자께서 형의 딸을 그의 아내로 삼게 하셨다.

다산 —— 남용이 (『시』를 읽다가) 「백규」의 시를 세 번 반복하여 읽으니, (그 마음이 말을 삼가는 데 있기에) 공자께서 형의 딸로 그의 아내로 삼게 하셨다.

집주 —— ■詩大雅抑之篇曰 白圭之玷은 尙可磨也어니와 斯言之玷은 不可爲也라 하니 南容이 一日三復此言이라 事見家語하니 蓋深有意於謹言也라 此는 邦有道에 所以不廢요 邦無道에 所以免禍라 故로 孔子以兄子妻之하시니라
『시경』「대아, 억」편에 "흰 옥의 흠(白圭之玷)은 오히려 갈 수 있지만(尙可磨也), 나의 말의 흠(斯言之玷)은 어떻게 할 수 없다(不可爲也)."고 했다. 남용南容이 하루에 이 말을 세 번 반복했는데, 이 일은 『공자가어』에 나온다. 대개 말을 삼가는 데 깊이 유의한 것이다. 이는 "나라에 도가 있으면 버려지지 않고, 나라에 도가 없으면 재앙을 면할 수 있는(5:2)" 까닭이다. 그래서 공자께서 형의 딸로 아내를 삼게 하셨다.

자원풀이 ■복復은 彳(걸을 척)+复(돌아올 복)의 형성자이다. 复복은 갑골문에서 아래쪽은 발(夂:천천히 걸을 쇠)이고 위쪽은 긴 네모꼴에 양쪽으로 모퉁이가 더해졌는데, 포대 모양의 대형 풀무를 발(夂)로 밟아 작동시키는 모습으로 밀었다 당겼다 하는 동작이 반복하는 특성이 있어 반복反復, 회복回復의 뜻을 나타내었는데, 彳을 더해 복復으로 '돌아오다'는 동작을 구체화했다. 이로부터 '다시'란 뜻이 나왔는데, 이때에는 '부'로 읽는다(復活).
■규圭는 두 개의 흙(土)으로 구성된 회의자로 흙은 생명의 상징이었다. 때문에 흙이 겹쳐진 것은 훌륭함과 아름다움의 상징이었기 때문에 관리들이 자신의 신분을 나타내는 홀을 지칭하였다. 『예기』「교특생」에 "대부는 규圭를 지니고 사신 가는데, 신임을 알리기 위한 것이다."라고 하였다.
■처妻는 女(여자 여)+又(또 우)+가로획(一)의 회의자로 꿇어앉은 여자(女)의 뒤쪽에서 머리를 다듬어 주면서 비녀(一)를 꽂아 주는(又) 모습을 형상하여, 여성의 성인식을 반영한 글이다. 성인식을 하면 성인의 대접을 받는 동시에 아내가 될 수 있기에 아내, 혹은 아내삼다 등의 뜻이 되었다.

■范氏曰 言者는 行之表요 行者는 言之實이니 未有易其言而能謹於行者라 南容이 欲謹其言이 如此면 則必能謹其行矣리라

범조우가 말했다. 말이란 행동의 표현이고, 행동은 말의 결실이다. 그 말을 쉽게 하면서 행동을 삼갈 수 있는 자는 없다. 남용이 그 말을 삼가고자 한 것이 이와 같으니, 필시 그 행동을 삼갈 수 있을 것이다.

고금주 —— ■孔曰: "南容讀詩至此, 三反覆之, 是其心愼言也."[補云: "玷, 玉病也. 赤曰瑕, 黑曰玷."]

공안국이 말했다. "남용이 『시경』을 읽다가 이 「억」편에 이르러 세 번 되풀이하여 읽었으니, 이는 그 마음이 말을 삼가는 데 있는 것이다."(보완하여 말한다. "玷은 옥의 티이다. 붉은 것을 瑕라고 하고, 검은 것을 玷이라 한다.")

■引證〈孔子世家〉曰: "南容從夫子往周見老子, 老子曰, '聰明深察而近于死者, 好議議人者也. 博辯宏遠而危其身者, 好發人之惡者也.' 遂三復白圭."

인증한다. 『사기』「공자세가」에서 말했다. "남용이 공자를 따라 주나라에 가서 노자를 알현하니, 노자가 '사람이 총명하고 깊이 살필 줄 알아도 멀지 않아 죽게 되는 것은 남을 비방하기 때문이고, 박학하고 변론이 능하며 넓은 식견을 지닌 자라도 그 몸을 위태롭게 하는 것은 남의 나쁜 점을 들춰내는 것을 좋아하기 때문이다.'라고 말했다. 마침내 「백규白圭」의 시를 세 번 반복했다."

■引證 『家語』云: "獨居思仁, 公言仁義, 其於『詩』也, 則一日三復'白圭之玷', 是南宮綯之行也. 孔子信其能仁, 以爲異士."[〈弟子行〉篇] ○ 朱子曰: "南容三復, 不是一日讀, 乃是日日讀之." ○ 案『家語』者, 僞書.

인증한다. 『공자가어』에서 말했다. "홀로 있을 때는 인仁을 생각하고, 공公적으로는 인의仁義를 말하고, 『시』에서는 하루에 백규지점白圭之玷을 세 번 되풀이하여 읽는 것, 이것이 남궁도南宮綯의 행실이었다. 공자는 그가 인仁에 능한 것을 믿고 남다른 선비라고 여겼다."(「제자행」편) ○주자는 말했다. "남

용이 세 번 반복했다는 것은 어느 하루에 읽었다는 것이 아니라, 날마다 읽었다는 것이다." ○살핀다. 『공자가어』는 위서僞書이다.

비평 —— 『시』의 원문은 다음과 같다.

質爾人民(질이인민)	그대 백성들 안정시키고
謹爾侯度(근이후도)	그대 제후들이 법도를 삼가서
用戒不虞(용계불우)	뜻하지 않은 일에 대비하고
愼爾出話(신이출화)	그대들 말을 삼가며
敬爾威儀(경이위의)	그대들 위의를 공경하여
無不柔嘉(무불유가)	좋지 않은 일 없도록 했어야 하리라
白圭之玷(백규지점)	흰 구슬의 흠집은
尙可磨也(상가마야)	그래도 갈아 버리면 되지만
斯言之玷(사언지점)	말을 잘못한 흠은
不可爲也(불가위야)	어찌할 수도 없도다!

고주에서는 남용이 이 시를 읽다가 "「백규」의 시를 세 번 반복하여 읽으니"라고 해석했다. 이에 비해 주자는 『공자가어』를 전거로 어느 날이 아니라, "하루에 세 번씩 반복하여 읽었다."고 수정했다. 그런데 다산은 『공자가어』가 위서라는 사실을 들어, 주자의 해석을 비판하고, 고주로 되돌아가고 있다. 일견 문자 그대로 보면, 고주와 다산의 해석이 타당해 보이지만, 사리상 주자의 해석이 정당해 보인다.

11:6. 季康子問: "弟子孰爲好學?" 孔子對曰: "有顏回者好學, 不幸短命死矣. 今也則亡."[皇氏本, 又有'未聞好學者也'六字]

고주 —— 계강자가 물었다. "제자 중에 누가 호학합니까?" 공자께서 대답하셨다. "안회라는 제자가 있어 호학했는데, 불행히 단명하여 죽었으니, 지금은 없습니다."

주자 —— 계강자가 물었다. "제자 중에 누가 호학합니까?" 공자께서 대답하셨다. "안회라는 제자가 있어 호학했는데, 불행히 단명하여 죽었으니, 지금은 없습니다."

다산 —— 계강자가 물었다. "제자 중에 누가 호학합니까?" 공자께서 대답하셨다. "안회라는 제자가 있어 호학했는데, 불행히 단명하여 죽었으니, 지금은 없습니다."(황간본에는 또한 '未聞好學者也' 여섯 글자가 있다.)

집주 —— ■范氏曰 哀公康子問同而對有詳略者는 臣之告君엔 不可不盡이요 若康子者는 必待其能問이라야 乃告之하시니 此敎誨之道也니라
범조우가 말했다. "애공(6:2)과 계강자의 질문은 동일한데, 대답에서는 상세함과 소략함이 있는 것은, 신하가 임금께 고할 때는 극진히 하지 않을 수 없고, 계강자와 같은 경우는 반드시 그가 질문할 수 있기를 기다렸다가, 이에 알려주신 것이다. 이것이 가르치고 깨우치는 법도이다."

고금주 —— ■侃曰: "哀公是君, 至尊故須具答, 而季康子是臣, 爲卑故略以相

酬也."

황간이 말했다. "애공哀公은 군주이고 지존至尊이기 때문에 모름지기 갖추어서 대답했지만, 계강자는 신하이고 낮기 때문에 소략하게 말을 주고받았다."

■ 邢曰: "哀公遷怒貳過, 故因答以諫之, 康子無之, 故不云也." ○ 駁曰 非也.

형병이 말했다. "애공哀公이 노여움을 옮기고 잘못을 반복했기(遷怒貳過) 때문에 대답하는 기회에 인하여 간한 것이고, 강자는 그런 것이 없었기 때문에 말하지 않았다." ○ 논박하여 말하면, 그릇되었다.

비평 —— 같은 질문에 대해 상세함과 소략함의 차이가 나는 것은 (1) 묻는 사람의 신분 차이가 있기 때문에, (2) 질문자의 과오를 깨우쳐 주기 위해서 형식과 내용을 다르게 했다는 설명이 있다. 『논어』에서 공자는 간혹 (1)의 방식으로 대답할 때도 있고, (2)의 방식으로 대답할 때도 있다. 여기서는 (1)의 신분상의 차이 때문에 대답의 형식을 달리했다고 보는 것이 옳은 듯하다.

～⁓～

11:7. 顏淵死, 顏路請子之車以爲之椁. 子曰: "才不才, 亦各言其子也. 鯉也死, 有棺而無椁. 吾不徒行以爲之椁. 以吾從大夫之後, 不可徒行也." [『史記』, 才作材]

고주 —— 안연이 죽자, 안로가 (家貧하여) 공자의 수레로 (팔아서) 곽을 마련하기를 청했다. 공자께서 말씀하셨다. "재주가 있든 재주가 없든 또한 각각 자기 자식이라 말한다. (나의 자식) 리가 죽었을 때도 관만 있었지 (가빈하여) 곽은 없었다. 내가 (수레를 팔아) 걸어 다니면서 곽을 마련해 주지 않는 것은 나는 대부의 말석에 속하여 (당시 대부였기에, 겸사이다) 걸어 다닐 수는 없기 때문이다."

주자 —— 안연이 죽자, 안로가 공자의 수레로 (팔아서) 곽을 마련하기를 청했다. 공자께서 말씀하셨다. "재주가 있든 재주가 없든, 또한 각자 자기 아들이라 말한다. (나의 자식) 리가 죽었을 때도 관은 있었지만 곽은 없었다. 내가 (수레를 팔아) 걸어 다니면서 곽을 마련해 주지 않는 것은 내가 (이전에) 대부의 반열에 들어(겸사이다) 걸어 다닐 수 없기 때문이다."

다산 —— 안연이 죽자, 안로가 공자의 수레로 (팔아서) 곽을 마련하기를 청했다. 공자께서 말씀하셨다. "재주가 있든 재주가 없든, 또한 각자 자기 아들이라 말한다. (나의 자식) 리가 죽었을 때도 관은 있었지만 곽은 없었다. 내가 (수레를 팔아) 걸어 다니면서 곽을 마련해 주지 않는 것은 내가 (이전에) 대부의 반열에 들어(겸사이다) 걸어 다닐 수 없기 때문이다."(공자께서 수레를 내주지 않은 실제 이유는 걸어 다닐 것을 염려했기 때문이 아니라, 안자의 아버지와 친했기 때문이다. 공자는 薄葬을 선호하셨다.) (『사기』에는 才가 材로 되어 있다.)

집주 —— ■顏路는 淵之父니 名無繇라 少孔子六歲하니 孔子始敎而受學焉하니라 槨은 外棺也니 請爲槨은 欲賣車以買槨也라

자원풀이 ■'사死'는 '歹=歺(살을 바른 뼈)' + '匕(죽은 사람을 거꾸로 놓은 듯 모양, 사람의 죽음 곧 변화를 뜻함)'로서 사람이 혼백과 형체가 떨어져서 땅속에 뼈만 남아있는 것을 나타낸다.
■재才는 屮(싹 날 철)+一(가로 획)으로 구성되어 싹(屮)이 땅(一)을 비집고 올라오는 모습을 그린 지사문자로 위대한 재주를 형상화했다. 단단한 땅을 비집고 올라오는 새싹의 힘겨운 모습에서 겨우(재纔)라는 뜻도 나왔다. 이후 능력을 갖춘 유능한 사람을 뜻한다.
■관棺은 木+官으로 구성된 형성자로 나무로 만든 속 널을 말한다. 槨은 木 +郭(성곽)으로 구성된 형성자로서 관(棺)을 성곽(郭)처럼 둘러싸고 덧씌운 나무로 만든 바깥의 덧널 관을 말한다. 합하여 관곽棺槨이라고 한다

안로顔路는 안연의 아버지로서 이름은 무유無繇인데, 공자보다 여섯 살 적었다. 공자께서 처음 가르치실 때 배웠다. 곽槨은 바깥 관(外棺)이다. 곽槨을 마련하기를 청했다는 것은 수레를 팔아 곽槨을 사려고 했던 것이다.

■ 鯉는 孔子之子伯魚也니 先孔子卒이라 言鯉之才 雖不及顔淵이나 然이나 己與顔路以父視之면 則皆子也라 孔子時已致仕로되 尙從大夫之列이어시늘 言後는 謙辭라

리鯉는 공자의 아들 백어伯魚인데, 공자보다 먼저 죽었다. 리의 재주가 비록 안연에게 미치지 못하지만, 공자 자신과 안로를 아버지로 본다면 모두 자식이다. 공자께서는 당시에 이미 벼슬을 그만두었지만, 그래도 대부의 반열에 들었다. 뒤(後)라고 말씀하는 것은 겸사이다.

■ 胡氏曰 孔子遇舊館人之喪하여 嘗脫驂以賻之矣어시늘 今乃不許顔路之請은 何耶오 葬可以無槨이요 驂可以脫而復求며 大夫不可以徒行이요 命車不可以與人而鬻諸市也일새라 且爲所識窮乏者得我하여 而勉强以副其意면 豈誠心與直道哉리오 或者以爲君子行禮는 視吾之有無而已라 하니 夫君子之用財는 視義之可否니 豈獨視有無而已哉리오

호인이 말했다. "공자는 옛 여관 주인의 초상을 만나, 일찍이 참마를 끌어 부조한 적이 있다. 지금 이에 안로의 요청을 허락하지 않으신 것은 어째서인가? 장례에는 곽槨이 없을 수도 있고 참마는 끌어 주어도 다시 구할 수 있지만, 대부는 걸어 다닐 수 없으며 명거命車는 남에게 주거나 시장에 내다팔 수는 없다. 또한 궁핍한 줄 아는데도 나에게 득이 되려고, 억지로 그 뜻에 부응해준다면, 어찌 진실한 마음이자 곧은 도이겠는가? 어떤 사람은 군자가 예를 행할 때에 나의 (재력의) 있음(有)·없음(無)만 볼 뿐이라고 말하지만, 무릇 군자가 재물을 사용할 때에는 의義에 옳은지(可)·그른지(否)를 보는 것이지, 어찌 오로지 (재물의) 있음과 없음만 볼 뿐이겠는가?"

고금주 —— ■邢曰: "徒行, 步行也." ○駁曰 非也. 不可徒行者, 夫子之微辭也, 豈其情哉? 門人厚葬之, 孔子慟之. [見下章] 若其本情在於徒行, 則不贈車斯足矣, 又何以厚葬爲悲乎? 聖人之情, 於是乎可見矣. 聖人達死生之理, 喪之過禮, 本欲深抑, 況於貧士之葬乎? 子游問喪具. 子曰: "有, 無過禮. 苟無矣, 斂首足形, 縣棺而封, 人豈有非之者?"[見〈檀弓〉] 子路曰: "傷哉貧也, 死無以爲禮." 子曰: "斂首足形, 還葬而無槨, 此之謂禮."[見〈檀弓〉] 孔子之意, 於斯明矣. 只觀〈檀弓〉一篇, 孔子之道可知者, 雖其執禮之論, 第云'有, 無過禮', 而細觀歸趣, 每以薄葬爲善. 故顔子厚葬, 孔子怛焉悲惻, 有若幽明之相負者然. 由是觀之, 孔子之不贈車, 豈眞以徒行爲慮哉? 脫驂於舊館人, 疏之也, 惜車於顔子之父, 親之也. 徒而行, 乘而行, 何與於是哉! ○案 孔子五十六爲司寇, 則大夫矣. 一爲大夫, 則雖不時仕, 亦可曰從大夫後.

형병이 말했다. "도행徒行은 걸어서 다니는 것(步行)이다." ○논박하여 말하면, (형병과 『집주』의 호인의 해석은) 그릇되었다. 불가도행不可徒行이란 공자의 은미한 뜻이 담긴 말이다. 어찌 그 말이 실정이겠는가? 문인들이 후하게 장례하자, 공자께서 크게 애통해 하셨다. 만일 그 본래 실정이 도행徒行에 있다면 수레를 주지 않는 것으로 충분할 것인데, 또한 어찌 후하게 장례 지낸 것을 비통해 했겠는가? 성인의 실정을 여기에서 볼 수 있다. 성인은 생사의 이치를 통달하여, 상사喪事의 예가 지나치면(喪之過禮) 본래 깊이 억제하려고 하셨는데, 하물며 가난한 선비의 장례에 있어서랴! 자유子游가 상구喪具를 물으니, 공자께서 말씀하시길, "(재산이) 있어도 과례過禮는 없어야 한다. 진실로 (재산이) 없으면 머리와 발을 염습한 뒤에 즉시 장사지내되 손으로 관을 잡고 바로 광중에 내려 분봉한들, 사람들이 어찌 비난할 수 있겠는가?"(「단궁」) 자로가 말했다. "슬프도다 가난함이여! 아버지가 돌아가셔도 예를 다할 수 없구나!" 공자께서 말씀하셨다. "머리와 발을 염습하고 즉시 장사지내되, 곽槨이 없어도, 그것이 바로 예라고 할 수 있다."(「단궁」) 공자의 뜻은 여기서 분명하다. 단지 「단궁」 한 편만 보더라도 공자의 도는 알 수 있다. 비록 집례執禮를 논하면서 다만 지나친 예(過禮)는 없어야 한다고 말하시고, 취지의 귀결점을 상세히 살펴보면, 매번 박장薄葬을 좋게 여기셨다. 그러므로 안자를 후장厚葬하자 공자께서 놀라고 슬퍼하시어, 삶과 죽음 사이에서 서로 저버린 것처럼 했다. 이것으로 보면, 공자께서 수레를 내주지 않은 것이 어찌 진정 걸어 다닐 것을 염려했기 때문이겠는가? 옛 여관 주인에게 참마를 끌어 부조했던 것은 소원했기 때문이고, 안자의 아버지에게 수레를 아낀 것은 친하기 때문이다. 걸어서 다니는 것과 수레를 타고 다니는 것은 이것과 무슨 연관이 있겠는가? ○살핀다. 공자께서는 56세에 사구司寇가 되셨으니, 대부이다. 일단 대부가 되면 비록 벼슬하지 않더라도 대부의 반열에 들어간다(從大夫後)고 할 수 있다.

비평 —— 안연은 공자로부터 유일하게 학문을 좋아하는 사람으로 인정받은 인물이다. 공자가 가장 아낀 이 제자의 죽음에 누구보다 애석해 했던 공자가 왜 자신의 수레를 팔아 제자의 바깥 관을 마련해 주자는 아비의 청을 간곡하게 거부하고 있는 것일까?

먼저 아들의 장례에서 덧널 관으로 속널 관을 두르는 것이 예법에 맞지만, 가난하여 갖출 수 없다면 다른 사람에게 폐를 끼쳐 가면서 갖출 필요는 없다. 그리고 대부의 반열에 들었던 공자는 걸어 다닐 수 없을 뿐만 아니라, 임금의 명령으로 받은 수레(命車)는 내다팔 수도 없다. 나아가 나의 형편을 무시하고, 궁핍한 자를 돕는 것은 바른 도리라고 할 수도 없다.

그런데 여기서 다산은 공자가 "단지 걸어 다닐 수 없을 뿐만 아니라, 임금의 명령으로 받은 수레를 내다팔 수도 없다."는 해석에 대해 이견을 제시한다. 그것은 공자가 실제로 말하고자 했던 것이 아니라, 은미한 뜻이 있어 그렇게 말했다는 것이다. 다산은 공자가 이전에 다소 소원했던 옛 여관 주인에게 자신이 타고 다니던 참마를 끌어 부조했던 사실을 적시하면서 설명한다.
요컨대 다산에 따르면, 공자와 안로의 친소관계에서 볼 때, 수레를 팔아 곽을
마련하도록 과도하게 부조하지 않는 것이 오히려 도리에 적합하기 때문에
그렇게 했다는 것이다. 다산의 해석이 공자가 말한 예의 본래 정신과 사리상
가장 타당하다고 생각된다.

∽⌒⌒∽

11:8. 顔淵死. 子曰: "噫! 天喪予! 天喪予!"

고주 —— 안연이 죽으니, 공자께서 말씀하셨다. "아! (痛傷之聲), 하늘이 (나를
죽이듯이) 나를 버리시는구나! 하늘이 나를 버리시는구나!"(심히 애통해하신 것
이다.)

주자 —— 안연이 죽으니, 공자께서 말씀하셨다. "아! (傷痛之聲), (안회가 죽음
으로 인해 도가 전해지지 않으니, 마치) 하늘이 나를 버리시는 것 같구나, 하늘이
나를 버리시는 것 같구나!"

다산 —— 안연이 죽으니, 공자께서 말씀하셨다. "아! (痛傷之聲), (안회가 죽음
으로 인해 도가 전해지지 않으니, 마치) 하늘이 나를 버리시는 것 같구나! 하늘이
나를 버리시는 것 같구나!"

집주 —— ■噫는 傷痛聲이라 悼道無傳하여 若天喪己也라
희噫는 상심·애통하여 내는 소리(傷痛聲)이다. 도가 전해지지 않음이 마치

하늘이 자신을 버리는 것처럼 애도하신 것이다.

고금주 —— ■包曰: "噫, 痛傷之聲." ○何曰: "天喪予者, 若喪己也."
포함이 말했다. "희噫는 애통·상심의 소리이다." ○하안이 말했다. "하늘이 나를 버리셨다는 것은 자신을 죽인 것 같다는 말이다."

■引證『春秋』哀公十有四年春, 西狩獲麟,『公羊傳』曰: "麟者, 仁獸也. 有王者則至, 無王者則不至. 有以告者曰, '有麏而角者.' 孔子曰, '孰爲來哉! 孰爲來哉!' 反袂拭面, 涕沾袍. 顏子死, 子曰, '噫! 天喪予.' 子路死, 子曰, '噫! 天祝予.'[杜云: "祝, 斷也."] 西狩獲麟, 孔子曰, '吾道窮矣.'"
인증한다.『춘추』에 애공 14년 봄에 서쪽으로 사냥 나가 기린을 잡았다고 했다.『공양전』에서 말했다. "기린(麟)이란 어진 짐승이다. 왕도정치를 수행한 자가 있으면 이르고, 왕도정치를 수행할 자가 없으면 이르지 않는다. 보고하는 사람이 '노루처럼 생겼고, 뿔이 있습니다'라고 하자, 공자께서 '누구를 위해서 왔는가, 누구를 위해서 왔는가!' 하시고는 소매 자락을 뒤집어 얼굴을 훔쳤는데 눈물이 도포자락을 적셨다. 안자가 죽자 공자께서, '아! 하늘이 나를 버리셨다.'고 하셨다. 자로가 죽자, 공자께서는 '아, 하늘이 나를 끊어버리셨구나!' 하셨다. (두예가 말했다. "祝은 끊는다:斷이다.") 서쪽으로 사냥을 나가 기린을 잡자, 공자께서 '나의 도는 다 되었구나!' 하셨다."

■案 顏淵死時, 孔子年已七十, 豈復有興王之志哉? 天喪予者, 悼道之無傳. 漢儒每以王佐言之, 誣之甚矣.
살핀다. 안연이 죽었을 때 공자의 연세가 이미 70이었으니, 어찌 다시 왕도를 일으킬 뜻이 있었겠는가? 하늘이 나를 버리셨다는 것은 도가 전해질 수

자원풀이 ■희噫는 口(입 구)+意(뜻 의)의 형성자로 탄식하는 소리를 말한다. 탄식하다, 아아, 하품 등의 뜻이다.
■상喪은 곡哭이 의미부, 망亡이 소리부. 죽은 사람(亡)을 위해 곡(哭)하는 모습. 죽다, 잃다, 상실하다의 의미이다.

없음을 애도한 것이다. 한유漢儒들은 매번 왕도를 일으킬 보좌역이 없어진 것을 애도한 것처럼 말하나, 매우 그릇되었다.

비평 —— 고주는 안회의 죽음을 공자 자신이 죽은 것과 같이 심히 애통해 하신 것이라고 해석했다. 주자는 도통론道統論의 관점에서, 안회의 사망으로 인해 공자의 도가 전수되지 못함을 마치 자신의 죽음처럼 심히 애통하게 여기신 것이라고 고주를 수정했다. 다산은 도가 전해지지 않는 것을 자신의 죽음처럼 슬퍼한 것이라고 해석하여, 고주와 주자의 해석을 종합했다.

⚬⚬⚬

11:9. 顔淵死, 子哭之慟. 從者曰: "子慟矣." 曰: "有慟乎? 非夫人之爲慟而誰爲?"

고주 —— 안연이 죽자, 공자께서 곡하심이 (슬픔이 지나치게) 통곡(慟=哀過)하셨다. 여러 제자들이 말했다. "선생님께서 (슬픔이 지나치게) 통곡하십니다." 공자께서 말씀하셨다. "내가 (나도 모르게 비애가 과도하여 지나치게) 통곡함이 있었던가? 저 사람(=안연)을 위해 통곡을 하지 않으면 누구를 위해 통곡하겠는가?"(과도하게 슬퍼한 것이 이치에 합당하며:當於理, 실수가 아니다.)

주자 —— 안연이 죽자, 공자께서 곡하심이 (슬픔이 지나치게) 통곡하셨다. 여러 제자들이 말했다. "선생님께서 (슬픔이 지나치게) 통곡하십니다." 공자께서 말씀하셨다. "내가 (나도 모르게 비애가 과도하여 지나치게) 통곡함이 있었던가? 저 사람(=안연)을 위해 통곡을 하지 않으면 누구를 위해 통곡하겠는가?"(안연과 같은 사람의 죽음에는 과도하게 통곡하는 것:慟이 마땅하다.)

다산 —— 안연이 죽자, 공자께서 곡하심이 애통하셨다. 여러 제자들이 말했다. "선생님께서 (슬픔이 지나치게) 통곡하십니다." 공자께서 말씀하셨다. "(천하에 이른바) 애통이란 것이 있는가? (애통이란 것이 없다면 그만이겠지만, 있다면) 저 사람(=안연)을 위하여 애통해 하지 않으면, 누구를 위하여 애통해 하겠는가?"

집주 —— ■慟은 哀過也라
통慟은 슬픔이 지나친 것哀過이다.
■哀傷之至하여 不自知也라
슬픔과 상심이 지극하여 스스로 알지 못하신 것이다.
■夫人은 謂顏淵이라 言其死可惜하여 哭之宜慟하니 非他人之比也라
저 사람(夫人)이란 안연을 말한다. 그의 죽음이 애석하여, 곡을 함에 통곡함이 마땅한 것이니, 다른 사람과 비교할 바가 아니라는 말이다.
■胡氏曰 痛惜之至에 施當其可하시니 皆情性之正也니라
호인이 말했다. "애통·애석함이 지극하셨으며, 마땅히 그렇게 할 만한 데에 베푸셨으니, 모두 성정의 올바름(情性之正)이다."

고금주 —— ■補曰 慟者, 恫也, 痛也. [六書之諧聲] 夫子言之曰: "天下有所謂哀慟者乎? 無此則已, 旣有之乎, 則不爲顏淵而致慟, 又將爲誰而慟之乎?"

자원풀이 ■곡哭은 吅(부르짖을 훤)과 犬(개 견)의 회의자로 너무 슬픈 나머지 인간 이성을 상실한 채 짐승(犬)처럼 슬피 울부짖는 것을 말한다. 『설문』에서는 슬퍼하는 소리로서 울부짖을 훤이 의미부이고, 견은 獄(옥 옥)의 생략된 소리부라고 말하고 있다.
■통慟은 心(마음 심)+動(움직일 동)의 형성자로 마음(心)이 움직여(動) 비통하게 울다, 통곡하다, 몹시 슬퍼하다, 서럽게 울다, 큰소리로 울면서 슬퍼하다의 뜻이다.

보완하여 말한다. 통慟이란 통恫이니, 애통함(痛)이다(六書 중의 諧聲이다). 공자께서 제자들에게 말씀하셨다. "천하에 이른바 애통哀慟이란 것이 있는가? 애통이란 것이 없다면 그만이겠지만, 있다면, 안연을 위하여 애통해 하지 않으면, 또한 장차 누구를 위하여 애통해 하겠는가?"

■ 馬曰: "慟, 哀過也." ○孔曰: "不自知己之悲哀過." [釋'有慟乎'節] ○駁曰 非也. 慟與不慟, 孔子豈不自知?

마융이 말했다. "통慟은 슬픔이 과도한 것(哀過)이다." 공안국이 말했다. "자신의 비애가 지나친 것을 알지 못한 것이다."(有慟乎 절을 해석한 것이다.) ○논박하여 말하면, 그릇되었다. 통慟과 불통不慟을 공자께서 어찌 스스로 알지 못했겠는가?

비평 —— 주자는 고주를 거의 그대로 수용했다. 그런데 공안국은 공자의 "유통호有慟乎"라는 말이 의문문이라는 점에서 "공자께서 자신의 비애가 과도함을 알지 못했다(不自知之悲哀過)."라고 해석했고, 주자 또한 이 해석을 받아들였다. 이에 대해 다산은 이 말을 의문문이 아니라, 반어법을 사용한 부정문으로 해석하였다. 이어지는 구절(안회의 죽음에 있어 합당한 통곡이었다)을 볼 때, 다산처럼 다시 묻는 형식을 지닌 부정문으로 해석하는 것이 글의 본뜻에 부합한다고 생각된다.

11:10. 顔淵死, 門人欲厚葬之. 子曰: "不可." 門人厚葬之. 子曰: "回也視予猶父也, 予不得視猶子也. 非我也夫, [句] 二三子也."

고주 —— 안연이 죽자 제자들이 후하게 장례를 치르려 하니, 공자께서 말씀하셨다. "옳지 않다." 문인들이 후하게 장례를 치렀다. 공자께서 말씀하셨다. "회는 나를 (스승으로 섬기며) 아버지처럼 보았지만 나는 자식처럼 보지 못했으니(안회에게는 본래 아버지가 생존해 계셨고, 아버지의 뜻이 문인들이 厚葬하는 것을 들어주고자 하니, 나는 제지할 수 없었다), (厚葬한 것은) 나 때문이 아니라, 저 몇몇 문인들 때문이다."

주자 —— 안연이 죽자 제자들이 후하게 장례를 치르려 하니, 공자께서 말씀하셨다. "(喪具는 집안(재산)의 있고 없음에 맞추어야 한다. 가난한데 厚하게 장사함은 이치에 맞지 않기 때문에) 옳지 않다." (아마도 안로가 허락하여) 문인들이 후하게 장례를 치렀다. 공자께서 말씀하셨다. "회는 나를 아버지처럼 보았지만 나는 자식처럼 보지 못했으니, (안회의 장례에서 리의 장례처럼 합당함을 얻지 못한 것은) 나 때문이 아니라, 저 몇몇 문인들 때문이다."

다산 —— 안연이 죽자 제자들이 후하게 장례를 치르려 하니, 공자께서 말씀하셨다. "(喪具는 집안(재산)의 있고 없음에 맞추어야 한다. 가난한데 厚하게 장사함은 이치에 맞지 않기 때문에) 옳지 않다." 문인들이 후하게 장례를 치렀다. 공자께서 말씀하셨다. "회는 나를 아버지처럼 보았지만 나는 자식처럼 보지 못했다. (후장을 억제하지 못했다고) 나를 그르다고 하겠구나! (다른 나라에 있는 연배나 덕이 조금 높던) 몇몇 제자들이!"

자원풀이 ■葬은 死+茻(풀 우거질 망)으로 구성된 회의자로 풀숲(茻)에 시체(死)를 내버린 '숲장'의 장례풍속을 그렸는데, 艸(풀)+死+廾(두 손으로 받들 공)으로 지금의 자형이 되었다. 후에 艸자가 土자로 바뀌어 매장의 관습을 반영하게 되었다. 본문과 연관하여 『예기』「단궁」편에 다음과 같이 기록되어 있다. "자유가 상례의 기물에 대해 묻자, 공자께서 말씀하셨다. 집안의 재산 유무에 걸맞게 해야 한다."(子游問喪具 夫子曰稱家之有無).

집주 ── ■ 喪具는 稱家之有無니 貧而厚葬은 不循理也라 故로 夫子止之하시니라

상구喪具는 집안(재산)의 있고 없음에 맞추어야 한다. 가난한데 후厚하게 장사함은 이치에 따르지 않는 것이기 때문에 공자께서 못하게 하셨다.

■ 蓋顏路聽之라

대개 안로가 들어준 듯하다.

■ 嘆不得如葬鯉之得宜하여 以責門人也시니라

리鯉를 장례 할 때 합당함을 얻은 것처럼 하지 못한 것을 탄식하며, 제자들을 책망하신 것이다.

고금주 ── ■ 補曰 門人, 孔子之門人也. 厚葬, 謂衣衾 · 棺槨及棺飾 · 明器 · 車馬 · 灰炭之類, 皆備文也. 子曰以下, 怛然傷心, 自咎其負顏子. ○荻曰: "非謂非議也."[〈檀弓〉云: "人豈有非之者哉?"] '夫'字屬上爲句. 二三子謂門人在他邦者."[恐二三子歸而咎孔子]

보완하여 말한다. 문인門人은 공자의 문인이다. 후장厚葬이란 의금衣衾 · 관곽棺槨 · 관식棺飾 · 명기明器 · 거마車馬 · 회탄灰炭 등을 말하는데, 모두 문식을 갖추는 것들이다. 자왈子曰 이하는 슬프게 상심傷心하며 안자를 저버린 것을 자책한 것이다. ○오규 소라이가 말했다. "비아非我란 나를 비난할 것(非議)이라는 말이다.(『예기』「단궁」편에서 말했다. "남이 어찌 비난하는 자가 있겠는가?") 부夫 자는 앞에 붙여 구句를 만들어야 한다. 이삼자二三子는 문인들 중 다른 나라에 있는 자들이다."(아마도 이삼자들이 돌아와서 공자를 허물할 듯하다)

■ 邢曰: "門人, 顏淵之弟子."[朱子云: "門人, 回之門人."] ○案 顏子當時必不及別立門戶, 門人者, 夫子之門人小子也.

형병이 말했다. "문인門人은 안연의 제자이다."(주자가 말했다. "문인은 안회의 문인이다.") ○살핀다. 안자는 당시에 필시 별개로 문호를 세우는 데에 미치지

못했을 것이기에, 문인이란 공자 문하의 제자들이다.

■馬曰: "言回 自有父, 父意欲聽門人厚葬, 我不得割止." ○朱子曰: "歎不得如葬鯉之得宜." ○案 夫子數句語, 怛然由中而發, 若將顔路·伯魚較計商量, 亦恐非本旨.

마융이 말했다. "안회에게는 본래 아버지가 생존해 계셨고, 아버지의 뜻이 문인들의 후장厚葬을 들어주고자 하니, 나는 제지할 수 없었다는 말이다." ○주자가 말했다. "(아들인) 리처럼 마땅하게 장례 지내지 못함을 탄식한 것이다." ○살핀다. 공자의 몇 구절의 말씀은 슬퍼하며 마음 가운데에서 우러나온 것인데, 만일 안로顔路와 백어를 계교·상량한 것이라고 한다면, 또한 본뜻이 아닌 듯하다.

■邢曰: "非我也, 夫二三子也者, 言厚葬之事, 非我所爲, 夫門人二三子爲之也." ○案孔子旣自引其咎, 忽又歸罪於二三子, 有是理乎? 觀其語法, 有若訟庭之相詰者然, 必非聖人之言. 時子路仕於衛, 子貢游於吳·楚, 子羔亦本衛人, 時亦仕衛. [事見哀十五] 二三子者, 蓋指弟子之年德稍賢而在於他邦者. 門人小子不知義理, 誤此大事. 孔子恐二三子歸而咎之曰: "夫子旣在, 何不禁止, 顧乃袖手而旁觀乎?" 此本旨也. 荻氏之說不可易.

형병이 말했다. "'비아야非我也 부이삼자야夫二三子也'란 후장厚葬한 일은 내가 한 것이 아니라, 저 문인 몇몇이 한 것이라는 말이다." ○살핀다. 공자께서 이미 그 허물을 자신의 허물이라고 말씀하였는데, 문득 또한 이삼자二三子에게 돌리다니, 이럴 리가 있겠는가? (형병이 해석한 방식대로) 그 어법을 살피면, 마치 송사하는 법정에서 서로 힐책하는 것과 같음이 있으니, 필시 성인의 말씀이 아니다. 당시 자로는 위나라에서 벼슬하고 있었고, 자공은 오吳·초楚나라에서 유세하고 있었으며, 자고子羔 또한 본래 위나라 사람으로 당시 또한 위나라에서 벼슬했다.(이 일은 애공15년조에 보인다) 이삼자二三子란 대개 제자들 중에서 연배나 덕이 조금 높던 자들로 다른 나라에 있었던 자들을 가리킨다. 젊은 문인들이 의리義理를 알지 못하여, 이 대사를 그르쳤다. 공자께서는 이삼자들이 돌아와서 책망하여 말하길, "선생님께서 이미 계셨는데, 어찌 금지하지 않으시고, 수수방관하셨다는 말인가?" 하고 말할까 염려하신 것이다. 이것이 본래의 뜻이다. 오규 소라이의 해설을 바꿀 수 없다.

비평 —— 가난한데도 후하게 장례를 치르는 것은 이치에 맞지 않기 때문에, 공자께서 옳지 않다고 하신 것이다. 문인들이 안회를 후하게 장례를 치른 것은 사사로운 정 때문이다. 정은 마땅히 의로움으로 재단해야 한다(裁以義). 앞서 안로가 수레를 팔아 덧널 관을 만들어 주자는 것을 거부한 것과 같은 이유에서 공자는 후하게 장례를 치르는 것은 옳지 않다고 말씀하신 것이다.

고주와 주자처럼 뒤의 구절(非我也, 夫二三子也)을 읽으면, 안회의 장례를 마땅한 방식으로 하지 못한 것을 공자께서 탄식하며 제자들을 책망한 것이 된다. 그런데 이러한 방식으로 읽으면, 공자가 마치 책임을 다른 사람에게 미루는 것처럼 해석된다. 그래서 다산은 이렇게 해석하면, "마치 송사하는 법정에서 서로 힐책하는 것과 같다."고 보면서, 오규 소라이의 해석을 인용하며, 다르게 해석하였다.

문자적으로 해석하면 고주와 주자는 무난해 보인다. 그러나 고주와 주자의 방식으로 읽으면, 이 구절이 공자가 남에게 책임을 전가하는 것으로 해석되기 때문에, 다산은 오규 소라이의 해석을 선호한 것으로 보인다. 그런데 다산의 해석은 문자상으로는 그렇게 무난해 보이지 않는다. 나아가 다른 나라에 있었던 공자의 제자들이 돌아와서 공자를 비판할 수 있을까? 그들은 모두 마음으로 열복悅服하여 공자를 섬겼던 자들이 아니었던가? 그리고 "영문을 알지 못하는 다른 나라에 있는 제자들이, 나를 비난하겠구나!"라고 해석한다고 할지라도, 이 또한 제자들에게 책임이 있다고 말하는 것이 아닌가?

11:11. 季路問事鬼神. 子曰: "未能事人, 焉能事鬼?" 曰: "敢問死."
曰: "未知生, 焉知死?"

고주 —— 계로가 귀신을 섬기는 것에 대해 물으니, 공자께서 말씀하셨다.
"(너는 살아 있는) 사람도 오히려 섬기지 못하는데, 하물며 어찌 죽은 자의 귀
신을 어찌 섬길 수 있겠는가?" (계로가 다시) 물었다. "감히 죽은 이후를 묻습니
다." (공자께서) 말씀하셨다. "(너는) 아직 살아 있는 때의 일도 알지 못하는데,
어찌 죽은 이후를 알겠는가?" (모두 자로를 억지하기 위해 하신 말씀이고, 귀신과 사
후의 일은 밝히기 어렵고, 또한 무익하기 때문에 대답하지 않으신 것이다.)

주자 —— 계로가 귀신을 섬기는 것(=제사를 받드는 것)에 대해 물으니, 공자께
서 말씀하셨다. "(誠敬이 충분하지 않아) 아직 사람을 능히 섬기지 못하면, 어찌
능히 귀신을 섬길 수 있겠는가?" (계로가 다시) 물었다. "감히 죽음을 묻습니
다." (공자께서) 말씀하셨다. "아직 삶을 알지 못하면, 어찌 죽음을 알겠는가?"
(사람·귀신, 삶·죽음은 하나의 도리로 일관해 있으며, 배움에는 순서가 있다. 공자께
서 알려주지 않은 것이 아니라, 오히려 깊이 알려 주셨다.)

자원풀이 ■事사는 신에게 바치는 기물을 나뭇가지에 달아놓고 손(又)으로 떠받치고 있는 형상으로 제사를 지
내다, 섬기다의 뜻이다. 혹은 손(又)으로 장식이 달린 붓을 잡은 모습으로 역사나 문서의 기록하는 모습을 형상화
한 것으로 이로부터 관직, 사업, 업무를 통칭하는 '일'을 뜻하게 되었다. (1) 일(事有終始), (2) 관직(無功受事), (3) 국가
대사, (4) 직업, (5) 공업(立功立事), (6) 섬기다(事君之道), (7) 일삼다(事商賈 爲技藝), (8) 변고(事變), (9) 재능(吳起之裂 其事
也), (10) 다스리다(勞力事民而不責焉), (11) 힘쓰다(先事後得), (12) 부리다(無所事得), (13) 벌(管絃三事), (14) 전고典故.
■鬼귀는 역병이나 재앙이 들었을 때 가면을 쓰고 몰아내는 사람의 모습을 형상화한 상형자로 (1) 재앙이나 역병
을 상징하는 부정적인 의미 (2) 두려워하고 무서워해야 할 위대한 어떤 존재를 말하였다. 제단(示:보일 시)를 더한
모습은 (2)의 의미로 제사의 대상인 귀신鬼神을 나타내는데, 여기서 鬼(높을 외) 자가 나왔다. (1)의 의미로는 攵(칠
복)이나 戈(창 과)를 더해 몰아낼 대상을 의미하였다.

다산 —— 계로가 귀신을 섬기는 것에 대해 물으니, 공자께서 말씀하셨다. "(誠敬이 충분하지 않아) 아직 사람을 능히 섬기지 못하면, 어찌 능히 귀신을 섬길 수 있겠는가?" (계로가 다시) 물었다. "감히 죽음을 묻습니다." (공자께서) 말씀하셨다. "아직 삶을 알지 못하면, 어찌 죽음을 알겠는가?" (사람·귀신, 삶·죽음은 하나의 도리로 일관해 있으며, 배움에는 순서가 있다. 공자께서 알려주지 않은 것이 아니라, 오히려 깊이 알려주셨다.)

집주 —— ■問事鬼神은 蓋求所以奉祭祀之意요 而死者는 人之所必有니 不可不知니 皆切問也라 然이나 非誠敬足以事人이면 則必不能事神이요 非原始而知所以生이면 則必不能反終而知所以死라 蓋幽明始終이 初無二理로되 但學之有序하여 不可躐等이라 故로 夫子告之如此하시니라

귀신 섬기는 일을 질문한 것은 대개 제사 받드는 것의 뜻을 구하려는 것이며, 죽음이란 사람에게 반드시 있는 일이므로 알지 않을 수 없으니, 모두 절실한 질문이다. 그러나 정성(誠)·경건(敬)이 사람을 섬기는 데에 충분하지 않으면 필시 귀신을 섬길 수 없다. 처음을 미루어 찾아가서(推原於始) 삶의 이치를 알지 못하면, 필시 마지막을 미루어 되돌아가서(反=折轉來看) 죽음의 이치를 알 수 없다. 대개 이승과 저승(幽明)·처음과 마지막(始終)에는 애당초 두 가지 이치가 없지만, 단지 배움에는 순서가 있고 등급을 뛰어 넘을 수 없기 때

■神神은 示(보일 시)+申(아홉째지지 신)의 형성자로 번개(申→電) 신(示)을 말했다. 번개는 사악한 사람을 경계하고, 신의 조화가 생길 어떤 변화를 나타내주는 계시로 생각되어 자연계에 존재하는 각종 신을 나타내게 되었다. 귀신鬼神, 평범하지 않는 것, 신비神秘, 신성神聖, 정신精神 등의 용어가 나왔다. 여기서 결정적으로 중요한 것은 시示자이다. 『설문』에서는 "시示란 하늘이 상象을 드리워 길흉을 나타내어 사람에게 보여주는 것이다. 二에서 나왔다 (二는 고문에서 上자이다). 세 개로 드리워진 것(三垂=小)은 해, 달, 그리고 별이다. 천문天文을 살펴 時時의 변화를 살피니, 시示는 귀신의 일(神事)이다. 대체로 시示를 부수로 하는 글자는 모두 시示에서 유래하는데, 신神은 지극히 절신하다."고 말했다.
■생生은 "나오다는 뜻으로, 풀과 나무가 흙에서 솟아나오는 것을 본뜬 모양(生進也 象草木生土)"에서 형성되었다. 땅속에 잠재되어 있던 것이 현실화한다는 의미이다. 그런데 '사死' 자는 "'다했다(澌=盡)'는 뜻으로 사람이 정기精

문에 공자께서 이처럼 알려 주신 것이다.

■程子曰 晝夜者는 死生之道也니 知生之道면 則知死之道요 盡事人之道면 則盡事鬼之道니 死生人鬼는 一而二요 二而一者也라 或言夫子不告子路라 하니 不知此乃所以深告之也니라

정자가 말했다. "낮과 밤이란 삶과 죽음의 도리이다. 삶의 도리를 알면 죽음의 도리를 안다. 사람을 섬기는 도리를 극진히 하면 귀신을 섬기는 도리를 극진히 하는 것이다. 삶·죽음, 사람·귀신은 하나이면서 둘이고, 둘이면서 하나이다. 어떤 사람은 공자께서 자로에게 알려주지 않으셨다고 하지만, 이는 곧 깊이 알려주셨다는 것을 알지 못한 것이다."

고금주 ── ■補曰 鬼神者, 天神·地示·人鬼之通稱. 先王之道, 始於事人. [五教·五倫, 皆事人]

보완하여 말한다. 귀신이란 천신天神·지시地示·인귀人鬼의 통칭이다. 선왕의 도는 사람 섬기는 데에서 시작한다(五教·五倫이 모두 사람 섬김이다).

■陳曰: "鬼神及死事難明, 語之無益故不答."[邢云: "生人尚未能事之, 況死者之鬼神, 安能事之乎? 女尚未知生時之事, 則安知死後乎?' 皆所以抑止子路也.] ○駁曰 非也. 當如朱子之說. 孔子曰: "仁人之事親也如事天, 事天如事親.[哀公問]" 朱子亦此義也.

진군이 말했다. "귀신 및 죽음을 섬기는 일은 밝히기 어렵고, 말해 주어도 무익하기 때문에 대답하지 않으셨다."(형병이 말했다. "살아 있는 사람도 오히려 섬기지 못하는데, 하물며 죽은 자의 귀신을 어찌 섬길 수 있겠는가? 너는 아직 살아 있는 때

氣가 완전히 다하여(窮盡) 형체와 혼백魂魄이 서로 이별하는 것"을 말한다. '生'이 땅속에서 잠재되어 있던 것이 현실로 나타나는 것이라면, '사死'란 사람이 정기를 다하여 천지로부터 부여받은 혼백과 형체가 분리되어 다시 땅속의 잠재적인 장소로 되돌아감(歸)을 의미한다.

의 일도 알지 못하는데, 어찌 죽은 이후를 알겠는가?' 모두 자로를 억지하기 위해 하신 말씀이다.) ○논박하여 말하면, 그릇되었다. 마땅히 주자의 설처럼 해석해야 한다. 공자께서 말씀하셨다. "인인仁人이 어버이를 섬길 때는 하늘을 섬기듯이 해야 하고, 하늘을 섬기는 것은 어버이를 섬기듯이 해야 한다(『예기』「애공」)." 주자 또한 이 뜻이다.

비평 —— 고주는 공자께서 무익한 말씀은 하지 않으셨음을 밝힌 것으로 보면서, 모두 자로를 억지하기 위해 하신 말씀으로 해석했다. 그리고 귀신과 사후의 일은 해명하기 어려울 뿐만 아니라, 또한 말해 주어도 무익하기 때문에 대답하지 않으신 것이라고 해석했다. 이에 비해 주자는 『주역』「계사전」 등의 말과 정자의 말을 인용하면서, 사람과 귀신 및 삶과 죽음은 하나의 도리로 일관해 있으며, 가르쳐 주시지 않은 것이 아니라 오히려 깊이 가르쳐 주신 것이라고 말하고 있다. 다산 또한 주자의 해석에 전적으로 동의하고 있다. 『주역』「계사상전」에 다음 구절이 있다.

우러러 천문天文을 관찰하고 구부려 지리地理를 살핀다. 이런 까닭에 어두움과 밝음의 연고를 알며, 시작을 근원으로 하여 끝을 돌이켜 보기 때문에 삶과 죽음의 이치를 안다. 정기는 모여서 사물이 되고, 혼은 흩어져 변하는 까닭에 귀신의 정상을 안다. (仰以觀於天文, 俯以察於地理, 是故知幽明之故, 原始反終, 故知死生之說, 精氣爲物, 遊魂爲變, 是故知鬼神之情狀.)

요컨대 삶과 죽음은 존재론적으로 상보의 과정이면서, 논리적으로 불가분의 상관관계에 있다. 즉 삶·죽음(生死)은 마음·몸(心身), 하늘·땅(天地), 사람·사물(人物), 부모·자식(父子), 임금·신하(君臣), 낮·밤(晝夜) 등과 마찬가지로, 동·정(動靜)하는 음·양(陽陰)의 이치가 드러난 것에 불과하다. 봄의 시작을 근원으로 미루어 보면 반드시 겨울이 있고, 겨울로 마침을 미루어 돌이켜보면 반드시 봄이 있는 것처럼, 생사·유명幽明의 도리 또한 이와 같다. 따라서 사람을 섬기는 도리를 다하면 귀신을 섬기는 도리를 다하는 것이고, 삶을 알면 죽음을 알 수 있는 것이다.

그런데 앎에 있어서는 이승으로부터 저승으로, 처음으로부터 마지막으로 나아가는 순서가 있다. 사람을 섬기지 못하면서 먼저 귀신을 섬기려 하고, 삶을 알지 못하면서 먼저 죽음을 알려는 것은 엽등獵等이기 때문에 공자가 이렇게 대답한 것이다. 이것이 바로 주자와 다산의 이 구절에 대한 해석이라고 할 수 있다. 죽음에 대한 공자의 입장에 대해서는 3권의「죽음」에 관해 상론한 장을 참조하기 바란다.

❧

11:12. 閔子侍側, 誾誾如也. 子路, 行行如也. 冉有·子貢, 侃侃如也. 子樂. "若由也, 不得其死然."[皇氏本, '子樂'之下有'曰'字]

고주 —— 민자건은 곁에서 모실 때에 알맞고 바른 모습이었고(誾誾=中正之貌), 자로는 굳세고 강건했으며(行行=剛强之貌), 염유와 자공은 조화롭고 즐거운 모습(侃侃=和樂之貌)이었다. (네 사람이 각각 그 자연의 성정을 다하였기 때문에: 以四者各盡其自然之性故) 공자께서 즐거워하셨다. "유는 (剛하기 때문에) 천수대로 마치지 못할 것이다(然=焉)."

주자 —— 민자건은 곁에서 모실 때에 외유내강한 모습이고(誾誾=外和內剛 德氣深厚 所謂和樂而諍者), 자로는 굳세고 강건했으며(行行=剛强之貌), 염유와 자공은 강직한 모습(侃侃=剛直之貌:和順不足而剛直稍外見)이었다. 공자께서 (영재를 얻어 교육하신 것을) 즐거워하셨다. "유는 (剛하기 때문에) 그 죽음을 얻지 못할 듯하다(然=未定之辭)."

다산 —— 민자건은 곁에서 모실 때에 알맞고 바른 모습이었으며(誾誾=中正之貌), 자로는 굳세고 강건했으며(行行=剛强之貌), 염유와 자공은 조화롭고 즐거운 모습(侃侃=和樂之貌)이었다. (네 사람이 각각 그 자연의 성정을 다하였기 때문에: 以四者各盡其自然之性故) 공자께서 즐거워하셨다. "유는 (剛하기 때문에) 천수대로 마치지 못할까?"(然=疑辭) (황간본에는 '子樂'의 뒤에 '曰' 자가 있다.)

집주 —— ■行行은 剛强之貌라 子樂者는 樂得英才而敎育之라
항항行行은 굳세고 강건한 모습(剛强之貌)이다. 자락子樂이란 영재를 얻어 교육하신 것을 즐거워하신 것이다.
■尹氏曰 子路剛强하여 有不得其死之理라 故로 因以戒之러시니 其後에 子路卒死於衛孔悝之難하니라
윤돈이 말했다. "자로는 굳세고 강건하여 그 자신의 명에 죽을 이치를 얻지 못함이 있었으므로, 이것으로 인하여 경계하셨다. 그 후 자로는 끝내 위나라 공회孔悝의 환난에서 죽었다."

자원풀이 ■시侍는 人(사람 인)+寺(절 사)의 형성자로 받들어 모시다가 원뜻이다. 어떤 곳으로 가서 일을 처리하는(寺) 사람(人)을 사인寺人이라 불렀고, 이로부터 곁에서 모시다의 뜻이 나왔다.
■측側은 人(사람 인)+則(곧 칙)의 형성자로 사람의 곁(則)을 의미한다. 측실側室처럼 정실이 아니라는 뜻도 있다.
■은誾은 言(말씀 언)+門(문 문)의 형성자로 『설문』에서는 온화하면서도 정직하게 논쟁을 벌이는 것이라고 했다. 이로부터 겸허하고 공경하는 모습을 말하였는데, 커다란 문(門)처럼 너그러운 말(言)을 뜻한다.
■항行(행)은 彳(척: 왼발로 걷는 모양)과 오른발로 걷는 모양이 합해져서 교대로 걷는 모양, 사거리로 사방으로 통하는 오가는 곳을 그렸다. 가다, 운행하다, 실행하다, 기능하다, 행위, 품위, 덕행 등으로 쓰인다. 다니다, 행실, 항오行伍, 의지가 굳센 모양(항) 등의 뜻이다. 행행行行(항항)이라 하면 쉬지 않고 나아감, 상황이 진전됨(세월로 흘러감), 줄줄이, (의지가) 굳세고 강한 모양으로 쓰인다.

■洪氏曰 漢書에 引此句한대 上有日字라 或云 上文樂字는 卽日字之誤라

홍홍조가 말했다. "『한서』에서 이 구절을 인용했는데, 앞에 '왈曰' 자가 있다. 어떤 사람은 앞 문장의 '락樂' 자는 곧 '왈曰' 자의 잘못이라고 했다."

고금주 —— ■邢曰: "誾誾, 中正之貌." ○鄭曰: "行行, 剛強之貌." ○邢曰: "侃侃, 和樂之貌." ○孔曰: "不得以壽終."[釋'由也'句]

형병이 말했다. "은은誾誾은 알맞고 바른 모습(中正之貌)이다." ○정현이 말했다. "항항行行은 굳세고 강건한 모습(剛強之貌)이다." ○형병이 말했다. "간간侃侃은 조화롭고 즐거운 모습(和樂之貌)이다." ○공안국이 말했다. "천수대로 마치지 못한 것이다."('由也' 구의 해석이다.)

■案邢氏本亦有'曰'字, 則其非門人之所記, 明矣. 若門人記之, 則不當'曰由也'. 蓋孔子於平日, 見子路之容貌, 慮其罹禍.

살핀다. 형병의 본에서 역시 '왈曰' 자가 있으니, 이는 문인의 기록이 아님이 명백하다. 만약 문인이 기록했다면 '왈유야曰由也'라고 말하는 것은 부당하다. 대개 공자께서는 평소 자로의 용모를 보고, 그가 재난에 걸리지 않을까 염려하셨다.

■袁氏曰: "道直時邪, 自然速禍."[見皇疏] ○案子路之事, 亦不可曰道直.

원교袁喬가 말했다. "도는 곧지만 시대가 사악하면 자연히 화가 빨리 도달한다."(황간의 소에 보인다.) ○살핀다. 자로의 일 역시 '도가 곧았다(道直)'고 할 수는 없다.

■邢曰: "然, 猶焉也." ○駁曰 非也. 孟子'木若以美然', 然者, 疑辭.

형병이 말했다. "연然은 언焉과 같다." ○논박하여 말하면, 그릇되었다. 『맹

■간侃은 금문에서는 人(사람 인)+口(입 구)+彡(터럭 삼=>川)의 회의자로 사람의 말이 격조와 멋이 있음(彡)을 나타내어, 당당하다, 강직하다는 뜻이다.

자「공손추하」에 "나무가 너무 아름다운 듯하다(木若以美然)"란 말이 있으니, 연然이란 의문사이다.

비평 —— 은은誾誾, 항항行行, 간간侃侃 등의 해석에서 약간의 어감상 차이는 있지만, 큰 논쟁의 대상은 아니다. 그리고 연然에 대해 (1) 고주에서 언焉, (2) 주자는 미정지사未定之辭, (3) 다산은 의사疑辭라고 말한다.

그런데 언焉은 어조사로서 (1) 구말句末에 놓여 의문의 뜻, (2) 구말에 놓여 반어의 뜻, (3) 구말에 놓여 감탄의 뜻, (4) 구말에 놓여 단정이나 긍정의 뜻 등으로 쓰인다. 여기서 다산은 (4)의 뜻으로 보고, 고주를 비판하지만, 고주가 반드시 (4)의 뜻으로만 보았다고 할 수 없다. 주자는 "연然은 확실하지 않다는 말이다. 비록 성인께서 그 죽음을 얻지 못할 것이라 하셨지만, 만약 자로가 그 기질과 습관을 변화시킬 수 있었다면, 또한 반드시 이에 대처할 방법이 있었을 것이다."라고 말했다.

어감상 약간의 차이가 있지만, 의사疑辭로 본 것과 기본 의미에서 거리가 멀지 않다.

11:13. 魯人爲長府. 閔子騫曰: "仍舊貫, 如之何? 何必改作?" 子曰: "夫人不言, 言必有中." [中, 去聲]

고주 —— 노나라 사람이 (재화를 간직하는) 장부(府庫의 이름)를 다시 고쳐 지으니(爲=復更改作), 민자건이 말했다. "옛것(貫=事)을 그대로 이어서 쓰는 것이 (仍=因仍) 어떠하기에, (백성들을 수고롭게 하면서) 어찌 반드시 고쳐 짓는가?" 공자께서 말씀하셨다. "저 사람(=민자건)은 말을 하지 않으면 그만이지만(其唯不言則已), 말을 하면 반드시 이치에 맞음이 있다(必有中於理)."

주자 —— 노나라 사람이 (재화를 간직하는) 장부(府庫의 이름)를 새로 고쳐 지으니(爲=改作), 민자건이 말했다. "옛것(貫=事)을 그대로 이어서 쓰는 것이 어떠한가? (백성들을 수고롭게 하고 재물을 손상하면서) 어찌 반드시 고쳐 짓는가?" 공자께서 말씀하셨다. "저 사람(=민자건)은 말을 함부로 하지 않으며(言不妄發), 말을 하면 반드시 이치에 합당하다(發必當理)."

다산 —— 노나라 사람이 장부(=돈 이름:錢名)를 고쳐 주조하려 하니(爲=改鑄錢), 민자건이 말했다. "(지금은 비록 돈의 무게를 늘리고 꾸러미 숫자를 줄이겠지만, 나중에는 필시) 옛 관수(串錢曰貫)를 그대로 할 것인데, (백성들이 장차) 어떻게 (그것을 감당) 하겠는가?(如之何=憂慮之辭) (그 뒤 과연 민자건의 말처럼 되고 말았다. 그러므로) 공자께서 말씀하셨다. "저 사람이 말을 잘 하지 않지만, 말을 하면 (잘 헤아려) 반드시 (신비하게 잘) 적중한다."(中은 去聲이다.)

집주 —— ■長府는 藏名이니 藏貨財曰府라 爲는 蓋改作之라
장부長府는 창고 이름(藏名)이다. 재화를 보관하는 곳을 일러 부府라 한다. 위

자원풀이 ■府府는 广(집 엄)+付(줄 부)의 형성자로 소장한 자료나 물건을 넣어두었다 꺼내는 손으로 건네주는(付) 건축물(广)인 창고를 말했는데, 금문에서는 貝(조개 패)가 더해져 조화들이 보관된 장소임을 구체화했다. 이후 관청이나 저택을 뜻했다. 곳집, 도읍, 부(행정구역), 모으다, 자원, 안아 등의 뜻이다.
■잉仍은 人(사람 인)+乃(이에 내)의 형성자로 옛날 그대로 일을 하다는 뜻에서 여전하다는 의미이다.
■구舊는 萑(부엉이 환, 풀 많을 추)+臼(절구 구)의 형성자로 원래는 부엉이처럼 솟은 눈썹을 가진 새를 의미했는데, '옛날'이라는 의미로 가차되었다. 오래되다, 낡다, 장구하다, 이전의, 원래의, 여전히 등의 뜻이다.
■관貫은 貝(조개 패)+毌(꿰뚫을 관)으로 조개 화폐(貝)를 꿰어 놓은(毌) 모습으로 꿰다, 연속되다, 연관되다는 뜻이 나왔다. 또 여럿을 하나로 꿰다는 뜻에서 일관一貫되다는 뜻이 나왔다. 꿰(돈꿰미, 돈), 꿰다, 꿰뚫다, 총괄하다, 명중하다, 지나가다, 잇다, 일(사정, 사례), 조리條理, 섬기다, 차례, 익히다, 당기다(완) 등으로 쓰인다.

爲는 대개 고쳐 짓는 것이다.

■ 仍은 因也요 貫은 事也라

잉仍은 (그대로) 이음(因)이다. 관貫은 일(事)이다.

■ 王氏曰 改作은 勞民傷財하니 在於得已면 則不如仍舊貫之善이니라

왕안석이 말했다. 고쳐 만들면 백성들을 수고롭게 하고 재물을 손상하니, 할 수만 있다면 옛 것 가운데 좋은 것을 그대로 이어받는 것만 못하다.

■ 言不妄發하고 發必當理는 惟有德者 能之니라

말은 함부로 하지 않지만, 말하면 반드시 이치에 합당하게 하는 것은 오직 유덕자만이 할 수 있는 것이다.

고금주 —— ■ 補曰 長府, 錢名. 魯昭公將伐季氏, 居於長府(召公二十五年). 閔子之時, 長府改鑄錢, 名曰長府. ○ 補曰 串錢曰貫. [字從毌從貝] 仍舊貫, 謂新錢大於舊錢, 而其所以賦於民者, 仍同舊錢之數也. 如之何者, 慮患之辭. 方其改鑄之初, 民皆便之, 閔子豫憂之曰: "今雖增其重而減其貫, 他日必將仍舊貫, 民將如之何?" ○ 補曰 改作, 改鑄也. [作 · 做 · 鑄, 諧聲] 其後魯果仍舊貫賦於民, 故曰言必有中. [中, 謂奇中也] 夫人, 此人也. [邢氏云]

보완하여 말한다. 장부長府는 돈 이름(錢名)이다. 노나라 소공魯昭公이 장차 계씨를 치기 위해 장부長府에 거주했다(소공25년). 민자건 때에 장부에서 돈을 고쳐서 주조하여, 장부라고 명명했다. ○ 보완하여 말한다. 돈을 궤는 것(串錢)

■중中은 『설문해자』에 따르면 'ㅣ(뚫을 곤)'과 '口(나라 국)'으로 구성되어 사방으로 둘러싸인 안(口)의 가운데를 관통(ㅣ)함을 나타내는 지사문자, 혹은 씨족사회를 상징하는 '깃발(幟)'을 의미한다. 나아가 중中은 치우침(偏)과 구별되면서도 다른 것들과 알맞은 상태에 놓여 있는 것(合宜)을 말한다. 그래서 주자는 '치우치거나 기울지 않으면서, 지나침과 모자람이 없는 것이 중中이다'라고 말했다. 가운데, 안, 중등中等, 중도中道, 중매中媒, 마음(心中), 장정壯丁, 그릇이름, 내장, 절반, 중국, 몸, 중복中服, 고르다, 중화中和, 중기中氣, 관아의 장부를 말한다. 동사로 쓰이면 맞히다(표적에 적중하다), 바람맞다, 맞다(부합하다, 일치하다), 응하다(해당하다), 가득 차다, 간격을 두다, 급제及第하다 등의 뜻이다.

을 일러 관貫이라 한다(冊과 貝 자를 따른다). 잉구관仍舊貫은 새 돈(新錢)이 옛 돈(舊錢)보다 크지만, 백성들에게 부과하는 부세는 그대로 옛 돈의 꾸러미 숫자와 동일하게 하는 것을 말한다. 여지하如之何란 우환을 염려하는 말이다. 돈의 주조를 고쳐 만드는 초기에는 백성들이 모두 편리하게 여기겠지만, 민자건은 미리 우려하여, "지금은 비록 돈의 무게를 늘리고 꾸러미 숫자를 줄이겠지만, 나중에는 필시 옛 꾸러미 숫자 그대로 할 것인데, 백성들이 장차 어찌 감당하겠는가?"라고 말했다. ○보완하여 말한다. 개작改作은 주조를 고치는 것(改鑄)이다(作·做·鑄는 모두 諧聲이다). 그 후 노나라는 과연 백성들에게 옛 부세를 그대로 부과했다. 그러므로 말하면 반드시 적중한다고 했다.(中은 기이하게도 적중한다는 뜻이다.) 부인夫人은 이 사람(此人)이다.(형병이 말했다.)

■ 王曰: "善其不欲勞民改作."[邢云: "子騫見魯人勞民改作長府, 爲此辭也."] ○駁曰 非也. 府庫頹廢, 禮應改作. 若必以仍舊爲善, 則厥考肯堂. 子任其壞, 不十年而天下腐矣. 若云不改其屋, 第改其法, 則又何謂之勞民? 註疏之意, 明以勞民爲慮, 則改作者, 改構其屋也, 改構可已乎? ○又按 貫之爲事, 雖見『爾雅』, 其在正經, 別無確據. 總之, 貫也者, 錢串也. 從冊[象以簪, 橫貫于冠]從貝, [貫者, 錢貝也] 非錢串而何? 錢貫盈屋, 其家富實, 故從宀從貫, 其字爲實, 斯可知也. 長府者, 魯長府之錢名. 魯人之爲長府, 改鑄之初, 令曰: "凡賦斂之賄, 以一貫當二貫, 或以一貫當三貫." 民皆樂之, 請其改作. 閔子騫曰: "今雖如此, 他日必仍舊貫而賦之, [昔之一貫者, 仍斂一貫] 民將如之何?[如之何者, 憂慮之辭]" 其後果如閔子之言, 故孔子曰: "斯人不言, 言必有中."

왕숙이 말했다. "백성들을 수고롭게 하기 때문에 개작하지 않고자 한 것을 좋게 여긴 것이다."(형병이 말했다. "자건이 魯人이 백성들을 수고롭게 하면서 長府를 고쳐 짓자, 이 말을 했다.") ○논박하여 말하면, 그릇되었다. 부고가 퇴폐頹廢하면 전례에 따라 마땅히 고쳐 지어야 한다. 만약 반드시 옛것을 그대로 두는 것을 좋게 여긴다면, 선고先考께서 지어 놓은 집을 그대로 수긍하는 것이다.

자식이 그 집이 무너지는 그대로 둔다면, 십년이 못되어 천하의 모든 집들은 썩고 말 것이다. 만일 그 집을 고치지 않고 우선 그 법만 고친다면, 또한 어찌 백성들을 수고롭게 한다고 말하겠는가? 주소註疏들의 뜻은 분명히 백성들을 수고롭게 하는 것을 우려했지만, 개작改作이란 그 집을 고쳐 짓는 것인데, 고쳐 짓는 것을 그만 둘 수 있겠는가? ○또 살핀다. 관貫을 일(事)이라고 하는 것은 비록『이아』에 보이긴 하지만, 정경正經에는 따로 확실한 전거가 없다. (여러 경전을) 총괄하면, 관貫이란 돈 꾸러미이다. 관卌을 따르고(형상은 비녀:簪로써 가로로 관을 꿰뚫은 것이다.) 패貝(貝란 錢貝이다.)를 따랐으니, 전관錢串이 아니라면 무엇이겠는가? 돈 꾸러미(錢貫)가 집에 가득차면 그 집안이 부실富實하니, 면宀과 관貫을 따라서 그 글자가 실實이 된 것을 알 수 있다. 장부長府란 노나라 장부의 돈 이름(錢名)이다. 노나라 사람이 장부를 만들어, 주조를 고친 초기에는 명령하여 말하길, "무릇 부세를 징수하는 것은 (새로 주조한) 일관一貫을 이관二貫에 해당시키거나, 혹 일관一貫을 삼관三貫에 해당시킨다."고 하면, 백성들이 모두 기뻐하여 그것을 개작改作하기를 청할 것이다. 민자건이 말하길, "지금 비록 이와 같이 하겠지만, 나중에는 필시 옛 꾸러미 숫자 그대로 부세를 징수할 것이니(옛날에 一貫이었던 것을 그대로 지금의 일관으로 징수하는 것), 백성들이 장차 어떻게 하겠는가?"(如之何란 우려의 말:憂慮之辭이다)라고 했다. 그 뒤 과연 민자건의 말처럼 되고 말았다. 그러므로 공자께서 말씀하시길, "이 사람이 말을 잘 하지 않지만, 말을 하면 반드시 적중한다."고 하셨다.

■邢曰: "此人不言則已, 若其發言, 必有中於理." ○駁曰 非也. 孔子謂子貢'億則屢中', 凡縣度而如其言者謂之中. ○絃父云: "'如之何'三字, 古今諸家都無所釋. 若如舊說, 則謂之何如, 可也. 謂之如之何, 則不可也. 如之何者, 慮患之辭也." ○案 西京官學, 皆以舊貫爲舊事, 故沿誤如此, 不足爲據.

형병이 말했다. "이 사람이 말을 하지 않으면 그만이지만, 만일 말을 하면 반드시 이치에 적중함이 있다." ○논박하여 말하면, 그릇되었다. 공자께서 자공을 평하여 '헤아리면 자주 이치에 맞는다(孔子謂子貢億則屢中)'고 했다. 무릇 재고 헤아려서 그 말과 같이 되는 것을 일러 중中이라 한다. ○이굉보絃父가 말했다. "여지하如之何 세 글자는 예나 지금의 여러 학자들이 모두 해석한 바가 없다. 만일 구설대로 한다면 하여何如라고 해야 하며, 여지하如之何라고 할 수는 없다. 여지하如之何란 우환을 염려하는 말(慮患之辭)이다." ○살핀다. 서경西京의 관학官學은 모두 구관舊貫을 옛일(舊事)로 여겼기 때문에 이와 같이 잘못 해석하여 왔으니, 전거로 삼기에 부족하다.

비평 —— 주자는 고주를 거의 그대로 계승했다. 장부長府는 창고의 이름이고, 부府는 재화를 저장하는 곳이라는 것이다(곡물창고인 倉과 兵器庫인 庫와 구별된다). 그리고 잉仍은 인응因仍(말미암다 혹은 답습하다), 관貫은 사事(일, 사건, 사물)로 본다. 그렇다면 잉구관仍舊貫이란 현재 상태를 유지하고 답습하고, 새로운 보고寶庫를 증축하거나 개축하지 않는다는 뜻이다. 그렇다면, 여기서 민자건의 말은 "현재 보고를 그대로 두지, 하필이면 개작하려고 하는가?"라는 뜻이 된다.

그런데 구폐를 일소하고, 개혁의 지지하는 입장을 견지하려는 다산은 이러한 해석이 못마땅했다. 요컨대 다산의 항변은 "부고府庫가 퇴폐頹廢하면 전례에 따라 마땅히 고쳐 지어야지, 그대로 둔다면 모두 썩어 무너지고 말 것이다."라는 것이다. 그런데 다산이 이런 해석을 뒷받침해 주는 전거가 있다. 『춘추좌전』「소공25년조」에 '장부長府'라는 두 글자가 있다. 당시 실권자였던 계씨季氏의 하극상을 참을 수 없었던 노나라 소공은 계씨를 제거하기 위해 군대를 일으켰다. 그러나 소공의 계씨 정벌 계획은 실패하고, 다른 나라로 망명한다. 이때 소공이 노의 수도 곡부에 있던 관부官府인 장부를 거점으로 삼았다는 것이다. 이 기사를 근거로 다산은 장부란 장부에서 주조한 돈의 이름(錢名)이고, 관貫은 돈 꾸러미(串錢)라는 완전히 새로운 해석을 시도한다. 그래서 위爲는 창고를 개축하는 것이 아니라, 돈의 주조를 고쳐 새로 만드는 것(改鑄錢)이라고 했다. 그래서 "잉구관仍舊貫 여지하如之何"를 "지금은 비록 돈의 무게를 늘리고 꾸러미 숫자를 줄이겠지만, 나중에는 필시 옛 관수(串錢 曰貫)를 그대로 할 것인데, (백성들이 장차) 어떻게 (그것을 감당) 하겠는가?"라는 완전히 새로운 해석을 내놓았다. 다산의 여러 전거를 도입한 새로운 해석은 다소 무리가 따르는 것은 사실이다. 그러나 여기서 우리는 오래된 구습 혹은 적폐積弊는 새로 고치거나, 해소해야 한다는 다산의 입장을 여실히 확인할 수 있다.

⁂

11:14. 子曰: "由之瑟, 奚爲於丘之門?" 門人不敬子路. 子曰: "由也升堂矣, 未入於室也."[皇氏本, '瑟'上有'鼓'字]

고주 —— 공자께서 말씀하셨다. "유의 슬瑟을 어찌 나의 문정에서 타는가?" (자로는 성질이 강직하여, 雅·頌에 부합하지 않았다.) 제자들이 자로를 공경하지 않았다. 공자께서 말씀하셨다. "유는 당에는 올랐지만 아직 실에 들어오지는 못했을 뿐이다."(자로의 재능과 학식의 淺深을 평가했다.)

주자 —— 공자께서 말씀하셨다. "유의 슬瑟을 어찌 나의 문정에서 타는가?" (자로는 성질이 강직하여 슬을 타면 북쪽 변방의 살벌한 소리가 들어 있어 中和가 부족했다.) 제자들이 자로를 공경하지 않았다. 공자께서 말씀하셨다. "유는 당에는 올랐지만, 아직 실에 들어오지는 못했을 뿐이다."(자로의 입도의 차례를 말한 것으로 자로의 학문이 이미 正大·高明한 영역에로 나아갔지만, 다만 아직 精微·奧妙함에는 깊이 들어가지 못했을 뿐이다.)

다산 —— 공자께서 말씀하셨다. "유의 슬瑟을 어찌 나의 문정에서 타는가?" (자로가 슬을 타는 운율이 「周南」·「召南」에 부합하지 않은 것을 책망한 것이다.) 제자들이 자로를 공경하지 않았다. 공자께서 말씀하셨다. "유는 당에는 올랐지만, 아직 실에 들어오지는 못했을 뿐이다."(자로의 슬을 타는 능력이 「雅」·「頌」에는 부합했지만, 「周南」·「召南」에 아직 부합하지 않는 것을 책망한 것이다.)(황간본에는 '瑟' 위에 '鼓' 자가 있다.)

집주 —— ■ 程子曰 言其聲之不和하여 與己不同也라
정자가 말했다. "그(자로의 슬) 소리가 조화롭지 않아 (공자) 자신과 맞지 않는다는 말씀이다."
■ 家語에 云 子路鼓瑟에 有北鄙殺伐之聲이라 하니 蓋其氣質剛勇而不足於中和라 故로 其發於聲者 如此하니라
『공자가어』에 이르길, "자로가 슬을 타니, 북쪽 변방의 살벌한 소리가 들어있었다."라고 했다. 대개 그 기질이 군세고 용감하지만 중화中和에는 부족했기 때문에 그 소리에 드러난 것이 이와 같았다.

자원풀이 ■슬瑟은 큰 거문고 모양의 악기 슬을 그린 상형자로 언제나 금琴과 생笙과 합주를 한다. 50현弦, 25현弦, 15현弦 등이 있었다. 금琴은 줄이 여럿 달린 거금고를 그린 상형자로 여기서 소리부인 금金(→今)이 더해지고, 윗부분의 거문고가 玉(구슬 옥)이 두 개 합쳐진 모습으로 변해 지금의 자형이 되었다.
■해奚는 爪(손톱 조)+幺(작을 요)+大(큰 대)의 회의자로 사람을 줄(幺)로 묶어 손(爪)으로 끌며 일을 시키는 여자 노예를 그렸으나, 이후 어찌라는 의문사로 가차되었다.
■실室은 宀(집 면)+至(이를 지)의 형성자로 사람이 도착(至)하여 머무는(宀) 곳이라는 의미로 집이나 방을 말한다. 가옥에서 큰 대청을 당堂이라 하고, 당堂 뒤쪽의 중간 방을 실室, 실의 동서 양쪽의 방을 방房이라 했다.
■당堂은 土(흙 토)+尙(높을 상)의 형성자로 흙(土)을 다진 기단 위해 높게(尙) 세운 집이라는 뜻으로 집의 전실前室을 말한다. 어떤 의식을 거행하거나 근무하던 곳을 말했는데, 점차 집이라는 뜻으로 확장되었다.

■門人이 以夫子之言으로 遂不敬子路라 故로 夫子釋之하시니라 升堂入室
은 喩入道之次第라 言 子路之學이 已造乎正大高明之域이요 特未深入精微
之奧耳니 未可以一事之失而遽忽之也니라

문인들이 공자의 말씀에 의해 드디어 자로를 공경하지 않았기 때문에 공자
께서 그 말을 풀어주셨다. 당에 오름(升堂)과 방에 들어감(入室)은 도에 들어
가는 순서를 비유한다. 자로의 학문이 이미 높고 정대正大·고명高明한 영역
에 나아갔지만, 다만 아직 정미精微한 오묘함에는 깊이 들어가지 못했을 뿐
이니, 한 가지 잘못된 일을 가지고 성급하게 홀대해서는 안 된다는 말이다.

고금주 —— ■補曰 責子路鼓瑟, 不合〈周南〉·〈召南〉. 古者教人以禮樂, 子
路習樂不善, 被斥於夫子, 故門人不敬. 始斥以門, 故喻之以堂室. [門·堂·室,
三字相照] '升堂矣'者, 許子路之瑟合於〈雅〉·〈頌〉. 〈雅〉·〈頌〉者, 堂上之樂
也. '未入於室也'者, 明子路之所不能, 惟〈周南〉·〈召南〉. 二〈南〉者, 房中之
樂也. [夾室曰房] 入道, 如入室. 子路之瑟, 論以聲音之道, 如旣升而未入.

보완하여 말한다. 자로가 슬을 타는 운율이 「주남」·「소남」에 부합하지 않은
것을 책망한 것이다. 옛날에는 사람들을 예악禮樂으로 가르쳤는데, 자로는 악
을 잘 익히지 못하여 공자로부터 배척을 당했기 때문에 문인들이 공경하지 않
았다. 처음에 문門으로써 배척했기 때문에 당堂·실室로써 비유한 것이다.(門·
堂·室, 세 글자는 상호 조응한다.) '당에 올랐다(升堂矣)'는 자로가 슬을 타는 운율이
「아雅」·「송頌」에 부합한다는 것을 허여한 것이다. 「아」·「송」이란 당 위에서
연주하는 음악(堂上之樂)이다. '아직 실에 들어가지 못했다(未入於室也)'는 것은
자로가 잘 연주하지 못한 것은 오직 「주남」·「소남」임을 밝힌 것이다. 두 「남
南」은 방 가운데서 연주하는 음악(房中之樂)이다(夾室을 房이라 한다). 도에 들어
가는 것은 실에 들어가는 것(入室)과 같다. 자로의 슬 연주 솜씨는 성음의 도(聲
音之道)로 논하면, 이미 당에 올랐지만, 실에 들어가지 못한 것과 같다.

■馬曰: "子路鼓瑟, 不合〈雅〉·〈頌〉." [邢云: "子路性剛, 鼓瑟不合〈雅〉·〈頌〉, 故孔子非之."] ○案 此注典雅, 可敬可愛. 今人開口輒云子路鼓瑟, 爲北鄙殺伐之聲, 其視子路, 與荊軻·高漸離無以異焉. 一讀此注, 爽然自失. 然其說雅而未精, 不敢盡從者. 誠以〈雅〉·〈頌〉不過爲堂上之樂, 而孔子旣許子路以升堂, 則子路之所不能, 非〈雅〉·〈頌〉也. 總之, 子路之瑟, 能諧〈雅〉·〈頌〉之歌, 而不能爲南音. 故孔子曰: "由也, 升堂矣, 未入於室." 能善〈雅〉·〈頌〉, 斯亦多矣. 門人小子, 何敢不敬? 此夫子之旨也. 子路之不能南音者, 以諸樂之中, 南音最難. 孔子之門, 最先務者二〈南〉, 而子路之瑟, 全不諧合. 故曰'由之瑟, 奚爲於某之門'? 子路非狂人, 忽以北鄙殺伐之聲, 奏之於夫子之前, 有是理乎? 齊·魯之間, 相傳子路不能爲南音, 遂爲北鄙之說, 播諸野人, 而劉向道聽塗說, 以作『說苑』, 其實孟浪之言也. ○案『家語』者, 僞書. 僞者取『說苑』, 略改數字, 不足述也.

마융이 말했다. "자로가 슬瑟을 타는 운율이 「아雅」·「송頌」에 부합하지 않은 것이다." (형병이 말했다. "자로의 성질이 강직하여, 슬을 타는 운율이 「아」·「송」에 부합하지 않은 까닭에 공자께서 나무라신 것이다.") ○살핀다. 이 주석은 전아典雅하여 존경하고 사랑할 만하다. 그런데 오늘날 사람들은 입만 열면 문득 말하길, 자로가 비파를 타면 북방 미개한 지역의 살벌한 소리가 되었다고 하여, 자로를 형가荊軻·고점리高漸離와 다름이 없다고 본다. 한 번 이 주석을 읽어보면 상연자실爽然自失한다. 그러나 이 설은 우아하지만 정밀하지는 않아 전부 따를 수는 없다. 진실로 「아」·「송」이 당 위에서 연주하는 음악에 불과하고, 공자는 이미 자로가 당에 올랐다는 것을 허여했다면, 자로가 잘할 수 없었던 것은 「아」·「송」이 아니다. 종합하면, 자로의 슬은 「아」·「송」의 노래에는 잘 어울렸지만, 「주남」·「소남」의 소리는 잘 내지 못했다. 그러므로 공자께서 말씀하시길, "자로는 당에는 올랐지만, 아직 실에는 들어오지 못했다."고 했다. 「아」·「송」을 잘하는 것 또한 많은 것을 하는 것이다. 문인의 제

자들이 어찌 감히 공경하지 않는가? 이것이 공자의 뜻이다. 자로가 「주남」·
「소남」의 소리를 잘 내지 못한 것은 모든 악樂 가운데 「주남」·「소남」의 소
리가 가장 어렵기 때문이다. 공자의 문하에서는 가장 먼저 힘써야 할 것은
두 「남」이지만, 자로의 슬 연주가 전연 부합하지 않았다. 그러므로 말하시길,
'자로의 슬이 어찌 나의 문門에서 연주되는가?' 하셨다. 자로는 광인狂人이 아
닌데, 문득 북쪽 변방의 살벌한 소리로 공자 앞에서 연주했다니, 이럴 리가
있는가? 제·노나라 사이에 자로는 남음南音을 잘하지 못한다는 말이 서로
전해져 마침내 북비지설北鄙之說이 되고 야인野人에게 전파되어 유향劉向이
도청도설道聽塗說하여 『설원』을 만들었지만, 기실 맹랑한 말이다. ○살핀다.
『공자가어』는 위서僞書이다. 위작자가 『설원』을 취하여 성글게 여러 글자를
수정했으니, 기술할 만한 것이 되지 못한다.

■ 馬曰: "升我堂矣, 未入於室耳." ○ 邢曰: "子路之學識深淺, 譬如自外入內, 得
其門者 入室爲深, 顏淵是也. 升堂次之, 子路是也. 旣升我堂, 豈可不敬也?" ○
駁曰 非也. 升堂入室, 總以瑟言, 瑟之造詣, 亦有淺深. 學術全體, 非所論也.
四科十哲, 子路與焉. 子路者, 孔門之高弟. 邢乃曰惟顏子入室, 豈不妄矣? 門
人以鼓瑟一事, 不敬子路. 若于此時, 又聞'未入室'一語, 則雪上加霜, 把薪救
火, 其不敬益以甚矣. 安在其爲子路解說也? 惟許其〈雅〉·〈頌〉, 而不許其二
〈南〉, 然後門人之敬, 庶有勝於前日矣. ○公牧云: "禪家拈香受法者, 謂之入
室, 孔門無此法也."

마융이 말했다. "나의 당에는 올라 왔지만, 아직 실室에는 들어오지 못했을
뿐이다." ○형병이 말했다. "자로의 학식의 깊고 얕음이, 비유하자면 밖으로
부터 안으로 들어와 그 문을 찾은 자와 같다. 실에 들어간 것이 깊은 것이 되
는데, 안연이 그에 해당한다. 당에 오른 것이 그다음인데, 자로가 그에 해당
한다. 이미 나의 당에 올랐으니, 어찌 공경하지 않겠는가?" ○논박하여 말하
면, 그릇되었다. 승당升堂과 입실入室은 모두 슬瑟로써 말한 것이니, 슬의 조

예造詣에서 얕음과 깊음이 있는 것이니, 학술 전체는 논한 바가 아니다. 사과四科·십철十哲에 자로가 들어있다. 자로는 공자 문하의 고제高弟이다. 형병은 이에 오직 안자만 실에 들어갔다고 말하니, 어찌 망령된 말이 아니겠는가? 문인들이 슬을 타는 하나의 일에 의해서만 자로를 공경하지 않았다. 만일 이때에 또한 '아직 실에 들어가지 못했다(未入室)'는 한마디 말을 들었다면 설상가상雪上加霜으로 섶을 안고 불을 끄려고 들어가는 격이니, 어찌 불경不敬이 더욱 심하지 않겠는가? 어찌 아직 실室에 들어가지 못했다는 것이 자로를 위한 해설이 될 수 있겠는가? 그에게는 오직 「아雅」·「송頌」만 인정하고, 두 「남南」을 허여하지 않았으니, 그런 뒤에 문인들의 공경이 지난날보다 거의 나아짐이 있었다. ○윤공묵이 말했다. "선가에서는 향을 피우고 불법을 전수받는 것을 입실入室이라고 하지만, 공문에서는 이런 법은 없다."

비평 —— 고주는 이 구절이 자로의 재능과 학문의 분계分界를 평가한 것으로 해석한다. 요컨대 자로의 학식은 당에 오를 정도는 되었지만, 안연처럼 실室에 들어갈 정도는 되지 못했다고 공자가 평했다는 것이다. 주자는 『공자가어』를 인용하여, 좀더 구체적으로 설명한다. 즉 자로의 성격이 강직하여 슬을 타면 북쪽 변방의 살벌한 소리가 들어 있어 중화中和가 부족했기 때문에, 공자께서 '어찌 나의 문에서 타는가?'라고 말했다는 것이다. 그리고 뒤의 구절에 대해 주자는 자로의 입도入道 순서를 설명한 것으로 해석한다. 즉 자로는 입도의 학문이 이미 정대·고명한 영역에까지 나아갔지만, 다만 아직 정미精微·오묘함에는 깊이 들어가지 못했을 따름이라는 것이다. 주자의 해석은 고주와 크게 차이 나지 않는다. 그런데 다산은 이 구절을 오로지 자로의 슬을 타는 능력에 대한 것으로만 한정하여 해석한다.

요컨대 그의 정밀한 고증에 의하면, 이 구절은 자로의 슬을 타는 능력이 「아雅」·「송頌」에는 부합했지만, 「주남周南」·「소남召南」에는 부합하지 않는 것을 책망한 것이라는 말이다. 다산은 주자가 인용한 『공자가어』가 위서라는 점, 자로가 사과·십철에 들어가는 공문의 고제였다는 점 등을 지적하면서 주자의 해석에 반론을 제기한다. 그런데 다산의 해석은 문자적인 해석에 치우쳐 있다. 과연 이 구절이 진정 자로의 슬을 타는 능력만을 두고 하는 말일까? 그의 학문 내지는 입도의 순서를 평가한 말이 아닐까?

11:15. 子貢問: "師與商也孰賢?" 子曰: "師也過, 商也不及." 曰: "然則師愈與?" 子曰: "過, 猶不及."

고주 —— 자공이 물었다. "자장과 자하는 (재능:才·성질:性에서) 더 현명합니까?" 공자께서 대답하셨다. "자장은 (中을 넘어도 그치지 않아) 지나치고, 자하는 (中에 미치지 못했는데도 멈추어) 모자란다(두 사람 모두 중용을 얻지 못했다)." (자공이 물었다.) "그렇다면 자장이 더 낫습니까?" 공자께서 말씀하셨다. "지나친 것은 모자라는 것과 같다."

주자 —— 자공이 물었다. "자장과 자하는 (도를 실천함에 있어) 누가 더 현명합니까?" 공자께서 대답하셨다. "자장은 (재주가 높고 뜻이 넓어서, 어려운 일을 구차하게 하는 것을 좋아하여) 지나치고, 자하는 (독실하게 믿고 삼가 지켰지만 규모가 협소하여) 모자란다." (자공이 물었다.) "그렇다면 자장이 더 낫습니까?" 공자께서 말씀하셨다. "(현명함과 지혜로움이) 지나친 것은 (어리석고 불초하여) 모자라는 것과 같다."

다산 —— 자공이 물었다. "자장과 자하는 (덕으로 나아감:進德에) 누가 더 현명합니까?" 공자께서 대답하셨다. "(狂者로서) 자장은 (禮에서 兼人하여) 지나치고, (狷者로서) 자하는 (禮에서 물러나서) 모자란다." (자공이 물었다.) "그렇다면 자장이 더 낫습니까?" 공자께서 말씀하셨다. "(禮에서 적중하지 못하여) 지나친 것은 모자라는 것과 같다."

집주 —— ■子張은 才高意廣而好爲苟難이라 故로 常過中하고 子夏는 篤信謹守而規模狹隘라 故로 常不及하니라

자장은 재주가 높고 뜻이 넓어서, 어려운 일을 구차하게 하는 것을 좋아했다. 그러므로 항상 중용을 넘어섰다. 자하는 독실히 믿고 삼가 지켰지만 규모가 협소했다. 그래서 항상 모자랐다.

■愈는 猶勝也라

유유는 나은 것(勝)과 같다.

■道는 以中庸爲至하니 賢知之過가 雖若勝於愚不肖之不及이나 然이나 其失中則一也니라

도에서는 중용이 지극한 것이 된다. 현명함과 지혜로움이 지나친 것이 비록 어리석고 불초하여 모자라는 것보다 더 나은 것 같지만, 그것이 중용을 잃은 점에는 마찬가지이다.

자원풀이 ■현賢은 貝(조개 패)+臤(굳을 현)의 형성자로 노비를 잘 관리하고(臣又) 재산(貝)을 잘 지키는 재능이 많은 사람을 말했으며, 이후 재산이 많다, 총명하다, 현명하다, 현자 등을 뜻하게 되었다.
■과過는 辵(지나가다)+咼(입이 비뚤어진 모양)로 이루어진 글자로, 갑골문에서는 '잘못' '재앙' 등의 의미로 쓰였고, 이후 '지나가다', '지나치다', '넘어서다' 등의 뜻이 나왔다
■급及은 人+又(또 우)로 구성되어, 사람의 뒤쪽을 손으로 잡는 모습에서 '잡다'의 뜻이, 그래서 '…에 이르다, 도달하다.'의 뜻이 생겼다. '과유불급過猶不及'을 흔히 "지나친 것은 모자란 것만 못하다"고 해석하는데, 이는 잘못된 것이다. 중용을 넘어서거나, 중용에 도달하지 못했다는 점에서 지나친 것은 모자라는 것과 같다는 의미이다.
■유愈는 心(마음 심)+兪(점점 유)의 형성자로 병이 점점 낫다(愈)는 뜻이며, 이후 훌륭하다는 뜻이다. 더 우수하다, 병이 낫다(昔日疾 今日愈), 더욱, 근심하다(憂心愈愈 是以有悔), 유쾌하다, 구차하다(偸:愈 一小夫耳).

■尹氏曰 中庸之爲德也 其至矣乎인저 夫過與不及이 均也니 差之毫釐면 繆
以千里라 故로 聖人之敎는 抑其過하고 引其不及하여 歸於中道而已니라
윤돈이 말했다. "중용의 덕 됨이 지극하도다. 무릇 지나침과 모자람은 마찬
가지이다. 털끝만큼의 차이가 천 리(千里)나 어그러지게 한다. 그러므로 성인
의 가르침은 그 지나침을 억누르고, 그 모자라는 것을 끌어올려, 중용에로 돌
아가게 할 따름이다."

고금주 —— ■孔曰: "言俱不得中." [邢云: "子張所謂過當而不已, 子夏則不及而止."]
○案 過與不及, 未可以形容摸捉, 故舊說如此. 竊嘗論之, 以進德則狂者爲過,
狷者爲不及, [蔡淸云: "子張近於狂, 子夏亦未免於狷."] 兼人者爲過, 退者爲不及. [由
與求] 以行禮則奢者爲過, 儉者爲不及, 喪而戚者爲過, 易者爲不及.
공안국이 말했다. "두 사람 모두 중용을 얻지 못했다는 말이다." (형병이 말했
다. "자장은 이른바 마땅함을 넘어 갔지만:過當 그치지 않고, 자하는 모자랐지만:不及 그
쳤다는 것이다.") ○살핀다. 지나침과 모자람은 형용·모착할 수 없기 때문에
구설舊說은 이와 같다. 내가 일찍이 논했듯이, 덕으로 나아감에 광자는 지나
침이 되고(狂者爲過), 견자는 모자람이 된다.(狷者爲不及; 채청이 말했다. "자장은
광에 가깝고, 자하 또한 견에서 면하지 못한다.") 겸인兼人하는 자는 지나치게 되고,
물러나는 자는 모자라게 된다(자로와 염구). 예禮를 행할 경우 사치하는 것은
지나침이 되고, 검소한 것은 모자람이 된다. 상喪에서 슬퍼함에 치우치면 지
나침이 되고, 절차를 잘 지키는 데에 치우치면 모자람이 된다.
■質疑 二子優劣, 雖不可詳, 孔子斷之曰'過, 猶不及', 則其難兄難弟, 莫上莫
下可知. 『集注』引『中庸』以明之, 則子張爲賢知, 而子夏爲愚不肖, 恐非本旨.
『中庸』所言者, 知愚以位高而操世柄者言之, [如葉公·景公, 知者之類, 餘多愚者]
賢不肖以儒者之談道術者言之, [如老·莊·楊·墨, 賢者之類, 餘多不肖] 雖其不得
中庸, 畢竟相同, 而其才性之高下, 若碧天黃壤. 二子之過與不及, 非至是也.

질의한다. 두 사람(자장과 자하)의 우열은 비록 상세하지 않지만, 공자께서 지나침은 모자람과 같다고 단정했으면 그들은 난형난제이고, 막상막하라는 것을 알 수 있다. 『집주』에서 『중용』을 인용하여 해명한, 자하는 현명하고 지혜로우며, 자하는 어리석고 불초하다는 것은 아마도 본 뜻이 아닌 듯하다. 『중용』에서 말한 것은, 지혜로움과 어리석음(知愚)은 지위가 높고 세상의 권세를 잡은 것으로 말한 것이고(예를 들면 葉公·景公은 지혜로운 자의 부류이고, 나머지 다수는 어리석은 자이다), 현명함과 불초함은 유자儒者가 도술을 담론한 것으로 말한 것이다(예를 들면 老·莊·楊·墨은 현명한 자의 부류이며, 나머지 다수는 불초하다). 비록 중용을 행할 수 없다는 점에서는 필경 서로 같다고 할지라도, 그 재주와 성품의 높낮이는 천양지차와 같으니, 하늘과 땅처럼 자장과 자하의 지나침과 모자람은 여기에 이르지는 않는다.

■案 顏淵亟稱夫子約我以禮, 約我以禮者, 所以制中也. 孔子曰'吾黨小子狂簡, 不知所以裁之', 謂不知制之以禮也. 以此觀之, 則子張之過, 過於禮也, 子夏之不及, 不及於禮也.

살핀다. 안연은 자주 공자께서 자신을 예로써 단속하여 주셨다고 칭했다. 나를 예로써 단속한다(約我以禮)는 것은 중용을 제정하는 방법이다. 공자께서 '우리 당의 제자들은 광간狂簡하여 제재할 방법을 알지 못한다(「공야장」)'고 말씀하신 것은 예로써 제재하는 줄 모른다는 것이다. 이것으로 보면, 자장의 지나침은 예에서 지나침이고, 자하의 모자람은 예에서 모자람이다.

비평 —— 공자는 "중용의 덕 됨이 지극하도다!"(6:27. 子曰 中庸之爲德也 其至矣乎)라고 말했다. 주자의 해석처럼, 중용이란 치우치거나 기울지 않고(不偏不倚), 지나침과 모자람이 없는(無過不及) 상태를 말한다.

그런데 여기서 자장의 과過와 자하의 불급不及은 무엇을 말하는지에 대해 의견이 일치하지 않는다. 먼저 고주에서는 재능(才)·성질(性)의 면에서 자장은 중을 넘어도 그치지 않아 지나치고, 자하는 미치지 못했는데도 멈추어서 모자란다고 말했다. 주자는 도를 실천함에 있어 자장은 재주가 높고 뜻이 넓어서 어려운 일도 구차하게 하는 것을 좋아하여 지나치고, 자하는 독실하게 믿고 삼가 지켰지만 규모가 협소하여 모자란다고 해석한다. 이에 대해 다산은 덕으로 나아감(進德)에 있어 광자狂者로서 자장은 '예'에서 겸인兼人하여 지나치고, 견자狷者로서 자하는 '예'에서 물러나서 모자란다고 했다. 각각의 해석이 나름의 일리가 있다고 생각된다. 또한 다산은 질의를 통해 주자의 『중용』과 결부된 해석을 면밀히 살피고 비판했다. 즉 『중용』에서 말하는 현명하고 지혜로운 자와 어리석고 불초한 자는 여기서 공자가 평가하는 자장과 자하와 관계가 없다는 것이다. 즉 『중용』에서 말하는 지知·우愚는 지위(권세)와 연관되며, 현賢·불초不肖는 도술과 연관되지만, 여기서는 진덕進德 및 예禮에 적중 여부의 문제라는 것이다. 이미 신안 진씨 또한 이렇게 말한 바 있다.

> (주자의)『집주』는 『중용』의 현지賢知·우불초愚不肖자의 설을 인용하여 넘치는 것은 모자라는 것과 같다(過猶不及)는 의미를 밝힌 것에 불과하지, 자하를 가리켜 어리석고 못났다고 말하는 것이 아니다. 경문의 뜻은 단지 넘침과 모자람은 모두 중용을 잃은 것임을 말할 뿐이다. (『논어집주대전』)

11:16. 季氏富於周公, 而求也爲之聚斂而附益之. 子曰: "非吾徒也. 小子, 鳴鼓而攻之, 可也."

고주 ── 계씨가 주공(천자의 총재인 卿士)보다 부유했건만, 염구는 계씨를 위해 부세를 가혹하게 하여(急賦稅) 재물을 더 늘려 주었다. 공자께서 말씀하셨다. "(염구는) 우리의 무리가 아니다. 여러분들은 북을 울리며 그 죄를 성토하여 꾸짖는 것(鳴鼓聲其罪以責之)이 옳다."

주자 —— 계씨가 주공(무왕의 동생 旦으로 왕실의 지친으로 大功이 있었다.)보다 부유했건만, 염구는 계씨를 위해 무거운 세금을 부과하고 거둬 들여 그의 부유함을 더 불려 주었다. 공자께서 말씀하셨다. "염구는 나의 제자가 아니니(= 絶交), 여러분들은 북을 울리며 그 죄를 성토하여 꾸짖는 것(鳴鼓聲其罪以責之)이 옳다."(스승은 엄하지만 친우는 친밀하기 때문에, 공자 자신은 염구와 절교하지만, 문인들에게는 바로잡게 하셨다.)

다산 —— (공자께서 말씀하시길) "계씨가 주공(=天子之三公)보다 부유했건만, 염구는 계씨를 위해 무거운 세금을 부과하고 거둬 들여 그의 부유함을 더 불려 주었다." 공자께서 말씀하셨다. "염구는 우리의 무리가 아니다. (九伐之法에 백성에게 해를 끼치면 공벌한다고 했으니, 군려의 법인) 명고의 율로써 다스리는 것(攻=治)이 옳다."

집주 —— ■周公은 以王室至親으로 有大功하고 位冢宰하니 其富宜矣어니

자원풀이 ■취聚는 여러 사람(衆)이 모이다(取)의 뜻으로 대중, 사람들이 모여 사는 촌락(聚落), 붕당 등의 뜻이다. ■렴斂은 攵(칠 복)+僉(다 첨)의 형성자로 강제하여(攵) 다 함께(僉) 모이도록 한다는 뜻이다. 세금, 징수하다는 의미이다. 취렴聚斂이란 백성의 재물을 탐내어 함부로 거둬들이는 것을 말한다. 취렴지신聚斂之臣이란 지위를 이용하고 윗사람의 권세에 기대어 백성을 가혹하게 다루고, 세금이나 뇌물을 긁어모으는 신하를 말한다. ■부附는 阜(언덕 부)+付(줄 부)의 형성자. 『설문』에서는 작은 흙(阜) 산이라고 했고, 『옥편』에서는 달라붙다는 뜻이라고 했다. 큰 산 곁에 붙은 작은 산이라는 뜻에서 곁, 붙다, 다시 덧붙이다, 부록附錄, 가깝다 등의 뜻이 나왔다. ■익益은 水(물 수)+皿(그릇 명)의 회의자로 물이 그릇에서 넘치는 모습을 그려 더하다는 뜻이다. 물이 가득찬 후 넘치게 되므로 점차 증가하다, 부유하다, 이익利益을 뜻한다. 더하다, 돕다, 넉넉해진다, 유익하다, 더욱, 진보하다, 많다, 가로막다, 주다, 넘치다 등의 뜻이 있다.

와 季氏는 以諸侯之卿으로 而富過之하니 非攘奪其君하고 刻剝其民이면 何
以得此리오 冉求爲季氏宰하여 又爲之急賦稅以益其富하니라

주공周公은 왕실의 지친至親으로 큰 공이 있었고, 지위가 총재家宰였으니, 그
가 부유한 것은 마땅하다. 계씨季氏는 제후의 경卿으로 부유함이 주공을 넘
었으니, 그 군주에게서 훔치고 빼앗거나 그 백성에게 수탈한 것이 아니라면
어찌 그것을 얻었겠는가? 염구는 계씨의 가신이 되고, 또한 그를 위해 부세賦
稅를 독촉하고, 그의 부유함을 늘려 주었다.

■非吾徒는 絶之也요 小子鳴鼓而攻之는 使門人으로 聲其罪以責之也라 聖
人之惡黨惡而害民也如此라 然이나 師嚴而友親이라 故로 已絶之로되 而猶
使門人正之하시니 又見其愛人之無已也니라

'우리의 무리가 아니다(非吾徒).'는 절교한다는 것이다. '제자들은 북을 울리
며 공박하라(小子鳴鼓而攻之).' 함은 문인들에게 염유의 죄를 성토하여 꾸짖으
라는 것이다. 성인께서 악인과 무리지어 백성에게 해를 끼치는 것을 싫어하
심이 이와 같다. 그러나 스승은 엄하지만 친우는 친밀하기 때문에 자신은 그
와 절교하지만, 오히려 문인들에게 그를 바로잡게 했으니, 또한 공자께서 사
람을 사랑하심이 끝이 없음을 볼 수 있다.

■范氏曰 冉有以政事之才로 施於季氏라 故로 爲不善이 至於如此하니 由其
心術不明하여 不能反求諸身하고 而以仕爲急故也니라

범조우가 말했다. "염유는 정사政事의 재능을 계씨에게 시행했기 때문에 불

■도徒는 彳(조금 걸을 척)+走(달릴 주)의 형성자로 길(彳)을 함께 가는(走) 사람을 뜻하며, 무리라는 뜻이다.
■고鼓는 壴(악기이름 주·술로 장식된 대 위에 놓인 북)+攴(칠 복)의 회의자로 북을 치는 모습을 나타낸다. 이때 북은 들
고 다니거나 매달아 쓰는 북이 아니라, 전쟁터에서 이동하기 쉽게 굽이 높은 받침대 위에 올려놓은 북이다. 북은
고취鼓吹에서처럼 전쟁터에서 군사들의 사기를 북돋우고, 시간을 알려주었다. 북을 쳐서 울린다는 명고鳴鼓란 성
균관 유생이 죄를 지었을 때, 그 사람의 이름을 써 붙인 북을 성균관 안에서 치고 다니며 알렸던 것을 말한다.
■공攻은 攵(칠 복)+工(장인 공)의 형성자로 절굿공이 같은 도구(工)로 내려치는 것(攵)을 말하여, 상대를 공격攻擊·
침공侵攻한다는 뜻이다. 남의 잘못을 지적하다, 열심히 공부하다는 뜻도 나왔다.

선不善이 이와 같은 데에 이르게 되었다. 그 심술心術이 밝지 못함으로 말미암아 돌이켜 자기에게서 구할 수 없어서 벼슬을 급선무로 여겼기 때문이다."

고금주 —— ■補日 上一節, 亦孔子之言. 若記者之言, 則不得云求也. [朋友不相名] ○周公, 謂天子之三公.〈王制〉曰: "天子之三公之田視公侯, 天子之卿視伯, 天子之大夫視子男." ○孔曰: "冉求爲季氏宰, 爲之急賦稅."[邢云: "聚斂財物而陪附助益."] ○鄭曰: "小子, 門人也. 鳴鼓, 聲其罪以責之." ○補曰 攻, 猶治也. [治玉, 謂之攻玉] 孔子呼小子曰: "求也之罪, 雖鳴鼓而攻之, 可也." 時諸侯有罪, 伯者伐之, 伐者, 鳴鼓也.

보완하여 말한다. 위의 한 절 역시 공자의 말씀이다. 만일 기록한 자의 말이라면 '구야求也'라 할 수 없다(붕우는 서로 이름을 부르지 않는다). ○주공周公은 천자의 삼공三公을 말한다.『예기』「왕제」에서 말했다. "천자의 삼공은 전田의 수유를 공후公侯에 준하고, 천자의 경卿은 백伯에 준하고, 천자의 대부는 자남子男에 준한다." ○공안국이 말했다. "염구는 계씨의 가재가 되어 부세를 가혹하게 징수했다."(형병이 말했다. "재물을 취렴하여 부를 더 늘리는 것을 도와주었다.") ○정현이 말했다. "소자는 문인이다. 명고鳴鼓는 그 죄를 성토하여 꾸짖는 것이다." ○보완하여 말한다. 공攻은 다스리다(治)와 같다(옥을 다스리는 것: 治玉을 일러 攻玉이라 한다). 공자께서 제자들을 불러 말씀하셨다. "염구의 죄는 비록 명고의 율로써 다스린다고 할지라도 괜찮을 (엄중한) 것이다." 당시에는 제후에게 죄가 있으면 백伯이 그를 정벌(伐)했는데, 정벌(伐)이 명고鳴鼓이다.

■孔曰: "周公, 天子之宰, 卿士."[邢云: "季氏, 魯臣, 諸侯之卿也. 周公, 天子之宰, 魯其後也. 孔子之時, 季氏專執魯政, 盡征其民. 其君蠶食深宮, 賦稅皆非己有, 故季氏富於周公也."] ○侃曰: "冢宰是有事之職, 故云卿士."[杜預云: "卿士, 王之執政者."] ○駁曰 非也. 邢氏謂魯其後也, 則周公者元聖也. 周公當時, 雖亦富貴, 不過與太公・召公, 同其田祿, 而法外聚斂, 非聖人之所肯爲, 則元聖獨得富名, 必無是理. 既無獨得之名, 則其必曰'富於周公', 亦無是理. 周公者, 天子之三公也. 不必指斥一人, 且所謂卿士之職, 非元聖之所曾經者?○或曰: "周公子孫在周, 世爲卿士, 襲號周公. 然周室東遷之後, 所謂三公, 其田祿所養, 不過如小國之元士, 其富不足期也. 季氏富於周公者, 謂富於西周盛時之三公也."[據法制而言之]

공안국이 말했다. "주공은 천자의 총재이니, 경사卿士이다." (형병이 말했다. "季氏는 노나라의 신하이니, 제후의 卿이다. 주공은 천자의 총재이고, 노나라는 주공의 후예이다. 공자 당시에 계씨가 노나라의 정권을 독점하고, 그 백성들에게 모두 부세를 징수했다. 그 임금은 깊은 궁중에서 饘食만 하고, 부세는 모두 임금의 소유가 아니었기 때문에 계씨가 주공보다 부유하다고 했다.") ○황간이 말했다. "총재冢宰는 일을 총괄하는 직책이기 때문에 경사卿士라 한다."(杜預가 말했다. "卿士는 왕조의 집정자이다.") ○논박하여 말하면, 그릇되었다. 형병은 노나라는 주공의 후예라고 했지만, 주공은 원성元聖이다. 주공이 당시 비록 또한 부유했지만, 태공太公·소공召公과 그 전록田祿을 동일하게 한 것에 불과하며, 법 이외에 취렴聚斂하는 것을 성인께서 옳게 여기지 않아서 하지 않았을 것인데, 원성만 홀로 부유하다는 명성을 얻었다니, 반드시 이럴 이유는 없다. 이미 홀로 부유하다는 명성을 얻음이 없었다면, 필시 주공보다 부유하다고 말할 리가 없다. 주공이란 천자의 삼공이니, 필시 한 사람만 지적한 것이 아니며, 또한 이른바 경사의 직책은 원성이 일찍이 역임했던 것도 아니다. ○어떤 사람이 말했다. "주공의 자손은 주나라에 있을 때, 세세토록 경사가 되어 주공이라는 호칭을 세습했다. 그러나 주의 왕실(周室)이 동천한 이후, 이른바 삼공이 봉양 받았던 전록은 소국의 원사元士에 불과했기 때문에 그 부는 기약할 수 없다. 계씨가 주공보다 부유하다는 것은 서주가 융성했던 시기의 삼공보다 부유하다는 것을 말한다."(법제에 의거하여 말했다.)

■王充曰: "攻者, 責也, 責讓之也."[『論衡·順鼓』篇] ○邢曰: "使其門人鳴鼓聲其罪, 以攻責之." ○駁曰 非也. 鳴鼓伐罪, 是軍旅之事. 軍旅之外, 無鳴鼓攻人之法也. 故『周禮‧大司馬』, 以九伐之法正邦國, 其目曰‘賊賢害民則伐之’, [有鍾鼓曰伐]冉求之罪, 犯害民之條, 故孔子繩之以軍旅之法, 曰‘其在『周禮』, 正中鳴鼓之律’, 非謂小子眞可以援枹擊鼓, 以伐冉子之失也. 先儒誤解此文, 今太學生有罪者, 有所謂鳴鼓之法, 令有罪者負鼓, 群譟而伐其鼓, 逐之至于橋門之外, 名之曰此孔子鳴鼓之法. 嗟呼! 豈不悖哉? 愧甚矣.

왕충이 말했다. "공攻이란 책責이니, 꾸짖는 것(責讓之)이다."(『논형』, 「순고」) ○ 형병이 말했다. "그 문인에게 북을 울려 그 죄를 성토하여 꾸짖도록 했던 것이다." ○논박하여 말하면, 그릇되었다. 북을 울려 죄를 공벌하는 것(鳴鼓伐罪)은 군려의 일(軍旅之事)이다. 군려 이외에 북을 울려 사람을 공벌하는 법은 없다. 그러므로 『주례』 「대사마」에 구벌법(九伐之法)으로 제후 나라를 바로잡으니, 그 조목에 현인을 해치고, 백성에게 해를 끼치면 공벌한다(종과 북을 치는 것을 일러 벌이라 한다:有鍾鼓曰伐). 염구의 죄는 백성들을 해친 조목을 범한 것이다. 그러므로 공자께서 군려의 법으로 다스려야 한다고 말씀하시면서, 그것이 『주례』에서는 바로 명고의 율(鳴鼓之律)에 해당한다고 했다. 제자들이 정말로 북채를 잡고 북을 치며 염구의 실책을 공벌할 수 있다는 것이 아니다. 선유先儒들이 이 글을 오해하여, 지금 태학생들 가운데 죄 지은 자가 있으면, 이른바 명고법을 적용하여, 죄 지은 자로 하여금 북을 지게 하고 많은 사람들이 시끌벅적하게 그 북을 치면서 교문 밖으로 축출하면서, 그것을 공자의 명고법이라고 명칭한다. 아, 어찌 이치에서 벗어난 것이 아니겠는가? 심히 부끄러운 것이다.

비평 —— 『춘추좌전』 애공 11년조에 다음과 같은 말이 기록되어 있다.

계씨는 전부田賦제도를 시행하여 세금을 늘리려고, 염구에게 공자의 의견을 구하게 했다. 이에 공자는 '베푸는 것은 그 무거운 쪽을 취하고, 일은 그 가운데를 거행하고, 세금을 거두어들이는 것은 그 가벼운 쪽을 따라야 한다.'고 했다. 그러나 염구는 계씨를 따르면서 전부제도를 시행했다.

　공자의 염구에 대한 비평은 바로 여기에서 나온 것으로 보인다. "계씨는 주공周公보다 부유하다."고 했을 때의 '주공'에 대해 고주는 천자의 총재인 경사卿士, 주자는 무왕의 동생 단旦, 그리고 다산은 고주에 거의 동의하면서 천자의 삼공(天子之三公)으로 보았다. 일반적으로 형 무왕과 함께 주나라를 세운 공로가 있었던 주공 단旦의 후손들 가운데 한 계열은 공자와 계손씨의 주군인 노나라의 공실이며, 다른 하나는 주나라의 천자 밑에서 대신을 지냈다. 여기서 고주와 다산은 주나라의 천자 밑에서 대신을 지낸 이들을 주공이라고 했다. 이에 대해 주자는 주공을 노나라의 시조인 단旦으로 본다. 주자의 해석에 따르면, 노나라의 시조 주공은 1/10을 세금으로 부가했지만, 계손씨는 그보다 더 많은 세금을 거두었음에도 불구하고, 염구는 그 위에 더 보태주었다는 것이다. 다음으로 '명고이공지鳴鼓而攻之'의 해석을 약간 다르게 하고 있다. 고주와 주자는 공자가 문인들에게 북을 울려 염유의 죄를 성토하여 꾸짖으라(鳴鼓聲其罪以責之)고 지시했다고 해석했다. 이에 대해 다산은 염유의 죄는 구벌법(九伐之法)에 따르면 백성에게 해를 끼친 것으로 공벌의 대상이 되기 때문에, 군려의 법인 명고의 율로써 다스려야 하는 엄중한 사안에 해당된다고 말한 것으로 해석했다. 여기서도 다산의 해석은 전거에 근거한다.

11:17. 柴也愚, 參也魯, 師也辟, 由也喭. (11:18:주자) 子曰: "回也其庶乎, [句] 屢空. 賜不受命, 而貨殖焉, 億則屢中."[皇氏本, 辟或作僻. 陸云: "匹亦 反." ○古本, 喭或作諺. 見『文選』注]

고주 ── (11:17) 시는 우직하고(愚=愚直), 삼은 (성격이) 지둔(魯=遲鈍)하고, 사는 사벽(辟=邪辟文過)하고, 유는 사납고 거칠었다(喭=畔喭).

(11:18) 공자께서 말씀하셨다. "회는 도에 거의 가까웠으니, 매번 마음을 비웠다(屢=每, 空=虛中). 사는 (공자의) 교명(命=孔子之敎命)을 받아들이지 않고, 재화만 늘렸으나(偶富:우연히 부자가 된 것이다), 헤아리면(億=度) (요행히도) 자주 사리에 맞았다(中=幸中)."

주자 ── (11:17) 시는 지혜는 부족했지만 후했고(愚=知不足而厚有餘), 삼은 노둔(魯=魯鈍)하고, 사는 편벽(辟=便辟:의용과 행동거지만 익혀 성실함이 모자람)했다. 유는 조야하고 속되었다(喭=粗俗也).

(11:18) 공자께서 말씀하셨다. "회는 도에 거의 가까웠으며, (또한) 곡식 함이 자주 비었다(屢空=數至空匱:또한 가난을 편하게 여길 수 있었다). 사는 천명(命=天命)을 받아들이지 않고, 재화로 이식했고(貨殖=貨財生殖), 헤아리면(億=意度) (재주와 식견이 밝아) 사리에 맞는 경우가 많았다(能料事而多中)."

다산 ── (공자께서 말씀하셨다.) "시는 어리석고(愚=憖), 삼은 둔하고(魯=鈍), 사는 치우쳤다(辟=僻). 공자께서 말씀하셨다. 회는 도에 거의 가까웠지만, 곡식 함(匱)이 자주 비었다(屢=數, 空=窮:數至空匱). 유는 비루했다(喭=鄙)." 공자

자원풀이 ■우愚는 心(마음 심)+禺(긴 꼬리 원숭이 우)의 형성자로 원숭이(禺)처럼 단순한 생각(心)을 하는 존재라는 의미에서 '어리석음'을 나타냈고, 자신을 낮추는 겸양어로 쓰인다.
■로魯는 魚(고기 어)+口(입 구)의 형성자로 생선(魚)의 맛(口)을 상징적으로 표현해 훌륭하다는 뜻이 나왔다. 이후 우둔하다, 멍청하다는 뜻이 나왔는데, 반훈反訓의 결과이다. 공자의 고향인 산동지방을 가리키는 지명도 된다. 가차되었다는 설과 황하유역에서 유일하게 해안과 접한 곳으로 신선한 고기가 많이 나왔기 때문이라고도 한다.
■벽辟은 辛(매울 신:육형肉刑을 시행할 때 쓰던 형벌 칼로 죄인에서 표식을 새겨 넣던 도구로 고통과 아픔:신고辛苦)+尸(주검 시)+口(입 구)의 회의자로 辛은 형벌의 칼을, 尸는 사람을, 口는 도려낼 살점을 형상했다. 이로부터 갈라내다, 배척하다, 배제하다 등의 뜻이 생겼고, 대벽大辟(사형)과 같이 결정권辟을 가진 임금을 뜻하게 되었다. 피로 읽을 때는 피避(辵+辟 = 갈라놓은 다른 곳으로 가다, 피하다)와 같은 뜻으로, 갈라놓은 다른 곳으로 피하다는 뜻이다. 벽僻과 통하

께서 말씀하셨다. "회는 도에 거의 가까웠지만, 곡식 함이 자주 비게 했다(항상 屢空하여 마치 우활하고 서툴러서 아무런 쓸모가 없는 사람과 같았다). 사는 천명을 받아들이지 않고(귀하지 않으면서도 부유함을 추구했다), 판매(貨=販賣)·종축(殖=種畜)했고, 헤아리면 자주 사리에 맞았다."[황간본에는 㲶은 혹 僻으로 되어 있고, 육덕명은 匹과 亦의 반절음이라고 했다. ○고본에는 㖩은 혹 諺으로 되어 있다. 『文選』주에 보인다.]

집주—— ■(11:17의 "柴也愚, 參也魯, 師也辟, 由也㖩.") : 柴는 孔子弟子니 姓高요 字子羔라 愚者는 知不足而厚有餘라 家語에 記其足不履影하고 啓蟄不殺하고 方長不折하며 執親之喪에 泣血三年하여 未嘗見齒하고 避難而行에 不徑不竇라 하니 可以見其爲人矣니라

시柴는 공자제자로 성姓은 고高이고, 자字는 자고子羔이다. 어리석다(愚)란 지혜는 부족하지만, 후하여 남음이 있다는 것이다. 『가어』에서 그를 "발은 (남의) 그림자를 밟지 않았고, (겨울잠에서) 막 깨어 나온 벌레를 죽이지 않고, 한창 자라는 것은 꺾지 않았다. 부모의 초상을 치르면서 피눈물 흘리기를 3년간 하면서 이(齒)를 드러내어 웃은 적이 없었다. 난리를 피해 떠나가면서도 지름길로 가지 않았고, 구멍으로 나가지 않았다."고 기록했으니, 그의 사람됨을 알 수 있다.

여, 편벽便辟, 편벽偏僻, 편파偏跛, 사특함 등으로도 쓰인다. 벽僻은 人(사람 인)+辟(임금 벽)의 형성자로 피하다, 숨다는 뜻인데, 사람(人)과 갈라서다(辟)는 뜻을 담았다. 이후 편벽偏僻되거나 사악邪惡하다는 뜻도 나왔다.
■언㖩은 거칠다, 예의가 바르지 않다, 비속하다는 뜻이다. (1) 죽음을 조상하는 말, (2) 상스러운 말, (3) 민간의 속어를 뜻한다. 언언㖩㖩이란 거칠고 사납다는 뜻이다. 언諺은 言(말씀 언)+彦(선비 언)의 형성자로 후대에 전해질 정도의 훌륭한(彦) 말(言)로 『설문해자』의 주에서는 전대의 교훈이라 했다. 전대부터 전해진 고어古語로서 언諺이 유행하면서, 유행하는 말을 뜻하고, 비어鄙語 혹은 속어俗語라는 뜻이 생겨났다. 언㖩과 통한다.
■루屢는 尸(주검 시)+婁(별이름 루)의 형성자로 집(尸)에 층층이(婁) 만들어 놓은 창문. 여러 차례, 자주의 뜻이다.
■공空은 穴(구멍 혈)+工(장인 공)의 형성자로 공고(工)로 황토 언덕에 굴(穴)을 파 만든 공간空間을 말하며, 이후 큰 공간인 하늘과 텅 빔, 틈, 비우다는 뜻이다.

■魯는 鈍也라 程子曰 參也는 竟以魯得之니라 又曰 曾子之學은 誠篤而已라 聖門學者가 聰明才辨이 不爲不多로되 而卒傳其道는 乃質魯之人爾라 故로 學以誠實爲貴也니라

노魯는 노둔(鈍)이다. 정자가 말했다. "삼參은 마침내 노둔함으로 도를 얻었다." 또 말했다. "증자의 학문은 성실(誠)·독실(篤)일 뿐이다. 성인 문하에 총명하고, 재주 있고, 말 잘하는 자가 적지 않았지만, 마침내 그 도를 전한 자는 바탕이 노둔한 사람이었다. 따라서 배움은 성실을 귀히 여긴다."

■尹氏曰 曾子之才魯라 故로 其學也確하니 所以能深造乎道也니라

윤돈이 말했다. "증자의 재주는 노둔했기 때문에 그 배움이 확고했고, 도에 깊이 나아갈 수 있는 조건이 되었다."

■辟은 便辟也니 謂習於容止하고 少誠實也라

벽辟은 편벽便辟이니, 의용과 행동거지만 익혀 성실함이 모자란 것이다.

■喭은 粗俗也라 傳稱喭者謂俗論也라

언喭은 조야하고 속된 것(粗俗)이다. 해설(傳)에서 언喭이라 칭한 것은 논의가 속된 것(俗論)을 말한다.

■楊氏曰 四者는 性之偏이니 語之하여 使知自勵也시니라

양시가 말했다. "네 가지는 성품의 치우침이니, 말씀해 주셔서 스스로 노력해야 할 것을 알게 하신 것이다."

■화貨는 貝(조개 패)+化(될 화)의 형성자로 화폐나 통화를 말한다. 화물貨物, 상품, 팔다 등의 뜻이 나왔다. 필요한 물품으로 바꿀(化) 수 있는 화폐貨幣(貝)라는 뜻이다.
■식殖은 歹(부서진 뼈 알)+直(곧을 직)의 형성자로 시신屍身이 본래 뜻이며, 이후 증식增殖의 뜻이 나왔다. 『설문해자』에서는 오래된 기름진 살이라 했다. 시체가 오래되면 기름진 쌀이 썩어 없어지고 뼈(歹)만 삐죽삐죽(直) 남게 된다는 것을 나타낸다. 살이 썩어 문드러진 죽음은 바로 새 생명의 상징으로 자라나다, 불어나다는 뜻이 담겼다. (자손, 초목, 식물 등이) 불어나다, (재산들을) 불리다(不殖貨利), 심다(農殖嘉穀), 세우다, 바르다(殖殖其庭)의 뜻이다. 화식貨殖이란 재물을 늘림(재산을 불림), 상인商人, 재물 또는 상품을 말한다.
■억億은 人(사람 인)+意(뜻 의)의 형성자로 사람(人)의 마음(意)에 들다는 의미로, 사람이 마음으로 만족하는 최고의 숫자라는 뜻이다. 『설문해자』 당시에는 최고의 숫자를 10만이라고 했지만, 청나라의 단옥재는 『설문해자주』에서

■吳氏曰 此章之首에 脫子曰二字라 或疑下章子曰이 當在此章之首하여 而通爲一章이라

오역이 말했다. "이 장의 머리에 자왈子曰 두 자가 빠졌다. 혹 다음 장의 자왈 子曰을 마땅히 이 장의 머리에 두어 통합하여 한 장이 되어야 할 듯하다."

집주 —— (11:18의 "子曰: 回也其庶乎, 屢空. 賜不受命, 而貨殖焉, 億則屢中.") : 庶는 近也니 言近道也라 屢空은 數至空匱也니 不以貧窶動心而求富라 故로 屢至 於空匱也라 言其近道요 又能安貧也라

서庶는 가깝다(近)이니, 도에 가깝다는 말이다. 누공屢空은 곡식 함(匱)이 자주 비었다는 것이니, 가난 때문에 마음이 흔들리지 않고 부를 구하지 않았기 때문에 곡식 함이 자주 비었다는 것이다. 안회가 도에 가깝고, 또 가난을 편하게 여길 수 있었다(安貧)는 말이다.

■命은 謂天命이라 貨殖은 貨財生殖也라 億은 意度也라 言 子貢이 不如顔子 之安貧樂道나 然이나 其才識之明이 亦能料事而多中也라

명命은 천명天命을 말한다. 화식貨殖은 재화를 불린 것이다. 억億은 생각하여 헤아리는 것(意度)이다. 자공은 안자의 안빈낙도安貧樂道만은 못했지만, 그 재주와 식견이 밝아 역시 일을 잘 헤아릴 수 있어 적중할 때가 많았다는 말이다.

■程子曰 子貢之貨殖은 非若後人之豐財요 但此心未忘耳라 然이나 此亦子 貢少時事니 至聞性與天道하여는 則不爲此矣리라.

정자가 말했다. "자공이 재화를 불린 것(貨殖)은 후세 사람들이 재산을 풍부하게 하는 것(豐財)과 같지 않아, 단지 이런 마음이 없어지지 않았을 뿐이다. 그러나 이 또한 자공이 젊었을 때 일이며, 성과 천도를 들었을 때에 이르러서

1억이라 했다. 편하다, 헤아리다는 뜻도 나왔다. 억憶과 통하기도 한다. 억憶은 心(마음 심)+意(뜻 의)의 형성자로 뜻(意)을 마음(心)에 새겨 둔다는 뜻이며 생각하다, 기억하다, 회억하다, 추축하다, 억제抑制하다는 뜻으로도 쓰인다.

(聞性與天道. 5:13)는 이런 일을 하지 않았다.”

■范氏曰 屢空者는 簞食瓢飮이 屢絶而不改其樂也니 天下之物이 豈有可動
其中者哉아 貧富在天이어늘 而子貢以貨殖爲心하니 則是不能安受天命矣요
其言而多中者는 億而已요 非窮理樂天者也라 夫子嘗曰 賜不幸言而中하니
是使賜多言也라 하시니 聖人之不貴言也 如是하시니라

범조우가 말했다. “누공屢空은 단사표음簞食瓢飮조차 자주 끊겨졌지만 그 즐
거움을 고치지 않았다(6:11)는 것이니, 천하의 사물이 어찌 그 마음을 움직일
수 있었겠는가? 빈부는 하늘에 달려 있건만, 자공은 화식貨殖에 마음을 두었
다면, 이는 천명을 편안하게 받아들이지 못한 것이다. 그 말이 적중한 것이
많은 것은 억측일 뿐이며, 이치를 궁구하거나 하늘을 즐긴 것은 아니었다.
공자께서 일찍이 말씀하시길, ‘사는 불행하게도 말을 하면 적중하니, 이것이
사로 하여금 말을 많이 하게 하였다.’고 했다. 성인께서 말하는 것을 귀하게
여기지 않으심이 이와 같았다.”

고금주 —— ■補曰 愚, 憨也. 魯, 鈍也. [孔云: “曾子性遲鈍.”] 辟, 偏也. [辟·僻同]
喭, 鄙也. [喭·諺通, 鄙語謂之諺] 屢, 數也. [邢氏云] 空, 窮也. 屢空, 謂數至窮匱
也. [朱子云]補曰 不貴而求富, 是不受命也. 販賣曰貨, [財物之變化] 種畜曰殖. [生
物之蕃息] 四子各有一病, 回與賜, 無可言之病. 然回之病在乎屢空, 賜之病在乎
貨殖, 又其億則屢中, 亦一疵也. 六子之中, 惟‘其庶乎’三字, 爲許可之辭, 餘皆
貶辭. ○案 上四句, 亦夫子所言, 故稱名. [朋友不相名] 中起‘子曰’者, 變其文, 表
顔子也. 注疏本合爲一章.

보완하여 말한다. 우愚는 어리석음(憨:무)이다. 노는 둔鈍이다.(공안국이 말했
다. “증자의 성품이 遲鈍했다.”) 벽辟은 치우침(偏)이다(辟은 僻과 같다). 언喭은 비
루(鄙)이다(喭은 諺과 통하니, 비루한 말을 일러 諺이라 한다). 루屢는 자주(數)이다
(형병이 말했다). 공空은 궁핍(窮)이다. 누공屢空은 곡식 함(匱)이 자주 비었다

는 말이다(주자가 말했다). 귀貴하지 않으면서도 부유함을 추구하는 것이 천명을 받지 않는 것이다. 판매를 화貨라고 하고(재물의 변화), 종축種畜을 식殖이라 한다(생물의 번식). 네 사람이 각각 하나의 병통을 지니고 있었지만, 안회와 자공은 말할 만한 병통은 없었다. 그러나 안회의 병통은 누공屢空에 있었고, 자공의 병통은 화식貨殖에 있었는데, 또한 그가 억측하면 자주 적중하는 것 또한 하나의 하자(一疵)였다. 여섯 사람 중에서 오직 기서호其庶乎 세 글자만 허여하는 말이고, 나머지는 모두 폄사貶辭이다. ○살핀다. 앞의 네 구절 또한 공자께서 말하신 것이기 때문에 이름을 칭했다(붕우는 상호 이름을 칭하지 않는다). 중간에 자왈子曰이란 그 문장을 변화시켜 안자를 포창했다. 주소注疏들은 본래 합하여 하나의 장으로 했다.

■ 馬曰: "子張才過人, 失在邪辟文過." ○ 王弼云: "辟, 飾過差也."[見皇疏] ○ 駁曰 非也. 文過非其旨也.『集注』, 作便辟之辟, 亦恐未然. [便辟者外貌]

마융이 말했다. "자장은 재주가 남보다 뛰어나지만, 결함은 사벽邪辟하고 과실을 꾸미는 것(文過)에 있었다." ○왕필이 말했다. "벽辟은 과오를 꾸미는 것이다."(황간소에 보인다.) ○논박하여 말하면, 그릇되었다.『집주』에는 편벽의 벽(便辟之辟)이라고 했는데, 또한 그렇지 않은 듯하다.(便辟이란 外貌이다.)

■ 鄭曰: "子之行, 失於畔喭." ○ 邢曰: "舊注, 作喭, 字書'喭, 失容也'. 言子路性行剛强, 常呟喭失於禮容也. 今本, 作畔, 王弼云剛猛也." ○ 楊愼曰: "由也諺, 諺, 俗論也. 或作喭, 見『文選』注. 又作唁, 劉恊曰, '諺‧喭‧唁同一字. 諺者, 直語也. 塵路淺言, 有質無華, 喪言不文, 故弔亦稱唁.'"

정현이 말했다. "자로의 행실은 사납고 거칠어에서 과실이 있었다." ○형병이 말했다. "구주舊注는 언喭이라고 했는데, 자서字書에 언喭은 장중한 용모를 상실함(失容)이라고 했다. 자로의 성격과 행실이 굳세고 사나워서(剛强), 항상 반언(呟喭)하여 예용禮容을 잃었다는 말이다. 지금 본에는 반畔이라고 했는데, 왕필은 굳세고 사나움(剛猛)이라고 했다." ○양신楊愼이 말했다. "유야언由也諺에서 언諺은 속론俗論이다. 혹 언嗲으로 썼는데,『문선』주에 보인다. 또한 언唁으로 썼는데, 유협劉協이 말하길, ‘언諺·언嗲·언唁은 동일한 글자이다. 언諺이란 직설적인 말(直語)이다. 저잣거리의 천근한 말은 질박하고 꾸밈이 없으며, 초상에서 하는 말도 문식이 없기 때문에 조문하는 말 역시 언唁이라 칭한다.’”고 했다.

■ 案『論語』之例, 錯落不一. ‘祭如在’章, 承之以‘子曰’, 未爲不可. ‘季氏富於周公’, 亦孔子之言, 而中起‘子曰’. 此章亦然, 不必爲二章.

살핀다. 『논어』의 경우 착란錯亂이 하나가 아니다. ‘제여재祭如在’ 장章은 ‘자왈子曰’로 이었으니, 안 된다고 할 수 없다. ‘계씨부어주공季氏富於周公’ 또한 공자의 말씀인데, 중간에 자왈子曰이라 했으니, 이 장 또한 그렇다. 두 개의 장(二章)으로 나눌 필요는 없다.

■ 何曰: “言回庶幾聖道, 雖數空匱而樂在其中. 賜不受教命, [謂不受孔子之命] 唯財貨是殖, 億度是非. 蓋美回, 所以勵賜也.” ○駁曰 非也. 屢空者, 夫子病回之言, 非譽之也. [其實心譽之] 夫子歷言四子之短, 至於顏子, 實無可病. 夫子若悄然憂歎者然, 曰回也雖庶乎近道, 而又恒曰屢空, 似乎迂拙無用者然, 亦病之也. [其實心譽之] 若以屢空爲善, 則是顏子之庶乎近道, 歸重乎‘屢空’一節. 夫君子之道, 不離乎富貴, 若必以朝不食夕不食, 爲近道之表準, 則凡學道者餓矣. 樂在其中四字, 公然添出, 豈經旨乎? ○又按 ‘貨殖’不可訓之曰‘財貨是殖’. [句] ‘貨殖’二字, 皆行事也. [以財變化曰貨]

하안이 말했다. “안회는 거의 성인의 도에 근접하여 비록 자주 공궤空匱했지만, 즐거움이 그 가운데 있었다. 자공은 교명教命을 받지 못하여(공자의 명을 받지 못한 것을 말한다.) 오직 재화만 증식하고, 시비를 억측하여 헤아렸다. 대개 안회를 찬미하고, 자공을 권면한 것이다.” ○논박하여 말하면, 그릇되었다. 누공屢空이란 공자께서 안회의 병통으로 여긴 말이지, 칭찬한 것이 아니다(그 실제 마음은 칭찬한 것이다). 공자께서 네 사람의 단점을 차례로 말씀하시면서, 안자에 이르러서는 실제 병통이라고 할 만한 것이 없었다. 공자께서는 마치 슬프게 근심하고 탄식하셔서 안회는 비록 거의 도에 가깝지만 또한 항상 누공屢空하여 마치 우활하고 서툴러서 아무런 쓸모가 없는 사람과 같다고 하셨으니, 또한 병통으로 여긴 것이다(그 실제 마음은 예찬한 것이다). 만일 누공을 선으로 여긴다면, 이는 안자가 거의 도에 가까운 것을 누공이란 한 구절에 중점을 두게 하는 것이다. 대저 군자의 도는 부귀富貴에서 벗어나지 않는데도, 반드시 아침에 굶고 저녁에도 굶는 것으로 근도의 표준으로 간주한다면, 도를 배우는 모든 사람은 굶주려야 할 것이다. 낙재기중樂在其中이란 네 글자는 공연히 붙어 나왔으니, 어찌 경문의 뜻이겠는가? ○또 살핀다. '화식貨殖'은 재화를 증식하는 것이라고 해석할 수 없다. '화식貨殖' 두 글자는 모두 일을 행하는 것이다.(재물의 변화를 貨라 한다.)

■何曰: "一曰, 屢, 每也. 空, 猶虛中也. 以聖人之善道, 敎數子之庶幾, 猶不至於知道者, 各內有此害. 其於庶幾, 每能虛中者, 唯回. 懷道深遠, 不虛心, 不能知道. 子貢雖無數子之病, 然亦不知道者, 雖不窮理而幸中, 雖非天命而偶富, 亦所以不虛心也."[邢云: "致富之道, 當由天命與之爵祿, 今子貢不因天命爵祿, 而能自致富, 故曰偶富. 言有億度之勞, 富有經營之累, 以此二事, 不虛心也."] ○駁曰 非也. 何晏之學, 習於佛·老, 穿鑿如此. 〈伯夷傳〉曰: "回也屢空, 糟糠不厭. 西京官學, 皆以屢空爲絶糧也."

하안이 말했다. "일설에 루屢는 매每이고, 공空은 마음을 비움(虛中)과 같다. 성인의 선한 도로써 여러 제자들을 거의 도에 가깝도록 가르치셨지만, 오히려 도를 아는 데 이르지 못한 것은 각각 안에 이러한 병폐가 있었다. 성인의 도에 거의 가까이 가서, 매번 마음을 비울 수 없었던 사람은 오직 안회뿐이었다. 심원하게 도를 품으면서 마음을 비우지 않으면 도를 알 수 없다. 자공은 비록 여러 사람의 병통은 없었지만, 또한 도를 알지 못한 사람이다. 비록 이치를 궁구하지 못했지만 요행히 적중했고, 비록 천명은 아니었지만 우연히 부유우富했으니, 또한 마음을 비우지 않은 까닭이다."(형병이 말했다. "부를 이루는 방법은 마땅히 천명에서 작록을 부여한 데에서 나오는데, 지금 자공은 천명·작록에 말미암지 않고도 능히 스스로 부를 이룰 수 있었기 때문에 우연히 부유했다고 하였다. 적중하는 데에는 억측하여 헤아린 노고가 있었고, 부유함에는 경영하는 累가 있으니, 이 두 가지 일로 인해 마음을 비우지 못했다.") ○논박하여 말하면, 그릇되었다. 하안의 학문은 불가와 도가에서 익혔기에 천착이 이와 같았다. 『사기』「백이전」에서 "안회는 누공屢空하여, 거친 음식(糟糠: 술지게미와 쌀겨)을 싫어하지 않았다."고 했다. 서경西京의 관학은 모두 누공을 양식이 떨어진 것으로 보았다.

비평 —— 먼저 장절의 구분에 있어 고주와 주자는 별도의 장으로 나누었지만, 다산은 합하여 하나의 장으로 보았다. 형식상의 문제로, 어떻게 보더라도 의미에서는 차이가 없다. 앞의 구절도 공자의 언명이라는 다산의 주장은 옳다고 생각된다.

다음으로 누공屢空에 대해 (1) 매번 마음을 비웠기에(每虛中) 거의 도에 가까울 수 있었다(고주의 일설), (2) 가난을 편안하게 여겨 곡식 함이 자주 비었다(주자), (3) 항상 곡식 함을 비워 마치 우활하고 서툴러서 아무런 쓸모가 없는 사람과 같았다(다산) 등으로 각각 다르게 해석하였다. 고주는 다산의 지적대로 당시 현학玄學의 영향을 받은 것으로 보인다. 주자와 다산의 차이는 누공을 찬사로 볼 것인가, 아니면 폄사로 볼 것인가 하는 것이다. 다산의 주장대로 이 말을 찬사로 본다면, 도를 추구하면 자주 굶주려야 한다는 것으로 오도할 수 있다고 생각된다. 또한 명命과 화식貨殖에 대해서도 다른 해석을 하고 있지만, 상호 보완적이라고 하겠다.

11:19. 子張問善人之道. 子曰: "不踐迹, 亦不入於室."

고주 —— 자장이 선인의 도를 묻자 공자께서 말씀하셨다. (선인은 단순히) "옛 자취를 따르는 데에 그치지 않고(踐=循, 또한 약간이라도 창업을 할 수 있지만), 성 인의 오묘한 실(室=聖人之奧室)에는 들어가지 못한다." (공자께서 말씀하셨다. "언론이 독실하면 선인일까, 군자다운 사람일까, 얼굴빛이 장엄한 사람일까?":子曰: "論 篤是與, 君子者乎? 色莊者乎?": 다음 장과 합하여 하나의 장으로 보았다.)

주자 —— 자장이 선인(善人=바탕이 아름답지만 아직 배우지 않은 사람)의 도를 묻 자 공자께서 말씀하셨다. "(선인은 바탕이 아름답지만, 아직 배우지 않은 사람이기 에) 옛 자취를 따르고 지켜 나가지 않고, 성인의 실(室=聖人之室)에 들어가지 못한다."

다산 —— 자장이 다른 사람을 선하게 만드는 방법(善人之道=敎人之術)에 대해 물으니, 공자께서 말씀하셨다. "옛 자취(=規矩)를 따르면서 밟아 나아가지 않 으면, (오묘한 이치를 깨달아 신묘함에 들어가는) 실(室=精義入神之地)에 들어가지 못한다."

자원풀이 ■선善은 『설문해자』에서는 "길吉한 것이다. 두 개의 언(言) 자와 양羊이 합친 것으로 의義·미美와 뜻 이 같다."고 말하고 있다. 착하다, 좋다, 좋아하다, 좋은 점, 잘하다, 잘, 좋은, 많은, 닦다, 선, 선인, 선행, 좋다고 하 다, 착하게 하다(而可以善民心), 다스리다(窮則獨善其身), 소중히 하다, 성공 등의 뜻이다.
■천踐은 足(발 족)+戔(쌓일 전)의 형성자로 발(足)로 부스러질(戔) 정도로 '밟다'의 뜻. 유린하다, 달려가다의 뜻이다.
■적跡은 足(발 족)+亦(또 역)의 형성자로 발길이 머무는 곳을 말하여 迹(자취 적) 혹은 蹟(자취 적)과 같이 쓴다.

집주 —— ■善人은 質美而未學者也라

선인善人은 바탕이 아름답지만 아직 배우지 않은 사람이다.

■程子曰 踐迹은 如言循途守轍이라 善人은 雖不必踐舊迹이나 而自不爲惡
이라 然이나 亦不能入聖人之室也니라

정자가 말했다. "천적踐跡은 길을 따르고 바퀴 자국을 지켜 간다는 말과 같
다. 선인은 비록 옛 자취를 반드시 밟는 것은 아니지만 스스로 악을 행하지
는 않는다. 그러나 또한 성인聖人의 방에는 들어가지는 못한다."

■張子曰 善人은 欲仁而未志於學者也라 欲仁故로 雖不踐成法이나 亦不蹈
於惡이요 有諸己也로되 由不學故로 無自而入聖人之室也니라

장횡거가 말했다. "선인은 인仁하고자 하지만, 아직 배움에 뜻을 두지 않는
자이다. 인하고자 하기 때문에 비록 완성된 법도(成法)를 밟지 않지만, 또한
악에 빠지지는 않는다. 자기 안에 (선을) 지니고 있지만 배움으로 말미암지
않기 때문에 자연히 성인의 방에는 들어감이 없다."

고금주 —— ■補曰 善人之道, 即敎人之術. [善, 讀之如'善世'之善] 下學上達, 如
由門而階, 一級二級, 乃升其堂, 以入乎室. [室者, 精義入神之地] 踐迹, 謂循舊迹,
不躐等也.

보완하여 말한다. 선인의 도(善人之道)는 곧 사람을 가르치는 방법(即敎人之
術)이다.(善은 '세상을 선하게 하다:善世'라고 할 때의 善과 같이 읽어야 한다.) 하학상
달下學上達은 문을 경유하고 계단을 한 계단 두 계단 올라 이에 그 당堂에 오
름으로써 실에 들어간다.(室이란 오묘한 이치를 깨달아 신묘함에 들어간 경지:精義
入神之地이다.) 천적踐迹은 옛 자취를 따르면서 엽등하지 않는 것을 말한다.

■孔曰: "踐, 循也. 言善人不但循追舊迹而已, 亦少能創業, 然亦不入於聖人之
奧室."[邢云: "子張問, '行何道, 可謂善人?' 孔子答言, '善人不但循追舊迹而已, 當自立功立
事也, 而善人好謙, 亦少能創業, 故亦不能入聖人之奧室也.'"] ○韓曰: "孔說, 非也. 吾

謂善人即聖人異名爾."○駁曰 三說, 皆非也. 善也者, 繕也. 修治之使之善曰善也. 子張磊落豪放之人也. 其自修己, 不欲循蹈規矩, 況其教人之法, 豈無躐等之患? 此孔子所以告之以踐迹也.

공안국이 말했다. "천踐은 따름(循)이다. 선인은 단순히 옛 자취를 따르는 데에 그치지 않고, 또한 약간이라도 창업을 할 수 있다. 그러나 또한 성인의 오묘한 실(奧室)에는 들어가지 못한다."(형병이 말했다. "자장이 '어떤 도를 행하면 선인이라고 할 수 있습니까?' 하고 물으니, 공자께서 '선인은 단지 옛 자취를 추구하고 따르는데 그치지 않고 마땅히 자립하여 공업을 세워야 하지만, 선인은 겸선함을 좋아하여 또한 약간의 창업을 할 수 있다. 그러므로 또한 성인의 오묘한 실:奧室에는 들어가지 못한다.'고 하셨다.")○한유가 말했다. "공안국의 설명은 그릇되었다. 나는 선인善人이란 성인聖人의 다른 이름이라고 생각한다."○논박하여 말하면, 모두 그릇되었다. 선善이란 선繕이다. 수선하고 다스려 선하게 하는 것을 일러 선이라고 한다(修治之使之善曰善也). 자장子張은 활달하여 거리낌 없는 사람(磊落豪放之人)이다. 그가 스스로 자기를 닦음(修己)에서도 법도를 따르거나 밟으려고 하지 않았는데, 하물며 사람을 가르치는 방법에서 어찌 엽등할 염려가 없었겠는가? 이것이 공자께서 천적踐迹으로써 말해 주신 까닭이다.

■ 質疑 誠是善人, 雖曰未學, 吾必謂之學矣, 豈可曰質美而未學乎? 聖人千言萬語, 所期者善而已. 旣善而未入室, 有是理乎?[若以質美者爲善人, 又不應曰善人之道也. 質美未學, 安得有道之足問.]

질의한다. 진실로 선인이라면 비록 아직 배우지 않았다고 할지라도 나는 반드시 배웠다고 말한 것이니(「학이」), 어찌 바탕이 아름답지만 아직 배우지 않았다고 말할 수 있겠는가? 성인의 천 마디 만 마디 말이 기약하는 것은 선일 뿐이다. 이미 선한데 아직 실에 들어가지 못했다니, 이럴 리가 있는가?(만일 바탕이 아름다운 이를 선인이라고 한다면, 또한 선인의 도라고 한 것에 호응하지 않는다. 바탕이 아름다운데도 아직 배우지 않았다면, 어찌 도가 있는지를 물을 수 있겠는가?)

비평 —— (1) 먼저 형식상 고주는 이 구절을 그다음 구절(子曰 論篤是與, 君子者乎? 色莊者乎?)과 합하여 하나의 장으로 보았지만, 주자와 다산은 분리시켰다. 맥락상 장을 분리시킨 주자와 다산의 입장이 좀더 순조롭지만, 고주처럼 합쳐도 통하지 않는 것은 아니다. (2) 선인善人 및 선인지도善人之道에 대한 해석을 달리하고 있다. 고주와 주자는 선인을 단순히 착한 사람으로 본다. 그래서 특히 주자는 선인을 바탕이 아름답지만 아직 배우지 않은 사람으로 해석했다. 이에 대해 다산은 선善을 선繕(修繕·손보다, 다스리다 등)으로 본다. 그래서 선인善人을 남을 가르치는(다스리는) 것으로 본다. 그래서 선인지도善人之道를 다른 사람을 선하게 만드는 방법(善人之道=敎人之術)으로 보고 해석한다. 그래서 그는 주자의 선인(質美而未學者也)에 대한 정의에 질의를 한다. 즉 성인의 모든 말씀이 오직 선하라고 하는 말일 뿐인데, 어찌 이미 선인인 사람에게, 자취를 따라 밟아 나아가지 않으면 오묘한 이치를 깨달아 신묘함에 들어가는 경지에 들어가지 못한다고 할 수 있겠는가 하는 것이다. 이러한 질의에는 행사 이후에 덕이 있다는 다산의 실천적 해석이 반영되어 있다고 하겠다. 다산의 창의적 해석이 여기서도 잘 발휘되고 있다.

11:20. 子曰: "論篤是與, 君子者乎? 色莊者乎?"[『集解』連上爲一章]

고주 —— (자장이 선인의 도를 묻자 공자께서 말씀하셨다. "옛 자취를 따르는 데에 그치지 않고, 성인의 오묘한 실에는 들어가지 못한다.") 공자께서 말씀하셨다. "말에 가릴 말이 없는(論篤=口無擇言) 사람이 선한 사람일까? (몸에 비루한 행실이 없는) 군자(가 선인)일까? (증오하지 않으면서도 장엄하여 소인을 멀리하는) 색장자(가 선인)일까?"(이 세 종류의 사람 모두가 선인이 될 수 있다는 말이다.)

주자 —— 공자께서 말씀하셨다. "(단지) 언론이 독실함, 이것만으로 허여한다면, (알지 못하겠지만 이런 사람은) 군자일까, 얼굴빛만 장엄한 자일까?"(말과 외양만으로 사람을 취해서는 안 된다.)

다산 —— 공자께서 말씀하셨다. "(단지) 언론이 독실함, 이것만으로 허여한다면, (알지 못하겠지만 이런 사람은) 군자일까, 얼굴빛만 장엄한 자일까?"(말과 외양만으로 사람을 취해서는 안 된다.)(『집해』는 윗장과 연결하여 하나의 장으로 만들었다.)

집주 —— ■言 但以其言論篤實而與之면 則未知爲君子者乎아 爲色莊者乎아 言不可以言貌取人也니라

다만 그 언론이 독실한 것으로만 그를 허여한다면, 그가 군자인지 외모만 장엄한 사람인지를 알지 못하겠다는 말씀이다. 말과 외모로 사람을 취해서는 안 된다는 말이다.

고금주 —— ■補曰 論篤, 言論篤實也. [朱子云] 與, 許也. 君子, 表裏如一者也. 色莊, 貌嚴而內荏者也. 聽其言而輕許之, 則吾未知其爲躬行者乎, 外飾者乎?

자원풀이 ■론論은 言(말씀 언)+侖(둥글 륜)의 형성자로 사리事理를 분석하여 조리 있게 말(言)로 설명하고 논의하는 것이다. 의론하다, 가름하다, 차례를 매기다, 연구하다, 조사하다 등의 뜻이다. 말하다, 논의論議하다(시비를 따지고 말하다), 평정하다, 언론言論, 용어, 논어의 준말, 문체 이름, 순서에 따라 배열하다, 연구하다, 조사하다 등의 뜻도 있다. 또한 명사로 조리, 도리, 무리, 등으로도 쓰인다. 륜侖은 다관多管으로 된 피리를 그린 약侖의 모습으로 피리와 같은 악기를 불 때의 조리條理나 순서를 형상화한 것으로 보인다. 이로부터 순서나 조리라는 의미로 쓰이게 되었다. 그런 순서가 도는 주기, 사이클을 의미한다.
■독篤은 竹(대 죽)+馬(말 마)의 형성자로 대나무로 만든 말을 함께 타고 놀던 옛 친구처럼 도답고 견고한 것(관계)을 말한다. 그래서 어릴 때부터 같이 놀며 자란 친한 벗을 죽마고우竹馬故友라 한다.
■색色은 人+卩(병부 절 =節)의 회의자로 사람의 심정은 그대로 안색으로 나타나는데, 이는 마치 부절符節을 맞추

보완하여 말한다. 논독論篤은 언론이 독실한 것이다(주자가 말했다). 여與는 허여(許)이다. 군자는 표리가 한결같은 사람이다. 색장色莊은 외모는 장엄하나, 내면은 나약한 자이다. 그 말만 듣고 가벼이 허여하면, 그가 몸소 실천하는 자인지 외모만 꾸미는 자인지 나는 알지 못하겠다(는 말이다).

■ 何曰: "論篤者, 謂口無擇言. 君子者, 謂身無鄙行. 色莊者, 不惡而嚴, 以遠小人. 言此三者, 皆可以爲善人." ○邢曰: "此亦善人之道, 故同爲一章, 當是異時之語, 故別言子曰." ○韓曰: "論者, 討論也. 篤, 極也. 是, 此也. 論極此聖人之道, 因戒子張[亦別爲一章]." ○駁曰 非也. 朱子之義, 不可易.

하안이 말했다. "논독論篤이란 입에 가릴 말이 없음을 말한다. 군자란 몸에 비루한 행실이 없음을 말한다. 색장色莊이란 증오하지 않으면서도 장엄하여 소인을 멀리하는 것이다. 이 세 종류의 사람은 모두 선인이 될 수 있다는 말이다." ○형병이 말했다. "이 또한 선인의 도인 까닭에 같이 한 장章이 되지만, 다른 시기에 해당하는 말이기 때문에 구별하기 위해 자왈子曰이라고 했다." ○한유가 말했다. "론論이란 토론討論이다. 독篤은 극진함(極)이다. 시是는 이것(此)이다. 이 성인의 도를 극진히 토론함으로 인하여 자장을 경계한 것이다(또한 따로 하나의 장이 된다)." ○논박하여 말하면, 그릇되었다. 주자가 풀이한 뜻은 바꿀 수 없다.

비평 —— 고주는 앞장과 이어지는 것으로 보고, 공자가 논독論篤·군자·색장자, 이 세 종류의 사람 모두 선인이 될 수 있다고 말한 것으로 해석했다. 이에 비해 주자는 앞장과 별개의 장으로 보고, 논독한 것만으로는 사람을 취할

는 것과 같기 때문에 안색顏色의 뜻, 인신하여 빛깔의 뜻이 되었다. 성애과정에서 흥분된 '얼굴색'으로 색깔은 물론 성욕과 성욕의 대상인 여자, 여자의 용모, 나아가 기쁜 얼굴색(喜色), 정신의 혼미함 등의 뜻이 나왔다고도 한다.
■장莊은 艸(풀 초)+壯(씩씩할 장)의 형성자. 풀(艸)이 성하여 장대(壯)함을 말한다. 장엄하다, 엄숙하다, 공경하다, 엄정하다 등의 뜻이 있다. 또한 土(흙 토)+广(집 엄)으로 庄(농막 장)으로 큰 상점이나 전문점을 지칭하기도 한다.

수 없다고 말한 구절로 해석한다.

다산은 주자의 해석에 전적으로 동의한다. 자왈子曰이라는 구절이 따로 나왔을 뿐만 아니라, 문맥과 특히 '색장자色莊者'는 선인에 해당할 수 없다는 점에서 주자와 다산의 해석이 타당하다고 하겠다.

⌜⌍⌝

11:21. 子路問: "聞斯行諸?" 子曰: "有父兄在, 如之何其聞斯行之?"
冉有問: "聞斯行諸?" 子曰: "聞斯行之." 公西華曰: "由也問聞斯行
諸, 子曰, '有父兄在.' 求也問聞斯行諸, 子曰, '聞斯行之.' 赤也惑,
敢問?" 子曰: "求也退, 故進之, 由也兼人, 故退之."

고주 —— 자로가 물었다. "(궁핍한 사람을 진휼·구제하는 일을) 들으면 즉시(斯
=於斯卽) 그것을 행해야 합니까(行諸=行之乎)?" 공자께서 말씀하셨다. "부형이
계시는데, 어찌 들었다고 하여 즉시 그것을 행해야 하겠는가?" 염유가 물었
다. "들으면 즉시 그것을 행해야 합니까?" 공자께서 말씀하셨다. "들으면 즉
시 그것을 행해야 한다." 공서화가 물었다. "유가 '들으면 즉시 그것을 행해야
합니까?' 하고 묻자, '부형이 계신다'고 하시고, 구가 '들으면 즉시 그것을 행
해야 합니까?' 하고 묻자, 선생님께서는 '들으면 즉시 그것을 행해야 한다'고
하셨습니다. 저는 (질문은 같지만 답은 다르기에:其問同而答異) 의혹스러워, 감히
묻습니다." 공자께서 말씀하셨다. "구는 (성질이 겸손하여) 물러나기 때문에 나
아가게 했고, 유는 (힘쓰는 것이) 남을 이기는 데(兼人=務在勝尙人) 있기 때문에
물러나게 했다."

주자 —— 자로가 물었다. "(義를) 들으면 즉시 그것을 행해야 합니까?" 공자께서 말씀하셨다. "부형이 계시는데, 어찌 들었다고 하여 즉시 그것을 행해야 하겠는가?" 염유가 물었다. "들으면 즉시 그것을 행해야 합니까?" 공자께서 말씀하셨다. "들으면 즉시 그것을 행해야 한다." 공서화가 물었다. "유가 '들으면 즉시 그것을 행해야 합니까?' 하고 묻자, '부형이 계신다'고 하시고, 구가 '들으면 즉시 그것을 행해야 합니까?' 하고 묻자, 선생님께서는 '들으면 즉시 그것을 행해야 한다'고 하셨습니다. 저는 의혹스러워, 감히 묻습니다." 공자께서 말씀하셨다. "구는 물러나기 때문에 나아가게 했고, 유는 남보다 나으려고 하기 때문에 물러나게 했다."

다산 —— 자로가 물었다. "(義를) 들으면 즉시 그것을 행해야 합니까?" 공자께서 말씀하셨다. "부형이 계시는데, 어찌 들었다고 하여 즉시 그것을 행해야 하겠는가?" 염유가 물었다. "들으면 즉시 그것을 행해야 합니까?" 공자께서 말씀하셨다. "들으면 즉시 그것을 행해야 한다." 공서화가 물었다. "유가 '들으면 즉시 그것을 행해야 합니까?' 하고 묻자, '부형이 계신다'고 하시고, 구가 '들으면 즉시 그것을 행해야 합니까?' 하고 묻자, 선생님께서는 '들으면 즉시 그것을 행해야 한다'고 하셨습니다. 저는 의혹스러워, 감히 묻습니다." 공자께서 말씀하셨다. "구는 (스스로 한계를 지워) 물러나기 때문에 나아가게

자원풀이 ■사斯는 斤(도끼 근)+其(그 기)로 구성되어, 대나무 등을 자귀(斤)로 쪼개 키(其, 箕)와 같은 기물을 만든다는 의미였는데, 이후 이것, 여기라는 뜻이 나왔다. 파생된 시撕는 쪼개다라는 본래 뜻을 지니고 있다. 지시대명사로서 이/여기, 쪼개다, 떨어지다, 희다, 천하다, 모두(罪人斯得), 곧, 이에 곧(如知其非義 斯速已矣), 어조사. 신안진씨가 말했다. "(여기사) 사斯 자는 매우 요긴하다. 이 사람이 이에 황의 극을 주리라(如時人斯其惟皇之極:『서경』「주서, 홍범」)에서의 사斯와 같은 것으로, 즉차卽此(이에 곧)라는 두 글자의 의미가 사斯에 붙어 있다."
■퇴退는 辵(갈 착)+艮(어긋날 간)의 회의자로 앞으로 나아가는 걸음걸이(辵)와 배치되는(艮) 걸음걸이인 '물러섬'을 말한다. 퇴각退却, 후퇴後退, 몰아내다 등의 뜻이다.
■겸兼은 禾(벼 화)+秉(잡을 병)의 회의자로 벼(禾)를 손으로 움켜진(秉) 모습으로 함께 쥐다는 뜻을 그렸고, 겸하다, 합병하다, 다하다, 모두 등의 뜻도 나왔다. 겸하다, 아우르다, 두 배, 다하다, 모두의 뜻이다. 겸인兼人이란 능력이 다른 사람의 두 배가 됨 혹은 다른 나라를 합병하는 것을 말한다.

했고, 유는 (들음이 있었는데 아직 행하지 못했으면, 오히려 더 들음이 있을까 염려하여) 남보다 두 배로 실천하려고 하기 때문에 물러나게 했다."

집주 ── ■兼人은 謂勝人也라
겸인은 남을 이기는 것을 말한다.

■張敬夫曰 聞義면 固當勇爲나 然이나 有父兄在면 則有不可得而專者니 若不稟命而行이면 則反傷於義矣라 子路는 有聞이요 未之能行하여선 惟恐有聞하니 則於所當爲에 不患其不能爲矣요 特患爲之之意或過하여 而於所當稟命者에 有闕耳라 若冉求之資稟은 失之弱하니 不患其不稟命也요 患其於所當爲者에 逡巡畏縮하여 而爲之不勇耳라 聖人이 一進之하고 一退之하시니 所以約之於義理之中하여 而使之無過不及之患也시니라

장경부가 말했다. "의義를 들으면 진실로 용감하게 행해야 한다. 그러나 부형父兄이 계시면 마음대로 할 수 없는 것이 있다. 만일 아뢰어 허락받지 않고 행하면 도리어 의를 상하게 한다. 자로는 들은 것이 있는데 아직 행하지 못했으면, 오직 다시 들음이 있을까 두려워했다. 마땅히 행해야 할 것에서 그가 행하지 못할 것을 우려한 것이 아니라, 다만 그것을 행하려는 의지가 혹 지나쳐서 마땅히 아뢰어 허락받아야 할 것에서 빠뜨릴 것이 있을까 우려했다. 그러나 염구와 같이 자품資稟이 나약한 흠이 있었던 경우에는 아뢰어 허락을 받지 않을까 하는 것은 염려되지 않지만, 마땅히 행해야 할 것에서 머뭇거리고 위축되어 행하는데 용감하지 못할까 하는 것이 염려될 뿐이었다. 성인께서는 한 사람은 나아가게 하고, 한 사람은 물러나게 하셨으니, 의리 가운데 단속함으로써 지나치거나 모자랄 우려가 없도록 하신 것이다."

고금주 ── ■補曰 聞, 謂聞義, [張南軒亦云] 如急難振窮, 凡可以行其義者. 兼人, 謂一人擧二人之任, 所謂兼人之勇也. 冉有畫, 是自退者也. 子路有聞未行,

猶恐有聞, 是兼人者也. [謂勇於進取, 倍於他人]

보완하여 말한다. 들음(聞)은 의를 들음(聞義)을 말하니(장남헌도 말했다), 예를 들면 어려울 때 급히 구해 주고, 곤궁할 때 진휼하는 경우, 무릇 그 의를 행할 수 있는 것이다. 겸인兼人은 한 사람이 두 사람의 짐을 드는 것이니, 이른바 겸인의 용기이다. 염유는 (스스로) 한계를 지웠으니(畫) 이것은 스스로 물러난 자이다. 자로는 들음이 있었는데 아직 행하지 못했으면, 오히려 더 들음이 있을까 염려했으니, 이것이 겸인자이다.(진취에 용감하여, 다른 사람의 두 배가 된 것을 말한다.)

■ 包曰: "賑窮救乏之事." ○案 聞義, 不可指的一事.

포함이 말했다. "궁핍한 사람을 진휼·구제하는 일이다." ○살핀다. 의를 듣는다는 것은 하나의 일만을 지적하는 것이 아니다.

■ 鄭曰: "冉有性謙退, 子路務在勝尚人, 各因其人之失而正之." ○案 退步非謙, 兼人非勝尚人.

정현이 말했다. "염유는 성질이 겸손하여 물러나고, 자로는 남을 이기는 데에 힘썼으니, 각각 그들의 결점에 근거하여 바로잡아 주셨다." ○살핀다. 퇴보退步는 겸양이 아니며, 겸인은 남을 이기는 데 힘쓰는 것이 아니다.

비평 —— 공자의 인재양성법의 핵심은 인재시교因材施教, 즉 개개인의 특성과 재목材木에 따라 교육을 달리한다는 원칙을 꼽을 수 있다. 즉 공자는 제자들에게 획일적으로 지식을 주입시킨 것이 아니라, 재질과 그릇에 따라 적절하게 이끌면서, 행위의 준칙으로 중용中庸을 제시했다. 이른바 자질에 따라 교육을 베풀어(因才施教), 중도로 나아가도록 했다. 그래서 겸인兼人하여 과도하게 나서려 했던 자로는 뒤로 물러나게 하고, 유약하여 미치지 못하는 염유에게는 앞으로 나아가도록 지도하여, 중용을 취하도록 이끌어 주신 것이다. 중국의 최고 거부인 알리바바의 마윈(馬云) 회장은 공자의 교육철학을 경영에 원용했다.

각각의 인재가 가진 장점을 먼저 발굴하는 것이 중요합니다. 부하를 비판하기란 쉽습니다. 하지만 비판을 하기 전에 그 직원이 가진 장점부터 알아야 하고, 그것을 인재 양성의 기초로 삼아야 합니다. 피터 드러커는 조직의 목적은 평범한 사람으로 하여금 비범한 일을 하도록 만드는 데 있다고 말했습니다. 그런데도 많은 리더는 자기 밑에 유능한 직원이 없다는 말을 달고 다닙니다. 뛰어난 지도자는 우선 우수한 인재를 자기한테 끌어들여야 하지만, 한편으로는 평범한 사람을 평범하지 않은 사람으로 키워낼 수 있어야 합니다.

이러한 알리바바의 마윈 회장이 강조하는 리더십은 손오공, 저팔계, 사오정이라는 3인 3색 구성원을 큰 도량으로 품고 뚜렷한 방향을 제시해 최종 목표를 달성해 내는 삼장법사의 리더십의 현대판이라고 해석되기도 하는데, 그것은 곧 공자의 교육법이었다. 3권에서 별도의 장을 구성하여 상술한다.

여기서 (1) 들음의 내용(궁핍한 사람을 진휼 구제하는 일:義), (2) 겸인兼人(勝人: 一人擧二人之任)에 대해 해석을 약간 달리하고 있다. 다산의 비평과 해석이 근거가 명확하다.

11:22. 子畏於匡, 顏淵後. 子曰: "吾以女爲死矣." 曰: "子在, 回何敢死?"

고주 —— 공자께서 광 땅에서 두려운 일을 당하셨을 때, (서로 잃어버렸는데) 안연이 뒤쳐져 왔다. 공자께서 말씀하셨다. "나는 네가 (광 땅 사람들과) 죽을 각오로 싸우는 줄 알았다." 안연이 답했다. "선생님께서 (위난에 빠지셨다면 죽을 각오로 싸웠겠지만) 살아 계신데, 제가 어찌 과감하게 죽겠습니까?'

주자 —— 공자께서 광 땅에서 두려운 일을 당하셨을 때, (서로 잃어버렸는데) 안연이 뒤처져 왔다. 공자께서 말씀하셨다. "나는 네가 죽은 줄 알았다." 안연이 답했다. "선생님께서 살아 계신데, 제가 어찌 (죽기를 기필하고 싸우다가) 과감하게 죽겠습니까?'

다산 —— 공자께서 광 땅에서 두려운 일을 당하셨을 때, (서로 잃어버렸는데) 안연이 뒤처져 왔다. 공자께서 말씀하셨다. "나는 네가 죽은 줄 알았다." 안연이 답했다. "선생님께서 살아 계신데, 제가 어찌 (죽기를 기필하고 싸우다가) 과감하게 죽겠습니까?'

집주 —— ■後는 謂相失在後라 何敢死는 謂不赴鬪而必死也라
'후後'는 서로 잃어버렸을 때 뒤처졌음을 말한다. '하감사何敢死(어찌 果敢히 죽겠느냐?)'는 전투에 나아가되 죽기를 기필하지는 않는다는 말이다.
■胡氏曰 先王之制에 民生於三하니 事之如一이니 惟其所在에 則致死焉이라 況顏淵之於孔子에 恩義兼盡하니 又非他人之爲師弟子者而已라 即夫子不幸而遇難이면 回必捐生以赴之矣요 捐生以赴之하여 幸而不死면 則必上告天子하고 下告方伯하여 請討以復讐요 不但已也리라 夫子而在면 則回何爲而不愛其死하여 以犯匡人之鋒乎아

자원풀이 ■畏는 갑골문에서 얼굴에 커다란 가면을 쓴 귀신(鬼)이 손에 창과 같은 무기를 든 모습을 그렸는데, 자형이 변해 지금처럼 되었다. 무서운 형상의 귀신이 무기를 들고 있어 공포감을 주었으므로, 두려워하다, 경외 敬畏의 뜻이 나왔다.

호인이 말했다. "선왕의 제도에, 백성은 세 분 덕에 사니, 섬기기를 하나같이 해야 한다. 오직 그분들이 계심을 위해서는 죽음에 이른다. 하물며 안연은 공자께 은혜와 의리가 모두 극진했고, 또한 다른 사람들의 사제 관계와는 같지 않음에랴? 곧 공자께서 불행하게도 환란을 만났으면, 안연은 목숨을 내걸고 달려갔을 것이다. 목숨을 걸고 달려갔는데 다행하게도 죽지 않는다면, 반드시 위로는 천자에게 고하고, 아래로는 방백에게 고하여 토벌하기를 청하며 원수를 갚고, 단순히 가만히 있지는 않았을 것이다. 공자께서 살아 계시면 안회는 무엇 때문에 그 죽음을 아끼지 않고 광 땅 사람들의 칼날에 맞서겠는가?"

고금주 —— ■補曰 知子在者, 孔子尊顯, 顔子卑微, 倉卒孔子不知顔子之死生, 而顔子得知孔子之存亡. ○按 父在則子不敢輕身冒難, 回也視予猶父, 故用子道也. 顔淵旣知孔子之免害, 從間道避身, 不犯其鋒, 故曰何敢死? ○案胡氏復讎之說, 本是謄語, 且匹夫復讎, 恐未有告于天子方伯者.

보완하여 말한다. 공자께서 살아 계심을 알았다(知子在)는 것은 공자께서는 높고 드러난 인물이지만, 안자는 낮고 미미한 인물이어서, 급작스런 순간에서 공자께서는 안자의 생사를 알지 못했지만, 안자는 공자의 존망을 알 수 있었다는 것이다. ○살핀다. 어버이께서 살아 계시면 자식은 과감하게 몸을 가벼이 하거나 환난에서 함부로 행하지 않는다. '안회는 나를 아비처럼 보았다(回也視予猶父)'고 했듯이, 자식의 도리를 했다. 안회는 이미 공자께서 위해를 모면하고, 샛길을 따라 몸을 피해 광인들의 칼날에 부딪치지 않았다는 것을 알았기 때문에 '어찌 과감히 죽겠습니까?'라고 말한 것이다. ○살핀다. 호씨의 복수설(復讎之說)은 본래 군소리이고, 또 필부의 복수는 아마도 천자와 방백에게 고하지 않았을 것이다.

비평 —— 여기서 안회의 언명은 자신이 싸워서 공자를 보호했다고 말하지 않고, 겸손하게 "선생님께서는 염려하지 마십시오. 저는 불필요한 데에서 과감하게 싸우지 않습니다."라고 했다. 이는 한편으로는 그의 노고를 자랑하지 않은 것이며, 한편으로는 공자의 마음을 안심시킨 것으로 참으로 군자다운 말이기에 기록한 것이라고 한다. 크게 문제가 되는 쟁점은 없다. 호씨의 설에 대한 다산의 비평은 일리가 있다.

❧

11:23. 季子然問: "仲由·冉求, 可謂大臣與?" 子曰: "吾以子爲異之問, 曾由與求之問! 所謂大臣者, 以道事君, 不可則止. 今由與求也, 可謂具臣矣." 曰: "然則從之者與?" 子曰: "弑父與君, 亦不從也."

고주 —— 계자연이 물었다. "(우리 집안이 인재를 귀하여 여겨, 발탁한) 중유와 염구는 대신이라고 말할 만합니까?" 공자께서 말씀하셨다. "나는 그대가 특이한 일로 질문할 것으로 여겼는데, 곧(曾=則) (겨우) 이 두 사람에 관한 질문이군요.(큰 질문은 아닌 듯합니다: 安足大乎) 이른바 대신이란 (바른) 도리로 임금을 섬기다가 (자신의 도를) 쓰지 않으면, (마땅히 물러나) 그만두어야 합니다. 지금 자로와 염구는 구신(신하의 수나 채우는 신하)일 뿐입니다." (계자연이) 말했다. "그렇다면 (이들은 주군이 하고자 하는 바를 무조건) 추종만 하는 자들입니까?" 공자께서 말씀하셨다. "(비록 주군에게 추종할지라도) 어버이와 임금을 죽이는 것(大逆의 일)은 추종하지 않을 겁니다."

주자 —— 계자연이 물었다. "(우리 집안이 인재를 귀하여 여겨, 발탁한) 중유와 염구는 대신이라고 말할 만합니까?" 공자께서 말씀하셨다. "나는 그대가 특이한 일로 질문할 것으로 여겼는데, 곧(曾=乃) (겨우) 두 사람에 관한 질문이군요. 이른바 대신이란 도리로 임금을 섬기다가 (임금이 하고자 하는 그대로 추종하지는 않음), 할 수 없으면 그만두어야 합니다(자기의 뜻을 반드시 실행한다). 지금 자로와 염구는 구신(신하의 수나 채우는 신하)일 뿐입니다." (계자연이) 말했다. "그렇다면 (이들은 주군이 하고자 하는 바를 무조건) 추종만 하는 자들 입니까?" 공자께서 말씀하셨다. "(두 사람이 비록 대신의 도리에는 부족하지만, 군신의 의리는 익히 들었기에) 어버이와 임금을 죽이는 것(弑逆之大故)은 추종하지 않을 겁니다."

다산 —— 계자연이 물었다. "(우리 집안이 인재를 귀하여 여겨, 발탁한) 중유와 염구는 대신이라고 말할 만합니까?" 공자께서 말씀하셨다. "나는 그대가 특이한 일로 질문할 것으로 여겼는데, 곧(曾=則) (겨우) 이 두 사람에 관한 질문이군요.(큰 질문은 아닌 듯합니다:安足大乎) 이른바 대신이란 (바른) 도리로 임금을 섬기다가 (자신의 도를) 쓰지 않으면, (마땅히 물러나) 그만두어야 합니다. 지금 자로와 염구는 구신(신하의 수나 채우는 신하)일 뿐입니다." (계자연이) 말했다. "그렇다면 (이들은 주군이 하고자 하는 바를 무조건) 추종만 하는 자들입니까?" 공자께서 말씀하셨다. "(비록 주군에게 추종할지라도) 어버이와 임금을 죽이는 것 (大逆의 일)은 추종하지 않을 겁니다."

집주 —— ■子然은 季氏子弟니 自多其家得臣二子라 故로 問之라

자원풀이 ■臣신은 상형자로 가로로 된 자연스런 눈과 달리 세워진 모습. 머리를 숙이고 위로 쳐다보는 눈으로써 '노예'를 특징적으로 그렸다. 目과 見처럼 눈을 그렸지만, '보다'라는 의미보다는 굴종과 감시의 이미지를 지닌다.
■異이는 귀신의 탈을 쓰고 두 손(廾→共)을 위로 들어 춤을 추는 모습에서 이상하다, 특이하다, 기이하다, 다르다는 뜻이 나왔다.
■曾증은 본래 甑(시루 증), 김이 솟아나는 시루를 그렸다. 시루는 그릇을 포개 놓은 것이 특징으로 중첩하다, 더하다는 뜻이 나왔다. 이후 '일찍'이라는 뜻으로 가차되어, 원뜻은 瓦(질그릇 와)를 더해 甑이 되었다. 일찍이(未曾有), 날아오르다, 겹치다, 깊다, 어찌(嗚呼曾謂泰山不如林放乎), 이에(곧:爾何曾比不如於管仲), 두 대를 건너뛰다, 더하다.
■具구는 鼎(솥 정)+廾(두 손으로 받들 공)의 회의자로, 두 손(廾)으로 솥(鼎=>貝)을 드는 모습으로 가장 대표적인 음식 그릇(鼎)을 갖추었음(구비具備)을 그렸다. 갖추다, 완비하다, 옷 등을 갖추어 입다, 기물, 기구 등의 뜻이다. 이후

자연子然은 계씨季氏의 자제인데, 그 집안이 두 사람을 신하로 두고 있는 것을 스스로 대단하다고 여겼기 때문에 질문했다.

■ 異는 非常也라 曾은 猶乃也라 輕二子하여 以抑季然也라

이異는 '일상적이지 않다(非常)'이다. 증曾은 이에(乃)와 같다. 두 사람을 경시하여 계자연을 억제하셨다.

■ 以道事君者는 不從君之欲이요 不可則止者는 必行己之志라

'도로써 임금을 섬긴다(以道事君)'는 것은 임금이 하고자 하는 그대로 추종하지는 않는 것이고, '할 수 없으면 그만둔다(不可則止)'는 것은 자기의 뜻을 반드시 실행함이다.

■ 具臣은 謂備臣數而已라

구신具臣이란 신하의 숫자를 채우는 데 불과하다는 말이다.

■ 意二子旣非大臣이면 則從季氏之所爲而已라

두 사람이 대신大臣이 아니라면, 계씨가 하는 일을 추종할 자일 뿐이라고 생각한 것이다.

■ 言 二子雖不足於大臣之道나 然이나 君臣之義則聞之熟矣니 弑逆大故는 必不從之라 蓋深許二子以死難不可奪之節하고 而又以陰折季氏不臣之心也시니라

두 사람이 비록 대신의 도리에는 부족하지만 군신의 의리는 익히 들었기에, 시역弑逆의 큰 변고에서는 반드시 따르지 않을 것이라는 말씀이다. 대개 환난에서 죽는다고 할지라도 빼앗을 수 없는 절개를 두 사람이 지니고 있다는

정鼎이 패貝(조개)로 변해 재산을 갖추다라는 의미를 부가시켰다. 갖추다, 구비具備하다, 온전하다, 모두, 일일이, 차림, 도구, 설비, 기량(技倆·伎倆) 등의 의미이다. 구신具臣이란 수효數爻를 채우기 위한 신하로서, 신하의 자격은 갖추었으나 대신은 못 된다는 뜻이다.
■시弑는 殺(죽일 살)의 생략된 모습이 의미부이고, 式(법 식)이 소리부인 형성자로 시해弑害에서처럼 낮은사람이 윗사람을 죽이는 것을 말한다.

것을 깊이 허여하시고, 또한 은근히 계씨의 신하답지 못한 마음(不臣之心)을
꺾은 것이다.

■ 尹氏曰 季氏專權僭竊이어늘 二子仕其家而不能正也하고 知其不可而不能
止也하니 可謂具臣矣라 是時에 季氏已有無君之心이라 故로 自多其得人하
고 意其可使從己也라 故로 曰 弑父與君은 亦不從也라하시니 其庶乎二子可
免矣로다

윤돈이 말했다. "계씨는 권력을 전횡하여 참람히 훔쳤는데, 두 사람이 그 집
안에 벼슬하면서 바로잡을 수 없었고, 바로잡는 것이 불가능하다는 것을 알
면서도 그만둘 수 없었으니, 구신具臣이라 할 수 있다. 이때 계씨는 이미 임
금을 업신여기는 마음을 지녔기 때문에, 그 인재를 얻은 것에 대해 스스로 대
단하게 여기고, 그들이 자기를 따르도록 할 수 있다고 생각했다. 그래서 '어
버이와 임금을 시해하는 일은 또한 추종하지 않을 것이다.'라고 말씀하셨다.
아마도 두 사람은 거의 (패역의 일만은) 모면할 수 있었으리라!"

고금주 —— ■ 孔曰: "謂子問異事耳, 則此二人之問." ○ 邢曰: "以正道事君, 君
若不用己道, 則當退止也." ○ 孔曰: "具臣, 言備臣數而已."[邢云: "季氏不道, 而不
能匡救, 又不退止, 不可謂之大臣."] ○ 補曰 從之, 謂二子唯其所事者之意, 是順是
承也. ○ 孔曰: "言二子雖從其主, 亦不與爲大逆."

공안국이 말했다. "그대가 특이한 일로 질문할 것으로 여겼는데, 곧 이 두 사
람에 관한 질문이다(어찌 대단하겠는가?)." ○ 형병이 말했다. "정도로써 임금을
섬기다가, 임금이 자기의 도를 써주지 않으면 마땅히 물러나 그만두는 것이
다." ○ 공안국이 말했다. "구신具臣은 신하의 숫자만 채울 따름이라는 말이
다."(형병이 말했다. "계씨가 부도하여도 능히 바로잡아 구제하지 못하고, 또한 능히 물
러나 그만두지도 않으니, 대신이라고 할 수 없다.") ○ 보완하여 말한다. 종지從之는
두 사람이 오직 섬기는 대상의 뜻에 순종하고 받들기만 한다는 말이다. ○ 공

안국이 말했다. "두 사람이 비록 그 주군을 추종하지만, 또한 대역大逆을 저지르는 일에는 참여하지 않을 것임을 말한 것이다."

■ 侃曰: "言二子不能盡諫者, 以譏季氏雖知貴其人, 而不能敬其言也."

황간이 말했다. "두 사람이 간언을 다하지 못했다는 것을 말하여, 계씨가 비록 그 사람들을 귀하게 여길 줄 알았다고 하더라도 그 말은 공경하지 않았다고 것을 기롱한 것이다."

■ 引證 〈禮器〉曰: "子路爲季氏宰." ○案 二子之爲季氏宰, 事見定十二年.

인증한다. 『예기』「예기禮器」에서 말했다. "자로가 계씨의 가신이 되었다." ○ 살핀다. 두 사람이 계씨의 가신이 된 사실은 정공 12년조에 보인다.

비평 —— 쟁점이 될 만한 특별한 논쟁점은 보이지 않는다.

11:24. 子路使子羔爲費宰. 子曰: "賊夫人之子." 子路曰: "有民人焉, 有社稷焉, 何必讀書然後爲學?" 子曰: "是故惡夫佞者."

고주 —— 자로가 자고를 비 땅의 읍재가 되게 하니, 공자께서 말씀하셨다. "대저 (자질은 아름답지만, 아직 배우지 않은) 남의 자식(자고)을 해치는구나!" 자로가 말했다. "(비 땅에도) 백성이 있고 사직이 있는데, (백성을 다스리고 귀신을 섬기는 일을 여기에서 익힌다면 이 또한 배움이니) 어찌 반드시 책을 읽는 것만을 배운다고 하겠습니까?" 공자께서 말씀하셨다. "이런 까닭에 저 말 잘하는 자를 미워하느니라."

주자 —— 자로가 자고를 비 땅의 읍재가 되게 하니, 공자께서 자로에게 말씀하셨다. "(자질은 아름답지만 아직 배우지 않은) 남의 자식(자고)을 망치는구나." 자로가 말했다. "백성이 있고 사직이 있는데(백성을 다스리고 귀신을 섬기는 일이 모두 배움의 방법이 되는데), 어찌 반드시 책 읽는 것만 학문이라 하겠습니까?" 공자께서 말씀하셨다. "이런 까닭에 나는 저 말 잘하는 것을 미워하느니라!"

다산 —— 자로가 자고를 비 땅의 읍재가 되게 하니, (비 땅은 계씨의 토굴로서, 비 땅에서 잘 다스리면 노나라에 해롭고, 비 땅에서 잘못 다스리면 그 녹봉에 걸맞지 않게 되기 때문에) 공자께서 자로에게 말씀하셨다. "남의 자식 망치는구나." 자로가 말했다. "백성이 있고 사직이 있는데, 어찌 반드시 책 읽는 것만 학문이라 하겠습니까?" 공자께서 말씀하셨다. "이런 까닭(자로가 알지 못하지 않으면서, 임기응변적인 말로 변명한 것)에 나는 저 말 잘하는 것을 미워하느니라!"

집주 —— ■子路爲季氏宰而擧之也라 賊은 害也라 言子羔質美而未學이어늘 遽使治民이면 適以害之라 言 治民事神이 皆所以爲學이라

자로子路가 계씨季氏의 가재(宰)가 되어 자고子羔를 천거했다. 적賊은 해치는 것(害)이다. 자고는 자질은 아름다웠지만 아직 배우지 않아, 성급하게 백성을 다스리게 하면 그를 해치기에 딱 알맞다는 말씀이다. (자로의 말은) 백성을 다스리고 귀신을 섬기는 일이 모두 배움의 방법이 된다는 말이다.

자원풀이 ■賊적은 貝(조개 패)+人(사람 인)+戈(창 과)의 회의자로 무기(戈)로 사람(人)에게 해를 입히고 재산(貝)을 빼앗는 도둑이나 강도를 말한다. 도적盜賊, 상해를 입히다, 사악하다는 뜻이다.
■社사는 土(흙 토)와 示(보일 시)로 구성되어 숭배의 대상으로서 토지신(土地神)을 말하며, 이로부터 신을 모시는 제단이란 뜻도 나왔다. 또 25家를 지칭하는 지역단위를 뜻하기 때문에 어떤 단체나 사회를 지칭한다. 곡식 신을 상징하는 직稷과 결합하여 국가를 상징하게 되었다.
■稷직은 禾+畟(날카로운 보습)으로 구성되어 중국의 대표적인 농작물인 기장이나 수수를 말하였는데, 숭배의 대상으로 곡식 신穀食神이 되었고, 후직后稷의 예처럼 온갖 곡식을 관장하는 신이 되기도 하였다. 임금이 국가의 안녕을 기원하며 사직단에서 토지신과 곡식 신께 제사를 지냈다.

■治民事神이 固學者事나 然이나 必學之已成然後에 可仕以行其學이니 若初未嘗學이어늘 而使之卽仕以爲學이면 其不至於慢神而虐民者 幾希矣라 子路之言은 非其本意요 但理屈詞窮하여 而取辨於口以禦人耳라 故로 夫子不斥其非하시고 而特惡其佞也시니라

백성을 다스리고 귀신을 섬기는 일은 본래 배우는 자의 일이다. 그러나 반드시 배움이 이미 완성된 연후에 벼슬하여 그 배운 것을 행할 수 있는 것이다. 만약 애초에 배운 적이 없는데도 벼슬하여 배우도록 한다면, 결국 귀신을 업신여기고 백성을 학대하는 데에 이르지 않는 자가 거의 드물 것이다. 자로의 말은 본의는 아니고, 단지 이치가 꿀리고 말이 궁해지니 입으로 변명하여 방어하려는 것일 뿐이다. 그래서 공자께서는 자로가 그르다고 배척하지 않으시고, 다만 그 말 잘하는 것만 미워하셨다.

■范氏曰 古者에 學而後에 入政하니 未聞以政學者也라 蓋道之本이 在於修身하니 而後及於治人이라 其說이 具於方册하니 讀而知之然後에 能行이니 何可以不讀書也리오 子路乃欲使子羔로 以政爲學하니 失先後本末之序矣어늘 不知其過하고 而以口給禦人이라 故로 夫子惡其佞也시니라

범조우가 말했다. "옛날에는 배운 후에 정치에 들어갔지, 정치를 통하여 배운다는 말은 들어보지 못했다. 대개 도의 근본은 수신修身에 있으니, (수신한) 이후에 치인治人으로 나아간다. 치인의 이론이 방책에 갖추어져 있으니, 읽어 그 이론을 안 뒤에 능히 행할 수 있으니, 어찌 책을 읽지 않을 수 있겠는가? 자로는 이에 자고로 하여금 정치를 통하여 배우도록 했으니, 선후본말의 순서를 잃었다. (자로는) 그 자신의 잘못은 깨닫지 못하고 변명으로 방어했기 때문에 공자께서는 그 말재주를 미워하신 것이다."

고금주 ── ■邢曰: "夫人之子, 指子羔也." [補云: "夫人, 人也."] ○ 孔曰: "言治民事神, 於是而習之, 亦學也." ○ 孔曰: "疾其以口給應, 遂己非而不知窮." [邢云:

"惡夫佞者, 祇爲口才捷給, 文過飾非故也."] ○案 費者, 季氏之兔窟也. 善於費則削 於魯, 不善於費則不稱其饒, 此閔子所以力免也. 孔子之責, 意實在此. 子路非 不知也, 以權辭飾之, 故曰惡夫佞.

형병이 말했다. "저 남의 아들(夫人之子)은 자고子羔를 지칭한다."(보완하여 말 하면, 夫人은 人이다.) ○공안국이 말했다. "백성을 다스리고 귀신을 섬기는 것 을 여기에서 익히는 것 또한 학문이라고 말한 것이다." ○공안국이 말했다. "자로가 뛰어난 말솜씨로 응대하여 자신의 잘못을 문식하여 궁색한 줄 알지 못하는 것을 미워하신 것이다."(형병이 말했다. "저 말 잘하는 자를 미워하는 까닭 은 단지 민첩하고 넉넉한 말재주로 문식하고 그칠 줄 모르기 때문이다.") ○살핀다. 비 費 땅은 계씨의 토굴(季氏之兔窟)이다. 비 땅에서 잘 다스리면 노나라에 해롭 고, 비 땅에서 잘못 다스리면 그 녹봉에 걸맞지 않게 된다. 이것이 민자건이 애써 면하려고 한 까닭이다. 공자가 질책한 의도는 실제로는 여기에 있었다. 자로가 알지 못하지 않으면서도 임기응변적인 말로 꾸며댔기 때문에, 저 말 잘하는 것을 미워한다고 말씀하셨다.

비평 —— 자고는 타고난 재질이 아름다웠지만 배움이 아직 충실하지 못했는 데도, 자로는 성급하게 읍재가 되게 했다. 즉 자고는 근본이 아직 정립되지 않았는데도 실무에 종사하게 되었기 때문에, 공자께서 "남의 자식을 해치는 구나!"라고 탄식한 것이다. 백성을 다스리는 것과 사직을 모시는 것 역시 배 움이라고 할 수 있다. 그러나 먼저 독서를 통해 과거의 사례를 익혀 일을 처 리하고 시비선악을 구분할 수 있는 능력을 함양한 다음에 실무에 종사해야 한다. 그런데 자로의 말대로 이러한 배움 없이 개인의 능력만을 보고 성급하 게 실무에 종사한다면, 개인의 총명만을 믿고 자의적으로 일을 처리하여 수 많은 시행착오를 가져올 수 있다. 그래서 공자께서 깊이 힐난했다. 이것이 고주와 주자의 해석이다.

그런데 다산은 앞의 민자건의 사례에서 제시했듯이, 비費 땅의 특수한 역사적 사실을 통해 이 구절을 설명했다. 참고할 만하다고 생각된다.

~~~

11:25-1. 子路, 曾晳, 冉有, 公西華侍坐. 子曰: "以吾一日長乎爾, 毋吾以也. 居則曰: 不吾知也, 如或知爾, 則何以哉?"

고주 —— 자로·증석·염유·공서화가 (공자를) 모시고 앉아 있었는데, 공자께서 말씀하셨다. "내가 너희들보다 나이가 하루라도 많다(겸양)고 해서, 나 때문에 대답하기를 어려워(難對) 마라. 평소에 '나를 알아주지 않는다'고들 말하는데, 만일 너희들을 알아 등용하는 자가 있다면(如有用女者), 정치를 어떻게 하겠는가(何以爲治)?"

주자 —— 자로·증석·염유·공서화가 (공자를) 모시고 앉아 있었는데, 공자께서 말씀하셨다. "내가 너희들보다 나이가 좀 많다고 해서 나 때문에 말하기를 어려워(難言) 마라. 평소에 '나를 알아주지 않는다'고들 말하는데, 만일 누군가가 너희들을 알아준다면(或有人知女), 장차 무엇으로 쓰여지겠는가(將何以爲用也)?"

다산 —— 자로·증석·염유·공서화가 (공자를) 모시고 앉아 있었는데, 공자께서 말씀하셨다. "내가 너희들보다 나이가 하루라도 많다(겸양)고 하더라도(以我=謂我), 나 때문에 대답하기를 어려워(難對) 마라. 평소에 '나를 알아주지 않는다'고들 말하는데, 만일 너희들을 알아 등용하는 자가 있다면(如有用

女者), 정치를 어떻게 하겠는가(何以爲治)?"

집주 —— ■晳은 曾參父니 名點이라

석석晳은 증삼曾參의 아버지로 이름은 점點이다.

■言 我雖年少長於女나 然이나 女勿以我長而難言이라 蓋誘之盡言하여 以觀其志하시니 而聖人和氣謙德을 於此에 亦可見矣니라

'내가 비록 나이가 너희들보다 좀 많기는 하지만, 너희들은 내가 나이가 많다고 해서 말하기를 어려워하지 말라.'는 말씀이다. 대개 말을 다하도록 유도하여 그들의 뜻을 살피려는 것인데, 성인의 온화한 기운과 겸손의 덕을 여기서도 볼 수 있다.

■言 女平居則言人不知我라 하나니 如或有人知女면 則女將何以爲用也라

'너희들이 평소에 사람들이 나를 알아주지 않는다고 말하는데, 만약 누군가가 너희들을 알아준다면, 너희들은 장차 무엇으로 쓰여지겠는가.' 하는 말씀이다.

고금주 —— ■ ○補曰 以吾, 猶言謂我也. 少長之分, 爭一日, 必言一日者謙也. [邢云: "謙以少言, 故云一日."] ○孔曰: "女無以我長故難對." ○孔曰: "女常居, 云人不知己, 如有用女者, 則何以爲治?"

자원풀이 ■시侍는 人(사람 인)+寺(절 사)의 형성자로 받들어 모시다가 원래 뜻이다. 어떤 곳으로 가서 일을 처리하는(寺) 사람(人)을 사인寺人이라 불렀고, 이로부터 곁에서 모시다의 뜻이 나왔다.
■이爾는 冂(덮을 멱)은 어떤 테두리를, 爻(본받을 효)는 실이 교차한 모습을, 나머지는 실을 토해 내는 누에의 모습으로 추정된다. 누에가 실을 통해 가득하고 촘촘한 모습에서 성대하다는 뜻이, 언제나 곁에 두고 보살펴야 한다는 뜻에서 가깝다는 뜻이 생겼는데, 여기서 가까운 존재인 너, 당신이라는 이인칭대명사가 되었다. 이인칭대명사는 누에와 같은 남이지만, 나의 기술과 엉켜 실이 될 때 비로소 나에게 남이 아닌 당신으로 가장 가까운 존재가 된다.
■솔率은 중간은 실타래 모양이고, 양쪽으로 점이 여럿 찍힌 모습으로 동아줄을 그린 모습이었다. 동아줄은 배를 묶거나 거대한 물체를 끄는 데 사용된다는 점에 우선 솔선率先의 뜻이 쓰였다. 경솔輕率이라고도 쓰였다. 동아줄이 이끈다는 점에서 지도자나 우루머리(將帥)의 뜻이 나왔다. 지도자는 모범 혹은 대중의 표본이 되어야 하기에

보완하여 말한다. 이오以吾는 위아謂我(나를 ~라고 여긴다)라고 말하는 것과 같다. 연소자와 연장자의 구분은 하루를 다투는데, 필시 하루라고 말한 것은 겸양이다.(형병이 말했다. "겸양하여 적게 말했기에 하루라고 했다.") ○공안국이 말했다. "너희들은 내가 어른이라 하여 대답하기를 어려워 말라." ○공안국이 말했다. "너희들은 평소 사람들이 자기를 알아주지 않는다고 말했다. 만일 너희들을 등용하는 자가 있다면, 어떻게 정치를 하겠는가?"

11:25-2. 子路率爾而對曰: "千乘之國, 攝乎大國之間, 加之以師旅, 因之以饑饉, 由也爲之, 比及三年, 可使有勇, 且知方也." 夫子哂之.

고주 —— 자로가 세 사람에 앞서 대답(率爾=先三人對)했다. "천승의 나라가 대국들 사이에 끼여 핍박(攝=迫)을 당하고, 군대의 침공을 받고, 잇달아 기근으로 곤란을 겪어도, 제가 다스리면 3년에 이르러 용기를 가지게 하고, 또한 의로운 방도(方=義方=遵守할 道理)를 알게 하겠습니다." 공자께서 웃으셨다(哂=笑).

표준의 뜻이 나왔으며, 표준에 의해 계산한다는 뜻이 생겼는데, 이때에는 비율比率 혹은 환율換率처럼 율로 쓰인다. 거느리다, 좇다, 따르다, 소탈하다, 꾸밈없다, 경솔輕率하다, 가볍다, 거칠다, 대강大綱, 대략大略 의 뜻이다. 비율 제한의 의미일 때는 율로 읽고, 우두머리나 장수로 쓰일 때는 수로 읽는다.
■섭攝은 手(손 수)+聶(소곤거릴 섭)의 형성자로 소곤거릴(聶) 수 있도록 손(手)으로 잡고 가까이 끌어당기는 것으로 당기다, 잡다, 보좌하다, 대신하다 등의 뜻으로 쓰였다. 다스리다, 가지다, 걷다, 돕다, 거느리다, 겸하다(兼), 성내다, 빌리다, 추포追捕하다, 끼다, 잡아매다, 두려워하다 등의 뜻도 있다..
■려旅는 군대軍隊나 군사軍師의 편제가 원래 뜻인데 원래 5백 인을 려旅라고 했다. 군대가 모이면 출정하기 때문에 무리 혹은 출행出行, 그리고 바깥을 돌아다니다라는 뜻이 생겼다.
■기饑(주리다=飢)는 食(밥 식) 幾(드물 기)의 형성자로 먹을 것(食)이 거의 없어 주리다, 굶다, 흉년凶年 등의 뜻이다.

주자 —— 자로가 가볍고 갑작스럽게 대답했다. "천승의 나라가 대국들 사이에 끼여(攝=管束), 군대의 침공을 받고, 거듭 잇달아 기근으로 곤란을 겪어도, 제가 다스리면 3년에 이르러 용기를 가지게 하고, 또한 의를 지향(方=向義)할 줄 알게 하겠습니다." 공자께서 미소(哂=微笑) 지으셨다.

다산 —— 자로가 가볍고 갑작스럽게 대답했다. "천승의 나라가 대국들 사이에서 끌어 잡히고(攝=引持=牽制), 군대의 침공을 받고, 거듭 잇달아 기근으로 곤란을 겪어도, 제가 다스리면 3년에 이르러(比=至) 용기를 가지게 하고, 또한 사람들이 지향할 곳(方=人所嚮=義)을 알게 하겠습니다." 공자께서 미소(哂=微笑) 지으셨다.

집주 —— ■率爾는 輕遽之貌라 攝은 管束也라 二千五百人이 爲師요 五百人이 爲旅라 因은 仍也라 穀不熟曰饑요 菜不熟曰饉이라 方은 向也니 謂向義也라 民向義면 則能親其上하고 死其長矣라 哂은 微笑也라

솔이率爾는 가볍고 갑작스런 모습이다. 섭攝은 관속管束이다. 2천5백 인이 사師가 되고, 5백 인이 려旅가 된다. 인因은 잉仍(인하다, 거듭하다)이다. 곡식이 익지 않은 것을 기饑라 하고, 채소가 자라지 않는 것을 근饉이라 한다. 방方은 지향(向)이니, 의를 지향한다(向義)는 말이다. 백성이 의를 지향하면 능히 그

■근饉은 食(먹을 식)+堇(노란 진흙 근)의 형성자로 음식(食)을 마련하기 어려울(堇) 정도의 흉년을 말한다. 겹핍되다, 부족되다의 뜻도 나왔다. 기근饑饉은 흉년이 들어 먹을 것이 없어 굶주리는 것을 말한다.
■방方은 두 배가 나란히 있는 것이다(『설문』에 이르길, '배가 서로 나란히 있으면 반드시 그 길고 짧음을 견주게 된다'고 하였다.). 물物 자와 통하니, '비물사려比物四驪'(『시경』「소아, 유월」)라는 싯구에서 '네 필의 말을 서로 비교한다'고 말했다. 장화張華의 「초요부鷦鷯賦」에 '위의 것과 비교하니 부족하고, 아랫것과 비교하니 남음이 있다(上方不足 下比有餘)'라고 했다(다산). 그런데 갑골문에 보면 방方은 위는 손잡이를, 중간은 발판을, 아래는 갈라진 날을 그린 쟁기耒土형 쟁기를 그린 것이다. 쟁기로 밭을 갈면 보습에 의해 각진 흙덩이가 올라오게 된다. 흙은 땅의 상징이며, 땅은 나라 자체였다. 게다가 하늘은 둥글지만 땅은 네모졌다(天圓地方)고 생각하여 '네모'나 가장자리를 의미하게 되었다. 그래서 방方은 나라, 지방地方, 방백方伯, 방향方向 등을 의미하고, 방정方正으로 정직함이나, 네모난 종이에 처방處

윗사람을 친애하고, 그 어른을 위해 죽을 수 있게 된다. 신哂은 미소微笑이다.

고금주 —— ■補曰 攝, 引持也. [謂大國在左右相牽掣] 師旅, 軍興也. 饑饉, 歲儉也. 加之, 謂鄰國加兵於我也. ○朱子曰 因, 仍也.[補云: "年年相因也, 謂荐飢."] ○補曰 比, 猶至也. 方者, 人所嚮也. 哂, 微笑也. ○馮曰: "子路‧冉有皆三年爲斷, 古者三載考績, 要其成也."[夫子亦曰: "三年有成."]

보완하여 말한다. 섭攝은 끌어서 잡음(引持)이다(대국들이 좌우에 있어 서로 견제牽掣하는 것을 말한다). 사려師旅는 군대가 일어나는 것(軍興)이다. 기근饑饉은 흉년(歲儉)이다. 가지加之는 이웃국가가 우리를 군사로 공격하는 것(鄰國加兵於我)을 말한다. ○주자가 말하길, '인因은 잉仍이다.'(보완하여 말한다. "해마다 흉년이 계속 이어지는 것이니, 荐飢를 말한다.") ○보완하여 말한다. 비比는 이르다(至)와 같다. 방方이란 사람들이 향하는 대상(所嚮)이다. 신哂은 미소이다. ○후재 풍씨가 말했다. "자로‧염유가 모두 3년으로 끊은 것은 옛날에 3년에 한 번씩 공적을 고과 하여 그 이루어 놓은 것을 검토했기 때문이다."(공자 또한 말씀하셨다. "3년이면 이룸이 있다.")

方을 내린다고 해서 방법方法, 방식方式이란 말이 생겼다.
■신哂은 미소微笑짓다, (조롱하여) 비웃다의 뜻이다.
■상相은 木(나무 목)+目(눈 목)의 회의자로 눈으로 나무를 자세히 살피다(관상觀相, 수상手相)라는 뜻에서, 이로부터 모양, 모습(형상形相)의 뜻이 나왔다. 혹은 재목을 고르기 위해 나무(木)를 살펴본다(目) 뜻이 합하여 나무와 눈이 서로 마주본다는 데서 서로를 뜻한다. 서로, 바탕, 도움, 보조자補助者, 시중드는 사람, 접대원接待員, 담당자擔當者, 정승政丞, 모양, 형상形象, 방아타령, 자세히 보다, 돕다, 다스리다 등의 뜻이다.
■희希는 巾(수건 건)+爻(효 효)의 형성자로 올을 성기게(爻) 짠 베(巾)로서 '드문드문하다'의 뜻이 나왔다. 이후 이루기 힘든 바람이라는 뜻에서 희망希望이 나오고, 원래 뜻은 禾(벼 화)를 더해 稀(드물 희) 자가 나왔다. 희는 드물다(鮮)는 뜻이다(다산). 바라다, 동경憧憬하다, 희망希望하다, 사모思慕하다, 앙모仰慕하다, 성기다(疎:물건의 사이가 뜨

꿎꿎

11:25-3. "求, 爾何如?" 對曰: "方六七十, 如五六十, 求也為之, 比
及三年, 可使足民. 如其禮樂, 以俟君子."

고주 —— "구야, 너는 어떠하냐?" (염유가) 대답했다. "사방 육칠 십 리 또는
오륙십 리의 작은 나라를 제가 다스린다면, 3년에 이르러 백성들을 (의식에서)
풍족하게 하겠으며, 예악의 교화는 군자를 기다리겠습니다."

주자 —— "구야, 너는 어떠하냐?" (염유가) 대답했다. "사방 육칠 십 리 혹은
오륙 십 리의 작은 나라를 제가 다스린다면, 3년에 이르러 백성들을 넉넉하
고 풍족(足=富足)하게 하겠으며, 예악의 경우는 군자를 기다리겠습니다(염유
는 겸손했다)."

다산 —— "구야, 너는 어떠하냐?" (염유가) 대답했다. "사방 육칠 십 리 혹은
오륙십 리의 작은 나라를 제가 다스린다면, 3년에 이르러 백성들을 (의식에서)
풍족하게 하겠으며, 예악의 경우는 군자를 기다리겠습니다(염유는 겸손했다)."

다), 적다(=少) 등의 뜻이다.
■갱鏗은 金(쇠 금)+堅(굳을 견)의 형성자로 쇠나 옥석이 부딪쳐 울리는 소리를 형용한 글자이다. 금옥金玉 소리, 거
문고를 타는 소리, 기침하는 소리, (종 같은 것을) 치다의 뜻이다.
■찬撰은 手(손 수)+巽(공손할 손)의 형성자로 손(手)으로 골라(巽) 만드는 것을 말하며, 이로부터 적당한 단어를 골라
글을 짓다, 저술하다, 편찬하다, 찬술撰述하다의 뜻이 나왔다. 선譔으로 쓰기도 한다. 짓다, 시문詩文을 짓다, 적다,
기록記錄하다, 가지다, 품다, 만들다, 저술著述하다, 일, 법칙法則, 규칙規則, 규정規定, 사항事項, 화폐貨幣의 이름, 가리
다(=選선), 선택(選擇하다), 세다(선), 헤아리다(선) 등으로 쓰인다.
■무舞는 舛(어그러질 천)+無(없을 무)의 형성자로 두 발(舛)과 장식물을 들고 춤추는 모습(無)으로, 춤, 춤추다, 조롱
하다 등의 뜻이 있다.
■우雩는 雨(비 우)+丂(=于:어조사 우)의 형성자로 비(雨)가 오기를 비는 제사로 기우제祈雨祭를 말한다. 우사단雩祀

집주 —— ■求爾何如는 孔子問也니 下放此라 方六七十里는 小國也라 如는 猶或也라 五六十里則又小矣라 足은 富足也라 俟君子는 言非己所能이라 冉 有謙退하고 又以子路見哂이라 故로 其辭益遜하니라

'구求, 이하여爾何如'는 공자의 질문이다. 아래도 이와 같다. '사방 육칠 십 리 는 작은 나라(小國)이다. 여如는 혹或과 같다. 오륙 십 리는 또한 작다. 족足은 부유하고 풍족한 것이다. '군자를 기다린다(俟君子)'란 자기가 할 수 있는 것 이 아니라는 말이다. 염유는 겸양하여 물러남이 있는데다, 또한 자로가 웃음 을 당했기 때문에 그 말이 더욱 겸손했다.

고금주 —— ■孔曰: "求自云能足民而已, 謂衣食足也."

공안국이 말했다. "염유가 스스로 능히 백성들을 풍족하게 할 수 있다고 말 한 것은 의식을 풍족하게 할 수 있다는 말이다."

❧

11:25-4. "赤, 爾何如?" 對曰: "非曰能之, 願學焉. 宗廟之事, 如會 同, 端章甫, 願為小相焉."

고주 —— "적아! 너는 어떠하냐?" (공서화가) 대답했다. "능히 할 수 있다고 말 하는 것은 아니지만, 배우기를 원합니다. 종묘의 일(=祭祀)이나 혹은 제후들의 회동 때 현단복을 입고 장보관을 쓰고, 소상(=相君之禮)이 되고자 원합니다."

壇은 기우제祈雨祭를 지낼 때 쓰던 단壇을 말한다.
■영詠은 言(말씀 언)+永(길 영)의 형성자로 시가詩歌의 말을 길게(永) 뽑아 노래함의 뜻이다. 읊다, 노래하다, (시가 를) 짓다, 시가詩歌, 읊는 시를 의미한다.

주자 —— "적아! 너는 어떠하냐?"(공서화가) 대답했다. "능히 할 수 있다고 말하는 것은 아니지만, 배우기를 원합니다. 종묘의 일(=祭祀)이나 혹은 제후들의 회동 때 현단복을 입고 예관을 쓰고, 소상(=贊君之禮)이 되고자 원합니다."

다산 —— "적아! 너는 어떠하냐?"(공서화가) 대답했다. "능히 할 수 있다고 말하는 것은 아니지만, 배우기를 원합니다. 종묘의 일(=祭祀)이나 혹은 제후들의 회동 때 현단복을 입고 예관을 쓰고, 소상(=小宗伯之類, 佐君之禮)이 되고자 원합니다."

집주 —— ■公西華志於禮樂之事하니 嫌以君子自居라 故로 將言己志에 而先爲遜辭하여 言未能而願學也라 宗廟之事는 謂祭祀라 諸侯時見曰會요 衆覜曰同이라 端은 玄端服이요 章甫는 禮冠이라 相은 贊君之禮者니 言小는 亦謙辭라

공서화公西華는 예악禮樂의 일에 뜻을 두었지만, 군자로 자처하는 것을 혐의했다. 그러므로 장차 자기의 뜻을 말하기 전에 먼저 겸양의 말을 하여, '아직 잘하지 못하지만 배우기를 원합니다.'라고 말했다. 종묘宗廟의 일이란 제사祭祀를 말한다. 제후가 때때로 알현하는 것을 회會라 하고, 여럿이 알현하는 것을 동同이라 한다. 단端은 현단복玄端服이다. 장보章甫는 예관禮冠이다. 상相은 임금의 예식을 돕는 자이다. 소小라고 말한 것 역시 겸양하는 말이다.

고금주 —— ■補曰 小相,『周禮』小宗伯之類, 祭祀相君以詔禮, 賓客相君以作擯. 相者, 佐也.

보완하여 말한다. 소상小相은 『주례』의 소종백小宗伯과 같은 것으로 제사에서 임금을 도와 예를 진행하고 빈객에게는 임금을 도와 빈상이 된다. 상相이란 돕다(佐)이다.

11:25-5. "點, 爾何如?" 鼓瑟希, 鏗爾, 舍瑟而作, 對曰: "異乎三子者之撰." 子曰: "何傷乎, 亦各言其志也." 曰: "莫春者, 春服既成, 冠者五六人, 童子六七人, 浴乎沂, 風乎舞雩, 詠而歸." 夫子喟然歎曰: "吾與點也."

고주 —— "점아! 너는 어떠하냐?" (대답을 생각하여) 거문고를 띄엄띄엄 타더니, 댕그랑 소리를 내며 슬瑟을 내려놓고, 일어나 대답했다. "세 사람이 내놓은 정치하는 재능(撰=爲政之具)과 다릅니다." 공자께서 말씀하셨다. "(의리에) 해로울 것이 무엇 있겠는가?(=於義無傷) 또한 각자 자신의 뜻을 말한 것이다." (증석이) 말했다. "늦은 봄에 봄옷(홑옷이나 겹옷)을 입을 때가 되면, (20세 이상의) 관자 대여섯과 (19세 이하의) 동자 예닐곱과 함께 기수 가에서 목욕하고, 무우단 아래에서 바람을 쐬고, 선왕의 도를 노래하며(歌詠先王之道) 돌아오겠습니다." 공자께서 크게 탄식을 하며 말씀하셨다. "나는 점의 뜻을 허여한다(점이 홀로 때를 알고 정치하기를 구하지 않은 것을 훌륭하게 여기신 것이다: 善點獨知時 不求爲政)."

주자 —— "점아! 너는 어떠하냐?" (대답을 생각하여) 거문고를 간헐적으로 타더니, 댕그랑 소리를 하며 슬瑟을 마무리하고, 일어나 대답했다. "세 사람이 갖춘 것(撰=具)과 다릅니다." 공자께서 말씀하셨다. "무엇이 문제이겠는가? 또한 각자 자신의 뜻을 말하는 것이다." (증석이) 말했다. "늦은 봄에 봄옷(홑옷이나 겹옷)이 이루어지면, 어른 대여섯과 어린이 예닐곱과 함께 기수 가에서 목욕하고, 무우에서 바람을 쐬고, 시를 읊으며 돌아오겠습니다." 공자께서 크게 탄식을 하며 말씀하셨다. "(증점의 학문이 인욕이 다하고 천리가 유행하여, 천지

만물과 동행하며, 각기 제자리를 얻는 기상을 은연중에 드러냈으니) 나는 점과 함께
하리다."

다산 —— "점아! 너는 어떠하냐?" (대답을 생각하여) 거문고를 소략 미세하게
타더니, 댕그랑 소리를 내며 슬瑟을 내려놓고, 일어나 대답했다. "세 사람이
진열하여 내놓은 것(撰=陣烈)과 다릅니다." 공자께서 말씀하셨다. "무엇이 문
제이겠는가? 또한 각자 자신의 뜻을 말하는 것이다." (증석이) 말했다. "늦은 봄
에 봄옷(가볍고 시원한 누빈 옷)이 완성되면, (20세 이상의) 관자 대여섯과 (19세 이
하의) 동자 예닐곱과 함께 기수 가에서 목욕하고, 무우단 아래에서 바람을 쐬
고, 노래하며 돌아오겠습니다." 공자께서 크게 탄식을 하며 말씀하셨다. "나
는 점의 뜻을 허여(與=許與)한다(점이 홀로 때를 알고 정치하기를 구하지 않은 것을
훌륭하게 여기신 것이다:善點獨知時 不求爲政)." [정현 본에는 歸는 饋로 되어 있다.]

집주 —— ■四子侍坐에 以齒爲序면 則點當次對로되 以方鼓瑟이라 故로 孔
子先問求赤而後及點也라
네 사람이 모시고 앉았으니, 나이로 순서를 정하면 증점이 응당 다음으로 대
답해야 한다. 마침 슬瑟을 타고 있었기 때문에 공자께서 먼저 구와 적에게 질
문하시고, 후에 점에게 질문하기에 이르렀다.
■希는 間歇也라 作은 起也라 撰은 具也라 莫春은 和煦之時요 春服은 單袷
之衣라 浴은 盥濯也니 今上巳祓除是也라 沂는 水名이니 在魯城南이라 地志
以爲有溫泉焉이라 하니 理或然也라 風은 乘涼也라 舞雩는 祭天禱雨之處니
有壇墠樹木也라 詠은 歌也라
희希는 간헐間歇이다. 작作은 일어섬(起)이다. 찬撰은 갖춤(具)이다. 모춘暮春
은 온화하고 따스한 때이다. 춘복春服은 홑옷과 겹옷이다. 욕浴은 씻는 것(盥
濯)이니 오늘날 상사上巳일의 불제祓除가 그것이다. 기沂는 강 이름으로 노나

라 성곽 남쪽에 있는데 『지지地志』에 온천이 있다고 했으니, 이치상 혹 그럴 듯하다. 풍風은 시원한 바람을 쐬는 것(乘涼)이다. 무우舞雩는 하늘에 제사하 여 비를 비는 곳으로 제단과 수목이 있다. 영영詠은 노래(歌)이다.

■ 曾點之學이 蓋有以見夫人欲盡處에 天理流行하여 隨處充滿하여 無少欠闕 이라 故로 其動靜之際에 從容如此하고 而其言志는 則又不過卽其所居之位 하여 樂其日用之常이요 初無舍己爲人之意하여 而其胸次悠然하여 直與天地 萬物로 上下同流하여 各得其所之妙가 隱然自見於言外하니 視三子規規於事 爲之末者하면 其氣象이 不侔矣라 故로 夫子歎息而深許之하시고 而門人記 其本末에 獨加詳焉하니 蓋亦有以識此矣니라

증점의 학문에는 대개 저 인욕이 다 없어진 곳(人欲盡處)에 천리가 유행하여 (天理流行) 가는 곳마다 충만하여 조금의 흠결도 없는 것을 봄(見)이 있는 듯 하다. 그러므로 그 움직이거나 가만히 있을 때(其動靜之際)에 차분하고 침착 함(從容)이 이와 같았다. 그가 뜻을 말한 것 또한 자기가 처한 지위에 즉卽하 여 일용의 평상(日用之常)을 즐기는 것에 불과했고, 처음부터 자기를 버리고 다른 사람을 위하는 의견(舍己爲人之意)이 없었다. 그 가슴속이 유연悠然하여 곧바로 천지·만물과 더불어 위아래로 같이 흘러 각각 그 마땅한 바를 얻는 오묘함이 은연중에 저절로 말 밖으로 드러났다. 세 사람이 말단적인 일을 하 는데 얽매여 있는 것과 견주어 보면, 그 기상氣象이 같지 않다. 그래서 공자 께서 탄식하며 깊이 허여하셨다. 문인들이 그 본말을 유독 상세하게 기록했 으니, 대개 또한 이에 대해 깨달은 것은 있었던 것이다.

고금주 ── ■孔曰: "思所以對, 故其音希.[按, 希者, 疏也, 微也] 鏗者, 投瑟之聲." [蔡清云: "鏗爾屬下句讀."] ○補曰 撰, 陳列也. [如陳列飲食, 謂之饌] ○包曰: "莫春 者, 季春三月也.[謂建辰之月]" ○補曰 春服, 複袷之輕涼者也. 浴, 洒身也. [『說 文』云] 舞雩, 雩祭之舞地也. [邢云: "有壇墠樹木, 可以休息."] ○周曰: "善點獨知

時."[邢云: "三子不能相時, 志在爲政, 唯曾晳獨能知時."] ○補曰 與, 許也.

공안국이 말했다. "대답할 것을 생각했기 때문에 그 소리가 띄엄띄엄 난 것이다.(살핀다. 希란 소략:疏 · 미세:微이다.) 갱갱鏗鏗이란 슬을 놓는 소리이다." ○보완하여 말한다. 찬撰은 진열陳列이다(음식을 진열하는 것을 일러 饌이라 한다). ○포함이 말했다. "모춘莫春이란 계춘季春 3월이다." ○보완하여 말한다. 춘복春服은 가볍고 시원한, 누빈 옷이다. 욕浴은 몸을 씻는 것(洒身)이다(『설문』). 무우舞雩는 우제를 지내며 춤추던 곳이다.(형병이 말했다. "제단과 수목이 있어 휴식할 수 있다.") ○주생렬이 말했다. "증점만 홀로 때를 안 것을 좋게 본 것이다."(형병이 말했다. "세 사람은 때를 살피지 못하고 뜻이 정치하는 데에 있었지만, 오직 증석만이 홀로 능히 때를 알고 있었다.") ○보완하여 말한다. 여與는 허여(許)이다.

◈◈◈

11:25-6. 三子者出, 曾晳後. 曾晳曰: "夫三子者之言何如?" 子曰: "亦各言其志也已矣." 曰: "夫子何哂由也?" 曰: "為國以禮, 其言不讓, 是故哂之." "唯 求則非邦也與?" "安見方六七十如五六十而非邦也者?" "唯 赤則非邦也與?" "宗廟會同, 非諸侯而何? 赤也為之小, 孰能為之大?"

고주 —— 세 사람이 나가고, 증석이 뒤에 남았다. 증석이 말했다. "저 세 사람의 말은 어떻습니까?" 공자께서 말씀하셨다. "또한 각자 그 뜻을 말했을 뿐이다." (증석이) 말했다. "선생님께서는 어찌 자로의 말에 웃으셨습니까?" (공자께서) 말씀하셨다. "나라는 예로써 다스리는 것인데, 그 말이 겸양하지 않았다. 그래서 웃었다. 오직 구가 말한 것은 나라를 다스리는 일이 아니겠는가?

사방 육칠 십 리 혹은 오륙 십 리나 되는데 나라가 아닌 것을 어디서 보겠는가? 오직 적이 말한 것은 나라를 다스리는 일이 아니겠는가? 종묘의 제사와 제후들의 회동이 제후의 일이 아니고 무엇이겠느냐? 적이 그 일의 소상이 된다면, 누가 대상을 맡겠는가?"

주자 —— 세 사람이 나가고 증석은 뒤에 남았다. 증석이 말했다. "저 세 사람의 말은 어떻습니까?" 공자께서 말씀하셨다. "또한 각자 그 뜻을 말했을 뿐이다." (증석이) 말했다. "선생님께서는 어찌 자로의 말에 웃으셨습니까?" (공자께서) 말씀하셨다. "나라는 예(禮)로써 다스리는 것인데, 그 말이 겸양하지 않았다. 그런 까닭에 웃었다." (증석이 물었다.) "오직 구가 말한 것은 나라가 아닙니까?" (공자께서 말씀하셨다.) "사방 육칠 십 리 혹은 오육 십 리나 되는데 나라가 아닌 것을 어디서 보겠는가?" (증석이 물었다.) "오직 적이 말한 것만이 나라가 아닙니까?" (공자께서 말씀하셨다.) "종묘의 제사와 제후들의 회동이 제후의 일이 아니고 무엇이겠는가? 적이 하는 일을 작다고 한다면, 누가 하는 것이 크다고 하겠는가?"

다산 —— 세 사람이 나가고, 증석은 뒤에 남았다. 증석이 말했다. "저 세 사람의 말은 어떻습니까?" 공자께서 말씀하셨다. "또한 각자 그 뜻을 말했을 뿐이다." (증석이) 말했다. "선생님께서는 어찌 자로의 말에 웃으셨습니까?" (공자께서) 말씀하셨다. "나라는 예로써 다스리는 것인데, 그 말이 겸양하지 않았다. 그래서 웃었다." "오직 구가 말한 것은 나라를 다스리는 일이 아니겠는가?" "사방 육칠 십 리 혹은 오류 십 리나 되는데 나라가 아닌 것을 어디서 보겠는가?" "오직 적이 말한 것은 나라를 다스리는 일이 아니겠는가?" "종묘의 제사와 제후들의 회동이 제후의 일이 아니고 무엇이겠느냐? 적이 그 일의 소상이 된다면, 누가 대상을 맡겠는가?"

집주 —— ■點以子路之志 乃所優爲로되 而夫子哂之라 故로 請其說이라 夫子蓋許其能이요 特哂其不遜이라

증점은 자로의 뜻은 넉넉히 해낼 수 있는 것으로 여겼지만, 공자께서 웃으셨기 때문에 그 설명을 청했다. 공자께서는 대개 자로의 능력은 허여했지만, 다만 그가 불손한 것에 대해 웃은 듯하다.

■曾點以冉求亦欲爲國이로되 而不見哂이라 故로 微問之에 而夫子之答이 無貶詞하시니 蓋亦許之라

증점은 염구 또한 정치를 하고자 했지만, 웃음을 당하지 않았기에 은미하게 물어보았다. 공자의 대답에는 폄하의 말이 없으니, 대개 또한 허여한 듯하다.

■此亦曾晳問而夫子答也라 孰能爲之大는 言無能出其右者니 亦許之之詞라

이 또한 증석이 묻고, 공자께서 대답하신 것이다. '누구를 크다고 할 수 있으랴(孰能爲之大)'는 그를 넘어설 사람이 없다는 말씀이니, 역시 그를 허여하는 말씀이다.

■程子曰 古之學者는 優柔厭飫하여 有先後之序하니 如子路冉有公西赤이 言志如此에 夫子許之亦以此하시니 自是實事라 後之學者는 好高하여 如人游心千里之外나 然이나 自身은 却只在此니라

정자가 말했다. "옛날 배우는 자들은 넉넉하고 유연하며 충분히 즐겨서 선후의 순서가 있었다. 예를 들어 자로, 염유, 공서화가 자신의 뜻을 이와 같이 말하고 공자께서 또한 그것으로 허여하셨으니, 본래 실질적인 일이다. 후세의 배우는 자들은 고원함을 좋아하니, 마치 사람이 마음은 천 리 밖에 노닐면서도, 자신의 몸은 도리어 다만 여기에 있는 것과 같다."

■又曰 孔子與點하시니 蓋與聖人之志同이니 便是堯舜氣象也라 誠異三子者之撰이나 特行有不掩焉耳니 此所謂狂也라 子路等은 所見者小니라 子路只爲不達爲國以禮道理라 是以哂之하시니 若達이면 却便是這氣象也니라

또 말했다. "공자께서 증점과 함께 하겠다고 하신 것은 대개 성인의 뜻과 같

았기 때문이니, 이는 곧 요순의 기상이다. 진실로 세 사람이 갖춘 것과 달랐지만, 다만 행동이 덮어 주지 못한 것이 있을 따름이니, 이것이 이른바 광자(狂)이다. 자로 등의 소견은 작았다. 자로는 다만 나라를 다스리는 것은 예禮로써 한다는 도리를 통달하지 못했다. 이런 까닭에 웃으셨다. 만약 통달했다면 곧 이러한 것은 요·순의 기상이다."

■又曰 三子는 皆欲得國而治之라 故로 夫子不取하시고 曾點은 狂者也니 未必能爲聖人之事로되 而能知夫子之志라 故로 曰浴乎沂하여 風乎舞雩하여 詠而歸라 하니 言樂而得其所也라 孔子之志는 在於老者安之하고 朋友信之하고 少者懷之하여 使萬物莫不遂其性하시니 曾點이 知之라 故로 孔子喟然嘆曰 吾與點也라 하시니라 又曰 曾點, 漆雕開 已見大意하니라

또 말했다. "세 사람은 모두 나라를 얻어 다스리려 했기 때문에 공자께서 취하지 않으셨다. 증점은 광자狂者여서, 아직 성인의 일을 반드시 할 수 있는 것은 아니지만 공자의 뜻은 알 수 있었다. 그래서 '기수에서 목욕하고 무우에서 바람을 쐬고 노래하며 돌아오겠다.'고 했으니, 즐거워하면서 마땅히 있어야 할 곳을 얻었다는 것을 말해준다. 공자의 뜻은 '늙은이는 편안하게 해 드리고, 친구는 미덥게 하고, 어린이는 품어주는 데 있었으니(5:26), 만물로 하여금 그 본성을 완수하지 않음이 없게 하는 것이었다. 증점이 그것을 알았기 때문에 공자께서는 찬탄하시면서 나는 증점과 함께 하겠다고 하신 것이다. 또 말했다. 증점과 칠조개漆雕開는 이미 대의大意를 알았다."

고금주 ── ■補曰 '唯求'·'唯赤'二節, 皆孔子言也. 明所以哂由之意, 在乎不讓, 而不在乎說爲邦也. ○孔曰: "明皆諸侯之事, 與子路同, 徒笑子路不讓." ○孔曰: "赤謙言小相耳, 誰能爲大相?" [邢云: "公西華之才, 堪爲大相, 今赤謙言小相耳."] ○案孔子本問爲邦之事, 三子非失對也. 曾點爲異論者, 謂時運否塞, 三子之言, 皆虛言也. 富不可求, 從吾所好, 故孔子善之, 三子非失對也.

보완하여 말한다. '유구唯求'·'유적唯赤'의 2절은 모두 공자의 말씀이다. 자로의 뜻에 웃었던 까닭은 겸양하지 않은 데 있지, 나라를 다스리겠다고 말한 데 있지 않다는 것을 해명했다. ○공안국이 말했다. "모두 제후의 일로 자로와 같지만, 다만 자로는 겸양하지 않았기에 웃으셨음을 밝힌 것이다." ○공안국이 말했다. "(赤이) 겸양하여 소상小相이 되겠다고 말했을 뿐이지, (적이 아니라면) 누가 대상大相이 되겠느냐는 말이다."[형병이 말했다. "공서화의 자질은 큰 재상이 될 만한데, 지금 赤이 겸양하여 소상이 되겠다고 말했을 뿐이다."] ○살핀다. 공자께서는 본래 나라를 다스리는 일을 질문하셨는데, 세 사람이 대답을 잘못한 것이 아니다. 증점이 논의를 다르게 한 것은 시운時運이 비색否塞하여 세 사람의 말이 모두 허언이라는 것을 말한다. 부유함을 구할 수 없으면 내가 좋아하는 것을 따를 것이기 때문에 공자께서 좋게 여기셨다. 세 사람이 대답을 잘못한 것이 아니다.

■ 何曰: "率爾, 先三人對也." ○包曰: "攝, 迫也."

하안이 말했다. "솔이率爾는 세 사람에 앞서 대답한 것이다." ○포함이 말했다. "섭攝은 핍박(迫)이다."

■ 包曰: "方, 義方也." ○駁曰 非也. 此是方圓之方, 豈可以訓此經乎? 朱子訓方爲向, 若訓方爲向, 則鄕方乃是鄕向, 不可通矣. 方者, 人所嚮也, 人所嚮者, 義也. 然謂之義方, 則不可.

포함이 말했다. "방方은 의로써 방정하게 하는 것(義方)이다." ○논박하여 말하면, 그릇되었다. 이것은 방원方圓의 방方이니, 어찌 이 경문을 해석할 수 있겠는가? 주자는 방方을 향向이라고 해석했는데, 만약 방方을 향向이라고 해석한다면 향방鄕方은 곧 향향鄕向이 되니, 통할 수 없다. 방方이란 사람이 향하는 곳(人所嚮)이다. 사람이 향하는 곳이란 의義이다. 그렇다면 의방義方이라고 말하는 것은 옳지 않다.

■ 孔曰: "撰, 具也." ○案 撰與譔通, 先儒謂之論譔, 或謂之撰述, 其本義皆不明也. 陳列飮食, 謂之饌, 故陳列言辭, 謂之撰, 古之所謂諧聲也.

공안국이 말했다. "찬撰은 갖추다(具)이다." ○살핀다. 찬撰과 찬饌은 통하는데, 선유들은 논찬論譔이라고 하고 혹 찬술撰述이라고 했으니, 그 본뜻은 모두 명확하지 않다. 음식을 진열하는 것을 찬饌이라 한다. 그러므로 언사를 진열하는 것을 찬撰이라 하니, 옛날의 이른바 해성諧聲이다.

■孔曰: "春服旣成, 衣單袷之時." ○駁曰 非也. 莫春誰能著單衣乎? 袷而無絮者, 亦早矣.

공안국이 말했다. "춘복기성春服旣成은 홑옷이나 겹옷을 입을 때이다." ○논박하여 말하면, 그릇되었다. 모춘莫春에 누가 홑옷을 입을 수 있겠는가? 겹옷에 솜을 넣지 않는 것도 이른 것이다.

■案 戱水濯垢, 亦可云浴, 何必全身投水, 方謂之浴? ○又按 上巳者, 上己之誤. 十二支配於十日, 其賸者二, 故一旬之內, 或都無巳日, 上巳何可必得哉? 且曾點之言, 脫洒塵臼, 上巳祓除, 恐非本旨.

살핀다. 물놀이하고 때를 씻는 것 또한 욕浴이라고 할 수 있는데, 하필이면 온몸을 물에 넣어야만 바야흐로 욕浴이라고 하겠는가? ○또 살핀다. 상사上巳란 상기上己의 잘못이다. 12지支를 10일에 배치하면 남는 것은 두 개이니, 1순 안에 혹 사일巳日이 전혀 없을 수도 있다. 상사일을 어찌 반드시 얻을 수 있겠는가? 또한 증점의 말은 세속의 먼지와 때를 털고 씻으려고 한 말이니, 상사일의 불제祓除는 아마도 본뜻이 아닌 듯하다.

■質疑『集注』云: "曾點以冉求亦欲爲國而不見哂, 故微問之. 而夫子之答無貶詞, 蓋亦許之."[下節又云: "此亦曾晳問而夫子答之."] ○案孔注·邢疏, 以'唯求'·'唯赤'二節, 從頭至尾, 都作孔子之言. 所以明二子之言, 與子路同也. [邢云: "夫子不哂子路欲爲諸侯之事, 故擧三子所言, 明皆諸侯之事."] 孔子若曰, 吾之所以哂由者, 以不讓也. 若以其得志行道之說而笑之, 則唯求唯赤, 皆在可哂. 吾之所以不哂者, 以其言能讓也. 末云'赤也爲之小, 孰能爲之大'者, 二子之中, 赤之言益

讓, 故孔子加作一贅語, 以明赤也之能讓. 若以二節之上一句, 爲曾皙之問, 則
其問其答, 皆無味矣.

질의한다. 『집주』에서 말했다. "증점은 염구 또한 정치를 하고자 했지만, 웃
음을 당하지 않았기에 은미하게 물어보았다. 공자의 대답에는 폄하의 말이
없으니, 대개 또한 인정한 듯하다."(주석의 아래 구절에서 이르길, "이 또한 증석
이 묻고, 공자께서 대답하신 것이다."라고 했다) ○살핀다. 공안국의 주ㆍ형병의 소
는 '유구唯求'ㆍ'유적唯赤' 이하 두 절은 처음부터 끝까지 모두 공자의 말이라
고 하여, 두 사람의 말은 자로와 같다는 것을 밝혔다.(형병이 말했다. "공자께서는
자로가 제후의 일을 하고자 하여 웃은 것이 아니다. 그러므로 세 사람이 말하고자 한 것
을 들어 모두 제후의 일임을 밝히신 것이다.") 공자께서 '내가 유에 대해 웃은 까닭
은 겸양하지 않았기 때문이다. 만약 그가 뜻을 얻어 도를 행하려는 말을 했는
데 웃었다면, 구와 적도 모두 웃을 수 있다. 내가 웃지 않은 까닭은 그 말이 겸
양했기 때문이다.'라고 하셨다. 끝에서 '적이 소상이 된다면 누가 능히 대상이
되겠는가(赤也爲之小, 孰能爲之大)'란 두 사람 가운데 적의 말이 더욱 겸양했기
때문에, 공자께서 한마디 군더더기 말을 더하여 적이 능히 겸양했음을 밝힌
것이다. 만일 두 절 중의 앞의 한 절을 증석의 질문으로 본다면, 그 질문과 그
대답이 모두 아무런 의미가 없어진다.

■ 質疑劉華嵒云: "曾點之志, 只是個狂者, 不覊絆于塵跡. 故謝上蔡謂三子爲
曾皙獨對東風, 冷眼看破. 乃宋儒張皇之過, 遂謂其天地同流, 謂其堯ㆍ舜氣
象, 謂其人欲淨盡. 夫天地堯ㆍ舜, 必如夫子之老安少懷, 方是. 若莫春之遊,
不過唫風弄月, 自適其適者也. 私欲淨盡, 必顏回之無伐無施, 方是. 曾點只是
一時見得世事不必拘滯, 而豈遽到一日克己田地? 宋儒因夫子一與, 遂把'鼓瑟'
三句, 動靜都看好了, 不知師友方言志而鼓瑟, 此狂態也."

질의한다. 유화암劉華嵒이 말했다. "증점의 뜻은 단지 일개 광자狂者가 세속
의 진적塵跡에 얽매이지 않으려고 한 것이다. 그래서 사상채謝上蔡는 세 사람

가운데 증석만 홀로 '동풍을 쐬고'라고 대답하여, 차가운 눈으로 간파하고 있다고 했다. 그런데도 송유宋儒들은 장황함이 지나쳐 드디어 그는 천지와 함께 흐른다(天地同流)고 하고, 그는 요순의 기상이라고 하고, 그는 인욕을 깨끗이 다 없앴다고 했다. 대저 천지·요순은 반드시 공자의, 늙은이를 편안하게 해 드리고 어린이를 품어주는 것과 같아야 비로소 그러한 경지라고 한다. 모춘의 물놀이 같은 것은 바람이나 쐬고 달이나 희롱하는 것에 불과하니, 유유자적하는 것에 지나지 않는다. 사욕私欲을 깨끗이 다 없앤 것은 반드시 안회의 선을 자랑하지 않고 수고로움을 베풀지 않음(無伐無施)과 같아야 비로소 그러한 경지라고 한다. 증점은 단지 한때에 속세의 일에 구애될 필요가 없다는 것을 본 것이니, 어찌 드디어 일일극기一日克己의 경지에 도달했다고 하겠는가? 송유宋儒들은 공자께서 한 번 허여한 것에 기반하여, 드디어 '고슬鼓瑟' 이하 세 구절을 가지고 움직일 때와 고요할 때 모두를 좋게 보고, 스승과 벗들이 바야흐로 뜻을 말하는데 슬瑟을 타는 것, 그것은 광자의 태도(狂態)라는 것을 알지 못했다."

비평 —— 먼저 증점의 대답을 어떻게 평가할 것인가? 이에 대한 주자의 해설을 조금 풀어쓰면 다음과 같다. 즉 공자가 제시한 정치의 목적은 바르게 되는 것이다(政正也). 바르게 된다는 것은 인간은 인간답게 살고, 임금은 임금답게(君君), 신하는 신하답게(臣臣) 존재하는, 이른바 현실이 이념과 일치하는 차원에 도달하는 것을 말한다. 이렇게 정명(正名)이 구현된 사회에서 각각의 구성원은 예禮에 따라 자발적으로 행위하는 것이지, 형벌에 의해 다스려지지 않는다. 바로 이 점에서 정치의 진정한 목적은 정치가 필요 없는 사회를 지향한다는 것이다(有恥且格). 거기서는 더 이상 욕망의 충동도 생존 경쟁도 필요없고, 따라서 욕망 충족을 해결하는 경험 과학도 생존경쟁을 다스릴 법도 필요없는 그런 사회인 것이다. 여기서 공자는 결국 자신의 이상이 인위적으로 다스리는 정치공학의 영역이 아니라, 자연과의 조화로운 관계 즉 정치미학에 있음을 분명히 하고 있다는 것이다.

그래서 주자는 『혹문』에서 "증석의 대답이 무슨 근거로 곧장 천지만물이 저마다 합당한 자리를 얻는 경지라고 말하십니까?"라고 질문하고 다음과 같이 말한다

> 늦은 봄날은 생물들이 무성한 시기이다. 봄옷이 완성되는 때는 사람 몸에 따스하고 쾌적한 기후이다. 어른 5~7명과 어린이 6~7명이 같이 한다는 것은 노소의 질서가 있고 조화로운 것이다. 기수와 무악은 노나라의 경치 좋은 곳이다. 목욕하고 바람 쐬고, 또 노래를 부르며 돌아온다는 것은 즐기되 그 마땅한 바를 얻은 것이다. 무릇 그 처한 자리로 말하자면, 그 즐거움은 일신에 그치지만, 마음으로 논하자면 참으로 무성한 천지가 사물을 살리는 마음이고, 성인이 때에 맞게 사물을 키우는 일이다. 어찌 나와 남, 안과 밖의 틈이 있으리오. 정자께서 성인의 뜻과 같다고 여기셨는데, 요순의 기상이란 바로 이것이다. 『혹문』

이에 대해 고주와 다산은 (주생렬의 말인바) "오직 증점만 홀로 때를 안 것을 좋게 본 것이다. 즉 세 사람은 때를 살피지 못하고, 뜻이 정치하는 데에 있었지만, 오직 증석만이 홀로 때를 알 수 있었기 때문에 공자께서 허여하셨다,"라고 설명했다. 그리고 다산은 또한 유화암劉華嵒의 말을 인용하여, "증점의 뜻은 단지 일개 광자狂者가 세속의 진적塵跡에 얽매이지 않으려고 한 것에 지나지 않으며, 대저 천지·요순은 반드시 공자의, 늙은이를 편안하게 해 드리고 어린이를 품어주는 것과 같아야 비로소 그러한 경지라고 하였기에, 증점의 경지를 그렇게 해석한 것은 장황함이 지나치다."라고 말했다. 일전에 필자의 서당 스승 권우 홍찬유 선생께서는 문집에 다음과 같은 글을 남기셨다. 참고삼아 제시한다.

처음 공자께서 물으실 때에 "만약 알아주는 사람이 있다면 어떻게들 할 것이냐?" 하셨으니, 이 물음에는 자신의 능력으로는 할 수 없고, 어떤 정치적 세력을 잡은 사람이 자기를 알고서 그 일을 맡겨 처리케 한다는 뜻이 분명했기 때문에 세 사람 모두 정치政治의 포부를 발표하여 그 묻는 말씀에 대답했고, 증점은 알아주는 사람이 있거나 없거나 아무런 관계가 없이 자신의 능력으로 언제고 실행할 수 있는 풍욕風浴의 즐거움을 들어 대답했으니, 이것은 문동답서격問東答西格이라 아니 할 수 없다.

공자의 뜻은 늙은 사람을 편안케 하고, 친구들은 믿게 하며, 어린사람을 돌보아 주어서, 온갖 만물로 하여금 그 타고난 자질資質을 성취하지 않는 것이 없게 하려는 데 있었다. 그런데 공자께서는 어째서 동문서답하는 증점을 허여한다고 하셨을까?

그때도 오패五覇가 한창 서로 싸운 나머지 세 사람의 안목眼目도 그 테두리를 벗어나지 못하여 그 대답이 여기에 그치는 동시에 그나마도 실현성實現性은 전연 없으니, 그 말을 들으신 공자께서는 너무도 안타까워서 아무 말씀하지 않았을 것이다.

그런 중 동문서답하는 증점의 말이 실재와는 아무런 관계가 없으나, 그래도 실현할 수 있으므로 휘― 하고 한숨을 지으며 너를 허여한다 하셨으니, 그 허여 속에는 무한한 비탄悲嘆이 쌓여 있지 않은가?

그런데 정자程子는 "증점은 뜻이 성인聖人과 같아서 바로 요순堯舜의 기상氣象이라" 했고, 또 "증점은 광자狂者인 때문으로 반드시 성인의 일은 하지 못하지만, 성인의 뜻을 안다." 하고, "세 사람은 모두 정치를 하려한 때문으로 공자께서 취取하지 않았다." 했으며, 주자朱子는 "증점의 학문은 인욕人欲이 다 없어지고, 천리天理가 유행하며, 그 마음이 곧장 천지만물로 더불어 상하로 동류한다." 하고, 세 사람은 짧은 안목으로 세상일에 얽매여서, 그 기상이 증점만 못하다." 했으니, 정자와 주자 두 선생이 증점의 동문서답한 것을 그같이 칭찬하고, 세 사람의 정답을 도리어 나무란 것은 무슨 까닭이 있어서 그러했을 것이다. 그러나 이로 인하여 후세에 오활迂闊한 선비들은 실지에 있어서 아무런 보고 얻은 것도 없이, 공연히 스스로 높고 큰 척하여 걸핏하면 "알아주는 사람이 없으니, 풍욕風浴의 즐거움이나 즐기겠다." 하며, 자신의 안일에만 급급하고 있는 그 사람들의 폐단을 누구도 막을 길이 없으니, 말학천식末學淺識으로서는 도저히 이해할 수 없는 일이다.

"유구즉비방야여唯求則非邦也與" 및 "유적즉비방야여唯赤則非邦也與"라는 두 구절을 증석의 질문으로 볼 것인가, 공자의 대답으로 볼 것인가 하는 문제가 있다.

고주와 다산은 이 구절을 공자의 연속적인 대답으로 보았지만, 주자는 내용상 증석의 질문으로 본다. 고주와 다산은 본문에 '왈曰' 자가 없다는 점에서 원문 그대로 해석했다. 그런데 내용상으로 본다면, 주자의 해석에 따라 '왈曰' 자가 생략되었다고 보면서, 증석이 "그렇다면 구가 말했던 것은 제후국의 일이 아닙니까?"라고 질문한 것으로 해석하는 것이 순리적인 것으로 보인다.

제12편

안연
顔淵

凡二十四章
모두 24장이다.

12:1. 顏淵問仁. 子曰: "克己復禮爲仁. 一日克己復禮, 天下歸仁焉. 爲仁由己, 而由人乎哉?" 顏淵曰: "請問其目." 子曰: "非禮勿視, 非禮勿聽, 非禮勿言, 非禮勿動." 顏淵曰: "回雖不敏, 請事斯語矣."

고주 —— 안연이 인을 묻자, 공자께서 말씀하셨다. "자기 몸을 단속하여(克己=約身) 선왕의 예로 돌아오는 것(復=反)이 인이 된다. (임금이) 하루라도 자기 몸을 검약하여 예로 돌아가면, 천하가 (모두) 어진 임금에게 귀의함을 보게 될 것인데(하물며 종신토록 한다면) 인(=善)을 행하는 것은 자신에게 달려 있지(=行善在己), 남에게 달려 있겠는가?" 안연이 말했다. "청컨대 그(극기복례의) 조목을 묻습니다." 공자께서 말씀하셨다. "예가 아니면 보지 말고, 예가 아니면 듣지 말고, 예가 아니면 말하지 말고, 예가 아니면 움직이지 말라." 안연이 말했다. "제가 비록 민첩하지 못하지만, 이 말씀을 공경하여 받잡고 반드시 실천하겠습니다."

주자 —— 안연이 인(=本心之全德)을 묻자, 공자께서 말씀하셨다. "자기 몸의 사욕(己=身之私欲)을 이기고 예(天理之節文)로 돌아오는 것이 인이 된다. 하루라

자원풀이 ■극克은 갑골문에서 머리에 투구를 쓰고 손에 창을 쥔 사람의 모습을 그렸다. 완전하게 무장한 병사는 전장에서 이길 수 있는 뜻에서 이기다勝는 의미가 생겼으며, 이후 이 의미를 강조하기 위해 刀(칼 도)를 더해 극剋 자가 생겨났다.
■예禮는 示(보일 시)+豊(예도 례)의 형성자로 옥과 북 등을 동원해(豊) 경건하게 신을 모시던 제사(示)행위에서 예도禮度, 예절禮節 등의 의미가 나왔다.
■인仁이란 『설문해자』에 따르면 '친애親愛한다는 의미로 두 사람(人+二)에서 유래했다(仁 親愛也 由'人' 由二 會意)"고 한다. 이는 곧 인간이란 (잔인한 금수와 구별되는) '서로 친애하는 공동체적 존재'라는 것을 함축한다. 즉 "인간이란 모름지기 인(仁=人+二)해야 한다"는 공자의 주장은 곧 "인간이란 정치적·사회적 존재(homo politicus·socius)이며, 다양한 사회적·관계적 상황에서 마땅히 해야 할 도리를 다해야 한다"는 것을 함축한다. 『논어』에서 '인仁'은 총105회 나타나며, 전체 499절 가운데 58곳에서 이 개념에 대해 논의하고 있는데, 인간의 보편적 덕이다.

도 자기 몸의 사욕을 이기고 예로 돌아가면, (일마다 모두 天理이고 본심의 덕이 온전해져서) 천하가 모두 인하다고 허여(歸=與)할 것이다. 인을 행함은 자기로 말미암는 것이지, 남으로부터 말미암는 것이겠는가?" 안연이 (천리와 인욕의 경계가 분명해져서 다시 의문을 갖지 않고) 말했다. "청컨대, 그 조목을 묻습니다." 공자께서 말씀하셨다. "예가 아니면(非禮=己之私:자신의 사사로움) 보지 말고, 예가 아니면 듣지 말고, 예가 아니면 말하지 말고, 예가 아니면 움직이지 말라." 안연이 말했다. "제가 비록 불민하지만, 이 말씀에 종사하고자 합니다."

다산 —— 안연이 (두 사람 간의 관계에서 발생하는) 인을 묻자, 공자께서 말씀하셨다. "자기(我=人心, 身之嗜慾, 小體 등)를 이기고 예로 돌아오는 것이 인이 된다. (어느) 하루에 자기를 이기고 예의로 돌아가면, 천하(모든 사람)가 귀화(歸=歸化)할 것이다. 인을 행함은 자기(己=我)로 말미암는 것이지, 남으로부터 말미암는 것이겠는가?" 안연이 말했다. "청컨대, 그(=克己) 조목을 묻습니다." 공자께서 말씀하셨다. "예의가 아니면(非禮=己之私:자신의 사사로움) 보지 말고, 예의가 아니면 듣지 말고, 예의가 아니면 말하지 말고, 예의가 아니면 움직이지 말라." 안연이 말했다. "제가 비록 불민하지만, 이 말씀에 전심전력하여 종사하고자 합니다."

■귀歸는 사(師의 옛 글자)+止(머무를 지)+婦(며느리 부의 생략형)의 형성자로 출정했던 군대(師)가 돌아오고, 시집갔던 딸(婦)이 친정집으로 돌아옴(止=一足)을 말한다. 제자리로 돌아오다, 귀환歸還하다, 귀속시키다 등의 뜻이다. 돌아가다(薄言還歸), 돌려보내다(久暇而不歸), 시집가다(之子于歸), 의지하여 따르다(民歸 由水之就下), 결과(天下同歸而殊途), 자수하다, 편들다, 모이다, 몸을 의탁할 곳(則仁人以爲己歸矣) 등의 뜻이다.
■사事는 신에게 바치는 기물을 나뭇가지에 달아놓고 손(又)으로 떠받치고 있는 형상으로 제사를 지내다, 섬기다의 뜻이다. 혹은 손(又)으로 장식이 달린 붓을 잡은 모습으로 역사나 문서의 기록하는 모습을 형상화한 것으로 관직, 사업, 업무를 통칭하는 '일'을 뜻하게 되었다. 일(事有終始), 관직(無功受事), 국가대사, 직업, 공업(立功立事), 섬기다(事君之道), 일삼다(事商賈 爲技藝), 변고(事變), 재능(吳起之裂 其事也), 다스리다(勞力事民而不責焉), 힘쓰다(先事後得), 부리다(無所事得), 벌(管絃三兩事), 전고典故 등의 뜻이다.

집주 —— ■仁者는 本心之全德이라 克은 勝也요 己는 謂身之私欲也라 復은 反也요 禮者는 天理之節文也라 爲仁者는 所以全其心之德也라 蓋心之全德이 莫非天理나 而亦不能不壞於人欲이라 故로 爲仁者 必有以勝私欲而復於禮면 則事皆天理하여 而本心之德이 復全於我矣라 歸는 猶與也라 又言 一日克己復禮면 則天下之人이 皆與其仁이니 極言其效之甚速而至大也라 又言 爲仁由己而非他人所能預니 又見其機之在我而無難也라 日日克之하여 不以爲難이면 則私欲淨盡하고 天理流行하여 而仁不可勝用矣리라

인仁이란 본심의 온전한 덕(全德)이다. 극은 이김(勝)이다. 기己는 몸의 사욕私欲을 말한다. 복復은 돌아옴(反)이다. 예禮란 천리의 절도와 문식(節文)이다. 인을 행한다(爲仁)는 것은 그 마음의 덕을 온전히 하는 방법이다. 대개 마음의 온전한 덕은 천리天理가 아님이 없지만, 또한 인욕人欲에서 무너지지 않을 수 없다. 따라서 인을 행하는 것은 반드시 사욕을 이기고 예로 돌아옴이 있게 되면, 일은 모두 천리가 되고, 본심의 덕은 나에게 다시 온전해진다. 귀歸는 허여함(與)이다. 또한 하루라도 자기를 이기고 예로 돌아가면 천하 사람들이 모두 그 인仁을 허여할 것이라고 말한 것이니, 그 효과가 매우 빠르고 지극히 크다는 것을 극언極言한 것이다. 또 인을 행함은 자기로 말미암기에 다른 사람이 간여할 수 있는 것이 아니라고 말했으니, 또한 그 기틀이 나에게 있어 어려울 것이 없음을 보이신 것이다. 날마다 극복해 나가 어렵게 여기지 않게 되면 사욕이 정화되어 없어지고, 천리가 유행하여 인仁은 이루 다 쓸 수 없다.

■程子曰 非禮處 便是私意니 旣是私意면 如何得仁이리오 須是克盡己私하여 皆歸於禮라야 方始是仁이니라 又曰 克己復禮면 則事事皆仁이라 故로 曰天下歸仁이라 하시니라

정자가 말했다. "예가 아닌 것이 사의私意이다. 이미 사의라면 어떻게 인할 수 있겠는가? 모름지기 자기의 사욕을 극복하여 없어지고, 모두 예로 돌아가야 비로소 인이다." 또 말했다. "극기복례克己復禮하면 일 하나하나가 모두 인

仁이다. 그러므로 '천하가 인으로 돌아간다.'고 말했다."

■謝氏曰 克己는 須從性偏難克處克將去니라

사상채가 말했다. "극기克己는 성품 가운데 편벽되어 극복하기 어려운 곳부터 극복해 나아가야 한다."

■目은 條件也라 顏淵이 聞夫子之言하니 則於天理人欲之際에 已判然矣라 故로 不復有所疑問하고 而直請其條目也라 非禮者는 己之私也라 勿者는 禁止之辭니 是는 人心之所以爲主而勝私復禮之機也라 私勝則動容周旋이 無不中禮하여 而日用之間에 莫非天理之流行矣라 事는 如事事之事라 請事斯語는 顏淵이 黙識其理하고 又自知其力이 有以勝之라 故로 直以爲己任而不疑也시니라

목目은 조목(條件)이다. 안연이 공자의 말씀을 들으니, 천리天理와 인욕人欲의 경계가 이미 분명해졌다. 그러므로 다시 의심스러워 질문할 것이 없어 곧바로 그 조목을 청했다. 예가 아닌 것이란 자기의 사사로움(己之私)이다. 물勿은 금지사이다. 이것은 인심人心이 위주가 되어 사사로움을 이기고 예로 돌아가는 기틀이다. 사사로움을 극복하면 모든 행동거지가 예에 맞지 않음이 없고, 일상생활의 모든 순간들이 천리天理의 유행이 아님이 없다. 사사는 일을 실천한다(事事)고 할 때의 '실천하다'와 같다. 청사사어請事斯語는 안연이 그 이치를 묵묵히 깨달았고, 또한 스스로 자신의 능력이 사사로움을 이길 수 있다는 것을 알았기 때문에 곧바로 자신의 임무로 삼고 의심하지 않은 것이다.

■程子曰 顏淵이 問克己復禮之目한대 子曰 非禮勿視하며 非禮勿聽하며 非禮勿言하며 非禮勿動이라하시니 四者는 身之用也라 由乎中而應乎外하나니 制於外는 所以養其中也라 顏淵이 事斯語하니 所以進於聖人이니 後之學聖人者는 宜服膺而勿失也니라 因箴以自警하노라 ○其視箴曰 心兮本虛하니 應物無迹이라 操之有要하니 視爲之則이라 蔽交於前하면 其中則遷하나니 制之於外하여 以安其內니라 克己復禮하면 久而誠矣리라 ○其聽箴曰 人有

秉彝는 本乎天性이언마는 知誘物化하여 遂亡其正하나니라 卓彼先覺은 知止有定이라 閑邪存誠하여 非禮勿聽하나니라 ○其言箴曰 人心之動이 因言以宣하나니 發禁躁妄이라야 內斯靜專하나니라 矧是樞機라 興戎出好하나니 吉凶榮辱이 惟其所召니라 傷易則誕하고 傷煩則支하며 己肆物忤하고 出悖來違하나니 非法不道하여 欽哉訓辭하라 ○其動箴曰 哲人知幾하여 誠之於思하고 志士勵行하여 守之於爲하나니 順理則裕요 從欲惟危니 造次克念하여 戰兢自持하라 習與性成하면 聖賢同歸하리라

정자가 말했다. "안연이 극기복례의 조목을 묻자, 공자께서 '예가 아니면 보지 말고, 예가 아니면 듣지 말고, 예가 아니면 말하지 말고, 예가 아니면 움직이지 말라고 하셨으니, 네 가지는 신체의 운용이다. 심중(中)에서 유래하여 외면에 응대하고, 외면에서 제어함으로써 그 심중을 함양한다. 안연은 이 말씀을 실천했기에 성인으로 나아갈 수 있었다. 후세에 성인을 배우는 자는 마땅히 가슴에 간직하고 잃지 말아야 할 것이니, 이런 까닭에 잠언을 지어 스스로를 경계한다." ○그 시잠視箴에서 말했다. 마음은 본래 비어 있어, 사물에 응대함에 자취가 없다. 마음을 잡는 데에는 요령이 있는데, 보는 것(視)이 그 준칙이 된다. 가리는 것이 눈앞에 교차하면 심중이 흔들린다. 외면에서 제어함으로써 그 내면을 안정시킨다. 극기복례가 오래되면 성誠의 경지에 이른다. ○그 청잠聽箴에서 말했다. 사람에게는 병이 秉彝(떳떳함을 지킴)가 있어 천성에 근본하지만, 지각이 외물의 유혹에 동화되면 마침내 그 올바름을 잃고 만다. 탁월한 저 선각자는 머무를 곳의 안정을 이루었다. 사특함을 막고 성실함을 보존하여 예가 아니면 듣지를 말라. ○그 언잠言箴에서 말했다. 인심人心의 동요는 말에 인하여 펼쳐지니, 말할 때 조급하고 망령된 것을 금하면 내면이 고요하고 전일(專)해진다. 더구나 말은 추기樞機(가장 중요한 기틀이나 부분)인지라, 싸움을 일으키기도 하고 우호를 내기도 한다. 길흉과 영욕이 오직 말에 의해 초래된다. 지나치게 쉽게 하면 거짓말이 되고, 지나치게 번다

하면 지리멸렬해진다. 내가 함부로 말하면 상대에 거슬리고, 어긋나게 말을 하면 거스른 말로 돌아온다. 법도가 아니면 말하지 말아서, 공경스럽게 훈계의 말씀을 받들라. ○그 동잠動箴에서 말했다. 철인哲人은 기틀을 깨달아 생각에서 성실함을 추구하고, 지사志士는 행실을 연마하여 행위에서 뜻을 지킨다. 이치에 순응하면 여유롭고, 인욕에 따르면 위태롭다. 다급한 때에도 정념을 극복하여 조심조심하여 자신을 다잡는다. 습관과 본성이 완성되면, 성현과 동일한 경지로 돌아간다.

■愚按 此章問答은 乃傳授心法切要之言이니 非至明이면 不能察其幾요 非至健이면 不能致其決이라 故로 惟顔子得聞之요 而凡學者 亦不可以不勉也라 程子之箴이 發明親切하시니 學者尤宜深玩이니라

어리석은 내가 살핀다. 이 장의 문답은 곧 심법의 절요를 전수한 말이다. 지극히 밝지 않으면 그 기틀을 살필 수 없고, 지극히 강건하지 않으면 그 결단에 이를 수 없다. 그러므로 오직 안자만이 그것을 들을 수 있었으나, 모든 배우는 사람 또한 힘쓰지 않을 수 없는 것이다. 정자의 잠언은 친절하게 발명發明해 주었으니, 배우는 사람들은 마땅히 더욱 깊이 완미해야 한다.

고금주 —— ■劉炫曰 "克勝也. 己, 謂身也. 身有嗜慾, 當以禮義齊之. 嗜欲與禮義戰, 使禮義勝其嗜慾, 身得歸復於禮, 如是乃爲仁也." [言情爲嗜慾所逼, 已離禮而更歸復之 ○見邢疏] ○補曰 己者, 我也. 我有二體, 亦有二心, 道心克人心, 則大體克小體也. 一日克己, 謂一朝奮發用力行之. [非謂一日而遽止] ○孔曰: "復, 反也." [饒云: "克者, 戰而獲勝之名. 復者, 失而復還之謂."] ○補曰 歸者, 歸化也. 天下歸仁, 謂近而九族, 遠而百姓, 無一人不歸於仁. 由己, 謂由我也. 仁生於二人之間, [父與子二人, 兄與弟二人] 然爲仁由我, 不由人也. [非二人與共成之] 目, 克己之條目也. [克己爲綱, 四勿其目也] 事者, 專心專力以從事也.

유현劉炫이 말했다. "극克은 이김(勝)이고, 기己는 신체(身)를 말한다. 신체에

기욕嗜慾이 있으면 마땅히 예의禮義로써 가지런히 해야 한다. 기욕과 예의가 싸우면, 예의가 그 기욕을 이기도록 하면 신체는 예에로 귀복하게 되니, 이와 같다면 이에 인이 된다."(기욕의 핍박을 받아 이미 예에서 떠난 정을 다시 귀복시키는 것이다:형병의 소에 보인다.) ㅇ보완하여 말한다. 기근란 나(我)이다. 나에게는 두 개의 체體가 있고, 또한 두 개의 마음(心)이 있다. 도심이 인심을 이기면, 대체가 소체를 이긴다. 일일극기一日克己는 어느 아침에 분발하여 그것을 힘써 행하는 것을 말한다.(하루만 하고 그치는 것을 말하지 않는다.) ㅇ공안국이 말했다. "복復은 돌아감(反)이다."(쌍봉 요씨가 말했다. "克이란 전쟁에서 승리를 획득하는 것을 말하며, 復이란 잃었다가 다시 환수하는 것을 말한다.") ㅇ보완하여 말하면, 귀歸란 귀화歸化이다. 천하귀인天下歸仁은 가까이로는 구족九族에서, 멀리로는 백성에 이르기까지 어느 한 사람도 인仁에 귀화하지 않음이 없음을 말한다. 유기由己는 나로부터 말미암음(由我)을 말한다. 인은 두 사람 사이에서 생겨난다.(仁生於二人之間; 부자가 두 사람이며, 형제가 두 사람이다.) 그러나 인을 행함은 나로 말미암지 남으로 말미암지 않는다.(두 사람이 함께 공동으로 인을 이루는 것이 아니다.) 목目은 극기의 조목이다.(克己는 綱이 되고, 四勿이 그 조목:其目이다.) 사事란 전심전력하여 종사함(專心專力以從事)이다.

■ 馬曰: "克己, 約身." ㅇ范甯云: "克, 責也." ㅇ毛曰: "劉炫之說, 本揚子雲 '勝己之私之謂克'語, 然亦謂勝己之私, 必于'己'字下添'之私'二字, 未嘗己之卽私也." ㅇ案漢儒說經, 皆就文字上, 曰詁曰訓, 其於人心道心之分, 小體大體之別, 如何而爲人性, 如何而爲天道, 皆漠然聽瑩. 馬融以克己爲約身, 卽其驗也. 明明敬怠二者, 皆在我身, 而一勝一敗, 視爲仇敵. 明明慾道二物, 心戰角勝. 劉炫 · 朱子, 非無據而言之也. 孟子以本心譬之於山木, 以私欲譬之於斧斤. 夫斧斤之於山木, 其爲敵讎也大矣. 以己克己, 是千聖百王單傳密付之妙旨要言. 明乎此, 則可聖可賢, 昧乎此, 則乃獸乃禽. 朱子之爲吾道中興之祖者, 亦非他故, 其作『中庸』之序, 能發明此理故也. 近世學者, 欲矯宋 · 元諸儒評氣說理內禪

外儒之弊, 其所以談經解經者, 欲一遵漢·晉之說, 凡義理之出於宋儒者, 無問
曲直, 欲一反之爲務. 馬所謂約身者, 謂剋削奢靡, 自奉儉約也. 非禮勿視聽言
動, 與自奉儉約, 何所當乎? 非禮欲視, 故曰非禮勿視, 非禮欲聽, 故曰非禮勿
聽, 非禮欲言, 故曰非禮勿言, 非禮欲動, 故曰非禮勿動. 初若不欲, 何謂之勿?
[句] 欲也者, 人心欲之也. 勿也者, 道心勿之也. 彼欲此勿, 兩相交戰, 勿者克之,
則謂之克己. 自奉儉約, 何與於是? 富有四海, 錦衣玉食者, 將不得自與於四勿
乎? 說者謂克己·由己, 同一'己'字, 譏朱子訓己爲私, 不得云'爲仁由私'. 然大
體, 己也, 小體, 亦己也. 以己克己, 何者非己? 克己之己, 由己之己, 無相妨也.
마융이 말했다. "극기克己는 자신을 검약하게 단속하는 것(約身)이다." ○범
녕范甯이 말했다. "극克은 질책(責)이다." ○모기령이 말했다. "유현의 설은
양자가 '자기의 사사로움을 이긴다.'고 말한 것에 근거한다. 자기의 사사로움
을 이긴다고 말하는 것(謂勝己之私)은 반드시 기己 자 다음에 지사之私라는 두
글자를 첨가해야 하니, 일찍이 기己가 곧 사私라고 말하지는 않았다." ○살핀
다. 한유漢儒들의 경설經說에는 모두 문자상에서 취하여 고詁라 하고, 훈訓이
라 하여, 인심·도심의 구분과 대체·소체의 구별에서 무엇이 인성人性이 되
고, 무엇이 천도가 되는지 모두 막연하여 분명히 알지 못했다. 마융이 극기
克己를 약신約身으로 간주한 것이 곧 그 증험이다. 명명백백하게 경敬과 태怠
두 가지는 나 자신에게 있지만, 한 번 이기고 한 번 지는 것을 원수와 적에 견
주었다. 명명백백하게 욕慾과 도道 두 가지는 마음속에서 싸워 승부를 겨루
는 것이다. 유현과 주자가 아무런 전거 없이 말한 것이 아니다. 맹자는 본심
本心을 산목山木에 비유하고, 사욕私欲을 부근斧斤에 비유했다. 대저 부근斧斤
은 산목山木에 대해 불구대천의 원수가 된다. 자기로써 자기를 이기는 것(以
己克己)은 천성백왕千聖百王이 은밀히 전한 묘지妙旨이며 요언要言이다. 이것
에 밝으면 성인이 되고 현인이 될 수 있다. 이것에 어두우면 이에 금수가 된
다. 주자朱子가 우리 도를 중흥시킨 시조가 된 것 또한 다른 까닭이 아니라,

『중용』「서」를 지어 이 이치를 밝혔기 때문이다. 요즘의 학자들이 송宋·원元의 여러 유학자들의 이기설과 내선외유의 폐단(內禪外儒之弊)을 바로잡고자, 경전을 담론하고 해석한 것이 하나같이 한漢·진晉의 설을 따르고자 하며, 무릇 송유에게서 나온 의리는 곡직曲直을 불문하고 하나같이 반대하는 것만을 임무로 삼고 있다. 마융의 이른바 약신約身이란 사치한 것을 없애고 스스로 검약한 것을 봉행하는 것이다. 예가 아니면 보거나·듣거나·말하거나·움직이지 말라는 것과 스스로 검약함을 봉행하는 것이 어떻게 합당하겠는가? 예가 아닌데도 보거나·듣거나·말하거나·움직이고 싶어 하기 때문에, 예가 아니면 보거나·듣거나·말하거나·움직이지 말라고 했다. 처음부터 욕망하지 않았다면 어찌 말라(勿)고 했겠는가? 하고 싶다(欲)란 인심人心이 그것을 욕망하는 것(欲之)이다. 말라(勿)는 것은 도심이 그것을 하지 말라(勿之)는 것이다. 인심이 욕망하고 도심이 말라고 하여, 양자가 서로 교전하여, 말라는 도심이 이기면 극기克己라고 말한다. 스스로 검약을 봉행하는 것(自奉儉約)이 이것과 무슨 상관이 있는가? 부유하여 사해를 소유하여 금의옥식하는 자는 장차 스스로 사물四勿에 참여할 수 없는 것인가? 어떤 해설자는 극기克己·유기由己가 동일한 기己 자라고 하여, 주자가 기己를 사私로 풀이한 것을 기롱했지만, '인을 행함은 사로 말미암는다(爲仁由私).'고 말할 수 없다. 그러나 대체大體는 기己이고, 소체小體 또한 기己이다. 자기로써 자기를 이기는 것(以己克己)이 어찌 자기가 아니겠는가(何者非己)? 극기의 기(克己之己)와 유기의 기(由己之己)는 서로 방해되지 않는다.

■馬曰: "一日猶見歸, 況終身乎!" ○邢曰: "言人君若能一日行克己復禮, 則天下皆歸此仁德之君也." ○案 一日克己, 謂一朝而遷善, 立身乎禮法之場, 非謂一日行之, 而明日即復循私欲也. 馬說其當於理乎? 然且顏淵非人君, 孔子告之以君德, 而顏淵挺身當之, 曰'請事斯語', 非怪事乎?

마융이 말했다. "하루를 (극기복례하여도) 오히려 귀의함을 볼 것인데, 하물며 종신토록 행함에서랴!" ○ 형병이 말했다. "인군人君이 만일 하루라도 몸을 단속하여 예로 돌아온다면 천하가 모두 이러한 인덕의 군주에게 귀의한다는 말이다." ○ 살핀다. 일일극기―日克己는 하루아침에 선으로 옮겨 몸을 예법이 있는 곳에 세운다는 말이지, 어느 날 하루는 그것을 행했다가 다음 날에는 다시 사욕을 따른다는 뜻이 아닌데, 마융의 설이 어찌 이치에 타당하겠는가? 그러나 또한 안연은 인군人君이 아닌데, 공자가 인군의 덕으로 일러주었고, 안연이 자신의 몸을 여기에 해당시켜, '청컨대 이 말씀을 따르겠습니다'라고 말했다면, 이는 괴이한 일이 아니겠는가?

■ 質疑『集注』曰: "仁者, 本心之全德." ○ 案 仁者, 人也. 二人爲仁, 父子而盡其分則仁也, [父與子二人] 君臣而盡其分則仁也, [君與臣二人] 夫婦而盡其分則仁也. [夫與婦二人] 仁之名, 必生於二人之間. [只一己, 則仁之名無所立] 近而五教, 遠而至於天下萬姓, 凡人與人盡其分, 斯謂之仁. [即所云仁民] 故有子曰: "孝弟也者, 其爲仁之本.[孝弟爲仁民之本]" 仁字訓詁, 本宜如是. 於是顔淵問仁, 孔子却不把二人爲仁之義以答其問, 另就自己心上修治, 使之爲仁. [令克己以爲仁術] 看來孔子此答, 新奇出凡. 殆若問東而答西, 使之警發, 非平平地順下說話也. [有若及論然] 故下段敷說其所以然, 曰: "我若自修, [即克己復禮] 人皆歸順. [天下歸仁焉] 父子·兄弟·夫婦·君臣, 以至天下萬民, 無一人不歸於仁人之所感化, 於是乎仁成矣." ○ 原來二人爲仁, 故求仁者, 或於自求之外, 更求諸人. 孔子嚴嚴辨破曰: "自修則民服, 於是乎爲仁. [盡二人本分] 豈由人乎哉?" 若有一顆仁德, 原在心竅之內, 爲惻隱之本源, 則 '一日克己復禮' 以下二十字, 都泊然無味也. 從來仁字, 宜從事爲上看. [非在內之理]

질의한다. 『집주』에서 말했다. "인이란 본심의 온전한 덕이다." ○ 살핀다. 인仁이란 인人이니, 두 사람이 인이 된다. 부자관계에서 그 본분을 다하면 인이다.(어버이와 자식이 두 사람이다.) 군신이 그 본분을 다하면 인이다.(임금과 신하가 두 사람이다.) 부부가 그 본분을 다하면 인이다.(부부가 두 사람이다.) 인의 명칭(仁之名)은 반드시 두 사람 사이에서 나온다.(단지 자기 한 사람뿐이면 인이란 명칭은 성립될 수 없다.) 가까이로는 오교五敎에서 멀리로는 천하 만백성에 이르기까지 무릇 사람과 사람이 그 본분을 다하면 이것을 인이라 한다.(곧 인민仁民이라고 한다.) 그러므로 유자가 말했다. "효제란 인의 근본이 된다(1:2, 효제가 仁民의 근본이 된다)." 인仁 자의 훈고가 본래 마땅히 이와 같다. 여기서 안연이 인仁을 물으니, 공자께서는 도리어 두 사람(二人)이 인이 된다는 뜻으로 그 질문에 대답하지 않고, 자기의 마음에서 닦고·다스림을 취하여 인仁을 행하게 했다(克己로 仁術을 삼게 했다). 공자의 이 답변을 보면, 새롭고 기이하여 범상한 데에서 벗어나 있다. 동문서답한 것과 거의 같으니, 경계·분발하게 한 것으로 평담하거나 순리적으로 말한 것이 아니다(유약의 논급이 그러하다). 그러므로 그 아래에 그러한 까닭을 부연·설명하여 말했다. "만약 자수自修(즉 克己復禮)한다면, 사람들이 모두 귀순歸順할 것이다(天下歸仁焉). 부자·형제·부부·군신에서 천하 만민에 이르기까지 한 사람도 인인仁人의 감화에 귀순하지 않음이 없으니, 여기에서 인이 성취된다." ○원래 두 사람이 인이 되기 때문에 혹 스스로 구하는 것 이외에 다시 남에게서 구하지만, 공자께서 매우 엄하게 변론하여 논파하며 말했다. 스스로 닦으면 백성들이 복종하니, 여기서 인이 되니(두 사람이 본분을 한다), 어찌 남에게 유래하겠는가? 만약 한 알맹이의 인덕仁德이 원래부터 마음 구멍 내에 있어 측은의 본원이 된다면, '일일극기복례一日克己復禮' 이하 20글자는 도무지 아무런 의미가 없는 것이 될 것이다. 종래의 인仁 자는 마땅히 행사로부터 나오는 것으로 보아야 한다.(내재의 理가 아니다.)

■ 質疑 『集注』云: "歸, 猶與也." ○案 仁者, 二人之事也. 二人之事, 而專責之於一人, 故孔子說其功效曰: "一日克己復禮, 而天下之人, 無不歸化."[凡天下與我相關者, 無不歸化也, 非謂普天之下, 無一不歸] 舜一日克己復禮, 而頑父嚚母與其傲弟, 無不諧協. 堯一日克己復禮, 而九族百姓以至黎民, 無不雍睦. 此之謂天下歸仁. 若以歸其美名, 謂之歸仁, 則仁之極功, 惟在乎得其美名而止, 豈聖人爲己之學乎? '我欲仁, 斯仁至矣', 歸也者, 至也.

질의한다. 『집주』에서 말했다. "귀歸는 허여(與)와 같다." ○살핀다. 인仁이란 두 사람의 일이다. 두 사람의 일인데 오로지 한 사람에게만 책임을 전담시켰기 때문에 공자께서 그 공효를 말하여, "일일극기복례면 천하 사람들이 귀화하지 않음이 없다."고 말씀하셨다.(무릇 천하에 나와 상관된 자는 귀화하지 않음이 없다는 것이지, 보편적인 천하의 사람이 귀화하지 않음이 없다는 것이 아니다.) 순임금이 일일극기복례하니 완악한 부모와 오만한 아우가 해협諧協하지 않음이 없었다. 요임금이 일일극기복례하니, 구족九族과 백성百姓으로부터 여민黎民에 이르기까지 화목하지 않음이 없었으니, 이를 일러 천하귀인天下歸仁이라고 한다. 만약 그 아름다운 명성을 허여하는 것으로(以歸其美名), 귀인歸仁이라고 한다면, 인의 지극한 공로는 오직 그 아름다운 명성을 얻는 데에 그칠 뿐이니, 어찌 성인의 위기지학爲己之學이겠는가? '나는 인을 의욕하면, 이에 인은 이른다(我欲仁, 斯仁至矣).'고 했으니, 귀歸란 이르다(至)이다.

비평 —— (1) 인이란 무엇인가? (2) 극기복례克己復禮를 어떻게 해석할 것인가? (3) 천하귀인언天下歸仁焉에서 귀歸를 어떻게 해석할 것인가?(歸依, 許與, 歸化) 등에 대한 이견이 있다.

인간과 일반 동물의 차이는 무엇인가? 동물은 타자에게 잔인하지만 인간은 측은해 할 줄 안다는 점에서 서로 차이가 나며, 그렇게 측은해 하는 감정의 근원이 본성에 갖추어져 있다는 것이 유교의 주장이다. 그렇다면 서양의 아리스토텔레스가 "인간은 이성적 동물이다."라고 했듯이, 유교는 "인간은 (측은해할 줄 아는) 인仁한 동물이다."라고 정의한 셈이다. 이성적 동물로서 인간이 이성을 잘 발휘하기 위해서는 동물적 신체에서 유래하는 욕망을 잘 제어할 줄 알아야 한다. 그와 마찬가지로 신체적 욕망을 잘 극복하고, 인간 본성을 잘 실현할 때, 인간은 인간다운 존재가 되는 것이다. 그런데 인간 본성은 예로 대표되는 도덕규범의 실천을 통해 현실화된다(禮者 天理之節文). 따라서 인간의 본성인 인을 실현하는 것은 신체적 욕망을 조절하여, 도덕규범인 예를 회복하는 것이 된다. 이런 까닭에 공자는 자기를 이기고 예에로 복귀함이 바로 인이라고 말했다. 여기서 '극복해야 할 자기'란 주로 이목구비에서 유래하는 신체적 욕망이다. 그래서 공자는 그 조목을 물었을 때에 예가 아니면 보거나·듣거나·말하거나·움직이지 말라고 했던 것이다. 그리고 이러한 인을 행함은 천명으로 우리 인간에게 주어진 본성을 실행하는 것이라는 점에서 그 근거가 나에게 있는 것이지 남에게 있지 않다. 그래서 "인을 행함은 자기로 말미암는 것이지, 남으로부터 말미암는 것이겠는가?"라고 말했다. 바로 이 점에서 공자의 학문은 '자기를 정립하는 학문(爲己之學)'이지, 남에게 평가받는 학문(爲人之學)이 아니다. 이것이 바로 인과 극기복례에 대한 주자의 해석이다.

다산은 인이란 무엇인가에 대해서는 주자와 해석을 달리하지만, 극기克己에 대해서는 대체로 동의한다. 다만 주자는 천리·인욕의 관점에서 극기를 해석하는 데 비해 다산은 인심人心·도심道心의 관점에서 해석한다. 그리고 다산은 극기를 약신約身으로 해석한 고주를 강하게 비판했다. 다산은 분명 극기를 약신으로 해석할 수 없다고 말했음에도 불구하고 오독誤讀하여 엉뚱하게 풀이한 사례가 있다.

> 극기는 본래 몸을 검속한다는 뜻의 약신約身과 같다. 하지만 성리학자들은 사사로운 욕망을 이기는 것이라고 풀이했다. 복례는 선왕의 예법으로 돌아간다는 뜻이다. 정약용도 옛 주석에 따라서 예의로 돌아가는 일이 복례라고 보았다. 이에 비해 성리학자들은 천리인 예를 회복하는 것이라고 풀이했다.
>
> 옛 주석과 정약용에 따르면 극기복례는 결국 자기 몸을 검속해서 선왕의 예

법을 실천한다는 뜻이다. 한편 성리학의 관점에 따르면, 극기복례는 사욕을 극복해 천리를 회복하는 것이 된다. 조선시대의 학자들은 대개 성리학의 설을 따랐다. (심경호, 『심경호 교수의 동양고전강의:논어2』, 민음사, 2013, 118~119쪽)

그리고 '천하귀인언天下歸仁焉'에서 '귀歸'를 각각 귀의歸依(고주), 허여許與(주자), 귀화歸化(다산) 등으로 해석했다. 나름으로 모두 일리가 있는 것으로 이 세 가지 뜻을 종합적으로 고려하는 것이 좋을 듯하다. 인의예지와 도덕의 관계를 살펴보면 다음과 같다. 인간됨의 도리로서 인仁은 도덕 행위의 근거가 되며, 의義는 인간의 도덕 행위의 동기가 되며, 예禮는 도덕 행위의 표준이다. 그리고 지智란 도덕 행위의 근거와 동기, 그리고 도덕의 표준을 아는 것으로, 모든 도덕 행위를 가능하게 하는 필요조건의 역할을 한다.

❦

12:2. 仲弓問仁. 子曰: "出門如見大賓, 使民如承大祭. 己所不欲, 勿施於人. 在邦無怨, 在家無怨." 仲弓曰: "雍雖不敏, 請事斯語矣."
[『史記』作問政]

고주 —— 중궁이 인을 묻자, 공자께서 말씀하셨다. "문을 나서면 큰손님(大賓=公侯의 賓)을 맞이하듯 하고, 백성을 부림에는 큰제사(大祭=禘 · 郊 등)를 받들 듯이 하며(仁을 행하는 것은 敬보다 큰 것이 없다), 자기가 하고자 않은 바를 남에게 베풀지 말 것이니(仁이란 반드시 怨를 말한다), (그리하면) 제후가 되어도(在邦=爲諸侯) 원망이 없고, 경대부가 되어도(在家=爲卿大夫) 원망이 없을 것이다." 중궁이 말했다. "제가 비록 민첩하지는 못하지만, 그 말씀을 공경하여 받잡고, 반드시 실천하겠습니다."

주자 —— 중궁이 인을 묻자, 공자께서 말씀하셨다. "문을 나서면 큰손님을 맞이하듯 하고, 백성을 부림은 큰 제사를 받들듯이 하고(敬으로 자기를 유지하는 것이다), 자기가 하고자 하지 않은 바를 남에게 베풀지 말 것이니(恕로써 남에게 미치는 것이다), (그리하면 사사로운 뜻이 용납될 곳이 없고 마음의 덕이 완전해져) 나라에 있을 때도 원망이 없고, 가문에 있을 때도 원망이 없어질 것이다(효과를 말씀하신 것이다)." 중궁이 말했다. "제가 비록 민첩하지는 못하지만, 청컨대 이 말씀에 종사하고자 합니다."

다산 —— 중궁이 인을 묻자, 공자께서 말씀하셨다. "문을 나서면 (길 가는 행인을) 큰손님(大賓=公侯의 賓)을 맞이하듯 하고, (농사짓는) 백성을 부림에는 큰 제사(大祭=禘·郊 등)를 받들듯이 하며(경의 지극함이다), 자기가 하고자 하지 않은 바를 남에게 베풀지 말 것이니(仁이란 반드시 恕를 말한다), (그리하면) 나라에 벼슬을 하여도(在邦=仕於國) 원망이 없고, 집안에 있어도(在家=閨門之內) 원망이 없을 것이다." 중궁이 말했다. "제가 비록 민첩하지는 못하지만, 이 말씀에 전심전력하여 종사하고자 합니다." (『史記』에는 '問政'으로 되어 있다.)

자원풀이 ■승承은 갑골문에서는 앉은 사람(질卩)이 두 손으로 받드는(廾) 모습에서 수手 자가 더해진 회의자로 받들다, 계승繼承하다, 이전의 경험을 존중하여 이어가다의 뜻이다.
■방邦은 邑+丰으로 구성된 형성자로 읍邑으로 둘러싸인 영토로 구성된 나라를 말한다. 갑골문에서는 논田에 초목이 무성한 모양(丰)으로 아직 개간하지 않은 새로운 땅을 의미했는데, 이후 田이 邑으로 바뀌어 제후들에게 내려진 봉읍封邑을 상징했으며, 이로부터 봉건封建이란 뜻도 나왔다.
■가家는 宀(사방으로 덮인 지붕 모양) +豕(돼지)로 이루어진 회의문자로 아래층에는 돼지가, 윗층에는 사람이 사는 가옥구조를 반영하여 이루어졌는데, 돼지가 새끼를 많이 낳기 때문에 인신하여 '사람들이 모여 사는 집'을 뜻하게 되었다고 한다. 그런데 '가家'는 '부모와 자식으로 구성된 소규모 친족 집단이라는 의미뿐만 아니라, 채지采地나 식읍食邑 등 일정한 규모의 정치체제라는 의미를 동시에 지니고 있으며, 나아가 『논어』 및 『맹자』에서 '가家'는 '일정 규모의 정치체제'를 의미할 때도 있다.

집주 —— ■敬以持己하고 恕以及物이면 則私意無所容而心德全矣라 內外無
怨은 亦以其效言之니 使以自考也라

경敬으로 자기를 유지하고, 서恕로써 다른 사람에게 미치면, 사의私意가 용납
될 곳이 없어져서 마음의 덕이 온전해진다. 안팎으로 원망이 없다는 것은 그
효과를 언급함으로써 스스로 생각하게 한 것이다.

■程子曰 孔子言仁에 只說出門如見大賓, 使民如承大祭하시니 看其氣象하
면 便須心廣體胖하여 動容周旋中禮니 唯謹獨이 便是守之之法이니라 或問
出門使民之時엔 如此可也어니와 未出門使民之時엔 如之何잇고 曰 此는 儼
若思時也라 有諸中而後에 見於外하나니 觀其出門使民之時에 其敬如此면
則前乎此者敬을 可知矣라 非因出門使民然後에 有此敬也니라

정자가 말했다. "공자께서 인仁을 말씀하시면서, 단지 '문을 나서면 큰손님을
만나듯이 하고, 백성을 부림은 큰 제사를 받들듯이 하라.'고 말씀하셨지만,
그 기상氣象을 보면, 곧 모름지기 마음이 넓고 몸이 넉넉하여(心廣體胖) 모든
행동이나 일처리가 예에 맞아야 한다. 오직 홀로 있을 때 삼감(謹獨)만이 곧
그것을 지키는 방법이다." 어떤 사람이 "문을 나서거나 백성을 부림에는 이
처럼 하면 되겠지만, 아직 문을 나서지 않거나 부릴 때가 아니라면 어떻게 해
야 합니까?라고 물었다." "이것은 깊이 생각하는 것처럼 엄숙히 해야(儼若思)
할 때이다. 마음 가운데에 있은 뒤에 밖으로 드러나니, 그 문을 나서거나 백
성을 부릴 때의 그 경건함이 이와 같았다면, 그보다 이전에도 경건했음을 알
수 있다. 문을 나서거나 백성을 부린 것에 근거하여 비로소 그러한 경건함이
있었음을 아는 것이 아니다."

■愚按 克己復禮는 乾道也요 主敬行恕는 坤道也니 顔冉之學이 其高下淺深
을 於此可見이라 然이나 學者誠能從事於敬恕之間而有得焉이면 亦將無己之
可克矣리라

어리석은 내가 살핀다. 극기복례는 하늘의 도(乾道)이고, 경을 위주로 서恕를

행함은 땅의 도(坤道)이다. 안연과 염유의 학문의 높고 낮음과 깊고 얕음의 차이를 여기서 알 수 있다. 그러나 배우는 자가 진정으로 경敬과 서恕에 종사하여 터득함이 있으면, 또한 장차 극복해야 할 자신의 사욕도 없어질 것이다.

고금주 —— ■邢曰: "大賓, 公侯之賓也.[案, 古者諸侯相朝] 大祭, 禘郊之屬也." ○補曰 出門所見者, 行路之人也. 居上所使者, 畎畝之氓也. 見路人如見公侯, 使小民如奉禘郊, 敬之至也. 在邦, 謂仕於國. 在家, 謂居其家. [謂閨門之內]

형병이 말했다. "대빈大賓은 공후公侯의 빈賓이다(살핀다. 옛날에는 제후가 상호 조회했다). 대제大祭는 체禘·교郊 따위이다." ○보완하여 말한다. 문을 나서면 만나는 사람은 길을 가는 사람이다. 윗자리에 있으면서 부리는 대상은 밭두둑에서 농사짓는 백성이다. 길 가는 사람을 공후公侯를 만나듯이 하고, 소민小民을 부리기를 체禘·교郊 제사 받들듯이 하는 것은 경건의 지극함(敬之至)이다. 재방在邦은 나라에서 벼슬하는 것을 말하고, 재가는 그 집에 기거함을 말한다(閨門의 안에 있는 것이다).

■包曰: "在邦, 謂諸侯. 在家, 謂卿大夫." 駁曰 非也. ○案 在邦以朝廷而言, 在家以閨門而言.

포함이 말했다. "재방在邦은 제후諸侯를 말한다. 재가在家는 경대부卿大夫를 말한다." ○논박하여 말하면, 그릇되었다. ○살핀다. 재방在邦은 조정으로 말한 것이고, 재가在家는 규문閨門으로 말한 것이다.

■案 主敬, 即復禮. 但孔子於問仁之答, 每言強恕, 而獨於顏淵之答, 似不言恕. 然'己欲立而立人, 己欲達而達人. 施諸己而不願, 勿施於人', 皆克己也. 然則克己爲恕, 前後之言, 皆一意也.

살핀다. 주경主敬이 곧 복례復禮이다. 다만 공자께서 인에 대한 질문에 답하면서 매번 힘써 서를 행하라(強恕)고 말씀하셨지만, 유독 안연에게 답하면서는 서恕를 말하지 않은 듯하다. 그러나 자기가 서고자 하면 남을 세워주고,

자기가 통달하고자 하면 남을 통달시켜주는 것, 그리고 자기에게 베풀기를 원하지 않는 것을 남에게 베풀지 않는 것, 이 모든 것은 극기克己이다. 그렇다면 극기는 서恕이니, 앞뒤의 말이 모두 한 뜻이다.

비평 —— 먼저 재방在邦과 재가在家라는 용어 해석에 약간의 이견이 있다. 고주는 재방在邦은 제후諸侯를, 재가在家는 경대부卿大夫를 말한 것으로 해석하지만, 다산은 재방에 대한 해석은 받아들이지만, 재가는 규문지내閨門之內로 해석한다. 결국 주자처럼 안팎으로 해석하는 것이 좋겠다.

여기서 "문을 나서면 큰손님을 접견하듯이 하고, 백성을 부림은 큰 제사를 받들듯이 하는 것"은 마음을 경건하게 하는 것(居敬)이다. 경건함(敬)이란 마음을 하나에 집중하여 혼란스럽게 하지 않은 것(主一無適)을 말한다. 여기서 하나(一)란 하늘(天:一+大)을 상징하며, 하늘은 중中이다. 따라서 마음을 중으로 정립하여 혼란스럽게 하지 않은 것은 곧 충(忠=中心)의 일이라고 하겠다. 3권의 「경敬」에 관한 논의에서 상론한다.

"자기가 하고 싶지 않은 것을 남에게 베풀지 마라."는 것은 '서恕(如+心)'의 일이다. 따라서 곧 자신의 마음을 중(中= 치우치거나 기울지 않고, 지나침과 모자람이 없음)으로 정립하여, 자기를 미루어 타자에 나아가면 인仁을 실천하는 것이 된다. 자신의 마음을 치우치거나 기울지 않고, 자신을 미루어 다른 사람에게 나아가 자기가 싫어하는 것을 남에게 베풀지 않으면 "나라에 원망이 없고, 가문에 원망이 없어질 것이다."

고주는 이 장을 '인은 경과 서에 있다(仁在敬恕)'는 것을 해명한 것으로 해석했다. 그런데 주자는 여기서 '공자께서 중궁에게 답한 것은 경을 위주로 서를 행하는(主敬行恕) 것은 땅의 도(坤道)이고, 앞서 안연에게 대답한 것은 극기복례하는 하늘의 도(乾道)이다.'라고 해석했다. 즉 공자께서는 '안연과 염유의 학문의 높고 낮음과 깊고 얕음의 차이에 따라 다르게 답했다.'라고 해석했다. 이에 비해 다산은 '안연에게는 비록 서恕를 말하지 않는 듯하지만, 주경主敬이 곧 복례이고, 극기克己가 곧 서恕이기 때문에 같은 뜻'이라고 해석한다. 다산은 여기서도 '인이란 오직 힘써 서恕를 행하는 데 있다.'는 입장을 견지한다. 다산은 충서忠恕를 서恕로 환원한다. 이에 대해서는 3권의 「서恕」에 관한 항목에서 상론한다.

✺

12:3. 司馬牛問仁. 子曰: "仁者, 其言也訒." 曰: "其言也訒, 斯謂之仁矣乎?" 子曰: "爲之難, 言之得無訒乎?"

고주 —— 사마우가 인을 물으니, 공자께서 말씀하셨다. "인자는 말하는 것을 어려워한다(訒=難)." (사마우가) 말했다. "그 말하는 것을 어려워하는 것, 그것을 인이라고 합니까?' 공자께서 말씀하셨다. "인을 행하기가 어려우니, 인을 말하는 것이 어찌 어렵지 않겠는가?"

주자 —— 사마우가 인을 물으니, 공자께서 말씀하셨다. "인자는 (마음이 보존되어 방기되지 않기 때문에) 말하는 것을 참고·어려워한다(訒=忍·難)." (사마우가) 말했다. "그 말하는 것을 참고·어려워하는 것, 그것을 인이라고 합니까?' 공자께서 말씀하셨다. "(말을 참고·어려워하는 것을) 행하기가 어려우니,

자원풀이 ■인訒은 言(말씀 언)+刃(칼날 인)의 형성자로 말을 참다, 느릿하게 하다, 삼가다의 뜻이다.
■난難은 隹(새 추)+堇(노란 진흙 근)으로 원래는 새 이름이었다. 堇은 제물로 바쳐져 손이 위로 묶인 채 입을 크게 벌리고 고통스러워하는 사람으로, 難은 날개가 묶여 고통스러워하는 새로, 이로부터 (날기가) 어렵다의 뜻이 나왔다. 간난艱難, 힐난詰難 등으로 쓰인다.

말에 참고 · 어려워함이 없어서야 되겠는가?"

다산 ── 사마우가 인을 물으니, 공자께서 말씀하셨다. "인자는 말하는 것을 어려워한다(訒=難)." (사마우가) 말했다. "그 말하는 것을 어려워하는 것, 그것을 인이라고 합니까?" 공자께서 말씀하셨다. "인을 행하기가 어려우니, 인을 말하는 것이 어찌 어렵지 않겠는가?"

집주 ── ■司馬牛는 孔子弟子니 名犁니 向魋之弟라
사마우司馬牛는 공자 제자인데, 이름은 리犁고 상퇴向魋의 동생이다.
■訒은 忍也며 難也라 仁者는 心存而不放이라 故로 其言이 若有所忍而不易發이니 蓋其德之一端也라 夫子以牛多言而躁라 故로 告之以此하사 使其於此而謹之하시니 則所以爲仁之方이 不外是矣리라
인訒은 참음(忍)이고, 어려워함(難)이다. 인자仁者는 마음이 보존되어 방기되지 않기 때문에 그 말이 마치 참는 바가 있어 쉽게 발설하지 않는 듯하니, 대개 그 덕의 한 단서이다. 공자께서는 사마우가 말이 많고 조급했기 때문에 이것으로 일러주시어 그로 하여금 이에 대해 삼가게 하셨으니, 인을 행하는 방법이 이것을 벗어나지 않는다.
■牛意仁道至大하여 不但如夫子之所言이라 故로 夫子又告之以此하시니라 蓋心常存故로 事不苟하고 事不苟故로 其言이 自有不得而易者요 非强閉之而不出也라
사마우는 인의 도가 지극히 커서, 단순히 공자께서 말씀하신 것 같은 것만은 아닐 것이라 생각했기에, 공자께서는 다시 이것으로 일러 주셨다. 대개 마음이 항상 보존된 까닭에 일이 구차하지 않고, 일이 구차하기 않기 때문에 그 말이 자연히 쉽게 할 수 없는 것이지, 억지로 막아서 나오지 않게 하는 것이 아니다.
■楊氏曰 觀此及下章再問之語하면 牛之易其言을 可知니라

양시가 말했다. "이 장과 다음 장에서 재문再問한 말을 보면, 사마우가 그 말을 쉽게 했음을 알 수 있다."

■ 程子曰 雖爲司馬牛多言故로 及此나 然이나 聖人之言이 亦止此爲是니라

정자가 말했다. "비록 사마우가 말이 많은 것 때문에 여기에까지 이르렀으나, 성인의 말씀 또한 여기에 그쳐서도 옳다."

■ 愚謂 牛之爲人이 如此하니 若不告之以其病之所切하고 而泛以爲仁之大槪로 語之면 則以彼之躁로 必不能深思以去其病하여 而終無自以入德矣리라 故로 其告之如此하시니라 蓋聖人之言이 雖有高下大小之不同이나 然이나 其切於學者之身하여 而皆爲入德之要는 則又初不異也니 讀者其致思焉이니라

어리석은 내가 말한다. 사마우의 사람됨이 이와 같았으니, 만약 그의 병통의 절실한 것으로 일러주지 않고, 인을 행하는 대개로써 범범하게 말해 주었다면 그의 조급함으로 인해 반드시 깊이 생각하지 못하고 그 병폐를 제거하지 못하여, 끝내 스스로 덕에 진입할 수 없었을 것이다. 그러므로 이처럼 일러주셨다. 대개 성인의 말씀은 비록 높고 낮음과 크고 작음에서 다름이 있지만, 그 배우는 자의 몸에 절실하여 모두 덕으로 들어가는 요체가 된다는 점에서는 애초부터 다르지 않다. 독자는 깊이 생각을 다해야 할 것이다.

고금주 ── ■ 補曰 訒者, 言難出也. ○ 孔曰: "行仁難, 言仁亦不得不難." ○ 江熙云: "『禮記』云, '仁之爲器重, 其爲道遠, 擧者莫能勝也, 行者莫能致也. 勉於仁者, 不亦難乎? 夫易言仁者, 不行之者也. 行仁然後知勉仁爲難, 故不敢輕言也.[見皇疏]" ○ 案江熙之說, 最明最確.

보완하여 말한다. 인訒이란 말하는 것을 어렵게 여기는 것(言難出)이다. ○ 공안국이 말했다. "인을 행하는 것이 어려우니, 인을 말하는 것 또한 어렵지 않을 수 없다." ○ 강희江熙가 말했다. "『예기』「표기」에서, '인仁이 그릇이라면 무겁고, 길이라면 멀다. (무거워서) 들어도 능히 들 수 없고, (멀어서) 가는 사람

은 도달할 수 없다. 인에 힘쓰는 것은 또한 어렵지 않은가?라고 했다. 대저 인을 쉽게 말하는 자는 갈 수 없다. 인을 행하여 본 다음에 인에 힘쓰는 것이 어렵다는 것을 아는 까닭에 감히 가볍게 말할 수 없다(황간의 소에 보인다)." ○ 살핀다. 강희의 설명이 가장 명확하다.

■ 質疑 『集注』云: "心常存, 故事不苟. 事不苟, 故其言自有不得而易者." ○案 後儒多病此注. 蓋以孔注以爲行仁難·言仁難, 而『集注』以爲存心難·行事 難, 故疑其反晦也. 竊嘗思之, 吾人之一生行事, 不外乎'仁'一字. 何則?仁者, 人 倫之愛也. 天下之事, 有外於人倫者乎? 父子·兄弟·君臣·朋友, 以至天下 萬民, 皆倫類也. 善於此者爲仁, 不善於此者爲不仁. 孔子深知仁外無事, 故曰 爲之難. 孔安國注之, 曰行仁難, 誠亦中旨. 若於爲仁之外, 別求閒雜之事, 以 釋'爲之難'三字, 則不可通矣. 孔子罕言仁, 爲其難行也. 孔子曰'剛毅·木訥, 近仁', 爲其難行也. 孔子曰'巧言令色, 鮮矣仁', 謂其難行也. 仁外有事乎?

질의한다. 『집주』에서 말했다. "대개 마음이 항상 보존된 까닭에 일이 구차 하지 않고, 일이 구차하기 않기 때문에 그 말을 자연히 쉽게 할 수 없는 것이 다." ○살핀다. 뒤의 유자들의 다수가 이 주석에 병통이 있다고 여겼다. 대개 공안국의 주석은 인을 행하기가 어렵고·말하기도 어렵다고 했지만, 『집주』 는 마음을 보존하기도 어렵고·일을 행하기도 어렵다고 했기 때문에 그 뜻 이 도리어 어두워졌다고 의심했다. 일찍이 가만히 생각해 보니, 우리 사람들 의 평생의 행사行事는 인仁이란 한 글자에 지나지 않는다. 왜 그런가? 인이란 인류의 사랑이다(仁者, 人倫之愛也). 천하의 일이란 인류에서 벗어남이 있는 가? 부자·형제·군신·붕우에서 천하 만민에 이르기까지 모두 윤리에 속 한 것이다. 이것을 잘하는 것은 인이 되고, 이것을 잘하지 못하면 불인이 된 다. 공자께서 인 이외에 어떠한 일도 없다는 것을 깊이 아셨기 때문에, 그것 을 행하기가 어렵다고 하셨다. 공안국이 주석하여 인을 행하기가 어렵다고 했으니, 진실로 또한 본지에 적중했다. 만일 인을 행하는 것 이외에, 별개로 한가롭고 잡스런 일에서 구하여 '위지난為之難' 세 글자를 해석한다면, 통할 수 없다. 공자께서 인에 대해 드물게 말씀하신 것은 그것을 행하기가 어렵기 때문이다. 공자께서 '강의剛毅·목눌木訥이 인에 가깝다.'(자로)고 말씀하신 것은 그것을 행하기가 어렵기 때문이다. 공자께서 '교언영색이 인함이 드물다.'고 말씀한 것은 그것을 행하기가 어렵다는 것을 말씀하신 것이다(1:3). 이 외에 어떤 일이 있겠는가?

비평 ── 인仁을 심성론으로 해석하는 주자와 행사行事로 해석하는 다산의 차이가 여기서도 첨예하게 나타나 있다. 이론편(3권)에서 다룬다. 다만 여기서는 앞서 인에 대해 물음에 극기복례(안연) 및 주경행서(중궁)에 대한 대답과 연관하여 다음과 같은 주자의 언명을 참고로 제시한다.

　주자가 말했다. "사마우가 어찌 안자나 중궁의 공부를 해낼 수 있겠는가? 모름지기 사람의 수준에 따라 이해시켜야 한다. 인仁을 집에 비유하면, 극기克己는 대문을 두드려 열고 들어가는 것이고, 경敬과 서恕는 두 번째 문이고, 언인言訒은 작은 문이다. 비록 모두 집안으로 통할 수 있지만, 작은 문은 약간 돌아간다. 이는 그의 병통에 따라 말씀해 주신 것이다." (『논어집주대전』)

❦

12:4. 司馬牛問君子. 子曰: "君子不憂不懼." 曰: "不憂不懼, 斯謂之君子矣乎?" 子曰: "內省不疚, 夫何憂何懼?"

고주 ── 사마우가 군자에 대해 물으니, 공자께서 말씀하셨다. "군자는 근심하지 않고 두려워하지 않는다." (사마우가) 말했다. "근심하지 않고 두려워하지 않으면, 이를 군자라고 합니까?" 공자께서 말씀하셨다. "안으로 반성하여 병폐(=罪惡)가 없으면, 대저 무엇을 근심하고 무엇을 두려워하겠는가?'

주자 —— 사마우가 군자에 대해 물으니, 공자께서 말씀하셨다. "군자는 근심하지 않고 두려워하지 않는다." (사마우가) 말했다. "근심하지 않고 두려워하지 않으면, 이를 군자라고 합니까?" 공자께서 말씀하셨다. "안으로 반성하여 병폐가 없으면, 대저 무엇을 근심하고 무엇을 두려워하겠는가?'

다산 —— 사마우가 군자에 대해 물으니, 공자께서 말씀하셨다. "군자는 근심하지 않고 두려워하지 않는다." (사마우가) 말했다. "근심하지 않고 두려워하지 않으면, 이를 군자라고 합니까?" 공자께서 말씀하셨다. "안으로 반성하여 병폐가 없으면(=실제로 환퇴와 함께 난을 모의하지 않았으면), 대저 무엇을 근심하고 무엇을 두려워하겠는가?'

집주 —— ■向魋作亂하니 牛常憂懼라 故로 夫子告之以此하시니라
상퇴向魋가 난을 일으키니, (동생인) 사마우는 항상 근심하고 두려워했다. 그러므로 공자께서 이 말씀을 해주셨다.
■牛之再問은 猶前章之意라 故로 復告之以此하시니라 疚는 病也라 言由其平日所爲 無愧於心이라 故로 能內省不疚하여 而自無憂懼니 未可遽以爲易

자원풀이 ■우憂는 윗부분은 頁(머리 혈), 중간부분은 心, 아랫부분은 夂(뒤쳐져서 올 치)로 구성되어, 화장한 얼굴에 춤을 추는 제사장의 마음을 나타낸다. 비가 내리기를 빌거나, 재앙을 없애려고 춤을 추는 제사장의 근심어린 마음으로부터 '걱정하다'의 뜻이 나왔다.
■구懼는 心(마음 심)+瞿(볼 구)로 마음이 놀라 눈을 크게 뜨고 두려워하는 모습을 나타낸다.
■구疚는 疒(병들어 기댈 녁)+久(오랠 구)의 형성자로 오래된(久) 고질 병(疒)을 말한다. 또한 가난하다(維今之疚 不如玆), 슬퍼하다, 상중(喪中), 부끄러워하다(內省不疚), 해치다(履帝位而不疚)의 뜻이다.

而忽之也라

사마우가 재차 물은 것은 앞 장의 뜻과 같기 때문에 거듭 이와 같이 알려주셨다. 구疚는 병폐(病)이다. 평소 행위가 마음에 부끄러워할 것이 없기 때문에, 능히 안으로 반성해 병폐가 없어서 자연히 근심하거나 두려워할 것이 없을 수 있는 것이지, 갑자기 쉽게 여겨 소홀히 할 수 있는 것이 아니라는 말이다.

■晁氏曰 不憂不懼는 由乎德全而無疵라 故로 無入而不自得이요 非實有憂懼而强排遣之也니라

조설지가 말했다. "근심하지 않고 두려워하지 않는 것은 덕이 완전하고 아무런 하자가 없기 때문이다. 따라서 어디에 들어가서도 자득하지 않음이 없다는 것이지, 실제로 근심과 두려움이 있는데도, 억지로 배척하거나 떨쳐내는 것이 아니다."

고금주 —— ■孔曰: "牛兄桓魋將爲亂, 牛自宋來學, 常憂懼, 故孔子解之." ○包曰: "疚, 病也. 自省無罪惡, 無可憂懼." ○補曰 內省不疚, 謂司馬牛實不與魋同謀.

공안국이 말했다. "사마우의 형 환퇴가 난을 일으키려 하니, 사마우가 송나라에서 공자에게 와서 수학했는데, 항상 근심하고 두려워했다. 그러므로 공자께서 근심과 두려움을 풀어주신 것이다." ○포함이 말했다. "구疚는 병病이다. 스스로 성찰하여 죄악이 없으면, 근심하거나 두려워할 것이 없다." ○보완하여 말한다. 내성불구內省不疚는 사마우가 실제로 환퇴와 함께 모의하지 않았음을 말한다.

■案向魋之亂, 子頎·子車與焉, 而司馬牛不見焉. 其兄奔衛, 則牛也適齊, 其兄奔齊, 則牛也適吳, 卒之, 道死於魯郭門之外, 其情悲矣. '不憂不懼'之誨, '死生有命'之語, 恐在亂作之後. 亂之未作, 司馬牛但當隱憂竊歎, 豈忍宣言如是?

살핀다. 상퇴의 난에 자기子頎와 자거子車는 참여했으나, 사마우는 참여하지

않았다. 그 형이 위나라로 달아나면 사마우는 제齊나라로 갔고, 그 형이 제나라로 달아나면 사마우는 오吳나라로 갔다. 마침내 노나라 성곽 문 밖에서 죽으니, 그 실정이 슬프다. '불우불구不憂不懼'의 가르침과 '사생유명死生有命'의 말은 아마도 난을 일으킨 뒤에 있었던 듯하다. 아직 난을 일으키기 전이라면, 사마우가 남몰래 근심하고 탄식했을 것이다. 어찌 차마 이와 같이 말을 꺼낼 수 있었을까?

비평 —— 군자는 자기정립을 통해 자기완성을 도모하는 사람이다. 그렇기에 『논어』에서는 "군자는 자기에게서 구하고, 소인은 다른 사람에게서 구한다."(15:20. 子曰 君子求諸己 小人求諸人) 혹은 "다른 사람이 알아주지 않아도 화내지 않으면, 또한 군자가 아닌가?"(1:2)라고 공자는 말했다. 이렇게 군자는 자기정립을 통해 모든 도덕적 시비선악의 근원을 자기에게서 추구한다. 그렇기 때문에 군자는 안으로 반성하여 허물이 없으면, 무엇을 근심하고 무엇을 두려워하겠는가?

가르침이 있었던 시기에 대해 고주의 공안국은 사마우가 형 환퇴가 난을 일으키려 하니, 항상 근심하고 두려워했다고 했다. 이에 비해 주자와 다산은 이미 난을 일으킨 다음일 것이라고 추정한다. 다음으로 '내성불구內省不疚'에 대해 고주와 주자는 "평소 행위가 마음에 부끄러워할 것이 없기 때문에, 능히 안으로 반성해 병폐가 없음"으로 해석했다. 이에 대해 다산은 "사마우가 실제로 환퇴와 함께 모의하지 않았음"을 말한다고 해석하여, 실제의 일에 즉하여 구체적으로 해석해 주고 있다. 논란할 만한 쟁점은 아니다.

12:5. 司馬牛憂曰: "人皆有兄弟, 我獨亡." 子夏曰: "商聞之矣, '死生有命, 富貴在天.' 君子敬而無失, 與人恭而有禮, 四海之內皆兄弟也. 君子何患乎無兄弟也?"[皇氏本, 作'四海之內皆爲兄弟']

고주 —— 사마우가 (형 환퇴가 장차 난을 일으켜 죽어 형제가 없을까) 근심하여 말했다. "남들은 모두 형제가 있는데, 나만 홀로 없게 될 것이다." 자하가 말했다. "내가 들으니, 사생(의 장단)에는 (품부된 바의) 명이 있고, 부귀는 하늘(이 부여한 것)에 달려 있다고 한다. 군자가 경신(敬=敬愼)하여 과실이 없고, 남과 사귐에 공근(恭=恭謹)하여 예가 있으면, (악인을 멀리하고 현인과 벗할 수 있어) 사해 안 사람이 모두 (禮로써 친교를 맺는) 형제가 될 것이니, 군자가 어찌 형제가 없음을 근심하겠는가?"

주자 —— 사마우가 (형제가 있었지만, 장차 죽을까) 근심하여 말했다. "남들은 모두 형제가 있는데, 나만 홀로 없게 될 것이다." 자하가 말했다. "내가 (공자께?) 들으니, 사생에는 (처음 태어날 때 품부된) 명이 있고, 부귀는 (작위하지 않아도 자연히 이루는:莫之爲而爲) 하늘에 달려 있다고 한다. (명을 편안히 받아들였으면) 군자는 경건함으로 자신을 유지하여 (중간에) 잃지 않고, 다른 사람을 접할 때는 공손으로 하되 예(절도와 문식)가 있으면, 사해 안의 사람이 모두 (사랑하고 공경

자원풀이 ■ '경敬'은 갑골문에서 苟(진실로 구)로 썼으나, 금문에는 손에 몽둥이를 든 모습인 攵(칠 복)자가 더해져 오늘날 모습이 되었다. 苟는 머리에 羊이 그려진 꿇어앉은 사람을 그렸는데, 절대자(양)에게 꿇어앉아 '진실하고 경건한 마음'으로 빌거나 복종하는 모습을 나타낸다. 『주역』「곤괘·문헌」에서는 "군자는 경건함으로써 안을 바르게 한다"(君子敬以直內)라고 하였다. 성리학에서는 경敬을 '마음을 일에 집중하면서 산란하게 하지 않는 것(主一無適)'·'항상 깨어있음(常惺惺)'·'정제엄숙(整齊嚴肅)' 등이라 했다. 마음을 경건하게 유지하는 것(居敬)은 이치를 궁구하는 것(窮理)과 함께 성리학적 공부의 요체가 된다.

하는) 형제처럼 될 것이다. 군자가 어찌 형제가 없음을 근심하겠는가?"

다산 —— 사마우가 (형제가 난을 일으켜 도망하고, 의리가 합해지지 않자) 근심하여 말했다. "남들은 모두 형제가 있는데, 나만 홀로 없게 될 것이다." 자하가 말했다. "내가 (전해오는 옛말에서?) 들으니, 사생에는 명이 있고, 부귀는 하늘에 달려 있다고 한다. 군자는 경건하되 (내 안에 있는 도를) 잃지 않고, 다른 사람과 교제할 때는 경공(恭=敬恭)하되 예가 있으면, 사해 안의 사람이 모두 (벗이되어) 형제와 같은 의리로 맺어질 것이다. 군자가 어찌 형제가 없음을 근심하겠는가?"(황간본에는 '四海之內皆爲兄弟'로 되어 있다.)

집주 —— ■ 牛有兄弟而云然者는 憂其爲亂而將死也라
사마우가 형제가 있었지만 이렇게 말한 것은, 그들이 난을 일으켜 장차 죽을 것을 우려한 것이다.

■ 蓋聞之夫子라 命은 稟於有生之初니 非今所能移요 天은 莫之爲而爲니 非我所能必이니 但當順受而已라
대개 공자께 들었을 것이다. 명命은 처음 태어날 때 품부된 것이니, 지금 바꿀 수 있는 바가 아니다. 하늘(天)은 작위하지 않아도 자연히 이루어지니, 내가 기필할 수 있는 것이 아니다. 다만 순응하여 받아들여야 할 뿐이다.

■ 旣安於命하고 又當修其在己者라 故로 又言 苟能持己以敬而不間斷하고 接人以恭而有節文이면 則天下之人이 皆愛敬之를 如兄弟矣라 蓋子夏欲以寬牛之憂하여 而爲是不得已之辭니 讀者不以辭害意가 可也니라
이미 명命을 편안히 받아들였으면, 또한 마땅히 자신에게 있는 것을 닦아야 한다. 따라서 진실로 경敬으로 자신을 유지하되 중단하지 않고, 다른 사람을 접할 때는 공손으로 하되 절도와 문식節文이 있으면, 천하의 사람이 모두 형제처럼 사랑하고 공경할 것이라고 또한 말한 것이다. 대개 자하는 사마우의

우려를 누그러뜨려 주고자 이렇게 부득이한 말을 했으니, 읽는 자는 말로써 뜻을 해치지 않아야 할 것이다.

■胡氏曰 子夏四海皆兄弟之言은 特以廣司馬牛之意니 意圓而語滯者也라 唯聖人則無此病矣니라 且子夏知此로되 而以哭子喪明하니 則以蔽於愛而昧於理라 是以로 不能踐其言爾니라

호인이 말했다. "자하의 '사해가 모두 형제이다.'라는 말은 특히 사마우의 생각을 넓혀 주려는 것이었으니, 뜻은 원만하지만 말은 막힌 것이다. 오직 성인이어야 이런 병폐가 없다. 또 자하는 이를 알면서도 자식을 곡하다 실명했으니, 사랑에 가려져 이치에 어두웠다. 이런 까닭에 그 말을 실천하지 못했다."

고금주 ── ■補曰禍亂旣作, 兄弟迭奔, 而秉義不合, 故曰我獨亡. 子夏所引, 蓋古語. '富貴在天'本連文, 故遂誦之. [所重在'死生有命'句] 無失者, 無失在我之道. 與, 猶交也 敬恭則得友, 朋友有兄弟之義.

보완하여 말한다. 화란禍亂이 이미 일어나서 형제가 이리저리 도망가고, 의리를 지키는 데 뜻을 합하지 않았기 때문에 나만 홀로 (형제가) 없다고 말했다. 자하가 인용한 것은 아마도 옛말일 것이다. '부귀재천富貴在天'은 본래 연결된 글이기에 암송한 것이다.(중요한 것은 '死生有命'이란 구절에 있다.) 잃음이 없다(無失)란 내 안에 있는 도를 잃지 않는 것이다. 여與는 교제(交)와 같다. 공경(敬)·공손(恭)하면 벗을 얻는데, 벗에게는 형제의 의리가 있다.

■鄭曰: "牛兄桓魋行惡, 死亡無日, 我爲無兄弟." ○案 亂之未作, 司馬牛但當隱忍自傷, 無緣宣言若是.

정현이 말했다. "사마우의 형 환퇴가 악을 행하여 죽을 날이 머지않았기에, 나는 형제가 없다고 했다." ○살핀다. 난이 아직 일어나지 않았다면, 사마우는 단지 마땅히 은인자상隱忍自傷했을 것이니, 이와 같이 선언할 연유가 없다.

■包曰: "君子疏惡而友賢, 九州之人, 皆可以禮親." ○邢曰: "疏惡友賢, 則東

夷・西戎・南蠻・北狄, 四海之內九州之人, 皆可以禮親之爲兄弟."○案 疏
惡友賢, 經文無此意也.

포함이 말했다. "군자가 악한 이를 멀리하고 어진 이를 벗하면 구주의 사람
들이 모두 예로써 친할 수 있다." ○형병이 말했다. "악한 이를 멀리하고 어
진 이를 벗하면, 동이東夷・서융西戎・남만南蠻・북적北狄과 사해 안의 구주
의 사람들이 모두 예로써 친교하여 형제가 될 수 있다." ○살핀다. 악한 이를
멀리하고 어진 이를 벗한다는 것, 경문에는 이런 뜻이 없다.

■饒曰: "人之兄弟, 共一個父母, 此固是親. 若推其原, 則人又只是共一個天地
大父母. 自共一個父母觀之, 則並生於天地間, 皆兄弟也."○駁曰 非也. 說亦
有病. 總之, 司馬牛之所自傷, 在於同胞之兄弟, 而子夏作廣闊之言以慰之, 非
仁人之言. 胡氏謂意圓而語滯者, 是也. [何患乎無兄弟, 說得太快, 非仁人之言]

쌍봉 요씨가 말했다. "사람의 형제는 하나의 부모를 함께하며, 이러한 부모
가 진실로 육친이다. 만약 그 근원을 미루어본다면, 사람들 또한 하나의 천
지라는 큰 부모를 함께한다. 하나의 부모를 함께한다는 관점에서 보면 (형제
는 유한하다:則兄弟有限. 하나의 천지를 함께한다는 관점에서 보면:共一個天地觀之) 천
지간에 병생하는 것이 모두 형제다." ○논박하여 말하면, 그릇되었다. 설명
또한 병통이 있다. 총괄하면, 사마우가 스스로 아파한 것은 같은 어머니에게
나온 형제에게 있었지만, 자하는 광활한 말을 만들어 위로했으니, 인인仁人
의 말이 아니다. 호씨가 (자하의 말이) 뜻은 원만하지만 말은 막혔다고 말한 것
은 바로 이것이다.('어찌 형제가 없음을 근심하겠는가?' 하는 말은 크게 쾌한 말이긴 하
지만, 인인仁人의 말은 아니다.)

비평 —— 하늘로부터 부여받은 운명이란 자연적으로 주어진 것으로 내가 의
도적으로 어떻게 할 수 있는 것이 아니기 때문에, 편안히 받아들이면 된다(安
命). 이미 운명을 편안히 받아들였으면 마땅히 자신에게 있는 본성의 덕을 닦

아야(修身) 군자라고 할 수 있다. 만일 운명을 평안히 여기고 수신을 하지 않으면 이는 운명만 있고 의리는 없는 것이며, 하늘의 명령만 듣고 사람의 도리를 다하지 않는 것이 된다. 자신을 닦아 도리를 다하는 길은 우선 내면으로 경건하고, 외면으로 공손한 것이다. 한 번 우연히 경건했다고 완성되는 것이 아니라, 경건함을 계속 유지해야 하기 때문에 '경건하면서 잃지 않는다'라고 말했다. 또한 "공손하지만 예禮가 없으면 피곤하기(8:2)" 때문에, 공손하면서 예가 있어야 한다고 말했다. 사생·부귀를 운명처럼 받아들여 편안히 여기면서, 내면으로 항상 경건하면서 밖으로 공손하여 예에 부합하면 세상의 모든 사람들이 마치 형제처럼 사랑하고 존경할 것이라는 말이다.

여기서 우선 자하의 말을 서로 다르게 해석한다. 고주에서는 군자가 악한 이를 멀리하고 어진 이를 벗하면(疏惡友賢) 구주의 모든 사람들이 예로써 친교하여, 모두가 형제가 된다는 뜻으로 해석했다. 이에 대해 주자는 "대개 자하는 사마우의 우려를 누그러뜨려 주려고 이렇게 부득이한 말을 했으니, 읽는 자는 말로써 뜻을 해치지 않아야 할 것이다."라고 주석하여, 자하의 말에 다소 어폐가 있음을 조심스럽게 설명해 주고 있다. 그리고 다산은 "사마우가 자상自傷한 것은 같은 어머니에게 나온 형제의 죽음에 관한 것이었지만, 자하는 광활한 말을 만들어 위로했으니, 인인仁人의 말이 아니다."라고 비판했다. 여기서 운봉 호씨의 다음과 같은 말이 참고가 된다.

「서명」에서도 또한 '백성은 나의 동포이다.'라고 하고, '모두 내 형제이다.'라고 했다. 다만 이것은 하늘을 아버지로 하고, 땅을 어머니로 한다는 점에서 말한 것이니, 구구절절 '이치는 하나이지만 품부되면 다르다(理一而分殊).'는 것을 설명했다. 자하가 말한 '사해가 모두 형제이다.'라는 것은 이치가 하나라는 것을 말한 것에 가까운 듯하지만, '어찌 형제가 없는 것을 걱정하겠는가?'라는 말에 이르러서는 품부되면 다르다는 것을 몰랐던 것이다. 이것이 『집주』에서 '읽는 자는 말로써 뜻을 해치지 말아야 한다.'고 말한 이유이다. (『논어집주대전』)

✦

12:6. 子張問明. 子曰: "浸潤之譖, 膚受之愬, 不行焉, 可謂明也已
矣. 浸潤之譖, 膚受之愬, 不行焉, 可謂遠也已矣."

고주 —— 자장이 밝음에 대해 물으니, 공자께서 말씀하셨다. "물이 스며들어
적시듯이 (점차 이루어지는) 참소나, 피부에 앉는 먼지와 같이 (몸의 거죽만 더럽
힐 뿐, 체내로 들어오지 못하는) 거짓인 참소(愬亦讒)가 행해지지 않게 한다면, 밝
다고 할 수 있다. 물이 스며들어 적시는 듯한 참소와 피부에 앉는 먼지와 같
이 거짓인 참소가 행해지지 않게 한다면 (다른 사람들이 미칠 수 없을 정도로 덕행
이) 고원(遠=高遠)하다고 할 수 있다."

주자 —— 자장이 밝음에 대해 물으니, 공자께서 말씀하셨다. "물이 스며들고
적시듯 (갑작스럽지 않게 점차 스며드는) 참소(남을 헐뜯는 말)와 살갗에 와 닿는
듯한 (이해가 자신에게 절실한) 하소연이 행해지지 않게 한다면, 밝다고 할 수

자원풀이 ■침윤지참浸潤之譖의 침윤浸潤은 水(물 수)+寢(잘 침)으로 구성되어 '물속에 담그다'가 원래 뜻이며, 액체가
스며든다는 뜻이 나왔다. 윤潤은 水(물 수)+閏(윤달 윤)으로 물에 적셔져 습윤해지는 것을 말한다. 참讒은 言(말씀
언)+毚(토끼 참)으로 '다른 사람을 악의적으로 나쁘게 말하다'란 뜻이다. 따라서 침윤지참이란 물이 서서히 젖어
들고 스며들어 가듯, 남을 여러 번 조금씩 헐뜯어 곧이듣게 만드는 참소라는 말이다. 소訴는 言(말씀 언)+斥(물리칠
척)으로 구성되어 상대를 배척하는 말이라는 뜻에서 참소讒訴라는 말이 생겼다. 원래는 言(말씀 언)+朔(초하루 삭)
으로 거꾸로(朔) 말(言)을 하는 고소告訴나 참소讒訴를 말했으나(소愬와 소訴는 통한다), 삭朔이 척斥으로 바뀌어 지금
의 자형이 되었다. 소愬는 心(마음 심)+朔(초하루 삭)의 형성자로 소訴와 같이 하소연하다(薄言往愬 逢彼之怒), 비방하
다(公伯寮愬子路), 하소연 등의 의미이다.
■부膚는 肉(고기 육)+盧(성 로)의 형성자로 몸(肉)의 피부를 말한다.

있다. 스며들고 적시는 듯한 참소와 살갗에 와 닿는 듯한 하소연이 행해지지 않게 하면 (가까운 데에서 가리지 않아) 원대(遠)하다고 할 수 있다."

다산 —— 자장이 밝음에 대해 물으니, 공자께서 말씀하셨다. "물이 스며들어 적시듯이 (점차 이루어지는) 참소(남의 악을 들추어내는 말)와 피부의 얕은 곳에서 시작하여 점차 깊은 곳으로 침투해 들어가는 것과 같은 하소연이 행해지지 않게 하면, 밝다고 할 수 있다. 스며들고 적시는 듯한 참소와 피부의 얕은 곳에서 시작하여 점차 깊은 곳으로 침투해 들어가는 듯한 하소연이 행해지지 않게 하면 (가까운 데에서 가리지 않아) 원대(遠)하다고 할 수 있다."

집주 —— ■浸潤은 如水之浸灌滋潤하여 漸漬而不驟也라 譖은 毁人之行也라 膚受는 謂肌膚所受利害切身이니 如易所謂剝床以膚니 切近災者也라 愬는 愬己之冤也라 毁人者漸漬而不驟면 則聽者不覺其入而信之深矣요 愬冤者急迫而切身이면 則聽者不及致詳而發之暴矣라 二者는 難察而能察之면 則可見其心之明而不蔽於近矣니라 此亦必因子張之失而告之라 故로 其辭繁而不殺하여 以致丁寧之意云이라

침윤浸潤은 물이 스며들고 적시는 것처럼, 점차 스며들어 갑작스럽지 않은 것이다. 참譖은 남의 행실을 헐뜯음이다. 부수膚受는 살갗에 와 닿는 것을 말하니, 이해가 자신에게 절실한 것이다. 『주역』에 이른바 '상을 깎아 살갗에 이르렀으니, 재앙이 매우 절박하다(剝床以膚 切近災).'는 것이다. 소愬는 자신의 원통함을 하소연 하는 것이다. 남을 헐뜯는 자가 조금씩 젖어들게 하면서 갑작스럽지 않으면, 듣는 자는 그 들어오는 것을 깨닫지 못하고 깊이 믿게 된다. 원통함을 하소연하는 자가 급박하고 자신에게 절실하게 하면, 듣는 자는 상세하게 살피는 데 미치지 못하고도 폭발한다. 두 가지는 살피기 어려운데 능히 살필 수 있다면, 그 마음이 밝아서 가까운 데에 가리어지지 않음을 알 수

있다. 이 또한 자장의 결점으로 인하여 알려 주신 것임이 틀림없다. 그렇기에 그 말씀이 번다하지만 줄여 말씀하지 않으셨으니, 간곡한 뜻을 다하셨다.

■ 楊氏曰 驟而語之와 與利害不切於身者 不行焉은 有不待明者能之也라 故로 浸潤之譖과 膚受之愬 不行然後에 謂之明이요 而又謂之遠이니 遠則明之至也라 書曰 視遠惟明이라 하니라

양시가 말했다. "갑작스럽게 하는 말과 이해가 자신에게 절실하지 않은 것을 행해지지 않게 하는 것은 밝지 않는 자라도 능히 할 수 있다. 따라서 물이 스며들고 적시는 참소와 살갗에 와 닿는 하소연이 행해지지 않은 뒤에야 비로소 밝다고 할 수 있고, 또한 심원하다고 할 수 있다. 심원함은 지극히 밝음이다. 『서경』에 '멀리 봄에 오직 밝음을 생각한다(視遠惟明).'고 했다."

고금주 ── ■ 鄭曰: "譖人之言, 如水之浸潤, 漸以成之."[朱子云: "漸而不驟."] ○ 補曰 膚受, 謂腠理受病, 將漸入骨髓. 譖言之由淺入深如是也. 譖者, 訐人之惡也, 愬者, 訴己之寃也, [朱子云: "愬·訴通."] 其實一也. 明, 謂不歸於暗, [能燭物] 遠, 謂不蔽於近. [朱子云]

정현이 말했다. "남을 참소하는 말은 마치 물이 스며들어 적시는 것처럼 점차 이루어진다."[주자가 말했다. "점점 스며들어 갑자기 번지지 않는다."] ○ 보완하여 말한다. 부수는 살결(腠理)에 생긴 병을 말하니, 장차 차츰 골수에 들어간다. 참소하는 말이 얕은 데에서 깊은 데로 들어감이 이와 같다. 참譖이란 남의 악을 들추어내는 것이고, 소愬란 자기의 원통함을 하소연하는 것이니[주자가 말했다. "愬는 訴와 통한다."], 그 실은 하나다. 명明은 어두움으로 돌아가지 않음을 말하고(능히 사물을 밝힐 수 있다), 원遠은 가까운 데에 가리지 않음을 말한다(주자가 말했다).

■ 馬曰: "膚受之愬, 皮膚外語, 非其內實."[侃云: "馬此注, 與鄭不類."] ○ 邢曰: "皮膚受塵, 漸成垢穢."[又云: "垢穢其外, 不能入內也. 以喩譖毁之語, 但在外妄斐構成其

過惡, 非其人內實有罪也."] ○駁曰 非也. 只摘皮膚外疵, 不能深犯, 何足謂之譖愬
乎? 蓋肌膚始受風寒, 其崇至淺, 而畢竟由淺入深, 所謂膚受之愬, 取譬在是也.
마융이 말했다. "부수지소膚受之愬는 피부 밖의 말(皮膚外語)이니, 그 내실이
아니다."(황간이 말했다. "마융의 이 주석은 정현과 그 유가 다르다.") ○형병이 말했
다. "피부에 앉은 먼지는 차츰차츰 때가 된다."(또 말했다. "때는 피부 바깥에만
끼고 안으로 들어가지 못하기 때문에, 참소해 헐뜯는 말은 단지 밖에서 그럴듯한 말로 얽
어 그 과오를 만든 것일 뿐, 그 사람 안에 실제로 죄가 있지 않다는 것을 비유했다.") ○
논박하여 말하면, 그릇되었다. 단지 피부 바깥의 흠은 깊이 침범하지 못하
니, 어찌 참소라 할 만하겠는가? 대개 기부肌膚가 처음으로 풍한風寒을 받으
면 그 빌미가 되는 것은 지극히 얕으나 필경 얕은 데에서 깊은 곳으로 들어가
니, 이른바 부수지소膚受之愬란 비유를 취한 것은 여기에 있다.

■質疑『集注』云: "膚受, 謂肌膚所受, 利害切身, 如『易』所謂'剝牀以膚, 切近
災'者也." ○案 剝膚割肌, 其災切近, 則其冤眞可愬也. 冤痛迫切之愬不行, 則
抱冤者多矣. 且與上'浸潤之譖', 其情不類, 恐非本旨.
질의한다. 『집주』에서 말했다. "부수膚受는 살갗에 와 닿는 것을 말하니, 이
해가 자신에게 절실한 것이다. 『주역』에 이른바 '상을 깎아 살갗에 이르렀으
니, 재앙이 매우 절박하다.'는 것이다." ○살핀다. 살갗을 깎아내고 살을 잘라
내는 것은 그 재앙이 매우 절박하여 그 원통함을 정말로 하소연할 만한 것이
다. 원통함이 절박한 하소연을 행해지지 않게 한다면 원한을 품을 사람이 많
을 것이다. 또한 앞의 침윤지참浸潤之譖과 그 실정이 다른 종류이니, 아마도
본뜻이 아닌 듯하다.

■邢曰: "愬亦譖也, 變其文耳." ○駁曰 非也. 公伯寮愬子路, 邢所據者, 此也.
然孟子曰: "天下之疾其君者, 皆赴愬於王." 愬者, 訴也.
형병이 말했다. "소愬 또한 참譖이다. 그 문장을 바꾼 것일 뿐이다." ○논박하
여 말하면, 그릇되었다. "공백료소자로公伯寮愬子路"(「헌문」)라는 구절이 형병

이 근거한 것이다. 그러나 맹자가 "천하의 그 인군을 미워하는 자는 모두가 달려와 왕에게 하소연할 것이다(皆赴愬於王)."라고 말했다(양혜왕상). 소愬란 소訴이다.

■ 馬曰: "無此二者, 非但爲明, 其德行高遠, 人莫能及." ○駁曰 非也. 朱子之義, 不可易.

마융이 말했다. "이 두 가지가 없으면, 단순히 밝기만 한 것이 아니라, 그 덕행이 고원高遠하여 사람들이 미칠 수 없다." ○논박하여 말하면, 그릇되었다. 주자의 해석은 바꿀 수 없다.

비평 —— 참소(譖)는 남을 헐뜯고 비방하는 것으로, 무관심한 말처럼 슬그머니 늘어놓아 듣는 사람이 부지불식간에 믿게 하는 말이기 때문에 물처럼 스며들고 적시는 참소(浸潤之譖)라고 했다.

하소연(愬=訴)은 자신의 절박한 일을 하소연하는 것을 말한다. 느릿느릿 급하지 않은 듯 말하면 알아주지 않으니 긴박하게 말하여(예컨대 욕을 먹으면 맞았다고 하거나, 맞았으면 곧 죽이려 한다는 등) 듣는 이를 촉발하기 때문에 피부에 와 닿는 하소연(膚受之愬)이라고 한다.

이러한 참소와 하소연은 살피기 어렵지만, 능히 살필 수 있다면 그 마음은 밝다고 할 수 있으며, 또한 가까운 것에 가려지지 않기 때문에 원대(주자와 다산) 혹은 고원(고주)하다고 할 수 있다.

여기서 침윤지참浸潤之譖에 대한 해석에서는 별다른 이견이 없다. 피부에 앉는 먼지와 같이 (몸의 거죽만 더럽힐 뿐, 체내로 들어오지 못하는) 거짓인 참소(愬亦讒)가 행해지지 않게 한다면, 참으로 밝다(明)고 할 수 있다. 즉 물이 스며들어 적시는 참소와 피부에 앉는 먼지와 같이 거짓인 참소가 행해지지 않게 한다면 (다른 사람들이 미칠 수 없을 정도로 덕행이) 고원하다고 할 수 있다.

그런데 부수지소膚受之愬는 각각 다르게 해석한다. 고주에서 마융은 피부 밖의 말(皮膚外語)이니, 그 내실이 아닌 곧 거짓인 참소(愬=讒)라고 해석했다. 주자는 『역』에 근거를 두고, 부수지소를 살갗에 와 닿는 듯 이해관계가 자신에게 절실한 하소연으로 보았다. 다산은 고주와 주자를 동시에 비판하고, 자신의 독창적인 해석을 내놓는다. 즉 그에 따르면, 부수지소란 피부의 얕은 곳에서 시작하여 점차 깊은 곳으로 침투해 들어가서 치명적인 해를 입히는 하소연이라고 보았다. 다산의 해석이 가장 좋아 보인다.

그리고 원遠에 대한 해석에서 고주는 고원高遠으로 문자적으로 부연설명했지만, 주자는 가까운 데에 가리어지지 않는 것이라 했고, 다산은 주자의 해석에 동의했다. 주자와 다산의 해석이 일리가 있다고 생각된다.

❧

12:7. 子貢問政. 子曰: "足食, 足兵, 民信之矣." [皇氏本, 作'使民信之矣'] 子貢曰: "必不得已而去於斯三者, [十字共一句] 何先?" 曰: "去兵." 子貢曰: "必不得已而去於斯二者, [十字共一句] 何先?" 曰: "去食. 自古皆有死, 民不信不立."

고주 —— 자공이 정치를 묻자, 공자께서 말씀하셨다. "식량을 풍족하게 하고, 병비兵備를 충족하게 하면, 백성들이 (정부를) 신뢰하게 될 것이다." 자공이 물었다. "반드시 부득이하여 버려야 한다면, 이 세 가지 중에 무엇을 먼저 버려야 합니까?" 공자께서 말씀하셨다. "병비를 버려야 한다." 자공이 말했다. "반드시 부득이하여 버려야 한다면, 이 두 가지 중에 무엇을 먼저 버려야 합니까?" 공자께서 말씀하셨다. "식량을 버려야 한다. (죽음은 고금의 상도이니)

예로부터 (사람은) 모두 죽는 것이지만, 백성들이 (정부에 대한) 신뢰가 없으면 (국가가) 존립할 수 없다."

주자 —— 자공이 정치를 묻자, 공자께서 말씀하셨다. "(위정자는) 식량을 풍족하게 하고, 무비武備를 충족하게 하고 난 다음에 (교화가 행해져서) 백성들로부터 신뢰를 받도록 해야 한다." 자공이 말했다. "반드시 부득이해서 버린다면, 이 세 가지 중에 무엇을 먼저 해야 합니까?' 공자께서 말씀하셨다. "(식량이 충분하고 신뢰가 깊으면, 군대가 없어도 지침이 견고할 수 있기에) 무비를 버려야 한다." 자공이 말했다. "반드시 부득이해서 버린다면 이 두 가지 중에 무엇을 먼저 해야 합니까?' 공자께서 말씀하셨다. "양식을 버려야 한다. (식량이 없으면 반드시 죽는다. 그런데) 예로부터 사람은 모두 죽지만, 백성들이 (위정자에 대한) 신뢰가 없으면 (살아도) 설 수가 없다. (차라리 죽을지언정 백성에게 신뢰를 잃지 않아서, 백성 또한 차라리 죽을지언정 나에게 신뢰를 잃지 않도록 해야 한다.)"

다산 —— 자공이 정치를 묻자, 공자께서 말씀하셨다. "(안을 채워 주는) 식량을 풍족하게 하고, (밖을 막아 주는) 군비를 충족하게 하고, 백성들이 (위의 법령을) 신뢰하도록 해야 한다."(황간본에는 '使民信之矣'로 되어 있다) 자공이 말했다. "반드시 부득이해서 이 세 가지 중에 버려야 한다면(열 글자가 함께 하나의 구를

자원풀이 ■ 족足은 갑골문과 『설문』에서 사람 몸의 무릎 아래 다리를 형상화했다. 이후 발을 뜻하게 되었다. 다리는 몸을 지탱해 주는 기초이므로 충족充足 혹은 만족滿足처럼 충실하다의 뜻이 나왔다. 또 다리나 발의 동작과 연관하여 다른 공간으로 이동을 나타내어 시간의 경과나 걸어온 길(蹤迹)을 나타냈다. 족으로 발음하면 발, 식물의 뿌리, 산기슭, 밟다, 갖추어지다, 채우다, 많다의 뜻이다. '주'로 발음하면 지나치다, 보태다(以晝足夜)의 뜻이다.
■거去는 大(큰 대)+니(입 벌릴 감)의 회의자로 반지하로 파고 들어간 구덩이와 사람의 정면 모습(大)을 그려 구덩이를 뛰어넘거나 구덩이로부터 나오는 사람을 그렸다. 가다, 떠나다, 벗어나다의 뜻이다.
■信은 『설문해자』에 따르면 人과 言(盟誓)이 결합한 회의문자로서, '사람의 본마음에서 표출된 말은 거짓이 없기(誠實無欺)에 믿을 수 있다.' 혹은 '사람(人)의 말(言)은 언제나 진실되고 신뢰가 있어야 한다'는 의미를 지녔다. 그런데 맹자는 "가치상 추구할 만한 것을 일러 선(좋음)이라고 하고, 이러한 선을 자기 안에 지니고 있는 것을 일러 신

이룬다), 무엇을 먼저 해야 합니까?" 공자께서 말씀하셨다. "(군비를 버리면 반드시 죽지는 않지만, 식량을 버리면 반드시 죽기에) 군비를 버려야 한다." 자공이 말했다. "반드시 부득이해서 이 두 가지 중에 버린다면(열 글자가 하나의 구를 이룬다), 무엇을 먼저 해야 합니까?" 공자께서 말씀하셨다. "양식을 버려야 한다. (식량이 없으면 반드시 죽는다. 그런데) 예로부터 사람은 모두 죽지만, 백성들은 (윗사람에 대한) 믿음이 없으면 (무너지고 흩어져서) 설 수가 없다(식량이 있더라도 누릴 수 없다)."

집주 —— ■ 言倉廩實而武備修然後에 敎化行而民信於我하여 不離叛也라
곳간이 채워지고 군비가 갖추어진 뒤라야 교화가 행해져서 백성이 나를 신뢰하여 이반離叛하지 않는다는 말씀이다.

■ 言食足而信孚면 則無兵而守固矣라
식량이 충분하고 신뢰가 깊으면 군대가 없어도 지킴이 견고할 수 있다는 말씀이다.

■ 民無食必死라 然이나 死者는 人之所必不免이요 無信則雖生而無以自立하니 不若死之爲安이라 故로 寧死而不失信於民하여 使民亦寧死而不失信於我也니라
백성은 식량이 없으면 반드시 죽는다. 그러나 죽음이란 사람이 필시 면할 수 없는 것이지만, 신뢰가 없으면 비록 살아도 스스로 설 수 없으니, 죽어서 편안함만 못하다. 따라서 차라리 죽을지언정 백성에게 신뢰를 잃지 않아서, 백성 또한 차라리 죽을지언정 나에게 신뢰를 잃지 않도록 해야 한다.

■ 程子曰 孔門弟子善問하여 直窮到底하니 如此章者는 非子貢이면 不能問

(信)이라고 한다"고 해설하고 있듯이, 信이란 도덕적인 선한 착한 본성(仁義禮智)을 지니고서, 그 본성을 실현하기 위해 성실하게 행위하는 것을 말한다(以實之謂信).

이요 非聖人이면 不能答也니라

정자가 말했다. "공자문하 제자들은 질문을 잘했지만, 곧바로 궁구하여 밑바닥까지 도달하기를 이 장과 같이 하는 것은 자공이 아니면 능히 물을 수 없고, 성인이 아니면 능히 답할 수도 없는 것이다."

■ 愚謂 以人情而言하면 則兵食足而後에 吾之信이 可以孚於民이요 以民德而言하면 則信本人之所固有니 非兵食所得而先也라 是以로 爲政者 當身率其民하여 而以死守之요 不以危急而可棄也니라

어리석은 내가 말한다. 사람의 상정(人情)으로 말하면 군비와 식량이 충분한 뒤 나에 대한 신뢰가 미덥게 될 수 있지만, 백성의 덕(民德)으로 말하면 신뢰는 본디 사람들이 지니고 있는 것이므로, 군비나 식량이 (신뢰보다) 우선할 수 있는 것이 아니다. 이런 까닭으로 정치를 하는 사람은 마땅히 백성에게 솔선하여 죽음으로써 신뢰를 지켜야 하고, 위급하다고 해서 신뢰를 저버려서는 안 된다.

고금주 ── ■補曰 食以實內, 兵以禦外, 皆所以不死. 民信之者, 信上之法令. '去於斯三者'爲一句. [句法如孟子所云'擇於斯二者'] 去兵不必死, 去食則必死. 民無信上之心, 則頹墮而不立. 民不立, 則雖有兵, 無以禦患, 雖有食, 無以享樂.

보완하여 말한다. 식량은 안을 채워주고, 군대는 밖을 막아주니, 모두 죽지 않게 하는 것이다. 민신지民信之란 윗사람의 법령을 신뢰하는 것이다. '거어사삼자去於斯三者'가 하나의 구를 이룬다.(句法이 맹자가 말한 '擇於斯二:이 두 가지 중에 택하라'와 같다.) 군대를 버리면 반드시 죽지는 않지만, 식량을 버리면 반드시 죽는다. 백성들이 윗사람을 신뢰하는 마음이 없으면 무너지고 흩어져서 서지 못한다. 백성들이 서지 못하면 비록 군대가 있을지라도 외환으로부터 방어할 수 없고, 비록 식량이 있을지라도 즐거움을 누릴 수 없다.

■邢曰: "足食則人知禮節, 足兵則不軌畏威, 民信之則服命從化."[又云: "兵者凶器, 民之殘也, 財用之蠹也, 故先去之."] ○駁曰 非也. 足食非爲禮節, 足兵非爲不軌. 然且政之數目, 可十可百, 孔子特擧三大政, 而兵與焉. 邢乃欲以凶器而去之, 迂儒哉!

형병이 말했다. "양식을 충족시켜 주면 사람들이 예절을 알고, 군대를 충분하게 하면 반역의 무리들이 위엄을 두려워하고, 백성들이 신뢰하면 명령에 복종하고 교화에 따른다."(또 말했다. "병장기는 흉기이고 백성들의 잔적이며, 財用을 축내는 좀 벌레이기 때문에 먼저 버려야 한다.") ○논박하여 말하면, 그릇되었다. 양식을 충족시켜 주는 것은 예절을 위한 것이 아니며, 군대를 충분하게 하는 것은 반역의 무리들 때문이 아니다. 그러나 또한 정치를 하는 여러 조목들은 열·백 가지도 될 수 있지만, 공자께서는 특히 세 가지 큰 정사를 열거하셨는데, 군대도 들어갔다. 형병은 흉기이기 때문에 버리고자 했다고 하였으니, 우원한 유자(迂儒)라 하겠다.

■質疑 『集注』云: "倉廩實, 武備修, 然後敎化行, 而民信於我." ○案 三者, 各爲一事, 不相牽連, 然後三者可以鼎峙瓜分, 而議其去存. 若以兵食之故, 得有民信, 則仍是二事, 不成三也. 若去兵食, 信亦偕亡. 何者?信之初起, 旣由兵食, 兵食之去, 信其獨存乎?

질의한다. 『집주』에서 말했다. "곳간이 채워지고 군비가 갖추어진 뒤라야 교화가 행해져서 백성이 나를 신뢰한다." ○살핀다. 세 가지는 각각 따로 하나의 일이어서 서로 견인·연결되지 않은 뒤라야 세 가지가 정립鼎立·분리되어 어느 것을 버리고·보존할 것인지를 의논할 수 있다. 만약 군대와 식량때문에 백성의 신뢰가 있을 수 있다면, 이는 곧 두 가지 일이지 세 가지 일이 아니다. (그렇다면) 만약 군대와 식량을 버린다면, 신뢰 또한 모두 없어질 것이다. 왜 그런가? 신뢰가 처음 생긴 것은 이미 군대와 식량으로 말미암은 것이라면, 군대와 식량을 버리고 신뢰만 홀로 보존되겠는가?

■侃曰: "自古迄今, 未有一國無信而國安立者." ○邢曰: "失信則國不立." ○駁

曰 非也. 創業謂之立國, 餘無此言. 立也者, 興起向上束心聽命之意, 民無信上之心, 則頹墮渙散, 而無束立之勢也.

황간이 말했다. "예로부터 지금에 이르기까지 한 나라도 신뢰가 없이 국가가 안정되게 정립된 적은 없었다." ○ 형병이 말했다. "신뢰를 잃으면 나라는 서지 못한다." ○ 논박하여 말하면, 그릇되었다. 창업創業을 입국立國이라 하지, 그 밖에는 이런 말은 없다. 입立이란 흥기하여 위를 지향하며 마음을 단속하여 명령을 듣는다는 뜻이니, 백성이 위를 신뢰하는 마음이 없으면 무너지고 흩어져서, 결속하여 서 있을 만한 형세가 없는 것이다.

■ 質疑 足食足兵, 非欲上之人獨生也, 則去兵去食, 又何必曰在上者寧死乎? 且民信之者, 信其上也. 民之失信, 何以責矣?

질의한다. 족식足食 · 족병足兵은 윗사람만 홀로 살려고 하는 것이 아니니, 거병去兵 · 거식去食은 또한 어찌 반드시 위에 있는 사람만 도리어 죽는다고 말하겠는가? 또한 민신지民信之란 그 윗사람을 믿는 것이다. 백성들이 신뢰를 잃는다고 하여, 어찌 책망하겠는가?

비평 —— 고주는 이 구절을 정부의 정책으로 해석하여 "식량을 풍족하게 하고, 병비兵備를 충족하게 하면, 백성들이 (정부를) 신뢰하게 될 것이다."라고 해석했다.

주자는 인정人情과 민덕民德으로 나누어 해석했다. 공자는 인정의 관점에서 위정자가 시행해야 할 정책의 순위로는 (1) 백성들을 물질적으로 풍요롭게 해주고, (2) 군대를 강건하게 하여 국방을 유지하고, 그런 연후에 교화가 행해져서, (3) 궁극적으로는 백성으로부터 신뢰를 받아 정부가 군건하게 정립되는 것을 제시하였다는 것이다. 즉 공자가 생각한 정부의 궁극 목표는 『대학』에 제시되어 있듯이 모든 백성들이 '인간다운 삶을 영위하는 지선至善의 공동체'라고 할 수 있다. 그런데 지선의 공동체를 건립하기 위해서는 "의식이 풍족해야 예의를 안다."는 말이 있듯이, 먼저 일반 백성들의 의식주를 풍족하게 하여 백성들에게 물질적인 이로움을 베풀어 주고, 그다음으로 국방을 튼튼히 하여 외침으로부터 백성을 보호하고, 최종적으로 교화를 통해 백성들로부터 완전한 신뢰를 받아 백성들이 자기정립을 하도록 해야 한다는 것이다. 그런데 이러한 정책을 실행하는 위정자가 이 중에서 부득이 버려할 것이 있다면, 우선 군사력을 버리고, 나아가 최악의 경우 의식을 풍족하게 해 주지 못하는 일이 발생하더라도 도덕적인 선함을 유지함으로써 백성들의 신뢰를 받는 정부가 되어야 한다는 목표만은 버릴 수 없다는 것이다. 요컨대 민덕民德의 관점에서 말하면, 신뢰는 사람들이 본래 지닌 사람의 고유한 가치이기 때문에, 외재적인 군비나 식량에 우선하는 것으로서 궁극적으로 견지해야 하는 것이라는 말이다.

이에 대해 다산은 먼저 고주의 '민무신불립民無信不立'에서 불립의 주체가 정부(국가)가 아니라, 백성이라고 말한다. 즉 백성들이 서지 못하면 비록 군대가 있다고 하더라도 외환으로부터 방어할 수 없고, 비록 식량이 있다고 할지라도 즐거움을 누릴 수 없다는 말이라는 것이다. 그리고 주자의 해석에 대해서는 두 번의 질의를 통해 논리적인 공박을 한다. 먼저 족식·족병·민신지는 상호 정립鼎立의 관계이지, 정책의 우선순위로 순차적으로 제시된 것이 아니라는 것이다. 즉 족식·족병한 연후에 교화를 통해 백성들의 신뢰를 획득하는 선후의 관계가 아니라는 것이다. 나아가 민신지民信之란 백성들이 윗사람을 믿는 것이라고 해석했다.

이에 비해 주자는 신信이 사람에게 고유한 것이라는 점에서 다른 물질적인 것에 우선하는 것이며, 따라서 위정자나 백성들이 최종적으로 버리지 말아야 할 덕목으로 해석했다. 요컨대 여기서도 주자는 덕의 선천성 혹은 고유성을 강조했다면, 다산은 이러한 주자의 해석을 정책의 측면에서 비판했다고 하겠다.

12:8. 棘子成曰: "君子質而已矣, 何以文爲?" 子貢曰: "惜乎! 夫子之說君子也, [九字共一句] 駟不及舌. 文猶質也, 質猶文也. 虎豹之鞟, 猶犬羊之鞟."

고주 —— 극자성이 말했다. "군자는 질質일 뿐이니, 어찌 문文으로 하겠는가?" 자공이 말했다. "애석하군요! 부자께서 군자를 말씀하신 것이. 사두마차로도 그 혀를 따라잡을 수 없습니다.(잘못된 말은 한 번 나오면, 사마로 쫓아도 따라잡을 수 없다.) 문이 질과 같고 질이 문과 같다면, 호표의 털 벗긴 가죽은 견양의 털 벗긴 가죽과 같습니다.(무엇으로써 호표와 견양을 구분하겠는가? 무엇으로 군자와 비부를 구분하겠는가?)"

주자 —— 극자성이 말했다. "군자는 질質일 뿐이니, 어찌 문文으로 하겠는가?" 자공이 말했다. "애석하군요! 부자의 말씀은 군자다운 생각이지만, (너무도 성급한 말이어서) 사두마차로도 그 혀를 따라잡을 수 없습니다.(실언을 안타까워한 것이다.) 문(=털의 비유)은 곧 질(=가죽의 비유)과 같고, 질은 곧 문과 같으니(문과 질은 서로 같은 것으로 없을 수 없다.) 호표의 털 벗긴 가죽은 견양의 털 벗

자원풀이 ■質質은 所(모탕 은)+貝(조개 패)의 회의자. 조개(貝)는 화폐를 뜻하고 所(斤+斤)은 도끼로 나무를 자를 때 받쳐 놓은 나무토막이다. 그래서 질質은 화폐 자체가 아니라 돈으로 바꾸거나 돈을 벌 수 있는 밑받침이나 바탕을 뜻한다. 이러한 바탕이란 뜻이 확장되어 현상하는 사건을 규제規制 혹은 주간主幹한다는 뜻을 나타내고, 현상의 실체라는 의미를 지니게 되었다. 또한 가공하기 전의 소박함이라는 의미에서 질박質朴의 뜻이다.
■사駟는 馬(말 마)+四(넉 사)로 수레를 끄는 네 마리(四) 말(馬)을 말하며, 네 마리 말이 끄는 수레를 뜻하기도 한다.
■문文은 갑골문에서 사람의 가슴에 어떤 무늬를 새겨 놓은 문신文身을 의미했다. 문자文字란 일정한 필획을 서로 아로새겨 어떤 형태들을 그려낸 것이다. 그래서 무늬라는 의미의 문文에 문자라는 의미가 담기게 되었다. 그래서 『설문해자』에서는 "획을 교차하다의 뜻으로 교차한 무늬를 형상했다(錯畫也 象交文)."고 했다. 그리고 문자로 쓰인 것을 문장文章이나 문학작품이라고 말하게 되었다. 그러자 문文은 주로 문장이나 문자의 의미로 쓰이게 되었고,

긴 가죽과 같습니다."(문과 질이 함께 있는 연후에, 군자와 소인의 구별이 확실해진다. 그런데 자공이 극자성의 폐단을 바로잡은 이 말 또한 물질의 본말경중의 차이가 없으니, 서로 잘못한 것이다.)

다산 —— 극자성이 말했다. "군자는 질質일 뿐이니, 어찌 문文으로 하겠는가?" 자공이 말했다. "애석하군요! 부자께서 군자를 말씀하신 것이. (아홉 글자가 함께 한 구를 이룬다) 사두마차로도 그 혀를 따라잡을 수 없습니다.(잘못된 말은 한 번 나오면 사마로 쫓아도 따라잡을 수 없다.) 문(=털의 비유)은 곧 질(=가죽의 비유)과 (그 비중이) 같고, 질은 곧 문과 (그 비중이) 같으니(문과 질은 서로 같은 것으로 없을 수 없다.) 호표의 털 벗긴 가죽은 견양의 털 벗긴 가죽과 같습니다."(문과 질이 함께 있는 연후에, 군자와 소인의 구별이 확실해진다.)

집주 —— ■ 棘子成은 衛大夫니 疾時人文勝이라 故로 爲此言이라
극자성棘子成은 위衛나라 대부로 당시 사람들이 문文(문채, 형식)이 지나친 것을 미워했기 때문에, 이런 말을 했다.
■ 言子成之言이 乃君子之意나 然이나 言出於舌이면 則駟馬不能追之니 又惜其失言也라
극자성의 말은 곧 군자다운 생각이지만, 말이 혀에서 나오면 네 필의 말로도

무늬라는 말은 文紋 자가 대신하게 되었다. 글월(以能誦詩書屬文), 글자, 문치文治·문사文事, 글을 짓다(帝親文其卑), 무늬·문채文彩, 현상(觀乎天文), 문물·예악과 제도 등 문화적 산물, 법령의 조문, 아름답다·선善하다(禮滅而進 以進爲文), 어지럽다(=紊亂), 화미華美하다(君子質而已矣 何以文矣), 주 문왕, 꾸미다(文之以禮樂), 가리다(小人之過也 必文), 노력하다(文莫吾猶人也) 등의 뜻이다.
■호虎는 벌린 입과 날카로운 이빨 및 얼룩무늬가 잘 갖추어진 범을 그린 상형자이다. 힘과 권위, 용기와 무용을 대표한다. 용맹하다, 위풍당당하다, 사람을 놀라게 하다 등의 뜻이다.
■표豹는 豸(발 없는 벌레 치)+勺(구기 작)의 형성자로 표범, 먹잇감을 정확하게 잡아내는(勺) 짐승(豸)이란 뜻이다.
■곽鞹은 革(가죽 혁)+郭(성곽 곽)의 형성자로 도시의 밖을 둘러싼 외곽(郭)처럼 짐승의 몸을 싸고 있는 가죽으로, 털을 벗긴 날가죽을 의미한다.

따라잡을 수 없다고 말한 것이니, 또한 그 실언을 애석하게 여긴 것이다.

■ 鞟은 皮去毛者也라 言 文質等耳라 不可相無니 若必盡去其文而獨存其質이면 則君子小人을 無以辨矣라 夫棘子成은 矯當時之弊에 固失之過하고 而子貢은 矯子成之弊에 又無本末輕重之差하니 胥失之矣로다

곽鞟은 털을 제거한 가죽이다. '문文과 질質은 같은 것으로 서로 없을 수 없다. 만약 필시 그 문文을 다 제거하고 오직 그 질質만 남긴다면, 군자와 소인도 구별할 수 없다.'는 말이다. 대저 극자성이 당시의 폐단을 바로잡은 것은 진실로 지나친 잘못을 범했지만, 자공은 극자성의 폐단을 바로잡은 것 또한 본말경중의 차이가 없으니, 서로 잘못한 것이다.

고금주 —— ■ 補曰 '惜乎夫子之說君子也'九字, 共一句. 棘子成, 本論君子. ○鄭曰: "過言一出, 駟馬追之不及." ○補曰 文猶質, 質猶文, 謂君子所須均也. [兩不可闕一] 若去毛文, 虎豹與犬羊無別. [無貴賤] 若去禮樂, 君子與野人奚擇?

보완하여 말한다. '석호부자지설군자야惜乎夫子之說君子也' 아홉 글자가 함께한 구절이다. 극자성은 본래 군자를 논했다. ○정현이 말했다. "잘못된 말이한 번 나오면, 사마駟馬로 추적해도 따라잡을 수 없다." ○보완하여 말한다. '문은 질과 같고(文猶質), 질은 문과 같다(質猶文)'는 것은 군자는 모름지기 고르게 갖추어야 한다는 말이다.(둘 중에 어느 하나라도 빠질 수는 없다.) 만약 털 무늬를 제거하면 호표와 견양의 구별이 없고(귀천이 없다), 만약 예악을 제거한다면 군자와 야인을 어떻게 가리겠는가?

■ 質疑 『集注』云: "子成之言, 乃君子之意, [崇本質, 是君子之意] 然言出於舌, 則駟馬不能追之." ○案 既許以君子, 又惜其失言, 恐無是理. 駟不及舌者, 愕眙嗟咄之辭, 所言是君子之意, 而惜之如是, 可乎? 鄭注·邢疏, 皆九字一句, 不可易也.

질의한다. 『집주』에서 말했다. "극자성의 말은 곧 군자다운 생각이지만(本質

을 숭상하는 것이 군자다운 생각이다), 말이 혀에서 나오면 네 필의 말로도 따라 잡을 수 없다고 말한 것이니, 또한 그 실언을 애석하게 여긴 것이다." ○살핀 다. 이미 군자다운 생각이라고 허여하고, 또한 그 실언을 애석히 여긴다니, 이럴 리는 없을 듯하다. 사불급설駟不及舌이란 놀라서 탄식한 말이지, '말한 것은 군자다운 생각이기는 하지만, 애석하기는 이와 같다.'고 할 수 있겠는 가? 정현의 주(鄭注)·형병의 소(邢疏)는 모두 아홉 글자를 한 구로 했는데, 바 꿀 수 없다.

■孔曰: "虎豹與犬羊別, 正以毛文異耳. 今使文質同者, 何以別虎豹與犬羊邪?" [邢云: "今若文猶質, 質猶文, 則君子與鄙夫, 何以別乎?"] ○駁曰 非也. 棘子成欲存質 而去文, 未嘗使文質同也. 文猶質, 質猶文, 此子貢論理之言, 非述棘子之意而 駁之也. 朱子之義, 不可易.

공안국이 말했다. "호표虎豹와 견양犬羊의 구별은 바로 털 문양(毛文)의 차이 일 뿐이다. 지금 가령 문과 질이 같다고 한다면, 무엇으로써 호표와 견양을 구분하겠는가?"(형병이 말했다. "지금 만일 문이 질과 같고, 질이 문과 같다면, 군자와 비부는 무엇으로 구분하겠는가?") ○논박하여 말하면, 그릇되었다. 극자성은 질 을 보존하고 문을 버리고자 했지, 일찍이 문과 질을 같은 것으로 여기려 한 것은 아니다. 문이 질과 같고 질이 문과 같다는 것, 이것은 자공의 논리에서 나온 말로서, 극자성의 뜻을 진술한 것이 아니라 반박한 것이다. 주자의 해 석은 바꿀 수 없다.

■質疑『集注』云: "子貢矯子成之弊, 又無本末輕重之差, 胥失之矣." ○案孔子 言文質, 亦未嘗偏重偏輕, 如云'質勝文則野, 文勝質則史', 未嘗有輕重.

질의한다. 『집주』에서 말했다. "자공이 극자성의 폐단을 바로잡은 것 또한 본말경중의 차이가 없으니, 서로 잘못한 것이다." ○살핀다. 공자가 문질文 質을 말한 것은 또한 어느 것을 중하게 여기거나 어느 것을 가볍게 여긴 것이 아니다. "질이 문보다 지나치면 촌사람이고, 문이 질보다 지나치면 문서리이다(質勝文則野 文勝質則史)."라고 말했으니, 일찍이 (문질은) 경중輕重이 없었다.

비평 —— 먼저 '석호부자지설군자야惜乎夫子之說君子也'에 대해 고주와 다산은 하나의 구로 보았지만, 주자는 '석호부자지설惜乎夫子之說'에서 끊었다. 즉 주자는 문질文質에 대해 본말경중의 입장에서 해석하여(질은 본이고 중하며, 문은 말이고 경하다), 이러한 견해를 내놓았다고 생각된다. 두 해석 모두 가능하다고 생각된다. 그리고 뒤의 구절(文猶質也, 質猶文也, 虎豹之鞹猶犬羊之鞹)에 대한 해석에서 다산은 주자에 동의하고, 고주를 비판했다. 다산의 비평대로 "극자성은 질을 보존하고 문을 버리려고(存質而去文) 했다는 점에서 이 글은 극자성의 뜻을 진술한 것이 아니라, 반박한 것이다."라고 판단하는 것이 옳다고 생각된다. 다음으로 주자는 문질을 본말경중의 입장에서 해석하고, 자공이 문질을 본말경중으로 해석하지 않았다는 점에서 과오를 범하고 있다고 비판했다. 그러나 다산은 공자가 "문질은 빈빈해야 한다."고 말했다는 점을 들어, 공자가 문질을 본말경중으로 보지 않았다고 주장하면서, 주자의 주석을 오히려 비판했다. 요컨대 주자는 문질 관계를 본말경중의 관계로 보지만, 다산은 대대待對의 관계로 보기 때문에 서로 다른 해석을 했다. 여기에 대해서는 다음과 같은 쌍봉 요씨의 말을 참고하자.

이 장은 당연히 세 가지 양상으로 보아야 한다. 극자성의 뜻은 그 문文을 완전히 제거해 질質만 홀로 남겨 두려는 것이고, 자공의 뜻은 문과 질은 서로 같은 것이라고 여긴 것이고, (주자의)『집주』는 질은 본本이고, 문은 말末이라고 여긴 것이다. 본은 중하고, 문은 가볍다. 그러나 그 문을 완전히 제거해 질만 남겨 두는 것, 그것이 흘러가면 장차 예禮를 버리고 법을 없애는 폐단이 있게 된다. 문과 질을 같은 것이라 하면, 본말을 구분하지 않아 무겁고 가벼운 차이가 없어진다. 그러므로『집주』는 극자성과 자공이 둘 다 잘못이라고 했다. (『논어집주대전』)

그런데 다산은 문·질이 본말의 경중관계가 아니라, 상호 영향을 주고받는 대대의 관계이기 때문에 상호 조화를 이루어야 하는 것이지, 어느 것이 중하고 어느 것이 경한 그런 관계가 아니라고 주장했다. 3권의 「예禮」에 관한 항목에서 상론하기로 한다.

⁂

12:9. 哀公問於有若曰: "年饑, 用不足, 如之何?" 有若對曰: "盍徹乎?" 曰: "二, 吾猶不足, 如之何其徹也?" 對曰: "百姓足, 君孰與不足?百姓不足, 君孰與足?"

고주 —— 애공이 유약에게 물었다. "올해 기근이 들어 나라의 재용이 부족하니, 어떻게 해야 하는가?" 유약이 대답했다. "어찌 철법(徹=通:주나라의 1/10을 징세하는 천하의 通法)을 실행하지 않으십니까?" 애공이 말했다. "2/10를 징세해도 내가 오히려 부족하거늘, 어찌 그 철법을 실행하겠는가?" 유약이 대답했다. "백성이 풍족하면 인군께서는 누구와 더불어 부족하겠으며, 백성이 부족하면 인군께서는 누구와 더불어 풍족하겠습니까?"

주자 —— 애공이 유약에게 물었다. "올해 기근이 들어 재용이 부족하니, 어떻게 해야 하는가?" 유약이 대답했다. "어찌 철법(撤=通·均:通力合作均收)을 실행하지 않습니까?" 애공이 말했다. "2/10를 징세해도 내가 오히려 부족하거늘, 어찌 철법을 실행하겠는가?" 유약이 대답했다. "백성이 풍족하면 인군께서는 누구와 더불어 부족하겠으며, 백성이 부족하면 인군께서는 누구와 더불어 풍족하겠습니까?"

다산 —— 애공이 유약에게 물었다. "가령 어느 해에 기근이 들어 재용이 부족하다면, 어떻게 해야 하는가?" 유약이 대답했다. "어찌 철법(撤=撤去:助法에 따라 관에서 스스로 取去해 갔다)을 실행하지 않습니까?" 애공이 말했다. "2/10를 징세해도 내가 오히려 부족하거늘, 어찌 철법을 실행하겠는가?" 유약이 대답했다. "백성이 풍족하면 인군께서는 누구와 더불어 부족하겠으며, 백성이 부족하면 인군께서는 누구와 더불어 풍족하겠습니까?"

집주 —— ■稱有若者는 君臣之詞라 用은 謂國用이라 公意蓋欲加賦以足用也라

유약有若이라 칭한 것은 군신관계를 말한다. 용用은 국가의 재용을 말한다. 애공의 뜻은 대개 부세를 늘려 재용을 충족시키려 한 것이다.

■徹은 通也며 均也라 周制는 一夫受田百畝하여 而與同溝共井之人으로 通力合作하여 計畝均收하니 大率民得其九하고 公取其一이라 故로 謂之徹이라 魯自宣公稅畝하고 又逐畝什取其一하니 則爲什而取二矣라 故로 有若이 請但專行徹法하니 欲公節用以厚民也라

철徹은 통通하고, 균등(均)하다의 뜻이다. 주나라 제도(周制)에서는 가장 한 사람(一夫)이 경지 백무를 받는데, 도랑과 우물을 함께하는 사람들과 힘을 모아 함께 경작하고(通力合作), 이랑을 계산하여(計畝) 균등하게 거두었다. 대체로 백성이 그 아홉을 얻고, 국가가 그 하나를 취했다. 그래서 철徹이라 했다. 노나라는 선공 때부터 이랑에 세금을 매겨, 또한 이랑에 따라 10분의 1을 거

자원풀이 ■기饑는 食(먹을 식)+幾(기미 기)의 형성자로 기근饑饉에서처럼 먹을 것이 없어 굶주림. 기飢로도 쓴다. ■합盍은 去(갈 거→大: 뚜껑)+皿(그릇 명)의 회의자로 그릇(皿) 위에 크게(大) 덮다는 뜻에서 합하다, 모으다의 뜻이다. 하불何不의 합음으로 가차되어 '어찌 (~을) 하지 않는가'의 뜻이 되었다. ■철徹은 세 발 솥의 하나인 鬲(솥 력: 彳+育)+攴(칠 복)의 회의자로 식사를 마치고 솥(鬲)을 치우는 모습(철상)에서 철거撤去와 철수撤收, 혹은 일이 마지막에 도달했다는 의미로 통하다 혹은 이르는 뜻이다. 통하다(透徹), 뚫다, 구실이름(주대의 전조田租제도로 수입의 1/10을 거둬들이는 세법:철법撤法), 벗기다, 치우다(撤床), 버리다 등의 의미이다.

두었으니 10분의 2를 취한 것이 된다. 그러므로 유약은 오로지 철법撤法만 시행하라고 청했으니, 공으로 하여금 재용을 절약하여 백성을 도탑게 하고자 한 것이다.

■ 二는 卽所謂什二也라 公以有若不喩其旨라 故로 言此以示加賦之意라

이二는 곧 이른바 10분의 2(什二)이다. 애공은 유약이 질문의 취지를 이해하지 못했다고 여겨, 이 말을 하여 부세를 더하겠다는 의도를 드러냈다.

■ 民富면 則君不至獨貧하고 民貧면 則君不能獨富하니 有若이 深言君民一體之意하여 以止公之厚斂이니 爲人上者 所宜深念也라

백성이 부유하면 인군이 홀로 빈곤한 데에 이르지 않고, 백성이 빈곤하면 인군이 홀로 부유할 수 없다. 유약은 인군과 백성은 일체라는 뜻을 깊이 말하여, 공이 많이 거두려는 뜻을 막으려 했으니, 윗사람이 된 자는 마땅히 깊이 유념해야 할 것이다.

■ 楊氏曰 仁政은 必自經界始니 經界正而後에 井地均하고 穀祿平하여 而軍國之須皆量是以爲出焉이라 故로 一徹而百度擧矣니 上下寧憂不足乎아 以二猶不足이어늘 而敎之徹하니 疑若迂矣라 然이나 什一은 天下之中正이니 多則桀이요 寡則貉이니 不可改也라 後世에 不究其本하고 而唯末之圖라 故로 征斂無藝하고 費出無經하여 而上下困矣니 又惡知盡徹之當務而不爲迂乎아

양시가 말했다. "어진 정치(仁政)는 반드시 경계로부터 시작해야 한다. 경계가 바른 이후에 정지井地가 균등해지고 봉록이 공평해지며, 군국軍國의 수요가 모두 이를 헤아려 지출된다. 따라서 철법 하나로 온갖 제도가 거행되는 것이니, 위아래가 도리어 부족함을 걱정하겠는가? (10분의) 2도 오히려 부족하다고 여기는데 철법을 가르쳤으니, 우활하게 보일 수도 있다. 그러나 10분의 1(의 세법)은 천하의 알맞음이고 바름이다. (그보다) 많으면 (폭군) 걸桀이고, 적으면 오랑캐(貉)이니, 고칠 수는 없다. 후세에 그 근본을 탐구하지 않고 오직 말단만 도모하기 때문에, 세금 징수에 법도가 없고 비용 지출에 기준이 없

어져 위아래가 곤궁해졌다. 그러니 '왜 철법을 쓰지 않습니까?'라는 말이 마
땅히 힘써야 할 것이지, 우활한 것이 아님을 또한 어찌 알았겠는가?"

고금주 —— ■補曰 年饑用不足, 設問之辭. 設若來年猝饑, 國用大窘, 則將如
之何? 徹, 取也. 若行徹法, 則三家之征悉罷, 而民與公俱足矣. 但言'百姓足'者,
爲三家諱, 欲其辭婉也. 公與民俱足, 則唯三家不足. 再言'孰與'者, 諷哀公欲與
三家同其憂樂.
보완하여 말한다. 연기용부족年饑用不足은 가설하여 질문한 말이다. '만약 내
년에 갑자기 기근이 들어 국가의 재용이 크게 군색하면 장차 어찌해야 하는
가?'라는 말이다. 철徹은 '취取하다'이다. 만약 철법徹法을 시행한다면 삼가가
징수하던 세금은 모두 혁파되고, 백성과 공실이 모두 풍족해졌을 것이다. 다
만 '백성이 풍족하면(百姓足)'이라 말한 것은, 삼가를 피하여 그 말을 완곡하게
하고자 한 것이다. 공실과 백성이 모두 풍족하면, 오직 삼가만 부족하게 된
다. '누구와 더불어(孰與)'라고 거듭 말한 것은, 애공이 삼가와 더불어 그 우환
과 즐거움을 함께하고자 한 것을 풍자한 것이다.
■唐宜之云: "年饑用不足, 蓋由祿之去公室而入三家也, 由三家之刻剝其民,
而致百姓不足也. 若行徹, 則分田制祿, 各有定制, 三家亦陰削于什一之中, 而
不得取斂百姓矣. '百姓足, 君孰與不足?' 此有若之微意也." ○案 此說超越諸
家之上矣. 讀其書, 不知其世, 可乎? 程伊川曰: "天下之物, 只有此數. 不在於
此, 必在於彼." 此至理之言也. 先王什一而有餘, 哀公什二而不足, 明所亡之
物, 必有去處. 今欲搜討此物, 唯有徹田一法, 可以剔發出來. 有子之言, 豈迂
儒之大言已乎? 國君告我以急, 乃以大經大法, 作體面話以拒之, 不知痛癢, 不
省肥瘠, 唯吾言之正直, 豈忠臣乎? 有子之學, 姑不失眞, 無是理也.
당의지唐宜之가 말했다. "해가 흉년이 들어 재용이 부족하다(年饑用不足)는 것
은 대개 녹祿이 공실을 떠나 삼가三家로 들어간 것에 연유하며, 삼가가 그 백

성들에게 각박하게 하여 백성들이 풍족하지 못하게 되었다. 만일 철徹법을 시행한다면, 분전分田과 제록制祿이 각각 정해진 제도가 있어 삼가 또한 10분의 1 가운데 몰래 삭탈하여 백성들에게 취렴하지 못했을 것이다. '백성들이 풍족하다면, 인군이 누구와 더불어 풍족하지 못하겠는가?' 하는 말에 유약의 은미한 뜻이 담겨 있다." ○살핀다. 이 설명은 여러 다른 설명보다 뛰어나다. 그 글을 읽어서 그 시대를 알지 못한다면 되겠는가? 정이천이 말하길, "천하의 사물들은 단지 이 몇 가지에 있을 뿐이니, 여기에 있지 않으면 반드시 저기에 있다."고 했다. 이는 지극한 이치가 있는 말이다. 선왕은 10분의 1로도 남음이 있었지만, 애공은 10분의 2로도 부족했으니, 없어진 재물은 필시 간 곳이 있을 것이다. 이제 없어진 재물을 찾아 성토하고자 한다면, 오직 철전徹田하는 하나의 법만 있으면 척결할 수 있다. 유자의 말이 어찌 우원한 유자(迂儒)의 큰소리일 뿐이겠는가? 국가의 인군이 나에게 급한 것을 말하는데, 이에 대경대법大經大法으로 체면치레의 말로만 답변하고, 아프고 가려운 데를 알지 못하고, 살찌고 여윈 데를 살피지 못하고, 오직 나의 말만 정직하면 그만이라면 어찌 충신이겠는가? 유자의 학은 아직 참됨을 잃지 않았으니, 이럴 리가 없다.

■ 鄭曰: "徹, 通也, 爲天下之通法."[邢云: "若依通法而稅, 則家給人足."] ○ 毛萇曰: "徹, 治也." ○『後漢書·陸康傳』曰: "徹, 通也. 言其法度可通萬世而行也." ○ 趙岐曰: "徹猶取, 人徹取物也."[『孟子』注] ○ 孫奭曰: "其徹取之賦, 則什一而已." [『孟子』疏] ○案 '徹'之爲字, 本是取去之意. 凡取去其物, 卽得通豁 故六書之家, 假借其字, 以徹爲通 漢避武帝名, 以徹爲通, 非徹字之原義也. 通力合作, 亦無確據. 農家之事, 爭時競刻, 旣分百畝, 而又使之通力, 誰先誰後? 於事不便. 且耕耘之時, 旣使通力, 則及其穫也, 亦當計而分之, 計而收之. 若計畝均收, 則其法不平. 總之, 徹也者, 取也. 夏后之法, 較數歲以爲常, 無加無減, 故民自貢之. 殷人之法, 藉力以耕, 而民輸之公, 故謂之助. 周人之法, 因殷之助, 而官自取之, 故謂之徹也. [取去也] 竊詳諸說, 趙岐『孟子』之注, 於理爲長也.

정현이 말했다. "철徹은 통通이니, 천하의 통법通法이다."(형병이 말했다. "만일 통법에 의거하여 세금을 징수하면, 집집마다 사람마다 풍족해진다.") ㅇ모장毛萇이 말했다. "철徹은 '다스린다(治)'이다." ㅇ『후한서』「육강전」에서 말했다. "철徹은 통通이니, 그 법도가 만세를 통通하여 행해질 수 있음을 말한다." ㅇ조기趙岐가 말했다. "철徹은 취取와 같으니, 사람이 재물을 철취하는 것(人徹取物)이다."(『孟子』「등문공상」 조기주) ㅇ손석孫奭이 말했다. "그 철취徹取하는 부세는 10분의 1일 뿐이다."(『맹자』「등문공상」 손석소) ㅇ살핀다. 철徹이란 글자는 본래 취하여 간다(取去)는 뜻이다. 무릇 재물을 취하여 가면 곧 통활通豁할 수 있기 때문에, 육서가六書家가 그 글자를 가차하여 '철徹은 통通이다.'라고 했다. 한나라 무제의 이름을 피하여 철徹을 통通이라고 했으니, 이는 철徹 자의 원의가 아니다. 힘을 모아 함께 경작한다(通力合作)는 말 또한 확실한 전거가 없다. 농가의 일은 시각을 다투는 것인데, 이미 백묘百畝를 나누어주고, 또한 힘을 모으게 하면, 누구의 일을 먼저 하고 누구의 일을 뒤로 하겠는가? 일하는 데 불편할 따름이다. 또한 김매고 밭갈 때에 이미 힘을 모으게 했다면, 그 수확에서도 마땅히 계산하여 나누고 계산하여 수확하여야 한다. 만일 묘를 계산하여 균등하게 거둬들인다면, 그 법은 공평하지 못하다. 총괄하면 철徹이란 취取이다. 하후씨의 법은 여러 해 수확을 비교하여 상常(항상)으로 삼아 더하거나 덜함이 없었기 때문에, 백성들이 스스로 공貢(공물)을 바쳤다. 은인의 법은 백성의 힘을 빌려 경작하고 백성들이 거기서 나온 소출만 공청으로 보냈기 때문에 조助라 했다. 주나라 사람들의 법은 은의 조助법에 따라 관에서 스스로 취했기(官自取之) 때문에 철徹이라 했다.(徹은 取去이다.) 가만히 여러 설을 자세히 살피니, 조기趙岐의 『맹자』 주석이 이치상 뛰어나다.

비평 —— 주나라의 세법은 정전제井田制를 통해 8가구가 개별적으로 경작한 사전私田을 제외하고, 공동으로 경작한 공전公田의 수확물, 대략 1/10을 세금으로 거두었기 때문에 철법撤法이라 했다. 하지만 노나라는 선공宣公 이래 공전에 농사를 지어 나라에 바치는 세금 이외에 추가로 사전에도 1할의 세금을 부가하여, 세금은 모두 2할이 되어 철법은 무너졌다. 그런데 흉년이 들어서 세금을 올릴 생각을 하는 애공에게 유약은 오히려 본래의 세법인 철법으로 되돌아가서 1/10로 세금을 줄여야 한다고 충고했다. 과연 유약은 우원한 것인가? 여기에는 유교에서 주장하는바 군주는 백성과 함께 즐겨야 하며(與民偕樂, 與民同樂, 與百姓同之, 與百姓同樂), '백성들의 이익을 고려하여, 백성을 이롭게 해주는 것' 즉 의義를 실천하는 것이 바로 진정한 군주의 이로움이 된다는 민본주의 정신이 관철되고 있다.

> 자장이 공자께 물었다. "어떻게 하여야 정사에 종사할 수 있습니까?" 공자께서 말씀하시길, "은혜롭고 낭비하지 않으며(惠而不費) … 백성들이 이롭게 여기는 것에 근거하여 이롭게 해주니(因民之所利而利之), 이 또한 은혜롭고 낭비하지 않는 것이 아니겠는가?"(20:2. 子張問於孔子曰 何如 斯可以從政矣 子曰 君子惠而不費 … 因民之所利而利之.)

여기서 쟁점은 (1) 철徹의 의미와 (2) 연기용부족年饑用不足이 실제의 문제인가(고주와 주자) 혹은 가설하여 질문한 것인가(다산) 하는 점이다. (2)는 역사적인 문제이기도 하지만, 다산처럼 가설적인 것으로 해석한다면 이 구절을 보편적인 세법의 문제를 다루는 것으로 볼 수 있다.

철徹에 대해서 고주에서는 "철徹은 통通이니, 천하의 통법通法이라는 뜻이다(만일 통법에 의거하여 세금을 징수하면, 집집마다 사람마다 풍족해진다.)"라고 해석했다. 그 밖에도 치治라고 해석한 것도 있다. 주자는 주나라의 토지 및 세금제도는 사방 1리의 농지를 우물 정井 자 모양으로 1백 무畝씩 9등분한 다음 그 중앙의 한 구역을 공전公田이라 하고, 둘레의 여덟 구역을 사전私田이라 했는데, 도랑과 우물을 같이하는 사람들(정전법 상의 1정의 장정들 모두)이 힘을 같이하여 농사를 짓고(通力合作), 이랑을 산정하여 균등하게 수확을 거두었기(均收) 때문에 통通과 균均의 뜻을 지닌다고 해석했다. 이에 대해 다산은 농사에서 통력합작通力合作은 오히려 불합리하고, 균수均收는 오히려 공평하지 못하다고 지적한다. 그래서 그는 조기의 해석에 따라, 주나라의 세법인 철徹은 관官에서 취하여 간 것에서 유래했기 때문에 취거取去로 보아야 한다고 말했다. 고주와 주자, 그리고 다산의 해석 모두 나름의 전거에 기반하여 주장되는 것으로, 상호 보완적으로 종합하여 보는 것이 좋다고 생각된다.

⌒⌒⌒

12:10. 子張問崇德辨惑. 子曰: "主忠信, 徙義, 崇德也. 愛之欲其生, 惡之欲其死. 旣欲其生, 又欲其死, 是惑也. 誠不以富, 亦祇以異."[〈小雅〉, 誠作成]

고주 —— 자장이 덕을 확충하고 미혹을 분별하는 일을 묻자, 공자께서 말씀하셨다. "충신忠信하는 이를 가까이 하고(主=親), 의義(를 보고 그것)에로 옮겨 가면 덕이 확충된다. 어떤 사람을 사랑하면 잘 살기를 바라고 어떤 사람을 미워하면 죽기를 바라거늘, 이미 살기를 바라면서 동시에 죽기를 바라는 일이 미혹이다. 진실로 부유하게 될 수 없고, 단지 이상하게 여겨질 뿐이다."

주자 —— 자장이 덕을 숭상하고 미혹을 분별하는 일을 묻자, 공자께서 말씀하셨다. "충신을 위주로 하고, 의에로 옮겨가는 것이 덕을 숭상하는 것이다.

어떤 사람을 사랑하면 잘 살기를 바라고, 어떤 사람을 미워하면 죽기를 바란다. (그런데 삶과 죽음에 명이 있어, 바라는 대로 되지 않는데도 불구하고) 이미 살기를 바라면서 동시에 죽기를 바라는 일이 미혹이다."(「진실로 부유하게 될 수 없고, 단지 경이롭기 때문이다.」; 착간으로 16:12. '其斯之謂與' 앞에 가야 한다.)

다산 —— 자장이 덕에 나아가고 미혹을 분별하는 일을 묻자, 공자께서 말씀하셨다. "충신을 위주로 하고, 의에로 옮겨가는 것이 덕에 나아가는 것이다. 어떤 사람을 사랑하면 (토지를 분배하여) 잘 살기를 바라고, 어떤 사람을 미워하면 (과세를 무겁게 하여) 죽기를 바란다. 이미 (토지를 분배하여) 살기를 바라면서 동시에 (과세를 무겁게 하여) 죽기를 바라는 일이 미혹이다. '진실로 부유하게 될 수 없고, 단지 이상하게 보일 뿐이다.'"(『시경』「소아」에는 誠이 成으로 되어 있다.)

집주 —— ■主忠信則本立이요 徙義則日新이라
충·신을 위주로 하면 근본이 수립되고, 의로 옮겨가면 나날이 새로워진다.
■愛惡는 人之常情也라 然이나 人之生死有命하여 非可得而欲也라 以愛惡而欲其生死면 則惑矣요 旣欲其生하고 又欲其死면 則惑之甚也니라
사랑하거나 미워하는 것은 사람들의 일상적인 감정이다. 그러나 사람의 삶과 죽음에는 명命이 있으며, 바라는 대로 되지 않는다. 사랑하거나 미워하여 그가 살거나 죽기를 바란다면 미혹된 것이다. 이미 그가 살기를 바라면서,

자원풀이 ■숭崇은 山(뫼 산)+宗(마루 종)의 형성자로 숭고崇高, 추종, 높이다, 가득하다의 뜻이다. 산의 위패를 모셔 놓은 종묘(宗)처럼 위대하고 산(山)처럼 높다는 뜻이다.
■성誠은 言(말씀 언)+成(이룰 성)의 형성자로 정성, 성실, 진실, 확실함을 의미한다. 말(言)을 실현하려면(成) 지극 정성(誠)을 다해야 하며, 믿음이 담겨야 한다는 의미를 담았다.
■사徙는 彳(조금 걸을 척)+步(걸을 보)의 회의자로 걷는다는 뜻에서 옮겨가다, 교화나 승진의 비유로 쓰인다.
■기祇(지)는 示(보일 시)+氏(근본 저)의 형성자. 씨氏를 제사(示)의 대상으로 숭배하는 모습에서 공경하다, 귀신 등의 뜻이 됐다. 기로 읽을 때는 지신地神, 크다(无祇悔)의 뜻. 지로 읽을 때는 다만(단지), 정말로, 공경하다의 뜻이다.

또한 그가 죽기를 바란다면 미혹됨이 심하다.

■ 此는 詩小雅我行其野之詞也라 舊說에 夫子引之하여 以明欲其生死者 不能使之生死하니 如此詩所言不足以致富而適足以取異也라

이는 『시경』 「소아小雅, 아행기야我行其野」편의 말이다. 구설舊說에서는 '공자께서 이를 인용하여, '아무개가 살거나 죽기를 바란다고 해서 아무개를 살리거나 죽일 수는 없다.'는 것을 밝혔다. 이 시에서 말한 것과 같이, 부자가 되지도 못하면서, 다만 이상하다는 취급을 받기에 충분하다는 것이다.

■ 程子曰 此는 錯簡이니 當在第十六篇齊景公有馬千駟之上이라 因此下文亦有齊景公字而誤也니라

정자가 말했다. "이것은 착간이니, 제16편의 '제경공유마천사齊景公有馬千駟'의 위에 있어야 한다. 이 아래 글 또한 '제경공齊景公'이라는 글자가 있기 때문에 잘못된 것이다."

■ 楊氏曰 堂堂乎張也여 難與並爲仁矣니 則非誠善補過하여 不蔽於私者라 故로 告之如此하시니라

양시가 말했다. "'당당하구나! 자장이여! 그러나 함께 인을 행하기는 어렵다(堂堂乎張也 難與並爲仁矣. 19:16).'고 했으니, 자장은 선에 진실하지 않고 과오를 수정하지 않아 사사로움에 가려졌기 때문에 공자께서 이와 같이 일러 주셨다."

고금주 ── ■ 補曰 崇, 高也. 崇德, 猶進德也. [德進則益高] ○ 孔曰: "辨, 別也." ○ 包曰: "見義則徙意而從之." ○ 補曰 旣欲其生, 分田也. 又欲其死, 重斂也. [重賦稅] 崇德以修己, 辨惑以治民. ○ 鄭曰: "此詩, 〈小雅〉也. [〈我行其野〉篇] 祇, 適也. 言此行誠不可以致富, 適足以爲異耳." [『詩箋』云: "女不以禮成事, 不足以得富, 適以此自異於人."] ○ 邢云: "引『詩』斷章, 故不與本義同." ○ 補曰 取斂之政, 誠不足以致富, 適足以違先王之定制, 而見異於百姓也.

보완하여 말한다. 숭崇은 높임이니, 숭덕崇德은 진덕進德과 같다(덕이 나아가

면 더욱 높아진다:德進則益高). ○공안국이 말했다. "변辨은 변별함(別)이다." ○
포함이 말했다. "(徙義란) 의義를 보고 뜻을 옮겨 따르는 것이다." ○보완하여
말한다. 기욕생지旣欲生之란 전지를 나누어 주는 것이다(分田). 우욕기사又欲
其死는 과세를 무겁게 부과하는 것이다(重斂; 重賦稅). 덕을 숭상함으로써 자
신을 닦고, 의혹을 변별하여 백성을 다스린다. ○정현이 말했다. "이 시란 『시
경』「소아小雅」이다.(「我行其野」편이다.) 지祇란 다만(適)이니, 이러한 행실은 진
실로 부자가 되지도 못하면서, 다만 이상하다고 의심받을 뿐임을 말한 것이
다."(『詩箋』에서 말했다. "여자가 예로써 궁실을 이루지 않으면 일을 이루어도 부를 얻을
수 없고, 다만 이것으로 말미암아 스스로 사람의 도에 어긋나 이상하게 된다.") ○형병
이 말했다. "『시경』의 시를 인용하여 단장취의斷章取義했기 때문에 본뜻과 다
르다." ○보완하여 말한다. 세금을 취렴하는 정치는 진실로 부를 이루지 못하
고, 단지 선왕이 제정한 법도를 어겨 백성들에게 이상하게 보일 뿐이다.

■包曰: "愛惡當有常. 一欲生之, 一欲死之, 是心惑也." ○駁曰 非也. 人之於
人, 旣愛之欲生, 又惡之欲死, 有是理乎? 歷數天下萬事, 惟分田重斂, 可當此
目. 除此一事之外, 愛惡之一時竝發, 生死之一時同欲者, 再不可得. 先儒於此,
未嘗深思, 故無明注也. 本義如此, 故繼引『詩』曰'誠不以富, 亦祇以異'.

포함이 말했다. "사랑함과 미워함은 일정함(常)이 있어야 하는데, 어떤 때는
살기를 바라고 어떤 때는 죽기를 바란다면, 이는 마음이 미혹된 것이다." ○
논박하여 말하면, 그릇되었다. 사람이 사람에 대해 이미 사랑할 때는 살기를
바라고, 또한 미워하면 죽기를 바란다니, 이럴 리가 있는가? 천하의 온갖 일
을 두루 헤아려 보아도, 오직 전지를 나누어주고 부세를 무겁게 하는 것만 이
항목에 해당할 수 있다. 이 한 가지 일을 제외하고는 사랑함과 미워함이 한
때에 함께 발생하고, 살았으면 하는 것과 죽었으면 하는 것이 한 때에 함께
욕구되는 경우는 다시 없을 것이다. 선유들은 이 점을 깊이 생각하지 않았기
때문에 명확한 주석이 없었다. 본 뜻이 이와 같기 때문에 시를 인용하여 '진

실로 부富도 이루지 못하고, 다만 이상하게만 보일 뿐'이라고 했다.

■ 邢曰: "崇, 充也." 又曰: "若人有順己, 己則愛之, 便欲其生, 此人忽逆於己, 己則惡之, 卽願其死, 是惑也." ○ 駁曰 非也. 堯·舜之於鯀, 始也寵而祿之, 及其有罪, 殛而誅之, 將亦惑與?[訓崇爲充, 亦非]

형병이 말했다. "숭崇은 채움(充)이다." 또 말했다. "만약 나에게 순종하는 사람이 있으면 나는 그를 사랑하여 곧 그가 살기를 바라고, 이 사람이 갑자기 나에게 거스르면 나는 그를 미워하여 그가 죽기를 바라니, 이것이 미혹이다." ○ 논박하여 말하면, 그릇되었다. 요순堯舜이 곤鯀에게 처음에는 총애하여 그에게 녹을 주었으나, 그가 죄를 범하자 귀양을 보내 죽였으니, 이 또한 미혹이겠는가?(崇을 充으로 훈고한 것 또한 잘못이다.)

■ 質疑 程子曰: "此錯簡, 當在第十六篇'齊景公有馬千駟'之上, 因此下文亦有 '齊景公'字而誤也." ○ 案 辨惑之義不明, 故程子爲此言也. 然此章上下諸節, 皆論國政, 愛惡生死, 非懸空說也. [上章云'盍徹乎', 下章云'雖有粟, 吾得而食諸']

(정자에게) 질의한다. 정자가 말했다. "이것은 착간이니, 제16편의 제경공유마천사齊景公有馬千駟의 위에 있어야 한다. 이 아래 글 또한 제경공齊景公이라는 글자가 있기 때문에 잘못된 것이다." ○ 살핀다. 변辨과 혹惑의 뜻에 밝지 않았기 때문에 정자가 이런 말을 했다. 그러나 이 장 앞뒤의 여러 구절이 모두 국정國政을 논했으니, 사랑할 때는 살기를 바라고 미워할 때는 죽기를 바라는 것이 허황된 설명이 아니다.(앞 장은 어찌 철법을 쓰지 않겠는가:盍徹乎라 하고, 다음 장에는 '비록 곡식이 있다고 하더라도, 내가 먹을 수 있겠습니까?:雖有粟 吾得而食諸라 했다.)

비평 —— 먼저 '숭덕崇德'에 대해 고주에서는 '덕을 확충하고(崇=充)'라고 해석했고, 주자는 문자 그대로 '덕을 숭상하고'라고 새겼다. 그런데 다산은 "숭崇은 높임(高)이니, 숭덕崇德은 덕에 나가가는 것(進德)이다."라고 새겼다. 즉 고주는 덕을 확충의 대상으로, 주자는 덕을 숭상해야 함을, 그리고 다산은 덕에 나아감 즉 덕의 실천에 각각 중점을 두었음을 알 수 있다.

다음으로 "애지욕기생愛之欲其生 악지욕기사惡之欲其死 이욕기생旣欲其生 우욕기사又欲其死 시혹야是惑也."에 대해 고주에서는 "만약 나에게 순종하는 사람이 있으면 나는 그를 사랑하여 곧 그가 살기를 바라고, 그 사람이 갑자기 나에게 거스르면 나는 그를 미워하여 그가 죽기를 바라니, 이것이 미혹이다."라고 부언하여 해석했다. 그리고 그 뒤의 글귀(誠不以富 亦祗以異)에 대해서는 "『시경』의 시를 인용하여 단장취의斷章取義했기 때문에 본뜻과 다르다."라고만 해석했다. 그런데 주자는 "사랑하고 미워하는 것(愛惡)은 사람들의 일상적인 감정이지만, 사람의 생사는 명이 있어(人之生死有命) 바라는 대로 되지 않는다. (命이 있는데도) 사랑하거나 미워하여 그가 살거나 죽기를 바란다면 미혹된 것이다. 이미 그가 살기를 바라면서, 또한 그가 죽기를 바란다면 심하게 미혹된 것이다."라고 말하여, 다소 운명과 결부지어 이 구절을 해석했다.

그리고 인용된 『시경』의 글귀에 대해서는 "이 구절은 착간이다. 마땅히 16:12의 '제경공유마천사齊景公有馬千駟'라는 구절 앞에 있어야 한다."는 정자의 말을 인용한다. 그런데 다산은 이 구절에 대해 완전히 새로운 해석을 내놓으면서, 착간설錯簡說을 부정했다. 다산의 해석은 일단 본문을 훼손하지 않고 통하게 한다는 장점이 있다. 그러나 이 구절이 과연 전지田地와 부세賦稅에 관한 것인지는 분명하지 않다. 다산은 이렇게 원문을 가감 없이 그 자체로 해석하려고 한다. 이는 주자가 『대학』에서 「격물장格物章」이 망실되었다고 주장하거나, 수차례 오자설誤字說을 제기한 것과 대비된다. 그래서 다산은 이 구절(12:10)과 연관된 16:12(齊景公有馬千駟 死之日民無德而稱焉 伯夷叔齊 餓于首陽之下 民到于今稱之 其斯之謂與)에 대해서도 다음과 같이 말했다.

살핀다. "성불이부誠不以富, 역지이이亦祗以異"라는 구절은 저 장(12:10)에서 빠지면 안 되고, 이 장(16:12)에서는 전혀 서로 부합되지 않는다. '역지이이亦祗以異'는 그것이 『시경』에 있는 말로 본래 폄하하는 말(貶辭)이다. 『시경』을 인용하는 법이 아무리 단장취의한다고 하더라도 폄하하는 말을 가지고 포장襃奬하는 말로 삼는 이치는 필시 없을 것이다.

〰️〰️

12:11. 齊 景公問政於孔子. 孔子對曰: "君君, 臣臣, 父父, 子子." 公曰: "善哉! 信如君不君, 臣不臣, 父不父, 子不子, 雖有粟, 吾得而食諸?"

고주 —— 제경공이 공자에게 정치를 묻자, 공자께서 대답하셨다. "임금은 임금답고, 신하는 신하답고, 아비는 아비답고, 자식은 자식다워야 합니다." 경공이 말했다. "좋은 말입니다. 진실로 임금이 임금답지 못하고, 신하가 신하답지 못하고, 아비가 아비답지 못하고, 자식이 자식답지 못하면, 비록 곡식이 있다고 하여도, 내가 어찌 먹을 수 있겠습니까?"

주자 —— 제경공이 공자에게 정치를 묻자, 공자께서 대답하셨다. "임금은 임금답고, 신하는 신하답고, 아비는 아비답고, 자식은 자식다워야 합니다." 경공이 말했다. "좋은 말입니다. 진실로 임금이 임금답지 못하고, 신하가 신하답지 못하고, 아비가 아비답지 못하고, 자식이 자식답지 못하면, 비록 곡식이 있다고 하여도, 내가 어찌 먹을 수 있겠습니까?"

자원풀이 ■속粟은 갑골문에서 禾(벼 화)와 여러 점으로 구성되어 조의 알갱이를 형성화했으며, 소전체에서는 西(서녁 서)+米(쌀 미)로 구성되어 광주리(西)에 담아 놓은 조를 말했다. 이후 곡식의 대표로 쌀을 뜻했다.

다산 —— 제경공이 공자에게 정치를 묻자, 공자께서 대답하셨다. "임금은 임금답고, 신하는 신하답고, 아비는 아비답고, 자식은 자식다워야 합니다." 경공이 말했다. "좋은 말입니다. 진실로 임금이 임금답지 못하고, 신하가 신하답지 못하고, 아비가 아비답지 못하고, 자식이 자식답지 못하면, 비록 곡식이 있다고 하여도, 내가 어찌 먹을 수 있겠습니까?"

집주 —— ■齊景公은 名杵臼라 魯昭公末年에 孔子適齊하시니라
제나라 경공景公은 이름이 저구杵臼이다. 노나라 소공昭公 말년에 공자께서는 제나라로 가셨다.

■此는 人道之大經이요 政事之根本也라 是時에 景公이 失政而大夫陳氏厚施於國하고 景公이 又多內嬖而不立太子하여 其君臣父子之間에 皆失其道라 故로 夫子告之以此하시니라
이는 인도의 크나큰 원리(人道之大經)이고 정사의 근본이다. 이때 경공이 실정失政했지만, 대부 진씨陳氏는 나라에 후하게 베풀었다. 경공은 또한 첩실이 많았지만 태자를 세우지 않아, 군신·부자 간에 모두 그 도를 잃었기 때문에 공자께서 이렇게 알려 주셨다.

■景公이 善孔子之言이로되 而不能用이러니 其後에 果以繼嗣不定으로 啓陳氏弒君簒國之禍하니라
경공은 공자의 말씀을 좋게 여겼지만 쓰지는 못했다. 그 후 과연 후사를 정하지 못하여, 진씨가 인군을 시해하고 나라를 찬탈하는 화를 불렀다.

■楊氏曰 君之所以君과 臣之所以臣과 父之所以父와 子之所以子는 是必有道矣라 景公이 知善夫子之言이로되 而不知反求其所以然하니 蓋悅而不繹者니 齊之所以卒於亂也니라
양시가 말했다. "임금이 임금답게 되고, 신하가 신하답게 되고, 아비가 아비답게 되고, 자식이 자식답게 되는 데에는 반드시 도(방법)가 있다. 경공이 공

자의 말을 좋게 여길 줄은 알았으나, 그러한 까닭을 돌이켜 구할 줄은 몰랐다. 대개 기뻐하되 풀어내지 않는 것이 제나라가 반란으로 망하게 된 까닭이다."

고금주 ── ■補曰 政者, 正也. 正己而後物正者也. 是時魯昭公, 亦被逐於三桓, 主國本國皆喪倫義, 所急在此. 粟者, 井地所出. 景公所問, 蓋不過裕財之政, 及聞夫子之言, 覺所先後. ○孔曰: "言將危也. 陳氏果滅齊."

보완하여 말한다. 정政이란 정正이니, 자기를 바르게 한 이후에 남을 바르게 하는 것이다. 이때 노나라 소공昭公 또한 삼환三桓에게 축출당하여 제나라와 노나라 모두 윤리와 의리를 상실했으니, 급한 것이 여기에 있었다. 속粟이란 정지井地에서 나온 것이다. 경공이 물은 것은 대개 재정을 넉넉하게 하는 정사에 불과했지만, 공자의 말씀을 듣고는 먼저 할 것과 뒤에 할 것을 깨달은 것이다. ○공안국이 말했다. "장차 위태로워질 것을 말한 것인데, 진씨가 과연 제나라를 멸망시켰다."

■事實 『左傳』哀五年, 齊燕姬[景公之夫人]生子, 不成而死. 鬻姒之子荼嬖, [姜子也] 諸大夫恐其爲太子也, 言於公曰: "君之齒長矣, 未有太子, 若之何?" 公曰: "二三子間於憂虞, 則有疾疢, 亦姑謀樂, 何憂於無君?[景公意欲立荼而未發, 故以此言塞大夫請]" 公疾, 使國惠子 · 高昭子立荼, 寘群公子於萊. 秋, 齊景公卒. 冬十月, 公子嘉 · 公子駒 · 公子黔奔衛, 公子鉏 · 公子陽生來奔.

사실을 말한다. 『좌전』 애공 5년에 제나라 연희燕姬(경공의 부인)가 아들을 낳았지만, 성인이 되지 못하여 죽었다. 육사鬻姒의 아들 도荼가 총애를 받으니(첩의 아들이다), 여러 대부들이 도를 태자로 삼을까 두려워하여 경공에게 "임금님의 연세가 많으신데, 아직 태자가 없으니, 어떻게 하시겠습니까?"라고 말했다. 경공이 "그대들아, 내가 근심 걱정이 없으면 병이 있게 되지만, 그대로 잠시 즐거움을 꾀하고 싶으니, 어찌 임금이 없음을 근심할까? (경공은 荼를 세우고 싶었지만 말하지 않았기 때문에, 이 말로 인하여 대부들의 청을 막았다.)"라고 말했다. 경공이 병이 나자, 국혜자國惠子와 고소자高昭子에게 명하여 도荼를 세우고, 다른 여러 공자들을 내萊 땅에 보내어 머물게 했다. 가을에 제경공이 죽었다. 겨울 10월에 공자公子 가嘉・공자 구駒・공자 검黔은 위나라로 달아나고, 공자 서鉏・공자 양생陽生은 노나라로 도망쳐 왔다.

비평 —— 정치(政 = 正 + 攵치다)의 목적은 정의(正)를 구현하기 위해 물리적인 권력(攵)을 행사하는 것이다. 여기서 정의를 구현한다는 말은 우선 모든 사회구성원들이 사회적 제 관계에서 주어진 직책에 알맞게, 제 역할을 온전히 수행한다(正名)는 의미이다. 그래서 공자는 '정치란 무엇인가?'라는 제 경공의 질문에, "군주는 군주답게, 신하는 신하답게, 부모는 부모답게, 자식은 자식답게 자신의 역할을 다하는 것입니다."라고 대답했다. 나아가 존재론적으로 말하자면, 정명이란 모든 존재가 그 존재 근거를 충족시키는 존재로 존재한다(삶을 영위한다)는 것을 말한다. 즉 모난 그릇이 모나지 않다면 모난 그릇일 수 없듯이(6:23. 子曰 觚不觚 觚哉觚哉), 이름이 있는 천하 만물은 모두가 그 이름에 걸맞는 존재 근거가 있으며, 그 근거를 충족시킬 때에 비로소 명실이 상부한다. 이렇게 이름을 지닌 만물의 존재 근거를 충족시키는 것, 그리고 인간이 타자와 생활을 영위하면서 사회적 제 관계에서 부여된 직책의 명칭에 요구되는 역할을 온전히 실현하는 것이 바로 공자의 정명론이다. 즉 정명正名에서 '정正'은 일一(하늘天=一+大)+지止(머무르다)로서 하늘이 명한 본성에 도달하여 머물러 사는 것을 말한다(인간이 인에 기거하는 것:居仁이다).

따라서 정명正名이란 "이름은 지닌 모든 존재에는 하늘이 부여한 고유한 덕德 혹은 몫(分數)이 있는데, 그 고유한 덕과 분수를 구현하는 것이 바로 그 존재의 올바른 목적을 구현하는 윤리적으로 좋은 삶이다."라고 정의할 수 있다. 정명에 대한 여러 쟁점은 3권에서 상론한다.

12:12. 子曰: "片言可以折獄者, 其由也與!" 子路無宿諾. [陸德明云:
"子路無宿諾, 或分爲別章."]

고주 —— 공자께서 말씀하셨다. "(송사를 심리할 때는 양쪽의 말을 들어보아야 하지만) 한쪽 말만 듣고도 옥사를 판결할 수 있는 사람은 오직 자로만 가능할 것이다(唯子路可)." "자로는 (독실하여 일에 임했을 때 변고가 많을까 두려워하여) 미리(宿=豫) 승낙함이 없었다.(어떤 이는 '子路無宿諾'을 분리해 따로 한 장으로 만들었으나, 지금 합친다.)"

주자 —— 공자께서 말씀하셨다. "반 마디 말로도 옥사를 결단할 수 있는 사람은 아마도 자로일 것이다." (기록한 자가 부가하여 말하길) "자로는 (신속하게 실천하여) 승낙한 것을 묵혀 둠이 없었다."

다산 —— 공자께서 말씀하셨다. "(실정 없이 거짓말을 하는 자가 거짓말을 못하게 하여) 한쪽 말만 듣고도 옥사를 판결할 수 있는 사람은 아마도 자로일 것이다. 자로는 미리(宿=豫) 승낙함이 없었다." (陸德明이 말했다. "'子路無宿諾'을 어떤

자원풀이 ■편片은 나무조각을 말하는데, 목木을 절반으로 쪼개 놓은 모습이다. 왼쪽 세로획은 나무줄기를, 오른쪽 위 획은 나뭇가지를 아래 획은 나무뿌리를 의미한다.
■절折은 手(손 수)+斤(도끼 근)의 형성자로 손(手)으로 도끼(斤)를 들고 나무를 절단折斷함을 말한다. 절단하다, 꺾다, 반전, 굴복하다, 좌절하다, 요절夭折하다 등의 뜻이 나왔다.
■옥獄은 두 개의 견犬과 言(말씀 언)으로 구성된 회의자로 개(犬) 두 마리가 서로 싸우듯 언쟁(言)을 벌이는 모습으로 언쟁의 결과는 송사訟事이고 송사는 옥살이로 이어질 수밖에 없음을 보여준다. 감옥監獄, 소송을 벌이다의 뜻이 나왔다. 절옥折獄은 송사를 판결한다는 뜻이다.
■숙宿은 원래 사람(人)이 집안(宀)에서 자리 위에 쉬거나 자는 모습을 그렸다. 자다, 쉬다가 원뜻인데 옛날 관원들이 자고 갈 수 있게 한 숙박宿泊 시설을 지칭했다. 이후 밤새워 지키다, 안정하다, 유숙하다 등의 뜻이 나왔다. 자

이는 분리하여 따로 한 장으로 했다.")

집주 —— ▪片言은 半言이요 折은 斷也라 子路忠信明決이라 故로 言出而人信服之하여 不待其辭之畢也라

편언片言은 반 마디 말(半言)이고, 절折은 결단(斷)이다. 자로는 충신忠信하고 명쾌하게 판결했기 때문에, 말을 하면 사람들이 믿고 복종했는데, 그 말이 끝나기를 기다리지도 않았다.

▪宿은 留也니 猶宿怨之宿이라 急於踐言하여 不留其諾也라 記者因夫子之言而記此하여 以見子路之所以取信於人者 由其養之有素也니라

숙宿은 묵히다(留)이니, 숙원宿怨(묵은 원한)의 숙宿과 같다. 말을 실천하는 데에 급하여 그 승낙을 묵히지 않았다. 기록한 자가 공자의 말씀에 근거하여 이것을 기록함으로써, 자로가 남들에게 신뢰를 받은 까닭은 그 수양이 평소에 있었기 때문임을 보여주었다.

▪尹氏曰 小邾射이 以句繹奔魯하여 曰 使季路要我면 吾無盟矣라 하니 千乘之國이 不信其盟하고 而信子路之一言하니 其見信於人을 可知矣라 一言而折獄者는 信在言前하여 人自信之故也니 不留諾은 所以全其信也니라

윤돈이 말했다. "소주小邾의 역射이 구역句繹의 땅을 가지고 노나라로 도망하여 말하기를, '자로로 하여금 나와 협상하게 한다면, 나는 (노나라 군주와) 맹약할 필요가 없다.'고 했다. 천승의 나라와의 맹약을 믿지 않으면서, 자로의 한 마디 말은 믿었으니, 그가 얼마나 남들에게 신임을 받았는지를 알 수 있다. 한마디 말로 옥사를 결단할 수 있었던 것은 말하기 이전에 신뢰가 있어 사람

다, 묵히다(不宿肉), 오래 머무르다(破宿血), 숙위宿衛하다, 미리(사전에: 學不宿習 無以明名), 숙소宿所, 재계齋戒하다(三日宿), 잠든 새(弋不射宿), 평소, 나이가 많다, 한 해 묵다(有宿草而不哭焉) 등의 뜻이다.
▪낙낙諾은 言(말씀 언)+若(같을 약)의 형성자로 말(言)로 동의하여(若) 허락許諾하는 것을 말한다.

들이 저절로 믿었기 때문이다. 승낙한 것을 묵히지 않음으로 그 신뢰를 온전히 할 수 있었던 것이다.”

고금주 —— ■孔曰: “片, 猶偏也. 聽獄必須兩辭以定是非, 偏信一言以折獄者, 唯子路可也.” ○何曰: “宿, 猶豫也. 子路篤信, 恐臨時多故, 故不豫諾.” ○邢曰: “此章言子路有明斷篤信之德.”

공안국이 말했다. “편片은 편偏과 같으니, 옥사를 청리할 때는 반드시 양쪽 말로 시비를 정해야 하지만, 한 편의 말만 믿고도 옥사를 결단할 수 있는 사람은 오직 자로만 가능하다.” ○하안이 말했다. “숙宿은 예豫와 같다. 자로는 돈독·신실하여, 때에 이르면 변고가 많을까 두려워하여 미리 승낙하지 않았다.” ○형병이 말했다. “이 장은 자로가 명쾌한 결단과 돈독·신실한 덕이 있었음을 말했다.”

■侃曰: “子路性直, 情無所隱者. 若聽子路之辭, 則一辭亦足也. 故孫綽云, ‘謂子路心高而言信, 未嘗文過以自衛. 聽訟者便宜以子路單辭爲正, 不待對驗而後分明也.’ 非謂子路‘聞人片言, 而便能斷獄也.’” ○案『大學』‘聽訟’章曰: “無情者不得盡其辭, 大畏民志.” 無情者不得盡其辭, 則一偏之言而已, 此之謂片言也. 片言折獄, 則一偏之無情者, 自不得盡其辭, 此孔門之所貴也. 舊說不可易.

황간이 말했다. “자로는 성품이 곧아서 감정에서 숨기는 것이 없었다. 만약 자로의 말을 듣는다면, 한마디 말로 충분할 것이다. 그러므로 손작孫綽이 말하길, ‘자로는 마음이 높고 말이 신실하여 일찍이 허물을 꾸며 스스로를 변명하려고 하지 않았다. 그래서 송사를 듣는 자는 마땅히 자로의 한마디 말로써 바름으로 삼았으며, 상대의 증험을 기다린 연후에 분명해진 것이 아니었다.’ 고 했으니, 이는 자로가 ‘남의 한마디 말을 듣고 곧 옥사를 결단할 수 있었다.’ 고 말하는 것이 아니다.” ○살핀다. 『대학』「청송장」에 말하길, “실정이 없는 자가 그 거짓말을 다하지 못하는 것은 크게 백성의 뜻을 두려워하기 때문이다.”

라고 했으니, 실정이 없는 자가 그 거짓말을 다하지 못하는 것이 한쪽으로 치우친 말(一偏之言)일 따름이다. 이를 일러 편언片言이라 한다. 편언에 옥사를 결단하면, 한쪽으로 치우치거나 실정이 없는 자가 스스로 그 거짓말을 다하지 못하는 것, 이것이 공문에서 귀하게 여긴 바이다. 구설은 바꿀 수 없다.

■ 程伊川曰: "宿, 謂豫也, 非一宿之宿也." ○ 朱子曰: "宿, 留也, 猶宿怨之宿. 急於踐言, 不留其諾也." ○ 或曰: "此宿字, 與宿怨不同. 宿怨是留宿之宿, 此是寢宿之宿, 一是暫留, 一是終止, 此正言不終止耳." ○ 案 『周禮・春官』'世婦掌女宮之宿戒', 鄭注云: "宿戒, 當給事, 謂豫告之也." 宿之爲豫, 其有據矣. 且人之踐言, 本有期會, 雖欲急踐, 期未至則不可踐也. 假使季氏請子路曰: "來年子爲費宰." 子路諾之, 則不得不留待來年, 始踐其言. 一年之間, 其勢不能無宿諾, 世間事如是者多, 何得無宿諾? 假使季氏請子路曰: "來年子爲費宰." 子路辭曰: "來年之事, 何以豫定? 不敢許也." 此豈非無宿諾乎? 舊說不可易. 〔不豫諾, 則自然無所諾之宿留者. 以此言之, 雖訓宿爲留, 未爲不可〕

정이천이 말했다. "숙宿은 예豫(미리)를 말하니, 일숙一宿(한 번 묵다)의 숙宿이 아니다." ○주자가 말했다. "숙宿은 '묵히다(留)'이다. 숙원宿怨의 숙宿과 같다. 말을 실천하는 데에 급하여, 그 승낙을 묵히지 않았다." ○어떤 사람이 말했다. "이 숙宿 자는 숙원宿怨과 같지 않다. 숙원은 유숙留宿의 숙이고, 침숙寢宿의 숙이다. (결론적으로 宿은) 한편으로는 잠시 머무르는 것(暫留)이고, 다른 한편으로 종지(終止; 끝까지 머무름)이다. 여기서는 바로 종지終止하지 않음(곧 잠시 머무름)을 말할 따름이다." ○살핀다. 『주례』「춘관」에 '세부世婦는 여궁女宮의 숙계宿戒를 관장한다.'고 했는데, 정현의 주에서 "숙계란 기일에 앞서 재계하는 것을 예고豫告하는 것이다."라고 했으니, 숙宿이 예豫라는 것은 그 근거가 있다. 또한 사람이 말을 실천함에 본래 기회가 있는 법인데, 비록 급히 실천하고 싶어도 기회가 오지 않으면 실천할 수 없다. 가령 계씨가 자로에게 청하여 "내년에 그대가 비 땅의 읍재가 되어 달라."고 했을 때, 자로가 그것을 승낙했다면, 부득이 내년까지 유보하고 기다려야만 비로소 그 말을 실천할 수 있다. 1년 사이이니, 그 형세가 숙낙宿諾(미리 승낙함)이 없을 수 없으며, 또한 세상의 일에는 이와 같은 것이 많으니, 어찌 숙낙이 없을 수 있겠는가? 가령 계씨가 자로에게 "내년에 그대가 비읍의 읍재가 되어 달라."고 청했을 때, 자로가 사양하기를 "내년의 일을 어떻게 미리 정할 수 있겠는가? 감히 허락할 수 없다."고 했다면, 이것이 어찌 숙낙(미리 승낙)이 없는 것이 아니겠는가? 구설은 바꿀 수 없다.(미리 승낙하지 않으면 자연히 승낙을 묵히는 것:宿留이 없을 것이다. 이것으로 말한다면, 비록 宿을 留라고 풀이해도 타당하지 않은 것은 아니다.)

비평 —— (1) 편언片言과 숙낙宿諾의 숙宿의 해석을 약간 달리한다. 주자는 편언은 전체 중의 일부분인 반쪽 말(半言)로, 그리고 숙宿은 유보留保라는 의미로 해석했다. 즉 자로는 충직하고 명쾌하게 결단했기 때문에 사람들이 그의 말을 신뢰했으며, 또한 한 번 승낙한 일은 유보 없이 곧바로 실천했기 때문에 기다릴 필요가 없었다는 것이다. 이에 비해 고주에서는 편언片言이란 송사를 심리할 때는 양쪽의 말 가운데 '일방의 치우친 말'이라고 해석했다. 그리고 숙낙宿諾의 숙은 미리(宿=豫)로 해석했다.

다산은 글자의 의미에서는 고주의 해석을 바꿀 수 없다고 말한다. 그러나 그 내용에서 보면, 반드시 고주와 같이 풀이하는 것은 아니다. 즉 다산에 따르면, 자로는 실정實情 없이 거짓말을 하는 자가 거짓말을 못하게 했기 때문에, 일방의 말만 듣고도 옥사를 판결할 수 있었다는 것이다. 숙낙宿諾의 숙宿에 대해서도 다산은 깊이 있는 논의를 했다. 그러나 그 또한 결국 미리 승낙하지 않으면 자연히 승낙을 묵히는 것(宿留)이 없다는 점에서, 숙宿을 유留라고 풀이해도 큰 오류는 아니라고 하여 타협의 여지가 있다. 여기서 우리는 『대학』「청송장」을 인용하여, 이경증경以經證經하는 다산의 해석의 깊이를 여실히 확인할 수 있다. 주자와 다산의 해석을 상호 대비해서 보아야 한다고 생각한다. 각각 일장일단이 있다.

12:13. 子曰: "聽訟, 吾猶人也. 必也使無訟乎!"

고주 —— 공자께서 말씀하셨다. "송사를 청리하는 것은 나도 남들과 같겠지만(猶人=與人等), (사전에 교화시켜서) 반드시 송사가 없도록 하겠다(쟁송이 없게 하는 것이 盡善이다)."

주자 —— 공자께서 말씀하셨다. "송사를 청리하는 것은 (말단을 다스리고, 지류를 막는 것으로) 나도 남들과 같겠지만, (근본을 바르게 하고 원천을 맑게 하여) 반드시 송사가 없도록 하겠다(기록한 자가 이 말을 드러내어 자로의 도가 아직 넓지 않음을 드러내었다)."

다산 —— 공자께서 말씀하셨다. "송사를 청리하는 것은 나도 남들과 같겠지만, (나의 수신의 공효로 말미암아) 반드시 송사가 없도록 하겠다."

자원풀이 ■청聽은 耳(귀 이)+悳(덕 덕)+壬(좋을 정)의 형성자로 곧은 마음(悳=直心)으로 발돋움한 채(壬) 귀(耳)기울여(내밀어=壬) 청을 들어주고, 판결한다는 의미이다. 곧은 마음(直心)으로 귀(耳)를 내밀어(壬) 잘 듣는다는 뜻이다. ■송訟은 言(말씀 언)+公(공변될 공)의 형성자로 '공적으로 말하다' 혹은 '공변되게 논의한다'는 뜻으로 소송訴訟하다, 논쟁하다의 뜻이다. 송사訟事나 논쟁은 공정(公)하게 논의(言)되어야 한다는 뜻을 담았다. 소송訴訟(백성끼리 분쟁이 있을 때, 관부에 호소하여 공적으로 판결을 구하던 일)에서 '소訴'는 언言(말씀 언)+斥(물리칠 척)으로 구성되어 물리치는 말이라는 뜻에서 '상대를 배척하는 말' 혹은 부당함을 물리치다의 뜻이다. 아뢰다, 하소연하다, 참소하다, 호소하다 등의 뜻도 있다.

집주 —— ■范氏曰 聽訟者는 治其末, 塞其流也니 正其本, 淸其源이면 則無訟矣리라

범조우가 말했다. "송사를 청리하는 것은 그 말단을 다스려 그 말류를 막는 것이다. 그 근본을 바로 잡고 그 근원을 맑게 하면 송사는 없어진다."

■楊氏曰 子路片言에 可以折獄이나 而不知以禮遜爲國하니 則未能使民無訟者也라 故로 又記孔子之言하여 以見聖人不以聽訟爲難하고 而以使民無訟爲貴니라

양시가 말했다. "자로는 한마디 말로 옥사를 결단할 수 있었으나, 예의·겸손으로 나라를 다스려야 한다는 것은 몰랐으니, 백성으로 하여금 송사가 없도록 하지는 못하는 자이다. 그러므로 또한 공자의 말씀을 기록하여, 성인께서는 송사를 청리하는 것을 어렵게 여기시는 것이 아니라, 백성들로 하여금 송사가 없는 것을 귀중하게 여기시는 것을 보였다."

고금주 —— ■陳云: "躬行化民, 而民自不爭, 無訟可聽, 非禁之使然, 黙化潛孚, 若使之耳."

신안 진씨가 말했다. "(송사가 없다는 것은) 몸소 실천하여 백성을 교화시키니, 백성들이 스스로 쟁송하지 않은 것이다. 청리할 송사가 없는 것은 금지하여 그렇게 시킨 것이 아니라, 묵묵히 교화되어 은연중에 신복하는 것으로 마치 시킨 것 같을 따름이다."

■引證『大學』引此章曰: "無情者不得盡其辭, 大畏民志."[鄭云: "情, 猶實也. 無實者多虛誕之辭, 聖人之聽訟, 與人同耳. 必使民無實者, 不敢盡其辭, 大畏其心志, 使誠其意, 不致訟."] ○案 大畏民志, 修身之效也. 非明於聽訟而民畏之也.

인증한다. 『대학』에서 이 장을 인용하여, "실정이 없는 자가 그 거짓말을 다하지 못하는 것은 크게 백성의 뜻을 두려워하기 때문이다."라고 했다. (정현이 말했다. "情이란 실정:實과 같다. 실정이 없는 자는 허탄한 말이 많다. 성인께서 송사를

청리함은 다른 사람과 같을 뿐이나, 반드시 백성들 중에 실정이 없는 자에게 감히 그 말을 다하지 못하게 하여 그 마음을 크게 두렵게 하면, 그 의지를 성실하게 하여 송사하지 않을 것이다.") ○살핀다. 대외민지大畏民志는 수신修身의 공효이지, 송사를 청리함에 밝아서 백성들을 두렵게 하는 것이 아니다.

비평 —— 공자의 정치이념은 "덕德으로 정치를 하는 것은, 북극성이 마땅히 있어야 할 곳에 있으면 뭇 별들이 북극성을 향하여 따라 회향하는 것에 비유할 수 있다(2:1)."라고 말한 데에 잘 나타나 있다. 즉 정치하는 자가 덕으로 정치하면, 모든 백성들이 교화되어 자율적인 도덕 주체가 되어 소송을 하지 않게 된다는 것이다. 법제나 금령에 의한 형벌로 다스려지는 것이 아니라, 예를 자각하고 자율적이며 자발적으로 행위하도록 한다는 것이다. 그래서 강제와 훈육으로 시행되는 정치(政=正＋攵:바르게 되도록 침, 治=水＋台:수양시켜 크게 되도록 함)의 세계를 정치 밖으로 추방함으로써 "정치의 목적은 정치가 필요없는 공동체를 지향한다."는 역리, 정치과학이 아니라 오히려 '정치미학'의 차원을 제시한 것이 공자의 정치이념이라고 하겠다.

주자(가 인용한 범조우)에 따르면, 송사를 처리하는 것은 정치에서 말단을 다스리고 지류를 막는 것에 불과하며, 따라서 근본을 바르게 하고 원천을 맑게 하는 것이 필요하다. 그런데 그 방법에 고주(정현)에서는 "반드시 사전에 도덕으로 교화하여(必也在前以道化之) 백성들로 하여금 쟁송함이 없게 하여야 진선盡善하다."고 해석했다. 나아가 다산은 대외민지大畏民志는 수신修身의 공효이지, 송사를 청리함에 밝아서 백성들을 두렵게 한 것이 아니라고 말했다. 각각 중요한 지적을 했다. 상호 보완적으로 함께 취하는 것이 좋겠다.

12:14. 子張問政. 子曰: "居之無倦, 行之以忠."

고주 ── 자장이 정치에 대해 묻자, 공자께서 말씀하셨다. "(정치를 하는 도리는) 직권이 자신에게 있으면 게으르지 말고, 직권을 백성에게 실행할 때에는 충신(忠=忠信)으로 해야 한다."

주자 ── 자장이 정치에 대해 묻자, 공자께서 말씀하셨다. "(정신을 차려 각성하여) 마음에 두기를 게으름이 없게 하고(시종여일해진다), (그 마음에 둔 것으로 일에서 발현할 때에는) 행하기를 충으로 해야 한다(표리가 여일해진다)."

다산 ── 자장이 정치에 대해 묻자, 공자께서 말씀하셨다. "(政이란 바로 잡음: 正이란 의미로, 자기를 바로 잡아서 남이 바르게 되게 하는 것이니) 자신이 바름에 거처하여(居=身居正) 직책에서 부지런하고(無倦=勤於職也), 남을 바르게 하되(行=以正物) 정성됨으로 미덥게 하는 것이다(以忠=孚以誠)."

집주 ── ■居는 謂存諸心이니 無倦則始終如一이요 行은 謂發於事니 以忠則表裏如一이니라

거居는 마음에 보존하는 것을 말하니, 게으름이 없으면 처음부터 끝까지 한

자원풀이 ■거居는 尸(주검 시)+古(옛 고)의 형성자로 예古로부터 조상 대대로 기거寄居하여 살아온 조상의 주검(尸)이 모셔진 곳이라는 의미에서 거주居住하다, 앉다(居 吾語女), 살다, 사는 곳 등을 의미한다. 머무르다, 처하다(居上克明), 쌓다, 차지하다, 평소(居則曰 不吾知也), 벼슬길에 나서지 않다, 무덤, 산 사람, 본받다(禮居成物), 다스리다(士居國家), 경과하다(居數日) 등의 뜻이다.
■권倦은 人(사람 인)+卷(굽을 권)의 형성자로 몸을 구부린 채(券) 누운 사람(人)의 모습에서 피곤함과 게으름의 뜻을 그렸다. 싫어하다, 게으르다(태만), 고달프다, 걸터앉다의 뜻이다.

결같다. 行행은 일에 발현함을 말하니, 충忠으로 하면 안과 밖이 한결같다.

■ 程子曰 子張少仁하여 無誠心愛民하니 則必倦而不盡心이라 故로 告之以此하시니라

정자가 말했다. "자장은 인仁이 부족했다. 마음을 성실하게 하여 백성을 사랑함 없으면 반드시 게으르고, 마음을 다하지 않기 때문에 이것으로 일러주셨다."

고금주 ── ■補曰 政者, 正也, 正己而物正者也. 居者, 身居正也. 行者, 以正物也. 無倦者, 勤於職也. 以忠者, 孚以誠也.

보완하여 말한다. 정政이란 바로 잡음(正)이니, 자기를 바로 잡아 남이 바르게 되게 하는 것이다. 거居란 자신이 바름에 거처함이다. 행行이란 남을 바르게 하는 것이다. 무권無倦이란 직책에서 부지런한 것(勤於職)이고, 이충以忠이란 정성됨으로 미덥게 하는 것이다.

■ 王曰:"言爲政之道, 居之於身, 無得解倦, 行之於民, 必以忠信." ○案 首句不可解.

왕숙이 말했다. "정치를 행하는 도리는 가령 직권職權이 자신에게 있으면 게을리 함이 없어야 하고, 백성에게 행할 때에 반드시 충신으로 해야 한다는 말이다." ○살핀다. 머리 구절은 이해할 수 없다.

비평 ── 거지居之를 고주는 '정치를 행하는 직권職權이 자신에게 있으면(居之於身)'으로, 주자는 '마음이 항상 깨어 있는 것'으로, 그리고 다산은 '(정치는 바로잡는 것이라는 점에서) 자신이 바르게 거처함'으로 해석했다. 문자적으로 해석은 고주는 무난하고, 주자는 심성론에 의해 많은 의역을 했고, 다산의 전거에 근거(政正也)하여 설득력 있는 해석을 했다. 또한 현대의 양백준은 거居를 '정치적 지위'로 해석했는데, 이 또한 일리가 있어 보인다. 행지行之를 고

주는 백성에게 행할 때로, 주자는 마음에 보존한 것을 일에서 발현할 때로, 그리고 다산은 남을 바르게 하는 것(物正)으로 해석했다. 고주는 문자상 무난한 해석이며, 주자 또한 앞의 거지居之의 해석과 연관하여 일관되게 자신의 방식으로 해석했으며, 다산 또한 전거(正己而物正)에 입각하여 일관된 해석을 했다. 각자의 학문적 특징이 잘 드러나 있다.

12:15. 子曰: "博學於文, 約之以禮, 亦可以弗畔矣夫! "[皇氏本, '子曰'下有'君子'二字]

고주 —— 공자께서 말씀하셨다. "군자는 (선왕이 남긴) 글을 널리 배우고, 예로써 검약(儉約)한다면 또한 (도에서) 위반(違)되지 않을 것이다."

주자 —— 공자께서 말씀하셨다. "군자는 글을 널리 배우고, 예로써 요약한다면 또한 (도에서) 어긋나지(背違) 않을 것이다."

다산 —— 공자께서 말씀하셨다. "군자는 글에서 크게 통하고(博=大通), 예로써 검약한다면 또한 (도에서) 위배되거나 경계 짓지(背畍) 않을 것이다."(황간본에는 '子曰' 아래 '君子' 두 글자가 있다.)

집주 —— ■重出이라

거듭 나왔다(『옹야』 6:25).

고금주 —— ■鄭曰: "弗畔, 不違道." 邢云: "此章, 與〈雍也〉篇同. 弟子各記所聞, 故重載之."

정현이 말했다. "불반弗畔은 '도를 어기지 않음'이다." 형병이 말했다. "이 장은 「옹야」편과 같다. 제자들이 각자 들은 것을 기록했기 때문에 거듭 실린 것이다."

◈

12:16. 子曰: "君子成人之美, 不成人之惡. 小人反是."

고주 —— 공자께서 말씀하셨다. "군자는 (남의 선을 가상하게 여기서) 남의 아름다움을 이루어지게 하고, (불능한 사람을 긍휼히 여기고, 또한 仁과 恕를 회복하게 하여) 남의 악을 이루지 못하게 한다. 소인은 (현인을 질투하고 禍를 끼치는 것을 좋아하여) 이와 반대된다."

주자 —— 공자께서 말씀하셨다. "군자는 (보존한 것이 후하고, 선을 좋아하여) 남의 선을 (끌어주고 부축하고 권장하여) 이루어지게 하고, 남의 악을 이루지 못하게 한다. 소인은 (보존한 것이 박하고, 악을 좋아하여) 이와 반대된다."

다산 —— 공자께서 말씀하셨다. "군자는 남의 (덕에서 나온) 아름다운 명성(美=美名)을 (찬양함으로써) 이루어지게 하고(成美=贊揚以成之), 남의 악명(惡=惡名)을 (단련시켜) 이루어지지 않게 한다(成惡=鍛鍊以成之). 소인은 이와 반대된다."

집주 —— ■成者는 誘掖獎勸하여 以成其事也라 君子小人은 所存이 旣有厚

薄之殊하고 而其所好에 又有善惡之異라 故로 其用心不同이 如此라

성成이란 끌어주고 부축하고 권장하여 그 일을 완성하게 하는 것이다. 군자와 소인은 보존한 것에서 이미 후厚·박薄의 차이가 있고, 또한 그 좋아하는 것에도 선·악의 차이가 있다. 그러므로 그 마음 씀이 이처럼 같지 않다.

고금주 —— ■補曰 美者, 美名也. 惡者, 惡名也. [美惡, 與善惡不同] 成美者, 贊揚以成之. 成惡者, 鍛鍊以成之.

보완하여 말한다. 미美란 미명美名이다. 악惡이란 악명惡名이다(美惡는 선악과 같지 않다). 성미成美란 찬양함으로써 이루어주는 것이다. 성악成惡이란 단련하여 이루어주는 것이다.

■邢曰: "君子之於人, 嘉善而矜不能, 又復仁恕, 故成人之美. 小人則嫉賢樂禍, 而成人之惡." ○案 所論荒矣. 善惡者, 德之實也. 美惡者, 德之名也. 人之罪惡, 實在可誅, 君子尤嚴討之, 所謂'惟仁人, 能惡人'也. 惟其美惡之屬於名者, 成之則可成, 毁之則不成, 若是者方可議也.

형병이 말했다. "군자는 남들에 대해서 잘하는 것은 가상하게 여기고(嘉善) 잘할 줄 모르는 것(不能)은 긍휼히 여기며, 또한 인仁과 서恕를 회복시켜 주기 때문에 남의 아름다움을 이루어준다. 소인은 현명함을 질투하고 화禍를 끼치는 것을 좋아하여, 남의 악을 이루어준다." ○살핀다. 논한 것이 황망하다. 선

자원풀이 ■성成은 戊(다섯째 천간 무)+丁(넷째 천간 정)의 형성자로 무기(戊)로써 성을 단단하게(丁) 지킨다는 뜻으로, 성을 튼튼하게 지킬 때 비로소 목적이 이루어진다는 의미에서 이루어지다, 성취成就하다, 완성하다, 성숙되다, 성인成人 등의 뜻이 나왔다.
■미美는 羊(양 양)+大(큰 대)의 회의자로 큰 양이 유용하며, 유용한 것이 아름답다, 선하다, 훌륭하다, 찬미하다, 좋게 여기다의 뜻이다. 혹은 양羊의 가죽을 덮어쓴 사람(大)의 모습에서 양羊을 잡을 재주를 가진 뛰어난 사람(人)으로 훌륭하다, 좋다의 뜻이다. 아름답다(모양이 예쁘다, 경치가 아름답다, 소질이 훌륭하다, 예술성이 강하다, 순박하고 선량하다), 아름다운 품덕品德(君子成人之美), 아름답게 하다(夫明王不美宮室), 비옥하다(必壞美地), 무성하다(夫牛山之木嘗美), 큰 업적(美見乎天下), 맛있다(膾炙與羊棗孰美), 잘하다(彼將惡始而美終), 찬미하다(美齊侯之功也), 풍년들다(歲適美), 자라다(故薺以冬美), 즐거움(天下皆美之爲美 斯惡已) 등의 뜻이다.

악이란 덕의 열매이다. 미악美惡이란 덕의 명성이다. 남에게 주벌誅罰할 만한 죄악이 실제로 있으면, 군자는 더욱 엄하게 토벌하니, 이른바 오직 인인仁人만이 능히 사람을 미워할 수 있다는 것이다. 여기서 오직 그 미악美惡만이 (덕의) 명성에 속한다는 것은 명성이란 (찬양하여) 이루어 주면 이루어지는 것이고, 훼방하면 이루어지지 않는 것이니, 이와 같아야 비로소 타당한 논의가 된다.

■ 質疑 朱子曰: "成者, 誘掖獎勸以成其事也." ○黃勉齋曰: "小人迎合容養, 以成其爲惡之事, 忌克詆毁, 使不得成其善也." ○案 孝子致養, 雖小人不得不獎勸. 盜者禦人, 雖小人亦未必獎勸. 此經宜從毁譽上理會, 不必以行事言也. ○又按 君子玉成, 忌克詆毁, 未足以沮人善也. 且勉齋之說, 上一半以行事言, 下一半以毁譽言, 其言未精.

질의한다. 주자가 말했다. "성成이란 끌어주고 부축하고 권장하여 그 일을 완성하게 하는 것이다." ○황면재黃勉齋가 말했다. "소인이 (남의 악을 이루어준다는 것은) 영합·허용·양성하여 그 악을 행하는 일을 이루어준다는 것이며, (남의 아름다움을 이루지 못하게 한다는 것은) 시기·극복·비방·훼방하여 그 선을 이루지 못하게 하는 것이다." ○살핀다. 효자가 봉양을 다하는 것은 비록 소인이라도 장려하지 않을 수 없다. 도둑이 다른 사람에게 포악한 것은 비록 소인이라도 필시 장려하지 않는다. 이 경문은 마땅히 훼毁·예譽에서 이해해야 하며, 반드시 일을 행하는 것(行事)으로 말할 필요가 없다. ○또 살핀다. 군자는 (남을 훌륭한) 옥으로 완성시켜 주지만, 시기·극복·비방·훼방하여 남의 선을 막을 수는 없다. 또한 황면재의 설은 앞의 절반은 행사로써 말하고, 뒤의 절반은 훼毁·예譽로써 말했으니, 그 말이 정밀하지 못하다.

■악惡은 心+亞로 구성. 亞는 무덤의 시신을 안치하던 묘실墓室을 그린 것(왕의 무덤을 관리하던 관직으로 '버금'이라는 뜻이 나왔다)으로 시신에 대한 두려움이나 거리낌 등으로부터 '흉측하다' '싫어하다'의 뜻이 나왔다. 亞+心=惡은 싫어하는 마음, 나아가 선악善惡에서 '나쁘다'는 뜻이 생겼다. 증오憎惡 혹은 수오羞惡에서는 '오'라고 읽는다.
■시是는 日(날 일)+正(바를 정)의 회의자로 해(日)가 한 가운데(正)에 위치하는 때를 말하였다. 이후 옳다, 바르다, 치우치지 않다, 정확하다의 뜻이 나왔다.

비평 —— 군자는 인의예지의 본성을 실현하면서 자기를 정립하는 사람이다. 군자는 다른 사람을 사랑한다(仁 愛人也). 군자는 나의 잘못을 부끄러워하고, 다른 사람의 악을 미워한다(羞惡之心 義之端). 군자는 자기가 서고자 하면 남을 세워주고, 자기가 하고자 하지 않는 것을 남에게 베풀지 않는다. 소인은 이익에 준거를 두고 행위하는 사람이다. 따라서 군자는 다른 사람의 아름다움을 진정 자기 것인 것처럼 좋아하여 그 아름다움을 이루어주려고 노력하고, 다른 사람의 악을 미워하면서 바로잡아 주려고 노력한다. 소인의 마음은 각박하기 때문에, 다른 사람의 허물을 다행으로 여기고, 다른 사람이 자신보다 더 나은 것을 싫어한다. 그래서 다른 사람의 아름다움이 이루어지지 않기를 바라면서 시기·비방·훼방할 뿐만 아니라, 악으로 들어가는 것을 좌시거나 그 악에 영합한다.

　　고주는 성成과 미美·악惡에 대해 상식적인 해석을 한다. 주자는 (다산의 해석으로 본다면) 행사行事의 측면에서 해석했다. 이에 비해 다산은 선악善惡과 미악美惡의 구별에 착안하여 해석했다. 즉 선악은 덕의 결실이지만, 미악美惡은 덕의 명칭에 의한 구별이기 때문에, 이 구절은 훼毀·예譽의 관점에서 해석해야 한다는 것이다. 다산의 해석이 사려 깊은 것이라 하지 않을 수 없다.

12:17. 季康子問政於孔子. 孔子對曰: "政者, 正也. 子帥以正, 孰敢不正?" [帥, 入聲]

고주 —— 계강자가 공자께 정치를 묻자, 공자께서 말씀하셨다. "정치는 바르게 함이니 (上卿인) 그대가 (修身하여 매사에) 솔선(본보기)하여 바르게 한다면,

그 누가 감히 바르지 않겠습니까?"

주자 —— 계강자가 공자께 정치를 묻자, 공자께서 말씀하셨다. "정치는 바로 잡는 것이니 그대가 (修身을 통해) 바름으로써 이끈다면, 누가 감히 바르게 되지 않겠습니까?"

다산 —— 계강자가 공자께 정치를 묻자, 공자께서 말씀하셨다. "정치는 바로 잡는 것이니 그대가 바름으로써 통솔한다면, 누가 감히 (명령에 따르지 않으면서) 바르게 안 되겠습니까?"(솔:帥은 入聲이다.)

집주 —— ■ 范氏曰 未有己不正而能正人者니라

범조우가 말했다. "자기가 바르지 않으면서 남을 바르게 할 수 있는 사람은 없다."

■ 胡氏曰 魯自中葉으로 政由大夫하니 家臣效尤하여 據邑背叛하여 不正이 甚矣라 故로 孔子以是告之하시니 欲康子以正自克하여 而改三家之故시니라 惜乎라 康子之溺於利欲而不能也여

호인이 말했다. "노나라 중엽부터 정치가 대부로부터 나왔으며, 가신은 더욱더 본받아 읍을 점거하고 배반하여, 부정不正이 심했다. 따라서 공자께서 이

자원풀이 ■政政은 攴(칠 복)+正(바를 정)의 형성자로 회초리(攴:합법적 물리력, 공권력)로 쳐가며 바르게(正) 되게 하는(바로잡음) 것, 즉 공권력을 행사하여 정의正義를 구현하는 것이 정치이며, 정사임을 나타낸다. 정사(夫子至於是邦也 必聞其政), 정권(天下有道 則政不在大夫), 정책(政寬則民慢), 금령(道之以政), 직책(棄政而役), 사무, 정사를 행하는 사람(均五政), 바루다(寬以政之), 정벌하다(臨衛政殷) 등의 뜻이다.
■政正은 一(한 일)+止(머무를 지)의 회의자로 절대적 표준인 하늘(一)에 나아가 합일하여 머무르는 것이 '바르다'는 뜻이다. 다른 한편 성곽(口)에 정벌하러 가는(止) 모양으로 정벌은 정당하기에 '정의' 혹은 바르다의 뜻이 나왔다고 한다. 바르다(치우치지 않다, 단정하다, 반듯하다, 곧다, 정확하다), 올바르다(정직하다, 공정하다), 바로잡다(도리나 원칙에 어긋난 것을 바로잡다), 결정하다, 다스리다, 관장하다, 정실(정처, 본처, 적장자), 정(주가 되는 것), 바로, 막, 정사(=政), 상법常法, 군대 편제의 단위(三領爲一正), 정벌하다(天子失義 諸侯力正), 노역勞役 등의 뜻이다.

것으로 일러주셔서, 계강자가 올바름으로 자신을 극복하게 하여 삼가三家의 지난 과오를 고치고자 하셨다. 애석하게도 계강자는 이욕利欲에 빠져 (과오를 고치지) 못했다."

고금주 —— ■補曰 帥, 率也. [字相通] 正人爲政, 如長子帥師, 三軍無敢不從命. 보완하여 말한다. 솔수率帥은 거느리다(率)이다(글자가 상통한다). 바른 사람(正人)이 정치를 하면, 마치 장자長子가 군사를 거느리는 것과 같아, 삼군三軍이 감히 명령에 따르지 않음이 없는 것이다.

■鄭曰: "康子, 魯上卿, 諸臣之帥也."
정현이 말했다. "계강자는 노나라의 상경上卿이니, 모든 신하의 장수(帥)이다."

비평 —— 어감상 약간 차이가 있지만, 뜻에서는 차이가 없다고 생각된다.

❧

12:18. 季康子患盜, 問於孔子. 孔子對曰: "苟子之不欲, 雖賞之不竊."[皇氏本, 無上'之'字]

고주 —— 계강자가 (노나라에) 도둑(이 많은 것)을 걱정하며, 공자께 (그 대책을) 묻자, 공자께서 대답하여 말씀하셨다. "진실로 그대가 정욕을 너무 부리지 않는다면(欲=多情欲), 비록 (백성들이 감화되어) 상을 준다 해도 (부끄러움을 알아,

---

■수帥(솔)는 巾(수건 건)+師(군사 사)의 형성자로 『설문해자』에 허리에 차고 있는 수건(巾)이라 했는데, 장수들이 허리춤에 차던 수건을 말한다. 이로부터 장수將帥를 뜻하게 되었다. 그리고 '솔(=率)'로 읽어 이끌다, 거느리다는 뜻이다. 장수將帥, 거느리다(솔), 본보기(솔) 등의 뜻도 있다.

위 사람이 좋아하는 바를 따라) 도둑질을 하지 않을 것입니다."

주자 —— 계강자가 도둑을 걱정하여 공자께 묻자, 공자께서 대답하여 말씀하셨다. "진실로 (정권을 훔치고, 적자의 자리를 탈취한) 그대가 탐욕을 부리지 않는다면(不欲=不貪欲), 비록 (백성들에게) 상을 주며 도둑이 되라고 하더라도 (부끄러움을 알아) 도둑질을 하지 않을 것입니다."

다산 —— 계강자가 (노나라에) 도둑(이 많은 것)을 걱정하며, 공자께 (그 대책을) 묻자, 공자께서 대답하여 말씀하셨다. "진실로 그대가 (백성들이 절도하는 것을) 원하지 않을 수 있다면, (반드시 교화의 근원을 맑게 하고 민생을 두텁게 하여 : 교화를 숭상하고, 賦斂을 적게 한다면), 비록 상을 주더라도 절도하지 않을 것입니다." (황간본에는 앞의 '之' 자가 없다.)

집주 —— ■言 子不貪欲이면 則雖賞民하여 使之爲盜라도 民亦知恥而不竊이니라
그대가 탐욕을 부리지 않는다면, 비록 백성에게 상을 주며 도둑이 되라고 하더라도, 백성들 또한 부끄러움을 알아 도둑질하지 않을 것이라는 말씀이다.
■胡氏曰 季氏竊柄하고 康子奪嫡하니 民之爲盜는 固其所也라 盍亦反其本

자원풀이 ■구苟는 ++(풀 초)+句(글귀 구)의 형성자. 『설문해자』에서는 풀의 이름이라 했다. 그러나 『갑골문』에서는 양羊을 토템으로 삼았던 강족羌族이 꿇어앉은 모습을 그려, 은나라의 적이었던 그들이 '진정으로' 굴복하는 모습을 그렸고, 이로부터 진실하다, 구차하다의 뜻이 나온 듯하다. 또 '정말로 ~한다면'의 의미를 나타낸다. 구차苟且하다, 구차하게 굴다, 진실로(苟日新), 만약(苟志於仁), 잠시(苟免於咎), 바라건대(苟無饑渴), 탐하다(不苟於利), 낮다.
■상賞은 貝(조개 패)+尚(오히려 상)의 형성자로 공로가 있는 사람을 높여(尚) 재물(貝)을 주어 상을 주는 것을 말하여, 주다, 칭찬하다, 상으로 주는 물건 등을 의미한다.
■절竊은 穴(구멍 혈)+釆(분별할 변)+卨(사람이름 설)의 형성자로 원래 전갈(萬)처럼 생긴 벌레가 구멍(穴)을 뚫고 곡식(米)을 몰래 훔쳐 먹는 것을 그렸으며, 米가 釆으로, 萬이 卨로 변해 지금의 자형이 되었다. 절도竊盜, 부정한 수단으로 취득하다, 몰래, 그리고 자신을 낮추는 겸양어로도 쓰인다.

邪아 孔子以不欲啓之하시니 其旨深矣로다 奪嫡事는 見春秋傳하니라

호인이 말했다. "계씨는 정권을 훔쳤고(竊柄), 계강자는 적자嫡子의 자리를 탈취했으니, 백성이 도둑이 되는 것은 진실로 당연한 것이다. 어찌 또한 그 근본을 되돌아보지 않는가? 공자께서 탐욕하지 말라는 것으로 계도했으니, 그 뜻이 깊다. 적자의 자리를 탈취한 것은 『춘추전』(애공 3년)에 나온다."

고금주 ── ■邢曰: "時魯多盜賊, 康子患之, 欲以謀去也." ○補曰 苟, 誠也. 不欲, 謂康子不欲民之竊盜也. 誠能不欲其竊盜, 則必能淸化源而厚民生. [崇教化而薄賦斂] 如是, 則雖賞之不竊也.

형병이 말했다. "당시에 노나라에 도적이 많아, 계강자가 근심하여 제거하기를 도모한 것이다." ○보완하여 말한다. 구苟는 진실로(誠)이다. 불욕不欲은 계강자가 백성들이 절도하기를 바라지 않는다는 것을 말한다. 진실로 백성들이 절도하는 것을 원하지 않는다면, 반드시 교화의 근원을 맑게 하고 민생을 두텁게 할 수 있어야 한다(교화를 숭상하고, 賦斂을 적게 해야 한다). 이와 같이 한다면, 비록 상을 주더라도 절도하지 않을 것이다.

■孔曰: "欲, 多情慾. 言民化於上, 不從其令, 從其所好." ○胡炳文曰: "康子, 魯之大盜也. 夫子不直曰'苟子之不盜', 其辭婉而意深矣." ○案 無論聖人辭不迫切. 孔子與上大夫言, 誾誾如也, 安得面罵之如是乎? 民之爲盜, 窮之故也. 省刑罰, 薄賦斂, 使仰足以事父母, 俯足以畜妻子, 凶年免於死亡, 則雖賞之不竊. 康子誠能不欲其盜, 則必行此政. 不行此政, 而求民之不盜者, 是原未能不欲其盜者也. 聖人之意, 必當如此. 斥言貪欲, 有是理乎?[下章云'子欲善而民善', 上下章兩欲字相照]

공안국이 말했다. "욕欲은 정욕情慾이 많다는 것이다. 백성들이 윗사람에게 감화되어 도둑질하라는 영令을 따르지 않고, 그들이 좋아하는 것을 따른다는 말이다." ○호병문胡炳文이 말했다. "계강자(康子)는 노나라의 큰 도적이다.

공자께서 '곧바로 진실로 그대가 도둑질하지 않는다면'이라고 말하지 않았으니, 그 말이 완곡하고 의미가 깊다." ○살핀다. 성인의 말씀이 박절하지 않다는 것은 논할 필요가 없다. 공자께서는 상대부와 말씀하실 때는 온화한 모습(誾誾如)이었으니, 어찌 면전에서 이와 같이 꾸짖을 수 있었겠는가? 백성들이 도적이 되는 것은 궁핍하기 때문이다. 형벌을 덜고 세금을 적게 하여, 위로는 충분히 부모를 섬길 수 있게 하고, 아래로는 충분히 처자를 양육하게 하여, 흉년에는 사망을 면하게 해 주면 비록 상을 주더라도 훔치지 아니한다. 계강자가 진실로 백성들이 도적이 되기를 원하지 않는다면, 반드시 이러한 정사를 시행할 수 있었을 것이다. 이러한 정사를 시행하지 않고도 백성들이 도적이 되기를 원하지 않는다면, 이는 원래 백성들이 도적이 되기를 원하지 않을 능력이 되지 않은 것이다. 성인의 뜻은 필시 이러했을 것이다. 탐욕을 배척하여 말했다니, 이럴 리가 있겠는가? (아래 장에서 '子欲善而民善:그대가 선하고자 하면 백성들이 선해진다.'라고 말했는데, 아래·위 장의 欲 자가 상호 조응한다.)

비평 —— 불욕不欲의 주체에 대해 다산은 이전의 고주 및 주자와 다르게 새로운 해석을 내놓았다. 문장 구조상, 그리고 앞 장(12:7)이 치자의 솔선수범을 요구한다는 점에서 고주와 주자의 해석이 일단 무난해 보인다.

그러나 다산의 지적대로 이 구절이 뒤의 구절(12:19)과 상호 호응하는 것이라면, 다산처럼 해석할 수도 있다. 다산의 새로운 해석이 흥미롭다. 또한 그의 해석과 그 해결책(백성들이 도적이 되는 것은 궁핍하기 때문이니, 형벌을 덜고 세금을 덜어주는 정사의 시행)을 보면, 실천적 성격이 짙은 것이라 할 수 있다.

12:19. 季康子問政於孔子曰: "如殺無道, 以就有道, 何如?" 孔子對曰: "子爲政, 焉用殺? 子欲善而民善矣. 君子之德風, 小人之德草. 草上之風, 必偃." [皇氏本云: "君子之德, 風也, 小人之德, 草也."]

고주 —— 계강자가 공자께 정치에 대해 물으면서 말했다. "만약 무도한 자를 죽여서 유도한 세상을 성취하려 한다면(就=成) 어떻겠습니까?" 공자께서 대답하여 말씀하셨다. "그대는 정치를 하면서 어찌 살육의 방법을 쓰려고 합니까? 그대가 선하고자 하면 백성도 (감화되어) 선해질 것입니다. 군자의 덕은 바람이고, 소인의 덕은 풀입니다. 풀에 바람이 불면(上=加), (풀은) 반드시 눕습니다."

주자 —— 계강자가 공자께 정치에 대해 물으면서 말했다. "만약 무도한 자를 죽여서 유도한 세상을 성취하려 한다면 어떻겠습니까?" 공자께서 대답하여 말씀하셨다. "그대는 정치를 하면서 어찌 살육의 방법을 쓰려고 합니까? (위정자는 백성이 보고 본받는 존재이니) 그대가 선하고자 하면 백성도 선해질 것입니다. 군자의 덕은 바람이고, 소인의 덕은 풀입니다. 풀에 바람이 더하면(上=尙=加), (풀은) 반드시 눕습니다."

다산 —— 계강자가 공자께 정치에 대해 물었다. "만약 무도한 자를 죽임으로써 (백성들을) 도로 나아가서 따르게 한다면(의로 옮겨가고 선을 따르게 한다면:就=卽也, 從也) 어떻겠습니까?" 공자께서 대답하여 말씀하셨다. "그대는 정치를 하면서 어찌 살육의 방법을 쓰려 합니까? 그대가 선하고자 하면 백성도 선해질 것입니다. 군자의 덕은 바람이고, 소인의 덕은 풀입니다. 풀에 바람이 불면, (풀은) 반드시 눕습니다."(황간본에서는 말했다. "君子之德, 風也, 小人之德, 草 也."로 되어 있다.)

집주 —— ■爲政者는 民所視效니 何以殺爲리오 欲善則民善矣라 上은 一作 尙하니 加也라 偃은 仆也라

위정자爲政者는 백성이 보고 본받는 존재인데, 어찌 살생을 행한단 말인가? 선하고자 하면, 백성이 선해진다. 상上은 한편 상尙으로 되어 있으니, 더한다 (加)는 뜻이다. 언偃은 눕다(仆)이다.

■尹氏曰 殺之爲言이 豈爲人上之語哉리오 以身敎者는 從하고 以言敎者는 訟하니 而況於殺乎아

윤돈이 말했다. "죽인다(殺)는 말이 어찌 윗사람이 된 자가 할 말이겠는가? 몸소 가르치면 (백성이) 따르고, 말로 가르치면 소송하니, 하물며 죽임이랴?"

고금주 —— ■補曰 就, 卽也, 從也, 謂誅惡使徙義而從善. 民之從化也輕, 不 必殺. ○孔曰: "亦欲令康子先自正."

보완하여 말한다. 취就는 '나아가다(卽), 따르다(從)'이니, 악인을 주살하여 의 로 옮겨가서 선을 따르게 한다는 말이다. 백성들은 쉽게 따르고 교화하니, 죽일 필요는 없다. ○공안국이 말했다. "또한 계강자로 하여금 먼저 자신부 터 바르게 하도록 하신 것이다."

■孔曰: "就, 成也." [純云: "〈學而〉篇云'就有道而正焉'. 就有道, 彼此文義皆同. 彼就字 不可訓成, 此就字何獨訓成哉?"]

공안국이 말했다. "취就는 '이루다(成)'이다." (태재순이 말했다. "『논어』「학이」편에 '就有道而正焉'이라 했으니, '취유도'라는 글 뜻은 같다. 그런데 「학이」편의 就 자는 成으 로 풀이할 수 없는데, 여기의 就 자는 어떻게 홀로 成으로 풀이할 수 있겠는가?")

■引證 孟子曰: "君子之德, 風也, 小人之德, 草也. 草尙之風, 必偃." [〈滕文公〉]

○梅氏〈君陳〉篇曰: "爾惟風, 下民猶草." ○案梅氏用此經也.

인증한다. 맹자가 말했다. "군자의 덕은 바람이고, 소인의 덕은 풀이다. 풀 위에 바람이 불면, 반드시 눕는다(「등문공상」)." ○매색梅氏의『상서』「군진君陳」편에서 말했다. "네가 바람이라면, 아래 백성들은 풀과 같다(爾惟風, 下民猶草)." ○살핀다. 매색은 이 경을 표절했다.

비평 —— 정政 자는 정正+복攵(攴:치다)으로 구성된 글자로서, 회초리로 쳐가며(물리적 권력을 행사하여) 바르게 되게 하는 것이 정치이자 정사라는 것을 나타낸다. 그래서 공자는 "정치란 바로잡는 것이다(政 正也)."라고 말했다. 중국 문명의 발생지로서 정치가 최초로 행해진 황하 유역은 물길을 다스리는 것이 가장 중요했기 때문에 정치政治라는 말이 생겨났다. 치治는 수水+태台로서 범람하는 물길을 다스려 옥토가 되게 하듯이, 사람도 그렇게 다스려야 한다는 것을 말한다. 따라서 정치의 본령은 위정자가 스스로 올바르면서 또한 일을 바르게 처리하고, 교육이나 훈육을 통하여 백성들을 훌륭한 사람으로 양성하는 것(政事治人)이라고 할 것이다.

군주가 군주답게 군주의 본분을 온전히 다하여 솔선수범하면, 다른 모든 관리들과 백성들 또한 자신의 직분에 알맞게 올바른 삶을 영위한다는 것이 공자의 이념이었다. 그래서 그는 "진실로 자신을 올바르게 한다면, 정치에 종사함에 무슨 어려움이 있겠는가? 그러나 자신을 올바르게 할 수 없다면, 어찌 다른 사람들을 올바르게 할 수 있겠는가?(3:13. 子曰 苟正其身矣 於從政乎 何有 不能正其身 如正人何)"라고 반문했다. 그리고 "군주가 올바르면 명령하지 않아도 행해지고, 군주가 올바르지 못하면, 비록 명령을 하더라도 행해지지 않는다(13:6. 子曰 其身正 不令而行 其身不正 雖令不從)."라고 말한다. 바로 이런 이유에서 공자는 "정치(政)란 올바름(正)이란 뜻입니다. 그대가 올바름으로 이끌면 누가 감히 올바르지 않겠습니까?"라고 말했다. 즉 "치자의 덕을 바람에 비유할 수 있다면, 일반 백성의 덕은 풀에 비유할 수 있는데, 풀에 바람이 불면 풀이 눕듯이" 군주가 올바르면 다른 백성들 또한 그에 교화되어 올바르게 되며(正己而物正), "군주가 탐욕을 부리지 않으면, 비록 상을 준다고 하더라도 일반 백성들 또한 도둑질하지 않을 것입니다."라고 대답했다. 이렇게 공자의 정치 방법론은 군주가 솔선수범하는 교화의 방법이다. 그래서 비록 무도한 사람이라고 할지라도 죽이는 방법을 쓰는 것이 아니라, 군주의 솔선수범으로 교화시켜 바른 사람이 되도록 이끈다는 것이었다.

취就의 해석에 차이가 있지만, 큰 쟁점은 없다. 다른 한편, 다산은 매색의 『고문상서』를 위서僞書라 했지만, 그 이전의 오역은 다음과 같이 말했다.

> 오씨가 말했다. "『서경』 「군진君陳」편에 '네가 바람이라면, 백성들은 풀과 같다 (爾惟風 下民猶草).'고 했다. 바람과 풀의 비유는 여기에 근거한 것이다. 계강자의 살육하려는 마음은 마치 불이 막 타오르려는 것 같았는데, 공자께서 맑고 시원한 물로 적셔 주셨다. 사람의 마음이 있는 자라면 마땅히 변했으리라!'

~~~

12:20. 子張問: "士何如斯可謂之達矣?" 子曰: "何哉, 爾所謂達者?" 子張對曰: "在邦必聞, 在家必聞." 子曰: "是聞也, 非達也. 夫達也者, 質直而好義, 察言而觀色, 慮以下人. 在邦必達, 在家必達. 夫聞也者, 色取仁而行違, 居之不疑. 在邦必聞, 在家必聞."

고주 —— 자장이 물었다. "선비(士=有德之稱)는 어떻게 하면, 통달(達=通達)했다고 할 수 있습니까?" 공자께서 말씀하셨다. "무엇이냐? 네가 말하는 통달이란?" 자장이 대답했다. "나라에 (제후의 신하가 되어도) 반드시 알려짐(聞=名譽)이 있고, 가문에서 (경대부의 가신이 되어서도) 반드시 알려짐이 있는 것입니다." 공자께서 말씀하셨다. "이것은 알려짐(名聞之士)이지, 통달(通達之士)이 아니다. 대저 통달이란 (항상 겸손한 뜻을 지니고서) 질박·정직하여 의를 좋아하고, (남의) 말을 살피고 남의 안색을 살펴 (그 사람들이 원하는 것을 알고:知其所欲) 남에게 낮추는 것을 고려하니, (겸손하여 있는 곳마다 통달하여) 나라에도 반드시 통달함이 있으며 가문에서도 반드시 통달함이 있다. 대저 알려짐(聞=아첨하는 사람:佞人)은 안색은 인자仁者의 얼굴을 취하여 가식하지만 행실은 어긋나고, 거짓 인자에 안주하며 의심하지 않으니, (아첨하는 사람은 黨이 많아 망령되이 서로 명예를 칭송하니) 나라에도 반드시 알려짐이 있고, 가문에도 반드시 알려짐이 있다."

주자 —— 자장이 물었다. "선비는 어떻게 하면, 통달했다고 할 수 있습니까?" 공자께서 (자장이 밖의 것에 힘써서, 의도한 바를 알고 계서서) 말씀하셨다. "무엇이냐? 네가 말하는 통달이란?" 자장이 대답했다. "나라에 반드시 알려짐이 있고, 가문에서 반드시 알려짐이 있는 것입니다." 공자께서 말씀하셨다. "이것은 (거짓인) 알려짐이지, (참인) 통달(達德孚於人而行無不得之謂:남에게 신뢰를 받아서 행하는 일이 모두 이루어지지 않음이 없음)이 아니다. 대저 통달이란 (안으로 忠

信을 위주로 하여) 질박·정직하여 의를 좋아하고(행하는 바가 의에 맞고), (남과 접할 때에는) 말을 살피고 안색을 살펴 남에게 낮추는 것을 고려하니, (덕이 자신에게서 닦여 남들이 신뢰하게 되면, 행하는 것이 자연히 막힘이 없게 되어) 나라에도 반드시 통달함이 있으며 가문에서도 반드시 통달함이 있다. 대저 알려짐(실제에 힘쓰지 않고, 오로지 명성만 구하여 힘씀)은 안색은 인에서 취하지만 행실은 어긋나고, 그것을 차지하고(스스로 옳다고 여기면서) 의심하지 않으니(기탄하는 바가 없으니), 나라에도 반드시 알려짐이 있고, 가문에도 반드시 알려짐이 있다."

다산 —— 자장이 물었다. "선비는 어떻게 하면, 통달했다고 할 수 있습니까?" 공자께서 (達士에는 두 가지 뜻, 즉 德義四達者와 名聞四達者가 있기에) 말씀하셨다. "무엇이냐? 네가 말하는 통달이란?" 자장이 대답했다. "나라(조정에 벼슬하여도)에 반드시 알려짐이 있고, 집에서 기거하여도 반드시 알려짐이 있는 것입니다." 공자께서 말씀하셨다. "이것은 알려짐이지, 통달이 아니다. 대저 통달이란 (內實하여) 질박·정직하여 (外行이) 의를 좋아하고, (남의) 말을 살피고 안색을 살펴 (그 사람들이 원하는 것을 알고:知其所欲) 남에게 낮추는 것을 생각하니(慮=思), 나라에도 반드시 통달함이 있으며 가문에서도 반드시 통달함이 있다. 대저 알려짐이란 안색은 그 안색을 수식함으로써 인의 이름을 취하고 (質直과 상반된다), 이름은 인이지만 실제는 그것과 배치되며(好義와 상반된다),

───────────

을 뜻한다. 이러한 바탕이란 뜻은 확장되어 현상하는 사건을 규제規制 혹은 주간主幹한다는 뜻을 나타내고, 현상의 실체라는 의미를 지니게 되었다. 또한 가공하기 전의 소박함이라는 의미에서 질박質朴이란 뜻을 지닌다.

■직直은 갑골문에서는 目(눈) 위에 세로획이 곧게 그려진 모습으로, 세로획은 곧은 시선을 상징한다. 이후 세로획은 十으로 바뀌었고, 길을 뜻하는 彳(조금 걸을 척)의 변형인 乚이 더해져 현재의 자형이 되었다. '똑바로 보다'가 원래 뜻이고, 이로부터 곧다, 정직正直하다, 합리적이다, 직접, 있는 그대로 등의 뜻이 나왔다. 혹은 十 + 目 + 乚(숨어 있는 것)의 합성어로서, 숨어 있는 것을 열 눈(모든 눈)이 지켜보기 때문에 곧고, 바르게 하지 않을 수 없다는 뜻이라고 하기도 한다.

■의疑는 갑골문에서는 지팡이를 짚은 사람이 길에서 어디로 갈지 주저하는 모습을 그렸고, 이후 의심疑心하다는 뜻이 나왔다. 금문에서 발(止)과 牛(소 우)자를 더해서 그런 행위를 강조하여 주저하다, 미혹되다의 의미이다. 의심

(뭇사람들이 같이 욕망하는 것을 홀로) 차지하고서 의아하게 여기지 않으니(본래 지니고 있는 것같이 여기는 것을 하지 않아, 남에게 자신을 낮추지 못하여) 나라에도 반드시 알려짐이 있고, 가문에도 반드시 알려짐이 있다.(달사와 문사는 마치음·양, 혹·백처럼 상반된다.)"

집주 —— ■達者는 德孚於人而行無不得之謂라

달達이란 덕이 남에게 신뢰를 받아서 행하는 일이 모두 이루어지지 않음이 없음을 말한다.

■子張務外하니 夫子蓋已知其發問之意라 故로 反詰之하여 將以發其病而藥之也시니라

자장子張은 밖의 것에 힘썼으니, 공자께서는 대개 그가 질문한 의도를 이미 알고 계셨다. 그러므로 되물음으로써 그의 병통을 드러내어 약으로 쓰시고자 한 것이다.

■言名譽著聞也라

(聞이란) 명예가 드러나 알려짐을 말한다.

■聞與達은 相似而不同하니 乃誠僞之所以分이니 學者不可不審也라 故로 夫子旣明辨之하시고 下文에 又詳言之하시니라

알려짐(聞)과 통달(達)은 서로 비슷하지만 같지 않으니, 곧 진실과 거짓이 나누어지는 까닭이니, 배우는 자는 살피지 않으면 안 된다. 그러므로 공자께서는 이미 명확히 분변(明辨)하시고, 뒷글에서 상세히 말씀하셨다.

■內主忠信而所行合宜하고 審於接物而卑以自牧하니 皆自修於內요 不求人

하다(中心疑者 其辭枝), 의문하다(以斷天下之疑), 두려워하다(皆爲疑死), 시샘하다(非俊疑傑兮), 머뭇거리다(去邪勿疑), 비슷하다, 아마도, 괴이하게 여기다(遇雨之吉 羣疑亡也), 견주다(擬). 평성으로는 한데 뭉치다(=응凝), 안정되다(靡所止疑), 멈추다(賓西階上疑立) 등의 뜻도 있다.

知之事라 然이나 德修於己而人信之면 則所行이 自無窒礙矣리라

안으로 충신忠信을 위주로 하고, 행하는 것이 마땅함에 합치하고, 남과 접할
때에 잘 살펴서 자신을 낮춤으로써 스스로 기르는 것(卑以自牧)은 모두 안에
서 자신을 닦으며, 남이 알아주기를 구하지 않는 일이다. 그러나 덕이 자신
에게서 닦여 남들이 신뢰하게 되면, 행하는 것이 자연히 막힘이 없게 된다.

■善其顔色以取於仁이나 而行實背之하고 又自以爲是而無所忌憚하니 此는
不務實而專務求名者라 故로 虛譽雖隆이나 而實德則病矣니라

그 안색을 좋게 하여 인에서 취한 듯하지만(取於仁), 행실은 그와 배치되고,
또한 스스로를 옳다고 여기면서 아무런 거리끼는 것이 없다면, 이는 실제에
힘쓰지 않고 오로지 명성에만 힘쓰는 자이다. 따라서 헛된 명예는 비록 융성
하더라도 실제의 덕은 병든다.

■程子曰 學者는 須是務實이요 不要近名이니 有意近名이면 大本已失이니
更學何事리오 爲名而學이면 則是僞也라 今之學者는 大抵爲名하니 爲名與
爲利는 雖淸濁不同이나 然이나 其利心則一也니라

정자가 말했다. "배우는 자는 모름지기 실제에 힘써야 하고 명예를 가까이
해서는 안 된다. 명예를 가까이 하는 것에 뜻을 두면 큰 근본은 이미 잃는 것
이니, 다시 무슨 일을 배우겠는가? 명예를 위하여 배운다면, 이는 거짓이다.
오늘날 배우는 자는 대체로 명예를 추구한다. 명예를 추구함과 이익을 추구
함은 비록 맑음과 탁함이 같지 않지만, 그것이 이기적인 마음(利心)이라는 점
에서 하나이다."

■尹氏曰 子張之學이 病在乎不務實이라 故로 孔子告之는 皆篤實之事니 充
乎內而發乎外者也라 當時門人이 親受聖人之敎로되 而差失이 有如此者하니
況後世乎아

윤돈이 말했다. "자장의 학문은 병통이 실제에 힘쓰지 않는다는 데에 있다.
그러므로 공자께서 일러주신 것이 모두 실질을 돈독하게 하는 일이었으니,

안에서 충만하여 밖으로 발현되는 것이었다. 당시 문인들은 친히 성인의 가르침을 받았어도 이와 같은 차이와 잘못이 있었는데, 하물며 후세의 사람들이랴?"

고금주 —— ■補曰 達士有二, 德義四達者, 謂之達人, 名聞四達者, 亦謂之達人. 故孔子疑而問之. 在邦必聞, 則仕於朝而有譽, 在家必聞, 則居於家而有譽. 質直, 內實也. [與'色取仁'者相反] 好義, 外行也. [與'行違'相反] ○馬曰: "察言語, 觀顏色, [邢云: "達士之行, 察人言語, 觀人顏色."] 知其所欲, [知人之所欲] 其志慮常欲以下人. [降於人]" ○補曰 察人之所欲, 讓而不居, [與'居之不疑'相反] 思以己下之也. [慮, 思也] 色取仁者, 飾其顏色, 以取仁名也. [與'質直'相反] 行違者, 名仁而實背之也. [與'好義'相反] 衆人之所同欲, 專據之而不疑者, [言若固有之] 不下於人也. ○案 達士之行, 忠也, 恕也, 謙也. 聞人之行, 詐也, 專也, 驕也. 其情相反, 如陰陽黑白然.

보완하여 말한다. 달사達士에는 두 종류가 있다. 덕의德義가 사방에 통달한 사람(四達者)을 달인達人이라 한다. 명성(名)과 알려짐(聞)이 사방에 통달한 자 또한 달인이라고 한다. 그러므로 공자께서 의심하여 질문한 것이다. 재방필문在邦必聞은 조정에 벼슬하여 명예가 있는 것이고, 재가필문在家必聞은 가정에 기거하여도 명예가 있는 것이다. 질직質直은 안이 실한 것(內實)이고(色取仁과 상반된다.) 호의好義는 외적 행위(外行)이다(行違와 상반된다). ○마음이 말했다. "언어를 살피고 안색을 관찰하여(형병이 말했다. "달사의 행위는 남의 언어를 살피고, 남의 안색을 살핀다."), 그 원하는 바를 알며(다른 사람이 원하는 바를 알며), 그 뜻은 항상 남에게 자신을 낮추고자 함이다."(다른 사람에게 낮추는 것이다.) ○보완하여 말한다. 남이 하고자 하는 것을 살펴서 사양하며 차지하지 않고(居之不疑과 상반된다), 남에게 자기를 낮추려고 하는 것이다(慮는 생각하는 것:思이다). 색취인色取仁이란 그 안색을 수식함으로써 인의 이름을 취하는 것

이다(質直과 상반된다). 행위行違란 이름은 인이지만 실제는 그것과 배치된다
(好義와 상반된다). 뭇사람들이 같이 욕망하는 것을 홀로 차지하고서 의아하게
여기지 않는 자는(본래 지니고 있는 것같이 여기는 것을 말한다) 남에게 자신을 낮
추지 못한다. ○살핀다. 달사의 행실은 충忠하고 서恕하고, 그리고 겸손(謙)
하다. 알려진 사람(聞人)의 행실은 속이고(詐), 전횡(專)하고, 교만(驕)하다. 그
실정이 상반되니, 마치 음·양, 흑·백과 같이 그러하다.

■質疑 朱子曰: "審於接物, 而卑以自牧."[又云: "察人之言, 觀人之色, 要驗吾之言
是與不是."] ○金曰: "察人之言, 觀人之色, 是接物之際, 審吾言行之當否." ○案
馬注'知其所欲'四字, 神妙精切, 不可易也. 謙退之人, 於觴酒豆肉升階就席, 皆
察人之言, 觀人之色, 知其所欲, 讓而不居, 此正義也. 『集注』謂'要驗吾言之是
非', 恐非本旨. ['居之不疑'宜照看]

질의한다. 주자가 말했다. "남과 접할 때에 잘 살펴서 자신을 낮춤으로써 스
스로 기르는 것이다(卑以自牧)." (또 말했다. "다른 사람의 말을 살펴보고, 다른 사람의
안색을 살펴보고, 내 말이 옳은지 옳지 않은지 시험해 보는 것이다.") ○김이상이 말했
다. "남의 말을 살피고, 남의 안색을 관찰하는 것, 이것은 남과 접촉할 때 나의
언행의 마땅함과 부당함을 살피는 것이다." ○살핀다. 마융의 주에 지기소욕
知其所欲(그 하고자 하는 바를 알고)이라는 네 글자는 신묘·정밀·절실하여 바
꿀 수 없다. 겸손한 사람은 술을 마시거나 고기를 먹거나 계단을 오르거나 자
리에 나아가거나 모두 남의 말을 살피며, 남의 안색을 살펴서 그가 원하는 바
를 알아서 양보하고 차지하지 않는다. 이것이 바른 뜻이다. 『집주』의 '나의 말
의 옳고 그름을 징험한다.'는 것은 아마도 본뜻이 아닌 듯하다. (居之不疑과 마
땅히 조응하여 보아야 한다.)

■馬曰: "佞人, 假仁者之色, 行之則違, 安居其僞而不自疑." ○駁曰 非也. 行
路居其前而不疑, 坐席居其上而不疑, 有頒居其腴而不疑, 得官居其高而不疑,
與曩所謂察言觀色, 慮以下人者, 悉悉相反. 一謙一傲, 如冰如炭, 馬乃云'居其

僞而不疑', 何其疎也? ○ 總之, 子張者, 堂堂之人. 堂堂則近於驕亢, 故孔子對病發藥如是.

마융이 말했다. "영인佞人은 인자仁者의 얼굴을 가장하지만, 행실은 위반되고, 그 거짓 인자에 편안해 하면서 스스로 의심하지 않는다." ○ 논박하여 말하면, 그릇되었다. 차지하고도 의심하지 않는 자는 길을 갈 때 앞장서서 가면서 의심하지 않으며, 윗자리에 앉아 있으면서 의심하지 않으며, 고기를 나눌 때 좋은 것을 갖고서 의심하지 않으며, 벼슬을 할 때 높은 자리에 앉아 의심하지 않으니, 말을 살피고 안색을 관찰하고 깊이 사려하여 남에게 자신을 낮추는 자와 일일이 상반된다. 한쪽의 겸손과 한쪽의 교만이 마치 얼음과 숯의 관계와 같은데, 마융은 '그 거짓 인자에 안거하여 스스로 의심하지 않는다.'고 했으니, 그 얼마나 소원한가? ○ 총괄하면, 자장은 당당한 사람(堂堂之人)이다. 당당하면 교만한 데에 가깝기 때문에 공자께서 병발病發에 대한 약이 이와 같았다.

■ 馬曰: "佞人黨多."[邢云: "妄相稱譽, 故所在皆有名聞."] ○ 駁曰 非也. 非佞人也. 『書』曰: "象恭滔天, 靜言庸違." 夫子所言者, 此人也.

마융이 말했다. "영인佞人은 당이 많다(黨多)."(형병이 말했다. "함부로 서로 칭에 하기 때문에 있는 곳마다 모두 명성과 알려짐이 있다.") ○ 논박하여 말하면, 그릇되었다. 영인이 아니다. 『서경』에서 "말은 잘하지만 행동은 어긋나고, 겉모습은 공손하지만 하늘을 업신여긴다."고 했으니, 공자께서 말씀하신 것은 이런 사람이다.

비평 —— 주자의 해석에 따르면, 통달(達)이란 덕스러움이 자연스럽게 다른 사람으로부터 인정을 받아 행하는 일마다 이루어지지 않은 것이 없는 것이며, 명성을 알림(聞)이란 덕스럽지 않으면서도 의도적으로 꾸며내어 거짓으로 구하여 얻는 것이다. 여기서 질박함(質)이란 소박하고 진실한 것이고, 정직함(直)이란 치우치거나 굽지 않은 것이다. 의로움을 좋아한다(好義)는 것은 일을 처리함에 마땅함을 구하는 것이다(義宜也). 다른 사람의 말과 안색을 살피는 것은 내 말이 옳은지 그른지를 확인하려는 것이다. 만일 그렇게 하지 않고 자기의 주장을 임의대로 강요한다면 스스로 높이는 것으로 남에게 겸손할 수 없다. 질박·정직하면서 의로움을 좋아하면 다른 사람과 충돌할 수 있지만, 다른 사람의 말과 안색을 살피고 고려하여 자기를 낮추면 남과 충돌을 피할 수 있다. 겉으로만 인仁한 척하지만 행위는 어그러지는데, 마음에 불안감이 남아 있다면 아직도 실질을 향한 마음은 미약하나마 남아 있다고 할 수 있다. 오로지 '스스로만 옳다'는 사실에 대해 회의조차 하지 않으면서, 자리만 차지하고 있어야 명성에 힘쓰는 자이다.

다산이 고주에서 문인聞人을 아첨하는 사람(佞人)으로 해석한 것에 대해 비판한 것은 옳다. 문인은 그 외양이 아첨하는 사람으로 보일 뿐이지, 문인이 곧 영인인 것은 아니다. 또한 다산은 주자가 '찰언이관색察言而觀色 려이하인慮以下人'에 대해 "남과 접할 때에 잘 살펴서 자신을 낮춤으로써 스스로 기르는 것" 혹은 김이상이 "남과 접촉할 때 나의 언행의 마땅함과 부당함을 살피는 것"으로 해석한 것에 대해 마융이 "그 사람이 하고자 하는 바를 알고(知其所欲)"라고 주석한 것이 신묘·정밀·절실하여 바꿀 수 없고 하면서, 모두 남의 말을 살피며, 남의 안색을 살펴서 그가 원하는 바를 알아서 양보하고 차지하지 않는다고 해석하는 것이 바른 뜻이라고 주장한다.

주자는 위기지학爲己之學 및 추기급인推己及人의 관점에서 풀이했다면, 다산은 인仁이란 두 사람 간의 관계에서 성립하는 것이라는 점을 강조했다고 하겠다.

12:21. 樊遲從遊於舞雩之下, 曰: "敢問崇德‧脩慝‧辨惑." 子曰: "善哉問! 先事後得, 非崇德與? 攻其惡, 無攻人之惡, 非脩慝與? 一朝之忿, 忘其身, 以及其親, 非惑與?"

고주 —— 번지가 (공자를) 따라 무우단 아래에서 노닐 때 물었다. "감히 덕을 성대하게 충족시키고(崇=充盛), 사특함(=惡)을 다스리고(脩=治), 의혹을 변별하는 것을 여쭙겠습니다." 공자께서 말씀하셨다. "좋은 질문이구나! 일에서 먼저 노고한 뒤에 보상을 얻는다면, 덕을 성대하게 충족시키는 것이 아니겠는가? 자신의 악을 다스리되(功=治) 남의 악을 다스림이 없는 것이 사특함을 다스리는 것이 아니겠는가? 한순간의 분노 때문에 그 몸을 잊고 (치욕을 당하여) 그 부모에게 (부끄러움을) 미치게 하는 것이 의혹이 아니겠는가?"

주자 —— 번지가 (공자를) 따라 무우단 아래에서 노닐 때 물었다. "감히 덕을 높이고(崇=高), (마음에) 사특함(慝=匿於心)을 다스려 제거하고(脩=治而去之), 미혹을 변별하는 것을 여쭙겠습니다." 공자께서 말씀하셨다. "좋은 질문이구나! (마땅히 해야 할) 일을 먼저 하고 얻는 것을 뒤로 하는 것(공효는 계산하지 않는 것)이, 덕을 높이는 것이 아니겠는가? 자신의 악을 공격하고, 남의 악을 견책(責)함이 없으면 사특함을 다스리는 것이 아니겠는가? 한순간의 분노로 그

자원풀이 ■慝특은 心(마음)+匿(숨을 닉)으로 속마음을 숨겨 사특하다의 뜻이다.
■忿분은 心(마음 심)+分(나눌 분)으로 마음이 찢어진 상태, 안정이 찢겨진 상태 즉 분노의 상태를 말한다.
■惑혹은 或(혹시 혹)과 國(나라 국)과 연관이 있다. 국國은 위□(둘러싸인 성 위)+或(戈무기를 들고 성을 지키는 모습)에서 유래하여 '나라'를 의미한다. 혹或은 '만일의 사태'에 대비하여 창을 들고 지키는 것에서 유래하여 '혹'의 의미가 생겨났다. 혹시(或)나 하는 것에 기대는 마음(心)에서 미혹될 '혹惑' 자가 출현하였다.

자신을 잊고 그 부모에게 (禍難이) 미치게 하는 것이 미혹이 아니겠는가?"

다산 —— 번지가 (공자를) 따라 무우단 아래에서 노닐 때 물었다. "감히 덕을
높이고(仁이다), 사특함을 다스리고(勇이다), 미혹을 변별하는 일(智이다)에 대
해 여쭙겠습니다." 공자께서 말씀하셨다. "참으로 좋은 질문이다. 노고勞苦를
남보다 먼저하고, 이록利祿을 남보다 뒤로 하는 것이 덕을 높이는 것이 아니
겠는가?(인의 실천 방법으로 서의 도리:恕之道이다.) 자신의 악을 공격하고, 남의
악을 공격하지 않는 것이 바로 사특함을 다스리는 것 아니겠는가? 한순간의
분노 때문에 자신의 큰 사랑(자신을 사랑하고 어버이를 사랑하는 것)을 망각하고,
누를 부모에게까지 미치게 하는 것이 미혹이 아니겠는가?"

집주 —— ■胡氏曰 慝之字는 從心從匿하니 蓋惡之匿於心者라 修者는 治而
去之라
호인이 말했다. "특慝이란 글자는 '심心(마음)'과 '닉匿(숨다)'에서 나왔으니, 대
개 악이 마음에 숨어 있는 것이다. 수脩는 다스려 제거함(治而去之)이다."
■善其切於爲己라
(좋은 질문이다:善哉問라고 말씀하신 것은) 질문이 자기를 정립함에 절실(切於爲
己)하므로 좋게 여기신 것이다.
■先事後得은 猶言先難後獲也라 爲所當爲而不計其功이면 則德日積而不自
知矣요 專於治己而不責人이면 則己之惡이 無所匿矣요 知一朝之忿爲甚微而
禍及其親爲甚大면 則有以辨惑而懲其忿矣라 樊遲麤鄙近利라 故로 告之以此
三者하시니 皆所以救其失也시니라
선사후득先事後得은 선난후획先難後獲(6:22)이라는 말과 같다. 마땅히 해야 할
바를 행하고 그 공로를 계산하지 않으면, 덕이 매일매일 쌓이지만 자신은 알
아차리지 못한다. 자신을 다스리는 데 전념하고 남을 탓하지 않으면, 자기의

악이 숨겨짐이 없다. 한순간의 분노(一朝之忿)는 매우 미미하지만, 그 화禍가 부모에게 미쳐서 매우 커질 수 있다는 것을 알아, 미혹을 분별하여 그 분노를 다스릴 수 있어야 한다. 번지는 조야 비속하여(粗鄙, 麤鄙) 이익을 가까이 했기(近利)에 이와 같이 말씀해 주셨다. 세 가지는 모두 그 잘못을 교정한 것이다.

■范氏曰 先事後得은 上義而下利也니 人惟有利欲之心이라 故로 德不崇이요 惟不自省己過而知人之過라 故로 慝不修라 感物而易動者는 莫如忿이니 忘其身以及其親은 惑之甚者也라 惑之甚者는 必起於細微하나니 能辨之於早면 則不至於大惑矣라 故로 懲忿이 所以辨惑也니라

범조우가 말했다. "일을 우선으로 하고 얻는 것을 뒤로 함은 의를 높이고 이익을 낮게 보는 것이다. 사람은 오직 이욕의 마음(利欲之心)만 있기 때문에 덕이 높아지지 않고, 오직 자기의 과오를 자성自省하지 않고 남의 허물만 알기 때문에 사특함이 다스려지지 않는다. 사물에 감응하여 쉽게 동요하는 것으로는 분노만한 것이 없다. (분노하여) 자신을 망각하고 (화가) 그 부모에게 미치게 하면, 미혹이 심한 것이다. 심한 미혹은 필시 아주 세미한 것(細微)에 기인하니, 능히 조기에 분별하면 큰 미혹에 이르지 않는다. 따라서 분노를 다스리는 것은 미혹을 분별하는 방법이 된다."

고금주 —— ■包曰: "舞雩之處, 有壇墠樹木, 故下可遊焉." ○孔曰: "慝, 惡也. 脩, 治也. 治惡爲善." ○補曰 先事後得者, 勞苦先於人, 利祿後於人也. 〔雍也〕篇云: "仁者先難而後獲."〕攻, 治也. 〔考工記〕有攻金之工 · 攻木之工〕人莫不愛身, 人莫不愛親, 因微忿而忘大愛, 以及禍難, 是惑也. ○補曰 崇德, 仁也. 脩慝, 勇也. 辨惑, 智也.

포함이 말했다. "기우제祈雨祭를 지내는 곳에는 제단과 수목이 있었기 때문에 그 아래에서 놀 만하다." ○공안국이 말했다. "특慝은 악惡이다. 수修는 다스림(治)이니, 악을 다스리면 선이 된다." ○보완하여 말한다. 선사후득先事

後得이란 노고勞苦는 남보다 먼저하고, 이록利祿은 남보다 뒤에 취한다는 뜻이다.(「옹야」편에 "인자는 어려운 것은 먼저하고, 얻는 것은 뒤로 한다."고 했다.) 공攻은 다스림(治)이다.(『주례』「고공기」에서 말했다. 쇠를 다스리는 공인과 나무를 다스리는 공인이 있다.) 사람이라면 자신을 사랑하지 않음이 없고, 사람이라면 어버이를 사랑하지 않음이 없는데, 작은 분노로 말미암아 큰 사랑을 망각하여 재앙과 환난(禍難)을 불러오니, 이것이 미혹이다. 숭덕崇德은 인仁이고, 수특修慝은 용勇이고, 변혹辨惑은 지智이다.

■ 孔曰: "先勞於事, 然後得報." ○駁曰 非也. 農者耕田, 匠人營室, 賈人涉險, 莫不先勞於事, 然後得報. 是皆崇德乎? 若云正其義, 不謀其利, 明其道, 不計其功, 是謂先事後得, 則正其義, 明其道, 不可謂之事也, 尤不可謂之難也. 前云先難, 今云先事, 豈可通乎? 崇德者, 求仁也. 原來求仁之法, 在於强恕. 勞苦先於人, 利祿後於人, 恕之道也.

공안국이 말했다. "먼저 일에서 수고한 후에 보답을 얻어야 한다." ○논박하여 말하면, 그릇되었다. 농부가 밭을 갈고, 장인이 집을 짓고, 상인이 위험을 감수하고 장사를 할 때에, 일에서 먼저 수고한 후에 보답을 얻으려 하지 않음이 없는데, 이 모두가 덕을 높이는 것이겠는가? 만약 '그 의義를 바르게 하고 그 이利를 도모하지 않으며(正其義 不謀其利), 그 도를 밝히고 그 공을 헤아리지 않는다(明其道 不計其功).'는 말을 선사후득先事後得을 일컫는 것이라고 한다면, '그 의를 바르게 하고 그 도를 밝히는 것'은 (先事의) 사事라 할 수 없고, 더욱이 (先難의) 난難이라고도 할 수 없다. 앞에서 말한 선난先難과 지금 말한 선사先事가 어찌 통할 수 있겠는가? 숭덕崇德은 인을 구하는 것(求仁)이다. 원래 인을 구하는 방법은 힘써 서를 실천(强恕)하는 데 있다. 노고勞苦는 남보다 먼저하고, 이록利祿은 남보다 뒤에 취하는 것이 서의 방법(恕之道)이다.

■ 質疑 樊遲之鑪鄙近利, 別無明驗. 學稼學圃, 非近利也. 邢昺云'遲請學播種之法, 欲以敎民也', 謝上蔡云'遲學稼圃, 將以爲民, 非役志于自殖財貨', 則未

嘗近利也. 夫子斥之爲小人, 然朱子曰'小人謂細民', 又非好利之小人也. 麤鄙
近利之目, 恐不可輕加於聖門也.

질의한다. 번지가 조야·비속(粗鄙, 麤鄙)하여 이익을 가까이 했다(近利)는 것
은 별다른 명확한 증거가 없다. 농사와 채소 가꾸는 법을 배우려 한 것(13:4)
은 이익을 가까이 한 것이 아니다. 형병은 "번지가 파종播種하는 법을 배우고
자 청한 것은 백성을 가르치고자 한 것 같다."고 했고, 사상채謝上蔡는 "번지
가 농사와 채소 가꾸는 법을 배우고자 한 것은 장차 백성을 위하고자 한 것이
지, 자신의 재화를 늘리는 데 마음이 이끌려서 그런 것이 아니다."라고 했듯
이, (번지는) 일찍이 이익을 가까이 하지 않았다. 공자께서 그를 소인이라고
배척했다.(13:4) 그러나 주자는 "소인은 세인細人(일반 백성)을 일컫는다."고 했
으니, 또한 이익을 좋아하는 소인이 아니다. 조야·비속하여 이익을 가까이
(近利) 했다는 조목은 아마도 성인의 문하에 가볍게 붙일 수 없는 듯하다.

비평 —— 마땅히 해야 할 일은 본성의 덕에서 유래한 것이고, 자신의 이익을
헤아리는 것은 사사로운 마음이다. 따라서 마땅히 해야 할 일을 먼저하고 그
일로 인해 돌아올 이익을 나중으로 여긴다면 본성의 덕이 높아진다. 대부분
의 사람은 남을 관찰하는 것에는 밝고 엄하며, 스스로를 관찰하는 것에는 어
둡고 가볍다. 남의 허물이나 악을 공격하는 마음을 자신에게 향하게 하여 자
신을 점검할 때, 비로소 스스로의 악을 다스릴 수 있다. 하루아침의 분노는 아
주 작은 일이고, 화가 부모에 미치는 것은 아주 큰일이다. 작은 분노 때문에
큰일을 망치는 것은 크게 미혹된 것이다. 분노를 다스려야 미혹을 해소할 수
있다. 다산은 학學에 대해 고주 및 주자와 약간 다른 관점을 가지고 있다. 번
지가 농사와 채소 가꾸는 법을 배우려 한 것 등에 대한 그 이전의 엄숙주의적
해석에 제한을 가하고, 다소 완화된 긍정적인 해석을 하려고 한다. 여기「질
의」에서 다산의 관점의 일단이 나타나 있다. 3권의「학學」에 관한 논의에서

다루기로 한다. 다만 이 구절의 이해를 위하여 주자의 다음 언명을 참조하자.

주자가 말했다. "요즈음 사람들이 일하는 것을 보면 이 일이 마땅히 해야 할 것인지 하지 말아야 할 것인지는 따지지 않고, 먼저 이 일이 무슨 공효가 있는지 계산하고 비교한다. 이미 계산하는 마음이 있다면 곧 오로지 이익을 위한 것이니, 다시는 그 일이 마땅히 해야 할 것임을 알지 못한다. 덕이란 이치가 마음에 얻어진 것이다(德者 理之得於心者). 무릇 사람이 만약 마땅히 해야 할 것임을 알 수 있고, 이익을 위하는 마음이 없을 수 있다면, 이 사람의 뜻은 저절로 높고 원대해질 것이다. 조금이라도 사소한 이해를 위하고 사소한 편의를 추구하면, 이 뜻은 곧 낮고 비천해진다. 이른바 숭崇이라는 것은 덕이 이로부터 더욱 높아지는 것을 말한다. 지금은 또 일을 먼저로 하고 얻은 것을 나중으로 하는 것(先事後得)이 왜 덕을 높일 수 있는 것인지부터 알아야 한다. 대개 마땅히 해야 할 일을 하는 것은 곧 순수한 천리天理이고, 터럭만큼이라도 계산하거나 비교하는 마음이 있으면 이는 곧 인욕人欲이다. 만약 다만 천리를 따라 해 나간다면 덕은 저절로 높아지지만, 조금이라도 인욕이 있기만 한다면 곧 여기서 한두 푼어치 얻었더라도 오히려 저기서 한두 푼어치 잃어버리니, 이 덕은 곧 소멸되고 만다. 어찌 높일 수 있으랴!"(『논어집주대전』)

12:22. 樊遲問仁. 子曰: "愛人." 問知. 子曰: "知人." 樊遲未達. 子曰: "擧直錯諸枉, 能使枉者直." 樊遲退, 見子夏曰: "鄕也吾見於夫子而問知, 子曰, '擧直錯諸枉, 能使枉者直.' 何謂也?" 子夏曰: "富哉, 言乎! 舜有天下, 選於衆, 擧皐陶, 不仁者遠矣. 湯有天下, 選於衆, 擧伊尹, 不仁者遠矣."

고주 —— 번지가 인을 묻자 공자께서 말씀하셨다. "사람을 사랑하는 것이다." 지知를 물으니, 공자께서 말씀하셨다. "사람을 알아보는 것이다." 번지가 깨닫지 못하니, 공자께서 말씀하셨다. "정직한 이를 들어서 쓰고(擧正直之人用之), 사왕한 이를 버려두면(廢置邪枉之人), 굽은 이를 (모두 감화시켜) 곧게 할 수 있다." 번지가 물러나 자하를 만나 말했다. "조금 전에 내가 선생님을 뵙고 지知를 여쭈었더니, 선생님께서는 '정직한 이를 들어서 쓰고, 사왕한 이를 버려두면 굽은 이를 곧게 할 수 있다.'고 하셨는데, 무슨 뜻인가?' 자하가 말했다. "성대하구나, 말씀이여! 순임금이 천하를 소유하셨을 적에 뭇 사람들 중에 선택하여 고요를 등용하니, 어질지 않은 이들이 멀리 떠났다(어진 이들은 이르렀다). 탕임금이 천하를 다스릴 때 뭇 사람들 중에 골라 이윤을 등용하니, 어질지 않은 이들이 멀리 떠났다(어진 이들이 이르렀다)."

주자 —— 번지가 인을 묻자 공자께서 말씀하셨다. "사람을 사랑하는 것이다(사람을 사랑하는 것:愛人은 인을 베푸는 것:仁之施이다)." 지知를 물으니, 공자께서 말씀하셨다. "사람을 알아보는 것이다(사람을 아는 것:知人은 지를 쓰는 것:知之務이다)." 번지가 깨닫지 못하니, 공자께서 말씀하셨다. "곧은 이를 들어서 쓰고 여러 굽은 이를 버려두면(知이다), 여러 굽은 이를 곧게 할 수 있다(仁이다)." 번지가 물러나 자하를 만나서 말했다. "일전에 내가 선생님을 뵙고 지知

자원풀이 ■거擧는 手(손 수)+舁(마주들 여)의 형성자로 손(手)으로 드는(舁) 것을 말한다. 이로부터 들다, 일으키다, 행하다, 흥기하다, 천거하다, 거행하다, 등용하다 등의 뜻이 나왔다. 폐廢는 广(집 엄)+發(쏠 발)의 형성자로 쏠 수 있는 활(發)을 집(广)에 넣어두고 쓰지 않고 폐기하다의 뜻이다.
■착錯은 金(쇠 금)+昔(옛 석)의 형성자로 쇠(金)가 오래되어(昔) '어긋나' 못쓰게 됨, 잘못됨, 뒤섞임 등을 뜻한다. 버려두고 쓰지 않는다, 처리하다, 편안하다 등으로 쓰일 때는 '조(措)'로 읽는다.
■제諸는 言(말씀 언)+者(놈 자)의 형성자로 모든 말(言)을 솥에 삶듯(者=煮:삶을 자) 뒤섞어 변론하다는 뜻으로 여럿, 모두의 뜻이 나왔다. 처소격으로 지우之于, 지어之於의 줄임말로 쓰일 때는 '저'로 읽는다.
■왕枉은 木(나무 목)+王(임금 왕)의 형성자로 나무(木)가 굽다의 뜻이며, 이로부터 왜곡이나 정직하지 않다, 사특하다의 뜻으로 쓰였다.

를 여쭈었더니, 선생님께서는 '곧은 이를 들어서 쓰고 여러 굽은 이를 버려두면, 여러 굽은 이를 곧게 할 수 있다.'고 하셨는데, 무슨 뜻인가?' 자하가 말했다. "풍부하여 넓구나, 말씀이여! 순임금이 천하를 소유하셨을 적에 뭇 사람들 중에 선택하여 고요를 등용하니 어질지 않은 이들이 멀어졌고, 탕임금이 천하를 다스릴 때 뭇 사람들 중에 골라 이윤을 등용하니 어질지 않은 이들이 멀어졌다."

다산 —— 번지가 인(仁=二人)을 묻자 공자께서 말씀하셨다. "사람을 사랑하는 것이다." 지知를 물으니, 공자께서 말씀하셨다. "사람을 알아보는 것이다.(知人이 가장 큰 知이다.)" 번지가 (사람을 아는 것:知人이 知가 된다는 것을) 깨닫지 못하니, 공자께서 말씀하셨다. "곧은 이를 들어서 굽은 이 위에 두면(錯=置), 굽은 이를 곧게 할 수 있다." 번지가 물러나 자하를 만나 말했다. "일전에 내가 선생님을 뵙고 지知를 여쭈었더니, 선생님께서는 '곧은 이를 들어서 굽은 이 위에 두면, 굽은 이를 곧게 할 수 있다.'고 하셨는데, 무슨 뜻인가?' 자하가 말했다. "성대하구나, 말씀이여! 순임금이 천하를 소유하셨을 적에 뭇 사람들 중에 선택하여 고요를 등용하니 어질지 않은 이들이 멀어졌고, 탕 임금이 천하를 다스릴 때 뭇 사람들 중에 골라 이윤을 등용하니 어질지 않은 이들이 멀어졌다."

집주 —— ■愛人은 仁之施요 知人은 知之務라

■損選은 辵+巽(공손할 손괘 손)으로 제사에 쓸 것을 뽑아 보내는 것을 말한다. 손巽은 갑골문에서 끓어앉은 두 사람의 모습을 그렸고, 辵은 구성원들 각자가 제사를 위해 마을이나 부족의 중심부로 물건을 보낸다는 의미이다. 따라서 損選은 제사에서 바치는 제물처럼 구성원을 위해 희생할 사람을 뽑아(巽) 중앙으로 보낸다(辵)는 뜻에서 선발하다, 파견하다, 뽑다, 선거選擧 등의 뜻이 나왔다. 고요皐陶는 순舜임금 때 구관九官의 한 사람으로 법리法理에 통달하여 법을 세우고 형벌을 제정하였으며, 옥獄을 만들었다고 전해지는 인물이다.

사람을 사랑하는 것(愛人)은 인仁을 베푸는 것이다. 사람을 아는 것(知人)은 지知를 쓰는 것이다.

■ 曾氏曰 遲之意는 蓋以愛欲其周而知有所擇이라 故로 疑二者之相悖耳라

증길보가 말했다. "번지의 생각에는 대개 사랑은 두루 미치고자 하는 것이고, 지知는 선택하는 바가 있다. 그러므로 이 두 가지는 서로 어긋나는 것이 아닐까 의심한 것이다."

■ 擧直錯枉者는 知也요 使枉者直은 則仁矣니 如此면 則二者不惟不相悖라 而反相爲用矣니라

곧은 이를 천거하고, 굽은 이를 버리는 것은 지知이고, 굽은 이를 곧게 하는 것은 인仁이다. 이와 같이 한다면, 두 가지는 서로 어긋나지 않을 뿐만 아니라 도리어 서로 쓰이게 된다.

■ 遲以夫子之言으로 專爲知者之事하고 又未達所以能使枉者直之理하니라

번지는 공자의 말씀을 오로지 지자知者의 일로만 여겼고, 또한 굽은 이를 곧게 할 수 있는 이치를 아직 통달하지 못했다.

■ 歎其所包者廣하여 不止言知라.

포함된 것이 넓어서 지知를 말하는 데에 그치지 않음을 탄식한 것이다.

■ 伊尹은 湯之相也라 不仁者遠은 言 人皆化而爲仁하여 不見有不仁者하여 若其遠去爾니 所謂使枉者直也라 子夏蓋有以知夫子之兼仁知而言矣니라

이윤伊尹은 탕湯의 재상이다. 불인한 자가 멀어졌다(不仁者遠)는 것은 사람들이 모두 변화하여 인하게 되어, 불인한 자가 있음을 보지 못함이 마치 멀리 가버린 것과 같다는 말이니, 이른바 굽은 자를 곧게 한다는 것이다. 자하는 대개 공자께서 인仁과 지知를 겸하여 말씀하시는 것을 알았던 것 같다.

■ 程子曰 聖人之語가 因人而變化하여 雖若有淺近者나 而其包含이 無所不盡을 觀於此章에 可見矣니 非若他人之言이 語近則遺遠하고 語遠則不知近也니라

정자가 말했다. "성인의 말씀은 사람의 근기에 따라 변화하여 비록 얕고 가까운 것이 있는 듯하지만, 그 포함하는 것이 다하지 않음이 없음을 이 장을 보면 알 수 있다. 다른 사람의 말이 가까운 것을 말하면 먼 것을 빠뜨리고, 먼 것을 말하면 가까운 것을 알지 못하는 것과 같지 않다."

■ 尹氏曰 學者之問也에 不獨欲聞其說이라 又必欲知其方하고 不獨欲知其方이라 又必欲爲其事하니 如樊遲之問仁知也에 夫子告之盡矣로되 樊遲未達이라 故로 又問焉이나 而猶未知其何以爲之也러니 及退而問諸子夏然後에 有以知之하니 使其未喩면 則必將復問矣리라 旣問於師하고 又辨於友하니 當時學者之務實也 如是하니라

윤돈이 말했다. "배우는 자의 질문은 단지 그 설명을 들으려고 하는 것만 아니라 또한 반드시 그 방법을 알려는 것이고, 단지 그 방법을 알려는 것만 아니라 또한 반드시 그 일을 실천하고자 한다. 예컨대 번지가 인仁과 지知를 질문했을 때, 공자께서 전부 일러주셨지만, 번지가 깨닫지 못한 까닭에 또 질문했고, 그래도 어떻게 하는지를 알지 못하자, 물러나 자하에서 물었고, 그런 뒤에 알게 되었다. 만약 깨닫지 못했다면 틀림없이 다시 물었을 것이다. 이미 스승에게 질문하고, 또 벗에게 변석했으니, 당시의 배우는 자들이 실질에 힘쓴 것이 이와 같았다."

고금주 ── ■補曰 仁者, 二人也. 子愛親, 臣愛君, 牧愛民, 皆仁也. 樊遲未達者, 未達知人之爲知. [愛人之爲仁, 無疑焉] 擧, 擡也. 錯, 置也. 繩施於木, 能使枉者直. 樊遲復問子夏者, 孔子但言枉直, 不言枉直爲何物, 未易曉也. 鄕, 曩也. [『正字通』云: "往者在前, 來者從後, 故往日謂之鄕日."] ○孔曰: "富, 盛也." ○補曰 選於衆, 則擧者爲直, 餘者爲枉. 置之百僚之上, 則擧直而錯於枉也.

보완하여 말한다. 인仁이란 두 사람(二人)이다. 자식이 어버이를 사랑하고(子愛親), 신하가 인군을 사랑하고(臣愛君), 목민관이 백성을 사랑하는 것(牧愛民)

이 모두 인仁이다. 번지미달樊遲未達이란 사람을 아는 것(知人)이 지知가 된다는 것을 알지 못했다는 것이다(사람을 사랑하는 것이 인이 된다는 것은 의심할 것이 없다). 거擧는 드는 것(擡)이고, 조錯는 두는 것(置)이다. 먹줄을 나무에 튕겨서 굽은 것을 바르게 할 수 있다. 번지가 다시 자하에게 물은 것은 공자께서 단지 굽음(枉)과 바름(直)만 말씀하시고, 굽음과 바름이 어떤 것인지 말씀하시지 않으셨기 때문에, 깨닫지 못한 것이다. 향鄕은 지난번(曩)이다.(『正字通』에서 말하길, "지나간 것은 앞에 있고, 올 것은 뒤에 따르기 때문에 지나간 날을 일러 鄕日이라 한다.") ○공안국이 말했다. "부富는 '성盛하다'이다." ○보완하여 말한다. 여럿 중에서 선발하면 천거된 사람은 곧고, 나머지는 굽은 사람이다. 곧은 사람을 모든 관료들 위에 두면, 곧은 사람을 천거하여 굽은 사람의 위에 두는 것이다.

■包曰: "舉正直之人用之, 廢置邪枉之人, 則皆化爲直." ○駁曰 非也. 錯者, 置也, 非廢置也. 錯諸枉者, 置於枉者之上也.

포함이 말했다. "정직한 사람을 천거하여 쓰고, 사광邪枉한 사람을 버려두면, 모두 감화되어 정직하게 된다." ○논박하여 말하면, 그릇되었다. 조착錯이란 두는 것(置)이지, 버려두는 것(廢置)이 아니다. 조저왕錯諸枉이란 굽은 자의 위에 두는 것이다.

■孔曰: "不仁者遠矣, 仁者至矣." ○駁曰 非也. 如孔之說, 則是所謂'仁人放流之, 迸諸四夷'也, 豈所謂'能使枉者直'乎? 舉枉而錯於直, 則可直者皆枉, 舉直而錯於枉, 則易枉者皆直, 此天下之要務. 天下之知, 其有大於知人者乎?

공안국이 말했다. "불인不仁한 사람이 멀리 떠났고, 인자가 이르렀다." ○논박하여 말하면, 그릇되었다. 만일 공안국의 설명과 같다면, 이는 이른바 '인인仁人이라야 그들을 추방하고 유배하되, 사방 오랑캐 땅에 내쫓는다.'(『대학』)는 것이니, 이것이 어찌 이른바 굽은 자로 하여금 곧게 한다는 것이겠는가? 굽은 자를 천거하여 곧은 자 위에 두면 곧은 자가 모두 굽어지고, 곧은 자를 천거하여 굽은 자 위에 두면 굽기 쉬운 자가 모두 곧게 되니, 이것이 천하의 요무要務이다. 천하의 지知 가운데 사람을 아는 것보다 큰 것이 있겠는가?

■質疑 曾幾曰: "遲之意, 蓋以愛欲其周, 而知有所擇, 故疑二者之相悖爾." ○案 樊遲問於子夏, 單擧問知一段, 經文昭然, 則愛人爲仁之理, 樊遲未嘗疑也. 曾氏之說, 豈本旨乎? 下文云'不仁者遠', 與上愛人之仁, 本不相涉. 孔子擧直錯枉之說, 未嘗兼仁知而言之也. [純云: "遲以爲知者必通天地萬物而知之, 今聞夫子之言, 竊疑其近小, 是未達也."]

질의한다. 증기曾幾는 말했다. "번지의 뜻은 대개 사랑(愛)은 두루 베풀고자 하는 것이지만, 지知는 가리는 바가 있기 때문에, 두 가지는 서로 어긋나는 것이라고 의심한 것이다." ○살핀다. 번지가 자하에게 물은 것은 단지 지知에 대한 한 단락이라는 것은 경문에 명확히 드러나 있으니, 사람을 사랑하는 것(愛人)이 인의 이치라는 것을 번지는 일찍이 의심하지 않았다. 증씨의 설이 어찌 본지이겠는가? 아래 글의 '불인자원不仁者遠'은 윗글의 '애인지인愛人之仁'과 본래 서로 연관되지 않는다. 공자의 거직조왕설(孔子擧直錯枉之說)은 인과 지를 겸하여 말한 것이 아니다.(태재순이 말했다. "번지는 知가 반드시 천지만물을 통하여 아는 것이라고 생각했지만, 지금 공자의 말씀을 들으니, 그 知가 근소하기 때문에 깨닫지 못했다.")

■引證〈皋陶謨〉曰: "都! 在知人, 在安民." 禹曰: "吁! 咸若時, 惟帝其難之. 知人則哲, 能官人, 安民則惠, 黎民懷之. 能哲而惠, 何憂乎驩兜? 何遷乎有苗? 何畏乎巧言令色孔壬?" ○純曰: "安民, 即愛人也. 孔子之言, 乃皋陶之謨也. 書辭兩'在'字, 言天下之治, 在是二者也. 朱子云, '愛人, 仁之施, 知人, 智之務.' 朱子以愛之理爲仁, 是非之本心爲智, 不欲謂愛人爲仁, 知人爲智, 故有此說也. 夫樊遲問仁知, 而夫子但云愛人知人, 是其意正在愛人爲仁, 知人爲智, 何得更著'之施'·'之務'字?"

인증한다. 『서경』「고요모」에서 말했다. "(정치란) 아! 사람을 아는 데(知人)에 달려 있고, 백성을 편안하게 하는 데에(安民) 달려 있다." 우임금이 말하길, "아! 이와 같이 하는 것은 순임금도 어려워한 것이다. 사람을 안다면 명철(哲) 하니, 능히 사람들에게 벼슬을 줄 수 있고, 백성들을 편안하게 한다면 은혜 로우니, 여민들이 그에게 돌아올 것이다. 능히 명철하고 은혜로울 수 있다면 어찌 환두驩兜를 걱정할 것이고, 어찌 유묘를 내칠 것이며, 어찌 교언영색으로 심히 아첨하는 사람을 두려워하겠는가?" ○태재순이 말했다. "백성을 편안하게 함(安民)이 곧 사람을 사랑하는 것(愛人)이다. 공자의 말은 곧 「고요모」의 것이다. 『서경』에는 두 개의 '재在' 자가 있는 것은 천하의 정치가 이 두 가지에 있음을 말한다. 주자는 '사람을 사랑함(愛人)은 인을 베푸는 것(仁之施)이고, 사람을 아는 것(知人)은 지를 쓰는 것(智之務)이다.'라고 말했다. 주자는 사랑의 이치(愛之理)를 인仁이라 하고, 시비의 본심을 지라고 했다(是非之本心爲智). 그리고 애인愛人을 인이라 하거나, 지인知人을 지智라고 말하고 싶지 않았기 때문에 이러한 설이 있었다. 대저 번지는 인仁·지知를 물었고 공자께서는 단지 애인愛人·지인知人이라고 말씀하셨으니, 그 뜻은 바로 애인愛人이 인仁이 되고, 지인知人이 지智가 된다는 것에 있으니, 어찌 다시 '지시之施'·'지무之務'라는 글자를 덧붙이는가?"

비평 —— 주자에 따르면, 인仁이란 인간 마음이 지니고 태어난 보편적인 덕이다. 따라서 여기서 공자가 말하는 '사람을 사랑하는 것(愛人)'이란 인의 덕을 베푸는 것으로, 곧 두루 보편적으로 사람을 사랑하는 것을 말한다. 그리고 앎 또한 인간 마음이 지니고 태어난 보편적인 덕이다. 옳고 그름을 분별하는 것(是非之心 知之端)은 우리에게 내적인 앎의 덕이 있다는 것을 드러내는 하나의 단서이다.

사람을 아는 것(知人)이란 이러한 마음의 덕인 지知의 작용(用)이다. 아는 것 가운데 사람을 아는 것이 가장 중요하다. 모든 앎은 인간의·인간에 의

한·인간을 위한 것으로, 인간을 아는 것이 앎의 궁극이 된다. 앎의 일로서 사람을 아는 것(知人)이란 인·불인자를 분별하여 선택할 줄 아는 것을 말한다. 따라서 두루 모든 이를 사랑하는 보편적인 인과 인·불인자를 분별하여 선택하는 지知 사이에는 모순이 있는 듯이 보인다. 번지는 바로 이 점을 이해하지 못했다는 것이다. 그런데 공자에 따르면, 인한 사람과 그렇지 못한 사람을 분별할 줄 아는 앎을 통해 곧은 이를 등용하고 굽은 이를 등용하지 않으면, 굽은 이들 또한 등용되거나 교화되어 곧게 된다. 따라서 분별하는 지가 궁극적으로는 보편적인 인을 실현하는 데 기여하여, 보편적인 인과 분별하는 지 사이에는 모순은 없다는 것이다. 바로 이 점을 알아차렸기 때문에 자하는 "순임금이 천하를 다스릴 적에 뭇 사람들 중에 골라 고요를 등용하니 어질지 않은 이들이 멀어졌다."는 말을 인용하여 공자의 말을 풀이해 주었다.

그런데 다산은 인仁이란 두 사람(人+二)에서 유래한 것으로 친애한다는 의미라는 데에 착안하여 그 구절을 해석한다. 따라서 그에 따르면, 『논어』의 원문 그대로 사람을 사랑하는 것이 곧 인仁이다. 인이란 내재적인 마음의 덕이 아니라, 사람과 사람과의 상호 관계에서 마땅히 해야 할 도리를 온전히 다할 때 비로소 성립하는 것이다. 지知 또한 마찬가지다. 내재적인 마음의 덕으로 지知가 있고, 그 발현으로 지가 밖으로 실현되는 것이 아니다.

다산이 『서경』「고요모」의 구절을 인용하면서, 이 구절을 해석한 태재순의 해설을 인용한 의도는 바로 여기에 있다. 여기서도 우리는 인과 지의 선천성과 내재성을 강조하는 주자와 실천성을 강조하는 다산의 관점 차이를 확인할 수 있다. 인에 대한 주자와 다산의 정의는 3권에서 별도 장을 구성하여 재논의하고자 한다.

12:23. 子貢問友. 子曰: "忠告而善道之, 不可則止, 毋自辱焉."[皇氏本, 忠告而以善道之]

고주 —— 자공이 교우交友에 대해 물으니, 공자께서 말씀하셨다. "(옳고 그름으로써 알려주어) 충고하여 (또한) 선한 도로써 이끌어주되(又以善道導之), (만약 충고를) 따르게 할 수 없으면(不見從) 그쳐서 (억지로 충고하거나 이끌어서, 혹) 스스로 곤욕을 취하지는 말아야 한다."

주자 —— 자공이 벗에 대해 물으니, 공자께서 말씀하셨다. "(벗은 인으로 보완해 주는 존재인 까닭에) 그 마음을 다해(忠=盡其心) 말해 주고, (그 말을) 좋게 하여 이끌어준다. (그러나 義合이기 때문에) 할 수 없으면 그쳐서, 스스로 모욕을 당함은 없어야 한다."

다산 —— 자공이 벗에 대해 물으니, 공자께서 말씀하셨다. "(벗에게 과오가 있으면) 중심의 말(中心之言)로 (옳고 그름을) 말해 주고 선을 베풀어 인도하되, (만약 자기를) 따르게 할 수 없으면 그쳐서 (억지로 충고하거나 이끌어서) 스스로 곤욕을 취하지는 말아야 한다."(황본에는 '忠告而以善道之'로 되었다. '以'자는 첨가할 수 없다. 황본이 잘못된 것이다.)

자원풀이 ■벗을 뜻하는 글자는 붕朋과 우友가 있다. 붕朋의 본 글자는 붕鵬으로 동류의 새를 뜻하는데, 중심이 되는 새가 날면 작은 새들이 따라 나는데서 유래한 것으로, 전의되어 위대한 스승으로부터 동문수학한 사람을 뜻한다. 우友란 扌(手:손 수)+차又(까기 길 차)로 손을 맞잡고 있는 것을 말한다. 따라서 붕우란 동문수학하여 손을 맞잡고 뜻을 같이하는 사람이라 하겠다.

집주 —— ■友는 所以輔仁이라 故로 盡其心以告之하고 善其說以道之라 然이나 以義合者也라 故로 不可則止니 若以數而見疏면 則自辱矣니라

벗은 인으로 보완해 주는 존재이다. 그러므로 그 마음을 다해 충고하고, 그 말을 좋은 말로 이끌어야 한다. 그러나 의로움으로 합한 사람인 까닭에 (충고를) 받아들이지 않으면 그친다. 만일 너무 빈번하여 소원해진다면 스스로 모욕을 당한다.

고금주 —— ■包曰: "忠告, 以是非告之.[補云: "友有過, 則以中心之言告之."] 以善道導之." ○補曰 道, 讀之如'道之以德'之道. 盡忠以告之, 陳善以導之也. ○包曰: "不見從則止. 必言之, 或見辱."[邢云: "毋得彊告導之, 以自取困辱焉."]

포함이 말했다. "충고忠告하여 옳고 그름을 말해 주고(보완하여 말한다. "벗에 과오가 있으면, 중심의 말:中心之言로써 고해 준다."), 선한 도로 이끌어준다." ○보완하여 말한다. 도道는 '도지이덕道之以德(덕으로 이끌어준다)'의 '도道(이끌다)'와 같이 읽어야 한다. 충忠을 다하여 일러 주고, 선을 베풀어 인도한다. ○포함이 말했다. "(충고를) 따르지 않으면 그만두어야 한다. 기필코 말한다면 혹 모욕을 당한다."(형병이 말했다. "억지로 말해 주거나 인도함으로써 스스로 곤욕을 취하지는 말아야 한다.")

■案 '以'字不可加. 皇本, 誤也.

살핀다. '이以' 자는 첨가할 수 없다. 황간본은 잘못되었다.

비평 —— 어감상 약간의 차이가 있지만, 특별히 쟁점으로 다룰 문제는 없다. 다산은 고주를 거의 따르고 있다.

12:24. 曾子曰: "君子以文會友, 以友輔仁."

고주 —— 증자가 말했다. "군자는 문덕(文=文德)으로 벗을 모으고, 벗(절차탁마하는 도)으로써 (나의) 인을 보완한다."

주자 —— 증자가 말했다. "군자는 학문을 강론함으로(文=講學) 벗을 모으고 (도가 더욱 밝아진다), 벗으로써 인을 보완한다(덕이 날로 진보한다)."

다산 —— 증자가 말했다. "군자는 (시·서·예·악의) 글로써 벗을 모으고, 벗(절차탁마하는 도)으로써 인(효제충신)을 북돋우어야 한다(문이 위주가 되어서는 안 된다)."

집주 —— ■講學以會友면 則道益明하고 取善以輔仁이면 則德日進이니라
학문을 강론하여 벗을 모으면 도가 더욱 밝아지고, 선을 취하여 인을 북돋우면 덕은 나날이 진보한다.

고금주 —— ■補曰 文, 謂『詩』·『書』·『禮』·『樂』. 仁, 謂孝弟忠信. 非文則無以會友, 旣會則以之輔仁, 不以文爲主也. 輔者, 車之助也, 所以扶車之顚覆也. 友所以輔己.
보완하여 말한다. 문은 『시』·『서』·『예』·『악』을 말한다. 인仁은 효孝·제

자원풀이 ■보輔는 車(수레 거)+甫(보완할 보:田+屮으로 밭의 채소)의 형성자로 무거운 짐을 실을 때 수레바퀴를 튼튼하게 하기 위해 바퀴에 묶어 보완하는(甫=補) 덧방나무로 돕다, 보좌하다의 뜻이다.

弟·충忠·신信을 말한다. 문이 아니면 벗을 모을 수 없고, 이미 모였으면 인을 북돋우어야 하며, 문을 주主로 삼아서는 안 된다. 보輔란 수레의 바퀴살을 도와주는 덧방나무(車之助)인데, 수레가 전복되지 않도록 떠받치는 것이다. 벗이란 자기를 북돋아 주는 존재이다.

■ 孔曰: "友以文德合." 又曰: "友相切磋之道, 所以輔成己之仁."[友字下似缺'有'字]

공안국이 말했다. "벗은 문과 덕으로 합한다(友以文德合)." 또 말했다. "벗에게 서로 절차탁마하는 도가 있는 것은 자기를 완성하는 인을 북돋아 주는 것이다."(友 자 아래에 有 자가 빠진 듯하다.)

비평 —— 자기완성을 목표로 하는 군자가 벗을 만나 함께 학문을 연마하면 앎이 넓혀지며, 인을 보완(輔仁)할 수 있다. 인을 행함은 자기로 말미암는 것이기 때문에(爲仁由己) 벗은 인을 보완해 줄 뿐이다.

벗이란 상호 인을 보완해 주는 관계이다. 따라서 상호 충심으로 알려주어 잘 이끌어주어야 한다. 그러나 벗이란 의리로 합한(義合) 관계이기 때문에, 상호간의 충심이 통하지 않거나 신뢰가 무너지면 그치는 것이 옳다. 그렇지 않으면 소원해지거나, 모욕을 당할 수 있다. 의리상 합하는 관계에 놓여 있는 군신과 벗의 관계에 대해 자유는 다음과 같이 말했다.

> 군주를 섬김에 자주 간언하면 치욕을 당하고, 벗에게 자주 충고하면 멀어진다. (4:26. 子游曰 事君數斯辱矣 朋友數 斯疏矣)

또한 공자는 익자삼우益者三友라 하여 '곧은 벗(友直), 성실한 벗(友諒), 보고 들은 바가 많은 벗(友多聞)'이 유익하다(『논어』 16:4)고 말했다.

이 장에 대한 해석에서 특별한 쟁점은 없다.

제13편

자로
子路

凡三十章
모두 30장이다.

13:1. 子路問政. 子曰: "先之, 勞之." 請益. 曰: "無倦."

고주 —— 자로가 정치를 물으니, 공자께서 말씀하셨다. "먼저 (덕으로) 인도하여 (백성의 신뢰를 받은 뒤에) 수고롭게 해야 한다." (자로가 미진하다고 의심하여) 더 말씀해 주길 청하니, (공자께서) 말씀하셨다. "(이상의 일을 행하는 데에) 게을리 하지 말아야 한다."

주자 —— 자로가 정치를 물으니, 공자께서 말씀하셨다. "(백성들이 행해야 할 도리를 몸소) 솔선하고(先=率), (백성을 위해 논밭 사이를 순찰하는 등 몸소) 수고로워야(勞=勞苦) 한다." (자로가 이미 알려주셨는데도) 더 말씀해 주길 청하니, (공자께서) 말씀하셨다. "(勞苦 역시 사람이 하기 어렵기에) 게을리 하지 말아야 한다."

다산 —— 자로가 정치를 물으니, 공자께서 말씀하셨다. "(위정자는 백성들이 행해야 할 도리를) 솔선하고(先=率), 위로(勞=慰勞, 慰撫)해야 한다." (자로가 예법에 따라) 더 말씀해 주길 청하니, (공자께서) 말씀하셨다. "(맡은 일을) 게을리 하지 말아야 한다."

자원풀이 ■로勞는 力(힘 력)+熒(들불 형)의 형성자로 등불(火)아래 사람(衣)이 밤새워 일하는 모습을 형상화하였다. 금문에서는 의衣가 심心으로 바뀌었지만, 력力 자로 고정되었다. 정신(心)노동보다 육체(力)노동이 노동의 대표가 되었음을 상징한다. 평성으로 쓰일 때는 수고하다, 수고롭게 하다, 노고勞苦, 지치다, 공功, 앓다, 일(직무), 일하다, 번다하다의 뜻이다. 거성으로 쓰일 때는 위로하다(王勞之), 격려하다(勞農勸民), 내려주다, 교로郊勞, 돕다 등의 의미로 쓰인다.
■익益은 水(물 수)+皿(그릇 명)의 회의자로 물이 그릇에서 넘치는 모습(溢: 넘칠 일)을 그려 '더하다'는 뜻이 나왔다. 물이 가득 찬 후 넘치게 되므로 점차 증가하다, 부유하다, 이익利益 등의 뜻이 있다.
■권倦은 人(사람 인)+권(굽을 권)의 형성자로 몸을 구부린 채(券) 누운 사람(人)의 모습에서 피곤함과 게으름의 뜻을 나타내었다. (1) 싫어하다, (2) 게으르다(태만), (3) 고달프다, (4) 걸터앉다 등의 뜻이 있다.

집주 ── ■蘇氏曰 凡民之行을 以身先之면 則不令而行이요 凡民之事를 以身勞之면 則雖勤不怨이니라

소식이 말했다. "무릇 백성의 행실을 몸소 먼저 하면, 명령을 내리지 않아도 행한다. 무릇 백성의 일을 몸소 수고로이 하면, 비록 힘이 들더라도 원망하지 않는다."

■吳氏曰 勇者는 喜於有爲而不能持久라 故로 以此告之하시니라

오역이 말했다. "용자勇者는 일을 하는 것에서 기쁨을 느끼지만, 지속하지 못하기 때문에 이 말씀으로 일러주셨다."

■程子曰 子路問政에 孔子旣告之矣요 及請益에 則曰無倦而已라하시고 未嘗復有所告하시니 姑使之深思也시니라

정명도가 말했다. "자로가 정치를 묻자 공자께서 이미 일러주셨다. 더 말씀해 주시길 청하자, '게으르지 말라'고만 말씀했을 뿐, 다시 더 일러주신 것은 없었으니, 잠시 자로로 하여금 깊이 생각하게 하신 것이다."

고금주 ── ■補曰 請益者, 古禮也. 於師所言之外, 又求一言, 謂之請益. 無倦, 謂不懈於職事.

보완하여 말한다. 청익請益이란 옛 예법이다. 스승이 말씀하신 것 이외에, 또 한 말씀을 구하는 것을 청익請益이라 한다. 무권無倦은 맡은 일에서 게으르지 않은 것을 말한다.

■孔曰: "先導之以德, 使民信之, 然後勞之. [子夏曰: "君子信而后勞其民."]『易』曰, '說以先民, 民忘其勞.'" ○駁曰 非也. 是以勞爲平聲也. 勞爲平聲, 則是志在役民, 不在愛民, 究竟在勞民而已, 豈經旨乎? 且'先'一字, 無以包函孔所言十三字之意味, 豈可以子夏之言, 引之爲證乎?『易』所謂說以先民, 即勞來之義. 今欲於'說以先民'之外, 復以勞役一事爲德政, 勞役豈足爲德政乎? 蘇氏之義, 不可易. [鄭玄讀勞, 力報反, 見『釋文』 ○案, 蘇義與鄭合]

공안국이 말했다. "먼저 덕으로 인도하여 백성들이 신뢰하도록 하고, 그런 뒤에 수고롭게 하는 것이다.(자하가 말했다. "군자는 신뢰를 받은 연후에 그 백성을 수고롭게 한다.") 『주역』에서 말하길, '먼저 기쁨으로 백성들을 위무하면(說以先民), 백성들이 그 수고로움을 잊는다.'라고 했다." ○논박하여 말하면, 그릇되었다. 이 로勞 자는 평성平聲이다. 로勞 자가 평성이면, 위정자의 뜻이 백성을 부리는 데에 있지 백성을 사랑하는 데에 있지 않게 되는데, 결국 백성을 수고롭게 하는 데에 있을 뿐이라면 어찌 경문의 뜻이겠는가? 또한 '선先'이란 한 글자는 공안국이 말한 열세 글자(先導之以德, 使民信之, 然後勞之)의 의미를 포함할 수 없는데, 어찌 자하의 말로써 인증할 수 있겠는가? 『주역』의 이른바 열이선민說以先民은 곧 노래勞來라는 뜻이다. 지금 '열이선민' 이외에 다시 노역勞役하는 하나의 일로써 덕정德政으로 삼으려 하니, 노역이 어찌 족히 덕정이 되겠는가? 소식의 해석은 바꿀 수 없다.(정현은 勞를 力과 報의 반절음으로 위로:慰勞로 읽었다. 『석문』에 보인다. ○살핀다. 소식과 정현의 해석은 합치한다.)

■孔曰: "無倦者, 行此上事, 無倦則可." ○毛曰: "無倦另是一意. 先勞是不迫于始, 無倦是不懈于終. 更不必兩作粘合說." ○案子張問政. 子曰: "居之無倦." 此章言無倦, 亦只此意, 不可粘合說. ○孔曰: "子路嫌其少, 故請益." ○案子路有聞, 未之能行, 唯恐有聞, 豈嫌少也? 請益者, 古禮也.

공안국이 말했다. "무권無倦이란 이상의 일을 행하는 데에 게을리 함이 없어야 한다는 것이다." ○모기령이 말했다. "무권無倦이란 따로 하나의 뜻이다. 선로先勞는 시작에서 각박하지 않는 것이고, 무권은 끝까지 게으르지 않는 것이다. 다시 둘을 붙여 합하는 설을 만들 필요가 없다." ○살핀다. 자장이 정치에 관하여 물으니, 공자께서 "(바른 곳에) 몸을 두기를 게을리 말라."고 했다. 이 장에서 무권無倦이라 말한 것 또한 이 뜻이니, 붙여서 합하는 설을 만들어서는 안 된다. ○공안국이 말했다. "자로는 공자의 말씀이 미진하다고 의심했기 때문에 청익請益한 것이다." ○살핀다. 자로는 들음이 있으면 아직 실천하기도 전에 또 들음이 있을까 두려워했는데, 어찌 미진하다고 의심했겠는가? 청익이란 옛 예법이다.

■吳曰: "勇者喜於有爲, 而不能持久, 故以此告之." ○駁曰 非也. 若欲矯勇者之病, 首告之曰先勞之, 有是理乎? 人方勇於有爲, 而又勉其先之乎!

오역이 말했다. "용감한 자는 일을 하는 것에서 기쁨을 느끼지만, 지속하지 못하기 때문에 이 말씀으로 일러 주셨다." ○논박하여 말하면, 그릇되었다. 만약 용감한 자의 병통을 바로잡으려 했다면, 먼저 선로지先勞之라고 말했을 리가 있는가? 사람은 바야흐로 일을 하는 데에 용감하면서, 또한 먼저 하는 데 힘써야 할 것이다.

비평 —— 고주는 '선지로지先之勞之'를 "먼저 덕으로 인도하여 백성들의 신뢰를 받고, 그런 뒤에 수고롭게 하는 것이다."라고 해석한 것을, 주자와 다산이 함께 비판했다. 그런데 문제는 주자의 '로勞'에 대한 해석이다. 주자는 『세주』에서 다음과 같이 말했다.

> 로勞란 백성들을 위해 부지런히 수고롭게 하는(爲勤勞) 것으로, 예컨대 논밭 사이를 순찰하거나 농업이나 잠업을 권장하는 것이다. (『논어집주대전』)

주자는 로勞를 위정자가 백성을 위해 먼저 솔선하면서 부지런히 백성들을 위해 일하는 것으로 해석했다. 이에 대해 다산은 로勞를 위정자가 백성을 위로慰勞 혹은 위무慰撫하는 것으로 해석했다. 유교에서는 노심자勞心者와 노신자勞身者의 분업을 천하의 통의通義로 규정한다는 점에서 다산의 해석은 정확하다고 할 수 있다. 그러나 주자가 말하는 위정자의 노고勞苦가 '논밭 사이를 순찰하거나 농업이나 잠업을 권장하는 것' 등이라는 점에서, 이 또한 위무慰撫 혹은 위로慰勞의 뜻으로 인신引伸할 수도 있다고 생각된다.

그리고 청익請益에 대해 고주와 주자는 '자로가 미진하다고 생각하여 더 말씀하여 주시기를 청했다.'고 해석했지만, 다산은 고례古禮라고 주장했다. 이러한 해석의 연장선상에서 그 뒤의 '무권無倦'에 대해 고주와 주자는 앞 구절에 덧붙인 말로 보았지만, 다산은 또 하나의 의미를 지니는 별개의 구절로 보고 있다. 상보적으로 보아야 할 것이다.

<hr/>

13:2. 仲弓爲季氏宰, 問政. 子曰: "先有司, 赦小過, 擧賢才." 曰: "焉知賢才而擧之?" 曰: "擧爾所知, 爾所不知, 人其舍諸?"

고주 —— 중궁이 계씨의 가재가 되어 정치에 대해 물으니, 공자께서 말씀하셨다. "먼저 유사(=屬吏)에게 맡기고 (그 성과를 책임지게 한다), 작은 허물은 용서하며(관대한 정치를 하면, 대중의 마음을 얻는다), 어질고 재능 있는 이를 천거하라." 중궁이 말했다. "어질고 재능 있는 이를 어떻게 알아서 등용하겠습니까?" (공자께서) 말씀하셨다. "네가 아는 이를 천거하면, 네가 모르는 이를 (사람들이 알아서 천거할 것이니) 사람들이 버려두겠는가? (사람들이 각자 알고 있는 사람들을 천거하면, 버려지는 賢才가 없을 것이다.)"

주자 —— 중궁이 계씨의 가재가 되어 정치에 대해 물으니, 공자께서 말씀하셨다. "먼저 유사에게 맡기고(그 성공을 고과하면 자신은 수고롭지 않으면서 일은 모두 거행될 수 있다.), 작은 허물은 용서하며(형벌이 남용되지 않고, 인심이 기뻐한다), 어질고 재능 있는 이를 천거하라." 중궁이 말했다. "어질고 재능 있는 이를 (사사로운 제가) 어떻게 (전부) 알아서 등용하겠습니까?" (공자께서) 말씀하셨다. "네가 아는 이를 (公的으로) 천거하면, 네가 모르는 이를 (사람들이 알아서 공적으로 천거할 것이니) 사람들이 버려두겠는가?"

다산 —— 중궁이 계씨의 가재가 되어 정치에 대해 물으니, 공자께서 말씀하셨다. "몸소 유사(=屬吏)에게 솔선수범하여 창도하고, (아래에 임해서는 관용하여) 작은 허물은 용서하며, 어질고 재능 있는 이를 천거하라(사람을 얻어 정무를 보좌하게 하라)." 중궁이 말했다. "어질고 재능 있는 이를 어떻게 알아서 등용하겠습니까?" (공자께서) 말씀하셨다. "네가 아는 이를 천거하면(賢才를 보고도 천거하지 못하는 것을 경계한 것이다), 네가 모르는 이를 사람들이 버려두겠는가?"

집주 —— ■有司는 衆職也라 宰兼衆職이나 然이나 事必先之於彼하고 而後에 考其成功이면 則己不勞而事畢擧矣라 過는 失誤也라 大者는 於事에 或有所害하니 不得不懲이어니와 小者赦之면 則刑不濫而人心悅矣라 賢은 有德者요 才는 有能者니 擧而用之면 則有司皆得其人하여 而政益修矣리라
유사有司는 여러 직책이니, 가재는 여러 직책을 겸하지만, 일은 반드시 유사에게 먼저 맡기고, 후에 그 성공을 고과하면 자신은 수고롭지 않으면서 일은 모두 거행될 수 있다. 과過는 실수(失)·착오(誤)이다. 큰 것은 정사에 혹 해로운 바가 있으니 징계하지 않을 수 없다. 작은 것은 사면하면 형벌이 남용

자원풀이 ■재宰는 宀(집 면)+辛(매울 신)의 회의자로 집(宀)안에서 칼(辛)을 쥐고 있다→ 짐승을 죽이다, 고기를 자르다의 뜻이다. 생살권을 지닌 사람이란 뜻에서 재상宰相, 주재主宰하다의 뜻도 나왔다.
■사司는 갑골문에서 거꾸로 된 모습의 숟가락(匕)과 口(입 구)의 회의자로 음식물을 숟가락으로 떠서 입(口)에 넣어 먹이다의 뜻을 나타내었다. 제사에서 제삿밥을 올리는 행위를 사司라 했으며, 이후 유사有司에서처럼 그런 제의를 주관하는 사람을 지칭했다. 그러자 원래 뜻은 食(밥 식)을 더해 飼(먹일 사)로 분화했다. 진陳·한漢 두 나라에서 형벌을 맡아 보는 관리를 말한다.
■사赦는 赤(붉을 적:大+火: 불빛을 받는 사람 모양)+攴(칠 복)의 회의자로 적赤은 기우제 등을 위해 희생을 불에 태우는 모습이며, 복攴은 손에 매를 들고 강제하다의 의미이다. 희생물(赤)로 삼아 강제하다(攴)라는 의미에서 방치하다, 내버려 두다(=捨), 나아가 사면赦免하다의 뜻이 생겨났다. 죄를 용서하다(君子以赦過宥罪), 탕감하다(足支一歲以上可時赦), 버리다(得國無赦)의 뜻이다.

되지 않고 인심이 기뻐할 것이다. 현賢은 덕이 있는 자이다. 재才는 능력 있
는 자이다. 이들을 천거하여 등용하면 유사로 모두 마땅한 사람들을 얻어 정
사는 더욱 정비된다.

■ 仲弓이 慮無以盡知一時之賢才라 故로 孔子告之以此하시니라

중궁仲弓은 한 시대의 어진 이와 재능 있는 이를 전부 알 수 없다고 염려했기
때문에 공자께서 이것으로 일러 주셨다.

■ 程子曰 人各親其親이니 然後엔 不獨親其親이니라 仲弓曰 焉知賢才而擧之
오한대 子曰 擧爾所知면 爾所不知를 人其舍諸아하시니 便見仲弓與聖人用心
之大小라 推此義면 則一心可以興邦과 一心可以喪邦이 只在公私之間爾니라

정자가 말했다. "사람은 각각 그 가까운 이를 친애하고, 그런 뒤에 유독 그 가
까운 이만 친애하는 것은 아니다. 중궁이 말하길, '어찌 어진 이와 재능 있는
이를 알아 천거합니까?' 하자, 공자께서 '네가 아는 이를 천거하면, 네가 알지
못하는 이를 사람들이 버려두겠는가?'라고 하셨으니, 곧 중궁과 성인의 마음
씀의 크고 작음을 알 수 있다. 이 의미를 미루어보면, 한 마음이 나라를 일으
킬 수도 있고, 한 마음이 나라를 잃게 할 수도 있으니, 단지 공·사의 사이에
있을 뿐이다."

■ 范氏曰 不先有司면 則君行臣職矣요 不赦小過면 則下無全人矣요 不擧賢
才면 則百職廢矣라 失此三者면 不可以爲季氏宰어든 況天下乎아

범조우가 말했다. "유사에게 먼저 맡기지 않으면, 주군이 신하의 직무를 행
하게 된다. 작은 과오를 사면하지 않으면 아래에는 온전한 사람이 없게 된
다. 어진 이와 재능 있는 이를 천거하지 않으면 모든 직책이 피폐될 것이다.
이 세 가지를 잘못하면 계씨의 가재도 될 수 없는데, 하물며 천하이겠는가?"

고금주 —— ■ 邢曰: "有司, 屬吏也." [補云: "各有所司, 故名曰有司."] ○ 補曰 先者, 先
之也. 爲政, 當躬自率先, 以爲有司倡. 赦小過, 臨下欲寬也. [邢云: "赦放小過, 寬則

得衆."] 舉賢才, 欲得人以輔政也 舉爾所知, 戒見賢而不能舉.

형병이 말했다. "유사有司는 속리屬吏이다."(보완하면 말하면, "각각 맡은 바가 있기 때문에 有司라고 명했다.") ○보완하여 말한다. 선先이란 솔선하는 것(先之)이다. 정치를 할 때 마땅히 몸소 스스로 솔선하여 유사를 창도해야 한다. 사소과赦小過는 아래에 임하여 관용하고자 하는 것이다.(형병이 말했다. "작은 허물을 사면·방면하여 관용하면, 대중을 얻는다.") 거현재舉賢才는 사람을 얻어 정무를 보좌하고자 하는 것이다. 네가 아는 이를 천거하라는 것은 어진 이를 보고도 천거하지 못하는 것을 경계한 것이다.

■ 王曰: "言爲政當先任有司, 而後責其事."[邢云: "爲政, 當先委任屬吏, 各有所司, 而後責其成事."] ○范曰: "不先有司, 則君行臣職." ○駁曰 非也. 旣名有司, 必有所掌, 是人莫不先任也, 何以爲德政乎? 宰者, 主宰也, 於事無所不統. 若委任有司, 漫不知何事, 唯以君行臣職爲大戒, 則百度頹墮, 不可爲矣. 先儒論治道, 皆宗魏相·丙吉之義, 而〈堯典〉·〈皐陶謨〉·〈立政〉·〈無逸〉, 皆忘之矣. 世道之禍, 未有甚於是者.

왕숙이 말했다. "정치를 하는데 마땅히 먼저 유사에게 맡기고, 이후에 그 일을 책임지게 하는 것을 말한 것이다."(형병이 말했다. "정치를 할 때에 마땅히 먼저 속리에게 위임하여 각각 맡은 바가 있게 한 이후에 그 일의 성공을 책임지게 한다.") ○범조우가 말했다. "유사에게 먼저 맡기지 않으면, 임금이 신하의 직무를 행하게 된다." ○논박하여 말하면, 그릇되었다. 이미 유사有司라고 명명했으면, 반드시 관장하는 바가 있으니, 이 사람이 먼저 맡지 않을 수 없는데, 무엇으로 덕정德政을 하겠는가? 재宰란 주재主宰이니, 어떤 일도 통솔하지 않는 것이 없다. 만일 유사에게 위임하고, 방만하여 어떤 일인지 알지도 못하면서 오직 임금이 신하의 직책을 행하게 될 것이라는 말만 큰 경계로 삼는다면, 모든 법도가 무너져 정사를 할 수 없을 것이다. 선유들은 치도治道를 논하면서 모두 위나라 재상 병길丙吉의 주장을 종주로 삼고, 『서경』「요전」·「고요모」·

「입정」·「무일」은 모두 망각한다. 세도世道의 화禍가 이보다 심한 것이 없다.

■ 質疑 知人則哲, 唯帝其難之. 仲弓於三事, 獨以擧賢才爲難, 抽而問之, 本無過誤. 公私大小, 興邦喪邦, 恐其憂太過也. 見賢而不能擧者, 滔滔皆是, 故仲弓以知賢爲難, 而孔子以擧賢爲難. 末二句, 乃乘勢之餘語, 非有深意. 今專執末二句, 推尊孔子爲大公至正, 而斥仲弓爲私小, 恐不中理. 一家小宰, 固無以盡擧一時之賢才. 若以爲天下國家者言之, 身爲冢宰, 欲盡知一時之賢才, 未必爲私意, 留有餘不盡之賢才, 以遺他人, 未必爲公心. 擧賢之法, 恐不如是. 子曰'雍也, 可使南面', 其心可以喪邦, 有是理乎?

질의한다. 사람을 알아본다면(知人) 명철하다고 하는데, 오직 순임금도 어렵게 여겼다. 중궁은 세 가지 일 가운데 유독 어진 이와 재능 있는 이를 천거하는 것을 어렵게 여겨서, 이것을 뽑아서 질문한 것은 본래 과오가 없다. (정자가 말한, 중궁과 공자의 마음 씀의) 공·사와 대·소(의 차이)가 나라를 일으키기도 하고 잃게 할 수도 있다는 것은 그 우려가 너무 지나친 듯하다. 어진 이를 보고도 능히 천거하지 못하는 것은 도도한 흐름이 모두 그렇기 때문에, 중궁은 어진 이를 알아보는 것을 어렵게 여겼고, 공자는 어진 이를 천거하는 것을 어렵게 여겼다. 끝의 두 구절은 곧 형세를 탄 나머지 말이니, 깊은 뜻이 있는 것은 아니다. 그런데 지금 오로지 끝의 두 절에만 집착하여 공자를 대공지정大公至正으로 추존하면서, 중궁을 사소私小하다고 배척하는 것은 아마도 이치에 부합하지 않는 듯하다. 한 가문의 소재小宰가 본디 한 시대의 현재賢才를 다 천거할 수는 없다. 만약 천하국가를 다스리는 것으로 말한다면, 자신이 총재라면 한 시대의 현재를 전부 알아보고자 하는 것은 반드시 사의私意라 할 수 없지만, 전부 알아보지 못하여 아직 남아 있는 현재를 다른 사람에게 보내는 것을 반드시 공심公心이라 할 수도 없다. 어진 이를 천거하는 법은 아마도 이와 같지 않을 것이다. 공자께서 말씀하시길, "중궁은 남면南面하게 할 만하다."고 하셨으니, 중궁의 마음이 나라를 잃게 할 리가 있겠는가?

비평 —— 고주와 주자의 해설을 요약하면 다음과 같다. 즉 계씨는 당시 노나라의 세도가였는데, 중궁은 그런 계씨의 가신의 총재가 되었다. 유사有司는 여러 실무를 담당하는 사람이다. 총괄하는 재상의 자리에 있는 사람은 어질고 재능 있는 사람을 관리로 등용하여, 개별적인 실무는 담당하는 자에게 우선 처리하도록 맡겨 두어야 성과를 요구하고 책임을 규명할 수 있다. 그런데 책임을 규명할 경우에 큰 과오는 어쩔 수 없지만, 작은 과오는 용서하여야 형벌의 남용을 막아 사기를 진작시킬 수 있다는 것이다.

먼저 아는 사람 가운데 어질고 재능 있는 이들을 등용하고 그렇지 않은 이들을 내버려 두면, 다른 사람들 또한 어질고 재능 있는 이들을 천거하게 된다. 그렇게 되면 모르는 이들 중에서 어질고 재능 있는 이들 또한 등용된다. 그런데 여기서 주자는 정자의 말을 인용하여 중궁의 말과 공자의 조언에는 공公·사私의 차이가 있다고 말한다. 즉 중궁은 단지 사적으로 자신이 아는 현재를 천거한다고 생각했지만, 공자는 공적으로 천거해야 한다고 말했다는 것이다. 정자의 이러한 해석은 분명 고주의 사적 정실주의情實主義적 해석을 넘어서는 장점이 있다. 다산은 주자보다 한 걸음 더 나아가 이 구절이 인사의 문제에서 정실주의적인 입장으로 해석되는 것을 적극 경계한다. 그래서 그는 가재家宰의 재宰가 주재主宰의 의미가 있다는 것을 지적하면서, 단순히 유사에게 위임할 것이 아니라, 솔설수범하여 주재해야 한다고 말한다. 그래서 그는 '네가 아는 이를 천거하라'는 것은 어진 이를 보고도 천거하지 못하는 것을 경계한 말씀이라고 적극적으로 해석한다. 다산의 이러한 해석은 당시 정실주의 인사가 낳은 병폐를 목도한 것에서 나온 매우 중대한 논점이라고 할 수 있다.

여기서 우리는 『예기』「예운」에 소강小康사회와 대동大同사회의 차이를 참고 삼아 살펴볼 필요가 있다. 대도가 은폐되어 천하가 가문의 것이 된 소강사회에서는 "각자 그 어버이만 친하고, 그 자식만 자식으로 여긴다(各親其親, 各子其子)." 그런데 대도가 행해지는 대동사회에서는 각자 그 어버이만을 어버이로 여기지 않고, 그 자식만을 자식으로 여기지 않는(人不獨親其親, 不獨子其子), 천하가 공공의 것(天下爲公)이 된다. 여기서 공자는 방법론적으로 먼저 자신이 아는 현재賢才를 먼저 등용함으로써, 다른 사람 또한 자신이 아는 현재를 천거하여, 결국 알지 못하는 현재 또한 등용하여, 궁극적으로는 모든 이들이 현능한 사람이 되도록 이끄는 방법을 제시했다고 생각된다.

❧

13:3. 子路曰: "衛君待子而爲政, 子將奚先?" 子曰: "必也正名乎!" 子路曰: "有是哉, 子之迂也! 奚其正?" 子曰: "野哉, 由也! 君子於其所不知, 蓋闕如也. 名不正則言不順, 言不順則事不成, 事不成則禮樂不興, 禮樂不興則刑罰不中, 刑罰不中則民無所措手足. 故君子名之必可言也, 言之必可行也. 君子於其言, 無所苟而已矣."

고주 —— 자로가 말했다. "위나라 임금이 선생님을 기다려 정치를 하려고 하니, 선생님께서는 장차 (위나라 조정으로 가시면) 무엇을 먼저 하시겠습니까?" 공자께서 말씀하셨다. "반드시 (온갖 사물의:百事) 이름을 바로 잡을 것이다." 자로가 말했다. "이러실 수 있습니까? 선생님의 우원하심이여! 어떻게 이름을 바로잡겠습니까?" 공자께서 말씀하셨다. "사리를 알지 못하는구나(野=不達), 자로야. 군자는 자기가 알지 못하는 것에는 응당 제쳐놓는다(근거로 삼지 말아야 한다). 이름이 바르지 않으면 말이 순서가 없고, 말이 순서가 없으면 정사가 이루어지지 않고, 정사가 이루어지지 않으면 (임금은 위에서 불안하고, 풍속은 아래에서 변화하지 않아) 예악이 일어나지 않고, 예악이 일어나지 않으면 형벌이 (지나쳐서) 알맞지 않고, 형벌이 알맞지 않으면 백성이 손과 발을 둘 곳이 없게 된다. 그러므로 군자는 이름을 붙였다면 반드시 (분명하게) 말할 수 있는 것이고, 말했다면 반드시 준행할 수 있다. 군자는 그 말에 대해 구차한 것이 없을 따름이다."

주자 —— 자로가 말했다. "위나라 임금이 선생님을 기다려 정치를 하려고 하니, 선생님께서는 장차 무엇을 먼저 하시겠습니까?" 공자께서 말씀하셨다. "반드시 이름을 바로잡을 것이다(위나라 출공은 그 아버지를 아버지로 여기지 않고, 그 할아버지를 아버지로 모셔 이름:名과 실제:實가 문란했다. 그래서 공자께서 正名을 우선하셨다)." 자로가 말했다. "이러실 수 있습니까? 선생님의 우원하심이여! 어떻게 이름을 바로잡겠습니까?" 공자께서 말씀하셨다. "비천하구나(野=鄙賤), 자로야. 군자는 자기가 알지 못하는 것은 대개 비워 놓는다. 이름이 바르지 않으면 말이 순조롭지 않고, 말이 순조롭지 않으면 일이 이루어지지 않고, 일이 이루어지지 않으면 예(일이 그 마땅한 순서를 얻는다)와 악(사물이 그 조화를 얻는다)이 일어나지 않고, 예악이 일어나지 않으면 (정사에 베푸는 것이 모두 정도를 잃으므로) 형벌이 알맞지 않고, 형벌이 알맞지 않으면 백성이 손과 발을 둘 곳이 없게 된다. 그러므로 군자는 이름을 붙였다면 반드시 (분명하게) 말할 수 있는 것이고, 말했다면 반드시 준행할 수 있다. 군자는 그 말에 대해 구차한 것이 없을 따름이다."

자원풀이 ■명名은 夕(저녁 석)+口(입 구)의 회의자로 캄캄한 밤(夕)에 입(口)으로 부르는 사람의 이름을 말하며, 이로부터 부르다, 성명姓名, 이름을 붙이다, 시호諡號 등의 뜻이 나왔다. 사물의 명칭이나 물목物目, 그리고 문자文字라는 뜻으로도 쓰였다.
■우迂는 辵(쉬엄쉬엄 갈 착)+于(어조사 우)의 형성자로 돌아서가다가 원뜻. 여기서 멀다의 뜻이 나왔다.
■야野는 里(마을 리)+予(나 여)의 형성자로 마을(里)이 들어선 들판을 뜻한다. 원래는 林(수풀 림)과 土(흙 토)로서 숲(林)이 우거진 땅(土), 아직 농경지로 개간되지 않은 교외의 들녘을 의미했다. 야野는 읍邑과 대칭되어 성 밖의 주변지역이기 때문에 거칠고 야생적이라는 뜻에서 조야粗野, 야만野蠻, 야심野心 등의 단어가 만들어졌다.
■궐闕은 門(문 문)+厥(그 궐)의 형성자로, 높은 대문이 즐비한 대궐大闕을 말했으나, 이후 대궐의 높고 큰 문은 충분한 공간이 있기 때문에 '텅 비다(空)'의 뜻이 나왔다.

다산 —— 자로가 말했다. "위나라 임금이 선생님(의 한 말씀)을 기다려 (그 말대로) 정치를 한다면, 선생님께서는 장차 무슨 일을 먼저 해야 한다고 생각하십니까?" 공자께서 말씀하셨다. "반드시 (인륜에서 나오는 父子·君臣 간에 정해진) 이름을 바로잡을 것이다." 자로가 말했다. "이러셨군요! 선생님의 우원하심이여! 어떻게 (부자·군신 간에 정해진) 이름을 바로잡겠습니까?" 공자께서 말씀하셨다. "사리를 알지 못하는구나(野=不達), 자로야. 군자는 자기가 알지 못하는 것(의심스런 것)을 대개 빼놓는다. 이름이 바르지 않으면, 말이 순조롭지 않고(칭위가 순서가 없고:아버지가 국외에 있어 세자라 칭하고 아들 輒이 군이라 자칭한 것), (부모와 자식, 임금과 신하가 도치되어) 말이 순조롭지 않으면 일이 (시행되었지만 아무것도) 이루어지지 않고, 일이 이루어지지 않으면 (임금은 위에서 불안하고, 풍속은 아래에서 변화하지 않아) 예악이 일어나지 않고, 예악이 일어나지 않으면 형벌이 (지나쳐서) 알맞지 않고, 형벌이 알맞지 않으면 백성이 손과 발을 둘 곳이 없게 된다. 그러므로 군자는 이름을 붙였다면 반드시 말할 수 있는 것이고, 말했다면 반드시 시행할 수 있다. 군자는 그 말에 대해 이끌리거나 얽혀서 퍼지 못하는 것이 없을 따름이다."

집주 —— ■衛君은 謂出公輒也라 是時는 魯哀公之十年이니 孔子自楚反乎衛하시니라

■순順은 頁(머리 혈)+川(내 천)의 형성자로 물의 흐름(川)처럼 순조롭게 머리(頁)를 조아림을 말해 순응順應하다는 뜻이 나왔다. 순조롭다, 도리, 유순하다 등의 뜻이다.
■형刑은 刀(칼 도)+开(평평할 견)의 형성자로 형벌을 나타낸다. 원래는 사람이 네모꼴의 감옥(井)에 갇힌 모습을 그렸다. 징벌懲罰, 토벌討伐, 상해傷害, 죽이다, 사형, 형법 등의 뜻이 나왔다.
■벌罰은 刀(칼 도)+詈(꾸짖을 리)의 형성자인데, 여기서 리詈는 말로 질책한다는 뜻이고, 도刀는 칼 모양의 화폐를 뜻한다. 옥에 갇힌 모양의 형刑이 엄한 체형에 해당한다면, 벌罰은 질책하거나 벌금을 내는 약한 벌을 말하여 형벌刑罰이란 단어가 나왔다. 또한 처벌處罰이란 말도 있다.
■조措는 手(손 수)+昔(옛 석)의 형성자로 어떤 정해진 자리에 놓다(手)의 뜻이며, 다스리다, 희생하다, (법령 등을) 제정하다, 조치措置하다의 뜻이다.

위군衛君은 출공出公 첩輒을 말한다. 이때는 노나라 애공 10년으로, 공자께서 초나라에서 위나라로 돌아오셨다.

■ 是時에 出公이 不父其父而禰其祖하여 名實이 紊矣라 故로 孔子以正名爲先이라

이때 출공은 그 아버지를 아버지로 여기지 않고, 그 할아버지를 아버지로 모셔서 이름과 실제가 문란했다. 그래서 공자께서 정명正名을 우선했다.

■ 謝氏曰 正名은 雖爲衛君而言이나 然이나 爲政之道 皆當以此爲先이니라

사량좌가 말했다. "정명正名은 비록 위나라 군주를 위해 말한 것이지만, 정치를 하는 도는 모두 마땅히 정명을 우선으로 삼아야 한다."

■ 迂는 謂遠於事情이니 言非今日之急務也라 野는 謂鄙俗이니 責其不能闕疑而率爾妄對也라

우迂는 사물의 실정에서 멀다는 뜻이니, 오늘날의 급선무가 아니라는 말이다. 야野는 비루하고 저속함을 말하니, 의심스런 것을 빼놓지 못하고 경솔히 망령되이 대답한 것을 책망한 것이다.

■ 楊氏曰 名不當其實이면 則言不順하고 言不順이면 則無以考實而事不成이라

양시가 말했다. "이름이 그 실제와 합당하지 않으면 말(言; 주의 · 주장)이 순조롭지 않고, 말이 순조롭지 않으면 그 실제를 고칠 수 없어 일이 이루어지지 않는다."

■ 范氏曰 事得其序之謂禮요 物得其和之謂樂이니 事不成이면 則無序而不和라 故로 禮樂不興이요 禮樂不興이면 則施之政事에 皆失其道라 故로 刑罰不中이니라

범조우가 말했다. "일이 그 마땅한 순서를 얻은 것을 예禮라 하고, 사물이 그 조화를 얻는 것을 일러 악樂이라 한다. 일이 이루어지지 않으면 순서가 없으면서 조화롭지 못한 까닭에 예악이 일어나지 않는다. 예악이 일어나지 않으

면, 베푼 정사가 모두 그 도를 잃기 때문에 형벌이 알맞지 않게 된다."

■ 程子曰 名實相須하니 一事苟면 則其餘皆苟矣니라

정자가 말했다. "이름과 실제는 서로 필요로 하는 것이니 한 가지 일이 구차해지면 그 나머지는 모두 구차해진다."

■ 胡氏曰 衛世子蒯聵恥其母南子之淫亂하여 欲殺之라가 不果而出奔한대 靈公이 欲立公子郢이러니 郢辭하다 公卒에 夫人立之한대 又辭어늘 乃立蒯聵之子輒하여 以拒蒯聵하니라 夫蒯聵는 欲殺母하여 得罪於父하고 而輒은 據國以拒父하니 皆無父之人也니 其不可有國也 明矣라 夫子爲政에 而以正名爲先하시니 必將具其事之本末하여 告諸天王하고 請于方伯하여 命公子郢而立之면 則人倫正하고 天理得하여 名正言順而事成矣리라 夫子告之之詳이 如此로되 而子路終不喩也라 故로 事輒不去라가 卒死其難하니 徒知食焉不避其難之爲義하고 而不知食輒之食이 爲非義也니라

호인이 말했다. "위나라 세자 괴외蒯聵는 그 어머니 남자南子의 음란함을 부끄러워하여 죽이려 했으나, 성공하지 못하고 국외로 도망갔다. 영공靈公은 공자 영郢(둘째 아들)을 세우려 했으나, 영이 사양했다. 영공이 죽자 부인이 영을 세웠지만, 또 사양했다. 이에 괴외의 아들인 첩輒을 세워 괴외를 막았다. 저 괴외는 어머니를 죽이려 해 아버지에게 죄를 얻었고, 첩은 나라를 점거하고 아버지를 막았으니 모두 아버지가 없는 사람이니, 이들은 나라를 가질 수 없음은 명백하다. 공자께서 정치를 하신다면 정명正名을 우선하셨을 것이니, 반드시 그 일의 본말을 천왕天王께 고하고 방백에게 청하여, 공자 영에게 명을 내어 그를 세우셨을 것이다. 그리하면 인륜이 바르게 되고 천리天理가 제대로 되며, 이름은 바르게 되고 말은 순조로워져서 일은 이루어졌을 것이다. 공자께서 이처럼 상세하게 일러주셨지만, 자로는 끝내 깨닫지 못했다. 그래서 첩을 섬기다가 떠나지 못하고, 마침내 그 환난에 죽었다. 단지 녹봉을 먹으면 그 환난을 피하지 않는 것이 의리가 된다는 것만 알았고, 첩의

녹봉을 먹는 것이 의가 아니라는 것을 알지 못한 것이다."

고금주 —— ■補曰 待子爲政, 謂待孔子一言, 有所施措也. [非謂虛位待孔子] 子
之意, 將謂何事當先. 名, 謂父子·君臣之定名. 是時, 蒯輒稱衛君, 蒯聵稱衛
世子, [見『春秋』] 父子·君臣之名, 顚倒失倫, 欲正此名, 則輒當迎父以讓位, 退
處世子之位也. 必也正名, 衛國之政, 莫急於此, 必在所先. 有是哉者, 夙疑而
今驗之辭. 是時, 孔悝·石曼姑之黨, 實秉衛國之政, 而齊·衛合力以拒趙鞅,
雖欲讓國以正名, 非輒之所得自由. 故子路量度時勢, 曰奚其正. 野者, 無文不
知禮之稱. [謂如鄙賤之野人] 子路不知治敎有本末, 唯以得君爲政爲急, 孔子欲子
路闕其所不知. [闕, 空也] 言不順者, 稱謂不順序也. 父在外稱世子, 而輒儼自稱
君, 言不順也. 事不成者, 施爲無所成也. 天子非之, 諸侯議之, 無以事大而交
鄰, 大夫心誹, 庶人口謗, 無以發號而施令, 不正名則百事不成. ○孔曰: "禮以
安上, 樂以移風, [『孝經』文] 二者不行, 則有淫刑濫刑." ○邢曰: "刑罰枉濫, 民則
蹐地局天, 動罹刑網, 故無所措其手足也." ○補曰 父子倒置, 則雖名之, 不可
言也, 父子倒置, 則雖言之, 不可行也. [謂雖發號施令, 不可流行] 故君子指而名之,
則必可稱謂也, 謂而言之, 則必可施行也. 苟者, 牽纏不伸之意. 父在外而稱國
君, 子爲君而稱世子, 其言皆牽纏而不伸也.

보완하여 말한다. '선생님을 기다려 정치를 한다(待子爲政)'는 것은 공자의 말
씀을 기다려 (그 말씀대로 정사를) 시행하는 것을 말한다.(지위를 비워 놓고:虛位
로 공자를 기다리는 것을 말하는 것이 아니다.) '선생님께서는 장차 무슨 일을 먼저
해야 한다고 생각하십니까?' 하는 말이다. 명名은 부자·군신 간에 정해진 이
름(定名)이다. 이때에 (아들) 괴첩蒯輒은 위나라 군주라 칭했고, (아비) 괴외蒯
聵는 위나라 세자라 칭했다(『춘추』에 보인다). 부자·군신의 이름이 전도되어
인륜을 상실했다. 이러한 이름을 바로잡으려면 첩이 마땅히 아비를 영접하
여 군주의 지위를 양보하고, 물러나 세자의 지위에 처해야 한다. 반드시 이

름을 바로잡겠다(必也正名)는 것은 위나라의 정치가 이것보다 급한 것이 없으니, 반드시 먼저 해야 할 것이 있다는 것이다. 유시재有是哉란 의문을 가졌는데, 이제 증험되었다는 말이다. 이때에는 공회孔悝・석만고石曼姑의 도당들이 위나라 정사의 실권을 잡고 있었고, 제齊・위衞나라가 힘을 합하여 조앙을 막고 있었으니, 비록 나라를 양보하여 이름을 바로잡고자 하여도 첩輒이 마음대로 할 수 있는 것이 아니었다. 그러므로 자로가 당시 형세를 헤아려보고, '어떻게 바로 잡겠습니까?'라고 말한 것이다. 야野란 문文이 없거나 예를 알지 못하는 것을 칭한 것이다(비속하고 천한 야인과 같다는 말이다). 다스리고 가르치는 데에는 본말이 있다는 것을 알지 못하고, 오직 인군을 얻어 정사를 하는 것만을 급선무로 여겼기에 공자께서는 자로가 알지 못하는 것을 비워놓기를 바라신 것이다.(闕은 비우다:쑈이다.) 언불순言不順이란 칭위稱謂가 순서가 없는 것이다. 아버지가 국외에 있어 세자라 칭하고, (아들) 첩輒이 엄연히 군이라 자칭하니, 말이 순조롭지 못한 것이다. 사불성事不成이란 시행하지만, 아무것도 이루어지지 않는다는 것이다. 천자가 그것을 비난하고, 제후가 그것에 이의를 제기하고, 사대事大와 교린을 할 수 없으며, 대부가 마음속으로 비방하고, 서인들이 입으로 비방하여, 호령을 발동하거나 시행할 수 없으니, 이름을 바로잡지 않으면 모든 일이 이루어지지 않는다. ○공안국이 말했다. "예로써 윗사람을 편안하게 하고, 악으로 풍속을 변화시켜야 하는데(『효경』의 글이다), 예악이 행해지지 않으면 형벌이 남용된다." ○형병이 말했다. "형벌이 잘못 남용되면, 백성들이 조심하고 삼가도 번번이 법망에 걸리기 때문에 손발을 둘 곳이 없다." ○보완하여 말한다. 부모와 자식이 도치되어 비록 이름을 붙이더라도 말할 수 없고, 부모와 자식이 도치되어 비록 말한다고 할지라도 행할 수 없다.(비록 호령을 발동하여 시행한다고 할지라도 유행할 수 없음을 말한다.) 그러므로 군자는 가리켜 이름을 붙였으면 반드시 칭위할 수 있고, 일러 말했으면 반드시 시행할 수 있어야 한다. 구苟란 이끌리고 얽혀서 펴지 못한다는 뜻이다. 아버지는 국외에 있는데 (아들은) 국군國君이라 칭하고, 자식은 군주가 되었으나 (아비는) 세자라 일컫는다면 그 말이 모두 이끌리고 얽혀서 펴지지 않은 것이다.

■ 包曰: "問往將何所先行." ○駁曰 非也. 衛輒有任用之意, 則直當以禮召之, 豈借子路之口, 第言其待子而爲政乎? 旣不召之, 將何往矣?

포함이 말했다. "(위나라 조정으로) '가신다면 장차 무엇을 먼저 하시겠습니까' 하고 물은 것이다." ○논박하여 말하면, 그릇되었다. 위나라 첩輒이 임용할 뜻이 있었다면, 바로 합당한 예로써 초빙했을 것인데, 어찌 자로의 입을 빌려, '먼저 선생님을 기다려 정사를 하게 하신다면' 하고 말했겠는가? 아직 초빙하지 않았는데, 장차 어디로 갈 것인가?

■ 事實 『春秋』哀二年, 夏, 四月, 衛侯元卒. 晉趙鞅帥師, 納衛世子蒯聵于戚. ○哀十二年, 秋, 公會衛侯于鄖. [即出公] ○哀十六年, 春, 正月, 衛世子蒯聵, 自戚入于衛, 衛侯輒來奔. ○案 『春秋』之筆如此, 父子非倒置乎? 父爲臣而子爲君, 君臣非倒置乎? 名不可不正也. 名之爲何物? 先儒摸撈漫漶, 未有所指, 又何以知孔子所謂正名爲何事乎? 名之爲物, 本起人倫. 孔子對齊景公曰'君君, 臣臣, 父父, 子子', 即所謂正名也.

사실 『춘추』 애공 2년 여름, 4월에 위나라 인군 원元이 졸卒하였다. 진晉나라 조앙趙鞅이 군사를 거느리고 와서, 위나라 세자 괴외蒯聵를 척戚 지방에 들여보냈다. ○애공 12년 가을에 애공이 위나라 임금과 운鄖에서 회동했다(곧 出公이다). ○애공 16년 봄 정월에 위나라 세자 괴외蒯聵가 척戚으로부터 위나라에 들어갔고, 위나라 임금 첩이 도망하여 왔다. ○살핀다. 『춘추』의 기록이 이와 같으니, 어버이와 자식이 도치된 것이 아니겠는가? 어버이가 신하가 되고, 자식이 임금이 되었으니, 임금과 신하의 도치가 아니겠는가? 이름은 바로잡지 않을 수 없다. 이름이란 무엇인가? 선유들은 애매모호하게도 지적한 것이 없으니, 공자의 이른바 정명이 무엇인지 어떻게 알 수 있었겠는가? 이름이란 것은 본래 인륜에서 기원한다. 공자께서 제경공에게 대답하길, '임금은 임금답고, 신하는 신하답고, 어버이는 어버이답고, 자식은 자식다워야 한다.'고 말씀하신 것이 곧 이른바 정명이다.

■ 馬曰: "正百事之名."

마융이 말했다. "(정명이란) 온갖 일의 이름을 바로잡는 것이다."

■ 鄭曰: "正名, 謂正書字也. 古者曰名, 今世曰字. 『儀禮』曰, '百名以上, 則書之於策.' 孔子見時教不行, 故欲正其文字之誤.〔見皇疏〕 ○駁曰 非也. 此所謂總 · 小功之察."

정현이 말했다. "정명正名이란 글자를 바로잡는 것을 말한다. 옛날에는 명名이라 했고, 오늘날에는 자字라 한다. 『의례』「빙례」에서 '백명百名 이상은 책策에 기록했다.'고 하였다. 공자께서 당시에 가르침이 행해지지 않은 것을 보셨기 때문에 그 문자의 오류를 바로잡으려 하셨다.(황간의 소에 보인다.)" ○논박하여 말하면, 그릇되었다. 이것은 이른바 시마(緦)와 소공小功의 복을 살피는 격이다.

■ 質疑 『集注』云: "是時出公不父其父而禰其祖." ○案孔子所云名不正, 雖未必是禰祖.

질의한다. 『집주』에서 말했다. "이때 출공은 그 아버지를 아버지로 여기지 않고, 그 할아버지를 아버지로 삼았다." ○살핀다. 공자께서 말씀하신 이름이 바르지 않다는 것은 비록 반드시 할아버지를 이禰로 한 것이라고 할 수 없다.

■ 案蒯輒欲待孔子爲政, 孔子乃反列父子之罪惡, 告于天王, 請于方伯, 以立公子郢, 有是理乎? 言之雖豪快, 夫子不爲是也. 夫子之欲正名者, 欲使衛輒自正其父子之名, 使之全其倫義而已. 胡氏好爲快論, 全不近理, 皆此類也. 且子路仕於孔悝, 未嘗事輒.

(『집주』에 인용된 호인의 해설에 대해) 살핀다. 괴첩이 공자를 기다려 정치를 하고자 했지만, 공자께서는 이에 도리어 부자간의 죄악을 나열하고 천자에게

고하고 방백에게 청하여 공자 영을 세우려 했다니, 그럴 리가 있는가? 말은 비록 호쾌하지만 공자께서는 그렇게 하지 않으셨을 것이다. 공자께서 이름을 바로잡고자 하신 것은 위나라 첩輒으로 하여금 스스로 부자간의 이름을 바로잡아 그 인륜의 의리를 온전하게 하셨을 뿐이다. 호인은 명쾌한 이론을 만들기를 좋아했지만, 전혀 이치에 근접하지 않으니, 모두 이런 따위이다. 또한 자로는 공회에게서 벼슬했지만, 첩을 섬긴 적은 없다.

비평 —— 빈말이 아니라 진정한 참말로서 우리가 믿을 수 있는 말(信=人+言)은 다름 아닌 존재의 실상과 이치에 부합하는 말이다. 『논어』에서는 "말을 알지 못하면, 사람을 알지 못한다."(20:3. 不知言 無以知人也)고 했다. 그리고 이에 대해 주자는 "말의 득실로 사람의 간사하고 바름(邪正)을 알 수 있다."고 주석했다. 맹자 또한 자신의 장점을 '지언知言'이라 하며, 다음과 같이 설명했다.

> 편벽된 말에는 그 가려진 것을 알며, 방탕한 말에는 빠져 있는 것을 알며, 부정한 말에는 괴리된 것을 알며, 도피하는 말에는 그 궁함을 알 수 있으니, 마음에서 생겨나서 그 정사에 해를 끼치고, 그 정사에서 피어나서 그 일에 해를 끼친다. (『孟子』 3:2. 詖辭 知其所蔽 淫辭 知其所陷 邪辭 知其所離 遁辭 知其所窮 生於其心 害於其政 發於其政 害於其事.)

공자는 정명正名이 이루어질 때 비로소 말이 순조롭고(言順), 말이 순조로우면 일이 이루어지고(事成), 일이 이루어져야 예악이 일어나고(禮樂興), 예악이 일어날 때 비로소 형벌이 알맞아(刑罰中) 백성들의 행위규범을 제시할 수 있다(民有所措手足)고 말했다. 말이 순조롭다(言順)는 것은 말이 존재 및 사태의 실상에 부합하는 것을 말한다. 순조로운 말이란 실제 및 하늘의 이치에 부합하는 말이다. 말이 실제 및 천리에 부합하지 못하면, 실제를 살필 방법이 없다. 그래서 말이 순조롭지 못하면 일이 이루어지지 않는다고 했다. 그리고 일이 순리적으로 이루어져야 인간 행위에 합당한 절도와 문식을 규정해 주는 예와, 구분된 인간들을 상호 조화롭게 해 주는 악樂이 일어날 수 있다. 그런데 "선왕이 예악禮樂을 제정한 것은 신체적 욕망을 충족시켜 주려는 것이 아니라, 백성들에게 장차 호오好惡를 공평하게 가르쳐서 인도의 바름으로 되돌아오게 한 것이다.(『禮記』「樂記」. 是故先王之制禮樂者也 非極口腹耳目之欲也 將以教民平好惡 而反人道之正也)" 그러므로 예악이 일어나지 않으면, 형벌이 알맞지 않아 백성들이 행동거지를 어떻게 할지 알지 못한다. 그러므로 "예악이 일어나지 않으면 형벌이 알맞지 않고, 형벌이 알맞지 않으면 백성이 손과 발을 둘 곳이 없게 된다."고 말했다. 먼저 대자위정待子爲政에 대해 고주와 주자는 '임금이 선생님을 기다려 정치를 하려고 한다.'는 뜻으로 해석했다. 그러나 다산은 지위를 비워 놓고(虛位)로 공자를 기다리는 것이 아니라, 공자의 한 말씀을 기다려 그 말씀대로 정사를 시행하는 것을 말한다고 해석했다. 다산의 해석이 명확하고 좋다고 생각된다.

다음으로 정명이 무엇인가에 대해 고주는 '온갖 사물의 명칭을 바로잡는다(正百事之名).'라고 해석했고, 주자는 위나라 출공은 그 아버지를 아버지로 여기지 않고 그 할아버지를 아버지로 모셔, 이름과 실제가 문란했기 때문에 이것을 바로잡는 것(名實相符)으로 보았다. 이에 대해 다산은 정명이란 인륜에서 나온다고 명확히 말한다. 즉 그에 따르면, 여기서 공자가 말한 명名이란 부자父子·군신君臣 간에 정해진 이름(定名)이다. 이때 (아들) 괴첩蒯輒은 위나라 군주라 칭했고, (아버지) 괴외蒯聵는 위나라 세자라 칭했다(『춘추』에 보인다). 부자·군신의 이름이 전도되어 인륜을 상실했다는 것이다. 공자는 바로 이렇게 전도된 이름을 바로잡으려 했다는 것이다. 다산의 이러한 해석은 주자의 해석보다 진일보한 명확한 해석이라 할 수 있다. 정명론은 공자의 정치이론의 핵심을 형성하기 때문에 3권에서 별도로 상론하기로 한다.

13:4. 樊遲請學稼. 子曰: "吾不如老農." 請學爲圃. 曰: "吾不如老圃. 樊遲出." 子曰: "小人哉, 樊須也! 上好禮, 則民莫敢不敬, 上好義, 則民莫敢不服, 上好信, 則民莫敢不用情. 夫如是, 則四方之民襁負其子而至矣, 焉用稼?"

고주 —— 번지가 농사짓는 법을 가르쳐 달라고 청하자, 공자께서 말씀하셨다. "나는 늙은 농부만 못하다." 다시 채소밭 가꾸는 법을 가르쳐 달라고 청하자, 공자께서 말씀하셨다. "나는 늙은 채소 가꾸는 사람만 못하다." 번지가 나가자, 공자께서 말씀하셨다. "소인이로다 번수여! 윗사람이 예禮를 좋아하면 곧 백성들은 감히 공경하지 않을 수 없고, 윗사람이 의를 좋아하면 백성들은 감히 복종하지 않을 수 없으며, 윗사람이 신의를 좋아하면 백성들은 감히 실상(情=情實)으로 응대하지 않을 수 없다. 이렇게만 되면 곧 사방의 백성들이 제 자식을 포대기에 싸 업고 모여들 것인데, 농사짓는 법을 배워 어디에 쓰겠는가?(禮·義·信이 덕을 이루는 데 충분하다면, 농사짓는 법을 배워 백성들을 가르칠 필요가 있겠는가?)"

자원풀이 ■포圃는 □(에워쌀 위)+甫(클 보)의 형성자로 갑골문에서는 밭(田)에 풀(屮)이 자라난 모습(甫)으로 채소밭을 그렸으나, 보甫가 남성을 지칭하는 말로 쓰이자, 담장이나 울타리(□)를 더하여 포圃가 되었다. 채마밭(九月築場圃), 채소 가꾸는 사람, 무성하다, 사물이 모이는 곳의 비유이다.
■가稼는 禾(벼 화)+家(집 가)의 형성자로 곡식을 심다의 뜻인데, 곡식(禾)을 심어 가정(家)을 이루다의 뜻을 담았다. 이후 곡식을 통칭하였으며, 농사일을 하다. 익은 이삭 등의 뜻도 나왔다. 그래서 정현은 『주례』주에서 '곡식을 심어 가꾸는 것을 가稼라 하니, 딸을 시집보내어 낳음이 있는 것과 같다.'고 하였다.
■정情은 心(마음 심)+靑(푸를 청)의 형성자로 깨끗하고 순수한(靑) 마음(心)에서 우러나오는 감정을 말하며 애정愛情, 정황情況, 상황狀況, 실정實情의 뜻이다. 뜻(感情, 愛情, 性慾), 본성(夫物之不齊 物之情也), 진리(兵之情主速), 소망, 사정私情, 정황(實情, 實際), 자태, 흥취, 민심 등의 뜻이다.

주자 ── 번지가 오곡 기르는 법을 가르쳐 달라고 청하자, 공자께서 말씀하셨다. "나는 늙은 농부만 못하다." 다시 채소 가꾸는 법을 가르쳐 달라고 청하자, 공자께서 말씀하셨다. "나는 늙은 채소 가꾸는 사람만 못하다." 번지가 나가자, 공자께서 말씀하셨다. "소인(小人=細民)이로다 번수여. 윗사람이 예禮를 좋아하면 곧 백성들은 감히 공경하지 않을 수 없고, 윗사람이 의를 좋아하면 (일이 마땅함에 부합하여) 백성들은 감히 복종하지 않을 수 없으며, 윗사람이 신의를 좋아하면 백성들은 감히 성실(情=誠實)하지 않을 수 없다. 이렇게만 되면 곧 사방의 백성들이 제 자식을 포대기에 싸 업고 모여들 것인데, 농사짓는 법을 어디에 쓰겠는가?"

다산 ── 번지가 (대개 神農·后稷의 기술로 다스려, 사방의 백성을 불러들이려고) 곡식 기르는 법을 가르쳐 달라고 청하자, 공자께서 말씀하셨다. "나는 늙은 농부만 못하다." 다시 채소밭 가꾸는 법을 가르쳐 달라고 청하자, 공자께서 말씀하셨다. "나는 늙은 채소 가꾸는 사람만 못하다." 번지가 나가자, 공자께서 말씀하셨다. "소인이로다 번수여. 윗사람이 예禮를 좋아하면 곧 백성들은 감히 공경하지 않을 수 없고, 윗사람이 의를 좋아하면 백성들은 감히 복종하지 않을 수 없으며, 윗사람이 신의를 좋아하면 백성들은 감히 실상(情=情實)으로 응대하지 않을 수 없다. 이렇게만 되면 곧 사방의 백성들이 제 자식을 포대기에 싸 업고 모여들 것인데, 농사짓는 법을 어디에 쓰겠는가?(禮·義·信이 덕을 이루는 데 충분하다면, 농사짓는 법을 배워 백성들을 가르칠 필요가 있겠는가?)"

집주 ── ■種五穀曰稼요 種蔬菜曰圃라

■강보襁褓은 衣(옷 의)+强(굳셀 강)의 형성자로 단단하게(强) 동여매야 하는 이불(衣)이라는 의미에서 아이를 업을 때 쓰는 포대기를 말한다.

오곡을 심는 일을 가稼라 하고, 채소 심는 일을 포圃라 한다.

■ 小人은 謂細民이니 孟子所謂小人之事者也라 禮義信은 大人之事也라 好義則事合宜라 情은 誠實也라 敬服用情은 蓋各以其類而應也라 襁은 織縷爲之하여 以約小兒於背者라

소인은 세민細民을 말하니, 맹자의 이른바 소인의 일이라는 것이다. 예禮 · 의義 · 신信은 대인大人의 일이다. 의를 좋아하면(好義) 일이 마땅함에 부합한다(合宜). 정情은 성실誠實이다. 경敬, 복服, 용정用情은 대개 그 유형에 따라 감응한 것이다. 강襁은 실로 짜서 어린애를 등에 업고 매는 것이다.

■ 楊氏曰 樊須遊聖人之門而問稼圃하니 志則陋矣라 辭而闢之 可也어늘 待其出而後에 言其非는 何也오 蓋於其問也에 自謂農圃之不如하시니 則拒之者至矣라 須之學이 疑不及此하여 而不能問하니 不能以三隅反矣라 故로 不復하시고 及其旣出하여는 則懼其終不喩也하여 求老農老圃而學焉이면 則其失愈遠矣라 故로 復言之하여 使知前所言者意有在也하시니라

양시가 말했다. "번수는 성인의 문하에 머물면서도 농사와 원예에 대해 물었으니, 뜻이 비루하다. 사양하고 물리치기만 해도 괜찮은데, 나가기를 기다려 그의 잘못을 말한 것은 무엇 때문인가? 대개 그 물음에 대해 공자께서는 농부나 원예사만 못하다고 하셨으니, 거절함이 지극하였다. 그러나 번수의 학문과 의문이 이 수준에도 미치지 못하여, 다시 질문하지 못했으니, (한 모퉁이를 들어줌에) 나머지 세 귀퉁이를 유추하지 못했기 때문에 다시 반복하지 않으셨다. 그러나 그가 이미 나간 뒤에 끝내 깨우치지 못하고 늙은 농부나 원예사를 찾아가 배우기를 구함으로써, 그 잘못이 더욱 커질까 두려워하셨다. 그러므로 다시 말씀하셔서 앞서 말한 바의 뜻이 어디에 있는지를 깨닫게 하신 것이다."

고금주 —— ■ 孔曰: "情, 情實也. 言民化於上, 各以實應." ○ 包曰: "禮 · 義與信, 足以成德, 何用學稼以教民乎?" ○ 包曰: "負者以器曰襁." ○ 補曰 樊遲蓋欲

治神農・后稷之術, 以招徠四方之民.

공안국이 말했다. "정情은 정실情實이니, 백성들이 윗사람에게 교화되어 각각 실상으로 응함을 말한다." ○포함이 말했다. "예禮・의義・신信이 덕을 이루는 데 충분하다면, 농사짓는 법을 배워 백성들을 가르칠 필요가 있겠는가?" ○포함이 말했다. "아이를 업을 때 쓰는 기구를 일러 강襁이라 한다." ○보완하여 말한다. 번지는 대개 신농神農・후직后稷의 (농사짓는) 기술로 다스려, 사방의 백성을 불러들이려고 했던 것이다.

■案 樊遲學稼, 非欲自修農業也. 后稷躬稼而有天下, 本亦聖門之所稱述, 而當時一種學問, 原有治神農之說, 思以回淳而反朴者. [許行之淵源] 而夫子少也賤, 多能鄙事, 樊遲知道不行, 欲學稼穡之術以來四方之民, 斯亦學先王之道者, 可以旁治者也. 孔子斥之者, 欲先禮義後食貨而已. 樊遲一問, 豈必爲大罪? 『周禮・太宰』九職, 一曰三農, 生九穀, 二曰園圃, 毓草木. 鄭玄以虞之后稷謂之天官, 有所本也. 聖人爲國, 必得一明於農理者, 使爲農官, 然後可以盡職. 若一向嚴斥, 人豈爲之哉? 樊遲本是高弟, 眞就老農, 亦無是理, 豈可以一遭夫子之斥, 而遽斷其平生哉?

살핀다. 번지가 농사짓는 법을 배우려 한 것은 스스로 농업에 종사하려고 한 것이 아니다. 후직이 몸소 농사를 짓고 천하를 소유한 것 역시 본래 성문聖門에서 칭송・기술했던 것인데, 당시에도 일종의 학문으로 근원적으로 신농神農의 학설로 다스려서 순박한 데로 되돌아가려고 생각한 사람이 있었다(전국시대 農家인 許行의 연원이다). 공자께서도 어렸을 때 비천하여 비루한 일에 능력이 많았다. 번지는 도가 실행되지 않는 것을 알고, 농사짓는 기술을 배워 사방의 백성을 오게 하려고 했으니, 이 역시 선왕의 도를 배운 자가 두루 다스림의 방도로 할 수 있는 것이다. 공자께서 그것을 배척한 것은 예의를 앞세우고(先禮義) 식화食貨를 뒤로 하고자 했던 것이었을 뿐이다. 번지가 한 질문이 어찌 반드시 대죄大罪가 되었는가? 『주례』「태재」의 구직九職에 첫째는 삼농三農이니 구곡九穀을 생산하고, 둘째는 원포園圃이니 초목을 기른다고 했다. 정현이 순임금 때 후직을 천관天官이라고 말한 것은 근본한 것이 있다. 성인이 나라를 다스릴 때 농사의 이치에 밝은 자를 얻어 농관農官으로 삼은 뒤에 직職을 다할 수 있었다. 만약 하나같이 농사짓는 일을 엄하게 배척한다면, 사람들이 어떻게 살겠는가? 번지는 본래 공자의 고제高弟인데, 실제로 늙은 농부를 찾아갈 리가 없다. 어찌 한 번 공자로부터 배척을 당했다고 하여, 갑자기 평생 동안 공자와 끊을 수 있겠는가?

■ 邢曰: "不學禮義而學農圃, 故曰小人." ○案 〈無逸〉篇, 知稼穡艱難, 則曰知小人之依. 又祖甲逃民間, 曰舊爲小人. 高宗與農人習處, 曰爰曁小人. 孟子曰竝耕者小人之事.

○형병이 말했다. "예의를 배우지 않고, 농사와 원예를 배우려 했기 때문에 소인이라고 했다." ○살핀다. 『상서』「무일」편에서는 농사짓는 어려움을 안다면 소인의 고통을 안다고 했고, 또한 조갑祖甲은 민간으로 도망가 있었기에 오랫동안 소인이었다고 했고, 고종高宗은 농부와 더불어 농사일을 익히면서 이에 소인과 함께한다고 했다. 맹자는 말하길, "함께 밭갈이 하는 것은 소인의 일이다."(「등문공상」)

비평 —— 공자가 제자들에게 가르친 학문은 인간 본성의 덕으로 자기를 완성하는 위기지학爲己之學이다. 그렇기에 그의 교과목에는 밭을 갈아 씨를 뿌리거나 채소를 가꾸 등의 농사짓는 생산 활동 및 여타의 기예(爲人之學)는 포함되지 않았다. 따라서 공자는 곡식 기르는 일은 경험 많은 농부에게, 채소 가꾸는 일 또한 경험 많은 정원사에게 배우라고 했다.

성학聖學으로서 군자의 학은 인간이 살아가는 데 필요한 상대적인 수단(의식주 등)을 생산하는 전문 지식이 아니라, 모든 전문 지식과 수단이 '인간의 목적'에 봉사하도록 수단의 세계에 상대적인 가치와 질서를 부여하고, 거기에

종사하는 모든 전문직종의 사람들이 조화롭고 통일적인 인간 공동체에 가장
적절히 봉사하도록 통치하는 '가장 높고 가장 포괄적인 지혜의 학문이자 목
적의 학문'이다. 바로 이런 의미에서 공자는 "군자는 그릇이 아니다(君子不器.
2:12)."라고 말했다. 번지가 수단의 세계에 종사하는 방법에 대해 묻자, 공자는
그보다 높은 차원의 목적의 학문이 있음을 상기시키고 있다.

맹자는 신체의 노동을 통해 수단 세계에 종사하는 자(勞身者)와 공동체의
목표를 설정하고 정의롭게 다스리는 자(勞心者)의 분업관계를 '천하의 통의通
義'라고 규정했다.

> 대인大人이 할 일이 있고, 소인小人이 할 일이 있다. … 그렇기에 어떤 이는 마
> 음을 수고롭게 하고, 어떤 이는 몸으로 힘을 쓰나니, 마음을 수고롭게 하는 자는
> 다른 사람을 다스리고, 몸으로 힘쓰는 자는 다른 사람에게 다스려진다고 했다.
> 다른 사람에게 다스려지는 자는 다른 사람을 먹여주고, 다른 사람을 다스리는
> 자는 다른 사람에게 얻어먹는 것이 천하의 통의通義이다. (『孟子』 3상:4. 有大人之
> 事 有小人之事 …故曰 或勞心 或勞力 勞心者 治人 勞力者 治於人 治於人者 食人 治人者 食於
> 人 天下之通義也.)

이 구절에 대한 주석에서 주자는 양시의 글의 인용하여, 농사와 원예를 하
는 방법에 대해 질문한 번지를 비루하다고 여기고, 오직 군자의 학인 도학道
學만이 있을 따름이라고 말하는 듯하다. 이에 대해 다산은 농사짓는 법 또한
성인의 문하에서 칭술했던 것으로, 나라를 다스릴 때 반드시 농사의 이치에
밝은 사람을 농관農官으로 임용해야 했으니, 공자의 의도는 예의를 먼저하고
식화를 뒤로 하자는 것일 따름이라고 해설했다. 앞서 살펴보았지만 주자는
도학적 엄숙주의의 입장에서 인간이 자신의 생업을 해결하기 위해 의식주를
개량하는 기술, 말하자면 '(~의) 학'을 사소한 것(微)이라고 했다. 그러나 다산

은 이러한 기술학技術學이 결코 사소한 것이 아니라, 성문에서 근본으로 칭술했던 것이라고 말하여 적극적인 의미를 부여했다. 바로 이 점에서 다산은 실용적인 후생의 입장에서, 학學 개념의 본래 의미를 재해석했다고 할 수 있다. 이에 대해서는 3권에서 별도의 장을 구성하여 상론하고자 한다.

13:5. 子曰: "誦『詩』三百, 授之以政, 不達, 使於四方, 不能專對, 雖多, 亦奚以爲?"

고주 —— 공자께서 말씀하셨다. "『시』 삼백 편을 외우고도 정치를 맡기면 통달하지 못하고, 사방에 사신으로 가서 단독으로 응대하지 못한다면, 비록 많이 외운다고 할지라도 또한 무엇에 쓰겠는가?"

주자 —— 공자께서 말씀하셨다. "『시』 삼백 편을 외우고도 정치를 맡기면 통달하지 못하고, 사방에 사신으로 가서 단독으로 응대하지 못한다면, 비록 많이 외운다고 할지라도 또한 무엇에 쓰겠는가?"

다산 —— 공자께서 말씀하셨다. "『시』 삼백 편을 외우고도 정치를 맡기면 통달하지 못하고, 사방에 사신으로 가서 천단(擅斷)하여 응대하지 못한다면, 비록 (『시』 삼백 편 외에 六經을) 많이 배웠다고 할지라도 또한 무엇에다 쓰겠는가?"

집주 —— ■專은 獨也라 詩本人情하고 該物理하여 可以驗風俗之盛衰하고 見政治之得失하며 其言이 溫厚和平하여 長於風諭라 故로 誦之者 必達於政

而能言也니라

전專은 홀로(獨)이다. 『시詩』는 사람의 정情(실정, 감정, 정서)에 근본을 두고 사물의 이치를 포괄하니, 풍속의 성쇠를 증험하고 정치의 득실을 알아볼 수 있게 한다. (『시』의) 말은 따뜻하고 두텁고 화평하기 때문에 풍자와 비유에 장점이 있다. 따라서 『시』를 외우는 자는 반드시 정치에 통달하고 말을 잘할 수 있다.

■程子日 窮經은 將以致用也니 世之誦詩者 果能從政而專對乎아 然則其所學者는 章句之末耳니 此는 學者之大患也니라

정자가 말했다. "경전 연구는 장차 (현실에) 적용하려는 것이다. 요즘 세상의 『시』를 외우는 자들은, 과연 정치에 종사하면서 독자적으로 대처할 능력이 있는가? 그렇다면 그들이 배운 것은 문장과 구절의 말단일 뿐이니, 이것이 배우는 자들의 큰 우환이다."

고금주 ── ■補日 誦, 諷也. [邢云: "『周禮』注云, '倍文日諷, 以聲節之日誦.'" ○侃云: "背文而念日誦."] 詩所以察民情格君心, 故學之可以通政. 其辭溫柔敦厚, 故學之可以善言. 專, 猶擅也. 大夫使於四方, 受命不受辭, 『公羊傳』 至彼, 隨問而擅對之. 雖多, 謂於『詩』三百之外, 又多學六經. ○邢曰: "多學而不能用, 則如不學也."

보완하여 말한다. 송誦은 암송하는 것(諷)이다.(형병은 말했다. "『주례』의 주에서, 글을 암송하는 것을 풍이라 하고, 암송하면서 소리를 절도 있게 하는 것을 송이라 한다."

자원풀이 ■송誦은 言(말씀 언)+甬(길 용)의 형성자로 낭송朗誦하다, 외우다의 뜻이다. 말(言)로 외워 바람 불 듯(風) 술술 읊조린다라는 뜻도 있다.
■수授는 手(손 수)+受(받을 수)의, 손(手)으로 무엇을 건네주는(受) 모습을 나타내는 형성자로 주다, 전수傳授하다의 뜻이다.
■전專은 갑골문에서 맨 위쪽은 여러 가닥의 실을 단순화하여 표현한 세 가닥의 실이고, 중간 부분은 실을 감은 실패, 아랫쪽은 원형의 실패 추(紡輪), 옆쪽은 이를 쥔 손(寸)을 그렸다. 이렇게 전專은 실패를 돌려가며 베를 짜는 모습을 나타내는데, 베 짜기는 전문적專門的인 기술로 정신을 집중해야 하는 것이다. 그래서 전문, 전심專心 등의 말이 나왔다. 오로지(오직, 혼자서), 전일專一, 전단專斷(祭仲專), 전공專攻, 독점(己有善 勿專), 가득 차다(名譽專四海), 관장하다 등의 뜻이 있다.

○황간이 말했다. "글을 등지고 외우는 것을 송이라 한다.")『시』는 민정民情을 살피고 임금의 마음을 바로잡는 것이기 때문에 배우면 정치에 통할 수 있다. 시의 말은 온유溫柔·돈후敦厚하기 때문에 배우면 말을 잘할 수 있다. 전專은 천단(擅:오로지)과 같다. 대부가 사방에 사신갈 때에 명命은 받았으나, 말(辭)은 받지 않는다(『공양전』). 그곳에 도달하면 물음에 따라 천단하여 대답해야 한다. 수다雖多란『시』삼백 편 이외에 또한 육경六經을 배운 것이 많다는 것을 말한다. ○형병이 말했다. "많이 배우고도 응용하지 못하면, 배우지 않은 것과 같다."

■ 何曰: "專, 猶獨也." ○案 義有未備.

하안이 말했다. "전專은 홀로(獨)와 같다." ○살핀다. 뜻이 갖추지 못함이 있다.

■ 邢曰: "『詩』三百, 皆言天子諸侯之政也. 古者使適四方, 有會同之事, 皆賦詩以見意." ○案『詩』之用博矣. 明於治亂, 別於善惡, 可以達四方之謠俗, 可以識人倫之常變. 故能通此經者, 可以專對. 若惟以賦詩一事, 謂誦詩可以專對, 則拘而泥矣.

형병이 말했다. "『시』삼백 편은 모두 천자·제후의 정사를 말한다. 옛날에 사신이 사방에 나가서 회동이 있으면, 모두 시를 지어 의사를 나타내었다." ○살핀다. 『시』의 쓰임은 넓다. 치란을 밝히고, 선악을 분별하고, 세상의 풍속을 통달할 수 있게 하고, 인륜의 상변常變을 식별할 수 있게 한다. 그러므로 『시』에 능통한 자는 전대專對할 수 있었다. 만약 오직 시를 짓는 하나의 일만 가지고 송시誦詩하면서 전대할 수 있다고 말한다면, 얽매여 통하지 않는다.

비평 ──『시경』은 체제상으로 풍風·아雅·송頌으로 나누고, 수사상으로 부賦·비比·흥興으로 나누는데, 이를 육의六義라 한다. 풍風이란 풍자諷刺와 풍화風化를 의미하는바, 채시관採詩官이 민간의 가요(風謠)를 수집하여 조정에서 악사樂師가 불렀던 것이다. 아雅는 바르다(正)의 뜻으로, 주로 왕정의 흥망성쇠를 노래한 것으로 소아小雅와 대아大雅가 있다. 송頌은 용容(형용, 모습)과 통하며, 노래에 춤을 겸한다는 뜻이 있다. 송은 귀신과 조상의 은덕을 찬송하는 것이다. 부賦는 시인의 주관적 감정을 뚜렷하게 드러내는 직접 서술의 방식이다. 비比는 사물을 빌려다가 대상물을 비유比喻하여 설명하는 것으로 직유법이나 은유법 등이다. 흥興은 먼저 어떤 것을 말하고 이것을 통해 말하고자 하는 대상을 연상·흥기하는 것이다. 예로부터 『시경』은 시문학과 정치학의 교과서라고 말해 왔다. 주자는 "시는 사람의 감정에 근본을 두고 사물의 이치를 갖추고 있어, 풍속의 성쇠를 체험하고 정치의 득실을 알 수 있게 해 준다. 그 말은 온후하고 화평하며 비유로 깨우쳐주기 때문에, 외우는 자는 반드시 정치에 통달하고 대화할 수 있다."라고 주석하고, 다음과 같이 말했다.

예컨대 서민이나 천하 노예, 여염집의 일에서부터 비루하고 상스러운 일에 이르기까지, 군자가 평소 보고 듣지 못한 것에 대해서 그 실정과 상황을 모두 『시경』에 실려 있는 것으로 인해 알 수 있고, 성인께서 덕을 닦으신 것과 일에 베푸신 것이 다 갖추어져 있지 않은 것이 없다. 거기에 실려 있는 것의 아름다움과 추함에 대해 읽고 외우면서 노래하여 이런 것은 선한 것이 되고 저런 것은 악한 것이 되고, 내가 몸을 닦음에 이런 것은 마땅히 해야 하고 저런 것은 마땅히 하지 말아야 할 것이고, 사람을 다스리기를 시행할 수 있게 되면 이런 것은 마땅히 상을 주어야 하고 저런 것은 마땅히 벌을 주어야 하고 등등. … 시에서 얻은 것이 있으면 틀림없이 응대하고 대화할 때 완곡하고 화평하게 된다. (『논어집주대전』)

고주에서는 "이 장은 사람이란 재능과 학문을 적용하는 것이 중요하니, 만약 많이 배우고도 능히 적용할 수 없다면 배우지 않은 것과 같다는 것을 말했다."라고 해석하여, 재능과 학문의 응용에 대한 강조로 해석했다. 주자는 문장의 해석에 있어 고주의 주석을 거의 그대로 수용했다. 다산은 『공양전』에서 "대부가 사방에 사신 나갈 때에 명命은 받았지만 말(辭)은 받지 않았기 때문에, 사신간 곳에 도달하면 물음에 따라 천단하여 대답해야 했다."는 기록을 적시하면서, 전專은 단순히 단독으로 응대하는 것만이 아니라, '천단(擅:제 생각대로 처리함)하다'의 의미로 해석해야 한다고 말한다. 나아가 그는 '수다雖多'란 단순히 『시』를 많이 배우는 것뿐만 아니라, 육경六經 등에 대한 다양한 지식을 배운 것으로, 넓게 해석했다. 또한 시의 용례에 대한 다산의 폭넓은 해석은 많은 정보를 제공해 준다. 이에 대해서는 3권의 「시」에 관한 장에서 상론하고자 한다.

❧

13:6. 子曰: "其身正, 不令而行, 其身不正, 雖令不從."

고주 —— 공자께서 말씀하셨다. "(윗자리에 있는 사람이) 그 자신이 바르면, 교령을 내리지 않아도 (백성들이 스스로 교화되어) 행하지만, (윗자리에 있는 사람이) 그 자신이 바르지 못하다면, 비록 교령을 내린다고 할지라도 (백성들이) 따르지 않을 것이다."

주자 —— 공자께서 말씀하셨다. "(윗자리에 있는 사람이 修身을 통해) 그 자신이 바르면, 명령을 내리지 않아도 (백성들이) 행하지만, (윗자리에 있는 사람이) 그 자신이 바르지 못하다면, 비록 명령을 내린다고 할지라도 (백성들이) 따르지 않을 것이다."

다산 —— 공자께서 말씀하셨다. "(윗자리에 있는 사람이) 그 자신이 바르면, 교
령을 내리지 않아도 (백성들이 스스로 교화되어) 행하지만, (윗자리에 있는 사람이)
그 자신이 바르지 못하다면, 비록 교령을 내린다고 할지라도 (백성들이) 따르
지 않을 것이다."

고금주 —— ■何曰: "令, 教令也."[邢云: "上之人其身若正, 民自觀化而行之. 其身若
不正, 雖教令滋章, 民亦不從也."] ○饒曰: "以身教者從, 以言教者訟."
하안이 말했다. "령令은 임금의 명령(教令)이다."(형병이 말했다. "윗자리에 있는
사람이 그 자신이 바르게 한다면 백성들이 스스로 교화를 보고 행하지만, 그 자신이 바르
지 않다면 비록 교령을 더욱 밝혀도 백성들 또한 따르지 않는다는 말이다.") ○쌍봉 요
씨가 말했다. "몸소 가르치는 자에게는 (백성들이) 따르고, 말로써 가르치는
자에게는 소송한다."

비평 —— 12:18(季康子問政於孔子. 孔子對曰:「政者, 正也. 子帥以正, 孰敢不正) 등과
같은 의미의 구절이기 때문에 주자는 주석을 하지 않았다. 다산 또한 고주와
집주의 세주를 단지 인용만 했다.

13:7. 子曰: "魯 · 衛之政, 兄弟也."

고주 —— 공자께서 말씀하셨다. "(주공의 후예인) 노나라와 (강숙의 후예인) 위
나라의 정치는 (주공과 강숙이 화목했듯이) 형제와 같았다(서로 화목했다)."

주자 —— 공자께서 (탄식하여) 말씀하셨다. "(형인 주공의 후예인) 노나라와 (동생인 강숙의 후예인) 위나라의 정치가 (쇠락·혼란한 것이) 형제처럼 서로 비슷하다."

다산 —— 공자께서 (탄식하여) 말씀하셨다. "(형인 주공의 후예인) 노나라와 (동생인 강숙의 후예인) 위나라의 정치가 (쇠락·혼란한 것이) 형제처럼 서로 비슷하다."

집주 —— ■魯는 周公之後요 衛는 康叔之後니 本兄弟之國이요 而是時衰亂하여 政亦相似라 故로 孔子嘆之니라

노魯나라는 주공의 후예이고 위衛나라는 강숙康叔의 후예이니, 본래 형제의 나라이나, 이 당시에 쇠락·혼란하여 정치 또한 서로 비슷했기 때문에 공자께서 탄식하셨다.

고금주 —— ■包曰: "魯, 周公之封. 衛, 康叔之封." ○補曰 季孫逐昭公, 廢世子, 立定公而擅國政, 石曼姑挾齊勢, 拒世子, 脅出公而擅國政. 君臣父子之倫皆亡矣, 其政如兄弟然.

포함이 말했다. "노나라는 주공의 봉토이고 위나라는 강숙의 봉토이다." ○ 보완하여 말한다. (노나라는) 계손季孫이 소공昭公을 축출하고 세자를 폐하고 정공定公을 세워 국정을 전횡했다. (위나라는) 석만고石曼姑가 제나라 세력을 끼고 세자를 막고, 출공을 협박하여 국정을 전횡했다. 군신과 부자의 윤리가 모두 없어져서 그 정치가 (혼란스러움이 비슷함이) 마치 형제와 같았다.

■包曰: "周公·康叔, 旣爲兄弟, 康叔睦於周公, 其國之政, 亦如兄弟." ○駁曰 非也. 孔子之言, 據衰亂也.

포함이 말했다. "주공과 강숙은 이미 형제였고, 강숙은 주공과 화목했으니,

그 나라의 정치 또한 형제와 같았다." ○논박하여 말하면, 그릇되었다. 공자의 말씀은 쇠락·혼란에 근거했다.

■ 蘇曰: "是歲, 魯哀公七年, 衛出公五年也. 衛之政, 父不父, 子不子. 魯之政, 君不君, 臣不臣. 卒之, 哀公孫於邾而死於越, 出公奔宋而亦死於越, 其不相遠如此." ○案 是年之必哀公七年, 未有明據, 且二君之死於越, 非孔子之所逆覩, 則此說有病. 然大義近之.

소식이 말했다. "이 해는 노나라 애공 7년, 위나라 출공 5년이다. 위나라의 정치는 어버이가 어버이답지 못하고, 신하가 신하답지 못했다. 노나라의 정치는 임금이 임금답지 못하고, 자식이 자식답지 못했다. 마침내 애공은 주邾나라에 도망갔다가 월나라에서 죽고, 출공은 송나라로 도망갔다가 또한 월나라에서 죽었다. 이들이 서로 멀지 않음이 이와 같다." ○살핀다. 이 해가 반드시 애공 7년인지는 명확하지 않으며, 두 임금이 월나라에서 죽을 것을 공자께서 미리 예견하신 것도 아니므로 이 설은 병통이 있다. 그러나 대의는 거의 옳다.

비평 —— 고주는 형제였던 주공과 강숙이 화목했고, 두 나라도 형체처럼 화목한 관계를 지속한 것으로 해석했다. 이에 대해 주자는 주공·강숙 형제의 후예였던 두 나라의 당시 쇠락·혼란한 정치 상황 또한 형제처럼 비슷하다고 공자께서 탄식한 것으로 해석했다. 다산은 주자의 해석을 지지했다. 당시 두 나라의 정치 상황을 볼 때, 나라의 쇠락·혼란에 근거하여 고주를 비평한 주자와 다산의 해석이 정당하다고 판단된다.

다른 한편 이 구절을 『논어』 6:23(子曰 齊一變 至於魯 魯一變 至於道)과 결부시켜 해석할 수도 있다. 이 구절과 결부시켜 해석하면, 노나라와 위나라의 정치가 형제라는 말은 곧 이들 두 나라가 모두 도덕정치에 도달할 가능성이 있다는 정반대의 해석이 나온다. 그러나 이렇게 해석하기에는 당시 위나라의 정치가 너무 암울했다.

❧

13:8. 子謂衛公子荊: "善居室. 始有, 曰'苟合矣', 少有, 曰'苟完矣', 富有, 曰'苟美矣.'"

고주 —— 공자께서 위나라 공자 형에 대해 말씀하셨다. "집안 살림에 조리 (善居室=居家理)가 있었다. 처음 부유해짐에 (자기의 재능으로 이룬 것이라고 말하지 않고) 단지 '부족하나마 그런대로 모였다(苟且聚合).'고 말했다. 조금 많아지자 '그런대로 완전해졌다.'고 하고, 부유하여 크게 갖추자 단지 '부족하나마 그런대로 아름다워졌다.'고 했다(사치할 마음이 없었다)."

주자 —— 공자께서 위나라 공자 형에 대해 말씀하셨다. "집안 살림을 잘했다. 처음 (가산을) 가지자 '부족하나마 그런대로 모였다(合=聚).'고 하고, 조금 더 가지자 '부족하나마 그런대로 갖추었다(完=備).'고 하였고, 부유하게 가지자 '부족하나마 그런대로 아름답다.'고 했다. (순서에 따르되 절도가 있어서 서두르

자원풀이 ■거居는 尸(주검 시)+古(옛 고)의 형성자로 예古로부터 조상 대대로 기거寄居하여 살아온 조상의 주검 (尸)이 모셔진 곳이라는 의미에서 거주居住하다, 앉다, 살다, 사는 곳 등을 의미한다. 살다(上古穴居而野處)/사는 곳 (各長于厥居), 머무르다, 앉다(居, 吾語女), 처하다(居上克明), 차지하다(恒十居七八), 해당하다, 평소(居則曰不知也), 벼슬 길에 나서지 않다(居士錦帶), 살게 하다(度地而居民), 무덤(歸于其居), 다스리다(土居國家), 앉은 채로(則居可知矣), 지나다(居數日). 거가居家는 일반적으로 집에서 한가롭게 지냄, 집안에서의 일상생활, 주택 등을 의미한다.
■구苟는 艹(풀 초)+句(글귀 구)의 형성자로 『설문해자』에서는 풀의 이름이라고 하였다. 그러나 『갑골문』에서는 양 羊을 토템으로 삼았던 강족羌族이 꿇어앉은 모습을 그려, 은나라의 적이었던 그들이 '진정으로' 굴복하는 모습을 그렸고, 이로부터 진실하다, 구차하다의 뜻이 나온 듯하다. 또한 '정말로 ~한다면'의 의미를 나타낸다. 구차苟且하다, 구차하게 굴다, 진실로(苟日新), 만약(苟志於仁), 잠시(苟免於咎), 바라건대(苟無饑渴), 탐하다(不苟於利), 낮다 등의

려 하거나 아름다움을 다하려는 것에 그 마음을 얽매이지 않게 했다.)"

다산 —— 공자께서 위나라 공자 형에 대해 말씀하셨다. "집안 살림을 잘했다. 처음 (궁실을 나왔을 때 전지와 재산이) 있었으니 '부족하나마 그런대로 (마땅함에) 합치했다(合宜).'고 했고, (몸소 검소하고 절용하여 집안 살림이) 조금 넉넉해지자, (宮室 · 衣服 · 車馬 · 器用 등이) 점차 넉넉하게 되었으니 '부족하나마 그런대로 온전히 갖추었다(完=全備).'고 했고, (저축이 상승효과를 내어 만년에) 더욱 넉넉해지자 '부족하나마 그런대로 화려(美=華麗)하다.'고 했다.(수입을 헤아려 지출하고, 사치와 검소를 절도에 맞게 했다.)"

집주 —— ■公子荊은 衛大夫라 苟는 聊且粗略之意라 合은 聚也요 完은 備也라 言其循序而有節하여 不以欲速盡美累其心이라
공자公子 형荊은 위나라 대부이다. 구苟는 '부족하고 조략하다'의 뜻이다. 합合은 모음(聚)이고, 완完은 갖춤(備)이다. 순서에 따르되 절도가 있어서 서두르려 하거나 아름다움을 다하려는 것에 그 마음을 얽매이지 않게 했다는 말씀이다.
■楊氏曰 務爲全美면 則累物而驕吝之心生이어늘 公子荊이 皆曰苟而已라 하니 則不以外物爲心하여 其欲이 易足故也니라

뜻이 있다.
■합合은 윗부분은 뚜껑, 아랫부분은 장독 등 그릇으로, 단지의 아래를 뚜껑으로 덮어놓은 모습을 나타낸다. 고대 사회에서는 단지와 그 뚜껑을 꼭 맞추는 것이 기술이었기에 합合에 부합符合하다, 합치다의 뜻이 나왔다. 몸체와 뚜껑이 합쳐져야 하나가 되기에 모두, 함께의 뜻도 나왔다.
■완完은 宀(집 면)+元(으뜸 원)의 형성자로 완전하게 차려입은 성장한 사람(元)이 종묘(宀) 앞에 선 모습으로 완전完全, 완성完成, 완료完了 등의 뜻이다.
■미美는 羊(양 양)+大(큰 대)의 회의자로 큰 양이 유용하며, 유용한 것이 아름답다, 선하다, 훌륭하다, 찬미하다, 좋게 여기다의 뜻이다. 혹은 양(羊)의 가죽을 덮어쓴 사람(大)의 모습에서 양(羊)을 잡을 재주를 가진 뛰어난 사람(人)으로 훌륭하다, 좋다는 뜻이다. (1) 아름답다(모양이 예쁘다, 경치가 아름답다, 소질이 훌륭하다, 예술성이 강하다, 순박하고

양시가 말했다. "완전한 아름다움을 이루기 위하여 힘쓰면, 사물에 얽매여서 교만하고 인색한 마음이 생긴다. 공자 형은 모두 '부족하나마 그런대로'라고 말했을 뿐이니, 외물에 마음을 두지 않아서 그가 바라는 바가 쉽게 충족되었기 때문이다."

고금주 —— ■ 王曰: "荊與蘧瑗·史鰌竝爲君子." ○ 補曰 善居室, 謂善於居家. 苟合·苟完, 謂宮室·衣服·車馬·器用之類. 公子始出宮, 已有田産, 此始有也, 躬儉節用, 家道漸裕, 此少有也, 蓄儲相因, 晚益瞻足, 此富有也. 合者, 合宜也, 中節曰合, 完者, 全備也, 不缺曰完, 美者, 華麗也, 不沽曰美. [沽, 惡也.] 言公子荊居家之法, 量入爲出, 奢儉中節, 而始終皆苟焉而已, 則又其所主在儉也.

왕숙이 말했다. "형荊은 거원蘧瑗·사추史鰌와 함께 군자이다." ○ 보완하여 말한다. 선거실善居室은 집안 살림(居家)을 잘하는 것을 말한다. 구합苟合·구완苟完은 궁실宮室·의복衣服·거마車馬·기용器用 등을 말한다. 공자가 처음 궁실을 나왔을 때 이미 전지와 재산이 있었으니, 이것이 시유始有이다. 몸소 검소하고 절용하여 집안 살림이 점차 넉넉하게 되었으니, 이것이 소유少有이다. 저축이 상승효과를 내어 만년에 더욱 넉넉해졌으니, 이것이 부유富有이다. 합合이란 마땅함에 합치하는 것(合宜)이니, 절도에 맞는 것(中節)을 일러 합合이라 한다. 완完이란 완전히 갖춤(全備)이니, 결핍되지 않는 것을 일러 완完이라 한다. 미美란 화려華麗이니, 조악하지 않은 것을 일러 미美라 한다(沽는 惡:악이다). 공자 형의 집안 살림 하는 법(居家之法)은 수입을 헤아려 지출하고, 사치와 검소를 절도에 맞게 하여 시종 모두 부족하나마 그런대로(苟)라고 했을 뿐이며, 또한 그가 위주로 삼았던 것은 검소함에 있었다.

선량하다), (2) 아름다운 품덕品德(君子成人之美), (3) 아름답게 하다(夫明王不美宮室), (4) 비옥하다(必壞美地), (5) 무성하다(夫牛山之木嘗美), (6) 큰 업적(美見乎天下), (7) 맛있다(膾炙與羊棗孰美), (8) 잘하다(彼將惡始而美終), (9) 찬미하다(美齊侯之功也), (10) 풍년들다(歲適美), (11) 자라다(故齊以冬美), (12) 즐거움(天下皆美之爲美 斯惡已) 등의 뜻이다.

■ 邢曰: "善居室者, 居家理也. 家始富有, 不言己才能所致, 但曰苟且聚合也. 富有大備, 但曰苟且有此富美耳, 終無泰侈之心." ○ 駁曰 非也. 公子者, 國君之子, 其富非貨殖以自致也. 苟且聚合, 抑何謂也? 合也者, 適宜之意.

형병이 말했다. "선거실善居室이란 집안 살림에 조리가 있음(居家理)이다. 집안이 처음 부유해짐에 자기의 재능으로 이룬 것이라고 말하지 않고, 단지 부족하나마 그런대로 모였다고 말했다. 부유하여 크게 갖추자 단지 부족하나마 그런대로 이러한 부유함과 아름다움을 지니게 되었을 뿐이라고 했으니, 끝내 사치하려는 마음이 없었다." ○ 논박하여 말하면, 그릇되었다. 공자는 국군의 아들이고, 그 부유함은 재물을 증식하여 스스로 이룬 것이 아니다. 부족하나마 그런대로 모였다는 것이 무슨 말인가? 합습이란 마땅함에 도달했다(適宜)는 뜻이다.

비평 —— 어감에 약간의 이견이 있지만, 사소한 차이가 큰 문제가 될 수 있다. 형병의 주석에 대한 다산의 비판은 주자에게도 해당한다.

⌒⌒⌒

13:9. 子適衛, 冉有僕. 子曰: "庶矣哉!" 冉有曰: "旣庶矣, 又何加焉?"曰: "富之." 曰: "旣富矣, 又何加焉?"曰: "敎之."

고주 —— 공자께서 위나라에 가실 때에 염유가 수레를 몰았다. 공자께서 말씀하셨다. "(위나라의 백성이) 많구나!" 염유가 말했다. "이미 (백성이) 많다면 또 무엇을 더해야 합니까?" 공자께서 말씀하셨다. "그들을 부유하게 해 주어야 한다." 염유가 말했다. "이미 부유해지면 또 무엇을 더해야 합니까?' 공자께서 말씀하셨다. "(마땅히 의의 방도:義方를 가르쳐 예절을 알도록) 그들을 가르쳐야 한다."

주자 —— 공자께서 위나라에 가실 때에 염유가 수레를 몰았다. 공자께서 말씀하셨다. "(백성이) 많구나!" 염유가 말했다. "이미 (백성이) 많다면 또 무엇을 더해야 합니까?" 공자께서 말씀하셨다. "(田里를 제정하고 세금을 가볍게 하여) 그들을 부유하게 해 주어야 한다." 염유가 말했다. "이미 부유해지면 또 무엇을 더해야 합니까?" 공자께서 말씀하셨다. "(부유한데도 가르치지 않으면 금수에 가깝기 때문에 반드시 학교를 세우고 예의를 밝혀서) 그들을 가르쳐야 한다."

다산 —— 공자께서 위나라에 가실 때에 염유가 수레를 몰았다. 공자께서 말씀하셨다. "(천하의 생령들이 많음을 깨닫고, 감탄하여) 많구나!" 염유가 말했다. "이미 (백성이) 많다면 또 무엇을 더해야 합니까?" 공자께서 말씀하셨다. "(田里를 제정하고 세금을 가볍게 하여) 그들을 부유하게 해 주어야 한다." 염유가 말했다. "이미 부유해지면 또 무엇을 더해야 합니까?" 공자께서 말씀하셨다. "(마땅히 의의 방도:義方를 가르쳐 예절을 알도록) 그들을 가르쳐야 한다."

집주 —— ■僕은 御車也요 庶는 衆也라 庶而不富면 則民生不遂라 故로 制田里,

자원풀이 ■적適은 辶(쉬엄쉬엄갈 착)+啇(밑동 적)의 형성자로 어떤 곳으로 '가다'가 원뜻이다. 적당한 곳으로 시집가다, 적당하다 등의 뜻이다. 가다(향하여가다:子適衛), 따르다(순종하다:處分適兄意), 시집가다(少喪父母適人), 맞다(부합하다:適我願兮), 조절하다(聖人必先適欲), 때마침, 기쁘게 하다, 만족시키다, 안일하다, 가령, 한 가지 일에만 열중하다(일설에는 가까이하다:無適), 혹은 적敵(원수)·謫(꾸짖다)과 혼용되기도 한다.
■서庶는 본래 石과 火로 구성되어 불에 돌을 올려놓고 굽는 요리법을 가리켰는데, 이후 广(집 엄)이 더해졌다. 그래서 집 안에 불이 있어 많은 사람이 몰려들었다, 혹은 불 위에 돌을 올려놓고 고기 등 음식을 구우니 주위로 여러 사람이 둘러앉았다는 의미에서 '많다'(庶民, 庶子), 그리고 '거의(庶幾)'의 뜻이 파생되었다.
■복僕은 人(사람 인)+'번거로울 복'의 형성자로 갑골문에서는 이마에 문신을 한 사람이 두 손으로 삼태기를 든 모습으로 잡일을 하는 비천한 노비를 그렸고, 종이라는 뜻이 나왔다. 남을 모시는 존재라는 뜻에서 남 앞에서 자신을 낮추어 부르는 말로 쓰인다. 하인, 마부, 따르다, 지배하다, 숨기다, 수레를 몰다 등의 뜻이다.

薄賦斂以富之라 富而不敎면 則近於禽獸라 故로 必立學校, 明禮義以敎之라

복복僕은 수레를 모는 것이다. 서庶는 '많다(衆)'이다. 인구가 많은데도 부유하지 않으면 민생은 완수되지 않는 까닭에 농지와 택지(田里)를 제정하고 세금을 가볍게 하여 부유하게 해 준다. 부유하지만 가르치지 않으면, 금수에 가깝다. 그러므로 반드시 학교를 건립하고 예의를 밝혀서 가르쳐야 한다.

■ 胡氏曰 天生斯民에 立之司牧하여 而寄以三事라 然이나 自三代之後로 能擧此職者는 百無一二라 漢之文明과 唐之太宗은 亦云庶且富矣나 西京之敎는 無聞焉이요 明帝는 尊師重傅하고 臨雍拜老하여 宗戚子弟 莫不受學하며 唐太宗은 大召名儒하고 增廣生員하니 敎亦至矣라 然而未知所以敎也라 三代之敎는 天子公卿이 躬行於上하여 言行政事 皆可師法하니 彼二君者 其能然乎아

호인이 말했다. "하늘이 이 백성을 내실 때, 사목司牧을 세워 세 가지 일(父生, 師敎, 君治)을 맡기셨다. 그러나 삼대 이후에 그 직분을 잘 거행한 자는 백에 한둘도 안 되었다. 한나라의 문제와 명제, 당나라의 태종은 또한 인구를 늘리고 부유하게 했다고도 말할 수 있다. (문제의 도읍지인) 서경西京 때에 가르침이 있었다는 소리는 듣지 못했다. 명제는 사부師傅를 존중하고 벽옹辟雍에 왕림하고 삼로三老를 경배하고 종척宗戚의 자제가 수학하지 않음이 없었으며, 당 태종은 명유名儒를 대개 청빙하고 생원의 정원을 늘렸으니, 그 가르침 또한 지극했다. 그러나 어떻게 가르쳐야 하는지를 알지 못했다. 삼대의 교육은 천자와 공경이 위에서 몸소 실천하여, 언행과 정사가 사표로 본받을 만했다. 저 두 임금도 그렇게 잘 했었는가?"

고금주 ─── ■ 孔曰: "冉有御." ○ 補曰 庶, 衆也. 入國見人民衆多, 覺天下生靈之衆, 歎曰'庶矣哉'. [非謂衛民多] ○ 邢云: "當敎以義方, 使知禮節也." ○ 案舜之命官, 先稷後契, 箕子陳範, 食爲政首. 故『管子』論治, 先衣食而後禮節. 孟子論道, 先百畝而後庠序, 此君子之識務也. 若夫君子之自治也, 必曰'食無求飽', 曰

'簞食瓢飲, 不改其樂'.

공안국이 말했다. "염유가 수레를 몬 것이다." ㅇ보완하여 말한다. 서庶는 '많다(衆)'이다. 나라에 들어가 인민이 많은 것을 보고 천하의 생령들이 많음을 깨닫고 감탄하여 '많구나!'라고 했다(위나라 백성들이 많다는 것이 아니다). ㅇ형병이 말했다. "마땅히 의의 방도(義方)를 가르쳐 예절을 알게 해야 한다." ㅇ살핀다. 순임금이 관직을 임명할 때, 직稷을 먼저 임명하고 설契을 뒤에 임명했다. 기자箕子가 홍범의 구주를 베풀 때에 먹는 것을 정사의 첫째로 삼았다. 그러므로 『관자』에서는 다스림을 논하면서, 의식을 먼저로 하고 예절을 뒤로 했다. 맹자가 도를 논하면서, 백묘百畝를 먼저로 하고 상서庠序를 뒤로 했으니, 이것이 군자가 알아서 힘쓴 것이다. 그러나 대저 군자가 자신을 다스리는 경우에는 반드시 '먹음에는 배부르기를 구하지 않는다.'고 말해야 하며, '단사표음簞食瓢飲에도 그 즐거움을 고치지 않는다.'고 말해야 한다.

■ 孔曰: "庶, 衆也, 言衛人衆多." ㅇ案衛之民物, 不能如齊·楚, 何得衛人衆多乎? 聖人懷經天緯地之才, 無所施展, 每見人民之繁庶, 思所以食之, 思所以教之, 故及入國城, 發此歎也.

공안국이 말했다. "서庶는 많다는 것이니, 위나라 사람이 많다고 말한 것이다." ㅇ살핀다. 위나라의 백성과 물산이 제齊·초楚나라만 못했으니, 어찌 위나라 사람이 많다고 할 수 있겠는가? 성인께서는 천지를 경위經緯할 재덕을 품고 계셨지만, 시행하여 베풀 곳이 없었기 때문에, 매번 인민이 번성하여 많은 것을 보면 먹일 방도를 생각하시고, 가르칠 방도를 생각했다. 그러므로 나라의 도성에 들어가면 이러한 탄식을 하신 것이다.

비평 —— 공자는 정치의 방도를 논할 때, 항상 "백성들을 먼저 의식주를 충족시켜 준 다음 교육을 시켜야 한다."고 역설한다. 그래서 주자는 "백성들이 많기만 하고 부유하지 못하면 민생이 이루어지지 못하므로, 토지와 주택을 마련해 주고 세금을 가볍게 하여 부유하게 한다. 이미 부유하기만 하고 가르치지 않으면 금수에 가까워진다. 그러므로 반드시 학교를 세워 예의를 밝혀 가르쳐야 한다."라고 해설했다. 맹자의 왕도정치王道政治 또한 바로 이것을 계승한 것이었다. 맹자는 "일반 백성들이 일정한 소출이 없으면(無恒産) 일정한 마음을 유지할 수 없다(無恒心)."고 주장하면서, 먼저 삶에 필요한 물질적 측면을 충족시켜 주는 바탕 위에 교육을 시킴으로써 왕도정치가 시작된다고 역설했다.

다산은 여기서 '많구나(庶矣哉)!'라는 말이 위나라 백성들이 많다는 것이 아니라고 해석했다. 왜냐하면 위나라의 백성과 물산이 제齊·초楚나라만 못했기 때문에, 단순히 위나라 백성이 많다고 할 수 없다는 것이다. 즉 공자는 천하 혹은 천지를 경륜할 재덕을 지니고 계셨지만, 쓰이지 못해 베풀 곳이 없었기 때문에 인구가 많으면 먹이고 가르칠 방도를 생각했기 때문에 이렇게 탄식한 것이라고 다산은 해석한다. 다산의 세심한 해석이 돋보인다.

~~~

13:10. 子曰: "苟有用我者, 期月而已可也, 三年有成." [『集註』本, 期作朞]

고주 —— 공자께서 말씀하셨다. "진실로 나를 등용하는 이가 있다면, (1년을 주기로) 돌아오는 달이면 (정치와 교화를 행해지게) 할 수 있고, 3년이면 (공효를) 이룸이 있을 것이다."

주자 —— (위령공이 등용하지 못하자) 공자께서 말씀하셨다. "만일 나를 등용하는 이가 있다면, (1년을 주기로) 돌아오는 달이면 (이전에 좋지 못한 일들이 개혁을 겨우) 할 수 있고, 3년이면 (재정이 넉넉하고, 군대는 강하고, 가르침은 행해지고, 백성은 복종하는) 성취가 있을 것이다."

다산 —— 공자께서 말씀하셨다. "진실로 나를 등용하는 이가 있다면, 만 1개월이면 (필시 보탬이 있게) 할 수 있고, 만 3년이면 (事功이) 성립되는 바가 있을 것이다."(『집주』본에는 期가 朞로 되어 있다.)

집주 —— ■朞月은 謂周一歲之月也라 可者는 僅辭니 言紀綱布也요 有成은 治功成也라

기월朞月은 1년 주기의 달을 말한다. 가可는 겨우(僅)라는 말이니, 강기綱紀가 펼쳐진다는 말이다. 이룸이 있음(有成)은 다스림의 공효가 이루어진다는 것이다.

■尹氏曰 孔子歎當時莫能用己也라 故로 云然이시니라

윤돈이 말했다. "공자께서 당시에 아무도 자신을 등용하지 못하기 때문에 이렇게 말씀하셔서 탄식하셨다."

■愚按史記, 此蓋爲衛靈公不能用而發.

어리석은 내가 『사기』를 살피니, 이는 대개 위령공이 등용하지 못하자 말씀하신 것이다.

고금주 —— ■邢曰: "苟, 誠也." ○補曰 期月, 周一月也. 而已, 謂其期短也. 聖

자원풀이 ■기期는 月(달 월)+其(그 기)의 형성자로 달(月)의 순환처럼 일정한 주기를 말한다. 기약하다(적절한 때), 기약하다(期我乎桑中), 모이다(期於司里), 기대하다(刑期于無刑), 정하다(期死 非勇也), 기한(不知其期), 적합하다(以弼五教期于予治), 돌(=朞), 기복期服(=朞年服), 일 백 살(耆期倦于勤), 기다리다(無經緯本末 以期年者也) 등의 뜻이다.
■기朞는 月(달 월)+其(그 기)의 형성자. 달(月)의 순환처럼 일정한 주기로, 기期와 같이 쓴다. 시간적으로 한 바퀴 돌아서 다시 돌아온 때, 곧 만 하루, 한 1개월, 만 1년 三百有六旬有六日 「서경」「요전」 등으로 쓴다. 기공朞功(=朞年服), 기년朞年, 기년제朞年祭(小祥), 기친朞親 등의 용례가 있다. 기월朞月은 만 1개월 혹은 만 1년(1주년)이란 의미이다.

人爲政, 雖一月之間, 必有神益, 故曰可也. ○孔曰: "必三年, 乃有成功."

형병이 말했다. "구苟는 진실로(誠)이다." ○보완하여 말한다. 기월期月은 한 달을 주기로 도는 것(周一月)이다. 이이而已는 그 기간이 짧음을 말한다. 성인이 정치를 하면, 비록 한 달간이라고 할지라도 필시 보탬이 있을 것이기 때문에 가可라고 말했다. ○공안국이 말했다. "반드시 3년이어야 이에 공을 이룸이 있다."

■許謙曰: "三年有成, 謂治定功成, 治道大備." ○案 下章曰: "善人爲邦百年, 亦可以勝殘去殺矣." 又曰: "如有王者, 必世而後仁." 由是言之, 三年有成, 謂事功有所成立而已, 許說過矣. 堯・舜相承, 其間百年也. 文・武・周公相承, 其間百年也, 可易言哉?

허겸許謙이 말했다. "삼년유성三年有成이란 다스림이 안정되고 공효가 이루어져서 치도治道가 크게 갖추어지는 것이다." ○살핀다. 다음 장에서 말하길, "선인이 나라를 다스려 1백 년이 되면, 또한 잔혹함을 제압하고 사형을 없앨 수 있다."고 했다. 또 말하길, "만일 왕도정치를 실현하는 이가 있다면, 틀림없이 한 세대가 지나면 인仁하게 될 것이다."라고 했다. 이것으로 미루어 말하면, 삼년유성三年有成은 사공事功이 성립되는 바가 있음을 말했을 따름이니, 허겸의 설은 지나치다. 요堯・순舜이 서로 계승한 그 기간이 1백 년이고, 문文・무武・주공周公이 서로 계승한 그 기간이 1백 년이니, 쉽게 말할 수 있겠는가?

■孔曰: "朞月而可以行其政教." ○荻曰: "已, 旣也." ○駁曰 非也. 孔注似與荻意同. [荻以已字屬下句讀] 邢曰: "期月, 周月也, 謂周一年十二月." ○朱子曰: "朞月, 謂周一歲之月." ○朱子『中庸』註云: "期月, 帀一月也." ○案朱子『中庸』之註, 是正義也. 顔子不過三月不違, 而孔子善之, 則不能朞年守者, 孔子何得而薄之乎? 『中庸』'期月', 明是帀一月也. 此經彼經, 無二例也. 聖人自知功化神速, 雖僅一月, 應有所神, 故辭氣激切. 邢說, 非也.

공안국이 말했다. "기월朞月이면 그 정사와 교화를 행할 수 있다." ○오규 소라이가 말했다. "이己는 이미(既)이다." ○논박하여 말하면, 그릇되었다. 공안국의 주석은 오규 소라이의 뜻과 같다(오규 소라이는 己 자를 다음 구절에 붙여 읽었다). ○형병이 말했다. "기월期月은 주월周月이니, 1년이 열두 달을 주기로 하는 것을 말한다." ○주자가 말했다. "기월朞月은 1년 주기의 달을 말한다." ○주자가 『중용』 주에서 말했다. "기월期月은 만 1개월(帀一月)이다." ○살핀다. 주자가 『중용』에서 했던 주석, 그것이 바른 뜻이다. 안회는 불과 3개월간(仁을) 어기지 않았지만 공자께서 선하게 여기셨다면, 1년(朞年)간 (인을) 지키지 못한 자를 공자께서 어떻게 박대할 수 있겠는가? 『중용』의 기월期月은 만 1개월이 분명하다. 이 경문과 저 경문에서 두 가지 용례는 없다. 성인께서 공화功化가 신비하게 빨라 비록 겨우 1개월만 되어도 응당 보탬이 되는 바가 있음을 스스로 아셨기 때문에 사기辭氣가 격절激切했다. 형병의 설은 그릇되었다.

비평 —— 해석의 어감에서 차이가 난다. 특히 기월期月 혹은 기월朞月을 1개월로 볼 것인가, 1년으로 볼 것인가 하는 등에 대한 해석에서 차이가 난다. 고주와 주자는 아마도 『서경』 「요전」의 다음 구절을 특히 참조한 듯하다.

요임금이 말씀하셨다. "아! 너희 희씨와 화씨야. 기朞(한 해)는 366일이니 윤달을 사용하여야 네 철이 정확히 한 해를 이루어 진실로 백관을 다스려서 모든 공적이 다 넓혀질 것이다." (帝曰 咨汝羲暨和아 朞는 三百有六旬有六日이니 以閏月이라야 定四時成歲하여 允釐百工하여 庶績이 咸熙하리라.)

이에 비해 다산은 특히 『중용』의 언명과 그에 대한 주자의 주석에 주목하여, 기월朞月을 한 달로 해석했다. 어느 설이 옳은지 구분하기는 쉽지 않다. 그리고 기월의 해석을 달리 하기 때문에, 그 뒤의 가可 및 성成의 대상에 대한 해석 또한 다르게 되었다고 할 수 있다.

13:11. 子曰: "善人爲邦百年, 亦可以勝殘去殺矣. 誠哉是言也!"

고주 —— 공자께서 말씀하셨다. "(예로부터) '선한 사람이 (계속해서) 백 년 동
안 나라를 다스리면, 또한 잔포한 사람을 이겨서 (악행을 저지르지 않게 하여) 형
살을 쓰지 않을 수 있다(去殺=不用刑殺).'고 했으니, 진실되도다, 이 말이여!"

주자 —— 공자께서 말씀하셨다. "(예로부터) '선한 사람이 (계속해서) 백 년(오
래) 동안 나라를 다스리면, 또한 잔포한 사람을 이겨서 (악행을 저지르지 않게 하
고), (선에 교화시켜) 형살을 쓰지 않을 수 있다(去殺=不用刑殺).'고 했으니, 진실
되도다, 이 말이여!"

다산 —— 공자께서 말씀하셨다. "(예로부터) '나라를 잘 다스리는 사람이 (계속
해서) 백 년 동안 나라를 다스리면, 겨우(亦=僅可) (선에 교화되어) 의를 해치는

것과 살해하는 풍속이 없어진다(勝殘去殺=無殘暴殺害之俗).'고 했으니, 실제로 그렇도다, 이 말이여!"

집주 —— ■爲邦百年은 言相繼而久也라 勝殘은 化殘暴之人하여 使不爲惡 也요 去殺은 謂民化於善하여 可以不用刑殺也라 蓋古有是言이어늘 而夫子 稱之하시니라

나라를 1백 년 동안 다스린다는 것은 (선인들이) 서로 계승함이 오래됨을 말한다. 승잔勝殘은 잔인하고 포악한 사람을 교화시켜 악을 행하지 않게 하는 것이다. 거살去殺은 백성이 선에 교화되어 형살刑殺을 쓰지 않아도 되는 것이다. 대개 예로부터 이런 말이 있었는데 공자께서 그것을 칭찬하신 것이다.

■程子曰 漢自高惠로 至於文景에 黎民醇厚하여 幾致刑措하니 庶乎其近之 矣로다

정자가 말했다. "한나라는 고조·혜조에서 문제·경제에 이르기까지, 백성들이 순후醇厚하여 거의 형벌을 쓰지 않는 데에 이르렀으니, 이것에 거의 근접했다."

■尹氏曰 勝殘去殺은 不爲惡而已니 善人之功이 如是요 若夫聖人은 則不待 百年이요 其化亦不止此니라

윤돈이 말했다. "잔혹함을 이기고 사형을 없애는 것은 악행을 저지르지 않는 것일 뿐이다. 선인의 공효는 이와 같지만 저 성인의 경우는 1백년을 기다릴 필요가 없고, 그 교화가 또한 여기에 그치지도 않을 것이다."

하다(잔인하다: 猛則民殘), (4) 없애다, (5) 남다, (6) 삶은 고기(髮殘象白), (7) 모자라다(惜乎 舊史殘略), (8) 상처(是天下之殘也).
■살殺(쇄)은 殳(창 수: 손又에 뾰족한 창을 든 모양: 창, 때리다)+'살'의 형성자로 창이나 몽둥이로 쳐서 죽이는 것을 나타낸다. 시弑는 살殺의 생략형에 소리를 나타내는 식式이 더해진 형성자로 '시해弑害'에서처럼 아랫사람이 윗사람을 죽이는 것(殺)을 말한다. 죽이다의 뜻으로부터 분위기를 깨다, 쇠퇴하다의 뜻이 나왔고, 이후 빠르다의 뜻으로도 쓰였는데, 이때에는 쇄도殺到처럼 '쇄'로 읽는다.

고금주 —— ■補曰 善人, 謂善於其事者. [猶言善爲國者] 賊人者謂之殘, [『孟子』曰: "賊義者謂之殘."] 害人者謂之殺. 勝殘去殺, 謂民化於善, 無殘暴殺害之俗. 誠哉, 謂實然也.

보완하여 말한다. 선인은 그 일을 잘하는 사람을 말한다.(나라를 잘 다스리는 사람이라고 말하는 것과 같다.) 적인賊人이란 잔殘을 말한다.(『맹자』에서 말했다. "의를 해치는 자를 殘이라 한다.") 사람을 해치는 것을 일러 살殺이라 한다. 승잔 거살勝殘去殺은 백성들이 선에 교화되어 잔포하고 살해하는 풍속이 없어진 것을 말한다. 성재誠哉는 실제로 그러함을 말한다.

■孔曰: "古有此言, 孔子信之." ○案 古語若曰, 雖善爲國者, 必百年而後, 乃可以移風易俗, 言非一朝之所能爲也. [亦者, 僅可之辭]

공안국이 말했다. "예로부터 이러한 말이 있었는데, 공자께서 그것을 신뢰했다." ○살핀다. 옛말은 비록 나라를 잘 다스리는 자일지라도 필시 1백 년은 지나야만 풍속을 바꿀 수 있다는 것과 같으니, 하루아침에 할 수 있는 것이 아니라는 말이다.(亦은 겨우 할 수 있다는 말이다.)

■案 神聖賢哲, 雖有等級, 其間未必有善人一層. 上篇善人與有恒者雙擧, 此則成德之稱. 下章謂善人敎民七年, 亦可以卽戎, 此則所謂善於其職·善於其事者, 不可一例看也. 今人率以無才無能而徒有善心者, 謂之善人. 嗟乎! 無才無能者, 雖至千年, 何以勝殘去殺?

(『집주』의 윤돈의 말에 대해) 살핀다. 신神·성聖·현賢·철哲은 비록 등급은 있지만, 그 사이에 반드시 선인善人이라는 한 층이 있을 필요는 없다. 상편上篇(「술이」)의 선인은 유항자有恒者와 함께 거명했는데, 거기서는 성덕成德을 지칭한다. 아래 장은 선인이 백성을 가르치면 7년이 되면 또한 전쟁에 나아갈 수 있게 된다고 했는데, 거기서는 이른바 직책을 잘 수행하는 사람, 그 일을 잘 하는 사람이니, 하나의 예로 볼 수 없다. 지금 사람들은 대개 재주와 능력이 없이 단지 선한 마음이 있는 이를 선인이라고 한다. 아! 재주와 능력이 없

는 이는 비록 천년이 되어도, 어찌 승잔거살할 수 있겠는가?

■ 王曰: "勝殘, 殘暴之人使不爲惡也. 去殺, 不用刑殺也." ○饒曰: "勝殘, 是我之善化, 足以勝其殘暴. 去殺, 是民無極惡大罪, 可以不用刑殺." ○案 刑措者, 治道之極功. 堯·舜之世, 尙有誅殛, 刑措未易言也. 且古經文例, 端妙整齊, 不應荒錯如是. 去殺亦勝殘之類. 卜式稱牧羊之術, 去其害者, 牧民亦然, 此之謂去殺也.

왕숙이 말했다. "승잔勝殘은 잔포한 사람에게 악행을 저지르지 못하게 하는 것이고, 거살去殺은 형살殺을 쓰지 않는 것이다." ○쌍봉 요씨가 말했다. "승잔勝殘이란 나의 선한 교화가 족히 그 잔포함을 이길 수 있는 것이고, 거살去殺이란 백성들이 극악한 대죄가 없어져서 형살을 쓸 필요가 없는 것이다." ○살핀다. 형조刑措란 치도의 지극한 공효이다. 요·순의 시대에도 오히려 주극誅殛이 있었으니, 형조刑措는 쉽게 말할 수 없다. 또한 고경古經의 문례文例는 단묘端妙하고도 정제整齊되어 있어 응당 이와 같이 거칠게 착종되지 않았을 것이다. 거살去殺 또한 승잔勝殘과 비슷한 종류이다. 복식卜式은 '양을 기르는 기술은 양에게 해로운 것을 제거하는 것이니, 백성을 기르는 것 역시 그러했을 것이다.'라고 말했는데, 이것이 거살去殺이다.

비평 —— 고주와 주자는 여기서 선인이란 자질은 아름답지만, 아직 성인의 학문을 제대로 닦지 않은 사람으로 악을 행하지 않는 사람으로 해석한다. 이는 『논어』에 근거를 두고 있다. 공자는 선인의 길에 대해, "성인의 궤적을 밟지 못해 성인의 문화에 아직 들지 못한다(11:19. 子張問善人之道 子曰 不踐迹 亦不入於室)."라고 했다. 이러한 선인이 나라를 다스린 지가 오래 되면 선으로 교화하여 잔혹함을 제압하고, 백성들이 대죄를 짓지 않게 되어 사형 제도를 쓸 필요가 없게 된다는 것이다.

이에 대해 다산은 당시의 선인에 대한 견해에 이의를 제기한다. 즉 여기서 선인이란 당시의 이른바 대개 재주와 능력이 없이 단지 마음만 착한 사람을 의미하지 않고, 일을 잘 처리하는 사람, 곧 잘 다스리는 사람을 의미한다는 것이다. 나아가 다산은 여기서 말하는 거살去殺을 형조불용刑措不用(형벌 제도가 있어도 사용할 필요가 없는 상태)을 의미하지 않는다고 해석한다. 왜냐하면 형조불용의 상태는 치도의 지극한 공효로서 요순시대도 여기에 도달하지 못했다는 것이다. 결국 그는 거살去殺이란 백성들에게 해로운 상태를 제거하는 것으로 해석한다. 거살에 대한 다산의 이 해석은 요·순시대 및 주나라의 문·무·주공 등과 같이 성인들이 서로 계승하여 1백 년 이상 통치했던 기간에도 주극이 있었다는 사실에 미루어볼 때, 정확하고 올바른 해석이라고 하겠다. 이 점은 3권의 정치에 관한 장에서 상세하게 다루고자 한다.

13:12. 子曰: "如有王者, 必世而後仁."

고주 —— 공자께서 말씀하셨다. "만일 (천명을 받아 천하를 통치하는) 성왕이 있다고 할지라도, 반드시 30년이 지난 이후에 인정(仁=仁政)이 이루어질 것이다."

주자 —— 공자께서 말씀하셨다. "만일 (성인으로서 천명을 받아 일어난) 왕이 있다고 할지라도, 반드시 30년이 지난 이후에 (교화가 두루 퍼져) 인이 이루어질 것이다."

다산 —— 공자께서 말씀하셨다. "만일 왕자王者가 있다고 할지라도, 반드시 (부모와 자식이 상호 계승하는) 1세가 지난 이후에 인류의 완성된 덕(仁=人倫之成

德으로 효 · 제 · 자)이 이루어질 것이다."

집주 —— ■ 王者는 謂聖人受命而興也라 三十年이 爲一世라 仁은 謂教化浹
也라 程子曰 周自文武로 至於成王而後에 禮樂興하니 卽其效也라
왕자王者란 성인으로서 천명을 받아 흥기함을 말한다. 30년이 1세이다. 인仁
은 교화가 두루 퍼진 것을 말한다. 정자가 말했다. "주나라는 문왕과 무왕으
로부터 성왕에 이른 이후에 예악이 흥기했으니, 곧 그 공효이다."

■ 或問 三年必世遲速不同은 何也오 程子曰 三年有成은 謂法度紀綱有成而
化行也라 漸民以仁하고 摩民以義하여 使之浹於肌膚하고 淪於骨髓하여 而
禮樂可興이 所謂仁也니 此非積久면 何以能致리오
혹자가 물었다. "삼년, 필세必世 등 빠름과 느림이 같지 않은 것은 무엇 때문입
니까?" 정자가 답했다. "삼년유성三年有成이란 법도와 기강이 이루어져 교화
가 행해지는 것을 말한다. 백성을 인仁으로 젖게 하고 백성을 의義로 어루만
져 피부에 스며들고 골수에 배어들게 하여 예악이 일어날 수 있는 것이 이른
바 인仁이다. 이는 오랫동안 축적하지 않으면, 무엇으로 도달할 수 있겠는가?"

고금주 —— ■補曰 世, 謂父子相承也. 仁, 謂率天下以仁, 而民從之也. 孟子
曰: "人人親其親, 長其長, 而天下平." ○案湯崩而伊尹佐嗣王, 文 · 武崩而周
公佐嗣王, 皆歷世而後能'明明德於天下', 故曰'雖有王者, 必世而後仁'.

자원풀이 ■왕王은 『설문해자』에서는 三(석 삼)과 │(뚫을 곤)으로 구성되어 하늘(天)과 땅(地), 사람(人)을 의미하
는 삼三을 하나로 꿰뚫는(│) 존재를 나타내는 지사문자이다. 또한 금문에서는 지배자를 상징하는 부월斧鉞로 날
이 있는 쪽을 아래로 한 상형자라고 하였다. (1) 왕(천자, 전국시대 이후의 제후, 진한 이후 황족이나 공신에게 수여한 최고
의 작위, 군주), (2) 천자를 찾아뵙다(四夷來王), (3) 크다(春獻王鮪), (4) 할아버지(祭王父曰皇祖考), (5) 수령, (6) 광정하다(四
國是王), (7) 성姓이름. 또한 왕업을 이루다, 왕노릇하다, 왕으로 삼다, 성盛하다 등의 뜻이다.
■세世는 갑골문에서 매듭을 지은 세 가닥의 줄을 이어 놓은 모습에서 나왔다. 여기서 한 매듭은 十을 상징하여,
셋이 모였으니, 30을 뜻하게 되었다. 이는 부모에서 자식으로 이어지는 한 세대를 상징하고, 나아가 왕조나 세상
을 뜻하는 것으로 확장되었다.

보완하여 말한다. 세世는 부모와 자식이 연속으로 계승하는 것을 말한다. 인仁은 천하를 인으로 이끄니, 백성들이 그것을 따르는 것을 말한다. 맹자가 말했다. "사람마다 그 어버이를 친애하고, 그 어른을 어른으로 대우하면, 천하는 편안해진다(「이루상」)." ○살핀다. 탕湯이 붕어하자 이윤伊尹이 사왕嗣王을 보좌했고, 문·무가 붕어하자 주공이 사왕을 보좌했으니, 모두 세世를 겪은 뒤에 '명덕明德을 천하에 밝혔다.' 그러므로 '왕자王者가 있다고 할지라도, 반드시 세가 지난 뒤에 인仁했다.'고 했다.

■孔曰: "三十年曰世. 如有受命王者, 必三十年, 仁政乃成." ○駁曰 非也. 古者三十而有室, 有室而後生子, 故祖子孫三世, 大約爲九十年者多. 許愼『說文』謂'三十年爲一世'者, 亦以父子爲世也.『孟子』曰: "文王百年而崩, 猶未洽於天下, 武王·周公繼之, 然後大行. 此所謂世而後仁也." ○又按 仁者, 人倫之成德. 父慈子孝, 兄友弟恭, 所謂仁也.『大學』曰: "古之欲明明德於天下者, 先治其國." 故'治國'·'平天下'二章, 專以孝弟慈爲說, 明德者, 孝弟慈之謂也. 舜愼徽五典, 契敬敷五敎, 皐陶勑我五典, 皆欲使天下之民, 人人親其親, 長其長, 而各成其仁也. 孔子所謂世而後仁者, 其指在此, 而孔安國乃以仁政爲說, 豈不疎哉? 仁政者, 井地之法. [見『孟子』] 恤孤哀鰥, 賑窮救災, 亦仁政也. 此惟朞月之間, 足以了事, 何必世而後爲之哉?

공안국이 말했다. "30년을 세世라고 한다. 천명을 받은 왕자王者가 있어도, 반드시 30년이 되어야 인정이 이루어진다." ○논박하여 말하면, 그릇되었다. 옛날에 서른이면 아내를 두고, 아내를 둔 이후에야 자식을 낳았기 때문에 할아버지-아들-손자, 삼세三世는 대략 90년이 되는 경우가 많았다. 허신이『설문』에서 30년을 1세라 한 것 또한 부자를 세世로 본 것이다.『맹자』에서 말하길, "문왕이 백 세가 되어 붕어했지만, 오히려 천하에 (교화가) 미흡하여 무왕·주공이 문왕을 계승한 후에 크게 행해졌다."고 했으니, 이것이 이른바 '세世가 지난 뒤에 인仁해질 것이다.'라는 말이다. ○또 살핀다. 인仁이란 인류의 완성된 덕(人倫之成德)이다. 부모가 자애롭고 자식이 효도하고, 형은 우애하고 동생은 공경하는 것이 이른바 인仁이다. 『대학』에서 말했다. "옛날에 명덕明德을 천하에 밝히고자 했던 사람은 먼저 그 나라를 잘 다스렸다." 그러므로 「치국」·「평천하」 두 장은 오로지 효孝·제弟·자慈로 설명했다. 명덕明德이란 효·제·자를 말한다. 순임금이 삼가 오전五典을 아름답게 한 것과 설契이 공경히 오교五教를 베푼 것, 고요가 오전五典을 삼가 지킨 것은 모두가 천하의 백성들로 하여금 사람마다 그 어버이를 친히 하고, 그 어른을 어른으로 대우하여 각각 그 인을 이루게 한 것이다. 공자의 이른바 '세가 지난 이후에 인해질 것이다.'라는 말은 그 가리키는 것이 여기에 있으니, 공안국이 인정仁政으로 설명한 것이 어찌 소원한 것이 아니겠는가? 인정이란 정전법을 시행하는 데에 있고(『맹자』에 나온다), 고아를 구휼하고, 홀아비를 불쌍히 여기고, 가난한 이를 진휼하고, 재앙을 구제하는 것 또한 인정이다. 이것은 오직 한 달간에도 마칠 수 있는 일인데, 하필이면 세가 지난 이후에 이루겠는가?

비평 —— 세世는 단순히 30년(고주와 주자)이 아니라, 부모와 자식이 연속하여 계승하는 것이라는 다산의 설명은 상당한 근거가 있다. 또한 인仁을 (1) 인정仁政으로 설명한 것(고주), (2) 교화가 두루 퍼진 것(주자), (3) '인륜人倫의 성덕成德으로 효·제·자이다(다산).'라고 설명하는 것에서 이견을 보인다. 3권의 「인仁」에 대한 논의에서 상세히 다루고자 한다.

13:13. 子曰: "苟正其身矣, 於從政乎何有? 不能正其身, 如正人何?"

고주 —— 공자께서 말씀하셨다. "진실로 그 자신이 바르면, 정치에 종사하는 데에 무슨 어려움이 있겠는가? 그 자신이 바르게 할 수 없다면, 비록 어떻게 다른 사람을 바로잡을 것인가?"

주자 —— 공자께서 말씀하셨다. "(임금을 제외한 대부 등 신하가) 그 자신이 바로잡는다면, 정치에 종사함에 무슨 어려움이 있겠는가? (임금을 제외한 대부 등 신하가) 그 자신이 바르지 못하다면, 어찌 다른 사람을 바로잡을 것인가?"

다산 —— 공자께서 말씀하셨다. "(사대부가) 그 자신이 바로잡는다면, 정치에 종사함에 무슨 어려움이 있겠는가? (사대부가) 그 자신이 바르지 못하다면, 어찌 다른 사람을 바로잡을 것인가?"

고금주 —— ■邢曰: "苟, 誠也. 政者, 正也, 欲正他人, 在先正其身." ○補曰 如正人何, 謂其本亂而末治者否矣.

형병이 말했다. "구苟는 진실로(誠)이다. 정政이란 바로 잡다(正)이다. 다른 사람을 바로잡으려고 한다면 먼저 그 자신을 바로잡는 데에 달려 있다." ○ 보완하여 말한다. 여정인하如正人何란 그 근본이 어지러운데 그 말단이 다스려지는 자가 없음을 말한다.

■饒曰: "從政與爲政不同, 爲政是人君事, 從政是大夫事. 夫子言此, 蓋爲大夫而發." ○駁曰 非也. 從政者, 通士大夫而言. [已見前]

쌍봉 요씨가 말했다. "정치에 종사한다(從政)와 정치를 한다(爲政)는 것은 같지 않다. 정치를 하는 것은 인군의 일이고, 정치에 종사하는 것은 대부의 일이다. 공자께서 이 말씀을 하신 것은 대개 대부를 위하여 말씀한 것이다." ○ 논박하여 말하면, 그릇되었다. 종정從政이란 사대부를 통칭하여 말한다(이미 앞에 나왔다).

비평 —— 이 구절은 12:18(季康子問政於孔子. 孔子對曰:「政者, 正也. 子帥以正, 孰敢不正.」) 및 13:6(子曰 其身正, 不令而行, 其身不正, 雖令不從.) 등에서 비슷하게 반복되었기 때문에 주자는 주석하지 않았다. 그런데 세주를 보면 주자는 "이 장은 오로지 신하를 위해 하신 말씀이라고 한 해석이 있는데, 이치상 혹 그럴 수 있다."라고 말했다. 다산은 종정從政의 주체를 사대부를 통틀어서 하는 말이라고 했다. 주자의 해석과 거의 차이가 나지 않는다.

❧

13:14. 冉子退朝. 子曰: "何晏也?" 對曰: "有政." 子曰: "其事也. 如有政, 雖不吾以, 吾其與聞之."[『鹽鐵論』, 之作諸]

고주 —— 염자가 (노나라 군주를 알현하고) 공조(朝=公朝)에서 퇴청하니, 공자께서 말씀하셨다. "어찌 늦었느냐?" (염유가 대답했다.) "국정(政=고쳐서 광정하는 것)이 있었습니다." 공자께서 말씀하셨다. "그것은 아마도 항상 행하는 평범한 일(事=凡行常事)이겠지! 만일 정政이 있었다면 비록 (내가 현재) 임용되지 않고 있지만, 반드시 마땅히(其=必當) 참여하여 들었을 것이다."

주자 —— 염유가 (계씨의) 사적인 조정(朝=私朝:이때 계씨가 노나라를 전횡함에, 그 국정에 대해서 대개 公朝에서 동렬들과 의논하지 않고, 혼자서 자신의 가신들과 私室에서 모의했을 것이다)에서 퇴청하니, 공자께서 말씀하셨다. "어찌 늦었는가?" (염유가 대답했다.) "국정(政=國政)이 있었습니다." 공자께서 말씀하셨다. "그것은 (계씨) 집안의 (사사로운) 일(事=家事)이겠지! 만일 국정이 있었다면, 비록 내가 등용되지 않았지만, 나도 (마땅히) 참여하여 들었을 것이다."

다산—— 염자가 (노나라 군주를 알현하고) 공조(朝=公朝)에서 퇴청하니, 공자께서 말씀하셨다. "어찌 늦었느냐?" (염유가 대답했다.) "정(政=교령이 올바름에서 나온 것)이 있었습니다." 공자께서 말씀하셨다. "그것은 아마도 잡사(雜事=교령이 번잡하되 올바름에서 나오지 않은 것)이겠지! 만일 정政이 있었다면 비록 (내가 현재) 임용되지 않고 있지만, 반드시 마땅히(其=必當) 참여하여 들었을 것이다."

집주—— ■冉有時爲季氏宰라 朝는 季氏之私朝也라 晏은 晚也라 政은 國政이요 事는 家事라 以는 用也요 禮에 大夫雖不治事나 猶得與聞國政이라 是時에 季氏專魯하여 其於國政에 蓋有不與同列議於公朝하고 而獨與家臣謀於私室者라 故로 夫子爲不知者而言하사되 此必季氏之家事耳라 若是國政이면 我嘗爲大夫니 雖不見用이나 猶當與聞이어늘 今旣不聞하니 則是非國政也라하시니라 語意與魏徵獻陵之對로 略相似하니 其所以正名分, 抑季氏하여 而敎冉有之意가 深矣로다

염유冉有는 당시 계씨의 가재(季氏宰)였다. 조朝는 계씨의 사적인 조정(私朝)이다. 안晏은 늦음(晚)이다. 정政은 국정國政이고, 사事는 가문의 일(家事)이다. 이以는 쓰다(用)이다. 예법에 따르면, 대부는 비록 일을 관장하지 않더라도 국정에 참여하여 들을 수 있다. 이때 계씨가 노나라를 전횡함에, 그 국정에 대해서 대개 공조公朝에서 동렬들과 의논하지 않고, 혼자서 가신들하고만 사실私室에서 모의했을 것이다. 따라서 공자께서 짐짓 알지 못하는 것처럼 말씀하시면서, "이는 필시 계씨 가문의 일일 뿐이다. 만약 이것이 국정이

자원풀이 ■朝는 日+艸+月로 이루어진 회의자로 해(日)가 수풀(艸) 사이로 떠올랐으나 아직 달(月)이 지지 않는 아침시간을 말하며, 해가 뜨는 동쪽, 시작 등의 뜻이 파생되었다. 아침에 여는 회의라는 의미에서 조회朝會, 조회가 열리는 뜰이라는 의미에서 조정(朝廷), 왕조(王朝)라는 말이 나왔다.
■안晏은 日(날 일)+安(편안할 안)의 형성자로 태양(日)이 지고 편안하게(安) 쉬거나 잠자리에 들 시간이란 뜻으로 늦은 때, 편안하다 등의 뜻이다.

었다면, 나도 일찍이 대부였으니, 비록 쓰이지는 않지만, 마땅히 참여하여 들었을 것이다. 지금 이미 듣지 못했으니, 그것은 국정이 아니다."라고 하셨다. 말씀의 뜻은 위징魏徵이 헌릉獻陵이라고 대답한 것과 대략 유사하다. 이로써 명분을 바로잡고 계씨를 억제하고 염유를 가르치신 뜻이 깊다.

고금주 —— ■周曰: "謂罷朝於魯君." ○補曰 政者, 教令之出於正者也. [孔子云: "政者, 正也."] 事者, 其煩雜而不由正者也. 與·預通. 其出於正者, 無所怍, 必令我與聞. 今旣不令我與聞, 其爲雜事, 可知.

주생렬이 말했다. "(退朝란) 노나라 임금에게 조회를 마치고 나온 것을 말한다." ○보완하여 말한다. 정政이란 교령이 올바름에서 나온 것이고(공자께서 말씀하시길, "政이란 올바름:正이다."), 사事란 교령이 번잡하되 올바름에서 나오지 않은 것이다. 여與는 예預(참여, 간여)와 통한다. 교령이 바른 데에서 나왔으면 부끄러워할 바가 없어서 필시 나로 하여금 참여하여 듣게 했을 것이다. 지금 이미 나에게 참여하여 듣지 못하도록 했으니, 그 일이 잡사雜事라는 것을 알 수 있다.

■邢曰: "鄭玄以冉有臣於季氏, 故以朝爲季氏之朝. 周氏以論君朝之事, 故云罷朝於魯君." ○案周義當從.

형병이 말했다. "정현은 염유를 계씨의 가신으로 여겼기 때문에 조정을 계씨의 사조라고 했다. 주생렬은 군조君朝의 일을 논한 것으로 여겼기 때문에, 노나라 임금에게 조회를 한 것이라 했다." ○살핀다. 주생렬의 해석의 뜻을 마땅히 따라야 한다.

■馮曰: "臣見君曰朝, 季氏亦曰朝, 僭禮之稱也." ○案鄭玄以爲季氏之私朝者, 謂家臣不當朝於公朝也. 然古者家臣, 實以國君爲君, 故其使於鄰國, 稱其主大夫曰'寡君之老'. 恩義如此, 不得無朝見, 即冉有朝見魯君, 厥有明文(哀十一年『左傳』). 冉有之朝魯君, 不旣有徵乎? 退朝者, 自公而退也.

후재 풍씨가 말했다. "신하가 임금을 알현하는 것을 조朝라 하는데, 계씨 역시 조라 한 것은 예를 참람하여 칭한 것이다." ○ 살핀다. 정현이 계씨의 사조私朝로 여긴 것은, 가신은 공조公朝에 조회할 수 없다고 말했기 때문이다. 그러나 옛날에 가신은 실제로 국군國君을 자기의 군주로 섬겼다. 그렇게 때문에 그들은 이웃 나라에 사신을 가서는 자신이 주인으로 섬기는 대부를 일컬어 과군지로寡君之老라 했다. 은의恩義가 이와 같기 때문에 조현朝見이 없을 수 없으며, 곧 염유가 노나라 군주를 조회하여 알현했다는 것은 그 분명한 글이 있다(애공 11년조). 염유가 노나라 군주에게 조회했다는 증험이 이미 있지 않는가? 퇴조退朝란 공조公朝에서 퇴청한 것이다.

■ 馬曰: "政者, 有所改更匡正. 事者, 凡行常事."[邢云: "有所匡正, 故退晚也."] ○ 邢曰: "昭二十五年『左傳』曰, '爲政事・庸力・行務, 以從四時.' 杜預曰, '在君爲政, 在臣爲事.' 何晏曰爲仲尼稱孝友, 是亦爲政. 明其政事通言, 隨事大小, 異其名耳. 故不同鄭・杜之說, 而取周・馬之言." ○ 案『詩』云: "王事靡盬." 『詩』云: "于以用之, 公侯之事." 何必家事爲事乎? 當從馬融之義. 但必以改更匡正爲政, 其義拘滯而不通矣. 國有虐政, 孔子不必與聞, 國有改更, 孔子不必與聞. 惟其公正合理之政, 無愧無怍, 然後孔子方可得聞. 其必以大者爲政, 小者爲事, 亦非經旨.

마융이 말했다. "정政이란 고쳐서(改更) 광정匡正할 바가 있음이다. 사事란 항상 행하는 평범한 일이다."(형병이 말했다. "광정할 바가 있기 때문에 늦게 퇴조한 것이다.") ○ 형병이 말했다. "소공 25년『좌전』에서 말하길, '정政・사事, 용庸・역力, 행行・무務는 네 계절에 맞추어서 시행한다.'고 했다. 두예杜預가 말하길, '임금에게서 정政이 되고, 신하에게는 사事가 된다.'고 했다. 하안이 말하길, '공자께서는 효도하고 우애하는 것 역시 정政이다.'라고 해서서, 정政과 사事는 통용하는 말임을 밝히셨으나, 다만 일의 크고 작음에 따라 그 이름을 다르게 할 뿐이다. 그러므로 정현과 두예의 설에 동의하지 않고, 주생렬과 마융의 말을 취한다." ○ 살핀다. 『시경』에서 말하길, "왕사王事를 견고하지 않을 수 없다(靡盬, 「소아, 사빈」)."고 했고, 또 『시경』에서 말하길, "이에 이것을 쓰기를 공후의 일(公侯之事)에 한다."고 했으니, 어찌 반드시 가문의 일(家事)만을 사事라고 하겠는가? 마땅히 마융이 설명한 뜻을 따라야 할 것이다. 다만 반드시 고쳐서(改更) 광정匡正한 것을 정政이라고 여긴 것은 그 뜻이 구애되어 통하지 않는다. 나라에 학정虐政이 있을 때도 공자께서 반드시 참여하거나 듣지는 않았으며, 오직 공정・합리적인 정政으로 부끄러워할 것이 전혀 없는 뒤라야 공자께서는 바야흐로 들을 수 있었다. 그리고 반드시 그 큰 것을 정政이라 하고, 작은 것을 사事라고 하는 것도 경의 뜻(經旨)이 아니다.

비평 —— 여기서 조朝를 노나라 임금의 공조(고주와 다산)로 볼 것인가, 아니면 계씨의 사조私朝로 볼 것인가(주자) 하는 점에 이견이 있다. 그리고 정政과 사事의 관계를 어떻게 해명할 것인가에 대해 이견이 있다. 일반적으로 신하가 임금을 알현하는 것을 조朝라 하고, 그 뜰을 조정朝廷이라 한다. 정政과 사事는 통용되기도 하지만, 공식적인 조정의 일은 정政이라 하고, 개인 집안의 일은 사事라 하기도 한다. 공자가 살았던 노나라는 당시 계씨가 정치를 전횡하여 그 가신이 계씨를 만나는 것을 조朝라 참칭했던 것 또한 사실이다.

그래서 공자께서 명분을 바로 세우면서, 염유를 가르치신 것이다. 이것이 이 글의 일반적인 대의이다. 본문의 내용만으로는 누가 옳은지 알 수 없지만, 주자의 해석이 가장 명백하다고 생각된다.

13:15. 定公問: "一言而可以興邦, 有諸?" 孔子對曰: "言不可以若是其幾也. 人之言曰, '爲君難, 爲臣不易.' 如知爲君之難也, 不幾乎一言而興邦乎?" 曰: "一言而[皇氏本, 有'可以'字]喪邦, 有諸?" 孔子對曰: "言不可以若是其幾也. 人之言曰, '予無樂乎爲君, 唯其言而莫予違也.' 如其善而莫之違也, 不亦善乎? 如不善而莫之違也, 不幾乎一言而喪邦乎?"

고주 —— 정공이 물었다. "(나라를 다스리는 大要로써) 한마디 말이 나라를 일으킬 수 있다고 하는데, 그런 말이 있습니까?" 공자께서 대답하셨다. "말은 그와 같을 수는 없지만(言不可以若是), 그에 가까울 수는 있습니다(幾=近). 사람들의 말에, '임금 노릇하기는 어렵고, 신하 노릇하기는 쉽지 않다.'고 했으니, 만일 임금 노릇하기가 어렵다는 것을 안다면 한마디 말로 나라를 일으키는 데 가깝지 않겠습니까?" (정공이 물어) 말했다. "한마디 말이 나라를 잃을 수 있다고 하는데, 그런 말이 있습니까?" 공자께서 대답하셨다. "말이란 그와 같을 수는 없지만, 그에 가까울 수는 있습니다. 사람들의 말에, '나는 임금 노릇하는 데에는 즐거움은 없지만, (즐거운 것은) 오직 내가 말하면 아무도 나의 말을

자원풀이 ■공公은 厶(사사로울 사)+八(등지고 떠나다)의 회의자로 사사로움에 반대되는 공변됨을 말하여, 공적公的, 공화公共, 공평公平 등의 뜻이 나왔다. 그리고 임금, 천자, 제후, 그리고 천자를 보필하는 공후백자남公侯伯子男의 5등작의 첫째, 노인·장자(長者)의 존칭 등으로 남자의 성姓·시호諡號·아호雅號·관작官爵 밑에 쓰기도 하였다. 본문에서 공은 제후라는 뜻이다.
■기幾는 베틀에 앉아 실(絲)로 베를 짜는 사람(人)을 그렸는데, 이후 베틀이 과戈 자로 변해 오늘의 자형이 되었다. 베틀은 섬세하고 손이 많이 가는 작업이었으므로 세밀함이란 의미가 되고, 드물다(幾希), 얼마(幾何), 나아가 서기庶幾에서 '거의'라는 말이 있게 되었다. 본문의 첫 번째로 쓰인 것은 '기期(기약, 기필)'와 음이 같아 바꿔 쓴 것이다. 기期는 음성을 나타내는 기其와 뜻을 나타내는 月의 형성자로 달의 순환주기처럼 정해진 기간이 되면, 만나는 것을 기약하다의 뜻이다.

어기지 않는 것이 즐거울 뿐'이라고 했습니다. 만일 임금의 말이 선한 것이어서 아무도 어기지 않는다면, 또한 선하지 않겠습니까? 만일 선하지 않는데도 아무도 어기지 않는다면 한마디 말이 나라를 잃는 데에 가깝지 않겠습니까?'

주자 —— 정공이 물었다. "한마디 말이 나라를 일으킬 수 있다고 하는데, 그런 말이 있습니까?" 공자께서 대답하셨다. "말은 그와 같이 기필(幾=期:必期)할 수 없습니다. 사람들의 말에, '임금 노릇 하기는 어렵고, 신하 노릇 하기도 쉽지 않다.'고 했으니, 만일 (이 말에 근거를 두고) 임금 노릇 하기가 어렵다는 것을 안다면 (반드시 戰戰兢兢하며 깊은 연못에 임하듯, 살얼음을 밟듯, 하나의 일도 감히 소홀히 함이 없다면) 한마디 말로 나라를 일으키기를 기필할 수 있지 않겠습니까?" (정공을 위한 말인 까닭에 신하에 대해서는 언급하지 않았다.) (정공이 물어) 말했다. "한마디 말이 나라를 잃을 수 있다고 하는데, 그런 말이 있습니까?" 공자께서 대답하셨다. "말이란 그와 같이 기약(기필)할 수는 없습니다. 사람들의 말에, '나는 임금 노릇하는 데에는 (다른) 즐거움은 없지만, 오직 내가 말하면 아무도 나의 말을 어기지 않는 것이 즐거울 뿐'이라고 했습니다. 만일 임금의 말이 선한 것이어서 아무도 어기지 않는다면, 또한 선하지 않겠습니까? 만일 선하지 않는데도 아무도 어기지 않는다면 (충언이 오지 않고, 임금은 날로 교만해지고, 신하는 날로 아첨하여) 한마디 말이 나라를 잃는 것을 기필하지 않겠습니까?"

다산 —— 정공이 물었다. "한마디 말이 나라를 일으킬 수 있다고 하는데, 그런 말이 있습니까?" 공자께서 대답하셨다. "말(의 효험)은 그와 (거의) 같기를 희망(幾=希望, 殆)할 수 없습니다. 사람들의 말에, '임금 노릇하기는 어렵고, 신하 노릇하기도 쉽지 않다.'고 했으니, 만일 임금 노릇하기가 어렵다는 것을 안다면 한마디 말로 나라를 일으키기를 (거의) 희망할 수 있지 않겠습니까?"

(정공이 물어) 말했다. "한마디 말이 나라를 잃을 수 있다고 하는데, 그런 말이 있습니까?" 공자께서 대답하셨다. "말(의 효험)이란 그와 (거의) 같기를 희망할 수는 없습니다(황간본에는 可以 자가 있다). 사람들의 말에, '나는 임금 노릇하는 데에는 (다른) 즐거움은 없지만, 오직 내가 말하면 아무도 나의 말을 어기지 않는 것이 즐거울 뿐'이라고 했습니다. 만일 임금의 말이 선한 것이어서 아무도 어기지 않는다면, 또한 선하지 않겠습니까? 만일 선하지 않는데도 아무도 어기지 않는다면, 한마디 말이 나라를 잃게 하는 것을 거의 희망할 수 있지 않겠습니까?"

집주 ── ■ 幾는 期也니 詩曰 如幾如式이라 하니라 言 一言之間에 未可以如此而必期其效라

기幾는 기약(期)이다. 『시경』에서 말하길, '기약과 같이 법식과 같이(如幾如式)'라고 했다. 말 한마디 사이(一言之間)에서 이와 같이 그 효과를 반드시 기약할 수 없다는 말이다.

■ 當時有此言也라 因此言而知爲君之難이면 則必戰戰兢兢하여 臨深履薄하여 而無一事之敢忽하리니 然則此言也 豈不可以必期於興邦乎아 爲定公言이라 故로 不及臣也니라

당시에 이런 말들이 있었다. 이 말들로 인하여 임금 노릇이 어렵다는 것을 안다면, 반드시 전전긍긍戰戰兢兢하며 깊은 연못에 임하듯, 살얼음을 밟듯(8:3), 하나의 일도 감히 소홀히 함이 없는 것이니, 그렇게 한다면 이 말이 어찌 반드시 나라를 일으키기를 기약할 수 있는 것이 아니겠는가? 정공을 위한 말인 까닭에 신하에 대해서는 언급하지 않았다.

■ 言 他無所樂이요 惟樂此耳라

다른 것은 즐거워할 것이 없고, 오직 그것만 즐거워할 뿐이라는 말이다.

■ 范氏曰 如不善而莫之違면 則忠言이 不至於耳하여 君日驕而臣日諂하리니

未有不喪邦者也니라

범조우가 말했다. "불선不善한데도 아무도 어기지 않는다면, 충언忠言이 (임금의) 귀에 이르지 않기 때문에 임금이 날로 교만해지고 신하가 날로 아첨하여 나라를 잃지 않음이 없다."

■ 謝氏曰 知爲君之難이면 則必敬謹以持之요 唯其言而莫予違면 則讒諂面諛之人이 至矣리니 邦未必遽興喪也로되 而興喪之源이 分於此라 然이나 此非識微之君子면 何足以知之리오

사량좌가 말했다. "임금 노릇이 어렵다는 것을 알면, 반드시 경근敬謹함으로 유지할 것이다. 오직 임금의 말을 아무도 어기지 않는다면, 참소하고 아첨하며 면전에서 아부하는 사람들이 올 것이다. 나라가 필시 갑자기 흥하거나 망하지는 않겠지만, 흥망의 근원은 여기서 나누어진다. 그러나 이는 은미함을 아는 군자가 아니라면, 어찌 충분히 알 수 있겠는가?"

고금주 ── ■補曰 幾, 希也, [希, 望也] 殆也. [庶幾之義, 本希也, 殆也] 言語之效, 不可以若是其希望也. 然若知爲君之難, 不亦可望乎一言而興邦乎? 下節倣此. ○孔曰: "言無樂於爲君, 所樂者, 唯樂其言而不見違."

보완하여 말한다. 기幾는 희망(希)하다(希는 바란다:望), 거의(殆)이다.(庶幾의 뜻은 본래 희망:希 · 거의:殆이다.) '언어의 효험은 이와 같이 희망할 수는 없다. 그러나 임금 노릇하기가 어렵다는 것을 안다면, 또한 한마디 말로 나라를 일으키기를 바랄 수 있지 않겠는가?'라는 말이다. 아래 말도 이와 같다. ○공안국이 말했다. "'임금 노릇을 하는 것에는 즐거움이 없고, 즐거운 것은 오직 내가 말을 하면 아무도 어기지 않는 것이다.'라는 말이다."

■ 王曰: "以其大要, 一言不能正興國. [邢云: "一言不能興國, 故云言不可以若是."] 幾, 近也, 有近一言可以興國.[邢云: "有近一言可以興國者, 故云其幾也."]" ○侃曰: "答曰, '豈有出一言而興得邦國乎? 言不可得頓如此也.' 幾, 近也. 然一言雖不可即使興, 而有可近於興邦者, 故云其幾也." ○案 注疏'其幾也'三字, 別爲一句, 其義非也. 幾・希二字, 本皆微也. 人之覬望, 在於微意, 故幾・希二字, 又有覬望之義, 此六書之假借也. 丁度『集韻』謂訓幾爲望, 則字與'覬'通. 然幾之爲字, 本是希望之義, 故『爾雅・釋言』曰: "庶幾, 尙也."[疏云: "尙, 謂心所希望也."]『孟子』曰: "王庶幾改之."

왕숙이 말했다. "나라를 다스리는 대요로써, 한마디 말이 나라를 흥하게 한다고 단정할 수 없다.(형병이 말했다. "한마디 말이 나라를 일으킬 수 없기 때문에, '말이 그와 같을 수 없다.'고 말했다.") 기幾는 가깝다(近)이니, 나라를 일으키는 데 가까운 한마디 말이 있다."(형병이 말했다. "한마디 말이 나라를 일으키는 데 가까울 수 있기 때문에, 이에 其幾也라고 했다.") ○황간이 말했다. "대답하여 말씀하시길, '어떻게 한마디 말을 내놓아 나라를 흥하게 할 수 있겠는가? 말의 효과는 문득 그와 같을 수는 없다.' 기幾는 가깝다(近)이다. 그러나 한마디 말이 비록 곧바로 나라를 일으키게 할 수는 없다고 하더라도, 나라를 일으키는 데에 가까울 수 있는 말이 있다는 것이다. 그러므로 기기야其幾也라고 했다." ○살핀다. 주소에 '기기야其幾也' 세 글자를 따로 한 구절로 했는데, 그 뜻이 그릇되었다. 기幾・희希 두 글자는 본래 모두 미微이다. 사람이 바라보는 것은 의의微意에 있기 때문에, 기幾・희希 두 글자는 또한 '바라본다'는 뜻이니, 이는 육서六書의 가차이다. 정도丁度는 『집운』에서 기幾를 망望으로 풀이했으니, 기覬라는 글자와 통한다. 그러나 기幾라는 글자는 본래 희망의 뜻인 까닭에 『이아・석언』에 "서기庶幾는 '바란다(尙)이다.'라고 했다.(주소에서 말하길, "尙은 마음이 희망하는 바를 말한다.")『맹자』에서 말하길, "왕께서는 그것을 고치기를 바란다(「공손추하」)."고 했다.

■案 幾者, 限也. 期・限同義, 故『毛傳』訓幾爲期也. 然上節之幾, 訓之爲期必之期, 則其義較明, 而下二節之幾, 恐不可訓之爲期必.

살핀다. 기幾는 기한(限)이다. 기期와 한限은 같은 뜻이다. 그래서 『시경』(如

幾如式)에서 기幾를 기期로 풀이했다. 그러나 (본문에서) 앞 구절의 기幾는 기필期必의 기期로 풀이하면 비교적 분명하지만, 뒤의 두 구절의 기幾는 아마도 기필로 풀이할 수 없을 듯하다.

비평 —— 한마디 말이 나라를 흥하게 혹은 망하게 할 수 있다고 유세하는 자가 있을 수 있지만, 아마도 그런 자들은 거의 간사한 권모술수가에 불과할 것이다. 다만 한마디 말을 잘 실천하면 나라를 흥하게 하는 데로 나갈 수 있고, 한마디 말로만 행한다면 나라를 거의 망하게 하는 데로 나갈 수 있다. 즉 임금 노릇을 하는 것이 어렵다는 것을 알아 모든 일을 신중히 처리한다면, 나라를 흥하게 하는 데로 나아갈 수 있다. 임금이 자신의 말을 신하들이 어기지 않는 것을 즐거움으로 삼아 아무렇게나 명령하고 무조건 따르게 하면서 충언을 듣지 않는다면, 나라를 잃는 데 거의 가까이 갈 수 있다는 것이다.

"언불가이약시기기야言不可以若是其幾也"를 고주에서는 "언불가이약시言不可以若是, 시기야其幾也"로 끊어 읽으면서 "말은 그와 같을 수는 없지만(言不可以若是), 그에 가까울 수는 있습니다(幾=近)."라고 풀이했다. 그런데 주자는 기幾를 기필期必(혹은 期約)의 기期로 보고, 끊지 않고 붙여서 읽으면서 "말은 그와 같이 기필(幾=期:必期)할 수 없습니다."라고 했다.

이에 대해 다산은 끊어 읽기에서는 주자에 동의하지만, 기幾란 희希·망望·태殆, 은隱·미微 등이 원의라고 주장한다. 또한 그는 주자의 해석에서 앞의 구절의 기幾는 기필로도 읽을 수 있지만, 뒤의 구절은 그렇게 읽을 수 없다고 비판했다.

13:16. 葉公問政. 子曰: "近者說, 遠者來."

고주 —— 섭공이 정치에 대해 묻자, 공자께서 말씀하셨다. "(마땅히) 가까이 있는 자에게 은혜를 베풀어 기쁘게 하면, 멀리 있는 자들이 (마땅히 사모하고 감화되어) 오게 된다."

주자 —— 섭공이 정치에 대해 묻자, 공자께서 말씀하셨다. "가까이 있는 자가 (그 은택을 입으면) 기뻐하고, (그런 이후에) 멀리 있는 자가 (그 풍문을 들으면) 오게 된다."

다산 —— (형 땅은 넓으나 도읍은 좁고, 민심은 이반되어 자신들이 기거하는 곳을 편안하게 여기지 않아) 섭공이 정치에 대해 묻자, 공자께서 말씀하셨다. "가까이 있는 자가 기뻐하고, 멀리 있는 자가 오게 된다."

집주 —— ■音義並見第七篇이라
음과 뜻은 함께 제7편(술이, 7:18)에 나왔다.
■被其澤則說하고 聞其風則來라 然이나 必近者說而後에 遠者來也니라
그 은택을 입으면 기뻐하고, 그 풍문을 들으면 온다. 그러나 반드시 가까이 있는 자가 기뻐한 이후에 멀리 있는 자가 찾아온다.

고금주 —— ■邢曰: "楚葉縣尹. 當施惠於近者, 使之喜說, 則遠者當慕化而來也." ○案 『家語』云: "荊之地廣而都狹, 民有離心, 莫安其居." 故夫子因問政而告之以此.

자원풀이 ■說說은 言(말씀 언)+兌(기쁠 태)의 형성자로 '말을 풀이하다'는 뜻이다. 어려운 내용을 말(言)로 잘 풀어내면 상대에게 기쁨(兌)을 주며, 상대를 잘 설득시키기에 좋다. 여기서 '기쁘다'와 설득하다說(유세遊說)의 뜻이 나왔다. 원래의 말씀을 뜻할 때에는 설명說明처럼 '설'로, 기쁘다(=悅)의 뜻으로 쓰일 때는 '열'로, 유세遊說하다의 뜻으로 쓰일 때는 '세'로 읽는다.

형병이 말했다. "(葉公은) 초楚나라 섭葉땅의 현윤縣尹이다. 마땅히 가까이 있는 자에게 은혜를 베풀어 기쁘게 하면, 멀리 있는 자들이 마땅히 사모하고 감화되어 오게 된다." ○살핀다. 『공자가어』에서 말하길, "형荊 땅은 넓으나 도읍은 좁고, 민심은 이반되어 자신들이 기거하는 곳을 편안하게 여기지 않았다."고 했다. 그러므로 공자께서 (섭공이) 정치에 대해 묻는 것을 기회로 이렇게 일러 주셨다.

비평 —— 특별한 쟁점은 없다. 주자는 원론적인 해석을 시도했지만, 다산은 실제적이면서 구체적인 설명을 했다.

◈

13:17. 子夏爲莒父宰, 問政. 子曰: "無欲速, 無見小利. 欲速則不達, 見小利則大事不成."

고주 —— 자하가 거보의 읍재가 되어 정치를 물으니, 공자께서 말씀하셨다. "(일에는 과정과 기한이 있으니) 속히 이루려 하지 말고, (마땅히 大體에 마음을 두어) 작은 이익을 보려고 하지 말라. (일이란 속이 이루어질 수는 없으니) 속히 이루려고 하면 달성하지 못하고, 작은 이익을 보려고 하면 (큰일에 방해가 되어) 큰일이 이루어지지 않는다."

주자 —— 자하가 거보의 읍재가 되어 정치를 물으니, 공자께서 말씀하셨다. "속히 이루려 하지 말고, 작은 이익을 보려고 하지 말라. 속히 이루려 하면 (급히 서둘러:急遽, 순서가 없어 오히려) 달성하지 못하고, 작은 이익을 보려고 하면 큰일이 이루어지지 않는다(성취되는 것은 적고 잃는 것은 크다)."

다산 —— 자하가 거보의 읍재가 되어 정치를 물으니, 공자께서 말씀하셨다. "(일에는 과정과 기한이 있으니) 속히 이루려 하지 말고, 작은 이익을 보려고 하지 말라. 속히 이루려 하면 (급히 서둘러:急遽 순서가 없어 오히려) 달성하지 못하고, 작은 이익을 보려고 하면 큰 일이 이루어지지 않는다(성취되는 것은 적고 잃는 것은 크다)."

집주 —— ■莒父는 魯邑名이라 欲事之速成이면 則急遽無序하여 而反不達이요 見小者之爲利면 則所就者小하고 而所失者大矣니라

거보莒父는 노나라의 읍명이다. 일을 속히 이루려고 하면 급히 서둘러(急遽) 순서가 없어 오히려 달성하지 못한다. 작은 이익을 보려고 하면 성취되는 것은 적고 잃는 것은 크다.

■程子曰 子張問政한대 子曰 居之無倦하며 行之以忠이라 하시고 子夏問政한대 子曰 無欲速하며 無見小利라하시니 子張은 常過高而未仁하고 子夏之病은 常在近小라 故로 各以切己之事로 告之하시니라

정자가 말했다. "자장이 정치를 묻자 공자께서 말씀하시길, '마음에 두기를 게으름이 없게 하고, 행하기를 충으로 해야 한다.'(12:14)고 하셨다. 자하가 정치를 묻자, 공자께서는 '빨리 하려고 하지 말고, 작은 이익(小利)을 보려고 하지 말아야 한다.'고 하셨다. 자장은 항상 지나치게 높아 인仁하지 못했고, 자하의 병통은 항상 천근하고 작은 데에 있었다. 그러므로 각각 그들에게 절실한 일로써 일러 주셨다."

고금주 —— ■邢曰: "事有程期, 無欲速成." ○補曰 達, 遂也.

형병이 말했다. "일에는 과정과 기한이 있으니, 속히 이루고자 함이 없어야

한다." ○보완하여 말한다. 달達은 이루다(逢)이다.

비평 —— 벼가 빨리 자라도록 하기 위하여 묘를 억지로 뽑아 올린다면(助長), 오히려 농사를 망치게 된다(『맹자』 2상:2). 효과나 이익을 먼저 계산한 후에 빨리 이루려고 하면, 오히려 제대로 이루지 못하여 낭패를 초래한다. 그래서 "빨리 하려고 하면 제대로 되지 못한다."고 했다.

사사로운 이익(私利)에 준거를 두고 행동하는 사람들을 소인이라 한다. '사私'는 '공公'의 반대말이다. 사사로움(厶)이란 본래 스스로 테두리를 지어 자신의 경계를 짓는 것이며, 여기서 사私(禾+厶= 곡물을 자신의 것으로 만들어 버림)자가 나왔다. '공公'은 사사로움(厶)을 등지고 떠남(八)을 말한다. 따라서 공리公利란 개인의 사사로운 이익을 버리고, 인간의 도리에 합당한 행위를 하여 전체적인 조화를 이룩한 이후에 얻어지는 결과물이라고 할 수 있다. 특히 위정자는 당장 눈앞의 현실적인 자신의 작은 이익(小利)에 눈이 멀어 전체적인 맥락과 조화에서 나오는 큰 이익(大利)을 놓쳐 버릴 수 있다. 바로 여기서 작은 이익과 큰 이익의 구분이 생겨났다. 그래서 공자는 "현실의 위정자가 자신의 작은 이익에 눈이 멀면, 백성들 전체에게 돌아갈 큰 이익, 즉 공익公益을 이룰 수 없다."고 경고했다. 이렇게 위정자가 자신의 사사로운 이익을 헤아리지 않고, 백성의 이로움을 자신의 이로움으로 삼아 마땅히 해야 할 일을 차근차근 해 나가면 가까이 있는 백성들은 기뻐하고, 멀리 있는 이들은 은택의 소문을 듣고 찾아와 열복悅服하게 된다는 것이다.

특별한 쟁점은 없다. 다산은 앞의 구절을 해설할 때는 고주를, 뒤의 구절을 해설할 때는 주자의 주석을 인용했다. 그리고 정자의 주석을 인용하여 자하의 병통이 항상 천근하고 작은 데 있어, 그에게 절실한 일로써 일러 주셨다는 것을 어느 정도 인정하고 있다.

13:18. 葉公語孔子曰: "吾黨有直躬者, 其父攘羊, 而子證之." 孔子曰: "吾黨之直者異於是. 父爲子隱, 子爲父隱, 直在其中矣." [鄭玄本, 躬作弓, 見『釋文』]

고주 —— 섭공이 공자께 말했다. "우리 향당에 몸가짐을 곧게 행하는 자가 있으니, 그 부모가 (그 집으로 들어온) 양을 가로채자 자식이 그것을 고발했습니다." 공자께서 말씀하셨다. "우리 향당의 곧은 자는 그와 다릅니다. 부모는 (자식이 허물이 있으면) 자식을 위해 숨겨 주고(자애이다), 자식은 (부모가 허물이 있으면) 부모를 위해 숨겨 주니(효성이다), (효도하고 자애하면 충성스럽고, 충성스러우면 곧은 것이니) 곧음은 그(효도하고 자애하는) 가운데 있습니다."

주자 —— 섭공이 공자께 말했다. "우리 향당에 몸가짐을 곧게 행하는 자가 있으니, 그 부모가 (그 집으로 들어온) 양을 가로채자 자식이 그것을 고발했습니다." 공자께서 말씀하셨다. "우리 향당의 곧은 자는 그와 다릅니다. 부모는 (자식이 허물이 있으면) 자식을 위해 숨겨 주고, 자식은 (부모가 허물이 있으면) 부모를 위해 숨겨 주니, (서로 숨겨 주는 것은 天理와 人情의 지극함이니, 이렇게 하면)

자원풀이 ■당黨은 黑(검을 흑)+尙(숭상할 상)의 형성자로 모여서 나쁜 것(黑)을 숭상(尙)하는 무리나 집단을 말한다. 무리, 친족(其黨也食之), 편들다(不偏不黨 王道蕩蕩), 아첨하다(比而不黨), 돕다(羣而不黨), 마을(鄕黨:1당黨은 25호戶), 장소, 정당 등의 뜻이다.
■직直은 갑골문에서는 目(눈) 위에 세로획이 곧게 그려진 모습이다. 세로획은 곧은 시선을 상징한다. '똑바로 보다'의 원래 뜻으로부터 곧다, 정직正直하다, 합리적이다, 직접, 있는 그대로 등의 뜻이 나왔다. 혹은 숨어 있는 것을 열 눈(모든 눈)이 지켜보기 때문에 곧고, 바르게 하지 않을 수 없다는 뜻이다.
■궁躬은 身(몸 신)+弓(활 궁)의 형성자로, 활(弓)처럼 약간 휜 몸체라는 의미를 그렸으며, 몸을 굽히다의 뜻도 나왔다. 몸, 자기自己 자신, 몸소, 굽히다, 곤궁하다 등의 뜻이 있다.
■증證은 言(말씀 언)+登(오를 증)의 형성자로 알리다의 뜻인데, 말(言)을 신전에 올리다(登)라는 뜻에서, 보고하다,

곧음은 그 가운데 있습니다."

다산 —— (섭공이 노나라의 정사를 물으니, 공자께서 노나라를 위하여 나쁜 점을 회피하니, 풍자하여) 섭공이 공자께 말했다. "우리 향당의 (이름은 궁이고, 호를) 직궁이라고 하는 자가 있으니, 그 부모가 몰래 양을 훔치자 자식이 그것을 고발했습니다." 공자께서 말씀하셨다. "우리 향당의 곧은 자는 그와 다릅니다. 부모는 (자식이 허물이 있으면) 자식을 위해 숨겨 주고 (자애이다), 자식은 (부모가 허물이 있으면) 부모를 위해 숨겨 주니(효성이다), (효도하고 자애하면 충성스럽고, 충성스러우면 곧은 것이니) 곧음은 그(효도하고 자애하는) 가운데 있습니다."(정현본에는 躬이 弓으로 되어 있다. 『석문』에 보인다)

집주 —— ■直躬은 直身而行者라 有因而盜曰攘이라
직궁直躬은 몸가짐을 곧게 하여 행하는 사람이다. 까닭(因)이 있어 훔치는 것을 일러 양攘이라 한다.
■父子相隱은 天理人情之至也라 故로 不求爲直이나 而直在其中이니라
부모와 자식이 서로 숨겨 주는 것은 천리天理와 인정人情의 지극함이다. 그러므로 곧게 되기를 추구하지 않아도 곧음이 그 가운데 있다.
■謝氏曰 順理爲直이니 父不爲子隱하고 子不爲父隱이면 於理에 順耶아 瞽瞍殺人이어든 舜竊負而逃하여 遵海濱而處하시리니 當是時하여 愛親之心이 勝하니 其於直不直에 何暇計哉리오
사량좌가 말했다. "이치에 따르는 것이 곧음이니, 부모가 자식을 위해 숨겨

확실한 증거가 있을 때에 보고하기 때문에 증거證據라는 뜻이 나왔다.
■양攘은 手(손 수)+襄(도울 양)의 쟁기로 뒤엎어 겉의 흙을 걷어내듯(襄) 손(手)으로 물리침을 말한다. 물리치다(以服東夷 而大攘諸夏), 침탈하다(南夷相攘), 물러나다(隨流而攘), 어지럽히다(於攘天下), 훔치다(제 발로 들어온 것을 숨겨 제 것으로 만들다, 가로채다: 伯尊其無積乎攘善也), 제거하다, 많다, 사양하다(左右攘辟), 보내다(攘其左右) 등의 뜻이다.

주지 않고, 자식이 부모를 숨겨 주지 않으면, 이치에 따르는 것이겠는가? 고수瞽瞍가 살인을 했다면, 순임금은 몰래 업고 도망가 바닷가에서 살았을 것이다. 이런 경우에 해당한다면 부모를 사랑하는 마음이 앞서니, 곧음과 곧지 않음을 어느 겨를에 따지겠는가?"

고금주 —— ■補曰 攘, 竊也. 隱, 匿之也. 孔子遊楚, 葉公問魯事, 孔子爲魯諱惡. 故葉公以此語諷之, 而孔子答之如是. ○案 上篇云: "陳司敗問, '昭公知禮乎?' 孔子曰, '知禮.'"〔「述而」篇〕葉公問魯事, 亦此類.

보완하여 말한다. 양攘은 몰래 훔치다(竊)이다. 은隱은 숨기다(匿之)이다. 공자께서 초나라에 갔을 때에, 섭공이 노나라 정사를 물었다. 공자께서 노나라를 위하여 나쁜 점을 회피했다. 그러므로 섭공이 이 말로 풍자하니, 공자께서 이와 같이 대답하셨다. ○살핀다. 상편에서 말하길, "진사패가 묻기를, '소공은 예를 압니까?' 하니, 공자께서 '예를 아십니다(「술이」)'라고 하셨다." 섭공이 노나라의 정사를 물은 것 또한 이러한 유형이다.

■引證『韓非子』曰: "楚之有直躬, 其父竊羊而謁之吏. 令尹曰, '殺之.' 以爲直於君, 而曲於父, 報而罪之. 以是觀之, 夫君之直臣, 父之暴子也."〔「五蠹」篇〕

인증한다. 『한비자』에서 말했다. "초나라에 직궁直躬이 있었는데, 그 아비가 양을 훔치니 관리에게 고했다. 영윤이 말했다. '직궁을 죽여라.' 군주에게는 곧았지만(直), 아비에게는 곧지 않았다(曲)는 취지로 판결하여 죄를 물은 것이다. 이것으로 본다면, 대저 임금에게 곧은 신하는 부모에게는 포악한 자식이 된다(「오두」편)."

■引證『呂氏春秋』, 楚有直躬者, 其父竊羊而謁之上. 上執而將誅之, 直躬者請代之. 將誅矣, 告吏曰: "父竊羊而謁之, 不亦信乎? 父誅而代之, 不亦孝乎? 信且孝而誅之, 國將有不誅者乎?" 荊王聞之, 乃不誅也. 孔子聞之曰: "異哉, 直躬之爲信也! 一父而載取名焉.〔載當爲再, 聲誤也〕故直躬之信, 不若無信."〔「當務」

篇] ○胡致堂曰: "直躬猶曰正己, 而『呂氏春秋』以爲人姓名, 妄也." ○案 其人名躬, 以直, 故號曰直躬.

인증한다. 『여씨춘추』에서 말했다. "초나라에 직궁直躬이라는 자가 있어, 그 아비가 양을 훔치자 상부에 고발했다. 상부에서 그 아비를 잡아 장차 주살하려고 하니, 직궁이 아비를 대신하여 (죽기를) 청했다. 장차 (직궁을) 주살하려 하니, (직궁이) 관리에게 아뢰어 말했다. '아비가 양을 훔치자 고발하는 것은 또한 신의가 아닌가? 아비가 주살을 당하는데, 대하여 죽는 것은 효성이 아닌가? 신의와 또한 효성이 있는데도 그를 죽인다면, 나라에 장차 죽여야 하지 않을 자가 있겠는가?' 형왕荊王은 이 말을 듣고 죽이지 않았다." 공자께서 이 말을 듣고 말씀하셨다. 괴이하구나, 직궁이 신의를 행함이여! 한 아비인데, 두 번이나 이름을 취하다니!(載는 再로 해야 한다. 소리의 오류이다.) 그러므로 직궁의 신의는 신의가 없는 것만 못하다(「당무」편)." ○호치당胡致堂이 말했다. "직궁直躬은 자기를 바르게 한다(正己)고 말하는 것과 같은데, 『여씨춘추』에서는 사람의 성명으로 여겼으니, 잘못되었다." ○살핀다. 그 사람의 이름은 궁躬이고 곧다고 여겼기에, 호號를 직궁直躬이라고 했던 것이다.

■引證『莊子』曰: "直躬證父, 尾生溺死, 信之患也.〖盜跖篇〗" ○『淮南子』曰: "直躬, 其父攘羊而子證之. 尾生與婦人期而死之."〖氾論訓〗] ○鄭玄曰: "直人名弓."[見『釋文』]

인증한다. 『장자』에서 말했다. "직궁이 (양을 훔쳤다고) 아비를 고발하고, 미생尾生이 익사溺死한 것은 신의에서 나온 환난이다(「도척」편)." ○『회남자』에서 말했다. "직궁은 그 아비가 양을 훔치자 자식으로서 그것을 고발했다. 미생은 부인과 (다리 밑에서 만나기를) 기약했다가 죽었다(「사론훈」)." ○정현이 말했다. "곧은 사람은 이름이 궁弓이다."(『석문』에 보인다.)

■周曰: "有因而盜曰攘." ○邢曰: "因羊來入己家, 父即取之, 而子言於失羊之主, 證父之盜." ○案 攘者, 竊也. 其必訓之曰有因而盜, 未有據也. 『書』曰: "奪攘, 矯虔."〔〈呂刑〉文〕『孟子』曰: "月攘一雞."

주생렬이 말했다. "까닭(因)이 있어 훔치는 것을 일러 양攘이라 한다." ○형병이 말했다. "양이 자기의 집으로 들어왔던 까닭에, 아비가 즉시 그 양을 취하자 자식이 양을 잃은 주인에게 말하여 아비의 도둑질을 고발한 것이다." ○살핀다. 양攘이란 몰래 훔친 것(竊)이다. 그것을 반드시 까닭이 있어 훔친 것이라고 풀이할 근거가 없다. 『서경』에서는 "빼앗고 훔쳐서(奪攘), 질서를 어지럽게 했다(矯虔; 「여형」)."고 했고, 『맹자』에서는 "매달 닭 한 마리를 훔쳤다(月攘一雞; 「등문공」하)."라고 했다.

■ 江熙曰: "葉公見聖人之訓, 動有隱諱, 故擧直躬, 欲以此言毀訾儒敎, 抗衡中國. 夫子答之, 辭正而義切, 荊蠻之豪, 喪其誇矣."〔見邢疏〕 ○案葉公本是賢者, 毀訾儒敎, 非其情矣.

강희江熙가 말했다. "섭공은 공자의 가르침에 항상 숨기고 회피함이 있다고 생각했기 때문에 직궁直躬을 거론하여, 이 말로써 유교儒敎를 비방하여 헐뜯고 중국中國에 대항하고자 했다. 공자께서 답하신 것은 말이 올바르고 뜻이 절실하니, 형만荊蠻의 호걸(섭공)이 과장하려다가 무색해지고 말았다."(형병의 소에 보인다.) ○살핀다. 섭공은 본래 현자賢者이니, 유교를 비방하고 헐뜯으려 했다는 것은 아마도 실정이 아닌 듯하다.

■ 邢曰: "子苟有過, 父爲隱之, 則慈也. 父苟有過, 子爲隱之, 則孝也. 孝慈則忠, 忠則直也, 故曰直在其中矣. 今律, 大功以上, 得相容隱, 告言父祖者, 入十惡, 則典禮亦爾. 而葉公以證父爲直."

형병이 말했다. "자식에게 만일 허물이 있으면 부모가 그것을 숨겨 주는 것은 자애(慈)이다. 부모에게 만일 허물이 있으면, 자식이 그것을 숨겨 주는 것은 효성(孝)이다. 효성(孝)과 자애(慈)는 충忠이고, 충하면 곧기 때문에, 곧음이 그 가운데 있다고 말했다. 지금의 법률에도 대공(大功; 從兄弟姉妹) 이상은 서로 숨겨 주는 것을 허용하고, 아비와 할아비의 허물을 고발하는 것은 십악

十惡에 넣었으며, 「전례典禮」 또한 그렇다. 섭공은 아비를 고발한 것을 곧음으로 삼았다."

비평 —— 가족 윤리와 국가 규범이 상충할 때 무엇이 우선인가 하는 문제를 제기했다. 이 문제에서 공자는 윤리 규범이란 인간의 자연스런 마음에 근거해야 자발적 준수가 가능하다고 판단하고 가족 윤리를 근간으로 하여 사회 윤리를 정립한다. 그래서 공자는 곧음이란 부모가 자식을 자애하고, 자식이 부모에게 효도하는 자연스런 감정에서 정직함이 나온다는 것이다. 그런데 주의할 점은 공자는 곧음이 그 가운데 있다고 했지, 그것이 바로 곧음이라고 말하지 않음으로써, 사적 영역과 공적 영역이 상충할 때 사적 영역을 우선시해야 한다고 주장하는 것은 아니다. 그는 공적인 국가의 일과 사적인 가정의 일을 대립시킨 것이 아니라, 각자가 처하는 구체적인 시·공간의 상황과 직분(명분) 따라 주어지는 역할과 의무를 근본과 말단에 따라 축차적으로 시행해야 한다고 말하고 있다. 다음의 맹자의 주장은 이를 잘 설명해 준다.

　　도응이 물었다. "순이 천자가 되고, 고요가 법의 집행관이 되었는데, 고수(순의 아버지)가 사람을 죽였다면 어떻게 하겠습니까?" 맹자께서 말씀하셨다. "(법을) 집행할 따름이다." "그렇다면 순임금은 금지하지 않습니까?" 맹자께서 말씀하셨다. "순임금이 어떻게 금지할 수 있겠는가? 전수받은 바가 있는 것이다." "그렇다면 순임금은 어떻게 하시겠습니까?" 맹자께서 말씀하셨다. "천하를 버리되 마치 헌신짝처럼 버리는 것처럼 보고, 몰래 업고 도망하여 바닷가를 따라 거처하며, 종신토록 흔쾌히 즐거워하며 천하를 잊으셨을 것이다." (『孟子』 7상:35. 桃應問曰 舜爲天子 皐陶爲士 瞽瞍殺人則如之何 孟子曰 執之而已矣 然則舜不禁與 曰夫舜惡得而禁之 夫有所受之也 然則舜 如之何 曰舜視棄天下 猶棄敝蹝也 竊負而逃 遵海濱而處 終身訢然樂而忘天下.)

여기서 우리는 유가에서는 (1) 사회 윤리의 문제로 공직에서 공적 업무를 수행하는 자는 자신의 사적 감정을 개입하지 않고 법의 원칙을 따라야 하며, (2) 임금의 부모라도 살인죄와 같은 중범죄의 경우 똑같이 법의 제재를 받아야 하지만 (3) 공적인 질서의 준수에 앞서 부자간의 인륜적 사랑이 선행되어야 한다고 주장하는 것을 확인할 수 있다.

몸을 정직하게 하는 자(直躬者)의 이야기는 『한비자』「오두」편과 『여씨춘추』「당무」편, 그리고 『장자』와 『회남자』에도 나온다. 그런데 우리 판단으로는 법가의 한비자는 사적 영역보다는 국가 규범을 우선하기 때문에 도둑질한 부모를 고발한 자식의 행위에 정당성을 부여하고, 도둑질한 아비에게 죄를 주어야 한다고 생각된다.

『한비자』에서 직궁의 사례를 제시한 것은 유가의 가족주의(사적 윤리의 옹호)를 비판하고자 했던 것이다. 여기서 도둑질한 부모를 고발한 직궁은 군주에게는 곧았지만, 부모에게 곧지 않았다는 이유에서 처벌을 받았다. 그런데 직궁이 이렇게 처벌을 받자, 그 나라에는 이제 더 이상 악행을 저질러도 고발하는 자가 없어졌다는 것이다. 이 말은 곧 개인적인 사적 윤리를 사회적인 공적 윤리보다 우선해야 한다는 것이다. 그런데 만일 모든 백성들이 『한비자』에서 인용된 직궁의 사례에서 교훈을 얻어, 공적 윤리보다 사적 윤리를 우선한다고 가정해 보자. 그렇다면 효도를 핑계로 병역 의무를 기피하고, 부모 봉양을 구실로 세금 납부를 거부하는 등과 같이, 공적 질서가 무너지는 사태가 초래될 것이다. 이렇게 된다면 국가는 온통 사적 온정주의가 난무하고, 결국 공적 질서가 무너져 세상은 무질서로 가득찰 것이다. 법가인 『한비자』가 말하고자 하는 것은 바로 이것이다. 즉 사적 윤리를 우선하면 공적 질서가 무너져 무정부 상태가 초래된다는 것이다. 따라서 공적 질서(법)를 우선해야 한다는 것이다.

그런데 잡가雜家인 『여씨춘추』에서는 중립적인 입장으로 좋은 점만을 취하여, "직궁이 아비가 양을 훔치자 고발하는 것은 또한 신의이며, 아비의 죽음을 대신함은 효성이다."라고 결론짓는다. 그러면서도 이러한 직궁의 행위는 인간의 일차적인 자연스런 감정에 근원을 둔 것이 아니기 때문에, 두 번씩이나 곧음이라는 이름을 도명했다고 한다. 그것은 우선 자연스런 가족 간의 사랑이 우선임에도 불구하고 그 사랑을 무시하고 부모를 고발한 것이 첫 번째 과오이고, 공적 질서를 집행하는 데 사적 윤리를 내세워 부모를 대신하여 죽겠다는 것이 두 번째 과오이다. 나아가 재판관 또한 공적 질서를 유지해야 하는 책무를 다하여, 공정한 재판과 그에 따른 집행을 해야 함에도 불구하고 직궁을 방면한 것은 잘못이라고 할 수 있다.

그리고 본문 해석에서 사소한 차이로 직궁直躬을 (1) 고주와 주자는 자신의 몸가짐을 곧게 하여 행한 자로 보지만, (2) 다산은 이름은 궁躬(혹은 궁弓)이고, 몸을 곧게 했다고 하여 직궁이라는 호를 붙였다고 말한다. 그리고 다음으로 '직재기중의直在其中矣'의 의미를 고주는 "효도하고 자애하면 충성스럽고, 충성스러우면 곧은 것이니, 따라서 효도하고 자애하는 가운데 곧음이 있음이다."라고 해석했고, 다산 또한 이 해석을 인용했다. 이에 비해 주자는 "부모와 자식이 서로 허물을 숨겨 주는 것은 천리天理이자 인정人情의 지극함이기 때문에, 천리와 인정의 지극함을 행하면 곧음은 그 가운데 있게 된다."고 해석했다.

마지막으로 다산은 섭공이 이러한 질문을 하게 된 배경에 대한 중요한 말을 했다. 즉 공자께서 초나라에 갔을 때에 섭공은 노나라의 정사를 물으니, 공자께서 노나라를 위하여 노나라 정사의 나쁜 점을 회피하니, 섭공이 이 말로 공자의 대답을 풍자했다는 것이다. 다산의 이러한 지적은 이 질문과 이 대답을 하게 된 전후 맥락을 잘 설명해 주는 장점이 있다.

13:19. 樊遲問仁. 子曰: "居處恭, 執事敬, 與人忠. 雖之夷狄, 不可棄也."

고주 —— 번지가 인을 물으니, 공자께서 말씀하셨다. "평소 처신에서 공손 (↔방자)하고, 일을 집행할 때는 경건(↔懈怠)하고, 남과 사귈 때는 충忠을 다하는 것은 비록 (예의가 없는) 이적의 나라에 가더라도 버려서는 안 된다."

주자 —— 번지가 인을 물으니, 공자께서 말씀하셨다. "평소 처신에서 (외모에서 드러나는) 공손을 위주로 하고, 일을 집행할 때는 (마음을 주장하는) 경건을 위주로 하고, 남과 사귈 때는 충忠을 다해야 한다. (천상천하에 다 통하는 이 세가지는) 비록 이적의 나라에 가더라도 (굳게 지켜) 버려서는 안 된다."

다산 —— 번지가 인을 물으니, 공자께서 말씀하셨다. "평소 일상에서 (단정히 앉아, 용모를 바르게) 공손히 하고, 일을 집행함에 (제사하듯이) 경건하고, 남과 더불어 사귐에 충忠하면, 비록 이적의 나라에 가더라도 (마음과 이치는 동일하니) 버릴 수는 없다."

집주 —— ■恭은 主容이요 敬은 主事니 恭見於外하고 敬主乎中이라 之夷狄

자원풀이 ■중국인들은 자신을 중심으로 동서남북에 사는 이민족을 각각 동이東夷, 서융西戎, 남만南蠻, 북적北狄이라고 하였는데 본문의 이적夷狄은 이러한 이민족을 총칭한다. 夷는 大+弓으로 큰 활을 지닌 동쪽 이민족으로 가장 강력하게 저항했기 때문에 평정하다, 제거하다 등의 뜻이 생겼다. 융戎은 甲(갑옷)+戈(창)으로 구성되어 무기와 전쟁이라는 뜻으로, 은나라 때부터 주요한 전쟁의 대상인 서쪽 이민족을 지칭하였다. 만蠻은 남방의 '충虫'을 토템으로 하는 이민족을 말하는데, 야만적 혹은 세상물정을 잘 알지 못한다는 의미를 지닌다. 적狄은 원래 犬+大로 구성되었으나, 후에 대大가 화火로 바뀌어, 개를 키우고 사는 북방 이민족 혹은 빠른 속도로 오고감을 말한다.
■기棄는 갑골문에 윗부분은 피를 흘리는 아이, 중간부분은 대나무로 기箕, 아랫부분은 손을 나타내는데, 아이를 죽여 내다버리는 형상을 나타내어, 방기放棄 · 폐기廢棄 등의 의미가 나왔다.

332 | 3대 주석과 함께 읽는 논어 II

不可棄는 勉其固守而勿失也라

공손(恭)은 용모를 위주로 하고, 경건(敬)은 일을 위주로 한다. 공손은 외면에 드러나고, 경건은 마음 가운데에서 주장한다. 이적의 나라(夷狄)에 가더라도 버릴 수 없다는 것은 굳게 지켜 잃지 말 것을 권면한 것이다.

■程子曰 此是徹上徹下語니 聖人이 初無二語也라 充之면 則睟面盎背요 推而達之면 則篤恭而天下平矣니라

정자가 말했다. "이는 위아래로(범인에서 성인까지) 모두 통한다는 말씀이니, 공자께서는 애초에 두 말을 하지 않으셨다. 이 세 가지로 확충하면 얼굴에 환히 드러나고 등에 가득 차게 되고(睟面盎背,『맹자』진심상:21장), 미루어 나아가 통달하면 공손함을 돈독히 하여 천하가 태평해진다(篤恭而天下平矣,『중용』33장)."

■胡氏曰 樊遲問仁者三이니 此最先이요 先難이 次之요 愛人이 其最後乎인저

호인이 말했다. "번지가 인仁에 대해 물은 것은 세 번인데, 이것이 가장 먼저이고, 선난先難(「옹야」6:22)이 다음이고, 애인愛人(「안연」12:22)이 마지막이다."

고금주 ── ■補曰 居處, 謂坐臥起居. 與, 交與也. ○包曰: "雖之夷狄無禮義之處, 猶不可棄去而不行."

보완하여 말한다. 거처居處는 앉고 눕고 기거하는 것이다. 여與는 더불어 사귐(交與)이다. ○포함이 말했다. "비록 예의가 없는 이적夷狄의 거처에 가더라도, 버리고 가거나 행하지 않을 수는 없다."

■邢曰: "凡人居處多放恣, 執事則懈惰, 與人交則不盡忠." ○案 端坐正容, 雖夷狄愛之矣. 承事如祭, 雖夷狄慕之矣. 爲人謀忠, 雖夷狄信之矣. 西海東海, 心同理同. 今人每之一邦, 輒云風俗薄惡, 而不知自反, 豈情也哉?

형병이 말했다. "보통 사람들은 거처에서 방자할 경우가 많고, 일을 집행할 때는 게으르고, 남과 사귈 때는 충忠을 다하지 않는다." ○살핀다. 단정히 앉아 용모를 바르게 하면, 비록 이적夷狄일지라도 아낄 것이다. 일을 제사처럼

받들면, 비록 이적일지라도 흠모할 것이다. 남을 위해 일을 꾀함에 충忠하면, 비록 이적일지라도 신뢰할 것이다. 서해나 동해나, 마음은 같고 이치도 같다. 요즘 사람들이 매번 어떤 한 나라에 가면 문득 말하길, 풍속이 야박하고 나쁘다고 하고, 스스로 반성할 줄 모르니, 어찌 실정이겠는가?

비평 —— 앞서 중궁이 인을 청문했을 때에(12:2) 공자는 "문 밖을 나서면 큰 손님을 접견하듯이 하고, 백성을 부림은 큰 제사를 받들 듯이 하고, 자기가 하고 싶지 않은 것을 남에게 베풀지 마라."고 말하여 경敬과 서恕를 인을 실천하는 방법으로 제시했다. 여기서는 공恭과 경敬, 그리고 충忠으로 대답하는데, 결국 같은 맥락이라고 하겠다. 거처할 때(아직 일을 하지 않을 때)에 용모에서 공손히 한다는 것은 내면에 경건함의 표현이라고 할 수 있다. 일을 집행할 때(動)에 경건하다는 것은 일에 마음을 집중하여 혼란스럽지 않음을 말한다. 다른 사람과 함께할 때 충(忠=中+心)하라는 것은 마음을 치우거나 기울지 않고 지나침과 모자람이 없이 중심을 잡는 것을 말한다. 이렇게 충으로 자아를 정립하여, 미루어 남에게 나아가는 것이 바로 서(恕=如心)이다. 충과 서는 표리관계이다. 혹 오랑캐 땅에 가더라도 버려서는 안 된다는 것은 언제 어디서나 항상 실천해야 한다는 말이다. 인仁의 정의는 각각 다르다고 할지라도, 외형상 해석에서는 특별한 이견은 없다.

❧

13:20. 子貢問曰: "何如斯可謂之士矣?" 子曰: "行己有恥, 使於四方, 不辱君命, 可謂士矣." 曰: "敢問其次." 曰: "宗族稱孝焉, 鄕黨稱弟焉." 曰: "敢問其次." 曰: "言必信, 行必果, 硜硜然小人哉! 抑亦可以爲次矣." 曰: "今之從政者何如?" 子曰: "噫! 斗筲之人."

고주 —— 자공이 질문했다. "(행실을) 어떻게 해야 (덕이 있는) 선비라고 할 수 있습니까?" 공자께서 말씀하셨다. "자기의 행동을 부끄러워할 줄 알고(하지 않는 것이 있다), 사방에 사신 가서 (때에 따라 알맞게 대처하여) 군주의 명령을 욕되게 하지 않으면 선비라고 할 수 있다." 자공이 말했다. "감히 그다음(의 행실)을 묻습니다." 공자께서 말씀하셨다. "종족(=內親)이 효자(부모를 잘 섬김)라고 칭송하고, (조금 먼) 향당이 공손하다(어른을 잘 섬김)고 칭찬하는 자이다." 자공이 말했다. "감히 그다음을 묻습니다." 공자께서 말씀하셨다. "(비록 도를 믿거나 의를 행하지 못하더라도) 말은 반드시 신실함을 견지하고, 행동은 (시기를 살펴 알맞게 행사하지 못하더라도) 반드시 과감하게 행하는(果敢爲之) 사람은 고집스러운 소인이지만, 그래도 그다음이 될 수 있을 것이다." 자공이 말했다. "오늘날 정치에 종사하는 자들은 어떻습니까?" 공자께서 말씀하셨다. "아!(마음이 평안하지 않는 모양), 한 됫박밖에 안 되는 (그릇이 국한되고, 식견이 좁은) 사람들을 어찌 셀 필요가 있겠는가?"

주자 —— 자공이 질문했다. "어떻게 해야 선비라고 할 수 있습니까?" 공자께서 말씀하셨다. "자기의 행동을 부끄러워할 줄 알고(의지는 하지 않는 것이 있고), 사방에 사신 가서 군주의 명령을 욕되게 하지 않으면(재주는 일을 이루어낼 수 있다) 선비라고 할 수 있다(자공이 언어에 재주가 있었기 때문에 사신의 일로 말씀

자원풀이 ■士는 『설문해자』에 따르면 "일(事)을 처리하는 것을 뜻하는데, 일一과 십十이 합해서 이루어진 회의문자이다. "일을 맡은 선비는 우선 수를 익혀야 하는데, 수는 一에서 시작하여 十에서 끝난다고 생각하여 합하여 士자가 되었다고 한다. 공자는 "열 가지를 미루어서 하나로 통합(一貫之道)하는 사람을 일러 선비라고 한다(推十合一爲士)."고 했다. 다른 한편 士 자는 남성의 생식기를 상형한 것으로 청년을 士라고 하다가 일을 맡은 문사와 무사를 총칭하게 되었다고도 본다. 士는 상형문자로 (1) 도끼처럼 생긴 도구, (2) 단정히 앉은 법관의 모습을 그렸다고도 한다. 그런데 빈牝(수컷 모)이 牛(소 우)+土로 소의 수컷 생식기를 나타낸다는 점에서 士는 남성의 생식기를 상징하며, 원래 남성을 나타내었지만 후에 남성에 대한 미칭, 나아가 지식인으로 경대부와 서민 사이의 계층을 나타냈었다. (1) 선비(학식이 있으나 벼슬하지 않은 사람:士民其擦), 지식인의 통칭(智能之士), (2) 남자(성인이 된 남자, 남자의 미칭), (3) 벼슬 이름(제후가 두었던 대부 다음의 자리:諸侯之上大夫卿, 下大夫 上士 中士 下士 凡吾等), (4) 관리(殷士膚敏),

하셨다)." 자공이 말했다. "감히 그다음을 묻습니다." 공자께서 말씀하셨다. "종족이 효자라고 칭송하고, 향당이 공손하다고 칭찬하는 자(효제라고 하는 근본은 정립되었지만, 재주가 부족한 자)이다." 자공이 말했다. "감히 그다음을 묻습니다." 공자께서 말씀하셨다. "말(약속)은 반드시 신실하고, 행동은 반드시 실천하는 사람은 조그만 돌의 단단함처럼 식견과 도량이 좁은 소인이지만(근본과 말단이 모두 볼 것이 없지만), 그래도 (자기를 지키는 데에 해가 되지 않기에) 그다음이 될 수 있을 것이다." 자공이 말했다. "오늘날 정치에 종사하는 자들은 어떻습니까?" 공자께서 말씀하셨다. "아!(마음이 평안하지 않는 모양), 한 됫박밖에 안 되는 (비속하고 자잘한) 사람들을 어찌 셀 필요가 있겠는가?"

다산 —— 자공이 질문했다. "어떻게 해야 선비(=벼슬하는 사람)라고 할 수 있습니까?" 공자께서 말씀하셨다. "자기의 행동을 굽히고, 부끄러워할 줄 알고 (하지 않는 것이 있고), 사방에 사신 가서 (예를 잃지 않고, 응대를 잘 하여) 군주의 명령을 욕되게 하지 않으면 선비라고 할 수 있다." 자공이 말했다. "감히 그다음을 묻습니다." 공자께서 말씀하셨다. "종족(=內親)이 효자(부모를 잘 섬김)라고 칭송하고, (조금 먼) 향당이 공손하다(어른을 잘 섬김)고 칭찬하는 자(內行에 결함이 없는 자)이다." 자공이 말했다. "감히 그다음을 묻습니다." 공자께서 말씀하셨다. "약속은 반드시 실천하고(때를 넘기지 않음), 행동은 (의리를 헤아

---

(5) 병사, (6) 일(雖執鞭之士), (7) 일삼다(勿士行枚), (8) 벼슬하다, (9) 전문적 학식을 지닌 사람. '사仕는 人+士의 형성자로 남성(士)으로서 사람(人)이 할 일을 나타내는데, 고대 남성 중심사회에서 벼슬살이, 즉 정치를 배워 남을 위해 일하는 것을 상징한다.

■욕辱은 辰(지지 잔날 신)+寸(마디 촌)의 회의자로 조개 칼(辰)을 손(寸)에 잡고 김을 매는 모습을 그렸다. 이런 일이 고되고 힘이 들기 때문에 욕보다, 치욕恥辱 등의 뜻이 나왔으며 자신을 낮추다의 뜻으로도 쓰였다. 그러자 원래 뜻은 耒(쟁기 뢰) 자를 더한 耨(김맬 루)가 되었다.

■필必은 戈(창 과)+八(여덟 팔)의 형성자로 갈라진 틈(八) 사이로 낫창(戈)을 그린 무기 자루의 모습으로 낫창과 같은 무기는 반드시 자루에 끼워야만 사용할 수 있기에 '반드시'라는 뜻이 나온 것으로 추정된다. 「설문해자」에서는 八+弋(주살 익)으로 기준을 나누다(八)라고 한다. 반드시, 기필, 신뢰, 고집하다 등의 뜻이 있다.

리지 않고) 반드시 결실을 맺는 것이니, 조그만 돌의 단단함처럼 거칠지 않는 소인(덕이 작은 사람)이지만, 그래도 (겨우 괜찮기에) 그다음이 될 수 있을 것이다." 자공이 말했다. "오늘날 정치에 종사하는 자(당시 대부와 사)들은 어떻습니까?" 공자께서 말씀하셨다. "아!(마음이 평안하지 않는 모양), 한 됫박밖에 안되는 (국량이 좁고 작은) 사람들을 어찌 셀 필요가 있겠는가?"

집주 —— ■此는 其志有所不爲하고 而其材足以有爲者也라 子貢能言이라 故로 以使事告之하시니 蓋爲使之難이 不獨貴於能言而已니라

이(行己有恥 使於四方 不辱君命)는 그 의지에는 하지 않으려 하는 바가 있고, 그 재능은 (공적을) 이룸이 있기에 충분한 자이다. 자공은 언어에 능력이 있었기 때문에 사신 가는 일로 일러 주셨다. 그렇지만 대개 사신 노릇 하기가 어려운 것은 단지 언어 능력을 귀중히 여기는 것만은 아니다.

■此는 本立而材不足者라 故로 爲其次라

이(宗族稱孝焉 鄕黨稱弟焉)는 근본은 정립되었지만, 재주가 부족한 자인 까닭에 그다음이 된다.

■果는 必行也라 硜은 小石之堅確者라 小人은 言其識量之淺狹也라 此는 其本末이 皆無足觀이나 然이나 亦不害其爲自守也라 故로 聖人이 猶有取焉이요 下此則市井之人이니 不復可爲士矣니라

■과果는 나무(木)에 과실이 열린 모습을 그렸다. 성과물, 이루다의 뜻이 나왔고, 과단성果斷性(言必信 行必果), 과연果然 등의 뜻이 나왔다. 과실(五穀百果乃登), 결과(由其道者 有四等之果), 과감하다(결단성:言必信 行必果), 실현하다(未果 尋病終), 과연(果能此道矣), 만약(果遇 必敗), 싸다(=裹) 등의 뜻이다.
■경硜(갱)은 石(돌 석)+巠(지하수 경)의 형성자로 돌소리를 형용한 것이다. (1) 소리의 형용(石聲硜 硜以立別), (2) 고집스럽다(硜硜然), (3) 곧고 씩씩하다(硜硜以才顧). 경경硜硜은 (1) 하나만을 고집하여 융통성이 없는 모양, (2) 곧고 씩씩한 모양, (3) 소리의 형용 등의 의미이다.
■희噫는 口(입 구)+意(뜻 의)의 형성자로 탄식하는 소리를 말한다. 탄식하다, 아아! 하품 등의 뜻이다.
■두斗는 원래 술을 뜰 때 사용하던 손잡이 달린 국자 모양의 용기容器를 그렸으나, 이후 곡식을 나눌 때 쓰던 용기, 즉 말을 지칭하여 열 되(升)를 뜻한다. 소筲는 竹+肖(작다, 미세하다)로 구성된 형성자로 대(竹)그릇을 의미하는

과果는 반드시 실행함이다. 경硜은 작은 돌로 단단한 것이다. 소인은 그 지식과 도량이 얕고 좁음을 말한다. 이는 그 근본과 말단이 모두 볼 만한 것이 없지만, 또한 자신을 지키는 데에는 지장 없기 때문에 성인께서는 오히려 인정하셨다. 이 이하는 시정의 사람(市井之人)이니, 더 이상 선비(士)라고 할 수 없다.

■ 今之從政者는 蓋如魯三家之屬이라 噫는 心不平聲이라 斗는 量名이니 容十升이요 筲는 竹器니 容斗二升이니 斗筲之人은 言鄙細也라 算은 數也라 子貢之問이 每下라 故로 夫子以是警之하시니라

요즘 정치 종사하는 자들이란 대개 노나라 삼가三家와 같은 무리들이다. 희噫는 마음이 평안하지 않을 때 내는 소리이다. 두斗는 용량의 이름으로 열 되들이다. 소筲는 대나무 그릇으로 한 말 두되들이다. 두소지인斗筲之人은 비루하고 자잘하다는 말이다. 산算은 세는 것(數)이다. 자공의 질문이 매번 내려갔기 때문에 공자께서 이 말씀으로 경계하셨다.

■ 程子曰 子貢之意는 蓋欲爲皎皎之行하여 聞於人者요 夫子告之는 皆篤實自得之事니라

정자가 말했다. "자공의 의도는 대개 깨끗하고 맑은 행실로 남들에게 명성이 알려지려는 것이었으나, 공자께서 알려주신 것은 모두 독실하고 자득하는 일이었다."

고금주 ── ■補曰 仕者曰士. [卿大夫·士之通名] ○孔曰: "有恥者, 有所不爲."

데, 그 용량에 대해서는 5되, 1말, 혹은 1말2되라는 설이 있다. 두소斗筲란 용량이 적은 그릇 혹은 적은 양의 양식을 뜻한다. 따라서 두소지인斗筲之人이란 도량이 좁고 식견이 얕은 사람을 말한다.
■산算은 산가지를 뜻하는 竹(대 죽)과 눈을 그린 目(눈 목)+두 손을 형상화한 廾(두 손으로 받들 공)의 회의자로 눈(目)으로 산가지(竹)를 보며 두 손으로(廾) 헤아리며 숫자 셈을 하는 모습을 그렸다. 계산하다, 추정하다, ~라고 여기다, 인정하다 등의 뜻이다.

[邢云: "若有不善, 恥而不爲."] ○補曰 辱, 屈也, 恥也. 使而失禮失對, 以誤使事, 是辱君命. ○邢曰: "宗族內親, 見其孝而稱之. 鄕黨差遠, 見其弟而稱之." ○補曰 名聞不出於宗族·鄕黨之外, 唯內行無缺者. 言必信者, 有約必踐, 不度時也. 行必果者, 有事必結, [果者, 必也, 如草木之必結實] 不揆義也. 硜硜, 石聲. 其行已不麤, 如石聲然. 小人, 小德之人也. [非以位言, 又非奸邪之小人] 抑亦可以者, 僅可之意. [比之上二等, 其差相懸] 今之從政者, 當時之大夫·士. 斗筲, 小器, 言其人局量褊小也.

보완하여 말한다. 벼슬하는 사람(仕)을 사士라 한다(경대부·사를 통칭하는 이름이다). ○공안국이 말했다. "부끄러움이 있는 사람은 하지 않는 바가 있다." (형병이 말했다. "만약 불선이 있으면 부끄러워서 하지 않는다.") ○보완하여 말한다. 욕辱은 굽힘(屈)이고, 부끄러움(恥)이다. 사신으로서 예禮를 잃고 응대를 잘못하여 사행의 일을 그르치면, 이는 임금의 명령을 욕되게 하는 것이다. ○형병이 말했다. "종족宗族은 같은 성씨로 그 효를 보고 칭찬한다. 향당은 조금 멀어 그 공손함을 보고 칭찬한다." ○보완하여 말한다. 명성이 종족과 향당 밖을 벗어나지 않는다면, 오직 내행內行에서는 결함이 없는 자이다. 언필신言必信이란 약속이 있으면 반드시 실천하고, 때를 넘기지 않는 것이다. 행필과行必果란 일이 있으면 반드시 결실을 맺는 것이니(果란 반드시:必이니, 초목이 반드시 결실을 맺는 것과 같다), 의리를 헤아리지 않는 것이다. 경경硜硜은 돌 소리인데, 그 스스로의 행실이 거칠지 않은 것(不麤)이 마치 돌 소리와 같다. 소인은 덕이 작은 사람이다(위계로써 말한 것이 아니며, 또한 간사한 사람도 아니다). 억역가이抑亦可以란 겨우 가능하다는 뜻(僅可之意)이다(위의 두 등급과 비교하면 그 차이가 현격하다). 오늘날의 정치에 종사하는 자(今之從政者)란 당시의 대부·사이다. 두소斗筲는 작은 용기이니, 그 사람의 국량이 좁고 작은 것이다.

■邢曰: "士, 有德之稱." ○駁曰 非也. 士農工賈, 謂之四民, 士者, 仕也. 仕者, 治人者也. 故學治人之術者, 亦謂之士. 然子貢所問者, 直是朝士, 非學士也.

故末乃曰'今之從政者何如?'

형병이 말했다. "사士는 덕이 있음을 지칭한다." ○논박하여 말하면, 그릇되었다. 사士·농農·공工·고賈를 네 백성이라 하니, 사士란 벼슬하는 사람(仕)이다. 벼슬하는 사람이란 남을 다스리는 사람이다. 그러므로 남을 다스리는 기술을 배우는 자 역시 사士라 한다. 그러나 자공이 물었던 것은 곧 조사朝士이지 학사學士가 아니다. 그러므로 끝에서 "오늘날 정치에 종사하는 자들을 어떻습니까?"라고 말했다.

비평 —— 선비란 그 행실을 부끄러워할 줄 알아 그 몸을 욕되게 하지 않으며, 사방에 사신을 가서 그 직무를 다할 줄 알아 임금을 욕되게 하지 않는 능력을 지니고 있어야 한다. 효제를 행할 수 있는 사람은, 근본은 정립되었다고 할 수 있기에 그다음이라고 할 수 있다. 비록 도량은 좁은 소인이지만 약속은 지키고 행동은 과단성이 있는 사람은, 스스로를 지킬 수 있기(自守)에 또 그다음이라고 했다. 맹자는 다음과 같이 말했다.

> 대인이란 말은 반드시 신뢰성이 있지 않고, 행동은 반드시 과단(결실)성이 있지 않더라도, 오직 의가 있는 곳에 있다. (「이루하」11. 孟子曰 大人者 言不必信 行不必果 惟義所在)

오늘날 정치에 종사하는 자들이란 당시 노나라의 삼가三家 등의 무리로서 무엇이 정치인지조차 알지 못하는 사람들이기에 공자께서 이렇게 말씀하시고 경계하셨다.

사士에 대해 고주는 덕 있는 사람의 지칭(有德之稱)이라고 했고, 주자는 특별한 주석을 하지 않았고, 다산은 벼슬하는 사람(仕) 즉 조정에 출사한 선비를 말하며 배우는 선비(學士)가 아니라고 해석했다.

과果에 대해 고주는 과감果敢으로, 주자는 필행必行으로, 그리고 다산은 의를 헤아리지 않고(不揆義也) 일이 있으면 반드시 결실을 맺는 것(有事必結)으로 해석했다. 『맹자』의 언명에 비추어 보면, 다산의 해석이 좋아 보인다. 기타 경경연硜硜然과 두소지인斗筲之人(도량이 좁고 식견이 얕은 사람:비속하고 자잘한 사람) 등으로 약간의 해석을 달리하지만, 문제가 될 것은 아니다.

༺ஐ༻

13:21. 子曰: "不得中行而與之, 必也狂狷乎! 狂者進取, 狷者有所不爲也."

고주 —— 공자께서 말씀하셨다. "행실이 중도에 맞는 사람을 얻어 함께할 수 없다면, 반드시 광자나 견자와 함께하겠다. 광자는 (善道에) 진취적이고, 견자는 (절개를 지키지만:守節) 이루는 것이 없다(無爲).(그러나 그 성정이 한결같다.)"

주자 —— 공자께서 말씀하셨다. "중도(를 실천하는 선비)를 얻어 함께할 수 없다면, 반드시 광자(뜻은 높지만 행실이 덮어주지 못한다)나 견자(지혜는 모자라지만 지킴은 남음이 있다)와 함께하겠다. 광자는 진취적이고(그 의지를 억제한다), 견자는 하지 않는 바가 있다(그 절개를 격려해야 한다)."

다산 —— 공자께서 말씀하셨다. "중도(를 실천하는 선비를) 얻어 함께할 수 없다면, 반드시 광자(뜻은 높지만, 행실이 덮어주지 못한다)나 견자(지혜는 모자라지만, 지킴은 남음이 있다)와 함께하겠다. 광자는 (조급하고 방자하기에) 진취적이고, 견자는 (고결하지만 편협하기에) 하지 않는 바가 있다."

집주 —— ■行은 道也라 狂者는 志極高而行不掩이요 狷者는 知未及而守有餘라 蓋聖人이 本欲得中道之人而教之라 然이나 旣不可得이요 而徒得謹厚之人이면 則未必能自振拔而有爲也라 故로 不若得此狂狷之人이니 猶可因其志節而激厲裁抑之하여 以進於道요 非與其終於此而已니라

행行은 도道이다. 광자狂者는 뜻이 지극히 높지만 덕행이 덮어 주지 못하며, 견자狷者는 지혜는 모자라지만 지킴은 남음이 있다. 대개 성인께서는 중도의 사람을 얻어 가르치고자 했지만, 이미 얻지 못했다. 단지 근후謹厚하기만 한 사람을 얻는다면 스스로 떨쳐 일어나 일을 해낸다고는 기필할 수 없었기 때문에, 이러한 광자와 견자를 얻어 오히려 그 의지와 절개에 근거를 두고 격려하거나 억제하여 도에 나아가도록 하는 것만 못했다. 그러나 그들이 끝내 광자와 견자의 수준에 머물고 마는 것을 허여한 것은 아니다.

■孟子曰 孔子豈不欲中道哉시리오마는 不可必得이라 故로 思其次也시니 如琴張曾皙牧皮者 孔子之所謂狂也니라 其志嘐嘐然曰 古之人, 古之人이여호되 夷考其行而不掩焉者也니라 狂者를 又不可得이어든 欲得不屑不潔之士而與之하시니 是狷也니 是又其次也니라

맹자가 말했다(「진심하:37). "공자께서 어찌 중도를 (실천하는 선비를) 바라지 않으셨겠는가? 얻음을 기필할 수 없었기 때문에 그다음을 생각하신 것이다. 금장琴張, 증석曾皙, 목피牧皮 등이 공자께서 말한 광자이다. 그 뜻이 매우 커서 '옛 사람이여! 옛 사람이여!'라고 말하지만, 그 행동을 살펴보면 덮지 못하는 자이다. 광자 또한 얻지 못하면 불결不潔을 기꺼워하지 않는 선비를 얻어 함

자원풀이 ■광狂은 犬+王으로 개(犬)가 최고(王)이자 대표로서 광견병狂犬病에서 '미치다'라는 뜻에서, 맹렬하다, 대담하다의 뜻으로 확장되어, (1) 행동이 상규에서 벗어나 경솔하고 조급함, (2) 진취적인 기상은 있으나 행동은 거칠다, (3) 서두르다, (4) 방탕하다 등의 뜻이 있다.
■견狷은 犬(개 견) +肙(장구벌레 연)의 형성자로 편협하다, 강직하다, 성급하다(不罪狂狷之言), 고지식하다(절의를 굳게 지켜 뜻을 굽히지 않음. 혼자만 깨끗하다(狷者有所爲) 등의 뜻이다.

께하고자 했으니, 이것이 견자인데, 이는 또한 그다음이다."

고금주 —— ■補曰 中行, 中道也. [見『孟子』] 狂者躁而肆, 故能進取, [如行軍向前, 取其城邑] 狷者潔而狹, 故能有所不爲. ○案孟子所言, 則孔子取狂狷, 以不取鄕愿也. [朱子所云謹厚之人, 亦暗指鄕愿]

보완하여 말한다. 중행中行은 중도中道이다(『맹자』에 보인다). 광자狂者는 조급하고 방자하기 때문에 능히 진취할 수 있다(앞을 향하여 행군하여 그 성읍을 취하는 것과 같다). 견자狷者는 고결하지만 편협하기 때문에 하지 않는 것이 있을 수 있다. ○살핀다. 맹자가 말한 것은 공자께서 광자와 견자는 취하시면서, 향원鄕愿은 취하지 않으셨다는 것이다(주자가 말한 근후한 사람 또한 암암리 향원을 가리킨다).

■包曰: "中行, 行能得其中者." ○又曰: "狂者進取於善道, 狷者守節無爲, 欲得此二人者, 以時多進退, 取其恒." ○邢曰: "狂者知進而不知退, 狷者應進而退, 取其恒一也." ○案 有所不爲, 非無爲也. 進退之說, 亦謬. ○又按 取其恒者, 欲與下章連爲一章也, 尤謬.

포함이 말했다. "중행中行은 행실이 그 중中을 얻을 수 있는 자이다." ○또 말했다. "광자는 선도善道를 취하여 나아가고, 견자狷者는 절개를 지키지만 하는 바가 없으니, 이런 두 종류의 사람을 얻고자 한 것은 당시에 진퇴進退하는 사람이 많아도 (그 성정이) 한결같은 사람을 취하신 것이다." ○형병이 말했다. "광자는 나아갈 줄만 알고 물러날 줄은 모르고, 견자는 응당 나아가야 하는데 물러나니, (그 성품이) 항상 한결같다." ○살핀다. 유소불위有所不爲란 하는 것이 없다는 것이 아니며(非無爲也), 진퇴의 설 또한 잘못되었다. ○또 살핀다. 그 한결같음을 취한다(取其恒)는 것은 다음 장과 연결하여 하나의 장으로 만들고자 한 것인데, 더욱 잘못되었다.

비평 —— 유교는 치우치거나 기울지 않고, 넘치거나 모자람이 없는 중용의 도를 행위의 이상으로 한다. 그러나 중용은 최상의 도이기 때문에 터득하여 행하는 것이 쉽지 않다. 이러한 중용의 도를 행하는 사람과 함께할 수 없다면, 광자와 견자와 함께하겠다는 말이다.

여기서 광자란 뜻이 높아 진취적이지만 행동이 아직 다듬어지지 못해 미치지 못하는 사람을 말한다. 견자란 견해가 미치지 못해 고루하지만, 행동에 절제와 지조가 있는 사람을 말한다.

다산은 특히 이 장은 "공자께서 '향원은 덕을 해치는 자'라고 말했다(17:13. 子曰 鄕原德之賊也)."는 구절과 연관하여 읽어야 함을 강조한다. 향원이란 '근후하고 성실하게 보여 시골에서 칭찬을 받지만, 유속에 동조하여 더러운 것에 영합하는 자이다. 그래서 공자는 향원은 덕과 비슷하지만, 오히려 덕을 해치는 자라고 규정하면서, 향원보다는 오히려 광자와 견자와 함께하겠다고 말했다. 그리고 다산은 또한 고주에서 '유소불위有所不爲'를 '하는 것이 없다(無爲)'로 해석한 것, 나아가 이 장을 다음 장과 연결시키려는 시도를 비판했는데, 정당한 비정이라고 판단된다.

❧

13:22. 子曰: "南人有言曰, '人而無恒, 不可以作巫醫.' 善夫! " 不恒其德, 或承之羞. 子曰: "不占而已矣."

고주 —— 공자께서 말씀하셨다. "남쪽나라 사람들의 말에 '사람으로서 꾸준함이 없으면 무당이나 의사도 치료(治)할 수 없다.'고 했다. 좋구나, 이 말이여!" (『역』「항괘」九三爻辭에) 그 덕을 꾸준히 유지하지 않으면, 항상(或=常) 수치가 이른다. 공자께서 말씀하셨다. "점칠 만한 대상이 되지 못할 뿐이다."

주자 —— 공자께서 말씀하셨다. "남쪽나라 사람들의 말에 '사람으로서 꾸준함이 없으면 무당이나 의사도 될 수 없다.'고 했다. 좋구나, 이 말이여!" (『역』「항괘」九三爻辭에) 그 덕을 꾸준히 유지하지 않으면, 누군가가 수치를 보내 준다. 공자께서 말씀하셨다. "점치지 않았을 뿐이다(意味未詳)."

다산 —— 공자께서 말씀하셨다. "남쪽나라 사람들의 말에 '사람으로서 꾸준함이 없으면, 무당이나 의사도 치료(治)할 수 없다.'고 했다. 좋구나, 이 말이여!" (『역』「항괘」九三爻辭에) 그 덕을 항상 유지하지 않으면, 혹(아마도:或=疑之) 수치가 이르게 된다고 했다. 공자께서 말씀하셨다. "(꾸준함이 없으면, 점을 쳐서 확정할 수 없기 때문에) 점칠 필요가 없을 뿐이다."

집주 —— ■南人은 南國之人이라 恒은 常久也라 巫는 所以交鬼神이요 醫는 所以寄死生이라 故로 雖賤役이나 而尤不可以無常이니 孔子稱其言而善之하시니라

남인南人은 남쪽 나라의 사람이고, 항恒은 항상 오래감(常久)이다. 무巫는 귀신과 교감하는 사람이다. 의醫는 생사를 의탁하는 사람이기 때문에, 비록 천

자원풀이 ■항恒은 心+亘으로 구성된 형성자이다. 갑골문에서는 二(하늘과 땅)+月(달)로 구성된 亘으로 쓰였는데, 하늘과 땅 사이에서 달이 어그러졌다가 다시 차는 끊임없는 반복, 영원을 말하였다가, 이후 心(마음 심)이 더해져 늘 일정한 마음이란 뜻이 되었다.
■승承은 갑골문에서는 앉은 사람(절卩)이 두 손으로 받드는(공廾) 모습에서 수手 자가 더해진 회의자로 앉은 사람을 받들다로부터 계승繼承하다, 이전의 경험을 존중하여 이어가다의 뜻이다.
■무巫는 工(장인 공)과 두 개의 인人으로 구성되어 무당巫堂을 말하는데, 도구(工)를 사용하여 점치는 사람人이란 뜻이다. 대나무竹로 만든 댓가지를 점치는 도구로 사용했기 때문에 서筮(시초점)가 나왔다. 하늘과 땅을 이어주는 사람으로 해석하기도 한다.
■의醫는 상자에 든 화살촉(医)과 손에 든 수술도구(수殳)에 마취제나 소독제로 쓸 술(酉)이 더해진 형성자로 상처

한 역할이지만 더욱더 항상됨이 없으면 안 된다. 공자께서 이 말을 칭송하시고, 좋게 여기셨다.

■ 此는 恒卦九三爻辭라 承은 進也라

이는 (『역』)「항괘」구삼의 효사이다. 승承은 보내주는 것(빠짐, 들어감:進)이다.

■ 復加子曰하여 以別易文也니 其義未詳이라

다시 '자왈子曰'을 첨가하여 『역』의 문장과 구별했는데, 그 의미는 상세하지 않다.

■ 楊氏曰 君子於易에 苟玩其占이면 則知無常之取羞矣니 其爲無常也는 蓋亦不占而已矣라 하니 意亦略通이니라

양시는 말했다. "군자가 『역』에서 진실로 그 점괘를 음미한다면, 한결같음(항상됨)이 없으면 수치를 당한다는 것을 알게 된다. 한결같음이 없다면 대개 점을 칠 필요도 없기 때문이다."라고도 했는데, 그 의미가 또한 대략 통한다.

고금주 —— ■ 鄭曰: "言巫醫不能治無恒之人."〔邢云: "巫主接神除邪, 醫主療病. 南人曰, '人而性行無恒, 巫醫不能治.'"〕 ○ 鄭曰: "『易』所以占吉凶, 無恒之人, 『易』所不占." ○ 補曰 筮旣得卦, 三人視其卦象, 察其吉凶, 以定所筮之從違, 謂之占.〔〈洪範〉云: "三人占, 從二人之言."〕 無恒者, 不可占定, 故『易』詞曰'或承之羞'. 或之者, 疑而未定之辭. 雖占, 如不占, 故孔子曰'不占而已矣'.

정현은 말했다. "무당과 의원도 꾸준함이 없는 사람을 치료할 수 없다는 말이다."(형병이 말했다. "무당은 接神하여 사악함을 제거하는 것을 주관하고, 의원은 병을 치료하는 것을 주관한다. 남쪽 나라의 사람이 말하길, '사람이 되어 성정과 행동이 꾸준함이 없으면 무당과 의원도 치료할 할 수 없다.'라고 했다.") ○ 정현이 말했다.

를 치료하는 의사를 그렸다. 이후 치료하다, 의학 등의 뜻이 나왔다.
■점占은 卜(점 복)+口(입 구)의 회의자로 거북을 불로 지져 갈라진 무늬(卜)를 보고 길흉을 말(口)하는 것으로 점치다, 예측하다, 점, 징조, 징험, 운명 등의 뜻이 나왔다.

"『역』은 길흉을 점치는 책인데, 꾸준함이 없으면, 『역』으로 점칠 필요도 없다." ○보완하여 말한다. 점을 쳐서 이미 괘를 얻으면, 세 사람이 그 괘상을 보고, 그 길흉을 살펴서 점친 결과를 따르느냐 따르지 않느냐를 결정하는 것을 점占이라 한다.(『서경』「홍범」에서 말했다. "세 사람이 점치면, 두 사람의 말을 따른다.") 꾸준함이 없는 자는 점을 쳐서 결정할 수 없기 때문에, 『역』의 효사에 '혹 치욕이 이른다.'고 했으니, 여기서 혹或은 의심하면서 결정짓지 못했다는 말이다. 비록 점을 치더라도 점치지 않은 것과 같으므로, 공자는 '점치지 않은 것일 뿐이다.'라고 했다.

■案 古者神聖之人, 乃得爲巫醫. 故神農·黃帝·岐伯·巫咸之倫, 乃治此術. 後世其法失眞, 其人邃賤, 故先儒釋此經如是也. 然與〈緇衣〉不合, 當從舊說. [龜筮不能知其吉凶, 醫藥不能治其疾病]

살핀다. 옛날에는 신성神聖한 사람만이 무당과 의원이 될 수 있었다. 그러므로 신농·황제·기백·무함 등이 이런 무술과 의술을 다스렸다. 후세에 그 법이 진수를 잃었기 때문에 무당과 의원도 비천해졌다. 그러므로 선유들이 이 경문을 이렇게 해석했다. 그러나 『예기』「치의」편과 부합하지 않으니, 마땅히 구설舊說을 따라야 한다.(龜卜과 筮占으로 그 길흉을 알 수 없고, 의약으로도 그 질병을 치료할 수 없다.)

비평 —— 꾸준함(항상성)이 없는 사람은 자신에게 있는 것도 일정하게 지키지 못한다. 점은 귀신과 통하는 것이고, 의술은 질병을 치료하는 것인데, 항상성을 가지고 꾸준히 종사하지 않으면 정밀할 수 없다. 그래서 『예기』「곡례하」에는 "의술은 삼대를 계속하지 않으면, 그 약을 복용하지 않는다(不三世, 不服其藥)."고 했다. 그런데 여기서 '인이무항人而無恒, 불가이작무의不可以作巫醫'를 고주에서는 "사람으로서 꾸준함이 없으면 무당이나 의사도 치료(治)할 수 없다."라고 해석했다. 그런데 주자는 '불가이작무의不可以作巫醫'를 "꾸준함이 없으면 무당이나 의사도 될 수 없다."로 바꾼다. 당시에 무의巫醫는 사士가 종사하지 않는 천한 직업이었기 때문에, 그것조차도 할 수 없다는 것이 주자의 생각이었다. 이에 대해 다산은 "그 옛날에는 신성한 사람(신농, 황제, 기백, 무함 등)만이 무당과 의원이 될 수 있었지만, 후세에 그 법이 진수를 잃었기 때문에 무당과 의원이 천해져서 주자가 이렇게 해석했다. 그렇기에 마땅히 고주를 따라야 한다."고 말한다.

또한 "불항기덕不恒其德, 혹승지수或承之羞(『역』 항괘 구삼의 효사)"를 고주는 "그 덕을 꾸준하게 유지하지 않으면, 항상(或=常) 수치가 이른다."라고 해석했다. 그런데 정이천은 『역전』에서 혹승지或承之를 "때로 이름이 있음을 말한다(謂有時而至也)."라고 풀이했다. 이 설을 약간 수정하여 주자는 "그 덕을 항상(항구적, 철두철미하게) 유지하지 않으면, 누군가가 수치를 안겨줄 것이다."라고 풀이하여, 꾸준함(항상성)이 없는 사람은 어떠한 역할도 할 수 없고, 치욕을 면할 수 없다는 것을 말하고 있다. 좀더 상세히 말하면, 주자는 『어류』에서 다음과 같이 말한다.

주자가 말했다. "항恒 자는 옛날에 긍恆(두루 미치다, 항구적이다)으로 썼다. 그것을 설명하여 한 척의 배의 양 끝(이물과 고물)이 물가에 기대고 있는 모습을 그린 것이라고 했으니, 철두철미徹頭徹尾하다는 뜻임을 알 수 있다."

주자가 말했다. "승承은 봉승奉承(뜻을 받들어 이어받음)의 승承과 같으니, 예컨대 사람이 수치와 치욕(羞辱)을 보내 주는 것과 같다(如人送羞辱與之也)."

다산은 대체로 주자의 해석을 받아들인다. 다만 그는 여기서 '혹或'을 '아마도 그럴 것이다.'라고 추정한 의문사라고 말한다.

13:23. 子曰: "君子和而不同, 小人同而不和."

고주 —— 공자께서 말씀하셨다. "군자는 (마음이) 화합하지만, (그 보는 것이 각각 다르기 때문에) 같지 않다. 소인은 (기호가) 같지만, (각각 이익을 다투기 때문에) 화합하지 못한다."

주자 —— 공자께서 말씀하셨다. "군자는 (어긋나려는 마음이 없어) 화합하지만 (아첨하거나 편드는 뜻이 없어) 같지는 않고, 소인은 같아지지만 화합하지는 않는다."

다산 —— 공자께서 말씀하셨다. "군자는 (마치 여러 재료가 어울려 균형을 이루어 좋은 맛을 내듯) 화합하지만 (물에 물을 탄 듯, 琴 하나만 연주하듯이) 동일화되지 않고, 소인은 동일화되지만 조화되지는 않는다."

집주 —— ■和者는 無乖戾之心이요 同者는 有阿比之意라.

화和란 어긋나려는 마음이 없는 것이고, 동同은 아첨하거나 편드는 뜻이 있음이다.

■尹氏曰 君子는 尙義故로 有不同이요 小人은 尙利하니 安得而和리오

윤돈이 말했다. "군자는 의義를 숭상하기 때문에 같지 않음(不同)이 있다. 소

자원풀이 ■화和는 원래는 龢(풍류 조화될 화)로 여러 개의 피리(龠)에서 나는 소리가 어울려 합치는 모습을 형상화, 龢가 구口로 줄여 오늘날의 和로 되었다. '어떤 것으로 어떤 것을 균형 있게 만드는 것'을 '화和'라고 한다. ■동同은 윗부분은 덮어씌운다는 뜻이고, 아랫부분은 입(口)으로 구성된 회의자로 덮어씌운 밑에 모여 있는 입들은 같은 생각을 한다는 데에서 유래하였다. 혹은 아랫부분은 입(口)과 윗부분은 가마처럼 생긴 들 것으로 구성된 회의자로, 가마처럼 무거운 것을 구령(口)에 맞추어 힘들여 들어 올리는 것을 형상화한 것이다.

인은 이익을 숭상하니, 어찌 화합할 수 있겠는가?"

고금주 —— ■何曰: "君子心和, 然其所見各異, 故曰不同. 小人所嗜好者則同,
然各爭利, 故曰不和." ○案 所言荒矣.

하안이 말했다. "군자는 마음이 조화롭지만, 그 보는 것이 각각 다르기 때문
에 같지 않다. 소인은 기호하는 바는 같지만, 각각 이익을 다투기 때문에 조
화롭지 못하다." ○살핀다. 말한 것이 거칠다.

■引證 『左傳』曰: "齊侯至自田, 晏子侍于遄臺. 子猶[梁丘據]馳而造焉. 公曰,
'唯據與我和夫!' 晏子對曰, '據亦同也, 焉得爲和?' 公曰, '和與同, 異乎?' 對曰,
'異. 和如羹焉, 水火醯醢鹽梅以烹魚肉, 燀之以薪, 宰夫和之, 齊之以味, 濟其
不及, 以洩其過. 君子食之, 以平其心, 君臣亦然. 君所謂可, 臣獻其否, 君所謂
否, 臣獻其可, 是以政平而不干, 民無爭心. 故『詩』曰, 「亦有和羹, 旣戒旣平.」
[此下又論和五聲之理] 今據不然. 君所謂可, 據亦曰可, 君所謂否, 據亦曰否. 若以
水濟水, 誰能食之? 若琴之專壹, 誰能聽之? 同之不可也如是.'" ○案 和同之辨,
莫詳於此.

인증한다. 『좌전』(「소공」 20년조)에서 말했다. "제후齊侯가 사냥에서 돌아오자
안자晏子가 천대遄臺에서 모시고 있었는데, 자유子猶(梁丘據)가 말을 달려 나
아왔다. 공이 말하길, '오직 거據만이 나와 화합(和)한다.'고 했다. 안자가 말
하길, '같음(同)일 뿐이니, 어찌 화합이겠습니까?'라고 했다. 공이 말하길, '화
합과 같음은 어떻게 다른가?'라고 했다. 안자가 대답하길, '다릅니다. 화합은
국을 끓이는 것과 같습니다. 물, 불, 식초, 젓갈, 소금, 매실을 써서 어육을 삶
을 때에 나무를 때서 끓이면서 요리사가 그것을 화합시켜 맛을 맞추는데, 모
자란 것을 더 넣고 지나친 것을 덜어냅니다. 군자가 그 요리를 먹고 그 마음
을 평온하게 합니다. 임금과 신하 사이도 또한 그와 같습니다. 임금이 옳다
고 하여도 옳지 않음이 있으면 신하가 그 옳지 못함을 아뢰어 그 옳음을 이

루고, 임금이 옳지 않다고 말해도 옳은 것이 있으면 신하가 그 옳음을 아뢰어 그 옳지 못함을 제거합니다. 그러므로 정치가 공평하여 어긋나지 않고, 백성들은 다투는 마음이 없어지는 것입니다. 그러므로 『시』에서 말하길, '또한 조화로운 맛의 국이 있어, 이미 경계하고 고르게 했다.(「상송, 열조」)'라고 했습니다.(그 아래 또한 오성을 조화롭게 하는 이치를 논했다.) 지금 거據는 그렇지 않습니다. 임금이 옳다고 하면 거據 역시 옳다고 하고, 임금이 옳지 않다고 말하면 거 역시 옳지 않다고 말합니다. 마치 물을 물에 타는 것과 같으니, 누가 그것을 (맛있게) 먹을 수 있겠으며, 마치 금琴 하나만으로 연주한다면, 누가 (조화롭게) 들을 수 있겠습니까? 같음(同)이 옳지 못한 것은 이와 같습니다.'"(『좌전』「소공」 20년조) ○살핀다. 화합과 같음(同)의 논변은 이보다 상세한 것은 없다.

비평 —— 화和란 이치에 근거해 화합하는 것이고, 동同이란 사적 이익을 추구하여 획일화하여 치우쳐 뭉치는 것(偏黨)을 말한다. 화는 마치 여러 재료로 조리해 놓은 국처럼 다른 맛들이 서로 어울려 하나의 좋은 맛을 내는 것이며, 동은 부화뇌동附和雷同하는 것처럼 소리에 따라 무분별하게 동조하는 것을 말한다. 다산의 지적대로 고주와 주자의 해석은 다소 거칠다.

다산이 인용한 『좌전』의 글은 화와 동의 뜻을 잘 드러내고 있다.

～∽～

13:24. 子貢問曰: "鄉人皆好之, 何如?" 子曰: "未可也." "鄉人皆惡之, 何如?" 子曰: "未可也. 不如鄉人之善者好之, 其不善者惡之."

고주 —— 자공이 물었다. "동네사람들이 모두 그를 좋아한다면 어떻습니까?

(선한 사람이라고 할 수 있습니까?)" 공자께서 말씀하셨다. "아직 (선한 사람이라고) 할 수는 없다." (자공이 물었다.) "동네사람들이 모두 그를 증오한다면 어떻습니까?" 공자께서 말씀하셨다. "아직 (선한 사람이라고) 할 수는 없다. 동네사람들 중에 선한 사람이 좋아하고, 악한 사람이 증오하는 사람만 못하다."

주자 —— 자공이 물었다. "동네사람들이 모두 그를 좋아한다면 어떻습니까?" 공자께서 말씀하셨다. "(반드시 구차하게 영합하는 행실이 있을 것이니) 아직 (선한 사람이라고) 할 수는 없다." (자공이 물었다.) "동네사람들이 모두 그를 싫어한다면 어떻습니까?" 공자께서 말씀하셨다. "(반드시 좋아할 만한 실질이 없을 것이니) 아직 (선한 사람이라고) 할 수는 없다. 동네사람들 중에 선한 사람이 좋아하고, 악한 사람이 싫어하는 사람만 못하다."

다산 —— 자공이 물었다. 자공이 물었다. "동네사람들이 모두 그를 좋아한다면 어떻습니까?" (선한 사람이라고 할 수 있습니까?) 공자께서 말씀하셨다. "(반드시 구차하게 영합하는 행실이 있을 것이니) 아직 (선한 사람이라고) 할 수는 없다." (자공이 물었다.) "동네사람들이 모두 그를 싫어한다면 어떻습니까?" 공자께서 말씀하셨다. "(반드시 좋아할 만한 실질이 없을 것이니) 아직 (선한 사람이라고) 할 수는 없다. 동네사람들 중에 선한 사람이 좋아하고, 악한 사람이 싫어하는 사람만 못하다."

자원풀이 ■可가는 괭이+口로 원래는 농사를 하며 부르던 노래를 뜻했다. 농사를 할 때 노래를 부르면 고된 일도 쉽게 이루어지기 때문에 '적합하다' '가능하다'는 '긍정肯定'의 의미를 지니면서, '옳다' '마땅하다'로 되었다. 반대어인 부否는 不+口로 '부정'을 의미한다.
■하何는 人+可로 갑골문에서는 긴 자루가 달린 괭이를 어깨에 멘 사람(人)을 뜻하였다. 메다가 원래 뜻으로 하중荷重을 뜻하였는데, 이후 '어찌'라는 의문사와 부사어로 가차되자, 원래 뜻은 艸 자가 더해져 荷 자로 분화되어 갔다.

집주 —— ■一鄕之人은 宜有公論矣라 然이나 其間에 亦各以類自爲好惡也라 故善者好之하고 而惡者不惡면 則必其有苟合之行이요 惡者惡之하고 而善者不好면 則必其無可好之實이니라

한 동네 사람들에게는 의당 공론公論이 있겠지만, 그 사이에도 각각 부류에 따라 저마다 좋아하거나 싫어한다. 그러므로 선한 자가 좋아하고 악한 자도 미워하지 않는다면, 그 사람은 반드시 구차하게 영합하는 행실이 있을 것이다. 악한 자가 미워하는데 선한 자도 좋아하지 않는다면, 그 사람은 반드시 좋아할 만한 실질이 없을 것이다.

고금주 —— ■補曰 鄕人, 同鄕之人. 好, 悅也. 惡, 厭也. ○孔曰: "善人善己, 惡人惡己, 是善善明, 惡惡著."

보완하여 말한다. 향인鄕人은 같은 동네(同鄕) 사람이다. 호好는 기뻐하다(悅)이다. 오惡는 싫어하다(厭)이다. ○공안국이 말했다. "선한 자가 자기를 좋아하고, 악한 자가 자기를 미워한다면, 이는 선을 좋아함이 분명하고, 악을 미워함이 현저한 것이다."

■邢曰: "鄕人衆共憎惡."[又云: "爲衆所嫉, 是以未可."] ○案 屢憎於人, 非聖門所尙, 不必作憎惡說, 恐是厭惡之意.

형병이 말했다. "(鄕人皆惡之) 동네사람들이 대부분이 함께 증오한다."(또 말했다. "대부분의 사람들로부터 질시를 받기 때문에 선인이라고 할 수 없다.") ○살핀다. 남으로부터 자주 증오를 받는 것은 성인의 문하에서 숭상하는 것이 아니니, 증오의 설을 만들 필요가 없다. 이는 아마도 염오厭惡의 뜻일 것이다.

비평 —— 동네사람들이 다 좋아하는 사람은 아마도 (鄕愿처럼) 유속에 동조하고 세상에 영합하는 사람들일 가능성이 크다. 그래서 공자는 아직 괜찮다고 할 수 없다(未可)고 말했다. 동네사람들이 다 싫어하는 사람은 아마도 세

상을 속이고 풍속을 해치는 사람일 가능성이 크다. 그러므로 공자는 아직 괜찮다고 할 수 없다고 말했다. 주자는 이 구절을 유유상종類類相從이라는 말을 들어 설명했다. 선한 사람은 선한 사람들끼리, 불선한 사람은 불선한 사람끼리 각각 비슷한 사람들끼리 모이는 경향이 있다. 선한 사람은 대개 순리대로 행하기 때문에 자신처럼 순리대로 행하는 사람을 좋아하고, 그렇지 않은 사람을 싫어한다. 선하지 않은 사람은 욕심대로 행하기 때문에 그런 사람과 어울리고, 그렇지 않은 사람을 싫어한다. 그러므로 향당의 사람들이 전부 좋아하거나 혹은 전부 싫어하는 사람보다는, 선한 사람이 좋아하고 악한 사람이 싫어하는 사람이 더 훌륭한 사람일 가능성이 높다는 것이다.

해석상 특별한 이견은 없다. 다만 여기에 나오는 오惡라는 용어에 대해 고주에서는 증오憎惡 혹은 질투嫉妬 등과 같은 비교적 강도가 높은 것으로 해석한 것에 대해, 다산은 염오厭惡로 해석하는 것이 좋다고 말한다. 다산의 지적은 정당하다고 판단된다.

～∽～

13:25. 子曰: "君子易事而難說也. 說之不以道, 不悅也. 及其使人也, 器之. 小人難事而易說也. 說之雖不以道, 說也. 及其使人也, 求備焉."

고주 —— 공자께서 말씀하셨다. "군자는 (한 사람에게 모든 일에 능하기를 요구하지 않기 때문에) 섬기기는 쉬워도, (함부로 아첨하여 기쁘게 하는 것을 받아들이지 않기 때문에) 기쁘게 하기는 어려우니, 정당한 방법으로 하지 않으면 기뻐하지 않으며, 그가 사람들을 부릴 때에 재능과 기량을 헤아려 관직을 준다. 소인은

(한 사람에게 모든 일에 능하기를 요구하기에) 섬기기는 어렵지만 (아첨하면 기뻐하기 때문에) 기쁘게 하기는 쉬우니, 비록 정당한 방법으로 하지 않아도 기뻐하며, 그가 사람들을 부릴 때는 모든 일에 능하기를 요구한다."

주자 —— 공자께서 말씀하셨다. "군자는 (공평하기 때문에) 섬기기는 쉬워도 기쁘게 하기는 어려우니, (천리에 따르기 때문에) 정당한 방법으로 하지 않으면 기뻐하지 않으며, 그가 사람들을 부릴 때에 (자기를 미루어 남에게 나아가:恕) 재능과 기량에 따른다. 소인은 (각박하기 때문에) 섬기기는 어렵지만 (사사롭기 때문에) 기쁘게 하기는 쉬우니, (인욕에 따르기 때문에) 정당한 방법으로 하지 않아도 기뻐하며, 그가 사람들을 부릴 때는 (재능과 지량에 따르지 않고) 갖추기를 요구한다."

다산 —— 공자께서 말씀하셨다. "군자는 받들기는 쉬워도 환심을 사기(說=媚悅)는 어려우니, 정당한 방법으로 하지 않으면 기뻐하지 않으며, 그가 사람들을 부릴 때 각각 쓰임에 알맞게 한다. 소인은 받들기는 어렵지만 환심을 사기는 쉬우니, 정당한 방법으로 하지 않아도(=간사하고 바르지 못한 일로써 아첨을 구하여도) 기뻐하며, 그가 사람들을 부릴 때는 능력이 되지 않는 것을 책망한다."

집주 —— ■器之는 謂隨其材器而使之也라 君子之心은 公而恕하고 小人之

자원풀이 ■器器는 犬(개 견)+여러 개의 입(口)으로 구성되어, 장독 같은 여러 기물에 개가 지키는 모습 혹은 신에게 빌 때 희생으로 쓰는 개와 제기를 늘어놓은 것을 나타낸다. 이로부터 여러 기물器物 및 신체적 기관을 나타내기도 했다. 관직이나 작위의 등급, 나아가 사람의 자질을 나타내고, 형이상의 도에 대비되는 형이하의 구체적인 사물을 나타낸다. 공자는 "군자는 그릇이 아니다(君子不器)"라고 말했는데, 여기서 '그릇'이란 각각 알맞게 소용되는 바가 있어(各適其用) 다른 것과 소통하지 못하는 존재자와 같은 양식의 존재방식을 영위하는 사람을 말한다.

心은 私而刻하니 天理人欲之間에 每相反而已矣니라

기지器之는 사람을 재주와 기량에 따라서 부리는 것을 말한다. 군자의 마음은 공평하고 서恕(자기를 미루어 남에게 나아감)하지만, 소인의 마음은 사사롭고 각박하다. 천리와 인욕 사이에서 매번 상반될 따름이다.

고금주 —— ■補曰 事, 謂承奉也. 說, 媚悅也. 不以道, 謂以邪枉之事求媚. 器·使者, 各適其用. [孔云: "度才而官之."] 求備者, 責所不能.

보완하여 말한다. 사事는 받듦(承奉)이다. 열說은 미열媚悅(남에게 잘 보이려고 비위를 맞추며 알랑거림)이다. 불이도不以道란 간사하고 바르지 못한 일로써 아첨을 구하는 것을 말한다. 기器·사使란 각각 쓰임에 알맞게 하는 것이다.(공안국이 말했다. "재능을 헤아려 관직을 주는 것이다.") 구비求備란 능력이 되지 않는 것을 책망하는 것이다.

비평 —— 군자는 공公적이며 자기의 마음을 미루어 남의 마음을 헤아려 같은 마음(恕)으로 인정한다. 소인의 마음은 사적이며, 자신의 이익을 기반으로 하여 상대방을 이용하려고 한다. 군자는 올바른 이치에 따르는 것을 좋아하고, 소인은 자신을 따르는 것을 좋아한다. 군자는 정당한 방법으로 최선을 다하면 다른 불평을 하지 않기 때문에 섬기기 쉽다. 정당하지 않은 방법으로 아첨하면 기뻐하지 않기 때문에 기쁘게 하기는 어렵다. 자신의 마음을 미루어 다른 사람의 마음을 헤아리는 군자는 다른 사람의 선을 그대로 인정하기 때문에, 사람을 부릴 때 그 사람이 잘하는 것을 하도록 하고, 모든 것에 완벽함을 요구하지 않는다. 그래서 버려지는 사람이 없다.

이에 비해 사적인 소인은 자기중심적이며 이익에 따라 수시로 변하기 때문에 섬기는 것은 항상 어렵다. 그러나 바르지 못한 방법으로 아첨해도 기분만 맞추면 기뻐하기 때문에 기쁘게 하기는 쉽다. 그리고 소인은 남의 능력과 마음을 헤아리지 않기 때문에 인재를 경시하고, 완전하기를 요구하여 마침내 쓸 만한 사람이 없게 된다. 고주는 문자 그대로 평범하게 해석했다. 주자는 공·사 및 천리·인욕의 개념에 의해 해석했다. 다산은 어구에 대한 보완적 설명을 잘 했다.

❧

13:26. 子曰: "君子泰而不驕, 小人驕而不泰."

고주 —— 공자께서 말씀하셨다. "군자는 (본래 무엇에 얽매이지 않고) 태연하게 행동하니 (흡사 교만한 것 같지만 실제로는) 교만하지 않고, 소인은 (자부하여) 교만하지만 (모든 일에 겁을 내고 꺼리어 실제로는) 관태寬泰하지 못하다."

주자 —— 공자께서 말씀하셨다. "군자는 (순리적이므로) 편안하고 느긋하며 (泰=安舒) 으스대거나 방자하지 않다(驕=矜肆). 소인은 (욕심을 부리므로) 으스대고 방자하면서 편안하거나 느긋하지 않다."

다산 —— 공자께서 말씀하셨다. "군자는 태연(泰=안이 가득 차 있어 밖에서 구하지 않는다)하고 교만(안이 비어서 밖의 기운에 부림을 당함)하지 않고, 소인은 교만하지만 태연하지 않다."

집주 —— ■君子는 循理故로 安舒而不矜肆하고 小人은 逞欲故로 反是라.
군자는 이치를 따르기 때문에 편안하고 느긋하되 으스대거나 방자하지 않지만, 소인은 욕심 부리기 때문에 이와 반대이다.

고금주 —— ■補曰 泰者, 內實而無求於外. 驕者, 內虛而使氣於外. [『莊子』所云虛憍]

보완하여 말한다. 태泰란 안이 가득차서 밖에서 구하지 않는 것이다. 교驕란 안이 비어서 밖의 기운에 부림을 당하는 것이다.(『장자』「달생」에서 말한 虛憍다.)

■何曰: "君子自縱泰, 似驕而不驕. 小人拘忌, 而實自驕矜." ○案 泰者, 三陽在內之卦也. 三陽內實, 無求於外, 故似驕而不驕. 驕者, 馬之驕也. 只是在外之虛氣而已.

하안이 말했다. "군자는 얽매임 없이 태연한 까닭에, 흡사 교만한 듯하지만 실제로는 교만하지 않다. 소인은 구애되어 꺼리지만, 실제로는 자부하여 교만하다." ○살핀다. 태괘泰卦로 말하자면, 세 개의 양(三陽)이 내괘內卦에 있는 것으로, 세 개의 양이 안에 가득차서 밖에서 구하는 것이 없기 때문에 흡사 교만한 듯하지만, 교만한 것이 아니다. 교驕란 말(馬)의 높음으로, 이는 단지 밖에 있는 빈 기운일 따름이다.

■胡曰: "驕與泰相似. 『大學』曰, '驕泰以失之.'" ○案 比·周一類也, 孔子分而二之, 和·同一類也, 孔子分而二之, 驕·泰一類也, 孔子分而二之, 皆磋磨之學.

호병문이 말했다. "교驕와 태泰는 서로 흡사하다. 『대학』에서는 '교태로써 잃는다(驕泰以失之)'고 했다." ○살핀다. 비比·주周는 같은 종류이지만, 공자께서는 나누어 둘로 하였다. 화和·동同은 같은 종류이지만, 공자께서 나누어 둘로 하였다. 교驕·태泰는 같은 종류이지만, 공자께서 나누어 둘로 했으니, 모두 절차탁마의 학이다.

자원풀이 ■태泰는 水(물 수)+廾(두 손 마주잡을 공)+大로 구성된 형성자로서 두 손으로 물을 크게 건져 올리는 것을 형상화한 것으로 크다, 대단하다가 원뜻이다. 크다, 통하다, 편안하다(느긋하고 태연하다), 교만하다, 너그럽다, 지나치다 등의 뜻이다. 태괘(건하곤상)로 음양이 조화되어 만사가 형통하고 편안을 누리는 모양을 나타낸다.
■교驕는 馬(말 마)+喬(높을 교)로 6척 높이의 잘 달리는 뛰어난 말을 말하는데, 뛰어나기 때문에 교오驕傲, 교만驕慢처럼 자긍심을 갖고 남을 업신여김을 뜻한다.

비평 —— 군자는 이치에 따르기 때문에 사태에 마주했을 때 편안하고 어디를 가든지 자득하지 않은 경우가 없다. 소인은 욕심을 채우기 때문에 탐욕스럽게 구하고, 구차하게 얻어 스스로 자랑하기 때문에 항상 교만하다.

군자는 두루 친하지만 이익에 의해 무리를 짓지 않고, 조화를 이루지만 획일적이지 않고, 태연하지만 교만하지 않는다. 소인은 이와 반대된다.

고주는 문자적 원의에 충실한 다소 평범한 해석이라고 할 수 있다. 주자는 군자는 순리順理하지만, 소인의 영욕逞欲한다는 점에 착안하여 해석한 장점이 있다. 다산은 『주역』 「태괘」의 괘상과 글자의 어원에 근거를 두고, 설득력 있게 해석했다.

13:27. 子曰: "剛毅木訥, 近仁."

고주 —— 공자께서 말씀하셨다. "욕심이 없고(剛=無欲), 과감하고(毅=果敢), 질박하며(木=質樸), 느리고 둔하면(訥=遲鈍), (이 네 가지가 있으면) 인에 가깝다."

주자 —— 공자께서 말씀하셨다. "강인하며(剛=體質堅强 不軟不屈), 굳세고(毅=奮發作興氣象), 질박하며(木=質樸), 느리고 둔하면(訥=遲鈍), (이 네 가지 자질을 갖추면) 인에 가깝다."

다산 —— 공자께서 말씀하셨다. "강인하고, 굳세고(毅=執守之强) 질박하며(木=質樸), 느리고 둔하면(訥=遲鈍), (이 네 가지가 있으면) 인에 가깝다."

집주 —— ■程子曰 木者는 質樸이요 訥者는 遲鈍이니 四者는 質之近乎仁者也라

정자가 말했다. "목木이란 질박質樸이고, 눌訥이란 더디고 둔함(遲鈍)이니, 네 가지는 인에 가까운 자질이다."

■楊氏曰 剛毅則不屈於物欲하고 木訥則不至於外馳니 故로 近仁이니라

양시가 말했다. "강의剛毅하면 물욕에 굴복하지 않고, 목눌木訥하면 밖으로 치달리지 않으므로 인에 가깝다."

고금주 —— ■補曰 毅者, 執守之強也. 木訥, 則其言也訥.

보완하여 말한다. 의毅란 잡아서 지킴(執守)이 강한 것이다. 목눌木訥하면 그 말이 어눌하다.

■王曰: "剛, 無欲, 毅, 果敢."[邢云: "無欲亦靜, 故近仁."] ○駁曰 非也. 子曰: "棖也慾, 焉得剛?" 王所據者, 此也, 不亦拘乎?

왕숙이 말했다. "강剛은 무욕無欲이고, 의毅는 과감果敢이다."(형병이 말했다. "무욕 또한 靜한 까닭에 인에 가깝다.")○논박하여 말하면, 그릇되었다. 공자께서 "신정은 욕심이 많거늘 어찌 강하겠는가?"라고 말했다. 왕숙이 논거한 것이 이것이니, 또한 구애되지 않았겠는가?

비평 —— 고주에 따르면 강剛은 무욕無欲이고, 의毅는 과감果敢이고, 목木은 질박質樸이고, 눌訥은 더디고 둔함(遲鈍)이다. 주자에 따르면, 강剛이란 체질

자원풀이 ■강剛은 刀(칼 도)+岡(산등성이 강)으로 산등성이와 칼처럼 '단단함'의 뜻에서 견고堅固, 강직剛直 등의 뜻이 나왔다. 음양 개념에서 음의 유柔에 대칭되는 양의 강剛의 뜻인데, 이로부터 낮, 짝수, 임금 등을 상징한다.
■의毅는 殳(창 수)+立+豕(돼지가 성나서 일어남)으로 멧돼지나 창의 강인함처럼 굳세고 강함을 나타낸다.
■목木은 줄기를 중심으로 가지와 뿌리를 그린 것이다. 갖가지 기물을 만드는 원재료이기 때문에 질박質朴, 질박質樸, 소박素朴을 나타낸다.
■눌訥은 言+內로 말을 밖으로 하지 않고 안으로 넣어 두다라는 뜻으로, 말을 더듬다, 신중히 하다의 뜻이 나왔다.

이 단단하고 굳세어 유약하지 않고 굽히지 않는 것을 말하고, 의毅는 분발하여 일어나는 기상을 말한다(세주). 그리고 주자는 고주의 목木이란 질박한 것이고, 눌訥이란 느리고 둔한 것이라고 하는 정자의 말을 수용한다. 다산은 고주의 강剛은 무욕無欲이고, 의毅는 과감果敢이라는 주자의 해설을 비판한다. 그에 따르면 의毅란 잡아서 지킴이 강한 것이다(士不可以不弘毅). 강剛의 반대말은 유약함(柔)이고, 의毅의 반대말은 취약함(脆)이며, 목木의 반대말은 화려함(華)이며, 눌訥의 반대말은 달변(辨)함이다. 유약하면서 취약하고, 화려하게 꾸미면서 말을 잘하면 인에서 멀다는 것이다.

강직하고 굳세다는 것은 견고해서 그치지 않으려는 기상을 말하고, 질박하고 우둔하다는 것은 교언영색巧言令色하여(2:3) 꾸미려 하는 것이 없음을 말한다. 물욕에 굴하지 않기 때문에 강직하고 굳세며, 물욕을 추구하여 밖으로 내달리지 않기 때문에 본디 질박하고 우둔하다. 이는 주자의 주장대로 학문을 말하는 것이 아니라, 자질을 말한 것이다. 이 네 가지를 바탕으로 하여 완전한 인을 체현하기 위해 노력해야 한다는 말이다.

~∞~

13:28. 子路問曰: "何如斯可謂之士矣?" 子曰: "切切偲偲, 怡怡如也, 可謂士矣. 朋友切切偲偲, 兄弟怡怡."

고주 —— 자로가 물었다. "어떻게 해야 선비라고 할 수 있습니까?" 공자께서 말씀하셨다. "(선비의 행실은) 상호 절실하게 책선해야 하며(切切偲偲=相切責之貌), 화순하면(怡怡=和順) 선비라고 할 수 있다. (시행해야 할 대상에 따라 구분하면) 벗에게는 (도의로써 절차탁마해야 하기 때문에) 상호 절실하게 책선해야 하며,

형제는 (천륜이어서 마땅히 서로 우애 있고 승순해야 하기 때문에) 화순해야 한다."

주자 —— 자로가 물었다. "어떻게 해야 선비라고 할 수 있습니까?" 공자께서 말씀하셨다. "정성이 지극하고(切切=懇到) 상세하게 권면하고(偲偲=詳勉), 화목하여 기뻐해야(怡怡=和悅) 선비라고 말할 수 있다. 붕우 간에는 (쉽게 굽히는 잘못이 있기에) 정성이 지극하고 상세하게 권면해야 하며, 형제간에는 (은혜를 해치는 禍가 있기에) 화목하고 기뻐해야 한다."

다산 —— 자로가 물었다. "어떻게 해야 벼슬할 사람이라고 할 수 있습니까?" 공자께서 말씀하셨다. "(바로잡아 주고 책선하기를) 지극 정성으로 하며 안색을 장엄하게 하고, 화순해야 벼슬할 사람이라고 말할 수 있다. 붕우 간에는 (쉽게 굽히는 잘못이 있기에) 지극 정성으로 하며 안색을 장엄하게 하고, 형제간에는 (은혜를 해치는 禍가 있기에) 화순해야 한다."

집주 —— ■胡氏曰 切切은 懇到也요 偲偲는 詳勉也요 怡怡는 和悅也니 皆子路所不足이라 故로 告之하시니라 又恐其混於所施면 則兄弟有賊恩之禍하고 朋友有善柔之損이라 故로 又別而言之하시니라
호인이 말했다. "절절切切은 정성이 지극함(懇到)이다. 시시偲偲는 상세하게 권면함(詳勉)이다. 이이怡怡는 화목하며 기뻐함(和悅)이다. 모두 자로가 부족한 것이므로 일러주었다. 또한 베푸는 데에서 혼동하면 형제간에 은혜를 해

자원풀이 ■절切은 刀(칼 도)+ 七(칼집 모양, 혹은 뼈마디)로 구성된 형성자로 칼로 뼈마디를 자르다의 원뜻에서, 밀접하다, 절박하다, 간절하다, 격렬하다의 뜻이 나왔다. 모두라고 할 때는 일체—切라고 읽는다. 절절切切은 (1) 서로 격려하는 모양, (2) 깊이 생각하는 모양, (3) 근심하는 모양, (4) 소슬한 바람 소리를 나타낸다.
■시偲는 (1) 서로 선을 권면한다, (2) 재주가 많다 혹은 수염이 많다(其人美且偲)의 뜻이다. 시시偲偲란 서로 권면하고 권장한다는 뜻이다(朋友切切偲偲).
■이怡는 心(마음 심)+台(기쁠 태)로 마음으로 기뻐하고 즐거워하는 모양이다.

치는 화禍가 있고, 붕우 간에는 쉽게 굽히는 잘못(善柔之損)이 있을까 염려하신 까닭에 또한 구별하여 말씀해 주셨다."

고금주 —— ■補曰 士者, 仕也. 學道, 將以仕也. 切者, 規責懇至也. [如割切 偲者, 顔色莊嚴也. [『大戴禮』云: "葸焉不怡."] ○馬曰: "怡怡, 和順之貌." ○補曰 兄弟, 同族有服者也.

보완하여 말한다. 사士란 벼슬(仕)이며, 도를 배워(學道) 장차 벼슬하려고 한다. 절切이란 바로잡아 주고 책선하기를 지극한 정성으로 하는 것(規責懇至)이다(割切과 같다). 시偲란 안색이 장엄한 것이다.(『大戴禮』에서 말했다. "장엄하다는 것은 화순하지 않은 것이다.") ○마융이 말했다. "이이怡怡는 화순和順한 모습이다." ○보완하여 말한다. 형제兄弟는 동족으로 상복을 같이 입는 자이다.

■馬曰: "切切偲偲, 相切責之貌."[邢云: "朋友以道義切磋琢磨."] ○胡曰: "切切, 懇到也. 偲偲, 詳勉也."[朱子云: "切切者, 教告懇惻, 而不揚其過. 偲偲者, 勸勉詳盡, 而不強其從."] ○案 胡氏之義甚好, 但切偲須與怡怡, 有相反然者.

마융이 말했다. "절절시시切切偲偲는 상호 절실하게 책선하는 모습이다."(형병이 말했다. "붕우는 도의로써 절차탁마한다.") ○호인이 말했다. "절절切切은 간절하고 꼼꼼한 것이다. 시시偲偲는 상세히 권면하는 것이다."(주자가 말했다. "切切이란 가르치고 알려주는 것은 간절하지만 그 허물은 드러내지 않는 것이고, 偲偲란, 권면하는 것은 상세함을 다하지만 따를 것을 강요하지 않는 것이다.") ○살핀다. 호인의 설명이 지극히 좋다. 다만 절시切偲와 이이怡怡는 상반되는 것이 있다.

■案 孔子於子路, 時加切責, 須知朋友之道, 本自宜然, 故告之如此.

살핀다. 공자께서 자로에게 때때로 절실한 책선을 부가하여, 모름지기 붕우의 도가 본래 마땅히 그러함을 알게 하려고 했기 때문에, 이와 같이 일러주었다.

비평 —— 다산은 그 이전의 여러 주석들을 고루 취한다. 다만 사士는 이전과 마찬가지로 '사士란 벼슬(仕)이며, 도를 배움으로써 장차 벼슬하려는 자'라고 했다. 사士에 대해서는 『논어집주대전』에 다음과 같은 언명이 있다.

　　각헌 채씨가 말했다. "선비士는 작爵(皇帝, 諸侯, 卿, 大夫, 士)의 대열에 들어갈 뿐
　　만 아니라, 민民에는 네 가지(士, 農, 工, 商)가 있는데 선비는 그 처음에 들어가니,
　　선비는 진정 귀한 존재이다. 선비가 귀한 것은 왜인가? … 선비가 귀한 것은 인
　　륜을 밝히는 존재이기 때문이다."

⌘

13:29. 子曰: "善人教民七年, 亦可以即戎矣."[皇本, 誤作'即戎就兵, 可以攻戰也']

고주 —— 공자께서 말씀하셨다. "군자(善人=君子)가 (정치를 하여) 백성들을 가르쳐 7년이 되면, (백성들로 하여금 禮 · 義 · 信을 알게 할 수 있으니) 또한 전쟁에 나아가게 할 수 있을 것이다."

주자 —— 공자께서 말씀하셨다. "선인이 백성들을 (孝 · 弟 · 忠 · 信의 실천과 농업에 힘쓰고 · 무예를 강마하는 방법:務農講武之法) 가르치고 7년이 되면, (백성들이 그 윗사람을 친애하고 그 어른을 위해 죽을 줄 아는 까닭에) 또한 전쟁에 나아갈 수 있을 것이다."

다산 —— 공자께서 말씀하셨다. "정사를 잘 하는 사람이 백성들을 (인의와 무용으로) 가르쳐서 7년이 되면, (백성들이 그 윗사람을 친애하고 그 어른을 위해 죽을

줄 알고, 앉았다가 일어나고, 나아가고 물러나는 법도를 아는 까닭에) 또한 전쟁에 나아갈 수 있을 것이다." (황간본에는 '即戎就兵, 可以攻戰也'로 잘못되어 있다)

집주 —— ■ 教民者는 教之以孝弟忠信之行과 務農講武之法이라 卽은 就也요 戎은 兵也라 民知親其上, 死其長이라 故로 可以卽戎이니라

교민教民이란 효孝·제弟·충忠·신信의 실천과 농업에 힘쓰고, 무예를 강마하는 방법(務農講武之法)을 가르치는 것이다. 즉 즉卽은 '나아가다(就)'이다. 융戎은 군대(兵)이다. 백성들이 그 윗사람을 친애하고 그 어른을 위해 죽을 줄 아는 까닭에 전쟁에 나아갈 수 있다.

■ 程子曰 七年云者는 聖人이 度其時可矣니 如云朞月, 三年, 百年, 一世, 大國五年, 小國七年之類를 皆當思其作爲如何라야 乃有益이니라

정자가 말했다. "7년이라고 말한 것은 성인께서 그 정도의 시간이면 가능하다고 헤아리신 것이니, 기월朞月, 3년三年·1백 년百年·1세一世·대국5년大國五年·소국7년과 같은 따위이니, 모두 마땅히 그 일을 어떻게 했을까를 생각해야 이에 유익함이 있을 것이다."

고금주 —— ■ 補曰 善人, 謂善於其事者. 教民, 謂教之以仁義, 使知親上死長之法, [子路所謂使知方] 教之以武勇, 使知坐作進退之法. ○包曰: "卽, 就也. 戎, 兵也. 言以攻戰." [邢云: "使民知禮義與信, 亦可以就兵."]

보완하여 말한다. 선인善人은 그 일을 잘하는 사람이다(「술이」편 참조). 교민教

자원풀이 ■즉卽은 간艮(어긋날 간)+卩(병부 절)의 회의자로 밥이 소독되어 담긴 그릇(艮) 앞에 앉은 사람(卩)이 밥을 막 먹으려는 모습으로 '곧'의 의미가 나왔으며, 자리에 앉다, 즉위하다, 나아가다의 뜻도 나왔다. 식사를 끝내고 머리를 돌린 모습이 기旣(이미)이며, 식사를 중앙에 두고 마주 앉은 모습이 경卿(卿=→손님→경대부)이며, 겸상으로 손님을 대접하는 것이 향鄕(→시골 鄕)이다.
■융戎은 甲(갑옷 갑→십十)+戈(창 과)의 회의자로 갑옷(甲)과 창(戈)으로 무기와 전쟁을 뜻한다. 무기를 사용해 전쟁을 치러야 하는 오랑캐(西戎)를 뜻하기도 한다.

民은 인의로써 가르쳐 그 윗사람을 친애하고 그 어른을 위해 죽을 줄 알도록 하고(자로의 이른바 방도:方을 알도록 한다는 것이다), 무용武勇으로써 가르쳐 않았다가 일어나고, 나아가고 물러나는 법도를 알게 하는 것을 말한다. ㅇ포함이 말했다. "즉即은 나아감(就)이다. 융戎은 병사이니 전쟁에서 공로를 세움이다."(형병이 말했다. "백성들로 하여금 禮·義·信을 알게 할 수 있으니, 또한 전쟁에 나아가게 할 수 있다는 말이다.")

■邢曰: "言七年者, 夫子以意言之." ㅇ案 古人原以七數爲限節.

형병이 말했다. "7년이라고 말한 것은 공자께서 뜻으로 말씀하신 것이다." ㅇ 살핀다. 옛 사람들은 원래 7이라는 숫자로 한계와 마디로 삼았다.

비평 —— 선인善人을 각각 다르게 해석하고 있다. 고주는 군자로, 주자는 선천적으로 자질이 좋은 사람이지만 아직 성인의 궤적을 밟지는 못한 사람으로, 그리고 다산은 일에 잘 대처하는 사람이라고 했다.

　고주와 주자는 도덕적인 측면에서, 그리고 다산은 행사行事의 관점에서 해석하는바, 앞의 「술이」(善人 吾不得而見之矣)편 등의 해석을 참고하기 바란다.

13:30. 子曰: "以不敎民戰, 是謂棄之."

고주 —— 공자께서 말씀하셨다. "훈련하지 않는 백성(不敎民=不習之民)을 부려서(以=用) 전쟁을 하게 하면, (반드시 패배할 것이니) 이는 백성을 (내던지듯) 버리는 것이라고 할 수 있다."

주자 —— 공자께서 말씀하셨다. "가르치지 않은 백성을 부려서(以=用) 전쟁을 하게 하면, (반드시 패망의 재앙이 있을 것이니) 이는 그 백성을 버리는 것이라고 할 수 있다."

다산 —— (앞 장과 합하여 하나의 장이 되게 해야 한다.) 공자께서 말씀하셨다. "가르치지 않은 백성을 부려서(以=用) 전쟁을 하게 하면, (의로움과 병법을 알지 못하고 전쟁을 하면 반드시 궤멸하니) 이는 그 백성을 (구렁텅이에) 버리는 것이라고 할 수 있다."

집주 —— ■以는 用也라 言用不敎之民以戰이면 必有敗亡之禍하니 是棄其民也라

'이以'는 부림(用)이다. 가르치지 않은 백성을 부려 전쟁을 하면 반드시 패망의 화가 있을 것이니, 이것이 그 백성을 버리는 것이라는 말씀이다.

고금주 —— ■馬曰: "言用不習之民, 使之攻戰, 必破敗." ○邢曰: "棄之, 若棄擲也." ○補曰 不知義不知兵者以戰, 則必潰, 是委其民於溝壑也. 當與上章合爲一章.

마융이 말했다. "훈련하지 않은 백성을 부려서 공전攻戰하게 하면, 반드시 패배할 것이라는 말이다." ○형병이 말했다. "기지棄之란 내던지듯 백성을 버리

자원풀이 ■教敎는 爻(신성시 하는 건물, 실이나 새끼가 교차하는 결승문자, 본받다)+攵(칠복 +子로 구성되어, (1) 자식(子)에게 결승문자를 매질하며 가르치는 것, (2) 신성시하는 건물에서 자식을 매질하며 가르치는 것, (3) 자식에게 (성현을) 본받으라고 매질하며 가르치는 것에서 나왔다. 혹은 孝+攵으로 써서 같은 뜻을 나타내기도 하는데, 이는 가르침의 최고 내용이 효도라는 것을 나타낸다.
■전戰은 戈(창 과)+單(줄의 양 끝에 쇠구슬을 매달아 던져서 짐승을 포획하는 도구)으로 구성되어, 처음에는 사냥에서 출발하여, 이후 전쟁戰爭, 그리고 두려워하다(戰慄)로 의미가 확대되었다. 기棄는 갑골문에 윗부분은 피를 흘리는 아이, 중간부분은 대나무로 기箕, 아랫부분은 손을 나타내었는데, 아이를 죽여 내다 버리는 형상을 나타내어, 방기放棄·폐기廢棄 등의 의미가 나왔다.

는 것이다." ○보완하여 말한다. 의로움과 병법을 알지 못하고 전쟁을 하면 반드시 궤멸하니, 이는 그 백성을 구렁텅이에 버리는 것이다. 마땅히 앞 장과 한 장으로 합해야 한다.

비평 —— 선인이란 선천적으로 자질이 좋은 사람으로 아직 성인의 궤적을 밟지는 못했지만(주자), 일에 잘 대처하는 사람이다(다산). 백성에게 가르치는 내용은 효제충신과 무용武勇 등이라고 할 수 있다. 7년이란 예로부터 소성小成이라 하여, 가르침이 어느 정도 성숙되는 기간을 말한다. 백성들에게 7년 정도 효제충신의 행동과 무예를 익히는 법을 가르치고, 왜 전쟁을 하고 어떻게 대처하는지 그 방법을 알도록 한 이후에 전쟁에 내보낼 수 있다는 것이다. 그렇지 않고 전쟁에 내보는 것은 백성들을 사지에 밀어넣는 것과 같다.

이 말에 근거를 두고 맹자는 "백성을 교육시키지 않고 전쟁에 쓰는 것은 백성에게 재앙을 주는 것이다(不敎民而用之 謂之殃民, 5하:8)."라고 말했다. 이렇게 내용과 맥락이 이어지기 때문에 다산은 이 장을 마땅히 다음 장과 합하여 하나의 장으로 해야 한다고 말하는데, 지극히 타당하다고 생각된다.

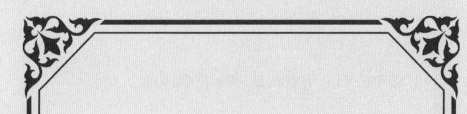

제14편

헌문
憲問

胡氏曰 此篇은 疑原憲所記라 호인이 말했다.
"이 편은 아마도 원헌이 기록한 것인 듯하다."
凡四十七章이라
모두 47장이다.

14:1. 憲問恥. 子曰: "邦有道, 穀, 邦無道, 穀, 恥也."

고주 —— 원헌이 치욕(恥=恥辱)에 대해 묻자, 공자께서 말씀하셨다. "나라에 도가 있을 때에는 (마땅히) 녹을 먹어야 하지만(當食祿), 나라에 도가 없을 때에도 (임금이 무도한 데도 그 조정에 있으면서) 녹을 먹는 것은 치욕이다."

주자 —— 원헌이 부끄러움에 대해 묻자, 공자께서 말씀하셨다. "나라에 도가 있을 때에 (나라에 유익한 일을 하지도 못하면서) 녹만 먹는 것, 나라에 도가 없을 때에도 (홀로 선하지 못하면서) 녹을 받아먹는 것, 이 모두는 부끄러워할 만한 것이다."

다산 —— 원헌이 부끄러움에 대해 묻자, 공자께서 말씀하셨다. "(군자의 도는 방정하되 원만하지 않아, 치세에는 부합하지만 난세와는 어긋나는 데도) 나라에 도가 있을 때에도 녹을 먹고, 나라에 도가 없을 때에도 녹을 먹는 것은 부끄러운 것이다."

집주 —— ■憲은 原思名이라 穀은 祿也라 邦有道에 不能有爲하고 邦無道에 不能獨善하고 而但知食祿은 皆可恥也라 憲之狷介로 其於邦無道穀之可恥엔 固知之矣어니와 至於邦有道穀之可恥하여는 則未必知也라 故로 夫子因其問

자원풀이 ■치恥는 心(마음 심)+耳(귀 이)의 형성자로 수치심을 느낀다는 의미이다. 고대 중국인들은 수치심이 생기면 귀가 붉어진다고 생각하여, 귀를 수치의 상징으로 여겼다. 그래서 귀를 가리키는 손짓은 수치스런 행동을 하지 말라는 뜻으로 썼다.
■곡穀은 禾(벼 화)+殼(껍질 각)의 형성자로 벼로 대표되는 곡식穀食을 나타낸다. 양식의 총칭(百穀用成), 좋다(穀旦于差), 기르다(民莫不穀), 살다(穀則異室), 녹봉(邦有道穀), 알리다(=告) 등의 뜻이다.

而幷言之하사 以廣其志하여 使知所以自勉而進於有爲也하시니라

헌憲은 원사原思의 이름이다. 곡穀은 녹봉(祿)이다. 나라에 도가 있을 때는 유익한 일을 하지 못하고, 나라에 도가 없을 때는 홀로 선하지 못하면서, 단지 봉록만 받아먹을 줄 아는 것은 모두 수치스러워할 만하다. 원헌은 고집스럽고 개결하여, 나라에 도가 없을 때 복록을 받는 것이 수치스러울 수 있다는 것을 진실로 알고 있었다. 그러나 나라에 도가 있을 때 봉록을 받는 것이 수치스러울 수 있다는 것을 알았다고 단정할 수는 없다. 따라서 공자께서는 이 질문을 계기로 함께 말씀하셔서, 그의 뜻을 넓혀주고, 스스로 노력할 바를 알아서 유익한 일을 함이 있는 데로 나아가도록 하셨다.

고금주 —— ■邢曰: "憲, 謂弟子原憲." [問曰: "人之行, 何爲可恥辱也?"] ○孔曰: "穀, 祿也." ○補曰 君子之道, 方而不圓, 合於治世, 違於亂世. 若治世·亂世, 無往而不食祿, 則其人可知, 是恥也.

형병이 말했다. "헌憲은 제자 원헌原憲을 말한다."(물었다. "사람의 행실 가운데 어떤 것이 치욕이 될 수 있습니까?") ○공안국이 말했다. "곡穀은 녹봉(祿)이다." ○보완하여 말한다. 군자의 도는 방정하되 원만하지 않아, 치세에는 부합하지만 난세와는 어긋난다. 만일, 치세든 난세든 어디에 가서든 봉록을 먹는다면, 그 사람됨을 알 수 있으니, 이것은 수치이다.

■孔曰: "邦有道, 當食祿. 君無道而在其朝, 食其祿, 是恥辱." ○案 孔說似乎無病, 然失本旨矣. 義理雖本如此, 語勢不然也. '恥也'二字, 上承八字, 不可中截爲二段. ○君子之道, 可以仕則仕, [執鞭之士, 吾亦爲之] 可以止則止. [如不可求, 從吾所好] 邦有道則羽儀, 邦無道則色擧. 或爲禹·稷之胼胝, 或爲顏回之簞瓢, 斯之謂義也. 若夫削觚爲圜, 同流合汚, 自守胡廣之中庸, 以取馮道之富貴者, 君子之所恥也. 鄕人善者好之, 鄕人惡者好之, 孔子恥之. 治亂之皆食祿, 猶善惡之皆見好, 斯其所以爲恥也.

공안국이 말했다. "나라에 도가 있을 때는 마땅히 봉록을 먹어야 한다. 임금이 무도한데도 그 조정에 있으면서 그 봉록을 먹으면, 이는 치욕이다." ○살핀다. 공안국의 설명은 흡사 병통이 없는 듯하지만, 본지를 잃었다. 의리는 비록 이와 같을지라도, 어세는 그렇지 않다. '치야恥也' 두 글자는 위의 여덟 글자를 이었으니, 중간에 끊어 두 단락으로 할 수 없다. ○군자의 도는 벼슬할 만하면 벼슬하고(채찍을 잡는 천직이라도, 나 역시 하겠다), 그만둘 만하면 그만두는 것이다(구할 수 없다면, 내가 좋아하는 바를 따르겠다). 나라에 도가 있으면 의용을 갖추어 출사하고, 나라에 도가 없으면 조짐을 살펴 떠나야 한다. 때로는 우와 후직처럼 군살이 박이도록 힘쓰고, 때로는 안회처럼 단사표음하니, 이것이 의義이다. 대저 모난 것을 깎아 둥글게 하고, 유속에 동화되어 더러운 것과 영합하면서 스스로 호광胡廣의 중용을 지키고 풍도馮道의 부귀를 취하는 것과 같은 것은 군자가 수치로 여긴다. 동네 사람 가운데 선한 사람도 좋아하고 악한 사람도 좋아하는 것을 공자께서는 수치로 여기셨다. 치세이든 난세이든 모두 봉록을 먹은 것은 선인이나 악인이나 모두 좋게 보는 것과 같으니, 이것이 수치스러운 것이 된다.

■ 質疑 『集注』云: "邦有道, 不能有爲, 邦無道, 不能獨善, 而但知食祿, 皆可恥也." ○案 邦有道, 不能有爲, 而但知食祿, 則是尸位素餐也. 只'穀'一字之中, 無以含此'尸位素餐'四字之意, 恐本旨不然也. 然且邦有道, 不能有爲, 君子有時乎不恥, 邦無道, 不能獨善, 君子有時乎不恥. 故孔子謂'甯武子邦有道則智, 邦無道則愚. 其智可及, 其愚不可及'. 智者, 韜晦以全身也. 愚者, 殫竭而忘身也. 各擧一事, 未必爲恥, 必也通執二句, 爲治亂皆祿之意, 然後方得本旨.

질의한다. 『집주』에서 말했다. "나라에 도가 있을 때는 유익한 일을 하지 못하고, 나라에 도가 없을 때는 홀로 선하지 못하면서, 단지 봉록만 받아먹을 줄 아는 것은 모두 수치스러워할 만하다." ○살핀다. 나라에 도가 있을 때는 유익한 일을 하지 못하고 단지 봉록만 받아먹을 줄 아는 것, 이것은 시위소찬

尸位素餐(관직에 있으면서 자기 역할을 못하면서, 녹봉만 받아먹는) 것)이다. 단지 '곡 穀'이란 한 글자 가운데에 이 시위소찬 네 글자의 뜻을 함의할 수 없으니, 아 마도 본뜻은 그렇지 않은 듯하다. 그러나 또한 나라에 도가 있을 때에 유익 한 일을 하지 못하여도 군자가 때로 부끄럽게 여기지 않을 수 있으며, 나라 에 도가 없을 때에 홀로 선하지 못하면서 군자가 때로 수치스럽게 여기지 않 을 수도 있다. 그러므로 공자는 "영무자는 나라에 도가 있으면 지혜롭고, 나 라에 도가 없으면 우직했다. 그 지혜는 따를 수 있으나, 그 우직함은 따를 수 없다(5:20)."고 말했다. (여기서) 지혜롭다는 것은 벼슬에서 물러나 은거하여 자기 몸을 잊는 것이며, 우직하다는 것은 목숨을 바쳐 충성을 다해 자기 몸을 잊는 것이다. 각각 하나의 일만을 거론한다면, 반드시 수치스러운 것이 되지 는 않으니, 반드시 이 두 구절을 통틀어서, 치세나 난세나 다 봉록을 먹는다 는 뜻으로 보아야 본지에 맞다.

비평 —— 고주의 해석도 가능하지만, 다산의 지적처럼 원헌의 질문이 '치恥' 에 관한 것이었다는 점에서 '치야' 두 글자는 앞의 여덟 글자를 이은 것으로 중간에 끊어 두 단락으로 할 수 없다고 생각된다.

그런데 주자의 해석 또한 『논어』의 다음 구절과 부합한다.

천하에 도가 있으면 나타나고, 도가 없으면 숨는다. 나라에 도가 있는데도 빈 천한 것은 부끄러운 것이고, 나라에 도가 없는데도 부귀한 것은 부끄러운 것이 다. (8:13. 子曰 天下有道則見 無道則隱 邦有道 貧且賤焉 恥也 邦無道 富且貴焉 恥也.)

즉 나라에 도가 있을 때에는 지혜를 발휘하여 유익한 일을 하여 성과를 거 두어 봉록을 받아야지, 그렇지 못하면 부끄러운 것이 된다. 나라에 도가 없 으면 은거하여 녹을 먹지 말아야 하는데, 여전히 녹을 먹고 있는 것은 부끄러운 것이 된다는 말이다.

　다른 한편 주자의 해석에 대한 다산의 반론 또한 13:24를 위시하여 상당한 근거가 있다. 두 해석 모두 통한다고 할 수 있다.

⁓⊱⊰⁓

14:2. "克伐怨欲, 不行焉, 可以爲仁矣?" 子曰: "可以爲難矣, 仁則吾不知也."

고주 —— (원헌이 물었다.) "남에게 이기기를 좋아함(克=好勝人)·스스로 자신의 공을 자랑함(伐=自伐其功)·작은 원한을 시기함(怨=忌小怨)·탐욕(欲=貪欲)이 행해지지 않게 한다면, 인자라고 할 수 있습니까?" 공자께서 말씀하셨다. "(네 가지가 행해지지 않게) 하는 것은 어렵지만, 인자라고 한다면 나는 알지 못하겠다(인자가 되기에 부족하다)."

주자 —— (원헌이 자신이 능한 것으로 물었다.) "이기기를 좋아함(克=好勝)·스스로 자랑함(伐=自矜)·분하고 한스러워함(怨=忿恨)·탐욕(欲=貪欲)이 행해지지 않게 한다면, 인이라고 할 수 있습니까?" 공자께서 말씀하셨다. "(이 네 가지를 지니고 있으면서도 능히 억제하여 행하지 않도록) 하는 것은 어렵다고 할 수 있

─────────────────

자원풀이 ■극克은 갑골문에서 머리에 투구를 쓰고 손에 창을 쥔 사람의 모습을 그렸으며, 완전하게 무장한 병사가 전쟁에서 이길 수 있다는 의미에서 '이기다'란 뜻이 생겼고, 이후 의미를 강화하기 위해 '刀(칼 도)' 자가 더해진 剋(刀+克:칼로 상대를 이기다) 자가 나왔다.
■벌伐은 人(사람 인)+戈(창 과)로 창으로 사람의 목을 베는 모양(伐)을 그려, 자르다, 치다, 정벌征伐하다의 원뜻을 지닌다. 그리고 인신하여 전공戰功을 자랑하는 의미에서 뽐내다, 자랑하다의 뜻이 나왔다.

지만, (仁의 경우에는 天理가 혼연하여 자연히 이 네 가지 累가 없으니) 인이라고 한다면 나는 알지 못하겠다."

다산 —— (원헌이 물었다.) "원한과 탐욕의 싹을 쳐서 이기고(克伐怨欲=克伐其怨欲之萌) 행해지지 않게 한다면, 인이라고 할 수 있습니까?" 공자께서 말씀하셨다. "(克伐怨欲은 악을 제거하는 것:去惡으로) 이것을 하는 것은 어렵다고 할 수 있지만, 인이라고 한다면 (복례하여, 선을 행해야 하니) 나는 알지 못하겠다(인이 아직 익지 않았다)."

집주 —— ■此亦原憲以其所能而問也라 克은 好勝이요 伐은 自矜이요 怨은 忿恨이요 欲은 貪欲이라

이 또한 원헌이 자기가 능히 할 수 있는 것으로 질문한 것이다. 극克은 이기기를 좋아한다(好勝)는 뜻이고, 벌伐은 스스로를 자랑하는 것(自矜)이고, 원怨은 분하고 한스러운 것(忿恨)이고, 욕欲은 탐욕貪慾이다.

■有是四者而能制之하여 使不得行이면 可謂難矣라 仁則天理渾然하여 自無四者之累하니 不行을 不足以言之也라

이 네 가지를 지니고 있으면서도 능히 억제하여 행하지 않도록 하는 것은 어렵다고 할 수 있다. 인仁의 경우에는 천리天理가 혼연하여 자연히 이 네 가지 누累가 없으니, (이 네 가지를 의도적으로) 행하지 않는 것은 말할 것도 없다.

■程子曰 人而無克伐怨欲은 惟仁者能之요 有之而能制其情하여 使不行이면 斯亦難能也나 謂之仁則未也라 此聖人開示之深이어늘 惜乎라 憲之不能再問也여

정자가 말했다. "사람으로서 극克·벌伐·원怨·욕欲이 없는 것은 오직 인자仁者라야 능할 수 있다. 이런 것들이 있으면 그 감정을 제재하여 행해지지 않게 하는 것, 이것 역시 능하기 어렵지만, 그것을 아직 '인仁'이라고 할 수는 없

다. 이는 성인께서 깊이 열어 보여 주신것이지만, 안타깝도다, 원헌이 다시 질문하지 못한 것이!"

■或日 四者不行은 固不得爲仁矣라 然이나 亦豈非所謂克己之事, 求仁之方乎잇가 日 克去己私하여 以復乎禮면 則私欲不留하여 而天理之本然者 得矣어니와 若但制而不行이면 則是未有拔去病根之意하여 而容其潛藏隱伏於胸中也니 豈克己求仁之謂哉아 學者察於二者之間이면 則其所以求仁之功이 益親切而無滲漏矣리라

혹자가 말했다. "네 가지가 행해지지 않는 것으로는 본래 인仁이라 할 수는 없습니다. 그러나 또한 이른바 극기의 일이니, 인을 구하는 방법이 아닙니까?" (정자가) 말했다. "자기의 사욕을 이겨 제거함으로써 예로 돌아가면, 사욕이 남아 있지 않고 천리天理의 본연을 얻는다. 단지 제재하여 행해지지 않게 하는 것이라면, 이는 아직 병통의 근본을 뽑아 제거하려는 뜻이 있지 않고, 가슴속에 잠복하여 은장되어 있는 것을 용인하는 것이다. 어찌 극기하여 인을 구하는 것(克己求仁)이라 할 수 있겠는가? 배우는 자가 이 두 가지 사이를 살핀다면, 인을 구하는 공부의 방법이 더욱 가깝고 절실해져 물샐틈없게 될 것이다."

고금주 —— ■補日 克, 剋也. 伐, 攻也. 恨己之所無日怨, 貪人之所有日欲. 君子不怨天, 不尤人, 不忮不求. 克伐怨欲者, 去惡也. 爲善然後乃爲仁, 克己而無復禮之功, 其仁未熟也. ○案 此節亦憲問而答之也. 『集解』與上節別爲二章, [『集注』亦二章]邢疏合釋之, 似合爲一章.

보완하여 말한다. 극克은 이김(剋)이다. 벌伐은 침(攻)이다. 자기에게 없는 것을 한스러워 하는 것(恨己之所無)을 원怨이라 한다. 남이 지닌 것을 탐하는 것을 욕欲이라 한다. 군자는 하늘을 원망하지 않고, 남을 탓하지 않으며, 해치지 않고 탐하지 않는다. 극克・벌伐・원怨・욕欲은 악을 제거하는 것(去惡)이

다. 선을 행한 연후에 이에 인이 되니, 극기하되 복례의 공부가 없으면 그 인은 아직 익지 않은 것이다. ○살핀다. 이 절 역시 헌문이 묻고, 그것에 답한 것이다. 『집해』는 앞 절과 구별하여 두 장으로 만들었다(『집주』 역시 2장이다). 형병의 소는 합하여 해석했으니, 합하여 한 장으로 한 듯하다.

■馬曰: "克, 好勝人. 伐, 自伐功. 怨, 忌小怨. 欲, 貪欲也." ○案 先儒皆以克伐怨欲, 爲四事, 然好勝自伐, 何以謂之不行焉? 鬪而不勝, 則好勝之心不行矣, 誇而不信, 則自伐之言不行矣. [由於人] 含怨而施其毒, 則怨斯行矣, 從欲而施其貪, 則欲斯行矣. [由於己] 由是言之, 克伐之不行, 由於人, 怨欲之不行, 由於己, 四者非一類也. 克伐怨欲者, 克伐其怨欲之萌, 使之不行也. ○又按 伐者, 鳴也. [有鍾鼓曰伐] 『易』所謂鳴謙 · 鳴豫, 皆自伐之意.

마융이 말했다. "극克은 '남에게 이기기를 좋아함'이다. 벌伐은 '스스로 자신의 공을 자랑함'이다. 원怨은 '작은 원한을 시기함'이다. 욕欲은 '탐욕'이다." ○살핀다. 선유先儒들은 모두 극벌원욕克伐怨欲을 네 가지 일(四事)로 보았다. 그러나 이기기를 좋아하는 것과 스스로 자랑함을 어찌 그것이 행해지지 않는다고 말할 수 있겠는가? 싸워서 이기지 못하면 이기기를 좋아하는 마음이 행해지지 않으며, 자랑해도 믿지 않으면 스스로 자랑하는 말이 행해지지 않는다(남에게 말미암는 것이다). 원망을 품고 그 독을 펼치면 원망이 이에 행해지고, 욕망에 따라 그 탐함을 시행하면 원망이 이에 시행된다(자기에게 말미암는 것이다). 이로써 말한다면 극벌克伐이 행해지지 않는 것은 남에게 말미암은 것이며, 원욕怨欲이 행해지지 않는 것은 자기에게서 말미암는 것이니, 네 가지는 동일한 종류가 아니다. 극벌원욕克伐怨欲이란 그 원욕怨欲의 맹아(萌)를 극벌克伐하여 행해지지 않게 하는 것이다. ○또 살핀다. 벌伐이란 울림(鳴)이다(종과 북을 울리는 것을 伐이라 한다). 『역경』의 이른바 명겸鳴謙 · 명예鳴豫는 모두 스스로 자랑한다는 뜻이다.

비평 —— (1) 극벌원욕克伐怨欲을 고주와 주자는 네 개의 일로 보았지만, 다산은 이것들을 각각 남에게서 유래하는 것과 자신에게서 유래하는 것으로 나누어 분류하면서, 결국 원욕怨欲의 맹아(萌)를 극벌克伐하는 것으로 해석했다. 누가 옳은지 모르겠다. 상보적으로 볼 수 있겠다.

(2) 이런 것이 왜 아직 인仁이라고 할 수 없는지에 대해 주자는 인仁의 경우, 천리天理가 혼연하여 자연히 이 네 가지가 누累가 없는 경지이지만, 이 경우는 아직 의도적으로 행하지 않는 것이기 때문에 인에 도달하지 못했다고 해석한다. 이에 비해 다산은 원욕의 맹아를 극벌하는 것은 단순히 악을 제거하는 것(去惡)이기 때문에, 복례 혹은 선을 행하여야 비로소 인이 될 수 있다고 설명한다. 인에 대한 관점의 차이도 확인할 수 있다.

〜〜

14:3. 子曰: "士而懷居, 不足以爲士矣."

고주 —— 공자께서 말씀하셨다. "선비가 되어 (마땅히 도에 뜻을 두어야 하며) 편안히 살기를 생각한다면(求安居), 선비가 되기에 부족하다(선비가 아니다:非士)."

주자 —— 공자께서 말씀하셨다. "선비가 되어 편안하다고 여겨지는 곳을 염두에 둔다면, 선비가 되기에 부족하다."

다산 —— 공자께서 말씀하셨다. "선비가 가정생활의 안락(居=室家生居之樂)을 그리워한다면(懷=戀), 선비가 되기에 부족하다."

집주 —— ■居는 謂意所便安處也라

거居는 편안하다고 생각되는 곳을 말한다.

고금주 —— ■補曰 懷, 戀也. 居, 謂室家生居之樂.

보완하여 말한다. 회懷는 그리워함(戀)이고, 거居는 가정생활의 안락이다.

■何曰: "士當志道, 不求安, 而懷其居, 非士也." ○案 居者, 身所處也. 室家團
圞之樂, 田園植藝之利, 蓋人情之懷戀也. 孔子轍環天下, 孟子歷聘諸侯, 斯之
謂不懷居.

하안이 말했다. "선비는 마땅히 도에 뜻을 두고 편안하기를 구하지 말아야
하며, 편안하기를 생각한다면 선비가 아니다." ○살핀다. 거居란 몸이 거처하
는 곳이다. 단란한 가정생활의 즐거움과 원예를 하는 전원생활의 이로움은
대개 사람들의 마음에 모두 그리워하는 것이다. 공자가 주유천하를 하고, 맹
자가 제후들을 두루 순방한 것은 회거懷居하지 않았음을 말한다.

비평 —— 공자께서 이미 선비가 되기에 부족하다고 하셨으니, 회거懷居란 단
순히 거실의 편안함만을 생각하는 것에 그치지 않고, 편안하다고 생각되는
모든 것을 말한다. 편안하기를 바라는 마음을 품는 것은 곧 이익을 구하는
마음이다. 선비는 의리를 바로 세우며, 이익을 도모하지 않는다(운봉 호씨).
이 구절은 "군자는 덕을 생각하지만, 소인은 땅을 생각한다. 군자는 법을 생
각하지만, 소인은 은혜받기를 생각한다(4:11. 子曰 君子 懷德 小人 懷土 君子 懷刑
小人 懷惠)."는 말과 맥락을 같이한다. 특별한 쟁점은 없다.

자원풀이 ■회懷는 마음(心)에 품고 있는 생각을 말하는데, 그리워하다, 품다, 가슴 등의 원뜻이 확장되어 쏠리
다, 포용하다, 아기를 배다, 숨기다 등의 뜻을 지닌다.
■거居는 尸(주검 시)+古古의 형성자로 거주居住하다의 뜻이다. 예로부터 조상 대대로 기거寄居하면서 살아온 조상
의 주검(尸)이 모셔진 곳이라는 의미를 지녔는데, 이로부터 앉다, 살다, 사는 곳 등의 뜻이 나왔다.

14:4. 子曰: "邦有道, 危言危行, 邦無道, 危行言孫."

고주 —— 공자께서 말씀하셨다. "나라에 도가 있을 때에는 엄정(危=厲)하게 말하고 엄정하게 행동한다. 나라에 도가 없을 때에는 엄정하게 행동하지만 (시속에 따르지 않는다), 말은 공손하게 해야 (해를 멀리) 한다."

주자 —— 공자께서 말씀하셨다. "나라에 도가 있을 때에는 높고 준엄(危=高峻)하게 말하고 높고 준엄하게 행동한다. 나라에 도가 없을 때에는 높고 준엄하게 행동하지만, 말은 낮고 온순(孫=卑順)하게 해야 한다."

다산 —— 공자께서 말씀하셨다. "나라에 도가 있을 때에는 엄정(危=厲)하게 말하고 엄정하게 행동한다. 나라에 도가 없을 때에는 엄정하게 행동하지만 (시속에 따르지 않는다), 말은 공손하게 해야 (해를 멀리) 한다."

집주 —— ■危는 高峻也요 孫은 卑順也라
위危는 높고 준엄함(高峻)이다. 손孫은 낮고 온순함(卑順)이다.
■尹氏曰 君子之持身은 不可變也어니와 至於言하여는 則有時而不敢盡하여 以避禍也라 然則爲國者 使士言孫이면 豈不殆哉아
윤돈이 말했다. "군자의 몸 지킴은 변할 수 없는 것이지만, 말에 이르러서는 때때로 감히 다하지 않음으로써 화를 피한다. 그렇다면 나라를 다스리는 자가

자원풀이 ■위危는 卩(병부 절)+ '벼랑(厂:벼랑 한) 위에 선 사람을 우러러볼 첨'의 회의자로서 위태함을 나타낸다. 위태하다, 두려워하다, 높다, 해치다, 반듯하다, 마룻대 등의 뜻이다. 여기서 위危를 주자는 높고 준엄함(高峻也)으로, 다산은 엄정하다(厲·엄려嚴厲)라고 해석했다.

선비들로 하여금 말을 낮고 온순하게 하도록 한다면 어찌 위태롭지 않으랴?"

고금주 —— ■包曰: "危, 厲也. 邦有道, 可以厲言行也." ○何曰: "孫, 順也. 厲
行不隨俗, 順言以遠害." ○饒曰: "行無時而不危, 所謂國有道, 不變塞焉, 國無
道, 至死不變. 言有時而或遜, 所謂國有道, 其言足以興, 國無道, 其默足以容."
포함이 말했다. "위危는 엄려(厲)이다. 나라에 도가 있으면 언행을 엄려하게
할 수 있다." ○하안이 말했다. "손孫은 온순(順)이다. 행동을 엄려하게 하여
시속에 따르지 말고, 말을 온순하게 하여 해를 멀리해야 한다." ○쌍봉 요씨
가 말했다. "행동은 어느 때나 준엄하게 해야 하니, 이른바 '나라에 도가 있으
면 궁색했을 때의 지조를 바꾸지 않고, 나라에 도가 없을 때에는 죽음에 이르
러도 지조를 바꾸지 않는다.'(『중용』 10장)는 것이다. 말은 간혹 (화를 면하기 위
해) 공손하게 해야 할 때가 있으니, 이른바 '나라에 도가 있으면 그 말이 나라
를 흥하게 하기에 충분하고, 나라에 도가 없으면 그 침묵이 자신을 보존하게
한다(『중용』 27장).'는 것이다."

비평 —— 특별한 쟁점은 없다. 다산이 인용한 쌍봉 요씨의 해석이 이 구절을
이해하는 데 가장 큰 도움이 된다.

14:5. 子曰: "有德者必有言, 有言者不必有德. 仁者必有勇, 勇者不
必有仁."

고주 —— 공자께서 말씀하셨다. "덕 있는 사람은 (덕은 말 없이 억측으로 적중할

수 없기 때문에) 반드시 말이 있지만, 말솜씨가 있는 사람이라고 해도 반드시 덕이 있는 것은 아니다. 인한 사람은 반드시 용기가 있지만, 용기가 있는 사람이라고 해서 반드시 인함이 있는 것은 아니다."

주자 —— 공자께서 말씀하셨다. "덕 있는 사람은 반드시 말이 있지만, 말솜씨가 있는 사람이라고 해도 반드시 덕이 있는 것은 아니다. 인한 사람은 반드시 용기가 있지만, 용기가 있는 사람이라고 해서 (혈기만 강성하면) 반드시 인함이 있는 것은 아니다."

다산 —— 공자께서 말씀하셨다. "덕 있는 사람은 반드시 (후세에 드리울 만한) 훌륭한 말이 있지만, 훌륭한 말이 있는 사람이라고 해도 반드시 덕이 있는 것은 아니다. 인한 사람은 반드시 용기가 있지만, 용기가 있는 사람이라도 (혈기에 부림을 당하면) 반드시 인함이 있는 것은 아니다."

집주 —— ■有德者는 和順積中하여 英華發外요 能言者는 或便佞口給而已며 仁者는 心無私累하여 見義必爲요 勇者는 或血氣之强而已니라
덕 있는 사람은 화순함이 마음 가운데 쌓여 밖으로 찬란하게 드러나지만(和順積中 榮華發外:『예기』「악기」), 말을 잘 하는 사람 중에는 간혹 아첨하는 말재주만 있는 경우가 있다. 인자仁者는 마음에 사사롭게 얽매임이 없어 의를 보면 반드시 행하지만, 용자勇者는 간혹 혈기만 강성한 경우가 있다
■尹氏曰 有德者는 必有言이어니와 徒能言者는 未必有德也요 仁者는 志必勇이어니와 徒能勇者는 未必有仁也니라

자원풀이 ■용勇은 力(힘 력)+甬(청동 종 용)으로 무거운 청동 종(甬)을 들 수 있는 힘(力)은 용기의 상징이었다. 이후 용감한 병사는 물론 과감하다, 결단력 있다 등의 뜻을 지니게 되었다.

윤돈이 말했다. "덕 있는 사람은 반드시 말이 있지만, 한갓 말만 잘하는 사람은 반드시 덕이 있는 것은 아니다. 인자는 의지가 있어 반드시 용감하지만, 단순히 용감하기만 한 사람은 반드시 인함이 있지는 않다."

고금주 ── ■補曰 有言, 謂立言垂後. 忠孝至極曰仁, 禍難無懼曰勇.

보완하여 말한다. 유언有言이란 후세에 드리울 말을 세우는 것을 말한다(말만 잘하는 것이 아니다). 충효가 지극한 것을 인仁이라 하고, 화난禍難에 두려움이 없는 것을 용勇이라 한다.

■何曰: "德不可以億中, 故必有言."[邢云: "德不可以無言億中."] ○邢曰: "辯佞口給, 不必有德." ○案 億中, 與此經無當, 且所謂有言, 非辯給也.

하안이 말했다. "덕은 억측으로 적중할 수 없기 때문에, 반드시 말이 있다." (형병은 말했다. "덕은 아무런 말도 없이 억측으로 적중할 수는 없다.") ○형병이 말했다. "입으로 아첨하여 말만 잘한다고 해서 반드시 덕이 있는 것은 아니다." ○살핀다. 헤아려 적중하는 것(億中)은 이 경문과 상관이 없으며, 또한 이른바 말이 있다(有言)는 것은 말을 잘하는 것(辯給)이 아니다.

■質疑 和順積中, 英華發外者, 樂也. 所謂樂者, 德之華也, 豈所以諭言語乎? 申・韓・鄧・呂無不立言垂後, 有言者不必有德, 恐是此類.

질의한다. 화순함이 마음 가운데 쌓여 밖으로 찬란하게 드러나는 것은 즐거움(樂)이다. 이른바 즐거움은 덕의 꽃이니(『예기』 「악기」), 이를 어떻게 말로 깨우칠 수 있겠는가? 신불해・한비자・등석・여불위 등도 후세에 드리울 말을 세우지 않음이 없었지만, (후세에 드리울) 말이 있는 사람이라고 해서 반드시 덕이 있지는 않다는 것은 아마도 이런 부류일 것이다.

■邢曰: "仁者見危授命, 殺身成仁, 是必有勇也. 勇者暴虎馮河, 不必有仁也." ○案 篤於君親, 則不期乎勇而臨難不懼, 役於血氣, 則無與乎仁而殺身無悔.

형병이 말했다. "인자는 위태로움을 보면 목숨을 바치고, 자신을 희생하여 인을 이루니, 반드시 용기가 있어야 한다. 용자는 맨주먹으로 호랑이를 때려 잡거나 맨몸으로 하수를 건너지만, 반드시 인함이 있지는 않다." ○살핀다. 임금과 어버이에게 돈독히 하면 용기를 기약하지 않아도 어려움에 임해서 두려워하지 않지만, 혈기에 사역使役되면 인仁에 참여할 수 없고 몸을 죽이면서 후회한다.

비평 —— 인은 모든 덕을 포괄하는 보편적인 덕(全德)으로 특수한 덕(지혜, 용기 등)을 포괄한다. 따라서 인한 사람은 용감하지만, 용감한 사람이라고 인한 것은 아니다. 다산은 유언有言이란 단순히 말을 잘 하는 것이 아니라, 후세에 드리울 만한 말을 세움(立言垂後)이라고 했다. 그리고 「질의」를 통해 신불해, 한비자, 등석, 여불위 등의 경우를 예로 들고, 이들은 입언수후立言垂後했지만, 덕이 있다고 할 수 없음을 실례로 들었다. 다산의 정밀한 해석이 좋다고 생각된다.

◈◈◈

14:6. 南宮适問於孔子曰: "羿善射, 奡盪舟, 俱不得其死. 然禹·稷躬稼而有天下." 夫子不答. 南宮适出, 子曰: "君子哉若人! 尙德哉若人!"

고주 —— 남궁괄이 공자께 물었다. "예羿는 활을 잘 쏘았고, 오奡(=澆)는 (육지에서) 배를 밀고 다녔지만, 모두 제 명에 죽지는 못했습니다. 그러나 우와 직은 농사를 지었어도 천하를 소유했습니다." (우와 후직을 공자에게 견주고자 했지만, 공자께서는 겸손하셨기 때문에) 공자께서 답하지 않으셨다. 남궁괄이 나가자 공자께서 말씀하셨다. "군자로다, 이 사람은! 덕을 숭상하는구나. 이 사람이여!"

주자 —— 남궁괄이 공자께 물었다. "예는 활을 잘 쏘았고, 오(=澆)는 (육지에서) 배를 밀고 다녔지만, 모두 제 명에 죽지는 못했습니다. 그러나 우와 직은 농사를 지었어도 천하를 소유했습니다." (예와 오를 당시의 권력자에 비유하고, 우와 직을 공자에 비유했기 때문에) 공자께서 답하지 않으셨다. 남궁괄이 나가자 공자께서 말씀하셨다. "군자로다, 이 사람은! 덕을 숭상하는구나. 이 사람이여!"

다산 —— 남궁괄이 공자께 물었다. "예는 활을 잘 쏘았고, 오奡(=傲)는 배를 끌어 옮길 만큼 힘이 세었지만, 모두 제 명에 죽지는 못했습니다. 그러나 우와 직은 농사를 지었어도 천하를 가졌습니다." 공자께서 (天理에 관한 것이기 때문에) 답하지 않으셨다. 남궁괄이 나가자 공자께서 말씀하셨다. "군자로다, 이 사람은! 덕을 숭상하는구나. 이 사람은!"

집주 —— ■南宮适은 即南容也라 羿는 有窮之君이니 善射하여 滅夏后相而 篡其位러니 其臣寒浞이 又殺羿而代之하니라 奡는 春秋傳에 作澆하니 浞之 子也라 力能陸地行舟러니 後爲夏后少康所誅하니라
남궁괄南宮适은 곧 남용南容이다. 예羿는 궁나라의 임금(有窮之君)으로 활을 잘 쏘았다. 하나라 임금 상(夏后相)을 멸하고 그 자리를 찬탈했다. 예羿의 신하인 한착寒浞이 다시 예를 죽이고 그 자리를 대신했다. 오奡는 『춘추전』에

자원풀이 ■탕盪은 皿(그릇 명)+湯(끓일 탕)의 형성자로 깨끗하게 씻다(以盪腸正世), 밀어 움직이다(橐盪舟), 갈마들다(八卦相盪), 방종하다, 소탕하다 등의 뜻이다.
■주舟는 배 모양을 그린 상형자이다.
■구俱는 人(사람 인)+具(갖출 구)의 형성자로 두 손(卄)으로 솥(鼎)을 들고 힘을 모아 함께(具)하는 사람(人)이란 뜻으로 함께, 모두 등의 뜻이다.
■가稼는 禾(벼 화)+家(집 가)의 형성자로 곡식을 심다의 뜻인데, 곡식(禾)을 심어 가정(家)을 이루다의 뜻을 담았다. 이후 곡식을 통칭하게 되고, 농사일을 하다, 익은 이삭 등의 뜻도 나왔다. 그래서 정현은 『주례』주에서 '곡식을 심어 가꾸는 것을 稼라고 하니, 딸을 시집보내 낳음이 있는 것과 같다.'고 하였다.
■상尙은 八(여덟 팔)+向(향할 향)의 형성자로 팔八은 갈라짐을 뜻하고, 향向은 집에 창을 그려 창이 난 '방향'을 말

'요澆'로 되어 있는데, 한착의 아들이다. 오는 힘이 능히 육지에서 배를 끌고 다닐 수 있었지만, 후에 하나라 임금 소강(夏后少康)에게 죽임을 당했다.

■禹平水土하고 曁稷播種하여 身親稼穡之事러니 禹受舜禪而有天下하시고 稷之後는 至周武王하여 亦有天下하니라 适之意는 蓋以羿奡로 比當世之有權力者하고 而以禹稷으로 比孔子也라 故로 孔子不答이라 然이나 适之言이 如此하니 可謂君子之人而有尙德之心矣니 不可以不與라 故로 俟其出而贊美之하시니라

우禹는 물과 토지를 평정하고, 직稷과 함께 파종하여 몸소 농사를 지었다. 우는 순임금의 선양을 받아 천하를 차지했고, 직의 후손은 주나라 무왕에 이르러 또한 천하를 차지했다. 괄适의 뜻은 대개 예와 오를 당시의 권력자에 비유하고, 우와 직으로 공자에 비유한 것이리라. 그런 까닭에 공자께서 대답하지 않으셨다. 그러나 괄의 말이 이와 같았으니 군자다운 사람이라고 할 수 있고, 덕을 숭상하는 마음을 가졌다고 인정하지 않을 수 없었기 때문에 그가 나가기를 기다려 찬미하신 것이다.

고금주 —— ■補曰 奡, 通作傲, [『說文』云]丹朱之黨也. 盪, 推轉也. ○孔曰: "奡多力, 能陸地行舟. 此二子者, 皆不得以壽終." ○馬曰: "禹盡力於溝洫, 稷播百穀, 故曰躬稼. 禹及其身, 稷及後世, 皆王." ○補曰适所問者, 福善禍淫之理也. 命與天道, 夫子罕言, 故不答. 尙, 上也. 尙德者, 貴有德也. 君子哉者, 嘉其言也. 尙德哉者, 美其志也.

보완하여 말한다. 오奡는 오傲와 통용되니(『설문』에서 말했다), 단주丹朱의 무리이다. 탕盪은 추전推轉이다(고문에는 모두 奡로 되어 있지, 澆로 되어 있지 않다).

하여, 창을 통해 위로 퍼져 나가는 연기 등을 형상화했다. 향尙의 원래 뜻은 위(上)이고, 위(上)는 높은 지위를 뜻하기에 숭상崇尙 혹은 상현尙賢과 같이 '받들다'의 뜻이 나왔다.

○공안국이 말했다. "오奡는 힘이 세어 능히 육지에서 배를 끌고 다닐 수 있었다. (예와 오) 두 사람은 모두 제대로 수명을 누리지 못하고 죽었다." ○마융이 말했다. "우禹는 구혁溝洫에서 힘을 다하고, 직稷은 백곡百穀을 파종했기 때문에 몸소 농사를 지었다(躬稼)고 말한다. 우는 그 자신의 대에 왕이 되었고, 직은 후대에 이르러서 모두 왕이 되었다." ○ 보완하여 말한다. 남궁괄이 질문한 내용은 착한 이에게는 복을 주고, 음란한 이에게는 화를 준다는 것이다. 명命과 천도天道는 공자께서 드물게 말한 것이었기 때문에 대답하지 않았던 것이다. 상尙은 상上이니, 상덕尙德이란 덕이 있음을 귀하게 여기는 것(貴有德)이다. 군자재君子哉란 그 말을 가상하게 여긴 것이고, 상덕재尙德哉란 그 뜻을 찬미한 것이다.

■ 馬曰: "适意欲以禹 · 稷比孔子. 孔子謙, 故不答也."[邢云: "适意言孔子勤行道德, 亦當王有天下也."] ○ 案孔子未嘗躬稼, 亦無王天下之兆, 南宮适何必以禹 · 稷比孔子乎? 善射多力, 足以禦患, 而不免兵死, 濬畎播穀, 若是卑約, 而卒受大命, 所問者天理也. [且多力與權力不同]

마융이 말했다. "남궁괄의 생각은 우와 후직을 공자에게 견주고자 했지만, 공자께서는 겸손하셨기 때문에 대답하지 않으셨다." (형병이 말했다. "남궁괄의 생각은 공자께서 부지런히 도덕을 행한 것 또한 왕이 천하를 소유한 것에 해당됨을 말한 것이다.") ○살핀다. 공자는 일찍이 몸소 농사짓지 않았고, 또한 천하에 왕 노릇 할 조짐도 없었는데, 남궁괄이 어찌 반드시 우와 후직을 공자에게 견주었겠는가? 활을 잘 쏘고 힘이 세면 환난을 충분히 막을 수 있는데도, 병장기에 의한 죽음을 면하지 못했다. 도랑을 파고 밭을 갈고 씨를 뿌리는 것과 같이 비천하고 궁색했지만, 마침내 큰 명을 받았으니, 남궁괄이 질문한 것은 천리天理이다(또한 힘이 세다:多力는 것과 權力은 같지 않다).

비평 —— 예羿는 (1) 요임금 시대에 지구 위에서 뜨겁게 불타고 있던 10개의 태양 가운데 9개를 활로 쏘아 떨어뜨린 궁술의 명인, (2) 하나라의 제후인 유궁국有窮國의 군주로 활을 잘 쏘아 하나라의 임금 상相을 죽이고 그 자리를 찬탈했으나, 부하인 한착寒浞에게 피살당한 인물, (3) 활 잘 쏘는 이의 일반 명칭 등으로 해석되는데, 여기서는 (2)를 지칭하며 후예候羿라고 한다.

　주자 등은 오殪는 『춘추좌전』에 나오는 한착(寒浞)의 아들 요澆로 '탕주盪舟'(힘이 세어 육지에서 배를 잡아끌 정도였다)했으나, 후에 하나라 임금 소강少康에게 죽임을 당한 인물이라고 해석한다. 그러나 다산은 오殪를 요澆라고 하는 것은 전혀 근거가 없으며, 음과 뜻이 전혀 다르다고 주장한다. 그는 오殪는 오傲로 통하니 단주丹朱의 무리를 이루었던 자(無若丹朱殪)이며, 탕주盪舟는 글자 그대로 '뭍에서 배를 잘 끌었다'는 뜻이라고 주장했다. 상보적으로 보는 것이 좋겠다.

❧

14:7. 子曰: "君子而不仁者有矣夫, 未有小人而仁者也."

고주 —— 공자께서 말씀하셨다. "군자라도 (仁道를 완비한 것은 아니기 때문에) 인하지 못한 자가 (때로는) 있겠지만, 소인으로서 (성향이 仁道에 미치지 못하기 때문에) 인한 자는 있지 않다."

주자 —— 공자께서 말씀하셨다. "군자라도(인에 뜻을 두지만, 잠깐 사이라도 마음이 인에 있지 않으면, 不仁이 되는 것을 면하지 못하기에) 불인한 때가 있을 수 있지만, 소인이면서 인자는 있지 않다."

다산 —— 공자께서 말씀하셨다. "(학식이 두루 통하여 백성들의 윗사람이 되기에 충분한) 군자라도 (대체가 비록 선할지라도, 덕을 이루기는 실제로 어려우니) 불인한 자가 있을 수 있지만, (이욕만을 따라 남의 아랫 사람이 되는 것을 달갑게 여기는) 소인이 (본령이 잘못되어, 지극한 행실이 따라오지 않기 때문에) 인자인 적은 없다."

집주 —— ■謝氏曰 君子志於仁矣나 然이나 毫忽之間에도 心不在焉이면 則未免爲不仁也니라

사량좌가 말했다. "군자는 인에 뜻을 두지만, 잠깐 사이라도 마음이 (인에) 있지 않으면 불인不仁이 되는 것을 면하지 못한다."

고금주 —— ■補曰 君子學識周通, 足以爲民上者也. 小人利欲是循, 甘於爲人下者也. [處下流] 仁者, 人倫之至也. 孝於親, 忠於君, 慈於衆, 謂之仁. 大體雖善, 而成德實難, 本領旣誤, 則至行不附.

보완하여 말한다. 군자는 학식이 두루 통하여, 백성들의 윗사람이 되기에 충분한 자이다. 소인은 이욕利欲만을 따라, 남의 아랫사람이 되는 것을 달갑게 여긴다(하류에 처한다). 인이란 인륜의 지극(至)이다. 어버이에게 효도하고, 임금에게 충성하고, 대중에게 자애하는 것이 인이다. 대체大體가 비록 선하다고 할지라도 덕을 이루기는 실제로 어려우니, 본령이 이미 잘못되었으면 지극한 행실이 따라오지 않는다.

■孔曰: "雖曰君子, 猶未能備." ○邢曰: "管仲九合諸侯, 不以兵車, 可謂仁矣, 而鏤簋朱紘, 山節藻梲, 是不仁也."[又云: "小人性不及仁道, 故未有仁者."] ○駁曰非也. 所言荒矣.

공안국이 말했다. "비록 군자라고 말할지라도, 오히려 아직 완비할 수 없다." ○형병이 말했다. "관중이 제후를 아홉 차례 규합했지만 병거兵車를 사용하지 않은 것은 인하다고 할 수 있지만, 제기(鏤)에 조각하여 장식하고 면관의 갓끈

을 붉게 하며 사당의 기둥머리에 산 조각을 하고 동자기둥에는 마름 풀을 그려 놓은 것은 불인不仁이다."(또 말했다. "소인은 성향이 仁道에 미치지 못하기 때문에 아직 인하지 못하다.") ○논박하여 말하면, 그릇되었다. 말한 것이 황당하다.

■ 質疑 仁不是心德, 不是天理, 謝氏之說, 不可摸捉. 今之學者, 雖欲從事於仁, 奈渾融無象何哉?[仁者, 人倫之至也, 小人未有實心篤於人倫者. 若是心德之謂, 則初不必議到. 且所謂君子·小人, 非必如歐陽氏〈朋黨論〉中所言也. 若直以惡人爲小人, 則此經之義, 却有難解者]

질의한다. 인이란 마음의 덕(心德)이 아니며 천리天理가 아니니, 사량좌의 설명은 무슨 말인지 알 수 없다. 오늘날 배우는 사람들이 비록 인에 종사하려고 할지라도, 혼융하여 형상을 알 수 없는데 어떻게 하겠는가?(인이란 인륜의 지극이다. 소인은 인륜에 돈독한 실한 마음:實心이 아직 없는 자이다. 만약 인을 마음의 덕이라고 한다면 애초부터 논할 필요가 없다. 또한 이른바 군자·소인은 歐陽氏가「붕당론」중에서 말한 것과 반드시 같을 필요도 없다. 만약 곧바로 악인을 소인이라고 여긴다면, 이 경의 뜻은 도리어 이해하기 어려워진다.)

비평 —— 군자란 덕을 실현하기 위해 끊임없이 노력하는 가능성의 존재이다. 소인은 이익에 뜻을 두고 다른 사람의 인정을 받기 위해 노력하는 사람이다. 따라서 아직 미완성의 존재로서 군자도 인을 온전히 실현하지 못할 때가 있다. 그러나 이익을 추구하려는 소인이 인간의 온전한 덕인 인을 실현할 때는 거의 없다.

『논어』에서 '군자君子'라는 말은 가장 중요한 개념인 '인仁'보다 더 많은 전체 499절 가운데 85절에서 107회 출현한다. 그리고 군자와 유사한 개념군에 속하는 이상적 인격을 나타내는 현인賢人이 24회(실제 공자의 언명으로는 13회), 성聖(人)이 8회, 대인大人이 1회(「계씨」8), 그리고 성인成人이 1회(「헌문」13) 출현한 사실로 미루어 보면, 우리는 공자가 군자의 개념 정립에 얼마나 열중했는지를 알 수 있다. 이는 도가의 『도덕경道德經』에서 '도道'가 73회, '성인聖人' 30회, 그리고 '군자'가 단지 1회 출현하는 것과 대비해 보면, 공자가 최상의 완성된 인격인 '성인'보다 일상에서 호학好學을 통해 인仁을 실천하려고 끊임없이 노력하는 군자를 유가의 전형적인 인간으로 제시하려고 했다는 것을 알 수 있다. 그런데 『논어』 대부분에서 '군자'는 '도덕적 인격을 갖춘 사람'과 관계가 있다. 군자는 좁은 의미로 쓸 때는 성인과 인자 다음으로 이상적인 인격의 세 번째 단계를 나타낸다. 그리고 넓은 의미로 쓰일 때는 이상적인 인격 일반의 명칭으로 위로는 성인을 포괄하고, 아래로는 인자 및 거기에 도달하려고 노력하는 사람을 포함한다.

주자는 심성론의 측면에서 인仁이란 마음의 덕이자 사랑의 이치(心之德而愛之理)로 정의했다. 그래서 주자의 영향을 받은 쌍봉 요씨는 "인은 순전한 천리天理로서 털끝만 한 인욕의 사사로움도 없는 것이니, 잠시라도 끊어짐이 있다면 곧 불인이다."라고 했다. 이에 비해 다산은 인의 본의는 두 사람(仁=二人)으로, 관계적 상황에서 실현되는 것이라고 정의하고, 행사의 측면을 강조하면서 성리학적 심성론을 다음과 같이 비판했다.

인이란 인륜의 지극한 것이다. 어버이에게 효도하고 임금에게 충성하며 대중에게 자애를 베푸는 것을 인이라 한다. 인은 마음의 덕도 아니고 천리도 아니다. 지금의 학자들이 비록 인에 종사하려고 해도 혼융하여 아무런 형상이 없으니 어떻게 하겠는가?

이에 대한 상세한 논의는 3권의 「인仁」에 관한 항목에서 상론한다.

14:8. 子曰: "愛之, 能勿勞乎? 忠焉, 能勿誨乎?"

고주 —— 공자께서 말씀하셨다. "사랑한다면 (그 대상을 반드시) 위로하여 오게 하지(勞=勞來之) 않을 수 있겠는가? 충성한다면서 (그 대상을 반드시 가르치고) 깨우쳐 주지 않을 수 있겠는가?"

주자 —— 공자께서 말씀하셨다. "사랑한다고 해서 수고롭게 하지 않을 수 있겠는가? (수고롭게 할 줄 알아야 그 사랑됨이 깊고) 충성한다고 해서 깨우쳐 주지 않을 수 있겠는가(수고롭게 할 줄 알아야 그 충성됨이 크다)."

다산 —— 공자께서 말씀하셨다. "사랑한다고 해서, 어찌 수고롭게 (그 근골을 피곤하게) 하지 않을 수 있겠는가? (정이 지극하면 그렇게 하지 않을 수 없으니, 수고롭다고 해서 원망하지 말아야 한다) 충성한다고 해서 어찌 (그 과실을 질책하여) 깨우쳐 주지 않을 수 있겠는가(가르침을 받는 자는 마땅히 게으르지 말아야 한다)?"

집주 —— ■蘇氏曰 愛而勿勞는 禽犢之愛也요 忠而勿誨는 婦寺之忠也니 愛而知勞之면 則其爲愛也深矣요 忠而知誨之면 則其爲忠也大矣니라

자원풀이 ■애愛는 旡(목멜 기)+心(마음 심)+夂(뒤쳐져 올 치)의 회의자로 머리를 돌려(旡) 남을 생각하는 마음(心)을 실천하는(夂) 것이 사랑임을 그렸다. 남에 대한 진실한 마음과 사랑이 원래 뜻이며, 은혜를 베풀다, 좋아하다, 흠모하다, 아끼다의 뜻이다.
■노勞는 力(힘 력)+熒(등불 형)으로 밤새 불을 밝혀 힘써 일하는 모습을 나타내었다. 회誨는 言+每(비녀를 꽂은 여성으로 어머니)로 어머니의 말씀으로 가르침을 뜻한다. 『시경』「탕아편」에 "가르칠 수도 깨우칠 수도 없는 것은 저 부녀자와 내시일세(匪敎匪誨 時惟婦寺)"라는 구절이 보인다. 다산은 노勞는 근골筋骨을 피곤(勞)하게 하는 것이며, 회誨는 과실을 질책하는 것이라고 해석했다.
■충忠은 心(마음 심)+中(가운데 중)의 형성자로 어느 한쪽으로도 치우치지 않은(中) 공평무사한 원칙을 견지하는 마음(心)이 바로 원뜻이다.

소식이 말했다. "사랑하되 수고롭게 하지 않은 것은 짐승의 사랑이고, 충성하되 깨우쳐 주지 않은 것은 아녀자와 내시의 충성이다. 사랑하면서 수고롭게 할 줄 알면 그 사랑됨이 깊고, 충성하면서 깨우쳐 줄 줄 알면 그 충성됨이 크다."

고금주 —— ■補曰 勞, 謂疲其筋骨. 誨, 謂責其過失. 能勿者, 安得不然之意, 情之所至, 不得不然.

보완하여 말한다. 노勞는 그 근골筋骨을 피곤하게 하는 것이다. 회誨는 그 과실을 질책하는 것이다. 능물能勿이란 '어찌 그렇게 하지 않을 수 있느냐?'란 뜻이니, 정이 지극하면 그렇게 하지 않을 수 없다는 것이다.

■孔曰: "言人有所愛, 必欲勞來之." ○駁曰 非也. 勞來與誨責, 不類也, 誠以勞與誨, 皆受者之所厭苦, 而我之所以不得不勞之誨之者, 以愛與忠在心, 自不能忍住也. 知此, 則服勞者宜不怨, 承誨者宜不惰矣.

공안국이 말했다. "사람이 사랑하는 대상이 있으면, 반드시 그를 위로하여 오게 하고자 한다고 말한 것이다." ○논박하여 말하면, 그릇되었다. 노래勞來와 회책誨責은 같은 유가 아니다. 진실로 수고로움과 가르침을 받는 사람은 모두 싫고 괴롭지만, 내가 수고롭게 하고 가르쳐주지 않을 수 없는 것은 사랑하고 충성하는 것이 내 마음속에 있어 스스로 차마 멈출 수 없기 때문이다. 이것을 알면 수고로운 일에 복무하는 자는 마땅히 원망하지 말아야 하고, 가르침을 받는 자는 마땅히 게으르지 말아야 한다.

■案蘇說是衍義, 非註釋也.

살핀다. 소식의 설은 연의衍義이지, 주석이 아니다.

비평 —— 자식을 사랑하면 자연히 수고롭게 하여 성취하도록 해야 하며, 임금에게 충성하려면 자연히 깨우쳐주어 인정을 시행하도록 도와야 한다. 대개 사람들의 사사로운 정은 종종 자식을 수고롭게 하는 것이 사랑이 되는 것을 알지 못하고, 임금을 깨우쳐 주는 것이 충성이 됨을 알지 못하기 때문에 이런 말씀을 한 것이다(경원 보씨). 『시경』「탕아편」에 "가르칠 수도 깨우칠 수도 없는 것은 저 부녀자와 내시일세(匪教匪誨 時惟婦寺)."라는 구절이 보인다. 다산의 고주에 대한 비판과 상세한 해석이 돋보인다.

◆◇◆

14:9. 子曰: "爲命, 裨諶草創之, 世叔討論之, 行人子羽修飾之, 東里子産潤色之."

고주 —— 공자께서 말씀하셨다. "(정나라에서) 사령(辭命:제후의 맹회와 정령의 언사:盟會政令之辭)을 만들면, 비심이 초야(野=草野)에서 계획하여 짓고(創=造謀), 세숙이 정리하고(討=治) 논평하여 상세히 살피고(復治而論之 詳而審之), 사신을 담당하는 관리 자우가 첨삭하고, 동리 자산이 윤색했다."

주자 —— 공자께서 말씀하셨다. "(정나라에서) 사령(命=辭命)을 만들면, 비심

자원풀이 ■초草는 艸+무(새벽 조)로 빨리 자라는 식물이라는 뜻으로 이리저리 풀의 속성으로 대강대강하다, 거칠다, 초고草稿, 기초起草라는 말이 나왔다. 주자는 초는 대략(略)이라고 해석했다.
■창創은 刀(칼 도)+倉(곳집 창)으로 칼(刀) 같은 도구로 곳집(倉)을 채울 경작을 '시작하는 것'에서 나온 글자다. 주자는 초창草創을 초고를 대략 만드는 것이라고 했는데, 다산 또한 그대로 인용하였다.
■토討는 言(말씀 언)+寸(손을 지시하는 又+자리를 지시하는 ㅡ의 결합)으로 치고자 하는 대상의 죄상을 말(言)하여 정벌의 당위성을 주장하고, 손(寸)으로 실제 행동에 옮긴다는 뜻이다. 정벌은 다양한 각도에서 논의할 필요가 있다는 뜻에서 토의討議라는 말이 나왔다. 치다, 다스리다, 탐구하다, 찾다 등의 뜻이 있다. 주자는 토를 심구尋究로, 다산은 치治로 해석하면서 흠이 되는 것을 논하기 때문이라고 했다.
■논論은 言(말씀 언)+侖(둥글 륜: 條理나 順序)으로 사리事理를 분석하여 조리條理있게 말로 설명하고 논의하는 것이다.

이 대략(草=略) 초고를 처음 만들고(創=造, 造爲草藁), 세숙이 찾아 밝혀서(討=尋究) 강의(論=講議)하고, 사신을 담당하는 관리 자우가 더하거나 덜어내었으며(修飾=增減), 동리 자산이 문채를 더했다(潤色=加文采)."

다산 —— 공자께서 말씀하셨다. "(정나라에서) 명(命:이웃국가에 조빙하는 문자로 오늘날의 국서이며 辭와 다르다)을 만들면, 비심이 대략(草=略) 초고를 처음 만들고(創=造, 造爲草藁), 세숙이 흠을 정리하고(討=論其疵病故曰治也) 논평하여 상세히 살피고(復治而論之 詳而審之), 사신을 담당하는 관리 자우가 산개·보익(修=刪改, 飾=補益)하고, 동리 자산이 광택이 나게 했다(潤色=光澤之)."

집주 —— ■裨諶以下四人은 皆鄭大夫라 草는 略也요 創은 造也니 謂造爲草藁也라 世叔은 游吉也니 春秋傳에 作子大叔하니라 討는 尋究요 論은 講議也라 行人은 掌使之官이요 子羽는 公孫揮也라 修飾은 謂增損之라 東里는 地名이니 子産所居也라 潤色은 謂加以文采也라 鄭國之爲辭命에 必更此四賢之手而成하여 詳審精密하여 各盡所長이라 是以로 應對諸侯에 鮮有敗事하니 孔子言此는 蓋善之也시니라

비심裨諶 이하 네 사람은 모두 정나라의 대부이다. 초草는 대략, 창創은 만드는 것(造)이니 초안을 잡는 것을 말한다. 세숙世叔은 유길游吉이고, 『춘추전』에서는 자태숙子太叔이라 했다. 토討는 검토·연구하는 것이고, 론論은 논의

■修修는 彡(터럭 삼)+攸(바 유: 攴+人+水: 손에 솔처럼 생긴 도구를 들고 사람의 등을 물로 씻다, 닦다, 재계하다)로서 목욕재계(攸) 한 뒤에 치장(彡)하는 것을 말한다.
■飾식飾은 食(먹을 식)이 소리부이고, 人(사람 인)+巾(수건 건)으로 사람(人)이 수건(巾)으로 물건을 닦고 꾸미는 것을 말한다. 주자는 수식修飾을 더하고 더는 것(增損)으로 다산은 산삭하고 보완하는 것(刪補)이라 했다.
■潤윤潤은 水(물 수)+閏(윤달 윤:소리부)으로 물이 적셔져 점차 습윤濕潤해지는 것을 말하는데, 이로부터 은택恩澤, 훈도薰陶의 뜻이 나왔다. 윤색이란 어떤 것이 채색이나 광택이 가해져 번들거리게 되다의 뜻이 있다. 주자는 윤색을 문채(文采)를 더하는 것으로, 다산은 광택光澤나게 하는 것으로 보았다.

하는 것, 행인行人은 사신업무를 관장하는 관직, 자우子羽는 공손휘公孫揮이다. 수식修飾은 더하고 덞이다. 동리東里는 지명으로 자산이 사는 곳이다. 윤색潤色은 문채文采를 더함을 일컫는다. 정나라는 외교문서를 작성할 때, 반드시 이 네 현인의 손을 거쳐 상세하고 정밀하게 완성했으니, 저마다의 장점을 다했기에 제후와 응대할 때에는 그르친 경우가 없었다. 공자께서 이를 말씀하신 것은 아마 찬양하려 하신 것이다.

고금주 —— ■補曰 命者, 鄰國朝聘之文. 旣云述命, 明有文字, 如今之國書. ○孔曰: "更此四賢而成, 故鮮有敗事." ○馬曰: "討, 治也. 世叔復治而論之, 詳而審之."[補云: "討者, 論其疵病, 故曰治也."] ○補曰 修飾謂刪補之, [刪改曰修, 補益曰飾] 潤色謂光澤之. [邢云: "使華美."] 孔子嘗適鄭, [哀三年] 聞此事, 歸而美之.

보완하여 말한다. 명命이란 이웃 국가에 조빙할 때 가지고 가는 글이다. 이미 술명述命이라고 했으니, 문자가 있었음이 분명하며, 오늘날의 국서와 같다. ○공안국이 말했다. "이 네 어진 이를 거쳐서 이루어지기 때문에, 일을 그르친 적은 거의 드물었다." ○마융이 말했다. "토討란 정리(治)이다. 세숙이 다시 정리하고 논평하여 상세히 살핀 것이다."(보완하여 말하면, "討란 그 흠과 병폐를 논했기 때문에 治라 한다.") ○보완하여 말한다. 수식修飾은 산정·보완하는 것을 말한다(刪改를 修라 하고, 補益을 飾이라 한다). 윤색潤色은 빛나고 윤택이 나게 하는 것이다.(형병이 말했다. "華美하게 하는 것이다.") 공자께서 일찍 정나라에 가셨을 때(애공 3년) 이 사실을 듣고 돌아와 찬미하셨다.

■孔曰: "神諶, 謀於野則獲, 於國則否. [『左傳』文] 鄭國將有諸侯之事, 則使乘車以適野, 而謀作盟會之辭." ○馬曰: "神諶旣造謀, 世叔復治而論之." ○駁曰 非也. 孔以野作爲草叛, 非曲解乎? 豈可訓之爲野乎? ○又按 辭與命不同. 辭者, 使臣專對之言語也. 命者, 使臣受賣之文字也. 言語無形, 草創討論, 修飾潤色, 無所傳焉. 若盟會之辭, 雖亦有文, 不稱命也. 先儒混稱辭命, 亦疎矣.

공안국이 말했다. "비심은 초야에서 내는 계획은 훌륭했지만, 성내에서 내는 계획은 그렇지 못했다(좌전 양공 31년). 정나라에서는 장차 제후의 일(외교)이 있으면, 비심에게 수레를 타고 야외에 가서 맹회의 문서(辭)를 계획하여 작성하도록 했다." ○마융이 말했다. "비심이 사명을 계획하여 만들면, 세숙이 다시 다듬고 토론했다." ○논박하여 말하면, 그릇되었다. 공안국은 야작野作을 초창初創이라고 해석했는데, 이는 곡해가 아니겠는가? 어떻게 초草를 야野로 풀이할 수 있겠는가? ○또 살핀다. 사辭와 명命은 같지 않다. 사辭란 사신이 전대專對하는 언어이다. 명命이란 사신이 받아서 주는 문자이다. 언어란 형체가 없으니, 초草·창創·토討·론論과 수식修飾·윤색潤色을 전할 곳이 없다. 맹회의 사辭는 비록 또한 글(文)이 있더라도 명命이라 칭하지는 않는다. 선유들은 사辭와 명命을 혼돈하여 칭했으니, 또한 성글다(疎).

비평 —— 고주 및 주자가 명命을 사명辭命으로 해석했는데, 이에 대한 다산의 고증이 상세하고 설득력이 있다. 또한 초草를 『좌전』(양공 31년조)에 기초하여 초야草野로 해석한 것을 주자는 대략(略)으로 해석했다. 다산은 주자의 해석을 지지하면서, 고주의 해석을 엄정하고 비판했다. 그 외에 용어에 대한 해석은 세 해석을 두루 상보적으로 참조하는 것이 좋겠다.

14:10. 或問子産. 子曰: "惠人也." 問子西. 曰: "彼哉彼哉!" 問管仲. 曰: "人也, 奪伯氏 騈邑三百, 飯疏食, 沒齒無怨言."

고주 —— 어떤 사람이 (정나라 대부) 자산(이 어떤 사람인지)에 대해 물으니, 공자께서 말씀하셨다. "(남에게 仁恩을 베풀었으니) 남을 사랑한 사람(惠=愛)이다." (정나라 대부 혹은 초나라 영윤) 자서(의 행실)에 대해 물으니, 말씀하셨다. "(족히 칭할 만한 것이 없는) 그 사람 말인가, 그 사람인가?" (제나라 대부) 관중(의 인품)에 대해 물으니, 말씀하셨다. "그분은 백씨의 병읍 삼백 호를 빼앗아, (백씨는) 거친 밥을 먹게 되었지만, (관중의 처사가 이치에 합당했기 때문에) 죽을 때까지 원망하는 말이 없었다."

주자 —— 어떤 사람이 자산에 대해 물으니, 공자께서 말씀하셨다. "(자산의 정치는 오로지 관용만 베풀지는 않았지만 그 마음은 한결같이 사람을 사랑하는 것을 위주로 했기 때문에) 은혜로운 사람이다." (초나라 공자 申) 자서에 대해 물으니, 말씀하셨다. "(어진 대부였지만, 화란을 불러일으켰으니, 외면하여 말씀하시길) 그 사람 말인가, 그 사람인가?" (제나라 대부) 관중에 대해 물으니, 말씀하셨다. "그분은 백씨의 병읍 (書社:1사=25가) 삼백을 빼앗아, (백씨는) 거친 밥을 먹게 되었지만, (백씨는 스스로 자기의 죄를 알고 관중의 공로에 心服했기 때문에) 죽을 때까지 원망하는 말이 없었다."

다산 —— 어떤 사람이 자산에 대해 물으니, 공자께서 말씀하셨다. "(베풀기를 좋아한) 은혜로운 사람이다." (정나라 대부) 자서에 대해 물으니, 말씀하셨다. "(指斥하여 말씀하시길) 그 사람 말인가, 그 사람인가?" (제나라 대부) 관중에 대

자원풀이 ■혜惠는 心(마음 심)+골고루 베풀 혜(베틀 짜는 실패 혜)의 회의자로 골고루 자상하게 마음을 쓴다는 뜻이다. 은혜, 유순, 슬기, 아름다움 등의 뜻이다.
■몰沒은 물에 빠져 죽는 것이 원뜻으로, 물에 잠기다, 몰락沒落하다, 없어지다의 뜻이 되었다.
■치齒는 입속의 이를 그린 아랫부분에 소리부인 지止 자가 더해진 형성자이다. 나이(齡)를 나타내기도 한다. 몰치沒齒는 연령을 다하여 죽는 것(盡其年齡而死)을 말한다. 『맹자』에 "천하에 두루 통용되는 존귀함이 셋 있으니, 관작(爵)이 하나며, 나이(齒)가 하나며, 덕(德)이 그 하나이다. 조정에서는 관작에 견줄 것은 없고, 향당에서는 나이에 견줄 것이 없고, 세상을 돕고 백성을 자라게 하는 데에는 덕에 견줄 것이 없다(『맹자』 4하:2. 天下有達尊三 爵一齒一德 — 朝廷莫如爵 鄉黨莫如齒 輔世長民莫如德 惡得有其一)"라는 말이 보인다.

해 물으니, 말씀하셨다. "(어진?) 사람이다. 백씨의 병읍 삼백 호를 빼앗아, (백씨는) 거친 밥을 먹게 되었지만 (관중의 처사가 이치에 합당했기 때문에) 죽을 때까지 원망하는 말이 없었다."

집주 —— ■子産之政이 不專於寬이나 然이나 其心則一以愛人爲主라 故로 孔子以爲惠人이라 하시니 蓋擧其重而言也니라
자산子産의 정치는 오로지 관용만 베풀지는 않았지만, 그 마음은 한결같이 사람을 사랑하는 것을 위주로 했기 때문에 공자께서 은혜로운 사람이라 하셨다. 대개 중한 것을 들어서 말씀하셨다.

■子西는 楚公子申이니 能遜楚國하고 立昭王하여 而改紀其政하니 亦賢大夫也라 然이나 不能革其僭王之號하고 昭王이 欲用孔子에 又沮止之하며 其後에 卒召白公하여 以致禍亂하니 則其爲人을 可知矣라 彼哉者는 外之之詞라
자서子西는 초나라 공자 신申으로 초나라를 사양하고 소왕을 세워 그 정치의 기강을 세우고 개혁했으니, 또한 어진 대부이다. 그러나 그는 참람히 사용한 왕의 호칭을 혁파하지 못했고, 소왕이 공자를 등용하려고 하니, 또한 저지했다. 그 후에 끝내는 백공을 불러들여 화란禍亂을 초래했으니, 그 사람됨을 알 수 있다. 피재彼哉란 그를 외면하는 말이다.

■人也는 猶言此人也라 伯氏는 齊大夫라 騈邑은 地名이라 齒는 年也라 蓋桓公이 奪伯氏之邑하여 以與管仲하니 伯氏自知己罪而心服管仲之功이라 故로 窮約以終身이나 而無怨言이라 荀卿所謂與之書社三百에 而富人莫之敢拒者가 卽此事也니라
'인야人也'는 '이 사람이(此人也)'라는 말과 같다. 백씨伯氏는 제나라 대부이다. 병읍騈邑은 땅 이름이다. 치齒는 나이이다. 대개 환공이 백씨의 식읍을 빼앗아 관중에게 주었는데, 백씨는 자기의 죄를 스스로 알고 관중의 공로에 마음으로 복종했기 때문에 종신토록 궁핍했으면서도 원망의 말이 없었다. 순자

(荀卿)의 이른바 '관중에게 서사書社 삼 백을 주어도, 부자들이 아무도 감히 거부하지 못했다.'고 한 것이 바로 이 일이다.

■ 或問 管仲子産孰優니잇고 曰 管仲之德은 不勝其才하고 子産之才는 不勝 其德이라 然이나 於聖人之學엔 則槪乎其未有聞也니라

어떤 사람이 물었다. "관중과 자산 중에 누가 더 낫습니까?" (대답하여) 말했다. "관중은 덕은 그 재능을 이기지 못하고, 자산의 재능은 그 덕을 이기지 못했다. 그러나 성인의 학문에 대해서는 (두 사람 모두) 들어본 적이 없기는 마찬가지다."

고금주 ── ■補曰 好施曰惠. ○馬曰: "子西, 鄭大夫." ○補曰 彼哉彼哉, 指斥 之辭. '人也'之上, 疑落一字, 如謂子産曰惠人也. 齒者, 齡也. 沒齒, 謂盡其年 齡而死.

보완하여 말한다. 베푸는 것을 좋아함(好施)을 혜惠라고 말한다. ○마융이 말했다. "자서子西는 정나라 대부이다." ○보완하여 말한다. 피재피재彼哉彼哉 는 지적指斥하는 말이다. '인야人也'의 앞에 자산을 혜인이라고 말한 것과 같이, 한 글자가 빠진 듯하다. 치齒는 연령(齡)이다. 몰치沒齒는 그 연령을 다하고 죽는 것이다.

■馬曰: "子西, 或曰楚令尹子西." ○案 人之賢不肖, 必死而後乃定, 所謂蓋棺 而事已也. 楚申未死, 孔子何得斷其平生? 其爲鄭 子西無疑.

마융이 말했다. "자서子西는 혹 초나라 영윤 자서라고도 한다." ○살핀다. 사람의 현명함과 불초함은 필시 죽은 이후에 정해진다. 이른바 관을 덮고 나서야 일이 끝난다는 것이다. 초나라의 신申은 아직 죽지 않았었으니, 공자께서 어찌 그의 평생을 단언했겠는가? 자서는 정나라 자서임을 의심할 바 없다.

■孔曰: "惠, 愛也. 子産, 古之遺愛." ○邢曰: "惠, 愛也. 言子産仁恩被物, 愛人 之人也." ○案 『記』曰: "子産衆人之母." 言其能愛而不能教也. 然惠與愛不同,孔氏直訓爲愛, 此亦奇貨爲病也.

공안국이 말했다. "혜惠는 사랑(愛)이다. 자산子產은 옛 사람이 후세에 끼친 인애仁愛의 유풍이다." ○형병이 말했다. "혜惠는 사랑이다. 자산은 인자한 은혜를 백성들에게 입혔으니, 사람을 사랑한 사람이다."는 말이다. ○살핀 다. 『예기』에서 말했다. "자산은 중인衆人의 어머니이다." 자산이 능히 사랑 할 줄 알았지만, 가르치지는 못했다는 말이다. 그러나 혜惠와 애愛는 같지 않 으니, 공안국이 (惠를) 바로 애愛로 풀이한 것은, 이 역시 진기한 것을 추구한 병통이다.

■ 馬曰: "彼哉彼哉, 言無足稱." ○案 彼哉者, 擯斥之詞也.

마융이 말했다. "피재피재彼哉彼哉는 칭할 만한 것이 없다는 말이다." ○살핀 다. 피재彼哉란 배척하는 말이다.

■ 何曰: "人也, 猶『詩』言'所謂伊人'." [邢云: "人也, 指管仲, 猶云此人也."] ○ 或曰: "人也者, 人也, 如管仲者, 方可謂之人也." [問: "人也, 范・楊皆以爲盡人道, 如何?"] ○案 舊說未安, 或說雖好, 亦異乎君子之言.

하안이 말했다. "인야人也란 『시경』「진풍, 겸가」의 '소위이인所謂伊人'과 같 다."(형병이 말했다. "인야는 관중을 가리키는데, 此人과 같다.") ○어떤 사람이 말했 다. "인야人也란 사람(人)이니, 관중과 같은 자라야 바야흐로 사람이라고 할 만하다는 것이다." (관중에 대해 물으니, "공자께서 그분: 人也이라고 말씀하신 것을 범 조우와 양시 모두 인도를 다한 것으로 여겼는데 어떠한가?") ○살핀다. 구설은 타당 하지 않으며, 혹설은 비록 좋다고 할지라도 또한 군자의 말은 아니다.

■ 孔曰: "伯氏食邑三百家, 管仲奪之, 使至疏食, 而沒齒無怨言, 以其當理也." ○案 孔氏謂管仲自奪, 謬矣.

공안국이 말했다. "백씨伯氏의 식읍食邑 삼백가三百家를 관중이 탈취하여 거 친 밥을 먹기에 이르렀는데도, 죽을 때까지 원망이 없었던 것은 관중이 이치 에 합당했기 때문이다." ○살핀다. 공안국은 관중이 직접 탈취했다고 했는데, 잘못이다.

비평 —— 다산의 해석대로 혜인惠人이란 백성에게 은택을 베푼 사람이라는
뜻이다. 공자는 『논어』의 다른 곳에서 자산을 평하여 다음과 같이 말씀하셨다.

> 자산은 군자의 도가 넷 있으니, 스스로 행함에 있어 공손히 했고, 윗사람을 섬
> 기에 공경했고, 백성을 기름이 은혜로웠고, 백성을 부림에 의로웠다. (5:15. 子謂
> 子産 有君子之道四焉 其行己也恭 其事上也敬 其養民也惠 其使民也義),

자서를 평한 '그 사람인가, 그 사람 말인가?'는 도외시하는 말이다.
관중을 평하면서 하는 말에서 '인야人也'에 대해서 논란이 있다. 고주의 하
안과 주자 등은 『시경』「진풍, 겸가」의 "소위이인所謂伊人", 『장자』의 "소위지
인야所謂之人也"의 '그 사람'과 같은 뜻이라고 했다. 다산은 앞의 자산을 평인
'혜인惠人'과 같은 것으로, 한 글자가 더 있었을 것이라고 단정한다. 일반적
으로 한 글자가 더 있었다면 『논어』에서 관중의 업적을 논한 것을 참조하여,
'인인仁人'이었을 것이라고 추정한다. 그 외의 특별한 쟁점은 없다.

14:11. 子曰: "貧而無怨難, 富而無驕易."

고주 —— 공자께서 말씀하셨다. "가난하면서 원망이 (많기 때문에) 없기가 어
렵고(안연의 無怨은 미칠 수 없다), 부유하면서 (교만하거나 방일하게 살기를 좋아하
니) 교만이 없는 것은 쉽다(자공의 無驕는 미칠 수 있다)."

주자 —— 공자께서 말씀하셨다. "가난하면 (입을 옷이 없고, 먹을 밥이 없어 살아남을 수 없으니) 원망이 없기가 어렵고, 부유하면 (자연히 입을 옷이 있고 먹을 밥이 있으니, 의리를 알아 조그만 분수만 지키면 되니) 교만이 없기는 쉽다."

다산 —— 공자께서 말씀하셨다. "가난하면 (우환이 자신에게 절실하여 의지가 화평하기 어렵기 때문에) 원망이 없기가 어렵고, 부유하면 (操縱은 마음에 달려 있어, 기운을 누그러지게 하기가 쉽기 때문에) 교만이 없기는 쉽다(부유한 자의 책무가 더 무겁다)."

집주 —— ■處貧難하고 處富易는 人之常情이라 然이나 人當勉其難이요 而不可忽其易也니라

가난에 처하기는 어렵고 부유에 처하기는 쉬운 것이 사람들의 일상적인 감정(常情)이다. 그러나 사람은 마땅히 어려움에서 노력해야 하고, 그 쉬운 것을 소홀히 해서는 안 된다.

고금주 —— ■補曰 憂患切身, 故志難平. 操縱在心, 故氣易伏. 此爲富者說也, 易而犯之, 其罪彌重.

보완하여 말한다. 우환은 자신에게 절실하기 때문에, 의지가 화평하기 어렵다. 조종操縱은 마음에 달려 있기 때문에, 기운을 누그러지게 하기가 쉽다. 이는 부자富者를 경계하는 말이다. 쉬운 데도 범하면 그 죄가 더욱 무겁다.

■江熙曰: "顏淵無怨, 不可及也. 子貢不驕, 猶可能也."[見邢疏] ○案 先言貧, 後言富, 則重在富矣.

강희가 말했다. "안연의 원망이 없음(無怨)은 미칠 수 없다. 자공의 교만하지 않음(不驕)은 오히려 가능하다(형병소에 보인다)." ○살핀다. 먼저 가난에 대해 말하고, 후에 부유함에 대해 말했으니, 중한 것은 부유함에 있다.

비평 —— 특별한 쟁점은 없다. 『논어집주대전』에 보이는 주자의 다음과 같은 설명이 설득력이 있다.

주자가 말했다. "가난하면 입을 옷이 없고 먹을 밥이 없어 살아남을 수 없으니, 이 때문에 원망이 없기가 어렵다. 부유하면 입을 옷이 저절로 있고 먹을 밥이 저절로 있기에, 다만 의리를 알아 조그만 분수를 지킬 수 있으면 곧 교만하지 않기가 쉽다. 두 가지는 그 형세가 이와 같다. 가난하면서 원망하지 않는 것은 가난하면서 즐거운 것에는 미치지 못하지만, 가난하면서도 아첨하지 않는 것보다는 더 나은 듯하다. 장경부의 설명이 아름답다. 부귀하면서 교만하지 않은 것은 외적으로 내세우기를 좋아하지 않은 자라면 할 수 있는 것이지만, 가난하면서 원망이 없는 것은 안으로 지키는 것이 있는 자가 아니라면 할 수 없는 것이기 때문에 더 어렵다."

14:12. 子曰: "孟公綽爲趙 · 魏老則優, 不可以爲滕 · 薛大夫."

고주 —— 공자께서 말씀하셨다. "맹공작은 (욕심이 적어) (진나라 경의 가문인) 조 · 위씨의 가신(家臣稱老)이 되기에는 (가로는 맡은 직임이 없기 때문에) 넉넉하지만, (재주는 부족하여) 등 · 설나라의 대부는 (일이 번다하여) 될 수 없다."

주자 —— 공자께서 말씀하셨다. "맹공작은 (성품이 욕심이 적어) (진나라 경의 가문인) 조 · 위씨의 가신(家臣稱老)이 되기에는 (가로는 명망은 높지만 책임이 없기 때문에) 남음이 있지만, (재주는 부족하여, 비록 작은 나라라고 할지라도 그 일은 번다한) 등 · 설나라의 대부는 될 수 없다."

다산── 공자께서 말씀하셨다. "맹공작은 (당시에 세력을 이루어 땅이 넓은 경의 가문인) 조 · 위씨의 가신(家臣稱老)이 되기에는 (작은 나라인 등 · 설나라의 대부보다 일이 갑절이나 번다하지만) 남음이 있지만, (일을 처리할 능력은 있지만, 위의나 동작에서 경대부의 체모가 없기 때문에, 아주 작은 나라인) 등 · 설나라의 대부는 될 수 없다."

집주── ■公綽은 魯大夫라 趙魏는 晉卿之家요 老는 家臣之長이라 大家는 勢重而無諸侯之事하고 家老는 望尊而無官守之責이라 優는 有餘也라 滕薛은 二國名이요 大夫는 任國政者라 滕薛은 國小政繁하고 大夫는 位高責重하니 然則公綽은 蓋廉靜寡欲而短於才者也라

공작公綽은 노나라 대부이다. 조趙 · 위魏는 진나라 경의 가문이다. '로老'는 가신의 수장이다. 큰 가문은 세력이 크더라도 제후의 일은 없으니, 가신의 장(家老)은 명망은 높지만 관직의 책임은 없다. 우優는 여유가 있음이다. 등과 설은 (작은) 두 나라의 이름이다. 대부는 국정을 관장하는 자이다. 등과 설이 비록 작은 나라라고 할지라도 정사는 번다하고, 대부는 지위가 높고 책임이 크다. 그렇다면 공작은 대개 청렴하고 조용하며 욕심이 적지만, 재주는 부족한 사람일 것이다.

■楊氏曰 知之弗豫하여 枉其才而用之면 則爲棄人矣니 此君子所以患不知人也라 言此면 則孔子之用人을 可知矣니라

자원풀이 ■조趙와 위魏는 지금의 산서성山西省 지방인 진晉나라의 대부. 넓은 영지를 갖고 있던 유력한 가문으로, 나중에 진晉나라를 분할하여, 각각 전국시대 칠웅七雄의 하나인 조趙나라와 위魏나라를 세웠다. 등滕과 설薛은 각각 노나라의 이웃에 있던 작은 제후국이다. ■맹자孟子에서 등나라는 긴 쪽을 잘라 짧은 쪽에 잇대면 오십 리가 된다고 했으니, 그 크기를 대략 짐작할 만하다. 전국 칠웅戰國七雄이란 전국시대부터 진나라의 시황제가 중국을 통일할 때까지 멸망하지 않고 살아남은 일곱 나라인데, 연燕, 위魏, 제齊, 조趙, 진秦, 초楚, 한韓나라를 말한다.

양시가 말했다. "사람을 미리 알지 못하여 그 재주와 어긋나게 쓰면, 사람을 버리는 것이 된다. 이것이 군자가 사람을 알아보지 못할까 걱정하는 까닭이다(1:16). 이 말에서 공자의 인재 등용 방법을 알 수 있다."

고금주 —— ■補曰 趙·魏當時勢成而地廣, 其家宰職務之煩, 倍於滕·薛之大夫. 然公綽爲人, 能剸煩理劇, 而無卿大夫之體貌, 故曰於彼則優, 於此則短, 蓋卑之也.

보완하여 말한다. 조趙·위魏는 당시에 세력을 이루어 땅이 넓었으니, 그 가재家宰의 직무가 번다하여 등滕·설薛의 대부보다 갑절이었다. 그러나 공작의 사람됨이 번거롭고 복잡한 일을 능히 처리할 수 있었지만, 경대부의 체모體貌는 없었다. 그러므로 저 일에는 넉넉하나, 이 일에는 부족하다고 말했으니, 대개 낮게 본 것이다.

■孔曰: "公綽性寡慾, 趙·魏貪. [句] 賢家老無職, 故優. 滕·薛小國, 大夫職煩, 故不可爲." ○案 下章云'公綽不欲', 故先儒善其廉約, 釋之如是. 然孔子語意, 必不如此, 何也? 孔子必擧最大之家, 以較至小之國, 則明大家難治, 而所易在家臣也, 小國易治, 而所難在大夫也. 若謂公綽德厚而才短, 不能理煩, 則孔子但當擧小家以況大家, 或擧小國以況大國, 何必擧大家以況小國乎?廉約自廉約, 其威儀動作之間, 別有可賤者存, 故孔子之言如此.

공안국이 말했다. "맹공작은 성품이 욕심이 적고, 노나라와 위나라가 그를 탐내었다. 어진 가로는 직무가 없기 때문에, 넉넉했다. 등과 설은 작은 국가지만, 대부의 일은 번다하기 때문에 할 수 없다." ○살핀다. 아래 장에 '공작은 탐욕하지 않았다(公綽不欲).'고 했기 때문에, 선유들은 그 청렴과 검약을 좋게 보고 이와 같이 해석했다. 그러나 공자의 말뜻은 필시 이와 같지 않을 것이니, 왜 그런가? 공자께서 하필 최대의 가문을 들어서 가장 작은 국가와 비교한 것은 분명 큰 가문은 다스리기 어렵지만 가신의 자리에 있기는 쉬우며, 작은 국가는 다스리기는 쉽지만 대부의 자리는 어렵다는 데에 있다. 만일 공작이 덕은 두텁지만 재능이 부족하여 능히 번다한 일을 다스릴 수 없었다면, 공자께서는 단지 작은 가문을 들어 큰 가문을 비유하든가, 혹은 작은 국가를 들어 큰국가를 비유해야 하지, 하필이면 큰 가문을 들어 작은 국가를 비유했겠는가? 청렴과 검약은 그것대로 청렴과 검약이며, 위의와 동작 간에 특별히 천하게 여길 만한 것이 있었기 때문에 공자의 말씀이 이와 같았다.

비평 —— 고주와 주자는 이 구절이 공자께서 노나라 대부 맹공작의 재능과 품성을 평한 구절로 본다. 즉 맹공작은 욕심이 적어 성품은 뛰어났지만 재능은 다소 부족했기 때문에, 비록 큰 직임이지만 일은 번다하지 않은 큰 가문의 가로家老가 되기에는 적합하지만, 큰일은 아니지만 일이 번다한 등·설과 같은 나라의 대부 직책을 수행하기에는 적합하지 않다는 평가하는 것이다.

　이에 대해 다산은 큰 가문의 가로가 작은 나라의 대부보다 오히려 일이 더 번다하며, 그리고 비록 작은 나라라고 할지라도 대부는 큰 가문의 가로보다 위의와 동작에서 체모가 있어야 한다고 반론했다. 즉 큰 가문의 가로에는 적합하지만, 작은 나라의 대부로는 적합하지 않다는 평가는, 능력은 오히려 넉넉하지만, 위의나 동작 등이 대부의 체모에서 모자라는 점이 있다는 것이라는 말이다. 두 해석 모두 가능하다고 생각된다.

〰〰

14:13.　子路問成人. 子曰: "若臧武仲之知, 公綽之不欲, 卞莊子之勇, 冉求之藝, 文之以禮樂, 亦可以爲成人矣." 曰: "今之成人者何必然? 見利思義, 見危授命, 久要不忘平生之言, 亦可以爲成人矣."

고주 —— 자로가 성인成人에 대해 물으니, 공자께서 말씀하셨다. "만일 장무중의 지혜·맹공작의 탐욕하지 않음·변장자의 용기·염구의 재예(藝=才藝)에(더하여), 예악으로써 문식하여 이룬다면(文成), 또한 성인이라고 할 수 있을 것이다." (공자께서 또) 말씀하셨다. "지금의 성인이야 어찌 반드시 그렇겠는가(앞서 말한 것을 다 갖출 필요가 있겠는가)? 이익을 보면 의리를 생각하고(도리에 맞은 연후에 취해야 구차하게 얻지 않는다), (임금이나 어버이가) 위태로울 때 목숨을 바치고, 소시 때의(平生=少時) 약속(久要=舊約)일지라도 (나이가 들고 영달하여도) 잊지 않는다면, 또한 성인이 될 수 있을 것이다."

주자 —— 자로가 성인成人(온전한 사람=全人)에 대해 물으니, 공자께서 말씀하셨다. "만일 장무중의 지혜(이치 궁구에 충분)·맹공작의 탐욕하지 않음(=청렴: 마음 기름에 충분)·변장자의 용기(힘써 행하기에 충분)·염구의 재예(藝=才藝:두루 응하기에 충분)에(더하여), 예(절제)·악(조화)으로써 문식한다면 (재질이 온전하고 덕이 갖추어져, 중정·화락하고, 순수해서 다시 편벽하거나 잡박함의 폐단이 없게 되어) 또한 성인이라고 할 수 있을 것이다." (공자께서 다시) 말씀하셨다. "지금의 성인이야 어찌 반드시 그렇겠는가? 이익을 보면 의리를 생각하고, 위태로울 때 (남을 위해) 옛 약속을 평소(平生=平日)에 잊지 않는다면, (그 재지와 예악이 아직 미비되어도, 충신의 실질을 지녔기에) 성인成人(버금간다고)이라고 할 수 있다."

다산 —— 자로가 성인(成人)에 대해 물으니, 공자께서 (예악에 힘쓰지 않는 자로를 기롱하여) 말씀하셨다. "만일 장무중의 지혜(임금을 강요했으니, 그 지혜가 크지

자원풀이 ■성成은 戊(다섯째 천간 무: 자루가 달린 도끼와 비슷한 병기) + 丁(넷째 천간 정: 못→건장하다, 단단하다:壯丁)으로 무기(戊)로써 성을 단단하게(丁) 지킨다는 뜻으로, 그랬을 때에 목적이 이루어진다는 의미에서 이루어지다, 성취成就하다의 뜻이, 나아가 완성完成, 성숙成就, 성인成人의 뜻이 나왔다. 여기서 성인成人이란 재와 덕을 겸비한 사람을 말한다.

않다)·맹공작의 탐욕하지 않음(대부에 적합하지 않으니, 그 청렴이 크지 않다)·변장자의 용기(군자의 용기가 아니었다)·염구의 재예(藝=才藝:자로에 미치지 못함)에, (너는 이러한 것들로 자부하지만) 예악으로써 문식한다면, 또한 성인이라고 할 수 있을 것이다." (자로가 응대하여) 말했다. "지금의 성인이야 꼭 그럴(예악으로 문식할) 필요가 있겠습니까? 이익을 보면 의를 생각하고(청렴), 위태로울 때 목숨을 바치고(용기), 오랜 약속일지라도 평소 그 말을 잊지 않는다면(신의), (이 세 가지에 진실로 실천함이 있다면) 또한 성인이 될 수 있을 것입니다."

집주 —— ■成人은 猶言全人이라 武仲은 魯大夫니 名紇이라 莊子는 魯卞邑大夫라 言兼此四子之長이면 則知足以窮理하고 廉足以養心하고 勇足以力行하고 藝足以泛應이요 而又節之以禮하고 和之以樂하여 使德成於內而文見乎外면 則材全德備하여 渾然不見一善成名之迹이요 中正和樂하여 粹然無復偏倚駁雜之蔽하여 而其爲人也 亦成矣라 然이나 亦之爲言은 非其至者니 蓋就子路之所可及而語之也라 若論其至인댄 則非聖人之盡人道면 不足以語此니라

성인成人은 온전한 사람(全人)이라고 말하는 것과 같다. 무중武仲은 노나라 대부로 이름은 흘紇이며, 장자莊子는 노나라 변읍의 대부이다. 이 네 사람의 장점을 겸하면 얇은 이치를 궁구하기에 충분하고, 청렴은 마음을 기르기에 충분하고, 용기는 힘써 행하기에 충분하고, 재예藝는 두루 응하기에 충분하며, 또한 여기에다 예로써 절제하고 악으로써 조화롭게 하여 안으로 덕이 이루어지고 밖으로 문채가 드러나도록 하면, 재질이 온전하고 덕이 갖추어지니 혼연히 하나의 선으로만 이름을 이른 흔적이 보이지 않고, 중정中正·화락和樂하고 순수해서 다시 편벽하거나 잡박함의 폐단이 없게 되어 그 사람됨이 또한 온전하다는 것을 말한 것이다. 그러나 '또한(亦)'이라는 말은 그것이 지극하지 않다는 것이니, 대개 자로가 미칠 수 있는 것을 취하여 말씀해 주신 것이다. 그 지극함을 논한다면, 사람의 도리를 다한 성인이 아니라면 이런

말을 하기에는 부족하다.

■復加曰字者는 旣答而復言也라 授命은 言不愛其生하여 持以與人也라 久要는 舊約也요 平生은 平日也라 有是忠信之實이면 則雖其才知禮樂이 有所未備나 亦可以爲成人之次也라

다시 왈曰 자를 덧붙인 것은 이미 답하고 나서 다시 말씀하신 것이다. 수명授命은 자기의 목숨을 아끼지 않고 보전했다가 남에게 바치는 것이다. 구요久要는 옛 약속이다. 평생平生은 평일이다. 이러한 충신忠信의 실질을 지녔으면, 그 재지와 예악이 아직 갖추지 못한 것이 있다고 할지라도 또한 성인成人에 버금간다고 할 수 있다.

■程子曰 知之明, 信之篤, 行之果는 天下之達德也니 若孔子所謂成人은 亦不出此三者라 武仲은 知也요 公綽은 仁也요 卞莊子는 勇也요 冉求는 藝也니 須是合此四人之能하고 文之以禮樂이면 亦可以爲成人矣라 然而論其大成이면 則不止於此라 若今之成人은 有忠信而不及於禮樂하니 則又其次者也니라 又曰 臧武仲之知는 非正也니 若文之以禮樂이면 則無不正矣리라 又曰 語成人之名인댄 非聖人이면 孰能之리오 孟子曰 唯聖人然後에 可以踐形이라하시니 如此라야 方可以稱成人之名이니라

정자가 말했다. "지혜의 밝음·믿음의 돈독함·행실의 과단성은 천하의 달덕達德이다. 공자의 이른바 성인成人의 경우 또한 이 세 가지를 벗어나지 않는다. 무중의 지혜·공작의 어짊·변장자의 용기·염구의 예능 등 모름지기 이 네 사람의 재능을 합하고 예악으로 문채 내면 또한 성인成人이 될 수 있다. 그렇지만 그 대성大成을 논한다면 여기에 그치지 않는다. 오늘날의 성인은 충신忠信은 지니고 있으나, 예악에는 미치지 못하니, 또한 다음가는 자이다." 또 말했다. "장무중의 지혜는 바르지 않았다. 만일 예악으로 문채를 내었다면 바르지 않음이 없었을 것이다." 또 말했다. "성인成人이란 이름으로 말한다면, 성인聖人이 아니면 누가 능히 그렇게 할 수 있겠는가? 맹자가 말하

길, '오직 성인聖人인 연후라야 천성을 실천(踐形)할 수 있다(「진심상」33).'고 했으니, 이와 같아야 비로소 성인成人이라는 이름에 걸맞을 수 있다.”

■ 胡氏曰 今之成人以下는 乃子路之言이니 蓋不復聞斯行之之勇이요 而有終身誦之之固矣라 하니 未詳是否라

호인은 말하기를, “'금지성인今之成人' 이하는 곧 자로의 말이다. 대개 들으면 곧 그것을 행하는 용기(11:22)를 실천에 옮기지 않고, 종신토록 그것을 외우는(9:27) 고집스러움이 있다.”고 했는데, 옳은지 그른지 상세하지 않다.

고금주 —— ■補曰 藝, 謂多才能. 〔〈雍也〉篇孔註〕 兼此四子之長以爲質, 又以禮樂文飾之. ○胡曰: “今之成人以下, 乃子路之言.” ○馬曰: “義然後取, 不苟得.” 〔補曰 君子, 見得思義.〕 ○邢曰: “見君親有危難, 當致命以救之.”〔補云: “授命, 猶言捨命也.”〕 ○孔曰: “久要, 舊約也.” ○按 此章孔子譏子路不務禮樂, 以戲答之, 而門人譏子路自述其所能, 不遵聖師之誨也. 臧武仲要君, 其知不足多也. 孟公綽不中滕·薛大夫, 其廉不足多也. 卞莊子暴虎, 其勇非君子之勇也. 〔事見『戰國策』〕 冉求百乘之家, 可使治其賦, 其藝不及子路. 然冉子亦常受誨責者也. 孔子必擧四子而言之者, 譏子路也. 子路以不知爲知, 以不求爲廉, 負暴虎之勇, 恃治賦之藝, 孔子所言四子之長, 皆子路之所自許也. 然且子路於禮樂, 有所未備, 故'由也之不知禮', 見於〈禮器〉, '由之瑟, 某之門', 見於前篇. 孔子譏之曰: “爾以知·廉·勇·藝自負自恃, 而其所謂知·廉·勇·藝, 亦不過四子者類. 然苟於是文之以禮樂, 猶可以爲成人.” 蓋於子路, 愛之之切, 旣莫救於四病, 猶冀其勉進於禮樂也. 子路知孔子譏己, 乃自言其廉·勇·信三德曰: “今世之人, 何必皆禮樂? 但於廉·勇·信三者, 眞有踐履, 亦可以爲成人矣.”

보완하여 말한다. 예藝는 재능이 많은 것이다(「옹야」편 공안국의 주). 이 네 사람의 장점을 겸하는 것으로 바탕을 삼고, 또한 예악으로 문식한다. ○호인이 말했다. “'금지성인今之成人' 이하는 자로의 말이다.” ○마융이 말했다. “의

義에 맞은 뒤에 취해야, 구차하게 얻는 것이 아니다." (보완하여 말한다. "군자
는 이득을 보면 의로움을 생각한다.") ○ 형병이 말했다. "임금과 어버이께 위난이
있음을 보면 마땅히 목숨을 바쳐 구해야 한다."(보완하여 말하면, "授命은 목숨
을 버린다는 말과 같다.") ○ 공안국이 말했다. "구요久要는 오래된 약속이다." ○
살핀다. 이 장은 공자께서 자로가 예악에 힘쓰지 않은 것을 기롱하여 농담으
로 답변하고, 문인들이 자로가 그 능한 것을 스스로 늘어놓으면서 공자의 가
르침을 따르지 않은 것을 기롱한 것이다. 장문중은 임금을 위협하여 강요했
으니, 그 지혜는 크다고 하기에 부족하다. 맹공작은 등·설나라의 대부에 적
합하지 않았으니, 그 청렴은 크다고 하기에 부족하다. 변장자는 호랑이를 맨
손으로 잡았지만, 그 용기는 군자의 용기가 아니었다(『전국책』에 보인다.). 염
구는 백승지가에서 그 부세를 담당할 만하였지만, 그 재예는 자로에 미치지
못했다. 그러나 염자는 또한 항상 가르침과 견책을 받은 사람이다. 공자께서
반드시 네 사람을 들어 말씀하신 것은 자로를 기롱한 것이다. 자로는 알지
못하는 것을 아는 것처럼 하고, 탐내지 않는 것을 청렴이라 여겼으며, 맨손으
로 호랑이를 잡는 것을 자부하고, 부세를 다스릴 수 있는 재능을 믿었으니,
이는 공자께서 말씀하신 네 사람의 장점을 모두 자로가 자부하던 것이다. 그
러나 또한 자로는 예악에서 갖추지 못한 것이 있었기 때문에, '자로는 예를
알지 못한다.'는 말이 『예기』「예기」편에 나와 있으며, '자로가 슬瑟을 어찌 나
의 문에서 연주하는가?'라는 언명이 「선진」편에 나와 있다. 공자께서 자로
를 기롱하여, "너는 지혜·청렴·용기·재예로써 자부·자시自恃하지만, 그
지혜·청렴·용기·재예는 또한 네 사람 정도에 불과하다. 그러나 진실로
여기에 예악으로 문식한다면 오히려 성인成人이 될 수 있을 것이다."라고 말
씀하신 것이다. 대개 자로에 대해 사랑함이 간절하여 이미 네 가지 병통에
서 더 이상 바로잡아 줄 것이 없었기에, 오히려 힘써 나아가기를 바라신 것
이다. 자로는 공자께서 자기를 기롱한 것을 알고, 이에 스스로 청렴·용기·

신의라는 세 가지 덕을 내세워, "오늘날의 사람들에게 어찌 반드시 예악으로 문식하라고 하겠습니까? 다만 청렴·용기·신의, 세 가지에 대해 진실로 실천함이 있다면, 또한 성인이라고 할 수 있을 것입니다."라고 말한 것이다.

■ 邢曰: "必也, 知如武仲, 廉如公綽, 勇如莊子, 藝如冉求, 復以禮樂文成之, 雖未足多, 亦可以爲成人矣." ○案 知者亦多, 何必要君者乎? 勇者亦多, 何必暴虎者乎? 廉者亦多, 何必趙·魏之老乎? 藝者亦多, 何必鳴鼓之徒乎? 所擧四子, 皆夫子平日所嘗非毀者, 而今爲子路願之, 則其譏切諷刺之意, 箴肌砭骨, 是豈平坦和順之言哉? 且成人者, 必孝弟忠信爲之本質, 然後方可文之以禮樂, 今所擧四子之長, 都闕德行, 豈可爲成人乎? 『詩』云: "善戲謔兮, 不爲虐兮." 聖人亦有時乎善謔, 先儒奉之爲眞實之言, 恐不然也.

형병이 말했다. "반드시 지혜는 장무중과 같고, 청렴은 맹공작과 같고, 용기는 변장자와 같고, 기예는 염구와 같으며, 다시 예악으로 문식하여 이룬다면, 비록 대단하지는 못하다고 할지라도 또한 성인이라고 할 수 있다." ○살핀다. 지자知者 또한 많은데, 하필이면 임금을 협박한 자인가? 용자 또한 많은데, 하필 호랑이를 맨손으로 잡은 자인가? 청렴한 자 또한 많은데, 하필이면 조趙·위魏의 가신인가? 재예자(藝者) 또한 많은데, 하필이면 성토당할 만한 무리(鳴鼓之徒)인가? 거명된 네 사람 모두 공자께서 평소에 비판했던 사람들인데, 지금 자로가 그렇게 되기를 원했으니, 그 기롱하고 절실히 풍자한 뜻이 살과 뼈를 찌르는데, 이것이 어찌 평탄平坦·화순和順한 말이겠는가? 또한 성인成人이란 반드시 효제충신孝弟忠信으로 본질을 삼은 연후에 비로소 예악으로 문식하는데, 지금 거명된 네 사람의 장점에는 모두 덕행이 빠져 있으니, 어찌 성인이 될 수 있겠는가? 『시경』「위풍, 기욱」에 "해학을 잘하니(善戲謔兮), 사납게 되지 않도다(不爲虐兮)."라고 했으니, 성인聖人 역시 때때로 해학을 잘하는데, 선유들은 진실한 말로 받들었으니, 아마도 그렇지 않은 듯하다.

■ 邢曰: "夫子鄕言成人者, 是古之人也, 又言今之成人, 不必如此." ○趙曰:

"'何必然'三字, 似以前說爲疑, 三者皆子路之所能, 故胡氏疑其爲子路之言."○
案 夫子所擧四人, 都是今人, 邢以爲古之人, 何也? ○又按 '何必然'三字, 明是
子路口氣. 子路於孔子之言, 本以'何必'二字句當. '何必讀書然後爲學', '何必公
山氏之往', '今之成人何必然', 亦此一例, 胡氏之說牢不可破. 蔡·毛二子, 何爲
而擊之也? 今詳經文, 邢所謂古之成人, 反不如今之成人, 使我擇於斯二者, 則
臧之知·孟之廉·卞之勇, 吾所不願, 而下節所言廉·勇·信三德, 眞是君子
之所慥慥也. 何得云上節所言, 邈然難及, 而下節所言, 却在其次乎? 其爲子路
自負之言, 昭昭然矣. 且夫子於門人之問, 本多對病發藥, 今乃以廉·勇·信三
者, 爲子路加勉之, 可乎? 不忮不求, 則子路能見利而思義者也, 死於孔悝, 則子
路能見危而授命者也, 無宿諾, 則子路能不忘久要者也. 孔子何爲而加勉也?

형병이 말했다. "공자께서 앞에서 말씀하신 성인成人이란 옛 사람이니, 또한
지금의 성인은 반드시 이와 같을 필요는 없다는 말이다." ○조순손趙順孫이
말했다. "'하필연何必然' 세 글자는 앞의 설명을 의심한 듯하다. 세 가지 모두
자로가 능히 할 수 있는 것인 까닭에 호씨가 자로의 말로 여긴 듯하다." ○살
핀다. 공자께서 거명한 네 사람은 모두 지금의 사람인데, 형병이 옛 사람으
로 여긴 것은 무엇 때문인가? ○또 살핀다. '하필연何必然' 세 글자는 분명 자
로의 말투이다. 자로는 공자의 말씀에 본래 '하필何必' 두 글자로 응답했다.
'하필독서연후위학何必讀書然後爲學(「선진」)', '하필공산씨지왕何必公山氏之往',
'금지성인하필연今之成人何必然', 역시 이 하나의 사례이니, 호인의 설은 단단
해서 논파할 수 없다. 이제 경문을 자세히 살펴보니, 형병의 이른바 '옛 성인'
은 도리어 오늘날의 성인만 못하다. 나로 하여금 이 둘 중에 택하게 한다면,
장문중의 지혜·맹공작의 청렴·변장자의 용기는 내가 원하는 것은 아니지
만, 뒤에서 말한 청렴·용기·신의라는 세 가지 덕목은 진실로 군자가 독실
하게 힘써야 할 것이다. 어찌 앞 절에서 말한 것은 아득하여 미치기 어렵지
만, 뒤의 구절에서 말한 것은 도리어 그다음 순서에 있겠는가? 뒤의 말은 자

로가 자부한 말임이 분명하다. 또한 공자께서는 문인들의 질문에 본래 병통에 대해 처방을 내린 경우가 많은데, 지금 청렴(廉)·용기(勇)·신의(信) 세 가지로써 자로에게 더욱 노력하도록 했다면, 타당하겠는가? 해치거나 탐내지 않았으니 자로는 능히 이익을 보면 의리를 생각할 수 있는 사람이었으며, 공회孔悝의 난에 죽었으니 자로는 능히 위기를 보고 목숨을 줄 수 있는 자였으며, 약속을 묵히지 않았으니 자로는 옛 약속을 잊지 않는 사람이었다. 공자께서 무엇 때문에 더욱 노력하라고 하셨겠는가?

■ 孔曰: "平生, 猶少時." ○ 邢曰: "少時有舊約, 雖年長貴達, 不忘其言." ○ 駁曰 非也. 平生者, 平日也.

공안국이 말했다. "평생平生은 소시少時와 같다." ○ 형병이 말했다. "소시少時에 옛 언약이 있으면, 비록 연장자가 되고 영달했더라도 그 말을 잊지 않는다." ○ 논박하여 말하면, 그릇되었다. 평생이란 평일平日이다.

비평 —— 뒤 구절(두 번째 曰 이하)을 공자의 말로 볼 것인가, 아니면 자로의 말로 볼 것인가에 따라 해석이 완전히 달라진다.

고주는 공자의 말이라고 단정했다. 주자는 우선 공자의 말이라는 고주에 따라 해석하면서도, 호인의 말을 인용하면서 조심스럽게 자로의 말일 가능성도 배제하지 않는다. 다산은 여러 논거를 제시하면서 자로의 말이라고 확신하여, 고주에 대해 반론을 피력했다.

전체적인 대지로 설명한다면, 주자의 해석이 가장 설득력이 있어 보인다. 다산의 광범위한 전거에 기반한 주장은 상식적인 측면에서 보면, 다소 무리가 따른다. 바로 이런 측면을 의식하여, 다산은 이 말을 공자께서 자로를 '기롱'하여 말한 것이라는 전제하에 설명했다. 원문 자체에 입각하여 본다면, 뒤의 구절 역시 공자의 계속된 언명이었으면, 다시 '왈曰' 자를 부가할 필요가 없다는 점에서 우리는 다산의 주장에 상당한 일리가 있다고 해야 할 것이다.

그런데 그것이 자로의 말이라고 한다면, 또한 '자로왈子路曰'이라고 하지 않고, 왜 '왈曰'이라고만 했을까?

<hr />

14:14. 子問公叔文子於公明賈曰:"信乎, 夫子不言不笑不取乎?"
公明賈對曰:"以告者過也. 夫子時然後言, 人不厭其言. 樂然後笑,
人不厭其笑. 義然後取, 人不厭其取." 子曰:"其然, 豈其然乎?"

고주 —— 공자께서 공숙문자(위나라 대부 公孫枝)에 대해 공명가에게 물어 말씀하셨다. "참으로 그분(공숙문자)은 말하지도 않고, 웃지도 않으며, 취하시지도 않습니까? (믿을 수 있는 진실입니까?)" 공명가가 대답해서 말했다. "알려드린 사람이 잘못 전한 것입니다. (문자도 말하고, 웃고, 취함이 있으니) 그분은 때에 맞은(中時) 연후에 말하시니, (쓸데없는 말이 없으니) 사람들이 그 말씀을 싫어하지 않습니다. 즐거워할 만한(可樂) 연후에야 웃으시니 (구차한 웃음이 없어) 사람들이 그 웃음을 싫어하지 않습니다. 의로운(마땅함에 부합함:合宜) 연후에야 취하시니(탐욕을 부려 취하지 않으니), 사람들이 그 취하시는 것을 싫어하지

자원풀이 ■부夫는 大(큰 대)+一(한 일)로 사람의 정면 모습에 비녀를 상징하는 가로 획(一)을 더하여 비녀 꽂은 성인 남성, 정장을 한 남성을 그렸는데, 지아비를 뜻하게 되었다. 지아비, 사나이, 역부(役夫), 부역(賦役), 선생, 100묘의 논밭, 저, 발어사, 감탄사 등으로 쓰인다. 부자夫子는 남자의 존칭, 공자의 존칭, 지아비를 뜻한다. 일설에 의하면 공부工夫의 어원은 여공전부女工田夫로 부녀자들이 쉬지 않고 길쌈을 해서 아름다운 옷감을 만들고, 남정네들이 땀을 흘리며 밭을 일궈서 곡식을 만들듯이, 힘들게 쉬지 않고 정성을 다한다는 의미에서 공부工夫라고 했다. 그런데 공부工夫의 원래 어원은 공부功夫였다는 것이 일반적으로 받아들여지고 있는 정설이다. 여기서 工(功)은 공사工事, 공정工程을, 夫는 부역賦役, 노역勞役을 뜻한다. 따라서 공부의 원뜻은 토목이나 건축공사와 관련한 노역, 그리고 어떤 일을 하는 데 들이는 정력과 시간을 뜻한다. 그런데 주로 육체노동과 연관되던 공부는 성리학의 영향을 받으면서 도학道學을 배우고 익히는 데 들이는 정력과 시간을 뜻하면서 자연스럽게 학문이나 기술을 배

않습니다." 공자께서 말씀하셨다. "그렇습니까? 어찌 그럴 수 있겠습니까?(도리를 얻은 것을 찬미하시면서, 모두 다 그럴 수는 없을 것이라고, 의심하신 것이다.)"

주자 —— 공자께서 공숙문자(위나라 대부 公孫拔)에 대해 공명가에게 물어 말씀하셨다. "참으로 그분(공숙문자)은 말하지도 않고, 웃지도 않으며, 취하시지도 않습니까?(아마도 簾靜한 선비이었을 것이다.)" 공명가가 대답해서 말했다. "'알려드린 사람이 과찬한 것입니다. 그분은 때가 된 연후에 말하시니, (타당함에 적합하여) 사람들이 그 말씀을 (많아서 괴로워거나) 싫어하지 않습니다. 즐거운 연후에 웃으시니, 사람들이 그 웃음을 싫어하지 않습니다. 의로운 연후에야 취하시니, 사람들이 그 취하시는 것을 싫어하지 않습니다." 공자께서 말씀하셨다. "그렇습니까? 어찌 그럴 수 있겠습니까?(공순문자는 비록 현명하지만, 아마도 여기에는 미치지 못한 듯하여, 예의상 바로 반박하지 않고 대개 의심하신 것이다.)"

다산 —— 공자께서 공숙문자(위나라 대부 公孫枝)에 대해 공명가에게 물어 말씀하셨다. "참으로 그분(공숙문자)은 말하지도 않고, 웃지도 않으며, 취하시지도 않습니까?(믿을 수 있는 진실입니까?)" 공명가가 대답해서 말했다. "알려드린 사람이 잘못 전한 것입니다. (문자도 말하고, 웃고, 취함이 있으니) 그분은 때에 맞은(中時) 연후에 말하시니, (쓸데없는 말이 없으니) 사람들이 그 말씀을 싫어하

우고 익힘을 의미하게 된다. 중국에서는 혼용했으며, 한국에서는 점차 공부工夫로 표기가 고정되어 현재 우리가 알고 있는 개념이 되었다. 중국에서 공부는 여가나 시간을 뜻하고, 功夫는 원래의 의미 이외에 중국무술을 뜻하게 된다. 우리말 '공부工夫'를 중국에서는 쉐시(學習), 두수(讀書), 녠수(念書), 융쿵(用功)이라 하고, 일본에서도 뱅쿄勉強라고 쓰고, 공부工夫는 아이디어를 의미한다. 혹은 공부工夫는 중국어와 관계없는 불교에서 나온 것으로 '주공부做工夫'라고 하여 불법을 열심히 닦다라는 뜻이었는데, 주做 자가 빠지고 현재의 공부工夫가 되었다고 말하기도 한다. 현재 우리만 사용하는 공부工夫란 말의 어원은 조선 성리학의 융성과 상관관계에 있다고 볼 수 있고, 성리학은 불교와 많은 연관이 있다. 따라서 원래 공부工夫 혹은 공부功夫라는 말에 불교적인 의미가 가미되어 오늘날의 한국적인 공부工夫라는 말이 형성되었다고 생각한다.

지 않습니다. 즐거워할 만한(可樂) 연후에야 웃으시니, (구차한 웃음이 없어) 사람들이 그 웃음을 싫어하지 않습니다. 의로운(合宜) 연후에야 취하시니(탐욕을 부려 취하지 않으니), 사람들이 그 취하시는 것을 싫어하지 않습니다." 공자께서 말씀하셨다. "그렇군요(공명가의 말을 듣고 그 실상을 알게 된 것을 기뻐하신 것이다:이치에 합당한 것이다)! 어찌 그럴 수(말하지도 않고, 웃지도 않으며, 취하시지도 않을 수) 있었겠습니까?(예전에 들은 말:不言不笑不取이 사리에 맞지 않았음을 깨달은 것이다.)"

집주 ── ■公叔文子는 衛大夫公孫枝也라 公明은 姓이요 賈는 名이니 亦衛人이라 文子爲人을 其詳不可知나 然이나 必廉靜之士라 故로 當時에 以三者稱之하니라

공숙문자公叔文子는 위衛나라의 대부 공손지公孫枝이다. 공명公明은 성이고 가賈는 이름인데, 역시 위나라 사람이다. 문자의 사람됨은 그 상세함은 알 수 없지만, 필시 염정廉靜한 선비였기 때문에 당시에 세 가지로 칭송했다.

■厭者는 苦其多而惡之之辭라 事適其可면 則人不厭而不覺其有是矣라 是以로 稱之或過하여 而以爲不言不笑不取也라 然이나 此言也는 非禮義充溢於中하여 得時措之宜者면 不能이니 文子雖賢이나 疑未及此라 但君子與人爲善이요 不欲正言其非也라 故로 曰 其然가 豈其然乎리오 하시니 蓋疑之也니라

'염厭'이란 그 많음을 괴로워하며 싫어하는 말이다. 일이 그 타당함에 적합하면 사람들은 싫증내지 않고, 그것이 있었다는 것조차 깨닫지 못한다. 그런 까닭에 칭찬이 혹 지나쳐 '말하지 않고, 웃지 않고, 취하지 않는다.'고 했던 것이다. 그러나 이런 말은 예의禮義가 마음 가운데 충일充溢하여 때에 알맞게 조치하는 자가 아니라면 능히 해낼 수 없다. 공순문자는 비록 현명하지만, 아마도 여기에는 미치지 못한 듯하다. 다만 군자는 남이 선을 행한 것을 인정하고 그 잘못을 바로 말하려 하지는 않는다. 그러므로 "그러한가? 어찌 그

러할까?'라고 하셨으니, 대개 회의하신 것이다.

고금주 ── ■邢曰: "夫子指文子." ○邢曰: "孔子舊聞文子有此三行, 疑而未信, 故問於賈." ○邢曰: "賈言文子亦有言笑及取, 但無游言, 不苟笑, 不貪取." ○補曰 其然者, 聞賈之言而欣得其實也. [合於理] 豈其然者, 覺前所聞者非理也. [釋前疑] 人豈有全不言笑·全不取物者乎?

형병이 말했다. "부자夫子는 문자文子를 지칭한다." ○형병이 말했다. "공자께서 전에 문자에게 이러한 세 가지 덕행이 있다고 들었지만, 회의하고 믿지 않으셨기 때문에 공명가에게 물으셨다." ○형병이 말했다. "공명가는 '문자 또한 말하고 웃고 취함이 있지만, 단지 쓸데없는 말을 하지 않고, 구차하게 웃지 않고, 탐욕을 부려 취하지 않는다.'고 말했다." ○보완하여 말한다. 기연其然이란 공명가의 말을 듣고, 그 실상을 알게 된 것을 기뻐하신 것이다(이치에 합당한 것이다). 기기연豈其然이란 이전에 들은 것이 이치에 어긋난다는 것을 깨달았다는 것이다(이전의 의문을 푼 것이다). 사람이 어찌 전혀 말하지 않거나 웃지 않으며 전혀 물건을 취하지 않을 수 있겠는가?

■孔曰: "公叔文子, 衛大夫公孫枝." [邢氏本] ○案 皇氏本及陸德明『釋文』, 竝作公孫拔, 惟邢氏本首誤也.

공안국이 말했다. "공숙문자는 위나라 대부 공손지公孫枝이다."(형병본) ○살핀다. 황간본과 육덕명의 『석문』에 모두 공손발公孫拔로 되어 있는데, 오직 형병본에서 처음으로 잘못되어 있다.

■馬曰: "美其得道, 嫌不能悉然." ○案 公明賈要之爲文子之家臣, 不然其門人也. 自述其君師之行, 又非怪·力·亂·神之違於事理者, 則聖人但當與而嘉之而已, 無故生疑曰'其然, 豈然', 惑也. 直對其人曰'其然, 豈然', 非禮也. 前旣懷疑, 今又深疑, 則公叔文子將終於不可知而止乎? ○又按 公叔文子, 賢大夫也. 貞·惠·文三德, 見於〈檀弓〉, 大夫僎之事, 見於下章, 又史鰌之言曰: "富而不驕者鮮, 吾惟子之見.[定十三]" 本是賢人, 豈得不信其善行乎?

마융이 말했다. "그가 도의를 얻은 것을 찬미하면서도 모두 다 그럴 수 없음을 의심하신 것이다." ○살핀다. 공명가는 문자의 가신이거나, 아니면 그 문인이었을 것이다. 그 인군이나 스승의 행실을 자술自述했고, 또한 괴怪·력力·난亂·신神과 같이 사리에 어긋나는 것이 아니니, 성인께서는 단지 마땅히 그것을 허여하고 가상히 여겼을 뿐이다. 까닭 없이 의심하여 '그런가? 어찌 그런가?'라고 말하는 것은 의혹이다. 그 사람을 직접 대면하면서 '그런가? 어찌 그런가?'라고 말하는 것은 예의가 아니다. 앞에서 의심하고, 지금 또 깊이 의심하면, 공숙문자는 장차 알 수 없는 데에서 끝나고 마는 것이다. ○또 살핀다. 공숙문자는 어진 대부이다. 정貞·혜惠·문文 삼덕三德이 『예기』「단궁」에 나타나 있고, 대부 선의 일은 다음 장에 나타나 있고, 또한 사추史鰌의 말에 "부유하면서 교만하지 않는 자는 드문데, 내 오직 그대에게서 본다(『좌전』정공 13년조)."고 했으니, 본시 현인이니, 어찌 그의 선행을 불신하겠는가?

비평 ── 마지막의 "기연其然, 기기연호豈其然乎"를 두고 고주와 주자는 공자께서 공명가의 공숙문자에 대한 평가가 지나치다고 생각하여, "그러한? 어찌 그럴 수 있겠는가?'라고 대개 의심하신 것으로 평가했다.

이에 대해 다산은 문자의 가신(혹은 문인)이었을 공손가의 자술이 사리에 어긋나지 않았기 때문에, 마땅히 허여하고 가상히 여겼을 뿐이라고 해석하여 "그렇군! 어찌 그럴 수(말하지도 않고, 웃지도 않으며, 취하자도 않을 수) 있었겠는가?'라고 해석했다. 즉 공명가의 말을 듣고 예전에 사리에 어긋났던 것의 실상을 얻어 기뻐한 것이고, 예전에 들은 말(不言不笑不取)이 사리에 맞지 않음을 깨달은 것을 형언한 말이라고 했다. 다산의 해석이 박절하지 않은 성인 공자의 인품을 이상적으로 높이고 있다고 할 수 있다.

14:15.　子曰:"臧武仲以防求爲後於魯, 雖曰不要君, 吾不信也."

고주 —— 공자께서 말씀하셨다. "장무중이 (그 고읍인) 방읍防邑을 점거하고 노나라에 후사後嗣를 세워 (선대의 제사를 지켜) 주기를 구하였다. 비록 임금에 게 (약속을 강제하면서) 강요(要=約勒以求)하지 않았다고 하더라도, 나는 믿지 않는다."

주자 —— 공자께서 말씀하셨다. "장무중이 방읍防邑을 거점으로 (장차 반란을 일으킬 것을 보이면서) 노나라에 후사後嗣를 세워 주기를 구하였다. 비록 임금 에게 (방읍을 끼고서) 요구(要=有挾而求)하지 않았다고 하더라도, 나는 믿지 않 는다."

다산 —— 공자께서 말씀하셨다. "장무중이 (그 고읍인) 방읍防邑을 점거하고 노나라에 후사後嗣를 세워 (선대의 제사를 지켜) 주기를 구하였다. 비록 임금에 게 (약속을 강제하면서) 강요(要=約勒以求)하지 않았다고 하더라도, 나는 믿지 않는다."

자원풀이 ■求구는 본래 가죽옷 위로 털(毛)이 삐져나온 모양으로 갓옷을 만드는 재료를 나타내었다. 추위를 나는데 가죽옷은 귀한 존재로 혹은 의식주(衣食住)에서 첫째로 누구나 '구하는 대상'이기 때문에 추구追求하다, 요구要求하다, 청구請求의 뜻이 나왔다.
■要요는 女(여자 녀)+臼(절구 구)가 의미부이고 幺(작을 요)가 소리부로 두 손(臼)을 여성(女)의 잘록한 허리에 댄 모습을 그렸는데, 윗부분이 襾(덮을 아)로 변해 현재의 자형이 되었다. 이후 신체의 중요한 부분이라는 데서 '중요하다'의 뜻이, 그리고 '요구하다'의 뜻이 파생되었다. 그러자 원래 뜻은 육肉을 더한 腰(허리 요)자로 분화되었다. 요腰는 肉(고기 육)+要(구할 요)로 신체의 허리부분을 말하고, 허리띠를 말하기도 한다. 주자는 요要를 '무엇을 끼고서 요구함(有挾而求也)'이라고 해석했다.

집주 —— ■防은 地名이니 武仲所封邑也라 要는 有挾而求也라 武仲이 得罪
奔邾러니 自邾如防하여 使請立後而避邑하여 以示若不得請이면 則將據邑以
叛하니 是要君也라

방防은 지명으로 무중武仲의 봉읍이다. '강요(要)'는 무엇을 끼고서 요구하는
것(有挾而求)이다. 장무중은 죄를 얻어 주邾나라로 달아났다가, 주나라에서
방읍으로 가서, 사자를 보내 후사를 세워 주면 방읍을 떠나겠다고 청했다.
만약 청을 들어주지 않으면 장차 읍을 거점으로 하여 모반을 것을 드러냈으
니, 이는 인군을 강요한 것이다.

■范氏曰 要君者는 無上이니 罪之大者也라 武仲之邑을 受之於君하니 得罪
出奔이면 則立後在君이니 非己所得專也어늘 而據邑以請하니 由其好知而不
好學也니라

범조우가 말했다. "임금을 강요하는 것은 윗사람을 업신여기는 것이니 죄 중
에 큰 것이다. 무중의 읍은 임금에게서 받은 것인데 죄를 얻어 도망갔으면
후사를 세우는 것은 임금에게 달린 것이지 자신이 전횡할 수 있는 것은 아니
다. 그런데도 방읍을 점거하고 청한 것은 그가 앎을 좋아했지만, 배움을 좋
아하지 않았기 때문이다."

■楊氏曰 武仲이 卑辭請後하니 其跡은 非要君者나 而意實要之니라 夫子之
言은 亦春秋誅意之法也시니라

양시가 말했다. "장무중이 말을 낮추고 후사를 청했으니, 그 자취는 임금을
강요한 것은 아니지만, 그 뜻은 사실상 강요한 것이다. 공자의 말씀은 또한
『춘추』의 '의도를 주벌하는 방법(誅意之法)'이다."

고금주 —— ■孔曰: "防, 武仲故邑." ○孔曰: "爲後, 立後也." ○純曰: "要, 猶劫
也, 謂約勒也." ○案 據邑以叛, 古注無此說. 武仲旣見嫉於三家, 區區一邑, 若
不足以謀叛者. 然防者, 邊邑也. 齊·邾者, 武仲之外交也. 據防以召兵, 容有

是虞, 故必坐防而求後也. 其辭曰: "苟守先祀, 敢不辟邑?" 明先祀遂絶, 則不避邑也. 不召外寇, 無恃內援, 將何術以不避乎? 其意隱然使魯之君臣, 慮其畔而從其所請也. 朱子於是推究深切, 故曰'示將據邑以叛也'.

공안국이 말했다. "방防은 무중의 고읍故邑이다." ○공안국이 말했다. "위후爲後는 후사를 세움(立後)이다." ○태재순이 말했다. "요要는 겁박(劫)이니, 약속을 강제하는 것(約勒)이다." ○살핀다. 읍을 거점으로 하여 모반했다(據邑以叛)는 것(주자의 주석)은 고주의 해설에는 없다. 장무중이 이미 삼가三家로부터 미움을 받았고, 작은 읍 하나로는 모반하기에 부족할 듯하다. 그러나 방防은 변방의 읍이다. 제齊·주邾는 무중이 외교하던 나라이다. 방을 거점으로 군대를 소집하면 혹 이런 근심이 있을 있었기 때문에, 필시 방읍에 대기하면서 후사를 요구한 것이다. 그가 하소연하여 "만약 선조의 제사를 지킬 수만 있다면 감히 방읍을 피하지 않겠습니다."고 했으니, 선조에 대해 제사가 드디어 끊어진다면 방읍을 떠나지 않겠다는 것을 분명히 했다. 그러나 바깥의 도적을 불러들이지 않고, 안쪽의 원군에 의지하는 것도 없이, 장차 무슨 수로 피하지 않을 수 있겠는가? 그 의도는 은연중에 노나라의 군신으로 하여금 그가 모반할 것을 염려하여, 청한 바를 따르게 하고자 한 것이다. 주자는 이 점에 대해 깊고 절실하게 추구했기 때문에, 장차 읍을 거점으로 하여 모반할 것을 보였다고 했다.

■朱子曰: "要, 有挾而求也." ○案 孔氏約勒之解, 最中經旨, 今所取也. 要者, 約勒以求之也. 要者, 約也. [腰者, 約束處] 要之爲求, 假借之法也.

주자가 말했다. "요要는 무엇을 끼고서 요구하는 것이다." ○살핀다. 공안국이 (要를) 눌러서 맺는 것(約勒)이라고 한 것이 경의 뜻에 가장 적중하는 것이니, 지금 취한다. 요要란 약속을 강제하여 요구하는 것이다. 요要란 약속(約)이다(腰란 約束處이다). 요要가 강구한다는 뜻이 되는 것은 가차법이다.

비평 —— 요군要君의 요要에 대해 주자는 '무엇을 끼고서 요구함(有狹而求也)'이라고 해석했고, 다산은 어원에 근거(要는 허리띠에서 나왔다)를 두고 '약속을 강제하여(約勒) 요구하는 것'이라고 해석했다. 별로 차이가 나는 것 같지는 않다. 장문이 방읍을 거점으로 모반할 것을 시사했는가에 대한 관점을 약간 달리하지만, 큰 차이는 아니다.

⤴︎⤴︎⤴︎

14:16. 子曰: "晉 文公譎而不正, 齊 桓公正而不譎."

고주 —— 공자께서 말씀하셨다. "진문공은 (천자를 불러 제후로 하여금 조현하게 한 것은) 속이고(譎=詐) 바르지 않았지만, 제환공은 (초나라를 公義로 토벌하고, 包茅가 공물을 납입하지 않는 것을 문책한 것을 질책하고, 소왕이 남을 순수하다가 돌아오지 못한 것) 바르고 속이지 않았다."

주자 —— 공자께서 말씀하셨다. "진문공은 (위나라를 치면서 초나라를 끌어들여 음모로 승리를 취했으니) 속이고(譎=詭) 바르지 않았지만, 제환공은 (초를 정벌함에 의리에 기대어 명분을 내세우고, 詭道로 말미암지 않았으니) 바르고 속이지 않았다."

다산 —— 공자께서 말씀하셨다. "(제환공의 마음 씀과 행실이 바르고 속임수를 쓰지 않아서 진문공과 함께 귀착될 수 없었기에) 진 문공은 속이고(譎=詭) 바르지 않았지만, 제환공은 바르고 속이지 않았다."

집주 —— ■晉文公은 名重耳요 齊桓公은 名小白이라 譎은 詭也라 二公은 皆

諸侯盟主니 攘夷狄以尊周室者也라 雖其以力假仁하여 心皆不正이나 然이나
桓公伐楚에 仗義執言하여 不由詭道하니 猶爲彼善於此요 文公則伐衛以致楚
하고 而陰謀以取勝하니 其譎이 甚矣라 二君他事 亦多類此라 故로 夫子言此
하여 以發其隱하시니라

진晉문공文公의 이름은 중이重耳, 제齊환공桓公의 이름은 소백小白이다. 휼譎
은 속임(詭)이다. 두 사람 모두 제후의 맹주로서 오랑캐를 물리쳐서 주 왕실
을 받든 자이다. 비록 그들이 무력으로 인을 가장하여(以力假仁) 모두 마음이
바르지 않았지만, 환공이 초를 정벌함에 의리에 기대어 명분을 내세우고 궤
도詭道로 말미암지 않았으니, 오히려 환공이 문공보다 나았다. 문공은 위나
라를 치면서 초나라를 끌어들여 음모로 승리를 취했으니, 그 간휼함이 매우
심했다. 두 임금의 다른 일 또한 이와 유사한 것이 많았다. 그러므로 공자께
서는 이러한 말씀으로 그 은미한 것을 드러내셨다.

고금주 —— ■鄭曰: "譎者, 詐也. 謂召天子而使諸侯朝之. 仲尼曰, '以臣召君,
不可以訓.' 故書曰'天王狩於河陽', 是譎而不正也." ○馬曰: "伐楚以公義, 責包
茅之貢不入, 問昭王南征不還, 是正而不譎也." ○案 齊 桓・晉 文, 當時竝稱,
而孔子獨善桓公, 故辨其正譎也. 孔子屢稱管仲, 而晉 文之事, 無所及焉.

정현이 말했다. "휼譎이란 속임(詐)이다. 천자를 불러 제후로 하여금 조현朝

자원풀이 ■譎은 言+矞(송곳질할 율)로, 송곳처럼 예리한(矞) 말(言)로 '속이다'(詐, 詭)의 뜻이며, 직접적으로 말하
지 않고 완곡하게 말하다라는 뜻도 갖는다. 속이다, 임기응변하다, 기이하다, 결단하다, 농간하다 등의 뜻이 있다.
■정正은 一(한 일)+止(머무를 지)의 회의자로 절대적 표준인 하늘(一)에 나아가 합일하여 머무르는 것이 '바르다'는
뜻이다. 다른 한편 성곽(口)에 정벌하러 가는(止) 모양으로 정벌은 정당하기에 정의 혹은 바르다의 뜻이 나왔다고
한다. 바르다(치우치지 않다, 단정하다, 반듯하다, 곧다, 정확하다), 올바르다(정직하다, 공정하다), 바로잡다(도리나 원칙에 어
긋난 것을 바로잡다), 결정하다, 다스리다, 관장하다, 정실(정처, 본처, 적장자), 정(주가 되는 것), 바로, 막, 정사(=政), 상법
常法, 군대 편제의 단위(三領爲一正), 정벌하다(天子失義 諸侯力正), 노역勞役. 그런데 청淸의 왕인지(王引之)의 『경의술
문經義述聞』 송상봉宋翔鳳의 『논어발미論語發微』 유보남劉寶楠의 『논어정의』 등 청유淸儒들은 휼譎을 일상 원칙에
구애받지 않고, 시의에 따라 경중輕重을 헤아려 행하는 권도權道로, 정正은 평상시에 쓰는 정치의 상도常道라고 해

見하게 한 것을 말한다. 중니仲尼께서 말씀하시길, '신하로서 임금을 부른 것
(以臣召君)은 교훈이 될 수 없다.'고 했다. 그러므로 『서경』에서 말하길, '천왕
이 하양河陽에서 순수했다.'고 하였으니, 이것이 속이면서 바르지 못한 것(譎
而不正)이다."○마융이 말했다. "초나라를 공의公義로 토벌하고, 포모包茅가
공물을 납입하지 않는 것을 문책한 것을 질책하고, 소왕이 남을 순수하다가
돌아오지 못한 것을 물었으니, 이것이 바르면서 속이지 않는 것(正而不譎)이
다."○살핀다. 제환공과 진문공은 당시에 병칭竝稱되었지만, 공자께서 오로
지 환공만 선하다고 했기 때문에 그 정휼正譎을 변증한 것이다. 공자께서는
여러 번 관중을 칭했지만, 진문공의 일을 언급한 적은 없다.

■ 質疑 朱子曰: "二公以力假仁, 心皆不正. 然桓公伐楚, 仗義執言, 不由詭道,
文公則伐衛以取楚, 陰謀以取勝, 其譎甚矣." ○案 孟子曰: "仲尼之徒, 無道
桓·文之事者." 然考之『論語』, 仲尼親口贊美管仲之功, 不遺餘力, 奚待其徒
之言之乎? 孔子當時, 灼見桓公處心行事, 正而不譎, 不可與晉 文同歸者, 故八
字打開, 辨之如是. 蓋桓公之於管仲, 赦讎而用, 翕然不疑, 文公之於狐偃, 結
恩而歸, 慈焉相忌 其人已可知矣. 桓公恭於受胙, 文公敢於請隧, 其論亦可定
矣. 或曰: "桓公殺公子糾, 而文公無此惡." 然文公歷聘四國, 以待四君之自斃,
其倖災樂禍之心, 挾詐飾言之跡, 屢見於『春秋傳』·〈檀弓〉諸記, 苟誅其心, 奚
但一子糾而已? 二公之是非邪正, 夫子有定評矣.

(주자의 두 사람에 대한 평가에) 질의한다. 주자가 말했다. "비록 무력으로 인을
가장해(以力假仁) 모두 마음이 바르지 않았지만, 환공이 초를 정벌함에 의리
에 기대어 명분을 내세우고 궤도로 말미암지 않았으니, 오히려 환공이 문공
보다 나았다." ○살핀다. 맹자가 말하길, "중니의 문도들은 환공과 문공의 일

석한다. 즉 진문공은 비상시의 권도權道에는 능했으나 일상적인 정치의 상도에는 취약했고, 제환공은 정치의 상
도에는 능했으나 권도에는 약했다는 것이다.

을 말한 적이 없었다."고 했다. 그러나 『논어』를 살펴보면, 공자께서는 직접 관중의 공로를 아낌없이 찬미했으니, 어찌 그 문도들이 말하는 것을 기다릴 필요가 있겠는가? 공자 당시 환공의 마음 씀과 행실이 바르고 속임수를 쓰지 않아서 진문공과 함께 귀착될 수 없다는 것을 환히 알았기 때문에 여덟 글자로 단정하여 이와 같이 분변한 것이다. 대개 환공과 관중의 관계는 원수였지만 사면하고 등용하여 흡연翕然히 의심하지 않았으며, 문공과 호언狐偃의 관계는 은혜로 맺어졌지만 돌아올 때 두려워하여 서로 기피했으니, 그 사람됨을 알 만하다. 환공은 제육을 공손히 받았으나, 문공은 감히 수隧를 청했으니, 이 말로도 또한 (평가가) 정해질 수 있다. 어떤 이는 말하기를 "환공은 공자 규를 죽였으나, 문공은 이런 악이 없다."고 한다. 그러나 문공은 네 나라를 두루 빙문하여 네 나라의 군주가 스스로 죽기를 기대하였으며, 또 남의 재앙을 요행으로 바라고 남의 화禍를 즐기는 마음과 속임수를 끼고 말을 꾸며댄 사적이 『춘추전』·『예기』「단궁」편의 여러 기사에 보인다. 진실로 그의 마음을 주토한다면, 어찌 다만 한 사람 공자 규에 그칠 것인가? 두 공의 시비是非와 사정邪正은 공자의 정평이 있다.

비평 —— 춘추시대 제후 간에 맺어진 회합이나 맹약을 회맹會盟이라 하고, 회맹의 맹주盟主가 된 자를 패자霸者라 한다. 『순자荀子』에 의하면, 제환공齊桓公, 진문공晉文公, 초장공楚莊王, 오합려吳闔閭, 월구천越勾踐을 춘추오패라 한다. 지금 산서성山西省 일대 진나라의 군주였던 문공은 B.C.636년에 즉위하여 B.C.628년에 사망하였는데, 춘추오패의 한 사람으로 제환공의 뒤를 이어 패자가 되었다. 제환공은 지금 산동성 일대인 제나라를 B.C.685년에서 643년까지 다스린 춘추오패의 시초이다. 주자는 이러한 패자霸者들에 대해 맹자의 이른바 왕패지변王霸之辨에 입각하여 엄격한 도덕주의적인 입장에서 평가하지만, 다산은 사공事功적인 입장에서 훨씬 더 긍정적으로 평가한다.

다산의 주자에 대한 질의 또한 이런 입장에서 이해할 수 있다.

<hr/>

14:17. 子路曰: "桓公殺公子糾, 召忽死之, 管仲不死." 曰: "未仁乎?" 子曰: "桓公九合諸侯, 不以兵車, 管仲之力也. 如其仁, 如其仁."

고주 —— 자로가 말했다. "환공이 공자 규를 죽이니, 소홀은 함께 죽었지만 관중은 죽지 않았으니, (관중은) 인하지 못하다고 할 수 있겠지요?" 공자께서 말씀하셨다. "환공이 제후를 아홉 번(兵車의 회합이 세 번, 乘車의 회합이 여섯 번) 회합하면서, 무력으로 하지 않은 것(衣裳의 회합)은 관중의 공력이었다. 누가 그(관중)의 인함만 같겠는가? 누가 그의 인함만 같겠는가?"

주자 —— 자로가 말했다. "환공이 공자 규를 죽이니, 소홀은 함께 죽었지만 관중은 죽지 않았으니, (관중은) 인하지 못하다고 할 수 있겠지요?" 공자께서 말씀하셨다. "환공이 제후를 규합(九=糾=督勵)하면서, 무력으로 하지 않은 것 (威力을 빌리지 않은 것)은 관중의 공력이었다. 누가 그(관중)의 인함만 하겠는가? 누가 그의 인함만 하겠는가? (관중은 비록 仁人이라 할 수는 없지만, 사람들에게 이익과 은택을 미쳤으니, 인의 공로가 있다.)"

다산 —— 자로가 말했다. "환공이 공자 규를 죽이니, 소홀은 함께 죽었지만

<hr/>

자원풀이 ■규糾는 실 사(糸)와 '얽힐 규'의 형성자로 얽히다(紛糾)의 뜻이 나왔고, 다시 얽힌 것을 풀어야 한다는 뜻에서 풀다라는 뜻이 나왔다. 얽히다, 모으다, 바로잡다 등의 뜻이다.

관중은 죽지 않았으니, (관중은) 인하지 못하고 할 수 있겠지요?" 공자께서 말씀하셨다. "환공이 제후를 아홉 번 회합하면서 무력으로 하지 않은 것(군비를 설치하지 않은 것)은 관중의 공력이었다. (仁이란 본심의 전덕이 아니라, 사공의 성취이기 때문에, 관중의 인은) 소홀의 그 인함에 상당한다(如=當), 소홀의 그 인함에 상당한다."

집주 —— ■按春秋傳에 齊襄公이 無道한대 鮑叔牙奉公子小白奔莒하고 及無知弑襄公에 管夷吾, 召忽이 奉公子糾奔魯러니 魯人이 納之未克하여 而小白이 入하니 是爲桓公이라 使魯殺子糾而請管召한대 召忽은 死之하고 管仲은 請囚러니 鮑叔牙言於桓公하여 以爲相하니라 子路疑管仲忘君事讐하니 忍心害理하여 不得爲仁也라

『춘추전』을 살피면, 제나라 양공襄公이 무도無道하여, 포숙아鮑叔牙가 공자公子 소백小白을 받들어 거莒로 도망갔다. 무지無知가 양공襄公을 시해하니, 관이오管夷吾와 소홀召忽이 공자公子 규糾를 받들어 노나라로 도망갔다. 노나라 사람들이 공자 규를 (제나라 임금으로) 들이려 했으나 이기지 못하자, 소백이 들어가니, 이가 환공桓公이 된다. (환공이) 노나라로 하여금 공자 규糾를 죽이고 관중과 소홀을 (잡아 보내줄 것) 청하니, 소홀은 (규를 따라) 죽었고 관중은 잡혀가기를 청했다. 포숙아는 환공에게 말하여 (관중을) 재상으로 삼게 했다. 자로는 관중이 주군을 잊고 원수를 섬겨, 모진 마음으로 이치를 해쳤으니 인仁이 될 수 없다고 의심했다.

■九는 春秋傳에 作糾하니 督也니 古字通用이라 不以兵車는 言不假威力也라 如其仁은 言誰如其仁者니 又再言以深許之하시니라 蓋管仲이 雖未得爲仁人이나 而其利澤及人이면 則有仁之功矣니라

구九는 『춘추전』에 '규糾'로 되었는데 독려(督)라는 뜻으로, 옛 글자는 통용되었다. 병거를 쓰지 않았다는 것은 위력을 빌리지 않았다는 말이다. '여기인如

其仁'이란 '누가 그 인만 하겠는가?(誰如其仁者)'라는 말인데, 또 그 말씀을 거듭하시어 깊이 인정하셨다. 대개 관중은 비록 인인仁人이 될 수는 없지만, 사람들에게 이익과 은택을 미쳤으니, 인의 공로가 있다.

고금주 —— ■補曰 桓公, 弟也. 子糾, 兄也. 『史記』曰: "襄公次弟糾, 次弟小白." ○孔曰: "齊 襄公立, 無常, 鮑叔牙曰, '君使民慢, 亂將作矣.' 奉公子小白出奔莒. 襄公從弟公孫無知殺襄公, 管夷吾・召忽奉公子糾出奔魯. 齊人殺無知. 魯伐齊, 納子糾. 小白自莒先入, 是爲桓公, 乃殺子糾. 召忽死之." ○補曰 子路 謂召忽殺身成仁, 疑管仲未仁." 九合者, 會諸侯至八至九也. 『穀梁傳』曰 '衣裳 之會十有一', 秖稱九者, 不取北杏及陽穀, 故減二也. 不以兵車, 明信義相孚, 不設備也. 如, 猶當也. 其仁, 謂召忽之仁也, 言管仲之功足以當召忽之仁. [如 其仁] 再言之者, 較計秤量, 而終覺其可相當也.

보완한다. 환공桓公은 동생(弟)이고, 공자(子) 규糾는 형兄이다. 『사기』에서 말했다. "양공襄公의 다음 동생이 규糾이고, 그다음 동생이 소백小白이다." ○공안국이 말했다. "제나라 양공襄公이 즉위하여 (政令이) 일정함이 없으니, 포숙아鮑叔牙가 '임금이 백성들을 방종하게 만드니, 장차 반란이 일어날 것이다.'라고 말하고서, 공자公子 소백小白을 받들어 거莒로 도망갔다. 양공의 종제 공손무지公孫無知가 양공을 시해하니, 관이오管夷吾와 소홀이 공자公子 규糾를 받들어 노나라로 도망 왔다. 제나라 사람들이 공손무지를 살해했다. 노나라가 제나라를 정벌하여 공자 규를 (임금이 되게 제나라로) 들여보내고자 했다. 소백이 거로부터 먼저 들어갔으니, 이가 환공이 되었다. 이에 (노나라가 제나라의 강압에 의해) 공자 규를 죽이니, 소홀은 그를 위해 죽었다." ○보완하여 말한다. 자로는 '소홀은 살신성인했다.'고 평가하면서도, '관중은 인仁하지 못했다.'고 의심했다. 구합九合이란 제후들을 회합한 것이 여덟 번, 아홉 번에 이르렀다는 것이다. 『곡양전』에서 '의상지회衣裳之會가 열한 번 있었다.'고 말했는데, 다만 아홉 번이라고 말한 것은 북행北杏과 양곡陽穀의 회합을 취하기 않았기 때문에 두 번을 감한 것이다. 병거를 쓰지 않았다는 것은 신의信義로 서로 믿고, 군비를 설치하지 않음을 밝힌 것이다. 여如는 당當과 같고, 기인其 仁은 소홀의 인을 가리킨다. 관중의 공이 족히 소홀의 인에 해당할 수 있음을 말한 것이다(如其仁). 두 번 말한 것은 비교·계량해 보아도 결국은 그것이 서로 같을 만하다고 깨달은 것이다.

■ 質疑 程子曰: "桓公兄, 子糾弟, 襄公死, 則桓公當立." ○案 桓弟糾兄, 審矣. 然桓公本無殺糾事. 『春秋經』曰: "齊人殺之." 『管子』曰: "魯人殺之."

질의한다. 정자가 말했다. "환공은 형이고, 공자 규糾는 동생인데, 양공이 죽으면 환공이 즉위해야 한다." ○살핀다. 환공은 동생이고 규는 형임이 분명하다. 그러나 환공이 본래 규를 죽인 일은 없다. 『춘추경』에는 "제나라 사람이 죽였다."고 했고, 『관자』에는 "노나라 사람이 죽였다."고 했다.

■ 質疑 朱子曰: "九, 『春秋傳』作糾, 古字通用. 『左傳』僖二十六年, 齊 孝公伐我北鄙. 公使展喜犒師曰, '桓公糾合諸侯, 謀其不協.'" ○案 糾者, 繩三合也°與九相通, 本無是理. 《左傳》自是糾合, 《魯論》自是九合, 何必強合之爲快乎? 孔子謂九合諸侯, 不以兵車, 則《管子》·《國語》·《史記》謂兵車或六或三者, 皆誤 當以《穀梁傳》爲正, 衣裳之會十一, 而不計其二也. 九合之爲數目, 審矣.

질의한다. 주자가 말하기를 "구九는 『춘추전』에 '규糾'로 되어 있는데, 옛 글자는 통용되었다. 『좌전』 희공 26년에 제나라 효공이 북비北鄙를 정벌하니, 희공이 전희展喜를 파견하여 군사에게 잔치를 베풀어 말하길, '환공이 제후를 규합한 것은 그 일치하는 것을 도모하기 위함이다.'라고 했다." ○살핀다. 규糾란 새끼를 세 가닥에서 합치는 것(繩三合)이다. 구九와 상통한다니, 본래이럴 이치는 없다. 『좌전』은 『좌전』대로 그 자체가 규합糾合의 뜻이고, 『노론』은 『노론』대로 그 자체가 구합九合인데, 어찌 반드시 억지로 이것들을 합해야 유쾌하겠는가? 공자는 '제후들을 아홉 번 회합했으며, 무력을 쓰지 않았다.'고 했으니, 『관자』·『국어』·『사기』에서 병거의 회합이 여섯 혹은 세 번이라고 하는 것은 모두 잘못이고, 마땅히 『곡량전』을 바른 것으로 삼아야 한다. 의상지회가 열한 번인데, 그 둘은 제외하고 계산하지 않았다. 구합九合이 수목數目임이 분명하다.

■孔曰: "誰如管仲之仁?"[邢云: "如其仁者, 子路言管仲未仁, 故爲說其行仁之事." 又云: "餘更有誰如其管仲之仁. 再言之者, 美之深也."] ○駁曰 非也. 添入'誰'字, 猶不白矣. 凡此物之數, 與彼物相當者, 曰如其數. 子路獨以召忽爲殺身成仁, 而不知管仲之功將仁覆天下, 故孔子盛稱其功曰: "管仲雖不死, 亦可以當召忽之死也. 秤其輕重, 細心商量, 而終不見其不相當, 故再言之曰如其仁."

공안국이 말했다. "누가 관중의 인仁만 하겠는가?"(형병이 말했다. "如其仁이란 자로가 관중은 인하지 않다고 말했기 때문에, 관중이 인을 행한 일을 말씀해 주신 것이다." 또 말했다. "'이 밖에 다시 누가 관중의 仁만 한 이가 있겠는가?'라고 두 번 말씀하신 것은 깊이 찬미하신 것이다.") ○논박하여 말하면, 그릇되었다. 주석에 '누구 수(誰)' 자를 첨가하여 넣는 것은 오히려 명백하지 못하다. 무릇 이 물건의 수효와 저 물건의 수효가 서로 맞는 것을 '그 수와 같다(如其數)'고 한다. 자로는 오직 소홀만 살신성인했다고 여기고, 관중의 공로는 장차 인으로 천하를 덮으려 하는 것임을 알지 못했기 때문에, 공자께서 관중의 공을 성대하게 칭찬하여 "관중은 비록 죽지 않았으나, 또한 소홀의 죽음에 해당할 수 있다."고 한 것이다. 그 경중輕重을 달아 보고 자세히 상량해 보아도 끝내 그들이 상당相當하지 않음을 볼 수 없었기 때문에, 거듭 말하여 '(소홀의) 그 인함과 같다(如其仁)'고 말씀하신 것이다."

■質疑 朱子曰: "管仲雖不得爲仁人, 而其利澤及人, 則有仁之功矣." ○案 仁者, 非本心之全德, 亦事功之所成耳. 然則旣有仁功, 而不得爲仁人, 恐不合理. 然孔子於二子之問, 每盛言其功, 以拒未仁之說, 而亦未嘗親自口中直吐出一個仁字, 則孔子於此, 亦有十分難愼者. 朱子之言, 其以是矣.

질의한다. 주자가 말했다. "관중이 비록 인인仁人이 될 수는 없지만, 사람들에게 이익과 은택을 미쳤으니, 인의 공로가 있다." ○살핀다. 인仁이란 본심의 온전한 덕(本心之全德)이 아니라, 또한 사공의 성취일 뿐이다. 그렇다면 이미 인의 공로가 있었는데도, 인인이 될 수 없다는 것은 아마도 이치에 부합하지 않는 듯하다. 그러나 공자는 두 사람의 질문에 매번 그 공로를 성대하게 칭찬하여, 아직 인이 아니라는 설명을 거부하면서도 또한 일찍이 친히 입으로 하나의 '인仁' 자를 직접 토출하지 않았으니, 공자께서는 인에 대해 또한 십분 어렵게 여기고 신중했음이 있다. 주자의 말은 이 때문이었을 것이다.

■李卓吾云: "子路以一身之死爲仁, 夫子以萬民之生爲仁, 孰大孰小?"
이탁오李卓吾가 말했다. "자로는 일신의 죽음으로 인을 삼았지만, 공자께서는 만민을 살리는 것을 인으로 삼았으니, 무엇이 크고 무엇이 작은가?"

비평 —— 자로와 자공은 관중이 공자 규糾를 모시고 있던 젊은 시절, 왕위 쟁탈전에서 패배한 공자 규를 따라 함께 죽지 않고, 오히려 경쟁자였던 공자 소백(小白; 훗날의 환공)의 휘하로 들어간 것을 문제 삼아 관중을 인仁하지 못했다고 비평했다. 그러나 공자는 비록 그런 문제가 있다고 할지라도 관중이 제후국들을 규합하여 질서를 유지하고 사방의 오랑캐로부터 주나라의 강토와 문화를 지켜낸 긍정적인 역할을 했다는 점에서 과소평가할 수 없다고 말했다.

여기서 쟁점은 우선 본문의 구합九合을 고주에서는 아홉 번의 회합이라고 해석했지만, 주자는 『좌전』을 참고하여 규합糾合(糾=督勵)으로 읽어야 한다고 주장했다. 그런데 이에 대해 다산은 "규糾란 새끼를 세 가닥에서 합치는 것(繩三合)으로 구九와 상통할 수 없다. 『좌전』은 규합糾合이고 『논어』는 구합九合이기 때문에, 억지로 합할 수 없다. 구합九合이 수목數目이다."라고 주석했다. 그런데 일찍이 이에 대해 주자는 다음과 같이 말한 바 있다.

구九는 『춘추전』에 '규糾'로 나오는데, 독려하는 것이다. 구九가 규糾가 되는 것은 (『춘추좌전』에 나오는) 전회의 말('糾合諸侯')이나 '종족을 규합한다'는 말 같은 것이 그 증거가 된다. 설명하는 자가 그러한 것을 고찰하지 않고, 곧바로 '아홉 번 제후를 회합했다.'라 하고, 환공의 회합을 세어 보면 아홉 번에 그치지 않자, 또 '무력을 쓰지 않았다'는 것을 근거로 '의상의 회합이 아홉 번이고, 나머지는 군사회합이다.'라고 했다, 『공양전』이나 『곡량전』이래 모두 이 설을 주장하니, 억지라 하겠다. (『논어집주대전』)

이렇게 구합九合에 대한 해석에서 주자와 다산(고주)이 다른 주장을 한다. 그런데 규糾의 음운부가 '구'이고, 또한 규糾란 새끼 세 가닥이(糾者 繩三合)라는 서현徐絃의 『설문전說文箋』의 언급, 그리고 다산이 전거로 제시하는 『곡량전』마저도 의상지회가 열한 번이라고 말하고 있다는 점(그렇다면 고주와 다산은, 어떤 근거에서 두 번의 회합을 제외했는지에 대해 답해야 한다)에서 다산의 주장은 약간의 무리가 있다고 생각된다. 다음으로 '여기인如其仁'에 대해 고주와 주자는 '누가 그(=관중)의 인만 하(같)겠는가?(誰如其仁者)'라고 해석하면서, 결국 "대개 관중은 비록 인인(仁人)이라고 할 수는 없지만, 사람들에게 혜택을 미친 것으로 보자면 인의 공로가 있다."라고 설명했다. 이에 대해 다산은 "여如는 당當과 같고, 기인其仁은 소홀의 인을 가리킨다. 관중의 인이 충분히 소홀의 인에 해당할 수 있음을 말한 것이다. …주석에 '누구 수(誰)' 자를 첨가하여 넣는 것은 오히려 명백하지 못하다. …인이란 본심의 온전한 덕이 아니라, 이는 일의 공로에서 이루어지는 것일 뿐이다. 그렇다면 (주자가) 인의 공이 있는데 인한 사람이 될 수 없다는 것은 아마도 이치에 맞지 않는 듯하다."라고 말하여 주자의 해석을 정면으로 반박한다. 이는 인仁에 대한 체용론의 입장에서 형이상학적 정초를 중시했던 주자와 실천성(행사)을 강조했던 다산 간의 정의상 차이라고 하겠다. 상세한 논의를 필요로 한다. 또한 관중에 대한 평가의 차이는 다음 절에서 다루고자 한다.

⟡

14:18. 子貢曰: "管仲非仁者與! 桓公殺公子糾, 不能死, 又相之." 子曰: "管仲相桓公, 霸諸侯, 一匡天下, 民到于今受其賜. 微管仲, 吾其被髮左衽矣. 豈若匹夫匹婦之爲諒也, 自經於溝瀆而莫之知也?"[『後漢書』應劭奏, '莫'上有'人'字]

고주 —— 자공이 말했다. "관중은 인자가 아닌 듯합니다. 환공이 공자 규를 죽였지만, 능히 (공자 규를 위해) 죽지 못하고, 또한 환공을 보좌했습니다." 공자께서 말씀하셨다. "관중은 환공을 보좌하여 제후를 거느리고 (霸=帥, 주 왕실을 받들고) 한 번 천하를 바로잡았으니, 백성들은 지금에 이르기까지 그(被髮左衽하지 않음) 혜택을 입고 있으니, 관중이 없었다면(微=無) 우리는 (임금은 임금답지 않고, 신하는 신하답지 않아서) 아마도 머리를 풀어헤치고, 옷깃을 왼쪽으로 여미었을 것이다(오랑캐가 되었을 것이다). 어찌 필부필부가 작은 신의를 위해서(군신관계가 아직 성립되지 않았기 때문에, 죽는 것은 過厚하다) 스스로 도랑에

자원풀이 ■相상은 木(나무 목)+目(눈 목)의 회의자로 눈으로 나무를 자세히 살피다(觀相, 手相)라는 뜻에서, 모양, 모습(形相)의 뜻이 나왔다. 혹은 재목을 고르기 위해 나무(木)를 살펴볼(目) 때 나무와 눈이 서로 마주본다는 데서 '서로'를 뜻한다. 서로, 바탕, 도움, 보조자補助者, 시중드는 사람, 접대원接待員, 담당자擔當者, 정승政丞, 모양, 형상形象, 방아타령, 자세히 보다, 돕다, 다스리다 등의 뜻이다.
■匡광匡은 匚(상자 방)+王(임금 왕)의 형성자로 그릇을 담는 대그릇을 말했으나, 네모꼴의 상자처럼 반듯하다는 뜻을 갖게 되었다. 그러자 원래 뜻은 竹(대 죽)을 더해 筐(광주리 광)로 분화되었다.
■霸패는 달빛(月)이 변색되어 뿌옇게 되었을 때(가죽:革이 비:雨에 젖어 변색됨)를 말하여 제멋대로 하다. 패자霸者 등을 뜻한다. 우두머리(盟主:五霸桓公爲盛), 제후의 맹주, 뛰어나다(文宋必霸), 패도霸道(有欲以其君霸者也) 등의 뜻이다.
■賜사는 貝(조개 패)+易(바꿀 역)의 형성자로 윗사람이 아랫사람에게 상을 내리는 것을 말하는데, 상으로 받은 물건

목매어 죽어도 아무도 알아주는 이가 없는 것과 같겠는가?"

주자 —— 자공이 말했다. "관중은 인자가 아닌 듯합니다. 환공이 공자 규를 죽였지만, 능히 (공자 규를 위해) 죽지 못하고, 또한 환공을 보좌했습니다(환공을 보좌한 것은 너무 심했다)." 공자께서 말씀하셨다. "관중은 환공을 보좌하여, 제후의 우두머리가 되게 하여 (오랑캐를 물리치고, 주 왕실을 받들어) 한 번 천하를 바로 잡았으니, 백성들은 지금에 이르기까지 그 혜택을 입고 있으니, 관중이 없었다면(微=無) 우리는 아마도 (오랑캐의 풍습처럼) 머리를 풀어헤치고, 옷깃을 왼쪽으로 여미었을 것이다. 어찌 필부필부가 사소한 신의를 위해서 스스로 도랑에 목매어 죽어도 아무도 알아주는 이가 없는 것과 같겠는가?(관중은 공은 있지만, 죄는 없기 때문에 성인께서 유독 그의 공을 칭찬하셨다.)"

다산 —— 자공이 말했다. "관중은 인자가 아닌 듯합니다. 환공이 공자 규를 죽였지만, 능히 (공자 규를 위해) 죽지 못하고, 또한 환공을 (卿으로 정권을 잡고) 보좌했습니다." 공자께서 말씀하셨다. "관중은 환공을 보좌하여 제후의 우두머리가 되게 하여, 한 번 천하를 정돈(匡正=整頓了)했으니, 백성들은 지금에 이르기까지 (약 2백 년간) 그 혜택을 입고 있으니, 관중이 없었다면(微=無) 우리는 아마도 (오랑캐의 풍습처럼) 피발(머리카락을 정수리에 덮고 그 끝을 땋아 내리는

을 돈(貝)으로 바꿀 수 있다(易)는 뜻을 반영했다. 하사下賜, 하사품, 은혜를 베풀다, 상대를 높이는 경어로도 쓰인다.
■미微는 원래 산발을 한 노인(長)과 女(칠 복)으로 생산력이 부족했을 때 구성원의 생존에 부담을 주는 노인 타살을 뜻했다. 후에 彳(조금 걸을 척)이 더해져 오늘의 자형이 되었다. 또한 나이 든 노인은 힘이 없기에 미약微弱함을 나타내고, 후에 노인에 대한 타살은 숨겨진 골에서 몰래 은밀하게 진행되었기 때문에 미약, 작다, 쇠락, 숨다, 은밀하다 등의 뜻이 나왔다. 1백만 분의 1을 지칭하기도 한다.
■피被는 衣(옷 의)+皮(가죽 피)의 형성자로 겉(皮)을 덮는 베(衣)로 만든 이불을 말하며, 이로부터 표현이나 덮개라는 말이 나왔다. 이불, 잠옷, 미치다, 달하다의 뜻이다.
■발髮은 髟(머리털 드리워질 표)+犮(달릴 발)의 형성자로 머리칼을 말하며, 이로부터 가늘고 길다는 뜻이 나왔다.
■임衽은 衣(옷 의)+壬(아홉째 천간 임)의 형성자로 옷(衣)의 깃을 말하여, 이후 옷의 소매까지 뜻하게 되었다. 피발

것), 옷깃을 왼쪽으로 향하게 했을 것이다. 어찌 필부필부가 작은 신의를 위해서 스스로 도랑에 목매어 죽어도 아무도 알아주는 이가 없는 것과 같겠는가? (관중이 섬기는 대상에게 충성하다가, 규가 죽음에 이르러서, '제나라로' 들어가 환공을 보좌하여 제나라를 패자로 만들고 주 왕실을 높였으니, 의를 해쳤다고 할 수 없다.)"

집주 —— ■子貢이 意不死猶可어니와 相之則已甚矣라

자공의 생각은 (주군을 따라) 죽지 않은 것은 오히려 괜찮지만, (환공을) 도운 것은 너무 심했다는 것이다.

■霸는 與伯同하니 長也라 匡은 正也라 尊周室, 攘夷狄은 皆所以正天下也라 微는 無也라 衽은 衣衿也니 被髮左衽은 夷狄之俗也라

패패霸는 백伯와 같으니, 우두머리(長)이다. 광匡은 '바로잡다(正)'이다. 주 왕실을 받들고 오랑캐를 물리친 것은 모두 천하를 바로잡은 것이다. 미微는 '없다(無)'이다. 임衽은 옷깃(衣衿)이고, 피발좌임被髮左衽(머리를 풀고, 옷깃을 왼쪽으로 여미는 복식)은 오랑캐의 풍습이다.

■諒은 小信也라 經은 縊也라 莫之知는 人不知也라 後漢書引此文에 莫字上에 有人字하니라

양諒은 사소한 신의(小信)이다. 경經은 목을 매는 것(縊)이다. 막지지莫之知는 사람들이 몰라 주는 것이다. 『후한서』에 이 글을 인용했는데, 막莫 자 위에 '인人' 자가 있다.

좌임被髮左衽이란 머리를 풀어 헤치고 옷깃을 왼쪽으로 여미는 오랑캐식 복식을 말한다.
■량諒은 言(말씀 언)+京(서울 경)의 형성자로 신실함을 말한다. 말에 믿음(信)이 있음을 뜻하는데, 양해諒解라는 말이 있다. (1) 참되다(友諒), (2) 작은 일에 얽매이는 정신(豈匹夫匹婦之爲諒也), (3) 고집부리다(君子貞而不諒). 양음諒陰은 양암諒闇과 같이 제왕이 거상居喪하는 곳, 인신하여 제왕의 거상을 말한다.
■구溝는 水(물 수)+冓(짤 구)의 형성자로 논에 물(水)을 잘 댈 수 있도록 이리저리 구조물(冓)처럼 파 놓은 도랑, 혹은 물을 대듯 소통한다는 의미이다.
■독瀆은 水(물 수)+賣(팔매)의 형성자로 물(水)이 흐르는 도랑을 말하여 강이나 하천을 뜻한다.

■ 程子曰 桓公은 兄也요 子糾는 弟也니 仲이 私於所事하여 輔之以爭國은 非義也니 桓公殺之雖過나 而糾之死實當이라 仲이 始與之同謀하니 遂與之同死 可也요 知輔之爭爲不義하고 將自免以圖後功도 亦可也라 故로 聖人이 不責其死而稱其功이라 若使桓弟而糾兄하여 管仲所輔者正이어늘 桓奪其國而殺之면 則管仲之與桓은 不可同世之讐也라 若計其後功而與其事桓이면 聖人之言이 無乃害義之甚하여 啓萬世反覆不忠之亂乎아 如唐之王珪魏徵은 不死建成之難하고 而從太宗하니 可謂害於義矣라 後雖有功이나 何足贖哉리오

정자가 말했다. "환공桓公은 형이고, 공자 규糾는 동생이다. 관중이 사사롭게 섬길 대상을 정하고, 그를 보좌하여 나라를 쟁탈했으니, 의義가 아니다. 환공이 규를 죽인 것은 비록 지나쳤으나, 규의 죽음은 실로 당연하다. 관중이 처음에는 공자 규와 같이 모의했으니, 마침내 그와 같이 죽는 것이 옳다. 쟁탈을 보좌한 것이 불의不義라는 것을 알고, 장차 스스로 (죽음을) 면하고 뒷날의 공을 도모하는 것 또한 옳다. 따라서 성인께서는 관중이 죽음 여부를 책망하지 않고, 그 공을 칭찬했다. 만약 환桓이 동생이고 규糾가 형이었다면, 관중이 보필했던 대상은 정당하다. (동생) 환이 (형인) 규의 나라를 빼앗고 그를 죽였다면, 관중은 환과 같이 세상을 살 수 없는 원수이다. 만약 뒷날의 공을 헤아려서 관중이 환공을 섬긴 일을 허여했다면, 성인의 말씀은 의를 심하게 해쳐서 만세에 반복해서 불충의 반란을 열어준 것이 아니겠는가! 당나라의 왕규王珪와 위징魏徵이 '건성의 난(建成之難)'에 죽지 않고 (동생인) 태종을 따랐으니 의를 해쳤다고 할 수 있다. 후에 비록 공이 있지만, 어찌 속죄하기에 충분하겠는가?"

■ 愚謂 管仲은 有功而無罪라 故로 聖人이 獨稱其功하시고 王魏는 先有罪而後有功하니 則不以相掩이 可也니라

어리석은 내가 말한다. 관중은 공은 있지만 죄는 없기 때문에 성인께서 유독 그의 공을 칭찬하셨다. 왕규와 위징은 먼저 죄가 있고 이후에 공이 있으니,

서로 덮어 주지 않는 것이 맞다.

고금주 —— ■補曰 相者, 輔也. 一卿執政曰相. ○馬曰: "匡, 正也." ○補曰 一匡, 謂天下當桓公之時, 一番匡正. [如云一番整頓了] ○補曰 民到于今, 謂流澤遠也, 其間殆二百年. ○馬曰: "微, 無也." ○補曰 被髮, 謂髮蒙於頂而辮其末也. 中國之俗, 冠者髻, 童子ㅛ角." ○邢曰: "衽, 謂衣衿. 衿向左, 謂之左衽. 夷狄之人, 被髮左衽." ○補曰 溝瀆, 塹渠也, 其地隱. ○案 當時齊人, 用鮑叔之計, 欲生得管仲, 管仲雖欲死, 不可得也. 故以自經喻之, 終古以來, 聖賢無自殺者. [非自經, 則管仲無以死]

보완하여 말한다. 상相이란 보좌(輔)이다. 한 사람의 경(一卿)이 정권을 잡는 것을 상相이라 한다. ○마융이 말했다. "광匡은 바로잡다(正)이다." ○보완하여 말한다. 일광一匡은 천하가 환공의 시대에 한 번 광정匡正되었음을 말한다 (한 번 整頓되었다고 말하는 것과 같다). ○보완하여 말한다. '백성이 지금에 이르도록(民到于今)'은 그 흘러온 은택이 멀리까지 이르렀음을 말하는데, 그 기간이 거의 2백 년이다. ○마융이 말했다. "미微는 없음(無)이다." ○보완하여 말한다. 피발被髮은 머리카락을 정수리에 덮어쓰고 그 끝을 땋아 내리는 것을 말한다. 중국의 풍속에 관자冠者는 상투하고, 동자童子는 관각ㅛ角한다. ○형병이 말했다. "임衽은 옷깃(衣衿)을 말한다. 옷깃을 왼쪽으로 향하는 것을 좌임左衽이라 한다. 오랑캐 지역의 사람들이 피발좌임했다." ○보완하여 말한다. 구독溝瀆은 구덩이(塹)나 도랑(渠)인데, 은벽진 곳이다. ○살핀다. 당시에 제나라 사람들이 포숙鮑叔의 계략을 써서 관중을 살려서 얻으려 했으니, 관중이 비록 죽고 싶어도 죽을 수 없었다. 그러므로 스스로 목매는 것으로 비유했는데, 오랜 옛날부터 성현으로 자살한 사람은 없었다.(스스로 목매지 않았다면, 관중은 죽을 수 없었다.)

■王曰: "管仲·召忽之於公子糾, 君臣之義未正成, 故死之未足深嘉, 不死未

足多非. 死事旣難, 亦在於過厚, 故仲尼但美管仲之功, 亦不言召忽不當死.” ○
案 公子公弟, 法當君國, 旣正其位, 義不敢讎, 此『春秋』之義例也. 子糾・小伯,
均是僖公之子, 旣正其位, 斯我君也. 子糾之未死也, 我以子糾爲君, 故可以讎
桓. 子糾旣死, 猶必讎之乎? 召忽之死, 固爲仁矣, 管仲之事, 未必爲不仁也. 王
珪・魏徵, 亦其所秉者如此, 必以殉死爲仁者, 違於經也.

왕숙이 말했다. “관중・소흘과 공자 규의 관계에는 군신의 의가 아직 바로 성
립되지 않았기 때문에, 죽는 것이 깊이 가상하게 여길 것도 되지 못하며, 죽지
않은 것도 크게 비난할 것도 되지 않는다. 죽는 일이란 이미 어려운 일인데,
또한 (분수에) 과도하게 후한 것이었기 때문에, 공자께서 단지 관중의 공만 찬
미하시고, 또한 소흘이 부당하게 죽었다고 말씀하시지도 않으셨다.” ○살핀
다. 공자公子와 공제公弟는 법리상 마땅히 나라의 군주가 되는데, 이미 그 지
위를 바로잡았으면 의리상 감히 원수가 될 수 없는 것이 『춘추』의 의례이다.
자규子糾・소백小伯은 균등하게 희공의 아들이니, 이미 그 지위를 바로 잡았
으면, 이는 나의 군주이다. 공자 규가 아직 죽지 않았으면, 나는 공자 규를 주
군으로 모셨기 때문에 환桓을 원수로 할 수 있다. 공자 규가 이미 죽었는데도
그를 원수로 해야 하는가? 소흘의 죽음은 진실로 인仁이 될 수 있지만, 관중의
일은 반드시 불인不仁이 되는 것은 아니다. 왕규王珪・위징魏徵 또한 견지하
고 있던 것이 이와 같으니, 목숨을 바치는 것으로 인을 삼는 것은 경經에 위배
된다.

■質疑 程子曰: “桓公, 兄也. 子糾, 弟也. [引『漢書』薄昭之書] 故聖人不責其死.
若使桓弟而糾兄, 則管之與桓, 不可同世之讎也. 若計其後功, 而與其事桓, 聖
人之言, 無乃害義之甚, 啓萬世反覆不忠之亂乎?” ○案 武王殺紂, 箕子不能死,
又從而陳洪範輔王道, 無乃不仁乎? 武王殺紂, 微子不能死, 又從而受封以奉
祀, 無乃不仁乎? 彼當革世之際, 猶且如此, 況子糾・小白, 均吾君之子, 管仲
盡忠所事, 及糾之死, 入輔桓公, 以霸齊而尊周, 何謂之害義乎? 所貴乎聖經者,

凡義理當否, 質之於聖言也. 若旣聞聖言, 猶守己見, 亦奚以哉? 此不敢不辨.

(정자에게) 질의한다. 정자가 말했다. "환공이 형이고, 자규는 동생이다. 그러므로 성인이 그 죽음을 책망하지 않으셨다. 만약 환공이 동생이고 규가 형이라고 한다면, 관중은 환과 같은 세상을 살 수 없는 원수이다. 만약 뒷날의 공을 헤아려서 관중이 환공을 섬긴 일을 허여했다면, 성인의 말씀은 의를 심하게 해쳐서 만세에 반복해서 불충의 반란을 열어준 것이 아니겠는가!" ○ 살핀다. 무왕武王이 주紂를 죽였지만 기자箕子는 능히 죽지 못하고, 또한 따르면서 「홍범洪範」을 진술하여 왕도王道를 보좌했으니, 이에 불인不仁이 없었는가? 무왕이 주를 죽였지만, 미자微子는 능히 죽지 못하고, 또한 따르면서 (송나라에) 수봉受封되어 제사를 받았으니, 이에 불인함이 없었는가? 이들은 왕조가 바뀔 때에도 오히려 이와 같았는데, 하물며 자규子糾 · 소백小白이 균등하게 자신의 인군의 아들임에야! 관중이 섬기는 대상에게 충성하다가, 규가 죽음에 이르러서, (제나라로) 들어가 환공을 보좌하여 제나라를 패자로 만들고 주나라를 높였으니, 어찌 의를 해쳤다고 하겠는가? 성경聖經에서 귀하게 여기는 것은 무릇 의리의 정당성 여부를 성인의 말씀에 질정하는 것이다. 만일 이미 성인의 말씀을 듣고도 오히려 자기의 견해를 고수한다면, 또한 무엇 때문인가? 이는 감히 논변하지 않을 수 없다.

비평 —— 관중은 제齊나라 환공桓公을 보필하여, 제나라를 춘추오패의 첫 패자로 등극하게 한, 정치적으로 역량이 있는 인물이다. 환공이 포숙의 추천을 받아 등용된 후 약 40년간 고락을 함께하는데, 특히 연燕나라가 북방 오랑캐의 침략을 받아 곤경에 처했을 때 제후국을 규합하여 물리쳤고, 주 왕실이 오랑캐들에게 시달릴 때도 관중이 직접 나서서 오랑캐들과의 화해를 이루어 냈다. 또 남방의 대국으로 주나라의 통제에 따르지 않던 초나라에 원정하여, 초나라에게 주 왕실에 조공을 바치겠다는 약속을 받아내기도 했다. 환공의 이른바 '구합제후九合諸侯, 일광천하一匡天下'라는 말이 나오게 된 것은 이 때문이다. 공자의 관중에 대해 평가는 양의적이다. 먼저 부정적인 평가를 보자.

공자께서 말씀하셨다. "관중의 그릇이 작구나!" 어떤 사람이 말했다. "관중은 검소했습니까?" 공자께서 말씀하셨다. "관씨는 삼귀를 두고 가신들을 겸직시키지 않았으니, 어떻게 검소할 수 있었겠느냐?" (어떤 사람이) 말했다. "그러면 관중은 예禮를 알고 있었습니까?" 공자께서 말씀하셨다. "나라 임금이라야 병풍으로 문을 가릴 수 있는데 관씨 역시 병풍으로 문을 가렸으며, 나라의 임금이라야 두 임금이 우호를 위한 모임에 반점을 두거늘 관씨 역시 반점을 두었으니, 관씨가 예를 안다면 누가 예를 모르겠는가?" (3:22)

여기서 관중에 대한 공자의 평가는 '(성현의 도를 모른다는 점에서) 그릇이 작고 검소하지 않았으며, (제후의 예를 참람하여) 예를 알지 못했다.'는 것이다. 그런데 앞서 공자는 관중을 위의 본문과 같이 긍정적인 평가를 한 바 있다.

관중에 대해 물으니, 말씀하셨다. "그분은 백씨의 병읍 삼백 호를 빼앗아, (백씨는) 거친 밥을 먹게 되었지만 죽을 때까지 그를 원망하지 않았다." (14:10)

『논어』에 총 네 번 나오는 공자의 관중에 대한 평가는 이렇게 양의적인데, 인간됨과 도덕적인 측면에 대해서는 관중이 그릇이 작고 검소하지도 않고 예를 알지도 못했다고 부정적으로 평가했다. 그러나 다른 한편 공자는 역사적 공과功過라는 측면에서는 관중의 역할을 긍정적으로 평가했다.

본문에 대해 고주에서는 관중·소홀과 공자 규의 관계에는 군신의 의義가 아직 곧바로 성립되지 않았기 때문에 죽는 것이 깊이 가상할 것도 되지 못하며, 죽지 않은 것도 크게 비난할 것도 아니라는 관점을 피력한다. 그런데 주자의 주석에 따르면, 자공은 관중이 (주군을 따라) 죽지 않은 것은 오히려 괜찮았지만, (환공을) 도운 것은 (인을 해침이) 너무 심했다고 생각했다. 또한 주자는 관중이 패제후하여 주 왕실을 높이고 오랑캐를 물리친 공은 있지만, 공자 규를 위해 죽지 않은 것은 죄가 아니기 때문에 성인께서 유독 그의 공을 칭찬하셨다고 주석했다. 이에 대해 다산은 공자 규는 희공의 아들이었기 때문에 분명히 군신의 의義가 성립한다. 그런데 공자 규가 아직 죽지 않았다면, 공자 규를 주군으로 섬겼기 때문에 환桓을 원수로 삼을 수 있었지만, 공자 규가 이미 죽었다면 환을 원수로 삼아야 할 이유가 사라졌다는 점에서 소홀처럼 죽지 않은 것이나, 환공을 도운 것 모두 불인不仁이 되지 않는다는 견해를 내놓았다. 다산의 해석을 보면 상당히 현실적이며 사공적 입장이 개입되어 있다고 할 수 있다. 이에 대해서는 별도로 논의한다.

～⁂～

14:19. 公叔文子之臣大夫僎, 與文子同升諸公. 子聞之, 曰:"可以爲文矣."

고주 —— (본래) 공숙문자의 가신(이었던) 대부 선이 문자와 함께 공조에 같이 올랐다. 공자께서 그것을 들으시고 말씀하셨다. "(언행이 이러하니, 공숙문자의 시호를) 문文이라고 할 만하다."

주자 —— 공숙문자가 가신(이었던) 대부 선을 천거하여 문자(자신)와 더불어 공조에 같이 올랐다(같은 공조의 신하가 되었다). 공자께서 그것을 들으시고 말씀하셨다. "(이치에 따르고 문장을 이루었으니, 공숙문자의 시호를) 문文이라고 할 만하다."

다산 —— (본래) 공숙문자의 가신(이었던) 대부 선이 문자와 함께 공조에 같이
올랐다. 공자께서 그것을 들으시고 말씀하셨다. "(언행이 이러하니, 공숙문자의
시호를) 문文이라고 할 만하다."

집주 —— ■臣은 家臣이요 公은 公朝니 謂薦之하여 與己同進하여 爲公朝之
臣也라
신臣은 가신家臣이고, 공公은 공조公朝이니, 그(가신인 僎)를 천거하여 자신과
함께 같은 공조의 신하가 되었다는 말이다.
■文者는 順理而成章之謂니 諡法에 亦有所謂錫民爵位曰文者라
문文이란 '이치에 따르고 문장을 이루었다는 것'을 일컫는다. 「시법諡法」에
이른바 '백성에 작위를 내려준 것을 문文이라 한다.'고 되어 있다.
■洪氏曰 家臣之賤而引之하여 使與己並이 有三善焉하니 知人이 一也요 忘
己가 二也요 事君이 三也니라
홍홍조가 말했다. "비천한 가신인데도 끌어올려 자신과 나란하게 했으니, 세
가지 선이 있다. 사람을 알아본 것이 첫째고, 자신을 잊은 것이 둘째고, 임금
을 섬긴 것이 셋째다."

고금주 —— ■補曰 文子, 衛大夫公孫拔. [已見前] ○孔曰: "大夫僎, 本文子家
臣, 薦之使與己并爲大夫, 同升在公朝." ○孔曰: "言行如是, 可諡爲文."
보완하여 말한다. 문자文子는 위나라 대부 공손발公孫拔이다(이미 앞에서 나왔
다). ○공안국이 말했다. "대부大夫 선僎은 본래 문자의 가신이었지만, 그를
천거하여 자기와 함께 나란히 대부가 되어 함께 공조에 올라가 있게 했다."
○공안국이 말했다. "언행이 이와 같으니, 시호를 문이라 할 만하다."

■ 毛曰: "臣大夫, 即家大夫也." 又曰: "『左傳』, 子伯季氏, 初爲孔氏臣, [即孔悝家臣] 新登于公." ○案 '臣大夫'爲句, 恐未安也. 『史記・晏嬰傳』云: "晏嬰御者, 亦升爲大夫."

모기령이 말했다. "신대부臣大夫는 곧 가대부이다." 또 말했다. "『좌전』(애공 16년)에 자백계씨子伯季氏가 처음에는 공씨의 가신(즉 공리의 가신)이었지만, 새로 공조에 올랐다." ○살핀다. 신대부臣大夫에 구두하는 것은 아마도 타당하지 않는 듯하다. 『사기』「안영전」에 말했다. "안영晏嬰의 마부 또한 승진하여 대부가 되었다."

■ 引證〈檀弓〉曰: "公叔文子卒, 其子成請謚於君曰, '日月有時, 將葬矣. 請所以易其名者.' 君曰, [節] '夫子聽衛國之政, 修其班制, 以與四鄰交, 衛國之社稷不辱, 不亦文乎? 故謂夫子貞惠文子.'" ○案 文子之得謚文, 以是也.

인증한다. 『예기』「단궁」에서 말했다. "공숙문자가 죽자, 그 아들 수成가 임금에게 시호를 청하여 말하기를 '시일이 되어 장차 장례를 지내려 하니, 청컨대 그 이름을 바꾸게 하여 주십시오.'라고 했다. 임금이 말하기를, '부자가 우리 위나라 국정을 맡게 되어서는 반제(班)를 정비하고, 이웃나라와 우호를 맺었기 때문에 위나라의 사직이 굴욕을 당하지 않았으니, 또한 문채가 나지 않았는가? 그러므로 부자를 정혜문자貞惠文子라.' 한다고 했다." ○살핀다. 문자가 '문'이라는 시호를 얻은 것은 이 때문이다.

비평 —— 시호(謚)란 언言(말씀 언)+익益(더할 익)으로 왕이나 사대부가 죽고 난 이후, 그 선악을 구별하여 후대에 권장과 징계를 전하여 남기기 위해 나라에서 그 행적에 따라 더하여 주는(益) 호칭(言)을 말한다. 시호謚號의 기원은 확실하지 않지만, 요堯・순舜・우禹・탕湯・문文・무武도 시호로 보는 설도 있다. 그러나 일반적으로 시법謚法은 주나라 주공 때에 형성되어, 문왕과 무왕이라고 할 때 문과 무를 시호라 한다. 우리나라에서 시호는 신라 법흥왕

원년(514)에 죽은 부왕에게 지증왕智證王이라고 한 것이 그 효시가 된다. 시호를 의정할 때는 원칙적으로 세 가지 시호를 올렸다(三望). 시호에 사용하는 글자의 수도 일정하게 정해져 있었는데, 그 수는 때에 따라 달랐다. 『주례』의 시법에는 28자였으며, 『사기』에는 194자이다. 1438년(세종 20) 봉상시에서 사용하던 글자도 바로 이 194자였다.

우리나라에서 시법에 쓸 수 있는 글자는 모두 301자였다. 그러나 실제로 자주 사용된 글자는 문文·정貞·공恭·양襄·정靖·양良·효孝·충忠·장莊·안安·경景·장章·익翼·무武·경敬·화和·순純·영英 등 120자 정도였다. 이러한 글자들은 모두 좋은 뜻을 담고 있었으며, 또한 그 한 글자도 여러 가지 뜻으로 풀이되어 시호법에 나오는 의미는 수천 가지라 할 수 있다. 예를 들면, '문文'은 '온 천하를 경륜하여 다스리다(經天緯地)', '배우기를 부지런히 하고 묻기를 좋아하다(勤學好問)', '도덕을 널리 들어 아는 바가 많다(道德博聞)', '충신으로 남을 사랑한다(忠信愛人)', '널리 듣고 많이 본다(博聞多見)', '공경하고 곧으며 자혜롭다(敬直慈惠)', '총민하고 학문을 좋아한다(敏而好學)' 등 15가지 의미로 쓰였다.

시법은 옛날 왕조의 한 제도로서, 벼슬한 사람이나 학덕이 높은 선비의 한 평생을 공의公議에 부쳐 엄정하게 평론했다는 데 그 의미가 있다. 또한 한 가지 대표적인 일을 뽑아서 두 글자로 요약했기 때문에, 죽은 한 사람의 선악을 나타내어 후세 사람들에게 권장과 징계를 보여 주고자는 하는 취지도 있다.

『논어』 5:14에 다음과 같은 구절이 있다.

자공이 물었다. "공문자는 어떻게 해서 문文이라고 시호했습니까?" 공자께서 말씀하셨다. "민첩하여 배우기를 좋아하고, 아랫사람에게 묻는 것을 부끄러워하지 않았다. 이런 까닭에 문이라고 시호한 것이다." (子貢 問日 孔文子 何以謂之文也 子日 敏而好學 不恥下問 是以謂之文也.)

또한 경원 보씨는 다음과 같이 말했다.

사람을 아는 것은 지혜이고, 자신을 잊은 것은 공公이고, 임금을 섬기는 것은 충이니, 이 세 가지가 있으면 이치를 따르고 문장을 이룬 것이니, 찬란해서 볼 만하다. 어찌 문이라고 칭할 수 없겠는가? (『논어집주대전』)

특별한 쟁점은 없지만, 『예기』「단궁」의 전거를 제시하여, 공숙문자가 그 시호를 얻게 된 연후를 상세히 밝힌 다산의 해박한 지식이 돋보인다.

❧

14:20. 子言衛靈公之無道也, 康子曰: "夫如是, 奚而不喪?" 孔子曰: "仲叔圉治賓客, 祝鮀治宗廟, 王孫賈治軍旅. 夫如是, 奚其喪?" [陸氏『釋文』, 子言作子曰 ○ 皇氏本, '道'下有'久'字]

고주 —— 공자께서 위나라 영공의 무도함을 언급하자, 계강자가 말했다. "(영공의 무도함이) 그와 같은데도 어찌 (나라가) 망(喪=亡)하지 않습니까?" 공자께서 말씀하셨다. "중숙어가 빈객을 잘 관장하고, 축타가 종묘를 잘 다스리며, 왕손가가 군대를 잘 담당하고 있습니다. 무릇 (임금은 무도했지만 이 세 사람이 있어, 맡은 바의 일들이 각각 그 재능에 합당했으니) 이와 같은데 어찌 (나라가) 망하겠습니까?"

자원풀이 ■상喪은 곡哭이 의미부이고 망亡이 소리부로 죽은 사람(亡)을 위해 곡(哭)하는 모습으로 죽다, 잃다, 상실하다의 의미이다.

주자 —— 공자께서 위나라 영공의 무도함을 언급하자, 계강자가 말했다. "(영공의 무도함이) 그와 같은데도 어찌 (군주의 지위를) 잃지(喪=失位) 않습니까?" 공자께서 말씀하셨다. "중숙어가 빈객을 잘 관장하고, 축타가 종묘를 잘 다스리며, 왕손가가 군대를 잘 담당하고 있습니다. 무릇 (임금은 무도했지만, 이 세 사람은 비록 현인은 아니어도 그 재주는 등용할 만하여 합당하게 등용했으니) 이와 같은데 어찌 (영공이 군주의 지위를) 잃겠습니까?"

다산 —— 공자께서 위나라 영공의 무도함을 언급하자, 계강자가 말했다. "(영공의 무도함이) 그와 같은데도 어찌 (군주의 지위를) 잃지(喪=失位) 않습니까?" 공자께서 말씀하셨다. "중숙어가 빈객을 잘 관장하고, 축타가 종묘를 잘 다스리며, 왕손가가 군대를 잘 담당하고 있습니다. 무릇 (임금은 무도했고, 이 세 사람은 비록 仁者는 아니었지만, 그 재능과 식견은 나라를 보존할 만했으니) 이와 같은데 어찌 (영공이 군주의 지위를) 잃겠습니까?"

집주 —— ■喪은 失位也라
상喪은 지위를 잃음이다.
■仲叔圉는 卽孔文子也라 三人은 皆衛臣이니 雖未必賢이나 而其才可用이요 靈公用之에 又各當其才하니라
중숙어仲叔圉는 공문자孔文子이다. 세 사람은 모두 위나라의 신하이며, 비록 반드시 현인은 아니지만, 그 재주는 등용할 만하여 영공이 그들을 등용했고, 또한 각각 그 재주에 합당하게 썼다.
■尹氏曰 衛靈公之無道는 宜喪也로되 而能用此三人하여 猶足以保其國하니 而況有道之君이 能用天下之賢才者乎아 詩曰 無競維人이면 四方其訓之라 하니라
윤돈이 말했다. "위영공은 무도無道하여 마땅히 지위를 잃어야 하지만, 능히

이 세 사람을 등용할 수 있었기에 오히려 그 나라를 충분히 보존했는데, 하물며 도를 지닌 임금이 능히 천하의 현명한 인재를 등용할 수 있음에랴? 『시경』「억抑」편에 이르기를, '더 없이 훌륭한 인재를 등용하니, 사방이 본보기로 삼았네'라고 했다."

고금주 —— ■補曰 治賓客者, 大行人. [『周禮』中大夫] 治宗廟者, 大祝. [『周禮』下大夫] 治軍旅者, 司馬. 仲叔圉亂倫, 祝鮀爲佞, 王孫賈賣權, 皆非賢者. 然其才識足以保邦.

보완하여 말한다. 빈객을 다스리는 자(治賓客者)는 대행인大行人이다(『주례』의 中大夫). 종묘를 관리하는 자(治宗廟者)는 대축大祝이며(『주례』의 하대부), 군려를 다스리는 자(治軍旅者)는 사마司馬이다. 중숙어는 인륜을 어지럽혔고(5:14), 축타는 말재주를 부렸으며(6:14), 왕손가는 권세를 팔았으니(3:13) 모두 인자仁者가 아니다. 그러나 그 재능과 식견은 충분히 나라를 보존할 만했다.

■孔曰: "所任者各當其才, 何爲當亡?"[邢云: "喪, 亡也. 季康子問曰, '何爲而國不亡也?'"] ○駁曰 非也. 喪者, 失位也. 屢見〈檀弓〉.

공안국이 말했다. "임용된 자가 각각 그 재능에 합당하니, 어찌 망하겠는가?"(형병이 말했다. "喪은 亡이다. 계강자가 묻기를, '어찌하여 나라가 망하지 않았습니까?'") ○논박하여 말하면, 그릇되었다. 상喪이란 지위를 잃음(失位)이다. 『예기』「단궁」에 자주 보인다.

■考異 陸氏『釋文』云: "子曰, 一本作子言. 鄭本同." ○駁曰 非也. 邢氏本, 是也. 孔子備言其無道, 記者約之九字. [蔡清說如此]

다름을 살핀다. 육덕명의 『석문』에서 말했다. "'자왈子曰'은 어떤 본에서 자언子言으로 되어 있다. 정현본에도 같다." ○논박하여 말하면, 그릇되었다. 형병본이 옳다. 공자께서 위영공의 무도無道함을 갖추어 말했는데, 기록한 자가 아홉 글자로 요약했다.(채청의 설도 이와 같다.)

비평 ── 쌍봉 요씨의 다음 언명이 이 구절 해석에 도움을 준다.

    빈객을 모시는 일에 그 마땅함을 얻으면 이웃나라에 예를 잃지 않으니, 틈이 벌어지거나 화를 초래하지 않는다. 군대를 다스리는 일에 마땅함을 얻으면, 적국이 감히 엿보지 못한다. 종묘를 섬기는 일에 마땅함을 얻으면, 귀신과 사람이 함께 기뻐하니 인심의 근본에 더욱 깊이 관련된다. 세 가지 일은 모두 나라의 큰 근본인 까닭에, 그 마땅한 사람을 얻으면 또한 지위를 잃지 않을 수 있다. (『논어집주대전』)

    고주는 상喪을 '(나라가) 망亡한다'라고 해석했다. 주자는 고주를 수정하여 '군주의 지위를 잃는다'고 해석했다. 다산은 직접 주자의 해석이 옳다고 했다. 왕조시대에 군주가 그 지위를 잃는 것 역시 그 나라가 망하는 것과 상당한 연관이 있지만, 정확히 일치하는 것은 아니라는 점에서 주자와 다산의 해석이 더 정확하다고 할 수 있다. 본문에서 언급된 세 사람의 단점에 대해 다산이 전거를 들어 상세히 논구하는 것이 돋보인다.

14:21. 子曰: "其言之不怍, 則爲之也難."[金云: "『東漢書』引此句, 作 '則其爲之也難'."]

고주 ── 공자께서 말씀하셨다. "(안에 그 실질이 있으면) 그 내실을 말하는 것은 부끄럽지(怍=慙) 않지만, 그 실질을 축적하는 것은 어렵다."

주자 —— 공자께서 말씀하셨다. "(허탄한 말을 해 놓고) 그 말을 부끄러워하지 않는 사람은 (그 말을 실천할 의지도 없고, 실천할 능력 또한 헤아리지 않기 때문에) 실천하기 어렵다."

다산 —— 공자께서 말씀하셨다. "(안에 그 실질이 있으면) 그 내실을 말하는 것은 부끄럽지(怍=慙) 않지만, 그 실질을 축적하는 것은 어렵다."(金履祥이 말했다. "『東漢書』에서는 이 구절을 인용하여 '則其爲之也難'라고 썼다.")

집주 —— ■大言不慚이면 則無必爲之志하여 而自不度其能否矣니 欲踐其言이나 豈不難哉아

큰소리 쳐놓고 부끄러워하지 않는다면, 반드시 그 말을 실천하겠다는 의지가 없으면서 그 능력 여부를 헤아리지 않는 것이다. (이런 사람이) 그 말을 실천하고자 하여도 어찌 어렵지 않겠는가?

고금주 —— ■馬曰: "怍, 慙也. 內有其實, 則言之不慙. 積其實者, 爲之難." ○補曰 言不過實, 乃無怍矣. 方其實也, 不亦艱乎? ○案 舊說謂先行而後言也. 『集注』謂先言而後行也. 二解皆好, 姑從舊說.

마융이 말했다. "작怍은 부끄러움(慙)이다. 안에 그 실질이 있으면 그것을 말하는 것이 부끄럽지 않다. 그 실질을 축적하는 것이 어렵다." ○보완하여 말한다. 말이 실질을 넘지 않아야 이에 부끄러움이 없다. 바야흐로 그 실질을 채우는 것 역시 어렵지 않겠는가? ○살핀다. 구설舊說은 먼저 선행후언先行

자원풀이 ■작怍은 心+乍(잠깐 사: 베로 옷을 짓다→만들다)로 마음이 무엇인가 꺼림칙한 것이 있어 부끄럽다, 안색이 변하다, 노하다 등의 뜻이 있다.
■난難은 隹(새 추)+ 堇(노란 진흙 근)으로 원래는 새 이름이었다. 근堇은 제물로 바쳐져 손이 위로 묶인 채 입을 크게 벌리고 고통스러워하는 사람으로, 난難은 날개가 묶여 고통스러워하는 새로, 이로부터 (날기가) 어렵다의 뜻이 나왔다. 간난艱難, 힐난詰難 등으로 쓰인다.

後言으로 해석하고, 주자의 『집주』는 선언후행先言後行으로 해석하는데, 모두 좋다. 짐짓 구설을 따른다.

■引證 子曰: "爲之難, 言之得無訒乎?"[見上篇] ○案 上下'爲之難', 宜無異義. 若從『集注』, 則不得同也. 『集解』以積功爲難, [如云'仁之難成, 久矣'] 『集註』以人品爲難, [如云'難乎其有恆矣'] 豈可同乎? 以此推之, 當從舊說.〔「里仁」篇云: "古者言之不出, 恥躬之不逮也." 謂怍, 故不言也. 此章謂無怍, 然後可言]

인증한다. 공자께서 말씀하셨다. "실천하기가 어려우니, 말하기를 어렵게 여기지 않을 수 있겠는가?"(12:3) 살핀다. 상편과 하편에 나오는 '실천하기가 어려우니(爲之難)'(12:3)라는 말은 마땅히 그 뜻을 같이 해야 한다. 만약 『집주』를 따른다면, 같을 수 없다. 『집해』는 공을 쌓는 것(積功)으로 어려움을 삼았고('仁을 이루기 어렵게 된 것이 오래되다.'라고 말하는 것과 같다), 『집주』는 인품人品으로써 어려움을 삼았으니('항상됨이 있기가 어렵다.'라고 말하는 것과 같다), 어떻게 같을 수 있겠는가? 마땅히 구설을 따라야 할 것이다.(「리인」4:22에서는 "옛날에 함부로 말을 하지 않은 것은 몸소 실천하지 못함을 부끄럽게 여겼기 때문이다."라고 했는데, 부끄러움 때문에 말하지 않는다고 말했다. 이 장은 부끄러움이 없는 뒤에야 말할 수 있다고 했다.)

비평 —— 이 글은 다음 두 구절과 연관된다.

공자께서 말씀하셨다. "옛날에 말을 함부로 하지 않은 것은 몸소 실천하지 못함을 부끄럽게 여겼기 때문이다."(4:22. 子曰 古者 言之不出 恥躬之不逮也.)

사마우가 인을 물으니, 공자께서 말씀하셨다. "인자는 그 말을 참아서 한다." (사마우가) 물었다. "그 말을 참아서 하면, 인이라고 할 수 있습니까?" 공자께서 말씀하셨다. "실천하기가 어려우니, 말하기를 참아서 하지 않을 수 있겠는가?"

(12:3. 司馬牛問仁 子曰 仁者 其言也訒 曰其言也訒 斯謂之仁矣乎 子曰 爲之難 言之得無訒乎.)

다산의 주석에, 고주(『집해』)와 주자(『집주』) 간의 차이점과 장단점이 상세하게 분석되어 있다.

❧

14:22. 陳成子弑簡公. 孔子沐浴而朝, 告於哀公曰: "陳恒弑其君, 請討之." 公曰: "告夫三子." 孔子曰: "以吾從大夫之後, 不敢不告也. 君曰'告夫三子'者." 之三子告, 不可. 孔子曰: "以吾從大夫之後, 不敢不告也."

고주 —— 진성자가 간공을 시해하니, 공자께서 목욕(齋戒)하고 조정에 나아가 애공께 아뢰었다. "(제나라 대부) 진항이 그 임금을 시해했으니, 청컨대 그를 토벌하십시오." 공이 말했다. "저 삼경(三子=三卿)에게 말하라." 공자께서 말씀하셨다. "내가 대부의 뒤를 따랐기 때문에 (나의 예로 보면 마땅히 임금에게) 감히 아뢰지 않을 수 없었는데, (삼경에게 고하는 것은 부당한데) 임금께서 '삼경에게 말하라.'고 하시는구나." 삼경에게 가서 고하니, 안 된다고 했다. 공자께서 말씀하셨다. "내가 대부의 뒤를 따랐기 때문에, 감히 고하지 않을 수 없었다."

주자 —— 진성자가 간공을 시해하니, 공자께서 목욕(齋戒)하고 조정에 나아

자원풀이 ■살殺은 殳(창 수: 又손에 뾰족한 창을 든 모양: 창, 때리다)의 의미부와 왼쪽의 살의 소리부로, 창이나 몽둥이로 쳐서 죽이는 것을 나타낸다. 시弑는 殺의 생략형에 소리를 나타내는 式이 더해진 형성자로 '시해弑害'에서처럼 아랫사람이 윗사람을 죽이는 것殺을 말한다.
■토討는 言(말씀 언)+寸(손을 지시하는 又+자리를 지시하는 一의 결합)으로 치고자 하는 대상의 죄상을 말言)하여 정벌의 당위성을 주장하고, 손(寸)으로 실제 행동에 옮긴다는 뜻이다. 정벌은 다양한 각도에서 논의할 필요가 있다는 뜻에서 토의討議라는 말이 나왔다. 치다, 다스리다, 탐구하다, 찾다 등의 뜻이 있다. 주자는 토를 심구尋究로, 다산은 치治로 해석하면서 흠이 되는 것을 논하기 때문이라고 했다.
■목沐은 水(물 수)+木(나무 목)으로 나무로 된 그릇에 물을 담아 머리를 감는 것을 말하며, 욕浴은 水(물 수)+谷(계곡 곡)으로 흐르는 계곡(谷)에서 물(水)로 몸 전체를 씻는 것을 말한다. 『예기』에 따르면 3일에 목沐하고, 7일에 욕浴한다.

가 애공께 아뢰었다(이 일을 중시하고 소홀히 하지 않은 것이다). "(제나라 대부) 진항이 그 임금을 시해했으니, 청컨대 그를 토벌하십시오.(임금 시해는 인륜의 변고이고 天理가 용납하지 않기에, 누구나 주살할 수 있다.)" 공이 말했다. "저 세 대부에게 말하라." 공자께서 말씀하셨다. "내가 대부의 뒤를 따랐기 때문에 감히 아뢰지 않을 수 없었는데, (임금을 시해한 賊은 법에 따라 반드시 토벌되어야 하고, 대부는 국가를 계획하니 도의상 마땅히 고해져야 하는데) 임금께서 '세 대부에게 말하라.'고 하시는구나." 세 대부에게 가서 고하니, (노나라의 강포한 신하로 평소 임금을 업신여기는 마음을 가졌고, 실로 진항과 그 聲勢를 서로 의존했기 때문에) 안 된다고 했다. 공자께서 말씀하셨다. "내가 대부의 뒤를 따랐기 때문에, 감히 고하지 않을 수 없었다."

다산 —— 진성자가 간공을 시해하니, 공자께서 목욕(齋戒)하고 조정에 나아가 애공께 아뢰었다. "(제나라 대부) 진항이 그 임금을 시해했으니, 청컨대 그의 죄를 다스려 주십시오(討=治罪)." 공이 말했다. "저 삼경(三子=三卿)에게 말하라." 공자께서 말씀하셨다. "내가 대부의 뒤를 따랐기 때문에 (나의 예로 보면 마땅히 임금에게) 감히 아뢰지 않을 수 없었는데, (삼경에게 고하는 것은 부당한데) 임금께서 '삼경에게 말하라.'고 하시는구나." 삼경에게 가서 고하니, 안 된다고 했다. 공자께서 말씀하셨다. "내가 대부의 뒤를 따랐기 때문에, 감히 고하지 않을 수 없었다."

집주 —— ■成子는 齊大夫니 名恒이요 簡公은 齊君이니 名壬이니 事在春秋 哀公十四年이라

성자成子는 제나라 대부로 이름은 항恒이다. 간공簡公은 제나라 임금으로 이름은 임壬이다. 사건은 『춘추』 애공 14년조에 있다.

■是時에 孔子致仕居魯라 沐浴齊戒以告君은 重其事而不敢忽也라 臣弑其君

은 人倫之大變이라 天理所不容이니 人人得而誅之온 況鄰國乎아 故로 夫子
雖已告老나 而猶請哀公討之하시니라

이때 공자께서는 벼슬을 그만두고 노나라에 기거하셨다. 목욕재계하고 임금
께 아뢴 것은 그 일을 중시하고 감히 소홀하게 여기지 않으신 것이다. 신하
가 그 임금을 시해한 것은 인륜의 큰 변고이고 천리天理에 용납되지 않는 것
이니, 사람마다 모두 그를 주살할 수 있거늘, 하물며 이웃나라이겠는가! 따라
서 공자께서 이미 노년으로 은퇴하셨지만, 애공에게 토벌할 것을 청하셨다.

■ 三子는 三家也니 時에 政在三家하여 哀公이 不得自專이라 故로 使孔子告
之라

삼자三子는 삼가三家이다. 이때 정권이 삼가에게 있어서 애공이 독자적으로
결정할 수 없었기 때문에 공자로 하여금 그들에게 고하라고 했다.

■ 孔子出而自言如此라 意謂弑君之賊은 法所必討요 大夫謀國하니 義所當告
어늘 君乃不能自命三子而使我告之邪아

공자께서 물러나와 스스로 이처럼 말씀하셨는데, 그 뜻은 "임금을 시해한 적
賊은 법에 따라 반드시 토벌되어야 하고, 대부는 국가를 계획하니 도의상 마
땅히 고해져야 한다. 임금이 능히 스스로 세 대부에게 명할 수 없어서 나로
하여금 고하게 하신단 말인가"라는 말씀이다.

■ 以君命往告로되 而三子는 魯之强臣으로 素有無君之心하여 實與陳氏聲勢
相倚라 故로 沮其謀한대 而夫子復以此應之하시니 其所以警之者 深矣로다

군명君命으로 가서 고했지만 세 대부는 노나라의 강포한 신하로 평소 임금을
업신여기는 마음을 가졌고, 실로 진항과 그 성세聲勢를 서로 의존했기 때문
에 공자의 계책을 저지했다. 공자께서 다시 이 말씀으로 응대하셨으니, 그들
에게 경계하는 것이 깊다.

■ 程子曰 左氏記孔子之言曰 陳恒이 弑其君에 民之不予者半이니 以魯之衆
으로 加齊之半이면 可克也라 하니 此非孔子之言이라 誠若此言이면 是는 以

力이요 不以義也라 若孔子之志는 必將正名其罪하사 上告天子하고 下告方
伯하여 而率與國以討之리니 至於所以勝齊者하여는 孔子之餘事也니 豈計魯
人之衆寡哉아 當是時하여 天下之亂이 極矣라 因是足以正之면 周室이 其復
興乎인저 魯之君臣이 終不從之하니 可勝惜哉아

정자가 말했다. "좌씨가 공자의 말을 기록하여 말하길, 공자께서 말씀하시
길, '진항이 그 임금을 시해했는데, 백성 중에 찬성하지 않는 자가 반입니다.
노나라의 여러 사람들에 제나라의 반을 더하면 이길 수 있습니다.'라고 했지
만, 이는 공자의 말이 아니다. 진정 이 말과 같다면 이것은 무력으로 하는 것
이지, 의義로 하는 것이 아니다. 공자의 뜻은 반드시 그 죄의 명분을 바로잡
아 위로는 천자께 고하고 아래로는 방백에게 알려 동맹국을 이끌어 토벌하
는 것이지, 제나라를 이기는 것은 공자로서는 여분의 일이다. 어찌 노나라
사람의 많고 적음을 계산하셨겠는가? 이 당시 천하의 혼란은 극에 달했다.
그 일을 계기로 천하를 바로잡을 수 있었으면, 주 왕실은 아마도 부흥시킬 수
있었을 것이다. 노나라 군신이 끝내 공자의 말씀을 따르지 않았으니, 애석함
을 이길 수 있으랴!"

■胡氏曰 春秋之法에 弑君之賊은 人得而討之하니 仲尼此擧는 先發後聞이
可也니라

호인이 말했다. "춘추의 법에 임금을 시해한 적賊은 누구나 토벌할 수 있었으
니, 공자의 이 거조는 먼저 출병하고 나중에 보고하는 것도 가능하다."

고금주 —— ■馬曰: "將告君, 故先齊. 齊必沐浴." ○補曰 潔己致誠, 冀君聽己
也. 討, 治罪也. ○孔曰: "三子, 三卿也." ○馬曰: "我禮當告君, 不當告三子. 君
使我往, 故復往." ○馬曰: "孔子由君命, 之三子告, 不可, 故復以此辭語之而
止.[補云: "語所以告君之意於三子."]

마융이 말했다. "장차 임금에게 아뢰려고 했기 때문에 먼저 재계하셨다. 재

게 때는 반드시 목욕한다." ○보완하여 말한다. 몸을 깨끗이 하여 정성을 다하는 것은 임금이 자기의 의견을 들어주기를 바라는 것이다. 토討는 죄를 다스리는 것이다. ○공안국이 말했다. "삼자三子는 삼경三卿이다." ○마융이 말했다. "나의 예로 보면 임금께 아뢰는 것이 마땅하고, 삼자에게 고하는 것은 부당하다. 그러나 임금께서 나에게 가게 했기 때문에, 다시 가신 것이다." ○마융이 말했다. "공자께서 군명君命에 의거하여 삼자에게 가서 고하니, 그럴 수 없다고 했기 때문에, 다시 이 말씀으로 말하시고 그치셨다."(보완하여 말한다. "말씀하셨다는 것은 임금의 뜻을 삼자에게 고한 것이다.")

■事實『左傳』哀十四年曰: "六月甲午, 齊 陳恒弑其君壬于舒州. 孔丘三日齊, 而請伐齊三. [三請之] 公曰, '魯爲齊弱久矣, 子之伐之, 將若之何?' 對曰, '陳恒弑其君, 民之不與者半. 以魯之衆, 加齊之半, 可克也.' 公曰, '子告季孫.' 孔子辭, 退而告人, 曰, '吾以從大夫之後也, 故不敢不言.'" ○邢曰: "『左傳』小異者, 史官所錄, 記其與君言耳, 退後別告三子, 惟弟子知之, 故傳無文也." ○程子曰: "此非孔子之言, 誠若此言, 是以力不以義也." ○案 子之所愼, 齊戰疾, 明秉義雖正, 凡戰, 在所愼也. 子曰: "我戰則克.〔〈禮器〉文〕明知己知彼, 度德量力, 慮勝而進, 如孫武子所云'先勝而後戰'者也. 故其答子路行三軍之問, 必曰'暴虎馮河, 死而無悔者, 吾不與也. 必也臨事而懼, 好謀而成者也', 則孔子不惟量力, 兼且好謀, 豈可以董仲舒'正其誼'一語, 遂謂成敗在所不計? 先儒多以此章爲專警三家, 以杜放弑之謀, 故伊川亦以爲較計兵力, 不足以警三家也. 竊嘗思之, 魯 哀公之不能自斷, 孔子必逆揣之矣. 三子者之不欲往討, 孔子必逆揣之矣. 然且沐浴齊戒, 入告此義, 似乎不誠, 如云不然, 似乎不智. 然齊人之愛陳氏者, 皆小人鄙夫之懷惠者. 其故家大族, 隱憂竊歎如晏平仲者, 亦多矣. 孔子商量物情, 知齊人半分, 灼見其必勝必取之機, 森列眼前, 不忍終默, 庶幾積誠致虔, 得感悟君心, 若其不能自斷, 則非不知也. 觀於'吾從大夫之後, 不敢不告'一語, 其逆揣明矣. 賴有『左傳』魯衆齊半之說, 纔足以證明夫子之心, 至誠無僞. 若去此說, 則孔子此告, 其異乎張虛義以爲大言者幾希, 千載之下, 何以知當時事情? 有如是必勝無敗之勢乎?『左傳』不可攻也.

사실, 『좌전』(애공 14년조)에서 말했다. "6월 갑오甲午에 제나라 진항이 그의 임금 임壬을 서주舒州에서 시해했다. 공자가 사흘 동안 재계하고 제나라를 정벌할 것을 세 번 청했다. 애공이 말했다. '노나라가 제나라에 의해 약해진 지가 오래되었는데, 그대가 정벌한다면 장차 어찌 되겠는가?' 공자가 대답했다. '진항이 그 임금을 시해했으니, 백성들 중 찬성하지 않는 자가 반입니다. 노나라의 여러 사람들에다가 제나라의 반을 더하면 이길 수 있습니다.' 애공이 말했다. '그대는 계손에게 고하시오.' 공자는 사양했다. 물러나 사람들에게 말했다. '내가 대부의 뒤를 따르기 때문에, 감히 고하지 않을 수 없었다.'" ○형병이 말했다. "『좌전』과 조금 다른 것은, 사관이 기록한 것은 공자께서 임금과 더불어 말씀하신 것을 기록했을 따름이며, 물러나 별개로 삼자에게 고한 것은 제자만 알고 있을 따름이니, 『좌전』에는 글이 없다." ○정자가 말했다. "이것은 공자의 말씀이 아니다. 진실로 이와 같이 말한다면, 이것은 힘으로써 한 것이지 의로써 한 것이 아니다." ○살핀다. 공자가 삼간 것은 재계·전쟁·질병이었으니, 분명히 의리에서 보면 비록 바르더라도 모든 전쟁은 삼가는 것이 있는 것이다. 공자는 "내가 전쟁을 하면 이긴다(我戰則克)(『예기』「예기」)."고 말씀하신 것은 명확하게 자신을 알고 적을 알아서, 덕을 헤아리고 힘을 헤아려서 이길 것을 알고 난 뒤에 진격한다는 것이다. 이는 예를 들면 손무자孫武子의 이른바 '먼저 이기고 나서 싸운다(先勝以後戰).'는 것이다. 그러므로 공자는 자로의 '삼군을 통솔하시면 누구와 함께 하시겠습니까?'라는 질문에, '맨손으로 호랑이를 때려잡고 맨몸으로 하수를 건너다가, 죽어도 후회하지 않는 자와는 나는 함께 하지 않을 것이다. 전쟁에 임해서는 반드시 두려워하고, 계획을 잘 세워서 성공하는 자와 함께 할 것이다.'라고 하셨다. 공자는 무력을 헤아릴 뿐만 아니라, 겸해서 또한 계획하는 것을 좋아했으니, 어찌 동중서처럼 '그 의를 바르게 한다.(正其誼)'는 한마디 말만 내세워, 드디어 성패를 헤아리지 않는다고 말할 수 있겠는가? 선유들은 대부분이 장을 오로지 삼가를 경계하여, 시역의 모의를 막기 위한 것으로 여겼다. 그러므로 정이천 또한 병력을 계교하는 것은 삼가를 경계하기에 부족하다고 여긴 것이다. 일찍이 가만히 생각해 보니 노나라 애공이 독자적으로 결단하지 못할 것을 공자께서는 필시 예측했을 것이다. 삼자가 토벌하러 가지 않으려고 할 것을 공자께서는 필시 예측했을 것이다. 그런데도 목욕재계하고 들어가 이 뜻을 고한 것은 흡사 진실하지 못한 듯하고, 그렇지 않다고 한다면 지혜롭지 못한 듯하다. 그런데 제나라 사람으로 진항을 사랑한 자는 모두 소인과 비부로서 (진항의) 은혜를 생각하는 자이다. (그러나) 오래된 가문과 큰 족벌로서 안평중처럼 은근히 걱정하고 남몰래 탄식하는 자들 또한 많았다. 공자는 정세를 파악할 때 제나라 사람들이 반반으로 나누어질 것을 알았으며, 반드시 이기고 반드시 취할 수 있는 기미가 환하게 나타나고 눈앞에 선하게 늘어서 있으므로, 차마 끝내 침묵하지 못하고 정성을 쌓고 경건함을 다하여 임금의 마음이 깨우칠 수 있기를 바랐던 것이다. 그러나 애공이 능히 스스로 결단하지 못할 것을 알지 못했던 것은 아니다. 이는 '내가 대부의 뒤를 따르기 때문에, 감히 고하지 않을 수 없었다.'고 말한 한마디에서 보면, 공자는 미리 짐작하고 있었음이 분명하다. 『좌전』의 '노나라의 여러 사람들에 제나라의 반을 더하면 이길 수 있습니다.'는 설에 근거하여 보면, 겨우 공자의 마음이 지극히 참되고 거짓이 없었던 것을 증명할 수 있다. 만약 이 설명이 없었다면, 공자가 여기서 고한 말은 장황하고 헛된 의뢰로써 큰소리 친 것과 거의 다를 것이 없었을 것이니, 천 년 뒤에 당시 사정이 이와 같이 반드시 이기고 패함이 없는 형세가 있었음을 어찌 알았겠는가? 『좌전』의 설은 공박할 수 없다.

■案 胡氏『春秋』之說, 張虛義, 敢爲大言, 多此類也.

살핀다. 호인의 『춘추』의 설은 장황하고 헛된 의리로 감히 큰소리 친 것인데,

이런 유가 많다.

비평 —— 이 글과 『춘추전』이 다른 것을 두고, 고주에서는 『춘추전』의 기록
은 사관의 기록이고, 삼자三子에게 고한 것은 제자의 기록이기 때문에 조금
다르다고 했다. 이에 대해 정자程子는 『춘추전』에서 공자의 말로 기록되어
있는 것은 "이것은 무력으로 하는 것이지, 의리(義)로 하는 것이 아니다. 공자
께서 어찌 노나라 사람의 많고 적음을 계산하셨겠는가?"라고 반론했다. 주자
또한 "『춘추전』의 기록은 대개 전해 들은 것의 오류이니, 뭇사람들의 뱃속으
로 성인의 마음을 헤아린 것일 뿐이다."(『논어집주대전』)라고 비평하여, 정자
의 견해를 지지했다.

그런데 다산은 다양한 논거를 제시하면서 『춘추전』의 설은 공박할 수 없
다고 주장하면서, 또한 정자·호인이 주장하고 주자가 인용한 춘추의 법(임
금을 시해한 賊은 누구나 토벌할 수 있다)에 대해 반론했다.

『춘추전』의 구절에 대한 정자·주자와 다산의 견해 차이를 보면, 성명性命
과 의리義理를 중시했던 성리학자와 행사에서 실천을 중시했던 다산의 논점
이 다름을 여실히 확인할 수 있다.

14:23. 子路問事君. 子曰: "勿欺也, 而犯之."

고주 —— 자로가 임금을 섬기는 법을 묻자, 공자께서 말씀하셨다. "(임금을 섬
기는 도리는 의리상) 속이지 말고, (마땅히) 안색을 거스르면서도 (바른 말로) 간
쟁해야 한다(犯=犯顏諫爭)."

주자 —— 자로가 임금을 섬기는 법을 묻자, 공자께서 말씀하셨다. "(자로는 문인을 가신으로 삼은 것으로 볼 때 속이지 않는 것이 어렵기 때문에 먼저) 속이지 말고, (자로에게 어려운 일이 아니기 때문에 그다음으로) 안색을 거스르면서도 간쟁해야 한다(犯=犯顏諫爭)."

다산 —— 자로가 임금을 섬기는 법을 묻자, 공자께서 말씀하셨다. "(실정을 숨기고 은폐하여) 속이지 말고(欺=隱情壅蔽), 위엄을 무릅쓰고 (싫어하는 안색을 보이면서) 간쟁해야 한다(犯=冒威諫爭)."

집주 —— ■犯은 謂犯顏諫爭이다.
범은 안색을 거스르면서 간쟁하는 것을 말한다.
■范氏曰 犯은 非子路之所難也요 而以不欺爲難이라 故로 夫子告以先勿欺而後犯也하시니라
범조우가 말했다. "안색을 거스르고 간쟁하는 것(犯)은 자로에게 어려운 일이 아니지만, 속이지 않는 일이 어렵다고 여겼기 때문에 공자께서는 먼저 속이지 말고, 그런 후에 안색을 거스르고 간쟁하라고 가르쳐주셨다."

고금주 —— ■補曰 隱情壅蔽曰欺, [不以直告之] 冒威諫爭曰犯. [謂犯顏] 『禮』曰: "事君, 有犯而無隱."[〈檀弓〉文] ○ 黃曰: "僞言不直, 謂之欺, 直言無隱, 謂之犯."

자원풀이 ■事사는 신에게 바치는 기물을 나뭇가지에 달아놓고 손(又)으로 떠받치고 있는 형상으로 제사를 지내다, 섬기다의 뜻이다. 혹은 손(又)으로 장식이 달린 붓을 잡은 모습으로 역사나 문서의 기록하는 모습을 형상한 것으로 이로부터 관직, 사업, 업무를 통칭하는 '일'을 뜻하게 되었다. 일(事有終始), 관직(無功受事), 국가대사, 직업, 공업工業(立功立事), 섬기다(事君之道), 일삼다(事商賈 爲技藝), 변고(事變), 재능(吳起之裂 其事也), 다스리다(努力事民而不責焉), 힘쓰다(先事後得), 부리다(無所事得), 벌(管絃三兩事), 전고典故 등의 뜻이 있다.
■欺기는 欠(흠: 하품, 모자라다, 빚, 구부리다)+其(그 기)로 입을 크게 벌려 침을 튀기며 말하는 모습에서 '속이다'의 뜻으로, 은폐하다의 뜻이 나왔다.
■犯범은 犬(개 견)+卩(병부 절)로 개(犬)로 대표되는 짐승을 굴복시켜 그 영역을 침범하다의 뜻을 나타내었다.

보완하여 말한다. 실정을 숨기고 은폐하는 것을 속인다(欺)고 하고(곧음:直으로 고하지 않는 것이다), 위엄을 무릅쓰고 간쟁하는 것을 범한다고 한다(싫어하는 안색을 보임을 말한다). 『예기』「단궁」에서 말했다. "임금을 섬김에, 범함이 있어도 숨김은 없어야 한다." ○면재 황씨가 말했다. "거짓으로 말하고 곧지 않은 것을 속인다(欺)고 하고, 곧게 말하고 숨기지 않는 것을 범한다고 한다."

■朱子曰: "以門人爲臣一事觀之, 子路好勇, 恐未免於欺. 凡言於人君要他聽 或至於說得太過則近." ○案 此章恐未必是對病發藥, 門人爲臣, 亦恐非欺罔. 孔子謂行詐欺天者, 責厲之深, 不可以此案子路也. 子路生平, 以不欺見稱, 故 小邾射以句繹來奔, 不信千乘之盟, 而欲信子路之一言, 況於欺君者乎?

주자는 말했다. "문인을 가신으로 삼은(9:11) 한 가지 일로 보면, 자로는 용기를 좋아하고 꼭 이기려 해서 아마도 속이는 것을 면하지 못할 것 같다. 임금에게 말할 때에 들어주도록 하려고 간혹 너무 지나치게 말했으니, 속이는 것에 가깝다." ○살핀다. 이 장은 필시 병에 대해 약을 주는 그런 글은 아닌 듯하며, 문인을 가신으로 삼은 것 또한 속인 것이 아닌 듯하다. 공자께서 '자로가 거짓을 행하고, 하늘을 속인다.'고 한 것은 심히 엄하게 꾸짖은 것이지만, 이것으로 자로를 속이는 사람으로 미루어 보아서는 안 된다. 자로는 평생 속이지 않는 이로 칭찬받았다. 그러므로 소주역이 구역 땅을 가지고 망명하여 천승의 나라의 맹약은 믿지 않지만, 자로의 한마디 말은 믿으려고 했다. 하물며 임금을 속이겠는가?

비평 —— 고주는 "이 장은 임금을 섬기는 도의를 말한 것으로, 도의상 속여서는 안 되고, 임금이 싫어하는 안색을 보여도 바른 말로 간쟁해야 한다."고 해설했다. 주자는 이 구절을 자로의 근기에 따라 설한 것으로 보았다. 즉 자로가 문인을 가신으로 삼은 것으로 보았을 때 속이지 않은 것을 면하기 어렵다고 생각했기 때문에 먼저 속이지 말라고 했다는 것이다. 나아가 자로는 너무 지나치게 말하는 측면이 있었기 때문에 자로에게 상대적으로 쉬운 것(안색을 거스르면서도 간쟁해야 한다)으로 두 번째 말을 했다는 것이다.

다산은 주자의 이러한 해석에 대해 적극 비판한다. 즉 『논어』에 나타난 여러 전거로 미루어 볼 때 자로는 결코 기만하는 사람이 아니며, 따라서 이 구절은 자로에게 응병여약應病與藥으로 해 준 말이 아니라 인군을 섬기는 일반적인 도리를 서술한 것이라고 말이다. 우리 또한 『논어』에 나타난 자로의 인간상으로 볼 때, 자로는 인군을 결코 기만하는 사람으로 나타나 있지 않다고 판단한다.

14:24. 子曰: "君子上達, 小人下達."

고주 —— 공자께서 말씀하셨다. "군자는 근본인 덕의(上=本=德義)에 밝게 통달하지만, 소인은 말단인 이재(下=末=財利)에 밝게 통달한다."

주자 —— 공자께서 말씀하셨다. "군자는 (천리에 따르기 때문에 나날이 高明한 곳으로 나아가 지식과 행실이) 정점에 도달하고, 소인은 (인욕에 따르기 때문에 나날이 汚下로 떨어져) 가장 낮은 곳으로 추락한다."

자원풀이 ■小소는 갑골문에서 모래를 뜻하는 작은 점 셋을 그렸는데, 작다는 뜻이 보편화되자 모래알은 水를 더해 '沙(모래 사)'가 되었다. 『설문해자』에서는 갈라짐을 뜻하는 八에 미세한 사물을 나타내는 'ㅣ(곤)'이 결합하여, 미세한 사물을 또 분리하여 작다는 뜻을 나타내었다고 한다.

다산 —— 공자께서 말씀하셨다. "(그 처음에는 모두 보통사람:中人이지만, 털끝만한 차이로) 군자는 (의로움에 깨닫고 날로 덕에 나아가 한 등급 두 등급 위로 올라가서) 최상의 등급에 도달하지만, 소인은 (이로움에 깨달아, 소인은 날로 퇴보하여 한 등급 두 등급 아래로 내려가서) 최하의 등급에 도달한다."

집주 —— ■君子는 循天理故로 日進乎高明하고 小人은 徇人欲故로 日究乎污下니라

군자는 천리天理를 따르기 때문에 날로 높고 밝은 곳으로 정진하고, 소인은 인욕人欲을 따르기 때문에 날로 더럽고 낮은 곳으로 떨어져 마침내 밑바닥으로 타락한다(究=究竟).

고금주 —— ■補曰 君子小人, 其始皆中人也. 毫釐之差, 喻於義利. 君子日進其德, 一級二級, 升而達乎最上之級. 小人日退其步, 一級二級, 降而達乎最下之級.

보완하여 말한다. 군자 · 소인은 그 처음에는 모두 보통사람(中人)이지만, 털끝만 한 차이가 한쪽은 의로움에 깨닫고, 한쪽은 이로움에 깨달아, 군자는 날로 덕에 나아가 한 등급 두 등급 위로 올라가서 최상의 등급에 도달한다. 소인은 날로 퇴보하여 한 등급 두 등급 아래로 내려가서 최하의 등급에 도달한다.

■何曰: "本爲上, [邢云: "德義也."] 末爲下. [邢云: "財利也."]" ○邢曰: "此章言君子小人, 所曉達不同也." ○案 朱子之義, 不可易. [注疏以爲曉達, 此謂 '喻於義 · 喻於利' 曰達也, 其義非

하안이 말했다. "본本이 상上이 된다.(형병이 말했다. "德義이다.") 말末이 하下가 된다."(형병이 말했다. "財利이다.") ○형병이 말했다. "이 장은 군자와 소인이 밝게 통달하는 바(所曉達)가 같지 않음을 말했다." ○살핀다. 주자의 뜻은 바꿀 수 없다.(注疏에서 曉達이라고 했는데, 이는 의에 밝고:喻於義 · 이익에 밝고:喻於

利라고 말할 때의 達을 말하니, 그 뜻이 그릇되었다.)

비평 —— 고주는 여기에서 달達을 효달曉達로, 상上은 근본(德義)으로, 그리고 하下는 말단(財利)로 해석했다. 이와 대비되는 주자의 해석은 『논어집주대전』의 다음 구절에 잘 나타나 있다.

운봉 호씨가 말했다. "공자께서 일찍이 '하학이상달下學而上達'이라고 하셨을 때의 상과 하는 천리와 인사를 꿰뚫는 것이고, 여기서 말한 상달과 하달은 천리와 인욕을 구분한 것이다."
주자가 말했다. "상달은 투철하게 깨달아 그 정점에 도달하는 것이니, 단지 지식만 거기에 도달하는 것이 아니라 행실도 거기에 도달한다."

다산은 달達에 대한 해석에서는 주자의 설을 받아들이고 고주를 비판하지만, 주자처럼 천리-인욕의 개념으로 이 구절을 해석하지는 않았다.

14:25. 子曰: "古之學者爲己, 今之學者爲人."[爲, 去聲]

고주 —— 공자께서 말씀하셨다. "옛날의 배움이란 자신을 위해 실천하여 행하는 것이지만, 오늘날 배움이란 남을 위한다고 말만 하는 것이다."

주자 —— 공자께서 말씀하셨다. "옛날의 배우는 사람은 자기에게 얻고자 하지만 (궁극적으로는 남을 위한다), 오늘날 배우는 사람은 남에게 알려지고자 한다."

다산 ── 공자께서 말씀하셨다. "옛날의 배움이란 자신을 위해 실천하여 행하는 것이지만, 오늘날 배움이란 남을 위한다고 말만 하는 것이다." (爲는 去聲으로 助와 같다.)

집주 ── ■程子曰 爲己는 欲得之於己也요 爲人은 欲見知於人也니라
정자는 말했다. "위기爲己는 자기에게 얻고자 하는 것이고, 위인爲人은 남이 알아주기를 바라는 것이다."

■程子曰 古之學者는 爲己하여 其終至於成物이러니 今之學者는 爲人하여 其終至於喪己니라
정자는 말했다. "옛날 배우는 사람의 위기爲己는 마침내 남을 완성시키는 데에 이르고, 오늘날 배우는 사람의 위인爲人은 끝내 자기를 상실하는 데에 이른다."

■愚按 聖賢論學者用心得失之際에 其說이 多矣라 然이나 未有如此言之切而要者하니 於此에 明辨而日省之면 則庶乎其不昧於所從矣리라
어리석은 내가 살핀다. 성현께서 배우는 자의 마음 쓰는 일의 득실을 논하신 것은 그 설이 많다. 그러나 이처럼 말이 절실하고 긴요한 것은 없다. 여기에서 밝게 분별하고 날마다 성찰하면, 아마도 따르는 바에서 어둡지 않게 될 것이다.

고금주 ── ■孔曰: "爲己, 履而行之. 爲人, 徒能言之."[邢云: "空能爲人言說之, 己不能行."] ○補曰 爲, 猶助也.
공안국이 말했다. "위기爲己는 실천하여 행하는 것이고, 위인爲人은 (남에게)

자원풀이 ■위爲는 爪+象으로 구성되어 손(爪)으로 코끼리(象)에게 일을 시키는 모습에서 '일을 하다'가 원뜻이고, 이후 '때문에', '위하여'라는 문법소로 쓰였다. 평성으로는 하다, 만들다, 간주하다 등으로 쓰이고, 거성으로는 돕다, 위하다, 때문에 등으로 쓰인다.

한갓 말만 할 줄 아는 것이다."(형병이 말했다. "공공연하게 남을 위해 말하기만 하고, 자기는 실행하지 않는다.") ○보완하여 말한다. 위爲는 돕다(助)와 같다.

■ 質疑 程子曰: "爲己, 欲得之於己也. 爲人, 欲見知於人也." ○案 躬蹈善行, 則我進德也. 口述善言, 則人聞道也. 爲己者, 益於己也. 爲人者, 益於人也. 若見知於人, 則雖不益我, 亦不益人, 何得曰爲人乎? 君子之道, 人不知而不慍, 不見是而无悶, 固有斯義. 然君子疾沒世而名不稱焉, 令聞令名, 豈亦君子之所惡哉? 子曰'不患人之不己知, 求爲可知.' 求爲可知, 則見知於人, 非君子之所惡也. 葉公問孔子於子路, 子路不對. 子曰: "汝奚不曰, 其爲人也, 發憤忘食, 樂以忘憂, 不知老之將至云爾?" 則孔子未嘗不欲見知於人也. 要之, 實見得, 有爲人處, 然後方可曰爲人, 孔註, 恐不可易也.

(정자에게) 질의한다. 정자가 말했다. "위기爲己는 자기에게 얻고자 하는 것이고, 위인爲人은 남이 알아주기를 바라는 것이다." ○살핀다. 몸소 착한 행실을 하면 내가 덕에 나아가게 되고, 입으로 착한 말을 하면 남이 도를 듣게 된다. 위기爲己란 자기에게 유익한 것이고, 위인爲人이란 남에게 유익한 것이다. 만약 남에게 알려지는 것이 비록 나에게는 유익하지 않더라도, 또한 남에게도 유익하지 않다면 위인이라 할 수 있겠는가? 그러나 군자는 몸을 마칠 때까지 명성이 세상에 칭송되지 못하는 것을 유감스럽게 여기니, 아름다운 소문과 아름다운 명성이 어찌 또한 군자가 싫어하는 것이겠는가? 공자께서 "남이 자기를 알아주지 않는 것을 근심하지 말고, 알아줄 만하게 되기를 추구하라."고 하셨으니, 알아줄 만하게 되기를 추구하여, 남에게 알려지게 되는 것은 군자가 싫어하는 것이 아니다.

섭공이 자로에게 공자에 관해 물으니, 자로가 대답하지 못하자, 공자는 "너는 어찌 그의 사람됨이 발분하여 먹는 것을 잊고 즐거워서 근심을 잊고, 늙음이 장차 오는 줄도 모른다고 말하지 않았는가?(7:18)"라고 했으니 공자는 일찍이 남에게 알려지고 싶지 않은 것이 아니다. 요컨대 실로 남에게 알려지게 되고, 남을 위한 것이 있게 된 뒤에라야 바야흐로 위인為人이라 할 수 있으니, 공안국의 주는 아마도 바꿀 수 없을 듯하다.

비평 —— 고주를 지지하는 다산은 이 주석에서도 행사行事와 실제적 효과를 중시했다. 그런데 주자 또한 정자의 입장을 해설하면서, 위인為人을 앞의 낮은 단계와 좋은 의미의 것을 구분하면서, 자신을 위해 얻은 것이 궁극적으로는 남을 위해야 한다고 말했다. 나아가 정자-주자는 아름다운 명성이 알려지는 것을 싫어하는 것이 아니라, 명성을 얻기 위해 인위적으로 노력하는 것을 싫어했을 따름이다. 또한 주자의 다음과 같은 해설(『논어집주대전』)은 이 구절에 대한 그의 입장의 일단을 알게 해 준다.

　　물었다. "정자의 두 문장의 말씀이 서로 다릅니다." 주자가 답했다. "(정자의) 앞 문단의 낮은 위인為人은 다만 남이 알아주기를 바랄 따름인 것이고, 뒷문단의 좋은 위인為人은 오히려 진짜로 남을 위하려는 것이다. 그러나 일찍이 자기 자신에 대한 공부를 하지 않으면 단지 남을 위할 수도 없을 뿐만 아니라, 끝에 가서는 자신마저도 잃어버리고 만다."

14:26. 蘧伯玉使人於孔子. 孔子與之坐而問焉, 曰: "夫子何爲?" 對曰: "夫子欲寡其過而未能也." 使者出. 子曰: "使乎! 使乎!"

고주 —— 거백옥이 공자께 사자를 보내자, 공자께서 함께 앉으면서 물으셨다. "부자(=거백옥은 군자라는 명예를 얻으셨으니)는 무엇을 하셨는가?" (사자가)

대답했다. "부자께서는 (자신을 반성하여) 과오를 적게 하고자 하시지만(欲寡其過), 아직 (과오가 없게 하시지는) 못하십니다." 사자가 나가자, 공자께서 말씀하셨다. "(훌륭한 사자이니, 자기 역할을 하는) 사자로구나, 사자로구나! (이는 거백옥의 마음을 속이지 않은 것이다.)"

주자 —— (위나라 대부) 거백옥이 공자께 (위나라에서 거백옥의 집에 머물다가 노나라로 돌아가니) 사자를 보내자, 공자께서 (사자의 주인을 공경하여) 함께 앉으면서 물으셨다. "부자께서는 어떻게 지내시는가?" (사자가) 대답했다. "부자께서는 다만 (자신을 반성하여) 허물을 줄이고자 하시지만, (늘 미치지 못한 듯이 하시니) 아직 잘 못하십니다." 사자가 나가자, 공자께서 말씀하셨다. "(사자가 더욱 자신을 낮추고 겸양하여 주인의 어짊이 더욱 빛나고, 백옥의 마음을 깊이 알고 사령을 잘 수행한 자이니 칭찬하여) 사자로구나, 사자로구나!"

다산 —— (위나라 대부) 거백옥이 (아직 만난 적이 없는) 공자께 사자를 보내자, 공자께서 함께 앉으면서 물으셨다. "부자께서는 어떻게 지내시는가?" (사자가) 대답했다. "부자께서는 다만 (자신을 닦아) 허물을 줄이고자 하시지만, (늘 미치지 못한 듯이 하시니) 아직 잘 못하십니다." 사자가 나가자, 공자께서 말씀하셨다. "(훌륭한 사자이니, 자기 역할을 하는) 사자로구나, 사자로구나!"

집주 —— ■蘧伯玉은 衛大夫니 名瑗이라 孔子居衛하실새 嘗主於其家러시

자원풀이 ■使는 人+吏(史의 변형)로 붓을 든 사관史官으로 대표되는 관리吏에게 일을 맡겨 시키는 것을 말한다. 상성으로는 부리다, 거성으로 사신 혹은 사신으로 가다 등으로 쓰인다.
■寡는 宀(집 면)+頁(머리 혈)+分(나눌 분)으로 구성된 회의자로 나누어져(分) 집(宀)에 홀로 남은 사람(頁)을 그려 '홀로'라는 의미를 형상화하여, '적다'는 뜻이 나왔다. 혹은 宀+ 頒(나눌 반)의 결합으로 집에 있는 물건을 나누어 주어 감소하여 적다, 줄이다의 뜻이 나왔다. 환과고독鰥寡孤獨에서는 나이 들어 남편이 없는 과부寡婦, 임금이 자신을 낮추어 부르는 과인寡人 등으로 쓰인다.

니 旣而反魯라 故로 伯玉이 使人來也라

거백옥蘧伯玉은 위나라 대부이고 이름은 원瑗이다. 공자께서 위나라에 계실 때, 일찍이 그의 집에서 머무르셨다. 이미 노나라로 돌아가신 까닭에 백옥이 사람을 보내온 것이다.

■ 與之坐는 敬其主以及其使也라 夫子는 指伯玉也라 言其但欲寡過而猶未能 하니 則其省身克己하여 常若不及之意를 可見矣라 使者之言이 愈自卑約이나 而其主之賢이 益彰하니 亦可謂深知君子之心而善於詞令者矣라 故로 夫子再 言使乎하여 以重美之하시니라 按莊周稱伯玉行年五十而知四十九年之非라 하고 又曰 伯玉行年六十而六十化라 하니 蓋其進德之功이 老而不倦이라 是 以로 踐履篤實하고 光輝宣著하여 不惟使者知之라 而夫子亦信之也시니라

그와 함께 좌정했다(與之坐)는 그 주인을 공경함이 그 사자에게까지 미친 것이다. 부자夫子는 거백옥을 가리킨다. 단지 그 허물을 줄이고자 하지만 아직 잘하지 못한다고 말했으니, 그가 자신을 성찰하고 자기(사사로움)를 극복하여 항상 미치지 못하는 듯이 여기는 뜻이 나타나 있다. 사자의 말은 오히려 스스로 낮추고 겸손하지만 그 주인의 현명함이 더욱 빛나게 했으니, 또한 군자의 마음을 깊이 알고 사령詞令을 잘한 자라고 할 수 있다. 그런 까닭에 두 번 '사자로구나!' 하여 찬미하신 것이다. 살피건대, 장주는 백옥을 칭찬해 산 햇수는 50세에 49세 때의 잘못을 알았다고 말했고, 또 백옥이 산 햇수 60세에 60번 변했다(「칙양」)고 말했다. 대개 덕에 나아가는 공부가 늙어서도 게을러지지 않은 것이다. 이런 까닭으로 실천이 독실하여 광채가 뚜렷이 드러났으니, 단지 사자만 안 것이 아니라 공자 또한 그것을 믿으셨다.

고금주 —— ■ 補曰 使者言伯玉修己, 常若不及. ○陳曰: "再言使乎者, 善之 也, 言使得其人."

보완하여 말한다. 사자使者는 백옥이 자기를 수양함이 항상 미치지 못한 듯

이 한다고 말했다. ㅇ진력이 말했다. "거듭 '사호使乎'라고 말한 것은 좋게 본 것이니, 사자로서 그 알맞은 사람을 얻었다는 말이다."

■質疑『集註』曰: "孔子居衛, 嘗主於其家, 旣而反魯, 故伯玉使人來也." ㅇ案 孔子此時, 未及與伯玉相見, 故使者之答如此. 若相知旣深, 則不應作如此謙卑 語. 且孔子自衛反魯, 伯玉年已百歲, 使者所答, 不宜如此.

질의한다. 『집주』에서 말했다. "공자께서 위나라에 계실 때, 일찍이 그의 집에서 머무르셨다. 이미 노나라로 돌아가신 까닭에 백옥이 사람을 보내온 것이다." ㅇ살핀다. 공자께서는 이때 아직 거백옥과 서로 만나지 못했다. 그렇기 때문에 사자의 대답이 이와 같았다. 만약 서로의 면식이 깊었다면, 이렇게 겸손한 말로 응대하지 않았을 것이다. 또한 공자께서 위나라에서 노나라로 돌아왔을 때, 백옥의 나이가 이미 백세였다면, 사자의 대답이 마땅히 이와 같이 않았을 것이다.

비평 —— 사자使者와 공자가 만난 시기에 대한 주자의 주장(孔子居衛, 嘗主於 其家, 旣而反魯)에 대해, 다산은 역사적 사실을 제시하면서 의문을 제기하고 있다. 해석에서는 큰 이견은 없다.

❧

14:27. 子曰: "不在其位, 不謀其政."(14:27, 주자) (14:28.) 曾子曰: "君子思不出其位."[『集注』本, 分爲二章]

고주 —— 공자께서 말씀하셨다. "그 지위에 있지 않으면, 그 정사를 도모하지 않는다(그 직권을 넘지 않는다)." 증자가 말했다. "군자는 생각이 그 지위를 벗어나지 않는다(사려가 그 職權의 범위를 벗어나지 않는다)."

주자 —— (14:26) 공자께서 말씀하셨다. "그 지위에 있지 않으면, 그 정사를 도모하지 않는다." (14:27) 증자가 말했다. "군자는 생각이 그 지위를 벗어나지 않는다."

다산 —— 공자께서 말씀하셨다. "그 지위에 있지 않으면, 그 정사를 도모하지 않는다(그 직권을 넘지 않는다)." 증자가 말했다. "군자는 생각이 그 지위를 벗어나지 않는다(사려가 그 職權의 범위를 벗어나지 않는다)."(『집주』본에는 나누어 두 장으로 했다.)

집주 —— ■ (14:26) 重出이다.

거듭 나왔다(「태백」8:14)

■(14:27) 此는 艮卦之象辭也라 曾子蓋嘗稱之러시니 記者因上章之語而類記之也라

이는 『주역』「간괘艮卦」〈상전象傳〉의 말(象辭:兼山 艮 君子 以思不出其位)이다. 증자가 대개 일찍이 이 말을 일컬었을 것인데, 기록한 자가 앞 장의 말로 인해 비슷한 것을 기록한 것이다.

■范氏曰 物各止其所에 而天下之理得矣라 故로 君子所思 不出其位에 而君臣上下大小가 皆得其職也니라

범조우가 말했다. "사물이 각자 머물러야 하는 장소에 머무르면, 천하의 이치가 얻어진다. 그러므로 군자는 생각하는 것이 그 지위를 벗어나지 않으면 군신·상하·대소가 모두 그 마땅한 직분을 얻게 된다."

고금주 —— ■補曰 上節見前. 〖泰伯〗篇] ○邢曰: "此章戒人之僭濫侵官也. 言

若己不在此位, 則不得謀議此位之政事也. 曾子遂曰'君子思不出其位', 言思慮所及, 不越其職." ○案 邢氏本合之爲一章, 今從之. [曾子釋夫子所言之意]

보완하여 말한다. 위의 구절은 앞에서 나왔다(「태백」편). ○형병이 말했다. "이 장은 사람들이 다른 관원의 직권을 참람하게 침범하는 것을 경계한 것이다. 만일 자기가 그 지위에 있지 않으면, 그 지위의 정사를 모의해서는 안 된다는 말씀이다. 증자가 드디어 '군자는 생각과 모의가 자기의 지위를 벗어나지 말아야 한다.'고 했으니, 사려가 미치는 한계가 자기 직책을 넘지 않아야 한다고 말한 것이다." ○살핀다. 형병본은 합하여 한 장으로 했으니, 이제 따른다(증자는 공자께서 말씀하신 뜻을 해석했다).

비평 —— 공자의 언명으로 되어 있는 것은 『주역』 「간괘艮卦」 〈상전象傳〉의 말이다. 간괘艮卦는 52번째 괘卦. 산(☶)이 위아래로 이어져 중산간괘重山艮卦라 한다. 산이 거듭됨을 상징하여 앞의 진괘震卦를 뒤집은 모습이다. 진괘의 움직임(動)이 언제까지나 계속될 수는 없기에, 움직임이 다하면 멈춤이 있다. 간괘는 멈춤, 머묾, 그침이다. 자연물로는 산이 그런 이미지이다. 다음 두 구절이 이해에 도움을 준다.

　　운봉 호씨가 말했다. "간艮은 그치는 것이다. 생각이 그 지위를 벗어나지 않는다는 것은 몸이 처하는 바가 그 마땅한 곳에 그치고, 마음이 생각하는 것 또한 그 마땅한 곳에 그치는 것이다."
　　남헌 장씨가 말했다. "지위(位)는 단지 직책만 말하는 것이 아니다. 크게는 군신과 부자, 작게는 하나의 일이나 하나의 물건에 대해서도 그 때와 장소에 따라 생각하는 것이 머물러 넘어서지 않는 것, 그것이 모두 그 지위를 벗어나지 않는 것이다."

고주에서 한 장으로 보았던 것을 주자는 두 장으로 나누었고, 다산은 다시 합쳐서 한 장으로 했다. 그런데 주자 또한 "증자가 대개 일찍이 이 말을 일컬었을 것인데, 기록한 자가 앞 장의 말로 인해 비슷한 것을 기록한 것이다."고 말하여 상호 연속됨을 인정했다는 점에서 단지 형식상의 구분일 따름이다.

❦

14:29. 子曰: "君子恥其言而過其行." [皇氏本, 而作之]

고주 —— 공자께서 말씀하셨다. "군자는 그 말이 그 행동을 넘어서는 것을 부끄러워한다."

주자 —— 공자께서 말씀하셨다. "군자는 그 말을 감히 다하지 않고, 그 행은 여유 있게 한다."

다산 —— 공자께서 말씀하셨다. "군자는 그 말이 그 행동을 넘어서는 것을 부끄러워한다." (황간본에는 而가 之로 되어 있다.)

자원풀이 ■言은은 (1) 피리모양의 악기의 입과 댓가지(竹) 및 거기서 나오는 소리를 형상화, (2) 입과 혀 그리고 거기서 나오는 말을 상징하는 가로획이 더해진 것이다. 악기의 소리에 사람의 말과 관련된 여러 뜻을 지니게 되었지만, 여기에는 고대 중국인들의 인식이 반영되어 있는데, 言은은 믿을 수 없는 거짓 즉 속임의 수단이었으며 말을 잘하는 것은 능력이 아니라 간사함과 교활함을 나타내어, 말의 귀착점은 언제나 분쟁이었다는 점에서 부정적으로 생각하였다.
■行行은 彳(척: 왼발로 걷는 모양)과 오른 발로 걷는 모양이 합해져서 교대로 걷는 모양, 사거리로 사방으로 통하는 오가는 곳을 그렸다고 한다. 가다, 운행하다, 실행하다, 기능하다, 행위, 품위, 덕행 등으로 쓰인다. 행행行行이라 하면 쉬지 않고 나아감, 굳세고 강한 모양의 뜻으로 쓰인다.

집주 ── ■恥者는 不敢盡之意요 過者는 欲有餘之辭라

'치恥는 감히 다하지 못한다(不敢盡)는 뜻이고, 과過는 여유 있게 하려 한다(欲有餘)는 말이다.

고금주 ── ■邢曰: "君子言行相顧, 若言過其行, [謂有言而行不副] 君子所恥也."
형병이 말했다. "군자는 말과 행실을 상호 고려해야 한다. 만일 말이 그 행실보다 지나치면(말만 있고 행실이 따르지 않는 것을 말한다), 군자는 부끄러워한다."

■朱子曰: "恥者, 不敢盡之意. [補云: "恥其言者, 謂言之有怍色."] 過者, 欲有餘之辭."[朱子曰: "猶'喪過乎哀, 用過乎儉'之過."] ○案 若如邢說, 則上'其'字似衍, 故朱子釋之如此.

주자가 말했다. "'치恥란 감히 다하지 못한다는 뜻이고(보완하여 말한다. "恥其言이란 말에 부끄러운 빛이 있는 것을 말한다."), 과過는 여유 있게 하려 한다는 말이다."(주자가 말했다. "喪에서는 슬퍼함에 지나치고, 씀에 있어서는 검소함에서 지나친다고 할 때의 지나침이다.") ○살핀다. 만일 형병의 설과 같다면, 앞의 기其 자는 흡사 쓸데없는 것과 같은 까닭에 주자가 이와 같이 해석했다.

■引證 〈雜記〉曰: "有其言而無其行, 君子恥之." ○〈表記〉曰: "使民有所勸勉愧恥, 以行其言." 又曰: "君子恥有其辭而無其德, 有其德而無其行."[又云: "恥名之浮于行."] ○『史記』曰: "子貢見原憲, 慚而不懌, 終身恥其言之過也." ○『潛夫論』曰: "孔子疾夫言之過其行者."[〈交際〉篇] ○案 上篇云'古者言之不出, 恥躬之不逮也', 皆舊說之確證.

인증한다. 『예기』「잡기」에서 말했다. "그 말은 있지만 그 행실이 없으면, 군자는 그것을 부끄러워한다." ○「표기」에서 말했다. "백성을 권면하고 부끄러워함이 있게 하려면, 그 말을 실행하게 한다." 또 말했다. "군자는 그 말이 있으나 그 덕이 없음을 부끄러워하고, 그 덕이 있지만 그 행실이 없는 것을 부끄러워한다."(또 말했다. "명성이 행적보다 앞서는 것을 부끄러워한다.") ○『사기』

에서 말했다. "자공이 원헌을 만나 부끄럽고 마음이 쾌하지 않아, 끝내 자신의 말이 지나쳤던 것을 부끄러워했다." ○『잠부론潛夫論』에서 말했다. "공자는 말이 그 행실보다 지나친 것을 싫어하셨다(「교제」편)." ○살핀다. 상편에서 "옛날에 말을 함부로 하지 않은 것은 몸소 행함이 미치지 못함을 부끄러워했기 때문이다(「리인」 4:22)."라고 했다고 하였으니, 모두 구설을 뒷받침하는 확실한 증거다.

비평 —— 다산이 제시한 전거를 보면, 상당한 설득력이 있어 보인다. 『논어집주대전』의 세주의 다음 구절와 대비하여 살펴보자.

> 과過는 『주역』「소과」〈상전〉의 "초상에 슬픔이 과過하고, 소비에 검소함이 과하다(喪過乎哀 用過乎儉)."라고 할 때의 과過와 같으니, 힘써 행하는 것을 말한다. (주자)
>
> 말은 쉽게 나가기 때문에 마땅히 부끄러워해야 하며, 행동은 다하기 어렵기 때문에 마땅히 넘치게 해야 한다. (면재 황씨)
>
> 혹자는 말이 행동을 넘어서는 것을 부끄러워해야 한다는 뜻이라고 했는데, 본디 통하기는 하지만, 반드시 『집주』와 같이 두 가지 일로 해석해야 공자께서 말씀하신 본뜻을 얻는 것이다. (운봉 호씨)

14:30. 子曰: "君子道者三, 我無能焉. 仁者不憂, 知者不惑, 勇者不懼." 子貢曰: "夫子自道也."

고주 —— 공자께서 말씀하셨다. "군자의 도가 세 가지 있지만, 나는 능한 것이 없다. 인자는 (천도를 즐기고, 운명을 알아 마음속으로 살펴보아도 허물이 없기 때문에) 근심하지 않고, 지자는 (사리에 밝으므로) 미혹되지 않고, 용자는 (적을 무찔러 침략을 막기 때문에) 두려워하지 않는다." 자공이 말했다. "선생님께서 당신께 (겸양으로) 하신 말씀이다."

주자 —— 공자께서 말씀하셨다. "군자의 도가 세 가지 있지만, 나는 능한 것이 없다.(자책하여 남을 격려하신 것이다. 도의 본체는 무궁하기 때문에, 성인께서도 일찍이 도를 다하고도 남는다고 생각하신 적이 없다.) 인자는 근심하지 않고, 지자는 미혹되지 않고, 용자는 두려워하지 않는다." 자공이 말했다. "선생님께서 당신께 (겸양으로) 하신 말씀이다."

다산 —— 공자께서 말씀하셨다. "군자가 사람이 행해야 할 도로 삼는 것이 세 가지 있지만, 나는 능한 것이 없다(군자로서 스스로 만족하는 자는 없기에 참된 겸양이다). 인자는 근심하지 않고, 지자는 미혹되지 않고, 용자는 두려워하지 않는다." 자공이 말했다. "선생님께서 (지인용 세 가지는 특별한 사람이 걷는 길이 아니라) 당신의 길임을 말씀하신 것이다."

집주 —— ■ 自責以勉人也라

자원풀이 ■我는 창(戈)처럼 날이 서 있는 무기를 나타내며, '나' 혹은 '우리'란 뜻은 가차했다고 하지만, 『설문해자』에서는 회의자라고 한다. 갑골문 당시에 이미 '우리'로 쓰여 '나'로 쓰인 것은 가차로 보지만, 我에 羊(양)의 장식물이 더해진 의장용 칼인 義가 공동체에서 지켜야 할 '의리'를 의미하는 것을 볼 때, 我는 적보다는 내부를 결속하기 위한 대내용 무기로, 여기서 '우리'라는 뜻이 나왔을 것이라고 추정한다. 나 혹은 우리는 너 혹은 너희와 무기를 들고 대적하는 상대적인 관계라는 것을 뜻한다고 할 수 있다.
■能은 원래는 곰의 모습을 그렸다. 厶(사사로울 사)는 곰의 머리를, 月(=肉)은 몸통을, 두 개의 匕(비수 비)는 다리를 상징한다. 곰은 몸집에 걸맞지 않게 가공할 힘과 용맹스러움을 지녔기 때문에 곰의 능력能力, 재능才能, 가능可能의 뜻으로 쓰였다. 그러나 이후 '곰'을 뜻할 때는 소리부가 생략된 모습인 火를 더해 웅熊으로 분화했다.

(공자께서) 자신을 책망하여 남을 격려하신 것이다.

■ 道는 言也니 自道는 猶云謙辭라

도道는 '말하다(言)'이다. 자도自道는 겸사謙辭라고 말하는 것과 같다.

■ 尹氏曰 成德은 以仁爲先하고 進學은 以知爲先이라 故로 夫子之言이 其序 有不同者는 以此니라

윤돈이 말했다. "덕을 완성하는 일은 인을 우선으로 하고, 학문을 증진하는 일은 앎을 우선으로 한다. 그러므로 공자의 말씀에 그 순서가 같지 않음(9:29)이 있는 것은 이 때문이다."

고금주 —— ■ 補曰 道者, 人所行也. 君子之所以爲道者, 有三. 自道者, 言所謂仁知勇, 非別人之行.

보완하여 말한다. 도道란 사람이 행하는 바이다. 군자가 도로 삼는 것은 셋이 있다. 자도自道란 이른바 인仁·지知·용勇이 특별한 사람의 행실만이 아니라는 것을 말한다.

■ 朱子曰: "道體無窮, 聖人未嘗見其有餘." ○案 君子向道而行, 中道而廢, 未有君子而自足者也. 故君子之謙, 皆眞謙也.

주자가 말했다. "도의 본체는 무궁하여, 성인께서도 일찍이 그것에 남음이 있다고 생각하신 적이 없다." ○살핀다. 군자가 도를 향해 가다가 중도에 쓰러지니, 군자로서 스스로 만족하는 자는 없다. 그러므로 군자의 겸손은 모두 참된 겸손이다.

비평 —— 고주는 인자가 근심하지 않고, 지자가 미혹되지 않고, 용자가 두려워하지 않는 까닭에 대해 설득력 있는 설명을 제시했다. 주자는 공자께서도 일찍이 무궁한 도체를 온전히 실천했다고 생각하신 적이 없기 때문에, 이렇게 말씀하셨다고 주석했다. 나름으로 설득력이 있다. 다산은 『중용』을 인용

하면서 군자는 도를 향해 가다가 중간에 쓰러지니, 군자이면서 스스로 만족하는 자는 없다는 점에서 이렇게 말씀하셨다고 설명한다. 주자의 해석은 고유한 본체-작용론에 근거한 것이라면, 다산의 해석은 실천을 지향해 있다고 할 것이다.

∾

14:31. 子貢方人. 子曰: "賜也賢乎哉! 夫我則不暇."[皇氏本, 哉作我]

고주 —— 자공이 (말이 많아서 일찍이 인재들을 거론하여) 사람을 비교하니, 공자께서 말씀하셨다. "사는 현명하구나! (일찍이 요순도 병통으로 여기신 일인데, 자공이 함부로 기교하니, 노하셔서 하신 말이다) 나는 그럴 겨를이 없다(자공을 억제하신 것이다)."

주자 —— 자공이 사람을 비교하니, 공자께서 말씀하셨다. "사야! (사람을 비교하여 그 장단을 견주는 것은 비록 이치를 궁구하는 일이지만, 이 일에만 전념하면 마음이 밖으로 치달아서, 자신을 다스리는 일에 소홀해지기에) 현명한 것일까? 나는 그럴 겨를이 없다(자신을 낮춤으로써, 깊이 자공을 누르셨다)."

자원풀이 ■방方은 갑골문을 보면 위는 손잡이를, 중간은 발판을, 아래는 갈라진 날을 그런 쇄토碎土형 쟁기를 그렸다. 쟁기로 밭을 갈면 보습에 의해 각진 흙덩이가 올라오게 된다. 흙은 땅의 상징이며, 땅은 나라 자체였다. 게다가 하늘은 둥글지만 땅은 네모졌다(天圓地方)고 생각하여 '네모'나 가장자리를 의미하게 되었다. 그래서 방方은 나라, 지방地方, 방백方伯, 방향方向 등을 의미하고, 방정方正으로 정직함이나, 네모난 종이에 처방處方을 내린다고 해서 방법方法, 빙식方式이란 말이 생겼다.

다산 —— 자공이 (고금의 인물을 취하여) 사람을 (상호) 비교하니, 공자께서 말씀하셨다. "(스스로 닦음이 이미 극진해야 남을 논의할 수 있는데, 자공은 사람을 비교하니, 이미) 사는 나보다 나은가 보다(기롱한 것이다)! 나는 그럴 겨를이 없다." (황간본에는 哉가 我로 되어 있다.)

집주 —— ■方은 比也라 乎哉는 疑辭라 比方人物而較其短長은 雖亦窮理之事나 然이나 專務爲此면 則心馳於外하여 而所以自治者 疎矣라 故로 褒之而疑其辭하시고 復自貶以深抑之하시니라

방方은 비교하는 것이고, 호재乎哉는 의문사이다. 인물을 비교하여 그 장단을 견주는 것은 비록 또한 이치를 궁구하는 일이지만, 이 일에만 전념하면 마음이 밖으로 치달아 자신을 다스리는 일에 소홀해진다. 그러므로 칭찬하시면서 그 말씀을 의문으로 하시고, 다시 자신을 낮춤으로써 깊이 자공을 누르셨다.

■謝氏曰 聖人責人에 辭不迫切而意已獨至가 如此하니라

사량좌가 말했다. "성인께서 남을 책망하심에 말씀이 박절하지는 않지만, 뜻은 홀로 이와 같이 지극했다."

고금주 —— ■補曰 方, 左右相比也. 方人者, 取古今人, 兩兩相比, 議其長短也. 賢, 愈也. 自修旣盡, 乃可議人, 子貢旣方人, 意已賢於我. 賢乎哉, 褒辭. 孔子深非之, 故作褒辭以譏之. 我則自修未盡, 弗暇爲此閑漫.

보완하여 말한다. 방方은 좌우로 서로 비교하는 것이다. 방인方人이란 고금의 인물을 취하여, 두 사람씩 서로 비교하며 그 장단점을 논하는 것이다. 현賢은 낫다(愈)이다. 스스로 닦음이 이미 극진해야 남을 논의할 수 있는데, 자공은 이미 남을 비교하니, 이미 나보다 낫다는 뜻이다. 현호재賢乎哉는 칭찬하는 말이지만, 공자는 자공이 심히 그릇되었다고 여겼기 때문에 칭찬하는 말을 하여 기롱하고, '나는 스스로 닦음이 아직 미진하여, 이런 한가할 짓을

할 겨를이 없다.'고 했다.

■ 孔曰: "比方人也."[邢云: "子貢多言, 嘗舉其人倫, 以相比方."] ○案 方者, 兩舟相併也. [『說文』云: "兩舟相併, 必比其長短."] 通作物. '比物四驪', 言相方也. 張華〈鷦鷯賦〉云: "上方不足, 下比有餘."

공안국이 말했다. "사람을 비교한 것이다(比方人)."(형병이 말했다. "자공이 말이 많아서, 일찍이 인재들을 거론하여 서로 비교한 것이다.") ○살핀다. 방方은 두 배가 서로 나란하니, (『설문』에서 말했다. "두 배가 서로 나란하면, 반드시 그 길고 짧음을 견주게 된다.") 물物 자와 통하여 쓴다. '비물사려比物四驪'(『시경』「소아, 유월」)에서 (네 필의 말을) 서로 비교한다'고 말했다. 장화張華의 「초요부鷦鷯賦」에서 말하길, "위의 것과 비교하니 부족하고, 아랫것과 비교하니 남음이 있다."

■ 考異 皇氏本, 子曰 "賜也賢乎我夫! 我則不暇." ○案 我字似是.

다름을 고찰한다. 황간본에는 '자왈子曰 사야현호아부賜也賢乎我夫! 아즉불가我則不暇'로 되어 있다. ○살핀다. 아我 자가 옳은 듯하다.

비평 —— 자공은 언어에 재주가 있었고(言語宰我子貢. 11:2), 비록 천명을 이해하지 못했지만 재물을 늘리는 재주가 있었다.(賜不受命而貨殖焉. 11:18) 또한 인물됨을 비교 평가하기를 좋아하고(11:15), 하나를 들으면 둘을 알고(5:8), 옛것을 말해 주면 새로 올 것을 아는 능력이 있었다(1:16). 또한 재물을 늘리는 데에 재주가 있었지만, 자신을 돌아보고 닦는 데에는 부족하여 천명을 이해하지 못하여(賜不受命而貨殖焉. 11:18), 안회에 미치지 못한 인물이었다(賜也何敢望回 回也聞一以知十 賜也聞一以知二. 5:8).

주자는 이 구절과 연관하여 다음과 같은 의미심장한 말을 하였다.

배우는 자는 모름지기 '무엇 하느라 겨를이 없을 것인지'를 생각해야 한다. 모름지기 자신에 대해 몸소 살펴보아야 비로소 알 수 있다. (『논어집주대전』)

다산은 황간본에 근거를 두고, 재哉를 아我로 보면서 구를 만들어 약간 다르게 해석하지만, 의미에서는 크게 차이가 나지는 않는다.

⚜

14:32. 子曰: "不患人之不己知, 患其不能也."

고주 —— 공자께서 말씀하셨다. "남이 나를 알아주지 않는다고 걱정하지 말고, (단지) 자기의 무능만 걱정하라."

주자 —— 공자께서 말씀하셨다. "남이 나를 알아주지 않는다고 걱정하지 말고, 내가 잘하지 못함을 걱정하라."

다산 —— 공자께서 말씀하셨다. "남이 나를 알아주지 않는다고 걱정하지 말고, (단지) 자기의 무능만 걱정하라."

집주 —— ■凡章에 指同而文不異者는 一言而重出也요 文小異者는 屢言而各出也라 此章은 凡四見而文皆有異하니 則聖人於此一事에 蓋屢言之니 其丁寧之意를 亦可見矣니라
무릇 장章에서 뜻이 같고 글도 다르지 않은 것은 한 번 말씀하신 것이 중복되어 나온 것이고, 글이 조금 다른 것은 여러 차례 말씀하신 것이 따로따로 나

자원풀이 ■환患은 心 + 串(천)으로 꼬챙이(串)가 심장을 찌르는 것과 같은 아픔이나 고통을 말하며, 이로부터 걱정거리, 병, 재앙 등의 의미가 나왔다.

온 것이다. 이 장과 같은 취지의 말씀은 모두 네 번(1:16, 4:14, 15:19 등) 나오는데, 글이 모두 차이가 있다. 따라서 이 한 가지 일에 대해 여러 번 말씀하신 것이니, 정녕 그리해야 한다는 뜻을 알 수 있다.

고금주 —— ■ 王曰: "徒患己之無能."
왕숙이 말했다. 단지 자기의 무능을 걱정할 뿐이다.
■ 引證 子曰: "不患人之不己知, 患不知人也."〔《學而》篇〕 ○ 子曰: "不患莫己知, 求爲可知也."〔《里仁》篇〕 子曰: "君子病無能焉, 不病人之不己知也."〔《衛靈公》〕
인증한다. "공자께서 말씀하시길, '남이 나를 알아주지 않는 것을 걱정하지 말고 남을 알지 못하는 것을 걱정하라.'(「학이」1:16), '공자께서 말씀하시길, 나를 알아주지 않는 것을 걱정하지 말고, 알아줄 만하기를 구하라.'(「리인」4:14), '공자께서 말씀하시길, 군자는 능력이 없음을 걱정하지, 남이 나를 알아주지 않는 것을 걱정하지 않는다'(「위령공」15:18)고 했다."

비평 —— 다산은 고주의 왕숙의 해석만 인용하고, 별다른 주석을 시도하지 않았다. 특별한 쟁점은 없다.

❧

14:33. 子曰: "不逆詐, 不億不信, 抑亦先覺者, 是賢乎!"

고주 —— 공자께서 말씀하셨다. "(남이) 속일까 미리 짐작하지 말고, (남이) 믿지 않을까 억측(臆度)하지 않는다. 그리고 (抑=語辭) 또한 (남보다) 먼저 깨닫는 것이 어찌 현명하겠는가? (남의 감정을 먼저 깨닫는 것이 현명한 것이 되는 것이 아니라, 도리어 원망하는 사람이 된다)."

주자 —— 공자께서 말씀하셨다. "(남이) 속일 것이라고 미리 짐작하지 말고, 믿지 않을 것이라고 미리 억측하지 말라. 그렇지만 또한 (남의 진정과 허위에 대해) 먼저 깨닫는 자가 현명할 것이리라!"

다산 —— 공자께서 말씀하셨다. "(남이) 속일 것이라고 미리 짐작하지 말고, 믿지 않을 것이라고 미리 억측하지 말라. 그렇지만 또한 (남의 진정과 허위에 대해) 먼저 깨닫는 자가 현명할 것이리라!"

집주 —— ■逆은 未至而迎之也요 億은 未見而意之也라 詐는 謂人欺己요 不信은 謂人疑己라 抑은 反語辭라 言雖不逆不億이나 而於人之情僞에 自然先覺이라야 乃爲賢也라

역逆은 아직 이르지 않았는데 미리 맞이하는 것이다. 억億은 아직 드러나지 않았는데 미리 의견을 내는 것이다. 사詐는 남이 나를 속이는 것이다. 불신不信은 남이 나를 의심하는 것이다. 억抑은 반어사이다. 비록 미리 짐작하지 않고, 억측하지 않지만, 사람의 진실과 거짓에 대해 저절로 미리 깨달아야 현명한 것이라는 말씀이다.

■楊氏曰 君子一於誠而已라 然이나 未有誠而不明者라 故로 雖不逆詐하고

자원풀이 ■역逆은 辵(가다 서다할 착)+거스를 역으로 원래는 '역으로 오는 사람을 맞이하다'의 뜻이었는데, 역으로 거슬러서 가다, 거꾸로 가다, 반역 등으로 쓰이게 되었다. 거스르다, 반대로, 맞다, 헤아리다(예측하다, 생각하다), 뒤로 물리다, 반란 등의 뜻이 있다.

■사詐는 言+乍(잠깐 사= 作:만들어내다)로 말을 만들어내어(乍=作) 속이다, 가장하다의 뜻이다.

■억億은 人(사람 인)+意(뜻 의)로 사람의 마음(意)에 들다라는 뜻으로 만족하다의 뜻이다. 억憶(心+意: 뜻을 마음에 담아 두었다), 억臆(肉+意: 가슴에 뜻을 담아 두었다)과 통용되면서 헤아리다, 지레짐작하다, 궁구하다의 뜻을 지닌다.

■억抑은 手(손 수)+卬(나 앙=印)으로 손으로 눌러 사람을 꿇어앉힌 모습(印)에서 누르다의 뜻이, 다시 억제抑制의 뜻이 나왔다. 누르다, 억울하다, 막다, 수그리다, 강요하다, 대저(그렇다면, 그렇지 않다면 또, 이에) 등의 뜻이 있다.

不億不信이나 而常先覺也라 若夫不逆不億이라가 而卒爲小人所罔焉이면 斯
亦不足觀也已니라

양시가 말했다. "군자는 한결같이 정성(誠=眞實无妄)스러울 뿐이다. 정성스러
우면서 밝지 못한 자는 있지 않다. 그러므로 비록 (남이 나를) 속일까 미리 생
각하지 않고, 불신할까 미리 억측하지 않더라도, 항상 미리 깨닫는다. 저렇
게 미리 맞이하지 않고, 미리 의견을 내지 않다가 끝내 소인에게 기망을 당한
다면, 이것 또한 족히 볼 것이 없을 뿐이다."

고금주 —— ■補云: "讀之如'億則屢中'". 凡抑字, 皆略反上文之意.
보완해서 말한다. (億은) '억즉누중億則屢中(헤아리면 자주 들어맞았다. 11:18)'의
억億과 같이 읽는다. 무릇 억抑 자는 모두 대략 앞글의 뜻을 뒤집는 것이다.
■孔曰: "先覺人情者, 是寧能爲賢乎? 或時反怨人."[邢云: "先覺者, 非爲賢也."] ○
駁曰 非也.
공안국은 말했다. "남의 감정을 먼저 깨닫는 자가 어찌 어진 이가 될 수 있겠
는가? 간혹 때로는 도리어 사람을 원망하게 된다."(형병이 말했다. "선각자가 어
진 이가 되는 것은 아니다.") ○논박하여 말하면 (공안국과 형병은) 그릇되었다.

비평 —— 고주는 억抑 자를 어사語辭로 보았지만, 주자는 반어사로 보았다.
다산 또한 주자의 해석이 정당하다고 말하고 있다. 이 구절에서 다산은 주자
의 해석을 전적으로 받아들이고 있다.

14:34. 微生畝謂孔子曰: "丘何爲是栖栖者與? 無乃爲佞乎?" 孔子
曰: "非敢爲佞也, 疾固也."

고주 —— 미생묘가 공자께 말했다. "구(丘)는 어찌하여 이처럼 분주(栖栖=皇皇)한가? 말재주나 부리는 것이 아닌가?" 공자께서 말씀하셨다. "감히 말재주를 부리는 것이 아니라, 고루함을 싫어하는 것입니다."

주자 —— 미생묘가 공자께 말했다. "구(丘)는 어찌하여 이처럼 연연하는가? 말재주나 부리지는 않는가?" 공자께서 말씀하셨다. "감히 말재주를 부리는 것은 아니라, 고집스러움을 질시하는 것입니다."

다산 —— 미생묘가 공자께 말했다. "구(丘)는 어찌하여 이처럼 (불안하게) 분주한가? 말재주나 부리는 것이 아닌가?" 공자께서 말씀하셨다. "감히 말재주를 부리는 것이 아니라, 고루함을 싫어하는 것입니다."

집주 —— ■微生은 姓이요 畝는 名也라 畝名呼夫子而辭甚倨하니 蓋有齒德而隱者라 栖栖는 依依也라 爲佞은 言其務爲口給以悅人也라

미생微生은 성이고, 묘畝는 이름이다. 공자의 이름을 부르고 말씨가 심히 거만하니, 아마도 나이와 덕이 있는 은둔자일 것이다. 서서栖栖는 연연함(依依)이다. 위령爲佞은 말재주로 남을 즐겁게 하는 데 힘쓰는 것을 말한다.

■疾은 惡也요 固는 執一而不通也라 聖人之於達尊에 禮恭而言直이 如此하

시니 其警之亦深矣니라

질疾은 싫어함이다. 고固는 하나만 잡고 통하지 않는 것이다. 성인께서 뛰어난 존자(達尊)에게 예는 공손히 하면서도 말은 곧게 하신 것이 이와 같으니 그 경계하심이 또한 깊다.

고금주 —— ■邢曰: "栖栖, 猶皇皇也."[何爲是東西南北栖栖皇皇者與] 補曰 栖栖, 不安之意. [皇皇, 猶恐不及之意] ○朱子曰: "疾, 惡也."[補云: "厭惡也, 非憎惡也."] ○補曰 固, 塞也, 陋也. 隱居獨善, 棄世絶物者, 其道塞而陋, 故君子惡之.

형병이 말했다. "서서栖栖는 황황皇皇과 같다."(무엇 때문에 이처럼 동서남북으로 허둥지둥 바쁘게 돌아다니는가?) ○보완하여 말한다. 서서栖栖는 편안하지 못함을 뜻(不安之意)한다. ○주자가 말했다. "질疾은 미워하는 것(惡)이다."(보완하여 말한다. "厭惡이지 憎惡하는 것은 아니다.") ○보완하여 말한다. 고固는 막히고(塞) 고루(陋)하다는 것이다. 은거하여 혼자서만 선하여(隱居獨善) 세상을 버리고 남과 인연을 끊은 자는 그 도가 막히고 고루하기 때문에 군자는 싫어한다.

■包曰: "病世固陋, 欲行道以化之." ○駁曰 非也. 孔子尚不得位, 善世移俗之責, 安能自任乎? 爲所惡者, 固滯而不通也.

포함이 말했다. "세상의 고루함을 질병으로 여겨, 도를 행하여 교화하고자 하신 것이다." ○논박하여 말하면, 그릇되었다. 공자께서 아직 지위도 얻지 못하셨는데, 세상을 선하게 하여 풍속을 바꿀 책임을 어떻게 자임할 수 있었겠는가? 싫어하신 바는 고루하게 막혀서 통하지 않는 것이다.

비평 —— 「헌문」14편과 「미자」18편에는 미생묘와 같은 은자隱者들이 자주 등장하여, 공자의 현실에 대한 개혁 의지와 처신을 이처럼 기롱하는 것을 볼 수 있다. 이른바 비관적 허무주의자인 이들과는 구별되게, 공자는 언제나 때에 알맞게(時中) 행하고 처신하려고 했다. 그래서 경원 보씨는 다음과 같이 말했다.

> 말재주를 부려 남을 즐겁게 하는 것은 미치지 못함의 잘못이고, 하나만 잡고
> 통하지 않는 것은 지나침의 잘못이다. 성인께서는 단지 중도를 가실 뿐이다. (『논
> 어집주대전』)

서서栖栖에 대해 고주와 다산은 불안하게 허둥대는 모양으로 보았고, 주자
는 연연해하는 모양(依依)으로 보았다. 질疾에 대한 해석에서도 약간의 이견
이 있지만, 중요하지는 않은 듯하다.

⁓⌒⌒⁓

14:35. 子曰: "驥不稱其力, 稱其德也."

고주 —— 공자께서 말씀하셨다. "옛날의 준마는 그(것이 지닌) 힘을 칭찬한 것
이 아니라, 덕(=調良)을 칭찬했다."(당시 힘으로 승리를 쟁취하는 것만 숭상하고, 덕
을 중요하게 여기지 않던 것을 미워하신 것이다.)

주자 —— 공자께서 말씀하셨다. "준마驥馬는 그 힘을 칭찬한 것이 아니라, 덕
(=調良↔재주)을 칭찬했다."

다산 —— 공자께서 말씀하셨다. "옛날의 준마는 (그것이 지닌) 그 힘을 칭찬한
것이 아니라, 덕(=調良:조량도 재주이다)을 칭찬했다."(당시 힘으로 승리를 쟁취하
는 것만 숭상하고, 덕을 중요하게 여기지 않던 것을 미워하신 것이다.)

집주 ─── ■驥는 善馬之名이라 德은 謂調良也라

기기驥는 훌륭한 말의 이름이다. 덕德은 조련되고 양순함(調良)을 말한다.

■尹氏曰 驥雖有力이나 其稱은 在德하니 人有才而無德이면 則亦奚足尙哉
리오

윤돈이 말했다. "훌륭한 천리마는 힘이 있지만, 그 칭찬은 덕에 있다. 사람이
재주가 있지만, 덕이 없으면 또한 어찌 숭상할 만하겠는가?"

고금주 ─── ■邢曰: "驥, 古之善馬名." ○鄭曰: "德者, 調良之謂."[胡云: "調者,
習熟而易控御也. 良者, 順服而不踶齧也."] ○饒曰: "驥非無力, 然其所以得驥之名
者, 以德不以力." ○邢曰: "此章疾時尙力取勝而不重德."

형병이 말했다. "기驥는 옛날의 좋은 말의 이름이다." ○정현이 말했다. "덕이
란 길이 잘 들어 양순한 것(調良)을 말한다."(호병문이 말했다. "調란 잘 길들여져
서 당기고 몰기 쉬운 것이고, 良이란 순하게 복종하여 차거나 물지 않는 것이다.") ○쌍봉
요씨가 말했다. "기驥는 힘이 없지는 않다. 그러나 기驥란 명칭을 얻게 된 까닭
은 덕이지 힘 때문이 아니다." ○형병이 말했다. "이 장은 당시 힘으로 승리를
쟁취하는 것만 숭상하고, 덕을 중요하게 여기지 않던 것을 미워한 것이다."

■案 馬之調良, 亦其才也. 古人以德爲才, 豈以才爲戒乎? 羿善射, 奡盪舟,
禹・稷躬稼, 力與德也, 邢說不可易.

살핀다. 말이 잘 조련되고 양순한 것 역시 그 재주이다. 옛사람은 덕을 재주
로 여겼으니, 어찌 재주를 경계하겠는가? 예羿는 활쏘기를 잘 하고, 오奡는
배를 잘 끌고, 우禹와 직稷은 몸소 농사를 지었는데, 이는 모두 힘과 덕이다.

자원풀이 ■驥翼는 본래 北(북녘 북)+異(다를 이)로 중국을 구주로 나누었을 때 하북성 지역을 지칭했지만, '바라
다'의 뜻으로 가차되었다. 驥翼는 뜻을 나타내는 마馬와 소리를 나타내는 기翼의 형성자로, 천리마 혹은 준마駿馬,
뛰어난 인재, 준재俊才를 말한다.
■칭稱은 왼쪽의 禾(벼 화)+'손에 들 칭'의 형성자로 곡물을 손에 들고 무게를 달아보는 것에서 무게, 가격, 그리고
호칭呼稱이라는 말이 나왔다. 저울질하다, 들다, 추천하다, 칭찬하다, 드러나다, 명성, 걸맞다 등의 뜻이다.

형병의 설은 바꿀 수 없다.

비평 —— 덕德은 선천적으로 얻어 지니고 태어난 것인가, 아니면 후천적으로 양성된 공능인가 하는 점은 많은 논의가 있어야 한다.

주자는 힘과 덕 가운데 덕에 비중을 두고, 이 장을 해석했다. 행사行事 이후에 덕의 명칭이 있다고 주장한 다산은 힘이 없으면 일 자체가 이루어지지 않는다는 관점에서, 힘과 덕을 함께 중시해야 한다고 주장했다.

그런데 『논어집주대전』에 있는 주자의 다음과 같은 설명을 살펴보자.

범조우와 여대림은 재주(才)는 하늘에서 받고 덕德은 습관에 달렸다고 여겼다. 그들이 덕을 알았다고 할 수 없다. 사람이 우주의 중화의 기운을 받아 생겨날 때, 이 덕도 이미 그 본성 속에 뿌리박고 있다. 모든 사람이 태어날 때부터 알아서 자연스럽게 실천하지는 못하는 까닭에 학문에 의지하여 덕을 완성하는 것이지, 학문에 의지해야 비로소 덕이 생기는 것이 아니다. 어찌 덕이 순전히 습관의 결과이고 천부적인 것이 아니라고 할 수 있겠는가? … 성인의 뜻은 천리마가 힘도 있지만, 칭찬받는 것은 그 덕이지 그 힘 때문이 아니라는 말이다. 군자의 경우도 재주가 쓸모없다는 말이 아니다. 주공은 재주와 기예가 많았고, 공자도 온갖 비천한 일에도 능했으니, 어찌 재주가 아니겠는가? 다만 주공답고 공자다운 까닭은 재주가 아니라, 덕이 찬양받기 때문이다. (『논어혹문』)

그렇지만 주자는 재주와 덕의 관계를 이기론理氣論에 바탕을 두고, 논의했다. 주자의 제자 경원 보씨의 다음 글을 살펴보자.

재주와 덕은 모두 하늘에 근본을 둔다. 그러나 재주는 기氣에서 나오고, 덕은 리理에 근원을 두니, 두 가지는 비록 하나라도 빠질 수 없지만, 기에서 나오는 것이 리理에 근원하는 것의 완전함만 못하다. (『논어집주대전』)

　　주자와 다산의 덕 개념에 대한 논쟁은 3권에서 별도의 장을 구성하여 논의하기로 한다.

❧

14:36. 或曰: "以德報怨, 何如?" 子曰: "何以報德? 以直報怨, 以德報德."

고주 —— 어떤 사람이 말했다. "(은혜의) 덕(德=恩惠之德)으로 원한을 갚으면 어떻습니까?" 공자께서 말씀하셨다. "그러면 은혜의 덕은 무엇으로 갚겠는가? 곧음의 도(直道)로 원한을 갚고, 은혜의 덕으로 은혜의 덕을 갚는다."

주자 —— 어떤 사람이 말했다. "덕(=恩惠)으로써 원한을 갚으면 어떻습니까?" 공자께서 말씀하셨다. "그러면 덕은 무엇으로 갚겠는가? 곧음으로 원한을 갚고, 덕으로 덕을 갚는다."

다산 —— 어떤 사람이 말했다. "덕(=恩)으로써 원한을 갚으면 어떻습니까?" 공자께서 말씀하셨다. "그러면 덕은 무엇으로 갚겠는가? 곧음으로 원한을 갚고, 덕으로 덕을 갚는다."

자원풀이 ■報는 幸(쇠고랑) + 卩(꿇어앉은 사람 절)의 회의자로 포로나 죄인을 잡아 꿇어앉혀 놓고 조상신에게 죄상을 알리는 모습으로 보고하다, 알리다, 복종하다의 뜻이 나왔다. 그리고 사람을 형벌로 복복한다는 데서 갚다, 보복하다, 보답하다 등의 뜻이 나왔다.

집주 ── ■ 或人所稱은 今見老子書라 德은 謂恩惠也라

어떤 사람이 칭한 것은 지금 『노자』 책에 나온다. 덕은 은혜恩惠를 말한다.

■ 言 於其所怨에 旣以德報之矣면 則人之有德於我者를 又將何以報之乎아

'원한이 맺힌 자에게 이미 덕으로 갚았다면, 남이 나에게 덕을 베풀었다면 또한 장차 무엇으로 보답하겠는가?'라는 말이다.

■ 於其所怨者에 愛憎取舍를 一以至公而無私가 所謂直也라 於其所德者에는 則必以德報之요 不可忘也니라

원한이 맺힌 자에게 애증愛憎과 취사取捨를 하나같이 하여 지극히 공정하고 사사로움이 없는 것(至公無私)이 이른바 곧음(直)이다. 덕을 베푼 자에 대해서는 반드시 덕으로 보답하고 잊어서는 안 된다.

■ 或人之言은 可謂厚矣라 然이나 以聖人之言觀之면 則見其出於有意之私하여 而怨德之報 皆不得其平이니 必如夫子之言然後에 二者之報 各得其所라 然이나 怨有不讐而德無不報면 則又未嘗不厚也라 此章之言이 明白簡約하되 而其指意曲折反覆하여 如造化之簡易 易知而微妙無窮하니 學者所宜詳玩也니라

어떤 사람의 말은 후厚하다고 할 만하다. 그러나 성인의 말씀으로 살펴보면, 그것이 사사로운 의도에서 나왔기에 원한과 덕을 갚음이 모두 형평성을 얻지 못했다. 반드시 공자의 말씀과 같은 연후에 두 가지 보답이 모두 마땅함을 얻는다. 그러나 원한에도 원수(복수의 대상)로 삼지 않고, 덕에 보답하지 않음이 없다면 또한 일찍이 후厚하지 않음이 없는 것이다. 이 장의 말씀은 명백·간략하면서도 그 뜻은 곡절曲折이 반복되어, 마치 조화造化가 간이簡易하여 알기 쉽지만 미묘함이 끝이 없는 것과 같다. 배우는 자는 마땅히 자세하게 음미해야 할 것이다.

고금주 ── ■ 補曰 德, 恩也. [何云: "恩惠之德."] 所薄者厚, 無以待所厚, 故留德以報德. 直者, 不罔也. [上篇, 罔與直對稱] 人能於有怨者, 不誣罔以報之, 則斯足矣.

보완하여 말한다. 덕은 은恩이다.(하안이 말했다. "은혜의 덕:恩惠之德이다.") 박薄하게 할 것에 후하면, 후하게 할 것에는 할 것이 없기 때문에 덕을 유보하고 덕에 보답해야 한다. 직直이란 속이지 않는 것(不罔)이다(앞 편의 罔과 直은 對稱이다). 사람이 능히 원한이 있는 자에 대하여 속이지 않으면서 원한을 갚을 수 있다면, 그것으로 충분하다.

■案 老子之道, 以慈爲主, 故以德報怨.

살핀다. 노자의 도는 자애慈愛를 주로 삼았기 때문에, 덕으로써 원한을 갚는 것이다.

비평 —— 고주에서 하안은 덕은 은혜의 덕이라고 했다. 이를 풀어서, 정현은 "상대에게 덕을 베풀어 상대가 나의 은혜를 입는 것을 말한다. 그러므로 은혜를 입는 것을 덕이라 한다."라고 설명했다. 다산은 고주의 덕 개념을 따른다. 덕에 대한 설명에서 약간의 차이를 제외하면, 논쟁점은 없다. 주자의 다음 언명은 이 구절의 의미를 잘 설명해 준다.

주자가 말했다. "비유컨대 남이 나에게 천금을 주었는데, 내가 천금으로 보답하는 것이 곧 당연한 일이지만, 혹시 어떤 사람이 내게 천금을 도둑질했는데도 내가 또한 천금을 준다면 이 무슨 이치랴! 천금을 준 사람과 경중이 없이 보는 것이니, 단연코 이런 일은 할 수가 없다."(『논어집주대전』)

『노자』에 나오는 말을 직접 인용하고, 약간의 비판을 가하는 이 구절을 통해 유가와 도가의 차이를 찾아볼 수 있다. 공자는 존재론적인 측면에서뿐만 아니라, 윤리적인 측면에서도 명실이 상부하는 정명正名을 주장했다. 이러한 정명의 원리에서 "곧음으로 원한을 갚고, 덕으로 덕을 갚는다."라고 주장했다. 그런데 우주 전체를 포괄하는 도의 관점에서 모든 존재의 상의상대성相

依相對性을 주장하는 노자는 "원한을 덕으로 갚을 때에 진정한 화해가 이루어진다."고 주장했다. 『노자』에 다음과 같은 말이 나와 있다.

> 무위를 실천하고, 무사의 일을 하고, 무미를 맛으로 하여, 큰 것을 작게 하고, 많은 것을 적게 하며, 원한은 덕으로 갚으니, 어려운 일은 쉬울 때 도모하고, 큰일은 세미할 때에 처리한다. 천하의 어려운 일은 반드시 쉬운 일에서 일어나며, 천하의 큰일은 반드시 작은 일에서 일어난다. 그러므로 성인은 끝내 큰일을 하지 않으나, 그런 까닭에 그 큰일을 이룬다. 대저 쉽게 승낙하는 것은 필시 미덥지 못하고, 쉬운 일이 많으면 반드시 어려운 일이 많아진다. 그러므로 성인은 (쉬운 일을) 오히려 어렵게 여기니, 그런 까닭에 끝내 어려운 일이 없느니라. (爲無爲事無事 味無味 大小 多少 報怨以德 圖難於其易 爲大於其細 天下難事 必作於易 天下大事 必作於細 是以聖人 終不爲大 故能成其大 夫輕諾 必寡信 多易必多難 是以聖人 猶難之故終無難, 63장)

기독교 또한 신의 무조건적 사랑을 주장했기 때문에 '원수를 사랑하라'고 언명했을 것이다. 『성서』에 원수 사랑을 말한 구절은 다음과 같다.

> 나는 너희에게 이르노니 너희 원수를 사랑하며 너희를 박해하는 자를 위하여 기도하라(「마가」 5:44) 그러나 너희 듣는 자에게 내가 이르노니 너희 원수를 사랑하며 너희를 미워하는 자를 선대하며(「누가」 6:27) 오직 너희는 원수를 사랑하고 선대하며 아무것도 바라지 말고 꾸어 주라 그리하면 너희 상이 클 것이요 또 지극히 높으신 이의 아들이 되리니 그는 은혜를 모르는 자와 악한 자에게도 인자하시니라(「누가」 6:35).

이러한 언명들에서 우리는 공자, 노자, 그리고 예수 사상 간의 차이점의 일단을 확인할 수 있다.

14:37. 子曰: "莫我知也夫!" 子貢曰: "何爲其莫知子也?" 子曰: "不怨天, 不尤人, 下學而上達. 知我者, 其天乎!"

고주 —— 공자께서 (스스로 탄식하여) 말씀하셨다. "나를 알아보는 이가 없구나!" 자공이 (까닭을 몰라 괴이하게 여겨) 말했다. "어찌하여 선생님을 알아보는 이가 없다고 하십니까?" 공자께서 말씀하셨다. "(세상에 쓰이지 못하여도) 하늘을 원망하지 않고, (사람들이 알아주지 않아도) 사람을 탓하지 않고, 아래로 (사람의 일을) 배워서 위로 (천명에) 통달하니, (천지와 그 덕을 합치했으니) 나를 아는 이는 아마도 하늘일 것이다."

주자 —— 공자께서 말씀하셨다. "나를 알아보는 이가 없구나!" 자공이 말했다. "어찌하여 선생님을 알아보는 이가 없다고 하십니까?" 공자께서 말씀하셨다. "(하늘로부터 얻지 못해도) 하늘을 원망하지 않고, (사람과 부합하지 않아도) 사람을 탓하지 않고, (자신을 돌이켜 스스로 닦고 순서에 따라 점차 나아가) 아래로 (사람의 일을) 배워서 위로 (천리에) 통달하니, 나를 아는 이는 아마도 하늘일 것이다."

다산 —— (당시 사람들이 모두 공자의 盛德을 칭술하자) 공자께서 말씀하셨다. "나

자원풀이 ■원怨은 心+夗(누워 뒹굴 원)으로 원망하는 마음을 말하는데, 원한怨恨, 애원哀怨 등의 말이 나왔다. ■우尤는 갑골문에 又(오른손 우)에 가로획(一)을 더한 모습으로 선이 뻗어나기지 못하고 가로막힘(一)으로, 할 수 없음이나 재앙에서 허물과 원망, 탓하다의 말이 나왔다. 이로부터 극복하기 위한 특이한 노력이 필요하다는 의미에서 '더욱'이나 '특히'라는 말이 나왔다. 『설문』에서는 乙(새 을: 식물이 땅을 비집고 올라오는 모습)이 의미부이고 又가 소리부로 변해 지금처럼 되었다.

를 알아보는 이가 없구나!" 자공이 말했다. "어찌하여 선생님을 알아보는 이가 없다고 하십니까?" 공자께서 말씀하셨다. "(마음속의 은밀한 공부는 남이 알지 못하기에) 하늘을 원망하지 않고, 사람을 탓하지 않고, 아래로 (사람의 일, 즉 효제충신으로부터 시작하여) 배워서 위로 (공덕을 쌓아 천덕에 이르러 그쳐) 통달하니, (스스로 닦음의 공이 이와 같음에 불과하기 때문에, 저들은 나를 알지 못하고) 나(의 학업)를 아는 이는 아마도 하늘일 것이다."

집주 ―― ■夫子自歎하야 以發子貢之問也시니라
공자께서 스스로 탄식하여, 자공의 질문을 불러일으키신 것이다.

■不得於天而不怨天하고 不合於人而不尤人이요 但知下學而自然上達하니 此但自言其反己自修하여 循序漸進耳요 無以甚異於人而致其知也라 然이나 深味其語意하면 則見其中自有人不及知而天獨知之之妙라 蓋在孔門에 唯子貢之智 幾足以及此라 故로 特語以發之하시니 惜乎라 其猶有所未達也여
하늘로부터 얻지 못해도 하늘을 원망하지 않고, 사람과 부합하지 않아도 사람을 탓하지 않으며, 다만 아래로 배워서 자연히 위로 통달한 것을 안다. 이는 단지 자신을 돌이켜 스스로 닦고 순서에 따라 점차 나아갈 뿐 남과 다르게 해 알아줄 것을 바라지는 않는다고 공자께서 스스로 말씀하신 것이다. 그러나 그 말뜻을 깊이 음미해 보면 그 안에는 사람이 미처 알지 못하지만, 하늘만 홀로 아는 신묘함이 원래 있음을 알 수 있다. 대개 공자 문하에서 오직 자공의 지혜만이 여기에 거의 미칠 수 있었기 때문에, 특별히 말씀하시어 계발시킨 것이다. 애석하다, 자공이 여전히 도달하지 못한 것이!

■程子曰 不怨天, 不尤人은 在理에 當如此니라 又曰 下學上達은 意在言表니라 又曰 學者須守下學上達之語니 乃學之要라 蓋凡下學人事면 便是上達天理라 然이나 習而不察이면 則亦不能以上達矣니라
정자가 말했다. "하늘을 원망하지 않고 사람을 탓하지 않음은 이치에 있어

마땅히 이와 같아야 한다." 또 말했다. "하학상달下學上達은 뜻이 말로 드러나 있다." 또 말했다. "배우는 자는 모름지기 하학상달의 말씀을 지켜 나가야 하니, 곧 배움의 요체이다. 대개 무릇 아래로 사람의 일을 배우는 것이 곧 위로 하늘의 이치에 통달하는 것이다. 그러나 익히기만 하고 통찰하지 않으면 상달할 수 없다."

고금주 —— ■補曰 時人皆稱夫子盛德. 夫子聞之, 曰: "彼皆不知我而言之耳." ○馬曰: "不用於世, [句] 而不怨天, 人不知己, 亦不尤人." ○補曰 不怨天, 不尤人, 乃心內之密功, 非人所知. 下學, 謂學道, 自人事而始. [即孝弟仁義] 上達, 謂積功, 至天德而止. [即所云'始於事親', 終於事天] 下學, 人所知. [見於行事者] 上達, 非人之所知.

보완하여 말한다. 당시 사람들이 모두 공자의 성덕盛德을 칭술하니, 공자가 이를 듣고 말하기를 "저들은 모두 나를 알지 못하고 하는 말이다."라고 했다." ○마융이 말했다. "세상에 쓰이지 못하여도 하늘을 원망하지 않고, 사람들이 알아주지 않아도 사람을 탓하지 않는다." ○보완하여 말한다. 하늘을 원망하지 않고 사람을 탓하지 않는 것은, 곧 마음속의 은밀한 공부라서 남들이 알 수 있는 것이 아니다. 하학은 도를 배우는 것(學道)을 말하는데, 사람의 일에서부터 시작한다(孝弟仁義). 상달上達은 공덕을 쌓음(積功)을 말하는데, 천덕天德에 이르러서 그친다(곧 말한바, 事親에서 시작하여 事天에서 마친다). 하학下學은 남이 아는 것이다(行事에 나타나는 것이다). 상달上達은 남이 아는 것이 아니다.

■孔曰: "下學人事, 上知天命." ○案 自此至彼曰達. 孔注, 以達爲知, 非矣. [孔意, 謂上通天命] 君子之道, 終於事天, 此之謂達也.

공안국이 말했다. "아래로 사람의 일을 배우고, 위로 천명을 아는 것이다." ○살핀다. 여기에서 저기에 이르는 것을 달達이라 한다. 공안국의 주석은 '달達'

을 '지知'로 여겼으니, 그릇된 것이다(공안국의 뜻은 위로 천명과 통하는 것을 말한
다). 군자의 도는 사천事天(上天, 上帝를 섬김)에서 마치게 되니 이를 '달達'이라 한
다.

■ 何曰: "聖人與天地合其德, 故曰惟天知己." ○ 駁曰 非也. 孔子非自處以聖
人, 有是言也. 特言其自脩之功, 不過如此, 惟天知之.

하안이 말했다. "성인은 천지와 그 덕이 합치하기 때문에, 오직 하늘만이 자
기를 안다(고 말씀하셨다)." ○ 논박하여 말하면, 그릇되었다. 공자께서는 성인
으로 자처했기에 이러한 말이 있었던 것이 아니다. 그 자수自脩의 공功이 이
와 같은 데에 불과한데, 오직 하늘만이 그것을 알 것이라고 특별히 말씀하신
것이다.

■ 質疑 朱子曰: "夫子自歎." ○ 案 夫子有恒言曰'不患人之不己知', 今乃以'莫
我知'而發歎, 恐無是理. 苟其歎之, 則必繼之曰'我祖述堯・舜, 憲章文・武',
何必言'不怨天, 不尤人, 下學而上達'乎? 此與見用於斯世者, 無所當矣. 時人稱
述聖德, 孔子明之曰: "彼皆不知我者也. 我之學業, 惟天知之."

질의한다. 주자가 말했다. "공자께서 스스로 탄식한 것이다." ○ 살핀다. 공자
는 '남이 나를 알아주지 않음을 근심하지 말라.'고 항상 말했는데, 지금 이제
'막아지莫我知'를 가지고 탄식한 것이라 하니, 아마도 그럴 리가 없을 것이다.
진실로 그것이 탄식한 것이라면, 반드시 이어서 '나는 요순의 도를 조술하고,
문무의 법을 헌장했다.'고 말했을 것인데, 어찌 반드시 "하늘을 원망하지 않
고 사람을 탓하지 않으며, 아래로 배워서 위로 통달한다."고 했겠는가? 이는
이 세상에 등용되는 것과도 아무 상관이 없는 것이다. 당시 사람들이 성덕聖
德이라 칭술하니, 공자께서 밝혀서 말씀하시길, "저들은 모두 나를 알지 못한
다. 나의 학업은 오직 하늘만이 알 것이다."라고 하신 것이다.

비평 —— 첫 번째 쟁점은 '막아지莫我知'라는 표현이 탄식인가, 아닌가 하는

것이다. 다소 애매한 면이 있다. 다산은 『중용』의 언명을 원용하면서, '이 말은 이 세상에서 등용되는 것과도 아무런 상관이 없다.'고 말했지만, 주자 또한 공자가 등용되지 못했기 때문에 탄식했다고 주석하지 않았다. 그런데 사마천의 『사기』「공자세가」에서는 이 말을 공자가 죽기 2년 전인 노나라 애공(哀公) 14년(B.C.481년)에 한 것으로 기록했다. 그 해 봄에 기린이 잡혀 죽었다. 상서로운 짐승인 기린의 죽음을 보고, 공자는 자신의 삶도 '이제 끝이로구나!' 하는 절망감을 느끼고, 그 가운데에 이런 말을 했다는 것이다. 따라서 주자의 해석이 『사기』의 기록과 일치한다. 그러나 일반적으로 이 말은 공자가 지천명知天命에 도달한 소회를 밝힌 것으로 해석되기도 한다.

가장 큰 쟁점은 '하학이상달下學而上達'이란 말을 어떻게 해석할 것인가 하는 점이다. 여기서 다산은 주자의 해석을 명시적으로 직접 비판하지는 않았지만, 두 해석의 차이점은 분명히 존재한다. 주자는 하학을 형이하의 인사人事를 배우는 것이며, 상달上達은 형이상의 이치를 통달하는 것, 즉 인사를 배워 이치에 통달하는 것이라고 해석했다.

그런데 다산은 학學이란 도를 배우는 것이고, 달達이란 여기에서 저기로 이르는 것을 말하는데, 우선 인사人事에서 효제인의의 도리를 배우는 것에서 시작하여 배움을 쌓아 올려, 마침내 하늘을 섬김(事天)에까지 도달하는 것이라고 해석했다. 여기서도 다산은 주자의 이기론적 해석을 부정하고, 이치의 인식에 중점을 두는 것이 아니라 인사의 도리에서 시작하여 덕을 쌓아 하늘을 섬기는 데에 나아가는 것을 중시했음을 여실히 확인할 수 있다. 형이하의 인사와 형이상의 도(천리, 천, 상제)의 관계 설정은 철학적으로 중요한 문제가 아닐 수 없다. 주자의 입장을 명확히 해 주는 언명을 소개하고, 후에 3권에서 별도의 장(天 개념)을 구성하여 상술하고자 한다.

물었다. "하학하여 상달한다는 것은 처음에는 하학으로 시작하여 끝내는 상달한다는 말씀일 뿐입니다. 그런데 지금 정자는 사람의 일을 하학하는 것이 곧 천리를 상달하는 것이라 했으니, 어째서입니까?" 주자가 답했다. "배우는 것은 사람의 일을 배우는 것이니 형이하의 것이지만, 그 일의 이치는 본디 하늘의 이치이니 형이상의 것이다. 이 일을 배워 그 이치에 통하는 것은 형이하의 것에 근거해 형이상의 것을 깨닫는 것이니, 하늘의 이치를 깨닫는 것이 아니고 무엇이 겠는가?"(『논어집주대전』)

***

14:38. 公伯寮愬子路於季孫. 子服景伯以告曰: "夫子固有惑志, [句] 於公伯寮, 吾力猶能肆諸市朝." 子曰: "道之將行也與?命也. 道 之將廢也與?命也. 公伯寮其如命何!"[皇氏本, 於公伯寮下有'也'字]

고주 —— 공백료가 계손에게 자로를 참소하니, 자복경백이 공자께 아뢰어 말했다. "그분(계손)이 본래 (자로에게) 의혹을 품고 있었습니다. 공백료에 있어서 나의 힘은 오히려 능히 죽여 (그 시신을) 저자나 조정에 내걸 수 있습니다." 공자께서 말씀하셨다. "도가 장차 행하여지는 것도 운명이며, 도가 장차 폐해질 것도 운명이다. 공백료가 운명을 어찌하겠는가?"

주자 —— 공백료가 계손에게 자로를 참소하니, 자복경백이 공자께 아뢰어 말했다. "그분(계손)이 본래 공백료(의 참소) 때문에 (자로에게) 의혹을 품고 있지만, 나의 힘은 오히려 (공백료를) 능히 죽여 저자나 조정에 (그 시신을) 내걸 수 있습니다." 공자께서 말씀하셨다. "도가 장차 행하여지는 것도 운명이며, 도가 장차 폐해질 것도 운명이다. 공백료가 운명을 어찌하겠는가?"

다산 —— 공백료가 계손에게 자로를 참소하니, 자복경백이 공자께 아뢰어 말했다. "그분(계손)이 본래 (자로에게) 의혹을 품고 있었습니다. 공백료에 있어서 나의 힘은 오히려 능히 죽여 (그 시신을) 저자나 조정에 내걸 수 있습니다." 공자께서 말씀하셨다. "도가 장차 행하여지는 것도 운명이며, 도가 장차 폐해질 것도 운명이다. 공백료가 운명을 어찌하겠는가?"(皇本에는 '於公伯寮' 아래에 也 자가 있다.)

집주 —— ■ 公伯寮는 魯人이라 子服은 氏요 景은 諡요 伯은 字이니 魯大夫 子服何也라 夫子는 指季孫이니 言其有疑於寮之言也라 肆는 陳尸也니 言欲 誅寮라

공백료公伯寮는 노나라 사람이다. 자복子服은 성이고, 경景은 시호諡號이고 백伯은 자字이니, 노나라 대부 자복하子服何이다. 부자夫子는 계손季孫을 가리키는데, 공백료의 말 때문에 의문을 품었다는 말이다. '사肆'는 시체를 늘어놓음이니, 공백료를 죽이고 싶다는 말이다.

■ 謝氏曰 雖寮之愬行이라도 亦命也니 其實은 寮無如之何라

사량좌가 말했다. "비록 공백료의 참소대로 실행된다고 하여도 또한 명命이다. 사실상 공백료도 명命은 어떻게 할 수 없다."

■ 愚謂 言此以曉景伯, 安子路而警伯寮耳니 聖人이 於利害之際에 則不待決 於命而後泰然也니라

어리석은 내가 말한다. 이 말씀을 하시어 경백을 깨우치고, 자로를 안심시키고, 백료를 경고하셨을 뿐이다. 성인께서는 이해관계의 갈림길에서 명命의

자원풀이 ■소愬는 心(마음 심)+朔(초하루 삭)으로 하소연하다(=訴), 비방하다, 두려워하다의 뜻이 있다.
■사肆는 镸(길 장)+隶(미칠 이: 又+尾: 손으로 짐승의 꼬리를 잡은 모양)의 회의자로 잡은 짐승(隶)을 길게 늘어놓고 과시하다, 방종하다 등의 뜻이다. 여기서는 죄가 있어 처형하여 시체를 내거는 것을 뜻한다.
■폐廢는 广(집 엄)+發(쏠 발)의 형성자로 쏠 수 있는 활(發)을 집(广)에 넣어두고 쓰지 않고 폐기하다 등의 뜻이다.

결정을 기다린 후에야 태연하신 것이 아니다.

고금주 —— ■馬曰: "愬, 譖也." ○邢曰: "季孫有疑惑之志." ○鄭曰: "吾勢力
猶能辨子路之無罪於季孫, 使之誅寮而肆之. 有罪旣刑, 陳其尸曰肆." ○邢曰:
"大夫已上於朝, 士以下於市." ○補曰 朝者, 百官府署之所列也. ○補曰 君子
仕, 將以行道. 然道之行廢, 有命在天, 非一伯寮所能爲. [言讒愬不足以動心, 誅戮
不足以迓命] ○案 古注讀至'惑志'絶句. [今從之]

마융이 말했다. "소愬는 참소(譖)이다." ○형병이 말했다. "계손이 의혹의 뜻
을 지녔다." ○정현이 말했다. "나의 세력이 오히려 능히 자로의 무죄를 계손
에게 변호하고, 공백료를 주살하여 그 시신을 펼쳐 놓게 할 수 있다. 죄가 있
어 이미 처형되어, 그 시체를 펼쳐 놓는 것을 사肆라 한다." ○형병이 말했다.
"대부 이상은 조정에 펼쳐 놓고, 사士 이하는 저자에 펼쳐 놓는다." ○보완하
여 말한다. 조朝란 백관의 부서가 늘어서 있는 곳이다. 군자는 벼슬을 하여
장차 도를 행하려 한다. 그러나 도가 행해지거나 행해지지 않는 것은 명命이
있는데, 하늘에 달려 있으니, 한 사람의 공백료가 능히 어떻게 할 수 있는 것
이 아니다.(참소가 마음을 움직이는 것도 아니며, 주륙하여도 명을 맞이할 수 없는 것
이 아니라는 것을 말했다.) ○살핀다. 고주古注는 '혹지惑志'에서 구를 끊어서 읽
었다(지금 따른다).

■質疑『集注』曰: "言其有疑於寮之言." ○案 '於公伯寮'自爲一句, 然後其凌轢
伯寮・憤嫉伯寮・指斥伯寮之意, 更峻更快, 恐舊讀爲長.

질의한다. 『집주』에서 말했다. "그가 공백료의 말 때문에 의문을 품었다는 말
이다." ○살핀다. '어공백료於公伯寮'는 그 자체가 한 구가 된 뒤에라야 공백료
를 업신여겨 누르고 분노하여 질시하게 되며, 이로써 공백료를 배척하는 뜻이
더욱 준엄해지고 더욱 명쾌해지니, 아마도 고주대로 읽는 것이 나을 듯하다.

비평 —— 어디서 끊어 읽느냐 하는 문제를 두고 다산은 고주를 따르는 것이 더 명쾌해진다고 말하지만, 의미상 큰 차이는 없는 듯하다. 여기에 나오는 '명命'에 대해서는 주자의 다음 언명이 이해에 도움을 준다.

성인께서는 명命을 말씀하시지 않는다. 무릇 명을 말씀하신 것은 모두 중인들 때문에 말씀하신 것이다. 보통의 경우는 어쩔 수 없는 처지에 이르러서야 비로소 명을 말씀하신다. 이 장의 '명이다'라는 것은 경백 때문에 말씀하신 것이다. 성인께서는 등용되면 행하고, 버려지면 숨어서 일찍이 어쩔 수 없는 처지에 놓이신 적이 없으니, 어찌 명을 말씀하실 필요가 있겠는가?(『논어집주대전』)

~~~

14:39. 子曰: "賢者辟世, 其次辟地, 其次辟色, 其次辟言." [辟, 去聲]

고주 —— 공자께서 말씀하셨다. "현자는 (세상의 임금들이 신하로 삼을 수 없기에) 세상을 피하고, 그다음은 (어지러운 나라를 피하여 잘 다스려지는 나라로 가니) 땅을 피하며, 그다음은 안색을 보고 (좋지 않으면) 피하고, 그다음은 말을 듣고 (惡言이 있으면) 피한다."

주자 —— 공자께서 말씀하셨다. "현자는 (도가 없으면) 세상을 피(은둔)하고, 그다음은 (어지러운 나라를 피하여 잘 다스려지는 나라로 가니) 땅을 피하며, 그다음은 안색을 보고 (예를 갖춘 모습이 없으면) 피하고, 그다음은 말을 듣고 (어긋난 말이 있으면) 피한다."

다산 —— 공자께서 말씀하셨다. "현자는 (이름을 감추고 자취를 숨기어서, 세상에 살아도 세상이 알아보지 못하도록) 세상을 피한다. 그다음은 (어지러운 나라를 피하여 잘 다스려지는 나라로 가니) 땅을 피하며, 그다음은 (임금의) 안색을 보고 (자기를 싫어하는 기색이 있으면 즉시) 떠나고, 그다음은 (한마디) 말을 듣고 (장차 亂이 일어날 것을 알고) 떠난다(辟은 去聲이다)."

집주 —— ■ 天下無道而隱이니 若伯夷太公이 是也라
(세상을 피한다는 것은) 천하에 도가 없으면 은둔하는 것이니, 백이伯夷나 태공太公 같은 경우가 그것이다.

■ 去亂國, 適治邦이라
(땅을 피한다는 것은) 어지러운 나라를 떠나 잘 다스려지는 나라로 가는 것이다.

■ 禮貌衰而去라
(안색을 보고 피한다는 것은) 예의를 갖춘 모습이 아니면 떠난다는 것이다.

■ 有違言而後去也라
(말을 듣고 피한다는 것은) 어그러진 말이 있으면 떠난다는 것이다.

■ 程子曰 四者는 雖以大小次第言之나 然이나 非有優劣也요 所遇不同耳니라
정자가 말했다. "네 가지는 비록 대소의 순서로 말씀하셨지만 우열이 있는 것이 아니라, 경우가 다를 뿐이다."

자원풀이 ■신臣은 상형자로 머리를 숙이고 위로 쳐다보는 눈으로, '노예'를 나타낸다. 目目과 견見처럼 눈을 그렸지만, '보다'의 의미보다는 굴종과 감시의 이미지를 지닌다. 현賢은 아래의 조개 패(貝)가 의미부이고, 위의 굳을 현(臤又)이 소리부로 노비를 잘 관리하고(臤又) 재산(貝)을 잘 지키는 재능이 많은 사람으로, 이후 재산이 많다, 총명하다, 현명하다, 현자 등을 뜻한다.
■벽辟은 辛(=肉刑을 시행할 때 쓰던 형벌 칼로 죄인에서 표식을 새겨 넣던 도구로 고통과 아픔:辛苦)+尸(주검 시)+口(입 구)의 회의자로 辛은 형벌의 칼을, 尸는 사람을, 口는 도려낸 살점을 형상했다. 이로부터 갈라내다, 배척하다, 배제하다 등의 뜻이 생겼고, 대벽大辟(사형)과 같은 결정권(辟)을 가진 임금을 뜻하게 되었다. 피로 읽을 때는 피避(辵+辟 = 갈라놓은 다른 곳으로 가다, 피하다)와 같은 뜻으로, 갈라놓은 다른 곳으로 피하다의 뜻으로 쓰인다.
■차次는 원래 冫(얼음 빙)+欠(하품 흠)으로, 이야기할 때 침을 튀기거나 하품을 하는 모습에서 '방자放恣하다'가 원

고금주 —— ■補曰 韜名晦跡, 居世而不令世知, 是辟世也. ○馬曰: "去亂國適治邦." 補曰 是辟地也. 見顏色而違之, 是辟色也. [邢云: "不能豫擇治亂, 但觀君之顏色, 若有厭己之色, 於斯去之."] 聞一言, 知亂將作而去之, 是辟言也.

보완하여 말한다. 이름을 감추고 자취를 숨겨서, 세상에 살아도 세상이 알아보지 못하는 것이 바로 피세辟世이다. ○마융이 말했다. "어지러운 나라를 떠나 잘 다스려지는 나라로 가는 것이다." ○보완하여 말한다. 이것이 피지辟地이다. 안색을 보고 떠나는 것이 바로 피색辟色이다.(형병이 말했다. "治亂을 미리 선택할 수는 없지만, 단지 임금의 안색을 살펴, 자기를 싫어하는 기색이 있으면 즉시 떠나는 것이다.") 한마디 말을 듣고, 장차 난亂이 일어날 것을 알고 떠나는 것이 바로 피언辟言이다.

■孔曰: "世主莫得而臣." ○案 辟世者, 後世之所謂大隱也. [隱城市] 辟地者, 即小隱也. [隱山林] 長沮·桀溺, 自稱辟世之士, 沮·溺何嘗高擧遠遯乎? 居斯世也, 混於甿隷, 人莫之知, 斯之謂辟世也. 枕流漱石, 豈是人乎?

공안국이 말했다. "세상의 임금들이 신하로 삼을 수 없다." ○살핀다. 피세辟世란 후세의 이른바 대은大隱이다(성시에 숨었다:隱城市). 피지辟地란 곧 소은小隱이다(산림에 숨었다:隱山林). 장저長沮·걸닉桀溺이 자칭 피세지사辟世之士인데, 장저·걸닉이 어찌 일찍이 높이 올라 멀리 은둔했던가? 이 세상에 살면서 잔맹과 노예들 사이에 섞여서 아무도 알아보지 못했으니, 이를 일러 피세라 한다. 침류수석枕流漱石이 어찌 이런 사람이겠는가?

■孔曰: "有惡言乃去." ○駁曰 非也. 旣有惡言, 烏足云辟?

공안국이 말했다. "악언惡言이 있으면 이에 떠나는 것이다." ○논박하여 말하면, 그릇되었다. 이미 악언이 있었다면, 어찌 피한다고 말할 수 있겠는가?

뜻이지만, 소전체에서 冫이 二라는 뜻이 나와 버금가다, 질이 떨어지다의 뜻이 나왔다. 원래 의미는 心 자가 더해져 恣 자가 되었다.

■ 質疑 程子曰: "四者非有優劣, 所遇不同耳." ○案『易』曰: "遯世无悶." 君子固有遯世之義也. 孔子就遯世之法, 分爲四等, 曰: "太上避世, 其次避地, 而見幾而作者又次之, 察言而去者又次之." 恐不可平等說.

질의한다. 정자가 말했다. "네 가지는 우열이 있는 것이 아니라, 경우가 다를 뿐이다." ○살핀다. 『역경』「건괘」에 "세상에 은둔해 있어도 근심이 없다."고 했으니, 군자는 진실로 세상에 은둔하는 도의가 있다. 공자는 둔세遯世하는 법을 네 등분하여 "가장 위는 피세辟世, 그다음은 피지辟地, 기미를 보고 일어나는 것이 또 그다음이고, 말을 살펴보고 떠나는 것이 또 그다음이다."라고 했으니, 이는 아마도 같은 등급의 것으로 말할 수 없을 듯하다.

비평 —— 해석의 어감상 차이는 있지만, 논란할 만한 것은 아니다. 주자가 인용한 정자의 말을 두고 다소 논란이 있다. 공자의 말을 문자 그대로 해석하면, 분명히 공자는 은둔하는 도에 우열을 두고 그 차서를 말하고 있다. 또한 세상과 땅은 지세의 넓고 좁음의 차이가 있고, 안색과 말은 사람의 일의 깊고 얕음의 차이가 있다고 할 수 있다.

그러나 운봉 호씨의 말대로 '천하는 크고 나라는 작지만, 피세와 피지는 모두 그 나라를 피하는 것이고, 피색과 피언은 그 사람을 피하는 것으로 대소의 순서로 현자의 덕의 우열이 있다는 것이 아니라 사람이 부딪히는 상황(경우)에 따라 나열한 것'이라고 할 수도 있을 듯하다.

14:40. 子曰: "作者七人矣." [『注疏』連上爲一章]

고주 ── 공자께서 말씀하셨다. "(세상을 피하기를) 실행한 자(作者=爲者)가 무릇 일곱(장저, 걸닉, 장인, 석문, 하궤, 의봉인, 초광접여 등)이다."

주자 ── 공자께서 말씀하셨다. "일어난 (은둔하러 간) 사람은 일곱 사람이다."

다산 ── 공자께서 말씀하셨다. "(기미를 보고) 일어난 사람은 일곱 사람이다."(『주소』에서는 위와 연결하여 한 장으로 했다.)

집주 ── ■李氏曰 作은 起也니 言起而隱去者 今七人矣라 不可知其誰何하니 必求其人以實之면 則鑿矣니라
이욱이 말했다. "'작作'은 일어나는 것이니, 일어나서 은둔하러 간 사람이 지금 일곱이라는 말이다. 누군지는 알 수 없으나, 구태여 사람들을 찾아 밝히려고 한다면 지나치게 천착하는 것이다."

고금주 ── ■補曰 旣見幾而作, 則自仕而去, 非素隱也.
보완하여 말한다. 이미 기미를 보고 일어났으면, 이는 벼슬에서 떠나는 것이니, 아무 까닭 없이 숨는 것은 아니다.
■包曰: "作, 爲也. 爲之者凡七人, [案, 爲者, 爲避世之事] 謂長沮 · 桀溺 · 丈人 · 石門 · 荷蕢 · 儀封人 · 楚狂接輿." ○案 『易』曰 '見幾而作', 則作者七人, 固皆遯世之人, 又必孔子同時之人. 包說稍長, 但曰某曰誰, 民莫之信矣.
포함은 말했다. "작作은 하다(爲)이다. 이렇게 실행한 자가 무릇 일곱 사람이니(살핀다. 爲란 세상을 피하는 일을 하는 것이다), 장저, 걸닉, 장인, 석문, 하궤, 의봉인, 초광접여를 말한다." ○살핀다. 『역경』「계사하전」에 '기미를 보고 일어난다(見幾而作)'고 했으니, 일어난 일곱 사람은 진실로 모두 은둔한 사람이고, 또 반드시 공자와 시대를 같이한 사람들이다. 포함의 설이 조금 낫지만, 다

만 누구누구라고 말하는 것은 백성들은 믿지 못한다.

비평 —— 장절 분리 등 쟁점은 있지만, 분명하지 않는 구절이다. 이 구절을 어떻게 볼 것인지는 경원 보씨의 다음과 같은 언명이 도움을 준다.

　　무릇 책에 실린 내용 중 마땅히 깊이 탐색해야 하는 것이 있는데, 이 경우 깊이 탐색하지 않으면 대충 하는 잘못을 저지르는 것이다. 꼭 지나치게 구할 필요가 없는 것이 있으니, 이 경우 지나치게 구하면 천착하는 잘못을 저지르는 것이다. 이른바 마땅히 깊이 탐색해야 한다는 것은 의리가 해당하고, 꼭 지나치게 구할 필요가 없다는 것은 이 대목에 해당된다.

⚬⚬⚬⚬

14:41. 子路宿於石門. 晨門曰: "奚自?" 子路曰: "自孔氏." 曰: "是知其不可而爲之者與?"

고주 —— 자로가 석문에서 하룻밤 유숙했다. 문지기가 물었다. "어디에서 오셨소?" 자로가 말했다. "공씨 문하에서 왔소." (문지기가) 말했다. "바로 (세상에 도를) 펼칠 수 없다는 것을 알면서도 억지로 그 일을 하는 사람 말인가요?(능히 은둔·벽세하지 못함을 비난한 것이다.)"

주자 —— 자로가 석문에서 하룻밤 유숙했다. 신문(새벽에 성문을 여는 일을 맡은 자)이 물었다. "어디에서 오셨소?" 자로가 말했다. "공씨 문하에서 왔소." (문지기가) 말했다. "바로 (세상을 어떻게) 할 수 없다는 것을 알면서도 억지로 그 일을 하는 사람 말인가요?(성인께서 천하를 보심에 어떻게 할 수 없는 때란 없다는 것을 알지 못하고서, 이런 말을 했다.)"

다산 —— 자로가 (제나라 땅) 석문에서 하룻밤 유숙했다. 문지기가 물었다. "어디에서 오셨소?" 자로가 말했다. "공씨 문하에서 왔소." (문지기가) 말했다. "바로 (세상에 도를) 펼칠 수 없다는 것을 알면서도 (능히 은둔·벽세하지 못하고) 억지로 그 일을 하는 사람 말인가요?(문지기가 공자를 기롱했지만, 그 마음만은 사랑함이 지극했다.)"

집주 —— ■石門은 地名이라 晨門은 掌晨啓門이니 蓋賢人隱於抱關者也라 自는 從也니 問其何所從來也라

석문石門은 지명이다. 신문晨門은 새벽에 성문을 여는 일을 관장하는 자인데, 대개 현인인데 문지기로 은둔한 자이다. 자自는 '(~로)부터(從)'이니, 그가 어디에서 왔는지를 물은 것이다.

■胡氏曰 晨門은 知世之不可而不爲라 故로 以是譏孔子라 然이나 不知聖人之視天下에 無不可爲之時也니라

호인이 말했다. "신문은 세상을 어떻게 할 수 없다는 것을 알면서 어떻게 하지 않았기 때문에 이 말로 공자를 기롱했다. 그러나 성인께서 천하를 보심에 어떻게 할 수 없는 때란 없다는 것은 알지 못했다."

자원풀이 ■숙宿은 원래 사람(人)이 집안(宀)에서 자리 위에 쉬거나 자는 모습. 자다, 쉬다가 원뜻인데 옛날 관원들이 자고 갈 수 있게 한 숙박宿泊시설을 지칭했다. 이후 밤새워지키다, 안정하다, 유숙하다 등의 뜻이 나왔다.
■신晨은 日+辰(조개 칼: 원시적인 형태의 농기구)로 조개 칼로 농사일을 시작하는 이른 시간대인 새벽을 말한다.
■자自는 원래 코를 그렸는데, 코는 얼굴에서 개인적 차이가 가장 심한 부분으로 인식되어 자기自己, 자신自身이라는 뜻이 되었고, 자기와 자신이 주체라는 측면에서 유래를 묻는 '부터', '에서'로, 그리고 자연自然, 자유自由 등의 말이 나왔다. 그러자 원래의 코는 自+畀(줄 비)로 鼻 자가 되었다.

고금주 —— ■補曰 石門, 齊地. 郊關之有城者 ㅇ包曰: "言孔子知世不可爲而
强爲之." ㅇ邢曰: "意非孔子不能隱遯辟世."

보완하면 석문은 제나라 땅이니, 교관으로 성이 있는 곳이다. ㅇ포함이 말했
다. "공자는 세상에 (도를) 펼칠 수 없다는 것을 알면서도 억지로 그 일을 한다
는 말이다." ㅇ형병이 말했다. "공자가 능히 은둔하여 세상을 피하지 못하는
것을 비난하려는 의도이다."

■案 其言則譏, 其心則相愛之至也. 情見于辭, 千載如覯.

살핀다. 그 말한 것은 기롱이었지만, 그 마음만은 사랑함이 지극했다. 정情이
그 말에 나타나 있는 것이 천 년이 지난 뒤에도 눈앞에 보이는 듯하다.

비평 —— 별 다른 쟁점은 없다. 다만 고주는 "능히 은둔·벽세하지 못함을
비난한 것이다."라고 해석했다. 주자는 여기에 "성인께서 천하를 보심에 어
떻게 할 수 없는 때란 없다는 것을 알지 못했다."는 호씨의 말을 덧붙이고 있
다. 중요한 지적이라고 생각된다. 그리고 다산은 "문지기가 공자를 기롱했지
만, 그 마음만은 사랑함이 지극함을 볼 수 있다."고 부언했다. 다산의 첨언도
좋아 보인다.

14:42. 子擊磬於衛, 有荷蕢而過孔氏之門者, 曰: "有心哉, 擊磬乎!
" 旣而曰: "鄙哉, 硜硜乎! 莫己知也, 斯已而已矣. 深則厲, 淺則揭."
子曰: "果哉! 末之難矣."

고주 —— 공자께서 위나라에서 경쇠를 치실 때, 삼태기를 지고 공자의 문을

지나던 자가 말했다. "(근심하고 괴로워하는:契契然) 마음이 있구나, 경쇠 소리
에." 조금 있다가 또 말했다. "비루하구나, 저 경경한 소리여(자신의 조그만 도
만 믿고 처신하여, 아무런 유익이 없다)! 아무도 나를 알아주지 않으면 그만둘 뿐
이지. '물이 깊으면 옷을 입고 건너고, 얕으면 옷자락을 걷고 (세상의 형편에 따
라 자신의 행위를 결정하는 것이 마치 물을 지날 때에 반드시 깊고 얕음에 따라) 건너는
것'과 같이 행하면 된다!' 공자께서 말씀하셨다. "과감하도다. 그러면 어려움
이 없을 것이다."

주자 —— 공자께서 위나라에서 경쇠를 치실 때, 삼태기를 지고 공자의 문을
지나던 자가 말했다. "(예악으로 천하를 교화할) 마음이 있구나, 경쇠 소리에."
조금 있다가 또 말했다. "비루하구나, 저 경경한 소리여! 아무도 나를 알아주
지 않으면 그만둘 뿐이지. '물이 깊으면 옷을 입고 건너고, 얕으면 옷자락을
걷고 건너면 될 것'을!'(남이 알아주지 않는 데에도 그치지 않고, 깊고 얕음의 마땅함
에 맞추지 못한다고 공자를 기롱한 것이다) 공자께서 말씀하셨다. "과감하도다. 그
러면 어려움이 없을 것이다."

다산 —— 공자께서 위나라에서 경쇠를 치실 때(음악을 익히실 때), 삼태기를
지고 공자의 문을 지나던 자가 말했다. "(도를 행할) 마음이 있구나, 경쇠 소리

자원풀이 ■격擊은 手+毄(부딪칠 격)으로, 격毄이란 원래 바퀴가 회전하며 격렬하게 부딪힘을 말하는데 여기에
손(手)으로 치는 것을 지칭하게 되어 치다, 공격하다, 탄핵하다, 죽이다의 뜻이 나왔다.
■경磬은 石+聲(소리 성)으로 석경石磬처럼 돌을 쳐서 소리를 내는 악기를 말한다. 돌을 실絲, 대竹, 박匏, 흙土, 가죽
革, 나무木와 함께 8가지 악기 재료의 하나였다.
■여厲는 厂(기슭 엄)+萬으로 구성된 형성자로 재질이 거친 칼을 가는 행위를 말했는데, 이후 ⑴숫돌, ⑵갈다, ⑶
떨치다, ⑷엄하다, ⑸권면하다 등으로 쓰이고 문제가 된 『시경』의 구절에서 심즉려深則厲는 ⑴옷을 입고 건너다,
⑵아랫도리를 벗어 들고 건너다 등 여러 해석이 분분했다.
■게揭는 手+曷의 형성자로 입을 벌린 채(曷) 가쁜 숨을 내쉬며 무엇인가를 들고 있는 것을 형상화했다.
■과果는 나무(木)에 과실이 열린 모습. 열매가 본뜻이고, 성과물, 이루다의 뜻이 나왔고, 과단성果斷性(言必信 行必
果), 과연果然 등의 뜻이 나왔다. 그러자 원래 뜻은 艸를 더해 菓(열매 과)가 되었다.

에." 조금 있다가 또 말했다. "비루하구나, 경경하는 소리여! 아무도 나를 알아주지 않으면 그만둘 뿐이지. '물이 깊으면 잠방이를 입고 건너고, 얕으면 옷자락을 걷고 건너면 될 것'을!" 공자께서 말씀하셨다. "과연 (말한 것과 같이) 그렇구나! 힐난할 것이 없구나!'

집주 —— ■磬은 樂器라 荷는 擔也요 簣는 草器也니 此荷簣者 亦隱士也라 聖人之心이 未嘗忘天下어늘 此人이 聞其磬聲而知之하니 則亦非常人矣라
경磬은 악기樂器이다. 하荷는 멤(擔)이다. 궤簣(삼태기)는 풀로 만든 도구이다. 이 삼태기를 멘 사람 또한 숨은 선비이다. 성인의 마음은 천하를 잊은 적이 없으니, 이 사람이 경쇠 소리를 듣고 그것을 알았으니 또한 보통사람이 아니다.
■硜硜은 石聲이니 亦專確之意라 以衣涉水曰厲요 攝衣涉水曰揭라 此兩句는 衛風匏有苦葉之詩也니 譏孔子人不知己而不止하여 不能適淺深之宜라
경경硜硜은 돌의 소리이니, 또한 오로지 확고하다(專確)의 뜻이다. 옷을 입은 채로 물을 건너는 것을 여厲라 하고, 옷자락을 걷고 물을 건너는 것을 게揭라고 한다. 이 두 구절은 『시경』「위풍, 포유고엽」의 시이다. 공자께서 남이 당신을 알아주지 않는데도 그치지 않고, 깊고 얕음의 마땅함에 맞추지 못한 것을 기롱한 것이다.
■果哉는 歎其果於忘世也라 末은 無也라 聖人이 心同天地하여 視天下猶一家하고 中國猶一人하여 不能一日忘也라 故로 聞荷簣之言하고 而歎其果於忘世하시니라 且言 人之出處를 若但如此면 則亦無所難矣라하시니라
과재果哉는 과감하게 세상을 잊은 것을 탄식하신 것이다. 말末은 없다(無)이다. 성인께서는 마음이 천지와 같아서 천하를 한집안처럼 보시고, 중국을 한 사람처럼 보시어 하루도 잊지 않으셨다. 그런 까닭에 삼태기를 진 자의 말을 듣고 세상 잊음의 과감함을 탄식했고, 또 사람이 나오고 머무는 것을 다만 이처럼 한다면 또한 어려운 일이 없을 것이라고 말씀하셨다.

고금주 ── ■補曰 魯 定公十三年, 孔子適衛, [時五十五歲] 即衛 靈公三十八年

也. 擊磬, 爲習樂也, 有笙磬·頌磬. ○邢曰: "荷, 擔揭也." ○荻曰: "有心者, 有

心於敎化也. 磬, 樂器. 知其心欲以禮樂化天下." ○補曰 鄙, 陋也. 硜硜, 磬聲.

莫我知也, 斯可止矣. ○包曰: "言隨世以行己, 若過水必以濟, 知其不可, 則當

不爲."[補云: "酌深淺之宜, 以行其身."] ○補曰 果哉者, 許其言之中理也. [果然如所

言] 末之難矣, 謂無辭可答也. 難者, 詰辨也.

보완하여 말한다. 노나라 정공 13년에 공자께서는 위나라에 가셨는데(당시

55세), 곧 위나라 영공 38년이다. 격경擊磬은 음악을 익히는 것이다. 생경笙

磬·송경頌磬이 있다. ○형병이 말했다. "하荷는 메다(擔揭)이다." ○오규 소

라이가 말했다. "유심有心이란 교화에 마음이 있다는 것이다. 격경擊磬은 악기樂

器이다. 그 마음이 예악으로 천하를 교화하고 싶어 한다는 것을 알았다는 말

이다." ○보완하여 말한다. 비鄙는 비루(陋)이다. 경경硜硜은 경쇠소리(磬聲)

이다. 나를 알아주지 않으면, 이에 그만두고 말 일이다. ○포함이 말했다.

"세상의 형편에 따라 자신의 행위를 결정하는 것이 마치 물을 지날 때에 반

드시 (깊고 얕음에 "따라) 건너는 것과 같아, 할 수 없다는 것을 알면 마땅히 하

지 말아야 한다는 말이다."(보완하여 말한다. "깊고 얕음을 짐작하여 처신을 결정해

야 한다.") ○보완하여 말한다. 과재果哉란 그 말이 이치에 적중함을 허여한 것

이다(과연 말한 것과 같다). 말지난의末之難矣란 대답할 말이 없음을 이른다. 난

難이란 따져 논변하는 것이다.

■何曰: "有心, 謂契契然." ○邢云: 此硜硜者, 徒信己而已, 亦無益." ○案 硜

硜者, 磬之本聲. 夔擊之硜硜, 鄙夫擊之, 亦硜硜, 非孔子之磬別自硜硜也. 硜

硜豈貶辭乎?聞磬聲, 則知習樂矣. 知習樂, 則知其有行道之心. ○又按 何氏以

硜硜爲小信之貌, 亦大謬.

하안이 말했다. "유심有心은 근심하고 괴로워하는 모양(謂契契然)이다." ○형

병이 말했다. "여기서 경경硜硜이란 단순히 자신(의 도만)을 믿을 뿐 역시 무

익하다는 말이다."○살핀다. 경경磬磬이란 경쇠에서 나는 본래 소리이다. 악
관 기夔가 치는 경쇠 소리도 경경하고, 비부가 치는 경쇠 소리도 또한 경경하
니, 공자가 치는 경쇠 소리만 유달리 경경한 것은 아니다. 경경이 어찌 폄하
하는 말이겠는가? 경쇠 소리를 들으면 풍악을 익히는 것을 알고, 풍악을 익
히는 것을 알면 도를 행할 마음이 있는 것을 알게 된다 ○또 살핀다. 하안이
경경磬磬이란 '조금 자신을 믿는 모양'이라고 한 것 역시 크게 잘못이다.

■ 何曰: "未知己志而便譏己, 所以爲果." [邢云: "果, 敢也."] 末, 無也. 無難者, 以
其不能解己之道.[邢云: "果敢, 不以爲難也."] ○駁曰 非也. 果哉, 是之之辭. [又決
辭] 孔子之棲棲四國, 豈樂爲者哉? 荷蕢丈人一語, 本是相愛之意, 孔子受而不
辭, 與自家意思, 犂然相合, 故曰'其言果然是矣! 吾無辭可相詰難矣'. 如是則詞
氣雍容, 意味淵永, 千載之下, 如可見矣."

하안이 말했다. "자신의 뜻을 알지 못하고 곧 자신을 기롱했으니, 과감한 것
이 된다.(형병이 말했다. "果는 敢이다.") 말末은 없다(無)이다. 무난無難이란 그가
자신의 도를 이해할 수 없기 때문이다."(형병이 말했다. "과감하니 어렵다고 여기
지 않는다는 것이다.") ○논박하여 말하면, 그릇되었다. 과재果哉는 그것이 옳다
고 여기는 말이다(또한 決辭이다). 공자께서 사방의 나라를 정처 없이 돌아다
닌 것이 어찌 즐거워서 하신 일이겠는가? 하궤장인의 한마디 말은 본래 사랑하
는 뜻이고, 공자께서는 수용하고 사양하지 않으셨으니, 자신의 의사와 서로
꼭 부합했기 때문에 '그 말이 과연 옳다, 내가 따져 논란할 만한 말이 없다.'고
하신 것이다. 이와 같다면 말의 기운이 온화하고 의미가 깊고 길어서, 천 년
의 후세에도 보이는 듯하다.

■ 質疑『集註』曰: "果哉, 歎其果於忘世也. 且言人之出處, 若但如此, 則亦無所
難矣." ○案 深則厲, 淺則揭, 本是裁酌細密之言, 非果於忘世. 且'果'一字之內,
恐無以包忘世之意. 『爾雅·釋水』曰: "繇膝以下爲揭, 繇膝以上爲涉, 繇帶以
上爲厲, 以衣涉水曰厲."[郭云: "衣, 褌也."] ○案 褌者, 所謂犢鼻褌也. 先王之世,

民知重禮, 別作小褌, 以涉深水, 不倮體以露陰也.

질의한다. 『집주』에서 말했다. "과재果哉는 과감하게 세상을 잊은 것을 탄식하신 것이다. 또 사람이 나오고 머무는 것을 다만 이처럼 한다면 또한 어려운 일이 없을 것이라고 말씀하셨다." ○살핀다. '물이 깊으면 잠방이를 입고 건너고, 얕으면 옷을 걷고 건넌다.'라는 것은 본래 재고 참착해서 세밀하게 한다는 말이지, 세상을 잊는 데에 과감하다는 말이 아니다. 또 과果 한 글자의 내용에 세상을 잊는다는 뜻이 없다. 『이아』「석수釋水」에 "무릎 이하에서 걷고 건너는 것을 게揭라 하고, 무릎 이상에서 걷고 건너는 것을 섭涉이라 하며, 허리 이상일 때는 여厲라 하는데, 잠방이를 입고(以衣) 건너를 것을 여厲라 한다."(郭璞은 말했다. "의는 褌:잠방이이다.")라고 했다. ○살핀다. 곤褌이란 속옷이다. 선왕의 시대에는 백성이 예의를 중시할 줄 알아 특별히 작은 잠방이를 만들어 이를 입고서 깊은 물을 건넜는데, 자체로 음부를 노출시키지 않기 위함이다.

비평 —— 여기서 쟁점은 (1) 주자는 경경磬磬이란 경쇠 소리를 '오로지 확고하다(專確)는 뜻'이기 때문에 앞의 유심재有心哉란 말을 삼태기를 지고 간 자가 '공자가 아직 세상에 대한 미련이 있다.'고 비판한 말로 해석한 반면, 다산은 경쇠 소리를 듣고 공자가 행도의 마음이 있음을 알아차렸다고 긍정적으로 해석했다. 다음으로 (2) 과재果哉 말지난의末之難矣를 주자는 삼태기를 매고 간 사람이 한 말과 처신이 '과감하여, 그렇게 하면 어려움이 없을 것이다.'라고 해석한 반면, 다산은 공자가 삼태기를 지고 가는 자의 말에 전적으로 동의한 말이라고 주장한다. 다른 한편 다산은 주자가 해석을 하지 않고 단지 인용만 했던 『시경』의 '심즉려深則厲'에서 '이의以衣'가 '잠방이'라는 것을 명확히 전거를 두고 밝혀내었다.

여기서 두 가지 쟁점에서 필자는 (1)에서는 주자의 관점이, (2)에서는 다산의 해석이 더 설득력을 지닌다고 생각한다. 왜냐하면 (1)에서 삼태기를 지고 간 자가 분명히 '비루하구나'라고 공자를 기롱하기 때문이며, (2)에서 '과果'는 다산의 지적대로 비록 용례에는 과감果敢이라는 말이 있다고 할지라도, 그런 의미까지 함의하는지 불명확하기 때문이다.

⌇⌇⌇

14:43. 子張曰: "『書』云, '高宗諒陰, 三年不言.' 何謂也?" 子曰: "何 必高宗? 古之人皆然. 君薨, 百官總己, 以聽於冢宰三年."

고주 —— 자장이 말했다. "『서경』에 '고종(은나라 무정)이 양음(諒陰=信默:신임 하고 말하지 않음)하는 3년간 말을 하지 않았다.'고 했는데, 무슨 뜻입니까?" 공 자께서 말씀하셨다. "어찌 반드시 고종뿐이겠느냐? 옛사람들은 모두 그러했 다. 임금이 훙서薨逝하시면 백관들이 자기(己=百官) 직무를 총괄하여 3년 동 안 총재(=天官卿)의 조령을 듣고 따랐느니라."

주자 —— 자장이 말했다. "『서경』에 '고종(은나라 무정)이 양음(諒陰=천자가 상

자원풀이 ■양諒은 言(말씀 언)+京(서울 경)의 형성자로 신실함을 말한다. 말에 믿음(信)이 있음을 뜻하는데, 양해 諒解라는 말이 있다. 참되다(友諒), 작은 일에 얽매이는 정신(豈匹夫匹婦之爲諒也), 고집부리다(君子貞而不諒). 양음諒 陰은 양암諒闇과 같이 제왕이 거상(居喪)하는 곳, 인신하여 제왕의 거상을 말한다.
■훙薨은 歹(뼈 부서질 알=死)+夢(꿈 몽)으로 제후의 죽음을 특별히 구분해 지칭하는 글자이다. 천자의 죽음은 붕崩이라 한다. 붕崩은 山+朋으로 엄청난 굉음(朋)을 내고 산山이 무너져 내린다는 뜻으로 이로부터 붕괴崩壞가 나왔다. 다시 천자의 죽음을 비유했다.
■총惣은 心+囪(창장 창)으로 심장에 점을 더함으로 마음이 급하고 바쁨을 나타내었다. 총總은 絲+惣으로 실 이나 머리카락들을 한데 모아 실(絲)로 묶는 것으로 총괄하다, 언제, 줄곧 등의 뜻도 나왔다. 총각總角은 머리를 뿔 (角)처럼 묶은(絲) 사람이라는 뜻으로 결혼하지 않았음의 표지였다. 총冢(=塚)으로 본래 무덤(冢墓)을 나타내었는

중에 있음을 명칭한 것?)하는 3년간 말을 하지 않았다.'고 했는데, 무슨 뜻입니까?" 공자께서 말씀하셨다. "어찌 반드시 고종뿐이겠느냐? 옛사람들은 모두 그러했다. 임금이 훙서薨逝하시면 백관들이 자기(己=百官) 직무를 총괄하여 3년 동안 총재(=大宰)의 조령을 듣고 따랐느니라."

다산 —— 자장이 말했다. "『서경』에 '고종(은나라 무정)이 양음(諒陰=信默:신임하고 말하지 않음)하는 3년간 말을 하지 않았다.'고 했는데, 무슨 뜻입니까?" 공자께서 말씀하셨다. "어찌 반드시 고종뿐이겠느냐? 옛사람들은 모두 그러했다. 임금이 훙서薨逝하시면 백관들이 자기(己=百官) 직무를 총괄하여 3년 동안 총재(=天官卿)의 조령을 듣고 따랐느니라."

집주 —— ■ 高宗은 商王武丁也라 諒陰은 天子居喪之名이니 未詳其義라
고종高宗은 상나라 임금 무정武丁이다. 양음諒陰은 천자가 상喪 중에 있는 것을 명명한 것인데, 그 뜻은 상세하지 않다.

■ 言君薨이면 則諸侯亦然이라 總己는 謂總攝己職이라 冢宰는 大宰也라 百官이 聽於冢宰라 故로 君得以三年不言也라
'임금이 죽으면(君薨)'이라고 했으니, 제후의 경우 또한 그러하다. 총기總己는 자기 직무를 총괄한다는 말이다. 총재冢宰는 태재大宰이다. 백관이 총재에게 명을 듣기 때문에 임금은 3년간 말하지 않을 수 있다.

■ 胡氏曰 位有貴賤이나 而生於父母는 無以異者라 故로 三年之喪은 自天子達이라 子張이 非疑此也요 殆以爲人君三年不言이면 則臣下無所稟令하여 禍亂이 或由以起也라 孔子告以聽於冢宰하시니 則禍亂은 非所憂矣니라

데, 무덤, 크다, 산꼭대기, 거느리다의 뜻이다. 총경冢卿이란 六卿 가운데 구정을 주관하는 사람이다. 총기總己는 자기 직책을 다하는 것이요, 총재(冢宰)는 국정을 총괄하는 대신이다.

호인이 말했다. "지위에는 귀천이 있지만, 부모에게서 태어남은 다를 것이 없다. 따라서 삼년의 상은 천자로부터 서인에 이르기까지 통달한다. 자장이 그것을 의심한 것이 아니라, 아마도 임금이 3년간 말을 하지 않으면 신하는 명령을 받을 곳이 없으니, 화란이 혹 이로 말미암아 일어날 수도 있다고 여긴 것이다. 공자께서는 총재에게 명을 들으니, 화란은 우려할 바가 아니라고 일러주셨다."

고금주 —— ■邢曰: "〈周書・無逸〉篇文." ○孔曰: "諒, 信也. 陰, 猶默也." ○補曰 不言, 謂無所詔令. 古之人, 謂夏・殷. ○邢曰: "總己, 言各總其職."〔補云: "總, 統也."〕 ○補曰 聽於冢宰, 謂聽從其詔令. ○孔曰: "冢宰, 天官卿."

형병이 말했다. "『서경』「주서・무일」편의 말이다." ○공안국이 말했다. "양諒은 신임(信)이다. 음陰은 침묵(默)과 같다." ○보완하여 말한다. 불언不言이란 조령詔令을 내리지 않음을 말한다. 고지인古之人은 하夏・은殷나라 사람을 말한다. ○형병이 말했다. "총기總己는 각각 그 직을 총괄한다는 말이다." (보완하여 말하면, "總은 統이다.") ○보완하여 말한다. 총재에게서 듣는다는 것은 총재의 조령을 듣고 따른다는 것을 말한다. ○공안국이 말했다. "총재冢宰는 천관경天官卿이다."

■案 諒陰之訟, 亦繁矣. 信默之義差長.

살핀다. 양음諒陰에 관한 시비 또한 분분하다. 신임하고 말하지 않음(信默)의 뜻이 조금 낫다.

■引證〈喪服四制〉云: "『書』曰, '高宗諒闇, 三年不言.' 善之也. 王者莫不行此禮, 何以獨善之也? 曰高宗者, 武丁. 武丁者, 殷之賢王也. 繼世即位, 而慈良於喪. 當此之時, 殷衰而復興, 禮廢而復起, 故善之. 善之, 故載之『書』中而高之, 故謂之高宗. 三年之喪, 君不言. 『書』云, '高宗諒闇, 三年不言.' 此之謂也." ○案 諒闇不言之禮, 恐是夏・殷之法, 至周小變, 故釋冕反喪服. 至春秋時, 又大變.

인증한다. 『예기』「상복사제喪服四制」에 다음과 같이 말했다. "『서경』에 '고종이 양암諒闇으로 3년간 말하지 않았다.'고 한 말은 그를 칭찬한 말이다. 임금이면 누구나 이 예를 행하는데, 어찌 유독 그 임금만 칭찬했는가? 말하자면 고종이란 무정이며, 무정은 은나라의 어진 임금이다. 대를 이어 즉위하여 집상執喪 중에는 자애慈愛의 정성을 다했다. 이때를 당하여 은나라가 쇠퇴해 있었으나 이를 부흥시키고, 예가 피폐해 있었으나 이를 다시 일으켰기 때문에 그를 칭찬한 것이다. 그를 칭찬했기 때문에, 『서경』에 기재하여 그를 높였던 것이다. 그러므로 그를 이름하여 고종이라 한 것이다. 3년간 집상 중에 임금은 말하지 않은 것은 정해져 있었는데도, 『서경』에 '고종이 양암으로 3년간 말하지 않았다.'라고 한 것은 이런 것을 두고 말한 것이다." ○살핀다. 양암불언諒闇不言의 예禮는 아마도 하夏·은殷나라의 법인 듯하고, 주周나라에 이르러 조금 변했기 때문에 면류관을 벗고 상복을 바꾼다고 했다. 춘추시대에 와서 또 크게 변했다.

비평 —— 『논어』에서 『서』의 구절을 단 2회 언급하는데, 그중의 하나이다. 고주와 주자의 해석 간에 특별한 이견은 없지만, 다산은 고주를 거의 수용하고 있다.

14:44. 子曰: "上好禮, 則民易使也."

고주 —— 공자께서 말씀하셨다. "임금(上=君上)이 예를 좋아하면, 백성들은 (감히 공경하지 않음이 없기 때문에) 부리기가 쉽다."

주자 —— 공자께서 말씀하셨다. "윗사람이 예(천리의 절문이자 인사의 의칙)를 좋아하면, (상하가 분별되고 분수가 정해져서) 백성들이 (교화되어 명을 따르기를 좋아하기 때문에) 부리기가 쉽다."

다산 —— 공자께서 말씀하셨다. "윗사람이 예를 좋아하면, 백성들이 (감히 공경하지 않음이 없고, 교화되어 선하게 되어, 상하가 유기적으로 통하여) 부리기가 쉽다."

집주 —— ■ 謝氏曰 禮達而分定故로 民易使라.
사량좌가 말했다. "예가 (아래에까지) 도달하여 (각자의) 분수가 정해지는(禮達而分定) 까닭에 백성을 부리기가 쉽다."

고금주 —— ■ 何曰: "民莫敢不敬, 故易使."[皇氏本不載]
하안이 말했다. "백성이 감히 공경하지 아니함이 없기 때문에, 부리기 쉬운 것이다(황간본에는 실려 있지 않다)."
■ 牛春宇云: "此使非使民赴工也, 使之爲善而已."[徐自溟云: "使是駕馭約束之意."] ○案 民易使者, 如身使臂, 如臂使指, 血脈調鬯, 無強硬不仁之病也, 非使之赴征役.
우춘우牛春宇가 말했다. "여기서 사使 자는 백성을 부려서 일하게 하는 것이 아니라, 그들로 하여금 선善하게 하는 것이다."(徐自溟이 말했다. "가마를 부린다는 것은 약속의 의미이다.") ○살핀다. '백성을 부리기가 쉽다(民易使)'란 마치 몸이 팔을 부리고, 마치 팔이 손가락을 부리는 것과 같이 혈맥이 고르게 잘 통하여 어느 곳도 뻣뻣하거나 마비되는 병이 없는 것이지, 백성으로 하여금 정

자원풀이 ■ 이易(역)는 '이'로 발음될 때는 용이容易하다, 편안하다(君子居易以俟命), 평탄하다, 가벼이 보이다, 다스리다(易其田疇), 대수롭지 않게 하다(人之易其言也 無責耳矣)의 뜻이다.

역征役에 나가도록 부리는 것이 아니다.

비평 —— 이 구절과 연관되는 『논어』의 구절은 다음과 같다.

윗사람이 예禮를 좋아하면 곧 백성들은 감히 공경하지 않을 수 없고, 윗사람
이 의義로우면 백성들은 감히 복종하지 않을 수 없으며, 윗사람이 신의를 좋아
하면 백성들은 감히 성실하지 않을 수 없다. (13:4. 上好禮則民莫敢不敬 上好義則民莫
敢不服 上好信則民莫敢不用情.)

자유가 대답했다. "옛날에 제가 부자께 들으니, 다음과 같이 말씀하셨다. '군
자가 도를 배우면 사람을 사랑하고, 소인이 도를 배우면, 부리기 쉽다.'" (17:4-2.
子游 對曰 昔者 偃也 聞諸夫子 曰君子學道則愛人 小人 學道則易使也.)

고주는 윗사람이 예를 좋아하면 아래 백성들이 그 윗사람을 존경하기 때
문에 부리기 쉽다고 설명했다. 주자는 예의 기능으로 설명하는 사씨의 말을
인용했다. 즉 천리의 절문이자 인사의 의칙(天理之節文而人事之儀則)인 예를
윗사람이 좋아하면, 상하가 분별되고 각자의 분수가 정해져서 백성들이 교
화되어 명에 따르기를 좋아하기 때문에 부리기가 쉽다는 것이다. 주자의 입
장은 다음과 같은 후재 풍씨의 해석이 잘 대변해 준다.

성인께서 백성을 부리는 것에 관해 말씀하시면서 '위에서 예를 좋아하면, 소
인이 도를 배우면(17:42)'이라고 말씀하셨으니, 상하의 구분을 알게 하여 명命에
따르는 것을 즐거워하도록 하는 것이지 힘으로 억지로 시키는 것이 아니다. (『논
어집주대전』).

그런데 다산은 치자와 백성의 관계에 대한 중요한 비유를 하고 있다. 즉

그는 치자와 백성의 관계를 하나의 유기체 내에서 마음과 몸, 팔과 손가락 등에 비유한다. 그리고 예를 좋아한다는 것은 유기체 내에서 각자가 맡은 바역할 수행을 좋아하는 것이며, 나아가 그렇게 할 때 유기체의 각 기관들이 상호소통하여 질병 없이 온전한 유기체를 형성할 수 있다는 것이다. 다산의 비유는 탁월하다고 하겠다.

~~~~~

14:45. 子路問君子. 子曰: "修己以敬." 曰: "如斯而已乎?" 曰: "修己以安人." 曰: "如斯而已乎?" 曰: "修己以安百姓. 修己以安百姓, 堯·舜其猶病諸!"

고주 —— 자로가 군자(의 행실)에 대해 물으니, 공자께서 말씀하셨다. "(마땅히) 자신을 경건하게 하여야 한다." (자로가 부족하다고 생각하여) 말했다. "(군자의 도가 어찌) 그와 같을 따름입니까?" (공자께서) 말씀하셨다. "자신을 닦아서 붕우와 구족(人=朋友九族)을 편안하게 해야 한다." (자로가 그럼에도 오히려 부족하다고 생각하여) 말했다. "그와 같을 따름입니까?" (공자께서) 말씀하셨다. "자기를 닦음으로써 뭇 사람들(백성=衆人)을 평안하게 해야 한다. 자기를 닦음으로써 뭇 사람을 평안하게 하는 것은 요임금과 순임금도 어렵게(病=難) 여기셨다(하물며 군자이겠는가?)."

주자 —— 자로가 군자에 대해 물으니, 공자께서 말씀하셨다. "경건함으로 자신을 닦아야 한다." (공자의 말씀이 至盡하지만, 자로는 부족하다고 생각하여) 말했다. "(군자의 도가 어찌) 그와 같을 따름입니까?" (공자께서) 말씀하셨다. "자기를 닦아서 (충적된 성덕이 자연히 남에게 미쳐) 남(←己)을 평안하게 해야 한다." (자로가 그럼에도 오히려 부족하다고 생각하여) 말했다. "그와 같을 따름입니까?" (공자께서) 말씀하셨다. "자기를 닦음으로써 모든 사람(百姓=:盡乎人)을 평안하게 해야 한다. 자기를 수양함으로써 모든 사람을 평안하게 하는 것은 (더할 것이 없는 것으로) 요임금과 순임금도 오히려 병통으로 여기셨다."

다산 —— 자로가 군자(=윗자리에 있는 사람)에 대해 물으니, 공자께서 말씀하셨다. "(어떤 무엇에 대해) 경건함으로 자신을 닦아야 한다." (자로가) 말했다. "그와 같을 따름입니까?" (공자께서) 말씀하셨다. "자기를 닦아서 (효제와 돈목으로 九族을 친애함으로) 남을 평안하게 해야 한다." (자로가) 말했다. "그와 같을 따름입니까?" (공자께서) 말씀하셨다. "자기를 닦음으로써 백관과 만민(백성=百官萬民)을 평안하게 해야 한다. 자기를 수양함으로써 백관과 만인을 평안하게 하는 것은 요임금과 순임금도 (자신의 수양이 부족하다고 여기어 오히려) 어렵게(病=難)게 여기셨다."

집주 —— ■修己以敬은 夫子之言이 至矣盡矣어늘 而子路少之라 故로 再以其充積之盛하여 自然及物者로 告之하시니 無他道也라 人者는 對己而言이요 百姓則盡乎人矣라 堯舜猶病은 言不可以有加於此니 以抑子路하여 使反求諸近也시니라 蓋聖人之心이 無窮하여 世雖極治나 然이나 豈能必知四海之內에 果無一物不得其所哉아 故로 堯舜도 猶以安百姓爲病이니라 若曰 吾治已足이라하면 則非所以爲聖人矣니라
'경건함으로 자신을 닦는다.'는 공자의 말씀은 지극하고 완전한 것이다. 그런데도 자로는 모자란다고 여겼기 때문에 그 가득차고 쌓인 (덕의) 성대함이 자연히 남에게 미친다는 것으로 다시 알려주셨으니, 다른 방도란 없다. 남(人)이란 자기(己)와 상대하여 말한 것이고, 백성이란 남을 모두 포괄하는 것이다.

'요순도 오히려 병통으로 여기셨다.'란 '여기에 더할 것이 없다.'고 말한 것이니, 이로써 자로를 눌러 돌이켜 가까운 곳에서 구하도록 하신 것이다. 대개 성인의 마음은 무궁하니, 세상이 비록 지극하게 다스려졌다 해도 어찌 사해 안에 과연 하나의 사물도 원하는 바를 얻지 못하는 일이 없다고 반드시 단정할 수 있겠는가? 그런 까닭에 요순도 오히려 백성을 편안하게 하는 것을 병통으로 삼았다. 만약 나의 다스림이 이미 충분하다고 말한다면, 성인이 될 수 없다.

■程子曰 君子修己以安百姓하고 篤恭而天下平이니 唯上下一於恭敬이면 則天地自位하고 萬物自育하여 氣無不和하여 而四靈畢至矣라 此는 體信達順之道니 聰明睿知 皆由是出이니 以此事天饗帝니라

정자가 말했다. "군자는 자신을 닦음으로써 백성을 평안하게 하고, 공경을 돈독하게 하여 천하를 평안하게 한다. 오로지 위아래가 한결같이 공경하면, 천지는 자연히 제자리를 잡고 만물은 자연히 발육되어, 모든 기운이 화합하여 사령(四靈:기린, 봉황, 거북, 용)이 필경 이른다. 이것이 신의를 체득하여 순함에 달통하는 도리(體信達順之道)이니, 총명예지聰明睿知가 모두 이로부터 나오니, 이것으로써 하늘을 섬기고 상제께 제향한다."

고금주 —— ■補曰 君子, 謂在上之人. ○荻曰: "不言所敬, 敬天也. 修己以敬天." ○補曰 安人, 謂孝悌敦睦以親九族. 百姓, 謂百官萬民. 病, 猶難也.

보완하여 말한다. 군자는 윗자리에 있는 사람을 말한다. ○오규 소라이가 말했다. "경敬에 대해서 말하지 않았는데, 경은 하늘을 공경하는 것(敬天)이다. 자기를 닦아 하늘을 공경한다." ○보완하여 말한다. 남을 편안하게 한다(安人)는 것은 효제孝悌와 돈목敦睦으로 구족九族을 친애하는 것을 말한다. 백성은 백관과 만인을 말한다. 병통(病)으로 여긴다는 어렵게(難) 여긴다는 뜻이다.

■孔曰: "敬其身." ○案 敬者, 有所嚮之名. 無所向則無所敬矣. 君子之敬其身, 亦所以敬天而敬親. [朱子云: "敬非但是外面恭敬而已. 須看裏面無一毫不直處, 方是敬以直內.")

공안국이 말했다. "그 자신을 경건하게 하는 것이다." ○ 살핀다. 경敬이란 향하는 대상이 있는 이름이니, 향하는 바가 없으면 경할 곳이 없다. 군자가 자신에게 경건한 것은 또한 하늘에게 경건하게 하는 것이면서 어버이에게 경건하는 방법이 된다.(주자가 말했다. "敬은 단지 외면상으로 공경할 뿐만 아니라, 모름지기 내면에서 한 터럭이라도 곧지 않은 곳이 없어야 바야흐로 경으로 안을 방정하게 한다:方是敬以直內.")

■ 孔曰: "人, 謂朋友九族." ○ 案〈堯典〉曰: "克明峻德, 以親九族." 孔先言朋友, 恐未安也. 修己以敬者, 誠意正心也. 修己以安人者, 修身齊家也. 修己以安百姓者, 治國平天下也.

공안국이 말했다. "인人은 붕우·구족을 말한다." ○ 살핀다. 『서경』 「요전」에서 말하길, "능히 준덕峻德을 밝혀서 구족九族을 친애한다."고 했으니, 공안국이 먼저 붕우를 말한 것은 아마도 타당하지 않은 듯하다. 수기이경修己以敬은 의지를 성실히 하여 마음을 바로잡는 것(誠意正心)이다. 수기이안인修己以安人은 자신을 닦아 집안을 가지런히 하는 것(修身齊家)이다. 수기이안백성修己以安百姓은 나라를 다스리고 천하를 평안하게 하는 것(治國平天下)이다.

■ 孫月峰云: "堯·舜, 非以百姓之不安爲病, 病己之不修, 無以安百姓也. 百姓有未安處, 乃己未修也." ○ 案 此說甚精

손월봉孫月峰이 말했다. "요순은 백성의 불안함을 병통으로 여긴 것이 아니라, 자기 자신을 닦지 못하여 백성을 평안하게 해 주지 못한 것을 병통으로 여겼다. 백성이 평안하지 못한 곳이 있는 곳은 곧 자신이 닦이지 않은 데에서 온다." ○ 살핀다. 이 설은 심히 정통하다.

비평 —— 여기서 쟁점은 주자는 요순이 '백성을 편안하게 하지 못하는 것'을 병통으로 여긴다고 해석될 소지를 남겨 놓은 것에 대해, 다산은 손월봉의 해석을 인용하면서, '요순이 어렵게 여긴 것은 자기 자신을 완전히 닦지 못하여 백성을 편안하게 해 주지 못한 것이다.'라고 말하여 간접적으로 비판한 것이다. 요컨대 안백성安百姓은 군자의 수기修己의 외적 발현이기 때문에 군자가 병통으로 여기는 것은 수기 여부에 초점(근본)이 있다는 것이다. 다산의 이러한 비판은 주자의 언명에 대한 타당한 지적이라고 할 수 있다. 그러나 주자 또한 위의 해설에서 분명히 "'경건함으로 스스로를 닦는다.'는 공자의 말씀은 지극하고 완전한 것이다."고 말하여, 본말과 선후 문제에서 우선 본과 선에 치중해야 함을 놓치지 않았다.

또한 세주細注에서도 주자는 "경敬으로 스스로를 닦는다는 것은 말은 비록 지극히 간략하지만, 제가齊家-치국治國-평천하平天下의 근본이 되는 것이 모두 여기에 들어 있다. 남을 편안하게 하는 것이란 스스로를 닦은 것이 넉넉해서 경이 지극한 것이며, 백성을 편안히 하는 것은 스스로를 닦은 것이 지극해서 남을 편안히 하는 것이 완전한 것이다."라고 분명히 말하고 있다. 이러한 주자의 언명을 본다면, 다산과 본의와 부합한다고 할 수 있겠다.

<hr>

14:46. 原壤夷俟. 子曰: "幼而不孫弟, 長而無述焉, 老而不死, 是爲賊." 以杖叩其脛.

고주 —— (공자의 옛 친구) 원양이 (거만하게) 다리를 뻗고 앉아 공자를 기다리니, 공자께서 말씀하셨다. "어려서는 (尊長에게) 공순하지 않고, 커서는 (덕행을) 칭술한 것이 없고, 늙어서는 (예교도 수행하지 않으면서) 죽지도 않으니, 이는 (풍속을 해치는) 적(賊害)이다." 지팡이로 그 정강이를 치셨다.

주자 —— (공자의 옛 친구로 노자의 부류인) 원양이 (거만하게) 다리를 뻗고 걸터앉아 공자를 기다리니, 공자께서 말씀하셨다. "어려서는 공순하지 않고, 커서는 칭술한 것이 없고, 늙어서는 죽지도 않으니, (하나의 선한 모습도 없고, 상규를 무너뜨리고 풍속을 어지럽혔으니) 이는 적이다." 지팡이로 그 정강이를 살짝 치셨다.

다산 —— (공자의 옛 친구로 미치광이인 척 했던) 원양이 (거만하게) 다리를 뻗고 앉아 공자를 기다리니, 공자께서 말씀하셨다. "어려서는 (尊長에게) 공순하지 않고, 커서는 (덕행을) 칭술한 것이 없고, 늙어서는 (예교도 수행하지 않으면서) 죽지도 않으니, 이는 (세상에 아무런 보탬이 되지 않고 누리와 좀:螟蠹과 같이 살면서 늙었기 때문에 희롱하여) 도적盜賊이다." 지팡이로 그 정강이를 살짝 치셨다.

집주 —— ■原壤은 孔子之故人이니 母死而歌라 蓋老氏之流로 自放於禮法之外者라 夷는 蹲踞也요 俟는 待也니 言見孔子來而蹲踞以待之也라 述은 猶稱也라 賊者는 害人之名이니 以其自幼至老에 無一善狀하고 而久生於世하여 徒足以敗常亂俗이면 則是賊而已矣라 脛은 足骨也라 孔子既責之하시고 而因以所曳之杖으로 微擊其脛하사 若使勿蹲踞然하시니라

원양原壤은 공자의 옛 친구이다. 어머니가 죽자 노래를 불렀으니, 대개 노자

의 부류로 스스로를 예법 밖에 내놓은 자인 듯하다. '이夷'는 다리를 뻗고 걸터앉음(蹲踞)이고, '사俟'는 기다림(待)이다. 공자가 오는 것을 보고 다리를 뻗고 걸터앉아 기다렸다는 말이다. '술述'은 칭송(稱)과 같다. '적賊'이란 사람을 해친 자의 명칭이다. 그가 어려서부터 어른이 늙을 때까지 하나의 선한 모습은 하나도 없고, 세상에 오래 살아 다만 상규(常)를 무너뜨리고 풍속을 어지럽혔으니, 이는 '적賊'일 뿐이다. '경脛'은 정강이 뼈이다. 공자께서 이미 그를 책망하시고 끌고 다니는 지팡이로 그의 정강이를 가볍게 치셨는데, 마치 '다리를 뻗고 걸터앉지 말게.' 하듯이 하신 것이다.

고금주 —— ■邢曰: "幼少不順於長上, 及長, 無德行, 不稱述." ○補曰 叩, 微擊也. [朱子云] 脛, 脚也. ○邢曰: "旣數責之, 復以杖擊其脛, 令不踞也." ○補曰 原壤, 蓋佯狂之人. 孔子之責, 戲而嚴也.

형병이 말했다. "어려서부터 장상長上에게 공순하지 않고, 장년이 되어서는 아무런 덕행이 없으니, 칭술한 것이 없다." ○보완하여 말한다. 고叩는 살짝 치는 것이다(주자가 말했다). 경脛은 다리(脚)이다. ○형병이 말했다. "이미 잘못을 지적하여 책망하고, 다시 지팡이로 그의 정강이를 치시어, 다리를 뻗고 앉지 못하게 하신 것이다." ○보완하여 말한다. 원양原壤은 대개 거짓으로 미친 척 하는 사람일 것이다. 공자의 책망은 장난스러우면서도 엄격하다.

■何曰: "賊, 謂賊害." ○駁曰 非也. 無補於世而螎蠹至老, 故戲之曰賊. 賊, 猶盜也.

둑이나 강도를 말한다.
■장杖은 木+丈(어른 장)으로 어른 한쪽 팔(丈) 길이의 나무(木) 지팡이를 말한다.
■고叩는 卩(병부 절)+口로 사람을 꿇어앉혀 사람(卩)을 치다의 뜻이다. 『설문해자』에서는 攴(칠 복)이 의미부이고 句(글귀 구)가 소리부였으나, 攴이 口로 변해 현재 자형이 되었다.
■경脛은 肉(고기 육)+ 巠(지하수 경)의 형성자로, 몸에서 날줄처럼(巠) 세로로 곧게 뻗은 다리의 정강이 부분을 말한다.

하안이 말했다. "적賊은 (세상의 풍속을) 해친 것을 말한다." ○논박하여 말하면, 그릇되었다. 세상에 아무런 보탬이 되지 않고 누리와 좀(蝗蟊)과 같이 살면서 늙었기 때문에 희롱하여 적賊이라 했다. 적賊은 도盜와 같다.

■引證〈檀弓〉曰: "孔子之故人曰原壤, 其母死, 孔子助之沐椁. 原壤登木, 曰, '久矣, 予之不託於音也.' 歌曰, '貍首之斑然, 執女手之卷然.' 夫子爲弗聞也者而過之." ○案 此狂也.『集注』謂'老氏之流, 自放於禮法之外'者, 未知何據. 老子之道, 未必狂蕩.

인증한다. 『예기』「단궁하」에서 말했다. "공자의 옛 지인으로 원양이라는 자가 있었는데, 그 어머니가 죽자 공자께서 목곽을 부조했다. 원양이 나무에 올라 말했다. '오래되었구나, 내가 음악에 기탁하지 않은 것이.' 노래를 불러 말했다. '살쾡이 머리처럼 얼룩덜룩하구나! 잡아보니 여자 손처럼 부드럽구나!' 그러나 공자께서는 못 들은 척하고 지나치셨다." ○살핀다. 이는 미치광이에 대한 말이다. 『논어집주』에 '노자의 유파로서 스스로 예법 밖으로 벗어나온 사람이다.'라고 했으나, 이 말이 어디에 근거한 것인지를 알지 못하겠다. 노자의 도는 반드시 광탕狂蕩한 것만은 아니다.

비평 —— 주자는 원양이 '노자의 유파로서 스스로 예법 밖으로 벗어나온 사람'이라고 생각했다. 이에 대해 다산은 어디에 근거했는지 모르겠다고 불평했다. 주자는 『예기』「단궁하」의 구절을 아마도 『장자』「지락편」의 다음 구절에 연관시키면서 원양을 노자의 유파라고 판단했을 것이다.

장자의 처가 죽자 혜자가 조상弔喪하러 갔다. 장자는 그때 두 다리를 뻗고 앉아 동이를 두드리면서 노래하고 있었다. 혜자가 말했다. "그분과 함께 살았고, 자식을 길렀으며, 함께 늙었네. 그런 부인이 죽었는데 곡을 안 하는 것은 물론, 동이를 두드리며 노래까지 부르고 있으니 너무 심하지 않은가?"

장자가 말했다. "그렇지 않네. 그가 처음 죽었을 때에야 나라고 어찌 슬픈 느낌이 없었겠는가? 그러나 그가 태어나기 이전을 살펴보니 본시는 삶이 없었고, 삶이 없었을 뿐만 아니라 본시 형체조차도 없었으며, 형체가 없었을 뿐만 아니라 본시 기운조차도 없었던 것이었네. 흐리멍텅한 사이에 섞여 있었으나 그것이 변화하여 기운이 있게 되었고, 기운이 변화하여 형체가 있게 되었고, 형체가 변화하여 삶이 있게 되었던 것이네. 지금은 그가 또 변화하여 죽어 간 것일세. 이것은 봄·가을과 겨울·여름의 사철이 운행하는 것과 같은 변화였던 것이네. 그 사람은 하늘과 땅이란 거대한 방 속에 편안히 잠들고 있는 것일세. 그런데도 내가 엉엉 하며 그의 죽음을 따라서 곡을 한다면, 스스로 운명에 통달하지 못한 일이라 생각되었기 때문에 곡을 그쳤던 것이네."

※

14:47. 闕黨童子將命. 或問之曰: "益者與?" 子曰: "吾見其居於位也, 見其與先生並行也. 非求益者也, 欲速成者也."

고주 —— 궐당의 동자(=未冠者)가 (빈주의 말을 전하여) 명령을 받들고 있으니, 어떤 사람이 그에 대해 물었다. "학문에 진익하는 방법을 추구하는(求進益之道) 아이입니까?" 공자께서 말씀하셨다. "나는 그 애가 (자리가 없어 모퉁이에 앉아야 하지만, 어른) 자리에 앉아 있는 것을 보았고, 어른(先生=成人)과 (걸을 때는 뒤에 쳐서 수행해야 하지만) 나란히 걷는 것을 보았다. 그 애는 학문에 진익하는 방법을 추구하는(求進益之道) 아이가 아니라, 빨리 성인이 되고자 하는 자(欲速成人者)이다."

주자 —— 궐당의 동자(=未冠者)가 (빈주의 말을 전하여) 명령을 받들고 있으니, 어떤 사람이 (공자께서 남달리 총애하신다고 의심하여) 그에 대해 물었다. "학문에 진익이 있는(有進益) 아이입니까?" 공자께서 말씀하셨다. "나는 그 애가 (예법에 따르면 마땅히 모퉁이에 앉아야 하지만, 어른) 자리에 앉아 있는 것을 보았고, 어른과 (걸을 때는 마땅히 수행해야 하지만) 나란히 걷는 것(예법에 따르지 않는 것)을 보았다. 그 애는 학문에 진익하는 방법을 추구하는(求進益之道) 아이가 아니라, 단지 빨리 이루고자 하는 자(欲速成人者)일 뿐이다(그래서 사령을 시켜 장유유서를 보게 하고, 읍하고 겸손하는 모습을 익히도록 했다)."

다산 —— (노나라 궐리의) 궐당의 동자(=未冠者)가 (빈주의 말을 전하여) 명령을 받들고 있으니, 어떤 사람이 그에 대해 물었다. "학문에 진익하는 방법을 추구하는(求進益之道) 아이입니까?" 공자께서 말씀하셨다. "나는 그 애가 (자리가 없어 모퉁이에 앉아야 하지만, 어른) 자리에 앉아 있는 것을 보았고(거처할 때는 빨리 그 자리를 차지하려고 하고), 어른(先生=成人)과 (걸을 때는 뒤에 쳐서 수행해야 하지만) 나란히 걷는 것을 보았다(길을 갈 때는 그 걸음을 서둘러 갈려고 했다). 이것으로 본다면, 그 학업 또한 반드시 그 완성을 속히 추구하려고 한 것이다(겸손하게 낮추어 진익을 추구할 리가 없다. 이는 공자께서 사람을 관찰하는 법을 기록한 것이다)."

자원풀이 ■童동은 윗부분은 문신 칼(辛:신)+중간부분은 눈 목(目)+ 아랫부분은 소리를 나타내는 동東의 형성자로 반항력을 줄이고자 한쪽 눈을 칼로 도려낸 남자 노예를 그렸으며, 자형이 줄어 현재로 되었다. 미성년을 통칭하거나, 아직 뿔이 나지 않은 짐승을 말한다.
■黨당은 黑(검을 흑)+尙(오히려 상)의 형성자로 무리지어 나쁜 것(黑)을 숭상(尙)하는 무리나 집단을 말한다. 이로부터 무리, 친족, 붕당朋黨, 사적인 정에 치우치다 등의 뜻이 나왔다. '당동벌이黨同伐異'는 시비곡직是非曲直을 불문하고, 자기편은 무조건 돕고, 반대편 사람은 무조건 배격함을 말한다. 기층조직으로 5가家를 인隣, 5린을 리里, 5백가를 당黨이라 했다.
■益익은 水+皿(그릇 명)으로 구성된 회의자로 물이 그릇에서 넘치는 모습(溢: 넘칠 일)으로 더하다의 뜻이다. 물이 차면 넘치게 되므로 점차 증가하다, 부유하다, 이익利益 등의 뜻이 나왔다.

집주 —— ■闕黨은 黨名이라 童子는 未冠者之稱이라 將命은 謂傳賓主之言이라 或人이 疑此童子學有進益이라 故로 孔子使之傳命하여 以寵異之也라

궐당闕黨은 고을 이름(黨名)이다. 동자童子는 아직 관례를 치르지 않은 자의 호칭이다. 장명將命은 빈객과 주인의 말을 전하는 것이다. 어떤 사람은 이 동자가 배움에 진익進益이 있었기 때문에, 공자께서 명을 전하게 하여 남달리 총애하신 것이 아닌가 하고 의심했다.

■禮에 童子當隅坐隨行이라 孔子言 吾見此童子 不循此禮하니 非能求益이요 但欲速成爾라 故로 使之給使令之役하여 觀長少之序하고 習揖遜之容하니 蓋所以抑而教之요 非寵而異之也라

예법에 따르면, 동자는 마땅히 구석에 앉고 뒤따라야 한다. 공자께서는 '내가 이 동자를 보건대, 이러한 예법에 따르지 않으니, 능히 진익을 추구하지 못하고 다만 빨리 이루기를 바랄 뿐이다. 그런 까닭에 그에게 사령의 역할을 시켜 장유유서를 보게 하고, 읍하고 겸손하는 용모를 익히도록 했다.'고 말씀했다. 대개 억눌러서 가르치려 하신 것이지, 남달리 총애하신 것은 아니다.

고금주 —— ■補曰 闕黨, 魯之黨名. [闕里之所在] ○補曰 將, 猶奉也. ○純曰: "或人見童子將命辨慧, 問曰, '此小子豈宜益者與?'[蓋問其前程] ○何曰: "童子隅坐無位, 成人乃有位." ○包曰: "竝行, 不差在後."[邢云: "父之齒隨行, 兄之齒鴈行."] ○補曰 居則欲速據其位, 行則欲速進其步. 以此觀之, 其學業亦必將速求其成, 無謙卑求益之理. [此記孔子觀人之法]

보완하여 말한다. 궐당闕黨은 노나라의 마을 이름이다(闕里에 소재한다). (將命의) 장將은 받들다(奉)와 같다. ○태재순이 말했다. "어떤 사람이 동자가 장명

■병竝은 두 개의 입立 자로 구성되어 나란히 선 모습을 그림. 나란하다, 병렬竝列, 아우르다, 합병 등으로 쓰인다.
■속速은 辶+束(묶을 속)의 형성자로, 헐렁한 옷을 묶으면(束) 빨리 갈(辶) 수 있다의 뜻을 그렸다. 빠르다, 급하다, 재촉하다 등의 뜻이 있다.

하는 말솜씨와 지혜를 보고 질문하여, '이 아이는 마땅히 진전이 있지요?'라고 말한 것이다(대개 그 앞에서 질문한 것이다)." ○하안이 말했다. "동자는 모퉁이에 앉아야 하니 자리가 없고, 성인이 되어야 이에 자리가 있다." ○포함이 말했다. "병행並行은 차이나게 뒤처져 있지 않는 것이다."(형병이 말했다. "부모의 연배와 갈 때는 뒤처져 따라가고:隨行, 형의 연배와 갈 때는 기러기 행렬처럼 나란히 간다.") ○보완하여 말한다. 거처할 때는 빨리 그 자리를 차지하려고 하고, 길을 갈 때는 그 걸음을 서둘러 가려고 했다. 이것으로 본다면, 그 학업 또한 반드시 그 완성을 속히 추구하려고 할 것이니, 겸손하게 낮추어 진익을 추구할 리가 없다(이는 공자께서 사람을 관찰하는 법을 기록했다).

■ 質疑『集注』曰: "或人疑此童子, 學有進益, 故孔子使之傳命以寵異之." ○案 儀封人 · 互鄕童子之類, 凡先標地名者, 皆外之之辭. 若門人小子, 則應書姓名, 且在孔子之門, 則不過數日, 宜知禮法, 又安敢居成人之位, 竝先生而行乎? '吾見其'三字, 明孔子見之於彼家, 不是在門者也. 〈曲禮〉曰: "士之子, 長, 曰能典謁. 幼, 曰未能典謁." 將命固童子之事也." 不必爲寵異.

질의한다. 『집주』에서 말했다. "어떤 사람은 이 동자가 배움에 더욱 나아감이 있었기 때문에, 공자께서 명을 전하게 하여 남달리 총애하신 것이 아닌가 하고 의심했다." ○살핀다. 의 땅의 봉인과 호향의 동자 등과 같이 무릇 사람 앞에 먼저 지명을 표시한 것은 모두 그 사람을 도외시한 말이다. 만약 문인 소자들이면 마땅히 성명을 기재했을 것이고, 또 공자의 문하에 있었다면 며칠 지나지 않았더라도 마땅히 예법을 알았을 것이니, 또 어찌 감히 어른 자리에 앉으며 선생과 어깨를 나란히 하고 걷겠는가? '오견기吾見其' 세 글자에서 보았다는 것은 분명히 공자가 궐당 주인의 집에서 그를 본 것이니, 공자의 문하의 사람이 아니다. 『예기』「곡례」에 "선비(士)의 아들이 장성했을 때에는 능히 손님을 영접(接賓)하는 역할을 맡을 수 있고, 나이가 어렸을 때에는 아직 손님을 영접하는 역할을 할 수 없다."고 했으니, 장차 명령을 받드는 일(將命)

은 본래 동자의 일이다. 동자를 반드시 남달리 총애하지는 않았다.

■ 包曰: "違禮, 欲速成人者, 則非求益也." ○駁曰 非也. 速成, 豈速成人之謂乎? [張南軒云: "如物之生循序, 而生理達矣. 若欲速成, 反害其生."] 夫子觀於二事, 知其人必欲速不達, 非以二事直指爲速成也.

포함이 말했다. "예를 어기고 속히 성인成人이 되고자 하는 것은 진익을 추구하는 것이 아니다." ○논박하여 말하면, 그릇되었다. 속성速成이 어찌 속히 성인이 되고자 하는 것이겠는가? (장남헌이 말했다. "예컨대 만물이 생성됨에 순서를 따르면 생성의 이치에 맞는 것이지만, 만일 속성하고자 하면, 도리어 그 생명을 해친다.") 공자께서는 (동자의) 이 두 가지 일을 보시고, 그 사람은 속성하고자 하므로 잘 도달하지 못할 것이라는 것을 아셨던 것이지, 이 두 가지 일이 바로 속성이라고 지적한 것은 아니다.

비평 —— '욕속성자欲速成者'를 고주는 '속히 성인이 되고자 하는 자'라고 했으나, 주자와 다산은 '빨리 이루고자 하는 자'로 해석했다. 주자와 다산의 해석이 옳다고 생각된다. 다음 쟁점은 궐당의 동자가 명령을 받들어 손님을 접대하는 역할을 시킨 것이 ⑴ 동자를 계도하기 위한 공자의 뜻에 의한 것인지(주자), ⑵ 동자가 자신의 일을 하고 있었는지(다산)에 관한 것이 있다.

어떤 사람이 의심을 갖고 질문한 까닭을 보면, 분명히 공자가 동자에게 명령을 받들도록 시킨 것으로 보인다. 나아가 『논어』가 성인 공자의 교훈적인 언행을 기록한 글이라는 것을 감안할 때, 여기에는 동자로 하여금 손님을 접대하면서 자연스럽게 예법을 깨우치기를 기대하는 공자의 배려가 있는 글로 해석할 수 있다. 그러나 다른 한편 『예기』의 전거를 통해 볼 때, 공자가 예법을 어겨 가며 동자에게 본연의 일이 아닌 것을 시켰다고 할 수는 없을 것 같다. 정황으로 볼 때는 주자의 해석이 일리가 있지만, 전거로 볼 때 다산의 해석이 더욱더 타당성이 있는 것으로 보인다.

제15편

위령공
衛靈公

凡四十一章이라
모두 41장이다.

15:1-1. 衛 靈公問陳於孔子. [陸本, 陳作陣] 孔子對曰: "俎豆之事, 則嘗聞之矣, 軍旅之事, 未之學也." 明日遂行. [舊本, '明日遂行', 屬下章]

고주 —— 위나라 영공이 (군대의 항오를) 진열하는 방법을 물으니, 공자께서 대답하셨다. "(근본이 되는) 조두(=禮器)의 일은 일찍이 들은 적이 있지만, (말단이 되는) 군려의 일은 아직 배우지 못했습니다."

주자 —— 위나라 영공이 (군대의 항오를) 진열하는 방법을 물으니, 공자께서 대답하셨다. "조두(=禮器)의 일은 일찍이 들은 적이 있지만, 군려의 일은 아직 배우지 못했습니다." (위영공이 무도한데도 戰伐하는 일에 뜻을 두었기 때문에, 이렇게 말씀하시고) 다음날 떠나셨다.

다산 —— 위나라 영공이 (군대의 항오를) 진열하는 방법을 물으니(육덕명의 본에는 陳은 陣으로 되어 있다), 공자께서 대답하셨다. "조두(=禮器)의 일은 일찍이 들은 적이 있지만, 군려의 일은 아직 배우지 못했습니다." (군려의 일 역시 중요한 것으로 강습해야 하지만, 혹 군려의 일로 위나라 임금에게 말했다면, 위나라에 화가 되었

자원풀이 ■陳진은 阜(언덕 부)와 車(수레 거)로 구성된 회의자로 진을 치기 좋은 높다란 언덕배기(阜)를 중심으로 전차(車)가 줄지어 배치된 모습을 나타낸다. 진陳은 군대 대열의 배치(軍師行伍之列)를 말한다.(주자)
■軍군은 수레(車)+勻(고를 균)으로 원래는 전차를 고르게 배치함이다. 이후 고르게 배치된 군대軍隊를 말한다.
■旅여는 나부끼는 깃발 아래 여럿이 있는 모습을 나타낸다. 깃발은 부족이나 종족을 나타내며 전쟁과 같은 중대사가 있으면 깃발 아래로 모여들어, 군대軍隊나 군사軍師의 편제가 원래 뜻인데 500인을 여旅라고 했다. 군대가 모이면 출정하기 때문에 무리 혹은 출행出行, 그리고 바깥을 돌아다니다의 뜻이 생겼다.
■俎조는 왼쪽의 고기(肉)를 나타내고, 오른쪽의 且차는 도마를 그려, 제사에 쓰기 위해 도마 위에 썰어 놓은 고기를 나타낸다. 썬 고기를 올려 조상신을 모시는 모습을 형상화한 것이다. 豆두는 상형자로 지금은 콩의 의미로 쓰이나, 원래는 곡식이나 음식을 담는 굽 높은 제기祭器를 나타낸다. 조두俎豆란 나무로 만든 제기를 말한다. 진陳이란 행군열오行軍列伍의 법이고 조두俎豆는 진열하는 기물이니, 그 형태가 군대를 포진하는 것과 같다.(다산)

536 | 3대 주석과 함께 읽는 논어 II

을 뿐만 아니라, 또한 공자 일신에도 손상이 있을 수 있었기 때문에, 이렇게 權道로써 말씀하시고) 다음날 떠나셨다. (舊本에는 '明日遂行'을 다음 장에 귀속시켰다.)

집주 —— ■陳은 謂軍師行伍之列이라 俎豆는 禮器라
진陳은 군사軍師의 항오의 대열(行伍之列)을 말한다. 조두俎豆는 예식을 행할 때 쓰는 그릇이다.

■尹氏曰 衛靈公은 無道之君也어늘 復有志於戰伐之事라 故로 答以未學而去之하시니라
윤돈이 말했다. "위나라 영공은 무도한 임금인데, 다시 전쟁과 정벌하는 일에 뜻을 두었기 때문에 '아직 배우지 않았다'고 대답하시고 떠나셨다."

고금주 —— ■補曰 陳者, 行軍列伍之法. 俎豆, 亦陳列之物, 其形如布陳. 俎豆陳列之法, 曾所聞之, 軍旅陳列之法, 舊未學焉. [鄭云: "萬二千五百人爲軍, 五百人爲旅."] 俎, 升牲之器. 豆, 菹醢之器. 時衛侯無道, 與晉交惡, 連歲構兵, 問陳將以修怨, 孔子不欲爲謀主, 故權辭以免. 明日遂行, 恐衛侯强之, 將有禍. ○案『集解』, '明日遂行', 屬之下章, 『集注』, 上下章合之爲一. 今按『史記』, 在陳絕糧, 在去衛七年之後, 宜別爲一章.
보완하여 말한다. 진陳이란 행군할 때 대열과 항오를 구성하는 방법이고, 조두俎豆 또한 진열하는 기물이니, 그 형태가 진을 펼치는 것과 같다. 조두를 진열하는 법은 일찍이 들은 바가 있지만, 군려를 진열하는 법은 예전에 배우지 못했다는 말이다.(정현이 말했다. "1만2천5백 명이 軍이 되고, 5백 명이 旅가 된다.") 조俎는 희생을 올리는 제기이다. 두豆는 절인 음식과 젓갈을 담는 제기이다. 당시 위나라 임금이 무도無道하여 진晉나라와 사이가 나빴는데, 몇 년간 계속해서 군대를 모으고 진법을 물어 장차 원한을 갚으려 했다. 공자께서는 (위나라의 계략에) 모주謀主가 되고 싶지 않았기 때문에, 권도의 말로써 모

면한 것이다. 다음날 드디어 떠난 것은, 위나라 임금이 이를 강행하여 장차
화가 있을까 염려한 것이다. ○살핀다. 『집해』에는 '명일수행明日遂行'을 다음
장에 붙여 놓았고, 『집주』에는 위아래의 장을 합하여 한 장으로 만들어 놓았
다. 이제 『사기』를 살펴보니, 공자께서 진나라에 계실 때 양식이 떨어진 것은
위나라를 떠난 지 7년 뒤의 일이니, ('在陣絶糧'으로 시작되는 경문은) 마땅히 따
로 한 장이 되어야 한다.

■鄭曰: "軍旅末事, 本未立, 不可以敎末事." ○案 軍旅之事, 在平世猶不敢弛
備, 況於春秋之時, 朝被圍, 夕受伐, 雖禹・稷當之, 何得不講習乎? 孔子於夾
谷之會, 請修武備, 於陳恒之弑, 沐浴請討, 孔子未嘗不好兵也. 故子自言'我戰
則克', 〔(禮器)文〕 又曰'敎民七年, 可以卽戎', 其作 『易傳』曰'弧矢之利, 以威天
下', 豈必袞衣博帶, 日講賓祭之禮, 方可云儒者乎? 但此時, 靈公耄亂無道, 召
淫人逐世子, 怨讟紛興, 〔定十四〕 而數年之間, 兵連禍結, 伐曹伐晉, 〔哀元年〕 殆無
虛歲. 孔子若於此時, 或以軍旅之事, 言於衛侯, 則不但禍衛, 亦足戕身, 斯其所
以拒絶而不言也. 此與孔文子之問答, 前後一套. 明孔子之意在於畏禍, 不但舍
禮義而崇甲兵, 爲君子之所惡也. 審如是也, 不對斯足矣, 何必汲汲然去之乎?
정현이 말했다. "군려軍旅는 말단의 일이니, 근본이 정립되지 않으면, 말단의
일은 가르치지 않는다." ○살핀다. 군려의 일은 평세平世에도 오히려 대비를
늦출 수 없는 것인데, 하물며 춘추시대에 아침에 포위당하고 저녁에 침략을
당하는데, 비록 우임금과 후직이 그 당시에 있었더라도 어떻게 강습하지 않
을 수 있었겠는가? 공자께서는 노나라 정공에게 협곡의 회맹에 무비를 닦으
라고 청했고, 진항이 (제나라 간공을) 시해했을 때 목욕재계하고 주토를 청했
으니, 공자께서도 일찍이 병사兵事를 좋아하지 않은 것은 아니다. 그러므로
공자께서는 스스로 "나는 전쟁한다면, 이긴다(『예기』 「禮器」)."고 말씀했다. 또
한 "백성을 가르쳐서 7년이 되면, 전쟁터에 나가 싸우게 할 수 있다(「자로」)."
고 하셨다. 그가 지으신 『역전』에서는 "활과 화살의 이로움으로 천하를 위복

시켰다."고 하셨다. 어찌 반드시 유자의 옷을 입고 날마다 빈객을 맞이하고 제사지내는 예를 강습해야, 바야흐로 유자라 말할 수 있겠는가? 다만 이때에는 영공이 늙어 혼미한데다 무도하여 음탕한 사람을 불러들이고 세자를 축출하여 원망과 비탄이 분분하게 일어났으며(정공14년), 두어 해 사이에 병화가 연이어 조나라를 치고 진나라를 쳐서(애공 원년) 거의 한 해도 무사한 해가 없었다. 공자께서 만일 이때에 혹 군려의 일로 위나라 임금에게 말했다면, 위나라에 화가 되었을 뿐만 아니라, 또한 공자 일신에도 손상이 있을 수 있었다. 이런 이유 때문에 거절하고 말씀하시지 않은 것이다. 이는 공문자와의 문답과 전후가 같은 문투이니, 공자의 뜻은 화를 두려워하는 데에 있고, 단순히 예의를 버리고 갑병을 숭배함으로 군자들의 미움을 받는 것을 염려한 것이 아니었음이 분명하다. 진실로 이와 같았다면, 대답하지 않은 것으로 충분한데, 어찌 반드시 서둘러 떠났겠는가?

■ 引證 哀十一年『左傳』云: "孔文子之將攻太叔也, 訪於仲尼. 仲尼曰, '胡簋之事, 則嘗學之矣, 甲兵之事, 未之聞也.' 退, 命駕而行曰, '鳥則擇木, 木豈能擇鳥?'〔言主人不能執賓〕 ○案 仲尼於此, 不對斯足矣, 何必悻悻然命駕乎? 興兵搆亂, 以伐人之國家, 則其謀主危矣, 合觀兩事, 其志見矣. 且衛 靈 · 孔圉, 皆不義而用兵, 故孔子避之. 苟其合理, 則固嘗沐浴而請討矣.

인증한다. 애공 11년 『좌전』에서 말했다. "공문자孔文子가 장차 태숙太叔을 치려고 공자를 방문했다. 공자께서 '호궤胡簋의 일은 일찍이 배웠지만, 갑병甲兵의 일은 아직 듣지 못했습니다.'라고 말하고 물러나 말에 멍에를 메우라고 명하고 수레를 타고 떠나면서, '새가 나무를 택하는 것이지, 나무가 어찌 새를 택하겠는가?'라고 말했다."(주인이 손님을 붙잡을 수 없음을 말했다.) ○ 살핀다. 공자는 여기에서 대답하지 않은 것으로 충분한데, 어찌 반드시 성미도 급하게 말에 멍에를 메우라고 명했겠는가? 군사를 일으키고 난을 꾸며 남의 나라를 징벌하면 그 모주謀主는 위태로울 것이니, 이 두 일을 합하여 보면 그 뜻을 알 것이다. 또 위나라 영공과 공어는 모두 불의不義로 병사를 사용하려고 했기 때문에 공자를 이를 피했고, 만약 사리에 합당했다면 공자는 일찍이 목욕하고 나아가 주토하라고 청했을 것이다.

■事實『史記·世家』云: "孔子適衛, 主蘧伯玉家. 他日靈公問兵陳於孔子, 明日與孔子語, 見蜚鴈仰視之, 色不在孔子, 遂行復如陳." 『集註』云: "是歲魯 哀公三年, 孔子年六十矣." ○案『春秋』, 哀二年, 四月丙子, 衛侯 元卒. [即靈公] 安得魯 哀公三年, 靈公問陳乎? 靈公問陳, 蓋在定公之末年. [十五年] 是年孔子去衛, 如陳而過鄭. 有匡人之畏, 至於絶糧之厄, 明在哀六年, 距問陳之年, 已七年矣.

사실.『사기』「공자세가」에서 말했다. "공자께서 위나라에 가셨을 때, 거백옥의 집에 머물렀다. 어느 날 영공이 공자에게 군대의 진법陳法에 대해 물었고, 그다음 날에도 공자와 더불어 말하면서도 날아가는 기러기를 쳐다보면서 얼굴을 공자께 두지 않았다. 공자께서 드디어 떠나셔서, 다시 진나라로 가셨다."『집주』에서 말했다. "그 해는 노나라 애공 3년으로 공자의 연세는 60세였다." ○살핀다.『춘추』에 "애공 2년 4월 병자丙子에 위나라 임금 원(곧 영공이다)이 죽었다."고 했는데, 어떻게 노나라 애공 3년에 영공이 공자에게 진법을 물었겠는가? 영공이 진법을 물은 것은 아마도 정공 말년(15년)일 것이다. 이 해는 공자가 위나라를 떠나 진나라에 갔다가 정나라에 들른 해이다. 광땅 사람들에게 두려움을 당함이 있고 양식이 떨어져 곤액을 당하는 지경에 이른 것은 분명히 애공 6년에 있었던 일로서, 진법을 물은 해와는 이미 7년의 차이가 있다.

비평 —— 성명과 의리(性命義理之學, 性理學)를 중시한 주자는 도학적 입장에서 해석했다. 그래서 「세주」에서 주자는 다음과 같이 말했다.

나라를 다스리는 것은 예로써 하는 것이니, 전쟁과 진법의 일은 임금이 마땅히 질문해야 할 것은 아니다. 하물며 영공의 무도함을 공자께서 본디 아셨음에라! 영공이 진법을 물었으니, 그의 의도를 알 수 있었다. 그래서 아직 배우지 않았다고 답하고 떠나셨다.

『맹자』를 시작하는 장에서 양혜왕이 "어떻게 우리나라를 이롭게 하시겠습니까?"라고 물었을 때, 맹자가 "오직 인의仁義가 있을 따름입니다."라고 대답했듯이, 군주가 오로지 인의에 근본을 두고 예로써 다스리기만 하면 자연적으로 국가는 평안해질 수 있다는 것이 유가의 입장이다. 그런데, 영공은 군대의 진법에 물었기 때문에 가르침을 받아들일 가능성이 없다고 생각하여, 공자께서 다음날 떠났다는 것이 주자의 기본 해석이다.

이에 비해 다산의 해석은 실천적 행사行事의 관점에 있다. 다산은 공자가 조두를 진설하는 제사뿐만 아니라, 군진 또한 잘 알고 있었지만 명분 없이 무력 전쟁을 일삼는 일에 말려들고 싶지 않았기 때문에 권도로써 이렇게 대답했다는 것이다. 그래서 다산은 "어찌 반드시 유자儒者의 옷을 입고 날마다 빈객을 맞이하고 제사지내 예만 강습해야, 바야흐로 유자儒者라 할 수 있겠는가?"라고 항변한다. 나아가 그는 풍부한 고증학적 식견을 바탕으로 이 사건이 일어난 연도를 비정했다.

15:1-2. (明日遂行:고주) 在陳絶糧, 從者病, 莫能興. (15:1-3.) 子路慍見曰: "君子亦有窮乎?" 子曰: "君子固窮, 小人窮斯濫矣."

(고주와 주자는 이 절을 앞 절과 연결시켜 하나의 장으로 간주했지만, 다산은 7년 뒤의 사건이라고 간주하여 분리하여 별개의 장을 구성했다.)

고주 —— 다음날 드디어 (위나라를) 떠나셨다. 진나라에서 계실 때에 (때마침 오나라가 진나라를 침벌하여, 진나라가 혼란하여) 양식이 떨어지고, 따르던 자들이 기근에 지쳐 일어나지 못했다. 자로가 화난 안색으로 공자를 알현하고 말했다. "군자도 곤궁할 때가 있습니까?" 공자께서 말씀하셨다. "군자도 본래 곤궁할 때가 있지만 (분수를 넘어 참람하지 않으나), (다만) 소인은 곤궁하면 참람한다."

주자 —— (공자께서 위나라에서 진나라로 가셨다.) 진나라에 계실 때, 양식이 떨어져 따르던 이들이 병들어 일어나지 못했다. 자로가 화난 안색으로 공자를 알현하고 말했다. "군자도 곤궁할 때가 있습니까?" 공자께서 말씀하셨다. "군자도 본래 곤궁할 때가 있지만, (다만) 소인은 곤궁하면 참람한다(곤궁함에 처하서도 형통해서, 원망하거나 후회하는 것이 없으셨음을 알 수 있다)."

다산 —— (공자께서 7년 뒤에) 진나라에 계실 때, 양식이 떨어져 따르던 이들이 병들어 일어나지 못했다. 자로가 화난 안색으로 공자를 알현하고 말했다. "군자도 곤궁할 때가 있습니까?" 공자께서 말씀하셨다. "군자는 (난세를 당하면) 진실로 마땅히 곤궁하지만 (벼슬할 때나 그만둘 때나 절도와 분수를 넘지 않는다), 소인은 곤궁하면 (분수를 넘어) 참람한다(비행을 저지른다)."

자원풀이 ■절絶은 네 개의 糸(가는 실 사)와 刀(칼 도)로 구성되어 칼로 실을 자르는 모습을 그려 '끊다'의 의미이다. 칼로 실을 끊다가 원래 뜻이고, 이로부터 단절斷絶되다, 끊기다 등의 뜻이 나왔다.
■양量은 윗부분은 깔때기이고 아랫부분은 포대로서 곡식을 포대에 담는 모습을 그려, 부피의 양과 재는 도구, 그리고 헤아리다의 뜻이 나왔다. 량糧은 米(쌀 미)와 량量으로 쌀 등 곡식을 용기에 담아 재는(量) 양식이라는 의미 및 세금의 뜻이 나왔다.
■병病은 疒(병들어 기댈 녁) + 丙(남녘 병)으로 병들어 누운 사람을 옮기는 모습으로 중환자의 모습을 그렸다. 여기서 잘못, 폐단, 병폐病弊 등의 뜻이 나왔다. 다산은 병病을 '굶주려 고달픈 것(飢憊)'이라 했다.
■흥興은 同(함께 동)+舁(마주들 여). 모두가 함께(同) 힘을 합쳐 드는 것으로, 이로부터 '일으키다'라는 뜻이 나왔다.
■온慍은 心 + 昷이다. 昷(어질 온)은 囚(가둘 수)와 皿(그릇 명)으로 구성되어, 『설문해자』에서처럼 죄수에게 그릇으

집주 —— ■ (15:1-2):孔子去衛適陳하니라 興은 起也라

공자께서는 위나라에서 진나라로 가셨다. 흥興은 '일어나다(起)'이다.

■ 何氏曰 濫은 溢也라 言君子固有窮時하니 不若小人窮則放溢爲非니라

하안이 말했다. "남濫은 '넘치다(溢)'이다. 군자에게도 본래 곤궁한 때가 있지만, 소인처럼 곤궁하다고 해서 멋대로 잘못을 저지르지는 않는다는 말이다."

■ 程子曰 固窮者는 固守其窮이라 하시니 亦通이니라

정자가 말하길, "고궁固窮이란 그 곤궁함을 고수함이다."라고 했는데, 역시 통한다.

■ 愚謂 聖人이 當行而行하여 無所顧慮하고 處困而亨하여 無所怨悔를 於此에 可見이니 學者宜深味之니라

어리석은 내가 말한다. 성인께서는 마땅히 떠나야 하면 떠나셨고, (다른 어떠한) 고려하는 바가 없으셨고, 곤궁함에 처하셔도 형통하셔서(『역』「困卦」에서 말하길, '困은 亨하고 貞하다.'고 했고, 또 '형통한 바를 잃지 않는다.'고 했다:세주에 의거 보완) 원망하고 후회하는 것이 없으셨음을 알 수 있다. 배우는 자들은 마땅히 깊이 음미해야 할 것이다.

고금주 —— ■ (15:2)孔曰: "孔子之陳, 會吳伐陳, 陳亂, 故乏食. 補曰 魯 定公末年, 孔子去衛, 哀公六年, 復自衛至陳, 有絶糧之厄." 從者, 弟子及僕御從行者.

로 먹을 것을 제공하는 행위 즉 어질다가 원래 뜻이다. 그래서 죄수에게까지 온정을 베푸는 '따뜻함'을 나타낸다. 그래서 인신하여 온慍은 마음(心)이 따뜻해져(昷) 성내다의 뜻이 되었다. 물(水)이 따뜻함(昷)을 나타내는 것은 온溫이다. 오현慍見은 성난 얼굴로 공자를 알현한 것이다.
■궁窮은 穴(구멍 혈)+躬(몸 궁)으로 '동굴(穴) 끝까지 몸소(躬) 들어가 보다'의 의미를 그렸고, 여기서 끝이나 궁극窮極이, 다시 궁핍함이나 열악한 환경 등을 뜻하게 되었다. 여기서 고궁固窮이란 일반적으로 '궁핍한 것을 당연한 것으로 여기고 잘 견뎌 냄'을 말한다. 정자는 고궁을 곤궁함을 고수하는 것(固守其窮)이라 말했다. 주자는 '(군자도) 물론 고달플 때가 있지만(固是有躬時)'이라고 해석했다. 다산은 (군자는 난세를 당하면) 진실로 마땅히 곤궁하다(君子居亂世 固當窮:분수가 본래 그러하다分之所固然)라고 해석했다.
■남濫은 水+監(볼 감)으로 물이 범람氾濫함, 이로부터 만연하다, 제멋대로 하다, 질이 낮다 등의 뜻이 나왔다.

病, 飢憊也. ○孔曰: "興, 起也." ○補曰 慍見, 以怒色見於夫子也. 君子居亂世,
固當窮. [分之所固然] 以其仕止, 不踰節也. 小人窮, 則濫而爲非, 故不窮. ○何
曰: "濫, 溢也."[補云: "踰節犯分, 謂之濫."]

공안국이 말했다. "공자께서 진陳나라로 가셨을 때, 마침 오나라가 진나라를
정벌했기 때문에 식량이 모자랐다." ○보완하여 말한다. 노나라 정공 말년에
공자께서 위나라로 가셨고, 애공 6년에 다시 위나라로부터 진나라에 이르셨
는데, 양식이 떨어지는 곤액을 당하셨다. 종자從者는 제자 및 수레꾼 등 따라
다니는 자들이다. 병은 굶주리고 지친 것이다. ○공안국이 말했다. "흥은 '일
어나다'이다." ○보완하여 말한다. 온현慍見은 성난 안색으로 공자를 알현한
것이다. 군자는 난세에 기거할 때에는 본디 마땅히 곤궁하니(분수가 본래 그러
한 바이다), 벼슬할 때에나 그만두었을 때에도 절도를 넘지 않기 때문이다. 소
인은 곤궁하면 참람하여 그릇된 행동을 하기 때문에 곤궁하지 않다. ○하안
이 말했다. "남濫은 넘치다(溢)이다."(보완하여 말한다. "절도를 넘고 분수를 침범하
는 것을 일러 濫이라 한다.")

■案 孔子之始去衛, 在定末年, 吳之侵陳, 在哀元年, [見『左傳』] 而孔子時不在
陳. 衛 靈公之卒, 在哀二年. [見『春秋』] 而哀三年五月, 桓宮‧僖宮災. 孔子在陳
聞火, 曰: "其桓‧僖乎!"[見『左傳』] 哀四年, 孔子自陳適蔡適衛. 哀六年, 孔子自
衛之陳, 厄於陳‧蔡. [見年表] 而是年春, 吳伐陳, 而楚救陳, [句] 師于城父, [哀六
年『左傳』] 則絕糧之厄, 正在哀六年之春. 記事者, 必不以相距七年之事, 合之爲
一章. 在陳絕糧之當爲別章無疑. 朱子以絕糧謂在去衛之年, 本據『論語』, 若別
爲一章, 則無可據矣. 『左傳』‧『史記』, 豈可悉斥之爲妄乎? 旣經絕糧之厄, 孔
子不應再游陳‧蔡, 而哀三年之在陳聞火, 旣有明文, 則在陳絕糧, 必在哀三年
之後, 『史記』其不虛矣.

살핀다. 공자께서 처음 위나라에 가신 것은 정공 말년에 있었고, 오나라가
진나라를 침범한 것은 애공 원년이었는데(『좌전』에 보인다), 공자께서는 당시

진나라에 계시지 않았다. 위나라 영공이 죽은 것은 애공 2년이고(『춘추』에 보인다) 애공 3년 5월에 환궁과 희궁이 불탔다. 공자께서는 진나라에 있으면서 화재 소식을 듣고 말하길, 화재가 난 곳은 환궁과 희궁일 것이라고 했다(『좌전』에 보인다). 애공 4년에 공자께서는 진나라에서 채나라로 갔고, 또 위나라로 갔다. 애공 6년에 공자는 위나라에서 진나라로 가다가 진·채 사이에서 곤액困厄을 당했다(연표에 보인다). 이 해 봄에 오나라가 진나라를 치고, 초나라는 진나라를 구원하려고 성보城父에 군대를 주둔시켰으니(『좌전』 애공 6년) 양식이 떨어졌던 곤액은 바로 애공 6년 봄에 있었던 일이다. 이 사실을 기록한 자는 반드시 서로 떨어진 거리가 7년이나 되는 일을 가지고 합하여 한 장으로 하지 않았을 것이니, 진나라에서 양식이 떨어졌다는 구절은 당연히 따로 한 장이 되어야 함은 의심할 여지가 없다. 주자가 양식이 떨어져 곤액을 당했던 것이 공자가 위나라를 떠나던 해에 있었다고 여긴 것은 본래 『논어』의 이 글에 근거한 것인데, 만일 이를 따로 한 장으로 만든다면 그 근거할 만한 것이 없어진다. 그러나 『좌전』과 『사기』를, 어찌 다 배척하여 허망한 것으로 여길 수 있겠는가? 이미 양식이 떨어졌던 곤액을 겪고, 공자는 진·채에서 다시는 유세에 응하지 않았으며, 애공 3년에 진나라에 있으면서 화재 소식을 들었다고 하는 명문이 이미 있으니, 진나라에서 양식이 떨어졌던 일은 필시 애공 3년 이후에 있었다. 『사기』의 기사는 허황되지 않다.

■案 通作一章, 則此義甚好, 奈相距七年何?

살핀다. (衛靈公問陳於孔子에서 小人窮斯濫矣까지를) 통들어 하나의 장으로 만든다면, 그 뜻은 심히 좋겠지만, 서로의 거리가 7년이니 어찌하겠는가?

■何曰: "君子固亦有窮時, 但不如小人窮則濫溢爲非." ○駁曰 非也. 本旨不明.

하안이 말했다. "군자도 본래 또한 곤궁할 때가 있지만, 단지 소인이 곤궁하면 넘쳐서 비행을 저지르는 것과 같지 않다." ○논박하여 말하면, 그릇되었다. 근본 뜻이 분명하지 않다.

■ 程子曰: "固窮者, 固守其窮." ○案 子路以君子之窮, 愕爲非理, 孔子答之爲常理. 若作固守說, 非所以破其惑也.

정자가 말했다. "고궁固窮이란 그 곤궁함을 고수함이다." ○살핀다. 자로는 군자의 궁함을 이치가 아니라고 괴이하게 여겼지만, 공자께서 일상의 이치라고 답했다. 만일 고수설을 본다면, 그 의혹을 깨뜨리는 것이 되지 못한다.

비평 ── 『역』「곤괘困卦」에서 "곤困은 형통(亨)하고 정절(貞)하다."고 말하면서, "형통한 바를 잃지 않는다."고 했다. 그래서 일반적으로 '고궁固窮'이란 궁핍을 자연스럽고 당연하게 여겨 잘 견뎌냄으로써 궁극적으로 형통하게 되는 것을 말한다.

'고궁'에 대한 고주의 하안설을 계승한 주자는 '(군자도) 물론 곤궁할 때가 있지만(固是有窮時)'이라고 해석했다. 그는 또한 정자의 고궁이란 곤궁함을 고수하는 것(固守其窮)이라는 설명도 인용했다. 그런데 다산은 '(군자는 난세를 당하면) 진실로 마땅히 곤궁하다(君子居亂世 固當窮:분수가 본래 그러하다:分之所固然).'라고 해석했다. 언어적으로 약간의 차이가 있는 것처럼 보이지만, 실제로는 차이가 거의 없다. 주자의 '때로는'이라는 해석이 다산의 '궁핍할 때'라는 해석을 배제하지 않으며, 다산의 해석 또한 "군자는 난세에는 본디 곤궁하지만, 치세에는 곤궁하지 않을 수 있다."는 것을 암시하기 때문이다.

두 번째 쟁점은 이 사건이 일어난 시기를 두고 주자와 다산은 의견을 달리한다. 여기서 다산의 주장대로 하려면 '재진在陣'이란 말 앞에 '자子' 자가 있으면 확연히 분리되는 문장이라고 할 수 있지만, 원문에는 없기 때문에 분명하지는 않다. 그러나 『논어』에서 종종 생략하는 경우가 있다는 점에서 다른 역사적 전거(『사기』, 『좌전』)를 인용하는 다산의 주장 또한 충분히 고려할 필요가 있다고 생각된다. 어쨌든 다산은 고증을 통해 앞의 문장과 이 글은 7년간의 거리가 있는 사건이기 때문에, 별도의 장으로 구분해야 한다고 했다.

15:2. 子曰: "賜也, 女以予爲多學而識之者與?" 對曰: "然, 非與?"
曰: "非也, 予一以貫之."

고주 —— 공자께서 말씀하셨다. "사야, 너는 내가 많이 배워 기억하는 사람이
라고 여기느냐?" (자공이) 대답했다. "그렇습니다. (지금은) 그렇지 않습니까?"
(공자께서) 말씀하셨다. "아니다. (선에는 으뜸이 있고, 일에는 마침이 있으니, 천하의
일은 길이 다르지만 돌아가는 곳은 같고, 생각은 백 가지이지만 이치는 하나이다. 선의 으
뜸:元을 알면 온갖 선을 거명할 수 있기에) 나는 하나(의 이치)로써 꿰뚫었다."

주자 —— 공자께서 (배워서 잘 기억하는 자공에게 근본을 알게 하고자) 말씀하셨
다. "사야, 너는 내가 많이 배워 기억하는 사람이라고 여기느냐?" (자공이) 대
답했다. "그렇습니다. (학문을 쌓은 공이 지극하여, 홀연히 의문이 생겨 질문하여) 그
렇지 않습니까?" (공자께서) 말씀하셨다. "아니다. (앎으로써 말하면) 나는 하나
로써 꿰뚫었다."

다산 —— 공자께서 말씀하셨다. "사야, 너는 내가 (뭇 경전을 널리 배워 도를 아
는데) 많이 배워 기억하는 사람이라고 여기느냐?" (자공이 겸손하게 따르면서) 대
답했다. "그렇습니다. (장차 가르침을 받으려 하면서) 그렇지 않습니까?" (공자께

자원풀이 ■여女는 두 손을 앞에 모으고 점잖게 앉은 여인의 모습을 그려 '여자'의 통칭이 되었다. 이후 이인칭
대명사로도 사용되었다. 여汝는 水+女로 원래는 홍농군弘農郡 노씨현盧氏縣 환귀산還歸山에서 흘러 동쪽 회수淮水
로 흘러 들어가는 강의 이름인데, 이후 이인칭대명사로 가차되었다. 여予는 「설문해자」에 손으로 무엇인가를 다
른 사람에게 내미는 형성자라고 했다. 일인칭대명사로 나, 주다, 허여하다, 팔다 등의 뜻이 있다.
■관貫은 貝(조개 패)+毋(꿰뚫을 관)으로 조개 화폐(貝)를 꿰어 놓은(毋) 모습으로 꿰다, 연속되다, 연관되다의 뜻이
다. 또 여럿을 하나로 꿴다는 뜻에서 일관一貫되다의 뜻이 나왔다.

서) 말씀하셨다. "아니다. 나는 하나(의 恕)로써 꿰뚫었다."

집주 ── ■子貢之學이 多而能識矣니 夫子欲其知所本也라 故로 問以發之하시니라

자공의 학문은 많이 배워 잘 기억하는 것이다. 공자께서 자공에게 근본이 되는 것을 알게 하고자 하셨기 때문에 질문하여 계발시켰다.

■方信而忽疑하니 蓋其積學功至而亦將有得也라

바야흐로 믿고 있다가 홀연히 의문이 생긴 것이니, 대개 학문을 쌓은 공부가 지극하여, 또한 장차 얻음이 있게 되었다.

■說見第四篇이라 然이나 彼以行言이요 而此以知言也라

(一以貫之의) 설명은 제4편(4:15)에 나온다. 그러나 거기서는 행위로써 말했고, 여기서는 앎으로 말했다.

■謝氏曰 聖人之道 大矣라 人不能遍觀而盡識하니 宜其以爲多學而識之也라 然이나 聖人이 豈務博者哉리오 如天之於衆形에 匪物物刻而雕之也라 故로 曰予一以貫之라하시니 德輶如毛나 毛猶有倫하니 上天之載 無聲無臭라야 至矣니라

사량좌가 말했다. "성인의 도는 커서 사람들이 두루 보고 다 알 수 없으니, 의당 많이 배워 기억한다고 생각한다. 그러나 성인이 어찌 넓히기에 힘쓰는 자이겠는가? 마치 하늘이 뭇 형상들에 대해 사물 하나하나마다 쪼고 새기지 않는 것과 같다. 그러므로 '나는 하나로써 관통했다.'고 하셨다. 덕은 털처럼 가볍다고 했지만, 털은 오히려 어떤 무엇이 있다. 하늘의 일은 소리도 없고 냄새도 없다고 하여야 지극하다."

■尹氏曰 孔子之於曾子엔 不待其問而直告之以此로되 曾子復深喩之曰唯라하시고 若子貢則先發其疑而後에 告之로되 而子貢終亦不能如曾子之唯也하니 二子所學之淺深을 於此에 可見이니라

윤돈이 말했다. "공자께서는 증자에 대해서는 그 질문을 기다리지 않고 곧바로 이 말씀으로 일러 주셨는데, 증자도 다시 깊이 깨우쳐서 '예!'라고 대답했다. 자공의 경우에는 먼저 그 의문을 계발한 후에 일러 주셨지만, 자공은 끝내 또한 증자처럼 '예!'라고 대답하지 못했다. 이 두 사람이 배운 바의 천심淺深을 여기에서 볼 수 있다."

■ 愚按 夫子之於子貢에 屢有以發之나 而他人은 不與焉하니 則顏曾以下諸子所學之淺深을 又可見矣니라

어리석은 내가 살핀다. 공자께서 자공에 대해서는 누차 의문을 갖도록 계발하셨지만, 다른 사람들은 참여하지 못했다. 안자와 증자 이하 여러 제자들의 배운 바의 천심을 또한 알 수 있다.

고금주 —— ■ 補曰 多學, 謂博學. [廣涉群經, 以學道] 識, 記也. [邢云: "記識之."] 對曰然者, 順以遜也. 曰非與者, 將受誨也. 一者, 恕也. 五典十倫之教, 經禮三百, 曲禮三千, 其所以行之者, 恕也, 斯之謂一以貫之.

보완하여 말한다. 다학多學은 널리 배움(博學)을 말한다(뭇 경전을 널리 섭렵하여 도를 배움이다). 지識는 기억(記)이다.(형병이 말했다. "기억하는 것이다.") 대왈연對曰然이란 겸손하게 따르는 것이다. 왈비여曰非與란 장차 가르침을 받으려는 것이다. 일一이란 서恕이다. 오전五典・십륜十倫(사람이 행해야 할 다섯 도리와 제사를 통해 나타내는 열 가지 도리)의 가르침과 경례삼백經禮三百・곡례삼천曲禮三千을 행하는 방법이 서恕이니, 이것을 일이관지라 말한다.

■ 何曰: "善有元, 事有會, 天下殊塗而同歸, 百慮而一致. 知其元, 則衆善擧矣, 故不待多學而一知之." ○ 邢曰: "我但用一理以貫通之." ○ 駁曰 非也. 平叔知孔子與子貢問答爲何說乎? 一貫之解, 曾子親口言之, 明明白白, 後之儒者, 猶復熟視含疑, 不肯往從者, 其心以忠恕爲小也. 老子言'一生二, 三生萬物', 佛氏言'萬法歸一', 孔子言'一以貫之', 可以相配, 爲天地間至高至大之言. 曾子

落而下之, 眇而少之, 爲'忠恕'二字, 極卑極小. 故晉儒違之, 宋儒違之, 於彼則
曰'曾子自領妙道, 以糟粕酬門人', 於此則曰'子貢不能妙悟, 以秕穬學聖人', 此
吾道之巨蟊也. 原夫人生斯世, 自落地之初, 以至蓋棺之日, 其所與處者, 人而
已. 其近者曰父子兄弟, 其遠者曰朋友鄕人, 其卑者曰臣僕幼穉, 其尊者曰君師
耆老. 凡與我同圓顱而方趾, 戴天而履地者, 皆與我相須相資, 相交相接, 胥匡
以生者也. 我一人, 彼一人, 兩人之間, 則生交際. 善於際, 則爲孝・爲弟・爲
友・爲慈・爲忠・爲信・爲睦・爲婣, 不善於際, 則爲悖・爲逆・爲頑・爲
嚚・爲奸・爲慝・爲元惡・爲大憝. 吾道何爲者也? 不過爲善於其際耳. 於
是作爲禮法, 以道其善, 以遏其惡, 一動一靜, 一言一默, 一思一念, 皆有刑式
禁戒, 俾民趨辟. 其文則『詩』・『書』・『易』・『春秋』, 旣千言萬語, 而經禮三百,
曲禮三千, 枝枝葉葉, 段段片片, 浩浩漫漫, 不可究學, 要其歸, 不過曰善於際
也. 善於際, 何謂也? 所惡於上, 毋以使下, 所惡於下, 毋以事上, 所惡於前, 毋
以先後, 所惡於後, 毋以從前, 所惡於右, 毋以交於左, 所惡於左, 無以交於右.
斯之謂善於際也. 括之以一字, 非卽爲恕乎? 然則恕之爲物, 如一條繩索, 貫得
千萬箇錢, 孔子所謂'一以貫之', 非是之謂乎? 天之所以察人之善惡, 亦惟是二
人相與之際, 監其淑慝, 而又予之以食色安逸之慾, 使於二人之際, 驗其爭讓,
考其勤怠. 由是言之, 古聖人事天之學, 不外乎人倫, 卽此一'恕'字, 可以事人,
可以事天. 何故而小之也? 一者, 恕也.

하안이 말했다. "선에는 으뜸이 있고, 일에는 마침이 있으니, 천하의 일은 길
이 다르지만 돌아가는 곳은 같고, 생각은 백 가지이지만 이치는 하나이다.
선의 으뜸(元)을 알면 온갖 선을 거명할 수 있기 때문에, 많이 배우기를 기다
리지 않고도 하나의 이치로 알 수 있다." ○형병이 말했다. "나는 단지 하나
의 이치를 사용하여 그것을 관통한다." ○논박하여 말하면, 그릇되었다. 하
안(平叔)은 공자와 자공의 문답이 무엇을 말하는지를 알았는가? 일관一貫에
대한 해석은 증자가 친히 입으로 말하여 명백하게 밝혔지만, 후세의 유자들

은 익히 보고서도 오히려 다시 의심을 품고, 따르는 것을 달갑게 여기지 않은 것은 그 마음이 충서忠恕를 작게 여겼기 때문이다. 노자老子는 '하나는 둘을 낳고 (둘은 셋을 낳고) 셋은 만물을 낳는다.'고 말했고, 부처님은 '만법은 하나로 귀일한다(萬法歸一).'고 말했고, 공자는 '일이관지一以貫之'라고 말하여 서로 짝을 이루면서 하늘과 땅 사이에서 지극히 높고 지극이 큰 말이 되었다. 증자는 떨어뜨려 낮추고, 깎아서 작게 하여 충서忠恕 두 글자로 만들어 지극히 비루하고 지극히 작다. 그러므로 진유晉儒들도 그것을 어기고, 송유宋儒들도 어겨서, 저쪽에서는 증자는 자신의 영묘한 도를 만들어 술지게미를 문인들에게 권했다고 말하고, 이쪽에서는 자공은 영묘한 도를 깨닫지 못했으니, 쭉정이로 성인을 배웠다고 말하니, 이는 우리 도의 큰 폐단이다. 대저 인간이 이 세상에 태어나 땅에 내려온 처음부터 관으로 덮여지는 날까지 함께 더불어 살아가는 자는 인간일 뿐이다. 가까운 자를 부모형제라 하고, 먼 자를 친구와 이웃이라고 하고, 낮은 자를 신하와 하인, 어린이라고 하고, 높은 자를 군사君師와 기로耆老라 한다. 무릇 나와 더불어 머리를 같이 둥글게 하고 모난 발을 하고 하늘을 이고 땅을 딛는 자는, 모두 나와 더불어 서로 의지하고 서로 돕고 서로 교제하고 서로 접촉하며 서로 바로 잡아주며 생활하는 존재이다. 여기 나 한 사람과 저기 저 한 사람은 두 사람 사이에 서로 사귀는 일이 생기게 마련이다. 사귀기를 잘하면 효孝·제弟·우友·자慈·충忠·신信·목睦·인婣이 되고, 사귀기를 잘하지 못하면 패悖·역逆·완頑·은嚚·간奸·특慝·원악元惡·대대大懟가 된다. 그러면 우리 도는 무엇을 하는 것인가? 그 교제를 잘하는 것에 지나지 않는다. 이에 예법을 만들어 선善을 유도하고 악惡을 막으며, 움직임과 고요함, 말할 때와 침묵할 때, 생각이 일어날 때마다 모두 법식과 금하는 계율이 있어 백성으로 하여금 진퇴하게 한다. 그 문장으로 『시』·『서』·『역』·『춘추』가 이미 수많은 말이 되고, 경례삼백과 곡례삼천은 가지 치고 잎이 벌어지며, 나눠지고 조각나며, 광대하고 질펀

하니 끝까지 배울 수 없지만, 귀결점을 요약하면 교제를 잘하는 것에 불과하다. 교제를 잘하는 것은 무엇을 말하는가? 윗사람에게서 싫어하는 것으로 아랫사람을 부리지 말며, 아랫사람에게서 싫어하는 바로써 윗사람을 섬기지 말며, 앞사람에게서 싫어하는 바로써 뒷사람에게 먼저 하게 하지 말며, 윗사람에게 싫어하는 바로써 앞사람에게 따르게 하지 말며, 오른쪽 사람이 싫어하는 바로써 왼쪽 사람과 사귀지 말며, 왼쪽 사람에게서 싫어하는 바로써 오른쪽 사람과 사귀지 말아야 하니, 이것을 일러 교제를 잘한다고 말한다. 한 글자로 총괄하면, 곧 서恕가 아닌가? 그렇다면 서恕라는 것은 한 가닥 노끈으로 천만 개의 동전을 꿰는 것과 같으니, 공자의 이른바 일이관지란 이것을 말하는 것이 아니겠는가? 하늘이 사람의 선악을 살피는 방법 또한 오직 이 두 사람이 서로 관여하는 사귐에서 그 착하고 사특한 것을 감시하며, 또한 이들에게 식食·색色·안일安逸의 욕망을 부여하여 두 사람의 사귐에서 그 다투고 사양하는 것을 시험하여 그 부지런함과 게으름을 고과하는 것이다. 이로써 본다면, 옛 성인이 하늘을 섬기는 학문은 인륜人倫에서 벗어나지 않으니, 곧 하나의 '서恕' 자가 사람을 섬길 수 있고, 하늘을 섬길 수 있다. 무엇 때문에 서를 작게 보는가? 하나란 서恕이다.

■毛曰: "曾子一貫在忠恕, 子貢一貫只是恕." ○駁曰 非也. 曾子·子貢, 竝無大小. 曾子·子貢之一貫, 竝無知行之別. 曾子·子貢之一貫, 竝無忠恕·單恕之異. 況此一貫, 本是夫子之物! 語曾子, 不必爲大, 語子貢, 不必爲小, 語曾子, 不必該備, 語子貢, 不必省約. 曾子曰'唯', 不必爲受道統, 子貢無對, 不必爲隔膜子. 儒者當精微處, 混侖而不劈, 當圓融處, 破碎而多端, 其爲病均也.『中庸』曰: "忠恕違道不遠, 施諸己而不願, 亦勿施於人." 起句旣雙擧忠恕, 而下節單言恕, 何也? 忠恕卽恕, 非有二也. 先儒謂盡己之謂忠, 推己之謂恕. 今人知之, 若先有一物, 在內爲忠, 然後自此推轉, 發之爲恕, 豈不大謬? 審如是也, 孔子二以貫之, 豈一以貫之乎? 恕爲之本, 而所以行之者忠也, 忠恕非恕乎? 曾子·子貢

之本無層級, 如是也. 四書者, 吾道之指南也, 而『大學』·『中庸』, 都是恕字之
衍義,『論語』·『孟子』, 其言強恕以求仁者, 重見疊出, 不可殫指, 則夫子之道,
一‘恕’字而已. 執此一字, 以之接人, 仁不可勝用也.

모기령이 말했다. "증자의 일관一貫은 충서忠恕에 있고, 자공의 일관은 단지
서恕이다." ○논박하여 말하면, 그릇되었다. 증자·자공은 나란하여 크고 작
음이 없다. 증자·자공의 일관一貫은 나란하여, 지행의 구별(知行之別)이 없
다. 증자·자공의 일관은 나란하여, 충서忠恕·단서單恕의 차이가 없다. 하
물며 이 일관이 본래 공자의 것임에랴! 증자에게 말한 것이 반드시 큰 것도
아니며, 자공에게 말한 것이 반드시 작은 것도 아니며, 증자에게 말한 것은
반드시 갖춘 것도 아니며, 자공에게 말한 것이 반드시 생략한 것도 아니다.
증자가 예(唯)라고 말했다고 해도 반드시 도통을 전수받았다고 할 수 없고,
자공의 대답이 없었다고 해서 반드시 막혔다고 할 수 없다. 유자들은 마땅히
정미해야 할 곳에 뒤섞어 놓고 분석하지 않으며, 마땅히 원융해야 할 곳에 잘
게 쪼개어 여러 말을 만드니, 병통이 되기는 마찬가지이다.『중용』에서 말하
길, "충서忠恕는 도와 거리가 멀지 않으니, 자기에게 베풀기 원하지 않는 것
을 또한 남에게도 베풀지 말라."고 했다. 첫 구에서 충·서를 쌍으로 들고(雙
舉), 아래 구에서 단지 서만 말한 것(單言恕)은 어째서인가? 충서는 곧 서(忠恕
即恕)이며 둘이 있는 것이 아니다. 선유先儒는 자기를 극진히 하는 것을 충이
라 하고, 자기를 미루어 나아가는 것을 서라 했다. 오늘날 사람들은 그것을
마치 먼저 한 물건이 내재하고 있어 충忠이 되고, 그 이후에 이것을 미루어
나아가 발현된 것이 서가 되는 것으로 알고 있으니, 어찌 큰 오류가 아니겠는
가? 정말 이와 같다면, 공자께서는 이이관지二以貫之하셨지, 어찌 일이관지하
셨겠는가? 서恕가 근본이 되고, 그것을 행하는 방법이 충이니, 충서忠恕는 서
가 아닌가? 증자와 자공은 본래 이처럼 충서에 층차나 등급이 없었다. 사서
四書는 우리 도의 나침판(指南)이다. 그런데『대학』과『중용』은 모두 ‘서恕’ 자

의 뜻을 넓게 설명한 연의衍義이고, 『논어』와 『맹자』는 힘써서 서恕를 행하여 인仁을 구함을 말한 것이 거듭 나타나 있어, 다 지적할 수 없을 정도이다. 공자의 도는 하나의 '서恕'일 뿐이다. 이 한 자를 가지고 이것으로써 남을 접한다면, 인仁을 이루 다 쓸 수 없을 것이다.

■ 質疑 『集注』曰: "方信而忽疑." ○案 先生長者, 將有所言, 發問如此. 弟子當順其旨而導其言, 冀聞明教, 不應曰'我則不然', 以塞其言也. 朱子謂曾子·子貢積德積功, 將有所得, 故夫子告之以一貫. 此謂瓜熟而蒂落, 水到而渠成也. 一貫不是神異之言, 恐不必如是. 且知旣有一箇一貫, 行又有一箇一貫, 則仍是二貫, 恐不然也.

질의한다. 『집주』에서 말했다. "바야흐로 믿고 있다가 홀연히 의문이 생겼다." ○살핀다. 선생과 어른이 장차 말하려는 바가 있으면, 이와 같이 질문을 낸다. 제자는 마땅히 그 뜻에 따르고 그 말에 인도되어 밝은 가르침을 듣고자 해야 하며, '나는 그렇지 않다.'고 그 말을 막아서는 안 된다. 주자는 증자·자공이 학문을 쌓은 공부가 지극하여, 또한 장차 얻음이 있었기 때문에 공자께서 일이관지로 일러주었다고 했다. 이것은 마치 오이가 익어야 꼭지가 떨어지고, 물이 흘러야 도랑이 이루어지는 것과 같다고 여기는 것이다. 그러나 일관一貫이란 신묘하거나 기이한 말이 아니니, 아마도 그렇지 않을 것이다. 또한 지知로서 이미 하나의 일관이 있고, 행行으로서 또한 하나의 일관이 있다면 이는 곧 이관二貫이니, 아마도 그렇지 않을 것이다.

비평 —— 주자는 앞서 충서忠恕를 다음과 같이 해석했다.

자기를 다하는 것을 충이라고 하고(盡己之謂忠), 자기를 미루어 나아가는 것을 서라고 한다(推己之謂恕).…대개 지극히 성실하고 그침이 없는 것은 도의 본체(體)로서 온갖 다름이 근본을 하나로 하는 것이고, 만물이 각각 마땅히 그 얻을 곳을 얻는다는 것은 도의 작용으로 하나의 근본이 온갖 다른 것이 되는 까닭이다. 이것으로 본다면 일이관지一以貫之의 실제를 알 수 있다. 어떤 사람이 중심中心이 충忠이고, 여심如心이 서恕가 된다고 말하니 또한 통한다. … 정자가 말하기를, "… 충서는 하나로써 관통함에 충忠은 천도天道이고, 서恕는 인도人道이며, 충은 망령됨이 없는(无妄) 것이고 서恕는 충忠을 행하는 방법이다. 충忠은 본체體요, 서恕는 작용用으로 대본과 달도이다." (『논어』 4:15에 대한 주자주. "盡己之謂忠 推己之謂恕 … 蓋至誠無息者 道之體也 萬殊之所以一本也 萬物 各得其所者 道之用也 一本之所以萬殊也 以此觀之 一以貫之之實 可見矣 或曰 中心爲忠 如心爲恕 於義亦通. 程子曰 …忠恕一以貫之 忠者 天道 恕者 人道 忠者 無妄 恕者 所以行乎忠也 忠者體 恕者用 大本達道也.")

요컨대 주자는 충서忠恕를 본체-작용으로 파악하여, 충忠은 자기정립이라 하고 서恕는 자기정립된 마음을 미루어 나아가 다른 사람 또한 정립시켜 주는 것으로 보았다. 그리고 증자와 자사의 학문에 층차를 나누면서, 일이관지一以貫之를 말한 맥락에 따라 앎과 행위를 구분했다. 또한 정자程子의 언명을 원용하여 충은 천도이고 서는 인도라 하여, 다소 고원하게 정의했다.

그런데 다산 정약용에 따르면, (1) 인仁이란 인륜이 성취된 덕(人倫之成德)이고 서恕는 인仁을 이루는 방법(成仁之方法)이며, (2) 유가의 도는 인도人道로서 인륜을 벗어나지 않으며, 인륜에 처하는 모든 일은 서恕로 행하며, (3) 따라서 일관지도一貫之道는 서恕일 따름이다. 충忠과 서恕를 분리하여 보는 것은 이이관지二以貫之가 된다. 그리고 (4) 충忠이란 '중심(참마음, 본마음)으로 사람을 섬기는 것(中心事人)'이며, 서恕는 '남의 마음을 자기 마음처럼 헤아리는 것(忖他心如我心)'이다. 즉 (5) 서恕가 근본이고, 서를 행하는 방법이 충이다. 사람이 사람을 섬긴 다음에 충이라는 명칭이 성립된다. 여기서 다산의 지적의 핵심은 공자의 일이관지하는 도는 서恕이고, 충서忠恕에서 서가 근본이고, 충은 서를 행하는 한 방법으로 서로 환원 가능하다는 주장이다.

기실 다산의 지적대로 『논어』 「위령공」편, 『대학』의 혈구지도絜矩之道, 『중용』의 군자지도君子之道, 그리고 『맹자』 「진심장」의 언명 등은 한결같이 충서忠恕를 '서恕' 개념으로 풀이하거나 혹은 서恕만을 언급하고 있다.

『논어』 15:23. 子貢 問曰 有一言而可以終身行之者乎 子曰 其恕乎 己所不欲 勿施於人.

『대학』 9:4. 君子有諸己而後求諸人 無諸己而後非諸人 所藏乎身 不恕 而能喩諸人者未之有也.

『대학』 10:1-2. 所謂平天下… 君子有絜矩之道也 所惡於上 毋以使下 所惡於下 毋以事上… 此之謂絜矩之道也.

『중용』 13:3-4. 13:3. 忠恕 違道不遠 施諸己而不願 亦勿施於人. 君子之道四 丘未能一焉 所求乎子 以事父 未能也 所求乎臣 以事君 未能也 所求乎弟 以事兄 未能也 所求乎朋友 先施之 未能也 庸德之行 庸言之謹 有所不足 不敢不勉 有餘 不敢盡 言顧行 行顧言 君子 胡不慥慥爾.

『맹자』 「진심상」. 强恕而行 求仁莫近焉.

그렇다면 충서忠恕는 실로 서恕로 환원되는 것일까? 공자는 '남을 사랑하는 것'을 인仁이라고 규정하면서, 단순히 소극적인 행위만을 그 준칙으로 제시한 것은 아니다. 공자는 분명 "대저 인仁한 사람은 자기를 정립하고자 하면 남을 정립해 주고(己欲立而立人), 자기가 통달하고자 하면 남을 통달시켜야 하는데(己欲達而達人), 비근한 예를 들면 인을 실천하는 방법이다(6:28)."라고 말했다. 여기서 말하는 기욕립己欲立과 기욕달己欲達은 충忠이고, 입인立人과 달인達人은 서恕가 아닌가? 충서忠恕는 자아와 타자의 통일이다. 자아와 타자의 통일이란 자기를 정립하고, 이를 미루어 남을 정립하는 것으로 사람을 (동물처럼 잔인하게 취급하는 것이 아니라) 사람답게 대우하여 사랑하는 것이다. 물론 다산이 지적하듯이, 지금 사람들이 생각하듯이 "마치 먼저 하나의 물건이 내재하여 충忠이 되고, 그런 다음에 스스로 이를 미루고 굴려서 발현하여 서恕가 되는 것"과 같은 방식으로 충忠과 서恕가 실현되는 것은 아니다.

나아가 인간이 관계적 존재인 한에서 모든 행위는 오로지 관계 가운데 성립된다는 측면에서 본다면, '주체의 중中한 마음의 정립으로서 충忠'은 '자기의 마음으로 타인의 마음으로 헤아려 동등하게 대우하는 서恕'로 환원될 수 있다. 그런데 그 역으로, 모든 인간 행위는 비록 관계적 상황에서 실현되는 것이라고 할지라도, 그 행위의 주체는 자기 자신이고, 그 자신으로 말미암아 모든 행위가 나온다(由己)는 측면에서 본다면 '타자 정립의 서恕'는 '주체의 중中한 마음의 정립인 충忠'에서 나온 것이라 할 수 있다. 따라서 우리는 다음과 같이 말할 수 있다. 즉 '충서忠恕'를 '서恕'로 환원한 다산의 해석은 그가 "마음에는 본래 덕이 없고 선한 행위를 한 연후에 덕이 성립되며, 인간은 관계적 존재일 뿐이다."라는 그의 철학체계로 볼 때는 정합적인 관계를 형성한다. 그러나 우리는 그 역의 측면 또한 간과하지 말아야 한다. 왜냐하면 인간은 사회적 존재이기도 하지만, 또한 그 역으로 사회 또한 인간의 사회이기 때문이다. 인간은 사회적 존재이기 때문에 개인주의의 덫을 피할 수 있고, 사회는 인간의 사회이기 때문에 우리는 전체주의의 함정을 벗어날 수 있다.

또한 이 다산은 논어에 나오는 일관지도를 '오직 서恕일 따름'이라고 말하면서, 이 구절과 4:14의 차이 및 증자와 자공의 학문이 천심淺深이 있다는 것을 비판한다. 이에 대한 반론은 다음 구절로 대신한다.

신안 진씨가 말했다. "저 구절(4:15)에서는 '나의 도(吾道)'라는 말을 '일이관지 一以貫之' 위에 두었고, 이 구절에서는 '다학이지多學而識'라는 말로부터 시작하여 단지 '나는 하나로써 관통했다.'라고만 말씀했다. 저 구절은 행위를 말씀하신 것이고, 이 구절은 앎을 말씀하는 것임을 알 수 있다." (『논어집주대전』)

15:3. 子曰: "由, 知德者鮮矣!"

고주 —— (자로가 성난 얼굴로 알현하니) 공자께서 말씀하셨다. "유는, 덕을 아는 것이 부족하구나(鮮=少)!"

주자 —— (자로가 성난 얼굴로 알현하니) 공자께서 말씀하셨다. "유야, 덕을 아는 이는 드물다."

다산 —— 공자께서 말씀하셨다. "유야, (세상 사람들 중에는 덕을 지니고 있는 사람을) 아는 이가 드물구나!"

집주 —— ■由는 呼子路之名而告之也라 德은 謂義理之得於己者니 非己有之면 不能知其意味之實也니라

유由라고 자로의 이름을 부르면서, 일러 주신 것이다. 덕은 의리가 자신에게 터득된 것을 말하니, 자신이 지니고 있지 않으면 그 의미의 실제를 알 수 없다.

■自第一章으로 至此는 疑皆一時之言이니 此章은 蓋爲慍見發也니라

자원풀이 ■덕德은 彳(조금 걸을 척)이 의미부, 直(곧을 직)이 소리부의 형성자. 길을 갈(彳) 때 곁눈질하지 않고 '똑바로(直) 보다'의 의미를 그렸는데, 이후 마음(心)이 더해져 지금의 자형이 되었다. 그래서 똑바른(直) 마음(心)이라는 도덕성을 강조하게 되었고, 도덕의 지향점이 덕德이라는 것을 형상적으로 보여주게 되었다. 덕悳이라고도 쓴다.
■선鮮은 본래 魚(고기 어) 자가 세 개 중첩하여 물고기의 신선新鮮함을 나타내었다. 이후 魚와 양羊이 결합하여 변했다. 어魚는 해산물을 대표하고, 양羊은 육고기를 대표하는데, 이들 모두 신선할 때 고유한 맛을 낼 수 있다. 신선한 고기는 빛깔이 곱고 그런 고기는 흔하지 않은 음식이기 때문에 드물다는 뜻이 되었다. 선尠(甚+少 = 대단히 적다, 드물다) 자와 통한다.

1장부터 이 장까지는 의심컨대 모두 같은 때의 말씀인 것 같다. 이 장은 대개 (자로가) 성난 얼굴로 알현했기 때문(1장)에 나온 듯하다.

고금주 ── ■補曰 知德, 謂知人之有德也. 孔子與子路, 周流四國, 不遇知己, 感慨而告之.

보완하여 말한다. 지덕知德은 다른 사람이 덕을 지니고 있음을 아는 것이다. 공자는 자로와 더불어 사방의 나라를 두루 돌아다녔으나, 자기를 알아주는 이를 만나지 못하자 감개하여 일러주신 것이다.

■王曰: "君子固窮, 而子路慍見, 故謂之少於知德." ○韓曰: "此句, 當在'子路 慍見'之下[見『筆解』]." ○案 '鮮矣'二字, 本是慨惜世人之辭. 若慨惜於子路, 則豈 云鮮矣? 子路不知德, 而語之曰知德者鮮矣, 則是恕子路也, 豈責子路乎? 此章 與慍見無涉. ○孔門弟子, 其最受切責者子路. 然其汲汲行道之志, 斷斷從師之 忠, 於諸弟子中, 最熱最猛. 故孔子許之以乘桴浮海, 猶然相從, 斯可知也. 師弟 二人, 周流四國, 卒無所遇, 及其遲暮也, 悵然感慨曰: "知德者鮮矣!" 斯豈切責 之言乎? 將子路平生, 但受切責而無一言以相與乎?

왕숙이 말했다. "군자는 본래 궁한 것인데, 자로가 성난 얼굴로 공자를 알현 했기 때문에 그에게 덕을 아는 이가 적다고 말한 것이다." ○한유가 말했다. "이 구절은 마땅히 '자로온현子路慍見' 뒤에 있어야 한다."(『필해』에 보인다.) 주 자가 말했다. "이 장은 대개 성난 얼굴로 알현했기 때문에 나온 듯하다." ○ 살핀다. '드물다(鮮矣)'는 말은 본시 세인들을 개탄하고 애석하게 여겨서 한 말이다. 만약 자로를 개탄하고 애석하게 여겼다면, 어찌 '드물다'고 말했겠는 가? 자로가 덕을 알지 못해서 그에게 '덕을 아는 사람이 드물구나!'라고 했다 면, 이는 자로를 용서하는 것이지, 어찌 자로를 책망한 것이겠는가? 이 장은 자로가 성난 얼굴로 공자를 알현했다는 것(慍見)과 아무런 상관이 없다. ○ 공문의 제자들 중에 가장 절실하게 책망을 받은 자는 자로이다. 그러나 도를 행하려는 간절한 뜻과 스승을 따르려는 정성스럽고 한결같은 충성심은 모든 제자들 중에 가장 열심이었고 맹렬했다. 그러므로 공자께서는 뗏목을 타고 바다를 떠가는데도 자로가 따를 것이라고 허여했으니, 이것을 알 수 있다. 스승과 제자 두 사람이 사방의 국가를 두루 돌아다니다 끝내 알아주는 이를 만나지 못했으니, 그 늘그막에 이르러 쓸쓸히 감개하여 말하길, (남의) '덕을 알아보는 이가 드물다.'고 하신 것이다. 이것이 어찌 절실하게 책망하는 말인가? 장차 자로는 평생 어찌 다만 절실하게 책망만 받고, 한마디의 상호 허여하는 말도 없었겠는가?

■ 質疑 『集注』曰: "德, 謂義理之得於己者." ○案 德者, 直心之攸行也. 修於己曰修德, 察於人曰知德. 先儒每訓之爲得, 諧聲也. 然摸捉實難.

질의한다. 『집주』에 "덕은 의리가 자신에게 터득된 것을 말한다(德謂義理之得於己者)."고 했다. ○살핀다. '덕德(彳+直+心)'이란 곧은 마음(直=眞心)을 행(行)하는 것이다. 자기 몸에 덕을 닦는 것을 수덕修德이라 하고, 다른 사람에게 덕을 살피는 것을 지덕知德이란 한다. 그런데 선유先儒들이 매양 덕을 풀이하여 득得이라 한 것은 해성(諧聲)이기 때문이다. 그러나 그 근거를 더듬어 찾아보기란 실로 어려운 일이다.

비평 —— 주자는 이 구절을 '아마도 앞 장을 이어 자로가 성난 모습으로 찾아온 것을 보고 이 말을 했을 것이다.'라고 추정했다. 이에 대한 다산은 '드물다(鮮矣)'는 말은 본시 세인들을 개탄하고 애석하게 여겨서 하는 말이기 때문에, 세인들이 공자를 알아보지 못하는 것을 보고 탄식한 것이지, 자로를 책망한 말이 아니라고 주석했다. 그런데 주자 또한 자로를 꾸짖는 말로 해석한 것이 아니라, "군자가 때로 진실로 곤궁한 것은, (세상 사람들 가운데) 덕 있는 사람을 알아보는 사람은 드물기 때문이다."라고 해석한 것이라고 할 수 있다. 바로 이 점에서 다산의 주자 해석 비판은 논점을 벗어났다고 할 수 있다. 그리고 주자는 '일반적으로 덕이란 얻어 지니고 태어난 것(德得也)'이라고 해석하는데, 이에 대한 다산의 어원적 비판은 상세한 논의를 필요로 한다. 다음의 쌍봉 요씨의 언명을 참고할 만하다.

쌍봉 요씨가 말했다. "공자께서 '도를 안다(知道)'라고 말하지 않고, '덕을 안다(知德)'고 말씀하신 것은 무엇 때문인가? 덕과 도는 같지 않다. 앎이 행위 이전에 있는 것을 도를 안다고 한다. 앎이 행위 이후에 있다면 덕을 안다고 말한다. 앎이 행위 이전에 있으면 도는 아직 나의 소유가 아니어서 아직 친절親切하지 못한다. 앎이 행위 이후에 있으면, 이 도는 실제로 나의 소유가 되어 앎이 깊어진다. 이미 이 내면의 깊은 맛을 알았다면, 외면의 세상의 맛은 저절로 그것을 빼앗아 가기 부족하다. 맹자는 인의를 배불리 먹었기에 다른 사람의 기름진 음식의 맛을 원하지 않는다(飽乎仁義 所以不願人之膏粱之味也: 6상, 고자상:17)고 했다. 자로는 아직 이 덕을 자기 내면에 실지로 소유할 수 없었다. 그래서 식량이 떨어지자마자 곧 성난 기색으로 알현했다." (『논어집주대전』)

주자와 다산의 덕 개념은 상세히 논구할 필요가 있다. 3권에서 별도 장을 구성하여 상론하고자 한다.

15:4-1. 子曰: "無爲而治者, 其舜也與! 夫何爲哉? 恭己正南面而已矣."

고주 —— 공자께서 말씀하셨다. "(제왕의 도로써) 무위(청정)하며 (백성을 교화하여) 다스린 이는 순임금일 것이다. 대저 무슨 일을 했겠는가? 자신을 공경히 하며 (단정히 밝은 쪽을 향하여) 남면하셨을 뿐이다."

주자 —— 공자께서 말씀하셨다. "(덕이 융성하여 백성이 교화되어) 작위 없이 다스린 이는 순임금일 것이다. 대저 (요임금의 뒤를 잇고, 사람들을 얻어 관직을 맡겼으니) 무슨 일을 했겠는가? 스스로를 공손히 하고 남면했을 뿐이다."

다산 —— 공자께서 말씀하셨다. "(적재적소의 인재를 얻어, 치세가 완성되고 제도가 정비되어 법령에 따라 시행되어 편안하게) 무위로 다스린 이는 아마도 순임금일 것이다. 대저 무슨 일을 했겠는가? 자신을 공경히 하며 (단정히 밝은 쪽을 향하여) 남면하여 다스렸을 따름이다."

집주 —— ■ 無爲而治者는 聖人德盛而民化하여 不待其有所作爲也라 獨稱舜者는 紹堯之後하고 而又得人以任衆職이라 故로 尤不見其有爲之迹也라 恭己者는 聖人敬德之容이니 旣無所爲면 則人之所見이 如此而已니라

무위하면서 다스린다(無爲而治)는 것은 성인의 덕이 융성하여 백성이 교화되어, 작위作爲하는 것이 있을 필요가 없다는 것이다. 오로지 순임금만 칭한 것은 요임금의 뒤를 잇고 또한 사람들 얻어 여러 관직을 맡겼기 때문에 더욱더 그 유위有爲의 흔적을 볼 수 없다. 스스로 공손히 했다(恭己)는 것은 성인이 덕을 공경하는 모습이니, 이미 작위하는 바가 없으니, 사람들이 보기에 이와 같을 뿐이다.

자원풀이 ■위爲는 爪와(손톱 조)+ 象(코끼리 상)의 회의자로 손으로 코끼리에게 일을 시키는 모습, 아랫부분의 형체가 변해 지금 자형이 되었다. '일을 하다'가 원래 뜻이고, '위하여', '때문에'라는 문법소로 쓰였다. 무위란 아무 일도 하지 않음, 자연 그대로, 본성 그대로 이루어지게 하면서 인위적인 조작을 하지 않음으로 풀이할 수 있다.
■공恭은 心+共(함께 공)의 형성자로 함께 할 수 있는 마음을 뜻하는데, 함께 하려면 상대를 존중하고 자신을 낮추는 겸허謙虛·공손恭遜한 마음이 필요하기 때문이다. 이후 존중하다, 뜻을 받들어 시행하다 등의 뜻이 나왔다.

고금주 —— ■何曰: “言任官得其人, 故無爲而治.” ○邢曰: “案〈舜典〉, 命禹宅百揆, 棄后稷, 契作司徒, 皋陶作士, 垂共工, 益作朕虞, 伯夷作秩宗, 夔典樂, 敎胄子, 龍作納言, 並四岳十二牧, 凡二十二人, 皆得其人, 故舜無爲而治也.” ○補曰 恭己, 猶敬身, 謂篤恭而端坐也. 〔〈洪範〉: “貌曰恭.”〕 正南面, 謂居其位而不動也. 『易』曰: “嚮明而治.” ○補曰 舜雖得人, 未嘗無爲. 此云無爲者, 極言得人而逸, 贊歎揄揚也.

하안이 말했다. “관직에 마땅한 사람을 얻어 임명했기 때문에, 무위했지만 다스려졌다는 말이다.” ○형병이 말했다. “살핀다. 『서경』「순전」에 우禹를 임명하여 백규百揆에 앉히고, 기棄를 후직后稷에 (앉히고), 설契로 사도司徒를 삼고, 고요皋陶를 사士로 삼고, 수垂를 공공共工으로, 익益을 우虞로, 백이伯夷를 질종秩宗으로 삼고, 기夔를 전악典樂으로 삼아 주자胄子를 가르치고, 용龍을 납언納言으로 삼았으니, 사악四岳과 함께 12목牧을 합하면 총 22인으로 모두 마땅한 사람을 얻었기 때문에, 순임금은 무위했지만 다스려졌다고 했다.” ○보완하여 말한다. 공기恭己는 경신敬身과 같으니, 지극히 공순한 용모로 단정히 앉아 있는 것을 말한다.(『상서』「홍범」에서 말했다. “용모는 공손해야 한다.”) 정남면正南面은 그 지위에 기거하면서 움직이지 않는 것을 말하니, 『역경』에서 “밝은 데를 향하여 다스린다.”고 말했다. ○보완하여 말한다. 순임금이 비록 사람을 얻었지만, 일찍이 무위한 적은 없다. 여기서 말한 무위無爲란 사람을 얻어 편안한 것을 지극히 말한 것이니, 찬탄하고 칭양한 것이다.

■邢曰: “帝王之道, 貴在無爲淸靜而民化之, 然後之王者, 罕能及.” ○案 淸靜無爲者, 老氏之說也. 自漢以前, 『書傳』無此說. 漢氏初壹天下, 君臣皆椎鹵無文, 不知所以治之, 第欲順民之心, 創爲此說, 以與之休息. 所謂文ㆍ景之治, 有名於三代之後者也. 然以此之故, 禮樂文物不復興於斯世, 而釀成七國之亂, 幾覆漢祚, 則其爲亂亡之術, 亦已驗矣. 舜攝政之年, 奮發事功, 具載典冊. 其自命官以後, 『書』無所言者, 治成制定, 按法而行之, 故不復記載, 豈遂無爲而然哉?

三載一考, 三考一黜, 五載一巡, 群后四朝, 詢事考言, 敷奏試功, 年年歲歲, 按法而行, 不旣紛紛然多事乎? 群臣百工, 莫不奔走率職, 舜顧獨無爲乎? 考績必親, 巡守必親, 刑獄必聞, 敎訓必先, 舜何得無爲乎? 況今之所謂〈舜典〉者,〈堯典〉之下半也. 古之〈舜典〉, 今旣亡逸, 不知其中, 又有幾件施措, 役役勞勞, 何得以一篇文字, 遽證其無爲乎? 孔子言無爲者, 甚言得人之效, 可以寧謐, 贊歎揄揚. 意氣洋溢, 此聖人辭旨激昂處, 正不必以辭害意也. 今人論治道者, 率皆導人主端拱玄默, 無所猷爲, 百度頹墮而莫之整理, 萬機叢脞而莫之搜撥, 不十年而天下腐矣. 禍難相承, 凋弊不振, 而卒莫之開悟, 皆無爲之說, 有以誤之也.

형병이 말했다. "제왕의 도는 무위·청정하여 백성들을 교화함이 있는 것을 귀중하게 여겼지만, 후의 임금들은 능히 (제왕의 도에) 거의 미치지 못했다."

○살핀다. 청정무위淸靜無爲란 노자의 학설이다. 한漢나라 이전의 『서전』에는 이런 학설이 없었다. 한나라 초기 천하를 통일했을 때에 군신이 모두 어리석고 황망하고 문화가 없어 다스릴 방도를 알지 못하자, 차제에 백성들의 마음을 순화하고자 이러한 학설을 만들어 휴식을 주고자 했으니, 이른바 문제·경제의 치세(文景之治)는 삼대 이후에 (가장 잘 다스려진 시대로) 이름이 있었다. 그러나 이런 까닭으로 예악·문물이 이런 시대에는 부흥되지 못하고, 칠국의 난을 불러일으켜 한나라가 거의 전복될 운명에 처했으니, 청정무위의 설이 난망의 술책임이 이미 입증되었다. 순이 섭정한 연간에 분발하여 사업을 일으킨 공적은 모두 서책에 실려 있다. 그가 관리를 임명한 이후에 대해서는 『서』에서 언급한 바가 없는 것은, 다스림이 이루어지고 제도가 정비되어 법을 살펴 시행했기 때문에 다시 기재하지 않았던 것이니, 어찌 무위를 이루어 그렇게 했겠는가? 3년에 한 번 고과하고, 세 번 고과하여 한 번 내치며, 5년에 한 번 순수하며, 여러 제후들은 4년에 한 번 조회하며, 일을 의논하고 언사를 살피고, 널리 주상하게 하고 공적을 시험하여, 연년세세 법을 살펴 시행하여 이미 분분하게 일이 많았던 것이 아닌가? 여러 신하들과 온갖 장

인들이 분주하게 직책을 좇지 않음이 없었는데, 순임금만 홀로 무위할 것을 생각했겠는가? 고적考績을 반드시 몸소 행하고, 순수를 반드시 몸소 행하고, 형옥을 반드시 경청하고, 교훈을 반드시 먼저 하였으니 순임금이 어찌 무위했겠는가? 하물며 오늘날의 이른바 「순전舜典」이란 「요전堯典」 하반부이다. 옛날의 「순전」은 지금 이미 망실되어 그 내용을 알지 못하니, 또한 몇 건 시행·조치하여 애쓰고 노력한 것이 있지만, 어찌 한 편의 문자만으로 갑자기 그 무위를 증명할 수 있겠는가? 공자가 '무위'라고 말한 것은 순임금이 사람을 얻은 효력으로 편안해질 수 있었던 것을 심하게 말한 것이니, 찬탄하고 칭양한 것이다. 그 의기가 양양하게 넘쳤으니, 이는 성인의 말의 취지가 격앙된 곳이므로, 반드시 말로써 뜻을 해쳐서는 안 된다. 요즘 치도를 논하는 사람은 모두 군주를 단정히 팔짱끼고 말없이 고요히 앉아 아무런 계책을 세우지 말도록 유도하니, 온갖 법도가 무너져 정리되지 않고 정사의 온갖 기틀이 번잡해져 다스려지지 않게 되어 10년도 되지 않아 천하는 부패할 것이다. 화난禍難이 서로 이어지고 정사가 피폐하여 떨치지 못하는 지경인데도, 마침내 깨닫지 못하는 것은 모두 무위의 설이 잘못되게 한 것이다.

비평 —— 순임금의 '무위의 정치(無爲之治)'를 두고, 다소 다른 해석을 했다. 여기서 문제는 '무위'가 무엇을 의미하는가 하는 점이다. 『논어』에 "공자께서는 네 가지가 전혀 없으셨다. 사사로운 의지가 없으셨고, 기필함이 없으셨고, 고집이 없으셨고, 아집이 없으셨다(9:4. 子絶四 毋意 毋必 毋固 毋我)."라는 구절이 나온다. 주자는 바로 이런 점에 착안하여, '무위'란 작위作爲함이 없는 것, 즉 인위적인 조작을 가하지 않고 천연의 본성이 그대로 실현되는 것을 말한다고 설명했다. 이에 비해 다산은 이른바 '무위' 혹은 '무위정치'는 노자에게서 유래한다고 말한다.

다산이 생각한 노자적 무위 혹은 무위정치는 부정적·소극적·허무적 정치이다. 다산은 역사에서 무위를 표방한 정치의 허상을 지적한다. 그런데 다산의 이 주장은 적어도 주자의 원문 해석에 대한 정확한 비판이라 할 수 없다. 원문에서 공자가 분명 "순임금은 무위했지만, 다스려졌다."고 말했음에도 불구하고, 다산은 공자의 이 언명은 격양된 표현 혹은 지언至言, 그리고 심언甚言이라고 해석하여, 다소 부자연스런 설명을 했다. 다산은 아마도 당시 문란했던 정치의 현실에서 무위정치를 표방하는 것은 소극적 허무주의로 귀결될 수 있다는 것을 염려한 것으로 보인다. 그래서 이상적인 정치가 실현될 수 있는 체계를 만들어 최선을 다한 정치가 순임금의 정치라고 말하고 있다.

그런데 여기서 우리는 '무위'란 아무것도 하지 않는 것이 아니라, 인의예지로 대표되는 본성의 덕을 자연스럽게 그대로 실현하는 것이라는 점을 간과해서는 안 된다. 맹자에 "요순은 본성 그대로 삶을 영위하신 분이고, 탕무는 본성을 체득한 사람이다(堯舜性之 湯武反之, 13:3-1. 孟子曰 堯舜性之也 湯武身之也)."라는 구절은 바로 무위정치의 본 뜻을 잘 설명해 주는 구절이라고 생각된다. 이는 상세한 논변을 필요로 하기 때문에, 3권의 정치에 관한 장에서 상술하기로 한다.

15:5. 子張問行. 子曰: "言忠信, 行篤敬, 雖蠻貊之邦, 行矣. 言不忠信, 行不篤敬, 雖州里, 行乎哉? 立則見其參於前也, 在輿則見其倚於衡也, 夫然後行." 子張書諸紳. [行, 皆平聲, 惟'行篤敬', 去聲]

고주 —— 자장이 (자신의 도를) 행함에 대해 물으니, 공자께서 말씀하셨다. "말이 충신忠信스럽고, 행동이 독경篤敬스러우면, 비록 오랑캐의 나라에 가더라도 행할 수 있지만, 말이 충신스럽지 않고, 행동이 독경스럽지 않으면 비록 중국의 마을이라고 할지라도 시행될 수 있겠는가? 일어서서는 그것(충신·독경)이 눈앞에 끼어 있는 듯이 보고, 수레를 타서는 그것이 멍에에 기대고 있는 듯이 보아야 한다. 무릇 그런 뒤에야 행하게 할 수 있다." 자장이 큰 띠에 적었다.

주자 —— 자장이 행세함에 대해 물으니, 공자께서 말씀하셨다. "말이 충성스럽고·신뢰성이 있으며, 행동이 돈독하고·경건하면 비록 오랑캐의 나라에서도 행세할 수 있고, 말이 충성스럽지 않고·미덥지 못하고, 행동이 돈독하지 않고·경건하지 못하면 비록 중국의 마을에서도 행세할 수 있겠는가? 일어서서는 그것(충·신·독·경)이 눈앞에 끼어 있는 듯이 보고, 수레를 타서는 그것이 멍에에 기대고 있는 듯이 보아야 한다. 무릇 그런 뒤에야 행세할 수 있다." 자장이 허리띠 자락에 적었다.

다산 —— 자장이 (교령이) 시행될 수 있는 것에 대해 물으니, 공자께서 말씀하셨다. "말이 마음 가운데에서 나와 신실하고, 행동이 독실하게 공경스러우면 비록 오랑캐의 나라에 가더라도 시행될 수 있지만, 말이 마음 가운데에서 나오지 않아 신실하지 않고, 행동이 독실하게 공경스럽지 못하면 비록 중국의

자원풀이 ■참參(삼)은 晶(밝을 정)+人(사람 인)+彡(터럭 삼)으로 별(晶)이 사람의 머리 위를 환하게 비추는 모습을 그렸다. 별빛이 사람의 머리 위로 쏟아지는 모습에서 침투하다의 뜻이 생겼고, 다시 참여參與하다의 뜻이 나왔다.
■여輿는 車(수레 거)+舁(마주들 여)의 형성자로 서로 함께 힘을 합쳐야 들 수 있는 것(舁)이 수레임을 말해준다. 이후 가마, 상여용 수레, 지위가 낮은 병졸 등을 지칭한다.
■의倚는 人+ 奇(기이할 기)로 다른 사람(人)에게 기울어져 '기댐'을 말하며, '의지하다'의 뜻이 나왔다.
■형衡은 行(갈 행)+角(뿔 각)+大(큰 대)의 회의자로 사거리(行)에서 수레를 끄는 소의 뿔(角)에 큰 (大) 가름대를 묶은 모습을 그렸는데, 인신引伸하여 가름대가 저울을 닮아 '저울'을 뜻하게 되고, 무게를 달다의 뜻이 생겼다. 주자朱子는 형衡을 멍에(軶)라 했고, 다산은 멍에 위에 가로진 횡목橫木이라 했다.
■신紳은 糸(가는 실 사)+申(아홉째 지지 신)의 형성자로 옛날 사대부들이 허리 사이에 쭉 늘어뜨려(申) 매던 실(糸)로

마을이라고 할지라도 시행될 수 있겠는가? 수레에 서면 수레 앞에 말을 붙여서 멍에에 메워 놓은 것을 보게 되고, 수레에 앉으면 수레 채가 멍에에 닿아 있는 것을 보게 되니, 대저 그런 뒤에라야 수레가 간다." 자장이 이 말을 허리띠 자락에 적었다.

집주 ─── ■猶問達之意也라

(자장이) 달達에 관해 질문했던(「안연」12:20) 뜻과 같다.

■子張이 意在得行於外라 故로 夫子反於身而言之하시니 猶答干祿問達之意也라 篤은 厚也라 蠻은 南蠻이요 貊은 北狄이라 二千五百家爲州라

자장은 뜻이 밖에서 행세하는 데에 있었다. 그런 까닭에 공자께서 자신을 돌이키는 것으로 말씀했으니, 녹을 구함(干祿, 2:18)과 현달함에 대한 질문(問達, 12:20)에 답했던 것과 뜻이 같다. 독篤은 후厚함이다. 만蠻은 남쪽 오랑캐南蠻이다. 맥貊은 북쪽 오랑캐(北狄)이다. 2천5백 가家가 주州이다.

■其者는 指忠信篤敬而言이라 參은 讀如毋往參焉之參이니 言與我相參也라 衡은 軛也라 言其於忠信篤敬에 念念不忘하여 隨其所在하여 常若有見하여 雖欲頃刻離之라도 而不可得이니 然後에 一言一行이 自然不離於忠信篤敬하여 而蠻貊可行也라

기其란 충忠·신信·독篤·경敬을 지칭하여 말한다. 참參은 '무왕참언毋往參焉(가서 끼어들지 마라)'의 참參과 같이 읽어야 하니, 나와 더불어 서로 참여함을 말한다. 형衡은 멍에(軛)이다. 사람이 충·신·독·경에 대해 항상 생각

─────────────

만든 큰 띠를 말하는데, 이후 이런 띠를 맨 사람이라는 뜻에서 신사紳士를 뜻하게 된다.
■주州는 굽이쳐 흐르는 강(川) 사이에 형성된 모래톱을 그려, 큰 강을 경계로 행정구역이 결정되었기 때문에 구주九州처럼 행정단위로 쓰였다. 2,500가구가 1주州가 된다(주자).
■리里는 田(밭 전)+土(흙 토)의 회의자로 전田은 경작 가능한 농지를, 토土는 농작물을 성장케 하는 상징이었는데, 농지가 있어 정착한 '마을'이라는 의미가 생겼다. 5가家가 1린隣, 5린隣이 1리里이다.

하고 잊지 않고서, 있는 곳마다 항상 눈앞에 보는 것처럼 하여 비록 잠시나마 떠나려고 하여도 그럴 수 없게 된 다음에야 말 한마디와 행동 하나가 자연히 충·신·독·경에서 떠나지 않아 오랑캐 나라에서도 행세할 수 있다는 말씀이다.

■ 紳은 大帶之垂者라 書之는 欲其不忘也라

신紳은 큰 띠의 드리워진 부분인데, 거기에 썼다는 것은 잊지 않고자 한 것이다.

■ 程子曰 學要鞭辟近裏著己而已니 博學而篤志하고 切問而近思하며 言忠信하고 行篤敬하여 立則見其參於前하고 在輿則見其倚於衡이니 卽此是學이니라 質美者는 明得盡하고 查滓便渾化하여 却與天地同體요 其次는 惟莊敬以持養之니 及其至則一也니라

정자가 말했다. "학문의 요령은 자신을 채찍질하여 내면으로 몰아들여 달라붙게 하는 것일 뿐이다. 널리 배우되 뜻을 독실하게 하며, 절실하게 묻되 생각을 가까이에서 하며(「子張」 19:6), 말은 충忠·신信하며, 행위는 독篤·경敬하게 하며, 서 있으면 그것(忠·信·篤·敬)이 앞에 참여함을 보고, 수레에 타면 그것이 멍에에 기대어 있음을 보면, 오직 이것이 학문이다. 자질이 아름다운 자는 밝음이 극진함을 얻어 찌꺼기가 곧 녹아 없어지면 천지와 일체가 된다. 그다음의 사람은 오직 장莊·경敬으로 지키고 양성해야 하니, 지극한 데에 이르면 한 가지이다."

고금주 ── ■補曰 行, 謂敎令得施行. 忠信, 信由中也. [『左傳』云: "信不由中, 質無益也."] 篤敬, 敬以實也. 南方曰蠻, 東北曰貊. [肅愼·夫餘卽貊也] 二十五家爲里. ○鄭曰: "行乎哉, 言不可行." ○補曰 參於前者, 軶也. 倚於衡者, 輈也. [輈, 轅也] 參·驂通, [驂乘亦謂之參乘] 驂者, 駕馬也. [『說文』云] 衡者, 衆軶上橫木也. 駕馬必以軶, [以曲木厄馬領者] 施軶必以輈. [義見下] 立於車, [古者車立乘] 則見軶

之駕於車前也, 坐於輿, [御者坐] 則見輗之倚於衡上也. 夫然後車行. [駕輗低陷, 故立則見之, 輗衡之形, 坐亦見之] 車與馬, 本是二物, 不相連接, 必以輗軏聯結於二者之間, 然後車乃得行. 我與人, 本是二身, 不相連接, 必以信敬聯結於二者之間, 然後我之教令, 乃得施行.

보완하여 말한다. 행行은 교령教令이 시행될 수 있음을 말한다. 충신忠信은 신실함이 마음 가운데에서 나온 것(信由中)이고(『좌전』에서 말했다. "신실함이 마음 가운데에서 나오지 않으면, 질박함이 아무런 유익함이 없다:信不由中質無益也."), 독경篤敬은 신실함으로 공경함(敬以實也)이다. 남방을 만蠻이라고 하고, 동북東北을 맥貊이라 한다(肅愼·夫餘가 곧 貊이다). 25가家가 리里이다. ○정현이 말했다. "'행호재行乎哉'는 행할 수 없다는 것을 말한다." ○보완하여 말한다. 참어전參於前이란 멍에(輗)이고, 의어형倚於衡이란 수레 채(輗는 끌채:轅)이다. 참參은 참驂으로 통하니(驂乘은 參乘이라고도 한다) 참驂이란 말을 수레에 바짝 붙이는 것이고(『설문』), 형衡이란 여러 멍에 위에 가로진 횡목橫木이다. 말을 수레에 붙여 반드시 멍에(輗)에 묶고(굽은 나무로 말의 목에 멍에를 메운 것이다), 말에 멍에를 메우면 반드시 수레 채(輗)에 묶는다. 수레에 서면 수레 앞에 말을 붙여서 멍에를 메워 놓은 것을 보게 되고, 수레에 앉으면(御者는 앉는다) 수레 채가 멍에에 닿아 있을 것을 보게 된다. 그런 뒤에야 수레가 가는 것이다 (말에 輗으로 멍에를 메운 곳은 그 위치가 낮게 되어 있기 때문에 서면 이를 볼 수 있고, 수레 채와 횡목의 형상은 앉아서도 볼 수 있다). 수레와 말은 본시 두 물건으로 서로 연접할 수 없으니, 반드시 수레 채(輗)와 멍에(輗)로 둘 사이를 연결한 뒤에야 수레가 곧 갈 수 있다. (사람의 경우도) 나와 남은 본래 두 몸으로 서로 연접할 수 없으니, 반드시 신信과 경敬으로 두 사람 사이를 연결한 뒤에야 나의 교령이 이에 시행될 수 있다.

■ 質疑『集注』曰: "貊, 北狄." 《周禮·職方氏》: "八蠻·七閩·九貊·六狄." 鄭司農注: "南方曰蠻, 北方曰貊狄."] ○案 狄者, 古之獫狁, 漢之匈奴, 唐之突厥, 宋之蒙古, 是也. 貊者, 古之鳥夷, 漢之夫餘, 唐之鄭頡, 宋之東丹, 是也. 狄在中國之北, 貊在我邦之北, 鄭司農通言北方, 可也. 若以貊爲狄, 則種類本殊也.

질의한다. 『집주』에서 말했다. "맥貊은 북쪽 오랑캐(北狄)이다."(『주례』「직방씨」에서 "八蠻・七閩・九貉・六狄"이라 하니, 정사농의 주에서 "남방을 蠻이라 하고, 북방을 貉狄이라 한다."고 했다.) ○살핀다. 적狄이란 옛날의 험윤玁狁, 한대의 흉노匈奴, 당대의 돌궐突厥, 송대의 몽고蒙古가 그것이다. 맥貊이란 옛날의 조이鳥夷, 한대의 부여夫餘, 당대의 막힐鄭頡, 송대의 동단東丹이 그것이다. 적狄은 중국의 북방에 있었고, 맥貉은 우리나라의 북방에 있었다. 정사농鄭司農이 북방이라고 통칭한 것은 타당하지만, 맥貊을 적狄으로 간주한다면 종족이 본래 다르니, 타당하지 않다.

■包曰: "衡, 軛也. 言思念忠信, 立則常想見參然在目前. 在輿, 則若倚車軛." ○駁曰 非也. 忠信非有形之物, 非有靈之物, 何得常目如是? 然且衡軛, 二物之名, 訓衡爲軛, 亦指鹿而賣鼠矣. 總之, 孔子之言曰: "人而無信, 不知其可也. 大車無輗, 小車無軏, 其何以行之哉?"〔爲政〕篇 此云: "言不忠信, 州里行乎哉?" 正是一板搨出之話, 彼義此義, 不得相殊, 通則俱通, 塞則俱塞, 無再言也. 信敬二者, 居於人我之間, 使人我連爲一體, 乃得流行. 其理翕然相符, 故夫子前旣言之, [小車・大車喩] 今又再言.

포함이 말했다. "형衡은 멍에(軛)이다. 항상 충忠・신信(과 篤・敬)을 생각하여, 서 있으면 눈앞에 그것이 벌여 있어 보이는 것처럼 상상하고, 수레에 있을 때에는 멍에에 기대어 있는 것처럼 상상하는 것을 말한다." ○논박하여 말하면, 그릇되었다. 충신忠信은 형체가 있는 것이 아니며, 영혼이 있는 것도 아닌데, 어떻게 항상 이처럼 눈으로 볼 수 있겠는가? 그러나 또한 형衡과 멍에(軛)는 다른 두 물건의 이름인데 형衡을 액軛으로 풀이하면, 또한 사슴을 가리키며 쥐를 파는 것이다. 총괄하면, 공자의 말씀은 "사람이 신뢰성이 없으면, 어떻게 될까 알지 못하겠다. 큰 수레에 끌채가 없고, 작은 수레에 멍에가 없으면, 수레는 어떻게 가게 하겠는가(2:22)?"라고 했고, 여기서는 "말이 충신忠信하지 않으면, 주리州里라 하더라도 시행될 수 있겠는가?"라고 했으니, 이는 바로 똑같은 하나의 판각에서 나온 말로써 저기에서 말한 뜻과 여기에서 말한 뜻이 서로 다르지 않으니, 통하면 함께 통하고 막히면 함께 막혀서 재론할 것이 없다. 신信 · 경敬 두 가지는 남과 나 사이에 있으면서 남과 나를 일체가 되게 하여, 이에 (교령이) 시행될 수 있다. 그 이치가 흡연히 서로 부합하기 때문에 공자께서 앞에서 이미 말하셨고(小車 · 大車로 비유했다), 지금 또 다시 언급했다.

■周萊峰云: "忠信篤敬, 不得如宋儒分作四字看. 信必曰忠信, 敬必曰篤敬. 可見信不由中, 雖信亦妄. 敬不篤至, 雖敬亦矯." ○案 此說好.

주래봉周萊峰이 말했다. "충신독경忠信篤敬을 송유들처럼 네 글자(忠 · 信 · 篤 · 敬)로 나누어 볼 수 없다. 신은 반드시 충신忠信으로 말하며, 경敬은 반드시 독경篤敬을 말한다. 신信은 마음 가운데에서 나오지 않으면 비록 신信하더라도 또한 망령(妄)되며, 경敬은 돈독함을 지극히 하지 않으면 비록 경敬하더라도 또한 속이게 됨(이치를 굽힘)을 볼 수 있다." ○살핀다. 이 설이 좋다.

비평 —— 참어전參於前과 의어형倚於衡에 대한 다산의 백과사전적인 고증이 놀랍도록 자세하고 설득력이 있다. 나아가 다산이 이 구절을 유비적 연관성에서 볼 때 2:22(子曰 人而無信 不知其可也 大車無輗 小車無軏 其何以行之哉)와 연관하여 함께 봐야 한다는 지적 또한 상당한 타당성을 지닌다.

문제는 충신독경忠信篤敬을 주자가 네 덕목(忠 · 信 · 篤 · 敬)으로 간주한 것에 대해, 다산은 신信 · 경敬으로 요약할 수 있다고 주장하고 있는 것이다. 이에 대한 다산의 해석은 상세히 나타나 있는바, 주자의 상세한 언명을 『대전』의 세주에서 참고 삼아 제시하면 다음과 같다.

충忠과 신信은 모두 진실함(實)으로 해석된다. 충忠은 마음에서 나오는 것(出於心)이고, 신信은 일에 드러나는 것(見於社事)이다. 만일 입으로는 그렇게 말하면서, 마음속은 그렇지 않다면 불충不忠(진실하지 않음)이다. 입으로는 그렇게 말하면서, 일에서 겪게 되는 것이 그렇지 않다면 불신不信(믿음직하지 않음)이다. 충은 앞의 한 단계이고, 신은 뒤의 한 단계이다. 마음속이 진실하다고 해도, 실제 행동에서 믿음직하지 못하다면 옳지 않다.

주자의 설명이 이와 같다면, 충신독경忠信篤敬을 네 조목으로 보거나, 두 조목(충신과 독경)으로 보더라도 결국 큰 차이가 없다고 하겠다.

❧

15:6. 子曰: "直哉, 史魚! 邦有道, 如矢, 邦無道, 如矢. 君子哉, 蘧伯玉! 邦有道, 則仕, 邦無道, 則可卷而懷之."

고주 —— 공자께서 말씀하셨다. "곧구나, 사어(위나라 대부 사추)여! 나라에 도가 있을 때에는 (행실이) 화살처럼 곧았고, 나라에 도가 없어도 (행실이) 화살처럼 곧았다(세속에 따라 소신을 바꾸지 않았다). 군자(의 덕을 지니고 있음이)로다, 거백옥이여! 나라에 도가 있으면 벼슬하고, 나라에 도가 없으면 (재능을) 거둬들여 (시정에 참여하지 않고), (유순하여 남을 거슬리지 않고) 간직했다."

주자 —— 공자께서 말씀하셨다. "곧구나, 사관(史=官名)어여! 나라에 도가 있을 때에는 화살처럼 곧고(스스로 어진 이를 나아가게 하거나 불초한 이를 물러나게 하지 못했다고 생각했다), 나라에 도가 없어도 (죽어서도 오히려 주검으로 간했기 때문에) 화살처럼 곧았다. (성인의 도에 부합하는) 군자로다, 거백옥이여! 나라에 도가 있으면 벼슬하고, 나라에 도가 없으면 거둬들여 간직할 수 있었구나!"

다산 —— 공자께서 말씀하셨다. "곧구나, 사어(위나라 대부 사추)여! 나라에 도가 있을 때에는 (행실이) 화살처럼 곧았고 나라에 도가 없어도 (이미 죽어서도 오히려 주검으로 간했기 때문에 행실이) 화살처럼 곧았다. 군자로다, 거백옥이여! 나라에 도가 있으면 (총명을 행사하여 권력을 독점하지 않거나, 기세를 부리지 않고 : 長大하지 않았다) 벼슬하고, 나라에 도가 없으면 (도가 있어 벼슬할 때에 長大하지 않았기 때문에, 그 결과로써) 거둬들여 간직할 수 있었구나!"

집주 —— ■史는 官名이라 魚는 衛大夫니 名鰌라 如矢는 言直也라 史魚自以不能進賢退不肖라 하여 旣死에 猶以尸諫이라 故로 夫子稱其直하시니 事見家語하니라

사史는 관직명이다. 어魚는 위나라 대부이고 이름은 추鰌이다. 화살같다(如矢)는 곧다(直)는 말이다. 사관 어魚는 스스로 어진 이를 나아가게 하거나 불초한 이를 물러나게 하지 못했다고 생각하고, 이미 죽어서 오히려 주검으로 간했기 때문에 공자께서 그가 곧다고 칭했다. 이 일은 『공자가어』에 보인다.

■伯玉出處 合於聖人之道라 故로 曰君子라 卷은 收也요 懷는 藏也니 如於孫

자원풀이 ■사史는 붓을 손(又)으로 쥔 모습으로 자형이 변해 지금처럼 되었다. 손에 붓을 쥔 모습에서 역사를 기록하는 사관史官의 의미를 담았으며, 이후 문서관리나 역사를 기록하는 관리의 일반명칭이 되었다. 후에 그대로 성씨가 되었다. 역사歷史 혹은 『사기』의 간칭으로도 쓰였다.
■시矢는 갑골문에서 화살의 촉과 대와 꼬리를 사실적으로 그렸는데, 인신引伸하여 화살의 '곧음'처럼 정확함, 그리고 길이를 재는 척도를 나타낸다. 주자는 '시矢는 정직함을 말한다(矢言直也).'고 해석했다.
■권卷은 원래는 廾(두 손으로 받들 공)+卩(병부 절)+釆(분별할 변)의 형성자로 두 손을 모으고(廾) 무릎을 오므린 채 꿇어앉은(卩) 사람의 모습에서 굽히다, 접다 등의 뜻이 나왔다. 이후 죽간이나 종이에 글을 쓰고 이를 말아 놓은 것이 책이었기 때문에 책을 헤아리는 단위가 되었다. 그래서 권卷 자로 구성된 글자들은 '말다'는 의미와 관련되어 있다. 다산은 권卷은 거둬드린다(卷曲斂也)고 해석했다.

林父甯殖放弑之謀에 不對而出이 亦其事也니라

백옥의 출처出處는 성인의 도에 부합했기 때문에 '군자로다'라고 하셨다. 권卷은 거두어들이는 것이고, 회懷는 간직하는 것이다. 예컨대 손림보孫林父와 영식甯殖이 임금을 몰아내고 시해하려는 음모에 대해 대꾸하지 않고, 밖으로 나간 것 또한 그 사례이다.

■楊氏曰 史魚之直은 未盡君子之道요 若蘧伯玉然後에 可免於亂世니 若史魚之如矢면 則雖欲卷而懷之라도 有不可得也니라

양시가 말했다. "사관 어의 곧음은 군자의 도에는 미진하다. 거백옥 같은 뒤에라야 난세에 면할 수 있다. 만약 사관 어의 곧음과 같다면, 비록 거두어 품고자 해도 할 수가 없는 경우가 있다."

고금주 —— ■孔曰: "衛大夫史鰌." ○補曰 字伯魚. ○孔曰: "有道無道, 行直如矢, 言不曲." ○補曰 卷, 曲斂也. 方其仕時, 不張大, 故值無道之時, 可卷而懷之也. 美在仕時.

공안국이 말했다. "위나라 대부 사추史鰌이다." ○보완하여 말한다. 자字는 백어伯魚이다. ○공안국이 말했다. "도가 있을 때나 도가 없을 때나, 행실이 화살처럼 곧았다는 것은 굽히지 않았다(不曲)는 말이다." ○보완하여 말한다. 권卷은 거둬들이다(曲斂)이다. 바야흐로 벼슬할 때에 장대長大하지 않았기 때문에, 도가 없는 때를 만났어도 거둬들여 간직할 수 있었다. 찬미는 벼슬할 때에 있다.

■包曰: "卷而懷, 謂不與時政, 柔順不忤於人." ○邢曰: "有道, 則肆其聰明而在仕也. 無道, 則韜光晦跡, 不與政." ○駁曰 非也. '可'一字, 最有精神, 包注忘之矣. 若其方仕之時, 肆其聰明, 專權使氣, 則猝遇無道之世, 雖欲即時斂藏, 其可得乎? 方其仕時, 剛強自用, 則此時雖欲柔順不忤, 其可得乎? 可卷而懷之者, 謂有道之時也. 孔子之美伯玉, 在其方仕之時. 若夫無道之日, 因其前功,不見形迹也.

포함이 말했다. "권이회卷而懷는 시정時政에 참여하지 않고, 유순하며 남을 거스르지 않는 것이다." ○형병이 말했다. "도가 있으면 총명을 베풀어 벼슬하고, 도가 없으면 재능을 감추고 자취를 숨겨 정사에 참여하지 않는다." ○ 논박하여 말하면, 그릇되었다. 가可라는 한 글자에 최상의 정신이 내포되어 있는데, 포함의 주석은 그것을 망각하고 있다. 만약 바야흐로 벼슬할 때에 제멋대로 총명을 행사하여 권력을 독점하고 기세를 부렸다면, 갑자기 무도한 세상을 만났을 때 비록 즉시 총명을 거두어들여 간직하고자 해도 그렇게 할 수 있겠는가? '거둬들여 간직할 수 있다(可卷而懷之)'는 것은 도가 있었을 때 처신을 잘한 결과에서 오는 것을 가리킨다. 공자가 거백옥을 칭찬한 것은 그가 바야흐로 벼슬할 때의 일이니, 저 무도한 날과 같았던 그런 시기에는 그 이전의 공적을 토대로 하여 그 형적을 찾아볼 수 없다.

■案 朱子以此謂卷而懷之, 然只此一事, 不可以知其人矣.

살핀다. 주자는 (거백옥의) 저 한 면을 가지고 '권이회지'라고 말했지만, 다만 이 한 일로는 그 사람을 알 수는 없다.

비평 —— '가권이회지可卷而懷之'에서 '가可' 자가 있다는 점을 들어, 다산은 거백의 처신에서 찬미할 점은 '나라에 도가 있어 벼슬할 때 장대長大하지 않은 것'에 있다고 주장했다. 본문에 제시된 단 한 글자의 의미도 쉽게 간과하지 않으려는 다산의 세심함이 잘 드러나 있다.

15:7. 子曰: "可與言而不與之言, 失人, 不可與言而與之言, 失言. 知者不失人, 亦不失言."

고주 —— 공자께서 말씀하셨다. "(中人 이상으로 上의 학문을) 더불어 말할 수 있는 사람인데도 더불어 (상의 학문을) 말하지 않으면 (그) 사람을 잃게 되고, (중인 이하로 상의 학문을) 더불어 말할 수 없는 데에도 (상의 학문을) 더불어 말을 하면 (나의) 말을 잃게 된다. 지혜로운 사람은 (사리에 밝아) 사람도 잃지 않고, 또한 말도 잃지 않는다."

주자 —— 공자께서 말씀하셨다. "더불어 말할 만한데도 더불어 말하지 않으면 사람을 잃게 되고, 더불어 말할 만하지 않는데도 더불어 말한다면 말을 잃게 된다. 지혜로운 사람은 사람을 잃지 않으며, 또한 말도 잃지 않는다."

다산 —— 공자께서 말씀하셨다. "(中人 이상으로 우리 도를 이끌어 나아갈 만하여) 더불어 말할 수 있는 사람인데도 더불어 (상의 학문을) 말하지 않으면 (그) 사람을 잃게 되고, (중인 이하로 우리 도를 이끌어 나아갈 만하지 못하여) 더불어 말할 수 없는 데에도 (상의 학문을) 더불어 말을 하면 (나의) 말을 잃게 된다. 지혜로운 사람은 (사리에 밝아) 사람도 잃지 않고, 또 말도 잃지 않는다."

고금주 —— ■補曰 可與言, 謂可與言吾道, 引而進之. 美質不入道, 則失人. 忠告不見用, 則失言.

보완하여 말한다. '더불어 말할 만하다(可與言)'란 '더불어 우리 도를 말하여 이끌어 나아가게 할 만하다'는 것을 말한다. 아름다운 자질에도 도에 들어가지 못하면 사람을 잃는 것이고, 충고가 쓰이지 않는다면 말을 잃은 것이다.

■邢曰: "若中人以上, 可以語上, 是可與言, 而不與言, 是失於彼人也. 若中人以下, 不可以語上, 而己與之言, 則失於己言也. 惟知者明於事, 二者俱不失."
○案 此說精.

형병이 말했다. "예를 들면 중인中人 이상은 상上을 말할 수 있으니, 이런 사람과는 더불어 말할 수 있지만, 더불어 말하지 않는다면 이는 저 사람을 잃는 것이다. 예를 들면 중인 이하는 상上을 말할 수 없으니, 자기가 그와 더불어 말한다면 자기의 말을 잃는 것이다. 오직 지자만이 일에 밝아 두 가지 모두에서 잃지 않는다." ○살핀다. 이 설이 정밀하다.

비평 —— 고주는 이 구절을 6:20(子曰 中人以上, 可以語上也; 中人以下, 不可以語上也.)을 원용하여 해석했다. 다산은 고주의 해석이 정밀하다고 찬동하고, '더불어 말할 만하다(可與言)'란 '더불어 우리 도를 말하여 이끌어 나아가게 할 만하다.'라고 부가한다. 주자는 이 구절에 대해 주석을 하지 않았다. 신안 진씨의 다음 언명이, 이 구절의 해석을 도움을 주기도 한다.

오직 지혜로운 사람만이 사람을 알 수 있기 때문에, 그 사람이 더불어 말할 만한지 혹은 그렇지 않은지를 안다. 사람을 알지 못하면 마땅히 말해야 하는데 침묵하고, 마땅히 침묵해야 하는데 말하니, 사람을 잃거나 아니면 말을 잃게 된다. (『논어집주대전』)

❦

15:8. 子曰: "志士仁人, 無求生以害仁, 有殺身以成仁."

고주 —— 공자께서 말씀하셨다. "(선에) 뜻을 둔 선비와 인애로운 사람은 삶을 구하여 인을 해치는 일이 없고, (자신의) 몸을 죽여서라도 인을 이룸이 있다(인을 이룰 수 있다면 몸을 아끼지 않는다)."

주자 —— 공자께서 말씀하셨다. "뜻있는 선비와 덕을 이룬 사람은 삶을 구하여 인을 해치는 일이 없고, 몸을 죽여서도 인을 이룸이 있다."

다산 —— 공자께서 말씀하셨다. "도에 뜻을 둔 선비와 인한 마음이 있는 사람은 삶을 구하여 인을 해치는 일이 없고, 몸을 죽여서도 인을 이룸이 있다."

집주 —— ■志士는 有志之士요 仁人은 則成德之人也라 理當死而求生이면 則於其心에 有不安矣니 是는 害其心之德也라 當死而死면 則心安而德全矣리라
'지사志士는 뜻 있는 선비이고, 인인仁人은 덕을 이룬 사람이다. 이치상 마땅히 죽어야 하는데 삶을 구하면 그 마음에 불안함이 있다. 이는 마음의 덕을 해치는 것이다. 마땅히 죽어야 해서 죽으면 마음이 편안하고 덕이 온전해진다.
■程子曰 實理를 得之於心이면 自別이니 實理者는 實見得是하고 實見得非也라 古人이 有捐軀隕命者하니 若不實見得이면 惡能如此리오 須是實見得生不重於義하고 生不安於死也라 故로 有殺身以成仁者하니 只是成就一箇是而已니라
정자가 말했다. "실리實理를 마음에서 체득하면 자연히 분별되니, 실리를 체득한 자는 옳음을 진정으로 알아 보고, 그름을 진정으로 알아 본다. 옛 사람 가운데 몸을 던져 목숨을 바친 자가 있었으니, 만약 진정으로 알아 보지 못했다면 어찌 그와 같을 수 있었겠는가? 틀림없이 삶이 의義보다 귀중하지 않고, 사는 것이 죽는 것보다 편안하지 않음을 진정으로 알아 보았던 것이다. 그러

자원풀이 ■해害는 그 자형에 대해 의견이 많지만, 할割(나누다)과 연계해 볼 때 청동기물을 만드는 거푸집을 그린 것으로 생각된다. 청동물이 굳고 나면 겉을 묶었던 끈을 잘라야 하는데, 여기서 '칼로 자르다'는 뜻이 나왔고, 이후에 칼에 의한 상처, 다시 '해치다' '해를 입다'는 뜻이 나왔다. 손해損害, 재해災害 등으로 쓰인다.
■신身은 『설문해자』에서 사람의 몸을 그린 상형자라 한다. 이후 사람의 주체나 자기 자신, 자신自身이 몸소 행하는 것을 말하기도 한다. 신身으로 구성된 한자들은 모두 몸과 관련된 의미를 가진다. 금문에서는 임신하여 배가 불룩한 모습을 그려, '임신하다'가 원래 뜻인데, 인신하여 머리부터 발 위까지 '신체'를 지칭하게 되었다고 한다.

므로 살신성인한 자는 단지 이 하나의 옳음을 성취할 따름이다."

고금주 —— ■補日 志士, 志道之士. 仁人, 仁心之人. 仁者, 人倫之至也. 不以
小體傷大體, 故無害仁, 有殺身.
보완하면 말한다. 지사志士는 도에 뜻을 둔 선비이고, 인인仁人은 인한 마음
의 사람이다. 인이란 인륜의 지극함이다. 소체小體로써 대체大體를 손상시키
지 않기에 인을 해치는 일이 없고, 몸을 죽(여 인을 이루는)이는 일이 있다.
■孔日: "無求生以害仁, 死而後成仁, 則志士仁人, 不愛其身也."
공안국이 말했다. "사는 것을 추구하여 인仁을 해치는 일이 없고, 죽은 이후
에 인을 이룰 수 있다면, 지사와 인인仁人은 그 몸을 아끼지 않는다."

비평 —— 주자는 인仁을 마음이 지닌 바른 이치의 덕으로 정의한다. 따라서
인인仁人이란 이러한 마음이 지닌 바른 이치의 덕을 이룬 사람을 말한다. 그
래서 다음과 같이 말했다.

　　인은 단지 내 마음의 바른 이치일 뿐이다(仁 只是吾心之正理). 삶을 구하여 인을
　　해치는 것은 비록 무도無道하게 삶을 얻기는 하지만, 오히려 내 마음 안의 온전한
　　이치를 깨뜨리는 것이다. 몸을 죽여 인을 이룰 때, 내 몸은 죽지만 오히려 이치의
　　완전함을 얻는다. 삶을 구함이 왜 인을 해치는지, 몸을 죽임이 왜 인을 이루는지,
　　이는 단지 편안한가 혹은 편안하지 않은가의 차이일 뿐이다. (『논어집주대전』)

　　다산은 마음이 선천적으로 덕을 얻어 지니고 태어났다는 견해를 거부하
고, 행사行事 이후에 인과 덕의 명칭이 있다고 주장했다. 그래서 그는 인인仁
人이란 덕을 지닌 사람이 아니라 인한 마음을 지닌 사람이며, 인仁이란 마음
이 지닌 바른 이치가 아니라 인한 마음을 실천함으로써 도달하는 인륜의 지

극한 덕이라고 말했다. 이에 대해서는 3권의 「인仁」에 관한 장에서 상세히 논하겠다.

❧

15:9-1 子貢問爲仁. 子曰: "工欲善其事, 必先利其器. 居是邦也, 事其大夫之賢者, 友其士之仁者."

고주 —— 자공이 인의 실행 방법에 대해 묻자, 공자께서 말씀하셨다. "(비유를 하자면) 장인이 그 일을 잘하려면, 반드시 먼저 그 기구를 예리하게 한다. 그 나라에 살면서 그 대부 중에 현명한 이를 섬기고, 그 선비 중에 어진 이를 벗해야 한다."

주자 —— 자공이 인의 실행 방법에 대해 묻자, 공자께서 말씀하셨다. "장인이 그 일을 잘하려면, 반드시 먼저 그 기구를 예리하게 한다. 그 나라에 살면서 그 대부 중에 (일을 잘하는) 현명한 이를 섬기고, 그 선비 중에 (덕이 있는) 어진 이를 벗해야 한다."

다산 —— 자공이 인의 실행(=백성을 편안하게 하여 그 은택을 입게 하는 것) 방법에 대해 묻자, 공자께서 말씀하셨다. "장인이 그 일을 잘하려면, 반드시 먼저 그 기구를 예리하게 한다. 그 나라에 살면서 그 (몇 안 되는) 대부들 중에 현명한 이를 섬기고, 그 (여러) 선비 중에 (반드시) 어진 이를 벗해야 한다."

집주 —— ■賢은 以事言이요 仁은 以德言이라 夫子嘗謂子貢悅不若己者라

故로 以是告之하시니 欲其有所嚴憚切磋하여 以成其德也시니라

현은 일로써 말한 것이고 인은 덕으로 말한 것이다. 공자께서는 일찍이 자공에게 자기보다 못한 사람을 좋아한다고 평한 적이 있다. 그러므로 이 말씀을 알려주시어서 자공이 조심하고 삼가고(嚴憚) 갈고 닦는 것(切磋)이 있어 그 덕을 이루게 하고자 하신 것이다.

■ 程子曰 子貢이 問爲仁이요 非問仁也라 故로 孔子告之以爲仁之資而已시니라

정자가 말했다. "자공은 인을 행함에 대해 질문했지, 인에 대해 물은 것은 아니다. 그래서 공자께서 인을 행하는 자뢰資賴로써 일러주셨다."

고금주 —— ■補曰 爲仁, 謂安民使被其澤. 工, 匠也. 器如木工之斧鋸, 是也. 大夫少, 故苟賢則取之. 士多, 故必仁乃取之. 將安民, 必先有所資, 如百工執利器以治事.

보완하여 말한다. 인을 행함(爲仁)은 백성을 편안하게 하여 그 은택을 입도록 하는 것이다. 공工은 장인(匠)이다. 기器는 목공木工의 도끼나 톱과 같은 것이 그것이다. 대부는 수효가 적기 때문에 진실로 현명하면 그를 취해 섬기고, 선비는 수효가 많기 때문에 반드시 어질어야 취해서 벗으로 삼는다. 장차 백성을 편안하게 하려면 반드시 먼저 자뢰할 바가 있어야 하니, 예를 들면 백공百工이 예리한 기물로써 일을 잘하는 것과 같다.

■孔曰: "言工以利器爲用, 人以賢友爲助." 邢曰: "大夫言賢, 士言仁, 互文也." ○駁曰 非也.

자원풀이 ■공工은 (1) 二는 하늘과 땅, ｜(곤)은 그 사이에 서 있는 사람으로, 사람이 천지 사이에 서서 그 바름을 지킨다는 지사문자, (2) 二는 평준平準을 ｜은 먹줄을 나타내어 자(定規:제도에 쓰이는 기구)의 모양을 본뜬 상형문자라고 한다. 장인匠人, 기교技巧, 악인樂人, 일, 숙달하다, 인공人工, 공업 등으로 쓰인다. 공工은 장인匠人이고 기器는 목공의 도끼와 톱 같은 연장이다.(다산)

공안국이 말했다. "공인은 예리한 기물을 용구로 삼고, 사람은 어진 벗을 조력자로 삼는다는 말이다." 형병이 말했다. "대부에게 현賢을 말하고, 선비에게 인仁을 말한 것은 호문互文이다." ○논박하여 말하면, 그릇되었다.

비평 —— 인仁에 대한 관점의 차이가 나타나 있다. 세주에서 주자는 다음과 같이 말하고 있다.

> 인仁을 행하려 함에 먼저 어진 자와 현명한 자를 가까이 하는 것은 장인이 그 일을 잘하려 할 때 먼저 그 연장을 예리하게 하는 것과 같으니, 어진 자와 현명한 자로부터 얻어 그 덕을 이루려는 것이다.

이에 반해 다산의 주석을 보면, 철저히 행사行事의 관점에서 위인爲仁(=安民使被其澤)에 대한 주석을 했다. 그런데 인의 실행 방법(爲仁)에 대해 묻는 이 구절은 인을 본체와 작용으로 나누어 해석한 주자의 관점이 정당하다는 하나의 전거가 된다. 주자는 이 구절을 근거로 하여, 효제孝弟를 인 자체의 근본이 아니라, 인을 행하는 근본(孝弟也者 '爲仁'之本與)으로 해석했다.

15:10. (1) 顔淵問爲邦

고주 —— 안연이 나라를 다스리는 예법(治國之禮法)을 (공자께) 물었다.

주자 —— (왕을 보좌할 인재인) 안연이 (겸손하게) 제후국(천하)을 다스리는 방도를 물었다.

다산──(왕을 보좌할 인재인) 안연이 나라를 다스리는 방도를 물었다.

집주── ■顔子는 王佐之才라 故로 問治天下之道어늘 曰爲邦者는 謙辭라
안자는 왕을 보좌할 인재이기 때문에 천하를 다스리는 도를 물은 것이다. 그
런데도 위방爲邦(제후국을 다스림)이라 말한 것은 겸사이다.

고금주── ■補曰 爲邦, 猶言治國. 顔子盖問王國《詩》云: "邦畿千里 "]
보완하여 말한다. 위방爲邦은 치국治國(나라를 다스림)이라고 말한 것과 같다.
안자는 대개 왕국王國에 대해 물은 듯하다.(『시경』에서 말하길, "방기 천리여!"라고
했다.)

(2) 子曰: "行夏之時."

고주── 공자께서 말씀하셨다. "(만물이 지상으로 나오는 것에 의거하여, 寅月을
사시의 시작으로 삼은) 하나라의 역법을 시행하고."

주자── 공자께서 말씀하셨다. (역법은 마땅히 사람을 기준으로 해야 하니, 천지

자원풀이 ■하夏는 頁(머리 혈)+ 夂(뒤쳐져 올 치)의 회의자로 금문에서는 크게 키워 그린 얼굴(頁: 제사장)에 두 팔
과 두 발(夂)이 그려진 사람(율동)의 모습, 즉 분장을 한 제사장이 기우제祈雨祭를 지내는 모습을 나타내었다. 춤이
원래 뜻이고, 기우제는 신을 즐겁게 하기 위해 성대盛大한 춤이 필요하기 때문이다. 그리고 중국인이 자기 민족을
부르는 이름이 되었다. 또 기우제는 주로 여름에 지내기 때문에 여름을 뜻하게 되었다. 여름, 한족의 자칭(중국),
우왕이 세운 왕조 이름, 나라 이름, 우임금의 음악을 뜻한다.

인 가운데 寅正을 기준으로 한) "하나라의 역법을 시행하고."

다산 —— 공자께서 말씀하셨다. "(啓와 閉를 사계절의 시작으로 삼고 分과 至를 그 중간에 넣은) 하나라의 역법을 시행하고."

집주 —— ■夏時는 謂以斗柄 初昏建寅之月로 爲歲首也라 天開於子하고 地闢於丑하고 人生於寅이라 故로 斗柄建此三辰之月을 皆可以爲歲首하여 而三代迭用之라 夏以寅하니 爲人正이요 商以丑하니 爲地正이요 周以子하니 爲天正也라 然이나 時以作事하니 則歲月은 自當以人爲紀라 故로 孔子嘗曰 吾得夏時焉이라 하신대 而說者以爲夏小正之屬이라 하니 蓋取其時之正 與其令之善이요 而於此에 又以告顔子也시니라

하시夏時(하나라의 역법)는 북두칠성의 자루 부분이 초저녁에 인寅 방향이 되는 달을 한 해의 처음으로 삼는 역법을 말한다(소강절의 『황극경세』에서 나온 말이다). 하늘은 자子 방향에서 열리고, 땅은 축丑 방향에서 열리고, 사람은 인寅 방향에서 생긴다. 그러므로 북두칠성이 이 세 방향(三辰)으로 향한 달은 모두 한 해의 처음으로 삼을 수 있는데, 삼대(하, 은, 주)는 그것을 번갈아 사용했다. 하나라는 인寅 방향의 달을 인정人正(사람 기준의 정월)으로 삼았고, 상나라는 축丑을 지정地正(땅 기준의 정월)으로 삼았고, 주나라는 자子 방향의 달을 천정天正(하늘 기준의 정월)로 삼았다. 그러나 때를 기준으로 일을 하는 것이니(時以作事: 『좌씨전』), 세월歲月(역법)은 본디 마땅히 사람을 기준으로 삼아야 한다. 그러므로 공자께서는 일찍이 말씀하시길, "내가 하나라의 역법을 얻었다(吾得夏時焉, 『예기』 「예운」)."고 했고, 해설하는 자는 '하소정 등속이다'라고 했다. 대개 그 계절의 올바름과 월령月令의 좋은 것을 취한 것으로 여기에서 또 안자에게 일러주신 것이다.

(3) "乘殷之輅."

고주 ── "(큰 수레에 부들을 깔아 검소함을 드러낸) 은나라의 수레를 타고."

주자 ── "(나무수레로 소박하면서 견고하면서 신분에 따른 위의:等威가 분별되고, 질박하면서도 그 중정함을 얻은) 은나라의 수레를 타고."

다산 ── "(나무 수레로 소박함을 위주로 하면서, 5가지로 구분된) 은나라 수레를 타고."

집주 ── ■商輅는 木輅也니 輅者는 大車之名이라 古者에 以木爲車而已러니 至商而有輅之名하니 蓋始異其制也라 周人이 飾以金玉하니 則過侈而易敗하여 不若商輅之朴素渾堅而等威已辨하니 爲質而得其中也시니라

상나라의 수레(商輅)는 나무 수레(木輅)이다. 로輅란 큰 수레의 이름이다. 옛날에는 나무로 수레를 만들었을 뿐이다. 상나라에 이르러 로輅라는 이름이 생겼으니, 대개 비로소 그 제도를 달리한 것이다. 주나라 사람들은 금과 옥으로 장식하여 지나치게 사치스럽고 쉽게 망가졌으니, 상나라의 수레가 소박하면서 견고하고 신분에 따른 위의(等威)가 분별되고, 질박하면서도 그 중정함을 얻은 것만 못했다.

자원풀이 ■은殷은 본래는 身 자를 뒤집어 놓은 왼쪽 변에 殳(창 수)를 합친 회의자로, 몸을 돌려가며 창앗을 들고 춤을 추는 것으로 성대한 음악을 상징했다. 혹은 침(殳)을 들고 불룩한 배(身)를 치료하는 모습을 그려 병이 심각함을 나타내고, 이로부터 '성대하다'는 뜻이 나왔다. 성대한 음악, 크다, 많다, 부유하다, 가운데에 있다, 은나라, 근심하다, 천둥소리, 적흑색 등의 뜻이 있다.
■로輅는 車(수레 거)+各(각각 각)의 형성자로 큰 수레 혹은 수레의 끌채의 앞에 댄 가름대를 말한다. 노거輅車는 천자가 타는 큰 수레를, 로마輅馬는 천자의 수레를 끄는 말을 말한다.

고금주 —— ■補曰 路‧輅通, 天子諸侯大車之名, 殷人之所刱也.『周禮』五輅, 即其遺也.

보완하여 말한다. 로路와 로輅는 통용하니, 천자와 제후가 타는 큰 수레의 명칭인데 은나라 사람이 처음 만든 것이다.『주례』의 오로五輅가 곧 그 남은 제도이다.

(4) "服周之冕."

고주 —— "(문채가 나고 갖추어진, 黈纊이 있어 귀를 막아 함부로 보고 들을 수 없는) 주나라의 면류관(=禮官)을 쓰고."

주자 —— "(화려하지만 호사스럽지 않고, 비용이 들더라도 사치스럽지 않으며, 또한 문채가 있으면서도 중정함을 얻은) 주나라 면류관을 쓰고."

다산 —— "(앞뒤로 드리운 술:旒이 있어, 비로소 주나라부터 제도가 갖추어진) 주나라 면류관을 쓰고."

집주 —— ■周冕有五하니 祭服之冠也라 冠上有覆하고 前後有旒하니 黃帝以來로 蓋已有之로되 而制度儀等이 至周始備라 然이나 其爲物小而加於衆體

자원풀이 ■복服은 月(달 월)이 의미부이고 오른쪽의 '다스릴 복'이 소리부인 형성자이다. 원래는 舟(배 주)가 의미부로 사람을 다스려 꿇어앉혀 배에 태우는 모습에서 굴복屈服이라는 의미를, 이로부터 '일을 시키다(服務)', 사용하다, 음식이나 약 등을 먹다(服用)의 말이 나왔다. 이후 舟 자가 月 자로 변하고, 또 '옷'이라는 의미를 지니게 되었는데 옷의 외양外樣으로 사람의 행동거지를 제어하는 것이라는 의미를 담았다.
■면冕은 투구처럼 쓰는 것을 상징하는 윗부분과 소리를 나타내는 免(면할 면)의 형성자로, 옛날 천자, 제후, 경대부 등이 조회나 제례 때 쓰던 의식용 면류관冕旒冠을 말한다.

之上이라 故로 雖華而不爲靡하고 雖費而不及奢하니 夫子取之는 蓋亦以爲
文而得其中也시니라

주나라의 면류관은 다섯 가지가 있었던 제복祭服의 관冠이다. 관 위에 덮개
가 있고, 앞뒤에 옥술이 있다. 황제黃帝 이래로 대개 이미 있었지만, 제도와
신분에 맞는 등급은 주나라에 와서 비로소 갖추어졌다. 그러나 작은 물건이
고 온몸 위에 없는 것이므로 비록 화려하지만 호사스럽지 않고, 비용이 들더
라도 사치스럽지 않았다. 공자께서 취하신 것은 대개 또한 문채가 있으면서
도 중정함을 얻었다고 여기신 것이다.

고금주 ─── ■補曰 古者服以冠名. 服周之冕, 則衣在其中, 曰袞曰鷩曰毳曰
絺曰玄, 皆所用也.

보완하여 말한다. 옛날에는 복식을 관으로 이름을 붙였다. 주나라의 면류관
을 쓴다면 복식은 그 안에 있었으니, 곤袞이니, 별鷩이니, 취毳니, 치絺니, 현
玄이니 했던 것이 모두 사용되었던 것이다.

(5) "樂則韶舞."

고주 ─── "음악은 (순임금의 음악으로 진선진미한) 소무韶舞를 연주할 것이다."

자원풀이 ■소韶는 音(소리 음)+召(부를 소)의 형성자로 순임금 때의 음악의 이름. 이로부터 아름답다의 뜻이, 이
어가야 할 것이라는 뜻으로 '계승하다'의 뜻이 나왔다. 소召는 손님 접대를 위해 숟가락(匕)으로 그릇에 담긴 술을
푸는 모습, 음音이 더해진 소韶는 손님을 접대할 때 연주하는 곡. 『논어』에 이런 구절이 있다. "공자께서는 순임금
의 음악(韶)을 평하시어 '지극히 아름답고 또 지극히 선하다'고 하였다. 무왕의 음악을 평하시어 '지극히 아름답기
는 하지만 지극히 선하지는 않다.'"고 하였다. (3-25. 子謂韶 盡美矣 又盡善也 謂武 盡美矣 未盡善也). "공자께서 제나라에
계실 때 순임금의 음악을 들으시고, 석 달 동안 고기 맛을 모르셨다. 그리고 '음악을 연주하는 아름다움이 이와 같
은 정도에 이르리라고는 생각하지 못했다.'고 말씀하셨다."(7-13. 子在齊聞韶 三月 不知肉味 曰不圖爲樂之至於斯也)
■무舞는 舛(어그러질 천)+無(없을 무)의 형성자로 두 발(舛)과 장식물을 들고 춤추는 모습(無)으로, 춤, 춤추다, 조롱
하다 등의 뜻이 있다.

주자 —— "음악은 (순임금의 음악으로 진선진미한) 소무韶舞를 연주할 것이다."

다산 —— "음악은 (순임금의 음악인) 소무韶舞를 (제일로 여겨) 연주할 것이다."

집주 —— ■ 取其盡善盡美라

음악 가운데 지극히 선하고 지극히 아름다운 것을 취하신 것이다.

고금주 —— ■ 何曰:"〈韶〉, 舜樂也. 盡善盡美, 故取之."○ 補曰 正朔・車・服, 取於三代, 樂則所取超於三代之上, 故別言樂則〈韶舞〉.

하안이 말했다. "소韶는 순임금의 음악이니, 진선진미盡善盡美하기 때문에 취하신 것이다." ○보완하여 말한다. 정삭正朔・수레(車)・복식(服)은 삼대에서 취하셨고, 음악은 삼대를 넘어 올라가서 취했기 때문에 별도로 음악은 소무韶舞를 쓴다고 말했다.

(6) "放鄭聲 遠佞人 鄭聲淫 佞人殆."

고주 —— "(사람의 마음을 미혹하는) 정나라 음악(↔아악)을 물리치고, 말 잘하는 사람(↔현인)을 멀리하라. 정나라 음악은 사람을 음란하게 만들고, 말 잘하는 사람은 위태롭게 만든다."

주자 —— "정나라의 음악을 물리치고, (비굴하게 아첨하면서) 말 잘하는 사람을 멀리하라. 정나라 음악은 음란하고, 말 잘하는 사람은 위태롭다."

다산 —— "정나라의 세속 음악을 물리치고, 말 잘하는 사람을 멀리하라. 정나라의 세속의 음악은 음란하고, 말 잘하는 사람은 위태롭다."

집주 —— ■放은 謂禁絶之라 鄭聲은 鄭國之音이요 佞人은 卑諂辨給之人이라 殆는 危也라
방放은 금지하여 끊는 것이다. 정성鄭聲은 정나라의 음악이다. '영인佞人'은 비굴하게 아첨하며 말 잘하는 사람이다. '태殆'는 위태危殆롭다는 것이다.

■程子曰 問政이 多矣로되 惟顔淵告之以此라 蓋三代之制 皆因時損益하니 及其久也에는 不能無弊라 周衰에 聖人不作이라 故로 孔子斟酌先王之禮하여 立萬世常行之道하사 發此以爲之兆耳시니 由是求之면 則餘皆可考也니라
정자가 말했다. "정치에 대한 질문이 많았지만, 오직 안연에게만 이러한 말씀으로 일러 주셨다. 대개 3대의 제도는 모두 시대에 따라 덜고 더하였지만, 오래되면 폐단이 없을 수 없다. 주나라가 쇠하여 성인이 나오지 않았기 때문에 공자께서 선왕의 예를 참작하시어 만세토록 항상 행해질 법도를 세우시고자, 이 말씀을 하시어서 준칙으로 삼으셨다. 이로부터 탐구한다면 나머지는 모두 상고할 수 있을 것이다."

■張子曰 禮樂은 治之法也니 放鄭聲, 遠佞人은 法外意也라 一日不謹이면 則法壞矣니 虞夏君臣이 更相戒飭은 意蓋如此니라 又曰 法立而能守면 則德可

자원풀이 ■방放은 攴(칠 복)＋方(모 방)으로 변방(方)으로 강제로(攴) 내침을 말하여, 몰아내다, 추방追放하다, 버리다, 석방釋放하다, 그리고 밖으로 내몰려 제멋대로 한다는 뜻의 방종縱의 의미에서 나왔다. 방放은 금지하여 끊는 것이다.(放謂禁絶之:주자)
■정鄭은 邑(그을 읍)＋奠(제사지낼 전)으로, 하남성에 있는 지명(邑)과 그곳에 있던 나라 이름을 말하며, 성씨로도 쓰였는데, 술(奠)을 빚던 곳(邑)이라는 의미를 담았다.
■성聲은 耳(귀 이)＋악기소리를 나타내는 윗부분의 형성자로, 악기 연주에 귀(耳) 기울여 듣는 모습을 그렸고, 이로부터 소리, 음악, 명성, 소식 등의 뜻이 나왔다. 정성鄭聲은 정나라의 음악이다.(주자)
■음淫은 水(물 수)＋오른쪽의 '가까이 할 음'의 형성자로 물이 스며들어 곁을 따라 흐름, 혹은 오랫동안 비가 오는 것을 말했다. 음란하다, 미혹시키다, 사치하다, 탐하다, 지나치다, 장마, 방종하다 등의 뜻으로 쓰인다.
■태殆는 歹(뼈 부서질 알)＋台(별 태)의 형성자로 죽음(歹)에 이를 정도로 위태로움을 말한다.

久요 業可大라 鄭聲佞人은 能使人喪其所守라 故로 放遠之하시니라

장재가 말했다. "예악은 다스림의 법도이다. 정나라의 몰아내고, 말 잘하는 사람을 멀리하는 것은 법 바깥쪽의 뜻이다. 하루라도 삼가지 않으면 법은 무너진다. 요순시대와 하나라 때 군신이 서로 경계하고 당부한 것은 그 뜻이 대개 이와 같다." 또 말했다. "법이 확립되어 지키면 덕이 오래갈 수 있고 업적이 커질 수 있다. 정나라 음악과 말 잘하는 사람은 사람으로 하여금 그 지키는 바를 잃게 할 수 있다. 그러므로 몰아내고 멀리해야 한다."

■尹氏曰 此所謂百王不易之大法이니 孔子之作春秋는 蓋此意也라 孔顏이 雖不得行之於時나 然이나 其爲治之法을 可得而見矣니라

윤돈이 말했다. "이것이 이른바 백대의 제왕도 바꿀 수 없는 큰 제도이다. 공자께서 『춘추』를 지으신 것은 대개 이 뜻이다. 공자와 안자가 비록 그것을 당시에는 시행하지 못했지만, 그 다스림의 법도는 볼 수 있다."

고금주 —— ■補曰 放, 猶屛也. 鄭聲, 鄭人之俗樂也, 其聲姦濫, 繼之以侏儒雜戲. [見〈樂記〉]

보완하여 말한다. 방放은 병거(屛)와 같다. 정성鄭聲은 정나라 사람의 속악俗樂이다. 그 소리가 간람姦濫한데, 난쟁이의 잡희雜戲로 이어졌다(「악기」에 보인다).

■案 此言爲邦之道. 凡禮樂文物, 皆當通執四代, 取其所長, 姑擧四事以語之. [非四者之外, 更無他事]

살핀다. 이는 나라를 다스리는 법도를 말한 것이다. 무릇 예악문물禮樂文物은 모두 마땅히 사대四代의 것을 통틀어서 그 장점만을 취해야 하지만, 우선 네 가지 일을 들어서 말한 것이다(네 가지 일 이외에 다른 일이 없는 것이 아니다).

■案 古者天子亦只一國, 則爲邦通大小也. 然顏淵但問爲邦, 而夫子告之以王道, 蓋許顏子以王佐也.

살핀다. 옛날에는 천자 또한 단지 일국—國에 불과했다. 위방爲邦이란 대국과 소국 모두에 통용되었다. 그러나 안연이 단지 나라를 다스리는 것을 물었는 데, 공자께서 왕도王道로써 말씀하셨으니, 대개 안자가 왕을 보좌할 재목임 을 인정하신 것이다.

■何曰: "據見萬物之生, 以爲四時之始, 取其易知." ○案 周正以分至爲四時之 始, 夏正以啓閉爲四時之始, 而分至居其中焉, 皆有所據, 而殷正兩無所當, 故先 儒疑之. 原夫三正之說, 昉於〈甘誓〉, 而〈甘誓〉所言三正, 必非子・丑・寅之說.

하안이 말했다. "만물의 생성을 보고・의거하여 (寅月을) 사시四時의 시작으 로 삼았으니, 알기 쉬움을 취하신 것이다." ○살핀다. 주나라의 력曆은 분分 (春分 秋分)과 지至(夏至 冬至)를 사계절의 시작으로 삼고, 하나라의 력은 계啓 (立春 立夏)와 폐閉(立秋 立冬)를 사계절의 시작으로 삼고 분分과 지至를 그 중 간에 두었으니 모두가 근거한 것이 있다. 그러나 은나라의 력은 이 둘에 해 당하는 것이 없기 때문에 선유들이 의심한 것이다. 원래 저 삼정설三正說은 『상서』「감서甘誓」에서 비롯되었는데, 「감서」에서 말한 바의 삼정三正은 반드 시 자子・축丑・인寅의 설이 아니다.

質疑『集註』曰: "天開於子, 地闢於丑, 人生於寅, 故夏以寅爲人正, 商以丑爲地 正, 周以子爲天正也."[『永樂大全』引邵子『皇極經世書』] ○案 天地人三正之說, 必 非秦以前所得有者. 何則? 苟惟三正爲法, 則秦以亥月爲歲首, 有是理乎? 原夫 改正之法, 起於殷・周. 誠以五帝禪受, 故典禮相因, 殷・周革命, 故法令欲新, 改正朔易服色, 以之新天下之耳目而已, 天地人・子丑寅, 豈夢想之所到哉? 子 丑・甲乙, 本以紀日, 自漢 武帝太初曆以後, 以之紀年而已. 至劉向・劉歆, 作 三統之說, 始以子丑紀月, 班固取之, 以爲〈律曆志〉, 其言曰: "黃鍾子爲天正, 林鍾丑爲地正, 太蔟寅爲人正." 遂以周・殷・夏三正, 配之於天地人三才, 爲 東漢讖緯邪說之淵藪. 朱子特以濂・洛先輩之故, 不棄其說.

질의한다. 『집주』에서 말했다. "하늘은 자子 방향에서 열리고, 땅은 축丑 방향에서 열리고, 사람은 인寅 방향에서 생긴다. 그러므로 하나라는 인寅 방향의 달을 인정人正(사람기준의 정월)으로 삼았고, 상나라는 축丑을 지정地正(땅기준의 정월)으로 삼았고, 주나라는 자子 방향의 달을 천정天正(하늘 기준의 정월)으로 삼았다."(『영락대전』邵子 『황극경세서』에서 인용) ○살핀다. 천지인天地人의 삼정설三正說은 필시 진나라 이전에는 없었던 것이다. 왜 그런가? 만약 오직 삼정三正으로만 역법을 삼았다면, 진나라가 해월亥月(음력 10월)을 세수歲首로 삼았을 리가 있겠는가? 원래 저 개정 역법은 은·주 시대에 일어났던 것이다. 진실로 오제五帝시대에는 왕위를 선양했기 때문에 전례典禮가 서로 인습因襲되었고, 은주는 혁명을 했기 때문에 법령을 새롭게 하고자 정삭正朔을 고치고 복색服色을 바꾸어 천하의 이목을 새롭게 했을 뿐이니, 천지인天地人과 자축인子丑寅을 연관시키는 것을 어찌 꿈엔들 생각했겠는가? 자축子丑이니 갑을甲乙이니 하는 것은 본래 날짜를 기록하는 데에 사용하던 것인데, 한나라 무제 태초력太初曆 이후부터 이것으로써 해年를 기록하는 데에 사용했다. 유향劉向-유흠劉歆에 와서 삼통설三統說을 만들어 비로소 자축子丑을 가지고 달(月)을 기록하고, 반고는 이를 취하여 「율력지律曆志」를 만들었는데, 그 말에 "황종자黃鐘子는 천정天正이 되고, 임종축林鐘丑은 지정地正이 되고, 태족인太簇寅은 인정人正이 된다(『한서』권21)."고 하여, 드디어 주·은·하 삼정三正을 천·지·인 삼재三才에 배합시켜 동한東漢의 참위설讖緯說의 연원이 되었다. 주자는 다만 염락濂洛 선배들과의 인연 때문에, 그 설을 버리지 못했다.

■馬曰: "殷車曰大輅." ○邢曰: "殷車曰大輅, 謂木輅也. 取其儉素, 故乘之." ○案 周冕有五, 而孔子盡用之, 獨於殷輅, 但用其一, 有是理乎? 天子之服, 其章十二, 而九·七·五·三, 下至一章, 各有層級, 爲『周禮』五冕服之本, 則車亦然矣. 殷人雖質, 豈得以一輅之車, 通用於上下百神·中外群后乎? 周有五輅, [見〈巾車〉] 而木輅最卑, 以供田獵, 以封蕃國. 孔子欲以此輅, 上祭皇天, 下封同姓, 而公・侯・子・男・大夫・卿士, 同乘此輅, 渾雜無別, 亦難乎其爲邦矣. 孔子旣欲乘殷之輅, 則周公胡獨棄之? 『周禮』五路, 恐是殷輅. 所謂周因於殷 禮也, 孰謂『周禮』所載, 皆周公之所新剙乎? 若云孔子所取, 皆周公之所棄, 則 『周禮』六樂, 何有〈韶舞〉?

마융이 말했다. "은거殷車를 대로大輅라 한다." ○형병이 말했다. "은거殷車를 대로大輅라 하는데, 목로木輅를 말한다. 그 검소함을 취했기 때문에 타게 하 신 것이다." ○살핀다. 주나라의 면冕은 다섯 종류가 있는데, 공자는 모두 적 용했다. 그런데 홀로 은나라의 수레에는 다만 그 한 가지의 종류만 사용했을 리가 있겠는가? 천자의 의복은 그 무늬가 12장章이고, 9장・7장・5장・3장 에서 아래로 1장에 이르기까지 각각 등급이 있으니, 이는 『주례』의 다섯 가지 면복冕服의 근본이 되는 것이며, 수레 역시 다섯 가지 로(玉輅, 金輅, 象輅, 革輅, 木輅)가 있다. 은나라 사람들은 질박함을 위주로 했지만, 어찌 한 가지 종류의 수레로써 상하上下의 모든 신(百神)들에게 제시지내고 중외中外의 모든 제후 가 타고다니는 데에 통용될 수 있겠는가? 주나라에는 다섯 종류의 로輅가 있 었는데(『주례』「春官 巾車」), 목로木輅가 가장 등급이 낮아 사냥할 때 제공하고, 번국蕃國을 봉할 때 썼던 것이다. 공자가 이 로輅로써 아래로는 동성同姓을 봉 하고, 공公・후候・자子・남男・대부大夫・경사卿士가 이 로輅를 함께 타서 혼잡하게 아무 구별이 없게 하고자 했다면, 또한 나라를 다스리는 데 어려움 이 있었을 것이다. 공자가 이미 은나라 수레(殷輅)를 타고자 했다면, 주공이 어찌 그것을 버렸겠는가? 『주례』의 오로五輅는 아마도 은로殷輅인 듯하다. 이 른바 '주나라는 은나라의 예를 인습했으니(周因於殷禮)' 누가 『주례』에 수록된 것이 모두 주공이 새로 만든 것이라 할 수 있겠는가? 만약 공자가 취한 것이 주공이 버린 것이라면, 『주례』의 육악六樂에 어찌 소무韶舞가 있겠는가?

■包曰: "冕, 禮冠. 周之禮, 文而備, 取其黈纊塞耳, 不任視聽."[邢云: "黈纊, 黃 綿也."] ○邢曰: "冕, 俛也. 以其後高前下, 有俛俯之形, 故因名焉. 蓋以在上位

者, 失於驕矜, 欲令位彌高而志彌下, 故制此服, 令貴者下賤也." ○案 明弁冕
之制, 刱於周人, 非古制也. 梅賾作〈太甲〉, 忽忘經禮諸文, 稱'伊尹以冕服奉嗣
王', 故先儒遂謂冕制自古有之, 謬甚矣. 冕之所以爲冕者, 以有旒也. 旒旣周人
刱之, 則古無冕矣.

포함이 말했다. "면복冕은 예관禮冠이다. 주나라의 예는 문채가 나고 갖추어졌
으니, 주황黈纊이 있어 귀를 막아 함부로 보고 들을 수 없는 점을 취하신 것
이다."(형병이 말했다. "黈纊은 누런 솜:黃綿이다.") ○형병이 말했다. "면복冕은 굽은
힘(俛)이니, 면은 뒤는 높고 앞은 낮아 구부린 형상이 있기 때문에, 그에 근거
하여 이름을 지었다. 대개 높은 지위에 있는 사람은 교만에 빠질 우려가 있
기 때문에, 지위가 더욱 높을수록 뜻을 더욱 겸손하게 가지게 하기 위하여 이
수복을 만들어 존귀한 자들로 하여금 비천한 사람에게 자기를 낮추게 한 것
이다." ○살핀다. 분명 변면의 제도는 주나라 사람들에게 처음 만들어졌고,
옛 제도가 아니다. 매색梅賾은 『상서』「태갑太甲」편을 만들어 홀연히 대강大
綱이 되는 예의 여러 글을 망각하고, '이윤伊尹이 면복冕服을 가지고 가서 뒤
를 이은 임금을 받든다.'라고 일컬었기 때문에, 선유들이 드디어 면관冕冠제
도는 예로부터 있었다고 말하는데, 이는 매우 잘못된 것이다. 면관이 면관이
되는 이유는 앞뒤로 드리운 술(旒) 때문이다. 술은 이미 주나라 사람에 의해
처음 만들어졌으니, 그 이전 옛날에는 면관이 없었다.

■案 若使孔子處周公之地, 亦必於時王新樂之外, 備用先代之舞, 而今乃曰'樂
則〈韶舞〉'者, 『周禮』六舞, 蓋有未盡叶於聖衷者, 欲於其中, 選其最善者而存
之, 取其未盡善者而去之. 然若當其時, 亦未必獨存〈韶舞〉, 今言之如是者, 以
〈韶〉爲第一也.

살핀다. 만일 가령 공자가 주공의 처지에 있었다면, 또한 반드시 그 당시 왕
의 새로운 음악 이외에 선대의 춤을 구비하여 사용했을 터인데, 여기에서 음
악은 소무韶舞를 한다는 것은 『주례』의 육무六舞가 아마도 성인인 공자의 마

음에 흡족하지 않았다는 것을 보여준다. 그래서 그 가운데 가장 선한 것을 골라 보존하고, 선을 다하지 못한 것을 취하여 이를 버리고자 했던 것이다. 그러나 당시에 또한 반드시 유독 소무韶舞만 보존하기로 한 것만은 아닌 듯하다. 여기에 이렇게 말한 것은 소韶의 음악을 제일로 삼은 것이다.

■孔曰: "鄭聲・佞人, 亦俱能惑人心, 與雅樂賢人同, 而使人淫亂危殆, 故當放遠之." ○案 孔意謂鄭聲導人主使之荒淫, 佞人亂人國使之危殆, 恐不然也. 愚謂鄭聲自淫, 佞人自殆也. 巧言佞色, 鮮矣仁, 不亦殆乎?

공안국이 말했다. "정성鄭聲・영인佞人 또한 모두 사람의 마음을 미혹할 수 있는 것이, 아악과 현인이 (사람의 마음을 감화시킬 수 있는 것과) 같아서 사람들을 음란・위태롭게 할 수 있기 때문에, 마땅히 물리치고 멀리해야 한다." ○살핀다. 공안국은 정성鄭聲은 군주를 인도하여 황음荒淫하게 만들고, 영인佞人은 사람과 국가를 혼란스럽게 하여 위태롭게 만든다고 생각한 듯하지만, 아마도 그렇지 않을 듯하다. 어리석은 내가 말한다. 정성鄭聲은 그 자체로 음란하고, 영인은 그 스스로 위태롭다. 교언巧言과 영색佞色은 인함이 드무니, 그 또한 위태롭지 않은가?

■質疑 朱子曰: "衛詩三十九, 淫奔之詩, 纔四之一, 鄭詩四十一, 淫奔之詩, 已不啻七之五. 衛猶男悅女之詞, 鄭皆女惑男之語. 衛猶多譏刺懲創之意, 鄭幾蕩然無復羞愧悔悟之萌, 鄭聲之淫, 甚於衛矣. 夫子獨以鄭聲爲戒, 而不及衛, 擧重而言也" ○案 鄭・衛有刺淫之詩, 恐非淫詩. 鄭聲者, 鄭之俗樂. 當時原有雅樂俗樂, 分爲二部, 故梁 惠王曰: "寡人非能好先王之樂, 直好世俗之樂." 確分二種, 不相混稱, 鄭風豈當鄭聲乎? 魏 文侯問於子夏曰: "吾端冕而聽古樂, 則惟恐臥, 聽鄭・衛之音, 則不知倦." 子夏論鄭・衛之音曰: "今夫新樂, [文侯以鄭・衛之音, 謂之新樂] 進俯退俯, 姦聲以濫, 溺而不止, 及優・侏儒, 獶雜子女, 不知父子." [已上,〈樂記〉文] 夫所謂鄭・衛之音, 文侯・子夏一問一答, 明白詳悉, 錄爲禮經, 猶以鄭風當鄭聲, 有是理乎?〈樂記〉又曰: "鄭・衛, 亂世之音也." 桑間濮上, 亡國之音也. 桑間若是桑中, 則又豈與衛音, 有亂亡之別乎?『詩』三百篇, 皆賢聖所作, 無淫詩也.

질의한다. (혹자가 물었다. "정나라와 위나라의 음악이 모두 음란한데, 공자께서는 유독 정나라 음악만 몰아내고자 하신 까닭은 무엇입니까?": 세주 참조 보완) 주자가 답했다. "위나라 시詩는 39수가 음란한 시이니, 겨우 1/4이다. 그러나 정나라 시는 41수가 음란한 시이니, 5/7가 넘는다. 위나라 시는 남자가 여자를 기뻐하는 가사지만, 정나라는 모두 여자가 남자를 유혹하는 가사이다. 위나라는 오히려 비판·풍자·경계하는 뜻이 많지만, 정나라는 거의 방탕하여 다시 부끄러워하거나 후회하는 싹이 없다. 그러니 정나라 음악의 음란함은 위나라의 음악보다 심하다. 공자께서 유독 정나라 음악을 경계하시고, 위나라의 음을 언급하지 않으신 것은 심한 것을 들어 말씀하신 것이다." ○살핀다. 정나라와 위나라의 음란함을 풍자한 시(刺淫之詩)는 있었지만, 이는 아마도 음란시(淫詩)는 아닌 듯하다. (본문의) '정성鄭聲'이란 정나라의 속악俗樂이다. 당시에는 원래 아악雅樂과 속악이 있어, 나뉘어 두 부류로 삼았다. 그러므로 양혜왕이 말하길, "과인은 선왕의 음악을 좋아하는 것이 아니라, 다만 세속의 음악을 좋아할 따름이다(『맹자』「양혜왕하」)."라고 했다. 확실히 두 부류로 구분되어 서로 혼칭되지 않았으니, 정풍鄭風이 어찌 정성鄭聲이겠는가? 위나라 문후文候가 자하子夏에게 묻기를, "내가 검은 예복을 입고 면류관을 쓰고서 고악古樂을 들으면 잠이 와서 누울까 염려되고, 정나라와 위나라의 음조音調를 들으면 즐거워 싫증이 나지 않습니다." 하니, 자하子夏가 정나라와 위나라의 음악을 논하기를, "지금 저 신악新樂(위 문후는 정나라와 위나라의 음악을 신악이라고 불렀다)은 (춤출 때) 숙이고 구부려 어지러우며, 간사한 소리가 넘쳐 음란한 데에 빠져도 멈출 줄 모릅니다. 또 광대와 난쟁이가 원숭이 춤을 추면서 남녀가 뒤섞여 희롱하며, 부자간의 인륜도 알지 못합니다."라고 했다(『예기』「악기」). 대저 이른바 위나라와 정나라의 음악은 위 문후와 자하의 일문일답에 명백하고 상세하게 전부 말한 것이 『예기』에 기록되어 있는데, 오히려 정풍鄭風을 정성鄭聲에 해당시키니, 이럴 리가 있겠는가? 「악기」에서 또 말하기를, "정나라와 위나라의 음악은 난세의 음악이고, 상간복상桑間僕上의 음악은 망국의 음악이다."라고 했다. (상간복상의 음악인) 상간桑間이 만약 바로(『시경』「용풍」) 「상중」편이라면, 또 어찌 위나라의 음악과 함께 난세의 음악과 망국의 음악으로 구분함이 있겠는가? 『시경』의 시 3백 편은 모두 현성賢聖이 만든 것으로 음란한 시(淫詩)는 없다.

비평 —— 다산은 방대하고 상세한 전거를 원용하여, 고주 및 주자의 이 장에 대한 여러 해석들을 비정했다. 백과사전적인 다산의 학식이 여실히 드러나 있다. 다산의 주장을 요약하면 다음과 같다.

(1) 방邦은 단순히 제후국이 아니라, 크든 작든 나라 일반에 적용된다. (2) 은로殷輅는 한 가지 종류만 아니라, 다섯 종류가 있었다. 주대에 사용되던 로輅는 은대에 발명된 로를 계승한 것이다. (3) 면룡은 요순시대가 아니라, 주대에 와서 비로소 정립되었다. (4) 음악은 순임금의 음악인 소무만 연주하라고 당부한 것이 아니라, 소무를 제일로 여기라는 것이다. (5) 정나라와 위나라의 시詩에는 음란함을 풍자한 시는 있지만, 음란한 시란 없다. (6) 정성鄭聲은 정나라의 음악이 아니라, 정나라의 속악이다.

15:11. 子曰: "人無遠慮, 必有近憂."

고주 —— 공자께서 말씀하셨다. "사람은 멀리 생각함이 없으면, 반드시 가까이에 근심이 있다(그러므로 군자는 마땅히 환난을 생각하며, 미리 예방한다)."

주자 —— 공자께서 말씀하셨다. "사람은 (공간적으로) 먼 곳을 염려함이 없으면, 반드시 가까운 곳에 근심이 있다."

다산 —— 공자께서 말씀하셨다. "사람은 (시간적으로) 먼 미래를 염려함이 없으면, 반드시 급박한 근심이 있게 된다(공간적으로 본다면, 도모해야 할 곳은 오히려 가까운 데에 있다)."

집주 —— ■蘇氏曰 人之所履者는 容足之外에 皆爲無用之地나 而不可廢也라 故로 慮不在千里之外면 則患在几席之下矣니라

소식이 말했다. "사람이 밟는 것으로 치면 발을 디디는 곳 이외에는 모두 쓸모없는 땅이지만 버릴 수 없다. 그러므로 생각이 천 리 밖에 있지 않으면, 근심이 앉은 자리 밑에 있게 된다."

고금주 —— ■補曰 遠者, 未來之永久也. 近者, 已到之迫急也. ○王曰: "君子當思患而豫防之."[邢云: "此『周易 · 旣濟 · 象辭』."]

보완하여 말한다. 원遠이란 (시간적으로) 아주 먼 미래이고, 근近이란 (시간적으로 현재) 이미 도래한 급박한 것이다. ○왕숙이 말했다. "군자는 마땅히 환난을 생각하여, 예방해야 한다."(형병이 말했다. "이것은 『주역 · 旣濟 · 象辭』이다.")

■案 張氏 · 蔡氏 · 饒氏 · 馮氏之說, 並以時言, 可見宋 · 元以來, 無一人從蘇義也. 若以地言, 君子所計, 恆在乎近, 而不在乎遠. 故曰'近者悅而後遠者懷也'. 崇遠慮而忽近憂, 則秦 皇 · 漢 武已矣.

살핀다. 장남헌 · 채각헌 · 요쌍봉 · 풍후재의 설은 모두 시간으로 말했고, 송宋 · 원元 이래 한 사람도 소식이 주장하는 뜻을 따른 사람이 없었음을 볼 수 있다. 그러나 만약 공간으로 말한다면, 군자가 계획하는 것은 항상 가까운 데에 있고 먼 곳에 있지 않다. 그러므로 "가까이 있는 자가 기뻐하고, 멀리 있는 자가 오게 한다(13:16)."고 했다. 먼 생각을 숭상하고 가까운 근심을 소홀히 한 것은 진시황과 한 무제가 그렇게 했다.

비평 —— 『논어집주대전』의 세주에 나타나 있는 이 구절에 대한 주요 해설을 살펴보자.

『역易』「곤괘, 초육」에 '서리를 밟음에 곧 단단한 얼음이 온다.'고 하여 그 근심이 가까이 있음을 보였다. 염려하고 걱정하기를 서리 내리기 시작할 때에 하면, 근심을 잊을 수 있다. (남헌 장씨)

소씨의 설을 보면 원근은 장소에 관한 말인데, 만약 원근을 시간에 관한 말로 보아도 아마도 또한 통할 수 있는 것 같다. 예컨대 국가가 하나의 법도를 세움에 시간상 길고 멀리 생각하지 않으면, 목전에 즉시 가까운 근심이 있다. (각헌 채씨)

소씨는 단지 장소의 원근을 말했을 뿐, 시간의 원근을 빠뜨리고 말했다. 예컨대 생각이 천백 년 멀리까지 미치지 않으면, 근심이 조석의 가까움에 있다고 해야 뜻이 비로소 완전하다. (쌍봉 요씨)

생각은 일이 아직 일어나기 전에 있는 것이고, 근심은 일이 이미 일어난 다음에 있는 것이다. 멀리 생각하지 않으면 미리 준비가 안 되어 근심이 가깝게 된다. 멀리 생각하여 미리 준비하면, 근심을 잊을 수 있다. (후재 풍씨)

주자는 원근遠近에 대해 공간적으로 해석해 놓은 소식의 언명만 인용하고 자신의 해석을 부가하지 않음으로써 공간적인 것으로 간주하고 있다는 인상을 남겼다. 그런데 다산은 이 구절은 단지 '시간적인 것'으로 해석해야 한다고 주장한다. 만약 공간적인 것이라면, 군자가 도모할 것은 오히려 먼 것이 아니라, 가까이에 있어야 한다고 말한다. 다산의 세심한 지적이 돋보이지만, 상보적으로 해석하는 것이 좋겠다.

15:12. 子曰: "已矣乎! 吾未見好德如好色者也."

고주 —— 공자께서 말씀하셨다. "그만두어야겠다! 나는 아직 덕을 좋아하기를 색을 좋아하듯이 하는 자를 보지 못했다."

주자 —— 공자께서 말씀하셨다. "그만두어야겠다! 나는 아직 덕을 좋아하기를 색을 좋아하듯이 하는 자를 보지 못했다."

다산 —— 공자께서 말씀하셨다. "그만두어야겠다! 나는 아직 (항상 약한 도심

자원풀이 ■이르는 갑골문에서는 쟁기를 그린 것으로 추정하지만, 당시에 이미 원래의 의미를 상실하고 완료, 도구를 나타내는 문법소와 '이미'라는 부사로 쓰였다. 식사를 마치고 머리를 돌린 모습을 그린 既(이미 기)와 독음과 의미가 같은 글자였다고 추정된다.
■色색은 일반적으로 人+卩(병부 절 =節)의 회의자로 사람의 심정은 그대로 안색으로 나타나는데, 이는 마치 부절符節을 맞추는 것과 같기 때문에 안색顏色을 뜻하고, 인신하여 빛깔의 뜻이 되었다. 그러나 색色이란 후배위後背位의 성애 장면을 그린 것으로, 성애 과정에서 흥분된 '얼굴색'이며, 이로부터 색깔은 물론 성욕과 성욕의 대상인 여자, 여자의 용모, 나아가 기쁜 얼굴색(喜色), 정신의 혼미함 등의 뜻이 나왔다고도 한다.

이 추구하는) 덕을 좋아하기를 (항상 치열한 인심이 추구하는) 색을 좋아하듯이 하는 자를 보지 못했다."

집주 —— ■已矣乎는 歎其終不得而見也라
'이의호已矣乎'란 (덕을 좋아하기를 색을 좋아하듯이 하는 사람을) 끝내 볼 수 없었음을 탄식한 말이다.

고금주 —— ■補曰 德者, 道心之所好也. 色者, 人心之所好也. 道心恆弱, 故難誠. 人心恆熾, 故無僞. [已見〈子罕〉篇]
보완하여 말한다. 덕이란 도심道心이 좋아하는 것이고, 색色이란 인심人心이 좋아하는 것이다. 도심은 항상 약하기 때문에 성실하기 어렵고, 인심은 항상 치열하기 때문에 억지로 조장할 필요가 없다(이미 「자한」편에 나왔다).

비평 —— 『논어』「자한」편에 이와 유사한 구절이 있다.

  공자께서 말씀하셨다. "나는 색(色)을 좋아하는 만큼 덕을 좋아하는 사람을 아직 보지 못했다."(9:17. 子曰 吾未見好德 如好色者也.)

다산은 인심과 도심의 개념에 의해 새로운 해석을 하고 있다.

15:13. 子曰: "臧文仲, 其竊位者與! 知柳下惠之賢而不與立也."

고주 —— 공자께서 말씀하셨다. "장문중은 그 관위官位를 절취한 자일 것이다. 유하혜의 현명함을 알면서도 (칭찬해 천거하여) 그와 함께 조정에 서지 않았다(눈앞의 안일만 탐했다)."

주자 —— 공자께서 말씀하셨다. "장문중은 (덕이 걸맞지 않아 부끄러움이 있기에) 그 관위官位를 절취한 자일 것이다. 유하혜의 현명함을 알면서도 그와 함께 조정에 서지 않았다(눈앞의 안일만 탐했다)."

다산 —— 공자께서 말씀하셨다. "장문중은 (덕이 걸맞지 않아 부끄러움이 있기에) 그 관위官位를 절취한 자일 것이다. 유하혜의 현명함을 알면서도 그와 함께 조정에 서지 않았다(눈앞의 안일만 탐했다)."

집주 —— ■竊位는 言不稱其位而有愧於心하여 如盜得而陰據之也라 柳下惠는 魯大夫展獲이니 字禽이요 食邑柳下하고 諡曰惠라 與立은 謂與之並立於朝라

절위竊位는 '(덕이) 그 지위에 걸맞지 못하여 마음에 부끄러움이 있어, 마치 도둑질로 얻어서 몰래 차지한 것과 같다.'는 말이다. 유하혜柳下惠는 노나라 대부 전획展獲으로 자는 금禽이며, 유하柳下는 식읍食邑의 지명이며, 시호는 혜惠이다. 여립與立은 그와 더불어 조정에 나란히 서는 것을 말한다.

■范氏曰 臧文仲이 爲政於魯에 若不知賢이면 是不明也요 知而不擧면 是蔽

자원풀이 ■절竊은 穴(구멍 혈)+釆(분별할 변)+禼(사람이름 설)의 형성자로, 원래 전갈(萬)처럼 생긴 벌레가 구멍(穴)을 뚫고 곡식(米)을 몰래 훔쳐 먹는 것을 그렸으며, 米가 釆으로, 萬이 禼로 변해 지금의 자형이 되었다. 절도竊盜, 부정한 수단으로 취득하다, 몰래, 또는 자신을 낮추는 겸양어로도 쓰인다. 절위竊位란 그 지위에 걸맞지 않아 마음에 부끄러움이 있는 것으로, 마치 도둑질하여 몰래 지니고 있는 것과 같다는 말이다.(주자)
■여與는 상아와 같은 소중한 물건을 '함께' 들어 올리다의 뜻에서, 더불어, 목적을 함께하는 무리, 허여하다, 같이하다, 참여하다, 어조사 등으로 쓰인다. 이 여립與立은 천거하여 함께 나란히 조정에 서는 것을 말한다.(주자)

賢也니 不明之罪는 小하고 蔽賢之罪는 大라 故로 孔子以爲不仁하시고 又以
爲竊位하시니라

범조우가 말했다. "장문중이 노나라에서 정치를 하면서, 만약 현명한 사람
를 알아보지 못했다면, 이는 밝지 못한 것이고, 알았으면서도 등용하지 않았
다면, 이는 현명한 자를 가린 것이다. 밝지 못한 죄는 적지만, 현명한 자를 가
린 것은 크다. 그러므로 공자께서 불인不仁하다고 여기시고, 또한 지위를 훔
쳤다고 간주하셨다."

고금주 ── ■案 此諸文, 臧文仲知柳下惠之賢矣.
살핀다. 이러한 여러 글(『국어』「魯語」)은 장문중이 유하혜의 어짊을 알고 있었
음을 말해준다.

비평 ── 장문중臧文仲은 노나라의 대부 장손씨臧孫氏이고 이름은 신辰이다.
유하혜柳下惠는 노나라의 대부 전획展獲으로 자는 금禽이며, 유하柳下는 식읍
食邑의 지명, 시호는 혜惠이다. 여립與立은 일반적으로 천거하여 함께 조정에
나아가는 것이다. 그러나 유월兪樾은 『군경평의羣經平議』에서 입立을 위位로
풀이해야 한다고 주장했다. 즉 장문중이 유하혜의 현명함을 알고도 그에게
직위를 주지 않았다는 뜻이다. 장문중은 지혜롭다는 평판이 있었지만, 공자
는 좋게 평가하지 않았다. 『논어』에 다음 구절이 있다.

   공자께서 말씀하셨다. "장문중은 점치는 거북을 간직했는데, 그 집 기둥머리
   의 두공에는 산山 형상을 새기고, 들보의 동자기둥에는 마름 풀을 그렸으니, 어
   찌 지혜롭다고 하겠는가?"(5:17. 子曰 臧文仲 居蔡 山節藻梲 何如其知也.)

특별한 쟁점은 없다.

15:14. 子曰: "躬自厚而薄責於人, 則遠怨矣."

고주 —— 공자께서 말씀하셨다. "자기를 책망하기를 두텁게 하고, 남을 책망하기를 적게 하는 것은 원망(과 허물)을 멀리하는 방법이다."

주자 —— 공자께서 말씀하셨다. "자기를 책망하기를 두텁게 하고 (자신은 더욱 수양된다), 남을 책망하기를 적게 하면 (남들이 쉽게 따른다), (남들이) 원망하지 않게 하는 방법이다."

다산 —— 공자께서 말씀하셨다. "자기를 책망하기를 두텁게 하고 (내가 남을 원망하지 않고), 남을 책망하기를 적게 하면 (남이 나를 원망하지 않는다) 원망에서 멀어진다."

집주 —— ■責己厚故로 身益修하고 責人薄故로 人易從하니 所以人不得而怨之니라
자기를 책망하기를 두텁게 하기 때문에 자신은 더욱 수양이 되고, 남을 책망

자원풀이 ■躬은 身(몸 신)+弓(활 궁)의 형성자로, 활(弓)처럼 약간 휜 몸체라는 의미를 그렸으며, 몸을 굽히다는 뜻도 나왔다. 몸, 자기自己 자신, 몸소, 굽히다, 곤궁하다 등의 뜻이 있다. 궁기躬自란 자기 자신을 삼가고 공손히 함, 몸소 행함이라는 뜻이 있다.
■厚厚는 厂(기슭 엄)+'두터울 후'의 형성자, 혹은 厂(제사를 지내는 사당)+제주祭酒를 지내는 형상으로 신에게 올린다는 데서 '후하다'의 뜻이 나왔다. 두텁다, 무겁다, 후하다, 진하다, 크다 등의 뜻이 있다. "깊은 계곡에 올라가지 않으면, 땅의 두터움을 알 수 없다.(不臨深谿 不知地之厚也, 『순자』) 자후自厚 뒤에 책責 자가 생략되었다고 할 수 있다. 후厚(責)는 무겁게 자책하는 것이니, 자책하고 또 자책하기를 거듭해 그치지 않는다는 뜻이다.(주자)
■薄薄은 艸(풀 초)+ 薄(양하 박)의 형성자로 『설문해자』에서 초목이 우거진 곳 혹은 누에를 치는 채반으로 엷다의 뜻에서 출발하여, 적다, 싱겁다, 척박하다, 각박하다, 희박하다, 깔보다 등의 뜻이 나왔다.

하기를 적게 하기 때문에 남들이 쉽게 따른다. 남들이 원망하지 않게 하는 방법이다.

고금주 —— ■補曰 責己厚, 則我不怨人. 責人薄, 則人不怨我. 遠怨, 謂遠於怨.
보완하여 말한다. 자기를 책망하기를 두텁게 하면 내가 남을 원망하지 않고, 남을 책망하기를 적게 하면 남이 나를 원망하지 않는다. 원원遠怨은 '원망에서 멀어진다'는 뜻이다.

■孔曰: "責己厚, 責人薄, 所以遠怨咎." ○蔡曰: "責己厚, 則身益修而無可怨. 責人薄, 則人易從而不招怨."[見『蒙引』] ○案 蔡說是也.
공안국이 말했다. "자기를 책망하기를 두텁게 하고, 남을 책망하기를 적게 하는 것은 원망과 허물을 멀리하는 방법이다." ○채청이 말했다. "자기를 책망하기를 두텁게 하면, 자신은 더욱 수양되어 원망이 없을 수 있다. 남을 책망하기를 적게 하면, 남이 쉽게 따르기 때문에 원망을 초래하지 않는다."(『몽인』에 보인다.) ○살핀다. 채청의 설이 옳다.

비평 —— 다산이 옳다고 인용한 채청의 설은 주자의 해석과 같다.

15:15. 子曰: "不曰'如之何如之何'者, 吾末如之何也已矣."

■책責은 貝(조개 패)+朿(가시 자)의 형성자. 貝(조개)는 본래 화폐이고, 朿는 화살처럼 솟은 나무 모양에 양쪽으로 가시가 그려진 모습으로 가시나무를 형상화했는데, 가시는 아픔과 어려움, 질책叱責, 책임責任을 타나낸다. 책責이란 인간에게 가장 어렵고 힘든 것(朿)은 돈(貝)과 관련이 있음을 나타낸다.

고주 —— 공자께서 말씀하셨다. "'(이 일을) 어떻게 할까?'라고 말하지 말라. (이 일을) 어떻게 할까 하는 것은 (禍難이 이미 형성되어) 나도 어떻게 할 수 없을 뿐이다."

주자 —— 공자께서 말씀하셨다. "'어떻게 할까, 어떻게 할까(사려하여 면밀히 살펴 대처하는 말)?'라고 하지 않는 자는 나도 어떻게 할 수 없을 뿐이다."

다산 —— 공자께서 말씀하셨다. "(배움에 종사하는 자가 진덕 수업하면서 스스로 우려하고 속상해하면서) '어떻게 할까, 어떻게 할까?'라고 하지 않는 자는 나도 어떻게 할 수 없을 뿐이다."

집주 —— ■如之何如之何者는 熟思而審處之辭也라 不如是而妄行이면 雖聖人이라도 亦無如之何矣니라

'어떻게 할까, 어떻게 할까?'란 깊이 사려하고 면밀히 살펴 대처할 때 하는 말이다. 이처럼 하지 않고 망령되게 행동하면, 비록 성인聖人이라 하더라도 또한 어찌 할 수 없다.

고금주 —— ■補曰 如之何如之何者, 憂傷之辭. 學者不自憂自創曰'如之何如之何', 則聖師於此人, 亦末如之何也矣.

보완하여 말한다. '어떻게 할까, 어떻게 할까?'란 우려하고 속상해 하는 말이

자원풀이 ■군羣(=群)은 羊(양 양)+君(임금 군)의 형성자로 무리지어 생활하는 양羊으로부터 무리의 의미를 그려, 집단, 집체의 뜻이 나왔다.

■혜慧는 心(마음 심)+彗(비 추), 비처럼 꼬리를 길게 날아가는 혜성彗星의 형성자로 마음(心)이 혜성처럼 반짝이는 지혜를 지녔다는 뜻이다. 소혜小慧는 사사로운 지혜私慧이다. 의리에 근본을 두지 않은 것으로, 이익과 욕심을 셈하고 따지는 사사로운 마음에서 나온 것이다.(주자)

다. 배우는 이가 스스로 우려하고, 스스로 속상하여 '어떻게 할까, 어떻게 할까?'라고 하지 않는다면 성사聖師도 이 사람에게 또한 어떻게 할 수 없다.

■孔曰: "不曰如之何者, 猶言不曰奈是何. [邢云: "此章戒人預防禍難也."] 禍難已成, 吾亦無如之何." ○案 孔說若無誤, 然非本旨也. 向善之人, 憂學業之不進, 悲歲月之不與, 夙夜憂歎, 自傷自創, 曰'如之何如之何'也. 渠之憤悱自振, 不如是者, 聖人亦末如之何也. [陸游『筆乘』云: "人之於道也, 以憤悱而通, 如之何如之何者, 憤悱之象也. 不如此即啓發, 如聖人無如之何."]

공안국이 말했다. "'불왈여지하不曰如之何'란 '어떻게 할까'라고 말하지 않는 것과 같은 말이다.(형병이 말했다. "이 장은 사람들에게 禍難을 예방하도록 경계했다.") 화난이 이미 형성되었다면 나 또한 어떻게 할 수 없다." ○살핀다. 공안국의 설은 오류는 없지만, 본 뜻은 아니다. 선善을 향해 나아가는 사람은 학업의 부진을 우려하고, 세월이 함께하지 않음을 슬퍼하고, 새벽부터 밤늦게까지 우려와 탄식을 하니, 스스로 우려하고 스스로 속상하여 '어떻게 할까, 어떻게 할까?'라고 말한다. 그 분발하고 스스로 진작함이 이와 같이 않은 자는 성인 또한 어떻게 할 수 없다. 육유가 『필승』에서 말했다. "사람이 도에 대해 분발하고 번민하면 통한다. '여지하如之何, 여지하如之何'는 분발하고 번민하는 형상이다. 이와 같이 하지 않는데도 계발하여 주면, 성인 같은 분도 어떻게 할 수 없다."

■質疑 如之何如之何者, 熟思而審處之辭. ○案 慮患處事, 皆他人之事, 與孔子無涉, 宜從學者進德修業上看.

질의한다. 여지하 여지하如之何如之何란 깊이 생각하여 면밀히 살펴 대처할 때 하는 말이다. ○살핀다. 환란을 걱정하여 일을 처리하는 것은 모두 (나에 관한 것이 아닌) 다른 사람의 일로, 공자와 아무런 상관이 없다. 이 글은 마땅히 배움에 종사하는 자가 진덕수업進德修業하는 것으로 보아야 할 것이다.

비평 —— '여지하如之何 여지하如之何'를 고주는 '화난禍難에서 이 일을 어떻게 할까?'라고 말하는 것이라고 해석했다. 그리고 주자는 깊이 생각하여 세밀히 살펴 대처할 때 하는 말(熟思深處之辭)로 해석하면서, 재삼 반복하여 사려하지 않고 경솔하게 행동하는 사람은 성인도 어떻게 할 수 없다고 말하는 것이라고 해석했다. 쌍봉요씨는 "앞의 '어떻게 할까?'는 생각에 대처하는 것이고, 뒤의 '어떻게 할까?'는 깊이 생각하여 면밀히 대처하는 것이다."라고 말했다(세주).

이에 대해 다산은 공자의 관심은 자신의 존재에 대한 자각을 통해 자기완성을 추구하는 것이라는 점에서, '어떻게 할까 어떻게 할까?' 하는 것은 학문하는 자의 진덕수업에 관한 것이라고 질의했다. 다산의 질의는 정당한 것이라고 할 수 있다. 이는 『맹자』에서도 확인된다. 맹자는 인간은 모두가 측은지심을 위시한 사단四端을 지니고 태어났음에도 불구하고, 이 사단을 확충하여 인간다운 도리를 실현할 수 없다고 주장하는 자를 자포자기자自暴自棄者라고 말하는데(「유자입정」장 참조), 이 구절과 맥락을 같이 한다고 하겠다.

❧

15:16. 子曰: "群居終日, 言不及義, 好行小慧, 難矣哉!" [皇本, 慧作惠]

고주 —— 공자께서 말씀하셨다. "여럿이 모여 지내며 종일토록 하는 말이 의에 미치지 않고, 자잘한 재지才智를 부리기(남을 능멸하거나 과시하기)를 좋아한다면, (이루는 바가 있기) 어려울 것이다(끝내 아무런 성과가 없을 것이다)."

주자 —— 공자께서 말씀하셨다. "여럿이 종일토록 모여 있으면서도 말이 의

에 미치지 않고(방자하고 사치스런 마음이 불어난다), 사사로운 잔꾀 행하기를 좋
아한다면(요행을 바라는 기틀이 이루어진다), (덕으로 들어갈 방법이 없어 장차 걱정과
손해만 있어) 어려울 것이다(도를 어지럽힌다)."

다산 —— 공자께서 말씀하셨다. "여럿이 종일토록 모여 있으면서도 말이 의
에 미치지 않고(방자하고 사치스런 마음이 불어난다), 사사로운 잔꾀 행하기를 좋
아한다면(요행을 바라는 기틀이 이루어진다), (덕으로 들어갈 방법이 없어 장차 걱정과
손해만 있어) 어려울 것이다."(황간본에는 慧를 惠로 했다.)

집주 —— ■小慧는 私智也라 言不及義면 則放辟邪侈之心이 滋하고 好行小
慧면 則行險僥倖之機 熟이라 難矣哉者는 言其無以入德而將有患害也라
소혜小慧는 사사로운 잔꾀(私智)이다. 말이 의義에 미치지 않으면 방자하고
사치스런 마음이 불어나고, 사사로운 잔꾀나 행하기를 좋아하면 위험하게
행하면서 요행을 바라는 기틀이 완숙해질 것이다. '어려울 것이다(難矣哉)'란
덕으로 들어갈 방법이 없어, 장차 걱정과 손해만 있을 것이라는 말이다.

고금주 —— ■鄭曰: "小慧, 謂小小之才智." ○鄭曰: "難矣哉, 言終無成."
정현이 말했다. "소혜小慧는 자잘한 재지才智를 말한다." ○정현이 말했다.
"난의재難矣哉란 끝내 이룸이 없음이 말한다."
■邢曰: "小小才知, 以陵誇於人." ○案 不如朱子說.
형병이 말했다. "자잘한 재지를 가지고, 남을 능멸하고 과시한다." ○살핀다.
주자의 설만 못하다.
■考異 皇氏本, 慧作惠. ○陸氏 『釋文』云: "魯讀作惠." ○案 皇本・邢本各有
長短, 但當舍短而取長, 不必執一以廢一也. 小惠猶勝於鄙吝, 人安得輒行大
惠? 古人以小惠爲小, 欲其大之, 未嘗以小惠爲不義也. 今群居終日者, 明是學

人, 安得以小惠爲小? 當從邢氏本.

다름을 고찰한다. 황간본에는 혜慧가 혜惠로 되어 있다. ㅇ육덕명의『석문』
에서 말했다. "노나라에서는 혜惠로 읽었다." ㅇ살핀다. 황간본과 형병본에
각각 장단점이 있다. 다만 마땅히 단점은 버리고 장점을 취할 것이지, 반드
시 하나만 고집하고 다른 하나는 버려야 할 필요는 없다. 그런데 소혜小慧는
그래도 인색한 것보다 나으니, 사람이 어떻게 갑자기 대혜大惠를 행할 수 있
겠는가? 옛 사람은 소혜를 작은 것으로 하찮게 여겨 이를 크게 행하려고 한
것이지, 일찍이 소혜를 불의不義로 여기지는 않았다. 금군거종일今群居終日이
라는 이 구절들은 분명히 배우는 사람을 두고 한 말인데, 어떻게 여기서 소혜
를 하찮은 것으로써 말할 수 있겠는가? 당연히 형병본을 따라야 한다.

비평 —— 주자는 '아래 세 구는 비록 첫 구로부터 나온 것이지만 반드시 여럿
이 함께 있으면서 종일토록 이렇게 한다면'으로 해석해야 더욱 아래 두 구가
도를 어지럽히는 일임이 드러날 수 있다고 말했다(세주). 다산은 주자의 해석
이 가장 좋다고 말했다.

<hr/>

15:17. 子曰: "君子義以爲質, 禮以行之, 孫以出之, 信以成之. 君子哉!"

고주 —— 공자께서 말씀하셨다. "군자는 (일을 맡아 행함에) (마땅히) 의로써 체
질을 삼고(當以義爲體質) 예로써 (文飾하여) 행하며, (그 언어를) 공손함으로 나
타내어 신뢰를 지킴으로써 이루니(守信而成之), (능히 이 네 가지를 할 수 있는 자)
군자로다."

주자 —— 공자께서 말씀하셨다. "군자는 (일을 제어하는 근본인) 의로써 바탕 · 근간을 삼고, 예(등급 · 법도)로써 그것을 행하고, 퇴손함으로써 그것을 드러내고, 믿음(성실)으로써 이루니, 진정 군자(의 도)로다."

다산 —— 공자께서 말씀하셨다. "군자가 (일을 제어하는 근본인) 의로써 바탕 · 근간을 삼고, 예로써 고결하게 행하고, 겸손한 말로써 그것을 드러내고, (언행을 총괄하는) 믿음(성실)으로써 이루니, 진정 군자(의 도)로다."

집주 —— ■義者는 制事之本이라 故로 以爲質幹이요 而行之必有節文하고 出之必以退遜하고 成之必在誠實이니 乃君子之道也라

의義란 일을 제어하는 근본인 까닭에 바탕 · 근간으로 삼아야 한다. 의를 행함에 있어 반드시 등급 · 법도(節文)가 있고, 나타낼 때는 반드시 퇴손退遜으로 하고, 이룸에서는 반드시 성실함이 있어야 하니, 곧 군자의 도이다.

■程子曰 義以爲質은 如質幹然이라 禮行此하고 孫出此하고 信成此하니 此四句는 只是一事니 以義爲本이니라 又曰 敬以直內면 則義以方外요 義以爲質이면 則禮以行之하고 孫以出之하고 信以成之니라

정자가 말했다. "의로써 바탕으로 삼는다는 것은 바탕 · 근간처럼 여긴다는 것이다. 예는 의를 행하고, 겸손은 의를 나타내고, 믿음은 의를 완성한다. 이 네 구절은 단지 하나의 일이며, 의를 근본으로 삼는다." 또 말했다. "경건함으

자원풀이 ■질質은 所(모탕 은)+貝(조개 패)의 회의자로 조개(貝)는 화폐를 뜻하고 은所(斤+斤)은 도끼로 나무를 자를 때 받쳐놓은 나무토막. 그래서 질質은 화폐자체가 아니라, 돈으로 바꾸거나 돈을 벌 수 있는 밑받침이나 바탕을 뜻한다. 이러한 바탕이란 뜻은 확장되어 현상하는 사건을 규제規制 혹은 주간主幹한다는 뜻을 나타내고, 현상의 실체라는 의미를 지니게 되었다. 또한 가공하기 전의 소박함이라는 의미에서 질박質朴이란 뜻을 지닌다.
■손孫은 子(아들 자)+糸(가는 실 사)의 회의자로 실糸처럼 이어지는 자손(子)을 의미했다. 여기서는 손遜의 의미로 쓰였다. 손遜은 辶(쉬엄쉬엄 갈 착)+孫(손자 손)의 형성자로 손자孫子된 마음으로 행동하는 것으로, 이로부터 공손恭遜과 겸손謙遜의 뜻이, 다시 사양辭讓하다의 뜻이 나왔다.

로 안을 곧게 하고, 의로써 밖을 방정하게 한다. 의로써 바탕을 삼으면, 예로써 의를 행하고, 겸손함으로 의를 드러내고, 믿음으로 의를 이루는 것이다."

고금주 —— ■補曰 出之者, 出言語也. [『易』曰: "君子居其室, 出其言."] 禮以行之者, 危行也. 孫以出之者, 言孫也. 信者, 言行之總括也. 義與信, 作頭作尾, 言行其兩翼也.

보완하여 말한다. '출지出之'란 언어로 표현하는 것이고(『역경』에서 "군자가 방에 있으면, 무엇인가 말을 내놓는다."고 했다.), '예이행지禮以行之'란 고결한 행위(危行)이며, '손이출지孫以出之'는 말이 겸손한 것이고, 신信이란 언행을 총괄하는 것이다. 의義와 신信은 머리와 꼬리가 되고, 언言과 행行은 그 두 날개이다.

■鄭曰: "義以爲質, 謂操行也. 孫以出之, 謂言語也." ○侃曰: "義, 宜也. 質, 本也. 人識性不同, 各以其所宜爲本." ○案 鄭義以上二句爲行, 下二句爲言, 非本旨也.

정현이 말했다. "의로써 바탕을 삼는다는 것은 조행操行이다. 겸손으로 나타낸다는 것은 언어를 말한다." ○황간이 말했다. "의義는 마땅함(宜)이다. 질質은 근본(本)이다. 사람의 인식과 성품은 같지 않지만, 각자 마땅함으로 근본을 삼아야 한다." ○살핀다. 정현의 뜻은 앞의 두 구절을 행에 관한 것으로 여기고, 아래 두 구절은 언에 관한 것으로 여겼는데, 본뜻이 아니다.

비평 —— "의義와 신信은 머리와 꼬리가 되고, 언행言行은 그 두 날개가 된다."는 해설은 주자의 설명을 부연하여 완성한 것이라고 생각된다.

주자가 말했다. "의로써 바탕을 삼는다는 것은 일을 규제함에 먼저 그것이 마땅한지 아닌지(其當否)를 판단하는 것이다. 그 일 사이에 절문節文과 순서를 반드시 모두 갖추려 하는 것, 이것이 예로써 행하는 것이다. 그러나 단지 그 규제를 다하는 것만 알고 겸손함으로 나타내지 못하면 또한 안 된다. 신뢰로써 이룬다는 것은 처음부터 끝까지 성실히 해서 이 하나의 일을 이루는 것이지, 겸손함으로써 나타낸 이후에 비로소 신뢰로써 이루는 것은 아니다. 의는 마땅함(宜)에 합치하는 것이니, 의에는 굳세고 단호하다는 뜻이 있다. 그러나 곧바로 부딪혀 나가서는 안 된다. 예에는 절문節文과 도수度數가 있으니, 예를 써서 행한다. 겸손함으로써 나타내는 것은 조화를 귀하게 여긴다. 의는 조화롭지 않지만, 예를 써서 행하면 곧바로 저절로 조화롭다. 그러나 예는 엄격한 것인 까닭에 겸손으로써 나타내면 온화하고, 급박하지 않다. 신뢰는 성실하게 하는 것이다. 신뢰가 없으면 의나 예나 겸손함이나 모두 거짓이다."

의義와 예禮의 관계에 대한 논의는 중요하기 때문에, 3권에서 별도의 장을 구성하여 상술하겠다.

~~~

15:18. 子曰: "君子病無能焉, 不病人之不己知也."

고주 —— 공자께서 말씀하셨다. "군자는 자신이 (성인의 도가 없어, 실천할) 능력이 없음을 걱정하지, 남이 자신을 알아주지 않는 것을 걱정하지 않는다."

주자 —— 공자께서 말씀하셨다. "군자는 (실천에 실질적인) 능력이 없음을 걱정하지, 남이 자신을 알아주지 않는 것을 걱정하지 않는다."

다산 —— 공자께서 말씀하셨다. "군자는 예능이 없음을 걱정하지, 남이 자신을 알아주지 않는 것을 걱정하지 않는다."

고금주 —— ■補曰 無能, 謂無藝能也. 我有藝, 人必知之.
보완하여 말한다. 무능無能이란 예능이 없음(無藝能)을 말한다. 내게 예능이
있으면, 남이 반드시 나를 알 것이다.
■包曰: "君子之人, 但病無聖人之道." ○純曰: "包說太重, 不可從也."
포함이 말했다. "군자인 사람은 단지 성인聖人의 도가 없는 것만 걱정한다."
○태재순이 말했다. "포함의 설은 너무 무거워서, 따를 수 없다."

비평 —— 이 구절은 『논어』의 이와 유사한 다음 구절과 연관하여 살필 필요
가 있다.

> 남이 나를 알아주지 않는다고 걱정하지 말고, 내가 잘하지 못함을 걱정하
> 라.(14:32)
> 남이 나를 알아주지 않는 것을 걱정하지 말고 남을 알지 못하는 것을 걱정하
> 라.(1:16)
> 나를 알아주지 않는 것을 걱정하지 말고, 알아줄 만하기를 구하라.(4:14)

고주(성인의 도), 주자(실천 능력), 그리고 다산(예능)은 약간 다른 맥락에서
해석하고 있다. 각자의 강조점이 어디에 있는지 알 수 있다.

자원풀이 ■몰沒은 水(물 수)+'빠질 몰'의 형성자로 물에 빠져 죽다가 원래 뜻이며, 이후 몰락하다, 없어지다는 뜻
으로 확장되었다.
■칭稱은 禾(벼 화)+'손에 들 칭'의 형성자로 곡물을 손에 들고 무게를 달아보는 것에서, 저울질하다, 들다, 추천하
다, 칭찬하다, 드러나다, 명성, 걸맞다 등의 뜻이 있다. 다산은 여기서의 칭稱은 떨쳐 드날리다(揚)라고 해석한다.

15:19. 子曰: "君子疾沒世而名不稱焉."

고주 —— 공자께서 말씀하셨다. "군자는 일생을 마칠 때까지, 선한 명성이 칭송되지 않는 것을 치욕(疾=病=恥辱)으로 여긴다."

주자 —— 공자께서 말씀하셨다. "군자는 죽은 이후에, 명성이 일컬어지지 않는 것을 싫어한다."

다산 —— 공자께서 말씀하셨다. "군자는 세상을 다할 때까지, 명성이 떨쳐지지 않는 것을 싫어한다."

집주 —— ■范氏曰 君子는 學以爲己하고 不求人知라 然이나 沒世而名不稱焉이면 則無爲善之實을 可知矣니라

범조우가 말했다. "군자는 자신을 위해 배우므로, 남이 알아주기를 바라지 않는다. 그러나 죽은 이후에 명성이 떨쳐지지 않는다면, 선을 행한 실제가 없는 것을 알 수 있다."

고금주 —— ■何曰: "疾猶病也."[純云: "疾比病字, 意較重. 疾與嫉通, 有惡義."] ○補曰 沒讀之如沒階之沒. [沒, 盡也] 沒世, 猶言畢世也. [盡其世] 稱, 揚也.

하안이 말했다. "질疾은 병病과 같다."(태재순이 말했다. "疾은 病 자와 비교하면 뜻이 무겁다. 疾은 嫉과 통하며, 싫어한다:惡의 뜻이 있다.") ○보완하여 말한다. 몰沒은 몰계沒階(계단을 다 내려오다)의 몰沒과 같이 읽어야 한다(沒은 다하다:盡의 뜻이다). 몰세는 필세畢世(세상을 다하는 것:盡世)라고 말하는 것과 같고, 칭稱은

떨치다(揚)이다.

■ 饒曰: "言沒世者, 蓋棺事乃定, 生前或可干名, 沒後却粧點不得. 沒後有名可
稱, 則眞有善可知." ○駁曰 非也. 饒以沒世爲死, 亦謬.

쌍봉 요씨가 말했다. "몰세沒世란 관 뚜껑을 덮은 다음에야 평판이 정해진다
는 뜻이다. 생전에는 혹 명성이 나기를 구할 수 있지만, 죽은 다음에는 꾸밀
수 없으니, 공론이 바야흐로 정해진다. 죽은 다음에 일컬어질 만한 명성이
있으면, 진정 선善이 있었음을 알 수 있다." ○논박하여 말하면, 그릇되었다.
요씨가 몰세를 죽음으로 본 것 또한 잘못이다.

비평 —— 몰세沒世를 죽은 이후로 볼 것인가, 아니면 죽을 때까지로 볼 것인
가 하는 쟁점이 있다. 주자는 몰세를 죽은 이후로 해석한 범조우의 설명을
인용만 했고, 다산은 여러 전거를 제시하면서 '죽을 때까지'라고 해석해야 한
다고 주장했다. 두 해석 모두 종합하여, "'죽을 때까지'와 '죽은 이후에까지'"
라고 해석해도 괜찮다고 생각된다.

15:20. 子曰: "君子求諸己, 小人求諸人."

고주 —— 공자께서 말씀하셨다. "군자는 자기에게서 구하고(자기를 책망하
고), 소인은 남에게 구한다(남을 책망한다)."

주자 —— (이 구절은 앞장과 보완이 된다.) 공자께서 말씀하셨다. "군자는 (돌이켜
서) 자기에게서 구하고, 소인은 남에게서 구한다(이것이 군자와 소인이 나뉘는 까

닭이다)."

다산 —— (이 구절은 앞 장과 관계없이, 인을 구하는 맥락에서 이해해야 한다.) 공자께서 말씀하셨다. "군자는 자기에게서 (仁을) 구하고, 소인은 남에게서 (인을) 구한다."

집주 —— ■謝氏曰 君子는 無不反求諸己요 小人은 反是니 此君子小人所以分也니라
사량좌가 말했다. "군자는 돌이켜 자기에게 구하지 않음이 없고, 소인은 이와 반대다. 이것이 군자와 소인이 나뉘는 까닭이다."
■楊氏曰 君子雖不病人之不己知나 然이나 亦疾沒世而名不稱也요 雖疾沒世而名不稱이나 然이나 所以求者는 亦反諸己而已라 小人은 求諸人이라 故로 違道干譽하여 無所不至니라 三者는 文不相蒙이나 而意實相足하니 亦記言者之意니라
양시가 말했다. "군자는 비록 남이 자신을 알아주지 않는 것을 걱정하지는 않지만, 그러나 또한 죽은 후에 명성이 일컬어지지 않는 것을 싫어한다. 비록 죽은 후에 명성이 일컬어지지 않은 것을 싫어하지만, 구하는 방식은 또한 돌이켜 자신에게서 구할 뿐이다. 소인은 남에게 구하기 때문에 도를 어기고 명예를 구하여 이르지 않는 곳이 없다. 세 가지 글은 서로 겹치지 않지만, 의미는 실로 서로 보완되니, 또한 말씀을 기록한 자의 의도이다."

고금주 —— ■包曰: "君子責己, 小人責人." ○補曰 求, 謂求仁.
포함이 말했다. "군자는 자기를 책망하고, 소인은 남을 책망한다." ○보완하여 말한다. 구求는 인을 구하는 것(求仁)을 말한다.
■案 此連上章說, 其義恐非也. 顔淵問仁. 子曰: "克己復禮爲仁." 繼之曰: "爲仁由己, 而由人乎哉?" 正是求諸己, 而不求諸人也. 爲人子者, 謂父母不善, 故無以爲孝子, 將如虞 舜何? 爲人臣者, 謂君上無良, 故不得爲忠臣, 將如比干何? 友兄弟與朋友皆如此.

살핀다. 이 글을 (양시처럼) 앞 장과 연결시켜 말하는 것은, 그 뜻이 아마도 그릇된 듯하다. 안연이 인仁을 물으니, 공자께서 "나를 이기고 예에로 되돌아가는 것이 인이다."라고 하고, 이어서 "인을 행하는 것은 나로부터 말미암는 것이지, 어찌 남으로부터 말미암겠는가?"라고 했다. 바로 이것이 자신에게서 구하고, 남에게서 구하지 않는 것이다. 남의 자식이 된 자로 부모가 착하지 못하기 때문에 효자가 될 수 없다고 여기면, 장차 어떻게 우순虞舜 같은 효자가 있겠으며, 남의 신하가 된 자로서 임금이 어질지 못하기 때문에 충신이 될 수 없다고 여기면 장차 어떻게 비간比干 같은 충신이 있겠는가? 형제에게 우애하고, 벗에게 신의를 지키는 것도 모두 이와 같다.

비평 ── 주자는 양시의 설이 지나치게 교묘하다는 질문에 다음과 같이 말했다.

> 양시의 설명은 비록 교묘하지만, 배우는 자에게 도움이 된다. 명성이 나는 것을 좋아하는 것을 경계하는 것은 본디 옳지만, 편벽되게 이 논의를 고집하는 것은 장차 염치를 훼손할 우려가 있으니, 그 폐단은 명성 나는 것을 좋아하는 것보다 더 심할 수 있다. 그러므로 군자는 죽은 후에 명성이 일컬어지지 않은 것을 싫어한다. 그렇지만 또 군자는 자신에게서 구한다고 말씀하셨다. 이 말씀을 자세히 감상해 보면, 어느 한쪽으로도 치우치지 않고 안과 밖이 충실하게 갖추어져 있으니, 이것이 성인의 말씀이 되는 이유이리라. (『논어집주대전』)

양시와 주자는 이 글을 앞의 두 구절과 연관해서 살펴보면, 일견 상호 모순되어 보이는 구절들(군자는 남이 알아주기를 구하지 않고 자기에게서 구하지만, 명성이 일컬어지지 않는 것을 싫어한다는 말)이 안과 밖이 되어, 치우치지 않는 상호보완적인 것으로 잘 이해될 수 있다고 말한다. 그러나 다산은 여기서 구한다는 것은 인을 구한다는 것을 말하기 때문에, 이 구절은 안연에게 인을 설명한 구절과 같은 맥락에서, 독립적으로 이해해야 한다고 말한다. 그런데 군자가 구하는 것이 인(인간됨의 도리)이라는 다산의 지적은 올바르다고 할 수 있다. 그런데 이러한 인을 구하는 방법을 강구할 때 이 구절은 앞의 "군자는 자신이 무능한 것을 걱정하지, 남이 자신을 알아주지 않는 것을 걱정하지 않는다."와 "군자는 죽은 이후에(죽을 때까지) 명성이 일컬어지지 않는 것을 싫어한다."는 두 구절과 연관하여 읽으면 상호보완이 된다. 군자가 명성을 얻는 것은 다름 아닌, 인仁을 통해서 얻기 때문이다.

군자는 인(仁)을 떠나서 어디에서 이름을 이루겠는가? 군자는 밥 먹는 사이에도, 급하고 구차한 때에도, 그리고 심지어 넘어지고 엎어질 때에도 인仁을 어기지 않는다. (4:5. 子曰 君子 去仁 惡乎成名 君子 無終食之間 違仁 造次 必於是 顚沛 必於是.)

15:21. 子曰: "君子矜而不爭, 群而不黨."

고주 —— 공자께서 말씀하셨다. "군자는 근엄·장중하되 다투지 않으며, (비록 많은 사람과) 어울려도 (서로 사사로이) 돕지 않는다(오직 의만 따른다)."

주자 —— 공자께서 말씀하셨다. "군자는 몸가짐을 장엄하게 하면서도 (어그러진 마음이 없기 때문에) 남과 다투지 않으며, (조화롭게) 뭇사람들과 어울리면서도 (아첨하려는 뜻이 없어) 편당하지 않는다."

다산 —— 공자께서 말씀하셨다. "군자는 중하게 스스로를 단속하고(矜=莊重自持) (남과 높음을) 다투지 않으며, 화합하여 모여 마음을 같이하고(群=和輯同心), 아첨하여 힘을 보태주지(黨=比暱助力) 않는다."

집주 —— ■莊以持己曰矜이라 然이나 無乖戾之心故로 不爭이요 和以處衆曰群이라 然이나 無阿比之意故로 不黨이니라

장엄하게 자기를 단속하는 것(莊以持己)을 긍矜이라 한다. 그러나 어그러진 마음이 없기 때문에 다투지 않는다. 조화로움으로 무리에 처하는 것을 군群이라 한다. 그러나 아첨하는 뜻이 없기 때문에 편당을 만들지 않는다.

고금주 —— ■補曰 莊重自持曰矜, [敬也, 又持也] 高亢相競曰爭. [與人爭其高] 和輯同心曰群, 比暱助力曰黨.

보완하여 말한다. 장중하게 스스로를 단속하는 것(莊重自持)을 긍矜이라 하고 (경건:敬이 또한 유지:持이다), 높음을 서로 다투는 것(高亢相競)을 쟁爭이라 하고 (다른 사람과 그 높음을 다투다), 화합하여 모여 마음을 같이하는 것(和輯同心)을 군群이라 하고, 아첨하여 힘을 보태는 것(比暱助力)을 당黨이라 한다.

■包曰: "矜, 矜莊也." ○孔曰: "黨, 助也. 君子雖衆, 不相私助, 義之與比." ○

자원풀이 ■긍矜은 矛(창 모)+今(이제 금)의 형성자로 창矛으로 상대를 찔러 죽여 전공을 올렸다는 의미에서 긍지矜持와 자긍심自矜心이, 그리고 죽어가는 상대를 불쌍히 여기다, 긍휼矜恤히 여기다의 의미가 나왔다.
■쟁爭은 爪(손톱 조:손)+又(또 우:손)의 회의자로 손과 손으로 중간의 물건을 서로 빼앗으려 다투는 모습에서 자형이 변해 현재처럼 되었다.
■당黨은 黑(검을 흑)+尙(숭상할 상)의 형성자로 모여서 나쁜 것(黑)을 숭상(尙)하는 무리나 집단을 말한다.

案 義之與比, 從來誤解. [已見前]

포함이 말했다. "긍矜은 근엄하고 장중함(矜莊)이다." ○공안국이 말했다. "당
黨은 돕다(助)이다. 군자는 비록 많은 사람과 어울려도 서로 사사로이 돕지
않고, 오직 의만 따른다." ○살핀다. 의지여비義之與比는 종래에 잘못 해석되
었다(이미 앞에서 나왔다).

■ 江熙曰: "群居所以切磋成德, 非於私也." [見皇疏] ○駁曰 非也. 朱子說最明
切.

강희가 말했다. "여럿이 모이면 절차탁마하여 덕을 이루고, 사사로움에 편당
하지 않는다(황간의 소에 보인다)." ○논박하여 말하면, 그릇되었다. 주자의 설
명이 가장 명확하고 절실하다.

비평 ── 『논어』「위정」편, 「자로」편에 이와 유사한 구절이 있다.

> 군자는 여러 사람들과 두루 조화를 이루지만, 치우쳐서 편당을 짓지 않는다.
> 소인은 치우쳐 편당을 짓지만, 두루 조화를 이루지는 않는다. (2:14. 子曰 君子 周而
> 不比 小人 比而不周.)
> 군자는 조화를 이루지만 남과 똑같이 하지는 않지만, 소인은 다른 사람과 똑같
> 이 되려고 하지만 조화를 이루지는 않는다. (13:23. 子曰 君子 和而不同 小人 同而不和.)

이 장 전체적인 뜻에 있어서 다산은 고주를 비판하고, 주자의 해석이 가장
명확하다고 했다. 글자의 의미에 대해 의견을 약간 달리하지만, 논쟁할 만한
것은 아니다.

15:22. 子曰: "君子不以言擧人, 不以人廢言."

고주 —— 공자께서 말씀하셨다. "(좋은 말이 있는 자라도 반드시 덕이 있는 것은 아니기 때문에) 군자는 말로써 사람을 천거하지 않고, (덕이 없는 사람의 말이라고 할지라도) 사람 때문에 말을 폐하지 않는다."

주자 —— 공자께서 말씀하셨다. "군자는 말로써 사람을 천거하지 않고, 사람 때문에 말을 폐하지 않는다."

다산 —— 공자께서 말씀하셨다. "(좋은 말이 있는 자라도, 반드시 덕이 있는 것이 아니기 때문에) 군자는 말로써 사람을 천거하지 않고, (덕이 없는 사람의 말이라고 할지라도) 사람 때문에 말을 폐하지 않는다."

고금주 —— ■包曰: "有言者不必有德, 故不可以言擧人." ○王曰: "不可以無德而廢善言." ○純曰: "此章主意在下句."
포함이 말했다. "(좋은) 말이 있는 자라고 해서 반드시 덕이 있는 것은 아니기 때문에, 말로써 사람을 천거할 수 없다." ○왕숙이 말했다. "덕이 없더라도 좋은 말을 폐할 수는 없다." ○태재순이 말했다. "이 장의 주된 뜻은 아래의 구에 있다."
■陳曰: "孔子因宰予晝寢, 而聽言必觀行. 孟子不沒陽貨'爲富不仁'之言." ○駁曰 非也. 宰我身居十哲, 非可棄之人. 陽貨志在爲富, 非正取之言. 今當曰'易言之人, 君子不取. 狂夫之言, 聖人有擇'. 〖大雅〗云: "詢于芻蕘."]
진력이 말했다. "공자께서는 재여가 낮에 잠을 잤기 때문에, 말을 들으면 반드시 행실을 살피게 되었다. 맹자는 양화의 '부자가 되면 불인不仁하다.'는 말을 버리지 않았다." ㅇ논박하여 말하면, 그릇되었다. 재아는 그 자신이 십철十哲에 들었으니, 버릴 수 있는 사람이 아니다. 양화는 뜻이 부자가 되는 데에 있었으니, 바르게 취할 말이 아니다. 지금 마땅히 '말을 쉽게 하는 사람을 군자는 취하지 않고, 미치광이의 말이라도 성인께서는 선택함이 있다.'라는 뜻으로 해석해야 한다.(『시경』「대아」에서 말했다. "나무꾼에게도 물어보라:詢于芻蕘.")

비평 —— 『논어』에 이와 유사한 구절은 다음과 같다.

> 공자께서 말씀하셨다. "덕 있는 사람은 반드시 말이 있지만, 말이 있는 사람이라고 해도 반드시 덕이 있는 것은 아니다. 인한 사람은 반드시 용감하지만, 용감한 사람이 반드시 인함이 있는 것은 아니다." (14:5. 子曰 有德者 必有言 有言者 不必有德 仁者必有勇 勇者不必有仁.)

주자는 이 구절을 주석하지 않았지만, 「세주」에 남헌 장씨의 다음 해석이 타당성 있다고 생각된다.

> 남헌 장씨가 말했다. "말 때문에 사람을 등용하면 실천하지 않는 자가 나오니, 이는 본디 안 되는 일이다. 그러나 비록 설사 소인이 말했다고 하더라도, 그 말이 선하면 선한 말이 되는 데는 문제가 없다. 사람 때문에 그 말을 버리면, 선한 말이 버려진다. 그러므로 군자는 비록 말 때문에 사람을 등용하지는 않지만, 또한 사람 때문에 말을 버리지도 않으니, 가려짐이 없는 공정한 마음이다."

15:23. 子貢問曰: "有一言而可以終身行之者乎?" 子曰: "其恕乎!
己所不欲, 勿施於人."[皇本, 無'之'字]

고주 —— 자공이 물었다. "한마디 말로 종신토록 행할 만한 것(=수신의 요도:
修身之要道)이 있습니까?" 공자께서 말씀하셨다. "아마도 서恕일 것이다! 자기
가 하고 싶지 않은 것을 남에게 베풀지 말라(仁恕라는 한마디 말만이 종신토록 행
할 만하다고 대답하신 것이다)."

주자 —— 자공이 물었다. "한마디 말로 종신토록 행할 만한 것이 있습니까?"
공자께서 말씀하셨다. "아마도 (자기를 미루어 남에게 미치면, 그 베푸는 것이 끝이
없는) 서恕일 것이다! 자기가 하고 싶지 않은 것을 남에게 베풀지 말라."

다산 —— 자공이 물었다. "한 글자(一言=一字)로 종신토록 행할 만한 것이 있
습니까?" 공자께서 말씀하셨다. "아마도 (人道는 仁을 구함에 벗어나지 않고, 인을
구함은 人倫을 벗어나지 않고, 인륜에 처하는 방법은) 서恕일 것이다! 자기가 하고
싶지 않은 것을 남에게 베풀지 말라."(황간본에는 '之' 자가 없다.)

집주 —— ■推己及物이면 其施不窮이라 故로 可以終身行之니라
자기를 미루어 남에게 미치면 그 베풂은 끝이 없기 때문에 종신토록 행할 수
있다.

자원풀이 ■시施는 放(=旗깃발 기)+也(어조사 야)의 형성자이다. 바람에 펄럭이는 깃발을 중심으로 사람을 모아서
정령을 공표하거나 정책을 알리는 모습으로, 시행施行하다, 주다, 보시普施, 베풀다 등의 뜻이 나왔다.

■尹氏曰 學貴於知要하니 子貢之問은 可謂知要矣라 孔子告以求仁之方也하시니 推而極之면 雖聖人之無我라도 不出乎此하니 終身行之가 不亦宜乎아

윤돈이 말했다. "배움은 요점을 아는 것을 귀하게 여긴다. 자공의 질문은 요점을 안다고 할 수 있다. 공자께서는 인을 구하는 방법을 가지고 깨우쳐 주셨다. 미루어 궁극에 나아가면 성인의 무아無我도 여기에서 벗어나지 않는다. 종신토록 그것을 행하는 것이, 또한 마땅하지 않은가?"

고금주 —— ■補曰 一言, 謂一字. 人道不外乎求仁, 求仁不外乎人倫. 經禮三百, 曲禮三千, 以至天下萬事萬物, 皆自人倫起. 恕者, 所以處人倫, [即絜矩之道] 一以貫之, 故一字而可終身行之.

보완하여 말한다. 일언一言은 한 글자(一字)를 말한다. 사람의 도는 인仁을 구하는 데에서 벗어나지 않고, 인을 구하는 것은 인륜에서 벗어나지 않는다. 경례삼백經禮三百과 곡례삼천曲禮三千에서 천하의 만사만물에 이르기까지 모두 인륜에서 일어난다. 서恕란 인륜에 처하는 방법이고(곧 絜矩之道), 하나로써 관통하기 때문에 한 글자이면서 종신토록 행할 수 있다.

■陸務觀曰: "'一言可以終身行之者, 其恕乎!' 此聖門一字銘也. '『詩』三百, 一言以蔽之曰思無邪.' 此聖門三字銘也." ○案 古人或以一字爲一言, 或以一句爲一言.

육무관이 말했다. "'한마디 말로써 종신토록 행할 만한 것은 아마도 서恕일 것이다.' 이것은 성문의 일자명(聖門一字銘)이다. 『시』 삼백을 한마디 말로 덮으면 생각에 사악함이 없는 것思無邪이다. 이것은 성문의 삼자명(聖門三字銘)이다." ○살핀다. 옛 사람들은 혹 한 글자로 한마디 말로 삼기도 하고, 혹 한 구절로 한마디 말로 삼기도 했다.

비평 —— 이 글은 『논어』의 다음 구절과 상호 연관되어 있다.

공자께서 말씀하셨다. "삼아, 나의 도는 하나로써 관통하느니라." 증자가 대답했다. "예, 그렇습니다." 공자께서 나가시니 문인들이 묻기를, "무슨 말씀입니까?" 증자가 말했다. "선생님의 도는 충서일 따름이다." (14:15. 子曰 參乎 吾道 一以貫之 曾子曰 唯 子出 門人 間曰何謂也 曾子曰 夫子之道 忠恕而已矣.)

중궁이 인을 물으니, 공자께서 말씀하셨다. "문 밖을 나서면 큰 손님을 접견하듯이 하고, 백성을 부림은 큰 제사를 받들 듯이 하고, 자기가 하고 싶지 않은 것을 남에게 베풀지 마라. 그리하면 나라에 원망이 없고, 가정에 원망이 없어질 것이다." 중궁이 말했다. "제가 비록 불민하지만, 청컨대 이 말씀을 실천하고자 합니다." (12:2. 仲弓問仁 子曰 出門如見大賓 使民如承大祭 己所不欲 勿施於人 在邦無怨 在家無怨 仲弓曰 雍雖不敏 請事斯語矣.)

또한 다음 언명들은 주자와 그 계승자들의 이 주제에 대한 주석이다.

나를 미루어 남에게 미치는 것(推己及物)은 그 베푸는 것이 끝이 없다. 그러므로 종신토록 행할 수 있다. (여기서 恕만 말한 것은) 충忠하지 못하면, 서恕 또한 이루어지지 않는다. 서恕만 홀로 말할 때는 충忠이 이면에 전제되어 있다. (주자)

충忠과 서恕는 본체와 작용의 관계이다. 서恕를 행하는 것만 말한 것은, 대개 힘쓸 곳을 말했기 때문이다. 서恕를 행하면, 충忠은 보존될 수 있다. (남헌 장씨)

서恕는 내 마음을 미루어 저 사물에 흘러 들어가는 것일 뿐이다. 서恕의 뜻은 매우 넓고 큰데, 한나라 이래 서恕 자의 의미가 밝혀지지 않았다. 그래서 심지어는 자신을 용서하고, 임금을 헤아리기를 잘하는 것이라고 해석한 경우도 있다. 범충선范忠宣 또한 '자신을 용서하는 마음으로 남을 용서하는 것(恕己之心恕人)'이라고 했으니, 서恕 자에는 기己 자를 붙일 수 없다(恕己라 할 수 없다)는 것을 몰랐다. 그의 설에 의하면, 서恕 자는 단지 남에게 너그럽게 한다는 뜻과 비슷할 뿐이니, 흡사 요즘 사람들이 말하는 '또 용서하라' 혹은 '가벼이 용서하지 말라'라

할 때의 뜻과 같다. 이렇다면 자신이 허물이 있으면 또 스스로 용서하고, 남이 허물이 있으면 또 똑같이 남을 용서하는 것이다. 이는 곧 서로 이끌어 어리석음으로 귀결되니, 이것이 어찌 자신의 마음과 같이 미룸(推己如心)의 뜻이겠는가?

(진씨)

주자학도들은 충서忠恕를 체용관계로 본다. 따라서 서恕를 잘 행한다는 것은 이미 그 안에 자기정립의 충忠을 전제하고 있다고 말한다. 그런데 인간을 철저히 관계적 존재로 보고, 인仁은 관계적 상황에서 해야 할 도리를 다하는 것이라고 해석하는 다산은 충忠은 관계적 상황에서 실천되는 서恕로 환원될 수 있다고 주장한다. 요컨대 다산은, 모든 인류의 도리란 '서恕' 한 글자로 일관되며, 충이란 서를 힘써 행하는 것으로 본다. 다산 또한 '서恕'란 자기를 미루어 나아가는 것(推恕)이지, 자기와 남을 용서하는 것이 아니라고 해석한다. 앞의 진씨의 해석에서 다산의 서恕 해석의 선구 또한 확인할 수 있다. 어쨌든 여기서도 우리는 철저하게 체용론적 사유를 하는 주자학과 실천과 관계 지향적으로 용어를 정립하는 다산 철학의 차이를 여실히 확인할 수 있다.

15:24. 子曰: "吾之於人也, 誰毀誰譽?如有所譽者, 其有所試矣. 斯民也, 三代之所以直道而行也."

고주 —— 공자께서 말씀하셨다. "내가 사람에 대해 누구를 헐뜯고 누구를 예찬한 적이 있었던가? 만일 예찬한 적이 있었다면 칭찬한 바를 (매번 일로써) 시험하기 때문이다. 이 백성들이야말로 (하은주) 삼대의 곧은 도를 (써서 사람을 등용하는 데에 있어, 사사로움이나 치우친 바가 없이) 행해 왔기 때문이다."

주자 —— 공자께서 말씀하셨다. "내가 사람에 대해 누구를 (참됨을 손상시키려) 헐뜯고 누구를 (실질을 넘어서) 예찬한 적이 있었던가? 만일 예찬한 적이 있었다면 (일찍이) 칭찬한 바를 시험했었기 때문이다. (내가 그렇게 하는 까닭은) 이 백성들이야말로 (하은주) 삼대의 (선을 좋게 여기고 그 악을 미워하되, 사사로운 왜곡이 없는) 곧은 도를 행해 왔기 때문이다."

다산 —— 공자께서 말씀하셨다. "내가 (『춘추』를 저작하면서, 털끝만큼의 포폄도 용납하지 않아서) 사람에 대해 누구를 (참됨을 손상시키려) 헐뜯고 누구를 (실질을 넘어서) 예찬한 적이 있었던가? 만일 예찬한 적이 있었다면 (일찍이) 칭찬한 바를 시험했었기 때문이다. (내가 그렇게 하는 까닭은) 이 백성들이야말로 (우ㆍ탕ㆍ문ㆍ무) 삼대의 곧은 도를 (위에서는 상벌로 시행하고, 아래서는 필법으로 시비를) 행해 왔기 때문이다."

집주 —— ■毁者는 稱人之惡而損其眞이요 譽者는 揚人之善而過其實이라 夫子無是也라 然이나 或有所譽者면 則必嘗有以試之하여 而知其將然矣라 聖人이 善善之速하여 而無所苟 如此요 若其惡惡은 則已緩矣라 是以로 雖有

자원풀이 ■수誰는 言(말씀 언)+隹(새 추)의 형성자로 '누구'라는 의문 대명사이다. 말(言)로 묻는 대상을 지칭한다. 누구, 무엇, 어찌 등의 뜻이다.
■훼毁는 臼(절 구, 허물 구)+土(흙 토)+殳(창 수)로 구성되어 흙(土)을 절구통(臼)에 넣고 창이나 몽둥이(殳)로 부수는 모습으로 부수다, 훼멸하다, 비방誹謗하다, 감손減損하다, 제거하다 등의 뜻이다. 훼毁란 남의 악을 칭하면서 그 참모습보다 깎아내리는 것이다.(주자)
■예譽는 言(말씀 언)+與(줄 여)의 형성자로 말(言)로 공적을 들어 올려(與) 찬양하고 기림을 뜻한다. 예譽란 남의 선을 띄우면서 그 실상보다 더 과장하는 것이다.(주자)
■시試는 言(말씀 언)+式(법 식)의 형성자로, 어떤 잣대(式)에 맞는지 말(言)로 테스트하여 시험試驗함을 말한다. 시試란 증험(驗)이다.(다산)

以前知其惡이라도 而終無所毀也시니라

훼毀란 남의 악을 일컬으며 그 참됨을 손상시키는 것이다. 예譽란 남의 선을 높이며 그 실질을 넘어서는 것이다. 공자께서는 이런 일이 없으셨다. 그러나 혹 칭예한 바가 있다면, 반드시 일찍이 시험한 것이 있어 그가 장차 그럴 것을 아신 것이다. 성인께서 선을 좋게 여길 때에는 빠르되 구차한 바가 없음이 이와 같았고, 악을 미워하는 경우는 아주 완곡했다. 그래서 비록 전에 그 악을 앎이 있었더라도 끝내 헐뜯는 바가 없으셨다.

■斯民者는 今此之人也라 三代는 夏商周也라 直道는 無私曲也라 言吾之所以無所毀譽者는 蓋以此民이 卽三代之時에 所以善其善, 惡其惡하여 而無所私曲之民이라 故로 我今亦不得而枉其是非之實也니라

사민斯民이란 지금의 이 사람들이다. 삼대는 하·은·주이다. 직도直道는 사사로운 왜곡이 없음이다. 내가 누구를 헐뜯거나 예찬하는 바가 없는 까닭은 대개 내가 이 백성이 곧 삼대 시대에 선을 좋게 여기고 그 악을 미워하되 사사로이 왜곡하는 바가 없었던 그 백성이기 때문에, 나는 지금 또한 옳고 그름의 실상을 잘못되게 할 수 없다는 말씀이다.

■尹氏曰 孔子之於人也에 豈有意於毀譽之哉시리오 其所以譽之者는 蓋試而知其美故也라 斯民也는 三代所以直道而行이니 豈得容私於其間哉리오

윤돈이 말했다. "공자께서 남들에 대해 어찌 헐뜯거나 예찬하려는 의도가 있었겠는가? 그 예찬하신 까닭은 대개 시험해 보시고, 그 아름다움을 아셨기 때문이다. 이 백성들은 삼대 때 곧은 도로써 행했던 사람들이니, 어찌 그 사이에 사사로움을 용납할 수 있겠는가?"

■사斯는 斤(도끼 근)+其(그 기)로 구성되어, 대나무 등을 자귀(斤)로 쪼개는 키(其, 箕)와 같은 기물을 만들다의 의미였는데, 이후 이것, 여기라는 뜻이 나왔다. 파생된 시撕는 쪼개다라는 본래 뜻을 지니고 있다.

고금주 ── ■補曰 時夫子譽某人, 人有疑其阿好者, 夫子自明之. 試猶驗也. 凡我之所譽者, 皆曾有所驗, 不苟譽也. 直道, 謂善善而惡惡也. [朱子云] 三代聖王於斯民, 常以直道而行.

보완하여 말한다. 당시 공자께서 어떤 사람을 예찬했는데, 사람들 중에 편파적으로 좋아한 것(阿好)이라고 의심하는 자가 있어, 공자가 스스로 해명한 것이다. 시試는 증험(驗)과 같다. 무릇 내가 예찬한 자는 모두 일찍이 증험한 바가 있었으며, 구차하게 칭예하지 않았다. 곧은 도(直道)란 선을 좋게 여기고, 악을 미워하는 것을 말한다(주자가 말했다). 삼대의 성왕들은 이 백성들에게 항상 곧은 도로써 행하였다.

■包曰: "所譽者, 必試以事, 不虛譽而已." ○案『集解』謂先譽而後試也, 『集註』謂先試而後譽也, 當從『集註』.

포함이 말했다. "칭예한 바는 반드시 일로써 시험한 것이고, 허탄하게 예찬하지 않을 뿐이다." ○살핀다. 『집해』는 먼저 예찬한 이후에 시험하는 것을 말하고, 『집주』는 먼저 시험하고 난 이후에 예찬한다고 했는데, 마땅히 『집주』를 따른다.

■馬曰: "用民如此, 無所阿私, 所以云直道而行. 馬註言用民不言用人, 惟包註乃試用之說. 漢儒相承致誤, 不足據也."

마융이 말했다. "백성 등용(用民)을 이와 같이 하여, 치우치거나 사사로운 바가 없었으니, 곧은 도로써 행했다고 말한 근거이다. 마융의 주는 백성 등용을 말하고, 사람 등용(用人)을 말하지 않았으며, 오직 포함의 주석만 시험하고 등용한다는 설이다. 한유漢儒들은 서로 이어 잘못 보았으니, 근거로 삼기에는 부족하다."

■祝石林云: "夫子作『春秋』, 雖褒貶毫不放過, 然原是揭斯民是非之公心. 昔禹・湯・文・武以直道行賞罰, 夫子以直道行是非, 正是夫子志, 欲行三代之道于斯民矣." ○海剛峰云: "上之行賞罰以權, 下之行是非以筆. 權行而直道伸

于天下, 筆行而直道存于天下. 夫子之作『春秋』, 盖筆以代權也, 三代以待季
世也."○案 石林·剛峰以『春秋』爲說, 恐是此章之本旨. 若因小小毀譽而發,
則三代直道之說, 太重太大, 須作『春秋』說, 方得相稱. 下節言譽而不言毀者,
爲時諱也.

축석림祝石林이 말했다. "공자는 『춘추』를 지으면서 비록 털끝만 한 표폄褒貶
도 그대로 지나치지 않았으나, 이는 원래 이 백성들의 옳고 그름에 대한 공
평한 마음을 게시한 것이다. 옛날 우·탕·문·무는 곧은 도로써 상벌을 시
행했고, 공자는 곧은 도로써 시비를 행했는데, 이는 바로 공자의 뜻이 삼대의
도를 이 백성들에게 행하고자 한 것이다." ○해강봉海剛峰이 말했다. "위에서
는 권력으로써 상벌을 행하고, 아래에서는 필법筆法으로써 시비를 행했으니,
권력이 행해져서 곧은 도가 천하에 퍼졌고, 필법이 행해져서 곧은 도가 천하
에 보존되었다. 공자가 『춘추』를 지은 것은 대개 필법으로써 권력을 대신한
것으로 여겨지니, 이는 삼대의 정치로써 말세를 대비하려는 것이다." ○살핀
다. 석림과 강봉이 『춘추』로써 설을 만든 것은 아마도 이 장의 본지인 듯하
다. 만약 자질구레한 훼毀·예譽로 인하여 말한 것이라면, 삼대의 곧은 도(三
代直道)의 설은 너무 무겁고, 모름지기 『춘추』의 설이 되어야만 바야흐로 서
로 알맞을 것이다. 아래 구절에서 칭예한 것에 대해서만 말하고, 헐뜯는 것
에 대해 말하지 않은 것은 당시 기피할 일이 있었기 때문이다.

비평 —— 고주와 주자의 해석은 거의 같다. 다만 칭송을 시험하기 이전에 했
는가, 아니면 시험을 한 이후에 했는가에 대해서는 주자의 해석에 따라 시험
을 한 이후에 칭찬했다고 하는 것이 합리적이라 판단된다. 다산 또한 주자의
해석을 지지했다.

다산은 축석림과 해강봉의 해설을 언급하며, 이 구절은 "훼毀·예譽로써
말한 것이라면, 삼대의 곧은 도의 설은 너무 무겁고, 모름지기 『춘추』의 포폄

과 결부시켜 보아야만 상호 부합할 것이다."라고 말했다. 이 구절을 해석하는 하나의 중요한 관점이 될 수 있다고 생각된다.

~~~~~~

15:25. 子曰: "吾猶及史之闕文也, 有馬者借人乘之, 今亡矣夫!"

고주 —— 공자께서 말씀하셨다. "나는 오히려 사관이 (의심나는) 글을 빼는 것(후에 아는 자를 기다림)과, 말을 가진 자가 (자기가 길들일 수 없으면) 남에게 빌려주어 타게 하는 것(길들이는 것)을 본 적이 있다. 지금은 (그런 것마저) 없어졌구나!(천착함이 많다.)"

주자 —— 공자께서 말씀하셨다. "나는 사관들이 (의심나는) 글을 빼놓고 기록하지 않는 것과 말을 가진 자가 남에게 빌려주어 타게 하는 것을 보았는데, 지금은 없어져 버렸구나!(작은 일이지만, 시대의 변화가 크다.)"

다산 —— 공자께서 말씀하셨다. "나는 오히려 사관이 (의심나는) 글을 빼는 것(후에 아는 자를 기다림:삼가는 자세)과 말을 가진 자가 남에게 빌려주어 타게 하

자원풀이 ■궐闕은 門(문 문)+欮(그 궐)의 형성자로, 높은 대문이 즐비한 대궐大闕을 말했으나, 이후 대궐의 높고 큰 문은 충분한 공간이 있기 때문에 '텅 비다'의 뜻이 나왔다.
■차借는 人(사람 인)+昔(옛 석)의 형성자로 오래된 사람이어야 그로부터 무엇을 빌릴 수 있음을 그렸다. 빌리다, 빌려주다, 가져오다, 얻다, 이용하다 등의 뜻이 있다.
■금今은 갑골문에서는 종鐘의 불알을 그렸으며, 『설문해자』에서는 曰(가로 왈) 자를 거꾸로 그린 것이라 했다. 명령(曰)을 내릴 때 종鐘을 사용하였기에 명령을 내리는 그때의 현재 시점, 지금, 곧 등의 의미가 나왔다.
■망亡은 刀(칼 도)와 점으로 이루어져 칼(刀)의 날이 있는 면을 가리켰는데, 칼의 날은 베거나 깎아낼 수 있다는 뜻에서 없다, 없어지다, 도망逃亡하다, 망하다, 잃다, 죽다 등의 뜻이 나왔다.

는 것(거마를 붕우와 함께하는 것:후한 풍속)을 본 적이 있다. 지금은 (그런 후한 풍습이) 없어졌구나!"

집주 —— ■楊氏曰 史闕文, 馬借人此二事를 孔子猶及見之러니 今亡矣夫라 하시니 悼時之益偷也시니라
양시가 말했다. "사관이 기록을 빼는 것과 말을 남에게 빌려주는 것, 이 두 가지 일을 공자께서는 오히려 목격한 적이 있다. 지금은 없어졌다는 말씀은 당시에 각박함이 더 심해진 것을 슬퍼하신 것이다."
■愚謂 此必有爲而言이니 蓋雖細故나 而時變之大者를 可知矣니라
어리석은 내가 말한다. 이는 필시 연유가 있어 하신 말씀이니, 대개 작은 일이지만 시대의 변화가 크다는 것을 알 수 있다.
■胡氏曰 此章義疑는 不可强解니라
호인이 말했다. "이 장의 의미는 의심스러우니, 억지로 해석해서는 안 된다."

고금주 —— ■包曰: "古之良史, 於書字有疑則闕之, 以待知者." ○補曰 借人乘, 謂車馬與朋友共之. ○包曰: "孔子自謂及見其人如此, 至今無有矣." ○補曰 史闕文, 謹也. 馬借人, 厚也. 世降而謹厚之風衰.
포함이 말했다. "옛날의 훌륭한 사관은 글에 의심스러움이 있으면 빼놓고, 아는 사람을 기다렸다." ○보완하여 말한다. 사람에게 빌려주어 타게 한다 (借人乘)는 거마를 붕우와 함께한다는 말이다. ○포함이 말했다. "공자께서 이와 같이 하는 사람을 볼 수 있었는데, 지금에 이르러서는 없어졌다고 스스로 평가했다." ○보완하면 말한다. 사관이 의심나는 글을 빼는 것은 삼가는 자세이고, 말을 남에게 빌려주는 것은 후한 인정이다. 후세로 내려오면서 근후謹厚한 풍습이 쇠퇴했다.
■包曰: "有馬不能調良, 則借人乘習之. 言此者, 以俗多穿鑿." ○案 包之說, 拗曲不通, 故胡之說如此. 但作謹厚意看, 無可疑也.

포함이 말했다. "말을 소유한 자가 조량調良할 수 없으면, 말을 남에게 빌려주어 타고서 훈련하게 했다. 이렇게 말씀하는 것은 풍속에 천착함이 많았기 때문이다." ○살핀다. 포함의 설은 억지로 왜곡하여 통하지 않기 때문에 호인의 설이 이와 같다. 다만 근후謹厚의 뜻으로 보아야 한다는 것은 의심할 수 없다.

비평 —— 고주는 당시 풍습에 천착穿鑿(견강부회)이 많았기 때문이라고 했지만, 주자는 작은 일이지만 시대의 변화가 심함을 말한 것이라 했다. 다산은 근후謹厚함이 사라졌다는 것으로 보았다. 각각 나름의 설득력을 지닌다. 풍속이 변화하여 근후함이 사라지는 것을 한탄한 구절로 보는 것이 좋겠다. 그리고 '유마자차인승지有馬者借人乘之'를 고주는 "말을 가진 자가 그 말을 길들일 수 없으면, 남에게 빌려주어 타게 하여 길들이는 것이다."라고 해석했지만, 다산처럼 '거마를 붕우와 함께한다'는 뜻으로 보고, 후한 풍습으로 읽는 것이 좋다고 생각된다.

❦

15:26. 子曰: "巧言亂德. 小不忍, 則亂大謀."

고주 —— 공자께서 말씀하셨다. "교묘한 말은 덕의(德=德義)를 어지럽히고, 작은 일(小事)을 참지 못하면 큰 계책이 어려워진다."

주자 —— 공자께서 말씀하셨다. "교묘한 말은 (시비를 바꾸고 어지럽혀서, 듣고 있는 사람이 지키던) 덕을 어지럽히고(잃게 만들고), 작은 것(부인의 인:婦人之仁과

필부의 용기:匹夫之勇)을 참지 못하면 큰 계책이 어려워진다."

다산 —— 공자께서 말씀하셨다. "교묘한 말은 덕 있는 사람을 무너뜨려 어지럽게 만들고, 작은 것을 참지 못하면(含忍의 忍) 큰 계책이 어려워진다."

집주 —— ■巧言은 變亂是非하니 聽之면 使人喪其所守라 小不忍은 如婦人之仁, 匹夫之勇이 皆是라

교언巧言은 옳고 그름을 어지럽히고 바꾸니, 이것을 들으면 사람들로 하여금 그 지키던 것을 잃게 한다. 작은 것을 참지 못함이란 부인의 인(婦人之仁)과 필부의 용맹(匹夫之勇)이 모두 그에 해당한다.

고금주 —— ■補曰 物之完全者, 又有物自外來而壞亂之曰亂. 巧言, 變幻是非, 故能讒毁賢德. [純云: "德, 謂有德之人."] 小不忍, 則宣洩機密, 故必敗壞大謀.

보완하여 말한다. 사물의 완전한 것, 또 어떤 사물이 외부로부터 와서 무너뜨리고 어지럽히는 것을 난亂이라 한다. 교언巧言은 시비를 변환變幻시키기 때문에, 어진 덕을 지닌 이를 참소하거나 헐뜯을 수 있다.(태재순이 말했다. "덕은 덕 있는 사람을 말한다.") 작은 것을 참지 못하면, 기밀을 누설하기 때문에 반드시 큰 계획을 망친다.

자원풀이 ■교巧는 工(장인 공·황토를 다지는 절구공이)+丂(공교할 교·어떤 물체를 바치는 지지대나 괭이)의 형성자로, 훌륭한 솜씨를 말한다. 이로부터 기교技巧, 영민하다, 마침맞다의 뜻이 나왔다.
■난亂은 윗부분(爪:손톱 조)과 아랫부분(又:또 우)은 손이고, 중간부분은 실패와 실 → 두 손으로 엉킨 실을 푸는 모습. 엉킨 실을 의미하여 혼란을, 엉킨 실을 푼다는 의미에서 정리하다, 다스리다의 상반되는 뜻이 나왔다.
■인忍은 心(마음 심)+刃(칼날 인)의 형성자로 칼날의 아픔을 견디는 마음으로, 참다, 인내하다, 견디다의 뜻이다. 여기서 다산은 '인忍'을 잔인殘忍(인정이 없고 모짐)의 인忍과 함인含忍(마음속에 넣어두고 참고 견딤)의 인忍으로 나누고, 여기서는 함인으로 해석해야 한다고 말한다.
■모謀는 言(말씀 언)+某(아무 모)의 형성자로 어려운 일을 깊이 의논(言)하여 도모하는 것을 말하며, 계략을 세우다, 깊이 생각하다 등의 뜻이다.

■孔曰: "巧言利口, 則亂德義." ○邢曰: "山藪藏疾, 國君含垢, 故小事不忍, 則亂大謀." ○案 孔所謂德義, 不知何物.

공안국이 말했다. "말을 교묘하게 잘 꾸며대면, 덕의德義를 어지럽힌다." ○형병이 말했다. "산과 숲이 독충毒蟲을 은장하고 있듯이, 나라의 임금은 한때의 치욕을 함장한다(『좌전』宣公15년). 그러므로 작은 일을 참지 못하면 큰 계획을 어지럽힌다." ○살핀다. 공안국의 이른바 덕의德義가 무엇인지 알지 못하겠다.

■質疑 朱子曰: "巧言, 變亂是非, 聽之使人喪其所守." ○案 巧言本是敗亂賢德之物. 巧言亂德, 猶言貪人敗類也. 若有人平生修德, 一聽巧言, 遽喪其所守, 則其所謂德, 本是僭稱, 烏足云亂德乎?

질의한다. 주자는 말했다. "교언巧言은 옳고 그름을 어지럽히고 바꾸니, 이것을 들으면 사람들로 하여금 그 지키는 바를 잃게 한다." ○살핀다. 교언巧言이란 본래 현덕한 사람을 해치는 것이다. '교언난덕'은 탐인패류(貪人敗類:탐욕스런 사람은 동류를 해친다)라는 말과 같다. 만약 가령 여기에 한 사람이 있다고 하자. 평생토록 수덕修德하다가 한 번 듣기 좋게 꾸미는 말을 듣고 갑자기 그 지킨 것을 잃는다면, 이른바 그 덕은 본래 참칭僭稱한 것이지 어떻게 덕을 해쳤다고 하겠는가?

■質疑 小不忍, 如婦人之仁·匹夫之勇皆是. ○案 婦人之仁, 如項羽不殺沛公, 是也. 婦人之不忍, 是殘忍之忍, [孟子所謂不忍人之心] 匹夫之不忍, 是含忍之忍. 此經所戒, 乃含忍之忍, 豈可作婦人說乎? 若以項羽事爲小不忍而亂大謀, 則是聖人勸人殘酷, 使之見利忘義, 虐殺無辜, 豈可爲訓哉? 項羽之不殺沛公, 苻堅之不殺慕容垂, 是其平生長處, 其敗亡非以是也. 邢疏亦作含忍說.

질의한다. (주자가 말했다.) "작은 것을 참지 못함은 부인의 인(婦人之仁)과 필부의 용맹(匹夫之勇)과 같은 것이 모두 그것이다." ○살핀다. 부인의 인은 항우項羽가 패공沛公을 죽이지 못한 것과 같은 그런 것이다. 부인의 불인不忍에서

인忍은 잔인殘忍의 인忍(맹자의 이른바 차마 못하는 사람의 마음:不忍人之心)이고, 필부의 불인不忍에서 인忍은 함인含忍의 인忍(참음)이다. 이 경문에서 경계하는 바는 곧 함인의 인이니, 어떻게 여기에 부인의 설을 만들 수 있겠는가? 만일 항우의 일을 가지고 '작은 것을 참지 못하면 큰 일이 어려워진다.'는 문장에 적용하면, 이는 성인이 사람들에게 잔혹함을 권장하여 그들로 하여금 이로운 것을 보면 의로운 것을 잊고 무고한 이를 학살하게 하는 것이니, 이것이 어찌 성인의 교훈이 되겠는가? 항우가 패공을 죽이지 않았던 일과 부견이 모용수를 죽이지 않았던 일은 그들의 평생에 장점이며, 그들의 패망은 이 때문이 아니다. 형병의 소疏 또한 함인含忍으로 해설했다.

■薛方山云: "小不忍有二義. 或不能容忍, 而以輕試敗, 或不能堅忍, 而以任意淆, 故曰亂大謀." ○案 上所言忍, 怒也, 下所言忍, 苦也. 豈惟是也? 凡忍哀‧忍恥‧忍痛‧忍鬱, 皆有大謀者所宜忍. 惟項羽之不忍殺, 非所引也.

설방산이 말했다. "소불인小不忍에는 두 가지 뜻이 있다. 혹 능히 용인容忍하지 못하여 가벼운 시험에 무너지거나, 혹 능히 견인堅忍하지 못하여 마음대로 하여 혼란스러워지는 까닭에 큰 계획을 어지럽힌다고 말했다." ○살핀다. 앞서 말한 (容忍의) 인忍은 분노이고, 뒤에서 말한 (堅忍의) 인忍은 고됨이다. 어찌 이것뿐이겠는가? 무릇 슬픔을 참고, 치욕을 참고, 아픔을 참고, 울적함을 참는 것은 모두 큰 계획을 도모하는 자는 마땅히 참아야 하는 것이다. 오직 항우가 차마 죽이지 못한 것만은 인용할 것이 아니다.

비평 —— 다산은 질의를 통해 '교언巧言'을 단순히 '옳고 그름을 어지럽히고 바꾸는 것(주자)'을 넘어서, '어진 덕을 지닌 이를 참소하거나 헐뜯어, 현덕한 사람을 해치는 것'이라고 주석했다. 다산은 시비를 어지럽히는 것과 현덕한 사람을 해치는 것의 차이를 실례를 들어 설명했다. 중요한 지적이라고 할 수 있지만, 주자의 주석을 넓게 보면, 다산의 주석 또한 포함한다고 할 수 있다.

다음으로 다산의 중요한 지적으로 본문의 '인忍'은 잔인殘忍(인정이 없고 모
질)의 인忍이 아니라, 함인含忍(마음속에 넣어두고 참고 견딤)의 인忍으로 해석해
야 한다는 것이다. 이에 대해 주자가 논의한 것을 살펴보면 다음과 같다.

> 어떤 사람이 물었다. "부인의 인과 필부의 용맹은 강약이 서로 다른데, 같이
> 참지 못함(不忍)이 되는 것은 왜 입니까?" 주자가 답했다. "인忍의 뜻은 막아서 나
> 오지 않게 하는 것을 말한다. 부인의 인은 그 사랑을 참지 못한 것이고, 필부의
> 용맹은 그 분노를 참지 못한 것이다." (『논어집주대전』)
> 경원 보씨가 말했다. "부인의 인은 끊지 못하는 데서 잘못을 저지르고, 필부의
> 용맹은 가벼이 결행하는 데서 잘못을 저지른다. 두 경우의 잘못은 같지 않지만,
> 모두 계책을 어지럽히기에 충분하다. 대개 큰 계책은 비록 결단을 내려야 하지
> 만, 가벼이 결단하면 또 잘못을 저지르게 된다."

～○～

15:27. 子曰: "衆惡之, 必察焉. 衆好之, 必察焉."

고주 —— 공자께서 말씀하셨다. "뭇 사람들이 싫어하더라도 (그 사람이 특별나
게 홀로 서서, 무리를 이루지 않기 때문에 그럴 수 있으니) 반드시 살펴보아야 하며,
뭇 사람들이 좋아하더라도 (뭇 사람들에게 아첨하여 편을 만들어 친밀하게 지내기
때문에 그럴 수 있으니) 반드시 살펴보아야 한다."

주자 —— 공자께서 말씀하셨다. "(오직 인자만이 공평무사할 수 있고, 일반 사람들
은 혹 사사로움에 가려 있기 때문에) 뭇 사람들이 싫어하더라도 반드시 살펴보아

야 하며, 뭇 사람들이 좋아하더라도 반드시 살펴보아야 한다."

다산 ── 공자께서 말씀하셨다. "뭇 사람들이 싫어하더라도 (그 사람이 특별하게 홀로 서서 무리를 이루지 않기 때문에 그럴 수 있고, 혹 孤忠이 있을 수 있기에) 반드시 살펴보아야 하며, 뭇 사람들이 좋아하더라도 (뭇 사람들에게 아첨하여 편을 만들어 친밀하기 때문에 그럴 수 있고, 혹 鄕愿이 있으니) 반드시 살펴보아야 한다."

집주 ── ■楊氏曰 惟仁者라야 能好惡人이니 衆好惡之而不察이면 則或蔽於私矣니라

양시가 말했다. "오직 어진 사람만이 능히 사람을 사랑할 수 있고, 사람을 미워할 수 있다(惟仁者 能好人 能惡人, 4:3). 뭇사람이 좋아하고, 싫어한다고 해서 살펴보지 않으면, 혹 사사로움에 가려질 수 있다."

고금주 ── ■王曰:"或衆阿黨比周, 或其人特立不群." ○邢曰:"設有一人, 爲衆所惡, 不可卽雷同而惡之, 設有一人, 爲衆所好, 亦不可卽從衆而好之." ○補曰 衆惡之, 或是孤忠. 衆好之, 或是鄕愿.

왕숙이 말했다. "혹 뭇 사람들에게 아첨하여 편을 만들어 친밀하게 지내기도 하고, 혹 그 사람이 특별나게 홀로 서서 무리를 이루지 않는다." ○형병이 말했다. "설령 어떤 한 사람이 뭇 사람들의 미움을 받으면 곧바로 뇌동雷同하여

자원풀이 ■중衆은 血(피 혈)+노예(人+人+人+日: 뙤약볕 아래서 무리지어 힘든 노동을 하는 노예들)의 회의자이다. 피땀 흘려 힘든 노동을 하는 사람이란 뜻을 지녔다. 이후 '대중大衆'처럼 많은 사람을 뜻한다.
■필必은 戈(창 과)+八(여덟 팔)의 형성자로 갈라진 틈(八) 사이로 낫 창(戈)을 그린 무기자루의 모습으로 낫 창과 같은 무기는 반드시 자루에 끼워야만 사용할 수 있기에 '반드시'라는 뜻이 나온 것으로 추정된다. 『설문해자』에서는 八+弋(주살 익)으로 기준을 나누다(八)라고 한다. 반드시, 기필, 신뢰, 고집하다 등의 뜻이 있다.
■찰察은 宀(집 면)+祭(제사 제)의 회의자로 집안(宀)에서 제사(祭)를 지낼 때 갖추어야 할 물건이 제대로 갖추어졌는지를 '자세히 살피다'의 뜻으로, 고찰하다, 잘 알다, 점검하다의 뜻이다.

미워해서는 안 되며, 설령 어떤 한 사람이 뭇 사람들의 애호를 받아도 또한 곧바로 뭇 사람들을 따라서 그를 좋아해서도 안 된다." ○보완하여 말한다. 여러 사람이 미워해도 혹 고충孤忠이 있기도 하고, 여러 사람이 좋아해도 혹 향원鄉愿이 있기도 하다.

비평 —— 해석의 맥락만 약간 달리하고 있다. 『논어』의 다음 구절과 상호 보완적인 역할을 한다.

자공이 물었다. "동네사람들이 다 좋아하는 사람은 어떻습니까?" 공자께서 말씀하셨다. "아직 괜찮다고 할 수 없다." (자공이 물었다.) "동네사람들이 다 싫어하는 사람은 어떻습니까?" 공자께서 말씀하셨다. "아직 괜찮다고 할 수 없다. 동네사람 중에 선한 사람이 좋아하고, 선하지 않은 사람이 싫어하는 사람만 못하다." (13:24. 子貢問曰 鄉人 皆好之 何如 子曰 未可也 鄉人 皆惡之 何如 子曰 未可也 不如鄉人之善者好之 其不善者 惡之.)

15:28. 子曰: "人能弘道, 非道弘人."

고주 —— 공자께서 말씀하셨다. "(재주가 큰 사람에게는 道도 따라서 커지고, 재주가 없는 사람에게는 도도 따라서 작아지기 때문에) 사람이 능히 도(通物之稱으로 虛無妙用)를 넓힐 수 있는 것이지, 도가 능히 사람을 넓히는 것이 아니다."

주자 —— 공자께서 말씀하셨다. "(도와 사람은 同時同延이지만) (사람의 마음은 지각이 있어) 사람은 능히 도를 넓혀 크게 할 수 있지만, 도는 (無爲하기 때문에) 능히 사람을 넓혀 크게 할 수 없다."

다산 —— 공자께서 말씀하셨다. "(도는 하늘에 대본을 두고, 더 큰 것이 없지만, 끌어 넓히는 것은 사람에게 달려 있으니) 사람은 능히 도를 끌어서 넓힐 수 있지만 (요·순·우·탕 등), (성인이 일어나면 천하에 도가 넓혀지고, 성인이 일어나지 않으면 도가 망하게 되니) 도는 사람을 끌어서 넓힐 수는 없다."

집주 —— ■弘은 廓而大之也라 人外無道하고 道外無人이라 然이나 人心有覺하고 而道體無爲라 故로 人能大其道요 道不能大其人也니라
'홍弘'은 넓혀서 크게 함(廓而大之)이다. 사람 이외에 도는 없고(사람의 몸은 도가 기거하는 곳이다: 人之身卽道之所寓), 도 이외에 사람은 없다(도는 곧 사람이 되게 하는 이치이다: 道卽人之所以爲人之理). 그러나 사람의 마음은 지각이 있지만, 도의 본체는 작용이 없다. 그러므로 사람은 능히 그 도를 크게 할 수 있지만, 도는 사람을 크게 만들 수 없다.
■張子曰 心能盡性은 人能弘道也요 性不知檢其心은 非道弘人也니라
장재가 말했다. "마음은 능히 본성을 다할 수 있으니, 사람은 능히 도를 넓힐 수 있다. 본성은 그 마음을 단속할 줄 모르니, 도가 사람을 넓힐 수 있는 것은 아니다."

고금주 —— ■補曰 弘, 引而廣之也. 道之大本, 出於天, [董子云] 莫大者道. 然

자원풀이 ■홍弘은 갑골문에서 활(弓)에 지사부호(一)가 더해졌는데, 이후 이 부호가 厶(사사 사)로 변해 지금의 자형이 되었다. 이 부호는 화살이 시위를 떠날 때 내는 큰 소리를 뜻하며, 이로부터 크다, 강력하다, 확대하다의 뜻이 나왔다.

引而廣之, 在乎人, [如堯·舜·禹·湯] 非道引人以廣之. 故聖人作, 則廣道於天下, 聖人不作, 則道隨以亡, 而不能引以廣之, 使人修道.

보완하여 말한다. 홍弘은 끌어서 넓히는 것이다(引而廣之). 도의 큰 근본은 하늘에서 나왔다(동중서가 말했다). 더 큰 것이 없는 것이 도이다. 그러나 끌어서 넓히는 것(引而廣之)은 사람에게 달려 있고(요·순·우·탕 같은 분이다), 도가 사람을 끌어서 넓히는 것이 아니다. 그러므로 성인이 일어나면(作) 천하에 도를 넓히게 되나, 성인이 일어나지 않으면 도도 따라서 망하게 된다. 도가 능히 사람을 끌어서 넓히거나, 사람으로 하여금 도를 닦게 할 수는 없다.

■ 王曰: "才大者道隨大, 才小者道隨小, 故不能弘人." ○邢曰: "弘, 大也. 道者, 通物之名, 虛無妙用, 不可須臾離. 但仁者見之謂之仁, 知者見之謂之知, 是人才大者, 道隨之大也, 故曰人能弘道. 百姓日用而不知, 人才小者, 道亦隨小, 而道不能大其人也, 故曰非道弘人." ○駁曰 非也. 不知道爲何物.

왕숙이 말했다. "재주가 큰 자에게는 도도 따라서 크게 되고, 재주가 작은 자에게는 도도 따라서 작게 되기 때문에 (도가) 능히 사람을 넓힐 수 없다." ○형병이 말했다. "홍弘은 크다(大)이다. 도道란 만물에 통하는 명칭으로, 텅 비어(형체가) 없지만 묘하게 작용하니(虛無妙用) 잠시도 떠날 수 없다. 다만 인자仁者는 도를 보면 인이라 하고, 지자知者는 도를 보고 지라고 하니, 이것이 사람의 재주가 큰 사람은 도도 그를 따라서 크게 되기 때문에 '사람이 능히 도를 넓힐 수 있다.'고 말했다. 백성들을 일상에서 (도를) 쓰면서도 알지 못하니, 사람의 재주가 작은 사람은 도 또한 따라서 작아지니, 도는 그 사람을 능히 크게 할 수 없으니, 그러므로 '도는 사람을 넓힐 수 없다.'고 말했다." ○논박하여 말하면, 그릇되었다. 도가 어떤 것인지 알지 못한다.

■ 朱子曰: "弘, 廓而大之也." ○案 弘之爲字, 從弓而厶聲. 厶者, 肱也. 象人以肱引弓, 廓而廣之也.

주자가 말했다. "홍弘은 넓혀서 크게 함이다." ○살핀다. 홍弘이라는 글자는 궁弓에 따르고 굉厷으로 소리 나는 지사문자다. 굉厷은 굉肱(팔뚝)이니, 사람이 팔로 활을 당기는 것을 형상했으니, 확연하게 넓히는 것이다.

■ 質疑 ○案 道體至大. 其大無外, 人不能縮而小之, 亦不能撫而大之, 豈可曰人能大其道乎? 人苟學道, 則德心恢廣, 日臻光大, 豈可曰道不能大其人乎? 且心屬人, 性屬道, 古經無此驗也.

(장자와 주자에게) 질의한다. ○살핀다. 도의 본체는 지극히 크다. 도는 지극히 커서 밖이 없는데 사람은 능히 줄여서 작게 할 수도 없고, 또한 늘려서 크게 할 수도 없는데, 어찌 '사람이 능히 그 도를 크게 할 수 있다'고 했는가? 사람이 진실로 도를 배우면 덕스러운 마음(德心)이 크게 넓어져 날로 빛나고 큰 경지에 이르게 되는데, 어떻게 '도가 사람을 크게 할 수 없다'고 할 수 있겠는가? 또한 마음을 사람에게 소속시키고, 본성(性)을 도에 소속시키니, 고경古經에 이런 증거가 없다.

비평 —— 여기서 쟁점은 우선, (1) 홍弘에 대해 주자는 확장하여 크게 한다(廓大)로 해석했고, 다산은 끌어서 넓힌다(引廣)고 해석했다. 도는 지극히 커서 그 밖이 없는 것인데, 어찌 확장하여 크게 할 수 있는가 하는 것이 다산의 반론이다. 다산의 질의는 문자상 해석으로 볼 때, 타당하다. 그런데 의미상으로 볼 때, 주자의 확장하여 크게 한다는 말은 공간상으로 도의 외연을 넓힌다는 것이 아니라, 주체인 인간이 도를 체득하여 도가 작용하도록 한다는 점에서 다산의 해석과 크게 차이가 나지 않는다고 할 수도 있다. 주자의 상세한 설명을 보면, 실상 거의 차이가 없다고 생각된다.

사람이 능히 도를 넓힐 수 있다(人能弘道)는 것에 관해 물었다. 주자가 답했다. "도는 부채와 같고 사람은 손과 같다. 손은 부채를 흔들 수 있지만, 부채가 어찌 손을 흔들 수 있겠는가?"(『논어집주대전』)

(2) 두 번째 쟁점은 성리학적 심성론의 주요 명제인 '마음은 기이다(心卽氣也)'와 '본성은 이치이다(性卽理)'에 대한 것이다. 다산은 성리학의 이러한 명제에 대해 고경에 그런 증험이 없다는 점을 들어 명확히 반대한다. 다른 측면에서 보면, 이는 철학의 발전을 외면하는 것이 될 수도 있다. 철학 체계는 후대로 갈수록 용어가 늘어 가고, 개념 또한 심화·확장된다. 성즉리 및 심즉기와 같은 명제들 또한 고경에는 없다고 할지라도, 후대 늘어난 인간의 지혜와 당시의 세계관을 바탕으로 새로운 용어로 재구성될 수 있다. 어쨌든 여기서도 우리는 주자와 다산이 철학 체계를 구성한 용어의 차이를 확인할 수 있다.

⁂

15:29. 子曰: "過而不改, 是謂過矣."[上過, 平聲, 下過, 去聲]

고주 —— 공자께서 말씀하셨다. "(누구나 허물이 있지만, 허물을 고친다면 더 큰 善은 없다.) 허물이 있으면서도 개선하지 않는 것, 이것이 허물이다."

주자 —— 공자께서 말씀하셨다. "(허물이 있지만, 능히 고칠 수 있으면 허물이 없는 데로 돌아간다.) 허물이 있지만 고치지 않으면, 이것이 (고칠 수 없는) 허물이라고 한다."

다산 —— 공자께서 말씀하셨다. "(中을 얻지 못하여) 지나쳤는데에도 고치지 않으면, 이를 일러서 (죄가 될 만한) 허물이라고 한다." (앞의 過 자는 평성이고, 뒤의 過 자는 거성이다.)

집주 —— ■過而能改면 則復於無過라 唯不改면 則其過遂成하여 而將不及改矣리라

허물이 있지만 능히 고칠 수 있으면 허물이 없는 데로 돌아간다. 오직 고치지 않으면 그 허물이 마침내 완성되어, 고칠 수도 없는 데에 이르고 만다.

고금주 —— ■補曰 過者, 不得中之名. 過而失中者, 改而得中, 則不謂之過. 若仍其過而不改, 則斯謂之罪過矣.

보완하여 말한다. 과過란 중中을 얻지 못한 것의 명칭이다. 과過하여 중을 잃은 것(失中)은 고쳐서 중을 얻으면 과過하다고 하지 않는다. 만약 그 과함을 그대로 두고 고치지 않는다면 이것을 죄과罪過라 한다.

■蔡曰: "兩過字, 略有浮實之別."[見『蒙引』] ○案 中庸者, 擇善之名, 如衡安錘. 不得其中, 則前傾後瀉, 移其錘而安於中, 則如改其過而得其中. 傾瀉而不知改, 則於是乎爲過矣. 然則上過字, 謂過中也, [平聲讀] 下過字, 謂罪過也, [去聲讀] 蔡說極是.

채청이 말했다. "두 '과過' 자는 약간의 부浮(지나치다)·실實(허물)의 구별이 있다(『蒙引』에 보인다)." ○살핀다. 중용中庸이란 선을 선택한 것의 명칭인데, 예컨대 저울에 추를 안배하는 것과 같다. 그 중용을 얻지 못하면 앞으로 기울고 뒤로 쏟아지니 그 추를 옮겨서 중中에 안배하면 그 과過를 고쳐서 중을 얻는 것과 같다. 기울고 쏟아지는데도 고칠 줄 모르면 이것이 허물이 된다. 그렇다면 앞의 과過 자는 중을 넘어서는 것(過中)을 말하고(평성으로 읽는다), 뒤의 과過 자는 죄과罪過를 말한다(거성으로 읽는다). 채청의 설이 극히 옳다.

비평 —— 중용의 원리에 근거를 두면서, 저울과 저울추의 관계를 통해 이 구절을 설명하는 다산의 영민한 해설이 돋보인다.

15:30, 子曰: "吾嘗終日不食, 終夜不寢, 以思, 無益, 不如學也."

고주 —— 공자께서 말씀하셨다. "내가 일찍이 종일토록 먹지 않고 밤새도록 자지 않고 생각했지만, 유익함이 없었다. 배우는 것만 같지 못했다(배움을 권면하신 것이다)."

주자 —— 공자께서 (생각만 하고 배우지 않는 자를 위해) 말씀하셨다. "내가 일찍이 종일토록 먹지 않고 밤새도록 자지 않고 (마음을 수고롭게 하여 기필코 구하려고) 생각했지만, 유익함이 없었다. 배우는 것만 같지 못했다."

다산 —— 공자께서 (까닭이 있어) 말씀하셨다. "내가 일찍이 종일토록 먹지 않고 밤새도록 자지 않고 (스스로 나의 마음에서 추구하여) 생각했지만, 유익함이 없었다. (전적에 기록된 것을 구하여 징험하는) 배우는 것만 같지 못했다."

집주 —— ■此는 爲思而不學者言之라 蓋勞心以必求가 不如遜志而自得也라 이는 생각만하고 배우지 않는 자(2:15)를 위해 말씀하신 것이다. 내가 마음을 수고롭게 하여 기필코 구하려는 것은 뜻을 겸손히 하여 자연히 터득하는 것만 못하다.

■ 李氏曰 夫子非思而不學者요 特垂語以教人爾시니라

이욱이 말했다. "공자께서는 생각만 하고 배우지 않은 자가 아니지만, 다만 이 말씀을 남기셔서 사람을 가르치려 했을 뿐이다."

고금주 —— ■ 補曰 思, 謂研之於自心. [推究之] 學, 謂徵之於載籍. [已見〈爲政〉篇] ○案 思而不學, 學而不思, 其敝惟均, 而夫子於此, 重學而輕思, 故知有爲而發.

보완하여 말한다. 사思는 스스로 자기 마음에 연구하는 것이고(미루어 탐구하는 것:推究), 학學은 전적典籍에 기록된 것을 징험하는 것이다(이미 「위정」편에 나왔다). ○살핀다. 생각만 하고 배우지 않는 것이나, 배우기만 하고 생각하지 않는 것은 그 폐단이 균등한데, 공자가 여기에서는 학學을 중하게 여기고 사思를 가볍게 여겼다. 그러므로 이는 까닭이 있어 그리 말한 것임을 알겠다.

비평 —— 『논어』에 이와 연관된 구절은 다음과 같다.

> 공자께서 말씀하였다. "배우고 생각하지 않으면 자기의 것이 되지 않고, 생각만 하고 배우지 않으면 위태롭다." (2:15. 子曰: "學而不思則罔 思而不學則殆.")

고주는 배움(학)을 권면하기 위해 하신 말씀이라고 했다. 주자는 생각만 하고 배우지 않는 자를 위해 방편적으로 설하신 것이라고 했다. 다산은 생각만 하고 배우지 않는 것과 배우기만 하고 생각하지 않은 것은 그 폐단이 균등하지만, 여기서는 어떤 까닭이 있어 하신 말씀이라고 설명했다.

15:31. 子曰: "君子謀道不謀食. 耕也, 餒在其中矣, 學也, 祿在其中矣. 君子憂道不憂貧."

고주 —— 공자께서 말씀하셨다. "군자는 도를 도모하지 먹는 것을 도모하지 않는다. 농사를 지어도 (배우지 않았기에) 굶주림이 그 가운데 있을 수 있고, 학문을 하여도 봉록이 그 가운데 있을 수 있다(밭갈이 하지 않아도 굶주리지 않는다). 군자는 도를 걱정하지, 가난을 걱정하지 않는다(도가 높으면, 봉록이 오기 때문에 먹을 것을 도모할 필요가 없다)."

주자 —— 공자께서 말씀하셨다. "군자는 도를 도모하지 먹는 것을 도모하지 않는다. (먹을 것을 도모하는) 농사를 지어도 굶주림이 그 가운데 있을 수 있고, (도를 도모하는) 학문을 하여도 봉록이 그 가운데 있을 수 있다. 군자는 (학문을 하여, 봉록을 얻으려고 하는 것이 아니기 때문) 도를 걱정하지, 가난을 걱정하지 않는다."

다산 —— 공자께서 말씀하셨다. "군자는 (대체가 따르는) 도를 도모하지, (소체가 누리는) 먹는 것을 도모하지 않는다. (먹을 것이 부족하여) 농사를 짓는 데에 (급급해 하는 것은) 굶주림이 그 가운데 내재해 있기 때문이며, (먹을 것이 여유가

자원풀이 ■모謀는 言(말씀 언)+某(아무 모)로 어려운 일을 깊이 의논(言)하여 도모하는 것을 말한다.
■경耕은 耒(쟁기 뢰)+井(우물 정)의 형성자로 쟁기(耒)로 경지가 정리된(井) 논밭을 일구는 것, 경작耕作을 말한다. 씨를 뿌리다, 어떤 일에 매진하다 등의 뜻이다.
■뇌餒는 食(먹을 식)+妥(떨어질 타)의 형성자. 먹을 것이 떨어져 굶주리다, 생선이 썩다, 맥이 빠지다의 뜻이다.
■녹祿은 示(보일 시)+彔(나무 깎을 록)의 형성자로 제사(示) 드려 복을 비는 것에서 복福, 관리의 봉록, 상賞, 기록물을 뜻한다.

있어) 학문을 하는 데에도 봉록이 그 가운데 있을 수 있기 때문이다. (먹을 것을 도모하는 자에게는 굶주림이 먼저 드러나고, 도를 도모하는 자는 녹이 먼저 다가오니) 군자는 도를 걱정하지, 가난을 걱정하지 않는다."

집주 ── ■耕은 所以謀食이나 而未必得食이요 學은 所以謀道나 而祿在其中이라 然이나 其學也는 憂不得乎道而已요 非爲憂貧之故하여 而欲爲是以得祿也니라

농사(耕)는 먹을 것을 도모하려는 것이지만 먹을 것을 얻는다는 보장이 없고, 학문(學)은 도를 도모하는 것이지만 봉록이 그 가운데 있다. 그러나 그 학문이란 도에서 얻지 못할까 걱정할 따름이지, 가난을 걱정하지 않는 까닭에 학문을 하여 봉록을 얻으려는 것이 아니다.

■尹氏曰 君子는 治其本而不卹其末이니 豈以自外至者로 爲憂樂哉리오

윤돈이 말했다. "군자는 그 근본을 다스리지 그 말단을 걱정하지는 않으니, 어찌 밖에 있는 것으로 근심하거나 즐거워하겠는가?"

고금주 ── ■補曰 道者, 大體之所遵. 食者, 小體之所享. 故君子所謀, 在大而不在小也. 足食者, 必不肯躬耕, 方其耕時, 餒在其中矣. [不足故急於謀食] 乏食者, 必不遑就學, 方其學時, 祿在其中矣. [有餘故暇於謀道] 不待旣穫而後計其糧而知餒, 旣仕而後受其餼而知祿也. 謀食者似智而餒已先顯, 謀道者似迂而祿已先及, 故君子憂道不憂貧.

보완하여 말한다. 도란 대체大體(마음)가 따르는 것이고, 먹을 것(食)은 소체(耳目)가 누리는 것이다. 그러므로 군자가 도모하는 것은 대체에 있고 소체에 있지 않다. 먹을 것이 풍족한 자는 반드시 몸소 농사짓기를 달갑게 여기지 않고, 바야흐로 농사짓고 있을 때에는 굶주림이 그 가운데 내재해 있기 때문이다(먹을 것이 부족하기 때문에 먹을 것을 도모하는 데에 급하다). 먹을 것이 부족

한 자는 반드시 학문에 나아갈 겨를이 없고, 바야흐로 학문을 하고 있는 데에는 봉록이 그 가운데 내재해 있기 때문이다(먹을 것이 여유가 있기 때문에 도를 도모하는 데에 여가가 있다). 이미 수확하고 난 뒤에 그 식량을 계산하고서 굶주림을 알게 되거나, 이미 벼슬에 나간 뒤에 그 희름餼凜을 받고서 봉록을 알게 되는 것이 아니다. 먹을 것을 도모하는 자는 지혜로운 것 같지만 굶주림이 먼저 드러나고, 도를 도모하는 자는 실정實情이 먼 듯하나 녹이 먼저 온다. 그러므로 군자는 도를 근심하지 가난을 걱정하지 않는다.

■ 鄭曰: "餒, 餓也. 言人雖念耕而不學, 故飢餓. 學則得祿, 雖不耕而不餒. 此勸人學." ○邢曰: "道高則祿來, 不暇謀於食. [又云: "歲有凶荒, 故飢餓."] 然耕也未必皆餓, 學也未必皆得祿, 大判而言耳." ○駁曰 非也.

정현이 말했다. "뇌餒는 굶주림(餓)이다. 사람이 비록 밭갈이 하는 것에만 전념하고 배우지 않았기 때문에 굶주리게 되고, 배우면 녹을 얻어 비록 밭갈이 하지 않아도 굶주리지 않음을 말했다. 이는 사람들에게 배움을 권장한 것이다." ○형병이 말했다. "도가 높으면 녹이 오기 때문에 먹을 것을 도모할 겨를이 없다.(또 말했다. "흉년이 있기 때문에 굶주린다.") 그러나 밭갈이 하여도 반드시 모두 굶주리지는 않고, 배운다고 할지라도 반드시 모두 녹을 얻지는 못하니, 크게 판단하여 말했을 뿐이다." ○논박하여 말하면, 그릇되었다.

■ 質疑 耕者雖有時而餒, 亦有時而不餒, 學者雖有時而祿, 亦有時而不祿. 何得曰'耕也, 餒在其中, 學也, 祿在其中'乎? 又若以祿在其中, 劬心爲學, 則仍是謀食, 非謀道也. 前篇曰'子爲父隱, 父爲子隱, 直在其中', 下篇曰'博學而篤志, 切問而近思, 仁在其中', 凡言在其中者, 皆當下即存, 非以來效而言之也.

질의한다. 농사짓는 자가 비록 때로는 굶는 경우가 있더라도 또한 때로는 굶지 않는 경우도 있으며, 배우는 자도 때로는 녹을 먹는 경우가 있더라도 또한 때로는 녹을 먹지 못하는 경우도 있는데, 어떻게 '농사를 지어도 굶주림이 그 가운데 있을 수 있고, 학문을 하여도 봉록이 그 가운데 있을 수 있다.'고 할 수 있겠는가? 또 만약 봉록이 그 가운데 있다고 해서 고심하면서 배운다면, 이는 곧 먹을 것을 도모하는 것이지 도를 도모하는 것이 아니다. 『논어』의 앞편에서 "아버지는 자식을 위해 숨기고, 자식은 아버지를 위해 숨기니, 정직함이 그 가운데 있다."(자로)고 했고, 아래편에서는 "널리 배우고 뜻을 견고히 하며, 절실하게 묻고 가까이 생각하면 인이 그 가운데 있다."(자장)고 했으니, 무릇 '그 가운데 있다(在其中)'는 것은 모두 마땅히 그 밑에 바로 있는 것이며, 다가올 효과로써 말하는 것이 아니다.

비평 —— '그 가운데 있다(在其中)'라는 말을 주자는 '곧바로 같다'는 말이 아니라는 점에서, 부분부정으로 해석한다. 그래서 '경야耕也 뇌재기중의餒在其中矣'는 '농사를 지어도 굶주림이 그 가운데 있을 수 있다.'로, 그리고 '학야學也 녹재기중의祿在其中矣'는 '학문을 하여도 봉록이 그 가운데 있을 수 있다.'로 해석했다. 그런데 다산은 '그 가운데에 내재해 있다'라고 해석한다. 비슷하지만, 미묘한 차이가 있다. 문자 해석으로는 '그 가운데 있다'를 '그 가운데에 내재해 있다'라고 하는 다산의 해석이 순조롭다. 그러나 전체 문맥을 해석해 보면, 다산의 해석은 좀 어색하다. 주자의 총괄적인 설명은 다음과 같다.

'군자는 도를 도모하지, 먹는 것을 도모하지 않는다.'라는 말은 하나의 구절을 가지고 통설하는 중에 또 두 부분으로 나누어 말한 것이다. '농사를 지어도 굶주림이 그 가운데 있을 수 있고, 학문을 하여도 봉록이 그 가운데 있을 수 있다.'는 말은 사람들이 이 뜻을 오해하여, 마치 사람들에게 도를 도모하여 먹는 것을 구하라고 가르치는 것처럼 생각할 우려가 있다. 그런 까닭에 아래쪽에 또 한 구절을 엮어 '군자가 학문하는 까닭은 그 걱정이 도에 있기 때문이지, 가난을 걱정해 배우는 것이 아니다.'라고 하셨다. 학문은 본디 봉록을 도모하는 것은 아니지만, 그러나 꼭 봉록을 얻지 못하는 것은 아니다. 농사는 본디 굶주림을 구하지는 않지만, 그러나 꼭 먹게 되는 것은 아니다. 비록 이러하나 군자의 마음을 도만 볼 뿐, 봉록을 보지 않는다. 모든 '그 가운데 있다'라는 말은 대개 '반드시 그 가운데 있는 것은 아니지만, 있을 수 있다.'라는 말이다. (『논어집주대전』)

❧

15:32. 子曰: "知及之, 仁不能守之, 雖得之, 必失之. 知及之, 仁能守之, 不以莊而涖之, 則民不敬. 知及之, 仁能守之, 莊以涖之, 動之不以禮, 未善也."

고주 —— 공자께서 말씀하셨다. "지혜가 그 관직(을 다스릴 수 있는데)에 미치더라도, 인仁으로 능히 그 관직을 지키지 못한다면, 비록 그 관직을 얻었다 하더라도 반드시 잃을 것이다. 지혜가 그 관직에 미치고, 인으로 능히 그 관직을 지킬 수 있다 하더라도, 장엄(莊=嚴)하게 임하지 않는다면 백성들이 (그 윗사람을) 공경하지(따르지) 않을 것이다. 지혜가 그 관직에 미치고, 인으로 능히 관직을 지킬 수 있고, 장엄하게 임하여도, 예로써 움직이지 않는다면 아직 선하다고 할 수 없다."

자원풀이 ■수守는 宀(집 면)+寸(마디 촌·손 혹은 법칙)의 회의자로 집안(宀)에서 일을 보거나 집무하는 것으로, 조정이나 창고의 문서를 정리하다에서 준수遵守, 지키다, 그리고 수관守官 등의 뜻이 나왔다.
■장莊은 艸(풀 초)+壯(씩씩할 장)의 형성자로 풀(艸)이 성하여 장대(壯)함을 말한다. 장엄하다, 엄숙하다, 공경하다, 엄정하다 등의 뜻이 있다. 또한 土(흙 토)+广(집 엄)으로 庄(농막 장)으로 큰 상점이나 전문점을 지칭하기도 한다.
■이涖는 水(물 수)+位(자리 위)의 형성자로 이르다, 다다르다, 가서 보다, 어떤 자리에 임臨하다, 다스리다의 뜻이 있다. 이莅와 같다. 이涖는 임臨하는 것으로 백성에게 임하는 것을 말한다.(謂臨民: 주자)
■동動은 力(힘 력)+重(무거울 중)의 형성자로 중重은 동童과 같이 남자 종이 힘든 일을 하는 모습을 형상화. 여기에 力(힘 력)이 더해져 힘든 일(重)을 힘껏(力)하다, 고된 일을 강제强制하다를 뜻한다. 따라서 동動은 고된 일을 강제하는 것이 원뜻이며, 움직이다라는 말이 파생되었다. 동動는 감동感動이라고 할 때의 동動이 아니고, 백성을 부린

주자 —— 공자께서 말씀하셨다. "지혜가 그 이치(之=此理)에 미치더라도, (사욕이 끼어들어) 인仁으로 능히 지키지 못한다면, 비록 얻었다 하더라도, 반드시 잃을 것이다. 지혜가 그 이치에 미치고, 인으로 능히 지킬 수 있다 하더라도, (기질과 습관이 편벽되어 혹 안으로는 두텁지만, 밖으로는 엄숙하지 못하여 위정자로서) 장엄하게 백성에게 임하지 않는다면 백성들이 공경하지 않을 것이다. 지혜가 그 이치에 미치고, 인으로 지키고, 장엄하게 임한다 하더라도, 예로써 고무·진작(動=鼓舞作興)시키지 않는다면 아직 선하다고 할 수 없다."

다산 —— 공자께서 말씀하셨다. "예지가 그 (천자·제후) 지위에 미치더라도, 인(=목민의 사랑)으로써 그 지위를 지키지 못한다면, 비록 그 지위를 얻었다 하더라도, 반드시 그 지위를 잃을 것이다. 지혜가 그 지위에 미치고, 인으로 능히 지위를 지킬 수 있다 하더라도, (威儀에 나태하여) 단정하고 위엄 있게 임하지 않는다면 백성들이 (政令을 희롱하거나 경시하여) 공경하지 않는다. 예지가 그 지위에 미치고, 인으로 능히 지킬 수 있고, 단정하고 위엄 있게 임한다 하더라도, 예로써 가지런히 않는다면 아직 선하다고 할 수 없다."

집주 —— ■知足以知此理나 而私欲間之면 則無以有之於身矣니라
지혜가 이 이치를 알기에 충분하여도, 사욕이 사이에 끼면 몸에 지니고 있을 수 없다.
■涖는 臨也니 謂臨民也라 知此理而無私欲以間之면 則所知者 在我而不失矣라 然이나 猶有不莊者는 蓋氣習之偏이 或有厚於內而不嚴於外者라 是以로 民不見其可畏而慢易之라 下句放此하니라

다(使民)의 의미로 백성을 부려 일 하나를 해내게 하는 것에도 예가 있다는 말이다. 이것이 예로써 부린다는 것이다. 사용된 예禮 자는 백성의 몸으로 귀착된다.(주자)

이涖는 임하는 것(臨)이니, 백성에게 임하는 것을 말한다. 이 이치를 알고, 또 사욕이 사이에 끼어들지 않으면 아는 것이 나에게 있어 잃지 않는다. 그럼에도 오히려 장엄하지 않음이 있는 것은 대개 기질과 습관이 편벽되어 혹 안으로는 두텁지만 밖으로는 엄숙하지 못한 경우가 있다. 이런 까닭에 백성은 군주가 두려워할 만한 존재임을 알지 못하고 소홀하고 쉽게 여긴다. 아래 구절도 이와 유사하다.

■動之는 動民也니 猶曰鼓舞而作興之云爾라 禮는 謂義理之節文이라

동지動之는 백성을 움직이는 것이니, 고무해서 일어나게 한다(鼓舞而作興之)는 말과 같다. 예禮는 의리의 등급과 문식(節文)이다.

■愚謂 學至於仁이면 則善有諸己而大本立矣니 涖之不莊하고 動之不以禮는 乃其氣稟學問之小疵라 然이나 亦非盡善之道也라 故로 夫子歷言之하사 使知德愈全則責愈備하니 不可以爲小節而忽之也니라

어리석은 내가 말한다. 학문을 하여 인仁에 이르면, 선이 자신에게 있어 큰 근본이 선 것이다. 장엄함으로 군림하지 못하고 예로써 움직이게 하지 못하는 것은 곧 기질과 학문의 작은 흠결이다. 그러나 또한 진선한 도는 아니다. 그러므로 공자께서 단계별로 말씀하셔서, 덕이 더욱 완전할수록 더욱 갖추기를 요구하시고, 작은 절차라도 소홀히 할 수 없다는 것을 알게 하셨다.

고금주 —— ■補曰 及, 逮也. 知及之, 謂睿知足以居大位, 無不逮也. 仁者, 牧民之愛也. 親九族, 章百姓, 以及黎民, 則仁可以守此位也. 得之失之, 以位言. 莊, 端嚴也. 涖, 臨也. 莊以涖之, 謂威儀無懈怠, 政令無戲慢也. 動之以禮, 猶言齊之以禮.

보완하여 말한다. 급及은 미치다(逮)의 뜻이다. '지급지知及之'란 예지叡知가 큰 지위에 머물기에 충분하여 미치지 못함이 없다는 뜻이다. 인仁이란 목민牧民의 사랑이다. 구족을 친애하고, 백성을 밝게 하여, 여민에게 미친다면 인

으로써 이 지위를 지킬 수 있다. 얻는다(得之)・잃는다(失之)고 한 것은 지위로써 말한 것이다. 장莊은 단정하고 위엄 있는 것이고, 이涖는 '임臨하다'의 뜻이다. '장이리지莊以涖之'는 위의威儀에 나태함이 없고, 정령政令을 희롱하거나 경시하지 않는 것이다. 동지이례動之以禮는 '예로써 가지런히 한다(齊之以禮:「위정」)'는 말과 같다.

■包曰: "知能及治其官, 而仁不能守, 雖得之, 必失之." ○案 得之失之, 明以天子諸侯之位而言, 包說小矣.

포함이 말했다. "지혜가 능히 그 관직을 다스리는 데에 미칠 수 있더라도 인仁으로 능히 지킬 수 없다면, 비록 관직을 얻더라도 반드시 잃는다." ○살핀다. 얻는다(得之)・잃는다(失之)는 것은 천자・제후의 지위로 말한 것이 분명하니, 포함의 설은 협소하다.

■王曰: "動必以禮然後善." ○駁曰 非也. 經文明有'之'字, [動之'字] 則動之者君, 而其動者民也, 當如朱子之說.

왕숙이 말했다. "반드시 예로써 움직인 연후에 선하다." ○논박하여 말하면, 그릇되었다. 경문에 명백히 '지之' 자가 있으니('動之' 자) 움직이게 하는 자는 임금이고, 그 움직이는 자는 백성이다. 마땅히 주자의 학설과 같아야 한다.

■質疑『易』曰: "何以守位? 曰仁." 仁能守之者, 守位之謂也. 且禮樂刑政・典章法度, 皆睿知之所宜及, 須實辨其條例. 若但知此理, 則施之於用, 或恐虛曠而無實矣. 仁者, 人也, 愛親・敬長・忠君・慈衆, 所謂仁也. 求仁者必強恕, 強恕者必克己. 朱子以絶私欲爲仁, 良以是也. 然克己是求仁之方, 非即爲仁也. 學者宜審焉.

질의한다. 『역경』에서 말하길, "무엇으로 그 지위를 지키는가 하면, 이는 인仁이다(「繫辭下」)."라고 했으니, '인仁으로 능히 그것을 지킨다.'는 것은 그 지위를 두고 말했다." 또 예악형정禮樂刑政과 전장법도典章法度는 모두 예지叡智가 마땅히 미쳐 나아가야 할 바이니, 모름지기 그 조례條例를 실제로 분변해야 한다. 만약 단지 이 이치를 아는 데에 그치면, 일용에서 시행할 때에 혹 허광虛曠하여 실상이 없을까 염려스럽다. 인仁이란 사람이다. 어버이를 친애하고, 어른을 공경하고, 임금에게 충성하고, 민중에게 자애로운 것이 인仁이다. 인仁을 구하는 것은 힘써 서恕를 행하는 것이고, 힘써 서恕를 행하는 것은 반드시 자신을 이겨야(克己) 한다. 주자가 '사욕을 끊는 것이 인이다(以絶私欲爲仁).'라고 한 것은 진실로 이 때문이다. 그러나 자신을 이기는 것은 인仁을 구하는 방법이지, 바로 인仁이 되는 것은 아니다. 배우는 이는 마땅히 살펴야 한다.

비평 —— 주자는 '지급지知及之'를 '앎이 그 이치를 충분히 알아도'라고 해석하여, 마치 이일분수理一分殊적 논리에 의한 이치를 아는 것처럼 해석함으로써 후대의 많은 논란을 불러일으켰다. 이에 대해 다산은 '예지叡知가 큰 지위(위정자)에 머물기에 충분하여 미치지 못함이 없다.'는 뜻이라고 해석했다. 물론 다산은 이하 모두 11회 나오는 지之는 모두 위정자로서의 큰 지위를 뜻하는 것으로 보지만, 주자는 부장이리지不莊以涖之 이하만 그렇게 본다. 그런데 주자가 말하는 '그 이치(此理)'란 곧 위정자의 지위에 있으면서 처신하는 도리를 의미하기 때문에, 양자의 해석 간에 큰 차이가 없다고도 할 수 있다. 다만 다산이 좀더 분명히 논구했다고 할 것이다. 또한 인仁에 대한 견해의 차이를 드러내고 있다. 3권의 「인仁」에 관한 장에서 논한다.

15:33. 子曰: "君子不可小知, 而可大受也, 小人不可大受, 而可小知也."

고주 —— 공자께서 말씀하셨다. "군자는 (그 도가 심원하여) 작은 일에서는 (군자임을) 알아볼 수 없지만, 큰 직임을 받을 수 있다(백성들에게 넉넉히 혜택을 끼친다). 소인은 (그 도가 淺近하여) 큰 직임을 받을 수는 없으나, 작은 인정은 받을 수 있다."

주자 —— 공자께서 (사람을 보는 법을) 말씀하셨다. "군자는 작은 일에서는 (내가) 알아볼 수 없지만(知=我知之), (재덕이 중책을 맡기에 충분하여) 큰 직임은 받을 수 있다(受=彼所受也). 소인은 (기량이 얕고 좁아) 큰 직임은 받을 수 없으나, (하나의 장점만을 취하여) 작은 인정은 받을 수 있다."

다산 —— 공자께서 말씀하셨다. "군자는 (큰 재주를 지녔지만 작게 쓰이면, 앎이 두루 넓지 못한 바가 있어) 작은 일은 맡을 수 없지만(小知는 작은 일에 간여하는 것), 큰일은 총괄할 수 있고(大受는 대임을 온전히 맡는 것), 소인은 (작은 그릇이 크게 쓰이면, 역량이 감당하지 못해) 큰일을 총괄할 수 없으나, 작은 일은 맡을 수 있다."

집주 —— ■此는 言觀人之法이라 知는 我知之也요 受는 彼所受也라 蓋君子於細事에 未必可觀이나 而材德이 足以任重이요 小人은 雖器量淺狹이나 而未必無一長可取니라
이는 사람 보는 법을 말했다. 지知는 내가 아는 것이고, 수受는 그가 받는 것이다. 대개 군자는 작은 일에 있어서는 반드시 알아볼 수는 없지만, 재덕은 중책을 맡기에 충분하다. 소인은 비록 기량은 얕고 좁지만, 반드시 하나의 장점만이라도 취할 것이 없는 것은 아니다.

자원풀이 ■수受는 원래 손(爪·손톱 조)과 손(又) 사이에 배(舟)가 놓여 배 위에서 물건을 주고받음을 그렸다. 받다, 잇다, 배우다, 받아들이다, 거두어들이다, 담보하다, 등용하다 등의 뜻이다.
■지知에는 '알다'라는 기본 뜻 이외에 맡다, 다스리다 등의 뜻도 있다.

고금주 —— ■補曰 小知, 謂與知小事. [掌小職] 大受, 謂全受大任. [總大職] 大才小用, 則知有所不周, 而不善其職. 小器大用, 則力有所不勝, 而必敗乃事.

보완하여 말한다. 소지小知는 작은 일에 관여하여 맡는 것(작은 직책을 관장하는 것)을 말하고, 대수大受는 대임大任을 온전히 맡는 것(큰 직책을 총괄하는 것)을 말한다. 큰 재주를 지녔지만 작게 쓰이면, 앎이 두루 넓지 못한 바가 있어 그 직책을 잘하지 못한다. 작은 그릇이 크게 쓰이면, 역량이 감당하지 못하는 바가 있어 반드시 그 일을 실패하게 된다.

■王曰: "君子之道深遠, 不可小了知, 而可大受, [邢云: "君子之道深遠, 仰之彌高, 鑽之彌堅, 故不可小了知也, 使人饜飫而已."] 小人之道淺近, 可小了知, 而不可大受也." ○駁曰 非也. 不知何說.

왕숙이 말했다. "군자의 도는 심원하여 작은 일에서는 분명히 알 수는 없지만, 큰 직임은 받을 수 있다.(형병이 말했다. "군자의 도는 심원하여 우러러볼수록 더욱 높고, 뚫을수록 더욱 단단해지기 때문에 작은 일로써 분명히 알 수는 없지만, 백성들에게 넉넉히 혜택을 끼칠 뿐이다.") 소인의 도는 천근하여 작은 일로써 분명히 알 수 있지만, 큰 직임은 받을 수 없다." ○논박하여 말하면, 그릇되었다. 무슨 설명인지 알 수 없다.

■質疑 朱子曰: "此言觀人之法. 知, 我知之也. 受, 彼所受也." ○案 知與受, 恐不當分屬兩邊. 受旣彼受, 則知亦彼知, 彼受我知, 豈不齟齬乎? 知者, 與知也. 不可小知者, 謂有司之職, 典一器, 司一事, 非君子之所宜也. 不可大受者, 謂天子·諸侯之職及輔相·師保之任, 非小人之所宜也. 可大受者, 如舜受堯之天下, 管仲相桓公, 子産聽鄭國之政, 是也. 可小知者, 謂一藝一能, 皆可以量材而授職也.

질의한다. 주자가 말했다. "이는 사람 보는 법을 말했다. 지知는 내가 아는 것이고, 수受는 그가 받는 것이다." ○살핀다. 지知와 수受를 양쪽으로 나누어 보는 것은 아마도 타당하지 않은 듯하다. 수受가 이미 저가 받은 것(彼受)이라면, 지知 역시 저가 안 것(彼知)인데, 저가 받고 내가 안 것이라 하면(彼受我知) 어찌 어긋나지 않겠는가? 지知란 관여하여 맡는다(與知)는 뜻이다. '불가소지不可小知'란 유사有司의 직으로 하나의 그릇(一器)으로 하나의 일(一事)을 맡는 것을 이르니, 군자의 마땅한 바가 아니다. '불가대수不可大受'란 천자 제후의 직과 보상輔相 사보師保의 소임을 이르니, 소인이 마땅한 바가 아니다. 그리고 '가대수可大受'란 순임금이 요임금에게 천하를 받고, 관중管仲이 환공桓公을 도와 정승이 된 것과 자산子産이 정나라의 정사를 맡은 것이다. '가소지可小知'란 하나의 기예와 하나의 재능으로 모두 그 재능을 헤아려 이에 맞는 직책을 줄 수 있음을 말한 것이다.

비평 —— 고주, 주자, 다산의 해석이 조금씩 다르다. 나름으로 통하는 측면이 있다. 지知를 '내가 아는 것'으로 해석한 주자의 해석에 대해, 다산은 여러 전거를 제시하면 여기서 지知란 '관여하여 맡는 것'으로 보아야 한다고 주장했다. 주자의 해석에 따른다고 해도 통하며, 깊은 측면에서 본다면 군자와 소인에 대한 관점에서도 차이는 없다. 주자의 다음 언명을 보면 다산의 해석과 거의 차이가 없다.

> 주자가 말했다. "하나의 일을 잘 할 수 있는지 없는지를 가지고 군자의 온축된 역량을 다 알기에는 충분하지 않다. 그러나 군자는 천하의 중대한 임무를 능히 맡아 두려워하지 않을 수 있다. 소인은 하나의 재주에 장점이 있고 또한 그릇으로 부릴 수 있지만, 다만 큰일을 맡길 수는 없다." (『논어집주대전』)

그러나 전체 문맥으로 본다면 다산의 해석이 가장 부드럽게 맥락이 잘 통한다고 할 수 있다.

〰〰

15:34, 子曰: "民之於仁也, 甚於水火. 水火, 吾見蹈而死者矣, 未見
蹈仁而死者也."

고주 —— 공자께서 말씀하셨다. "(물과 불, 그리고 인은 모두 백성이 우러러 소중히
여기며 살아가는 것이지만) 백성들이 인仁에 있어서는 (절실하게 필요한 것이) 물과
불보다 더 심하다. 물과 불을 밟다가 죽는 자를 나는 보았지만, 인을 밟다가
죽는 자는 보지 못했다."

주자 —— 공자께서 말씀하셨다. "(백성들은 물과 불, 그리고 인에 의뢰하여 살기 때
문에 하루도 없을 수 없다. 그런데 물과 불이 없으면 사람의 몸을 해치는 데 불과하지만,
仁하지 않으면 그 마음을 잃기에) 백성들이 인仁에 있어서는 (절실하게 필요한 것이)
물과 불보다 더 심하다. 나는 물과 불을 밟다가 죽는 자를 보았지만, 인을 밟
다가 죽는 자는 보지 못했다."

다산 —— 공자께서 (탄식하여) 말씀하셨다. "백성들은 인(仁)에 있어서 (멀리하
기가) 물과 불보다도 더 심하다. (그러나) 물과 불을 밟다가 죽은 사람은 보았
으나, 인(仁)을 밟다가 죽은 자는 아직 보지 못했다."

자원풀이 ■심甚은 아궁이 위에 솥을 얹어 놓은 형상이라고 하지만, 『설문』에서는 甘(달 감)+匕(숟가락 비→匹)의
회의자로 국자로 맛있는 것을 떠먹는 모습을 그렸다고 한다. '맛있는 것'이 무엇인가는 불분명하지만, 斟(술 따를
짐), 椹(오디 심), 葚(오디 심) 등과 연관해 볼 때 오디로 담근 술일 가능성이 크다. 그래서 담그다, 깊다, 진하다, 중후
하다의 뜻이 나왔다. 또한 심하다, 초과하다, 사납다, 많다, 그리고 형세가 매우 절실하고 절박함 등의 뜻이 있다.
■도蹈는 足(발 족)+舀(퍼낼 요)로 절구(臼)에 곡식을 찧듯(舀), 발(足)로 짓뭉개다의 뜻이다. 밟다, 뛰다, 올라가다, 범
하다 등의 뜻이 나왔다. 여기서는 행하다, 실천하다, 이용하다 등으로 쓰였다.

집주 ── ■民之於水火에 所賴以生하여 不可一日無하니 其於仁也에 亦然이라 但水火는 外物이요 而仁은 在己하며 無水火면 不過害人之身이요 而不仁則失其心하니 是는 仁有甚於水火하여 而尤不可一日無者也라 況水火는 或有時而殺人이나 仁則未嘗殺人하니 亦何憚而不爲哉리오

백성들은 물과 불에 의뢰하여 살기 때문에 하루도 없을 수 없다. 이 점은 인仁 역시 그러하다. 다만 물과 불은 외부의 사물이고, 인은 자기에게 있다. 물과 불이 없으면 사람의 몸을 해치는 데 불과하지만, 인仁하지 않으면 그 마음을 잃는다. 이것이 인이 물과 불보다 심하며, 더욱이 하루라도 없을 수 없는 이유이다. 하물며 물과 불은 간혹 사람을 죽이지만 인은 사람을 죽이는 경우가 없으니, 또한 어찌 꺼려서 행하지 않겠는가?

■李氏曰 此는 夫子勉人爲仁之語시니 下章放此하니라

이욱이 말했다. "이는 공자께서 사람들에게 인을 행할 것을 격려하신 말이니, 다음 장도 이와 유사하다."

고금주 ── ■王弼曰: "民之遠於仁, 甚於水火. 見有蹈水火者, 未嘗見蹈仁者也."[邢云: "雖與馬義不同, 亦得爲一義."] ○補曰 孔子歎曰: "民之違仁, 甚於水火矣. 彼有蹈而死者, 此無蹈而死者."[首二句嗟嘆之詞, 下二句明其然]

왕필이 말했다. "백성이 인仁을 멀리하는 것이 물과 불보다 더 심했다. 물과 불을 밟는 자가 있음을 보았으나, 인을 밟는 자는 일찍이 보지 못했다."(형병이 말했다. "비록 마융의 해석과 같지 않지만, 또한 하나의 뜻이 될 수 있다.") ○보완하여 말한다. 공자께서 탄식하여 말씀하셨다. "백성들이 인을 멀리하는 것이 물과 불보다 심하다. 물과 불을 밟다가 죽는 자가 있을 수 있지만, 인을 밟다가 죽는 자는 없다."(머리의 두 구는 탄식하는 말, 아래 두 구는 그런 연유를 밝혔다.)

■馬曰: "水火及仁, 皆民所仰而生者, 仁最爲甚. 蹈水火或時殺人, 蹈仁未嘗殺人." ○邢曰: "蹈, 猶履也. 履行仁道, 未嘗殺人也." ○案 馬義有必不可從者. 若如馬說, 則子曰'仁之於民也, 甚於水火', 可也. 子曰'民之於仁也, 甚於水火', 可乎?[仁字在上, 則與水火作對, 民字在上, 則民字爲主] 況仁者, 人倫之成德, 非所以養心, 與水火之養身, 其情不類, 豈可引之爲喻乎? 且水火以烹飪養人, 以焚溺殺人. 將論其惡, 先言其德, 語脈折作二段, 豈所以曉人乎? 王弼之義, 不可易.

마융이 말했다. "물과 불, 그리고 인은 모두 백성이 우러러 소중히 여기며 살아가는 것인데, 그 가운데 인이 가장 심하다. 물과 불을 밟다가 때로는 사람을 죽이기도 하지만, 인을 밟다가 사람을 죽이는 일은 일찍이 없었다." ○형병이 말했다. "도蹈는 밟다(履)와 같다. 인도仁道를 밟고 행하면, 일찍이 사람을 죽인 적은 없다." ○살핀다. 마융의 주장은 반드시 따를 수 없는 점이 있다. 만약 마융의 설과 같다면 공자께서 말씀하시길, '인이 백성에 대한 관계는 물과 불보다 심하다(子曰 仁之於民也 甚於水火).'라고 하는 것이 옳지, 공자께서 말씀하시길 '백성이 인에 대해서는 물과 불보다 심하다(子曰 民之於仁也甚於水火).'라고 하는 것이 옳겠는가? (仁 자가 앞에 있으면 水火와 상대가 되고, 民 자가 앞에 있으면 民 자가 주격이 된다.) 하물며 인仁이란 인륜의 완성된 덕이니(仁者 人倫之成德), 마음을 기르는 것이 아니며, 물과 불처럼 몸을 기르는 것과는 그 실상이 같지 않은데, 어떻게 이를 인용하여 비유할 수 있겠는가? 또 물과 불은 음식을 삶고 익히는 데에 쓰여 사람을 양육하기도 하지만, 불에 태우고 물에 빠지게 하여 사람을 죽이기도 한다. 장차 그 악을 논하려고 하면서 먼저 그 덕을 말하여 문자의 어맥을 두 단락으로 만들어 놓았다면, 어떻게 사람을 일깨울 수 있겠는가? 왕필이 주석한 뜻은 바꿀 수 없다.

비평 —— 다산은 마융의 말을 들어 비판하지만, 실제로는 주자의 해석을 정면으로 반박했다. 주자의 해석이 통하지 않는 것은 아니지만, 이 구절은 다산의 해석이 훨씬 더 설득력이 있다. 주자의 해석대로 하면, 앞의 '백성들이 인仁에 있어서는 (절실하게 필요하기가) 물과 불보다 더 심하다.'는 말과 그 뒤의 제시한 이유(물과 불은 밟다가 죽는 자를 나는 보았지만, 인을 밟다가 죽는 자는 보지 못했다)가 논리적으로 잘 연결되지 않는다. 그것은 차라리 절실하게 필요하지 않은 이유일 수도 있기 때문이다. 그러나 왕필의 주석을 따른 다산의 해석은 논리적으로 잘 연결된다.

15:35. 子曰: "當仁不讓於師."

고주 —— 공자께서 말씀하셨다. "인을 행하는 일에 당해서는(當行仁之事) (급하기에 다시) 스승에게도 양보하지 않는다(인을 행함이 급하다는 말이다)."

주자 —— 공자께서 말씀하셨다. "(인이란 본래 지니고 스스로 행하는 것으로 경쟁하는 것이 아니니) 인을 담당함에서는 스승이라도 양보하지 않는다(용감하게 행한다)."

다산 —— 공자께서 말씀하셨다. "(예에서는 마땅히 먼저 양보해야 해야 하지만) 인을 행하는 일에 당해서는 스승에게도 양보하지 않는다."

집주 —— ■當仁은 以仁爲己任也라 雖師나 亦無所遜은 言當勇往而必爲也라 蓋仁者는 人所自有而自爲之요 非有爭也니 何遜之有리오
당인當仁이란 인을 자신의 임무로 삼는 것이다(當仁은 擔當의 當이다). 비록 스승이라도 또한 양보함이 없다는 것은 마땅히 용감하게 나아가 반드시 행해야 한다는 말씀이다. 대개 인仁이란 사람이 본래부터 지니고(自有) 스스로 행

하는 것(所自有而自爲之)으로 경쟁하는 것이 아니니 무슨 사양이 있으리오.

■程子曰 爲仁은 在己하니 無所與遜이어니와 若善名은 在外하니 則不可不遜이니라

정자가 말했다. "인을 행하는 것은 나에게 달려 있으니, 누구에게 사양할 것이 없다. 만일 좋은 명성처럼 밖에 있는 것이라면, 사양하지 않을 수 없다."

고금주 ── ■孔曰: "當行仁之事, 不復讓於師, 言行仁急." ○補曰 師者, 先生長者之最尊者也. 於禮無所不讓, 當食讓先食, 當行讓先行, 當階讓先升, 當席讓先即, 惟當行仁之事, 則不讓之使先.

공안국이 말했다. "인仁을 행하는 일에 당해서는 다시 스승에게도 양보하지 않는다는 것이니, 인을 행함이 급하다는 말이다." ○보완하여 말한다. 사師란 선생·연장자 중 가장 존귀한 분이다. 예禮에서는 양보하지 않음이 없지만, 음식에서는 먼저 드시도록 양보하고, 길을 갈 때는 먼저 가시도록 양보하고, 계단에서는 먼저 오르시도록 양보하고, 좌석에서는 먼저 앉으시도록 양보하지만, 오직 인을 행하는 일에 해당해서는 먼저 하시도록 양보하지 않는다.

■質疑 朱子曰: "仁者, 人所自有而自爲之, 非有爭也. 何遜之有?" ○程子曰: "爲仁在己, 無所與遜, 若善名在外, 則不可不遜." ○案 仁之不明久矣. 可仁之理, 在於本心, 『詩』云'民之秉彛, 好是懿德', 是也. 行仁之根, 在於本心, 孟子云

자원풀이 ■當당은 田(밭 전)+尙(오히려 상)의 형성자로 논밭(田)의 가격이 서로 비슷하다는 뜻에서 '상당하다'의 뜻이다. 논밭을 저당 잡히고 그에 상당하는 값을 받음으로 저당抵當 또는 전당典當의 뜻이 나왔다. 향하다, 대등하다, 맡다, 받다, 대적하다, 마땅하다, 알맞다, 간주하다 등의 뜻이 있다.
■讓양은 소가 끄는 쟁기를 두 손으로 잡은 모습과 쟁기에 의해 흙이 일어나는 모습을 형상화했는데, 표피 흙을 버렸기 때문에 양보의 뜻이 나왔다. 이어 言(말씀 언)을 추가하여 사양辭讓의 뜻이, 土(흙 토)를 부가하여 토양土壤의 뜻이 나왔다. 讓양은 言(말씀 언)+襄(도울 양)의 형성자로 말(言)을 사양함(襄)으로 피하다, 양보하다, 추천하다, 다른 사람의 좋은 점을 말해주다의 뜻이 나왔다.
■師사는 堆(흙을 모아서 쌓을 퇴)+帀(둘러칠 잡)의 형성자로 '모아 쌓아서 두르다'는 뜻에서 파생되어, 여러 지식을 모아 일이관지한 스승을 지칭한다(師表). 스승(師)이란 선생과 어른 가운데 가장 높은 분이니, 예로써는 사양하지 않는 바가 없지만, 오직 인을 행하는 일에 당해서만은 스승으로 하여금 먼저 하도록 사양하지 않는다.(다산)

'惻隱之心, 仁之端', 是也. 若仁之名, 必待行事而成焉. 舜底豫瞽瞍, 然後乃成其孝, 比干苦諫殷紂, 然後乃成其忠, 文王賙恤四窮, 然後乃成其慈. 凡人與人之間, 盡其本分, 然後名之曰仁. 徒以虛靈不昧之中, 沖漠無眹之理, 指之爲仁, 非古經之例也. 以仁爲理, 則四書及『詩』·『書』·『易』·『禮』, 凡仁字皆難讀, 不但當仁不讓爲難解也. 況善名在外, 非我之所能予奪! 何者? 有仁心行仁政, 而得仁聲布仁聞, 此之謂善名在外也. 人方誦我, 而勸使之誦吾師, 理所不通, 擎虛名以獻先生, 情所不安, 將何以遜之? 所未敢曉也.

질의한다. 주자가 말했다. "대개 인仁이란 사람이 본래부터 지니고 스스로 행하는 것으로 경쟁하는 것이 아니니, 무슨 사양이 있겠는가?" 정자가 말했다. "인을 행하는 것은 나에게 달려 있으니, 누구에게 사양할 것이 없다. 만일 좋은 명성처럼 밖에 있는 것이라면, 사양하지 않을 수 없다." ○살핀다. 인에 대해 밝지 못함이 오래되었다. 인을 가능케 하는 이치는 본심에 있다(可仁之理 在於本心). 『시경』에서 말하기를, '백성들이 떳떳함을 간직하고, 이 아름다운 덕을 좋아한다.'는 것이 그것이다. 인을 행하는 근본도 본심에 있다. 맹자가 말한 '측인지심은 인의 단서이다.'가 그것이다. 그런데 인의 이름은 반드시 일을 행한 이후에 이루어진다. 순임금은 고수瞽瞍를 즐겁게 한 뒤에야 그 효를 이루었으며, 비간比干은 은나라의 주왕紂王에게 매우 간절히 간한 뒤에 그 충을 이루었으며, 문왕은 사궁四窮(鰥寡孤獨)을 진휼한 뒤에야 그 자慈를 이루었다. 무릇 사람과 사람 사이에서 그 본분을 다한 뒤에라야 이를 인이라고 명명한다. 한갓 허령불매虛靈不昧한 가운데 충막무짐沖漠無眹한 이치를 지칭하여 인이라고 하니, 고경古經에는 그런 예가 없다. 인을 이치라고 하면 사서四書와 『시경』, 『서경』, 『역경』, 『예기』의 무릇 인仁이라는 글자는 모두 해독하기 어려우니, '당인불양當仁不讓'이란 말만 해독하기 어려운 것이 아니다. 하물며 좋은 명성이 밖에 있어, 내가 능히 주거나 빼앗을 수 있는 것이 아님에 있어서랴! 왜 그런가? 인한 마음이 있어 인정仁政을 시행하여 인하다는 명성을 얻고, 인하다는 소문이 퍼지는 것, 이것을 일러 '좋은 명성이 밖에 있다.'고 한다. 사람들이 바야흐로 나를 칭송하는데, 그들로 하여금 나의 스승을 칭송하라고 권한다는 것은 이치상 통하지 않는 것이고, 헛된 명성을 선생께 바치는 것도 인정상 편안하지 않을 것이니, 장차 어떻게 이를 사양할 수 있겠는가? 감히 깨닫지 못할 바이다.

■ 侃曰: "仁者, 周窮濟急之事也." ○案 此說有憑, 可以按行, 然不惟是也. 諫君之闕失, 以成其忠, 扞國之患難, 以成其義, 皆行仁之事, 而師與我所共值也, 何必賑恤爲仁?

황간이 말했다. "인仁이란 궁핍한 이를 구휼하고, 위급한 이를 구제하는 일이다." ○살핀다. 이 설은 전거가 있으니 살펴볼 수 있지만, 오직 이것만이 아니다. 군주의 잘못을 간하여 그 충忠을 이루고, 국가의 환난을 막아서 그 의義를 이루는 것은 모두 인을 행하는 일이지만, 스승과 내가 함께 만나서 어찌 반드시 진휼하는 일만 인이겠는가?

비평 —— 인에 대한 주자와 다산의 해석의 차이가 첨예하게 나타나 있는 구절이다. 인이란 마음의 덕이자 사랑의 이치(仁者心之德而愛之理)라고 정의한 주자는 인의 선천성 혹은 내재성을 강조했다. 이에 비해 다산은 인이란 명칭은 행사 이후에 부여되는 명칭이라는 것을 거듭 강조했다. 바로 이 점에서 여기서 당인當仁에 대해서 다산은 행사의 입장에서, 인을 행한다는 관점에서 해석했다(고주 또한 같다).

　이에 비해 주자는 당인當仁의 당當은 '담당擔當하다'로 해석한다.

　　주자가 말했다. "당인當仁의 당當은 담당擔當의 당當이다. 이 인仁 자는 큰 것, 하기 어려운 것을 가리켜 말한 것이다. 이런 것은 모름지기 꽉 잡아 당당해야지, 스승이 하는 일이라고 말할 수 없다."(『논어집주대전』).

꩜

15:36. 子曰: "君子貞而不諒."

고주 —— 공자께서 말씀하셨다. "군자는 (그 도를) 바르게 행하되(貞=正) 작은 신의를 기필하지 않는다(諒=小信)."

주자 —— 공자께서 말씀하셨다. "군자는 바르고 굳건하게 지키지만(貞=正而固), (옳고 그름을 가리지 않은 채) 믿는 대로 기필하지는 않는다(諒=不擇是非而必於信)."

다산 —— 공자께서 말씀하셨다. "군자는 (義에 부합하면서) 바르고 견고하되, (義에 부합하지 않는 것을) 믿으면서 견강하지는 않는다."

집주 —— ■貞은 正而固也요 諒은 則不擇是非而必於信이라

정貞은 바르며 굳센 것이다(正而固也). 량諒은 옳고 그름을 가리지 않은 채 반드시 믿는 대로만 하는 것이다(必於信). 정貞이란 바르면서 굳건하게 지킨다는 뜻이고, 량諒이란 고집스레 꼭 그렇게 하려 한다는 뜻이 있다.

고금주 —— ■補曰 諒, 信而堅也. 貞與諒, 極相似, 惟貞揆諸義而合, 諒揆諸義而乖.

자원풀이 ■정貞은 卜(점 복)+鼎(솥 정)으로 청동 제기(鼎→貝)를 차려 제사를 지내고 점을 쳐(卜) 신에게 물어보던 것이다. 거북점(卜)을 칠 때 불(鼎)로 지지면 곧바르게 갈라지는데서 곧다, 곧은 절개, 정절貞節 등의 뜻이 나왔다. ■양諒(량)은 言(말씀 언)+京(서울 경)의 형성자. 말에 신뢰 있는 신실함에서 믿다, 확실하다, 양해하다 등의 뜻이 나왔다. 참되다(友諒), 일에 얽매이다(豈若匹夫匹婦之爲諒也), 고집부리다, 믿다 등의 뜻이 있다. 공안국은 "정貞은 정正이다. 양諒은 신信이다. 군자인 사람은 그 도를 바르게 할 뿐, 작은 신의를 기필하지 않는다."라고 말했다.

보완하여 말한다. 량諒은 믿으면서 건강한 것이다. 정貞과 량諒은 뜻은 매우 서로 비슷하나, 오직 정貞은 의義에 부합하고 량諒은 의에 어긋난다.

■ 孔曰: "貞, 正. 諒, 信也. 君子之人, 正其道耳, 言不必小信." ○案 貞有堅固 之意, 諒有堅強之義. 曰正曰信, 有未備也. 君子當頹波潏汩之時, 屹然若中流 砥柱, 毅然有不可奪之節, 其堅固有似乎匹夫之諒. 然君子揆諸義理, 徵諸禮 法, 必其所秉執, 有可以建天地而質鬼神, 考三王而俟百世, 無可疑惑, 然後乃 守其堅固, 所謂貞也. 若匹夫匹婦之自經於溝瀆之間者, 或其褊心曲腸, 感憤激 烈, 以守其咫尺之義, 所謂諒也. 二者極相似, 最難分別, 故孔子辨之.

공안국이 말했다. "정貞은 정正이다. 량諒은 신信이다. 군자인 사람은 그 도를 바르게 할 뿐, 작은 신의를 기필하지 않는다." ○살핀다. 정貞에는 견고堅固하 다의 뜻이 있고, 량諒에는 건강堅強하다의 뜻이 있으나, 그 뜻을 정正이니 신 信이니 하는 것은 미비한 점이 있다. 군자는 난세를 당했을 때 우뚝하게 마 치 강물의 중류에서 버티고 있는 지주砥柱와 같이 빼앗을 수 없는 절의를 지 키고 있으니, 그 견고함이 필부의 량諒과 비슷한 점이 있다. 그러나 군자는 의리에 헤아려 보고 예법에 징험하여 반드시 그가 잡고 고집하는 것이 천지 에 내세울 수 있고 귀신에게 질정할 수 있으며, 삼왕에게 고람考覽하고 백세 를 기다려도 아무런 의혹할 만한 것이 없는 뒤에라야 이에 그 견고함을 지키 게 되는 것이니, 이것이 이른바 정貞이다. 필부필부들이 스스로 구덩이나 도 랑에서 목매어 죽은 것과 같은 것은, 혹 좁은 마음에 창자가 뒤틀리고 감정이 격렬하여 그 조그마한 의義를 지킨 것인데, 이것이 이른바 량諒이다. 이 두 가지는 서로 매우 비슷하여 가장 분별하기 어렵다. 그러므로 공자께서 변별 하신 것이다.

비평 —— 고주에서 주자, 그리고 다산으로 나아가면서 주석이 좀더 엄밀해 지고 있다. 논란할 것은 아니다.

15:37. 子曰: "事君, 敬其事而後其食."

고주 —— 공자께서 말씀하셨다. "임금을 섬김에 그 맡은 일에 힘을 다하고 (훈적이 있고), 그 이후에 그 봉록을 먹는다."

주자 —— 공자께서 말씀하셨다. "임금을 섬김에 그 맡은 일을 경건히 수행하고, 그 봉록을 뒤로 한다.(모두 자신의 일을 경건히 할 뿐, 먼저 봉록을 구하는 마음을 가져서는 안 된다.)"

다산 —— 공자께서 말씀하셨다. "임금을 섬김에 그 맡은 일을 충심을 다하고, 그 배를 채우는 데에는 뜻을 두지 않는다."

집주 —— ■後는 與後獲之後同이라 食은 祿也라 君子之仕也에 有官守者는 修其職하고 有言責者는 盡其忠하여 皆以敬吾之事而已니 不可先有求祿之心 也니라

후後는 후획後獲(얻는 것을 뒤로 한다)의 후後와 같다. 식食은 록祿이다. 군자가 벼슬함에 관직을 맡은 자가 그 직무를 잘 다스리고, 언론의 책무를 맡은 자는 그 충성을 다함으로써 모두 자신의 일을 경건히 할 뿐, 먼저 봉록을 구하는 마음을 가져서는 안 된다.

자원풀이 ■後後는 彳(조금 걸을 척)+幺(작을 요)+夂(뒤처져 올 치)의 회의자, 발의 뒤쪽(夂)을 실(幺)로 묶은 모양으로 남보다 뒤처져 길을 가다(彳)의 의미이다. 시간, 공간, 순서상의 뒤를 말했고, 후계자, 후손을 뜻하기도 한다.
■식食은 위는 그릇의 뚜껑이고, 아래는 두루마리 발(卷足)을 가진 그릇, 두 점은 피어오르는 김을 형상화한 상형자이다. 원래 음식이며, 이로부터 양식, 먹다, 끼니 등을, 다시 양식을 받는다의 뜻에서 봉록俸祿을 뜻하게 되었다.

고금주 ── ■補曰 敬其事, 職當盡忠也. 後其食, 志不在飽也. 反是者, 後義
而先利.

보완하여 말한다. 그 일을 경건히 한다는 것은 맡은 직책에 마땅히 충심을
다하는 것이고, 그 먹는 것을 뒤로 한다는 것은 뜻이 배부른 데에 있지 않은
것이다. 이에 반대되는 것은, 의義를 뒤로 하고 리利를 앞세우는 것이다.

■孔曰: "先盡力而後食祿." ○邢曰: "必有勳績而後食祿也." ○案 食者, 事之
報也. 然以此爲心, 亦歸於謀食. 敬其事, 非爲祿也.

공안국이 말했다. "먼저 힘을 다하고, 이후에 록을 먹는다." ○형병이 말했
다. "반드시 훈적勳績이 있은 이후에 록을 먹는다." ○살핀다. 식食이란 일에
대한 보답이다. 그러나 이를 마음에 두면, 또한 먹는 것을 꾀하는 데에 돌아
가고 만다. 그 일을 경건히 하는 것은 록祿 때문이 아니다.

비평 ── 이 구절은 『논어』의 다음 구절과 참조가 된다.

> 번지가 인에 대해 묻자, 공자께서 말씀하셨다. "어려움을 먼저 하고 얻은 것을
> 뒤로 여긴다면 인하다고 할 수 있다." (6:20. 樊遲問仁 日仁者 先難而後獲 可謂仁矣.)
> 번지가 말했다. "덕을 높이는 것에 대해 감히 여쭙니다." 공자께서 말씀하셨
> 다. "좋은 질문이구나! 일을 먼저 하고 얻는 것을 나중으로 하는 것이 덕을 높이
> 는 것이 아니겠는가?" (2:21. 樊遲曰敢問崇德 子曰 善哉問 先事後得 非崇德與.)

쟁점은 없지만, 어감은 약간씩 달리하고 있다. 경기사敬其事를 고주는 '섬
김에 최선을 다한다(盡力).', 주자는 '자신의 직분을 경건히 수행한다.' 그리고
다산은 '맡은바 직책에서 마땅히 충성을 다한다(職當盡忠).'로 해석했다. 그리
고 후기식後其食은 고주는 '훈적이 있은 이후에 녹을 먹는다.', 주자는 '록을
구하는 마음을 가져서는 안 된다.', 그리고 다산은 '그 뜻이 배부른 데에 있지

않다.'로 해석했다. 다산의 해석 또한 주자의 해석 못지않게 설득력이 있다.

❧

15:38. 子曰: "有敎無類."

고주 —— 공자께서 말씀하셨다. "(사람이 있는 곳이면) 가르침을 나타내었고 (人所在見敎) (귀천의) 종류를 구별함이 없었다."

주자 —— 공자께서 말씀하셨다. "(사람의 본성은 모두 선하지만, 기질에 물들어 선악의 구별이 있게 되었지만) 가르침이 있으면, (기질과 습관에 물들어 선악의 구별이 있었던 것이 모두 선으로 돌아가니) 종류가 없어진다."

다산 —— 공자께서 말씀하셨다. "가르침이 있으면, (모두 대도에 돌아갈 수 있으니) 류(族類의 백관과 만인의 구별에 의한 貴賤과 種類의 遠近에 의한 華夷)가 없어진다."

집주 —— ■人性皆善이나 而其類有善惡之殊者는 氣習之染也라 故로 君子有敎면 則人皆可以復於善이니 而不當復論其類之惡矣니라
사람의 본성은 모두 선하지만, 사람의 류에 선악의 다름이 있는 것은 기질과

자원풀이 ■류類는 犬(개 견)+'빠를 뢰'의 형성자로 무리를 말한다. 같은 종류는 서로 비슷하기 마련인데, 특히 개가 그런 특징을 지녀 의미부로 채택되었다. 부류部類, 종류種類 등의 뜻이 나왔다. 무리, 닮다, 착하다, 비교, 좇다, 사리, 대략, 치우치다 등의 뜻이 있다.

습관에 물들었기 때문이다. 그러므로 군자의 가르침이 있으면 사람은 모두 선으로 돌아갈 수 있으니, 마땅히 다시 그런 류의 악함을 논할 필요는 없다.

고금주 —— ■補曰 修道之謂教. 類有二. 一曰族類, 百官萬民, 以貴賤別也, 一曰種類, 九州四夷, 以遐邇別也. 有教則皆可以歸於大道, 是無類也.

보완하여 말한다. 도를 닦는 것을 가르침이라 한다(修道之謂教). 류類에는 두 가지가 있다. 하나는 족류族類이니, 백관과 만민을 귀천貴賤으로 구별한 것이다. 다른 하나는 종류種類이니, 구주九州와 사이四夷를 원근遠近으로 구별한 것이다. 가르침이 있으면 모두 대도大道에 돌아갈 수 있으니, 이것이 바로 류類가 없어지는 것이다.

■馬曰: "言人所在見教, 無有種類." [邢云: "無有貴賤種類."] ○案 邢疏但以貴賤言, 其義偏也. 天之降衷, 無有貴賤, 無有遠邇, 有教則皆同, 是無類也.

마융이 말했다. "사람이 있으면 가르침을 나타내었고, 종류의 구별이 있지 않다고 말한 것이다."(형병은 말했다. "貴賤의 종류가 있지 않다.") ○살핀다. 형병의 소疏는 다만 귀천으로만 말했으니, 그 뜻이 좁다. 하늘의 강충降衷(하늘이 내린 착한 마음)에는 귀천도 없고, 원근도 없다. 가르침이 있으면 모두가 같아지니, 이것이 류가 없는 것(無類)이다.

■質疑 貴・賤確分爲二類, 華・夷確分爲二類, 斯則可名爲類. 至於善惡, 或一室之內, 惠・跖相雜, 或一人之身, 佞直頓變, 豈可別之爲二類乎? 若論人性, 雖無敎訓, 亦非異類, 善惡之判, 恆在敎與不敎之後, 恐不可先別其類也.

질의한다. 귀천貴賤도 확실히 나뉘어 두 류類가 되고, 화이華夷도 확실히 나뉘어 두 류가 되니, 이를 류라고 명명한다. 그러나 선악에 이르러서는 혹 한 집안 내에서도 유하혜・도적이 섞여 있기도 하고, 한 사람의 몸에서도 아첨(佞)・정직(直)이 문득 변하니, 어떻게 이를 구별하여 두 류로 삼을 수 있겠는가? 만약 인성을 논한다면, 비록 교훈이 없더라도 또한 다른 류(異類)가 아니다. 선악의 판별은 항상 가르치고 가르치지 아니한 뒤에 있는 것이니, 아마도 그 류를 먼저 구별해서는 안 될 듯하다.

■ 引證 『荀子』曰: "於 · 越 · 夷 · 貊之子, 生而同聲, 長而異俗, 教使之然也." 〔〈勸學〉篇〕 ○案 有教則無異俗, 斯無類矣.

인증한다. 『순자』에서 말했다. "(남방의) 오 · 월과 북방의 이 · 맥의 아이들은 태어날 때는 같은 울음소리를 내지만, 장성해서는 습속을 달리하는데, 가르침이 그렇게 한 것이다."(「권학」편) ○ 살핀다. 가르침이 있으면, 습속을 다르게 함이 없으니, 이것이 유類가 없는 것이다.

비평 —— 이 구절은 일반적으로 "속수 이상의 예를 행하면, 나는 일찍이 가르쳐 주지 않은 적이 없다(7:7. 子曰 自行束脩以上 吾未嘗無誨焉)."는 구절과 연관하여, 공자가 신분에 차별을 두지 않고 보통 교육을 실시했다는 전거로 인용되어 왔다. 예컨대, 고주인 『논어주소』에는 "누구나 가르쳤고, (가르침에는) 종류의 구별이 없었다."로, 그리고 현대 양백준은 "사람들마다 교육을 받는 데 구별이 없었다."로, 그리고 이택후는 "학생을 가르치는 데 구별하지 않았다."고 주석했다. 그러나 이는 잘못된 해석이다.(이중톈, 심규호 역, 『백가쟁명』, 에버리치올딩스, 2010, 78~80쪽 참조)

주자는 이 구절을 자신의 심성론인 본연지성本然之性과 기질지성氣質之性이라는 도식에 의해 해설했다. 즉 가르침이란 기질에 타재墮在되어 있는 선한 본연지성을 회복하여 성인이 되는 것인데, 가르침을 받아 본연지성을 회복하면 선악의 구별이 없어진다는 것이다. 그리고 다산 정약용은 류類를 신분상의 귀천과 원근상의 문명과 야만의 구별로 이해한다. 즉 가르침이 있으면 가르치기 전에 구분되었던 귀함과 천함, 문명과 야만의 구분이 없어진다는 것이다. 비록 다산은 인성에는 구분이 없기 때문에 인성은 종류로 나눌 수 없다고 말하여 주자의 해석을 비판하지만, 두 사람의 해석 모두 나름으로 일리가 있다. 말하자면, 이 구절에 대해 주자는 "가르침이 온전히 시행되면, 현상적으로 나타났던 선인과 악인의 구별이 없어져서 모두가 온전한 성인이 된다."고 해석하는 셈이다. 이에 반해 다산은 "가르침이 온전히 시행되면, 모두가 성인이 되기 때문에 그 이전에 구분되어 사회에 존재했던 귀천과 화이와 같은 차별이 없어지게 된다."고 해석했다. 예컨대 가르침이 완전히 시행되어 개별적으로 우리 모두가 온전한 인간(성인)이 된다면, 그 이전에 구분되었던 선인과 악인 혹은 귀천과 화이와 같은 그 어떠한 차별이 없는 조화로운(和而不同) 사회가 구현된다는 것이다. 이 점과 연관하여 이중톈은 다음과 같이 말했다.

교육을 통해 차별을 해소한다는 것은 참으로 대단한 구상이다. 그렇기 때문에 우리는 공자를 중국 역사상 가장 위대한 교육가로 칭송하는 것이다.(80쪽)

그렇다면 공자가 지향한 인문학 교육의 목표는 모두가 선한 인간의 본성을 자각하여 그 본성으로 자신을 완성하여 각자 온전한 인간이 되게 하며, 나아가 사회는 (선악, 귀천, 화이 등과 같은) 차별이 없는 화평한 사회를 구현하는 것이다. 바로 모두가 성인이 되어 차별이 없는 조화로운 사회, 바로 이것이 공자가 추구한 인문주의 이념이자, 인문학의 목표라고 하겠다.

15:39. 子曰: "道不同, 不相爲謀."

고주 —— 공자께서 말씀하셨다. "(도가 같은 사람과 모의하면, 사정을 자세히 알아 잘못되지 않지만) 도가 같지 않으면, 서로 일을 도모할 수 없다(일이 이루어지지 않는다)."

주자 —— 공자께서 말씀하셨다. "(군자와 소인, 유가와 이단과 같이) 도를 같이 하지 않으면, 서로를 위해 도모할 수 없다."

다산 —— 공자께서 말씀하셨다. "(추향하는 목표이자 말미암는) 도가 같지 않으면, 서로 (일을) 도모할 수 없다."

집주 —— ■ 不同은 如善惡邪正之類라
같지 않다는 것은 예컨대 선함과 악함, 사특함과 올바름의 구별이다.

고금주 —— ■ 補曰 望而由之曰道. [『禮記』云: "望道而行."] 有由先王之道者, 有由雜霸者, 有由隱怪者, 其所趨向不同, 則不可與謀事.
보완하여 말한다. 바라보고 그것에 말미암는 것을 도라고 한다.(『예기』에 말했다. "도를 바라보고 간다.") 선왕先王의 도를 말미암는 자도 있고, 잡패雜霸를 말미암는 자도 있고, 은벽하고 괴이한 것에 말미암는 자도 있으니, 그 추향趨向하는 것이 같지 않으면 함께 일을 도모할 수 없다.
■ 朱子曰: "不同, 如善惡邪正之類."[陳云: "善惡, 謂君子・小人. 邪正, 謂吾道・異端."] ○案 魯之季氏, 齊之陳氏, 不可與謀也. 楚狂接輿・長沮・桀溺, 亦不可與謀也.
주자가 말했다. "같지 않다는 것은 예컨대 선함과 악함, 사특함과 올바름의 구별이다."(신안 진씨가 말했다. "선과 악은 군자와 소인을 말하고, 사특함과 바름은 유가와 이단을 말한다.") ○살핀다. 노나라의 계씨, 제나라의 진씨는 함께 도모할 수 없다. 초나라의 광인 접여・장저・걸닉 또한 함께 도모할 수 없다.

비평 ── 큰 쟁점은 없지만 어감은 약간씩 달리한다. 고주에서 말하는 도는 방법이나 방도를 말한다. 그래서 방법(도)을 같이 하는 사람끼리 모의하면, 사정을 자세히 알아 잘못되지 않는다는 해석을 피력했다. 성리학적인 도(道學)는 군자와 소인, 유가와 다른 이단을 구분하는 근거로 엄숙주의적·배타적인 경향이 있다. 주자의 해석은 다음의 언명이 보완해 준다.

> 신안 진씨가 말했다. "(주자가 말한) 선과 악은 군자와 소인을 말하고, 사특함과 바름은 유가와 이단을 말한다. 음과 양, 얼음과 숯처럼 서로 상반되니, 이것은 저것을 위해 도모할 수 없고, 저것 또한 이것을 위해 도모할 수 없다."(『논어집주대전』)

성리학자들은 도에 의해 선과 악, 사邪와 정正을 구분했다. 그런데 다산은 도를 추향趨向해 가는 목표이자 말미암아 가는 길로 제시했다. 그러나 다산 또한 추향하는 바가 다른 소인 및 이단과는 함께 도모할 수 없다고 했다.

15:40. 子曰: "辭達而已矣."

고주 ── 공자께서 말씀하셨다. "(무릇 일은 실상보다 지나친 것이 없어야 하듯이) 말(언어, 문장)이란 뜻(의사)이 통하면 된다."

주자 ── 공자께서 말씀하셨다. "말(언어, 문장)이란 뜻이 통하면 된다."

다산 —— 공자께서 말씀하셨다. "(使臣이 專對하는) 사辭는 뜻이 통하면 된다."

집주 —— ■辭는 取達意而止요 不以富麗爲工이니라

사辭는 뜻의 전달을 취하는 것으로 그치고, 풍부하고 화려한 것을 잘하는 것으로 삼지 않는다.

고금주 —— ■補曰 辭, 使臣專對之辭.

보완하여 말한다. 사辭란 사신이 전대하는 '사'이다(史臣專對之辭).

■引證〈聘禮記〉曰: "辭無常, 孫而說. 辭多則史, 少則不達. 辭苟足以達, 義之至也." ○案 大夫聘於隣國, 其國書謂之命, 前篇所謂裨諶草創之, 子産潤色之者, 是也, 其到彼專對之語, 謂之辭, 若〈聘禮〉所言者, 是也. 然辭命有時乎通稱.

인증한다. 「빙례기」에서 말했다. "사辭는 일정한 격식이 없으니, 공손하고 온화해야 한다. 사辭가 많으면 책축策祝이 되고, 적으면 뜻이 전달되지 않는다. 사辭는 참으로 뜻을 전달할 수 있고, 뜻은 지극해야 한다." ○살핀다. 대부가 이웃 나라에 빙문할 때 그 국서를 명命이라고 하니, 앞 편의 이른바 비침이 초고를 만들고 자산이 윤색했다는 것이 그것이다. 그 나라에 도착하면 대부가 전대專對하는 말을 사辭라 하니, 예를 들면, 「빙례」에서 말한 것이 바로 그것이다. 그러나 사辭와 명命이 때로는 통칭될 수도 있다.

■孔曰: "凡事莫過於實, 辭達則足矣, 不煩文豔之辭." ○案 辭之爲何物? 先儒未有明說. 考之經典, 有祈祝之辭, 二曰盟詛之辭, 三曰卜筮之辭, 四曰婚姻之辭, 五曰獄訟之辭, 是也. 辭之爲用, 不可殫指, 要之, 辭之爲體, 宜達意而止.

자원풀이 ■사辭는 亂(어그러질 란)+辛(매울 신)의 회의자로 뒤엉킨 실을 손질한다는 뜻으로, 뒤엉킨 일에 대해 이리저리 변명을 늘어놓는 송사訟事를 말한다. 말(언사, 문장, 재판에서 진술한 말), 구실, 타이르다, 고하다, 꾸짖다, 사양하다, 사퇴하다, 문체 이름 등의 뜻이 있다.

若繁縟辯博, 則有傷於誠實. 此章所謂辭達者, 有若通指諸辭而言之者然. 孔子
曰: "我於辭命則不能." 孔子曰: "爲命, 神諶草創之." 皆以〈聘禮〉辭命而言之,
則此所云辭達, 亦大夫專對之辭, 非他辭也. 近儒論此經, 皆以文章家詞句工拙
而言之, 失之遠矣.

공안국이 말했다. "무릇 일은 실상보다 지나치지 말아야 한다. 사辭는 전달되
면 충분하니, 말을 화려하게 하기 위해 번거로울 필요가 없다." ○살핀다. 사
辭는 어떤 것인가? 선유先儒들은 이에 대한 분명한 설명이 없다. 경전을 고람
해 보면, (1)기축의 사(祈祝之辭), (2)맹저의 사(盟詛之辭), (3)복서의 사(卜筮之辭),
(4)혼인의 사(婚姻之辭), (5)옥송의 사(獄訟之辭)가 있다. 사辭가 쓰인 것은 다 지
적할 수는 없으나, 요컨대 사의 실체는 마땅히 뜻을 전달하는 것일 뿐이다.
만약 번거롭게 말이 많아지면 성실성에 손상이 있게 된다. 이 장의 이른바 사
달事達이란 모든 사辭를 통틀어서 말하는 듯하다. 그러나 공자께서는 '나는
사명에는 능하지 못하다(我於辭命則不能:『맹자』「공손추상」).'고 했고, 사명을 만
들 때에 '비침이 초고를 짓고…(14:9)'라고 말한 것은 모두『의례』「빙례」의 사
명辭命을 말한 것이니, 이 경문에서 말한 사달辭達 역시 대부의 사신이 전대專
對하는 사辭이며, 그 밖의 사辭가 아니다. 근세 유학자들이 이 경문을 논하면
서 모두 문장가의 사구詞句의 공졸工拙로써 말했으니, 한참 잘못되었다.

비평 —— 사辭가 언어 일반을 말하는가, 아니면 외교적인 사명인가가 쟁점
이다. 대부분의 사람들은 언어 일반을 말하는 것이라고 해설했다.

　　면재 황씨가 말했다. "이는 배우는 자로서 말 잘하는 것을 기뻐하는 자를 위
　해 말씀하신 것이다. 그러나 '전달되면 그만이다.'라고 하셨으니, 통하지 않는
　것은 또한 전달될 수 없다. 성인의 말씀은 일찍이 치우친 바가 없다."
　　신안 진씨가 말했다. "'달達'이라는 한 글자는 말의 법칙을 정의한 것이다. 소

동파는 사람들과 글을 논할 때, 매번 공자의 이 말씀을 주로 삼았다."

다산을 위시하여 일본의 오규소라이荻生徂徠(『論語徵』), 청의 전대흔錢大昕(『潛研堂答問』) 등은 외교적인 사명辭命이라고 주장했다. 그런데 다산의 해석의 전거가 되는 『논어』(14:9. 子曰 爲命 裨諶草創之 世叔討論之 行人子羽修飾之 東里子産潤色之)의 구절이 외교문서를 작성하는 데 신중하고 정밀한 과정을 거쳤다는 것을 예찬하고 있다. 그렇다면 여기서 말한 '사辭' 또한 국가 간 외교적인 것이라면, 이 역시 명命과 마찬가지로 그런 과정(수식, 윤색)을 거쳐야 하는데, 여기서는 그런 과정에 대한 언급이 없다.

바로 이 점에서 여기서 말하는 사辭는 외교적인 것이 아니라, 언어 일반을 말하는 것이라고 하는 것이 좀더 설득력이 있다고 생각된다.

❧

15:41. 師冕見, 及階, 子曰: "階也." 及席, 子曰: "席也." 皆坐, 子告之曰: "某在斯, 某在斯." 師冕出. 子張問曰: "與師言之道與?" 子曰: "然, 固相師之道也."

고주 —— (소경인) 악사 면이 공자를 알현하러 왔다. 계단에 이르자 공자께서 말씀하셨다. "계단입니다." 자리에 이르자 말씀하셨다. "자리입니다." (면이 앉자, 공자가 앉으니 제자들이) 모두 자리에 앉았다. 공자께서 일러 말씀하셨다. "(坐中한 사람의 성명과 앉은 곳을 일일이 알려주어) 누구는 여기에, 누구는 여기에 있습니다." 악사 면이 나가자, 자장이 물었다. "이렇게 하는 것이 악사와 더불어 말하는 예절(道=禮)입니까?" 공자께서 말씀하셨다. "그렇다. 이것이 본래 악사를 인도하여 돕는 이의 예절이다."

주자 —— (소경인) 악사 면이 공자를 알현하러 왔다. 계단에 이르자 공자께서 말씀하셨다. "계단입니다." 자리에 이르자, 말씀하셨다. "자리입니다." (면이 앉자, 공자가 앉으니 제자들이) 모두 자리에 앉았다. 공자께서 일러 말씀하셨다. "(坐中한 사람을 차례로 들어) 누구는 여기에, 누구는 여기에 있습니다." 악사 면이 나가자, (공자의 말씀과 동작 하나하나를 성찰하여) 자장이 물었다. "이렇게 하는 것이 악사와 더불어 말하는 도리입니까?' 공자께서 말씀하셨다. "그렇다. 이것이 본래 악사를 돕는(相=助) 도리이다."

다산 —— (소경인) 악사 면이 공자를 알현하러 왔다. 계단에 이르자 공자께서 말씀하셨다. "계단입니다." 자리에 이르자, 말씀하셨다. "자리입니다." (면이 앉자, 공자가 앉으니 제자들이) 모두 자리에 앉았다. 공자께서 일러 말씀하셨다. "(坐中한 사람을 차례로 들어) 누구는 여기에, 누구는 여기에 있습니다." 악사 면이 나가자, 자공이 (애처롭게 여기면서 매척하지 않으면서) 물었다. "이렇게 하는 것이 악사와 더불어 말하는 도리입니까?' 공자께서 말씀하셨다. "그렇다. 이것이 본래 악사를 인도하는 이의 도리이다."

자원풀이 ■현見은 와서 뵙는다의 뜻이다.(형병)
■계階는 阜(언덕 부)+皆(다 개)의 형성자로 흙 언덕(阜)에 일정한 높이로 나란히(皆) 만들어 놓은 계단階段을 의미하고, 이로부터 오르다, 사다리, 관직의 품계品階를 의미한다.
■석席은 巾(수건 건)+庶(여러 서)의 형성자로 돌(庶) 위에 까는 베(巾)로 만든 깔개를 말했다. 혹은 여러 사람(庶)이 둘러앉을 수 있는 베(巾)로 만든 자리를 의미한다.
■모某는 甘(달 감)+木(나무 목)의 회의자로 입에 물고 있으면 갈증이 해소되는 매화梅畵나무를 의미했지만, 가차되어 '아무개'를 뜻하였다.
■상相은 木(나무 목)+目(눈 목)의 회의자로 눈으로 나무를 자세히 살피다(觀相, 手相)에서, 이로부터 모양, 모습(形相)의 뜻이 나왔다. 혹은 재목을 고르기 위해 나무(木)를 살펴본다(目) 뜻이 합하여 나무와 눈이 서로 마주본다는 데서 서로를 뜻한다. 서로, 바탕, 도움, 보조자補助者, 시중드는 사람, 접대원接待員, 담당자擔當者, 정승政丞, 모양, 형상形象, 방아타령, 자세히 보다, 돕다, 다스리다 등의 뜻이다.

집주 ── ■師는 樂師니 瞽者라 冕은 名이라 再言某在斯는 歷擧在坐之人以詔之라

사師는 악사樂師로서 소경이다. 면冕은 악사의 이름이다. '누구는 여기에 있다(某在斯).'라고 두 번 말씀하신 것은 좌석에 있는 사람을 차례를 들어 알려 주신 것이다.

■聖門學者는 於夫子之一言一動에 無不存心省察如此하니라

성인의 문하의 배우는 자들이 공자의 말씀 하나, 동작 하나에 대해 마음을 두고 성찰하지 않는 것이 없음이 이와 같다.

■相은 助也라 古者에 瞽必有相하니 其道如此라 蓋聖人於此에 非作意而爲之요 但盡其道而已시니라

상相은 돕는 것(助)이다. 옛날에 소경 악사는 반드시 조력자가 있었으니, 그 도리가 이와 같다. 대개 성인께서 이 일에 대해 일부러 그러하신 것이 아니고, 다만 그 도리를 다하신 것일 뿐이다.

■尹氏曰 聖人處己爲人이 其心一致는 無不盡其誠故也라 有志於學者 求聖人之心인댄 於斯에 亦可見矣리라

윤돈이 말했다. "성인께서는 스스로 처신하신 것이나 남을 위하는 것이나, 그 마음이 일치하는 것은 그 정성을 다하지 않음이 없기 때문이다. 학문에 뜻을 둔 이가 성인의 마음을 찾는다면, 여기서도 또한 볼 수 있다."

■范氏曰 聖人이 不侮鰥寡하고 不虐無告를 可見於此니 推之天下하면 無一物不得其所矣니라

범조우가 말했다. "성인께서 홀아비와 과부를 업신여기지 않고, 하소연할 데가 없는 이를 학대하지 않음을 여기서도 볼 수 있다. 미루어 천하에 나아간다면, 그 어떤 것도 마땅히 있어야 할 곳을 얻지 못함이 없을 것이다."

고금주 ── ■邢曰: "見, 謂來見孔子." ○邢曰: "皆坐者, 孔子見瞽者必起, 弟

子亦起. 冕旣登席而坐, 孔子及弟子亦皆坐."〇朱子曰: "再言某在斯, 歷擧在坐之人以詔之."[孔云: "歷告以坐中人姓字所在處."] 〇補曰 子張問夫子答, 猶稱師者, 哀有疾, 不斥言其瞽也. 〇馬曰: "相, 導也."

형병이 말했다. "현견見은 와서 공자를 알현한 것을 말한다."〇형병이 말했다. "개좌皆坐란 공자께서 맹인을 보시면 반드시 일어나셨으니, 제자들 또한 일어난 것이다. 면冕이 자리로 올라와 앉자, 공자 및 제자들도 모두 앉았다."〇주자가 말했다. "'누구는 여기에 있다(某在斯).'라고 두 번 말씀하신 것은 좌석에 있는 사람을 차례를 들어 알려 주신 것이다."(공안국이 말했다. "좌석에 있는 사람들을 성과 자와 있는 곳을 알려 주신 것이다.")〇보완하여 말한다. 자장이 묻고 공자가 답할 때에도 오히려 사師라고 칭한 것은, 그가 병이 있는 것을 애처롭게 여기는 동시에 소경이라고 배척하여 말하지 않은 것이다. 〇마융이 말했다. "상相은 인도(導)이다."

■ 朱子曰: "相, 助也."〇案〈禮器〉曰: "樂有相步." 鄭注, 亦以爲扶工. 或曰: "相者, 杖也." 相之爲字, 從木從目, 象瞽人無目, 以杖爲目也. 於是導瞽之人, 謂之相步, 於是導賓之人, 謂之儐相, 於是輔政之臣, 謂之相臣. 謂人主深居九重, 明有所不達, 專賴相臣輔導, 以扶其顚, 故謂之相也.

주자가 말했다. "상相은 돕다(助)이다."〇살핀다. 『예기』「예기禮器」에 "음악에는 악공을 돕는 이가 있다(樂有相步)."고 했는데, 정현의 주에는 또한 (相步를) 부공扶工(일을 돕는 役)이라 했고, 어떤 이는 "상相이란 지팡이다."라고 했다. 상相이라는 글자의 구조는 나무 목木 변에 눈 목目에서 나온 글자로서, 이는 소경이 눈이 없어 지팡이로 눈을 삼음을 형상한 것이다. 이에 소경을 인도하여 돕는 이를 상보相步라 하고, 빈객을 인도하여 주인을 돕는 이를 빈상儐相이라 하고, 정사를 돕는 신하를 상신相臣이라 한다. 인주人主는 구중궁궐에 깊숙이 거처하고 있어 분명히 통달하지 못하는 것이 있는데, 오로지 상신相臣의 도움과 인도에 힘입어 그 전복될 위기를 부지扶持하기 때문에, 상相이라 한다.

비평 —— 특별한 쟁점은 없다.

제16편

계씨
季氏

洪氏曰 此篇은 或以爲齊論이라 홍홍조가 말했다.
이 편은 어떤 사람은 제나라 논어라고 하였다.
凡十四章이라
모두 14장이다.

16:1-1. 季氏將伐顓臾.

고주 —— 계씨가 장차 전유(복희의 후손인데, 風姓으로 노나라 부용국)를 정벌하려 하자,

주자 —— 계씨가 장차 전유(노나라 부용국)를 정벌하려 하자,

다산 —— 계씨가 장차 전유(복희의 후손인데, 風姓으로 노나라 부용국)를 정벌하려 하자,

집주 —— ■顓臾는 國名이요 魯附庸也라

전유顓臾는 나라 이름이고, 노나라의 부용국이다.

고금주 —— ■孔曰: "顓臾, 伏羲之後, 風姓之國, 本魯之附庸, 當時臣屬魯. 季氏貪其土地, 欲滅而取之. 冉有與季路爲季氏臣, 來告孔子."

공안국이 말했다. "전유顓臾는 복희의 후예이고 풍風성의 나라인데, 본래 노나라의 부용국으로 당시 신하로 노나라에 속했다. 계씨가 그 땅을 탐내어 멸하여 취하고자 했다. 염유와 계로는 계씨의 가신이었는데, 공자께 와서 고하였다."

비평 —— 전유顓臾에 관한 기록은 『춘추좌전』(희공 21년조)에 나타나 있는 것을 토대로 주석했다.

16:1-2. 冉有·季路見於孔子曰: "季氏將有事於顓臾."

고주 —— 염유와 계로가 공자를 알현하고 말했다. "계씨가 장차 (그 토지를 취하고자) 전유를 정벌하는 일이 있을 것입니다."

주자 —— 염유와 계로가 공자를 알현(애공 11년쯤)하고 말했다. "계씨가 장차 전유를 정벌하는 일이 있을 것입니다."

다산 —— 염유와 계로가 공자를 알현(정공 9~10년 사이)하고 말했다. "계씨가 장차 전유를 정벌하는 일이 있을 것입니다."

집주 —— ■ 按左傳, 史記컨대 二子仕季氏 不同時어늘 此云爾者는 疑子路嘗從孔子하여 自衛反魯하여 再仕季氏라가 不久而復之衛也라

『좌전』과 『사기』를 살펴보면, 두 사람이 계씨에게 벼슬한 것은 같은 시기가 아니다. 여기서 이렇게 말한 것은 의심컨대 자로가 일찍이 공자를 따라 위나라에서 노나라로 돌아온 다음, 다시 계씨에게 벼슬하고, 오래지 않아 다시 위나라로 간 것 같다.

고금주 —— ■ 邢曰: "將有事者, 將有征伐之事."

형병이 말했다. "장유사將有事란 장차 정벌의 일이 있을 것이라는 말이다."

■ 質疑 案 哀十一年, 冉有爲季氏宰, 與齊師戰于郊有功, 朱子之意, 盖據是也. 然詳玩季子然之語, 二子之仕於季氏, 必在季桓子之時, 則顓臾之問, 其在定九年·十年之際矣.

질의한다. 살핀다. 애공 11년에 염유는 계씨의 읍재邑宰가 되어 제나라 군사와 교외에서 싸워 전공이 있었는데, 주자가 생각한 것은 대개 여기에 근거한 듯하다. 그러나 계자연의 말을 자세히 음미해 보면, 두 사람이 계씨에게 벼슬한 것은 반드시 계환자가 집권한 시기에 해당하니, 전유에 대한 질문은 정공定公 9년~10년 사이이다.

비평 —— 여기서도 다산은 역사에 대한 박학한 지식을 원용하여, 상세한 고증을 시도했다.

16:1-3. 孔子曰: "求! 無乃爾是過與?"

고주 —— 공자께서 말씀하셨다. "구야, 이는 (계씨의 가재로 취렴하여 그 집안을 도운) 너의 잘못이 아니겠는가? (유독 염유에게 혐의를 두고, 가르쳤다.)"

주자 —— 공자께서 말씀하셨다. "구야, 이는 (계씨의 가재로 취렴하고, 권력을 행사한) 너의 잘못이 아니겠는가? (유독 염유에게 책망했다.)"

다산 —— 공자께서 말씀하셨다. "구야, 이는 (계씨의 가재로 취렴하여 그 집안을 도운) 너의 잘못이 아니겠는가? (유독 염유에게 혐의를 두고, 가르쳤다.)"

집주 —— ■ 冉求爲季氏聚斂하여 尤用事라 故로 夫子獨責之하시니라
염구는 계씨를 위해 세금을 가혹하게 거두어들였고(聚斂, 11:17), 게다가 권력

을 행사했다. 그래서 공자께서 유독 염유를 책망하셨다.

고금주 —— ■孔曰: "冉求爲季氏宰, 相其室, 爲之聚斂, 故孔子獨疑求敎之."
○包曰: "輔相人者, 當能持危扶顚." ○案 輔者, 持車之木, [兩旁木] 所以備車之
傾覆也. 相者, 導瞽之木, [瞽之杖] 人導瞽, 亦曰相, [『周禮』云] 所以備瞽之顚覆
也. 扶顚持危, 以喩繩愆糾謬, 匡救其惡, 不可作邦分崩說.

공안국이 말했다. "염구가 계씨의 가재로서 그 집안을 돕고 취렴했기 때문
에, 공자께서 유독 염구에게 혐의를 두고 가르쳤다." ○포함이 말했다. "보상
인輔相人이란 마땅히 위태로우면 지탱해 주고, 넘어지면 부축할 수 있어야 한
다." ○살핀다. 보輔란 수레를 부지하는 나무(수레를 지탱하는 양쪽의 나무)로 수
레가 기울어 뒤집혀지는 것을 대비하는 것이다. 상相이란 소경을 인도하는
나무(소경의 지팡이)인데, 사람이 소경을 인도하는 것 또한 상相이라 하고(『주
례』에서 말했다), 소경의 전복顚覆에 대비했다. 넘어지는 것을 부축하고 위태
로운 것을 유지시켜 주는 것은 허물을 고치고, 잘못을 바로잡아 그 악을 광
정·구제하는 것을 비유한 것이니, 방분붕설邦分崩說(나라가 나누어지고, 임금
이 붕어하는 설)로 삼을 수는 없다.

비평 —— 고주는 '유독 염구에게 혐의를 두고 가르쳤다(疑敎之).'고 했고, 주
자는 '책망했다(責之)'고 수정했고, 다산은 고주를 인용했다. 책망하여 가르쳤
다고 할 수 있겠다.

16:1-4. **"夫顓臾, 昔者先王以爲東蒙主, 且在邦域之中矣, 是社稷
之臣也. 何以伐爲?"**

고주 —— "저 전유국은 옛적에 선왕께서 동몽산의 제주祭主로 삼았고, 또한 노나라의 영토 안에 있으니, 이는 사직의 신하이다. 무엇 때문에 정벌하려는가?"

주자 —— "저 전유국은 옛적에 선왕께서 (봉하여) 동몽산의 제주祭主로 삼았고 (정벌할 수 없다), 또한 노나라의 영토 안에 있으니(정벌할 필요가 없다), 이는 사직(=公家)의 신하이다(계씨가 정벌할 바가 아니다). 무엇 때문에 정벌하려는가?"

다산 —— "저 전유국은 옛적에 선왕께서 동몽산의 제주祭主로 삼고, 또한 노나라의 영토 안에 있으니, 이는 사직의 신하이다. 무엇 때문에 정벌하려는가?"

집주 —— ■東蒙은 山名이라 先王이 封顓臾於此山之下하여 使主其祭하니 在魯地七百里之中이라 社稷은 猶云公家라 是時에 四分魯國하여 季氏取其二하고 孟孫, 叔孫이 各有其一하고 獨附庸之國이 尙爲公臣이러니 季氏又欲取以自益이라 故로 孔子言 顓臾는 乃先王封國이니 則不可伐이요 在邦域之中하니 則不必伐이요 是社稷之臣이니 則非季氏所當伐也라하시니라 此는 事理之至當이요 不易之定體어늘 而一言盡其曲折이 如此하시니 非聖人이면 不能也니라

동몽東蒙은 산 이름이다. 선왕이 전유를 이 산 아래에 봉하여 그 제사를 주관하게 했으니, 노나라 땅 7백 리 안에 있다. 사직社稷은 공가公家라고 말하는 것과 같다. 이때는 노나라가 넷으로 나뉘어, 계씨가 그 둘을 차지하고, 맹손과 숙손이 각각 하나씩을 가졌다. 오직 부용국만은 아직도 공신公臣이었는데, 계씨가 또 취해 자신에게 더하려 했다. 그러므로 공자께서는 "전유는 곧 선왕이 나라로 봉한 나라이니 정벌할 수 없으며, 나라 안에 있으니 정벌할 필

자원풀이 ■벌伐은 人(사람 인)+戈(창 과)로 창으로 사람의 목을 베는 모양을 그려 정벌征伐하다의 뜻이다.

요가 없고, 또 사직의 신하이므로 계씨가 합당하게 정벌할 바가 아니다."라고 하셨다. 이는 사리상 지극히 당연하고, 바뀔 수 없는 정체定體인데, 한마디 말로 이와 같이 그 곡절을 다하셨으니, 성인이 아니면 불가능한 것이다.

고금주 —— ■孔曰: "使主祭蒙山." ○孔曰: "魯七百里之封, 顓臾爲附庸, 在其域中." ○孔曰: "已屬魯, 爲社稷之臣, 何用滅之爲?"

공안국이 말했다. "몽산의 제사를 주관하게 했다." ○공안국이 말했다. "노나라의 본토는 사방 7백 리인데, 전유는 부용국으로 노나라 영역 중에 있었다." ○공안국이 말했다. "이미 노나라에 속하여 사직의 신하였는데, 멸하여 무엇을 하려고 하는가?"

비평 —— 주자의 주석이 상세하고, 설득력이 있다.

❧

16:1-5. 冉有曰: "夫子欲之, 吾二臣者皆不欲也."

고주 —— 염유가 말했다. "그분이 바라는 것이지, 우리 두 신하는 모두 원하지 않습니다."

주자 —— 염유가 말했다. "(같이 모의했지만, 허물을 계씨에게 돌려) 그분(=계씨)이 바라는 것이지, 우리 두 신하는 모두 원하지 않습니다."

다산 —— 염유가 말했다. "그분이 바라는 것이지, 우리 두 신하는 모두 원하지 않습니다."

부자夫子는 계씨를 지칭한다. 염유는 실제로 같이 모의했지만 공자께서 비판
했기 때문에 허물을 계씨에게 돌린 것이다.

·~⌒⌒~·

16:1-6. 孔子曰: "求! 周任有言曰, '陳力就列, 不能者止.' 危而不持,
顚而不扶, 則將焉用彼相矣?"

고주 ── 공자께서 말씀하셨다. "구야! 주임(옛 훌륭한 사관)이 말하기를 '재력
才力을 펼쳐 (관직의) 대열에 나아가되, (맡은 직무를 헤아려) 할 수 없으면 그만
둔다.'고 했다. 위태로운데 붙잡아주지 못하고 넘어지는데도 부축하지 못한
다면, 장차 어디에 보완하여 그 돕는 자(輔相人)를 쓰겠느냐?"

주자 ── 공자께서 말씀하셨다. "구야! 주임(옛 훌륭한 사관)이 말하기를 '힘을
펼쳐 (직위의) 대열에 나아가되, (맡은 직무를 헤아려) 할 수 없으면 그만 둔다.'
고 했다(두 사람이 원하지 않으면 마땅히 간해야 하며, 간하여 듣지 않으면, 마땅히 떠
난다). 위태로운데 붙잡아주지 못하고 넘어지는데도 부축하지 못한다면, 장
차 어디에 그 (소경을 인도하여) 돕는 자를 쓰겠느냐?"

다산 ── 공자께서 말씀하셨다. "구야! 주임(옛 훌륭한 사관)이 말하기를 '재력

을 펼쳐 (직위의) 대열에 나아가되, 할 수 없으면 그만 둔다.'고 했다. (나쁜 짓을 하여) 기울어지는데 (바로 잡아) 붙잡아주지 못하고, 넘어지는데도 부축하지 못한다면, 장차 어디에 그 (바로잡아 구제하는) 가재(家宰之謂之相)를 쓰겠느냐?'

집주 —— ■周任은 古之良史라 陳은 布也요 列은 位也라 相은 瞽者之相也라 言二子不欲이면 則當諫이요 諫而不聽이면 則當去也라

주임周任은 옛날의 훌륭한 사관이다. 진陳은 펼침(布)이다. 열列은 지위이다. 상相은 소경의 보조자이다. 두 사람이 원하지 않으면 마땅히 간해야 하고, 간하여도 듣지 않으면 마땅히 떠나야 한다는 말씀이다.

고금주 —— ■馬曰: "周任, 古之良史." ○補曰 陳, 排布也. 列, 軍伍也. 布陳之法, 比其材力. 伍伍爲列, 力不足者, 不敢就列. 危, 傾也. [未及顚] 顚, 躓也. 輕扶曰持, [挾護之] 緊持曰扶. [保抱之] 家宰之謂之相, 本取瞽相之義, 故喻之以扶持也. 人之作惡, 如顚覆, 其匡救者, 如扶持.

마융이 말했다. "주임周任은 옛 훌륭한 사관이다." ○보완하여 말한다. 진陳은 배포排布하는 것이고, 열列은 군대의 대오(軍伍)인데, 군대의 포진법布陣法으로 선비가 자신의 재력材力에 알맞게 배치되어, 벼슬하는 것을 비유했다. 오 명씩 한 조가 되어(伍伍) 열列이 되고(말이 힘을 합쳐 수레를 끄는 것과 같다), 힘이 부족한 자는 대열에 나아가지 못한다. 위危는 기울어지는 것이고(넘어지

는 데에는 이르지 않는 것이다), 전顚은 넘어지는 것이다. 가볍게 부축하는 것을 지持라 하고(끼고 보호하는 것이다), 견고하게 붙잡는 것을 부扶라 한다(보호하여 몸에 품어서 안는 것이다). 가재家宰를 상相이라 말한 것은 본래 고상瞽相의 뜻에서 취한 것이다. 그러므로 이를 부지扶持라는 말에 비유했다. 사람이 악한 짓을 하는 것은 전복顚覆과 같고, 바로잡아 구제하는 것은 부지扶持와 같다.

■馬曰: "陳其才力, 度己所任, 以就其位." ○案 才力非可陳之物. 惟選徒編伍, 有比力之法, 周任取之, 以爲度德就位之比也.

마융이 말했다. "자신의 재력을 펼쳐 자기가 맡은 책무를 헤아려, 그 직위에 나아간다." ○살핀다. 재력은 펼칠 수 있는 것이 아니다. 오직 병사를 선발하여 대오를 편성하는 데에만 비력법比力法이 있는데, 주임周任이 그것을 취하여 덕을 헤아려 직위에 나아가는 비유로 삼은 것이다.

■考異 皇氏本, 持作扶, 扶作持. ○純云: "皇本, 誤也. 『中庸』云, '治亂持危.'"

다름을 살핀다. 황간본에는 지持는 부扶로 되어 있고, 부扶가 지持로 되어 있다. ○태재순이 말했다. "황간본은 잘못되었다." 『중용』에서 말했다. "어지러운 나라를 다스리고 위태로운 나라를 붙잡아 준다(治亂持危)."

비평 —— 진력취열陳力就列, 상相, 그리고 위이부지危而不持 전이불부顚而不扶에 대해, 다산이 이전 주석을 약간 수정하고, 상세한 설명을 덧붙였다.

16:1-7. "且爾言過矣, 虎 · 兕出於柙, 龜 · 玉毁於櫝中, 是誰之過與?"

고주 —— "또한 너의 말은 잘못이다. 호랑이와 외뿔소가 우리에서 뛰쳐나오고 귀갑이나 옥이 궤 안에서 훼손되면, 이는 누구의 과실이겠느냐?(호랑이를 잃고 옥을 망가뜨린 것이, 어찌 맡아 지키는 자의 잘못이 아니겠는가.)"

주자 —— "또한 너의 말은 잘못이다. 호랑이와 들소가 우리에서 뛰쳐나오고 귀갑이나 옥이 궤 안에서 훼손되면, 이는 누구의 과실이겠느냐?(지키는 자의 잘못이다. 떠나지 않으면 책임져야 한다.)"

다산 —— "또한 너의 말은 잘못이다. 호랑이와 외뿔소(포악하고 어그러진 계씨를 비유)가 뛰쳐나오고 귀갑이나 옥(계씨의 존귀함)이 궤 안에서 훼손되면, 이는 누구의 과실이겠느냐?(지키는 자의 잘못이니, 가상家相이 책임져야 한다.)"

집주 —— ■兕는 野牛也라 柙은 檻也요 櫝은 匱也라 言在柙而逸하고 在櫝而毀면 典守者不得辭其過니 明二子居其位而不去면 則季氏之惡을 己不得不任其責也니라
시兕는 들소(野牛)이다. 합柙은 우리(檻)이다. 독櫝은 궤匱이다. 우리 안에 있다가 놓치고, 궤짝 안에 있다가 훼손되면 지키는 자는 그 과실을 변명할 수 없다는 말씀이니, 이는 두 사람이 그 지위에 있으면서 떠나지 않으면 계씨의 악에 대해 그 책임을 지지 않을 수 없다는 것을 밝히신 것이다

고금주 —— ■補曰 虎·兕, 喩季氏暴戾. 龜·玉, 喩季氏尊貴. 出而搏噬, 則

자원풀이 ■시兕는 윗부분은 뿔을 가진 머리를, 아랫부분은 몸통과 발과 꼬리를 뜻하는 외뿔소(들소)를 그린 상형자이다.
■합柙은 木(나무 목)+甲(첫째 천간 갑)의 형성자로 우리, 가두다, 궤 등의 뜻을 지닌다.
■독櫝은 木(나무 목)+賣(팔 매)의 형성자로 물건을 넣어두는 나무 상자나 함을 말하며 수장하다의 뜻이 나왔다. 함, 나무로 짠 궤(匱), 관, 널 등의 뜻도 있다.

守柙者之罪也. 毁而破壞, 則守櫝者之罪也. 明季氏行惡作孽, 則家相不得不任其咎.

보완하여 말한다. 호랑이와 외뿔소는 계씨의 포려暴戾를 비유한 것이고, 귀갑과 옥은 계씨의 존귀함을 비유한 것이다. 뛰쳐나가 들이박고 물면 이는 궤를 지키는 자의 죄이며, 훼손하여 파괴하면 이는 궤짝을 지키던 자의 죄이다. 계씨가 악을 행해 죄를 짓는 것은 가상家相이 그 허물을 떠맡지 않을 수 없음을 밝혔다.

비평 ── 두 사람이 계씨의 가신으로 있으면서 떠나지 않았다면, 계씨의 악행에 대해 책임지지 않을 수 없다는 출처관을 강조했다. 다산은 여기서 호랑이와 외뿔소, 그리고 귀갑과 옥의 비유가 무엇을 말하고 있는가 하는 점에 주목하고, 특히 가상家相의 책임을 강조하여 주석했다.

꿍

16:1-8. 再有曰: "今夫顓臾, 固而近於費. 今不取, 後世必爲子孫憂."

고주 ── 염유가 말했다. "지금 저 전유는 (성곽이) 견고하고 (갑병이 예리하며) (계씨의 읍인) 비 땅에 가깝습니다. 지금 취하지 않으면, 필시 후세의 (계씨 자손의) 근심거리가 될 것입니다."

주자 ── 염유가 (꾸며내어) 말했다. "지금 저 전유는 (성곽이) 견고하고 (계씨의 사읍인) 비 땅에 가깝습니다. 지금 취하지 않으면, 필시 후세의 근심거리가 될 것입니다."

고주 —— 염유가 말했다. "지금 저 전유는 (성곽이) 견고하고 (계씨의 읍인) 비 땅에 가깝습니다. 지금 취하지 않으면, 필시 후세의 (계씨 자손의) 근심거리가 될 것입니다."

집주 —— ■固는 城郭完固라 費는 季氏之私邑이라 此則冉求之飾辭이니 然 이나 亦可見其實與季氏之謀矣라

固는 성곽이 완비되고 견고한 것을 말한다. 비 땅은 계씨의 사읍私邑이다. 이는 염구가 꾸며낸 말이다. 그러나 또한 그 실제로 계씨의 모의에 참여했음 을 알 수 있다.

고금주 —— ■馬曰: "費, 季氏邑." ○邢曰: "後世必爲季氏子孫之憂."

마융이 말했다. "비費는 계씨의 읍이다." ○형병이 말했다. "후세에 필시 계 씨 자손의 근심거리가 될 것이다."

■馬曰: "固, 謂城郭完堅, 兵甲利." ○案 '兵甲利'三字, 朱子刪之, 是也.

마융이 말했다. "고固는 성곽이 완벽·견고하고, 병기와 갑옷이 예리한 것을 말한다." ○살핀다. '병갑리兵甲利' 세 글자를 주자가 삭제한 것은 옳다.

비평 —— 고주에서 '병갑리兵甲利' 세 글자를 슬며시 추가한 것을 주자는 삭 제했고, 다산은 주자의 주석에 동의했다.

16:1-9. 孔子曰: "求! 君子疾夫. 舍曰欲之(君子疾夫舍曰欲之:주자), 而必爲之辭."

고주 —— 공자께서 말씀하셨다. "구야! 군자는 너처럼 말하는 것을 미워한다(疾夫=疾如女言). '(그 이익을) 탐한다고 말하는 것을 놓아 두고(舍=捨), 굳이 다른 말을 꾸며 변명하는 것(更作他辭)'을."

주자 —— 공자께서 말씀하셨다. "구야! 군자는 '(실제로는 그 이익을) 탐하면서 (그것을 입으로 내어) 말하는 것은 내어 두고(舍=捨), 굳이 다른 말을 꾸며 변명하는 것을 미워한다."

다산 —— 공자께서 말씀하셨다. "구야! 군자는 그렇게 말하는 것을 미워한다. 단지(舍=止) 그것을 탐한다고 말하면 그만이지, 굳이 다른 말을 꾸며 만드느냐!"

집주 —— ■欲之는 謂貪其利라
욕지欲之는 그 이익을 탐하는 것을 말한다.

고금주 —— ■孔曰: "疾如女之言."[至'疾夫'絶句] ○補曰 舍, 止也, 但也. [孟子曰: "舍皆取諸其宮中而用之."] 但當曰欲之而已, 今必更作他辭.
공안국이 말했다. "너의 말과 같은 것을 미워한다."(疾夫에 이르러 구를 끊었다). ○보완하여 말한다. 사舍는 단지(止)이고, 다만(但)의 뜻이다.(맹자가 말했다. "다만 모두 그 집안에서 취하여 쓴다.": 「등문공상」). (舍曰欲之, 而必爲之辭란) '다만 마땅히 그것을 탐한다고 말하면 될 터인데, 지금 굳이 다시 다른 말을 만든다.'는 뜻이다.

자원풀이 ■사舍는 口(입 구)+余(나 여)의 형성자로 구口는 건축물의 기단을, 사余는 기단 위에 세운 기둥과 지붕인데, 길을 가다가 머물도록 임시로 지은 집을 말했다. 옛날에는 30리마다 1사舍를 만들었다. 임시 막사에 머물 손님은 잠시 머물렀다 떠나므로 버리다 등의 뜻이 나왔다.

■孔曰: "舍其貪利之說, 而更作他辭, 是所疾也." ○林希元曰: "'君子疾夫舍曰
欲之', 直趕到'而爲之辭', 作一句讀."[見『存疑』] ○駁曰 非也. [邢疏亦似以十三字
通作一句] 悲之曰悲夫, 善之曰善夫. [見〈檀弓〉] 孔注以'疾夫'絶句, 未嘗無據. 但
'舍曰'二字, 訓之曰'舍其貪利'之說, 全不合理. 舍者, 止也.

공안국이 말했다. "그 이익을 탐했다는 말을 버리고 다시 다른 말로 꾸며 내
니, 이를 미워한 것이다." ○임희원이 말했다. "'군자질부사왈욕지君子疾夫舍
曰欲之'에 바로 이어, '이위지사而爲之辭'까지를 한 구절로 만들어 읽어야 한다
(『四書存疑』에 보인다)." ○논박하여 말하면, 그릇되었다(형병의 소 또한 13자를 통
틀어 한 구절로 만든 듯하다). 슬프게 여기는 것을 비부悲夫라 하고, 선하게 여기
는 것을 선부善夫라 한다(『예기』 「단궁」에 보인다). 공안국의 주가 '질부疾夫'로
구를 끊은 것은 일찍이 근거가 없는 것은 아니다. 단지 '사왈舍曰' 두 글자를
'그 이익을 탐했다는 말을 버리고'라고 풀이하면, 전혀 사리에 부합하지 않는
다. 사舍란 단지(止)이다.

비평 —— (1) 고주, 주자, 그리고 다산의 해석이 아주 미세하게 차이 난다. 고
주와 주자는 '질부疾夫'에서 끊고, 부夫를 그 이하를 가리키는 지시대명사로
보았다. 이에 비해 주자는 '질부'에서 끊지 않고 이어지는 것으로 보고, 부夫
를 지시관형사로 보고 해석했다. (2) 사舍를 고주와 주자는 사捨(버리다, 제쳐놓
다 등)로 보았지만, 다산은 단但(다만, 단지)으로 보았다. 그런데 문법적으로는
다르게 보지만, 내용적으로는 차이 나지 않음을 알 수 있다.

16:1-10. "丘也聞有國有家者, 不患寡而患不均, 不患貧而患不安,
蓋均無貧, 和無寡, 安無傾."

고주 —— "내가 듣건대, '나라(제후)와 가문(경대부)을 소유한 자는 인구(와 토지)가 (많고) 적음을 근심하지 않고, (정리가) 균평하지 않음(政理之不均平)을 걱정하며, 가난함을 근심하지 않고 불안정을 근심한다.'고 했다. 대개 (正教가) 균평하면 가난을 걱정함이 없고(不患貧), (상하가) 화동하면 모자람을 걱정할 것이 없고(不患寡矣), (대소가) 안녕하면 기울어 위태로워짐이 없다."

주자 —— "내가 듣건대, '나라와 가문을 소유한 자는 (인구의) 적음을 근심하지 않고, 각자 합당한 몫(均=各得其分)을 얻지 못함을 걱정하며, (재물이) 궁핍함을 근심하지 않고 (상하가 서로) 편안함을 근심한다.'고 했다. 대개 각자 합당한 몫을 얻으면 (재물이) 궁핍함을 걱정함이 없고 (화평하며), 화평하면 (인구가) 적음을 걱정할 것이 없고 (편안하며), 편안하면 (서로 의심하거나 시기하지 않아) 기울어 위태로워짐이 없다."

다산 —— "내가 듣건대, '나라와 가문을 소유한 자(군주·대부·사)는 적음을 걱정하지 않으며, 각자 합당한 몫(均=各得其分)을 걱정하며, (재용이) 궁핍함을 근심하지 않고 편안함을 근심한다.'고 했다. 대개 각자 합당한 몫을 얻으면 (재물이) 궁핍함을 걱정함이 없고 (사람이) 화목하면 (백성이 적어도 많은 수를 대적할 수 있으므로) 적음을 걱정할 것이 없고, 편안하면 기울어 위태로워짐이 없다."

집주 —— ■寡는 謂民少요 貧은 謂財乏이라 均은 謂各得其分이요 安은 謂上下相安이라 季氏之欲取顓臾는 患寡與貧耳라 然이나 是時에 季氏據國而魯

자원풀이 ■균均은 土(흙 토)+勻(두루 미칠 균)의 형성자로 흙이 두루 고르게 깔린 것을 나타내는데, 고르다, 같다, 가지런하다 등의 뜻이 있다.
■경傾은 人(사람 인)+頃(기울 경)의 형성자로 사람(人)의 목이 기울어진(頃=머리:頁가 거꾸로 된 것) 모습을 그렸다. 이로부터 편향되다, 공정하지 않다, 바르지 않은 행위 등을 나타낸다.

君無民하니 則不均矣요 君弱臣強하여 互生嫌隙하니 則不安矣라 均則不患
於貧而和요 和則不患於寡而安이요 安則不相疑忌而無傾覆之患이니라

과寡는 백성이 적은 것을 말한다. 빈貧은 재물이 궁핍한 것을 말한다. 균均은
각각 합당한 몫을 얻는 것을 말한다. 안安은 상하가 서로 편안한 것을 말한
다. 계씨가 전유국을 취하고자 한 것은 백성이 적고 재물이 궁핍한 것을 근
심한 것이다. 그러나 이때 계씨는 나라를 차지하고 노나라의 임금은 백성이
없었으니 고르지 않는 것이다. 임금이 약하고 신하가 강하여 서로 혐오하고
틈이 생겼으니 편안하지 않은 것이다. 고르면 가난함을 근심하지 않아 화평
하며, 화평하면 적음을 근심하지 않아 편안하며, 편안하면 서로 의심하거나
시기하지 않아 기울거나 엎어질 걱정이 없어진다.

고금주 —— ■孔曰: "國, 諸侯. 家, 鄕大夫." ○補曰 君‧大夫‧士, 其田祿有
差, 而其儀物隨之有隆殺, 各得其分, 則所受均而財用不屈, 故無貧. 人和, 則少
可敵衆, 故無寡.

공안국이 말했다. "국國은 제후이고, 가家는 경대부鄕大夫이다." ○보완하여
말한다. 군주와 대부와 사士는 그 전록田祿에 차등이 있으며, 그 의물儀物에
도 후박厚薄이 있으니, 각각 그 분수에 합당한 몫을 얻으면 받는 녹이 고르게
되어 재용財用이 부족하지 않으므로 가난함이 없을 것이다. 사람이 화목하면
백성이 적어도 많은 수를 대적할 수 있기 때문에 적음이 없다.

■包曰: "政敎均平, 則不貧矣. 上下和同, 不患寡矣." ○吳省菴云: "均, 非財賦
之有增也, 只是各享其所入, 便不見有貧. 和, 非人民之加益也, 只是各統其所
屬, 便不見爲寡."

포함이 말했다. "정교政敎가 균평均平하면 가난하지 않고, 상하가 화동和同하
면 적음을 걱정하지 않는다." ○오성암이 말했다. "균均은 재물의 증가가 있
는 것이 아니라, 단지 각자 그 수입된 것을 누리기만 하면 가난함이 있음을

보지 않는다는 것이다. 和화는 인민이 증가한 것이 아니라, 단지 각자 그 소속된 것을 통솔하기만 하면 적음을 보지 않는다는 것이다."

비평 —— 문장의 문법적인 해석에서는 차이 나지 않지만, 해설의 근거와 내용을 보면 강조점이 다르다는 것을 확인할 수 있다. 고주는 정리政理, 정교正教라는 말을 주로 사용했다. 주자는 '분수(分)'라는 말을 핵심 단어로 사용했다. 다산은 신분에 따른 전록과 의물의 후박을 강조했다.

❧

16:1-11. "夫如是, 故遠人不服, 則脩文德以來之. 旣來之, 則安之."

고주 —— "대저 (정치는) 이와 같기에, 멀리 있는 자가 복종하지 않으면, 문덕을 닦아 (그 덕화를 사모하여:慕其德化而來) 오게 하고, 이미 왔으면 (은혜를 베풀어:以恩惠) 편안하게 해 주는 것이다."

주자 —— "대저 (內治가) 이와 같기에, 멀리 있는 자가 복종하지 않으면, (군대를 보내는 것이 아니라) 문덕을 닦아 오게 하고, 이미 왔으면 편안하게 해 주는 것이다."

다산 —— "대저 이와 같기에, (국경 밖에) 멀리 있는 자가 복종하지 않으면, 문덕을 닦아(孝悌를 돈독히 하고, 禮樂을 흥하게 하는 것) 오게 하고, 이미 왔으면 (침범하거나 어지럽히지 않고) 편안하게 해 주는 것이다."

집주 —— ■內治修然後에 遠人服이라 有不服이면 則修德以來之요 亦不當 勤兵於遠이니라

내치內治가 닦인 뒤에야 멀리 있는 자가 복종한다. 복종하지 않음이 있으면 덕을 닦아 오게 해야지, 또한 군대를 멀리까지 보내 수고롭게 해서는 안 된다.

고금주 —— ■補曰 脩文德, 謂敦孝悌, 興禮樂. 安之, 謂不侵擾. 遠人, 謂域外 諸國.

보완하여 말한다. 문덕을 닦는다는 것은 효제孝悌를 돈독히 하고, 예악禮樂을 흥하게 하는 것이다. 편안하게 한다는 것은 침범하거나 어지럽히지 않는 것이다. 멀리 있는 사람(遠人)이란 국경 밖의 여러 나라 사람을 말한다.

■蔡曰: "文德, 仁義是也. 君君・臣臣・父父・子子之類." ○駁曰 非也. 仁義, 質也. 禮樂, 文也. 禮樂不興, 何以文矣? 〈樂記〉云: "禮樂皆得, 謂之有德." 是 文德也.

채청蔡淸이 말했다. "문덕文德은 인의仁義가 그것이다. 임금은 임금다워야 하고, 신하는 신하다워야 하고, 아비는 아비다워야 하고, 자식은 자식다워야 하는 따위이다." ○논박하여 말하면, 그릇되었다. 인의仁義는 바탕(質)이고, 예악禮樂은 문채(文)이다. 예악이 일어나지 않으면, 무엇으로 문채로 삼을 것인가? 『예기』「악기」에서 "예악이 모두 (마땅함을) 얻은 것을 일러 덕이라고 한다."고 했으니, 이것이 문덕文德이다.

비평 —— 고주는 문덕을 덕화와 은덕으로 풀이했다. 주자는 별다른 의미 있는 주석은 하지 않았지만, 다산이 비평하는 채청의 설은 주자의 것이라고 할 수 있다. 주자는 문덕을 인의로 설명하는 것을 비판하고, 『예기』와 자신의 문질론文質論에 바탕을 두고 인의仁義는 바탕이고, 예악禮樂은 문채라는 입장을 제시했다. 이 또한 중요한 문제로 3권의 「예禮」에 관한 장에서 상론한다.

16:1-12. "今由與求也, 相夫子, 遠人不服, 而不能來也, 邦分崩離析, 而不能守也."

고주 —— "지금 유와 구는 계씨를 보필하면서 '멀리 있는 사람이 복종하지 않는데도 오게 하지 못하고, (백성들이 다른 마음을 품어) 나라가 갈라져(民有異心曰分) (떠나려고 하여) 무너지고(欲去曰崩) (모을 수 없게) 분리되어 쪼개지는 데 (不可會聚曰離析)도 지키지 못한다."

주자 —— "지금 유(비록 모의에는 참석하지 않았지만, 義로 보필하지 못했기에 죄가 없을 수 없다)와 구는 계씨를 보필하면서 '멀리 있는 사람(=전유)이 복종하지 않는데도 오게 하지 못하고, (公室이 四分되고, 家臣이 자주 배반하여) 나라가 갈라져 무너지고 분리되어 쪼개지는 데도 지키지 못한다."

다산 —— "지금 유와 구는 계씨를 보필하면서 '(국경 밖에) 멀리 있는 사람이 복종하지 않는데도 오게 하지 못하고, 나라가 (흙이 무너지고, 나무가 쪼개지듯 이) 사분오열하는 데도 지키지 못한다(이는 계씨의 죄지만, 바로잡아 구제하지 못

자원풀이 ■분分은 刀(칼 도)+八(여덟 팔)의 회의자로 칼(刀)로 무엇을 대칭되게(八)나누어 놓은 모습으로 '갈라지다'는 뜻이다.
■붕崩은 山+朋으로 엄청난 굉음(朋)을 내고 산山이 무너져 내린다는 뜻으로, 붕괴崩壞가 나왔다. 다시 천자의 죽음을 비유했다.
■이離는 隹(새 추)+离(흩어질 리)의 형성자인데, 이离는 윗부분이 새이고 아랫부분은 새를 잡는 뜰채로 새를 잡는 모습을 형상했는데, 뜰채로 새를 잡으면 새는 도망갈 것이고, 이 때문에 도망가다, 떠나다, 떨어지다의 뜻이 나왔다. 의미를 강조하고자 추隹 자가 추가되었다.
■석析은 木(나무 목)+斤(도끼 근)의 회의자로 도끼(斤)로 나무(木)를 쪼개는 것을 말하였고, 이로부터 사물을 쪼개 분석分析하다, 해체하다다의 뜻이 나왔다.

했기 두 사람의 죄다)."

집주 —— ■子路雖不與謀나 而素不能輔之以義하니 亦不得爲無罪라 故로
併責之하시니라 遠人은 謂顓臾라 分崩離析은 謂四分公室하고 家臣屢叛이라
자로는 비록 모의에 참여하지 않았지만, 평소에 의義로써 보필하지 못했으니
또한 죄가 없을 수 없다. 그런 까닭에 함께 책망했다. 멀리 있는 자는 전유를
말한다. 갈라져 무너지고 분리되어 쪼개진다는 것은 공실公室이 사분四分되
고, 가신家臣이 자주 배반한 것을 말한다.

고금주 —— ■孔曰: "民有異心曰分, 欲去曰崩, 不可會聚曰離析." ○案 此訓
疑有所據.
공안국이 말했다. "백성들이 다른 마음을 품는 것을 분分이라 하고, 떠나고자
하는 것을 붕崩이라 하며, (흩어져 있어) 모을 수 없는 것을 일러 이석離析이라
한다." ○살핀다. 이러한 풀이는 아마도 근거가 있는 듯하다.
■補曰 分崩, 如土之崩也. 離析, 如木之析也. 此季氏之罪, 以不能匡救, 故罪
二子.
보완하여 말한다. 분붕分崩은 흙이 무너지는 것과 같고, 이석離析은 나무가
쪼개지는 것과 같다. 이는 계씨의 죄이지만, 바로잡아 구제하지 못했기 때문
에 두 사람에게 죄를 준 것이다.
■質疑 案 遠人, 與邦內相照, 而顓臾旣在邦內, 則遠人非顓臾也.
질의한다. 살핀다. 멀리 있는 사람은 나라 안과 서로 대조되는데, 전유는 이
미 나라 안에 있으니, 멀리 있는 사람은 전유가 아니다.

비평 —— (1) 원인遠人을 전유의 사람으로 본 것에 대해 다산은 국경 밖의 사
람으로 보았다. 다산의 이러한 반론은 전거로 보면 옳다. 그런데 본문의 내

용과 당시의 국경을 보면 다산의 해석이 옳은지 의심이 간다.

(2) 분붕이석分崩離析에 대해서는 다산의 설명이 설득력이 있다.

❧

16:1-13. "而謀動干戈於邦內. 吾恐季孫之憂, 不在顓臾, 而在蕭牆之內也."

고주 —— "그런데도 영토 내에서 무기를 동원할 것을 도모하니, 나는 계손씨의 근심거리가 (멀리) 전유에 있지 않고, 계손씨의 (가까이) 소장(蕭牆=嚴墻屛: 군신이 서로 만날 때 예는 장병에 이르러 더욱 엄숙하다) 안에 있지 않은지 우려된다(성인의 예지가 드러났으니, 과연 계씨의 가신 양호가 계환자를 잡아 가두었다)."

주자 —— "그런데도 영토 내에서 무기를 동원할 것을 도모하니, 나는 계손씨의 근심거리가 (멀리) 전유에 있지 않고, 계손씨의 (가까이) 소장(蕭牆=屛:병풍) 안 (즉 內變) 있을까 우려된다(애공이 월나라로 하여금 노나라를 공격하게 하여 계씨를 제거하고자 했다)."

다산 —— "그런데도 영토 내에서 무기를 동원할 것을 도모하니, 나는 계손씨의 근심거리가 전유에 있지 않고, 계손씨의 담장(蕭牆=家之墻) 안(계씨의 가신이 되어 그의 담장 안에 있으면서, 멀리 있는 자를 포용하거나 나라를 편안하게 하는 정책을 쓰지 못하고, 명분 없는 전쟁을 일으키려고 모의하여 주군의 근심거리가 되는 염유와 자로)에 있지 않은지 우려된다."

집주 ── ■干은 楯也요 戈는 戟也라 蕭牆은 屛也라 言不均不和하여 內變將作이러니 其後에 哀公이 果欲以越伐魯而去季氏하니라

간干은 방패(楯), 과戈는 창(戟)이다. 소장蕭牆은 병풍(屛)이다. 고르지 않거나 화평하지 않으면 내변內變이 장차 일어날 것이란 말이다. 그 뒤 애공이 과연 월나라로 하여금 노나라를 공격하여 계씨를 제거하고자 했다.

■謝氏曰 當是時하여 三家强하고 公室弱이러니 冉求가 又欲伐顓臾하여 以附益之하니 夫子가 所以深罪之는 爲其瘠魯以肥三家也라.

사량좌가 말했다. "이 당시에 삼가三家는 강했고 공실은 약했다. 염구는 또 전유를 정벌해 삼가의 땅을 덧붙여주려고 했다. 공자께서 그를 깊이 단죄하신 것은 노나라를 마르게 해서 삼가를 살찌게 했기 때문이다."

■洪氏曰 二子仕於季氏에 凡季氏所欲爲를 必以告於夫子하니 則因夫子之言而救止者 宜亦多矣라 伐顓臾之事가 不見於經傳하니 其以夫子之言而止也與인저

홍흥조가 말했다. "두 사람이 계씨에게 벼슬하면서 계씨가 하려는 모든 것을 필시 공자께 고했을 것이니, 공자의 말씀으로 인하여 중지하여 구제한 경우도 의당 많았을 것이다. 전유를 정벌한 일은 경전經傳에 보이지 않으니, 아마도 공자의 말씀으로 인해 중지한 것이리라!"

고금주 ── ■補曰 蕭牆, 家之垣也. 蕭牆之憂, 指由・求二子也. 二子方爲季

자원풀이 ■간干은 갑골문에서 긴 대가 있는 끝이 갈라진 도구, 짐승을 잡을 때나 적을 공격할 때 방패이자 무기로 쓰인 것을 말하였다. 이 때문에 방패盾라는 말로 쓰였다. 또한 길기 때문에 크다, 근간根幹의 뜻으로도 쓰인다. ■과戈는 갑골문에서 긴 손잡이가 달린 창을 그렸다. 찌르는 창(矛)과 달리 적을 베거나 찍기를 위해 고안된 것이다. 이 글자로 구성된 한자는 대부분 무기나 전쟁과 관련된다. ■소蕭는 艸(풀 초)+肅(엄숙할 숙)의 형성자로 쑥, 쓸쓸하다, 탁 트이다, 속기를 벗어나 맑고 깨끗하다의 뜻이다. 소장蕭牆이란 대문이나 중문 등의 정면 조금 안 쪽에 설치하여 밖에서 안을 볼 수 없도록 만든 가리개를 말하고, 인신하여 내부를 말한다.

氏之家臣, 在蕭牆之內, 不能爲懷遠綏邦之策, 而謀動無名之干戈, 是其主君之憂也.

보완하여 말한다. 소장蕭牆은 집안의 담장이다. 담장 안의 근심은 염유와 자로 두 사람을 지칭한다. 두 사람이 바야흐로 계씨의 가신이 되어 그의 담장 안에 있으면서, 멀리 있는 자를 포용하거나 나라를 편안하게 하는 정책을 쓰지 못하고, 명분 없는 전쟁을 일으키려고 모의했으니, 이는 주군의 근심거리이다.

■ 鄭曰: "蕭之言肅也. 牆, 謂屛也. 君臣相見之禮, 至屛而加肅敬焉, 是以謂之蕭牆." ○案 蕭牆爲肅敬之牆, 則茅屋爲矛戟之屋乎? 其義恐非.

정현이 말했다. "소蕭의 뜻은 엄숙(肅)이다. 장牆은 가림(屛: 병풍 혹은 담장)이다. 군신의 상견례에서는 병屛에 이르러서는 더욱 엄숙 · 경건해야 하니, 이 때문에 소장蕭牆이라 한다." ○살핀다. 소장蕭牆을 엄숙 · 경건의 담장이라고 한다면, 모옥茅屋은 모극의 옥(矛戟之屋)이라 할 수 있겠는가? 그 뜻이 그릇된 듯하다.

■ 質疑 ○案 公宮在蕭牆之外, 越國在邦域之外, 豈可以哀公之以越伐魯爲蕭牆之憂乎? 況孔子之心, 先公室而後季氏, 以此懷憂, 恐無是理, 況哀公因此去位, 孫於邾而奔於越, 季氏則安然無事, [事見哀二十七年] 此豈季孫之所當憂哉?

질의한다. ○살핀다. 공궁公宮은 소장蕭牆 밖에 있고, 월나라도 노나라 밖에 있는데, 어떻게 애공이 월의 군사로써 노나라를 칠 것을 소장의 근심으로 삼을 수 있겠는가? 하물며 공자의 마음은 공실公室을 앞세우고 계씨를 뒤로 했으니, 이 일로 근심을 품었던 까닭이 아마도 없었을 것이며, 더구나 애공이 이 일 때문에 군주의 자리를 버리고 주邾로 도망갔다가 월나라로 달아났으며, 계씨는 편안히 아무 일도 없었으니(이 사건은 애공 27년조에 나와 있다), 이것이 어찌 계손이 근심할 일이겠는가?

비평 —— (1) 소장蕭牆, (2) 계손지우季孫之憂에 대해 해석이 약간의 차이가 난다. (1) 소장蕭牆에 대해서는 고주의 설명이 자세하지만, 다산의 반론을 참고하는 것이 좋겠다. (2) 계손지우季孫之憂에 대해서도 양호가 계환자를 구금한 것(고주), 애공이 월나라로 하여금 노나라를 공격하게 하여 계씨를 제거하고자 한 것(주자), 그리고 주군을 바로잡아 주지 못하고 명분 없이 동조한 염구와 자로(다산) 등으로 서로 다르게 해석했다. 이 세 가지 설 모두가 가능하다. 그러나 이 세 가지 설 모두는 공자의 경고를 후대의 역사적 사건에 맞추어 억지로 해석하는 것에 지나지 않는다고 판단된다.

❧

16:2-1. 孔子曰: "天下有道, 則禮樂 · 征伐自天子出, 天下無道, 則禮樂 · 征伐自諸侯出. 自諸侯出, 蓋十世希不失矣, 自大夫出, 五世希不失矣, 陪臣執國命, 三世希不失矣. 天下有道, 則政不在大夫. 天下有道, 則庶人不議."

고주 —— 공자께서 말씀하셨다. "천하에 도가 있으면 예악 · 정벌이 천자로부터 나오고, 천하에 도가 없으면(주나라 유왕의 피살로 평왕의 동천) 예악과 정벌이 제후(은공)로부터 나온다. 제후로부터 나오면 대략 10세(은공~소공) 동안 잃지 않음이 적고(希=鮮), 대부로부터 나오면 5세 동안(계문자~계환자) 잃지 않음이 적다. 가신(양씨)이 국권을 잡으면(=권력을 천단하고 국가의 정책과 법령을 장악하는 것) 삼세(양호)에 망하지 않음이 없다. 천하에 도가 있으면 (정무가 임금으로부터 나오니:制之由君) 정사가 대부의 손에 있을 리 없고, 천하에 도가 있으면 (군상이 백성들의 말을 참작하여 政教로 삼으니 시행하는 바가 모두 옳으면) 서인들이 헐뜯고 비방하는 일이 없다."

주자 —— 공자께서 말씀하셨다. "(천하의 형세를 통론하면) 천하에 도가 있으면 예악·정벌이 천자로부터 나오고(선왕의 제도에서 제후는 예악을 변경시키거나, 정벌을 마음대로 할 수 없다), 천하에 도가 없으면 예악과 정벌이 제후(은공)로부터 나온다. 제후로부터 나오면 대략 10세 동안 잃지 않음이 드물고(希=鮮), 대부로부터 나오면 5세 동안 잃지 않음이 적다. 가신이 국권을 잡으면 삼세에 망하지 않음이 없다(이치를 거스름이 심할수록, 잃는 속도는 빨라진다). 천하에 도가 있으면 정사가 대부의 손에 있을 리 없고(정사를 전횡해서는 안 된다), 천하에 도가 있으면 (위에서 失政이 없으면) 서인들이 사사로이 의논함이 없다(입에 재갈을 물려 감히 말하지 못하게 하는 것은 아니다)."

다산 —— 공자께서 말씀하셨다. "(천하의 형세를 통론하면) 천하에 도가 있으면 예악·정벌이 천자로부터 나오고, 천하에 도가 없으면 예악과 정벌이 제후로부터 나온다. 제후로부터 나오면 대략 10세 동안 잃지 않음이 드물고(希=鮮), 대부(=제후의 신하)로부터 나오면 5세 동안 잃지 않음이 적다. 가신이 국권을 잡으면(=권력을 천단하고 국가의 정책과 법령을 장악하는 것), 삼세에 망하지 않음이 없다(이치를 거스름이 심할수록 잃는 속도는 빨라진다). 천하에 도가 있으

자원풀이 ■征은 彳(조금 걸을 척)+正(바를 정)의 형성자로 상대의 성을 정벌하러 가는 행위(彳)를 그려, 정벌하다, 토벌하다의 의미로 쓰였고, 정벌하면 세금을 부과하므로 징수하다, 탈취하다, 제재하다 등의 뜻을 지닌다. 정征은 위에서 아래로 치는 것이고, 벌伐은 제후가 서로 침략하는 것이다.
■希는 巾(수건 건)+爻(효 효)의 형성자로 올을 성기게(爻) 짠 베(巾)로서 '드문드문하다'의 뜻이 나왔다. 이후 이루기 힘든 바람이라는 뜻에서 희망希望이 나오고, 원래 뜻은 禾(벼 화)를 더해 稀(드물 희) 자가 나왔다. 희는 드물다(鮮)는 뜻이다.(다산) 바라다, 동경憧憬하다, 희망希望하다, 사모思慕하다, 앙모仰慕하다, 드물다, 성기다(疏:물건의 사이가 뜨다), 적다(=少) 등의 뜻이다.
■陪는 阜(클 부)+'침 부'의 형성자로 중첩되게(倍) 쌓아올린 흙더미(阜)를 의미하며, 이로부터 더하다, 보좌하다, 모시다의 뜻을 갖게 되었다.

면 (천자가 위에 있어, 제후로서 신하가 정사를 전횡하지 못해) 정사가 대부의 손에 있을 리 없고, 천하에 도가 있으면 서인들이 사사로이 의논함이 없다."

집주 —— ■先王之制에 諸侯不得變禮樂, 專征伐이라 陪臣은 家臣也라 逆理愈甚이면 則其失之愈速하니 大約世數 不過如此하니라

선왕의 제도에서 제후는 예악을 변경하거나 정벌을 마음대로 할 수 없다. 배신陪臣은 가신家臣이다. 이치를 거스름이 심할수록 그 잃는 것도 더욱 빠르다. (망하게 되는) 대략의 세수世數는 이런 정도를 넘지 않는다.

■言不得專政이라

정사를 전횡해서는 안 된다는 말이다.

■上無失政이면 則下無私議요 非箝其□하여 使不敢言也니라

위에서 실정失政이 없으면 아래에서 사사로이 의논함이 없다. 그 입에 재갈을 물려 감히 말하지 못하게 하는 것이 아니다.

■此章通은 論天下之勢니라

이 장은 천하의 형세를 통론했다.

고금주 —— ■補曰 大夫, 諸侯之臣. ○馬曰: "陪, 重也, 謂家臣." ○邢曰: "執國命, 擅權執國之政令." ○補曰 希, 鮮也. [孔云: "希, 少也."] 十世希不失矣, 謂天子失位. 五世希不失矣, 謂諸侯失位. 三世希不失矣, 謂大夫失位. 天下有道, 則明天子在上, 故諸侯之臣, 亦不得專政. 庶人不議, 謂游士議政, 不如戰國時.

보완하여 말한다. 대부大夫는 제후의 신하이다. ○마융이 말했다. "배陪는 거

■執執은 갑골문에서 꿇어앉은 사람의 두 손에 쇠고랑이 채워진 모습을 그렸다. 이후 辛(매울 신)과 丸(알 환)으로 변하였는데, 환丸은 꿇어앉은 사람(卩·집을 극)이 변한 모습이다.
■議議는 言(말씀 언)+義(옳을 의)의 형성자로, 정의로운(義) 말(言)로 의논하는 것을 말한다. 논의論議하다, 선택하다, 논평하다, 비방하다, 의견 등을 뜻한다.

듭(重)이니, 가신家臣을 말한다." ○형병이 말했다. "'국명을 잡는다(執國命)'란 권력을 천단하고 국가의 정책과 법령을 장악하는 것이다." ○보완하여 말한다. 희希는 드물다(鮮)이다.(공안국이 말했다. "希란 적다:少也이다.") 10세 동안 잃지 않음이 드물다(希不失矣)는 천자가 지위를 잃음을 말한다. 5세 동안 잃지 않음이 드물다는 제후가 지위를 잃음을 말한다. 3세 동안 잃지 않음이 드물다는 대부가 지위를 잃음을 말한다. 천하에 도가 있으면 천자가 위에 있는 것이 분명하기 때문에, 제후로서의 신하가 또한 정사를 멋대로 할 수 없는 것이다. 서인이 의논하지 않는다는 것은 유사游士가 정사를 의논함이 전국시대와 같지 않음을 말한다.

■孔曰: "周 幽王爲犬戎所殺, 平王東遷, 周始微弱. 諸侯自作禮樂, 專行征伐, 始於隱公. 至昭公十世失政, 死於乾侯矣." ○孔曰: "季文子初得政, 至桓子五世, 爲家臣陽虎所囚." ○馬曰: "陽氏爲季氏家臣, 至虎三世, 而出奔齊." ○駁曰 非也. 禮樂·征伐自諸侯出, 天子之憂也. 禮樂·征伐自大夫出, 諸侯之憂也. 即十世者, 天子之十世也. 五世者, 諸侯之五世也. 若如孔·馬之說, 則諸侯擅制者, 必十世而亡, 而天子晏然無事, 大夫擅政者, 必五世而亡, 而諸侯晏然無事, 家臣執命者, 必三世而亡, 而大夫晏然無事, 則是下之僭上, 乃天下國家之大慶, 孔子何爲而憂之也? 朱子於此, 謂'逆理愈甚, 故其失愈速', 誠如是也. 爲國家者, 但當坐信天理, 任其柄之下移, 孔子何爲而憂之也? 先儒之誤解此經者, 以下章有'三桓子孫'之語, 若爲大夫五世希不失之實證, 故沿誤如此. 然此章謂倒柄者必招禍, 下章明稔惡者不受福, 上章·下章, 義不相妨, 何必牽合之爲快乎? ○又按 孔子於此, 曰盖曰希, 則本是通論, 非有指定.

공안국이 말했다. "주나라 유왕이 견융에게 피살되어, 평왕이 동천하면서 주나라가 미약해지기 시작했다. 제후가 마음대로 예악을 짓고, 정벌을 전행專行한 것이 은공隱公에서 시작되었다. 10세가 되는 소공에 이르러 정권을 잃고 건후乾侯에서 죽었다." ○공안국이 말했다. "계문자季文子가 처음 정권을 잡았는데, 5세가 되는 환자에 이르러 가신 양호에게 구금되었다." ○마융이 말했다. "양씨는 계씨의 가신인데, 3세가 되는 호虎에 이르러 제나라로 도망갔다." ○논박하여 말하면, 그릇되었다. 예악·정벌이 제후에서 나오는 것은 천자의 근심이다. 예악·정벌이 대부에서 나오는 것은 제후의 근심이다. 곧 10세란 천자의 10세다. 5세는 제후의 5세이다. 만약 공안국과 마융의 설과 같다면, 제후로서 제도를 천단한 자는 10세가 되면 반드시 망하나 천자는 편안히 아무런 일이 없다는 것이고, 대부로서 정사를 천단한 자는 5세가 되면 반드시 망하나 제후는 편안히 아무런 일이 없다는 것이고, 가신으로 국명을 잡은 자는 3세가 되면 반드시 망하나 대부는 편안히 아무런 일이 없다는 것이 되니, 그렇다면 아래가 위를 참월한 것이 곧 천하 국가의 큰 경사인데, 공자께서는 무엇 때문에 근심했겠는가? 주자朱子는 여기에서 '이치를 거스르는 것이 더욱 심하기 때문에 그 잃는 것이 더욱 빠르다.'고 했는데, 진실로 이와 같다. 국가를 다스리는 자는 단지 당연히 앉아서 천리天理를 믿고, 국가의 권병을 아래에 옮겨서 맡겨 두어야만 할 것인데, 공자께서는 무엇 때문에 근심했겠는가? 선유들이 이 장을 잘못 해석한 것은 이 아래 장에 '삼환자손三桓子孫'이란 말이 있는 것을 마치 대부가 5세 동안 지위를 잃지 않음이 드물다는 것의 실증으로 보았기 때문에, 이처럼 잘못 해석했다. 이 장의 뜻은 나라의 권병權柄을 전도한 자는 반드시 화를 불러들인다는 내용을 말한 것이다. 아래 장은 악을 축적한 자는 복을 받지 못함을 밝힌 것이니, 위의 장과 아래 장이 서로 뜻이 방해되지 않는데, 어찌 반드시 그 뜻을 견강부회함으로써 쾌함을 삼으려 하는가? ○또 살핀다. 이 경문에서 '대개(蓋)'나 '드물다(希)'고 말한 것은 본래 통론적이며, 어떤 특정적인 지적이 있는 것은 아니다.

■蔡曰: "國命, 畢竟是禮樂·征伐, 然旣出自諸侯·大夫, 則只爲侯國之事, 不復爲天子之器, 故只稱國命.[見『蒙引』]" ○案 此說是.

채청이 말했다. "국명國命은 필경 이 예악·정벌이다. 이미 제후·대부에서 나왔으면 단지 제후국의 일이며, 다시 천자의 기물이 아닌 까닭에 국명이라 칭했다(『몽인』에 보인다)." ○살핀다. 이 설이 옳다.

■孔曰: "無所非議." ○邢曰: "議, 謂謗訕. 言天下有道, 則上酌民言, 以爲政敎, 所行皆是, 則庶人無有非毀謗議也." ○朱子曰: "上無失政, 則下無私議, 非箝 其口使不敢言也." ○案 至治之世, 亦有誹謗之木, 何得云'庶人不議'乎?道歸於 一, 則處士不敢有橫議. 政出於一, 則庶人不敢以游談干國政. 下至戰國之世, 庶人游說諸侯, 與議國政, 孔子之時, 已有此敝, 故附言之.

공안국이 말했다. "비방하여 논의하는 바가 없음이다." ○형병이 말했다. "의 議는 헐뜯어 비방함을 말한다. 천하에 도가 있으면 군상이 백성들의 말을 참 작하여 정교政敎로 삼으니, 시행하는 바가 모두 옳으면 서인들이 헐뜯고 비 방하는 일이 없다는 것이다." ○주자가 말했다. "위에서 실정失政이 없으며, 아래에서 사사로이 의논함이 없고, 그 입에 재갈을 물려 감히 말하지 못하게 하는 것이 아니다." ○살핀다. 가장 잘 다스려졌던 때에도 또한 비방의 나무 (誹謗之木: 군주의 과실을 적어 놓는 나무)를 설치해 두었는데, 어떻게 서인이 논 의하지 않는다고 말할 수 있겠는가? 도가 하나로 돌아가면 처사處士는 감히 횡의橫議가 있지 않고, 정령이 하나에서 나오면 서인은 감히 유세로써 국정 에 간여하지 않는다. 그런데 아래로 전국시대에 와서는 서인이 제후를 유세 하고 국정에 참여하여 논의했지만, 이는 공자 때에 이미 이런 폐단이 있었던 것이다. 그러므로 여기에 덧붙여 언급했다.

비평 —— 고주에서는 여기서 나오는 10세, 5세, 3세 등을 다음 구절(16:3)과 연관시키면서 특정적인 것을 지시하는 것으로 해석하면서, 역사적 사실로써 구체적으로 설명한다. 그런데 주자는 이 구절을 천하의 형세를 통론通論한 것이라고 주장했다. 다산 또한 대개(蓋), 드물다(鮮)는 구절을 증거로 제시하 면서 통론이라는 주자의 해석에 동의했다.

16:3. 孔子曰: "祿之去公室五世矣, 政逮於大夫四世矣. 故夫三桓之子孫, 微矣."

고주 —— 공자께서 말씀하셨다. "녹봉을 주는 권한이 공실에서 떠난 지 5세가 되었고(선공~정공 초기), 정권이 대부에게 넘어간 지 4대(문·무·도·평자)나 되었다. 그러므로 (예악과 정벌이 대부로부터 나와 5세가 되면 잃지 않는 자가 드물기 때문에) 저 삼환(환공에서 나온 중손, 숙손, 계손)의 자손이 쇠미할 것이다."

주자 —— 공자께서 말씀하셨다. "녹봉을 주는 권한이 공실에서 떠난 지 5세(선·성·양·소·정공)가 되었고, 정권이 대부에게 넘어간 지 4대(문·무·도·평자)나 되었다. 그러므로 (예악과 정벌이 대부로부터 나와 5세가 되면 잃지 않는 자가 드물기 때문에) 저 삼환(환공에서 나온 중손, 숙손, 계손)의 자손이 쇠미할 것이다."

다산 —— 공자께서 말씀하셨다. "녹봉을 주는 권한이 공실에서 떠난 지 5세(선·성·양·소·정공)가 되었고, 정권이 대부에게 넘어간 지 4대(三家의 4세로 선공 때 맹헌자·숙손장숙·계문자에서 정공 때 맹의자·숙손성자·계환자까지 대략 4

자원풀이 ■祿녹은 示(보일 시)+彔(나무 깎을 록)의 형성자로 제사(示)를 드려 비는 복을 말하며, 이로부터 관리들의 작록爵祿, 봉록俸祿을 의미한다.
■逮체는 辶(쉬엄쉬엄 갈 착)+隶(미칠 이)의 형성자로 따라가서(辶) 대상물의 꼬리를 붙잡음(隶)을 형상화하여, 미치다, 체포逮捕하다의 뜻이 있다.
■微미는 원래 산발을 한 노인(長)과 攵(칠 복)으로 생산력이 부족했을 때 구성원에게 부담을 주는 노인에 대한 타살을 의미하였고, 후에 彳(조금 걸을 척)이 더해져 오늘의 자형이 되었다. 또한 나이 든 노인은 힘이 없기에 미약微弱함의 뜻이, 후에 노인에 대한 타살은 숨겨진 골에서 몰래 은밀하게 진행되었기 때문에 미약, 작다, 쇠락, 숨다, 은밀하다 등의 뜻이 나왔다. 1백만 분의 1을 지칭하기도 한다.

세)나 되었다. 그러므로 (예악과 정벌이 대부로부터 나와 5세가 되면 잃지 않는 자가 드물기 때문에) 저 삼환(환공에서 나온 중손, 숙손, 계손)의 자손이 쇠미할 것이다."

집주 —— ■魯自文公薨에 公子遂殺子赤하고 立宣公하여 而君失其政으로 歷成襄昭定하여 凡五公이라 逮는 及也라 自季武子始專國政으로 歷悼平桓子하여 凡四世에 而爲家臣陽虎所執하니라 三桓은 三家니 皆桓公之後라 此는 以前章之說로 推之而知其當然也라

노나라는 문공文公이 죽자, 공자 수遂가 자적子赤을 살해하고 선공宣公을 옹립하니, 임금이 그 정권을 상실했으니, 성成공·양襄공·소昭공·정定공을 거치니 모두 다섯 공公이다. 체逮는 미치다(及也)이다. 계무자季武子로부터 국정을 전횡하기 시작하여 도悼·평平·환자桓子 등 모두 4세四世인데, 가신 양호에게 (국정이) 장악되었다. 삼환三桓은 삼가三家이니 모두 환공의 후손이다. 이는 앞 장의 설로 추론해 마땅히 이렇게 될 것임을 아신 것이다.

■此章은 專論魯事하니 疑與前章으로 皆定公時語라 蘇氏曰 禮樂征伐이 自諸侯出이면 宜諸侯之强也로되 而魯以失政하고 政逮於大夫면 宜大夫之强也로되 而三桓以微는 何也오 强生於安하고 安生於上下之分定이어늘 今諸侯大夫 皆陵其上하니 則無以令其下矣라 故로 皆不久而失之也니라

이 장은 오로지 노나라 일을 논했는데, 아마도 앞 장과 함께 모두 정공 때 말씀인 듯하다. 소식이 말했다. "예악정벌이 제후로부터 나오면 당연히 제후가 강성해야 하는데, 노나라는 그 때문에 정권을 잃었고, 정권이 대부에게 옮겨 가면 마땅히 대부가 강성해야 할 터인데, 삼환이 그 때문에 미약해졌다. 왜 그런가? 강성함은 안정에서 생기고, 안정은 위아래의 분수가 정해진 데서 생긴다. 지금 제후와 대부는 모두가 그 윗사람을 능멸하고 있으니, 그 아랫사람에게 명령할 수가 없다. 그래서 모두가 오래지 않아 무너졌다."

고금주 ── ■鄭曰: "言此之時, 魯 定公之初. 魯自東門襄仲殺文公之子赤而

立宣公, 於是政在大夫, 爵祿不從君出, 至定公爲五世矣."[邢云: "五世, 謂宣公 ·

成公 · 襄公 · 昭公 · 定公."] ○ 補曰 四世, 三家之四世也. 宣公之世, 孟獻子 · 叔

孫莊叔[名得臣] · 季文子爲政於魯, 而至定公之世, 孟懿子 · 叔孫成子 · 季桓子

當國, 大約皆四世. ○孔曰: "三桓, 謂仲孫 · 叔孫 · 季孫. 三卿皆出桓公, 故曰

三桓也."[仲孫氏, 改其氏, 稱孟氏] ○補曰 微, 衰也. 三家至定公之世, 皆衰.

정현이 말했다. "이 말씀을 하신 때에 노나라는 정공 초기였다. 노나라는 동

문양중東門襄仲이 문공의 아들 적赤을 죽이고 선공宣公을 옹립했는데, 이때에

정권은 대부에게 있고 작록은 임금으로부터 나오지 않았고, 정공에 이르러 5

세가 되었다."(형병이 말했다. "5세는 宣公 · 成公 · 襄公 · 昭公 · 定公을 말한다.") ○

보완하여 말한다. 4세世는 삼가三家의 4세이다. 선공 때 맹헌자孟獻子, 숙손장

숙叔孫莊叔, 계문자季文子가 노나라에서 정권을 행사했다. 정공 때에 이르러

맹의자孟懿子, 숙손성자叔孫成子, 계환자季桓子가 국가를 담당했으니, 이것이

대략 4세이다. ○공안국이 말했다. "삼환三桓은 중손仲孫 · 숙손叔孫 · 계손季

孫을 말한다. 삼경이 모두 환공에서 나왔기에 삼환이라고 했다." ○보완하여

말한다. 미微란 쇠衰했다는 뜻이다. 삼가三家는 정공 때에 이르러 모두 쇠해

졌다.

■案 孔子之意, 若單指季氏, 則當云'政在季氏四世', 如樂祁之言, 可也. 烏得

曰'政逮於大夫'乎?獨季氏四世專權稔惡, 而三桓子孫並受其殃, 非怪事乎?觀

於三桓子孫一句, 政逮大夫之通指三家, 審矣.

살핀다. 공자의 뜻이 단지 계씨季氏만 지칭한 것이라면, 악기樂祁의 말처럼

마땅히 '정권이 계씨에게 있었던 것이 4세'라고 하는 것이 옳다. 어찌 '정권이

대부에게 미치면'이라고 말할 수 있겠는가? 유독 계씨만이 4세 동안 권력을

전횡하여 악행을 저질렀는데, 삼환三桓의 자손들이 아울러 그 재앙을 받는다

면, 괴이한 일이 아니겠는가? 삼환자손三桓子孫이라는 한 구절을 보면, 정권

이 대부에게 미쳤다는 말은 삼가三家를 통틀어서 지칭하는 것임이 분명하다.

비평 —— '정체어대부사세政逮於大夫四世'에서 대부란 누구를 지칭하는 것이냐를 두고 의견을 달리한다. 고주나 주자처럼 계씨로 한정하여 계무자季武子로부터 국정을 전횡하여 도도·평平·환자桓子 등 모두 4세四世로 간주했을 때 초래되는 난점은 다산의 「안案」에 상세하게 논구되어 있다.

❦

16:4. 孔子曰: "益者三友, 損者三友. 友直, 友諒, 友多聞, 益矣. 友便辟, 友善柔, 友便佞, 損矣."[『說文』, 便佞之便作諞]

고주 —— 공자께서 말씀하셨다. "유익한 벗이 세 종류이고, 해로운 벗이 세 종류이다. 정직(直=正直)한 이를 벗하고, 성실하고 신뢰가 가는(諒=誠信) 이를 벗하며, 견문이 많은 (널리 배운:多聞=博學)이를 벗하면 유익하다. 남이 꺼리를 바를 교묘히 피하여 잘 보이기를 구하는(便辟=巧辟人之所忌) 이와 벗하고, 안색을 화열하게 하여 남을 유혹하는(善柔=面柔=和顏悅色以誘人) 이와 벗하고, 아첨하여 말을 잘하는 이(便佞=佞而辯)를 벗하면 손해다."

주자 —— 공자께서 말씀하셨다. "유익한 벗이 세 종류이고, 해로운 벗이 세 종류이다. 곧은 이를 벗하고(자신의 허물을 들을 수 있다), 성실한 이를 벗하며(참됨으로 나아갈 수 있다), 견문이 많은 이를 벗하면(밝음으로 나아갈 수 있으니) 유익하다. 위의에 익숙하여 곧지 않은 이(便辟=謂習於威儀而不直)와 벗하고, 아부해 기쁘게 하기는 잘 하지만 신실하지 않은 이(善柔, 謂工於媚悅而不諒)와 벗하고, 말 잘하는 것에는 익숙하지만 견문의 실질은 없는 이(便侫=習於口語而無聞見之實)를 벗하면 손해다."

다산 —— 공자께서 말씀하셨다. "유익한 벗이 세 종류이고, 해로운 벗이 세 종류이다. 언행에 굽음이 없는(直=言行無曲) 이를 벗하고, 곧고 신실함이 변하지 않는(諒=貞信不渝) 이를 벗하고, 널리 배운(多聞=博學) 이를 벗하면 유익하다. 사악함에 기울어짐이 익숙한(便辟=軟熟傾邪之貌) 이와 벗하고, 강직하지 못한(善柔=不剛直之貌) 이와 벗하고, 말 잘하여 말 재주를 부리(便侫=辯口給)는 이를 벗하면 손해다."(『설문』에는 便侫의 便 자가 諞으로 되어 있다.)

집주 —— ■友直則聞其過요 友諒則進於誠이요 友多聞則進於明이라 便은 習熟也라 便辟은 謂習於威儀而不直이요 善柔는 謂工於媚悅而不諒이요 便侫은 謂習於口語而無聞見之實이라 三者損益은 正相反也니라

곧은 이를 벗하면 자신의 허물을 들을 수 있고, 신실한 이(諒=信)를 벗하면 더욱 성실함으로 나아가고, 견문이 많은 이를 벗하면 지식의 밝음으로 나아간다. '편'은 익숙한 것이다. '편벽便辟'은 겉모양을 엄숙하게 하는 것에만 익숙하고 (내면은) 정직하지 않은 것을 말한다. '선유善柔'는 아부해 기쁘게 하기는 잘 하지만 신실하지 않은 것을 말한다. '편녕便侫'은 말 잘하는 것에는 익숙하

자원풀이 ■익益은 水(물 수)+皿(그릇 명)의 회의자. 물이 그릇에서 넘치는 모습(溢: 넘칠 일)으로 '더하다'의 뜻이다. ■손損은 手(손 수)+員(수효 원)의 형성자로 손(手)으로 덜어내어 줄이는 것을 말하여, 줄어들다, 손상損傷되다, 야박하게 되다 등의 뜻이다.
■편便은 人(사람 인)+更(고칠 갱)의 회의자로 채찍이다. 채찍은 말과 같은 짐승을 인간(人)이 편리하도록 바꾸고(更) 길들이는 도구의 뜻이고, 원래 뜻은 革(가죽 혁)을 더하여 편鞭(채찍 편)으로 분화했다.
■벽辟은 辛(매울 신)+尸(주검 시)+口(입 구)의 회의자로 辛은 형벌의 칼을, 尸는 사람을, 口는 도려낸 살점을 형상했다. 이로부터 갈라내다, 배척하다, 배제하다 등의 뜻이 생겼다.
■유柔는 木(나무 목)+矛(창 모)의 회의자로 나무가 휘어짐을 말했는데, 창(矛)의 자루로 쓰는 나무(木)는 유연柔軟해야 함을 나타냈다. 나무 성질의 유연함에서, 부드럽다, 온화하다 등의 뜻이 생겨났다.

지만, 견문의 실질은 없는 것을 말한다. 세 가지는 손익이 완전히 상반된다.

■ 尹氏曰 自天子로 以至於庶人히 未有不須友以成者요 而其損益이 有如是者하니 可不謹哉아

윤돈이 말했다. "천자로부터 서인에 이르기까지 모름지기 벗의 도움 없이 이른 자가 없으니, 그 손익이 이와 같음이 있으니, 근신하지 않을 수 있겠는가?"

고금주 ── ■補曰 直, 言行無曲者也. 諒, 貞信不渝者也. ○邢曰: "多聞, 謂博學." ○補曰 便, 安也, 習也. 辟, 邪也, 側也. [軟熟傾邪之貌] 善, 好也. 柔, 順也. [不剛直之貌] ○鄭曰: "便, 辯也."[案『爾雅·釋訓』云: "便便, 辯也."] 補曰 佞, 口給也. ○袁曰: "益是增其所未能, 損是壞其所本有."[袁石公之言]

보완하여 말한다. 곧음(直)은 언행에 굽음이 없는 것이고, 량諒은 곧고 신실함이 변하지 않는 것이다. ○형병이 말했다. "많이 들음(多聞)은 널리 배움(博學)을 말한다." ○보완하여 말한다. 편便은 편안(安)·익숙(習)이고, 벽辟은 간사(邪)·기울다(側)이다(사악함에 엷게 기울어짐에 익숙해진 모양). 선善은 호好의 뜻이고, 유柔는 순順하다는 뜻이다(剛直하지 못한 모양). ○정현이 말했다. "편便은 말을 잘한다(辯)이다."(살핀다. 『이아·釋訓』에서 말했다. "便便은 辯이다.") ○보완하여 말한다. 녕佞은 말재주를 부리는 것(口給)이다. ○원석공袁石公이 말했다. "익益은 그 능하지 못한 것을 증가하는 것이고, 손損은 본래 지니고 있는 것을 훼손하는 것이다."

■邢曰: "直, 謂正直. 諒, 謂誠信." ○案 諒者, 貞信堅固之意. 分而言之, 則貞·諒不同, 合而言之, 則貞·諒不殊, 如驕泰然也. 諸說皆未然.

형병이 말했다. "곧음直은 정직正直을 말한다. 량諒은 성신誠信을 말한다." ○살핀다. 량諒이란 정신貞信이 견고하다는 뜻이다. 나누어 말하면 정貞·량諒은 같지 않고, 합하여 말하면 정貞·량諒은 다르지 않으니, 예를 들면 교태와 같은 그런 것이다. 모든 설들은 모두 그렇지 않다.

■馬曰: "便辟, 巧辟人之所忌, 以求容媚." ○案 馬注甚善. 疑兩京官學有所受
也. 但一字之內, 無以盡含此義.

마융이 말했다. "편벽便辟은 사람들이 꺼리는 것을 교묘하게 피해서 아첨하
여 기용되기를 구하는 것이다." ○살핀다. 마융의 주석은 심히 좋다. 아마도
양한의 관학에서 전수받은 것이 있을 것이다. 다만 한 글자 내에 이런 뜻을
모두 함유할 수는 없다.

■馬曰: "善柔, 面柔也."[邢云: "面柔, 和顏悅色, 以誘人者也."] ○案 善柔之爲面柔,
意雖不差, 訓詁之體, 恐不然也.

마융이 말했다. "선유善柔는 면유面柔이다."(형병이 말했다. "面柔는 안색을 화열
하게 꾸며, 남을 유혹하는 것이다.") ○살핀다. 선유善柔를 면유面柔로 여기는 것
은 뜻은 비록 차이 나지 않지만, 훈고체로 볼 때 아마도 그렇지 않은 듯하다.

■考異 許愼『說文』云: "諞, 巧言也. 從言扁聲. 〈周書〉曰, '截截善諞言.'『論
語』曰, '友諞佞.'" ○案 此必孔壁古文也.

다름을 살핀다. 허신의 『설문』에서 말하길, "편諞은 교묘한 말(巧言)이다. 언
言 변에 소리는 편扁이다. 『주서』에서는 가볍게 교묘한 말을 잘한다(截截善
諞言)고 했고, 『논어』에서는 '편녕한 자를 벗한다(友諞佞)'고 했다." ○살핀다.
이것은 필시 공벽고문일 것이다.

✦

16:5. 孔子曰: "益者三樂, 損者三樂. 樂節禮樂, 樂道人之善, 樂多
賢友, 益矣. 樂驕樂, 樂佚游, 樂宴樂, 損矣."[皇本, 道作導. ○樂, 並當
音洛, 唯禮樂之樂, 音岳]

고주 —— 공자께서 말씀하셨다. "유익한 것은 세 가지 좋아함(樂=好樂)이고, 해로운 것은 세 가지 좋아함이다. (모든 동작이) 예악으로 절제하기를 좋아하는 것이며, 다른 사람의 미행을 칭찬하기를 좋아하는 것이고, 현명한 벗을 많이 얻어 사귀기를 좋아하면 유익하다. (존귀함을 믿고 방자하게 굴어) 교만 떠는 것을 좋아하고, 절도 없이 출입하기를(佚遊=出入不節) 좋아하고, 주색에 빠져 직무를 방기하고 안락(宴樂=沈荒淫瀆)을 좋아하면 해롭다."

주자 —— 공자께서 말씀하셨다. "유익한 것은 세 가지를 좋아함이고, 해로운 것은 세 가지를 좋아함이다. 예(의 제도와)·악樂(의 聲容의) 절도를 변별하기를 좋아하는 것, 남의 선함을 말하기를 좋아하는 것, 현명한 벗이 많음을 좋아하는 것은 유익하다. 교만 떠는 즐거움을 좋아하고 (사치하고 방자해 절제할 줄 모르고), 방탕한 유람을 즐거워하고 (게으르고 늘어져 선한 말 듣기를 싫어하고), 잔치의 즐거움을 좋아하는 것(음란에 빠져 소인을 가까이 하는 것)은 해롭다."(樂는 五와 敎의 반절인 '요'이고, 禮樂의 樂은 음이 岳이며, 驕樂과 宴樂의 樂은 음이 洛이다.)

다산 —— 공자께서 말씀하셨다. "유익한 것은 세 가지를 좋아함(樂=好)이고, 해로운 것은 세 가지를 좋아함이다. 예(의 제도와)·악樂(의 聲容의) 절도를 변별하기를 좋아하는 것, 남의 미행美行을 칭찬하기를 좋아하는 것, 현명한 벗

자원풀이 ■樂(락, 요)은 『설문해자』에 따르면 윗부분은 악기樂器(搖鈴) 모양을 형상화한 것이고, 아랫부분(木)은 목木 자 모양의 악기 자루(支架)를 형상한 글자이다. 즉 나무 자루가 달린 요령을 손으로 흔드는 모양을 본뜬 글자인데, 요령을 흔들어 그 소리로 신(神)을 즐겁게 해 준다는 의미가 있다. 즐겁다고 할 때는 락, 음악音樂이라고 할 때는 '악'으로 발음한다. 그리고 '좋아한다'라고 할 때, 요컨대 어진 이는 산을 좋아하고(仁者樂山), 지혜로운 이는 물을 좋아한다(知者樂水)고 할 때는 '요'로 발음한다.
■절節은 竹(대나무 죽)+即(곧 즉)의 형성자로서 대나무가 원래 뜻인데, 대나무는 마디마디 지어진 단계와 등급이 있다는 뜻에서 절도節度, 절제節制라는 뜻이다.
■교驕는 馬(말 마)+喬(높을 교)로 6척 높이의 잘 달리는 뛰어난 말로 뛰어나기 때문에 교오驕傲, 교만驕慢처럼 자긍심을 갖고 남을 업신여김을 뜻한다.

이 많음을 좋아하는 것은 유익하다. (남에게) 오만하고 기세 떨기를 좋아하고, 출입에 절도가 없는 것을 좋아하고, 술에 빠져 스스로 방탕한 것을 좋아하면 해롭다."(황간본에는 道가 導로 되어 있다. ○樂는 모두 음이 洛, 오직 예악의 악:禮樂之 樂만 음이 岳이다)

집주 —— ■節은 謂辨其制度聲容之節이라 驕樂則侈肆而不知節이요 佚遊則 惰慢而惡聞善이요 宴樂則淫溺而狎小人이니 三者損益이 亦相反也니라
절節은 (禮의) 제도와 (樂의) 성용聲容의 절도를 변별함을 말한다. 교만 떨기를 즐기면 사치하고 방자하여 절제를 모른다. 안일하게 놀면 태만하여 좋은 말을 듣기를 싫어한다. 잔치를 즐기면 음란함에 빠져 소인을 가까이 한다. 이 세 가지 손익은 서로 상반된다.
■尹氏曰 君子之於好樂에 可不謹哉아
윤돈이 말했다. "군자가 좋아함에서 근신하지 않을 수 있겠는가?"

고금주 —— ■補曰 樂, 好也. 節, 謂辨其制度聲容之節. ○邢曰: "樂道人之善, 謂好稱人之美." ○補曰 驕樂, 傲物而肆氣. [孔云: "恃尊貴以自恣."] ○王曰: "佚 游, 出入不節." ○補曰 宴樂, 酖飮以自荒.
보완하여 말한다. 락樂은 좋아하다(好)이고, 절節은 그 (禮의) 제도와 (樂의) 성용聲容의 절도를 변별함을 말한다. ○형병이 말했다. "남의 선함을 말하기를 좋아한다는 남의 미행을 칭찬하기를 좋아한다는 말이다." ○보완하여 말한다. 교락驕樂은 남에게 오만하고 기세가 방자한 것이다.(공안국이 말했다. "존귀함을

■일佚은 人(사람 인)+失(잃을 실)의 형성자로 세상을 피해 사라진(失) 사람(人)으로 은거하다, 잃어버리다 등의 뜻이다. 번잡한 세상을 떠나 한적하게 은거하는 것은 편안함의 상징이었기에 편안하다는 뜻까지 지닌다.
■연宴은 宀(집 면)+'安(편안할 안)'의 형성자로 집에서 편안하게 지냄을 의미하고, 편안하다, 즐겁다의 뜻이 나왔다. 또 술이나 음식으로 초대해 함께 식사하는 것을 말하여, '잔치'라는 뜻도 나왔다.

믿고 방자하게 구는 것이다.") ○ 왕숙이 말했다. "일유佚游는 출입에 절도가 없는 것이다." ○ 보완하여 말한다. 연락宴樂은 술에 빠져 스스로 방탕한 것이다.

■陸氏『釋文』曰: "樂, 五教反."[謂三樂之樂] ○ 純曰: "三樂讀爲憂樂之樂, 則意味甚長, 五教反則無意味矣." ○ 案 純說極是.

육덕명이 『석문』에서 말했다. 요樂는 오五와 교教의 반절(요)이다(三樂의 樂이다). ○ 태재순이 말했다. "삼락三樂은 우락憂樂의 락樂으로 읽으면 의미가 매우 깊지만, 오五와 교教의 반절음(요)로 읽으면 의미가 없어진다." ○ 살핀다. 태재순의 설이 지극히 옳다.

■何曰: "動得禮樂之節."[皇本, '動'下有'靜'字] ○ 邢曰: "凡所動作, 皆得禮樂之節." ○ 駁曰 非也. 禮樂之有節, 猶經傳之有章句也. 古者道術昭明, 不勞於經學, 學者所業, 惟節禮樂而已.

하안이 말했다. "동작이 예악의 절도를 얻은 것이다."(황간본에는 動 아래에 '靜' 자가 있다). ○ 형병이 말했다. "무릇 동작하는 것이 모두 예악의 절도를 얻은 것이다." ○ 논박하여 말하면 그릇되었다. 예악에 절도가 있는 것은 경전經傳에 장구章句가 있는 것과 같다. 옛날에는 도술이 밝아서 경학에 힘들지 않았고, 배우는 자가 업으로 삼은 것은 오직 예악으로 절제하는 것일 뿐이었다.

■純曰: "樂驕樂, 二樂字, 上者意活, 下者意死. 下文樂宴樂, 倣此." ○ 案 說得精細.

태재순이 말했다. "낙교락樂驕樂의 두 락樂 자는 앞의 것은 뜻이 살아 있고, 뒤의 것은 뜻이 죽어 있다. 아래 글의 낙연락樂宴樂도 이와 같다." ○ 살핀다. 설명이 정밀함과 상세함을 얻었다.

■孔曰: "宴樂, 沈荒淫瀆."[邢云: "沈者, 沈酗於酒也. 荒者, 廢所掌之職事也. 淫, 過也. 瀆, 媟慢也."] ○ 案 所言雜矣.

공안국이 말했다. "연락宴樂은 침황沈荒하고 음독淫瀆하는 것이다."(형병이 말했다. "沈이란 술에 빠져 주정함이다. 荒이란 맡은 바의 직무를 폐기함이다. 淫은 지나침過이다. 瀆이란 버릇없이 구는 것이다.") ○ 살핀다. 말한 것이 잡스럽다.

비평 —— 글자 해석에서 약간 차이가 있지만, 논란할 만한 것은 아니다.

⌒⌒⌒

16:6. 孔子曰: "侍於君子有三愆. 言未及之而言, 謂之躁. 言及之而不言, 謂之隱. 未見顏色而言, 謂之瞽."

고주 —— 공자께서 말씀하셨다. "군자를 모실 때에 (범하기 쉬운) 세 가지 허물이 있다. 말할 차례가 미치지 않았는데도 말하는 것을 편안하거나 고요하지 못하다(躁=不安靜)고 하고, 말할 차례가 미치었는데도 말하지 않은 것을 은닉하고 실정을 다하지 않는다(隱=隱匿不盡情實)고 하고, (군자의) 안색(이 추향하는 것)을 살피지 않고 (지레 군자의 생각을 헤아려 미리) 말하는 것을 소경이라고 한다."

주자 —— 공자께서 말씀하셨다. "(덕이나 지위가 있는) 군자를 모실 때에 세 가지 허물이 있다. 말할 차례가 미치지 않았는데도 말하는 것을 조급하다고 하고, 말할 차례가 미치었는데도 말하지 않은 것을 은닉한다고 하고, (눈이 없어 말을 헤아리거나 안색을 살필 줄 몰라) 안색을 살피지 않고 말하는 것을 소경이라고 한다."

다산 —— 공자께서 말씀하셨다. "(덕이나 지위가 있는) 군자를 모실 때에 세 가지 허물이 있다. 말할 차례가 미치지 않았는데도 말하는 것을 편안하거나 고요하지 못하다(躁=不安靜)고 하고, 말할 차례가 미치었는데도 말하지 않은 것을 은닉하고 실정을 다하지 않는다(隱=隱匿不盡情實)고 하고, (눈이 없어 말을 헤아리거나 안색을 살필 줄 몰라) 안색을 살피지 않고 말하는 것을 소경이라고 한다."

집주 —— ■君子는 有德位之通稱이다 愆은 過也라 瞽는 無目하니 不能察言 觀色이라

군자君子는 덕과 지위를 지닌 사람의 통칭이다. 건愆은 허물(過)이고, 고瞽는 눈이 없어 말을 헤아리거나 안색을 살피지 못함이다.

■尹氏曰 時然後言이면 則無三者之過矣니라

윤돈이 말했다. "때가 되었을 때 말하면, 세 가지 허물이 없다."

고금주 —— ■孔曰: "愆, 過也." ○鄭曰: "躁, 不安靜." ○孔曰: "隱匿不盡情 實."

공안국이 말했다. "건愆은 허물(過)이다." ○정현이 말했다. "조躁는 편안하거나 고요하지 못함(不安靜)이다." ○공안국이 말했다. "은닉하고 실정을 다하지 않음이다."

■周曰: "未見君子顔色所趨向, 而便逆先意語者, 猶瞽也." ○駁曰 非也. 逆先 意語四字, 未安.

주생력이 말했다. "군자의 안색이 추향하는 것을 보지 않고, 지레 군자의 생각을 먼저 헤아려 말하는 것은 소경과 같다." ○논박하여 말하면, 그릇되었다. '생각을 먼저 헤아려 말한다(逆先意語)'는 네 글자는 타당하지 않다.

자원풀이 ■연衍은 水(물 수)+行(갈 행)의 형성자로 물길대로 흘러야 할 물(水)이 길(行)로 흐르지 않고 '넘쳐흐르는' 것을 말한다. 건愆은 心(마음 심)+衍(허물 연)의 형성자로 분수를 넘는 마음(心)이 도를 넘어(衍) '허물'이 됨을 말한다. 넘치다, 초과하다, 과실, 잃어버리다 등의 뜻이 있다.
■조躁는 足(발 족)+喿(떠들썩할 소)의 형성자로 발(足)이 빨리 움직임으로부터 성급하다, 조급躁急하다, 안정되지 못하다의 뜻이 나왔다.
■은隱은 阝(고을 읍)+'삼가할 은'의 형성자로 숨다는 뜻인데, 언덕(阜)에 가려 보이지 않음을 말하며, 이로부터 숨기다, 숨다, 비밀 등의 뜻이 나왔다.
■고瞽는 目(눈 목)+鼓(두드릴 고)의 형성자로 (1) 소경, (2) 악관樂官, (3) 어리석다, (4) 시력을 잃다의 의미를 지닌다.

■ 引證『韓詩外傳』曰: "禮恭然後可與言道之方, 辭順然後可與言道之理, 色從然後可與言道之極. 故未可與言而言謂之瞽 可與言而不與之言謂之隱, 君子不瞽言, 謹慎其序."

인증한다. 『한씨외전』에서 말했다. "예의가 공손한 뒤에야 더불어 도의 방향을 말할 수 있고, 말이 순한 뒤에야 더불어 도의 이치를 말할 수 있고, 얼굴빛이 종용한 뒤에라야 더불어 도의 극치를 말할 수 있다. 그러므로 더불어 말할 만하지 못한데 말하면 이를 소경(瞽)이라 하고, 더불어 말할 만한데 말하지 않으면 숨긴다(隱)고 한다. 군자는 소경이 보지 않고 하는 말처럼 시시한 말을 하지 않으니, 말하는 차례를 삼가고 신중히 하는 것이다."

비평 —— 고주는 이 구절을 "비천한 자가 존귀한 분을 모실 때에 언어를 삼가는 법을 지키도록 경계한 것이다."라고 했다.

주자는 "성인의 이 말씀은 단지 사람들에게 때에 맞게 말하고, 망발해서는 안 된다는 것을 경계하신 것이다."고 했다. 다산은 고주와 주자의 장점을 고루 취합하여 주석했다.

❧

16:7. 孔子曰: "君子有三戒. 少之時, 血氣未定, 戒之在色. 及其壯也, 血氣方剛, 戒之在鬪. 及其老也, 血氣旣衰, 戒之在得."

고주 —— 공자께서 말씀하셨다. "군자는 세 가지 계신(戒=戒愼)해야 할 것이 있다. 젊을 때(29세 이하)는 혈기가 아직 (약하여 근골이 미정하여) 안정되지 않으니 (색을 탐하면 해가 되니) 경계할 것은 색色에 있고, 장성해서는 혈기가 한창 강성해지니 (싸우기를 좋아하니) 경계할 것은 싸움에 있고, 노년(50세 이상)이 되어서는 혈기가 이미 쇠했으니 (재물 모으기를 많이 좋아하니) 경계할 것은 탐득貪得에 있다."

주자 —— 공자께서 말씀하셨다. "군자는 세 가지 경계해야 할 것이 있다. 젊을 때는 (몸이 의지하여 살아가는) 혈기가 아직 안정되지 않으니 (이치로써 혈기를 다스려) 경계할 것은 색色에 있고, 장성해서는 혈기가 한창 강성해지니 (이치로써 혈기를 다스려) 경계할 것은 싸움에 있고, 노년이 되어서는 혈기가 이미 쇠했으니 (이치로써 혈기를 다스려) 경계할 것은 탐득貪得에 있다."

다산 —— 공자께서 말씀하셨다. "군자는 세 가지 경계해야 할 것이 있다. (천지만물의 본성은 꽉 차면 새어나가기를 생각하기 때문에 매양 뿜어내고, 텅 비면 채우기를 요구하기 때문에) 젊을 때는 혈기가 아직 안정되지 않으니 경계할 것은 색色에 있고, 장성해서는 혈기가 한창 강성해지니 경계할 것은 싸움에 있고(혈기가 꽉 차서 새어나가려는 것이다), 노년이 되어서는 혈기가 이미 쇠했으니 (혈기가 모자라 보충하기를 생각하여 음식을 좋아하고 재물에 애착을 지녀서) 경계할 것은 탐득貪得에 있다(범조우의 志氣와 주자의 理는 道心을 말한다)."

자원풀이 ■계戒는 戈(창 과)+廾(두 손 마주잡을 공)의 회의자로 두 손으로(廾) 창(戈)을 잡고 경계警戒 서는 모습을 그렸다. 경계하다, 준비하다, 재계齋戒하다 등의 뜻이 있다.
■혈血은 皿(그릇 명)+丿(삐침 별)의 지사자로 그릇(皿)에 담긴 피를 형상화했다. 『설문』에서는 '제사 때 바치는 희생 피를 의미하며, 가로획은 피를 그렸다.'고 했다.
■기氣는 气(기운 기)+米(쌀 미)의 형성자. 기운의 뜻. 쌀(米)로 밥을 지을 때 나는 증기蒸氣처럼 수직이동과 수평이 동을 하는 구름, 바람, 비처럼 보이지 않지만 에너지를 지니는 우주를 구성하는 질료적인 모든 것을 총칭한다.
■정定은 宀(집 면)+'발 소'로 구성되어 집안(宀)에서 발을 멈추고 쉬다는 의미를 그려 안정安定, 평정平正, 확정確定, 규정規定하다의 의미를 나타낸다. 『설문』에서는 宀+正(바를 정)의 회의자로 집안(宀)에 나아가(正) 자리를 잡고 편안하게 쉬다는 뜻을 그렸다고 한다.

집주 ─── ■血氣는 形之所待以生者니 血陰而氣陽也라 得은 貪得也라 隨時知戒하여 以理勝之면 則不爲血氣所使也라

혈기는 형상을 지닌 것이 의지하여 살아가는 것으로 혈血은 음이고 기氣는 양이다. 득得은 얻기를 탐하는 것이다. 시기에 따라 경계할 줄 알아 이치로써 이겨나가면 혈기에 의해 부림을 당하지 않는다.

■范氏曰 聖人이 同於人者는 血氣也요 異於人者는 志氣也니 血氣는 有時而衰로되 志氣則無時而衰也라 少未定, 壯而剛, 老而衰者는 血氣也요 戒於色, 戒於鬪, 戒於得者는 志氣也라 君子는 養其志氣라 故로 不爲血氣所動이라 是以로 年彌高而德彌邵也니라

범조우가 말했다. "성인이 다른 사람과 같은 점은 혈기이고, 다른 사람과 다른 점은 지기志氣이다. 혈기는 때가 되면 쇠하고, 지기는 쇠하는 때가 없다. 어릴 때는 불안정하고, 장성하면 강해졌다가, 늙으면 쇠하는 것이 혈기이다. 색을 경계하고, 싸움을 경계하고, 탐욕을 경계하는 것이 지기志氣이다. 군자는 지기를 기르므로 혈기에 휘둘리지 않는다. 그러므로 연륜이 높아질수록 덕은 더욱 높아진다."

고금주 ─── ■孔曰: "得, 貪得."

공안국이 말했다. "득得은 얻기를 탐하는 것(貪得)이다."

■案 范氏之所謂志, 朱子之所謂理, 皆道心之謂也. 禮義雖存, 我苟不以道心

─────────────────────────────

■장壯은 士(선비 사)+爿(나뭇조각 장)의 형성자로 나무토막(爿)처럼 강인한 남성(士)을 말한다. 강장强壯하다, 성대하다, 튼튼하다, 용맹하다 등의 뜻이다.
■강剛은 刀(칼 도)+岡(산등성이 강)의 형성자로 산등성이와 칼처럼 '단단함'을 말하며, 이로부터 견고堅固, 강직剛直 등의 뜻이 나왔다.
■투鬪는 갑골문에서 두 사람이 싸우는 모습을 그린 회의자로, 마주한 사람의 머리카락이 위로 치솟아 화를 내는 모습을 나타낸다. 예서에서는 소리부로 豆(콩 두)와 손동작을 강조한 寸(마디 촌)이 더해져 鬪 자가 되었다.
■쇠衰는 본래 도롱이처럼 풀이나 짚으로 엮은 상복(衣)을 그린 상형자였는데, 이후 쇠약하다, 노쇠老衰하다, 쇠퇴하다 등의 뜻이 나왔다. 그러자 원래 뜻은 艸(풀 초)를 더해 蓑(도롱이 사), 糸(실 사)가 더해 縗(상복이름 최)로 분화했다.

從之, 則何以行禮義哉? 且凡天下之物, 虛者貴, 實者賤, 無形者貴, 有形者賤. 道德・仁義・禮法・政教, 皆以虛治實, 以無形御有形.

살핀다. 범조우의 이른바 지志와 주자의 이른바 리理는 모두 도심道心을 말한다. 예의가 비록 존재하더라도 내가 진실로 도심으로 따르지 않으면 어떻게 예의를 실행할 수 있겠는가? 또한 무릇 천하의 사물은 허虛한 것이 귀貴하고 실實한 것이 천賤하며, 형체가 없는 것이 귀하고, 형체가 있는 것이 천하다. 도덕과 인의와 예법과 정교政教는 모두 허무로써 실을 다스리고, 무형으로써 유형을 다스리는 것이다.

■案 凡天地萬物之情, 實則思泄, 故每噴而出之, 虛則求益, 故每吸而入之. 此物之所自然, 物亦莫知其所以然也. 少之好色, 壯之善鬪, 是實而思泄者也. 老者血虛氣乏, 常思補益, 故其情愛飮食戀財物, 斯其可畏之機也.

살핀다. 천지만물의 본성은 꽉 차면 새어나가기를 생각하기 때문에 매양 뿜어내고, 텅 비면 채우기를 요구하기 때문에 매양 빨아들인다. 이는 만물이 스스로 그러한 것인데도 또한 만물의 그러한 바의 까닭을 알지 못한다. 젊어서는 색을 생각하고, 장성하면 싸움을 생각하니, 이는 꽉 차서 새어나가기를 생각하는 것이다. 노년에는 혈血이 허하고, 기氣는 모자라 항상 보충하기를 생각하기 때문에, 그 심정은 음식을 좋아하고 재물에 애착을 지니는 것이니, 이는 두려워할 만한 기틀이다.

비평 —— 고주는 구체적인 연령을 제시하면서 이 구절을 풀이했다. 주자는 이기론理氣論에 의해 이치로써 혈기를 다스려 혈기의 부림을 당하지 않아야 하는 것으로 해석했다. 맹자의 지기志氣 개념에 의해 풀이한 범조우의 해석 또한 좋다. 다산은 주자의 리理와 범조우의 지志를 『서경』의 도심道心을 말하는 것으로 해석했다. 나름으로 모두 일리가 있다.

16:8. 孔子曰: "君子有三畏. 畏天命, 畏大人, 畏聖人之言. 小人不知天命而不畏也, 狎大人, 侮聖人之言."

고주 —— 공자께서 말씀하셨다. "군자는 세 가지 두려워해야 할 것이 있다. (순종하면 길하고 거스르면 흉하니) 천명을 두려워해야 하고, (천지와 그 덕이 부합하는) 대인(=聖人)을 두려워해야 하고, (심원하여 쉽게 알거나 헤아릴 수 없는) 성인의 말씀을 두려워해야 한다. 소인은 (천도가 광활하고 요원하기 때문에) 천명을 알지 못해 두려워하지 않고, (성인은 정직하고, 방자하지 않기 때문에) 대인을 가벼이 여기며(狎=輕忽), 성인의 말씀을 (알 수 없기 때문에) 업신여긴다."

주자 —— 공자께서 말씀하셨다. "군자는 세 가지 엄격히 삼가(畏=嚴憚)야 할 것이 있다. (하늘이 부여한 바른 이치인) 천명을 (알면 경계하고 삼가고 두려워하는 것을 저절로 그칠 수 없어, 부여받은 중한 책무를 잃지 않을 수 있기 때문에) 엄격히 삼가고, (지위와 덕이 있는) 대인을 (천명으로) 엄격히 삼가고, 성인의 말씀을 (천명으로) 엄격히 삼가야 한다. 소인은 천명을 알지 못해 (의리를 알지 못하기 때문에 기탄하는 바가 없어) 엄격하게 삼가지 않고, 대인을 가벼이 여기며, 성인의 말씀을 희완戲玩한다."

자원풀이 ■외畏는 갑골문에서 얼굴에 커다란 가면을 쓴 귀신(鬼)이 손에 창과 같은 무기를 든 모습에서, 자형이 변해 지금처럼 되었다. 무서운 형상의 귀신이 무기를 들어 공포감을 주므로 두려워하다, 경외敬畏의 뜻이 나왔다.
■압狎은 犬(개 견)+甲(첫째 천간 갑)의 형성자로 사람 곁에 사는 개(犬)처럼 매우 친근하고 익숙함을 말하고, 가까우면 업신여기게 되므로 업신여기다의 뜻이 나왔다.
■모侮는 人(사람 인)+每(매양 매)의 형성자. 사람(人)을 능멸하고 업신여김으로부터 남을 속이다의 뜻도 나왔다.

다산 ── 공자께서 말씀하셨다. "군자는 세 가지 두려워해야(畏=恐懼) 할 것이 있다. (순종하면 길하고 거스르면 흉하니) 천명을 두려워해야 하고, 대인(=人君)을 두려워해야 하고, (심원하여 쉽게 알거나 헤아릴 수 없는) 성인의 말씀(육경에 실려 있는 훈계)을 두려워해야 한다. 소인은 천명을 (은미하여 자연과 같은 까닭에) 알지 못해 두려워하지 않고, (총애 받는 신하는 천지의 분수:天地之分를 망각하기 때문에) 대인(=人君)을 친압하며, 성인의 말씀을 (상서·재앙의 경계:祥殃之戒는 반드시 오랜 뒤에 징험이 되기 때문에) 업신여긴다."

집주 ── ■畏者는 嚴憚之意也라 天命者는 天所賦之正理也니 知其可畏면 則其戒謹恐懼가 自有不能已者하여 而付畀之重을 可以不失矣라 大人, 聖言은 皆天命所當畏니 知畏天命이면 則不得不畏之矣리라

외畏는 엄격히 삼간다(嚴憚)는 뜻이다. 천명天命이란 하늘이 부여한 바른 이치이다. 천명이 두려워할 만한 것임을 알면 경계하고 삼가고 두려워하는 것을 저절로 그칠 수 없어, 부여받은 중한 책무를 잃지 않을 수 있다. 대인과 성인의 말씀은 모두 천명으로 마땅히 두려워해야 할 것이니, 천명을 두려워할 줄 알면 대인과 성인의 말씀을 두려워하지 않을 수 없다.

■侮는 戲玩也라 不知天命이라 故로 不識義理而無所忌憚이 如此니라

모侮는 희롱함이다. 천명을 알지 못하기 때문에, 의리를 인식하지 못해 기탄하는 바가 없는 것이 이와 같다.

■尹氏曰 三畏者는 修己之誠에 當然也라 小人은 不務修身誠己하니 則何畏之有리오

윤돈이 말했다. "세 가지를 두려워하는 것은 성실하게 자기를 닦는 데 당연한 것이다. 소인은 자신을 닦고 자기를 성실하게 하는 데에 힘쓰지 않으니, 무슨 두려움이 있겠는가?"

고금주 —— ■補曰 畏, 恐懼也. ○何曰: "順吉逆凶, 天之命也." ○補曰 大人者, 人主也. 聖人之言, 六經所載訓戒. 天命隱微若自然, 故小人不知. 狎, 謂褻也. 嬖倖之臣, 忘天地之分, 故狎之. [邢云: "狎, 謂慣忽."] 聖人所言, 祥殃之戒, 必久而後驗, 故小人侮之. [邢云: "侮, 謂輕慢."]

보완하여 말한다. 외畏는 두려워함(恐懼)이다. ○하안이 말했다. "순종하면 길吉하고, 거스르면 흉한 것은 하늘의 명령이다." ○보완하여 말한다. 대인大人이란 군주(人主)이다. 성인의 말씀은 육경六經에 실려 있는 훈계이다. 천명은 은미하여 자연과 같은 까닭에 소인은 알지 못한다. 압狎은 친압(褻)이다. 총애 받는 신하는 천지의 분수(天地之分)를 망각하기 때문에 친압한다.(형병이 말했다. "狎은 慣忽이다.") 성인이 말씀하신 상서·재앙의 경계(祥殃之戒)는 반드시 오랜 뒤에 징험이 되기 때문에 소인이 업신여긴다.(형병이 말했다. "侮는 輕慢을 말한다.")

■質疑 朱子曰: "畏者, 嚴憚之意也. [蔡云: "非謂畏縮也."] 天命者, 天所賦之正理也." ○案『中庸』曰: "天命之謂性." 『大學』曰: "顧諟天之明命." 朱子以性爲理, 故遂以天命爲理也. 雖然, 賦於心性, 使之向善違惡, 固天命也. 日監在玆, 以之福善禍淫, 亦天命也. 『詩』·『書』所言天命, 豈可槩之曰本心之正理乎? 『詩』云: "畏天之命, 于時保之." 若云'畏心之理, 于時保之', 豈可通乎? 〈康誥〉曰: "惟命不于常." 『詩』云: "天命靡常." [〈文王〉篇] 心之正理, 豈無常乎? 且畏者, 恐懼也, 恐不但嚴憚而已.

질의한다. 주자가 말했다. "외畏는 엄격히 삼간다(嚴憚)는 뜻이다."(채청이 말했다. "畏란 두려워하거나 움츠리는 것이 아니다.") 천명天命이란 하늘이 부여한 바른 이치이다." ○살핀다. 『중용』에 "천명을 성이라 한다(天命之謂性)."고 하고, 『대학』에 "이 하늘의 밝은 명을 돌아본다(顧諟天之明命)."고 했는데, 주자는 성性을 리理라 했기 때문에, 드디어 천명을 리理라 했다. 비록 그렇다고 하나, 심성心性에 부여되어 사람으로 하여금 선으로 향하고 악에서 떠나게 하는 것은 진실로 천명이다. 나날이 굽어 살펴 착한 사람에게 복을 주고 음탕한 자에게는 화를 내리는 것 또한 천명이다. 『시경』, 『서경』에서 말한 천명을 어찌 이를 개괄하여 본심의 바른 이치(正理)라고 말할 수 있겠는가? 『시경』에 "하늘의 위엄을 두려워하여 이에 보존해 나간다(畏天之威 于時保之, 「周頌, 我將」)."라고 한 것을 만약에 '마음의 이치를 두려워하여 이에 보존해 나간다(畏心之理 于時保之).'라고 한다면 어찌 통할 수 있겠는가? 『서경』 「강고康誥」에 "오직 천명은 항상 일정한 곳에 머물러 있지 않다(惟命不于常)."라고 하고, 『시경』에 "천명은 일정하지 않다(天命靡常; 「大雅」, 「文王」)."라고 했는데, 마음의 바른 이치가 어찌 무상無常이겠는가? 또 외畏란 공구恐懼한다는 뜻이니, 아마도 단지 엄탄嚴憚하는 것만은 아닌 듯하다.

■ 何曰: "大人, 即聖人, 與天地合其德." ○ 純曰: "大人以位言." [鄭云: "大人, 諸侯也."] ○ 案 純說是.

하안이 말했다. "대인은 곧 성인이니, 천지와 그 덕을 합한다." ○ 태재순이 말했다. "대인은 지위로써 말한 것이다."(정현이 말했다. "대인은 제후이다.") ○ 살핀다. 태재순의 설이 옳다.

■ 何曰: "深遠不可易知測, 聖人之言也." ○ 駁曰 非也. 天道昭禍福之理, 人主操刑賞之權, 聖人著祥殃之戒, 此君子之三畏也. 聖人或有位或無位, 其有位者, 固可畏也, 其無位者, 何必畏矣? 惟其所著祥殃之戒, 必徵必驗, 故不曰聖人, 而必曰聖人之言.

하안이 말했다. "심원하여 쉽게 알거나 헤아릴 수 없는 것이 성인의 말씀이다." ○ 논박하여 말하면, 그릇되었다. 천도는 화복禍福의 이치를 밝히고, 군주는 형벌·포상刑賞의 권한을 잡고 있으며, 성인은 상서·재앙의 경계(祥殃之戒)를 저술해 놓았으니, 이것이 군자의 세 가지 두려움이다. 성인은 혹 지위가 있기도 하고, 혹 지위가 없기도 하니, 그 지위가 있는 자는 진실로 두려워할 만하지만, 그 지위가 없는 자는 어찌 반드시 두려워하겠는가? 오직 그가 저술한 상서·재앙의 경계만이 반드시 징험이 되기 때문에, 성인이라고 말하지 않고 반드시 성인의 말씀이라고 말했다.

비평 —— 외외畏 자의 해석에서 이견이 있지만, 큰 쟁점은 역시 천명天命을 하늘이 부여한 인간 심성의 바른 이치라고 할 수 있는가 하는 점이다. 이는 곧 성리학의 절대 명제인 '인간의 본성은 천리이다(性卽理).'라는 명제를 받아들일 수 있는가 하는 문제이다.

다산은 『시경』과 『서경』의 천명天命이란 말이 나타난 구절을 제시하면서, 만일 여기서 천명이란 말을 본심의 바른 이치(本心之正理)라고 해석한다면 전혀 이해할 수 없는 구절이 되고 만다고 비판한다. 이는 주자의 성리학과 다산학이 결별하는 결정적인 지점이다. 물론 다산의 이러한 지적들은 상당한 일리가 있다. 그러나 철학적 개념이란 역사가 진행됨에 따라 확장, 심화, 변용된다. 철학은 시대 문화의 정화精華이고, 모든 철학적 개념은 시대의 아들이라고 할 수 있다. 『시경』과 『서경』의 천명 개념은 주로 군주 1인과 교섭하는 경향이 있다. 그러나 공자가 쉰에 천명을 알았다고 말하고, 천명을 알지 못하면 군자가 될 수 없다고 선언하고, 나아가 『중용』에서 천명을 인간의 본성이라고 규정한 이래 천명은 이제 외재적인 것이 아니라, 인간의 주체에 내재하는 것으로 확인되었다. 정자의 언명을 계승한 주자는 바로 이 점을 착안하여 "인간의 본성은 천리이다."라고 확인했던 것이다. 이에 대해서는 3권의 「천天」에 관한 장에서 상론하기로 한다.

16:9. 孔子曰: "生而知之者, 上也. 學而知之者, 次也. 困而學之, 又其次也. 困而不學, 民斯爲下矣."

고주 —— 공자께서 말씀하셨다. "나면서부터 (도를) 아는 사람(=聖人)이 최상이고, (유년 때부터) 배워서 (도를) 아는 사람은 그다음(=賢人)이며, (본시 배우기를 좋아하지 않은 사람으로) 막혔으되 (중년이 되어 행사에 곤란한 바가 있어, 禮가 통하지 않음으로 인해 분발하여) 배우는 사람은 그다음이며, 막혔으되 (곤란을 느끼면서도) 배우지도 않는 사람은 백성 가운데 하등이 된다."

주자 —— 공자께서 말씀하셨다. "(사람이 태어나면서 품부 받은 기질에 의해) 나면서 아는 사람이 최상이고, 배워서 아는 사람은 그다음이며, 막혔으되 배우는 사람은 그다음이며, 막혔으되 배우지도 않는 사람은 백성 가운데 하등이 된다."

다산 —— 공자께서 말씀하셨다. "나면서부터 (도를) 아는 사람(開物成務, 特出神聖之人)이 최상이고, 배워서 아는 사람(어려서부터 교육을 받아 바르게 된 자)은 그다음이며, (유년 때부터 배우지는 않아) 막혔으되 (중년이 되어) 배우는 사람(어려서는 배우지 못했지만, 중년에 분발한 자)은 그다음이며, 막혔으되 (곤란을 당하면서도) 배우지도 않는 사람은 백성 가운데 하등이 된다."

집주 —— ■困은 謂有所不通이라 言人之氣質不同이 大約有此四等이라
곤困은 통하지 못하는 것이 있다는 말이다. 사람의 기질氣質은 같지 않아 대략 이 네 등급이 있다는 말이다.
■楊氏曰 生知, 學知로 以至困學에 雖其質不同이나 然이나 及其知之하여는

자원풀이 ■困곤은 口(에워쌀 위)+木(나무 목)의 회의자로 나무가 우리 안에 둘러싸여 있는 모양으로 마음대로 하지 못하는 것, 힘든 모양, 피곤한 상태를 나타낸다. 혹은 口는 네모로 둘러쳐진 집이나 방을 상징하여, 변변한 가재도구 하나 없이 나무(木)만 덩그러니 남은 곤궁困窮한 모습을 나타낸다.
■民민은 자식을 낳아 기르는 모母 혹은 여女 자의 상하에 점을 더하여 많은 사람들, 혹은 포로나 노예의 반항 능력을 줄이기 위해 한쪽 눈을 자해한 모습으로 피지배층 일반을 나타낸다.

一也라 故로 君子惟學之爲貴니 困而不學然後에 爲下니라

양시가 말했다. "나면서부터 알거나 배워서 아는 데에서부터 통하지 않지만
배운 자는 그 자질은 같지 않지만 그 앎에 미쳐서는 한 가지이다. 그러므로
군자는 오직 배움을 귀하게 여긴다. 막혀 있으면서도 배우지 않은 이후에 하
등이 된다."

고금주 —— ■補曰 知者, 知道也. 生而知之者, 天欲爲斯民, 開物成務, 特出神
聖之人也.

보완하여 말한다. 안다는 것은 도를 아는 것이다. 태어나면서 아는 자는 하
늘이 이 백성을 위하여 개물성무開物成務하고자 하여 특별히 태어나게 한 신
성한 사람이다.

■邢曰: "『左傳』昭七年, 三月, 公如楚. 鄭伯勞于師, 孟僖子爲介, 不能相儀. 及
楚, 不能答郊勞. 九月, 公至自楚, 孟僖子病不能相禮, 乃講學之. 是其困而學
之者也." ○案 學而知之者, 自幼年蒙養以正者也. 困而學之者, 幼年失學, 而
中年發憤者也.

형병은 말했다. "『좌전』「소공」7년 3월조, 소공은 초나라에 가다가, 정백鄭伯
이 사師에서 위로했다. 맹희자가 부사로 갔는데, 위의를 도와주지도 못했고,
또 초나라에 갔어도 교외의 영접에서 답례도 잘하지 못했다. 9월에 소공이
초나라에서 돌아오자 맹희자는 예를 제대로 돕지 못한 것을 병통으로 여겨
곧 예를 강학했다(는 기록이 있다). 이것이 바로 곤이학지困而學之란 것이다."
○살핀다. 학이지지學而知之란 어려서부터 교육을 받아 바르게 된 자이다. 곤
이학지困而學之란 어려서는 배우지 못했지만, 중년에 분발한 자이다.

■質疑 朱子曰: "人之氣質不同, 大約有此四等." ○案 生知者, 上也. 困而不學
者, 下也. 然學而后知者, 使其不學, 則亦將困也. 困而能學者, 使有蒙養, 則不
待困也. 困而不學者, 使其發憤, 亦與知也. 困而不學, 故歸於下愚, 若其氣質

本是下等, 豈可罪乎? 孔子論其成效, 故分爲四等, 朱子以氣質言, 而亦分四等, 恐不然也. 若於相近之中, 細剖其等, 又何但十百層而已? 詳見'性相近'章.

질의한다. 주자가 말했다. "사람의 기질氣質은 같지 않아, 대략 이 네 등급이 있다." ○살핀다. 태어나면서 아는 자는 상등이고, 막혀 곤란함을 당했으면서 도 배우지 않는 자는 하등이다. 그러나 배운 뒤에 안 자가 가령 배우지 않는다 면, 이 또한 장차 막혀 곤란을 당할 것이다. 막혀 곤란을 당하여 능히 배운 자 는 가령 어렸을 때 양육함이 있었다면, 곤란을 겪지 않았을 것이다. 막혀 곤란 을 당했는데도 배우지 않던 자도 가령 분발한다면 이 또한 참여하여 할 수 있 는 것이다. 막혀 곤란을 당했는데도 배우지 않기 때문에 하우下愚에 돌아가는 것을, 만약 기질이 본래 하등이기 때문에 그렇다고 한다면 어떻게 (곤이불학 을) 허물할 수 있겠는가? 공자께서는 그 성효成效를 논했기 때문에 네 등급으 로 나누었고, 주자는 기질로써 말하여 또한 네 등분했는데, 아마도 그렇지 않 은 듯하다. 만약 서로 가까운 사람의 성품 가운데 이를 세분하여 등급을 한다 면, 또한 어찌 단지 10층, 100층뿐이겠는가? 상세한 것은 「성상근性相近」장에 나왔다.

비평 —— 이 구절과 유사한 참고가 되는 것은 『중용』의 다음 구절이다.

천하에 보편적인 도가 다섯이 있는데, 그것을 행하는 방법은 셋이다. 말하자 면, 임금과 신하, 어버이와 자식, 지아비와 지어미, 형과 아우, 벗과의 교제 등과 같은 다섯 가지는 천하에 보편적인 도이다. 지혜와 어짊 그리고 용기는 천하에 보편적인 덕인데, 이 덕을 행하는 방법은 하나이다. 혹 나면서 도리를 알고, 혹 배워서 도리를 알고, 혹 막혔으면서도 노력하여 도리를 아는데, 그 도리를 알게 되면 한가지로 같다. 혹 도리를 편안히 행하고, 혹 이롭게 여겨서 행하고, 혹 힘 써 노력하여 행하지만, 그 공을 이룸에 미쳐서는 한가지로 같다. (『중용』 20:8-9. 天

下之達道五 所以行之者三 曰君臣也 父子也 夫婦也 昆弟也 朋友之交也 五者 天下之達道也 知仁勇三者 天下之達德也 所以行之者 一也 或生而知之 或學而知之 或困而知之 及其知之 一也 或安而行之 或利而行之 或勉強而行之 及其成功 一也.)

이 구절을 주자는 기질氣質에 의해 사람을 네 등급으로 나눈 것이라고 해석했는데, 다산은 이를 비판했다. 다산은 인간에게 자주自主의 권형(權)이 있다고 주장하고, 이 자주의 권형이 있기 때문에 인간에게 책임을 물을 수 있다고 강조하고, 나아가 후천적 학습에 의해 인간의 등급이 나누어진다고 말했다. 다산이 질의하는 말에 대한 주자의 논의를 상술하면 다음과 같다.

혹자가 기질 4등급 설에 대해 물었다. 주자가 대답했다.

"사람이 태어남에 품부 받은 기질이 청명하고 순수하여 찌꺼기가 전혀 없으면 천지의 성과 간격이 없어 모든 의리의 당연함에 대해 배우기를 기다리지 않고도 가슴속이 명료한 자가 있으니, 이른바 생이지지生而知之로서 성인聖人이다. 이에 미치지 못하는 자는 명암明暗, 청탁淸濁, 정편正偏, 순박純駁 등이 많거나 적거나 이기거나 지거나 하여 차이가 있다. 혹 청명하고 순수한 기질을 얻었지만 약간의 찌꺼기가 있는 자는 비록 약간의 간격이 있는 것을 면하지 못하지만, 그 간격은 쉽게 도달할 수 있고 그 장애는 쉽게 통할 수 있다. 그러므로 그 통하지 못한 것에 대해서는 반드시 배워 통할 줄 아니, 그 배움은 또한 통하지 않는 것이 없으므로, 이른바 학이지지學而知之로서 대현大賢이다.

혹은 혼탁하고 치우치고 잡박한 것을 많이 얻었지만 약간의 청명하고 순수한 것이 있는 자는 반드시 막혀 통하지 않은 것이 있는 후에야 배울 줄 아니, 그 배움은 또 통하지 않는 것이 꼭 없는 것은 아니므로, 이른바 곤이학지困而學之로서 보통사람이다.

혹은 혼탁하고 치우치고 잡박함이 심해 다시는 조금의 청명하고 순수한 기질도 없는 자에 이르러서는 비록 통하지 않는 것이 있어도 어리석게도 깨닫지 못하고 당연하다고 생각하니, 끝내 배워 통하기를 구할 줄 모르므로, 이는 하등의 백성(下民)일 뿐이다." (논어세주)

○○○

16:10. 孔子曰: "君子有九思. 視思明, 聽思聰, 色思溫, 貌思恭, 言思忠, 事思敬, 疑思問, 忿思難, 見得思義."

고주 —— 공자께서 말씀하셨다. "군자는 (禮義에 맞게 하기 위하여) 아홉 가지 생각할 것이 있다. 볼 때는 (이루처럼) 밝게 보기(은미한 것을 보는 것)를 생각하고, 들을 때는 (사광처럼) 명확하게 듣기(먼 곳의 소리를 듣는 것)를 생각하고, 얼굴빛은 (사나워서는 안 되니) 온화하게 하기를 생각하고, 몸가짐(남을 대할 때의 體貌)은 공손하기를 생각하고, 말(과 토론)은 (숨기거나 속여서는 안 되니) 충심을 다할 것을 생각하고, 일은 (태만하지 말고 삼가고) 경건하기를 생각하고, 의심나는 것은 (마음속에 담아 두지 말고) 물어서 변별하기를 생각하고, 분노가 날 때에는 (가벼이 화를 내지 말고) 후환을 생각하고, 이득을 볼 때에는 의로움(에 부합하는 지)을 생각한다."

주자 —— 공자께서 말씀하셨다. "군자는 아홉 가지 생각할 것이 있다. 볼 때는 (가리는 것이 없어) 밝게 (보지 못하는 것 없이) 보기를 생각하고, 들을 때는 (막히는 것이 없어) 귀가 밝게 (듣지 못하는 것 없이) 듣기를 생각하고, 얼굴빛은 온화하기를 생각하고, 몸가짐은 공손하기를 생각하고, 말은 충忠을 생각하고, 일은 경건하기를 생각하고, 의심나는 것은 묻기를 생각하고(의심이 쌓이지 않는다), 분노가 날 때는 (곤란해질 것을 생각하면서) 후환을 생각하고(분노가 징치된다), 이득을 볼 때는 (얻는 것이 구차하지 않게) 의로움을 생각한다."

다산 —— 공자께서 말씀하셨다. "군자는 아홉 가지 마음을 써서 구하는 것(思=用心以求索)이 있다. 볼 때는 잘못보지 않는 것(明=不誤視)을 마음을 써서 탐구하고, 들을 때는 잘못 듣지 않기(聰=不誤聽)를 마음을 써서 탐구하고, 얼굴빛은 (사나워서는 안 되니) 온화하게 하기를 마음을 써서 탐구하고, 몸가짐(남을 대할 때의 體貌)은 공손하기를 마음을 써서 탐구하고, 말(과 토론)은 (숨기거나 속여서는 안 되니) 속이지 않기(忠=不詐)를 마음을 써서 탐구하고, 일을 만나면 (태만하지 말고 삼가고) 경건(敬=不怠)하기를 마음을 써서 탐구하고, 의심나는 것은 (마음속에 담아 두지 말고) 물어서 변별하기를 마음을 써서 탐구하고, 분노가 날 때에는 (가벼이 화를 내지 말고) 후환을 마음을 써서 탐구하고, 이득을 볼 때에는 의로움(에 부합하는 지)을 마음을 써서 탐구한다."

집주 —— ■視無所蔽면 則明無不見이요 聽無所壅이면 則聰無不聞이라 色은 見於面者요 貌는 擧身而言이라 思問則疑不蓄이요 思難則忿必懲이요 思義則得不苟니라
봄(視)에 가리는 것이 없으면 밝아서 보지 못하는 것이 없다. 들음(聽)에 막

자원풀이 ■사思는 田(두뇌 골)+心(마음 심)의 회의자. 마음으로 밭의 이랑처럼 머리에 골을 낸다는 뜻. 혹은 논(田)에서 농작물의 생산성을 높이고자 깊은 생각(心)을 한다는 것으로 사색思索, 사유思惟, 사상思想의 뜻이 있다.
■시視는 見(볼 견)+示(보일 시)의 형성자로 눈을 크게 뜨고 보다라는 뜻으로 관찰하다, 감시監視하다의 뜻이 나왔다.
■청聽은 耳(귀 이)+悳(덕 덕)+壬(좋을 정)의 형성자로 곧은 마음(悳)으로 발돋움 한 채(壬) 귀(耳) 기울여 듣고 청을 들어준다는 뜻이다.
■총聰은 耳(귀 이)+悤(바쁠 총)의 형성자로 훤히 뚫린 밝은(悤) 귀(耳)로 남의 말을 잘 들어 살핌을 뜻한다.
■모貌는 豸(발 없는 벌레 치)+皃(얼굴 모)로 용모容貌를 뜻한다. 원래 皃만 쓰이다가, 윗부분은 머리를 묶어 올린 얼굴을, 아랫부분은 사람의 측면 모습 儿(사람 인)을 그려 모양을 대표하는 글자가 되었다.
■의疑는 갑골문에서 지팡이를 짚은 사람이 길에서 두리번거리는 모습에서, 발(止)과 소리부인 牛(소 우)가 더해져

히는 것이 없으면 귀가 밝아 듣지 못하는 것이 없다. 색色은 얼굴에 나타나는 것이고, 모貌는 몸 전체를 말한다. 묻기를 생각하면 의심이 쌓이지 않고, 곤란해질 것을 생각하면 분노가 징치懲治되고, 의義를 생각하면 얻는 데에 구차하지 않을 것이다.

■程子曰 九思는 各專其一이니라

정자가 말했다. "아홉 가지 생각은 각각 그 하나에 전일專—하는 것이다."

■謝氏曰 未至於從容中道하여는 無時而不自省察也라 雖有不存焉者라도 寡矣니 此之謂思誠이니라

사량좌가 말했다. "자연스럽게 도에 맞는 경지에 이르지 못했으면, 늘 스스로를 성찰해야 한다. 그렇게 하면 비록 보존되지 않는 것이 있더라도 많지는 않을 것이니, 이를 일러 참됨을 생각함(思誠)이라 한다."

고금주 —— ■補曰 思, 用心以求索也. [邢云: "用心思慮, 使合禮義也."] ○純曰: "明, 不誤視也. 聰, 不誤聽也."[補云: "要認得眞確."] ○補曰 忠, 不詐也. [邢云: "凡所言論, 不可隱欺."] 敬, 不怠也. [邢云: "凡人執事, 多惰怠."] ○補曰 難, 後患也. [邢云: "一朝之忿, 忘其身, 以及其親, 是不思難者也."] ○純曰: "見, 猶遇也. 見得者, 遇有所得也." ○補曰 思義, 度其合於義否也.

보완하여 말한다. 사思는 마음을 써서 찾아 구하는 것이다.(형병이 말했다. "마음을 써서 사려하여 예의에 맞게 해야 한다.") ○태재순이 말했다. "명明은 잘못 보지 않는 것이다. 총聰은 잘못 듣지 않는 것이다."(보완하여 말한다. "요점을 알아

의심하다, 주저하다, 미혹되다의 뜻이 나왔다.
■문問은 口(입 구)+門(문 문)의 형성자로 입(口)으로 묻는 것을 말하며, 살피다, 힐문하다, 논란하다, 심문하다, 판결하다, 추구하다의 뜻이 나왔다.
■득得은 원래 貝(조개 패)+寸(마디 촌)에서 조개 화폐(貝)를 손(寸)으로 줍는 모양에서 그런 행위를 강조하기 위해 彳(조금 걸을 척)이 더해졌다. 줍다, 얻다, 가능하다, 적합하다, 만족하다, 괜찮다 등의 뜻이다.

들은 것이 참으로 명확한 것이다.") ○보완하여 말한다. 충忠은 속이지 않는 것(不詐)이다.(형병이 말했다. "무릇 말하고 논한 것이 숨기거나 속여서는 안 된다.") 경敬은 태만하지 않는 것(不怠)이다.(형병이 말했다. "무릇 사람들은 일을 집행할 때, 태만할 경우가 많다.") ○보완하여 말한다. 난難은 후환後患이다.(형병이 말했다. "하루 아침의 분노로 그 몸을 잊고서 화가 그 어버이에게 미치게 한다면, 이는 환난을 생각하지 않은 자이다.") ○태재순이 말했다. "견見은 만나다(遇)와 같다. 견득見得이란 득이 되는 바를 만난 것이다." ○보완하여 말한다. 의를 생각함(思義)은 의에 부합하는지 헤아리는 것이다.

■邢曰: "見微爲明, 當使見微若離婁也. 聽遠爲聰, 當使聞遠若師曠也." ○駁曰 非也. 君子每遇一事, 卽存心此事, 欲做得眞切. 邢說非本旨也.

형병이 말했다. "은미한 것을 보는 것이 명明인데, 마땅히 이루離婁처럼 은미한 것을 보아야 한다. 먼 소리를 듣는 것이 총聰인데, 마땅히 사광師曠처럼 먼 소리를 들어야 한다." ○논박하여 말하면, 그릇되었다. 군자는 매번 하나의 일을 만나면, 곧 그 일에 마음을 두고 참되고 절실하게 하려고 한다. 형병의 설은 본 뜻이 아니다.

비평 ── 해석에서 큰 차이는 없다. 다만 주자가 "봄(視)에 가리는 것이 없으면, 밝아서 보지 못하는 것이 없다. 들음에 막히는 것이 없으면, 귀가 밝아 듣지 못하는 것이 없다."는 것과 다산이 태재순의 해석을 인용하여 "명明은 잘못 보지 않은 것이다. 총聰은 잘못 듣지 않은 것이다."라고 해석한 것은 서로 통한다. 주자와 다산의 이 해석은 고주의 오류를 시정한 것이다.

16:11. 孔子曰: "見善如不及, 見不善如探湯. 吾見其人矣, 吾聞其語矣. 隱居以求其志, 行義以達其道. 吾聞其語矣, 未見其人也.

(16:12. 孔子曰:고주, 주자) 齊 景公有馬千駟, 死之日, 民無德而稱焉. 伯夷·叔齊, 餓于首陽之下, 民到于今稱之. 其斯之謂與!"[齊 景公 以下, 『集解』·『集註』皆分爲二章 ○ 皇本, 德作得]

고주 —— (16:11) 공자께서 말씀하셨다. "선을 보면 미치지 못하는 듯이 (힘써) 행하고, 불선을 보면 끓는 물에 손을 담갔다가 급히 피하듯이 하는 것 (악을 신속히 피하는 것을 비유)을, 나는 그런 사람을 보았고, 그런 말을 들었다. 은거해서는 자기의 뜻을 (이루기를) 추구하고, 의(로운 일)를 행(하기를 좋아)해서 자기의 (仁) 도를 달성하는 것을, 나는 그런 말을 들었지만(옛날에는 이런 사람이 있었지만), (지금은 없기에) 아직 그런 사람을 보지는 못했다."

(16:12) "제나라 경공은 말 4천 필을 소유했지만, 죽은 날에 백성들이 그 덕을 칭송함이 없었고, 백이·숙제는 수양산 아래에서 굶어 죽었지만, 백성들이 지금에 이르러서도 (옛날의 현인이었다고) 칭송하니, 아마도 이를 말하는 듯하다(이것이 이른바 덕을 칭송한다는 것인 듯하다)."

자원풀이 ■탐探은 手(손 수)+深(깊을 심)의 형성자로 '손(手)으로 깊숙이 감추어진 것을 찾다'가 원뜻이다. 취하다, 멀리서 가져오다, 탐문探問하다, 정찰하다 등의 뜻이다.

■탕湯은 水(물 수)+昜(볕 양 : 陽의 원래 글자)의 형성자. 햇볕처럼 뜨거운 국물(水)로, 뜨겁게 끓이다, 탕湯의 뜻.

■칭稱은 禾(벼 화)+爯(손에 들 칭)의 형성자로 곡물을 손에 들고 무게를 달아보는 것이 원뜻이다.

■사駟는 馬(말 마)+四(넉 사)로 수레를 끄는 네 마리(四) 말(馬)을 말하며, 네 마리 말이 끄는 수레를 뜻하기도 한다.

■아餓는 食(먹을 식)+我(나 아)의 형성자로 우리(我)가 먹는 음식(食)은 언제나 절약해 주린 듯 살아야 한다는 뜻에서 '굶주리다'의 뜻이, 다시 굶어죽다는 뜻이 나왔다.

■도到는 至(이를 지)+刀(칼 도)의 형성자로 이르다(至), 도착到着하다의 뜻이다. 원래는 화살(矢)이 땅(一)에 꽂힌 모습을 '至'로 썼으나, '지극至極하다'는 의미로 쓰이자, 도刀가 더해졌다.

주자 —— (16:11) 공자께서 말씀하셨다. "(선이 무엇인지 참으로 알아) 선을 보면 (정말 좋아하여) 미치지 못하는 듯이 하고, (불선이 무엇인지를 참으로 알아) 불선을 보면 (정말 싫어하여) 끓는 물에 손을 담근 듯이 (급히 피한다고) 한다는 것을(대개 옛 말이다), 나는 그런 사람(안자 · 증자 · 염백우 · 민자건 등의 무리)을 보았고, 그런 말을 들었다. 은거해서는 자기의 뜻을 (펼쳐나갈 도를 지키기를) 추구하고, 의를 행해서 자기의 도를 달성하는 것(추구한 도를 실행하는 것)을, 나는 그런 말을 들었지만(이윤과 태동의 무리), 아직 그런 사람을 보지는 못했다." (16:12) (공자께서 말씀하셨다) "제나라 경공은 말 4천 필이 있었지만, 죽었을 때 백성들이 그 덕을 칭송함이 없었고, 백이 · 숙제는 수양산 아래에서 굶어 죽었지만 백성들이 지금에 이르러서도 칭송하니, (진정 부유함 때문이 아니라, 또한 단지 특이하기 때문이라는 『시경』의 말은) 아마 이를 두고 한 말일 것이다."

다산 —— 공자께서 말씀하셨다. "선을 (행할 계기를) 보면 미치지 못하는 듯이 (빨리 뒤좇아) 하고, 불선(에 빠질 계기)을 보면 끓는 물에 손을 담근 듯이 한다(신속히 악을 제거한다)는 것을, 나는 그런 사람을 보았고, 그런 말을 들었다. 은거해서는 자기의 뜻을 (이루기를) 추구하고, 의(로운 일)를 행(하기를 좋아)해서 자기의 (仁) 도를 달성하는 것을, 나는 그런 말을 들었지만(옛날에는 이런 사람이 있었지만), (지금은 없기에) 아직 그런 사람을 보지는 못했다. 제나라 경공은 말 4천 필을 소유했지만, 죽은 날에 백성들이 칭송할 만한 덕이 없었고, 백이 · 숙제는 수양산 아래에서 굶어 죽었지만, 백성들이 지금에 이르러서도 칭송하니, 아마 이를 두고 한 말일 것이다."(齊景公 이하는 『집해』 · 『집주』 모두 나누어 두 장으로 했다. ○황간본에는 德은 得으로 되어 있다.)

집주 —— ■眞知善惡而誠好惡之니 顔曾冉閔之徒 蓋能之矣라 語는 蓋古語也라

선과 악을 참으로 알아 진실로 그것을 좋아하고 미워한 것은 안자·증자·염백우·민자건의 무리가 대개 능할 수 있었다. 어어는 대개 옛말이다.

■ 求其志는 守其所達之道也요 達其道는 行其所求之志也라 蓋惟伊尹太公之流가 可以當之라 當時에 若顏子亦庶乎此나 然이나 隱而未見하고 又不幸而蚤死라 故로 夫子云然이시니라

그 뜻을 추구한다(求其志)는 것은 이루려는 도를 지키는 것이며, 그 도를 이룬다(達其道)는 것은 그 추구하는 뜻을 행하는 것인데, 이는 오직 이윤과 태공의 무리만이 해당될 수 있다. 당시에 안자의 경우는 거의 이와 같았지만, 은거하여 세상에 드러내지 않았고, 또 불행히도 일찍 죽었다. 그런 까닭에 공자께서 이렇게 말씀하셨다.

집주 —— ■ 駟는 四馬也라 首陽은 山名이라

사駟는 네 마리의 말이고, 수양首陽은 산 이름이다.

■ 胡氏曰 程子以爲第十二篇錯簡誠不以富亦祇以異가 當在此章之首라하시니 今詳文勢컨대 似當在此句之上하니 言人之所稱이 不在於富而在於異也라

호인이 말했다. "정자는 제12편(「안연」 12:10)의 착간으로 '성불이부誠不以富, 역지이이亦祇以異'라는 구절은 마땅히 이 장의 첫머리에 있어야 한다고 했다. 지금 문세文勢를 자세히 살펴보면, 마땅히 이 구절(其斯之謂與) 앞에 있어야 할 것 같다. 사람들의 칭송하는 것은 부유함이 아니라, 경이로움에 있다고 말씀하신 것이다."

■ 愚謂 此說이 近是나 而章首에 當有孔子曰字니 蓋闕文耳라 大抵此書後十篇이 多闕誤하니라

어리석은 내가 말한다. 호인의 설이 옳음에 가까운 듯하고, 이 장의 첫머리에 마땅히 '공자왈孔子曰' 자가 있어야 할 것 같은데, 아마도 빠진 글인 듯하다. 대저 『논어』의 후반부 10편에는 빠지거나 잘못된 곳이 많다.

고금주 —— ■ 補曰 見善, 遇行善之機也. 見不善, 遇陷惡之機也. ○ 補曰 如不及者, 急急如追亡. [純云: "君子於善, 譬猶追走獸而欲及之."] ○ 孔曰: "探湯, 喩去惡疾."[邢云: "人之探試熱湯, 其去之必速, 以喩見惡事, 去之疾也."] ○ 案 吾東俗諺, 凡駭而疾去者, 曰'喑啞熱哉, 如探湯', 蓋此意. ○ 邢曰: "隱居以求其志者, 謂隱遯幽居, 以求遂其己志也. 行義以達其道者, 謂好行義事, 以達其仁道也." ○ 邢曰: "吾見其人矣, 吾聞其語矣者, 言今人與古人, 皆有能若此者也." ○ 邢曰: "吾聞其語矣, 未見其人也者, 言但聞其語說, 古有此行之人也, 今則無有, 故未見其人也." ○ 孔曰: "千駟, 四千匹." ○ 補曰 及其死也, 無德可稱. ○ 馬曰: "首陽山在河東 蒲坂縣 華山之北河曲之中."[邢云: "義不食周粟, 採薇而食, 終餓死."] ○ 補曰 其斯之謂與, 謂隱居以求其志, 行義以達其道, 吾聞其語矣, 其伯夷 · 叔齊之謂與!

보완하여 말한다. 선을 본다(見善)는 선을 행할 계기를 만나는 것이다. 불선을 본다(見不善)는 악에 빠질 계기를 만나는 것이다. ○보완하여 말한다. '미치지 못하는 듯이 한다(如不及)'는 도망가는 것을 뒤쫓듯이 급하고 또 급하다는 것이다.(태재순이 말했다. "군자는 선에 있어, 비유하자면 달아나는 짐승을 추적하여 그것에 미치고자 한다는 것과 같다.") ○공안국이 말했다. "탐탕探湯은 악을 신속히 제거하는 것을 비유한다."(형병이 말했다. "사람이 물이 끓는지를 시험하기 위해 손을 넣었다가 물이 뜨거우면 반드시 속히 빼니, 악한 일 보고 속히 제거하는 것을 비유한다.") ○살핀다. 우리나라의 속언俗諺에 무릇 놀라서 빨리 손을 떼는 것을 '앗, 뜨거워!'라고 하니, 여탐탕如探湯이란 대개 이런 뜻이다. ○형병이 말했다. "'은거하며 그 뜻을 구한다'는 은둔하여 깊은 곳에 살면서 자기의 뜻을 이루기를 구하는 것을 말하고, '의를 행하여 그 도를 달성한다'는 의로운 일을 행하기를 좋아하여 그 인도仁道를 달성하는 것을 말한다." ○형병이 말했다. "'나는 그런 사람을 보기도 했고, 나는 그런 말을 듣기도 했다.'는 지금의 사람과 옛 사람이 모두 그와 같이 할 수 있는 사람이 있음을 말한다." ○형병이 말했다. "'나는 그런 말은 들었지만 그런 사람은 보지 못했다.'는 단지 그런 말만을 들었을 뿐이라는 말이니, 옛날에는 이렇게 행하는 사람이 있었지만 지금은 없어졌기 때문에 그런 사람을 보지 못했다는 말이다." ○공안국이 말했다. "천사千駟는 4천 필이다." ○보완하여 말한다. 그의 죽음에 이르러 칭송할 만한 덕이 없었다(는 말이다). ○마융이 말했다. "수양산首陽山은 하동河東 포판현蒲坂縣 화산華山의 북쪽 하곡곡河曲谷의 중앙에 있다."(형병이 말했다. "의리 때문에 주나라 곡식을 먹지 않고, 고사리를 캐어 먹다가 마침내 굶어 죽었다.") ○ 보완하여 말한다. 기사지위여其斯之謂與는 은거하여 그 뜻을 구하고, 의를 행하여 그 도에 달통하는 것을 말한다. 나는 그런 말을 들었다는 것은 아마도 백이·숙제를 두고 한 말일 것이다.

■案 '誠不以富, 亦祇以異', 在彼章必不可闕, 在此章全不相合. '亦祇以異', 其在詩語, 本是貶辭. 引詩之法, 雖斷章取義, 以貶爲褒, 必無是理. '亦祇'二字, 謂無所利而但有害也. 伯夷之餓于首陽, 若謂之無所利而但有害, 則豈聖人之言乎? 此節與上'探湯'二節, 本是一章, 故'齊 景公'之上, 無'孔子曰'三字. 先儒誤分爲二, 於是末一句, [其斯之謂與] 無所照應, 遂欲破東以補西耳. 曷若因其自然, 渾然天成, 而無斤斧之痕乎? 伯夷之餓于首陽, 豈非隱居而行義者乎? 求仁得仁, 豈非求志而達道者乎? 詞理語脈, 洞然相照, 而截爲二段, 千古不合, 經可易言哉?

살핀다. '성불이부誠不以富, 역지이이亦祇以異'라는 구절은 저 장(「안연」 12:10)에서는 빠질 수 없고, 이 장에는 전혀 서로 부합되지 않는다. '역지이이亦祇以異'는 『시경』에 있는 말로 본래 폄사貶辭이다. 『시경』을 인용하는 법은 비록 단장취의斷章取義하더라도, 폄하하는 말로써 포장褒獎하는 말로 삼는 이런 이치는 반드시 없다. 역지亦祇 두 글자는 이로운 것은 없고 다만 해로움만 있음을 가리키는 말인데, 백이가 수양산에서 굶어 죽은 것이 만약 이로운 바는 없고 다만 해로움만 두고 말한 것이라면, 이것이 어찌 성인의 말씀이겠는가? 이 장절章節(16:12)은 본래 「탐탕절探湯節」(16:11)과 더불어 한 장이기 때문에 '제경공齊景公'이란 말 앞에 '공자왈孔子曰'이란 세 글자가 없었다. 선유들이 이를 잘못하여 두 장으로 만듦으로써 이에 끝의 한 구(其斯之謂與)가 아무 데도 조응할 대상이 없는 구가 되어, 드디어 동쪽의 것을 깨뜨려 서쪽의 것을 보완하려고 했던 것이다. 이것이 어찌 자연스러움으로 인하여 혼연히 저절로 이루어진 것과 같고, (인위적으로) 낫과 도기로 깎은 흔적이 없는 것과 같겠는가? 백이는 수양산에서 굶어 죽었으니, 어찌 은거하여 의를 행한 행위가 아니겠는가? 인을 구하다가 인을 얻었으니, 어찌 뜻을 구하여 달도한 행위가 아니겠는가? 말의 이치와 말의 맥락이 명백히 서로 조응하는데, 이를 두 단락으로 잘라 놓은 것은 천고에 합치하지 않으니, 경문을 쉽게 말할 수 있겠는가?

■ 葛屺瞻曰: "此章首無'孔子曰'字, 明本與上章爲一."[見『四書揚名』] ○ 案 葛義甚確.

갈기첨葛屺瞻은 말했다. "이 장의 첫머리에 '공자왈孔子曰' 자가 없으니, 본래 위의 장과 함께 1장이었음이 분명하다(『사서양명』에 보인다)." ○살핀다. 갈기첨의 주장은 매우 정확하다.

■ 考異 皇氏本, 德作得, 又無'而'字. [民無得稱焉] ○ 毛曰: "王肅註此云'此所謂以德爲稱', 自宋儒改作得字, 而近代刻本則仍改德字, 遂難分辨. 惟祁氏東書堂藏書, 有宋板『集註』, 本是得字." ○案 改德爲得, 於宋儒毫無利害, 毛說非也. 余謂當從皇氏本, 讀之爲得. 若讀之爲德, 文理不通矣. 泰伯志在韜名, 而民無得而稱焉. 故孔子美之, 景公身旣得位, 而民無得而稱焉. 故孔子譏之, 不相妨也.

다름을 고찰한다. 황간의 본에는 ('民無德而稱焉'에서) '덕德'은 '득得'으로 되어 있고, 또 '이而' 자는 없다(民無得稱焉). ○모기령이 말했다. "왕숙王肅은 '기사지위여其斯之謂與'를 주석하여 '이는 이른바 덕을 일컫는다.'고 했는데, 송유宋儒로부터 (德 자를) '득得' 자로 개작하여, 근대 각본刻本에도 덕德 자로 고쳐, 마침내 분별하기 어려워졌다. 오직 기祁씨의 동서당장서東書堂藏書의 송판宋板 『집주集註』가 있는데, 본래의 득得 자로 되어 있다." ○살핀다. 덕德을 고쳐 득

得이라 한 것은 송유宋儒와는 조금도 이해관계가 없다. 모기령의 설명은 잘
못되었다. 나는 마땅히 황간본을 좇아서 득得 자로 읽어야 한다고 본다. 만약
덕德 자로 읽으면 문리가 통하지 않는다. 태백의 뜻은 자신의 이름을 숨기는
데에 있어, 백성들이 칭송할 수 없었다(民無得而稱焉). 그러므로 공자께서 찬
미하셨다. 경공은 그 자신이 이미 군주의 지위를 얻었지만, 백성들이 칭송할
수 없었다. 그러므로 공자께서 기롱하셨다. (이렇게 해석해야) 서로 방해가 되
지 않는다.

비평 —— (1) 주자는 이 장을 앞장(16:11)과 분리시키며 첫머리에 '공자왈孔子
曰'이 빠져 있다고 주장했지만, 다산은 앞 장과 연결시켜 함께 한 장으로 보아
야 한다고 주장한다. (2)「안연」12:10의 마지막에 있는 『시경』「소아, 아행기
야」의 '성불이부誠不以富, 역지이이亦祇以異'라는 구절이 있는데, 이 구절은 앞
의 구절과 잘 부합하지 않는 것으로 보이기도 한다. 그런데「안연」12:11 또한
'제경공齊景公'이라는 말로 시작한다.

 그래서 정자程子는 '성불이부誠不以富, 역지이이亦祇以異'라는 구절은 이 장
에 있어야 할 것인데, 잘못 편집하여 그곳으로 들어갔다고 주장했다. 정자의
주장을 받아들여 이 구절과 저 구절(12:10)을 해석하면, 순리적으로 통하는
측면이 많기 때문에 많은 여러 주석가들이 이 입장을 지지했다. 그런데 다산
은 정자-주자로 이어지는 이러한 착간설을 반대하고(經可易言哉?), 나름의 독
창적인 해석을 했다. 이렇게 다산은 원문의 훼손과 착간 문제와 연관하여,
주로 전통 옹호적인 입장을 견지했다.

16:13. 陳亢問於伯魚曰: "子亦有異聞乎?" 對曰: "未也. 嘗獨立, 鯉
趨而過庭. 曰, '學詩乎?' 對曰, '未也.' '不學詩, 無以言.' 鯉退而學
詩. 他日又獨立, 鯉趨而過庭. 曰, '學禮乎?' 對曰, '未也.' '不學禮,
無以立.' 鯉退而學禮. 聞斯二者." 陳亢退而喜曰: "聞一得三, 聞詩,
聞禮, 又聞君子之遠其子也."

고주 —— 진항이 백어에게 (응당 특별한 들음이 있을 것이라고 생각하여) 물었다.
"그대는 (아버지인 공자로부터) 남다른 들음이 있었는가?" 백어가 답했다. "(특
별한 들음이) 없었습니다. 하루는 (공자께서) 홀로 서 계실 때에 내가 종종걸음
으로 뜰을 지나가니, '시詩를 배웠느냐?'고 말씀하시므로, '아직 배우지 못했
습니다.'고 대답했습니다. (공자께서 말씀하시길) '(회동 때에 시를 지어 의사를 나타
내니) 시詩를 배우지 않으면 말할 수 없다.' 저는 물러나 시를 배웠습니다. 다
른 날에 또 (공자께서) 홀로 서 계실 때, 제가 종종걸음으로 뜰을 지나가니, (공
자께서) '예禮를 배웠느냐?'고 하셨습니다. '아직 배우지 못했습니다.'(고 했더
니, 공자께서 말씀하시길) '(예란 공손·검소·장엄·경근이니, 예가 있는 사람은 편안
하고 예가 없는 사람은 위태롭기 때문에) 예를 배우지 않으면 설 수 없다.'고 하셨
습니다. 저는 물러나 예를 배웠습니다. (특별히 달리 들은 것은 없고) 이 (시와 예)
두 가지를 들었습니다." 진항이 물러나와 기뻐하며 말했다. "하나를 물었다

자원풀이 ■추趨는 走(달릴 주)+芻(꼴 추)의 형성자로 '빠른 걸음으로(走) 달리다'의 뜻이며, 달려가다, 종종걸음
치다 등의 뜻이 나왔다.
■정庭은 广(집 엄)+廷(조정 정)의 형성자로 원래는 안채의 한가운데 있는 방(堂屋)을 말했는데, 이후 집 앞의 뜰, 법
정, 심판하는 기구나 장소 등을 말한다.
■희喜는 壴(악기이름 주)+口(입 구)의 회의자로 북(壴)으로 대표되는 음악의 즐거움과 입(口)으로 대표되는 맛있는
것의 즐거움을 더해 즐겁다는 뜻을 그렸다. 기뻐하다, 적합하다, 좋아하다, 임신하거나 결혼의 비유로도 쓰인다.

제16편 계씨(季氏) | **751**

가 세 가지를 얻었다. 시를 (배우면 말할 수 있음을) 듣고, 예를 (배우면 입신할 수 있음을) 듣고, 또 군자가 그 아들을 멀리하는 것을 들었다."

주자 —— 진항이 (사적으로 공자를 엿보면서) 백어에게 (은밀하게 후하게 했을 것이라고 생각하여) 물었다. "그대는 남다른 들음이 있었는가?" 백어가 답했다. "없었습니다. 하루는 홀로 서 계실 때에 내가 종종걸음으로 뜰을 지나가니, '시詩를 배웠느냐?'고 말씀하시므로, '아직 배우지 못했습니다.'라고 대답했습니다. (공자께서 말씀하시길) '(시를 배우면 사리에 통달하고 心氣가 화평해지기에 능히 말할 수 있다) 시를 배우지 않으면 말할 수 없다.' 저는 물러나 시를 배웠습니다. 다른 날에 또 (공자께서) 홀로 서 계실 때, 제가 종종걸음으로 뜰을 지나가니, (공자께서) '예禮를 배웠느냐?'고 하셨습니다. '아직 배우지 못했습니다.'(고 했더니, 공자께서 말씀하시길) '(예를 배우면 品節에 자세하고 밝아지며, 덕성이 굳고 안정되므로 능히 설 수 있지만) 예를 배우지 않으면 설 수 없다.'고 하셨습니다. 저는 물러나 예를 배웠습니다. 이 두 가지를 들었습니다." 진항이 물러나와 기뻐하며 말했다. "하나를 물었다가 세 가지를 얻었다. 시를 듣고, 예를 듣고, 또 군자가 그 아들을 멀리하는 것을 들었다."

다산 —— 진항이 백어에게 (응당 특별한 들음이 있을 것이라고 생각하여) 물었다. "그대는 (아버지인 공자로부터) 남다른 들음이 있는가?" 백어가 답했다. "(특별한 들음이) 없었습니다. 하루는 (공자께서) 홀로 서 계실 때에 내가 종종걸음으로 뜰을 지나가니, '시詩를 배웠느냐?'고 말씀하시므로, '아직 배우지 못했습니다.'라고 대답했습니다. (공자께서 말씀하시길) '(시는 뜻을 말하는 수단:詩所以言志인 까닭에 시를 배우면 말에 능할 수 있지만) 시詩를 배우지 않으면 말할 수 없다.' 저는 물러나 시를 배웠습니다. 다른 날에 또 (공자께서) 홀로 서 계실 때, 제가 종종걸음으로 뜰을 지나가니, (공자께서) '예禮를 배웠느냐?'고 하셨습니다.

'아직 배우지 못했습니다.'(고 했더니, 공자께서 말씀하시길) '(예는 자기를 이겨 몸을 검약하는 방법인 까닭에) 예를 배우지 않으면 설 수 없다.'고 하셨습니다. 저는 물러나 예를 배웠습니다. (특별히 달리 들은 것은 없고) 이 (시와 예) 두 가지를 들었습니다." 진항이 물러나와 기뻐하며 말했다. "하나를 물었다가 세 가지를 얻었다. 시를 (배우면 말할 수 있음을) 듣고, 예를 (배우면 입신할 수 있음을) 듣고, 또 군자가 그 아들을 멀리하는 것을 들었다."

집주 ── ■亢以私意窺聖人하여 疑必陰厚其子라
진항이 개인적인 뜻으로 성인을 엿보면서, 필시 그 아들에게 은밀하게 후하게 했으리라고 의심했다.

■事理通達而心氣和平이라 故能言이라
(詩를 배우면) 사리에 통달하고 심기心氣가 화평해지기 때문에 능히 말할 수 있다.

■品節詳明, 而德性堅定이라 故能立이라,
(禮를 배우면) 품절品節에 자세하고 밝아지며, 덕성이 굳고 안정되므로 능히 설 수 있다.

■當獨立之時하여 所聞不過如此하니 其無異聞可知라
홀로 서 있을 때 들은 것이 이에 지나지 않았으니, 달리 들은 것이 없음을 알수 있다.

■尹氏曰 孔子之教其子가 無異於門人이라 故로 陳亢이 以爲遠其子라 하니라
윤돈이 말했다. "공자께서 그 아들을 가르치신 것이 다른 문인들과 차이가 없으셨다. 그런 까닭에 진항은 아들을 멀리했다고 여겼다."

고금주 ── ■馬曰: "以爲伯魚, 孔子之子, 所聞當有異." ○孔曰: "獨立, 謂孔子." ○補曰 詩所以言志, 故學之可以能言. [陳云: "誦詩三百, 而使能專對, 亦學詩能

言之驗."] 禮所以克己約身, [子曰: "約之以禮, 亦可以弗畔矣."] 故學之可以立身. [上篇曰: "立於禮." 又曰: "三十而立."] ○邢曰: "疏遠其子."

마융이 말했다. "백어는 공자의 아들이니, 들은 바에 마땅히 특이한 것이 있을 것이라고 생각한 것이다." ○공안국이 말했다. "홀로 서 계신 분은 공자를 말한다." ○보완하여 말한다. 시는 뜻을 말하는 수단(詩所以言志)인 까닭에 시를 배우면 말에 능할 수 있다.(진혁이 말했다. "『시』 삼백 편을 읊어 사신 가서 독자적으로 응대할 수 있는 것 또한 시를 배워 능히 말할 수 있는 증험이다.") 예는 자기를 이겨 몸을 검약하는 방법(禮所以克己約身)인 까닭(공자께서는 "예로써 자신을 단속하면 거의 도에서 어긋나지 않을 것이다."고 하셨다. 6:25)에 예를 배우면 몸을 서게 할 수 있다.(위의 편에서 "예에서 자립한다."고 말했고, 또한 "서른에 자립했다."고 말씀하셨다.) ○형병이 말했다. "그 아들을 소원하게 한다."

■邢曰: "古者會同, 皆賦詩見意, 若不學之, 何以爲言也?" ○駁曰 非也. 賦詩, 非言也.

형병이 말했다. "옛날에 회동 때에 모두 시를 지어 의견을 나타내었다. 만약 시를 배우지 않으면 어떻게 말(言)할 수 있겠는가?" ○논박하여 말하면, 그릇되었다. 시를 짓는 것이 (이 구절에서) 언言의 뜻은 아니다.

비평 —— 이 구절은 연관되는 것은 다음과 같다.

공자께서 항상 하신 말은 『시경』, 『서경』 그리고 예를 지키는 것이었는데, 이 것이 항상 하시는 말씀의 전부였다. (7:17. 子所雅言 詩書執禮 皆雅言也.)

공자께서 말씀하셨다. "시詩에서 일어나고, 예禮에서 자립하고, 악樂에서 완성한다." (8:8. 子曰 興於詩 立於禮 成於樂.)

시詩는 감흥을 불러일으키며, 볼 수 있게 하고, 어울리게 하고, 원망할 수 있게 하며, 가까이로는 부모를 섬길 수 있게 하고, 멀리로는 임금을 섬길 수 있게 한다. (17:9. 子曰 …詩可以興 可以觀 可以群 可以怨 邇之事父 邇之事君.)

예를 알지 못하면 자립하지 못한다. (20:3. 不知禮 無以爲立.)

다산이 고주에 대해 비판('시를 짓는 것이 글의 뜻은 아니다.')했지만, 특별히 논할 만한 것은 아니다. 주자와 다산의 『시경』에 대한 관점과 시론詩論에 대해서는 3권에서 별도의 장을 구성하여 상세히 논하고자 한다.

⚬⚬⚬

16:14. 邦君之妻, 君稱之曰夫人, 夫人自稱曰小童. 邦人稱之曰君夫人, 稱諸異邦曰寡小君. 異邦人稱之亦曰君夫人.

고주 ── (夫人의 명칭을 바로잡는다) 나라(제후국) 임금의 아내(妻=齊:남편과 제 등齊等)를 임금이 칭할 때는 부인(夫人:夫=扶. 임금의 덕을 이루도록 도울 능력이 있다)이라 하고, 부인 스스로를 칭할 때는 소동(겸양하여 자칭하는 것으로 소약한 어린아이:小弱之童穉)이라 하고, 나라 사람들이 칭할 때는 군부인(임금과 엮어서 칭한 것으로 임금의 부인)이라 하고, 다른 나라에 (임금의 부인을) 칭할 때는 과소군(겸양하여 덕이 부족하고:寡, 임금에 비해 작기 때문에 小君이라 함)이라 하고, 다른 나라 사람이 (임금의 아내를) 칭할 때는 또한 군부인이라 한다.(이 당시에 제후의 적실과 첩실의 위계가 바르지 못해 칭호가 분명하지 않았기 때문에 공자께서 그 禮를 바로 잡으신 것이다.)

주자 ── 나라 임금의 아내를 임금이 칭할 때는 부인이라 하고, 부인 스스로를 칭할 때는 소동이라 하고, 나라 사람들이 칭할 때는 군부인이라 하고, 다른 나라에 칭할 때는 과소군(과=寡德으로 겸손의 말)이라 하고, 다른 나라 사람이 (임금의 아내를) 칭할 때는 또한 군부인이라 한다(詳考할 수 없다).

다산 —— 제후국의 임금의 아내를 임금이 (궁중에서) 칭할 때는 부인이라 하고, 부인(이 임금에게) 스스로를 칭할 때는 소동(無知하기가 아이와 같음)이라 하고, 나라 사람들이 칭할 때는 군부인이라 하고, 다른 나라에 (임금의 부인을) 칭할 때는 과소군이라 하고, 다른 나라 사람이 (임금의 아내를) 칭할 때는 또한 군부인이라 한다.(이 당시에 제후의 적실과 첩실의 위계가 바르지 못해 칭호가 분명하지 않았기 때문에 공자께서 그 예를 바로 잡으신 것이다.)

집주 —— ■寡는 寡德이니 謙辭라
과寡는 덕이 부족함(寡德)이니, 겸손의 말이다.
■吳氏曰 凡語中所載에 如此類者는 不知何謂니 或古有之어나 或夫子嘗言之를 不可考也니라
오역이 말했다. "무릇 『논어』 가운데 실려 있는 이런 유는 무엇을 말하는지 알 수 없다. 혹 옛날에 있었다는 것인지, 혹 공자께서 일찍 말씀하신 것인지 상고할 수 없다."

고금주 —— ■補曰 邦君, 諸侯也. 君稱之, 國君稱之於宮中也. 自稱曰小童,

자원풀이 ■방邦은 읍邑으로 둘러싸인 영토로 구성된 나라로, 제후들에게 내려진 봉읍封邑을 상징한다.
■처妻는 女(여자 여)+又(또 우)+가로획(一)의 회의자로 꿇어앉은 여자(女)의 뒤쪽에서 머리를 다듬어 주면서 비녀(一)를 꽂아 주는(又) 모습을 형상하여, 여성의 성인식을 반영한 글이다. 성인식을 하면 성인의 대접을 받고, 동시에 아내가 될 수 있기에 아내, 혹은 아내삼다 등의 뜻이 되었다.
■부夫는 大(큰 대)+一(한 일)로 사람의 정면 모습에 비녀를 상징하는 가로 획(一)을 더하여 비녀 꽂은 성인 남성, 정장을 한 남성으로 지아비라는 뜻이다.
■동童은 윗부분은 문신 칼(후:신)+중간부분은 눈 목(目)+ 아랫부분은 소리를 나타내는 동東의 형성자로 미성년, 아직 뿔이 나지 않은 짐승을 말한다.

夫人自稱於其君也. 小童, 言無知如童蒙也. 寡, 謙辭, 稱君曰寡君. ○孔曰: "當此之時, 諸侯嫡妾不正, 稱號不審, 故孔子正言其禮也."

보완하여 말한다. 방군邦君은 제후다. 군칭지君稱之는 국군國君이 궁중에서 그 아내를 부를 경우이다. 스스로 소동小童이라 부르는 것은 부인이 남편인 그 국군에게 스스로를 일컫는 것이다. 소동은 무지하기가 동몽과 같다는 말이다. 과寡는 겸손의 말이니, 임금을 칭하여 과군寡君이라 한다. ○공안국이 말했다. "이 당시에 제후의 정실과 첩실이 바르지 못하고, 칭호가 분명하지 않았기 때문에 공자께서 그 예를 바로잡아 말씀하신 것이다."

■邢曰: "夫人者, 夫之言扶也, 能扶成人君之德也. 小童者, 自稱謙言己小弱之童穉." ○案 夫·扶, 諧聲, 未必然.

형병이 말했다. "부인夫人이란 부夫의 뜻이 돕다(扶)이니, 능히 임금의 덕을 이루도록 도울 수 있다는 것이다. 소동이란 자칭 겸양하여 자기는 소약한 어린아이(己)라 말하는 것이다." ○살핀다. 부夫·부扶는 해성이니, 반드시 그렇지는 않다.

■引證 〈曲禮〉曰: "天子之妃曰后, 諸侯曰夫人. 公侯有夫人有世婦有妻有妾. 夫人自稱於天子曰老婦, 自稱於諸侯曰寡小君, 自稱於其君曰小童. 自世婦以下, 自稱曰婢子." ○案 自稱於諸侯曰寡小君, 疑有闕文.

인증한다. 『예기』「곡례」에서 말했다. "천자의 비妃를 후后라 하고, 제후는 부인夫人이라 하고, 공후公侯는 부인夫人이 있고, 세부世婦가 있고, 처妻가 있고, 첩妾이 있다. 부인이 천자에게 스스로를 칭할 때 노부老婦라 하고, 제후에게 스스로를 칭할 때에 과소군寡小君이라 하며, 그 임금에게 스스로를 칭할 때 소동小童이라 한다. 세부世婦 이하는 스스로를 칭할 때 비자婢子라 한다." ○살핀다. 제후에게 스스로를 칭할 때 과소군寡小君이라 말한다는 것은 의심컨대 궐문이 있는 듯하다.

■張南軒曰: "此, 正名之義也. 正其名, 所以責其實也."

장남헌張南軒이 말했다. "이는 정명正名(이름을 바로잡음)에 대한 내용이다. 그 이름을 바로잡으신 것은 그 실제를 추궁하신 것이다."

비평 —— 고주는 "춘추시대 당시에 제후의 적실과 첩실의 위계가 바르지 못해 칭호가 분명하지 않았기 때문에 공자께서 그 예禮를 바로 잡으셨다."고 이 구절의 대의를 설명했다. 다산 또한 이 말을 그대로 인용했다. 또한 다산은 이 구절을 정명正名을 내용으로 한다는 남헌 장씨의 말을 비평 없이 인용함으로써 동의하는 자세를 취한다.

이에 비해 주자는 이 구절의 대의에 대한 언급은 하지 않고, 오역이 "혹 옛날에 있었다는 것인지, 혹 공자께서 일찍 말씀하신 것인지 상고할 수 없다."는 말을 인용하여, 이 구절의 의미를 구체적으로 알 수 없다는 자세를 취한 것으로 보인다.

제17편

양화
陽貨

凡二十六章이라
모두 26장이다.

17:1. 陽貨欲見孔子, 孔子不見, 歸孔子豚. 孔子時其亡也, 而往拜之, 遇諸塗. 謂孔子曰: "來! 予與爾言." 曰: "懷其寶而迷其邦, 可謂仁乎?" 曰: "不可." "好從事而亟失時, 可謂知乎?" 曰: "不可." "日月逝矣, 歲不我與." 孔子曰: "諾. 吾將仕矣." [歸, 饋同]

고주 —— (노나라의 국정을 전횡했던 대부) 양화가 공자를 (벼슬하게 하기 위해) 만나고자 했지만, 공자께서 (가신이 전횡하는 것을 싫어하여서) 만나지 않으시니, (양화가) 공자께 (와서 謝禮하게 하여, 조용히 만나고자) 작은 돼지를 예물로 보냈다(歸=遺). 공자께서는 그가 없는 틈을 타서 가서 배례拜禮하고 (돌아오시다가) 길에서 마주쳤다. (양화가) 공자께 일러 말했다. "오시오. 내가 그대와 더불어 말하겠소." (양화가) 말했다. "보물(=도덕)을 품고도(=공자께서 출사하지 않음) 나라를 혼미하게 두면(나라가 다스려지지 않은 것을 알면서도 정사를 하지 않음), 인仁이라고 할 수 있습니까?" (공자께서 겸손하게) 대답하셨다. "인이라고 할 수 없습니다." 양화가 말했다. "(바쁘게 사방으로 돌아다니면서) 일에 종사하기를 좋아하면서 (불우하여) 자주 때를 놓치면 지혜롭다고 할 수 있겠습니까?" (공자께서 겸손하게) 대답하셨다. "지혜롭다고 할 수 없습니다." 양화가 (공자에게 벼슬을

자원풀이 ■돈豚은 豕(돼지 시)+肉(고기 육)의 회의자로 고기(肉)로 쓰이는 새끼 돼지(豕)를 말하는데, 이후 돼지의 통칭이 되었다.
■우遇는 辶(갈 착)+禺(긴 꼬리 원숭이 우)의 형성자로 '길을 가면서(辶) 귀신처럼 생긴 이상한 전재(禺)를 만나다'의 뜻에서, 예기치 않고 우연한 만남을 말하며, 대우待遇, 기회 등의 뜻도 나왔다.
■도塗는 土(흙 토)+涂(도랑 도)의 형성자로 임시 막사(余)가 지어진 길을 따라 물이 넘치지 않도록 흙을 쌓아 도랑(涂)을 만들 때 쓰는 진흙을 말한다. 길(=途)로 쓰이기도 한다.
■보寶는 宀(집 면)+玉(옥 옥)+貝(조개 패)+缶(장군 부)의 형성자로 집(宀)에 옥과 조개화폐 같은 보물이 가득 든 모습을 그려 보물, 보배, 귀한 물건을 뜻한다. 학식과 미덕을 갖춘 것을 말하기도 한다.
■미迷는 辶(갈 착)+米(쌀 미)의 형성자로 무엇에 홀려 정신을 차리지 못하거나 헷갈리어 갈팡질팡 제대로 가지

권고하여) 말했다. "해와 달은 가는 것이니(연로하여 이미 늙었으니), 세월은 (무정하여) 나를 기다려 주지 않습니다(급히 출사해야 한다)." 공자께서 말씀하셨다. "그렇습니다. 내 장차 벼슬할 것입니다(공손한 말로 화를 면한 것이다)."

주자 —— (일찍이 계환자를 가두고 국정을 전횡했던 계씨의 가신) 양화가 공자를 (오게 하여) 만나고자 했지만, 공자께서 (가지 않고) 만나주지 않으시니, (양화가) 공자께 (예법상 대부가 士에게 선물을 했을 때, 자기의 집에서 받지 못하면 그 대부의 문에 가서 사례해야 하기에) 삶은 돼지(蒸豚:대부로 자처한 것)를 보냈다. 공자께서는 그가 없는 틈을 타서 가서 배례拜禮하고 (돌아오시다가) 길에서 마주쳤다. (양화가) 공자께 일러 말했다. "오시오. 내가 그대와 더불어 말하겠소." 말했다. "보물을 품고도 나라를 혼미하게 두면(도덕을 품고만 있으면서 나라를 혼란에서 구제하지 않으면), 인仁이라고 할 수 있습니까?" (공자께서) 대답하셨다. "인이라고 할 수 없습니다." 양화가 말했다. "일에 종사하기를 좋아하면서 자주 때를 놓치면(일을 기회에 미치지 못함) 지혜롭다고 할 수 있겠습니까?" (공자께서) 대답하셨다. "지혜롭다고 할 수 없습니다." 양화가 (공자를 기롱하고, 벼슬을 빨리 하게 하려고) 말했다. "해와 달은 가는 것이니(연로하여 이미 늙었으니), 세월은 (무정하여) 나를 기다려 주지 않습니다(급히 출사해야 한다)." 공자께서 말씀하셨다. "그렇습니다. 내 장차(=그렇게 하겠지만 기필하지 않으면서) 벼슬할 것입니다(질문에 따라 대답한 것은 이치의 곧음이며, 대답하되 변론하지 않음은 공손하면서 굽히지 않음이다)."

(辶) 못하게 하는 것(迷惑)을 말한다.
■극亟은 二(두 이)+人(사람 인)+口(입 구)+又(손 우)의 회의자로 하늘과 땅(二) 사이에서 사람이 입(口)과 손(又)으로 재빠르게 일을 처리하는 것을 말한다. 빠르다, 자주 등의 뜻이 있다.
■낙諾은 언(말씀 언)+若(같을 약)의 형성자로 말(言)로 동의하여(若) 허락許諾하는 것을 말한다.

다산 ── (처음에는 계씨의 가신이었다가, 대부가 되어 노나라의 국정을 맡고 있던) 양화가 공자를 (공자께 벼슬하게 하기 위해) 만나고자 했지만, 공자께서 (가신이 전횡하는 것을 싫어하여서) 만나주지 않으시니, (양화가) 공자께 (와서 謝禮하게 하여, 조용히 만나고자) 새끼 돼지를 예물로 보냈다(歸=饋=遺:정공6~7년경). 공자께서는 그가 없는 틈을 타서 가서 배례拜禮하고 (돌아오시다가) 길에서 마주쳤다. (양화가) 공자께 일러 말했다. "오시오. 내가 그대와 더불어 말하겠소." (양화가) 말했다. "보물(=도덕)을 품고도(=공자께서 출사하지 않음) 나라를 혼미하게 두면(나라가 어지럽고 혼란스럽도록 방임하는 것), 인仁이라고 할 수 있습니까?" (양화가 자답하여) 말했다. "인이라고 할 수 없습니다." 양화가 말했다. "(도를 행하고자) 일에 종사하기를 좋아하면서 (불우하여) 자주 때를 놓치면 지혜롭다고 할 수 있겠습니까?" (양화가 자답하여) 말했다. "지혜롭다고 할 수 없습니다." 양화가 (공자에게 버슬을 권고하여) 말했다. "해와 달은 가서 돌아오지 않으니(연로하여 이미 늙었으니), 세월은 나를 도와주지 주지 않습니다(급히 출사해야 한다)." 공자께서 말씀하셨다. "그렇습니다. 내 장차 벼슬할 것입니다."

집주 ── ■陽貨는 季氏家臣이니 名虎니 嘗囚季桓子而專國政하니라 欲令孔子來見己나 而孔子不往하신대 貨以禮에 大夫有賜於士어든 不得受於其家면 則往拜其門이라 故로 瞰孔子之亡而歸之豚하여 欲令孔子來拜而見之也라

양화陽貨는 계씨의 가신으로 이름은 호虎이다. 일찍이 계환자를 가두고 국정을 전횡했다. 공자로 하여금 와서 자기를 만나게 하고자 했으나, 공자께서는 가지 않으셨다. 양화는 예법상 대부가 사士에게 선물을 했을 때, 자기의 집에서 받지 못하면 그 대부의 문에 가서 사례해야 하는 것이기에, 공자께서 안 계신 틈을 엿보고 돼지를 보내, 공자로 하여금 와서 사례하고 알현하도록 한 것이다.

■懷寶迷邦은 謂懷藏道德하여 不救國之迷亂이라 亟는 數也라 失時는 謂不

及事幾之會라 將者는 且然而未必之辭라 貨語皆譏孔子而諷使速仕하니 孔子
固未嘗如此하시고 而亦非不欲仕也요 但不仕於貨耳라 故로 直據理答之하시
고 不復與辯하여 若不諭其意者하시니라

'보물을 품고도 나라를 혼미하게 둔다.'는 것은 도덕을 품에 간직하고도 나라
의 혼미함을 구제하지 않는다는 것이다. '극亟'은 자주이다. '때를 잃는다(失時)'
는 것은 일할 기회를 잡지 못한다는 것이다. '장將'은 장차 그렇게 하겠지만, 반
드시 그런다는 것은 아니다. 양화의 말은 모두 공자를 기롱하며 풍자하여 빨
리 벼슬을 하게 하려는 것이었다. 물론 공자께서는 진실로 일찍이 이런 적은
없으셨지만, 또한 벼슬하고 싶지 않으신 것도 아니었다. 다만 양화에게만 벼
슬하지 않으셨을 뿐이다. 그런 까닭에 곧바로 이치에 근거하여 대답하고, 다
시 함께 변론하지 않았으니, 마치 그의 뜻을 깨닫지 못한 것처럼 하신 것이다.

■陽貨之欲見孔子는 雖其善意나 然이나 不過欲使助己爲亂耳라 故로 孔子
不見者는 義也요 其往拜者는 禮也요 必時其亡而往者는 欲其稱也요 遇諸塗
而不避者는 不終絶也요 隨問而對者는 理之直也요 對而不辯者는 言之孫而
亦無所詘也니라

양화가 공자를 만나려 한 것은 비록 선한 뜻이었지만, 자기를 도와 난을 일으
키기를 바란 것에 불과하다. 그러므로 공자께서 만나지 않은 것은 의義이고,
가서 답례하신 것은 예禮이다. 필시 그가 없을 때에 가신 것은 그에게 상응하
기를 바라신 것이고, 길에서 마주쳤을 때 피하지 않은 것은 끝내 끊지는 않은
것이다. 질문에 따라 답하신 것은 이치의 곧음이고, 대답하되 변론하지 않으
신 것은 말씀은 공손하지만 또한 굽힌 것은 없으신 것이다.

■楊氏曰 揚雄謂孔子於陽貨也에 敬所不敬하여 爲詘身以信道라 하니 非知
孔子者라 蓋道外無身하고 身外無道하니 身詘矣요 而可以信道를 吾未之信
也로라

양시가 말했다. "양웅은 '공자가 양화에 대해, 존중할 만하지 않은데도 존중

했고, 몸을 굽힘으로써 도를 펴려 했다.'고 했는데, 양웅은 공자를 아는 자가
아니다. 대개 도 밖에 몸 없고 몸 밖에도 도는 없거늘, 몸을 굽혔는데도 도를
펼 수 있다는 것을 나는 믿지 못하겠다."

고금주 —— ■補曰 陽虎, 本魯之公族孟氏也, 始爲季氏家臣, 尋升爲大夫, 爲
政於魯國. ○孔曰: "欲見孔子使仕." ○補曰 歸, 饋同, 遺也. 豚, 豕子. ○孔曰:
"欲使往謝, 故遺孔子豚." ○補曰 定六年, 陽虎盟三桓於周社, [見『左傳』] 是時已
爲大夫. 定八年冬十月, 陽虎作亂而出. [見『左傳』] 是年孔子始爲司寇, 亦大夫
也, [年五十] 則陽貨歸豚, 當在定六ㆍ七年. 時, 謂伺而乘之也. 瞰其亡而歸之,
[亡, 無同] 故瞰其亡而拜之, 以相當也. ○孔曰: "塗, 道也, 於道路與相逢." ○馬
曰: "言孔子不仕, 是懷寶也." [補云: "匿其寶而不欲售."] 知國不治而不爲政, 是迷
邦也. [補云: "任國之迷亂."] ○補曰 好從事, 言孔子欲行道. ○李曰: "兩曰不可,
乃是貨自問自答語, 以諷夫子." [李卓吾] ○補曰 往而不反曰逝. 與, 善也, 助也.
言日月無情於我. ○馬曰: "年老歲月已往, 當急仕."
보완하여 말한다. 양호는 본래 노나라 공족公族인 맹씨孟氏이다. 처음에는 계
씨의 가신이었지만, 얼마 뒤에 신분이 상승해서 대부가 되어 노나라에서 국
정을 맡았다. ○공안국이 말했다. "공자를 만나 벼슬하게 하려고 한 것이다."
○보완하여 말한다. 귀歸는 궤饋와 같아 보내다(遺)의 뜻이고, 돈豚은 새끼 돼
지이다. ○공안국이 말했다. "와서 사례하도록 하고자, 공자께 새끼 돼지를
보낸 것이다." ○보완하여 말한다. 정공 6년에 양호는 삼환三桓과 주사周社에
서 회맹했으니(『좌전』) 이때 이미 대부였다. 정공 8년 겨울 10월에 양호가 난
을 일으키고 도망했으니(『좌전』에 보인다), 이 해에 공자가 비로소 사구司寇가
되었으니, 또한 대부이다(50세). 그렇다면 양화가 새끼 돼지를 보낸 것은 마
땅히 정공 6~7년에 있었다. (時其亡也의) 시時는 엿보아 틈을 타는 것을 이른
다. 그가 없을 때를 엿보아 돼지를 보냈기 때문에(무:亡는 無와 같은 뜻이다.) 그

가 없을 때를 엿보아 가서 사례하는 것은 서로 꼭 들어맞는다. ○공안국이 말했다. "도塗는 길(道)이니, 도로에서 서로 만난 것이다." ○마융이 말했다. "공자께서 버슬을 하지 않은 것이 바로 보배를 품은 것이고(보완하여 말한다. "그 보배를 숨기고 팔고자 하지 않은 것이다."), 나라가 다스려지지 않은 것을 알면서도 정치를 하지 않은 것이 곧 나라를 혼미하게 한 것이다."(보완하여 말한다. "나라가 어지럽고 혼란스럽도록 방임한 것이다.") ○보완하여 말한다. 일에 종사하기를 좋아하는 것(好從事)은 공자가 도를 행하고자 하는 것임을 말한다. ○이탁오가 말했다. "두 번 불가不可라고 말한 것은 양화가 자문자답한 것으로 공자를 풍자한 것이다." ○보완하여 말한다. 가서 돌아오지 않는 것을 서逝라하고, 여與는 잘해 주고 돕는 것이다. 일월日月이 나에게 무정한 것임을 말한 것이다. ○마융이 말했다. "연로하여 세월이 이미 가 버렸으니, 마땅히 급히 버슬해야 한다."

비평 —— 『좌전』에 기초를 두고 이 일이 있었던 연대에 관하여 다산이 고증한 내용은 신빙성이 높다고 할 것이다. 두 번의 '불가不可'라는 언명에 대해 고주는 "공자께서 겸손하게 대답하신 것이다."라고 말했고, 주자는 "질문에 따라 답하신 것은 이치의 곧음이고, 대답하되 변론하지 않으신 것은 말씀은 공손하지만 또한 굽힌 것은 없으신 것이다."라고 해석했다. 이에 대해 다산은 이탁오의 언명을 빌려와서 "양화의 자문자답으로, 공자를 풍자한 것이다."라고 말한다. 이탁오가 주장하고, 다산이 인용한 이 말은 뒤의 공자의 말은 '공자왈孔子曰'이라는 세 글자가 있다는 것으로 증명될 수 있다고 하겠다. 그렇지만 내용상으로 보면, 분명하지 않다고 생각된다.

　『사기』「공자세가」에 따르면, 공자는 모친상 때인 17세 때에 양호와 처음으로 만났다.

공자가 모친 상중에 계손씨가 선비들을 초대하여 잔치를 베풀었다. 공자는
자신도 자격이 있다 생각하여 잔치에 참석코자 했으나, 양호에 의해 문 앞에서
쫓겨나게 되었는데, 양호는 "계손씨는 선비들을 대접하고자 하는 것이지 너 같
은 어린 사람을 대접하려는 것이 아니다."라고 했다. 그래서 공자는 할 수 없이
물러 나왔다. (孔子要絰, 季氏饗士. 孔子與往. 陽虎絀曰, "季氏饗士, 非敢饗子也." 子由是
退. 孔子年十七.)

17:2. 子曰: "性相近也, 習相遠也." 17:3. 子曰: "惟上知與下愚不移." [『集注』分爲二章]

고주 —— 공자께서 말씀하셨다. "(하늘로부터 부여 받아 태어난 고유한) 본성은
(외물의 감응을 받기 이전에는) 서로 가깝지만, (외물의 감응을 받은 이후에는 습관이
본성을 형성하게 되면, 선에 습관 되면 군자가 되고, 악에 습관 되면 소인이 되니) 습관
에 따라 서로 멀어진다(그러므로 군자는 익히는 바:所習를 삼간다. 그러나 그것은 중
인일 뿐이다)." 공자께서 말씀하셨다. "오직 상지上知(의 성인은 변화하여 악을 행

자원풀이 ■성性은 心(마음 심)+生(날 생)의 형성자로 사람이 태어나면서(生) 갖는 천성적인 마음(心)으로 사람의
본성, 성품性品을 말한다. 『설문해자』에서는 '性'이란 "心 자에 의미 중심으로 두고 生 자에 따라 발음하는데, 사람
의 양기陽氣로서 성性은 선하다."라고 해석하였다(人之陽氣性善也. 從心生聲). 이렇게 '性(心+生)' 개념이 사유능력이
나 도덕적 판단능력을 의미하는 '心'과 태어나면서부터 지니게 되는 자연적 욕구 혹은 본능을 의미하는 '生'의 결
합이라는 점에서 어느 쪽에 비중을 두느냐에 따라 그 의미가 달리 해석될 수 있기 때문에 이른바 '인성론 논쟁'이
제기될 수밖에 없었다.
■습習은 羽(깃 우)+日(날 일)의 회의자로 어린 새가 오랜 세월(日) 동안 반복해 날갯짓(羽)을 익히는 모습으로부터
학습學習과 중복重複의 의미를 그렸다. 이후 日이 白(흰 백)으로 변했는데, 白은 自(스스로 자)의 변형으로 보인다.
따라서 스스로(自) 배우는 날갯짓(羽)으로부터 자발적인 학습의 중요성을 강조한 것으로 해석될 수 있다. 혹은 白

하게 할 수 없고)와 하우下愚(의 사람은 변화하여 억지로 현명하게 할 수 없으니) 변화하지 않는다."

주자 —— (17:2) 공자께서 말씀하셨다. "(기질의) 성은 (美惡의 차이가 있지만, 그 처음에는) 서로 가깝지만, (선에 습관이 되면 선해지고, 악에 습관이 되면 악해지니) 습관은 서로 멀다." (17:3) 공자께서 말씀하셨다. "(사람의 기질은 서로 가깝지만, 또한 아름답고 추하기가 일정하여, 습관에 의해 변할 수 없는 사람이 있는데) 오직 상지上知와 하우下愚는 변화하지 않는다."

다산 —— 공자께서 말씀하셨다. "(본심이 좋아하고 싫어하는) 성향은 서로 가깝지만, (보고 듣는 데서 익혀진) 습관은 서로 멀다." 공자께서 말씀하셨다. "오직 (이해에 밝은) 상지上知와 (이해에 어두운) 하우下愚는 (악인과 함께 서로 익히더라도 오염되지 않으며, 善人과 함께 서로 익히더라도 훈도되지 않으니) 옮겨가지 않는다."

집주 —— ■ (17:2. 子曰 性相近也, 習相遠也.)
■ 此所謂性은 兼氣質而言者也라 氣質之性은 固有美惡之不同矣라 然이나 以其初而言이면 則皆不甚相遠也라 但習於善則善하고 習於惡則惡하여 於是에 始相遠耳니라
여기서 이른바 성性이란 기질氣質을 겸하여 말한 것이다. 기질지성氣質之性은 본래 아름다움과 추함(美惡)의 차이가 있다. 그렇지만 그 처음을 말한다면 모

은 鼻(코 비) 자의 본형이 自의 변형체로 새끼 새가 날기 위해 날갯짓을 되풀이하다, 숨찬 입김이 코에서 나타난다는 뜻으로 되풀이하여 익힌다는 뜻을 나타낸다. 익히다, 배우다, 습관, 거듭되다, 가르치다, 항상 등의 뜻이 있다.
■우愚는 心(마음 심)+禺(긴 꼬리 원숭이 우)의 형성자로 우禺는 원숭이(禺)처럼 단순한 생각(心)을 하는 존재라는 의미에서 '어리석음'을 나타냈고, 자신을 낮추는 겸양어로 쓰인다.
■이移는 禾(벼 화)+多(많을 다)의 형성자로 모판에다 밀집되게(多) 키운 벼(禾)를 논에다 '옮겨 심다'의 뜻에서 옮기다, 고치다 등으로 쓰인다.

두 서로 크게 먼 것은 아니다. 다만 선善에 습관이 되면 선해지고 악惡에 습관이 되면 악해지니, 이에 비로소 서로 멀어지게 된다.

■程子曰 此는 言氣質之性이요 非言性之本也라 若言其本이면 則性卽是理요 理無不善이니 孟子之言性善이 是也니 何相近之有哉리오

정자가 말했다. "이는 기질지성을 말한 것이요, 성性의 본연을 말한 것은 아니다. 그 근본으로 말하면 성은 곧 리理요(性卽是理), 리理는 선하지 않음이 없으니, 맹자가 말한 성선性善이 바로 이것이다. 어찌 서로 가까움이 있겠는가?"

집주 —— ■ (17:3. 子曰 惟上知與下愚不移)

■此는 承上章而言人之氣質이 相近之中에 又有美惡一定하여 而非習之所能移者라

이(子曰唯上知與下愚不移)는 앞 장을 이어서 사람의 기질이 서로 가까운 중에 또한 아름답고 추하기가 일정하여, 습관에 의해 변할 수 없는 사람이 있음을 말씀하신 것이다.

■程子曰 人性本善이어늘 有不可移者는 何也오 語其性則皆善也요 語其才則有下愚之不移라 所謂下愚有二焉하니 自暴自棄也라 人苟以善自治면 則無不可移하니 雖昏愚之至라도 皆可漸磨而進也어니와 惟自暴者는 拒之以不信하고 自棄者는 絶之以不爲하니 雖聖人與居라도 不能化而入也니 仲尼之所謂下愚也라 然이나 其質은 非必昏且愚也요 往往强戾而才力有過人者하니 商辛이 是也라 聖人이 以其自絶於善이라하여 謂之下愚라 然이나 考其歸則誠愚也니라

정자가 말했다. "사람의 성이 본래 선한데도 변할 수 없는 자가 있는 것은 무엇 때문인가? 사람의 성으로 말한다면 모두 선하지만, 그 재질(才)로 말한다면 변화할 수 없는 하우下愚가 있다. 이른바 하우란 두 종류가 있으니, 자포자自暴者와 자기자自棄者이다. 사람이 진실로 선으로 자신을 다스린다면 변

하지 못할 것이 없다. 비록 지극히 어둡고 어리석은 자라도 모두 점차 연마하여 나아갈 수 있다. 다만 자포자는 거부하고 믿지 않으며, 자기자는 끊어버리고 행하지 않으니, 비록 성인과 함께 거처하더라도 변화시켜 들어가게 할 수 없으니, 공자의 이른바 하우下愚이다. 그러나 그 기질이 반드시 어둡고 어리석은 것은 아니지만, 왕왕 강포하고 사나우면서 재력才力은 남보다 나은 자가 있으니, 상나라의 신(商辛)이 바로 그 예이다. 성인께서는 그가 스스로 선과 절연했기 때문에 하우라고 하셨지만, 그 귀착처를 살펴보면 참으로 어리석은 것이다."

■ 或曰 此與上章으로 當合爲一이니 子曰二字는 蓋衍文耳라

어떤 사람이 말했다. "이 장章은 윗 장과 합하여 마땅히 하나로 만들어야 한다. 자왈子曰 두 글자는 아마도 연문衍文일 뿐이다."

고금주 ── ■ 補曰 性者, 本心之好惡也. 習者, 聞見之慣熟也. 好德恥惡之性, 聖凡皆同, 以此之故, 本相近也. [兩人之賢不肖, 本相近] 親賢狎小之習, 甲乙有殊, 以此之故, 終相遠也. [兩人之賢不肖, 隔千里] 復云子曰者, 語終而復言也. 明於利害曰知, 暗於利害曰愚. 知愚所以謀身, 非性之品也. 上知, 雖與惡人相習而不受染汚, 下愚, 雖與善人相習而不受薰陶, 是不移也. [程子之意如此]

보완하여 말한다. 성이란 본심의 좋아하거나 싫어하는 것이고, 습이란 보고 듣는 데서 버릇으로 익혀진 것이다. 덕을 좋아하고 악을 부끄러워하는 본성은 성인이나 범인이나 모두 같다. 이런 까닭에 본래 서로 가까우며(두 사람의 賢과 不肖는 본래 서로 가깝다), 어진 이를 친하고 소인을 친압하는 습성은 갑과 을이 다름이 있으니, 이 때문에 마침내 서로 멀어진다(두 사람의 현과 불초는 천리의 격차가 있다). 다시 '자왈子曰'이라 한 것은 말이 끝나고 나서 다시 말한 것이다. 이해利害에 밝은 것을 지知라 하고, 이해에 어두운 것을 우愚라 한다. 지知와 우愚는 모신(謀身)의 방법이지, 본성의 품급이 아니다. 상지上知는 비

록 악인惡人과 함께 서로 익히더라도 오염되지 않으며, 하우下愚는 비록 선인
善人과 함께 서로 익히더라도 훈도되지 않으니, 이것이 불이不移이다(정자의
뜻이 이와 같다).

■孔曰: "君子愼所習." ○案 孔之此註, 深中經旨, 毫髮不錯. 惟邢疏誤釋之
耳. 習也者, 親習也, 薰習也, 非謂本人習於爲善, 習於爲惡也. 〈周書〉, 數紂
之惡曰: "乃惟庶習逸德之人, 同于厥政."[〈立政〉篇]〈月令〉曰: "貴戚·近習, 毋
有不禁."[仲冬月] 孔氏之云'愼所習', 此之謂也. 不移, 謂不爲人所移, 非謂本人
堅坐一處也. 孔子亦上知也. 三十而立, 四十而不惑, 五十而知命, 六十而耳順,
七十而不踰矩, 步步移轉, 下學而上達. 今乃曰上知之人, 生來坐於上頭, 到死
不移一步, 有是理乎? 紂, 所謂下愚也. 紂之惡, 不如是之甚, 故帝乙舍微子而
立爲太子. 及其踐位之後, 乃咈其耇長舊有位人, 惟婦言是用, 昏棄遺王父母
弟, 乃惟四方之多罪逋逃, 是崇是長, 以至於亡國, 則紂以其習於小人之故, 步
步移遷, 何得謂之不移乎? 下愚不移者, 不移於善也. 今乃曰下愚之人, 生於下
層, 到死不移一步, 有是理乎? ○又按 知愚者, 知慧之優劣, 知愚非性也. '上知
下愚'一節, 只就習遠上立論, 非就性近上添說也. 上知下愚, 其性亦相同, 特其
知慧有優劣耳. 執孝子而問之, 舜曰善, 跖亦曰善. 執叛臣而問之, 舜曰惡, 跖
亦曰惡. [此以是非之心, 明性善] 譽之曰廉, 則暴客亦悅, 罵之曰淫, 則冶婦亦恥.
[此以羞惡之心, 明性善] 上知下愚之同一性如此, 惟舜習見頑嚚而不爲所染, 跖習
見惠和而不爲所化, 斯其所謂不移也. 若論其進德修業之層級, 則舜自耕稼陶
漁, 以至爲帝, 無不取於人爲善, 其步步移動, 一息不停可知, 何以謂之不移也?
惡人之日進其惡, 亦當如此. 世豈有生來成熟, 無復可移者乎? 君子上達, 小人
下達, 其本皆自中層起程也.

공안국이 말했다. "군자는 익히는 바를 삼간다." ○살핀다. 공안국의 이 주
註는 경의 뜻에 깊이 적중하여, 털끝만큼도 어긋나지 않는다. 오로지 형병의
소疏가 잘못 해석했을 뿐이다. 습習이란 것은 친습親習·훈습薰習이지, 본인

이 선을 행하는 데에서 익숙해지거나, 악을 행하는 데에 익숙해지는 것을 말하지 않는다. 『서경』「주서」에서 주紂의 악을 헤아려 말하길, "여러 가지 추악한 것을 익힌 방일한 덕을 지닌 사람들과 정사를 함께했다(「입정」편)."고 했고, 『예기』「월령」에서는 "왕이 귀척이나 근습近習에게 금하지 않음이 없다(「중동월」)."고 했으니, 공안국이 '익히는 바를 삼간다.'고 말한 것은 이것을 말한다. 불이不移는 남에 의해 옮겨지지 않은 것을 말하고, 본인이 한 곳에 곧게 앉아 있는 것을 말하지 않는다. 공자 또한 상지上知이다. 서른에 자립했고, 마흔에 의혹되지 않았으며, 쉰에 천명을 알았으며, 예순에 귀가 순해졌으며, 일흔에 법도를 넘지 않았으니, 한 걸음씩 옮겨가 하학이상달下學而上達했다. 이제 이에 말하길, "상지上知의 사람은 태어날 때 머리 위에 앉아 죽을 때까지 한 걸음도 옮겨가지 않는다."고 하니, 이럴 리가 있는가? 주紂는 이른바 하우下愚이다. 주紂의 악이 그처럼 심하지 않았기 때문에, 제을帝乙이 미자微子를 버리고 태자로 세웠다. 그가 왕위에 오른 뒤에 이르러서는 덕망 있는 노신과 오랫동안 관직에 있던 사람들을 거스르고, 오직 부인들의 말만 듣고, 혼미하여 부모형제를 버리고 돌보지 않고, 이에 사방에서 죄를 많이 짓고 도망쳐 온 자들을 어른으로 숭상하여 나라를 망치는 데에 이르렀으니, 주紂가 소인을 가까이 하여 익혔기 때문에 한 걸음씩 옮겨간 것이니, 어찌 불이不移라고 할 수 있겠는가? 하우불이下愚不移란 선에로 옮겨가지 않는 것이다. 지금 이에 "하우의 사람은 하층에서 태어나 죽을 때까지 한 걸음도 옮겨가지 않는다."고 말하니. 이럴 리가 있는가? ○또 살핀다. 지우知愚란 지혜의 우열이지, 지우가 성性은 아니다. '상지하우上知下愚' 한 구절은 단지 습원習遠을 취하여 입론한 것이지, 성근性近을 취하여 설명을 첨가한 것이 아니다. 상지上知와 하우下愚는 그 성性이 역시 서로 같으니, 다만 그 지에 우열이 있을 뿐이다. 효자를 붙잡고 그에 대해 물으면, 순임금도 '선하다'고 하고 도척도 '선하다'고 말한다. 반역한 신하를 붙잡고 그에 대해 물으면, 순임금도 '악하다'고

하고 도척도 '악하다'고 말한다(이는 시비지심으로 性善을 밝혔다). 예찬하여 청렴하다고 하면 폭객도 기뻐하고, 매도하여 음란하다고 하면 아름다운 부인도 수치스러워 한다(수오지심으로 성선을 밝혔다). 상지上知나 하우下愚나 이처럼 성이 동일하지만, 오직 순은 악함을 보아 익혀도 물들지 않았고, 도척은 유화혜를 보고 익혀도 교화되지 않았으니, 이것이 이른바 불이不移이다. 만일 그 진덕수업의 단계로 논한다면, 순은 밭을 갈고 농사짓고 질그릇을 만들고 고기잡이 하던 때부터 제帝가 되기까지 남들의 선한 것을 취하지 않음이 없어 한 걸음씩 옮겨가며 한순간도 정지하지 않았음을 알 수 있으니, 어찌 불이不移라고 하겠는가? 악인이 날로 그 악에 나아가는 것도 이와 마찬가지다. 세상에 어찌 때어날 때부터 성숙하여 다시 옮길 수 없는 자가 있겠는가? 군자는 상달上達하고 소인은 하달下達하나, 그 근본은 모두 중간 단계부터 출발하는 것이다.

■ 考異 『集注』分爲二章. ○朱子曰: "或曰, '此與上章, 當合爲一. 子曰二字, 蓋衍文耳.'" ○案 孔注本爲一章. 若非一章, 則'惟'字不安矣. 語旣終, 良久再言, 故中有'子曰', 不必爲衍文.

다름을 고찰한다. 『집주』는 나누어 2장으로 했다. ○주자가 말했다. "어떤 사람은 말했다. '이 장章은 위의 장과 합하여 마땅히 하나로 만들어야 한다. '자왈子曰' 두 글자는 아마도 연문衍文일 뿐이다.'" ○살핀다. 공안국의 주에는 본래 한 장으로 되어 있다. 만약 한 장이 아니라면, '유惟' 자가 놓여 있는 것이 타당하지 않다. 말이 이미 끝나고 얼마 있다가 다시 말했기 때문에, 중간에 '자왈子曰'이 있게 되었으니, 반드시 연문衍文이 되는 것은 아니다.

■ 孔曰: "上智不可使爲惡, 下愚不可使强賢." ○邢曰: "性謂人所稟受以生而靜者也. 未爲外物所感, 則人皆相似, 是近也. 旣爲外物所感, 則習以性成. 若習於善, 則爲君子, 若習於惡, 則爲小人, 是相遠也. 故君子愼所習. 然此乃是中人耳, 其性可上可下, 故遇善則升, 遇惡則墜也. 孔子又嘗曰, '惟上知聖人不

可移之使爲惡, 下愚之夫不可移之使強賢.' 此則非中人之性習相近遠也."○
案 心性之說最精微, 故最易差, 唯其字義先明, 乃可分也. 其在古經, 以虛靈之
本體而言之, 則謂之大體, [見『孟子』] 以大體之所發而言之, 則謂之道心, [見『道
經』] 以大體之所好惡而言之, 則謂之性. 天命之謂性者, 謂天於生人之初, 賦之
以好德恥惡之性於虛靈本體之中, 非謂性可以名本體也. 性也者, 以嗜好厭惡
而立名. 『詩』云: "民之秉彝, 好是懿德." 秉彝卽性也, 而必以好德爲言, 斯可驗
也. 〈召誥〉曰: "節性, 唯日其邁." [古今注皆以爲飮食男女之欲] 〈王制〉曰: "修六禮
以節民性." 『孟子』曰: "動心忍性." 皆以嗜好爲性也. [唯〈西伯戡黎〉, 祖伊云'不虞
天性', 此是『中庸』天命之性] 孔子曰'性相近'者, 謂其好德恥惡之性, 聖凡皆同. 以
此之故, 兩人之賢不肖, 本相近也, 習於善人則薰陶漸磨, 日進其德, 此移於善
也, 習於惡人則狎昵濡染, 日增其慝, 此移於惡也. 若云中人習於爲善, 而上知
安坐不動, 中人習於爲惡, 而下愚堅臥不起, 則吾恐上知無日新之德, 下愚守天
賦之性. 此無可褒, 彼無可貶, 何得曰知而曰愚乎? 且其所謂上知, 或有魯鈍而
成德者, 其所謂下愚, 或有聰明而喪德者. 以其不移之故, 謂之上知, 非以上知
之故, 不得不不移也, 以其不移之故, 謂之下愚, 非以下愚之故, 不得不不移也.
智愚者, 謀身之工拙, 豈性之品乎? 性相近, 只是一等而已, 安有上中下三等乎?
上中下三等之說, 爲千古之大蔀, 不可以不辨.

공안국이 말했다. "상지上智는 악을 행하게 할 수 없고, 하우下愚는 억지로 현
명하게 할 수 없다." ○형병이 말했다. "성性은 사람이 부여받고 태어나 고요
한 것이다. 아직 외물의 감응을 받지 않았을 때는 사람들은 모두 서로 유사
하니, 이것이 가깝다는 것이다. 이미 외물의 감응을 받으면 습관에 의해 성
이 형성된다(習以性成). 만일 선에 습관이 되면 군자가 되고, 만일 악에 습관
이 되면 소인이 되니, 이것이 서로 멀다는 것이다. 그러므로 군자는 익히는
바에서 삼간다. 그러나 이것은 곧 중인中人일 따름이니, 그 성性은 상지도 될
수 있고, 하우도 될 수 있다. 그러므로 선을 만나(익히)면 상승하고, 악을 만

나(익히)면 추락한다. 공자께서 일찍이 말씀하시길, '오직 상지의 성인만은 옮겨서 악을 행하게 할 수 없고, 하우의 필부는 옮겨서 억지로 현명하게 할 수 없다.'고 하셨다. 이런 상지와 하우의 사람은 성은 서로 가깝지만, 습관은 서로 먼 중인과 같은 부류가 아니다." ○살핀다. 심성心性의 설은 가장 정미精微한 것이기 때문에 가장 쉽게 어긋나니, 오직 그 자의字義가 먼저 밝혀져야 이에 분명할 수 있다. 옛 경전에서 허령의 본체(虛靈之本體)로써 말한 것은 대체大體를 말한 것이며(『맹자』「고자상」), 대체에서 발현한 것으로 말한 것은 도심道心을 말하며(『도경』에 보인다), 대체의 호오好惡로써 말한 것은 성性을 말한다. 천명을 성이라 말한 것은 하늘이 사람을 태어나게 하는 그 처음에 덕을 좋아하고 악을 부끄러워하는 성을 허령한 본체 가운데 부여한 것을 말하는 것이지, 본체라고 명명할 수 있는 성을 말하는 것이 아니다. 성이란 기호嗜好와 염오厭惡로써 정의를 세운 것이다. 『시경』에서 "민지병이民之秉彝 호시의 덕好是懿德(백성의 떳떳한 성품은 이 아름다운 덕을 좋아한다:「대아, 증민」)"이라고 했으니, 병이秉彝는 곧 성性인데, 반드시 덕을 좋아하는 것으로써 말을 삼은 것으로 보아 이를 징험할 수 있다. 『서경』「소고召誥」에서 "성을 절제하여 오직 날마다 힘쓴다(節性 唯日其邁:여기서 節性의 性을 고금의 주에는 모두 飲食・男女의 欲으로 생각했다)."라고 하고, 『예기』「왕제王制」에서 "육예를 닦아 백성의 성을 절제한다(修六禮以節民性)."고 하고, 『맹자』에서 "마음을 분발시키고, 성을 절제하여 참는다(動心忍性)."고 했으니, 이는 모두 기호로써 성을 삼은 것이다(以嗜好爲性). (오직 『서경』「西伯戡黎」편에서 조이가 백성이 천성을 헤아리지 못한다:不虞天性고 말한 것만이 『중용』의 천명의 성이다.) 공자가 '성은 서로 가깝다.'고 말한 것은 덕을 좋아하고 악을 부끄러워하는 성을 말하니, 이는 성인이나 범인이나 모두 같다. 그렇기 때문에 두 사람의 현賢과 불초不肖가 본래 서로 가까웠으나, 선한 사람에게 익히게 되면 훈도薰陶되어 점점 자신을 연마하여 날로 그 덕에 나아가니 선에 옮겨가는 것이고, 악한 사람에게 익히게 되면 친숙하여 자신이 거기에 젖고 물들어 날로 그 간특함을 더하게 되니 악에 옮겨가는 것이다. 만약 중인中人이 선을 행함을 익히고 있는데, 상지上知는 편안히 앉아 움직이지 않고, 중인은 악을 행함을 익히는데 하우下愚는 꼼짝 않고 누워 일어나지 않고 있다면, 나는 아마도 상지는 날로 새로워지는 덕이 없고, 하우는 천부天賦의 성을 지키는 것이니, 이것도 칭찬할 수 없고, 저것도 폄하할 수 없을 듯한데, 어떻게 지知·우愚라고 말할 수 있겠는가? 또한 이른바 상지上知도 어떤 이는 노둔했는데도 덕을 이룬 이가 있는가 하면, 이른바 하우도 어떤 자는 총명했는데 덕을 잃은 자가 있기도 한다. 그가 옮겨가지 않았기 때문에 이를 상지라고 이르는 것이지, 상지이기 때문에 어쩔 수 없이 옮기지 않은 것이 아니다. 그가 옮겨가지 못했기 때문에 이를 하우라고 이르는 것이지, 하우이기 때문에 어쩔 수 없이 옮기지 못하는 것이 아니다. 지智·우愚는 자신의 일신의 이해를 위한 책략을 잘하거나 못한 것이니, 어찌 인성의 품급이겠는가? 성상근性相近은 인성이 단지 한 등급뿐이라는 말이니, 어찌 여기에 상·중·하의 3등급이 있겠는가? 상·중·하 3등급의 설은 천고의 큰 폐단이니, 분별하지 않을 수 없다.

■朱子曰: "此所謂性, 兼氣質言者也." ○案 本然·氣質之說, 直指心體, 發明隱微, 使吾人得以認己, 其功大矣. 然其命之曰本然, 恐與實理有差, 不敢不辨. 竊嘗思之, 天之降衷, 必在身形胚胎之後, 何得謂之本然乎? 佛家謂淸淨法身, 自無始時, 本來自在, 不受天造, 無始無終, 故名之曰本然, 謂本來自然也. 然形軀受之父母, 不可曰無始也, 性靈受之天命, 不可曰無始也. 不可曰無始, 則不可曰本然. 此其所不能無疑者也. 虛靈本體, 孟子謂之大體, 斯其不爲正名也乎? 大體, 何如者也? 凡天下有生有死之物, 止有三等. 草木有生而無知, 禽獸有知而無靈, 人之大體, 旣生旣知, 復有靈明神妙之用, 故含萬物而不漏, 推萬理而盡悟, 好德恥惡, 出於良知, 此其迥別於禽獸者也. 但其山川風氣, 父母精血, 受之爲氣質, 不能無淸濁厚薄之差. 故大體之囿於是者, 隨之有慧鈍通塞之異. 且氣短者寡語, 血熱者易怒, 愧則汗出, 哀則淚落, 皆大體·小體, 相須相關, 妙合而不能離之明驗也. 雖然, 若論其體, 只是一體. 惟一大體之中, 含生如草木, 知覺如禽獸, 又能窮易象, 算曆數, 而神妙靈通, 不可曰一體之中, 三性鼎立也. 若一體之中, 三性鼎立, 則人必有靈妙已絶而猶能觸覺者, 觸覺已絶而猶能生活者. 何世之人, 活則全活, 死則全死, 不如是之差池也. 其妙合而不能離, 居可知矣. 夫旣妙合而不能離, 則命之曰本然之性·氣質之性, 磊磊落落, 確分二體, 恐亦有差舛者. 何況性也者, 非大體之全名? 乃就大體之中, 執其好惡之理, 而別立一名, 斯又非可以指之爲二三者也. 何謂好惡? 乳哺之兒, 聞讚譽而示悅, 孩提之童, 受罵詈而懷恥. 知善之可貴也, 故聞讚譽而示悅, 知惡之可愧也, 故受罵詈而懷恥也. 盜者, 惡人也, 不知者美之爲廉士, 則樂. 淫者, 惡人也, 不知者譽之爲貞女, 則樂. 何則? 好德恥惡, 根於天性, 雖梏喪無餘, 而猶有所不泯故也. 孟子之謂性善, 豈有差乎? 但不得不善, 人則無功. 於是又賦之以可善可惡之權, 聽其自主, 欲向善則聽, 欲趨惡則聽, 此功罪之所以起也. 天旣賦之以好德恥惡之性, 而若其行善行惡, 令可游移, 任其所爲, 此其神權妙旨之凜然可畏者也. 何則? 好德恥惡, 旣分明矣. 自此以往, 其向善, 汝功也, 其趨惡, 汝罪也, 不可畏乎? 禽獸之性, 本不能好德恥惡, 故善不爲功, 惡不爲罪, 斯大驗也. 苟使人性不得不善, 如雎之不得不孝, 如蜂之不得不忠, 如元央之不得不烈, 天下其復有善人乎? 於是復予之以可善可惡之具, 使其從善如登, 從惡如崩, 即此形軀是也. 神形妙合, 不能相離, 故形軀諸慾, 亦由此性中發, 此古之所謂人心, 而氣質之說所由興也. 然此氣質之性, 堯·舜未嘗偏受其清明, 桀·紂未嘗偏受其濁穢, 其于本性之善惡, 了無關焉. 先儒每以氣質清濁爲善惡之本, 恐不無差舛也. 苟以氣質之故, 善惡以分, 則堯·舜自善, 吾不足慕, 桀·紂自惡, 吾不足戒, 惟所受氣質, 有幸不幸耳. 由是觀之, 天下之人, 其性品本皆同級, 非惟中等之人, 性相近也. [程子云: "自暴自棄者, 雖聖人與居, 不能化而入也, 仲尼之所謂下愚也. 然其質非必昏且愚也, 往往强戾而才力有過人者, 商 辛是也."] 天

下之大善, 未必皆聰明敏慧, 天下之大惡, 未必皆聾瞽魯鈍, 則受天地淸明之氣
者, 未必爲善人, 受天地濁穢之氣者, 未必爲惡人. 顔·曾愚魯而成德, 儀·衍
辯慧而陷惡, 周勃·石奮其氣質大抵濁, 王莽·曹操其氣質大抵淸, 苟必以稟
受之淸濁爲善惡之所以然, 則違於實者多矣. 受淸氣而爲上知, 則是不得不然
之善也, 何足爲善? 受濁氣而爲下愚, 則是不得不然之惡也, 何足爲惡? 氣質能
使人慧鈍, 不能使人善惡, 有如是矣. 孟子謂'堯·舜與人同', 誠以舜之所以爲
舜, 在乎孝友, 不在乎璿璣玉衡. 今使天下之人, 人人皆推究曆理, 以作璣衡, 則
望門視色, 駭而走者多矣. 今使天下之人, 人人皆孝友如舜, 則雖至鈍甚濁之
氣質, 未可曰行不得而力不足, 特自畫而不肯爲耳, 則孟子謂'人皆可以爲堯·
舜', 豈一毫過情之言哉? 氣質之於善惡, 其不相關如此, 則氣質之說, 雖廢之,
可也.

주자는 말했다. "여기의 이른바 성性은 기질을 겸하여 말한 것이다." ○살핀
다. 본연本然·기질氣質의 설은 마음의 본체(心體)를 바로 가리켜 그 은미한
것을 발명한 말로서, 우리로 하여금 자신을 인식할 수 있게 했으니, 그 공이
크다. 그러나 거기에 '본연'이라고 명명한 것은 아마도 실제의 이치와 어긋남
이 있기 때문에, 감히 분별하지 않을 수 없다. 내가 일찍이 생각건대, 하늘이
충衷을 내릴 것은 반드시 형상을 지닌 신체(身形)가 배태된 뒤이니, 어떻게 이
를 본연이라 할 수 있겠는가? 불가에서 말하는 청정법신淸淨法身이란 무시無
始로부터 본래 자재自在하며, 하늘의 조화造化도 받지 않고 무시무종無始無終
하기 때문에 이를 명명하여 본연이라 했으니, 이는 본래 스스로 그러함(本來
自然)을 말한 것이다. 그러나 사람은 형구形軀를 부모에게 받았으니 무시無始
라 할 수 없고, 성령性靈을 천명에 의해 받았으니 무시無始라 할 수 없다. 무
시라고 할 수 없으면 본연이라고 할 수 없으니, 이는 의심이 없을 수 없는 것
이다. 허령본체虛靈本體를 맹자는 대체大體라 했으니, 이것이 바른 명칭이 되
지 않겠는가?

대체란 어떤 것인가? 무릇 천하의 삶과 죽음이 있는 만물은 모두 세 가지 등류가 있으니, 초목은 생명生은 있으나 지각(知)이 없고 금수는 지각은 있으나 영명함(靈)이 없고, 사람의 대체는 생명과 지각에 또한 영명신묘靈明神妙한 작용이 있다. 그러므로 사람은 만물을 포용하며 빠뜨리지 않고, 모든 이치를 미루어서 다 깨달으며, 덕을 좋아하고 악을 부끄럽게 여기는 것이 양지良知에서 나오는데, 이것이 금수와 크게 구별되는 것이다. 다만 사람은 풍기風氣와 부모의 정혈精血을 받아 이것이 기질이 되었으니, 기질에는 청탁淸濁·후박厚薄의 차이가 없을 수 없다. 그러므로 대체大體가 기질에 구애되는 것이니, 이를 따라서 사람에게는 혜둔慧鈍·통색通塞의 차이가 있는 것이다. 또 기氣가 짧은 자는 말이 적고, 혈血이 더운 자는 성내기 쉬우며, 부끄러우면 땀이 나고, 슬프면 눈물을 흘리니, 이는 모두 대체와 소체가 서로 연관을 지어 오묘하게 융합하여 분리될 수 없는 것을 보이는 분명한 증거이다. 비록 그렇다고 하더라도 만약 그 체體를 논한다면, 다만 하나의 체(一體)인 것이다. 오직 하나의 대체 안에 초목과 같은 생명과 금수와 같은 지각과 또 능히 역상易象을 궁구하고 역수曆數를 산정하는 신묘한 영통靈通을 내포하고 있다고 할지라도, 하나의 체 안에 세 가지 성(三性)이 정립鼎立하고 있다고 말할 수 없다. 만약 하나의 체 안에 세 가지 성이 정립해 있다면, 이는 사람이 반드시 영묘한 것은 이미 끊어졌어도 오히려 지각은 있는 자가 있을 것이고, 지각은 이미 끊어졌어도 오히려 살아 활동하는 자가 있을 것이라는 이론이니, 어느 시대의 사람이든지 살아 있으면 온전히 살아 있고 죽으면 온전히 죽은 것이지, 이처럼 서로 차이가 나지는 않는다. 그러니 대체와 소체가 오묘하게 융합하여 분리될 수 없다는 것을 가만히 앉아 있어도 알 수 있는 것이다.

　대저 이미 오묘하게 융합하여 분리될 수 없다면, 이를 본연지성과 기질지성으로 명명하여 뚜렷이 확고하게 두 체로 나누어 놓은 것은 아마도 또한 잘못이 있는 듯하다. 하물며 성이란 대체의 온전한 명칭이 아닌데, 더 말할 것이 있겠는가? 이에 대체 안에서 그 좋아하고 미워하는 이치를 가지고서 따로 한 이름을 세운 것이니, 이를 또 지적하여 둘로 하고 셋으로 할 수 있는 것이 아니다.

무엇을 좋아하고 미워하는 것이라 하는가? 젖을 먹는 어린 아이도 칭찬받는 말을 들으면 기쁜 얼굴을 나타내고, 손을 잡고 다니는 아이도 꾸지람을 들으면 부끄러운 마음을 가지니, 이는 선이 귀하다는 것을 알기 때문에 칭찬하는 말을 들으면 기쁜 얼굴을 나타내고, 악이 부끄럽다는 것을 알기 때문에 꾸지람을 들으면 부끄러운 마음을 가지는 것이다. 도적이란 악인惡人이지만, 모르는 사람이 그를 청렴한 선비라고 칭찬하면 즐거워하고, 음란한 자는 악인이지만 모르는 사람이 그를 정조가 있는 여자라고 칭찬하면 즐거워한다. 이는 무엇 때문인가? 덕을 좋아하고 악을 부끄러워하는 마음이 천성에 근본을 두고 있어, 비록 그 천성을 잃어버려 남은 것이 없다고 하더라도 오히려 없어지지 않는 것이 있기 때문이다. 맹자가 이를 가리켜 성선性善이라고 했으니, 어찌 이치에 어긋남이 있겠는가? 그러나 다만 선하지 않을 수 없을 뿐이라면, 여기에는 사람에게 공로가 없는 것이다. 그래서 이에 또 선할 수도 있고 악할 수도 있는 권형權衡을 부여하여, 그의 자주력에 따라 선으로 향하려고 하면 이를 들어주고, 악으로 나아가려고 하면 이를 들어주었으니, 이것은 공로와 죄과가 여기에서 일어나게 되는 것이다.

하늘이 이미 덕을 좋아하고 악을 부끄러워하는 성을 부여했지만, 여기에 그가 선을 행하고 악을 행하는 것과 같은 것은 그로 하여금 마음대로 하게 그 행위에 맡겨 두었으니, 이는 신권묘지神權妙旨로서 꿋꿋하게 두려워할 만한 것이다. 왜 그런가? 덕을 좋아하고 악을 부끄러워하는 것이 이미 분명해졌으니, 이로부터 이후에 선으로 향하는 것은 너의 공로이고, 악으로 향하는 것은 너의 죄과이니, 두려워하지 않을 수 있겠는가? 금수의 성은 본래 덕을 좋아하고 악을 부끄러워할 수 없기 때문에 선이 공로가 되지 않고, 악이 죄과가 되지 않으니, 이것이 큰 징험이다.

진실로 인성으로 하여금 다만 선하지 않을 수 없게 한 것이 마치 긴 꼬리 원숭이(蚺)라는 짐승이 효도하지 않을 수 없는 것과 같고, 벌이 충성하지 않을 수 없는 것과 같으며, 원앙이 정렬貞烈하지 않을 수 없는 것과 같다면, 천하에 이 이상 다시 더 선인이 있겠는가? 그러나 이에 또 선할 수도 있고 악할 수도 있는 권형權衡을 부여하여, 그로 하여금 선을 따르는 것은 산을 오르는 것처럼 힘들게 하고, 악을 따르는 것은 담장이 무너지는 것처럼 쉽게 했으니, 이것이 곧 사람의 형구形軀이다. 정신과 형구가 묘합하여 서로 분리될 수 없기 때문에 형구의 욕심도 다 이 성에 의해 발현하니, 이것이 옛날의 이른바 인심人心이며 기질지설氣質之說은 이로부터 일어났다. 그러나 이 기질지성을 요순만이 일찍이 그 청명淸明한 것을 받지 않았고, 걸주만이 일찍이 탁하고 더러운 것을 받지 않았으며, 또 기질지성은 본성의 선악과는 아무런 관계가 없는 것이다. 선유들은 매양 기질의 청탁淸濁을 선악의 근본으로 삼았는데, 아마도 잘못이 없지 않은 듯하다. 만약 기질 때문에 선악으로 구분된다면, 요순이 스스로 선한 것을 내가 숭모할 것도 없고, 걸주가 스스로 악한 것을 내가 경계할 것도 없으며, 오직 어떤 기질을 받아 태어났느냐에 따라 행·불행이 있을 뿐이다. 이것으로 말미암아 본다면, 천하의 사람은 그 성품이 본래 모두 같으며, 오직 중등의 사람만이 본성이 서로 가까운 것은 아니다. (정자가 말했다. "자포자기자는 비록 성인과 함께 거처하더라도 변화시켜 들어가게 할 수 없으니, 공자의 이른바 하우이다. 그러나 그 기질이 반드시 어둡고 어리석은 것은 아니지만, 왕왕 강포하고 사나우면서 재력은 남보다 나은 자가 있으니 상나라의 辛이 바로 그 예이다.") 천하의 큰 선은 반드시 모두 총명하고 민혜敏慧한 사람만이 하는 것이 아니고, 천하의 악은 반드시 모두 귀머거리와 장님처럼 무지하고 노둔한 사람만이 아는 것도 아니다. 천지의 청명한 기를 받은 사람도 반드시 선한 사람이 되는 것이 아니고, 천지의 탁하고 더러운 기를 받은 사람도 반드시 악인이 되는 것도 아니다. 안자와 증자는 어리석고 노둔했지만 덕을 이루었고, 장의張儀와 공손연公孫衍은 말을 잘 하고 지혜로웠지만 악에 빠졌으며, 주발周勃과 석분石奮은 그 기질이 대개 탁했고, 왕망王莽과 조조曹操는 그 기질이 대개 맑았으니, 만약 반드시 품수된 청탁으로써 선악의 소이연을 삼는다고 하면 실제와 어긋남이 많을 것이다. 맑은 기(淸氣)를 받아 상지上知가 되면 선하게 되지 않을 수 없다고 하는데, 이것이 어찌 선이 되기에 충분하겠는가? 탁한 기(濁氣)를 받아서 하우下愚가 되면 악하지 않을 수 없다고 하는데, 이것이 어찌 악이 되기에 충분하겠는가? 기질이 능히 사람으로 하여금 지혜롭거나 우둔하게 할 수 있지만, 사람을 선하거나 악하게 할 수 없는 것은 이와 같은 이유가 있다. 맹자는 '요순도 일반 사람과 같다(堯舜與人同;「이루하」).'고 말했다. 진실로 순이 순다워진 까닭은 효우孝友에 있지, 선기옥형璇璣玉衡에 있는 것이 아니다. 가령 지금 여기 천하의 사람들에게 사람마다 모두 천문의 역리歷理를 추구하여 선기옥형을 만들게 한다면, 사람들은 문을 바라보고 안색을 보아 놀라서 달아나는 자가 많을 것이다. 그러나 가령 지금 여기 천하의 사람들에게 사람마다 모두 순처럼 효우를 하게 한다면, 비록 지극히 노둔하고 매우 탁한 기의 소유자라 할지라도 행할 능력이 없거나 힘이 부족한 것이 아니라, 다만 스스로 한계를 긋고 효우를 행하기를 달갑게 여기지 않는 뿐이다. 그러니 맹자가 '사람은 모두 요순이 될 수 있다(「고자하」).'고 한 말이 어찌 한 터럭이나마 실정에 지나친 말이겠는가? 기질과 선악은 이와 같이 서로 연관이 없으니, 기질의 설은 비록 없애 버리더라도 좋을 것이다.

■ 質疑 朱子曰: "氣質之性, 固有美惡之不同. 然以其初而言, 則皆不甚相遠也." ○案 經云'性相近'者, 謂甲乙兩人, 以性之故, 其賢·不肖, 本相近也, 以習之故, 其賢不肖, 終相遠也. 以下句之'習相遠'推之, 則其義皦然. 堯·舜·桀·紂, 其惻隱·羞惡之性, 毫髮不差, 不可但以相近論也. [語不覈] 習相遠, 旣是賢·不肖之相遠, 則性相近, 亦豈非賢·不肖之相近乎? 由是言之, 孔子所言, 仍是道義之性, 與孟子所謂'人皆可以堯·舜'之性, 同是一物, 豈可以此屬之氣質之性乎? 先儒譏告子以氣質之性爲性, 若孔子亦以氣質之性爲性, 則告子奚擇焉? 聖人言性, 皆以秉彝所好而言之, 本然·氣質, 非聖人之所得知也.

질의한다. 주자가 말했다. "기질지성氣質之性은 본래 아름다움과 추함(美惡)의 차이가 있다. 그렇지만 그 처음을 말한다면 모두 서로 크게 먼 것은 아니다." ○살핀다. '성상근性相近'이라 한 것은 갑과 을 두 사람의 성性을 연유로 하여 볼 때 그 현賢·불초不肖가 본래는 서로 가깝다는 것이고, 습習을 연유로 볼 때 그 현·불초가 마침내 서로 멀다는 것이다. 아래 구절의 '습상원習相遠'이라는 것으로 미루어보면, 그 뜻이 분명해진다. 요순과 걸주는 그 측은惻隱·수오羞惡의 성이 털끝만큼도 차이가 나지 않는데, 이를 다만 성은 서로 가깝다는 것으로써 논해서는 안 된다(말이 명확하지 못하다). '습상원習相遠'이 이미 현·불초가 서로 멀어진 것이면, '성상근性相近'은 또한 어찌 현·불초가 서로 가까웠던 것이 아니겠는가? 이로 말미암아 말하면, 공자가 말한 것은 곧 도의지성道義之性으로, 이는 맹자의 이른바 '사람은 모두 요순이 될 수 있다.'는 성과 같은 하나의 성이니, 어찌 이를 기질지성에 붙일 수 있겠는가? 선유들은 고자가 기질지성을 성이라 했다고 기롱했으니, 만약 공자도 또한 기질지성을 성이라 했다면 고자와 어찌 구분되겠는가? 성인이 성을 말한 것은 모두 덕을 좋아하는 떳떳한 성품으로써 말한 것이니, 본연과 기질은 성인이 아는 것이 아니다.

■質疑 朱子曰: "性相近, 是氣質之性. 若本然之性, 則一般無相近." [見小註] 又曰: "天命之謂性, 則通天下一性耳, 何相近之有? 言相近者, 是指氣質之性而言, 孟子所謂犬牛人性之殊者, 亦指此而言也." ○案 經云'相近', 本是賢不肖之相近, [義見上] 不是性品之相近, 則'相近'二字, 本自無病. 且經之所言, 只是人性, 則禽獸之性, 原不必論. 然若云本然之性, 人獸一般, 則是又不可以不辨. 嗟呼! 同一國君之命, 而有卿有士有輿臺有皁隷, 其祿有差, 其品以別, 奚獨天命之性, 通用一等乎? 況其氣質成形, 獨非天造乎? 或羽或毛或麟或介, 千變萬化, 而總之不出於賤品. 天旣賦形, 有貴賤美惡, 而其所賦之性, 通用一等, 有是理乎? 一物各具一性, 竝無一物之內, 函有二性者. 然苟欲甚分, 當分四等. 荀子曰: "水火有氣而無生, 艸木有生而無知, 禽獸有知而無義, 人有氣有生有知有義." 此合理之言也. 譬如袞冕·鷩冕·毳冕·希冕, 下者但得希冕, 而毳者得包希冕, 鷩者得包毳希, 袞者兼四者而服之耳. 然則氣質之性, 人物之所同得, 而若所云道義之性, 惟人有之, 禽獸以下所不能得. 今先正之言, 反以爲本然之性, 人物皆同, 而氣質之性, 人與犬不同, 顧安得無惑哉? 本然之說, 本出佛書. 『楞嚴經』曰: "如來藏性, 淸淨本然."[第三篇] 『楞嚴經』曰: "非和合者, 稱本然性." 又曰: "譬如淸水, 淸潔本然."[第四篇] 『楞嚴經』曰: "眞性本然, 故名眞實."[第八篇] 長水禪師語廣照和尙曰: "如來藏性, 淸淨本然."[出『大慧語錄』] 本然之性, 明是佛語, 豈可以此解孔·孟之言乎? 佛氏之言, 此理本無大小, 亦無癡慧. 寓於人則爲人, 寓於牛則爲牛, 寓於焦螟則爲焦螟, 如同一水體, 盛於員器則員, 盛於方器則方, 如同一月色, 照於員水則員, 照於方水則方. 故其言曰: "人死而爲牛, 牛死而爲焦螟, 焦螟復化爲人, 世世生生, 輪轉不窮." 此所謂本然之性, 人物皆同者也. 苟其理之眞是, 則豈以其異乎吾所聞而廢之? 但其言有必不可通者, 所謂此理本係無形. 無形者之運, 其能不係其體之大小, 故鬼神爲物, 其體空空然, 視芥子爲太山. 然其本體靈妙, 穿山透石, 如過空之鳥, 登天入地, 如過隙之馬. 何獨焦螟之蟲, 不能講『周易』·算曆象·行仁義·用禮智, 而苦焦螟之分, 是守是蹈哉? 苟使本然之性, 人物皆同, 則牛之足鈍, 固不能執筆寫字, 牛之脣訥, 固不能發言成章. 然其目猶足以辨黑白, 其耳亦足以辨聲寂, 試敎之文字, 豈不點頭以示意乎? 人性之所包函, 博矣. 九流百家之書, 有能全誦而不錯者矣, 天文·曆法·象象之妙, 有能全悟而不滯者矣, 是果血氣之所能使乎? 是果憑物以存亡者乎? 何謂本然之性, 人物皆同也? 先儒謂孔子所言, 是氣質之性, 孟子所言, 乃本然之性, 而本然之性則人物皆同, 審如是也,不特人皆可以爲堯·舜, 凡物之得本然之性者, 亦皆可以爲堯·舜, 豈可通乎? 嗟呼! 仰觀乎天, 則日月星辰森然在彼, 俯察乎地, 則草木禽獸秩然在此, 無非所以照人煖人養人事人者. 主此世者, 非人而誰? 天以世爲家, 令人行善, 而日月星辰·草木鳥獸, 爲是家之供奉. 今欲與草木鳥獸, 遞作主人, 豈中於理乎? 左右商度, 人物之同此性, 不敢聞命.

질의한다. 주자가 말했다. "성상근性相近은 기질지성이다. 본연지성이라면 같은 것이고 서로 가까움이 없다(『소주』에 보인다.)." 또 말했다. "천명을 성이라고 할 때는 천하를 통틀어 하나의 성일 뿐이다. 무슨 서로 가까움이 있겠는가? 서로 가깝다고 말한 것은 기질의 성을 가리켜 말한 것이다. 맹자가 말한 '개·소와 사람의 성이 다른 것이다.'라는 말 또한 이 기질지성을 가리켜 말한 것이다." ○살핀다. 경문에 '상근相近'이라고 말한 것은 본래는 현·불초가 서로 가깝다는 말이지 성품이 서로 가깝다는 것이 아니니, '상근' 두 자는 본래 그 자체가 아무 결함이 없는 말이다. 또 경문에서 말하는 것은 다만 인성人性에 대한 것이니, 금수의 성은 원래 논할 필요가 없다. 그러나 만약 본연지성이 사람이나 금수가 같다고 한다면, 이는 또 분변하지 않을 수 없다. 아! 같은 한 나라 임금의 명령으로도 경卿·사士·여대與儓·조예皁隷 등 서로 다른 지위가 있어 그 녹봉의 차이가 있고 그 품계에 구별이 있는데, 어떻게 유독 천명의 성만은 같은 한 등급으로 통용되겠는가? 하물며 그 기질의 형성은 유독 하늘이 만든 것이 아님이야 더 말할 것이 있겠는가? 어떤 것은 날개가 있고, 어떤 것은 털이 있고, 어떤 것은 비늘이 있고, 어떤 것은 껍질이 있어 그 모양이 천만 가지로 다르나, 이들을 모두 종합하면 천품賤品에서 벗어나지 않는다. 하늘이 이미 형체를 부여함에 귀천과 미오의 차이가 있는데, 그 품수된 성은 같은 한 등급으로 통용된다니, 이럴 리가 있겠는가?

　하나의 사물(一物)은 각각 하나의 성(一性)을 가졌고, 아울러 하나의 사물 안에 두 개의 성이 함유될 수 없다. 그러나 만약 이를 심하게 구분하고자 한다면, 마땅히 4등분으로 구분해야 한다. 순자는 말하기를 "물과 불은 기氣만 있고 생명이 없으며, 초목은 생명(生)만 있고 지각(知)이 없으며, 금수는 지각만 있고 도의道義가 없으며, 사람은 기가 있고 생명이 있고 지각이 있고 도의가 있다(「왕제편」)."고 했는데, 이는 합리적인 말이다. 비유하자면, 곤면袞冕・별면鷩冕・취면毳冕・치면希冕의 예관禮冠 가운데 품계가 아래인 자는 다만 치면만 쓸 수 있고, 취면을 쓰는 자는 치면도 겸할 수 있고, 별면을 쓰는 자는 취면과 치면도 겸할 수 있으며, 곤면을 쓰는 자는 네 가지를 다 겸하여 쓸 수 있는 것과 같다. 그렇다면 기질지성은 사람과 사물이 같이 얻는 것이나, 이른바 도의지성道義之性은 오직 사람만이 가지는 것이고 금수 이하는 얻을 수 없다. 그런데 지금 여기 선정先正(주자)의 말은 도리어 '본연지성은 사람과 사물은 모두 같으나, 기질지성은 사람과 개가 같지 않다.'고 하니, 돌아보건대 어찌 의혹이 없을 수 있겠는가? 본연本然의 설은 본래 불교의 책에서 나온 말이다. 『능엄경楞嚴經』에서 "여래장성如來藏性은 청정본연淸淨本然(「제3편」에 보인다)"이라 하고 "비화합자非和合者 칭본연성稱本然性"이라 하고, 또 "비여청수譬如淸水 청결본연淸潔本然(「제4편」)"이라 하고, "진성본연眞性本然 고명진실故名眞實(「제8편」)"이라고 했다. 장수선사長水禪師가 광조화상光照和尙에게 "여래장성 청정본연"이라 했으니(『大慧語錄』에 나온다), 본연지성은 분명 불교의 말인데, 어찌 이 말로써 공맹孔孟의 말을 풀이할 수 있겠는가?

　불교의 말은 그 이치가 본래 크고 작은 것이 없고, 또한 어리석고 지혜로운 것이 없다. 사람에 붙이면 사람이 되고, 소에 붙이면 소가 되고, 초명焦暝에 붙이면 초명이 되니, 마치 똑같은 물의 형체라도 둥근 그릇에 담으면 둥글고 모난 그릇에 담으면 모나며, 똑같은 달빛이라도 둥근 그릇에 비치면 둥글고 모난 그릇에 비치면 모가 나는 것과 같은 격이다. 그러므로 불가의 말에 "사람이 죽어서 소가 되고, 소가 죽어서 초명이 되며, 초명이 다시 변화하여 사람이 되어 세세생생世世生生 윤회함이 다함이 없다."고 한다. 이것이 이른바 본연지성으로 사람과 사물이 모두 같다는 것이다. 만약 이 이치가 진실로 옳다면, 어찌 우리가 들은 바가 다르다고 해서 없앨 수 있겠는가? 다만 그 말에는 통할 수 없는 것이 있으니, 이른바 이 이치는 무형無形에 관계되는 것이다. 무형의 운행은 그 형체의 크고 작음과 무관하기 때문에 귀신도 그 형체가 공공연空空然한 무형이고, 개자芥子도 태산처럼 크게 보인다. 그러나 그 본체의 영묘한 작용은 산을 뚫고 돌을 뚫음이 마치 공중을 날아 통과하는 새와 같고, 하늘에 오르고 땅에 들어감이 마치 문틈으로 쏜살같이 지나가는 말과 같은데, 어찌 유독 초명의 벌레만은 능히 『주역』을 강론하거나 역상曆象을 산정하거나 인의仁義를 행하거나 예지禮智를 쓰는 것과 같은 것을 하지 못하고, 고되게 초명의 분수만 지켜서 밟아 가고 있는 것인가? 만약 본연지성이 사람과 사물이 모두 같다면, 소의 발은 둔하여 본래 붓을 잡아 글씨를 쓸 수 없고, 소의 입술은 더듬거려 본래 말을 하여 문채를 이룰 수는 없으나, 그 눈은 오히려 흑백을 분간할 수 있고, 그 귀는 또한 소리의 시끄럽고 고요함을 분간할 수 있으니, 시험 삼아 소에게 문자를 가르친다면 어찌 머리를 끄덕이며 의사를 나타내지 않겠는가? 인성이 포함하는 것은 그 범위가 넓다.

구류백가九流百家의 글을 온전히 외워 하나도 틀리지 않는 자가 있고, 천문天文·역법曆法과 「단전象傳」·「상전象傳」의 오묘한 이치를 온전히 깨달아 하나도 막히지 않는 자도 있으니, 이는 과연 혈기가 그렇게 할 수 있게 하는 것이겠는가? 아니면 이는 과연 정령精靈 같은 것이 사람에 의빙依憑하여 그런 것이 있기도 하고 없기도 하는 것이겠는가? 어찌하여 본연지성은 사람과 사람이 모두 같다고 이르는 것인가? 선유들은 '공자가 말한 것은 기질지성이고, 맹자가 말한 것은 본연지성이다.'라고 했는데, 본연지성은 사람과 사물이 모두 같다고 하는 것이 진실로 이와 같다면, 이는 다만 사람만 모두 요순이 될 수 있는 것이 아니라, 무릇 사물로써 본연지성을 얻은 것도 또한 모두 요순이 될 수 있다는 말이니, 어찌 통할 수 있는 말이겠는가? 아! 우러러 하늘을 살펴보면 일월성신이 빽빽하게 들어서 있고, 구부려 땅을 살펴보면 초목과 금수가 정연하게 자리를 차지하고 있는데, 이들 가운데 사람을 비추고 사람을 따뜻하게 하고 사람을 기르고 사람을 섬기지 않는 것이 하나도 없다. 이 세상을 주관하는 자가 사람이 아니고 누구이겠는가? 하늘이 세상을 하나의 집으로 만들어서 사람으로 하여금 선을 행하게 하고, 일월성신과 초목금수는 더불어 번갈아 가면서 주인을 만들고자 하니, 이것이 어찌 이치에 맞겠는가? 이리저리 생각해도 사람과 사물이 성을 같이한다는 것은 감히 받들 수 없다.

물었다. "집주에서는 기질이 서로 비슷한 가운데에 또 하나로 고정되어 있어 (一定) 바뀔 수 없는 자가 있다고 하면서도, 다시 정자의 '변하게 할 수 없는 자는 없다.'는 설을 거론했으니, 맞지 않는 듯합니다." 주자가 답했다. "공자께서 말씀하신 것을 보면 본디 변하지 않는 사람이 있으니, 예컨대 요순은 걸주가 될 수 없고, 걸주는 요순이 되게 할 수 없는 것들이다. 정자는 또 그 설을 밀고 나갔다. 모름지기 다르기는 하지만, 같다고 하기에 지장이 없다는 것을 알아야 한다. 습관이 성격을 형성해 서로 멀어지는 데 이르면 진정 변하지 않을 이치가 있다. 그러나 인성은 본디 선하니, 비록 지극히 악한 사람이라도 하루에 능히 선을 따를 수 있으며, 하루 동안 선인이 된다. 어찌 끝내 변하지 못할 리가 있으리오. 성인의 말씀을 보면, '변하지 않는다(不移)'라 하셨을 뿐, '변하게 할 수 없다(不可移)'고 하지 않으셨다. 정자의 말로 살펴보면, '변하려 하지 않은 후에야 변하게 할 수 없다.'는 것일 뿐이다. 대개 성인의 말씀은 본래 다만 품부 받은 기질을 가지고 그 등급을 말씀하셨을 뿐이고, '변하려 하지 않는 것'과 '변하게 할 수 없는 것'을 구분하여 언급하지는 않으셨다. 정자의 말은 품부 받은 것이 매우 다르기 때문에 변하려 하지 않는다는 말이지, 품부 받은 것이 다르기 때문에 변하게 할 수 없다는 말이 아니다." (『논어집주대전』: 본래 『고금주』에 인용되지 않은 부분이지만, 주자의 입장을 이해하는 중요한 근거가 되기 때문에, 필자가 부가했다.)

■朱子曰: "以聖言觀之, 則曰不移而已, 不曰不可移也. 以程子言考之, 則以其不肯移而後, 不可移耳." ○案 孩提之時, 人之賢否, 本皆相近, 寧有不可移者乎? 舜不肯移於瞽頑, 跖不肯移於惠和, 皆不肯移者也.

주자가 말했다. "성인의 말씀을 보면, '변하지 않는다(不移).'라고 하셨을 뿐, '변하게 할 수 없다(不可移)'고 하지 않으셨다. 정자의 말로 살펴보면, 변하려 하지 않은 후에야 변하게 할 수 없다는 것일 뿐이다." ○살핀다. 어린 아이 때에는 사람이 현명하고 현명하지 않음이 서로 비슷하니, 어찌 옮겨갈 수 없겠는가? 순舜이 고수의 완악함으로 옮겨가기를 달갑게 여기지 않았으며, 도척이 유화혜의 온화한 기상으로 옮겨가기를 달갑게 여기지 않았으니, 모두 옮기는 것을 달갑게 여기지 않은 것이다.

■案 神形妙合, 則人性之中, 不能無氣質邊帶來者. 雖然, 人之陷惡, 總由此形, 此聖凡之所同畏者. 若夫山川風氣之剛柔, 父母精血之淸濁, 所以爲慧鈍, 非所以爲善惡, 古惟程子發明此理, 謂下愚非性, 其餘皆聽瑩也. 慧者多惡, 鈍者多善, 何得咎氣質哉?

살핀다. 사람은 정신과 형체가 묘합하여 있으니, 인성 가운데에는 기질이 가장자리에 대래帶來해 있지 않을 수 없다. 비록 그러하나 사람이 악에 빠지는 것은 모두 이 형체로 말미암아 그렇게 되니, 이는 성인과 범인 모두 두려워하는 것이다. 산천 풍기風氣의 강유剛柔와 부모 정혈精血의 청탁淸濁은 지혜로움과 우둔함(慧鈍)의 원인이지, 선악이 되는 원인이 아니다. 옛날에 오직 정자만이 이 이치를 발명하여 '하우下愚는 성이 아니다.'라고 하고, 그 나머지는 분명하지 못했다. 지혜로운 자 가운데도 악인이 많고, 우둔한 자 가운데도 선인이 많으니, 어떻게 기질을 허물할 수 있겠는가?

비평 —— 주자의 성性 개념에 대한 다산의 반론이 가장 상세하게 제시되어 있다. 3권에서 별도의 장을 구성하여 상론하고자 한다.

17:4. 子之武城, 聞弦歌之聲. 夫子莞爾而笑, 曰: "割雞焉用牛刀?"
子游對曰: "昔者, 偃也聞諸夫子曰, '君子學道則愛人, 小人學道則
易使也.'" 子曰: "二三子! 偃之言是也. 前言戲之耳."

고주 —— 공자께서 (자유가 읍재가 되어 다스린) 무성에 가셔서(之=適) 거문고와
슬에 맞추어 시가를 읊조리는 소리(=예악으로 백성을 교화한다는 뜻)를 들으셨
다. 빙그레 웃으시며 말씀하셨다. "닭 잡는 데 어찌 소 잡는 칼을 쓰느냐?(=작
은 고을을 다스리면서 굳이 大道를 사용할 필요가 있는가?)" 자유가 대답했다. "전에
제가 선생님께 듣기를, '군자가 도(=예악)를 배우면 백성들을 사랑하고, 소인
이 도를 배우면 (음악으로 사람을 화합시키니, 화합하면) 부리기 쉽다.'고 하셨습
니다." 공자께서 말씀하셨다. "제자들아! 언의 말이 옳다. 앞의 말(작은 고을을
다스리면서 대도를 사용할 필요가 있는가?)은 농담일 뿐이라네."

주자 —— 공자께서 (자유가 읍재가 되어 예악으로 교화한) 무성에 가셔서(之=適)
거문고와 슬에 맞추어 시가를 읊조리는 소리(예악으로 백성을 교화한다는 뜻)를
들으셨다. (기뻐) 빙그레 웃으시며 말씀하셨다. "닭 잡는 데 어찌 소 잡는 칼

자원풀이 ■현弦은 弓(활 궁)+玄(검을 현)의 형성자로 실(玄)이 활(弓)에 매여진 것으로부터 '활의 시위'를 나타내
었다. 이후 현악기의 줄이나 반원형을 지칭하며, 현絃으로 대체되었다. 현絃은 糸(실 사)+玄(검을 현)으로 악기의
줄을 말하며, 현악기를 지칭한다.
■가歌는 欠(하품 흠)+哥(노래 가)의 형성자로 입을 벌려(欠) 부르는 노래(哥)를 말한다. 노래하다, 찬미하다, 시의 형
식의 하나 등으로 쓰인다.
■완莞은 艸(풀 초)+完(완전할 완)의 형성자로 풀의 일종인 왕골을 의미한다. 왕골, 돗자리, 빙그레 웃다, 땅이름 등
으로 쓰인다.
■할割은 刀(칼 도)+害(해칠 해)의 형성자로 칼(刀)로 깎아내다의 뜻이다. 거푸집(金)을 만들었던 끈을 칼(刀)로 잘라
내는 모습으로 자르다, 분할하다, 끊다, 살해하다, 죽이다, 요리하다 등의 뜻이다.

을 쓰느냐?(=작은 고을을 다스리면서, 굳이 이런 大道를 사용할 필요가 있는가?)" 자유
가 대답했다. "전에 제가 선생님께 들기를, '(지위가 군자이든 소인이든 모두 배워
야 하는데) 군자가 도를 배우면 백성들을 사랑하고, 소인이 도를 배우면 부리
기 쉽다.'고 하셨습니다." 공자께서 말씀하셨다. "제자들아! 언의 말(다스림에
는 대소가 있지만, 그 다스림은 모두 예악으로 해야 한다)이 옳다. 앞의 말은 농담일
뿐이라네! (자유의 독실함으로 칭찬하고, 문인들의 의혹을 풀어주었다.)"

다산 —— 공자께서 (자유가 읍재가 되어 다스린) 무성에 가서서(之=適) 거문고
와 슬에 맞추어 시가를 읊조리는 소리(=예악으로 백성을 교화한다는 뜻)를 들으
셨다. 빙그레 웃으시며 말씀하셨다. "닭(작은 고을) 잡는 데 어찌 소 잡는 칼(=
대도)을 쓰느냐?(=천하에 도를 행하지 못하고 이 작은 고을을 다스리게 된 것을 개탄한
것이다.)" 자유가 대답했다. "전에 제가 선생님께 들기를, '군자가 도(=예악)를
배우면 백성들을 사랑하고, 소인이 도를 배우면 (음악으로 사람을 화합시키니,
화합하면) 부리기 쉽다.'고 하셨습니다." 공자께서 말씀하셨다. "제자들아! 언
의 말이 옳다. 앞의 말(작은 고을을 다스리면서 대도를 쓸게 뭐 있느냐?)은 농담일
뿐이라네."

집주 —— ■弦은 琴瑟也라 時에 子游爲武城宰하여 以禮樂爲教라 故로 邑人
이 皆弦歌也라
현弦은 거문고와 슬(琴瑟)이다. 이때 자유가 무성의 읍재가 되어 예악으로 교
화했기 때문에 읍 사람들이 모두 거문고와 슬을 연주하고 노래를 불렀다.
■莞爾는 小笑貌니 蓋喜之也라 因言 其治小邑에 何必用此大道也리오

■희戱는 戈(창 과)+虛(빌 허)의 형성자이다. 虛는 원래 盧(옛 질그릇 희)였다. 받침대 위에 호랑이를 올려놓고 (盧) 희
롱하고 장난치던 모습에서 유희遊戱라는 뜻을 그렸다.

완이莞爾는 살짝 웃는 모습으로, 대개 기뻐하신 것이다. 이어서 '작은 읍을 다스리는 데 하필이면 이렇게 큰 칼을 쓸 필요가 있는가?'라고 말씀하셨다.

■君子小人은 以位言之라 子游所稱은 蓋夫子之常言이니 言君子小人이 皆不可以不學이라 故로 武城雖小나 亦必敎以禮樂이라 嘉子游之篤信하고 又以解門人之惑也시니라

군자와 소인은 지위로써 말씀하신 것이다. 자유가 언급한 말은 공자가 평상시에 하시던 말씀이다. 군자나 소인이나 모두 배우지 않으면 안 되기 때문에 무성이 비록 작지만 반드시 예와 악으로써 가르쳐야 한다는 말씀이다. 자유의 돈독한 믿음을 가상히 여기시면서, 또한 문인들의 의혹도 풀어 주셨다.

■治有大小나 而其治之 必用禮樂은 則其爲道一也라 但衆人은 多不能用이어늘 而子游獨行之라 故로 夫子驟聞而深喜之하시고 因反其言以戲之러시니 而子游以正對라 故로 復是其言하여 而自實其戲也시니라

다스림의 대상에는 크고 작음이 있지만, 그 다스림에는 반드시 예와 악을 써야 하니, 그것이 올바른 방법이 되는 것은 한가지이다. 다만 뭇사람들이 능히 쓰지 못하는 경우가 많았지만, 자유는 홀로 실천했다. 그런 까닭에 공자께서 갑자기 음악소리를 들으시고 깊이 기뻐하셨다. 이어 그 말씀을 뒤집어 농담을 하셨는데, 자유가 정색하며 대답했다. 그런 까닭에 공자께서 다시 그의 말을 인정하시고, 스스로 농담임을 밝히셨다.

고금주 —— ■補曰 武城, 魯之南鄙邑. 弦, 琴瑟. [弦·絃通] 歌, 詠詩也. ○邢曰: "意欲以禮樂化導於民." ○邢曰: "雞乃小牲, 割之當用小刀." ○孔曰: "言治小, 何須用大道." ○補曰 慨不得行道於天下, 而治此小邑. ○孔曰: "道, 謂禮樂也. 樂以和人, 人和則易使." ○邢曰: "二三子, 呼其弟子從行者."

보완하여 말한다. 무성武城은 노나라 남쪽 시골 읍이다. 현弦은 거문고와 슬이고, 가歌는 시를 읊조리는 것이다. ○형병이 말했다. "자유의 뜻은 예악으

로 백성을 교화·인도하고자 하는 것이었다." ○형병이 말했다. "닭은 작은 짐승이니, 닭을 잡는 데에는 마땅히 작은 칼을 사용해야 한다." ○공안국이 말했다. "작은 고을을 다스리는 데에 어찌 큰 도를 사용할 필요가 있겠느냐 는 말이다." ○보완하여 말한다. 천하에 도를 행하지 못하고, 이 작은 고을을 다스리게 된 것을 개탄한 것이다. ○공안국이 말했다. "도는 예악을 이른다. 악은 사람을 잘 어울리게 하니, 사람이 잘 어울리면 부리기가 쉽다." ○형병 이 말했다. "이삼자二三子는 따라온 제자를 부르신 것이다."

비평 —— 특별한 쟁점은 없다.

⌘

17:5 公山弗擾以費畔, 召, 子欲往. 子路不悅, 曰: "末之也已, 何必 公山氏之之也?" 子曰: "夫召我者, 而豈徒哉? 如有用我者, 吾其爲 東周乎!"

고주 —— 공산불요가 비읍을 근거로 (계씨를) 배반하고 (공자를) 부르니, 공자 께서 가려고 하셨다. 자로가 기뻐하지 않으면서 말했다. "갈 곳이 없으면 그 만둘 것이지, 하필이면 공산씨에게 가시려 합니까?" 공자께서 말씀하셨다. "무릇 나를 부른 이가 어찌 공연히 불렀겠는가? 만약 나를 등용하는 이가 있 다면, 나는 그곳을 (동방에서 주나라의 도를 부흥시켜 노나라를 주나라로 만들어) 동 주로 만들 것이다."

주자 —— 공산불요가 비읍을 근거로 배반하고 (공자를) 부르니, 공자께서 가려고 하셨다. 자로가 기뻐하지 않으면서 말했다. "갈 곳이 없지만, 하필이면 공산씨에게 가시려 합니까?" 공자께서 말씀하셨다. "무릇 나를 부른 이가 어찌 공연히 불렀겠는가? 만약 나를 등용하는 이가 있다면, 나는 그 나라에 동주의 도를 부흥시킬 것이다."

다산 —— 공산불요가 비읍을 근거로 (계씨를) 배반하고 (공자를) 부르니, 공자께서 가려고 하셨다. 자로가 기뻐하지 않으면서 말했다. "갈 곳이 없으면 그만둘 것이지, 하필이면 공산씨에게 가시려 합니까?" 공자께서 말씀하셨다. "무릇 나를 부른 이가 어찌 공연히 불렀겠는가? 만약 나를 등용하는 이가 있다면, 나는 그곳을 동주(동쪽의 노나라)로 만들 것이다."

집주 —— ■ 弗擾는 季氏宰니 與陽虎로 共執桓子하고 據邑以叛하니라
불요弗擾는 계씨의 가재宰로 양호陽虎와 함께 계환자를 잡고 비읍을 점거해 반란을 일으켰다.
■ 末은 無也라 言 道旣不行하여 無所往矣니 何必公山氏之往乎리오
말末은 없다는 뜻이다. 도가 이미 행해지지 않아 갈 곳이 없지만, 하필 공산씨公山氏에게 가시겠느냐는 말이다.
■ 豈徒哉는 言必用我也라 爲東周는 言興周道於東方이라

자원풀이 ■반畔은 田(밭 전)+半(반 반)의 형성자로 농지(田)가 경계 지어진 모습으로 밭과 밭 사이의 경계(두둑)를, 그리고 호반湖畔처럼 가장자리를 나타낸다. 또한 배반하다, 이지러지다, 권세나 세력을 제멋대로 부리며 함부로 날뛰다 등으로 쓰인다.(=叛: 半+反으로 나누어지다, 혹은 되돌려 배반하다.)
■소召는 갑골문에서 위의 숟가락(匕)과 아래쪽의 입(口)으로 구성된 회의자로 기물의 아가리(口)로부터 뜰 것(匕→刀로 변함)으로 술을 뜨는 모습에서, 손님을 초청하다, 부르다 등의 뜻이 나왔다. 이후 초招로 발전되어 갔다.
■열悅은 心(마음 심)+兌(기쁠 태)의 형성자로 입을 벌리고 기뻐하는(兌) 마음(心)을 나타내며, 즐겁다, 기꺼이 등의 뜻을 나타낸다.
■도徒는 彳(걸을 척)+走(달릴 주<=土, 止)의 형성자로 길을 '함께' 가는(走) 무리를 뜻했다. 걸어 다니다, 보병, 무리, 제자 혹은 문인, 종, 도형, 종교를 믿는 사람, 일 등의 뜻이다.

기도재豈徒哉란 필시 나를 등용할 것이란 말이다. 위동주爲東周란 동방(동쪽에 있는 노나라를 말한다)에서 주나라의 도를 부흥시키겠다는 말이다.

■程子曰 聖人은 以天下無不可有爲之人이요 亦無不可改過之人이라 故로 欲往이라 然而終不往者는 知其必不能改故也시니라

정자가 말했다. "성인은 천하에 일을 해내지 못하는 사람도 없다고 여기고, 또한 허물을 고치지 못할 사람도 없다고 여긴 까닭에 가고자 하셨다. 그러나 끝내 가지 않으신 것은 그가 반드시 고치지 않을 사람임을 아셨기 때문이다."

고금주 —— ■邢曰: "弗擾即『左傳』公山不狃也, 字子洩, 爲季氏 費邑宰." ○孔曰: "弗擾與陽虎, 共執季桓子而召孔子."[事見定五年] ○邢曰: "據邑以畔, 來召孔子." ○補曰 畔者, 畔季氏也. [非叛魯] 子欲往者, 戲言我寧欲赴公山氏之召也, 與上章及下'佛肸'章, 以戲言附錄. ○孔曰: "之, 適也. 無可之則止, 何必公山氏之適?" ○邢曰: "徒, 空也, 言夫人召我者, 豈空然哉." ○補曰 吾其爲東周者, 欲以魯君東遷于費, [案〈費誓〉], 費者, 魯之東郊) 以爲東魯, 寧以魯國付之三家, 如西周之賜秦然, 猶有愈於今日. [時三家分魯, 祿去公室]

형병이 말했다. "불요弗擾는 곧 『좌전』의 공산불뉴公山不狃이니, 자字는 자설子洩이고, 계씨의 비땅의 읍재이다." ○공안국이 말했다. "불요와 양호가 함께 계환자를 잡아 가두고 공자를 불렀다(정공 5년의 일이다)." ○형병이 말했다. "읍을 거점으로 모반하고, 공자를 불러 오게 했다." ○보완하여 말한다. 반畔이란 계씨에 모반한 것이다(노나라에 반란한 것이 아니다). 공자께서 가고자 하신 것은, 농담으로 내 차라리 공산씨의 부름에 나아가려고 한다고 하신 것이다. 이는 앞 장과 아래 「필힐장佛肸章」과 함께 농담하는 말로 부록해 놓았다. ○공안국이 말했다. "지之는 가다(適)이다. 갈 곳이 없으면 머물러 계실 것이지, 하필이면 공산씨에게 가시려고 합니까?" ○형병이 말했다. "도徒는 공연히(空)이다. '저 사람이 나를 부른 것이, 어찌 공연한 것이겠느냐?'라는

말이다." ○보완하여 말한다. 오기위동주吾其爲東周란 노나라 임금을 동쪽 비읍으로 천도시키고(살핀다. 『서경』「비서」의 費란 노나라의 동쪽 교외이다.), 동노를 만들고, 차라리 노나라는 삼가三家에게 주어, 마치 서주西周를 진나라에게 주었던 것처럼 하는 것이 오히려 오늘날보다 더 나을 수 있다는 것이다(당시 三家가 노나라를 나누고 있었고, 작록이 공실을 떠났다).

■ 孔曰: "興周道於東方, 故曰東周."[邢云: "興周道於東方, 其使魯爲周乎! 吾是以不擇地而欲往也."] ○駁曰 非也. 興周道於東方者, 將使周室再興乎, 將伐周而興, 如湯·武然乎? 區區一魯大夫之家臣, 據小邑以畔, 而孔子欣然慕之, 意欲因此而得行王道取天下, 何其迂陋至此? 周之不興, 尺童皆知, 孔子乃欲再興, 周之無罪, 愚婦皆知, 孔子乃欲革命, 二者皆不通矣. 聖人雖急於行道, 赴公山以圖天下, 必無是理. 竊嘗思之, 當時三桓, 族黨甚盛, 蟠根錯節, 久於曲阜, 一朝不可盡殺, 況先王之法, 公族不翦, 孔子雖得勢, 必不欲濫殺公族. 然則坐於曲阜, 革其僭亂, 反其田祿, 雖聖人不能爲也. 必遷邑於巖險之城, 別叛朝廷, 以新一世之耳目, 然後乃可以定其局, 此所以東周爲上策也. 東周者, 東遷之隱語也. 興周道於東方, 豈知痛癢之語乎?

공안국이 말했다. "주나라의 도를 동방에서 흥기하겠다는 뜻이기 때문에 동주라고 했다."(형병이 말했다. "주나라의 도를 동방에서 일으켜서 노나라가 주나라로 되게 하리라! 나는 이 때문에 지역을 선택하지 않고 가려고 한다.") ○논박하여 말하면, 그릇되었다. '주나라의 도를 동방에 일으키겠다'는 것은 장차 주실周室을 다시 일으키려는 것인가? 아니면 장차 주나라를 토벌하여 탕왕과 무왕처럼 그렇게 나라를 일으키려는 것인가? 조그만 한 노나라 대부의 가신이 작은 읍을 점거하여 반기를 들었는데, 공자가 흔연히 그를 흠모하여 이를 통해 왕도를 행해 천하를 얻고자 마음을 먹었다고 한다면, 세상 물정에 어둡고 고루함이 어떻게 이런 지경에 이를 수 있겠는가? 주나라를 일으킬 수 없는 것은 삼척동자도 다 아는데 공자가 이를 다시 일으키고자 하고, 주나라를 죄줄 수 없는 것은 어리석은 아낙네도 다 알고 있는데, 공자를 이를 혁명하고자 했다면, 이 두 가지는 모두 통할 수 없는 말이다. 성인이 아무리 도를 행하는 데 급했다고 하더라도, 공산불요에게 좇아가서 천하를 도모하는 이런 이치는 필시 없었을 것이다. 일찍이 가만히 생각해 보니, 당시의 삼환씨는 족당族黨이 매우 성하여 곡부에서 오래 뿌리박고 있어 이를 하루아침에 다 죽일 수 없고, 더구나 선왕의 법에 공족公族을 멸하지 못하는 것이니, 공자가 비록 세勢를 얻었더라도 반드시 공족을 함부로 죽이려고 하지 않았을 것이다. 그렇다면 곡부에 앉아서 참람함을 바르게 고치고 전록田祿을 되돌리는 것은 비록 성인이라도 할 수 없는 것이다. 그래서 반드시 도읍을 험준한 성으로 옮겨 따로 한 조정을 만들어 세상의 이목을 새롭게 한 뒤에라야 정국을 안정시킬 수 있으니, 여기에 동주를 상책으로 삼은 것이다. '동주'란 노나라를 동쪽으로 옮겨 동로東魯를 만든다는 은어隱語이다. 동방에 주나라의 도를 일으키겠다는 말이 어찌 가려운 데를 긁어 주는 시원스런 말이겠는가?

비평 —— 주자는 자신의 해석에 대한 질문에 다음과 같이 답했다.

> 여러 학자들은 모두 ('其爲東周乎'라는 말을 의문문으로 보아) '동주가 되지 않는다'고 해석했는데, 『집주』에서는 오히려 '동방에서 주나라의 도를 일으킨다'고 해석했으니, 왜 입니까?" (주자가) 답했다. "여러 학자들의 말은 고주古註이다. 그렇게 해석하면 '기其' 자와 '호乎' 자는 단지 무의미한 글자가 되어, 다만 '나를 쓰는 자가 있다면, 곧 사소한 일이라도 하겠다.'는 뜻이 되고 만다. 어디에 '동주가 되지 못한다.'는 뜻이 있는가?" (주자 세주)

공자의 언명은 '옛 주나라의 도를 실현하겠다'는 뜻이라는 주자의 도의주의를 비판하면서, 다산은 당시의 상황에 대한 인식에 기반하여 현실적인 해석을 내놓았다. 즉 (1) 동주東周라는 말은 동로東魯의 은어이며, (2) 당시 노나라의 삼가三家는 너무 강성하며, 나아가 공족公族이기 때문에 어떻게 할 수 없기 때문에 그대로 두고, (3) 곡부의 동쪽 비 땅에 노나라의 왕을 모셔 동로를 건설하여, 정국의 안정을 도모하겠다는 생각을 피력했다는 것이다. 이러한 다산의 해석은 당시 현실로 본다면 공자가 취할 수 있는 가능한 방도라고 할 수는 있다. 그러나 이치상 과연 공자가 그렇게 생각했을까 하는 의구심이 든다. 공자의 '동주를 만들겠다'는 말을 '주나라의 도를 동방에서 부흥시키겠다'는 말로 이해하면서 (1) 주실周室의 재건, (2) 새로운 국가 건설이 아니라, 문자 그대로 등용된 그 나라에 문·무·주공이 구현했던 도를 다시금 부흥시키겠다는 뜻으로 해석하는 것이 더 설득력이 있지 않을까 한다.

17:6. 子張問仁於孔子. 孔子曰: "能行五者於天下, 爲仁矣." "請問之." 曰: "恭·寬·信·敏·惠. 恭則不侮, 寬則得衆, 信則人任焉, 敏則有功, 惠則足以使人."

고주 —— 자장이 공자께 인에 대해 묻자, 공자께서 말씀하셨다. "다섯 가지를 천하에서 능히 행할 수 있으면 인이 된다." (자장이 말했다.) "청하여 묻습니다." 공자께서 말씀하셨다. "공손함, 관대함, 미더움, 민첩함, 그리고 은혜로움이다. (자신이) 공손하면 (남 또한 공손하게 나를 대하여) 업신여겨 오만하게 대함을 당하지 않고, 관대하면 (대중들이 귀의하니) 많은 사람을 얻고, 미더우면 사람들이 신뢰하고(위임하며), (일에 응대하기에) 민첩하면 (많은) 공적이 있고, 은혜로우면 (사람들은 자기의 노고를 잊으니) 사람을 부릴 수 있다."

주자 —— 자장이 공자께 인에 대해 묻자, 공자께서 말씀하셨다. "다섯 가지를 천하에 (어디를 가든지) 능히 행할 수 있으면 (마음이 보존되고 이치를 얻어) 인이 된다." (자장이 말했다.) "청하여 묻습니다." 공자께서 (자장의 부족한 것에 근거하여) 말씀하셨다. "공손함, 관대함, 미더움, 민첩함, 그리고 은혜로움이다. 공손하면 (남이) 업신여기지 않고, 관대하면 많은 사람을 얻고, 미더우면 맡기고 의지하고, 민첩하면 공적이 있고, 은혜로우면 사람을 부릴 수 있다."

다산 —— 자장이 공자께 인에 대해 묻자, 공자께서 말씀하셨다. "다섯 가지를 천하에서 능히 행할 수 있으면 인이 된다." (자장이 말했다.) "청하여 묻습니다." 공자께서 말씀하셨다. "공손함, 관대함, 미더움, 민첩함, 그리고 은혜로움이다. (자신이) 공손하면 (남 또한 공손하게 나를 대하여) 업신여겨 오만하게 대함을 당하지 않고, 관대하면 (대중들이 귀의하니) 많은 사람을 얻고, 미더우면 사람들이 신뢰하고(위임하며), (일에 응대하기에) 민첩하면 (많은) 공적이 있고, 은혜로우면 (사람들은 자기의 노고를 잊으니) 사람을 부릴 수 있다."

집주 —— ■行是五者면 則心存而理得矣라 於天下는 言無適而不然이니 猶所謂雖之夷狄이라도 不可棄者라 五者之目은 蓋因子張所不足而言耳라 任은 倚仗也라 又言其效如此하시니라

자원풀이 ■恭(공)은 心(마음 심)+共(함께 공)의 형성자로 상대를 존중하고 자신을 낮추는 공손한 마음을 나타낸다. ■寬(관)은 宀(집 면)+'패모 한'의 형성자로 화려하게 치장한 제사장이 종묘(宀)에서 천천히 춤추는 모습으로, 느긋하다, 너그럽다, 넓다, 느슨하다, 사랑하다, 용서하다 등의 뜻이다.
■敏(민)은 每(매양 매←母)+攴(칠 복)의 회의자로 자식을 가르치는 어머니의 회초리를 나타낸다. 매를 맞아가며 지혜와 지식을 받던 모습에서 영민英敏하다, 민첩敏捷하다, 지혜롭다의 뜻이다.
■任(임)은 人(사람 인)+壬(아홉째 천간 임)의 형성자. 사람(人)에게 맡겨(壬) 임무任務와 책임責任을 지우는 것이다.
■惠(혜)는 心(마음 심)+'골고루 베풀 혜(베틀 짜는 실패 혜)'의 회의자로 골고루 자상하게 마음을 쓴다는 뜻이다. 은혜, 유순, 슬기, 아름다움 등의 뜻이다.

이 다섯 가지를 행하면 마음이 보존되어 이치를 얻는다. '어천하於天下'라는 말은 어디에 가든 그렇지 않음이 없다는 말이니 이른바 '오랑캐 나라를 가더라도 버릴 수 없다(13:19).'는 것과 같다. 다섯 항목은 대개 자장의 부족한 점이기 때문에 말씀하신 것일 뿐이다. '임任'은 맡기고 의지함(倚仗)이니, 또한 효과가 그러하다는 말이다.

■張敬夫曰 能行此五者於天下면 則其心公平而周遍을 可知矣라 然이나 恭 其本與인저

장경부가 발했다. "천하에 이 다섯 가지를 행할 수 있으면, 그 마음이 공평하고 두루 미친다는 것을 알 수 있다. 그러나 공손함이 그 근본일 것이다."

■李氏曰 此章은 與六言六蔽五美四惡之類로 皆與前後文體 大不相似하니라

이욱이 말했다. "이 장은 '육언육폐六言六蔽(17:8), 오미사악五美四惡(20:2)'과 같은 유로, 이것들은 모두 앞뒤의 문체와 크게 다르다."

고금주 ── ■孔曰: "不見侮慢."[邢云: "己若恭以接人, 人亦恭以待己."] ○邢曰: "寬簡, 則爲衆所歸." ○邢曰: "言而有信, 則人所委任." ○孔曰: "應事疾, 則多成功." ○邢曰: "有恩惠, 則人忘其勞."

공안국이 말했다. "모멸당하지 않음이다."(형병이 말했다. "자기가 공손으로 남을 접한다면, 남 역시 공손으로 자기를 대한다.") ○형병이 말했다. "(언행이) 너그럽고 대범하면 대중들이 귀의한다." ○형병이 말했다. "말을 하는 데 신의가 있으면, 사람들이 위임한다." ○공안국이 말했다. "일에 응대함이 빠르면, 공을 이룸이 많다." ○형병이 말했다. "은혜가 있으면, 사람들은 그 노고를 잊는다."

■質疑 朱子曰: "不敏則便有怠忽, 心不存而間斷多, 便是不仁."[黃勉齋云: "心主乎五者, 則無非辟之雜, 而心之德常存."] ○案 仁者, 二人也, [古篆, 仁者, 人人之疊文也, 如孫字篆文作] 人與人之相與也. 子張問仁, 孔子答之以人與人相與之法, 內之可以齊家治國, 外之可以平天下而協萬邦. 先儒只以心學爲解, 恐本旨不然. [吳康齋云: "夫子論仁, 決不空寂, 論個心存, 以入于禪境."]

질의한다. 주자가 말했다. "민첩하지 못하면 곧 게으르고 소홀함이 있는 것이니, 마음이 보존되지 않아 중간에 끊어짐이 많으니, 곧 불인不仁이다."(면재 황씨가 말했다. "마음이 이 다섯 가지를 위주로 삼으면, 편벽된 것이 섞이지 않아 마음의 덕이 항상 보존된다.") ○살핀다. 인仁이란 두 사람 사이의 관계이니(옛 篆文에 '仁'이란 글자는 人과 人이 겹쳐 있는 글자이니, 마치 孫 자가 전문에 子 자가 겹쳐 있는 것과 같다.) 사람과 사람이 서로 함께하는 것이다. 자장이 인에 대해 묻자, 공자는 '사람과 사람이 서로 함께하는 방법'으로 대답했으니, 이런 방법이 안으로는 제가齊家와 치국治國을 할 수 있고, 밖으로는 천하를 평화롭게 하면서 만방을 화합할 수 있다. 그런데 선유들은 다만 심학心學으로만 풀이했으니, 아마도 본뜻은 그렇지 않은 듯하다.(오강재가 말했다. "공자가 인을 논한 것은 결코 空寂하지 않은데, 개별적인 마음의 보존으로 논함으로써 禪境에로 들어가고 말았다.")

■ 質疑 朱子曰: "五者之目, 蓋因子張所不足而言." ○案 子張於此五者, 未必皆不足. 顏淵問仁, 孔子答之以克己復禮, 豈必顏子不足於克己.

질의한다. 주자가 말했다. "다섯 항목은 대개 자장의 부족한 점이기 때문에 말씀하신 것이다." ○살핀다. 자장이 이 다섯 가지에 대해 반드시 모두 부족한 것은 아니었다. 안연이 인을 물었을 때, 공자가 극기복례克己復禮로써 대답한 것이 어찌 반드시 안연이 극기에 부족해서였겠는가?

비평 —— 다산은 고주에 거의 동의하면서, 주자의 해석에 대해 두 번의 「질의」를 했다. 특히 여기서도 인仁이란 마음이 지닌 도리로 해석하는 주자에 대해, 다산은 사람과 사람의 관계적 상황에서 해야 할 도리를 다하는 것이라고 반론했다. 3권에서 「인仁」에 관한 장을 구성하여 상론하기로 하고, 여기서는 경원 보씨의 언명을 참고로 제시한다.

다섯 가지는 모두 마음에 갖추어져 있는 이치로서 인仁의 발현이다. 공恭은
인의 나타남이고, 관寬은 인의 넉넉함이고, 신信은 인의 진실함이고, 민敏은 인
의 힘이고, 혜惠는 인의 은택이다. 무른 인의 도는 갖추어지지 않은 것이 없으니,
곧 모든 선의 강령이다. 그런데도 지금 다섯 가지만 말씀하신 까닭은 자장이 부
족했기 때문에 말씀하신 것이라 했다. '당당하구나! 자장은(19:16)'이라 했으니,
아마도 공恭이 부족한 것 같고, '사랑하면 살기를 바라고 미워하면 죽기를 바란
다(12:10)'고 했으니, 아마도 관寬이 부족한 것 같고, '행세함에 관해 물었을 때 충
신忠信을 알려주신 것(15:5)'을 보면 아마도 신信이 부족한 것 같고, 정치를 물었
을 때 '게으르지 말 것'을 알려주신 것(12:14)을 보면 아마도 민敏이 부족함이 있
었던 것 같고, '겉으로는 인을 채택하는 듯이 하지만 행동은 어그러진다(12:20)'고
말한 것을 보면 아마도 혜惠에 부족함이 있었던 것 같다. (『논어집주대전』)

◈

17:7. 佛肸召, 子欲往. 子路曰: "昔者, 由也聞諸夫子, 曰, '親於其
身, 爲不善者, 君子不入也.' 佛肸以中牟畔, 子之往也, 如之何?" 子
曰: "然. 有是言也. 不曰堅乎, 磨而不磷, 不曰白乎, 涅而不緇. 吾
豈匏瓜也哉? 焉能繫而不食?"

고주 —— 필힐(진나라 대부 조간자의 읍재)이 공자를 부르자, 공자께서 가려고
하니, 자로가 말했다. "일전에 제가 선생님께 들으니, '몸소 불선을 행하는 자
의 나라에는 군자가 들어가지 않는다(不入其國).'고 하셨습니다. 필힐이 중모
를 점거하고 배반했는데, 선생님께서 가시려고 하는 것은 어찌된 일입니까?"
공자께서 말씀하셨다. "그렇다. 그런 말을 한 적이 있다. 하지만 (지극히) 단

단하다고 말하지 않겠느냐? 갈아도 얇아지지 않으니! (지극히) 희다고 말하지 않겠느냐? (검은색으로) 물들여도 검어지지 않으니! (군자는 비록 혼탁하고 어지러운 데에 있어도, 혼탁하고 어지러운 것이 오염시킬 수 없다). 내 어찌 조롱박이겠는가? 어찌 (한 곳에) 매달려만 있고 먹지 못하는 것이겠는가?" (나는 동서남북 어디에나 가서 먹을 수 있는 존재이다. 가려고 하는 뜻을 피력한 것이다.)

주자 —— 필힐(진나라 대부 조씨의 중모재)이 공자를 부르자, 공자께서 가려고 하니, 자로가 (필힐이 공자를 더럽힐까 염려하여) 말했다. "일전에 제가 선생님께 들으니, '몸소 불선을 행하는 자의 무리에는 군자가 들어가지 않는다(不入其黨).'고 하셨습니다. 필힐이 중모를 점거하고 배반했는데, 선생님께서 가시려고 하는 것은 어찌된 일입니까?" 공자께서 말씀하셨다. "그렇다. 그런 말을 한 적이 있다. 하지만 (지극히) 단단하다고 말하지 않겠느냐? 갈아도 얇아지지 않으니! (지극히) 희다고 말하지 않겠느냐? 검게 물들여도 검어지지 않으니! (남의 불선이 공자 자신을 더럽힐 수 없다). 내 어찌 조롱박이겠는가? 어찌 (한 곳에) 매달려만 있고 (입이 없어) 먹지 못하는 것이겠는가?"

다산 —— 필힐(진나라 대부 조간자의 읍재)이 공자를 부르자, 공자께서 가려고 하니, 자로가 말했다. "일전에 제가 선생님께 들으니, '몸소 불선을 행하는 자

자원풀이 ■반畔은 田(밭 전)+半(반 반)의 형성자로 농지(田)가 경계지워져 나뉜(半) 모습에서, 밭과 밭 사이의 경계를 의미하고, 이후 호반湖畔처럼 가장자리를 뜻한다. 또 배반하다, 이지러지다, 권세나 세력을 제멋대로 부리며 함부로 날뛰다 등으로 쓰인다.
■견堅은 土(흙 토)+臤을 간의 형성자로 흙이 단단하게 굳어 견고堅固함을 말한다.
■마磨는 石(돌 석)+麻(삼 마)의 형성자로 삼(麻) 실을 만들고자 삼 껍질을 여러 가닥으로 쪼개고 이를 비벼 꼬아 만들 듯, 돌을 갈아서 연마研磨한다는 뜻이다. 옥玉을 다듬는 것을 탁琢, 돌을 다듬는 것을 마磨라고 한다.
■린磷은 石(돌 석)+燐(도깨비불 린)의 형성자로 번쩍거리는 발광체를 말하는데, (1) 빛깔이 선명한 모양, (2) 화학원소로서 인, (3) 달아서 얇아지다, (4) 통하다 등을 뜻한다. 인치磷緇는 얇아지고 검어짐을 말한다.
■날涅은 水(물 수)+土(흙 토)+日(가로 왈)의 형성자로 늘 바닥의 거무스름한 흙, 검은색, 검게 물들이다의 뜻이다.

의 나라에는 군자가 들어가지 않는다(不入其國).'고 하셨습니다. 필힐이 중모를 점거하고 배반했는데, 선생님께서 가시려고 하는 것은 어찌된 일입니까?" 공자께서 말씀하셨다. "그렇다. 그런 말을 한 적이 있다. 하지만 (지극히) 단단하다고 말하지 않겠느냐? 갈아도 얇아지지 않으니! (지극히) 희다고 말하지 않겠느냐? (검은색으로) 물들여도 검어지지 않으니! (군자는 비록 혼탁하고 어지러운 데에 있어도, 혼탁하고 어지러운 것이 오염시킬 수 없다). 내 어찌 조롱박이겠는가? 어찌 (한곳에) 매달려만 있고 먹지 못하는 것이겠는가?" (나는 동서남북 어디에나 가서 먹을 수 있고 쓰일 수 있는 존재이다.)

집주 —— ■ 佛肸은 晉大夫趙氏之中牟宰也라

필힐佛肸은 진나라 대부 조씨의 영지인 중모의 읍재(趙氏之中牟宰)이다.

■ 子路恐佛肸之浼夫子라 故로 問此以止夫子之行이라 親은 猶自也라 不入은 不入其黨也라

자로는 필힐이 공자를 더럽힐까 염려하여, 이렇게 질문하여 공자께서 가시는 것을 그치게 하려 했다. 친親은 '몸소, 직접'과 같고, 불입不入은 그 무리에 들어가지 않는 것이다.

■ 磷은 薄也요 涅은 染皁物이니 言人之不善이 不能浼己라

린磷은 얇아짐(薄)이고, 날涅은 물건을 검게 물들이는 것으로, 남의 불선不善이 자신을 더럽히게 할 수 없다는 말이다.

■ 楊氏曰 磨不磷하고 涅不緇而後에 無可無不可니 堅白不足이어늘 而欲自

■치緇는 水(물 수)+甾(꿩 치)의 형성자로 치하淄河를 말하거나 緇(검은 비단 치)와 통하여 검은색을 뜻한다.
■포匏는 夸(자랑할 과)+包(쌀 포)의 형성자로 모든 것을 다 담을 수 있는(包) 둥그런 큰 열매의 상징인 박을 말한다.
■과瓜는 참외와 오이 같은 원뿔꼴의 열매가 넝쿨에 달린 모양의 상형자로 가운데가 열매, 양쪽은 넝쿨을 나타내는데, 열매를 지칭한다.
■계繫는 毄(부딪칠 격)+系(이를 계)의 형성자로 굴대의 연결 부분(毄)을 실로 잡아매다(系)의 뜻이다.

試於磨涅이면 其不磷緇也者幾希니라

양시가 말했다. "갈아도 얇아지지 않고 물들여도 검어지지 않은 후에야 해야 하는 것도 없고, 하지 말아야 하는 것도 없는 것이다. 굳고 흰 것이 부족하면서 스스로 갈고 물들이기를 시험한다면 얇아지거나 검어지지 않는 자는 거의 드물 것이다."

■ 匏는 瓠也라 匏瓜는 繫於一處而不能飲食이어니와 人則不如是也라

포匏는 바가지(瓠)이고, 포과匏瓜(조롱박)는 한군데에 매달려 있어서 먹고 마시지 못하지만 사람은 그렇지 않다.

■ 張敬夫曰 子路昔者之所聞은 君子守身之常法이요 夫子今日之所言은 聖人體道之大權也라 然이나 夫子於公山, 佛肸之召에 皆欲往者는 以天下無不可變之人이요 無不可爲之事也며 其卒不往者는 知其人之終不可變而事之終不可爲耳시니 一則生物之仁이요 一則知人之智也니라

장경부가 말했다. "자로가 일전에 들은 것은 군자가 몸을 지키는 통상적인 방법이다. 공자께서 지금 하신 말씀은 도를 체현한 성인의 큰 권도(大權)이다. 그러나 공자께서 공산과 필힐의 부름에 모두 가시고자 한 것은 천하에 변할 수 없는 사람은 없고, 할 수 없는 일이 없기 때문이다. 끝내 가시지 않은 것은 그들이 끝내 변하지 않을 것이고, 그 일이 끝내 할 수 없는 것임을 아셨기 때문이다. 전자는 사물을 살리는 인仁이고, 후자는 사람을 알아보는 지혜이다."

고금주 —— ■孔曰: "佛肸, 晉大夫趙簡子之邑宰." ○補曰 趙簡子以佛肸爲中牟宰, 佛肸畔以助范氏. 有是言, 謂昔者誠有是言. ○孔曰: "磷, 薄也." ○邢曰: "涅, 水中黑土, 孔曰可以染皂."[齊云: "今江東皂泥."] ○邢曰: "緇, 黑色." ○孔曰: "言至堅者磨之而不薄, 至白者染之於涅而不黑, 喻君子雖在濁亂, 濁亂不能汚." ○孔曰: "匏, 瓠也. [『筆解』作孔曰] 言瓠瓜得繫一處者, 不食故也. 吾自食物, [補云: "孔子爲可用之人."] 當東西南北, 不得如不食之物繫滯一處."

공안국이 말했다. "필힐佛肸은 진나라 대부 조간자趙簡子의 읍재邑宰이다."
○보완하여 말한다. 조간자가 필힐을 중모의 읍재로 삼았는데, 필힐이 배반
하여 범씨范氏를 도왔다. 유시언有是言은 옛날에 진실로 이런 말이 있었다는
것을 이른다. ○공안국이 말했다. "린磷은 얇음(薄)이다." ○형병이 말했다.
"날涅은 물속의 검은 흙이니, 공안국이 검은 물을 들일 수 있다고 했다." (제
이겸이 말했다. "지금 강동의 검은 진흙이다.") ○형병이 말했다. "치緇는 검은색(黑
色)이다." ○공안국이 말했다. "지극히 견고한 것은 갈아도 얇아지지 않고, 지
극히 흰 것은 치涅에서 물들여도 검어지지 않는다고 말했으니, 군자는 비록
혼탁하고 어지러운 데 있어도 혼탁하고 어지러운 것이 오염시킬 수 없다는
것을 비유한 것이다." ○공안국이 말했다. "포匏는 뒤웅박(瓠)이다. 뒤웅박이
한 곳에 매달려 있는 것은 (음식을) 먹지 않는 식물이기 때문이니, 나는 스스
로 먹는 존재이니(보완하여 말한다. "공자는 자신을 쓰일 수 있는 사람으로 여겼다."),
동서남북 어디에도 다녀야 하며, 먹지 않는 식물처럼 한 곳에 매달려 있을 수
없다는 것을 말했다."

■ 質疑 朱子曰: "公山弗擾·佛肸召而欲往者, 乃聖人虛明應物之心, 答其善意,
自然而發, 終不往者, 以其爲惡已甚, 義不可往也."[張云: "其卒不往者, 知其人之終
不可變."] ○案 公山畔季氏, 非畔魯也. 佛肸畔趙氏, 非畔晉也. 孔子之不赴召,
爲二子不足與有爲也, 豈爲其不能改過哉? 先儒視畔字太重, 律之以'淸平混一
之世, 擧兵叛逆'之叛, 則違於實遠矣. 孔子之不赴召, 惟恐其有改變而事敗耳.
질의한다. 주자가 말했다. "공산불요와 필힐이 부르자 가시고자 한 것은 곧
성인의 '허령하고 밝게 사물에 응하는 마음(虛明應物之心)'으로 그 선의에 답
해 자연히 나온 것이다. 끝내 가시지 않은 것은, 그들이 악을 행한 것이 매우
심해 의리상 갈 수 없었기 때문이다."(장경부가 말했다. "끝내 가시지 않은 것은 그
들이 끝내 변하지 않을 것임을 아셨기 때문이다.") ○살핀다. 공산불요가 계씨를 배
반한 것은 노나라를 배반한 것이 아니고, 필힐이 조씨를 배반한 것은 진나라

를 배반한 것은 아니다. 공자가 그들의 부름에 가시지 않은 것은 두 사람이 함께 유익한 일을 하기에는 부족했기 때문이니, 어찌 그들이 허물을 고칠 수 없었기 때문이겠는가? 선유들은 반畔 자를 너무 무겁게 보아, 태평한 세상에 군사를 일으켜 반역하는 반叛 자처럼 규정했지만, 이는 실상에서 벗어남이 너무 멀다. 공자가 부름에 가지 않은 것은 오직 그들을 고쳐 변화시키다가 일이 실패함이 있을까 두려워했기 때문이다.

비평 —— 공자의 말뜻은 다음 해석이 잘 풀이해 주었다.

> '내가 어찌 조롱박이겠는가? 어찌 매달려 있으면서 먹지도 못하는 것일 수 있겠는가?'라는 것은 대개 '조롱박은 미미한 한 물건으로 매달려 있으니 움직일 수 없고, 먹지 못하니 알아주지도 않는다. 나는 사람의 무리로 천지간에서 능히 움직일 수 있고 생각할 수 있으니, 본디 마땅히 쓰여서 사람에게 유익해야 한다. 어찌 미물에 비교할 수 있겠는가.'라는 말씀이다. (면재 황씨)

문장의 해석과 대의에서는 큰 차이가 없다. 다만 다산이 공자께서 끝내 가시지 않은 이유에 대해서는 「질의」를 통해 보완적인 설명 혹은 반론을 폈다.

～～～

17:8. 子曰: "由也, 女聞六言 · 六蔽矣乎?" 對曰: "未也." "居! 吾語女. 好仁不好學, 其蔽也愚. 好知不好學, 其蔽也蕩. 好信不好學, 其蔽也賊. 好直不好學, 其蔽也絞. 好勇不好學, 其蔽也亂. 好剛不好學, 其蔽也狂."

고주 —— 공자께서 말씀하셨다. "유야, 너는 6언과 6폐를 들어 보았느냐?" 자로가 대답했다. "아직 들어 보지 못했습니다." (공자께서 말씀하셨다.) "앉아라. 내가 너에게 말해 주마! 인(만물을 사랑하는 것:愛物)을 좋아하고 학문을 좋아하지 않으면, 가려져서 (재탁할 줄 모르면) 어리석게 된다. 지혜(사물을 밝게 비추는 것)를 좋아하고 학문을 좋아하지 않으면, 그것에 가려져서 (주장하여 지키는 바가 없어져) 방탕하게 된다. 믿음(사람을 속이지 않는 것)을 좋아하고 학문을 좋아하지 않으면, 그것에 가려져서 (父子가 서로를 위해 잘못을 숨겨주는 것을 알지 못하여) 해치게 된다. 곧음(남의 잘못을 바로잡는 것)만 좋아하고 학문을 좋아하지 않으면, 그것에 가려져서 (남의 잘못을 너무 매몰차게 비난하여) 조급해진다. 용감함(=과감)을 좋아하고 학문을 좋아하지 않으면, 그것에 가려져 (도의가 없어 亂臣賊子가 되어) 어지럽히게 된다. 강인함(욕심이 없어 무엇이든 부정하게 구하지 않음)을 좋아하고 학문을 좋아하지 않으면, 그것에 가려져서 (함부로 남을 침범하여) 광분하게 된다."

주자 —— 공자께서 말씀하셨다. "유야, 너는 6언(아름다움 덕)과 6폐를 들어 보았느냐?" 자로가 대답했다. "아직 들어 보지 못했습니다." (공자께서 말씀하셨다.) "앉아라. 내가 너에게 말해 주마! 인을 좋아하고 학문을 좋아하지 않으면, 그것에 가려져서 어리석게(함정에 빠지거나 기만을 당함) 된다. 지혜를 좋아

자원풀이 ■폐蔽는 艸(풀 초)+敝(해질 폐)의 형성자로 풀(艸)로 덮어 감추는 것을 말한다. 덮다, 가리다, 은폐隱蔽하다, 비호하다, 폐단 등의 뜻이다.
■탕蕩은 艸(풀 초)+湯(끓일 탕)의 형성자로 하남성 탕읍에서 발원한 강 이름이나, 쓸어 버리다의 뜻으로 쓰였다.
■적賊은 貝(조개 패)+人+戈(창 과)의 회의자로 무기(戈)로 사람(人)에게 해를 입히고, 재산(貝)을 빼앗는 도둑이나 강도를 말한다.
■용勇은 力(힘 력)+甬(청동종 용)으로 무거운 청동 종(甬)을 들 수 있는 힘(力)을 상징하여, 힘을 지니고 과감하다, 결단력 있다 등의 뜻이다.
■강剛은 刀+岡(산등성이 강)으로 산등성이와 칼처럼 '단단함'을 말하며, 음의 유柔에 대칭되는 양의 강剛을 뜻한다.
■난亂은 윗부분(爪:손톱조)과 아랫부분(又:또 우)은 손이고, 중간부분은 실패와 실을 그려 엉킨 실을 의미한다.

하고 학문을 좋아하지 않으면, 그것에 가려져서 방탕(너무 높고 넓은 것을 끝까지 추구해 그칠 줄 모르는 것)하게 된다. 믿음을 좋아하고 학문을 좋아하지 않으면, 그것에 가려져서 (남에게 해를 입혀) 해치게 된다. 정직만 좋아하고 학문을 좋아하지 않으면, 그것에 가려져서 조급해진다. (剛의 발현인) 용감함을 좋아하고 학문을 좋아하지 않으면, 그것에 가려져 어지럽히게 된다. (勇의 본체인) 강인함을 좋아하고 학문을 좋아하지 않으면, 그것에 가려져서 광분(조급하고 경솔함)하게 된다."

다산 —— 공자께서 말씀하셨다. "유야, 너는 6언과 6폐(막아 가린다)를 들어 보았느냐?" 자로가 대답했다. "아직 들어 보지 못했습니다." (공자께서 말씀하셨다.) "앉아라. 내가 너에게 말해 주마! 인(만물을 사랑함)을 좋아하고 학문을 좋아하지 않으면, (본성의 嗜好가) 가려져서 (재탁할 줄 모르면) 어리석게 된다. 지혜를 좋아하고 (일을 도모하기를 좋아하되) 학문을 좋아하지 않으면, 그것에 가려져서 (올바름으로 지키지 않으면) 방탕하게 된다(주장하여 지키는 바가 없어진다). 믿음(사람을 속이지 않는 것)을 좋아하고 학문을 좋아하지 않으면, 그것에 가려져서 (잔인하게) 해치게 된다. 곧음(남의 잘못을 바로잡는 것)만 좋아하고 학문을 좋아하지 않으면, 그것에 가려져서 급절(絞=急切)해진다. 용감함을 좋아하고 학문을 좋아하지 않으면, 그것에 가려져 (가볍게 나아가기만 하고 검속할 줄 모르니) 어지럽히게 된다. 강인함을 좋아하고 학문을 좋아하지 않으면, 그것에 가려져서 (기운에 막히고 바르지 않으니) 광분하게 된다."

집주 —— ■蔽는 遮掩也라

■絞는 糸(실 사)+交(사귈 교)의 형성자로 실(糸)을 교차(交)시켜 꼬는 것으로 교살絞殺, 교수絞首를 뜻하며 이로부터 급박하다의 뜻도 나왔다.

폐폐蔽는 덮어 가림이다.

■ 禮에 君子問更端이면 則起而對라 故로 夫子諭子路하여 使還坐而告之하시니라

『예기』에 "군자가 새로운 항목을 질문하면 일어나서 대답한다."(「곡례상」)고 했다. 그래서 공자께서 자로를 깨우쳐 주심에, 다시 앉게 하고 일러주셨다.

■ 六言은 皆美德이라 然이나 徒好之하고 而不學以明其理면 則各有所蔽라 愚는 若可陷可罔之類요 蕩은 謂窮高極廣而無所止요 賊은 謂傷害於物이라 勇者는 剛之發이요 剛者는 勇之體라 狂은 躁率也라

6언은 모두 미덕美德이다. 그러나 한갓 좋아만 하고 배워서 그 이치를 밝히지 않으면 각각 가려짐이 있다. 우愚는 함정에 빠지거나 기만을 당하는 부류이다. 탕蕩은 너무 높고 넓은 것을 끝까지 추구해 그칠 줄 모르는 것이다. 적賊은 남에게 해를 입히는 것이다. 용勇은 강剛의 발현이며 강剛은 용勇의 본체이다. 광狂은 조급하고 경솔함이다.

■ 范氏曰 子路勇於爲善이나 其失之者는 未能好學以明之也라 故로 告之以此하시니라 曰勇曰剛曰信曰直은 又皆所以救其偏也시니라

범조우가 말했다. "자로는 선을 행하는 데 용감했지만, 그의 단점은 배우기를 좋아하지 않아 선을 밝히지 못했기 때문에 이렇게 일러주셨다. 용감함, 강함, 미더움, 정직을 말씀하신 것은 또 모두 그의 치우침을 구제하시려는 것이었다."

고금주 —— ■補曰 學則明, 不好學則爲性好所蔽. ○孔曰: "仁者愛物, 不知所以裁之則愚." ○補曰 智者好謀, 不以正而守之則蕩. [孔云: "蕩, 無所適守."] 賊, 殘忍也, 執一而不知變, 則有時乎賊. [饒云: "如尾生之信, 是自賊其身."] 絞, 急切也, 引繩而不知婉, 則其失也絞. 勇者輕進, 不知檢, 則歸於亂. 剛者任氣, 不知揉, 則犯於狂. [孔云: "狂, 妄抵觸人."]

보완하여 말한다. 배우면 밝아지고, 배우기를 좋아하지 않으면 본성의 기호 嗜好가 가려진다. ○공안국이 말했다. "인한 사람은 만물을 사랑하기만 하고, 이를 제재制裁할 줄 모르면 어리석어진다." ○보완하여 말한다. 지혜로운 사람이 일을 도모하기를 좋아하고 올바름으로 지키지 않으면 방탕해진다.(공안국이 말했다. "蕩은 주장하여 지키는 바가 없음이다.") 적賊은 잔인함이다. 하나만 잡고 변통할 줄 모르면 때로는 잔인해짐이 있다.(쌍봉 요씨가 말했다. "미생의 신의와 같은 것이니, 이는 그 자신에게 잔인했다.") 교絞는 급절急切함이다. 끈을 끌어당겨 조르기만 하고 느슨하게 할 줄 모르면 그 실수가 급절하다. 용감한 사람이 가볍게 나아가기만 하고 검속할 줄 모르면 난亂으로 귀결되고, 강剛한 사람이 기운에 맡기고 바로잡지 않으면 광狂을 범하게 된다.(공안국이 말했다. "狂은 함부로 남을 침범함이다.")

■邢曰: "愛物好與曰仁, 所施不當則如愚人." ○朱子曰: "蕩, 謂窮高極廣而無所止." ○孔曰: "賊, 父子不知爲隱之輩." ○邢曰: "正人之曲曰直, 不好學則失於譏刺太切." ○邢曰: "勇而無義則賊亂." ○朱子曰: "狂, 躁率也." ○案 此諸訓, 或有未當於本旨者.

형병이 말했다. "만물을 사랑하고 베풀기를 좋아하는 것을 인仁이라 하는데, 베푸는 바가 합당하지 않으면 어리석은 사람과 같다." ○주자가 말했다. "탕蕩은 너무 높고 넓은 것을 끝까지 추구해 그칠 줄 모르는 것이다." ○공안국이 말했다. "적賊은 아버지와 아들이 서로 (잘못을) 숨겨 주는 것을 알지 못하는 무리가 되는 것이다." ○형병이 말했다. "사람의 굽은 것을 바르게 하는 것을 직直이라 하는데, 배우기를 좋아하지 않으면 기롱과 풍자가 너무 박절한 데서 잃게 된다." ○형병이 말했다. "용맹이 있되 의가 없으면 해치고 어지러워진다." ○주자가 말했다. "광狂은 조급하고 경솔함이다." ○살핀다. 이러한 여러 해석에는 혹 경문 본래의 뜻에 해당되지 않는 것도 있다.

■質疑 朱子曰: "勇者, 剛之發. 剛者, 勇之體." ○純曰: "體用之說, 古時所無.

況勇之與剛, 本自二德, 兩不相關, 何可合而一之乎? 『左氏傳』, '使勇而無剛者,
嘗寇而速去之.' 杜註, '勇則能往, 無剛不恥退.' [隱九年] 如朱子之所云, 則不當有
勇而無剛者. 且夫子述六言而勇剛各居其一, 則二者非體用本末之謂也, 審矣."
질의한다. 주자가 말했다. "용勇은 강剛의 발현이며, 강剛은 용勇의 본체이다."
○태재순이 말했다. "체용설體用說은 옛날에는 없었다. 하물며 용勇과 강剛은
본래 두 가지 덕이니, 서로 관련이 없는데 어떻게 합해서 이를 하나라고 할 수
있겠는가? 『좌전』에서는 '용勇이 있으면서 강剛하지 못한 자들에게 일찍이 침
략했다가 속히 도망치게 하라.'고 말했고, 두예杜預의 주에 '용勇이 있으면 쳐
들어갈 수 있고, 강剛함이 없으면 퇴각함을 부끄러워하지 않는다.'고 했다(隱
公 9년조). 주자가 말한 것과 같다면, 용勇이 있으면서 강剛하지 못하다는 것은
부당하다. 또 공자가 육언을 설명하면서 용勇과 강剛을 각각 그 하나의 덕목
으로 설정했으니, 체용과 본말을 두고 이르는 것이 아님이 분명하다."

비평 —— 용어에 대한 다산의 상세한 비평이 제시되어 있는데, 상당한 설득
력이 있다. 또한 다산은 「질의」를 통해 주자의 체용론을 비평하고 있다. 다
산이 주자의 체용론을 비판하는 이유는 그것이 불교의 영향이라고 판단하기
때문이다. 이 구절과 대비되는 구절은 다음과 같다.

　공자께서 말씀하셨다. "공손하지만 예禮가 없으면 피곤하고, 신중하지만 예
禮가 없으면 두려워하고, 용감하면서 예禮가 없으면 난을 일으키고, 정직하면서
예禮가 없으면 급박하다." (8:2. 子曰 恭而無禮則勞 愼而無禮則葸 勇而無禮則亂 直而無
禮則絞.)

17:9. 子曰: "小子! 何莫學夫『詩』?『詩』, 可以興, 可以觀, 可以群, 可以怨. 邇之事父, 遠之事君. 多識於草木鳥獸之名."

고주 —— 공자께서 말씀하셨다. "소자(문인)들아! 어찌 저『시』를 배우지 않는가?『시』는 흥(이끌어 비유하면서 동류의 사물을 연이어 말)하게 하고, (풍속의 성쇠를) 관찰할 수 있게 하고, (여럿이 함께 절차탁마하면서) 어울리게 하고, (위의 정치를 풍자하여) 원망할 수 있게 하며, (도가 있어) 가까이로는 부모를 섬기고 멀리는 임금을 섬길 수 있게 하며, 조수와 초목의 이름도 많이 (있어) 알게 해 줄 수 있느니라."(고주는 다음 장인 17:10과 합하여 한 장으로 했다.)

주자 —— 공자께서 말씀하셨다. "소자(=제자)들아! 어찌 저『시』를 배우지 않는가?『시』는 (의지를 감발하여) 흥하게 하고, (득실을) 관찰할 수 있게 하고, (조화를 이루되 시류에 따르지 않게) 어울리게 하고, (노하지 않으면서) 원망할 수 있게 하며, (인륜의 도가 갖추어져 있어) 가까이로는 부모를 섬기고 멀리는 임금을 섬길 수 있게 하며, (그 나머지 효과로 지식의 밑천이 될 수 있도록) 조수와 초목의 이름도 많이 알게 해 줄 수 있느니라."(이 장에는 학시지법이 완전히 갖추어져 있다.)

다산 —— 공자께서 말씀하셨다. "소자(=문인)들아! (안타까워하면서) 어찌 (아

자원풀이 ■시詩는 言(말씀 언)+寺(절 사)인데, 원래는 言(말씀 언)과 之(갈 지)로 구성되어 말(言)이 가는 대로(之) 표현하는 문학 장르였지만, 이후 言과 寺로 변하면서 말(言)을 담아 가공하고 손질한 것(寺)으로 변화되었다.
■이邇는 辵(쉬엄쉬엄 갈 착)+爾(너 이)의 형성자로 가까운(爾) 거리. 이爾는 가장 가까운 거리에 있는 당신을 뜻한다.
■수獸는 單(홑 단)+犬(개 견)으로 뜰채(單)와 사냥개(犬)를 동원하여 사냥하는 모습에서 口(에워쌀 위)가 더해져 어떤 지역을 에워싸고 짐승을 사냥하다의 의미에서 그 대상인 짐승을 뜻하게 되었다.

름다운 줄 알면서도) 저『시』를 배우지 않는가?『시』는 (끌어들인 비유가 절실하기에 마음을) 흥기하게 하고, (권선징악이 절실하기에) 관감(觀=觀感)할 수 있게 하고, (빈객과 붕우들이 좋아하는 것을 유도하기 때문에) 어울리게 하고, (충신과 효자의 심정을 알기 때문에) 원망할 수 있게 하며, (일의 변화에 통달하기 때문에) 가까이로는 부모를 섬기고 멀리는 임금을 섬길 수 있게 하며, (그 나머지 효과로 지식의 밑천이 될 수 있도록) 조수와 초목의 이름도 많이 알게 해 줄 수 있느니라."

집주 —— ■小子는 弟子也라
소자小子는 제자들이다.
■感發志意하고 考見得失하고 和而不流하고 怨而不怒라
의지意志를 감발시키고, 득실을 상고할 수 있고, 조화하되 시류에 따르지 않게 하고, 원망하되 분노하지 않게 한다.
■人倫之道가 詩無不備하니 二者는 擧重而言이라
인륜의 도가 『시』에 갖추어져 있지 않음이 없지만, (가까이로 부모를 섬길 수 있게 하고, 멀리로는 임금을 섬길 수 있게 한다는) 두 가지는 중한 것을 들어 말한 것이다. 그 나머지 효과로 많은 지식의 밑천이 되기에 충분하다.
■學詩之法은 此章盡之하니, 讀是經者는 所宜盡心也라
시를 배우는 방법은 이 장이 완전하니,『시경』을 읽는 자는 마땅히 마음을 다해야 할 것이다.

고금주 —— ■包曰: "小子, 門人也." ○補曰 何莫, 悶辭, 深知其美, 悶人之不務. 引喻切, 故可以興起. 勸懲著, 故可以觀感. [觀者, 彼示而我覯也] 導賓客朋友之好, 故可以群. [若〈鹿鳴〉‧〈四牡〉‧〈伐木〉‧〈常棣〉之類] 知忠臣孝子之情, 故可以怨. [若〈凱風〉‧〈小弁〉之類] 達於事變, 故可以事父事君.
포함이 말했다. "소자小子는 문인門人이다." ○보완하여 말한다. 하막何莫(어찌 않느냐?)은 안타깝게 여기는 말이니, 그 아름다움을 깊이 아는 사람들이 이에 힘쓰지 않음을 안타깝게 여긴 것이다. 끌어들인 비유가 절실하기에 마음을 흥기할 수 있고, 권선징악이 뚜렷하기 때문에 관찰하여 감동(觀感)할 수 있다(觀은 저쪽에서 보여주고, 나는 보는 것이다). 빈객과 붕우들의 우호를 유도하기 때문에 그들과 어울릴 수 있고, 충신과 효자들의 심정을 알기 때문에 원망할 수 있다(「鹿鳴」·「四牡」·「伐木」·「上棣」 등과 같다). 일의 변화에 통달하기 때문에 아비를 섬기고 임금을 섬길 수 있다(「凱風」·「小弁」편 등과 같다).

■孔曰: "興, 引譬連類." ○鄭曰: "觀風俗之盛衰." ○孔曰: "群居相切磋." ○孔曰: "怨, 刺上政." ○案 四義皆非也. 況 '怨, 刺上政', 是何言也? 君子不怨天不尤人, 矧可以怨君親哉? 然君親之過小而怨, 是不可磯也. 君親之過大而不怨, 是愈疏也. [孟子云] 是故聖人許之使怨, 然其怨之也, 一或有近於謗訕非毁者, 大罪也. 善爲詩者, 得聖人忠厚懇切之意, 則知怨之義, 知怨之法, 故曰 '可以怨'. 此義最精, 惟孟子明之. [舜號泣之章]

공안국이 말했다. "흥興은 이끌어 비유하면서 동류(의 사물)를 연이어 말하는 것(引譬連類)이다." ○정현이 말했다. "관觀은 풍속의 성쇠를 보는 것이다." ○공안국이 말했다. "여럿이 어울려 지내며 서로 절차탁마하는 것(群居相切磋)이다." ○공안국이 말했다. "원怨은 위의 정치를 풍자함이다." ○살핀다. (흥, 군, 원, 관의) 네 뜻은 모두 다르다. 하물며 원怨은 임금의 정치를 풍자하는 것이라는 말은 무슨 말인가? 군자는 하늘을 원망하지 않고 사람을 허물하지 않는데, 하물며 임금과 어버이를 원망할 수 있겠는가? 그러나 임금과 어버이의 과실이 적은데도 원망한다면, 이는 불가기(不可磯: 자식이 쉽게 노하여, 부모가 어떻게 할 수 없음)이며, 임금과 어비이의 과실이 큰데도 원망할 수 없다면 이는 더욱 소원해지는 것이다(『맹자』「고자하」). 그렇기 때문에 성인은 원망하는 것을 인정하면서도, 그 원망하는 것이 하나같이 혹 비방하고 헐뜯는 데 가까움이 있으면 이를 큰 죄로 여긴 것이다. 『시경』의 시를 잘 공부하는 사람이 성인의 충후忠厚하고 간절한 뜻을 터득했다면, 원망하는 뜻을 알고 원망하는 법을 알게 되기 때문에 원망할 수 있다고 말한 것이다. 이 뜻을 가장 정밀하게 잘 밝혀 놓은 것은 오직 맹자뿐이다.(『맹자』「만장상」 1장:「순호읍장」이다.)

○案 感發志意, 亦興起也, 然則讀當平聲.

살핀다. 의지를 간발하는 것도 또한 흥기이니, 그렇다면 (可以興의 興은) 읽을 때 평성으로 읽어야 한다.

비평 ── 『시』에 대해 말한 이 구절과 연관되는 것은 다음과 같다.

공자께서 항상 하신 말은 『시경』, 『서경』 그리고 예를 지키는 것이었는데, 이것이 항상 하시는 말씀의 전부였다. (7:17. 子所雅言 詩書執禮 皆雅言也.)

공자께서 말씀하셨다. "시詩에서 일어나고, 예禮에서 자립하고, 악樂에서 완성한다." (8:8. 子曰 興於詩 立於禮 成於樂.)

공자께서 말씀했다. "『시경』 삼백 편을 한마디 말로 개괄한다면, 사특한 생각이 없게 하는 것이다." (2:2. 子曰 詩三百 一言以蔽之 曰思無邪.)

공자께서 말씀하셨다. "시 삼백 편을 외우면서도 정치를 맡기면 통달하지 못하고 사방에 사신으로 가서 독자적으로 응대하지 못한다면 비록 많이 외운들 무슨 소용이 있겠는가?" (13:5. 子曰 誦詩三百 授之以政不達 使於四方 不能專對 雖多亦奚以爲.)

진항이 백어에게 물었다. "그대는 (아버지인 공자로부터) 남다른 들음이 있는가?" 백어가 답했다. "없었습니다. 하루는 홀로 서 계실 때에 내가 종종걸음으로 뜰을 지나가니, '시詩를 배웠느냐?'고 하셨습니다. '아직 배우지 못했습니다.'고 했더니, '시를 배우지 않으면 말할 수 없다'고 하셨습니다. 저는 물러나 시를 배웠습니다. 다른 날에 또 홀로 서 계실 때, 내가 종종걸음으로 뜰을 지나가니, '예禮를 배웠느냐?'고 하셨습니다. '아직 배우지 못했습니다.'고 하였더니, '예를 배우지 않으면 설 수 없다'고 하셨습니다. 저는 물러나 예를 배웠습니다. 이 두 가지를 들었습니다." 진항이 물러나와 기뻐하며 말했다. "하나를 물었다가 세 가지를 얻었다. 시를 듣고, 예를 듣고, 또 군자가 그 아들을 멀리하는 것을 들었다."

(16:13. 陳亢問於伯魚曰: 子亦有異聞乎? 對曰: 未也. 嘗獨立, 鯉趨而過庭. 曰: 學詩乎? 對曰: 未也. 不學詩, 無以言. 鯉退而學詩. 他日又獨立, 鯉趨而過庭. 曰: 學禮乎? 對曰: 未也. 不學禮, 無以立. 鯉退而學禮. 聞斯二者. 陳亢退而喜曰: 問一得三, 聞詩聞禮, 又聞君子之遠其子也.)

경원 보씨는 다음과 같이 이 장에 대해 평가했다.

『논어』에서 시詩를 논급한 것이 많지만, 오직 이 장만이 갖추었다. 배우는 자가 만약 이에 대해 마음을 다한다면, 그 의지를 감동시켜 선을 행하는 데에 게으르지 않을 것이고, 득실을 살펴봄이 있어 미혹되지 않을 것이고, 조화하되 휩쓸리지 않음으로 통상적인 어울리기에 처하고, 원망하되 노하지 않음으로 인정의 법칙적 사태에 처한다. 부모에게 효도하고 임금에게 충성하여 인륜의 큰 항목에 부끄러움이 없다. 온갖 사물에 대해 지식을 두루 넓혀 하나의 작은 사물도 남겨 두지 않는다. 시의 유익함이 많지 않은가? (『논어집주대전』)

『논어』에 나타난 시詩의 해석에 관한 여러 쟁점은 3권의 「시」에 관한 별도의 장을 구성하여 논하기로 한다.

17:10. 子謂伯魚曰: "女爲〈周南〉·〈召南〉矣乎? 人而不爲〈周南〉·〈召南〉, 其猶正牆面而立也與?"[注疏連上爲一章]

고주 —— 공자께서 백어에게 일러 말씀하셨다. "너는 (『시경』의) 「주남」과 「소남」을 배웠느냐? 사람으로서 「주남」과 「소남」을 배우지 않으면, 마치 담장을 마주하고 서 있는 것과 같다."

주자 —— 공자께서 백어에게 일러 말씀하셨다. "너는 (『시경』의) 「주남」과 「소남」을 배웠느냐? 사람으로서 「주남」과 「소남」을 배우지 않으면, 마치 담장을 마주하고 서 있는 것과 같다."

다산 —— 공자께서 백어에게 일러 말씀하셨다. "너는 (『시경』의) 「주남」과 「소남」을 연주할 수 있느냐? 사람으로서 「주남」과 「소남」을 연주하지 못하면, 마치 담장을 마주하고 서 있는 것과 같다."(『논어주소』에서는 앞장과 한 장으로 연결했다.)

집주 —— ■爲는 猶學也라 周南, 召南은 詩首篇名이니 所言이 皆修身齊家之事라 正牆面而立은 言卽其至近之地로되 而一物無所見하고 一步不可行이니라

위爲는 배운다(學)는 뜻이다. 「주남」과 「소남」은 『시경』 머리편의 이름으로, 말한 것은 모두 수신제가修身齊家의 일들이다. '바로 담장을 마주해 선다.'는 것은 지극히 가까운 거리에서 마주하여 하나의 사물도 볼 수 없고, 한 걸음도 앞으로 갈 수 없다는 말이다.

자원풀이 ■유猶는 犬(개 견)+酋(두목 추)의 형성자로, 원숭이 유類에 속하는 짐승의 일종으로 비슷하다, 같다는 뜻이 나왔고, '오히려'라는 부사로 쓰인다.
■정正은 一(한 일)+止(머무를 지)의 회의자. 절대적 표준인 하늘(一)에 나아가 합일하여 머무르는 것이 '바르다'는 뜻. 또 성곽(口)에 정벌하러 가는(止) 모양으로 정벌은 정당하기에 '정의' 혹은 바르다의 뜻이 나왔다고도 한다.
■장牆은 嗇(아낄 색)+爿(나뭇조각 장)의 형성자로 집이나 정원 등을 둘러싼 담벼락을 의미한다. 처음에는 나뭇조각(爿)을 사용하였지만, 흙(=墻)이나 벽돌 등이 사용되었다. 담을 쌓다, 가로막다, 장애물 등으로 쓰인다.

고금주 ── ■補曰 汝能絃歌二〈南〉, 合於音節矣乎? 以人爲名, 而不能爲此,
如向牆而立, 心目不疏通.

보완하여 말한다. 너는 「주남」·「소남」을 음절에 맞게 현악기를 타면서 노래
할 수 있는가? 명색이 사람이라 하면서 이를 연주하지 못하면, 마치 담장을
향하여 맞대고 선 것과 같아서 마음과 눈이 소통하지 못한다.

■馬曰: "〈周南〉·〈召南〉, 〈國風〉之始. 樂得淑女, 以配君子, 三綱之首, 王教
之端, 故人而不爲, 如向牆而立." ○案 『詩』三百篇, 皆風教所關, 奚獨二〈南〉是
爲哉? 且孔子勸伯魚學詩, 原以全部勸之, 今忽縮小, 止勸二〈南〉, 豈可通乎?
且二〈南〉之詩, 一朝可學, 伯魚親爲聖嗣, 尙不一讀, 亦太晚矣. 若云義理無窮,
不可猝通, 則衛宏小序·朱子大旨, 當時未有聚訟其事實詞理. 凡在夫子之門
者, 當一朝悉通, 伯魚雖魯鈍, 必不至自立牆面. 余謂絃歌最以南音爲難, 於諸
〈雅〉·〈頌〉·〈國風〉之中, 音調迥別, 故師摯之始·〈關雎〉之亂, 夫子特稱其
盈耳. 子路之瑟, 能爲〈雅〉·〈頌〉, 而不能爲南音, 則責之以升堂而未入室. 誠
以〈雅〉·〈頌〉者, 堂上之樂. 二〈南〉者, 房中之樂. 子路之瑟, 未協南音故也.
[義見前] 當時教人, 皆令身習禮樂, 人而不能詠歌操瑟, 爲〈周南〉·〈召南〉, 則
遇燕射·肄業·賓客之會, 索然向隅, 風致頓喪. 此東俗所謂沓沓之人也. 故曰
'其猶正牆面而立'. 且凡爲者, 爲樂也. 子在齊聞〈韶〉, 曰: "不圖爲樂之至斯."
漢 高祖曰: "爾爲楚舞, 我爲楚歌."[孟子曰: "固哉! 高叟之爲詩也. 與此章之爲字不同]

마융이 말했다. "「주남」·「소남」은 〈국풍〉이 시작되는 첫 편이다. 숙녀를 얻
어 군자의 배필로 삼음을 즐거워하는 것이니, 이는 삼강三綱의 으뜸이요, 왕
교王教의 단초(端)이기 때문에 사람이 되어 배우지 않으면, 담장을 향해 서 있
는 것과 같다." ○살핀다. 『시경』의 시 삼백 편은 모두 풍교風教에 관계되는
것이니, 어찌 유독 이남二南만 그러하겠는가? 또 공자는 백어에게 『시경』의
시를 배우라고 권할 때 원래 『시경』 전부를 배우라고 권했는데, 이제 갑자기
축소하여 이남만 권하는 것에 그쳤다면 어찌 통할 수 있겠는가? 또 이남의

시는 하루아침에 배울 수 있고, 백어는 바로 성인의 아들인데 일찍이 한 번도 읽지 않았다면, 이는 또한 너무 늦은 것이다. 만약 의리가 무궁하여 갑자기 통달할 수 없다고 말한다면, 위굉의 「소서」와 주자의 「대지」가 당시 그 사실 과 사리詞理를 취송함이 없었을 것이다. 무릇 공자문하의 사람은 마땅히 하루아침에 이남에 다 통달했을 것인데, 백어가 비록 노둔했다고 하더라도 반드시 그 자신이 담장을 맞대고 서는 데까지는 이르지 않았을 것이다. 내 생각에는 현가絃歌가 남음南音을 가장 어려운 음조로 여겼던 것으로 보인다. 여러 「아」·「송」·「국풍」 중에 음조가 매우 다르기 때문에 태사 지가 처음 부임했을 때 연주했던 「관저」의 마무리 장에 대해 공자께서는 특별히 귀에 쟁쟁하다고 일컬었다. 자로의 슬 솜씨가 능히 「아」·「송」은 잘 타지만, 남음은 잘 타지 못하자, 당에는 올랐으나 방에는 들어오지 못했다고 질책하셨다. 참으로 「아」·「송」은 당상의 음악이고 이남은 방중의 음악이다. 자로의 슬 솜씨는 남음에 맞지 않았기 때문이다(뜻은 앞에 나타나 있다).

당시에는 사람을 가르치며 모두 몸에 예악을 익히게 했다. 사람으로서 노래를 읊조리며 비파를 타고 「주남」과 「소남」의 악을 연주하지 못하면, 연사燕射와 이업肄業 그리고 빈객의 모임에서 쓸쓸히 한쪽 구석으로 밀려 체모를 잃었다. 이런 것을 우리나라의 풍속에서 이른바 답답한 사람이라고 한다. 그러므로 '마치 담장을 맞대고 선 것과 같다.'고 했다. 또 '위爲'라는 글자의 뜻은 음악을 연주하는 것이다. 공자가 제나라에 있을 때 소악韶樂을 듣고서 '소악을 연주하는 것이 이런 정도에까지 이르렀을 줄은 생각하지 못했다(不圖爲樂之至斯).'고 했고, 한고조가 '너는 초나라의 춤을 추고, 나는 초나라의 노래를 부른다(爾爲楚舞 我爲楚歌).'고 했다. (맹자가 "고루하구나, 고수의 시를 배움이여.":固哉 高叟之爲詩也:「고자하」라고 했을 때의 '爲' 자는 이 장의 '爲' 자와 뜻이 같지 않다.)

■ 倪士毅曰: "〈周官〉曰, '不學牆面.' 孔子取譬本此." ○案 '牆面'二字, 不能成文. 梅氏節取孔子之言.

예사의가 말했다. "『서경』「주관」편에 '배우지 않으면 담장을 마주한 것이다 (不學牆面).'라고 했는데, 공자께서 비유하신 것은 이에 근거한 것이다." ○살 핀다. 장면牆面이란 두 글자로는 문장의 어구를 구성할 수 없는데, 매색이 공 자의 말을 잘라서 취했다.

비평 —— 먼저 본문의 '위爲' 자를 어떻게 해석하는가에 따라 원문을 보는 관 점이 완전히 달라진다. 주자는 학學 자로 해석하여, 『시경』의 머리편인 「주 남」과 「소남」을 배워 수기치인의 토대를 닦아야 한다는 말로 해석한다. 즉 『시경』의 「주남」과 「소남」을 익히는 것은 마치 『역경』의 부모 괘인 건곤을 익 히는 것과 같이, 그 기초 소양을 익힌다는 것이다. 이에 관한 주자의 주석은 신안 진씨가 상세히 설명해 주고 있다.

> 『시』에 이남二南이 있는 것은 『역』에 건곤乾坤이 있는 것과 같다. 『시』를 배우 는 것은 이로부터 들어가면, 수신-제가-치국-평천하의 도는 모두 이로부터 나오 니, 참으로 『시』 공부에서 먼저 힘써야 할 일이다. 공자의 '뜰을 지날 때에 백어 에게 알려주신 일'에서는 이미 시를 배우는 것을 예를 배우는 것보다 앞에 두셨 고, 여기서는 또 이남을 시 배우는 일의 처음으로 삼으셨다. 그 아들에게 간곡히 당부하신 것에 어찌 다른 설이 있겠는가? (『논어집주대전』)

이에 대해 다산은 위爲 자를 음악을 연주하다(演奏)로 해석한다. 『시경』의 시 3백 수는 모두 풍교에 관계되는 것이니, 어찌 이남만 익히라고 했겠는가 하는 것이 다산의 항변이다. 다산의 해석은 다양한 전거를 제시하고 현란하 다. 그런데 다산의 해석을 따르면, 이 구절은 시에 관한 것이 아니라, 음악에 관한 것이 되고 만다. 두 사람의 해석이 모두 장단점이 있다.

그런데 만일 이 장이 앞 장과 연결되는 것이라면, 앞 장은 시에 대해서 말하고 있다는 점에서 이 장 또한 시에 관한 말로 해석하는 것이 더 설득력이 있다고 하겠다.

❧

7:11. 子曰: "禮云禮云, 玉帛云乎哉? 樂云樂云, 鍾鼓云乎哉?"

고주 —— 공자께서 말씀하셨다. "(예란 윗사람을 안정시키고 백성을 잘 다스리기 때문에 귀하게 여기는데) 예로다, 예로다 하는 것이 옥백玉帛을 말하는 것이겠는가? (악이란 기풍을 변화시키고 습속을 바꾸기 때문에 귀하게 여기는데) 악이로다, 악이로다 하는 것이 종고(가 아름다움 소리)를 (내는 것을) 말하는 것이겠는가?" (예악의 근본을 분변한 것이다)

주자 —— 공자께서 말씀하셨다. "(예의 근본은 존경에 있고, 그 말단은 옥과 비단으로 받드는 것인데) 예로다, 예로다 하는 것이 (말단으로 형식인) 옥백玉帛을 말하는 것이겠는가? (악이란 조화를 근본으로 하면서, 악기로 표현하는 것은 말단이 되는데) 악이로다, 악이로다 하는 것이 (말단의 형식인) 종고(가 아름다움 소리)를 (내

자원풀이 ■옥玉은 원래 여러 개의 옥을 실로 꿴 모습으로 王(왕 왕) 자와 구별하기 위해 오른쪽에 점을 두었다. 「설문해자」에서 "옥의 아름다움은 다섯 가지 덕을 갖추었으니, 윤기가 흘러 온화한 것은 인의 덕이고, 무늬가 밖으로 흘러나와 속을 알 수 있게 하는 것은 의의 덕이며, 소리가 낭랑하여 멀리서도 들을 수 있는 것은 지의 덕이고, 끊길지언정 굽혀지지 않는 것은 용의 덕이며, 날카로우면서 남을 해치지 않는 것은 결潔의 덕이다."라고 했듯이, 옥은 최고의 덕목을 갖춘 물체로 인식되어 왔다. 백帛은 巾(수건 건)+白(흰 백)의 형성자로 아무런 무늬나 색을 넣지 않은 흰(白) 비단(巾) 천을 말한다. 옥백玉帛은 사람 간, 혹은 국가 간의 예물을 대표한다.
■종鐘은 金(쇠 금)+童(아이 동)의 형성자로 쇠로 만든 악기로서 걸이 대에 걸어 놓고 채로 쳐서 소리를 낸다. 고鼓는 壴(악기 이름 주)+攴(칠 복)의 회의자로 대 위에 놓인 북(壴)과 북 채를 쥔 손(攴)을 나타낸다. 고무鼓舞, 고취鼓吹 등에서는 전쟁터에서 군사들의 사기를 북돋우는 악기를 말한다.

는 것을) 말하는 것이겠는가?"

다산 —— 공자께서 말씀하셨다. "(예의 근본은 인, 즉 효제충신에 있는데) 예로다,
예로다 하는 것이 옥백玉帛(을 바치는 것)을 말하는 것이겠는가? (옥백을 초월해
있다) (악의 근본은 인, 즉 효제충신에 있는데) 악이로다, 악이로다 하는 것이 종고
(로 연주하는 것)를 말하는 것이겠는가? (종고를 초월해 있다)"

집주 —— ■敬而將之以玉帛則爲禮요 和而發之以鍾鼓則爲樂이라 遺其本而
專事其末이면 則豈禮樂之謂哉리오
존경하면서 옥과 비단으로 받들면 예가 되고, 조화로우면서 종과 북으로 표
현하면 악이 된다. 예악의 근본을 버리고 오로지 그 말단만 일삼으면 어찌
예악이라고 하겠는가?

■程子曰 禮는 只是一箇序요 樂은 只是一箇和니 只此兩字가 含蓄多少義理
라 天下에 無一物無禮樂하니 且如置此兩椅에 一不正이면 便是無序요 無序
면 便乖요 乖면 便不和라 又如盜賊이 至爲不道나 然이나 亦有禮樂하니 蓋必
有總屬하여 必相聽順이라야 乃能爲盜요 不然이면 則叛亂無統하여 不能一
日相聚而爲盜也라 禮樂은 無處無之하니 學者要須識得이니라
정자가 말했다. "예는 하나의 질서일 뿐이고, 악은 하나의 조화일 뿐이지만,
단순한 이 두 글자는 수많은 의리를 함축하고 있다. 천하의 모든 것은 예악
이 있다. 예를 들면, 탁자에 이 의자 둘을 놓을 때 하나가 바로 놓이지 않으면
곧 질서가 없고, 질서가 없으면 곧 어그러지고, 어그러지면 곧 조화롭지 못하
다. 또한 도적처럼 지극히 부도不道한 경우에도 또한 예악이 있다. 대개 통솔
하는 자와 부하가 반드시 서로 듣고 복종해야 도둑질도 할 수 있는 것이지,
그렇지 않으면 반란을 일으켜 통솔이 되지 않으니 하루라도 서로 모여 도둑
질할 수 없다. 예악은 어느 곳에서도 없을 수 없으니, 배우는 자는 모름지기

깨달아야 한다."

고금주 —— ■鄭曰: "玉, 圭璋之屬." ○補曰 帛, 玄纁之屬. 禮樂之本在仁, 仁
者, 人倫之至也. 三家者不忠不孝, 僭禮僭樂, 其心以爲但具玉帛斯爲禮, [賓祭
用玉帛] 但奏鍾鼓斯爲樂, 故夫子辨之.

정현이 말했다. "옥玉(구슬)은 규장圭璋 따위이다." ○보완하여 말한다. 백帛(비
단)은 현훈玄纁 따위이다. 예악의 근본은 인仁에 있으니, 인이란 인륜의 지극
이다. 삼가三家가 불충불효하여 예악을 참람하게 자행하여 그들의 마음에는
다만 옥백을 갖추고 받드는 것이 예이고(빈객과 제사에 옥백을 사용한다), 단지
종고로써 연주하는 것만이 악인 것으로 여기기에 공자가 이를 논박하였다.

■鄭曰: "禮非但崇此玉帛而已, 所貴者乃貴其安上治民." ○馬曰: "樂之所貴
者, 移風易俗, 非謂鍾鼓而已." ○案『孝經』云: "移風易俗, 莫善於樂. 安上治
民, 莫善於禮." 馬·鄭取之以解此章. 然安上治民, 移風易俗, 皆禮之功用, 豈
禮樂之本哉? 禮樂本於孝悌忠信, 故子曰: "人而不仁, 如禮樂何?"

정현이 말했다. "예禮는 단지 이러한 구슬과 비단을 숭상하는 것만이 아니
며, 귀하게 여긴다는 것은 곧 그 윗사람을 편안하게 하고 백성을 잘 다스릴 수
있게 하기 때문에 귀하게 여긴다는 것이다." ○마융이 말했다. "음악을 귀하
게 여기는 것은 기풍을 변화시키고 습속을 바꾸기 때문이지, 종고鍾鼓만을 말
하는 것이 아니다." ○살핀다. 『효경』에서 말했다. "기풍을 변화시키고 습속을
바꾸는 데에는 음악보다 더 좋은 것이 없고, 윗사람을 편안하게 하고 백성을
잘 다스릴 수 있게 하는 데는 예보다 더 나은 것이 없다." 마융과 정현은 이것
을 취하여 이 장을 해석했다. 윗사람을 편안하게 하고 백성을 잘 다스릴 수 있
게 하고, 기풍을 변화시키고 습속을 바꾸는 것은 모두 예의 공용이지 어찌 예
악의 근본이겠는가? 예악은 효제충신에 근본을 두고 있다. 그러므로 공자께서
말씀하시길, "사람이 인하지 못하면 예·악이 무엇을 하겠는가?"라고 했다.

■ 質疑 朱子曰: "敬而將之以玉帛則爲禮, 和而發之以鍾鼓則爲樂. 遺其本而專事其末, 則豈禮樂之謂哉?" ○案 季氏旅於泰山, 未嘗不致敬, 三家徹以〈雍〉詩, 自以爲致和. 和·敬未足以爲禮樂. 孔子曰: "人而不仁, 如禮何? 人而不仁, 如樂何?"[〈八佾〉篇] 孟子曰: "仁之實, 事親是也. 義之實, 從兄是也. 禮之實, 節文斯二者是也. 樂之實, 樂斯二者是也." 禮樂之本, 起於人倫, 玉帛鍾鼓, 未足以爲禮樂也. 僭禮僭樂, 而自以爲禮樂者, 君子笑之, 故曰'云乎哉? 云乎哉'. [王逸季云: "玩'乎哉'口氣, 謂此必有宰于玉帛鍾鼓內者在, 有超于玉帛鍾鼓外者在."]

질의한다. 주자가 말했다. "존경하면서 옥과 비단으로 받들면 예가 되고, 조화로우면서 종과 북으로 표현하면 악이 된다. 예악의 근본을 버리고 오로지 그 말단만 일삼으면, 어찌 예악이라고 하겠는가?" ○ 살핀다. 계씨가 태산에 여제旅祭를 지낼 때 공경함을 다하지 않음이 없었을 것이고, 삼가三家가 「옹雍」의 시로 철상할 때 스스로 조화를 다했다고 여겼을 것이다. 그러나 조화와 공경은 예악이라고 하기에는 부족하다. 그러므로 공자께서는 "사람이 인仁하지 못하면 예절을 잘 실천하여도 무엇하겠으며, 사람이 인하지 못하면 음악을 잘하여도 무엇하겠는가?(3:3)"라고 하셨다. 맹자는 "인의 실질은 어버이를 섬기는 것이고, 예의 실질은 형을 따르는 것이고, 예의 실질은 이 둘을 절문節文하는 것이고, 악의 실질은 이 둘을 즐거워하는 것이다(「이루상」)."라고 했다. 예악의 근본은 인륜에 근본하고, 옥백과 종고는 족히 예악이라 할 수 없는 것이다. 예악을 참람하게 자행하고도 스스로 예악이라고 여기는 자들을 군자가 비웃었기 때문에, "말하는 것이겠는가? 말하는 것이겠는가?"라고 한 것이다.(王逸季가 말했다. "'乎哉'의 말투를 음미하면, 이는 반드시 옥백과 종고 안에서 이를 주재하는 것이 존재하고, 옥백과 종고의 밖에서는 이를 초월해 있는 것이 존재함을 말하는 것이다.")

■ 質疑 程子曰: "盜賊至爲不道, 然亦有禮樂." ○案 禮樂之本, 仁也. 盜賊不仁, 恐不可以有總有順, 謂之禮樂.

질의한다. 정자가 말했다. "도적처럼 지극히 도의롭지 못한 경우에도 또한 예악이 있다." ○살핀다. 예악의 근본은 인仁이다. 도적은 불인不仁하니, 통솔함도 있고 순종함도 있으나, 아마도 이를 예악이라 할 수는 없을 듯하다.

비평 —— 주자는 내용-형식, 혹은 근본-말단의 입장에서 예악의 내용 혹은 근본은 공경함과 조화로움에 있고, 옥백과 종고는 형식 혹은 말단이라고 해석했다. 호씨는 다음과 같이 주자의 말을 잘 풀이했다.

> 호씨가 말했다. "옥백玉帛은 다섯 가지 옥과 세 가지 비단을 말하니, 예의 문식 중에 중대한 것이다. 종鐘은 쇳소리이고 고鼓는 가죽 소리이니, 악기 중에 큰 것이다. 옥백이 아니면 예를 행할 방법이 없고, 종고가 아니면 음악을 행할 방법이 없다. 그러나 예악에는 근본과 말단이 있으니, 옥백 종고는 말단이다. 예의 근본은 공경함에 있으니 옥백을 빌려 실행하는 것이고, 음악의 근본은 조화에 있으니 종고를 빌려 표현하는 것이다."(『논어집주대전』)

이에 대해 다산은 (1) 모든 것은 인륜의 도에 종속된다는 점에서 예악은 인륜성의 구현에 그 본질이 있으며, (2) 인륜의 구현은 행사行事에 있는 것이지 내면의 공경과 조화 및 그 수단이 되는 옥백과 종고에 있지 않다고 반론했다. 다산의 반론도 근거가 있지만, 주자의 주장 또한 다음 구절을 통해 볼 때 논거가 많다고 할 수 있다.

> 유자가 말했다. "예禮를 적용할 때에는 조화를 귀중하게 여긴다. 선왕이 정치를 시행한 방도는 조화를 아름답게 여겨서, 크고 작은 일들은 모두 여기에 근거했다. 그렇지만 조화를 귀하게 여긴다는 원칙이 통용되지 않을 때가 있다. 조화의 귀중함만 알아 조화만 추구하고, 예의 근본 원칙으로 절제하지 않는다면 통

용되지 못한다."(1:12).

자유가 효에 대해 질문하자, 공자께서 말씀하셨다. "오늘날의 효라는 것은 잘 부양하는 것을 말한다. 그런데 개와 말에 있어서도 모두 잘 부양함이 있다. 공경하지 않는다면 무엇으로 구별하겠는가?"(2:7).

예의 본말과 문질의 관계는 많은 논의를 필요로 하기 때문에, 3권의 「예」에 관한 장에서 상술하기로 한다.

⋧⋩

17:12. 子曰: "色厲而內荏, 譬諸小人, 其猶穿窬之盜也與!"[陸本, 窬作踰]

고주 —— 공자께서 말씀하셨다. "겉으로는 장중・위엄(厲=矜莊)이 있으면서 안으로는 유약・아첨(荏=柔佞)하는 것은 소인에 비유하자면, 벽을 뚫고 담을 넘는 도둑(질할 마음이 있는 것)과 같으니라."

주자 —— 공자께서 말씀하셨다. "겉으로는 위엄(厲=威嚴)이 있으면서 안으로는 유약(荏=柔弱)하는 것은 소인(=細民)에 비유하자면, (실상은 없으면서 이름만 훔쳐 항상 남이 알까 두려워하는 사람으로) 벽을 뚫고 담을 넘는 도둑(의 마음)과 같으니라."

다산 —— 공자께서 말씀하셨다. "모든 겉모양은 장중・위엄(厲=矜莊)이 있으면서 안으로는 유약・아첨(荏=柔佞)하는 것은 (이와 같은 사람은) 소인에 비유하자면, (盜心이 있어) 벽을 뚫고 담을 넘는 도둑과 같으니라."

집주 —— ■厲는 威嚴也요 荏은 柔弱也라 小人은 細民也라 穿은 穿壁이요 窬는 踰牆이니 言其無實盜名하여 而常畏人知也라

여厲는 위엄이고, 임荏은 유약이다. 소인小人은 미천한 백성(細民)이고, 천穿은 벽을 뚫는 것이고, 유窬는 담장을 넘는 것이다. 이런 사람은 실질은 없이 명성만 훔쳐서 항상 남이 알까 두려워한다는 말씀이다.

고금주 —— ■邢曰: "厲, 矜莊也." ○孔曰: "荏, 柔也, 爲外自矜厲而內柔佞." ○孔曰: "爲人如此, 猶小人之有盜心. 穿, 穿壁. 窬, 窬牆."〔一本窬作踰〕 ○黃曰: "內懷爲盜之寔, 而外飾非盜之狀以欺人."

형병이 말했다. "여厲는 장중하고 엄숙함이다." ○공안국이 말했다. "임荏은 유약함이다. 외면은 장중하고 엄숙하되, 내면은 유약하여 아첨하는 것이다." ○공안국이 말했다. "사람 됨이 이와 같다면 소인이 도둑질할 마음이 있는 것과 마찬가지이다. 착穿은 벽을 뚫음이다. 유窬는 담장을 넘음이다."(어떤 본에는 窬는 踰로 되어 있다.) ○황면재가 말했다. "안으로는 도둑으로서의 실상을 품되, 밖으로는 도둑이 아닌 모습으로 꾸며 남을 속이는 것이다."

■饒曰: "色不止顏色, 凡形見於外者, 皆是. 前篇以論篤爲色莊, 是也." ○案 色取仁而行違, 亦此類也.

자원풀이 ■여厲는 엄厂(기슭 엄)+萬(일만 만)의 형성자로 재질이 거친 칼 가는 숫돌 혹은 칼을 가는 행위를 의미했다. 숫돌, 갈다, 떨치다, 소리가 높고 급하다, 엄하다(子溫而厲), 사납다, 권면하다 등으로 쓰인다.
■임荏은 艸(풀 초)+任(맡길 임)의 형성자로 식물(艸)의 일종인 '들깨'를 말하며, 들깨 잎처럼 부드럽다는 뜻이다.
■천穿은 穴(구멍 혈)+牙(어금니 아)의 회의자로 이빨(牙)로 구멍(穴)을 뚫음을 말한다.
■유窬는 穴(구멍 혈)+兪(점점 유)의 회의자로 구멍, 파다, 넘다(=踰) 등의 뜻이다.
■도盜는 위의 '입 벌린 채 침 흘릴 연'과 皿(그릇 명)의 형성자로 값비싼 청동 그릇(皿)을 탐하는 것에서 훔치다, 취하다의 뜻이 나왔고, 도둑이나 침입자를 지칭한다.

쌍봉 요씨가 말했다. "색은 안색에 그치지 않으니, 무릇 겉으로 드러나는 형상이 모두 색이다. 앞 편(11:20)에서 언론이 독실한 자는 색장色莊하는 자라고 한 것이 그것이다." ○살핀다. 색色은 인仁을 취하면서, 행위는 (인에) 어긋나는 것 또한 이런 유이다.

■ 胡曰: "泰卦以內健外順爲君子之道, 否卦以內柔外剛爲小人之道." ○案 泰卦卽〈虞書〉所謂'柔而立'也.

운봉 호씨가 말했다. "『역』「태괘泰卦」에는 안은 강하고 밖은 유순한 것(內健外順)을 군자의 도라고 하고, 「비괘否卦」에서는 안은 유약하면서 밖으로 굳센 것을 소인의 도라고 했다." ○살핀다. 「태괘」는 『서경』「우서」의 이른바 '유순하면서도 꼿꼿이 서는 것(柔而立)'이다.

비평 —— 특별한 쟁점은 없다. 운봉 호씨가 『역』「태괘泰卦」 및 「비괘否卦」로 설명한 것, 그리고 다산이 『서경』「우서」로 보완한 것이 이 구절의 정당한 뜻을 얻은 것이라고 하겠다.

17:13. 子曰: "鄕原, 德之賊也."

고주 —— 공자께서 말씀하셨다. "(남의 취향에 따라 아첨하고 비굴한) 향원은 덕을 해치는 도적(賊)이다."

주자 —— 공자께서 말씀하셨다. "(비속하고 삼가는 似而非인) 향원은 (시비선악을 구분하지 못하게 함으로써) 덕을 해치는 적賊이다."

다산 —— 공자께서 말씀하셨다. "(流俗에 따라 아첨하고 비굴한 한 고을의 성실한) 향원은 덕을 해치는 큰 도적(賊)이다."

집주 —— ■鄕者는 鄙俗之意라 原은 與愿同하니 荀子原愨을 註에 讀作愿하니 是也라 鄕原은 鄕人之愿者也니 蓋其同流合汚하여 以媚於世라 故로 在鄕人之中에 獨以愿稱이라 夫子以其似德非德而反亂乎德이라 故로 以爲德之賊而深惡之하시니 詳見孟子末篇하니라

향鄕이란 비속鄙俗하다는 뜻이다. 원原은 원愿(삼갈 원)과 같다. 『순자』의 '원각原愨(공손하고 성실함)'의 주석에서 '원愿으로 읽는다'고 한 것이 그 예이다. 향원은 향인鄕人 가운데 성실한 사람이다. 대개 시류에 동조하고 더러운 것에 영합하여 세상에 아부하기 때문에, 향인들 가운데 유독 성실하다고 일컬어진다. 공자께서는 향원이 덕자德者와 비슷하지만 덕자가 아니고, 도리어 덕을 어지럽히기 때문에 덕을 해치는 자라고 깊이 싫어하셨다. 『맹자』 마지막편(「진심하」 37장)에 자세히 나온다.

고금주 —— ■補曰 鄕原, 一鄕之所謂愿人也. 賊, 大盜也, 明色厲猶是小盜.

보완하여 말한다. 향원은 한 고을의 이른바 원인愿人이다. 적賊은 대도大盜이니, 외모로만 위엄이 있는 것은 소도小盜임을 밝힌 것이다.

■案 余觀鄕原之爲學也, 凡是非黑白, 一以世趣爲主. 明知其是, 而衆非之則

자원풀이 ■향鄕은 식기를 가운데 두고 손님과 주인이 마주앉은 모습의 회의자로 식사를 함께하는 씨족집단이라는 의미에서 시골이나 고향을 뜻하다가, 원래 뜻은 食(밥 식) 자를 더해 饗(잔치할 향)으로 분화했다. 시골, 고향, 행정구역, 향대부, 향하다(=向), 추세 등으로 쓰인다.
■원原은 깎아지른 언덕(厂:한)에서 물이 흘러나오는 모습(泉)으로 샘물의 근원을 그려, 원래 혹은 최초라는 뜻이다. 평원平原이라는 뜻으로 쓰이자 원源으로 분화했다. 원愿은 心(마음 심)+原(근원 원)으로 마음(心)이 진실되고 조심함을 말한다.
■적賊은 貝(조개 패)+人(사람 인)+戈(창 과)로 구성된 회의자로 무기(戈)로 사람(人)에게 해를 입히고 재산(貝)을 빼앗은 도둑이나 강도를 말한다.

非之, 明知其黑, 而衆白之則白之. 談經, 則不慕先聖而惟注是宗, 論禮, 則不求
正制而惟俗是從. 聞新義則哂之, 自居以正而歸之於旁流, 授小職則讓之, 外視
若謙而意在於大得. 點檢行事, 別無可捉, 點觀心術, 罔非可鄙, 終身爲學而不
可與入堯・舜之域. 凡如是者, 皆孔子所謂鄕原也.

살핀다. 내가 보건대, 향원의 학이란 무릇 그 시비와 흑백이 하나같이 세상
의 추향을 위주로 한다. 분명히 그것이 옳은 줄 알면서도 여러 사람이 그르
다고 하면 따라서 그르다고 하고, 분명이 그것이 검은 줄 알면서도 여러 사람
이 희다고 하면 따라서 희다고 한다. 경전을 말하면 선성先聖을 사모하지 않
고 오로지 주석만 떠받들고, 예를 논하면서 바른 제도를 구하지 않고 오직 풍
속만 따르고, 새로운 뜻을 들으면 비웃고는 스스로 바른 것이라고 내세워 방
류傍流에 귀속시키고, 작은 관직을 주면 이를 양보하여 겉으로는 겸손한 듯
이 보이나 뜻은 큰 것을 얻는 데에 있다. 행하는 일을 점검하면 별로 허물을
잡아낼 만한 것이 없으나 심술을 가만히 살펴보면 비루하다고 여기지 않을
수 없으니, 종신토록 배워도 함께 요순의 경지에 들어갈 수 없다. 무릇 이러
한 자들은 모두 공자의 이른바 향원이다.

■ 周曰: “所至之鄕, 輒原其人情, 而爲意以待之, 是賊亂德也.” ○ 何曰: “一曰
鄕, 向也, 古字同. 謂人之不能剛毅, 而見人輒原其趣嚮, 容媚而合之, 言此所以
賊德也.” ○ 邢曰: “鄕原, 詭隨也.” ○ 駁曰 非也.

주생렬이 말했다. “(향원은) 이르는 고장마다 그곳 사람들의 생각을 탐지하여
자기의 생각으로 삼아 그곳 사람들을 대하니, 이는 덕을 해치고 어지럽히는 것
이다.” ○ 하안이 말했다. “일설에 향鄕은 향向의 뜻이고, 옛 글자도 같다. 사람
이 강의剛毅하지 못하고, 사람을 보면 문득 그 사람의 취향을 살펴 아첨하여 영
합하는 것을 말하니, 이는 덕을 해치는 것임을 말한다.” ○ 형병이 말했다. “향
원은 무턱대고 남을 따르는 사람(詭隨)이다.” ○ 논박하여 말하면, 그릇되었다.

■ 質疑 朱子曰: “鄕者, 鄙俗之意. 鄕原, 鄕人之愿者也.” ○ 案 鄕者, 向也. 古者

匠人營國, 九分其區, 中爲王宮, 前朝後市, 左右六鄉, 東西相向, 故謂之鄉. 鄉
者, 京都之坊曲也, 豈有鄙哉?但其聲譽不出一鄉之外, 一鄉之耳目易欺也, 故
鄉人·鄉原, 皆爲卑下之稱, 鄙俗恐無古據.

질의한다. 주자가 말했다. "향鄉이란 비속鄙俗하다는 뜻이다. 향원은 향인鄉
人 가운데 성실한 사람이다." ○ 살핀다. 향鄉이란 향向이다. 옛날에 장인匠人
이 국도國都를 경영할 때, 그 구역을 9등분하여 중앙에는 왕궁을 만들고, 앞
에는 조정, 뒤에는 저자, 좌우의 육향六鄉은 동서로 서로 향하게 했기에 이를
향鄉이라 했다. 향이란 경도京都의 방곡坊曲이니, 어찌 비루함이 있겠는가?
다만 그 명성과 영예가 한 고을 바깥을 벗어나지 못하여 한 고을의 이목을 쉽
게 속일 수 있기 때문에 향인과 향원을 모두 비하해서 일컫는 말이 되었으니,
비속鄙俗이란 뜻은 아마도 옛 근거가 없는 듯하다.

비평 —— 다산이 향원鄉原에 대한 주자의 해석에「질의」하고 있다. 주자의
이에 대한 설명을 좀더 부가하면 다음과 같다.

주자가 말했다. "향원이란 남을 위해 잘하기 때문에 사람들이 모두 칭찬하지
만 그 끝없는 재앙이 있음을 모른다. 향원에 관해서는『맹자』가 몇 구절로 가장
잘 말했다. '이 세상에 살면서 이 세상을 위한다. 남들이 좋다고 하면 그만이다(7
하:37).'라고 했는데, 이것이 향원의 본마음이다. 향원은 별로 견식이 없는데 원原
(성실함)이라고 부르는 것은 참으로 꼭 성실하기 때문이 아니라, 비루하고 세속
을 따르는 사람일 뿐이다."

주자는 또한『논어혹문』에서 범조우의 다음 설명이 좋다고 했다.

범조우가 말했다. "성인은 사이비似而非를 미워한다. 만약 사정邪正과 시비是

非가 흑백黑白처럼 뚜렷이 구별되면, 성인이 굳이 변별하지 않아도 된다. 낯빛은 근엄하나, 속은 흐물흐물하여 바른 것 같지만 바르지 않고, 향원은 덕인 것 같지만 덕이 아니다. 임금이 이것을 변별할 줄 알면, 시비를 혼동하지 않게 된다."

종합하여 말하면, 다음과 같다. 고주에서는 향원이란 (1) 어디를 가든 그 사람들의 생각을 탐지하여 자기의 생각으로 삼아 그 사람에게 아부하는 사람이다(주생렬), (2) 향鄕은 향向으로 사람이 강의剛毅하지 못하여 사람을 보면 문득 그 사람의 취향을 살펴 아첨하여 영합하는 사람(하안), 그리고 (3) 무턱대고 남을 따르는 사람(詭隨)(형병) 등으로 정의하고 있다.

이에 비해 주자는 향鄕은 비속鄙俗, 원原은 원愿(삼가다)이라고 보면서 고주와 마찬가지로 대개 시류에 동조하고 더러운 것에 영합하여 세상에 아부한다고 정의하지만, 향인들 가운데 유독 성실하다는 평을 듣지만 덕자德者는 아니기 때문(似而非)에 도리어 덕을 어지럽히는 사람이라고 말했다.

그리고 다산은 대체로 주자의 해석에 동의하면서, 다만 주자가 향이란 비속鄙俗이란 의미라고 한 것은 아마도 옛 근거가 없다고 비평했다.

주자가 말했다. "향원이란 남을 위해 잘하기 때문에 사람들이 모두 칭찬하지만 그 끝없는 재앙이 있음을 모른다. (여기서의) 적賊 자는 (다음 장의) 기棄 자와 함께 보면 효과적이다. 향원은 오직 남의 비위를 맞추면서 환심을 사려고 할 줄만 안다. 아주 사이비이기 때문에 사람이 모두 칭찬한다. 그래서 덕의 적이다. 길에서 듣고 길에서 떠드는 사람은 들으면 곧 말해 버리고 내면에 축적하지 않는다. 마음에 저장하지 못하니, 몸으로 실천하지 못한다. 이것이 덕의 버림이다." (『논어집주대전』)

17:14. 子曰: "道聽而塗說, 德之棄也."

고주 —— 공자께서 말씀하셨다. "길에서 듣고 (자신은 익히지 않고) 길에서 (남에게 전하여) 설명해 주면, 덕 있는 사람으로부터 버림을 받는다."

주자 —— 공자께서 말씀하셨다. "(좋은 말이라고 할지라도) 길에서 듣고 (자신의 것으로 만들지 않고), 길에서 말해 버리면, 덕을 버리는 일이다."

다산 —— 공자께서 말씀하셨다. "길(여기)에서 듣고 길(저기)에 전하는 것(=입을 가볍게 놀리는 사람:輕口人)은 덕을 버리는 일이다."

집주 —— ■雖聞善言이나 不爲己有면 是自棄其德也라
비록 좋은 말을 듣고도 자기 것으로 만들지 않으면, 이것은 스스로 그 덕을 버리는 것이다.
■王氏曰 君子多識前言往行하여 以畜其德하니 道聽塗說이면 則棄之矣니라
왕안석이 말했다. "군자는 지난 사람들의 훌륭한 언행을 많이 기억함으로써 그 덕을 축적한다. 길에서 듣고 길에서 말해 버리면 덕을 버리는 것이다."

고금주 —— ■補曰 澮上曰道. 〔遂人〕云: "千夫有澮."〕 洫上曰塗. 〔遂人〕云: "百夫有洫."〕 塗·涂通. 聽之於澮上, 而說之於洫上, 謂不能忍言, 俄聞而俄播也. 不能愼言, 至於如此, 於德最賤, 所鄙棄也.
보완하여 말한다. 봇도랑(澮) 위를 도道라 하고(『주례』「수인」에서 말했다. "千夫에는 澮가 있다."), 도랑(洫) 위를 도涂라 한다(「수인」에서 말했다. "百夫에는 洫이 있

다.") 도塗는 도涂와 통한다. 회澮의 도랑 위에서 듣고 혁洫의 도랑 위에서 말하는 것은, 말을 참지 못하고 갑자기 그 말을 듣고는 바로 퍼뜨리는 것을 말한다. 말을 삼가지 못하고 이런 지경에 이르면 덕에서 가장 천하여, 비루해서 버려지게 된다.

■ 馬曰: "聞之於道路, 則傳而說之." ○ 邢曰: "疾時人不習而傳之也. 聞之於道路, 傳而說之, 必多謬妄, 爲有德者所棄也." ○ 案 樊遲以御而聞禮, 冉有以僕而問敎, 二子道聽, 夫子塗說. 況三人行, 必有我師, 豈必道路不可有聞? 註疏之意, 蓋戒口耳之學. 然道·塗二字, 必雙言之者, 明聽於此而傳於彼也. 且口耳之學, 但論來路之荒唐而已, '塗說'二字, 爲剩語矣. 道聽塗說者, 輕口人也.

마융이 말했다. "도로에서 들은 것을 즉시 전하여 말하는 것이다." ○ 형병이 말했다. "(이 구절은) 당시 사람들이 자신은 익히지 않고 남에게 전하기만 하는 것을 싫어하신 것이다. 도로에서 듣고 이를 남에게 전하기만 하는 것은 필시 그릇되고 망령됨이 많을 것이니, 덕 있는 사람에게 버림을 받을 것이다." ○ 살핀다. 번지는 공자의 어자禦者가 되어 수레를 몰면서 예를 물었고(「위정」), 염유는 공자의 복僕이 되어 수레를 몰면서 가르침을 물었으니(「자로」), 이는 두 사람이 길에서 듣고 공자는 길에서 말한 것이다. 하물며 세 사람이 가면 반드시 나의 스승이 있는 법인데(「술이」) 어찌 반드시 도로에서 듣는 일이 있을 수 없겠는가? 주소註疏의 뜻은 대개 구이口耳의 학을 경계한 것으로 보인다. 그러나 도道와 도塗 두 자를 반드시 쌍으로 나란히 말한 것은 분명히 여기에서 듣고 저기에서 그 말을 전하는 것이다. 그리고 또 구이지학口耳之學이라 하면, 이는 단지 그 논하여 온 경로가 황당할 뿐이며, '도설塗說' 두 자는 필요없는 여분의 말이 되고 만다. 도청도설이란 입을 가볍게 놀리는 사람을 말한다.

비평 —— 다산의 해석이 정밀하다. 그러나 다음 세주를 보면 주자의 해석 또한 다산의 해석과 다르다고 할 수 없다. 다산이 좀더 분명히 했을 따름이다.

주자가 말했다. "길에서 듣고 길에서 말해 버리는 자는 듣기만 하면 곧바로 말해 버려서 다시는 축적하지 못하니, 이미 마음에 그것을 가지지도 못하고 몸에 그것을 행하지도 못한다. 이는 덕을 버리는 것이다. 그런 까닭에 '덕을 버린다.'고 말했다."(『논어집주대전』)

⌒⌒⌒⌒

17:15. 子曰: "鄙夫可與事君也與哉? 其未得之也, 患得之, 旣得之, 患失之. 苟患失之, 無所不至矣."

고주 —— 공자께서 말씀하셨다. "평범하여 비루한 사람(凡鄙之人)과 같이 임금을 섬길 수 있겠는가? (祿位를) 아직 얻기 전에는 얻지 못할까 근심하고(患得之=患不得之: 초나라 俗言이다), 이미 얻고 나서는 (곧은 도리로 임무로 삼아 도의를 지키지 못하고, 녹위를) 잃을까 근심한다. 진실로 잃을 것을 근심한다면, (간사하게 아첨하여) 하지 않는 짓이 없을 것이다."

주자 —— 공자께서 말씀하셨다. "비루한 사람(용렬하고 악랄하고 더럽고 졸렬한 자)과 같이 임금을 섬길 수 있겠는가? (부귀와 권리를) 얻지 못하면 얻으려 근심하고, 이미 얻고 나서는 잃을까 근심한다. 진실로 잃을까 근심한다면, 못

자원풀이 ■비鄙는 邑(고을 읍)+啚(인색할 비)의 형성자로 곡식창고(啚)가 설치되었던 도읍都邑의 주위 지역으로, 주변이자 변두리였기에 '비루한' 곳, 지방의 뜻. 품질 등이 조악하다, 경멸하다, 자신에 대한 겸칭 등으로 쓰인다.

하는 짓(작게는 吮癰舐痔:연홍지치에서 크게는 아비와 임금을 시해하는 것)이 없을 것이다."

다산 ── 공자께서 말씀하셨다. "비루한 사람과 같이 임금을 섬길 수 있겠는가? (祿位를) 아직 얻기 전에는 얻으려 근심하고, 이미 얻고 나서는 (곧은 도리로 임무로 삼아 도의를 지키지 못하고, 녹위를) 잃을까 근심한다. 진실로 잃을 것을 근심한다면, (간사하게 아첨하여) 하지 않는 짓이 없을 것이다."

집주 ── ■鄙夫는, 庸惡陋劣之稱이라
비부鄙夫는 용렬하고 악랄하고 더럽고 졸렬한 자를 칭한 것이다.
■何氏曰 患得之는 謂患不能得之라
하안이 말했다. "얻을 것을 걱정한다(患得之)는 것은 얻지 못할까(患不得之) 걱정함을 이른다."
■小則吮癰舐痔와 大則弑父與君이 皆生於患失而已니라
작게는 등창을 빨고 치질을 핥는 것(吮癰舐痔)에서 크게는 아비와 임금을 시해하는 것이 모두 잃을까 염려하는 데서 생길 뿐이다.
■胡氏曰 許昌靳裁之有言曰 士之品이 大概有三하니 志於道德者는 功名이 不足以累其心이요 志於功名者는 富貴不足以累其心이요 志於富貴而已者는 則亦無所不至矣라 하니 志於富貴는 卽孔子所謂鄙夫也니라
호인이 말했다. "허창의 근재지靳裁之가 말하기를, '선비의 등급이 대개 세 등급이 있다. 도덕에 뜻을 둔 자는 공명功名이 그 마음을 얽매지 못하고, 공명에 뜻을 둔 자는 부귀가 그 마음을 얽매지 못하고, 부귀에만 뜻을 둘 뿐인 자는 못하는 짓이 없다.'고 했으니, 부귀에 뜻을 둔다는 것이 곧 공자의 이른바 비부鄙夫이다."

고금주 —— ■ 何曰: "患得之者, 患不能得之." ○補曰 得失, 謂祿位. ○鄭曰: "無所不至者, 言其邪媚, 無所不爲."

하안이 말했다. "환득지患得之란 얻을 수 없는 것을 근심함이다." ○보완하여 말한다. 얻고 잃는 것은 녹봉과 직위이다. ○정현이 말했다. "무소부지無所不至란 간사하게 아첨하기를 하지 않음이 없음을 말한다."

■ 引證 『家語』, 子路問於孔子曰: "君子亦有憂乎?" 子曰: "無也. 君子之修行也, 其未得之, 則樂其意, 旣得之, 又樂其治, 是以有終身之樂, 無一日之憂. 小人則不然, 其未得也, 患弗得之, 旣得之, 又恐失之, 是以有終身之憂, 無一日之樂也."〔在厄〕篇] ○案 王符『潛夫論』, 亦作'患不得之'.〔愛日〕篇] 然患得之者, 患在欲得也, 詞理更活, 若加不字, 語鈍而文傾矣.

인증한다. 『공자가어』에서 자로가 공자에게 물었다. "군자 또한 근심이 있습니까?" 공자께서 말씀하셨다. "없느니라. 군자가 수행하다가 그 작록을 얻지 못했으면 그 뜻을 즐기고, 이미 작록을 얻었으면 또한 그 정치를 즐기니, 이런 까닭으로 종신의 즐거움은 있지만, 하루의 근심도 없다. 소인은 그렇지 않아, 작록을 얻지 못했으면 작록을 얻지 못한 것을 근심하고, 이미 작록을 얻었으면 또한 잃을까 근심하니, 이런 까닭으로 종신의 근심은 있으되 하루의 즐거움도 없다(「在厄」편)." ○살핀다. 왕부王符의 『잠부론潛夫論』 또한 '환부득지患不得之'로 되어 있다(「愛日」편). 그러나 얻기를 근심한다患得之는 것은 근심이 얻고자 하는 데에 있는 것이니, 문장의 사리詞理가 더욱 살아 있다. 만약 '불不' 자를 더한다면, 말이 둔하고 글이 기울어질 것이다.

비평 —— 고주에서 '환득지患得之'를 '환부득지患不得之(얻지 못할까 근심하고)'로 보완하여 해석한 것을 주자는 단지 인용만 했고, 다산은 이에 대해 불不 자를 부가하면 말이 둔하고 글이 기울어진다고 비판했다. 그런데 '얻지 못할까 근심하는 것'과 '어떻게 얻을까 근심하는 것'은 의미상 크게 차이가 난다고 할 수는 없을 듯하다.

<hr/>

17:16. 子曰: "古者民有三疾, 今也或是之亡也. 古之狂也肆, 今之狂也蕩. 古之矜也廉, 今之矜也忿戾. 古之愚也直, 今之愚也詐而已矣."

고주 —— 공자께서 말씀하셨다. "옛적에는 백성들에게 세 가지 병폐가 있었는데, 지금은 혹 이마저도 없는 듯하다. 옛적의 광자狂者는 (마음을 다해 과감히 말해) 얽매이지 않았지만, 지금의 광자는 (의거하는 바가 없이 예법 밖에서 방종하여) 방탕하다. 옛적의 긍자矜者는 행동에 방정하여 모가 났지만(바르고 절조가 굳었다), 지금의 긍자는 분노하고 (사리를 거슬러) 어그러졌다. 옛적의 우자愚者는 (邪曲함이 없어) 정직했지만, 지금의 우자는 (자기를 이롭게 하기 위해) 속일 따름이다."

주자 —— 공자께서 말씀하셨다. "옛적에는 백성들에게 세 가지 병폐(기품이 화평함을 잃음)가 있었는데, 지금은 혹 (더욱 야박해져) 이마저도 없는 듯하다.

<hr/>

자원풀이 ■疾질은 疒(병들어 기댈 녁)+矢(화살 시)로 구성되어, 화살(矢)을 맞아 생긴 상처(질병 일반)로서 흠, 상처, 근심 등의 뜻이 있다.
■肆사는 镸(길 장)+隶(미칠 이: 又+尾: 손으로 짐승의 꼬리를 잡은 모양)의 회의자로 잡은 짐승(隶)을 길게 늘어놓고 과시하다, 방종하다의 뜻이다.
■廉렴은 广(마룻대 엄)+兼(겸할 겸)의 형성자로 집의 마룻대(广)가 한 곳으로 모이는(兼) 곳으로 모서리를 뜻하다가, 모서리는 각진 곳이기에 품행이 올곧음을 상징하여 청렴淸廉이란 말이 나왔다.
■矜긍은 矛(창 모)+今(이제 금)의 형성자로 창으로 상대를 찔러 죽여 전공을 올렸다는 의미에서 긍지矜持와 자긍심自矜心, 또한 상대에 대한 연민을 뜻하다.
■忿분은 心(마음 심)+分(나눌 분)으로 마음이 찢어진 상태, 안정이 찢겨진 상태를 말한다.

옛적의 (뜻하고 바라는 것이 너무 큰) 광자狂者는 (작은 절도에) 얽매이지 않았지만, 지금의 광자는 (넘지 말아야 할 문지방 즉 예의를 넘어) 방탕하다. 옛적의 긍자矜者는 (지키는 것이 지나치게 엄격하여) 행동에 방정하여 모가 났지만, 지금의 긍자는 분노하고 어그러졌다(다툼에 이른다). 옛적의 (어두워서 밝지 못한) 우자愚者는 (생각 없이 행동하여 맘대로 이루어) 곧았지만, 지금의 우자는 (사사로움을 끼고 망령되이 행동하여) 속일 따름이다."

다산 —— 공자께서 말씀하셨다. "옛적에는 백성들에게 세 가지 병폐(狂·矜·愚)가 있었는데, 지금은 혹 (더욱 쇠퇴해져 그 형상이 모두 변하여) 이마저도 (있어도) 없는 듯하다. 옛적의 광자狂者는 (내면에 지키는 바가 있으면서 겉은 방자하여) 얽매이지 않았지만, 지금의 광자는 (내면에는 주장이 없어 밖으로 행동이 붕괴되어) 방탕하다. 옛적의 긍자矜者(=猖:하지 않음이 있는 이)는 행동에 방정하여 모가 났지만, 지금의 긍자는 (언행이 어그러져 도리에 위배되어) 분노하고 어그러졌다. 옛적의 (어두워서 밝지 못한) 우자愚者는 (깨끗하고 꾸밈이 없으면서 꾀가 없이) 곧았지만, 지금의 우자는 (무지하면서도 성실하지 못하여) 속일 따름이다."

집주 —— ■氣失其平則爲疾이라 故로 氣稟之偏者를 亦謂之疾이라 昔所謂疾이 今亦亡之하니 傷俗之益偸也시니라
기氣가 그 화평함을 잃으면 병이 된다. 그러므로 기품氣稟이 치우친 것 또한 병이라 한다. 옛적에 병이라 하던 것이 지금은 또한 그것마저도 없으니, 풍속이 더욱 야박해진 것을 아파해 하신 것이다.

■려戾는 戶(지게 호)+犬(개 견)의 회의자로 개(犬)가 몸을 굽혀 문(戶) 아래로 나오는 모양으로 몸을 굽힌(曲) 모습을 말하여 어그러지다, 죄행, 범행 등을 뜻한다.
■사詐는 言(말씀 언)+乍(잠깐 사=作:만들어내다)로 말을 만들어내어(乍=作) 속이다의 뜻이다.

■狂者는 志願太高라 肆는 謂不拘小節이요 蕩은 則踰大閑矣라 矜者는 持守太嚴이라 廉은 謂稜角陗厲요 忿戾는 則至於爭矣라 愚者는 暗昧不明이라 直은 謂徑行自遂요 詐는 則挾私妄作矣라

광狂이란 뜻하고 바라는 것이 너무 큰 것이다. 사肆는 작은 절도에 구애되지 않음을 말한다. 탕蕩은 넘지 말아야 할 문지방(禮義)을 넘는 것이다. 긍矜이란 지키는 것이 지나치게 엄격한 것이다. 염廉은 뾰쪽한 모서리가 있어 험하고 날카로운 것을 말한다. 분려忿戾는 다툼에 이르는 것이다. 우愚는 어두워 밝지 못한 것이다. 직直은 곧바로 자신의 뜻을 행하는 것이다. 사詐는 사사로움으로 망령되이 행하는 것이다.

■范氏曰 末世滋僞하니 豈惟賢者不如古哉리오 民性之蔽도 亦與古人異矣니라

범조우가 말했다. "말세에는 거짓이 불어나니, 어찌 오직 현자만이 옛적만 못할 뿐이겠는가? 백성들의 성품의 폐단 또한 옛적 사람과 달라진 것이다."

고금주 —— ■補曰 三疾, 謂狂・矜・愚. 或是之亦亡, 慨世之益衰. 三疾其形證, 皆變有而如亡. 矜, 當作獧. 肆者, 中有守而外恣也. 蕩者, 中無主而外壞也. 廉者, 陵角陗厲, 循於正也. 忿戾者, 言行乖悖, 違於理也. 直者, 坦率而無謀也. 詐者, 侄侗而不愿也.

보완하여 말한다. 삼질三疾이란 광狂・긍矜・우愚이다. '혹 이마저도 없는 듯하다'는 세상이 더욱 쇠퇴했음을 개탄한 것이다. 삼질三疾은 그 나타난 증상이 모두 변하여 있어도 없는 것과 같다. 긍矜은 마땅히 견獧(獧이 잘못되어 獂되었고, 또 矜이 되었다)으로 되어야 한다. 사肆는 내면에는 지킴이 있는데 밖으로 방자한 것이고, 탕蕩이란 내면에 주장이 없어 밖으로 행동이 붕괴되는 것이다. 염廉이란 모서리가 뾰쪽한 것이니 행동이 바른 것을 따르는 것이고, 분려忿戾란 언행이 어그러져 도리에 위배되는 것이다. 직直이란 깨끗하고 꾸밈이

없으면서 꾀가 없는 것이고, 사詐란 무지하면서도 성실하지 못한 것이다.

■ 包曰: "肆, 極意敢言."[邢云: "多抵觸人."] ○ 孔曰: "蕩, 無所據."[邢云: "太放浪."] ○ 馬曰: "有廉隅."[邢云: "自檢束."] ○ 孔曰: "惡理多怒."[侃云: "今人旣惡, 則理自多怒物也."] ○ 案 肆與蕩, 宜有分別.

포함이 말했다. "사肆는 뜻을 다해 과감히 말함이다."(형병이 말했다. "남을 침범함이 많음이다.") ○ 공안국이 말했다. "탕蕩은 의거하는 바가 없음이다."(형병이 말했다. "너무 太放浪하는 것이다.") ○ 마융이 말했다. "행실이 바르고 절조가 있음이다."(형병이 말했다. "자신을 검속함이다.") ○ 공안국이 말했다. "도리에 어긋나고 분노가 많다."(황간이 말했다. "지금 사람이 이미 미워하면 이치상 자연히 다른 사람에 대해 분노함이 많다.") ○ 살핀다. 사肆와 탕蕩은 마땅히 분별이 있어야 한다.

■ 案 古之狂者, 亦未必不踰大閑, 當論其心術有公私之別.

살핀다. 옛날의 광자狂者도 반드시 큰 법도를 벗어나지 않았던 것은 아니지만, 마땅히 그 심술에 공사公私의 구별이 있음을 논해야 할 것이다.

비평 —— 다산은 견獧이 잘못되어 환䌤되었고, 또한 긍矜이 되었다고 주장했다. 중용과 결부하여 광자狂者는 항상 견자獧者(獧者)와 함께 대비되기 때문에 이런 주장을 한 듯하다.

17:17. 子曰: "巧言令色, 鮮矣仁."

고주 —— 공자께서 말씀하셨다. "말을 듣기 좋게 하고 얼굴빛을 보기 좋게 꾸미는 사람은 (남이 자신에게 열복하게 하려는 것으로) 인仁을 지님이 적다(인자는 반드시 말을 곧게 하고, 색을 바르게 한다)."

주자 —— 공자께서 말씀하셨다. "말을 듣기 좋게 하고 얼굴빛을 좋게 꾸미는 사람은 (인욕이 방자해지고 본심의 덕이 없어져서) 인仁한 이가 드물다(절대 없다)."

다산 —— 공자께서 말씀하셨다. "말을 듣기 좋게 하고 얼굴빛을 보기 좋게 꾸미는 사람은 (남이 자신에게 열복하게 하려는 것으로) 인仁을 지님이 적다."(황간본에는 '鮮矣有仁'으로 되어 있다.)

집주 —— ■重出이라
거듭 나왔다(1:3).

고금주 —— ■王曰: "巧言無實, 令色無質." ○邢曰: "此章與〈學而〉篇同, 弟子各記所聞, 故重出之."
왕숙이 말했다. "교언巧言은 진실성이 없고, 영색令色은 실질이 없는 것이다." ○형병이 말했다. "이 장은 「학이」(1:3)편과 같다. 제자들이 각각 들은 바를 기록했기 때문에 거듭 나왔다."

17:18. 子曰: "惡紫之奪朱也, 惡鄭聲之亂雅樂也, 惡利口之覆邦家者."

고주 —— 공자께서 말씀하셨다. "(부정한 간색의 아름다운 것인) 자색이 (정색인) 주색을 빼앗은 것을 미워하며, (음탕하여 성조가 애절한) 정성이 (정악인) 아악을 어지럽히는 것을 미워하며, 구변이 좋은 사람이 (말은 많으나 성실성은 부족하니, 진실로 군주에게 아첨하여 환심을 산다면) 국가를 전복시킬 수 있기에 미워한다."

주자 —— 공자께서 말씀하셨다. "(간색인) 자색이 (정색인) 주색을 빼앗은 것을 미워하며, 정성이 아악(=正樂)을 어지럽히는 것을 미워하며, 민첩하게 대꾸하는 사람이 방가를 기울고 망하게 하는 것을 미워한다."

다산 —— 공자께서 말씀하셨다. "(간색으로 요염한) 자색이 (정색으로 담백한) 주색을 빼앗은 것을 미워하며, (속악으로 간사하고 음란함이 넘쳐 애절하고 절실한) 정성이 (바르고 성글고 느슨한) 아악을 어지럽히는 것을 미워하며, 구변이 좋은 사람이 (시비를 뒤바꾸고 어진 이와 사악한 이를 뒤바꾸어) (천자 제후의) 방과 (경대부의) 가를 전복시킬 수 있기에 미워한다."

집주 —— ■朱는 正色이요 紫는 間色이라 雅는 正也라 利口는 捷給이라 覆은 傾敗也라

주朱(붉은색)는 정색이고, 자紫(자주색)는 중간색(間色)이다. 아雅는 올바름이고, 이구利口는 민첩하게 대꾸함이고, 복覆은 기울어 망함이다.

■范氏日 天下之理가 正而勝者常少하고 不正而勝者常多하니 聖人所以惡之也라 利口之人은 以是爲非하고 以非爲是하며 以賢爲不肖하고 以不肖爲賢

자원풀이 ■자紫는 糸(가는 실 사)+此(이 차)의 형성자로 자줏빛 비단을 뜻하며, '자줏빛'을 뜻한다.
■탈奪은 衣(옷 의→大)+隹(새 추)+寸(마디 촌)의 회의자로 손(寸)으로 잡은 새(隹)를 옷(衣)으로 덮어 놓았으나 날아가 버린 모습이다. 벗어나다, 잃어버리다, 빼앗다 등의 뜻이다.
■주朱는 『설문해자』에 의하면 소나무의 일종으로 속이 붉은 나무(적심목赤心木)를 나타내는 지사문자에서 '붉다'는 뜻이 나왔다.
■아雅는 隹(새 추)+牙(어금니 아)로 까마귀(鴉)를 나타내었다. 까마귀는 태양을 지키는 신성하고 효성스런 새(孝鳥)로 여겨졌기에 '고상하다', '우아하다', '고아하다' 등의 뜻이다.
■복覆은 襾(덮을 아)+復(돌아올 복)의 형성자로 어떤 물체를 뒤덮다(襾), 가리다, 뒤집다, 뒤엎다 등의 뜻이다.

하니 人君이 苟悅而信之면 則國家之覆也 不難矣니라

범조우가 말했다. "천하의 이치는 올바르면서 승리하는 경우는 항상 적고, 올바르지 않으면서 승리하는 경우가 항상 많으니, 성인께서 미워하셨다. 말재주를 부리는 사람은 옳은 것을 그르다 하고 그른 것을 옳다 하고, 현자를 불초자라 하고, 불초자를 현자라 한다. 군주가 진정으로 그런 자를 기뻐하여 신임한다면, 나라가 엎어지는 것도 어렵지 않다."

고금주 —— ■補曰 朱正色而淡, 紫間色而豔, 故人取紫, 是朱爲紫所奪也. 鄭聲, 鄭國之俗樂, 侏儒獶雜, 進俯退俯, 姦濫之聲. [見〈樂記〉] 雅樂正而疏緩, 鄭聲淫而哀促, 故人取鄭聲, 是雅爲鄭所亂也. 利口, 變是非幻賢邪, 如紫之奪朱, 鄭之亂雅, 以覆邦家. 天子諸侯曰邦, 卿大夫曰家.

보완하여 말한다. 주朱은 정색正色으로 담백하고, 자紫는 간색間色으로 요염하기 때문에 사람들은 자색을 취하니, 이것이 주색이 자색에게 빼앗기는 것이다. 정성鄭聲은 정나라의 속악이니, 난쟁이들이 원숭이처럼 남녀가 뒤섞여, 나아갈 때도 몸을 구부리고 물러갈 때도 몸을 구부려 춤추면서 연주하는 간사하고 음란함이 넘치는 소리이다(『예기』「악기」). 아악雅樂은 바르면서 성글고 느슨하며, 정성은 음란하면서 애절하고 절실하기 때문에 사람들이 정성을 취하면 이는 아악이 정성에 의해 어지럽혀지는 것이다. 구변이 좋은 것(利口)은 마치 자줏빛이 붉은빛을 빼앗고, 정성이 아악을 어지럽히는 것처럼 시비를 뒤바꾸고 어진 이와 사악한 이를 뒤바꾸어 방가를 전복케 한다. 천자·제후는 방邦이라 하고, 경·대부는 가家라 한다.

■孔曰: "朱, 正色. 紫, 間色之好者. 惡其邪好而奪正色." ○包曰: "鄭聲, 淫聲之哀者." ○孔曰: "利口之人, 多言少實, 苟能悅媚時君, 傾覆國家." [牛春宇云: "此不是似是而非之意, 乃邪能勝正之慮也."]

공안국이 말했다. "주朱는 정색正色이다. 자紫는 간색의 아름다운 것이다. 부

정(邪=不正)한 간색을 좋아하여 정색正色을 빼앗은 것을 미워한 것이다." ○포
함이 말했다. "정성鄭聲은 음란한 성조가 애절한 것이다." ○공안국이 말했다.
"구변이 좋은 사람은 말은 많으나 성실성이 부족하니, 진실로 당시 군주에게
아첨하여 환심을 살 수 있으면, 나라를 전복시킬 수 있다."(우춘우가 말했다. "이
는 옳은 듯하지만 그르다는 뜻이 아니라, 邪가 正을 이길 수 있다는 것을 염려한 것이다.")

■ 林次厓云: "朱色淡而紫色豔, 紫與朱並陳, 決然壓倒朱. 雅聲正而鄭聲淫,
雅·鄭竝奏, 決然壓倒雅. 利口之人, 變亂是非, 正與奪朱亂雅對, 覆邦家, 推
出一步說." ○案 說得精.

임차애林次厓가 말했다. "주색朱色은 담담하지만 자색은 농염하니, 자색이 주
색과 함께 진설되면 결단코 주색을 압도한다. 아성雅聲은 바르지만 정성은
음란하니, 아성과 정성이 함께 연주되면 결단코 (정성이) 아성을 압도한다. 말
재주를 부리는 사람이 시비是非를 변란變亂하는 것은 바로 주색을 탈취하고
아성을 어지럽히는 것과 대비된다. 나라와 가문을 전복시킨다는 것은 한 걸
음 미루어 나아가 설명한 것이다." ○살핀다. 설명이 정밀함을 얻었다.

비평 —— 다산은 정성鄭聲을 정나라의 속악으로 보았다. 그 이외에 특별한
쟁점은 없다.

17:19. 子曰: "予欲無言." 子貢曰: "子如不言, 則小子何述焉?" 子
曰: "天何言哉? 四時行焉, 百物生焉, 天何言哉?"

고주 —— 공자께서 말씀하셨다. "나는 (말하는 것의 이익 됨이 적기에) 아무런 말

도 하지 않고자 한다." 자공이 말했다. "선생님께서 말씀하시지 않으시면, 저희들이 무엇으로 전술하겠습니까?" (공자께서) 말씀하셨다. "하늘이 무슨 말을 하던가? 사계절이 (번갈아) 운행하고 만물이 (계절에 따라) 생장하는데, 하늘이 무슨 말(과 교령)을 하던가?(사람도 말이 없고, 단지 실천만 있는 것이 좋지 않겠는가?)"

주자 —— 공자께서 말씀하셨다. "나는 (학자들이 대부분 언어로 나를 관찰하고, 天理가 유행하는 실상을 살피지 못하니) 아무런 말도 하지 않고자 한다." (언어로 성인을 살핀) 자공이 말했다. "선생님께서 말씀하시지 않으시면, 저희들이 무엇으로 전술하겠습니까?" (공자께서) 말씀하셨다. "하늘이 무슨 말을 하던가? 사계절이 운행하고 만물이 생장하는데, (이 모든 것이 天理가 발현하고 유행하는 실상인데) 하늘이 무슨 말을 하던가?(나의 모든 행동거지가 오묘한 도와 정밀한 의리의 발현으로 또한 하늘일 따름이니, 말을 기다려야 비로소 드러나는 것이겠는가?)"

다산 —— 공자께서 말씀하셨다. "나는 아무런 말도 하지 않고자 한다.(行事로써 보여주고자 한다)" 자공이 말했다. "선생님께서 말씀하시지 않으시면, 저희들이 무엇을 따르고 전술하겠습니까?" (공자께서) 말씀하셨다. "하늘이 무슨 말을 하던가? 사계절이 (번갈아) 운행하고 만물이 (철에 따라) 생장하는데, 하늘이 무슨 말(과 교령)을 하던가?(사람도 말이 없고, 단지 행사만 있는 것이 좋지 않겠는가?)"

자원풀이 ■천天은 팔 벌리고 있는 사람(人→大)의 머리를 크게 그렸는데, 머리가 가로획(一)으로 변해 현재 자형이 되어, 머리끝에 맞닿는 것이 하늘임을 나타낸다. 이로부터 위에 있는 것, 꼭대기, 최고 등의 뜻이 나왔다. 이후 하늘, 자연적인 것, 기후, 하느님 등의 뜻도 파생되었다.
■술述은 辶(쉬엄쉬엄 갈 착)+朮(차조 출)의 형성자로 길을 가면서(辶) 곡물(朮)을 내다팔고 떠벌리며 선전함을 말했고, 이후 기술記述하다, 서술敍述하다의 뜻이 나왔다.

집주 —— ■學者多以言語觀聖人하고 而不察其天理流行之實이 有不待言而
著者라 是以로 徒得其言하고 而不得其所以言이라 故로 夫子發此以警之하
시니라

배우는 자들이 대부분 언어로 성인을 관찰하고, 천리天理가 유행하는 실상이
말씀을 기다리지 않고도 나타나고 있음을 살피지 못한다. 이런 까닭에 한갓
그 말씀만 듣고 말씀하신 까닭을 알지 못한다. 그러므로 이 말씀을 하시어
경계하셨다.

■子貢은 正以言語觀聖人者니 故疑而問之라

자공은 바로 언어로써 성인을 살핀 자인 까닭에 의문이 생겨 질문했다.

■四時行, 百物生이 莫非天理發見流行之實이니 不待言而可見이라 聖人一
動一靜이 莫非妙道精義之發이니 亦天而已라 豈待言而顯哉리오 此亦開示子
貢之切이니 惜乎라 其終不喩也여

사계절이 운행하고 만물이 생장하는 모든 것이 천리天理가 발현하고 유행하
는 실상이니, 말씀을 기다리지 않고도 볼 수 있다. 성인의 모든 행동거지가
오묘한 도와 정밀한 의리의 발현으로 또한 하늘일 따름이니, 말을 기다려 드
러나는 것이겠는가? 이 또한 자공에게 절실하게 열어 보여주신 것인데, 애석
하게도 그는 끝내 깨닫지 못했다.

■程子曰 孔子之道 譬如日星之明이로되 猶患門人未能盡曉라 故로 曰予欲
無言이라 하시니 若顏子則便黙識이요 其他는 則未免疑問이라 故로 曰 小子
何述이리잇고한대 又曰 天何言哉시리오 四時行焉하며 百物이 生焉이라 하
시니 則可謂至明白矣로다

정자가 말했다. "공자의 도는 비유하자면 해와 별처럼 밝았지만, 오히려 문
인들이 완전히 다 이해하지 못할까 염려하셨기 때문에, '나는 아무런 말도 하
지 않고자 한다.'고 했다. 만약 안자였다면 곧 묵묵히 알았겠지만, 다른 제자
들은 의심스러워 질문하는 것을 면할 수 없었을 것이다. 그런 까닭에 자공이

'저희들이 무엇으로 전술하겠습니까?'라고 말하자, 또한 말씀하시길, '하늘이 무슨 말을 하던가? 사계절이 운행하고 만물이 생장한다?'고 하셨으니, 지극히 분명하다고 하겠다."

■愚按 此與前篇無隱之意로 相發하니 學者詳之니라

어리석은 내가 살핀다. 이 장과 전편(7:24)의 '숨김없음(無隱)'의 뜻은 서로 밝혀 주니, 배우는 자들은 자세히 살펴야 한다.

고금주 ──── ■補曰 欲以行事示之. 述, 循而傳也. [受之於人, 傳於人] 天有行而無言."[邢云: "四時之令遞行焉, 百物皆依時而生焉, 天何嘗有言語教命哉?以諭人若無言, 但有其行, 不亦可乎."]

보완하여 말한다. 행사行事로써 드러내시고자 했다. 술術은 (전수받은 것을) 따르고 전함이다(남에게 받아서 남에게 전하는 것이다). 하늘은 운행하되 말이 없다.(형병이 말했다. "四時의 절기가 번갈아 갈마들고 온갖 것들이 모두 사시에 의존하여 생장하는데, 하늘이 일찍이 어떤 언어나 교명이 있었던가? 사람의 경우도 말이 없고, 단지 그 실천만 있는 것이 또한 좋지 않겠는가.'라고 비유했다.")

■質疑 言語之於化民, 末也. 教之誨之, 勞脣敝舌, 而民猶有不從者. 默然躬行, 見諸行事, 而民猶有觀感者. 但以天道驗之, 日月星辰之運而四時不錯, 風雷雨露之施而百物以蕃, 亦默自主宰而已. 若但以理之發見而言之, 則理本無知, 雖欲言語得乎? 且子貢之以言語觀聖人, 未有明驗, 子貢之終不喻未有實證, 而咄咄嗟惜, 有若下愚之迷不知變者然, 斯亦過矣.

질의한다. 언어는 백성을 교화하는 데에 말단에 해당한다. 가르치고 깨우침에 입술이 수고롭고 혀가 닳도록 말해도 오히려 따르지 않는 백성이 있다. 묵묵히 몸소 행하고 행사에서 보여주기만 해도, 오히려 감동하는 백성이 있다. 단지 천도天道로써 증험하면, 일월성신이 운행하여 사계절이 어긋나지 않고, 풍뢰風雷와 우로雨露가 베풀어져 온갖 만물이 번성해 가는 것 또한 묵묵히 스스로 주재할 따름이다. 단지 이치(理)의 발현으로 말한다면, 이치는 본래 지각이 없으니, 비록 말하고자 하여도 말할 수 있겠는가? 또한 자공은 언어로써 성인을 보았다는 명확한 증험도 없고, 자공이 끝내 깨닫지 못했다는 실증도 없다. 그런데도 혀를 차고 탄식하며, 마치 하우下愚로서 미혹되어 변할 줄 모르는 자인 것처럼 간주했으니, 이 또한 지나치다.

비평 —— '천天은 하나의 이치일 따름이다(天卽理也).'라고 주장한 주자의 성리학적 체계에 대한 다산의 질의가 나타나 있다. 리理는 지각이 없기 때문에 주재자가 되기에는 부족하다는 것이 다산의 주장이다. 이 문제는 중요한 주제이기 때문에 3권의 「천」에 관한 장에서 논의한다.

자공子貢의 자질과 역할에 대한 인식의 차이가 있다. 주자는 도통의 전수라는 입장에서 해석했다면, 다산은 행사行事의 관점에서 주자의 해석에 반론을 제기했다. 주자의 자신의 해석의 근거를 다음과 같이 제시했다.

공자의 이 말씀을 듣고도 자공은 깨닫지 못했기 때문에 의문이 생겼던 것이다. 나중에 자공 스스로가 '선생님의 문장文章은 이해할 수 있었지만, 성性과 천도天道를 말씀하신 것은 이해할 수 없었다(9:12).'라고 말했는데, 바로 이 장의 뜻과 부합하는 곳이다. (『논어집주대전』)

❧

17:20. 孺悲欲見孔子, 孔子辭以疾. 將命者出戶, 取瑟而歌, 使之聞之.

고주 —— 유비孺悲가 공자를 알현하고자 했는데, 공자께서는 병을 핑계로 사절하셨다. 장명자(將=奉:주인의 명을 받들어 출입하여 전하는 사람)가 지게문을 나서자, 거문고를 타면서 노래를 불러 장명자로 하여금 듣게 하셨다.

주자 —— (일찍이 공자께 사상례를 배웠던) 유비孺悲가 공자를 알현하고자 했는데 공자께서는 병을 핑계로 사절하셨다. 장명자가 지게문을 나서자, 거문고를 타면서 노래를 불러 그로 하여금 듣게 하셨다(병이 아님을 알게 하심으로써 경계하고 가르치셨다).

다산 —— (뒤에 공자로부터 사상례를 배우게 되는) 유비孺悲가 공자를 알현하고자 했는데, 공자께서는 병을 핑계로 사절하셨다. 장명자(將=奉:주인의 명을 받들어 출입하여 전하는 사람)가 지게문을 나서자, 거문고를 타면서 노래를 불러, 유비로 하여금 듣게 하셨다.

집주 —— ■孺悲는 魯人이니 嘗學士喪禮於孔子러니 當是時하여 必有以得罪者라 故로 辭以疾하시고 而又使知其非疾하여 以警教之也시니라
유비孺悲는 노나라 사람으로 일찍이 공자께 사상례士喪禮를 배웠는데, 당시에 필시 죄를 지은 것이 있었을 것이다. 그런 까닭에 병을 핑계로 사절하시고, 또한 병이 아님을 알게 하심으로써 경계하고 가르치셨다.
■程子曰 此는 孟子所謂不屑之教誨니 所以深教之也니라
정자가 말했다. "이는 맹자가 말한 '탐탁하게 여기지 않아 거절함으로써 깨

자원풀이 ■장將은 肉(고기 육)+寸(마디 촌)+爿(나뭇조각 장)의 형성자로 제사에 쓸 솥에 삶아낸 고기(肉)를 손(寸)으로 잡고 탁자(爿) 앞으로 올리는 모습으로 '바치다'는 뜻이 나왔다. 바치려면 갖고 나아가야 하기 때문에 장수將帥처럼 이끌다라는 뜻이, 다시 장차將次와 같이 미래 시제를 나타낸다. 장명將命이란 명령을 받들어 행함, 양쪽 사이에서 말을 전함, 장수의 명령 등의 뜻이다.
■슬瑟은 큰 거문고를 그린 상형자로 금琴과 생笙과 합주한다.

달게 하는 가르침(不屑之敎誨)'이니, 깊이 가르치는 방법이 된다."

고금주 ── ■邢曰: "將, 猶奉也. 奉命者, 主人傳辭出入人也. 古者有疾徹琴瑟.〔士喪禮〕取瑟而歌, 明無疾. 使孺悲聞之." [邢云: "言孔子疾惡."]

형병이 말했다. "장將은 봉奉과 같다. 봉명자奉命者는 주인의 말을 전하기 위해 출입하는 사람이다. 옛날에는 병환이 있으면 금슬琴瑟을 철徹해 둔다(『의례』「사상례」). 비파를 타면서 노래를 부른다는 것은 병이 없음을 밝힌 것이다. 유비孺悲가 듣도록 한 것이다."(형병이 말했다. "공자께서 미워하신 것을 말했다.")

■何曰: "孔子不欲見, 故辭之以疾. 爲其將命者不知己, 故歌, 令將命者悟, 所以令孺悲思之." [張南軒云: "使將命者聞之."] ○案 將命者, 孔氏人也. 將命者旣入戶覿面, 則無疾而曰有疾, 悟已久矣, 奚待歌瑟而始悟哉? 先儒疑賓在大門之外, 不能聞琴聲, 故謂使將命者聞之也. 然二庭步仞有數, 其間不遠, 是使孺悲聞之也.

하안이 말했다. "공자께서 만나고 싶지 않았기 때문에, 병을 핑계로 사절하셨다. 장명자가 당신의 뜻을 알지 못했기 때문에, 노래하여 장명자가 깨닫게 하셨으니, 유비로 하여금 (자신의 잘못을) 생각하게 하신 것이다."(장남헌이 말했다. "장명자로 하여금 듣게 하셨다.") ○살핀다. 장명자는 공자의 사람이다. 장명자가 지게문 안으로 들어와 뵈었을 때, 병이 없는데 병이 있다고 하니, 공자의 뜻을 깨달은 지 오래되었다. 어찌 슬을 타고 노래하기를 기다리고 나서야 비로소 깨달았겠는가? 선유들은 손님이 대문 밖에 있으면 거문고 소리를 들을 수 없다고 의심했기 때문에, 장명자로 하여금 이를 듣게 했다고 말했다. 그러나 안뜰과 바깥뜰 두 뜰의 거리는 발걸음으로 얼마 되지 않고 그 사이가 멀지 않으니, 이는 유비로 하여금 듣게 하신 것이다.

■引證〈雜記〉云: "恤由之喪, 魯哀公使孺悲之孔子, 學士喪禮. 士喪禮於是乎書." ○案 取瑟而歌, 當在學禮之前.

인증한다. "『예기』「잡기」에서 말했다. 휼유恤由의 상喪에 노나라 애공은 유비를 공자께 보내 사상례士喪禮를 배우게 했다. 이에 사상례가 기록되었다."
○살핀다. 슬을 타며 노래했던 것은 당연히 예를 배우기 이전에 있었다.

비평 —— 공자께서 슬을 타며 노래하여 (1) 장명자가 듣게 했다(고주 및 장남
헌)와 (2) 유비가 듣도록 했다(다산)는 해석이 있다. 다산의 설명을 보면 나름
으로 타당한 이유가 있다고 생각된다. 그렇지만 문맥상 정확히 알 수는 없
다. 이 일이 있었던 시기에 대해 주자는 유비가 공자께 사상례를 배운 이후
라고 했고, 다산은 그 이전이라고 했다. 이 또한 정확히 알 수는 없다고 생각
된다. 이 구절의 대의는 다음과 같은 주석이 적절히 설명하고 있다.

  경원 보씨가 말했다. "성인의 문하에서는 오는 자는 거절하지 않으니, 까닭이
있는 경우가 아니라면 물리치는 경우가 없었다. 그러나 그 죄를 얻은 까닭이 무엇
인지를 알 수 없다. 병을 핑계로 사절하신 것은 의義에 있어서 마땅히 만나지 말아
야 하기 때문이었고, 슬을 타고 노래하여 듣게 하신 것은 인仁에 있어 끊을 수 없
기 때문이었다. 공자께서는 여기서 인과 의를 함께 행하시었으나, 서로 모순되지
않았다. 그러나 사람을 사랑하는 마음은 끝내 그치지 않으셨다."(『논어집주대전』)

17:21. 宰我問: "三年之喪, 期已久矣. 君子三年不爲禮, 禮必壞, 三
年不爲樂, 樂必崩. 舊穀旣沒, 新穀旣升, 鑽燧改火, 期可已矣." 子
曰: "食夫稻, 衣夫錦, 於女安乎?" 曰: "安." "女安, 則爲之. 夫君子
之居喪, 食旨不甘, 聞樂不樂, 居處不安, 故不爲也. 今女安, 則爲
之!" 宰我出. 子曰: "予之不仁也! 子生三年然後, 免於父母之懷.
夫三年之喪, 天下之通喪也. 予也有三年之愛於其父母乎?"

고주 —— 재아가 물었다. "(부모의 상에) 3년의 상복을 입는 것은 기간이 너무 오래입니다. 군자가 (상중에는 예악을 강습하지 않으니) 3년이나 예를 강습하지 아니하면 예가 반드시 무너지고, 3년이나 악을 강습하지 않으면 악은 반드시 붕괴될 것입니다. (사람의 변천은 천도를 따라야 하는데, 1년 사이에) 묵은 곡식은 이미 다하고, 새 곡식이 이미 이루어지고(升=成), 또 나무를 뚫어 불씨를 (계절마다) 바꾸니(봄에는 느릅나무와 버드나무, 여름에는 대추나무와 살구나무, 여름에는 뽕나무와 산뽕나무, 가을에는 떡갈나무와 참나무, 겨울에는 느티나무와 박달나무), (服喪도) 1년으로 그치는 것이 좋지 않습니까?" 공자께서 말씀하셨다. "쌀밥을 먹고 비단을 입는 것이 네 마음에 편안하겠느냐?" (재아가) 말했다. "편안합니다." (공자께서 말씀하셨다.) "네 마음이 편안하거든, 그렇게 해라. 대저 군자가 상중에 있으면 아름다운(旨=美) 음식을 먹어도 달지 않고, 음악을 들어도 즐겁지 않고, 거처가 편안치 않기 때문에, 하지 않는 것이다. (재아가 어버이에 대한 인애와 은정이 없음을 꾸짖어) 지금 네 마음이 편안하거든 그렇게 해라." (재아가 어리석은 소견을 고집할 때, 면전에서 질책하지 않으시고) 재아가 나가자, 공자께서 말씀하셨다. "여는 참으로 (부모에 대해) 인애하지 못함이여! 자식은 태어나 3년이 되어야, 비로소 부모의 품에서 벗어난다. 대저 3년의 상은 천하(천자에서 서인에 이르기기 까지 모두)의 공통된 상례이다. 재아는 그 부모에게서 3년의 사랑이 있었을 터인데!"

자원풀이 ■기期는 月(달 월)+其(그 기)의 형성자. 달(月)의 순환처럼 일정한 주기. 여기서는 1주년을 말한다.
■괴壞는 土(흙 토)+襄(품을 회)의 형성자로 흙이 무너지는 것을 나타낸다. 붕괴, 파괴, 실패 등의 뜻이다.
■곡穀은 禾(벼 화)+殼(껍질 각)의 형성자로 벼로 대표되는 곡식穀食을 나타낸다.
■기旣는 旡(목멜 기)+'급고소할 급:식食에서 뚜껑이 생략된 모습'의 회의자로 식기를 앞에 두고 고개를 뒤로 돌린 사람(旡)을 그려 식사가 '이미' 끝났음을 나타낸다.
■승升은 斗(말 두)와 비슷한 모습의 손잡이가 달린 작은 용기 속에 무엇을 담는 것을 형상한 지사문자로 10되(升)가 1말(斗)이다. 곡식을 떠올려 붙는다는 뜻에서 '올리다'는 뜻이다.
■찬鑽은 金(쇠 금)+贊(도울 찬)의 형성자로 구멍을 뚫는 쇠(金)로 만든 도구인 '끌'을 말한다. 뚫다, 연구하다, 자르다 등으로도 쓰인다.

주자 —— 재아가 물었다. "3년의 상은 1년이면 이미 (충분히) 오래입니다. 군자가 (상중에는 예악을 강습하지 않으니) 3년이나 예를 강습하지 아니하면 예가 반드시 무너지고, 3년이나 악을 강습하지 않으면 악은 반드시 붕괴될 것입니다. (1년이면) 묵은 곡식은 이미 다하고, 새 곡식이 이미 익고(升=登), 또 나무를 뚫어 불씨를 (계절마다) 바꾸니 (봄에는 느릅나무와 버드나무, 여름에는 대추나무와 살구나무, 여름에는 뽕나무와 산뽕나무, 가을에는 떡갈나무와 참나무, 겨울에는 느티나무와 박달나무), (1주년이면 하늘의 운행이 한 바퀴 돌아 계절의 사물이 모두 변하니, 服喪도) 1년으로 그치는 것(己=止)이 좋지 않습니까?" 공자께서 말씀하셨다. "(부모의 초상에) 쌀밥을 먹고 비단을 입는 (그런 이치는 없는데, 그렇게 하는) 것이 네 마음에 편안하겠느냐?" (재아가) 말했다. "편안합니다." (공자께서 말씀하셨다.) "네 마음이 편안하거든, 그렇게 해라. 대저 군자가 상중에 있으면 맛있는 (旨=甘) 음식을 먹어도 달지 않고, 음악을 들어도 즐겁지 않고, 거처가 편안치 않기 때문에, 하지 않는 것이다. (차마 하지 못하는 단서를 꺼내서 불찰을 경계시키고) 지금 네 마음이 편안하거든 그렇게 해라." (재아가 정말로 편안히 여겨도 된다고 생각하여 그대로 실행할까 염려되어) 재아가 나가자, 공자께서 말씀하셨다. "재여의 불인함이여! 자식은 태어나 3년이 되어야 비로소 부모의 품에서 벗어난다. 대저 3년의 상은 천하(천자에서 서인에 이르기기 까지 모두)의 공통된 상례이다. 재아는 그 부모에게서 3년의 사랑이 있었을 터인데!"

■수燧는 火(불 화)+遂(이룰 수)의 형성자로 불을 일으키는 부싯돌을 말했다. (1) 불을 얻는 기재器材, (2) 봉화烽火, (3) 태우다 등의 뜻이다. 찬수개화鑽燧改火란 계절이 바뀔 때마다 적합한 나무를 써서 불씨를 얻는 것을 말한다.
■도稻는 禾(벼 화)+舀(퍼낼 요)의 형성자로 절구에 찧어 껍질을 벗기고 퍼내는(舀) 벼(禾)를 그렸다.
■금錦은 帛(비단 백)+金(쇠 금)의 형성자로 금빛 청동(金)처럼 화려한 무늬의 비단(帛)을 말한다.
■지旨는 입(口)과 匕(숟가락 비)를 그린 회의자로 맛있는 음식을 떠먹는 모습으로 입을 그린 부분이 甘(달 감)으로 변했다가 다시 일日로 바뀌었다.
■감甘은 口(입 구)에 가로획(一)을 더해 무엇인가 맛있는 것을 입속에 머금은 모습으로부터 달다의 뜻을 그렸다.

다산 —— 재아가 물었다. "3년의 상은 1년 상이 된 지가 이미 오래입니다. 군자(왕공이하 지위가 있는 사람)가 3년이나 예를 강습하지 아니하면 예가 반드시 무너지고, 3년이나 악을 강습하지 않으면 악은 반드시 붕괴될 것입니다. (1년이면) 묵은 곡식은 이미 다하고, 새 곡식이 이미 익고(升=登), 또 나무를 뚫어 불씨를 (1년 한번 계춘에) 바꾸니, (1주년이면 하늘의 운행이 한 바퀴 돌아 계절의 사물이 모두 변하니, 服喪도) 1년으로 그치는 것(已=止)이 좋지 않습니까?" 공자께서 말씀하셨다. "(부모의 초상에) 쌀밥을 먹고 비단을 입는 것이 네 마음에 편안하겠느냐?" (재아가) 말했다. "(면전에서 곧바로 굽히기가 달갑지 않아) 편안합니다." (공자께서 말씀하셨다.) "(예란 성인께서 백성의 불안해하는 것을 근거로 하여 제정된 것으로, 강제로 시행하는 것이 아니니) 네 마음이 편안하거든 그렇게 해라. 대저 군자가 상중에 있으면 맛있는 음식을 먹어도 달지 않고, 음악을 들어도 즐겁지 않고, 거처가 편안치 않기 때문에, 하지 않는 것이다. 지금 네 마음이 편안하거든, 그렇게 해라." 재아가 나가자, 공자께서 말씀하셨다. "여는 참으로 인애하지 못함이여! 자식은 태어나 3년이 되어야, 비로소 부모의 품에서 벗어난다. 대저 3년의 상은 천하(천자에서 서인에 이르기기 까지 모두)의 공통된 상례이다. 재아는 그 부모에게서 3년의 사랑이 있었을 터인데!"

집주 —— ■期는 周年也라
기期는 1주년이다.

■恐居喪不習하야 而崩壞也라
(재아의 말은) 상을 치르는(居喪) 동안 예악을 익히지 않아 붕괴될 것을 우려한 것이다.

■沒은 盡也요 升은 登也라 燧는 取火之木也라 改火는 春取楡柳之火하고 夏取棗杏之火하고 夏季取桑柘之火하고 秋取柞楢之火하고 冬取槐檀之火하니 亦一年而周也라 已는 止也라 言期年則天運一周하고 時物皆變하니 喪至此

可止也라

몰沒은 다 없어지는 것, 승升은 (곡식이) 익는 것, 수燧는 불씨를 얻는 나무이다. 개화改火란 봄에는 느릅나무나 버드나무에서 불을 취하고, 여름에는 대추나무나 살구나무에서 불을 취하고, 늦여름에는 뽕나무나 산뽕나무에서 불을 취하고, 가을에는 떡갈나무나 졸참나무에서, 겨울에는 회나무나 박달나무에서 불을 취하는 것으로, 이 또한 1년이면 한 바퀴 돈다. 이已는 그침이다. 1주년이면 하늘의 운행이 한 바퀴 돌아 계절의 사물이 모두 변하니, 상례 또한 1년에 이르면 그쳐도 된다는 말이다.

■尹氏曰 短喪之說은 下愚且恥言之하나니 宰我親學聖人之門이로되 而以是 爲問者는 有所疑於心而不敢强焉爾니라

윤돈이 말했다. "상을 짧게 해야 한다(短喪)는 말은 어리석은 자라도 또한 말하기를 부끄러워하는데, 재아는 몸소 성인의 문하에서 배웠으면서도 이를 질문을 한 것은 마음에 의심스러운 것이 있으면 감히 억제하지 못했기 때문일 것이다."

■禮에 父母之喪에 旣殯에 食粥麤衰하고 旣葬에 疏食水飮하고 受以成布하며 期而小祥에 始食菜果하고 練冠緣緣하며 要絰不除라 하니 無食稻衣錦之理라 夫子欲宰我反求諸心하여 自得其所以不忍者라 故로 問之以此러시니 而宰我不察也라

『예기』에 '부모의 상은 이미 빈소를 차렸으면 죽을 먹고 거친 상복을 입는다. 이미 장사를 지냈으면 거친 밥을 먹고 물을 마시며 성포成布로 만든 옷을 입는다. 1년이 지나 소상小祥이 되면 비로소 과일과 채소를 먹고 누인(練:희게 하다) 명주관을 쓰고 분홍 옷 테두리 장식을 하며, 상복의 허리띠는 끄르지 않는다.'고 했으니, 쌀밥을 먹고 비단옷 입는 법은 없다. 공자께서는 재아가 마음에서 돌이켜 구하여 스스로 차마 그러하지 못하는 이유를 깨닫기를 바라셨다. 그런 까닭에 이 질문을 하셨는데, 재아는 살피지 못했다.

■此는 夫子之言也라 旨는 亦甘也라 初言女安則爲之는 絶之之辭요 又發其
不忍之端하여 以警其不察하시고 而再言女安則爲之하여 以深責之하시니라
이는(네가 편안하다면 이하) 공자의 말씀이다. 지旨 또한 단 음식이다. 처음에
'네가 편안하면 그리 하라.'고 말씀하신 것은 끊으시는 말씀이지만, 또 차마
그렇게 하지 못하는 이유를 말씀하시어 그 살피지 못함을 경계하시고 거듭
'네가 편안하거든 그렇게 해라.'고 말씀하시어 깊이 꾸짖으셨다.

■宰我旣出에 夫子懼其眞以爲可安而遂行之라 故로 深探其本而斥之하시니
言由其不仁故로 愛親之薄이 如此也라 懷는 抱也라 又言君子所以不忍於親
而喪必三年之故하사 使之聞之하여 或能反求而終得其本心也하시니라
재아가 이미 나가자, 공자께서는 그가 진짜로 편안히 여겨도 된다고 생각해
마침내 그렇게 행할까 걱정하셨던 까닭에, 그 근본을 깊이 탐색하여 (재아의
잘못된 생각을) 물리치셨다. 재아가 불인不仁한 까닭에 부모를 사랑함이 그처
럼 박절했다는 말씀이다. 회懷는 품는 것이다. 또 군자가 부모에게 차마 그
렇게 하지 못하고 상을 반드시 3년 치르는 까닭을 말씀하시어 재아로 하여금
듣게 하여 혹시라도 돌이켜 구함으로써 마침내 그 본심을 얻을 수 있도록 하
신 것이다.

■范氏曰 喪雖止於三年이나 然이나 賢者之情則無窮也로되 特以聖人爲之中
制而不敢過라 故로 必俯而就之요 非以三年之喪이 爲足以報其親也라 所謂三
年然後免於父母之懷는 特以責宰我之無恩하여 欲其有以跂而及之耳시니라.
범조우가 말했다. "상은 비록 3년에 그치지만, 현자의 정은 무궁하다. 다만
성인께서 알맞은 제도를 만드셨으니 감히 더 길게 할 수는 없다. 그러므로
줄여서 나아가는 것이지, 삼년상이면 부모에 보답하기가 충분하다는 것은
아니다. 이른바 '3년이 된 뒤에야 부모 품을 벗어난다.'라는 말씀은 다만 재아
의 무은無恩을 꾸짖고, 노력하여 도달함이 있도록 바라신 것일 뿐이다."

고금주 —— ■補曰 君子, 謂王公以下有位之人. 禮, 謂賓·祭·軍·嘉. ○邢曰: "鑽木出火謂之燧."[補云: "鑽, 穿也."] ○補曰『周禮』‘季春出火’, 〔〔司爟〕文〕 則一年一改火. 聖人因民不安, 制之爲禮, 非相强也, 安則爲之. ○孔曰: "自天子達於庶人."[釋通喪]

보완하여 말한다. 군자는 왕공王公 이하 직위가 있는 사람을 말한다. 예禮란 빈賓·제祭·군軍·가嘉례를 말한다. ○형병이 말했다. "나무를 뚫어 불을 내는 것을 수燧라고 한다."(보완하여 말한다. "찬鑽은 穿이다.") ○보완하여 말한다. 『주례』에 봄에 불을 낸다(「사관」의 글이다)고 했으니, 1년 한 번 불을 바꾸었다. 성인이 백성의 불안不安을 계기로 예禮를 제정했기 때문에 강제로 시행하지 않으니, 편안하다면 그대로 하는 것이다. ○공안국이 말했다. "천자로부터 서인에 이르기까지 공통된다(通喪의 해석이다.)."

■徐自溟云: "‘予也有三年之愛於其父母乎?’ 宰我聞此, 亦曰安否?" ○案 宰我對曰‘安’, 非其心眞安, 直是當面不肯屈折, 强立己見, 遽對曰‘安’. 孔子再曰‘女安則爲之’, 又責之以三年之愛, 亦就議論上轉轉層激, 非謂宰我眞不孝也. 論者但當罪之以事師不恭, 愎於聖訓而已. 今人論宰我, 眞若宰我居其父母之喪, 食稻衣錦, 恬然不哀者然, 不亦過乎? 讀書須明語脈, 勿輕論斷.

서자명이 말했다. "‘재아는 3년의 사랑을 부모에게 두고 있었는가?’라고 했는데, 재아가 이 말을 들었으면 또한 편안하다고 했을까 하지 않았을까?" ○살핀다. 재아가 ‘편안하다’고 대답한 것은 그 마음이 참으로 편안하다는 것이 아니라, 면전에서 곧바로 굽히기가 달갑지 않아 자신의 견해를 억지로 내세워 갑자기 ‘편안하다’고 대답한 것이다. 공자께서 거듭 ‘네가 편안하거든 그렇게 해라.’고 하셨고, 또한 3년의 사랑으로 꾸짖은 것 역시 논의 과정에서 더욱 격렬해진 것이지, 재아가 진짜로 불효하다고 말하지 않았다. 논자들은 다만 스승을 섬김이 불손하고 성인의 가르침을 받아들이지 않으니, 마땅히 죄를 주어야 한다고 한다. 하지만 요즘 사람들이 재아를 논할 때, 참으로 재아가 그 부모의 상을 거행하면서도 쌀밥을 먹거나 비단옷을 입고서 편안해 하고 슬퍼하지 않는 자인 것같이 여긴 것 또한 지나치지 않는가? 글을 읽을 때는 모름지기 말의 맥락을 밝히고, 가벼이 논단하지 말아야 한다.

■案 宰我之意, 蓋謂三年之禮, 有其文, 未有行者, 近於有名而無實. 君子者, 天子・諸侯・大夫之謂也. 當時君子原不三年. 宰我之論, 本出於循名責實, 非欲無故短喪也. 宰我之對曰'安', 原是代當世君子, 替答曰'安', 非自己曾有經驗, 知其果安也. 安得以此斷之爲不孝乎?

살핀다. 재아의 뜻은 대개 3년의 상례는 그 형식만 있고, 실행됨이 없으니, 유명무실에 가깝다고 여긴 것이다. 군자君子란 천자・제후・대부를 말한다. 당시 군자들은 원래 3년상을 하지 않았다. 재아의 논의는 본래 명분에 따라 실제를 규명하려는 데에서 나온 것으로, 아무런 까닭도 없이 단상短喪하고자 한 것이 아니다. 재아가 '편안합니다'고 대답한 것은 원래 당세의 군자들을 대신하여 편안하다고 대답한 것이지, 자기가 일찍이 경험을 해서 그것이 과연 편안한 줄을 알았다는 것이 아니다. 어찌 이것으로 불효라고 단정할 수 있겠는가?

비평 —— (1) 고주 및 주자가 찬수개화鑽燧改火를 계절별로 각각 다른 나무를 취하여 불을 바꾼다고 주석한 것(『주서』「월령」에 근거)에 대해, 다산은 1년에 한 번 개화改火하기 때문에 재아가 기년期年의 근거로 인용했다(『주서』「사관」에 근거)고 한 것은 합리적인 것으로 생각된다.

(2) 다산은 "군자란 천자・제후・대부를 말한다."고 해석했다. 고주와 주자는 이에 대한 언급이 없다. 아마도 도덕과 지위를 합하여 말한 것으로 해석하는 듯하다. 다산은 군자를 주로 지위에 의한 명칭으로 해석했기 때문에, 재아의 질문 의도와 평가를 다른 관점에서 평가할 근거를 마련했다.

(3) 재아의 질문 의도와 그에 대한 평가에서 이견을 보인다. 문맥상 다산의

평가는 다소 무리가 있어 보이지만, 공자의 고제를 가볍게 평가할 수 없다고 고심한 흔적이 엿보인다.

❦

17:22. 子曰: "飽食終日, 無所用心, 難矣哉! 不有博弈者乎? 爲之, 猶賢乎已."

고주 —— 공자께서 말씀하셨다. "배불리 먹고 종일토록 마음 쓰는 바가 없으면, (의거하여 선을 즐김이 없기 때문에, 음욕이 생기지 않거나 혹은 처세하기가) 어려울 것이다. (6저 12기와 같은 국희의) 박(博=簙=局戲)과 혁(奕=圍碁)이 있지 않는가? 그것을 하는 것이 아무것도 하지 않는 것보다 나을 것이다(賢=勝)."

주자 —— 공자께서 말씀하셨다. "배불리 먹고 종일토록 마음 쓰는 바가 없으면, 어려울 것이다. 박(博=局戲)과 혁(奕=圍棋)이 있지 않는가? 그것을 하는 것이 아무것도 하지 않는 것보다 나을 것이다(賢=勝)."

자원풀이 ■포飽는 食(밥 식)+包(쌀 포)의 형성자로 음식(食)을 배불리(包) 먹었음을 말하고, 충분하다, 만족한다는 뜻으로도 쓰인다.
■박博은 十(열 십)+尃(펼 부)의 형성자이다. 尃는 專(오로지할 전: 세 가닥의 실+실패+실패 추+손)과 유사한데, 베짜기처럼 전문적(尃)인 학식을 두루 갖춘 것(十)을 말한다. 넓다, 크다, 통달하다, 많다, 장기, 놀음 등을 의미한다. 박보博譜는 장기 두는 법을 풀이한 책, 박희博戲는 도박을 말한다.
■혁奕은 大(큰 대)+亦(또 역)의 형성자로 크다, 뛰어나다(奕奕)의 뜻이다. 바둑 혹은 노름의 뜻도 있다. 혁기奕棋는 바둑돌을, 혁추奕楸는 바둑판을 말한다. 노재 왕씨가 말했다. "박博은 『설문』에 부簿라 했는데 장기놀이이다. 6저 12기(六箸十二棊)이다. 옛날에 오조烏曹가 簿를 만들었다. 『설문』에 "혁奕은 이십二十 자에 딸린다. 두 속을 오므려 잡는다는 말이다. 위기圍棊를 혁이라 한다."

다산 —— 공자께서 말씀하셨다. "배불리 먹고 종일토록 (의지도 없고 하는 일도 없이 해이하고 나태해서) 마음 쓰는 바가 없으면, (아마도) 어려울 것이다. (6저 12기와 같은 국회의) 박(博=簙=局戲)과 혁(奕=圍碁)이 있지 않은가? 그것을 하는 것이 (아무것도 하는 것이 없는 데에서) 마치는 것보다 나을 것이다(賢=勝)."

집주 —— ■博은 戲也라 奕은 圍棋也라 已는 止也라
박博은 장기(局戲)이고, 혁奕은 바둑(圍棋)이고, 이已는 '아무것도 하지 않음'이다.
■李氏曰 聖人이 非教人博奕也요 所以甚言無所用心之不可爾시니라
이욱이 말했다. "성인께서 사람들에게 장기나 바둑을 하라고 가르치신 것이 아니라, 마음 쓰는 데가 없어서는 안 된다는 것을 심하게 말씀하신 것이다."

고금주 —— ■補曰 無志無業, 解怠無所運思致力. 難矣哉, 難乎其有爲. ○邢曰: "博, 『說文』作簙, 局戲也. [六箸十二碁也. 古者烏曹作簙] 圍碁謂之奕. 『說文』奕從廾, 言竦長手而執之. 稱奕者, 又取其落奕之義也" ○邢曰: "賢, 勝也." ○補曰 博奕者, 改心可有爲, 原不能用心者, 終於無爲.
보완하여 말한다. (마음 쓰는 바가 없다는 것은) 의지도 없고 하는 일도 없이 해이하고 나태해서 생각을 운용해 나가거나 일에 힘을 다하는 것이 없는 것이다. 어렵다(難矣哉)는 것은 유익한 일을 하기 어렵다는 것이다. ○형병이 말했다. "박博은 『설문』에 박簙으로 되어 있으니, 국회局戲이다(六箸와 十二碁이다. 옛날에 烏曹가 만들었다). 위기圍碁를 혁奕이라 한다.(『설문』에 奕은 廾을 따랐으며, 긴 손을 공손히 하여 잡는 것을 말한다. 奕이라 칭하는 것은 또한 그 바둑판에 알을 놓는다는 뜻을 취했다.)" ○형병이 말했다. "현賢은 나음(勝)이다." ○보완하여 말한다. 박혁博奕하는 사람은 마음을 고치면 유익할 일을 할 수 있지만, 원래 마음을 쓸 수 없는 자는 아무것도 함이 없는 데에서 끝난다.

■馬曰: "爲其無所據樂善, 生淫欲." ○駁曰 非也.

마융이 말했다. "그런 사람(飽食終日, 無所用心)은 의거하여 선을 즐김이 없기 때문에 음욕淫欲이 생겨난다." ○논박하여 말하면, 그릇되었다.

■或問: "伊川嘗教人靜坐, 若無所用心, 只靜坐可否?" 饒曰: "靜坐時須主敬, 即是心有所用." ○案 敬者有所嚮之名. 若無所嚮, 亦無所用敬. 惟本心涵養, 莫如敬以直內, 故君子有對越主敬之工. 然此工夫比之手口動作之功, 倍難倍高, 豈可曰無所用心乎? 若無故靜坐, 亦何異於坐禪也?

혹자가 물었다. "이천伊川은 일찍이 사람에게 정좌靜坐를 가르쳤는데, 만약 마음 쓰는 바가 없이(無所用心) 단지 정좌만 하는 것은 옳습니까?" 쌍봉 요씨가 말했다. "정좌할 때는 모름지기 경敬에 주력해야 하니, 곧 마음을 쓰는 데가 있는 것이다."(만약 경에 주력하지 않는다면, 또한 정좌할 수 없다. 마음은 살아 있는 무엇이니, 쓰는 데가 없다면 방자·편벽·사악·사치하지 않음이 없다. 성인께서 어렵다:難矣哉고 말씀하신 것은 해당하는 것이 매우 넓다:『논어집주대전』에 의거하여 필자가 보완) ○살핀다. 경敬이란 의지가 향하는 바가 있는 이름이다. 만약 향하는 바가 없다면, 이는 또한 경을 씀이 없는 것이다. 오직 본심을 함양하는 데에는 '경으로써 안을 바르게 하는 것(敬以直內)'보다 더 좋은 방법은 없다. 그러므로 군자는 초월하여 상제를 대면(對越上帝)하듯이, 경을 위주로 하는 공부(主敬工夫)가 있는 것이다. 그러나 이 공부는 손을 놀리고 입을 놀리는 공부에 비해 갑절이나 어렵고 갑절이나 격이 높으니, 어찌 마음 쓰는 것이 없다고 할 수 있겠는가? 만약 아무 까닭 없이 정좌한다면, 이는 또한 불가의 좌선坐禪과 무엇이 다르겠는가?

■邢曰: "無所用心, 則難以爲處矣." ○蔡曰: "難矣哉, 兼無以入德, 終有患害說."[見『蒙引』] ○萬心谷云: "難字, 宋儒謂入德免患之難, 此添增意也. 今儒謂難過日, 似之. 如說難以爲人, 亦添增." ○案 難字在有意無意之間. 若專指一事, 便屬添增. 蔡氏解之爲'難乎免尤', 失之遠矣.

형병이 말했다. "마음 쓰는 바가 없으면, 처세하기 어렵다." ○ 채청이 말했다. "난의재難矣哉란 덕에 들어갈 수 없고, 끝내 환란과 재해가 있는 것을 겸해서 말했다(『몽인』)." ○만심곡이 말했다. "난難 자를 송유들은 '덕에 들어가고 환난을 면하는 것'이 어렵다고 했지만, 이는 뜻을 첨증한 것이다. 금유今儒는 '날을 보내기가 어렵다는 것과 흡사하다.'고 하니, '사람이 되기가 어렵다.'고 말하는 것과 같이 또한 첨증이다." ○살핀다. 난難 자는 뜻이 있는 것과 없는 것 사이에 있다. 만일 오로지 하나의 일만을 가리킨다면, 이는 곧 첨증添增에 속한다. 채청이 환란과 재해를 면하기 어렵다고 해석한 것은 (본뜻을) 너무 잃었다.

비평 —— 특별한 쟁점은 없다. 다산의 세심한 해석이 돋보인다. 다산이 말한 경敬에 대한 논의는 중요한 논점이기 때문에, 별도로 3권에서 상술한다.

❦

17:23. 子路曰: "君子尚勇乎?" 子曰: "君子義以爲上. 君子有勇而無義爲亂, 小人有勇而無義爲盜."

고주 —— 자로가 (스스로 용맹이 있다고 생각하고, 용맹은 숭상할 만한 것이라고 생각하여) 말했다. "군자도 용맹을 숭상합니까?" 공자께서 말씀하셨다. "군자는 의를 숭상(上=尚)한다. (높은 지위에 있는) 군자가 용맹만 있고 의리가 없으면 역

자원풀이 ■상尚은 八(여덟 팔)+向(향할 향)의 형성자로 팔八은 갈라짐을 뜻하고, 향向은 집에 창을 그려 창이 난 '방향'을 말하여, 창을 통해 위로 퍼져 나가는 연기 등을 형상화했다. 향向의 원래 뜻은 위(上)이고, 위(上)는 높은 지위를 뜻하기에 숭상崇尚 혹은 상현尚賢과 같이 '받들다'의 뜻이 나왔다.

란(逆亂)을 일으키고, (낮은 지위에 있는) 소인이 용맹만 있고 의리가 없으면 도적이 된다."

주자 —— 자로가 (아마도 공자를 처음 만났을 때) 말했다. "군자는 용맹을 높입니까?" 공자께서 말씀하셨다. "군자는 의를 최상으로 여긴다. (높은 지위에 있는) 군자가 용기만 있고 의리가 없으면 난을 일으키고, (낮은 지위에 있는) 소인이 용기만 있고 의리가 없으면 도둑이 된다."

다산 —— 자로가 말했다. "군자는 용기를 (최상으로) 숭상합니까?" 공자께서 말씀하셨다. "군자는 의를 숭상한다(최상으로 여긴다). 군자가 용기만 있고 의가 없으면 난을 일으키고, 소인이 용기만 있고 의가 없으면 도적질을 할 것이다."

집주 —— ■ 尙은 上之也라 君子爲亂과 小人爲盜는 皆以位而言者也라
상尙은 '그것을 높이 올리다(上之)'이다. '군자가 난을 일으키고 소인이 도적이 된다'는 것은 모두 지위로써 (군자와 소인을) 말한 것이다.
■ 尹氏曰 義以爲尙이면 則其爲勇也大矣라 子路好勇이라 故로 夫子以此救其失也시니라
윤돈이 말했다. "의義를 숭상한다면 그의 용맹이 크다. 자로는 용맹을 좋아했기에 때문에 공자께서 이렇게 말씀하시어 그 잘못을 구제해 주신 것이다."
■ 胡氏曰 疑此子路初見孔子時問答也라
호인이 말했다. "아마도 이것은 자로가 공자를 처음 뵈었을 때의 문답인 듯하다."

고금주 —— ■ 補曰 尙者, 以爲上也. 以爲上者, 尙也. 爲亂, 如伐君及大夫相殺.
보완하여 말한다. 상尙이란 '최상으로 여긴다(以爲上)'이니, '최상으로 여김(以

爲上)'이 '상尚'이다. 난을 일으킴은 이를테면 임금을 정벌하고 대부가 서로 죽이는 것과 같은 것이다.

비평—— 이 구절과 연관되는 것은 다음과 같다.

공자께서 말씀하셨다. "공손하지만 예禮가 없으면 피곤하고, 신중하지만 예가 없으면 두려워하고, 용감하면서 예가 없으면 난을 일으키고, 정직하면서 예가 없으면 급박하다." (8:2. 子曰 恭而無禮則勞 愼而無禮則葸 勇而無禮則亂 直而無禮則絞.)

공자께서 말씀하셨다. "유야, 너는 6언과 6폐를 들어보았느냐?" 자로가 대답했다. "아직 들어보지 못했습니다." (공자께서 말씀하셨다.) "앉아라. 내가 너에게 말해 주마! 인을 좋아하고 학문을 좋아하지 않으면, 그것에 가려져서 어리석게 된다. 지혜를 좋아하고 학문을 좋아하지 않으면, 그것에 가려져서 방탕하게 된다. 믿음을 좋아하고 학문을 좋아하지 않으면, 그것에 가려져서 해치게 된다. 정직함만 좋아하고 학문을 좋아하지 않으면, 그것에 가려져서 조급해진다. 용감함을 좋아하고 학문을 좋아하지 않으면, 그것에 가려져 어지럽히게 된다. 강인함을 좋아하고 학문을 좋아하지 않으면, 그것에 가려져서 광분하게 된다." (17:8. 子曰: 由也, 女聞六言六蔽矣乎? 對曰: 未也. 居, 吾語女. 好仁不好學, 其蔽也愚. 好智不好學, 其蔽也蕩. 好信不好學, 其蔽也賊. 好直不好學, 其蔽也絞. 好勇不好學, 其蔽也亂. 好剛不好學, 其蔽也狂.)

특별한 쟁점은 없다. 자로의 고사로 볼 때 "아마도 이것은 자로가 공자를 처음 뵈었을 때의 문답인 듯하다."는 호인의 말이 옳은 듯하다.

17:24. 子貢曰: "君子亦有惡乎?" 子曰: "有惡. 惡稱人之惡者, 惡居
下流而訕上者, 惡勇而無禮者, 惡果敢而窒者." 曰: "賜也亦有惡
乎?" "惡徼以爲知者, 惡不孫以爲勇者, 惡訐以爲直者."

고주 —— 자공이 (공자께) 물었다. "선생님(君子=夫子)께서도 또한 증오하는
것(憎惡者)이 있습니까?" 공자께서 말씀하셨다. "증오하는 것이 있으니, 남의
악을 말하기를 좋아하는 자(好稱說)를 증오하고, 하위(下流=下位)에 있으면서
상위(上位)에 있는 사람을 훼방(訕=毁謗) 자를 증오하고, 용감하면서 무례한
자를 (난을 일으키기 때문에) 증오하고, 과감하면서 (남의 善道를) 막힌 자를 증오
한다." (자공이) 말했다. "저(사=자공) 또한 증오하는 것이 있습니다." "남의 생
각을 가로채어(徼=抄) 자기의 지식인 척 하는 자를 증오하고, (군자는 義에 용감
해야 하지만) 불손(遜順)을 용감한 것으로 여기는 자를 증오하고, 남의 음밀한
사생활을 들추어내어 공격하는 것을 (자신의) 곧음(을 이루는 것)으로 여기는
자를 증오합니다."

주자 —— 자공이 물었다. "군자도 미워함이 있습니까?" 공자께서 말씀하셨

자원풀이 ■오惡는 心(마음 심)+亞(무덤 아)의 형성자로 시신에 대한 두려움이나 거리낌에서 '싫어하다(惡=亞+
心)', 그리고 선악善惡에서는 '나쁘다'의 뜻이다.
■산訕은 言(말씀 언)+山(메 산)의 형성자로 헐뜯다, (윗사람을) 비방誹謗(訕謗)하다의 뜻이다.
■질窒은 穴(구멍 혈)+至(이를 지)의 형성자로 굴(穴)의 끝에 이른다(至)는 의미에서 막힌 곳을 의미한다.
■요徼는 彳(조금 걸을 척)+敫(노래할 교)의 형성자로 기쁜 마음으로(敫) 가서(彳) 구하고 조치한다는 뜻이다. 돌아다
니다, 변방, 빼앗다, 불발시키다, 들추어내다, 요행僥倖, 구하다, 가로막다 등으로 쓰인다.
■알訐은 言(말씀 언)+干(방패 혹은 범할 간)의 형성자로 들추어내다(폭로하다), 긴 모양, 거리낌 없이 말하다 등의 뜻
이다. 알양訐揚이란 들추어내어 폭로하는 것이다.
■과果는 나무(木)에 과실이 열린 모습을 그렸다. '성과물, 이루다'의 뜻이 나왔고, 과단성果斷性(言必信 行必果), 과연
果然 등의 뜻이 나왔다.

다. "미워함이 있다. 남의 악을 일컫는 자를 (仁厚의 마음이 없으니) 미워하고, 아래에 있는 사람(下流=下)이 윗사람을 (忠敬의 마음이 없이) 훼방(訕=毀謗)하는 자를 미워하고, 용감하면서 무례한 자를 (난을 일으키기 때문에) 미워하고, 과감하면서 막힌 자를 (함부로 행동하기에) 미워한다." (공자께서) 말씀하셨다. "사(자공)야, 너 또한 미워하는 것이 있느냐?" (자공이 대답했다.) "(남을) 엿보는 것을 (자신의) 지혜로 여기는 자를 미워하고, 불손을 용감한 것으로 여기는 자를 미워하고, 남의 음밀한 사생활을 들추어내어 공격하는 것을 곧음으로 여기는 자를 미워합니다."

다산 —— 자공이 물었다. "군자도 미워함이 있습니까?" 공자께서 말씀하셨다. "미워함이 있다. 남의 악을 일컫는 자를 (악한 마음이 있기에) 미워하고, (덕과 재주가 없어, 몸이 마치 더러운 도랑처럼) 아래 비천한 자리에 있는 사람이 (덕과 재주로 남의) 윗자리에 있는 사람을 훼방(訕=毀謗)하는 자를 (질투하는 마음이 있기에) 미워하고, 용감하면서 무례한 자를 (난을 일으키기 때문에) 미워하고, 과감하면서 막힌 자를 (함부로 행동하기에) 미워한다." (공자께서) 말씀하셨다. "사(자공)야, 너 또한 미워하는 것이 있느냐?" (자공이 대답했다.) "(남이) 말하는 것을 맞아 가로채어 (마치 자신이 이미) 알고 있던 것처럼 하는 자를 미워하고, 존귀한 사람을 범하고 어른을 능멸하는 것을 용감한 것으로 여기는 자를 미워하고, 남의 음밀한 사생활을 들추어내어 공격하는 것을 곧음으로 여기는 자를 미워합니다."

집주 —— ■訕은 謗毀也요 窒은 不通也라 稱人惡則無仁厚之意요 下訕上則無忠敬之心이요 勇無禮則爲亂이요 果而窒則妄作이라 故로 夫子惡之하시니라 산訕은 비방하고 헐뜯는 것이고, 질窒은 통하지 않는 것이다. 남의 악을 말하는 것은 인후仁厚한 뜻이 없는 것이고, 아랫사람이면서 윗사람을 헐뜯음은 충직과 존경의 마음이 없는 것이며, 용감하면서 예가 없으면 난을 일으키고, 과감하면서 막혀 있으면 망령되이 행동한다. 그런 까닭에 공자께서 미워하셨다.

■楊氏曰 仁者無不愛하니 則君子疑若無惡矣어늘 子貢之有是心也라 故로 問焉以質其是非하니라

양시가 말했다. "인자는 사랑하지 않는 사람이 없으니, 군자는 아마도 미워함이 없는 듯하다. 자공은 이런 마음이 있었기 때문에 물어서, 그 옳고 그름을 질정했다."

■侯氏曰 聖賢之所惡 如此하시니 所謂惟仁者能惡人也니라

후중량이 말했다. "성현聖賢께서 미워한 것은 이와 같으니, 이른바 오직 인자만이 남을 미워할 수 있다는 말이다(4:3)."

고금주 —— ■補曰 居下流, 謂無德藝, 身卑如汚渠. 上, 謂德藝居人上者. 稱人之惡者, 險也 居下流而訕上者, 妬也. ○朱子曰: "惡徼以下, 子貢之言也."[案, 不言對曰者, 省文也] ○補曰 徼, 迎而遮之也. 迎遮人語, 若己素知者然. 犯尊陵長, 自以爲勇. ○包曰: "訐, 謂攻發人之陰私."

보완하여 말한다. 거하류居下流란 덕과 재주가 없어, 몸이 마치 더러운 도랑처럼 비천한 것을 말한다. 상上은 덕과 재주로 남의 윗자리에 있는 사람을 말한다. 남의 단점을 말하는 자는 악한 마음이 있고, 아랫자리에 있으면서 윗사람을 비방하는 자는 질투하는 마음이 있는 것이다. ○주자가 말했다. "오요惡徼 이하는 자공의 말이다."(살핀다. 對曰이라고 말하지 않은 것은 글을 생략한 것이다). ○보완하여 말한다. 요徼는 맞아서 막는 것이다. 남의 말을 맞아 막고는 마치 자기가 평소 알고 있는 것처럼 하는 것이다. (不孫以爲勇者란) 존귀한 이를 범하고 어른을 능멸하는 것을 스스로 용맹으로 여기는 자이다. ○포함이 말했다. "알訐은 남의 음밀한 사생활을 들추어 내어 공격하는 것이다."

■ 馬曰: "窒, 窒塞也."[邢云: "室, 塞人之善道."] ○駁曰 邢說, 非也.

마융이 말했다. "질窒은 막음(窒塞)이다." (형병이 말했다. "窒은 남의 선한 도를 막은 것이다.") ○논박하여 말하면, 형병의 설은 그릇되었다.

■ 孔曰: "徼, 抄也. 抄人之意, 以爲己有." ○案 徼之訓勦, 未見所據.

공안국이 말했다. "요徼는 약탈(抄)이다. 남의 생각을 약탈하여 자기의 것으로 만드는 것이다." ○살핀다. 요徼를 초勦(빼앗다, 강탈하다)로 풀이하는 것은 근거한 바를 아직 보지 못했다.

■ 邢曰: "賜也亦有惡乎者, 子貢言賜也亦有所憎惡也."

형병이 말했다. "'사야역유오호賜也亦有惡乎'란 자공이 '저도 또한 증오하는 바가 있습니다.'라고 말한 것이다."

비평 —— (1) 고주에서는 '사야역유오호賜也亦有惡乎'를 자공의 말로 보았다. 주자와 다산은 공자의 질문으로 보고 있다. 의문문을 나타내는 '호乎' 자가 있다는 점에서 공자의 질문으로 보아야 한다.

(2) 어구의 해석에서 어감에서 차이가 있지만, 논쟁할 만한 것은 아닌 듯하다.

❧

17:25. 子曰: "惟女子與小人爲難養也, 近之則不孫, 遠之則怨."

고주 —— 공자께서 말씀하셨다. "오직 여자와 소인만은 (대체로 바른 성품이 없어) 기르기(養=畜養) 어려우니, 친근히 (近=親近) 하면 불손(한 경우가 많)하고, 소원(遠=疏遠)하면 원한(을 내기를 좋아) 한다(好生怨恨)."

주자 —— 공자께서 말씀하셨다. "오직 여자(=첩)와 소인(노복이나 하인)만은 기르기 어려우니, 가까이 하면 불손하고, 멀리하면 원망한다(장엄함으로 임하고, 자애로움으로 기르면 이 두 가지 근심이 없어진다)."

다산 —— 공자께서 말씀하셨다. "오직 여자(=첩)와 소인(=僕御近習)만은 기르기 어려우니, 가까이 하면 불손하고, 멀리하면 원망한다."

집주 —— ■此小人은 亦謂僕隷下人也라 君子之於臣妾에 莊以涖之하고 慈以畜之면 則無二者之患矣라

여기서 소인은 또한 노복이나 하인을 말한다. 군자가 신첩에 대해 장엄함으로 임하고, 자애로움으로 기르면 이 두 가지 근심이 없다.

고금주 —— ■補曰 小人, 謂僕御近習. 養, 畜也. 『易』曰: "畜臣妾, 吉."

보완하여 말한다. 소인小人은 종과 말몰이 하는 사람, 그리고 근습近習을 말한다. 양養은 '기르다(畜)'이다. 『주역』「둔괘遯卦」에서 말했다. "신첩을 기르면, 길하다(畜臣妾 吉)."

■質疑 朱子曰: "莊以涖之, 慈以畜之, 則無二者之患矣." ○案 莊以涖之者, 遠之也. 慈以畜之者, 近之也. 孔子知莊與慈, 猶不足以去二者之患, 故戒之以難養. 朱子却以是爲對病之藥, 恐非本旨.

질의한다. 주자가 말했다. "신첩에게 장엄함으로 임하고, 자애로움으로 기르면 이 두 가지 근심이 없다." ○살핀다. 장엄하게 임하는 것은 그들을 멀리하는 것이고, 자애로움으로 기르는 것은 그들을 가까이 하는 것이다. 공자는

자원풀이 ■양養은 食(밥 식)+羊(양 양)의 형성자로 양(羊)을 먹이듯(食) 정성껏 보살피며 봉양하는 모습을 나타낸다. 기르다, 양육하다, 보양하다, 유양하다 등의 뜻이다.

장엄함과 자애로움은 오히려 두 가지 근심을 제거하기에 부족하다는 것을 알았기 때문에, '기르기 어렵다(難養)'라고 경계했다. 그런데 주자는 도리어 이것을 그 병통에 대한 약으로 보았으니, 아마도 그 본뜻은 아닌 듯하다.

비평 —— 주자는 "신첩에게 장엄함으로 임하고, 자애로움으로 기르면 이 두 가지 근심이 없을 수 있다."고 제안했다. 이에 대해 다산은 「질의」를 통해, 공자는 장엄함과 자애로움은 오히려 이 두 자지 근심을 제거하기에 부족하는 것을 아셨기 때문에 '기르기 어렵다(難養)'는 말을 했다고 반론하였다. 이에 대해서는 다음과 같은 주장들이 있다.

> 남헌 장씨가 말했다. "기르기가 어렵다는 것을 알면 마땅히 그들을 대할 방법을 생각해야 한다. (그 방법이란) 오직 온화하되 제도가 있고, 잘 대해주되 엄해야 하는 것이리라!"
> 경원 보씨가 말했다. "이런 사람들은 비록 기르기 어려운 사정이 있지만, 군자라면 잘 기르는 도리가 있다. 장엄함으로 임하면 예禮가 있어 그 불손한 마음을 사라지게 할 수 있고, 자애로움으로 기르면 인仁이 있어 쉽게 원망하는 마음을 없앨 수 있다. 장엄함과 자애로움이야말로, 가까지 하지도 멀리하지도 않은 중도中道이다." (『논어집주대전』)

17:26. 子曰: "年四十而見惡焉, 其終也已."

고주 —— 공자께서 말씀하셨다. "나이가 마흔이 되어서도 (악행을 행하여) 미움을 받는다면, (지난 잘못을 고칠 수 없어, 선행을 할 수 없기 때문에) 그 끝은 그와 같을 뿐이다."

주자 —— 공자께서 말씀하셨다. "나이가 마흔이 되어서도 (덕을 이룰 때인데, 덕을 이루지 못해 仁者에게) 미움을 받는다면, (개과천선할 때를 놓쳐) 그 끝은 그와 같을 뿐이다."

다산 —— 공자께서 말씀하셨다. "나이가 마흔이 되어서도 (자신을 행하는 것이 착하지 못하고, 업을 닦는 것이 일컬을 것이 없어) 미움을 받는다면, (혈기가 이미 쇠퇴해서 분발하여 개과천선할 가망이 없어) 종신토록 그와 같을 따름이다(終身如此而止)."

집주 —— ■四十은 成德之時니 見惡於人이면 則止於此而已니 勉人及時遷善改過也라

마흔은 덕을 이루는 때이다. 남에게 미움을 받으면 그것으로 그만일 뿐이니, 사람들에게 때에 이르면 개과천선할 것을 권면하신 것이다.

■蘇氏曰 此亦有爲而言이니 不知其爲誰也로라

소식이 말했다. "이 또한 까닭이 있어서 하신 말씀이지만, 그것이 누구를 위한 것인지는 알지 못하겠다."

고금주 —— ■補曰 見惡, 謂爲人所憎厭. 行己不臧, 修業無稱, 以至四十, 爲人所憎厭, 則終身如此而止.

보완하여 말한다. 견오見惡는 남에게 미움을 받는 것이다. 자신을 행하는 것이 착하지 못하고, 업을 닦는 것이 일컬을 것이 없으면서, 마흔에 이르러서도 남의 미움을 받는다면 종신토록 이와 같고 말 것이다.

■ 鄭曰: "年在不惑, 而爲人所惡, 終無善行." ○朱子曰: "四十, 成德之時, 見惡於人, 則止於此而已." [又云: "見惡亦謂有可惡之實, 而得罪於能惡人者, 非不善者惡之之謂也."] ○涂若水云: "見惡, 只是不合人心之公論, 不必見惡于有道. 此生雖未終, 而此品則已終." ○案 無聞見惡, 孔子皆以四十爲斷. 蓋年至四十, 其血氣已衰, 無奮發遷改之望. 余亦驗之多矣.

정현이 말했다. "나이가 불혹不惑이 되어서도 남의 미움을 받으면 끝내 착한 행실은 없을 것이다." ○주자가 말했다. "마흔은 덕을 이루는 때이다. 다른 사람으로부터 미움을 받는다면 그것으로 그만일 뿐이다." (또 말했다. "미움을 받는다는 것 역시 미움을 받을 만한 실상이 있어, 능히 남을 미워할 수 있는 자:仁者에게 죄를 얻는 것을 말하지, 불선한 자가 미워하는 것을 말하는 것은 아니다.") ○도약수가 말했다. "미움을 받는 것은 단지 인심의 공론에 부합하지 않는 것이며, 반드시 도가 있는 데에서 미움을 받는 것이 아니다. 이 사람의 삶은 비록 아직 끝나지 않았지만, 그 품위는 이미 끝났다." ○살핀다. 이름이 드날리지 않는 것(無聞, 9:20)과 미움을 받는 것(見惡)을 공자는 모두 마흔으로써 단정했다. 대개 마흔에 이르면 그 혈기가 이미 쇠퇴해서 분발하여, 개과천선할 가망이 없다. 나 또한 이를 경험한 적이 많다.

비평 —— 특별한 쟁점은 없다. 다산이 인용한 주자의 세주가 이 구절의 의미를 보완해 주고 있다. 이 구절과 연관된 구절은 다음과 같다.

공자께서 말씀하셨다. "후배들은 두려워할 만하다. 그들의 장래가 지금 우리만 못할지 어찌 알겠는가? 마흔 혹은 쉰이 되어도 드날리는 것이 없다면, 이는 두려워할 만한 것이 되지 못한다." (9:22. 子曰 後生 可畏 焉知來者之不如今也 四十五十 而無聞焉 斯亦不足畏也已.)

제18편

미자
微子

此篇은 多記聖賢之出處하니
이 편은 성인과 현인의 출처를 기록한 것이 많다.
凡十一章이라
모두 11장이다.

18:1. 微子去之, 箕子爲之奴, 比干諫而死. 孔子曰: "殷有三仁焉."

고주 ── 미자(紂의 서형)는 (紂의 무도함을 보고) 떠났고(종사를 보존했다), 기자(紂의 지친)는 (거짓으로 미친 척하여) 노복이 되었고, 비간(紂의 숙부)은 간하다가 살해당했다. 공자께서 말씀하셨다. "은나라에는 (모두 난을 걱정하고 백성을 편안케 하신) 세 인인仁人이 계셨다."

주자 ── 미자(紂의 서형)는 (紂의 무도함을 보고) 떠났고, 기자(紂의 숙부)는 (거짓으로 미친 척하여) 노복이 되었고(치욕을 받아들였다), 비간(紂의 숙부)은 간하다가 살해당했다. 공자께서 말씀하셨다. "은나라에는 (행위는 같지 않았지만, 동일하게 지극한 정성과 惻怛하는 뜻에서 나왔기 때문에 사랑의 이치에 어긋나지 않고, 그 마음의 덕을 온전히 했던) 세 인인仁人이 있었다."

다산 ── 미자(紂의 서형)는 (紂의 무도함을 보고) 떠났고(해악을 멀리하여 혈맥을 보존했다), 기자(紂의 지친)는 (거짓으로 미친 척하여) 수인(奴=囚人)이 되었고(치욕을 참으면서 終竟을 보았다), 비간(紂의 숙부)은 간하다가 살해당했다(몸을 죽이면서 과오를 간언했다). 공자께서 말씀하셨다. "(이들의 행위는 모두 다르지만, 충효의 극치로 의리를 헤아려보면 합치하니) 은나라에는 세 명의 (인륜의 지극인) 인을 이룬 사람이 있었다."

집주 ── ■微箕는 二國名이요 子는 爵也라 微子는 紂庶兄이요 箕子, 比干은 紂諸父라 微子는 見紂無道하고 去之하여 以存宗祀하고 箕子, 比干은 皆諫한대 紂殺比干하고 囚箕子以爲奴하니 箕子因佯狂而受辱하니라

미微와 기箕는 두 나라 이름이다. 자子는 작위이다. 미자微子는 주紂의 서형庶
兄이다. 기자箕子와 비간比干은 주紂의 숙부이다. 미자微子는 주紂의 무도無道
함을 목도하고 떠남으로써 종사宗祀를 보존했다. 기자와 비간은 모두 간언했
는데, 주는 비간을 죽이고, 기자를 가두고 노복으로 삼으니, 기자는 거짓으로
미친 척하며 치욕을 받아들였다.

■三人之行이 不同이나 而同出於至誠惻怛之意라 故로 不咈乎愛之理하여
而有以全其心之德也라

세 사람의 행위는 같지 않았지만, 동일하게 지극한 정성과 측달惻怛하는 뜻
에서 나왔기 때문에 사랑의 이치(=仁)에 어긋나지 않았으며, 그 마음의 덕을
온전히 함이 있었다.

■楊氏曰 此三人者 各得其本心이라 故로 同謂之仁이니라

양시가 말했다. "이 세 사람은 각자의 본 마음을 얻었기 때문에 동일하게 인
仁이라고 평하셨다."

고금주 —— ■馬曰: "微子, 紂之庶兄[見『呂氏春秋』]." ○補曰 箕子, 紂之親戚.
[〈宋世家〉] 仁者, 人倫之至也. 或遠害以存血脈, 或忍辱以觀終竟, 或殺身以諫
過惡, 皆忠孝之極, 揆義而合, 故其成仁也同.

마융이 말했다. "미자微子는 주紂의 서형이다(『여씨춘추』에 보인다)." ○보완하
여 말한다. 기자는 주의 친척이다(『사기』「宋世家」). 인仁이란 인륜의 지극이다.
혹 해악을 멀리하여 혈맥을 보존하기도 하고, 혹 치욕을 참으면서 종경終竟
을 보기도 하고, 혹 몸을 죽이면서 과오過惡를 간언하니, 모두 충효의 극치이
니, 의리를 헤아려 보면 합치하기 때문에 그들이 인을 이룬 것은 동일하다.

■孔曰: "微, 圻內國名, 子爵, 爲紂卿士, 去無道." ○鄭玄曰: "微與箕, 俱在圻
內. 孔雖不言箕, 亦當在圻內." ○王肅曰: "微, 國名, 子爵, 入爲王卿士." ○邢
曰: "肅意蓋以微爲圻外, 故言入也."

공안국이 말했다. "미微는 기내圻內의 나라 이름이고, 자작으로 주왕의 경사였으나, 무도無道하니 떠났다." ○정현이 말했다. "미微와 기箕는 모두 기내에 있었다. 공안국은 기箕를 말하지 않았으니, 또한 마땅히 기내에 있었다." ○왕숙이 말했다. "미微는 나라 이름이고 자작인데, 입국하여 왕의 경사가 되었다." ○형병이 말했다. "왕숙은 대개 미微가 기외圻外에 있었던 것으로 생각했기 때문에, 입국했다고 말한 듯하다."

■馬曰: "箕子・比干, 紂之諸父." ○又案『尙書・微子』篇, 箕子呼微子, 每稱王子. 若箕子亦是王子, 則其稱宜不如此, 箕子非紂之諸父也.

마융이 말했다. "기자・비간은 주紂의 숙부이다." ○또 살핀다. 『상서』「미자」편에 기자는 미자를 호칭할 때, 매번 왕자王子라고 불렀다. 만일 기가 또한 왕자였다면 그 호칭이 마땅히 이와 같지 않았을 것이니, 기자는 주의 숙부가 아니다.

■邢曰: "〈本紀〉云, '微子數諫不聽, 乃與太師謀遂去. 比干曰, 「爲人臣者, 不得不以死爭」迺强諫紂. 紂怒曰, 「吾聞聖人心有七竅」剖比干, 觀其心. 箕子懼, 乃佯狂爲奴, 紂又囚之.' 是也." ○案 奴者, 囚人也.

형병이 말했다. "『사기』「본기」에서 말했다. 「미자는 수차례 간언하여도 듣지 않자, 이에 태사와 상의하여 드디어 떠났다. 비간이 '신하된 자는 죽더라도 간쟁하지 않을 수 없다.'고 하면서 계속해서 강하게 주왕에게 간언했다. 주왕이 진노하여, '내가 듣기로 성인의 심장에는 일곱 구멍이 있다.'고 하면서, 비간을 해부하여 그 심장을 보았다. 기자는 두려운 나머지 이에 거짓으로 미친 척하며 수인이 되었고, 주왕은 또 그를 잡아 가두었다.」는 것이 이것이다." ○살핀다. 노奴란 수인囚人이다.

■孔曰: "仁者, 愛人. 三人行異而同稱仁, 以其俱在憂亂寧民."

공안국이 말했다. "인仁이란 사람을 사랑하는 것이다. 세 사람의 행동은 달랐지만, 동일하게 인仁이라 칭하는 것은 그들이 모두 환난을 근심하고 백성들을 편안하게 했기 때문이다."

■案 仁者, 人人也. 人與人盡其分, 斯之謂仁, 心德非仁也.

(양시의 견해에 대해) 살핀다. 인仁이란 인인人人(두 사람)이다. 사람(人)과 사람(人)이 그 직분을 다하면 이에 인仁이라 하니, 마음의 덕(心德)이 인仁은 아니다.

■案 不爲宗祀, 則微子之去無名.

살핀다. 종사를 위한 것이 아니라면, 미자가 떠난 것은 명분이 없다.

비평—— (1) 기자箕子가 주왕의 숙부인지, 지친至親인지에 대한 논란이 있다.

(2) 인仁의 개념 정의가 서로 다르다. 고주는 인을 『논어』에 근거하여 애인愛人으로 정의하면서, 이 세 사람이 환난을 근심하고 백성들을 편안하게 했기 때문에 공자께서 인인仁人이라고 말했다고 해석했다. 이에 비해 주자는 인仁은 사랑의 이치이자 마음의 덕이라고 정의하면서, 이 세 사람의 행위가 사랑의 이치에 어긋나지 않았으며, 그 마음의 덕을 온전히 했기 때문에 인하다고 공자가 칭찬했다고 했다. 다산은 인仁이란 '인륜의 지극(至)'이라고 정의하면서, 이 세 사람의 행위가 모두 충효의 극치이니, 의리를 헤아려 보면 합치하기 때문에 그들이 인을 이룬 것은 동일하다고 공자께서 말씀하셨다고 해석했다.

18:2. 柳下惠爲士師三黜, 人曰: "子未可以去乎?" 曰: "直道而事人, 焉往而不三黜? 枉道而事人, 何必去父母之邦?"

고주 —— 유하혜가 사사(=전옥지관)가 되어 (도를 곧게 행하는 것을 임무로 하자, 소인들이 그의 곧음을 미워하여) 세 번 내쫓기자, 어떤 이가 말했다. "그대는 아직도 (노나라를) 떠날 수 없는가?" (유하혜가) 말했다. "(이 세상은 모두 사악하니, 진실로) 곧은 도로써(直道以) 사람을 섬긴다면, 어디(나라)에 간들 세 번 내쫓기지 않으리오? (곧은 도를 버리고) 굽은 도로써(枉道以) 사람을 섬길 것이라면, 어찌 반드시 부모가 거주하는 나라(父母所居之國)를 떠나겠는가?"

주자 —— 유하혜가 사사(=옥관)가 되어 세 번 내쫓기자, 어떤 이가 말했다. "그대는 아직도 (노나라를) 떠날 수 없는가?" (유하혜가 辭氣를 雍容하게 하여) 말했다. "도를 곧게 행하여 사람을 섬긴다면, 어디에 간들 세 번 내쫓기지 않으리오? (곧은 도를 버리고) 도를 굽혀서 사람을 섬길 것이라면, 어찌 반드시 부모의 나라를 떠나겠는가?" (맹자가 말한 바, 성인의 온화한 체단을 갖추었다:聖之和者).

다산 —— 유하혜가 사사(=전옥지관)가 되어 세 번 내쫓기자, 어떤 이가 말했다. "그대는 아직도 (노나라를) 떠날 수 없는가?" (유하혜가) 말했다. "도를 곧게 행하여 사람을 섬긴다면, 어디(나라)에 간들 세 번 내쫓기지 않으리오? 도를 굽혀서 사람을 섬길 것이라면, 굳이 부모의 나라를 떠나겠는가?"

집주 —— ■士師는 獄官이라 黜은 退也라 柳下惠三黜不去하고 而其辭氣雍容이 如此하니 可謂和矣라 然이나 其不能枉道之意는 則有確乎不可拔者하니 是則所謂必以其道而不自失焉者也니라

사사士師는 옥관獄官이다. 출黜은 내침(退)이다. 유하혜는 세 번 내침을 당했

자원풀이 ■출黜은 흑黑+출出의 형성자 물리치다의 뜻이다. 묵형墨刑을 당한 불량배(黑)를 물리치다(出).

지만 떠나지 않았고, 그의 사기辭氣가 옹용雍容하기가 이와 같았으니, 화和하다고 할 수 있다. 그러나 도를 굽힐 수 없다는 그의 뜻은 확고하여 뽑을 수 없음이 있었다. 이것은 곧 이른바 '반드시 올바른 도로써 하고 자기를 잃지 않았다(『맹자』「공손추상:9).'는 것이다.

■ 胡氏曰 此必有孔子斷之之言而亡之矣로다

호인이 말했다. "여기에는 필시 공자께서 이것을 판단하신 말씀이 있었을 것인데, 없어졌다."

고금주 —— ■孔曰: "士師, 典獄之官." ○補曰 直, 直之也. 枉, 枉之也. ○孔曰: "直道以事人, 所至之國, 俱當復三黜."

공안국이 말했다. "사사士師는 형옥을 맡은 관직이다." ○보완하여 말한다. 직直은 곧게 하는 것이다. 왕枉은 굽히는 것이다. ○공안국이 말했다. "곧은 도로써 사람을 섬기면, 이르는 나라마다 모두 응당 다시 세 번 내쳐질 것이다."

비평 —— 직도直道의 직直과 왕도枉道의 왕枉을 타동사로 본 다산의 해석이 글의 내용을 분명히 해 준다.

❧

18:3. 齊 景公待孔子, [句] 曰: "若季氏, 則吾不能, 以季 · 孟之間待之." 曰: "吾老矣, 不能用也." 孔子行.

고주 —— 제나라 경공이 공자의 대우에 관해 말했다. "(상경으로 가장 귀한) 계씨와 같이 내가 (그대를 봉록과 작위로써) 대우할 수는 없지만, 계씨와 (하경으로 권력을 쓰지 못하는) 맹씨의 중간(봉록과 작위)으로 대우하겠소." (또) 말했다.
"내가 늙어 (성인의 도를 이루기 어렵기 때문에) 등용할 수 없소." 공자께서 (제나
라를) 떠나셨다.

주자 —— 제나라 경공이 (아마도 공자의 면전이 아닌 신하에게) 공자의 대우에 관
해 말했다. "(상경으로 가장 귀한) 계씨와 같이 내가 (공자를) 대우할 수는 없지
만, 계씨와 (하경인) 맹씨의 중간으로 대우하겠소." (또) 말했다. "내가 늙어 (공
자를) 등용할 수 없소." 공자께서 (이 말을 전해 들으시고, 제나라를) 떠나셨다.

다산 —— 제나라 경공이 (아마도 공자의 면전이 아닌 신하에게) 공자의 희뢰餼牢
로써 접대하는 예우에 관해 말했다. "(상경으로 가장 귀한) 계씨와 같이 내가 (공
자를) 대우할 수는 없지만, (공자는 지위는 낮지만, 성덕이 있기 때문에) 계씨와 (하
경인) 맹씨의 중간의 희뢰餼牢로써 접대하겠소." (다음 날에 향모가 쇠퇴하여 다른
일에 관해) 말했다. "내가 늙어 (성인의 도를 이루기 어렵기 때문에) 등용할 수는 없
소." 공자께서 (제나라를) 떠나셨다.

집주 —— ■ 魯三卿에 季氏最貴하고 孟氏爲下卿이라 孔子去之는 事見世家
라 然이나 此言은 必非面語孔子요 蓋自以告其臣이어늘 而孔子聞之爾시니라
노나라 삼경 중 계씨季氏가 가장 높고, 맹씨孟氏는 하경이었다. 공자께서 떠
나신 일은 『사기』「세가」에 보인다. 그러나 이 말은 필시 공자를 면대하여 말
한 것은 아니고, 대개 스스로 그 신하에게 일러 주었는데 공자께서 들으신
것이다.
■ 程子曰 季氏는 强臣이니 君待之之禮極隆이라 然이나 非所以待孔子也요
以季孟之間待之면 則禮亦至矣라 然이나 復曰 吾老矣라 不能用也라 하니 故
로 孔子去라 蓋不繫待之輕重이요 特以不用而去爾시니라

정자가 말했다. "계씨는 강한 신하이니, 인군이 그를 대우한 예禮는 극히 융승했을 것이지만, 공자를 (그런 사람처럼) 대우할 바는 아니었다. 계씨와 맹씨의 중간으로 대우한다면, 예 또한 지극한 것이다. 그러나 다시 말하길, '내가 늙어서 등용할 수 없다.'고 했기 때문에 공자께서 떠나셨다. 대개 대우의 경중과 연계된 것이 아니라, 다만 등용되지 않았기 때문에 떠나신 것일 뿐이다."

고금주 —— ■補曰 昭二十五年, [孔子年三十五] 昭公奔齊而魯亂, 於是孔子適齊. 待, 謂以餼牢遇接之. 牢禮如其命數. 季氏, 魯卿, 不過三牢, 而以其專政, 或用五牢, 孟氏無權, 仍用三牢. 今孔子位卑, 以有聖德, 故其餼牢欲亞於季氏, 禮遇隆矣. 曰吾老矣, 異日之言. [上節言禮遇之隆, 下節言嚮慕之衰] ○何曰: "以聖道難成, 故云'吾老矣, 不能用'." ○補曰 行, 反乎魯. [見〈世家〉]

보완하여 말한다. 소공 25년(공자35세)에 소공이 제나라로 망명하고, 노나라는 어지러웠다. 이에 공자께서는 제나라에 가셨다. ○보완하여 말한다. 대待는 희뢰餼牢로써 접대하여 예우하는 것이다. 뇌례牢禮는 그 명수命數와 같다. 계씨는 노나라의 경상이니 삼뢰를 넘지 못하지만, 그가 정치를 전횡했기 때문에 혹 오뢰를 썼다. 맹씨는 군력이 없었기에 삼뢰를 썼다. 지금 공자는 지위는 낮았지만 성덕聖德이 있었기 때문에 희뢰를 계씨에 버금가게 했으니 예우가 융성한 것이다. ○보완하여 말한다. 오노의吾老矣는 다른 날의 말이다 (앞 절은 예우의 융성함을 말하고, 뒷 절은 嚮慕의 쇠퇴를 말한다). ○하안이 말했다. "성인의 도를 이루기 어려웠기 때문에 '내가 늙어서 등용할 수 없다.'고 했다." ○보완하여 말한다. 행行은 노나라로 돌아온 것이다(「세가」에 보인다).

■孔曰: "魯三卿, 季氏爲上卿最貴, 孟氏爲下卿不用事, 言待之以二者之間." ○案 待之以季·孟之間, 何謂也? 禮貌無形質, 誠敬無度數. 季氏一級, 孟氏一級, 季·孟之間又一級, 將何以截然有等, 不相踰犯乎? 古今注家, 不復講究, 疏矣. 待之也者, 牢禮之謂也. 古者接賓之法, 最嚴於飮食之豐殺. 故大夫聘於隣國, 其籩豆 · 酒醴之數, 一或差異, 必察必爭.

공안국이 말했다. "노나라 삼경 중 계씨가 가장 높고, 맹씨는 하경으로 권력을 쓰지 못했으니, 두 사람의 중간으로 대우하겠다는 말이다." ○살핀다. 계씨와 맹씨의 중간으로 대우하겠다는 것이 무슨 말인가? 예모禮貌는 형질形質이 없고, 성경誠敬에는 도수度數가 없다. 계씨가 한 등급이고 맹씨가 한 등급인데, 맹씨와 계씨 사이가 또 한 등급이라면 장차 어떻게 자르듯이 등급이 있어, 서로 넘거나 침범하지 않겠는가? 고금의 주석가들이 다시 강구하지 않았으니, 엉성하다. 대우한다(待之也)는 것은 뇌례牢禮를 말한다. 옛날에 빈객을 접대하는 법은 음식의 늘림과 줄임에 가장 엄격했다. 그러므로 대부가 이웃 국가에 빙문하면 그 변두籩豆와 주례의 수효가 혹 하나라도 차이 나면 반드시 살피고 따졌다.

■ 蔡曰: "'吾不能'二句, 皆待孔子之言, '不能用', 又是更端說." ○顧麟士曰: "『紹聞編』'齊 景公持孔子'句絶." ○案 二說皆是.

채청이 말했다. "'오불능吾不能'과 '이맹지간대지以孟之間待之' 두 구절은 모두 공자를 대우하는 것에 관한 말이고, '불능용不能用'은 또한 단서를 바꾼 말이다." ○고린사顧麟士가 말했다. "『소문편』에서 말했다. '제齊경공景公지공자持孔子'에서 구를 끊었다." ○살핀다. 두 설명이 모두 옳다.

비평 —— (1) 대待에 대해 의견을 달리하고 있다. 고주는 작록과 봉록으로 예우하는 것이라고 주석했고, 주자는 언급이 없다. 다산은 대待는 희뢰餼牢로써 접대하여 예우하는 것이라고 상세히 논증했다.

(2) 앞 구절과 뒤 구절의 관계에 대해 견해가 다르다. 고주는 연속적인 말로 보았다. 다산은 앞은 희뢰로 예우하는 것에 관한 말이고, 뒤의 구절은 등용에 관한 말로 보았다. 주자는 그 중간의 입장을 취하고 있다.

18:4. 齊人歸女樂. 季桓子受之, 三日不朝, 孔子行. [歸音饋]

고주 —— 제나라 사람이 (공자가 섭정을 하자, 노나라가 패자가 될 것이 두려워) 여악을 보내 왔다. 계환자가 (정공으로 하여금) 그들을 받아들여 3일이나 조회를 하지 않았으므로, 공자께서는 떠나셨다.

주자 —— 제나라 사람이 (공자가 섭정을 하자, 노나라가 패자가 될 것이 두려워) 여악을 보내왔다. 계환자가 (정공으로 하여금) 그들을 받아들여 3일이나 조회를 하지 않았으므로, 공자께서는 떠나셨다.

다산 —— 제나라 사람이 (공자가 섭정을 하자, 노나라가 패자가 될 것이 두려워) 여악을 보내왔다. 계환자가 (정공으로 하여금) 그들을 받아들여 (군신이 함께 관람하면서) 3일이나 조회를 하지 않았으므로, 공자께서는 (위나라로) 떠나셨다(歸의 음은 饋:궤이다).

집주 —— ■季桓子는 魯大夫니 名斯라 按史記에 定公十四年에 孔子爲魯司寇하여 攝行相事하시니 齊人이 懼하여 歸女樂以沮之하니라
계환자季桓子는 노나라 대부로 이름은 사斯이다. 『사기』를 살피면, 정공 14년

자원풀이 ■귀歸는 사(師의 옛 글자)+止(머무를 지)+婦(며느리 부의 생략형)의 형성자로 출정했던 군대(師)가 돌아오고, 시집갔던 딸(婦)이 친정집으로 돌아옴(止-一足)을 말한다. 제자리로 돌아오다, 귀환歸還하다, 귀속시키다 등의 뜻이다. 돌아가다(薄言還歸), 돌려보내다(久暇而不歸), 시집가다(之子于歸), 의지하여 따르다(民歸之 由水之就下), 결과(天下同歸而殊途), 자수하다, 편들다, 모이다, 몸을 의탁할 곳(則仁人以爲己歸矣) 등의 의미도 있다. 여기서는 궤歸(=饋)로 음식이나 물건을 보내다, 증정하다(歸孔子豚, 17:1)는 뜻이다.

에 공자는 노나라의 사구司寇가 되어 재상의 일을 섭행攝行했다. 제나라 사람들이 두려워하여 여악女樂을 보내 막았다.

■尹氏曰 受女樂而怠於政事如此하니 其簡賢棄禮하여 不足與有爲를 可知矣라 夫子所以行也시니 所謂見幾而作하여 不俟終日者與인저

윤돈이 말했다. "여악을 받고 이와 같이 정사에 태만했으니, 그가 현인을 소홀히 여기고 예의를 저버려서, 더불어 일을 도모하기에는 부족하는 것을 알 수 있다. 공자께서 떠나신 까닭은 이른바 '기미를 보고 일어나서, 날이 다가기를 기다리지 않는다.'는 것이리라."

■范氏曰 此篇은 記仁賢之出處하고 而折中以聖人之行하니 所以明中庸之道也니라

범조우가 말했다. "이 미자편은 인자와 현자의 출처를 기록하고, 성인의 행실로써 절중折中하여, 중용의 도를 밝힌 것이다."

고금주 —— ■補曰 歸, 遺也. 女樂, 婦人之舞, 亦以八爲列. ○孔曰: "桓子, 季孫斯也. 使定公受齊之女樂, 君臣相與觀之, 廢朝禮三日."[蔡云: "君三日不視朝, 臣三日不往朝."] ○補曰 行, 適衛.

보완하여 말한다. 귀歸는 보내다(遺)이다. 여악女樂은 여인의 춤으로, 또한 8인으로 열을 삼았다. ○공안국이 말했다. "환자는 계손사季孫斯이다. 정공에게 제나라의 여악을 받게 하고, 군신이 함께 관람하면서 3일간 조례를 폐했다." (채청이 말했다. "인군이 사흘간 조회를 보지 않으면, 신하는 사흘간 조회에 가지 않는다.") ○보완하여 말한다. 행行은 위나라로 간 것이다.

비평 —— 공자께서 모국인 노나라를 떠나 주유천하를 하시게 된 계기에 대해 기술했다. 특별한 쟁점은 없다.

18:5. 楚狂接輿歌而過孔子, 曰: "鳳兮鳳兮! 何德之衰?往者不可諫, 來者猶可追. 已而已而! 今之從政者殆而!" 孔子下, 欲與之言. 趨而辟之, 不得與之言.

고주 —— 초나라의 미친 척하던 접여가 노래하며 공자의 (수레) 앞을 지나가 며 말했다. "(봉황을 공자에 비유하여) 봉황이여, 봉황이여! 어찌 (봉황은 성군을 기다렸다 나타나지만, 공자는 천하를 주유하며 성군을 찾고 있기에 비난하여) 덕이 쇠했는가! 지난 일은 간(하여 저지)할 수 없지만, (지금부터) 오는 일을 (나를) 좇아 따를 수 있다(난을 피해 은거할 수 있다). (세상의 어지러움이) 너무 심하구나, 너무 심하구나!(다스림을 회복할 수 없다) 오늘날 정치에 종사하는 자들은 (덕이 없으 니, 장차) 위태롭구나!" 공자께서 수레에서 내려 그와 더불어 말씀을 나누고자 하셨지만, 빠른 걸음으로 피해 가니, 그와 더불어 말씀을 나누지 못하셨다.

주자 —— 초나라의 미친 척하던 (세상을 피해 살던) 접여가 노래하며 (초나라에 가던) 공자의 (수레) 앞을 지나가며 말했다. "(봉황을 공자에 비유하여) 봉황이여, 봉황이여! 어찌 (봉황은 도와 있으면 나타났다가, 도가 없으면 숨는데, 숨지 못했으니) 덕이 쇠했는가! 지난 일은 간할 수 없지만, 오는 일을 좇아 따를 수 있다.(지 금이라도 숨을 수 있다). 그만둘지어다, 그만둘지어다! 오늘날 정치에 종사하는 자들은 위태롭구나!" 공자께서 수레에서 내려 그와 더불어 말씀을 나누고자 하셨지만, 빠른 걸음으로 피해 가니, 그와 더불어 말씀을 나누지 못하셨다(접

자원풀이 ■벽辟은 辛(매울 신)+尸(주검 시)+口(입 구)의 회의자로 형벌 칼(辛)로 사람(尸)의 살점을 도려내는 것 (口)을 나타내어 갈라내다, 배척하다, 배제하다의 뜻이다. 피하다(=避)의 뜻으로 읽을 때는 피로, 비유(譬喩)하다의 뜻으로 읽을 때는 비로 읽는다.

여는 공자를 놀릴 줄 알았지만, 추향이 같지 않았다).

다산 —— 초나라의 미친 척하던 접여가 (도로에서) 노래하며 공자의 (수레) 앞을 지나가며 말했다. "(봉황을 공자에 비유하여) 봉황이여, 봉황이여! 어찌 (봉황은 성군을 기다렸다 나타나지만, 공자는 천하를 주유하며 성군을 찾고 있기에 비난하여) 덕이 쇠했는가! 지난 일은 간(하여 저지)할 수 없지만, (지금부터) 오는 일을 (나를) 좇아 따를 수 있다(난을 피해 은거할 수 있다). (지금은 정치에 종사할 때가 아니니) 그만둘지어다, 그만둘지어다! 오늘날 정치에 종사하는 자들은 위태롭구나!" 공자께서 수레에서 내려 그와 더불어 말씀을 나누고자 하셨지만, 빠른 걸음으로 피해 가니, 그와 더불어 말씀을 나누지 못하셨다.

집주 —— ■接輿는 楚人이니 佯狂避世러니 夫子時將適楚라 故로 接輿歌而過其車前也라 鳳은 有道則見하고 無道則隱이라 接輿以比孔子하고 而譏其不能隱은 爲德衰也라 來者可追는 言及今尙可隱去라 已은 止也요 而은 語助辭라 殆는 危也라 接輿는 蓋知尊夫子而趨不同者也라

접여接輿는 초나라 사람으로 미친 척하며 세상을 피했다. 공자께서 이때 초나라로 가시려고 했기에 접여가 노래하며 그 수레 앞을 지나갔다. 봉황은 도가 있으면 나타나고, 도가 없으면 숨으니, 접여가 (봉황으로) 공자를 비유하고 숨지 못함은 덕이 쇠했기 때문이라고 기롱했다. '오는 일은 좇을 수 있다(來者可追)' 함은 지금 아직도 떠나 숨을 수 있다는 말이다. 이已는 그치다(止)이다. 이而는 어조사이다. 태殆는 위태로움(危)이다. 접여는 대개 공자를 존경할 줄 알았지만, 추향이 같지 않았다.

■孔子下車는 蓋欲告之以出處之意러시니 接輿自以爲是라 故로 不欲聞而辟之也라

공자께서 수레에서 내리신 것은 아마도 출처의 뜻을 알려주시고자 했던 것

인데, 접여는 자신이 옳다고 여긴 까닭에 들으려 하지 않고 피했다.

고금주 ── ■補曰 遇於塗, 行且歌. ○孔曰: "比孔子於鳳鳥, 鳳鳥待聖君乃見, 非孔子周行求合, 故曰衰." ○孔曰: "已往所行, 不可復諫止." ○孔曰: "自今以來, 可追自止, 辟亂隱居." ○邢曰: "殆, 危也." ○補曰 言今非從政之時. ○包曰: "下, 下車." ○邢曰: "趨, 疾行也."

보완하여 말한다. 길에서 만났는데, 길을 가면서 노래했다. ○공안국이 말했다. "공자를 봉황에 비유하여, 봉황은 성군을 기다려 나타나지만, 공자는 천하를 주유하면서 구하고 있음을 비난하면서, 그러므로 '덕이 쇠했구나.'라고 말했다." ○공안국이 말했다. "(往者不可諫은) 이왕 행한 바는 다시 간하여 중지할 수 없다." ○공안국이 말했다. "(來者猶可追란) 오늘부터는 나를 따라 스스로 멈추고 난을 피하여 은거할 수 있다는 것이다." ○형병이 말했다. "태殆는 위태(危)이다." ○보완하여 말한다. (已而已而 今之從政者殆而는) 지금은 정치에 종사할 때가 아니라는 것을 말한다. ○포함이 말했다. "하下는 수레에서 내림이다." ○형병이 말했다. "추趨는 빨리 걸음이다."

■孔曰: "已而已而者, 言世亂已甚, 不可復治也. 再言之者, 傷之深也." ○純曰: "孔注以已爲'已甚'之已, 『釋文』云, '魯讀作其斯已矣.' 由此觀之, 已當訓止, 朱注是也."

공안국이 말했다. "이이이이已而已而는 세상의 혼란이 너무 심하여, 다스림을 회복할 수 없다는 것을 말했고, 두 번 말한 것은 상심傷心이 깊음이다." ○태재순이 말했다. "공안국의 주는 이已를 '이심已甚'의 이已로 보았으나, 『경전석문』에서는 '『노론』에 기사이의其斯已矣로 읽었다.'고 했다. 이로 보면, 이已는 마땅히 지止로 해석한 주자의 주석이 옳다."

■陸氏『釋文』: "鄭云'下堂出門'也." ○案 鄭說蓋據『莊子』, 然詳玩本文, 當是遇於塗也.

육덕명의 『경전석문』에서 말했다. "정현은 '당에서 내려와 문으로 나갔다.'고 해석했다." ○살핀다. 정현의 설은 『장자』「인간세」에 근거했으나, 본문을 상세히 음미하면 마땅히 이는 길에서 만난 것이다.

비평 ── 다산은 고주를 주로 받아들이고, 다만 '이이이이已已而'에 대해서만, 주자의 해석을 수용했다.

～⌘～

18:6. 長沮・桀溺, 耦而耕. 孔子過之, 使子路問津焉. 長沮曰: "夫執輿者爲誰?" 子路曰: "爲孔丘." 曰: "是魯 孔丘與?" 曰: "是也." 曰: "是知津矣." 問於桀溺, 桀溺曰: "子爲誰?" 曰: "爲仲由." 曰: "是魯 孔丘之徒與?" 對曰: "然." 曰: "滔滔者, 天下皆是也, 而誰以易之?且而與其從辟人之士也, 豈若從辟世之士哉?" 耰而不輟. 子路行以告, 夫子憮然曰: "鳥獸, 不可與同群, 吾非斯人之徒與, 而誰與?天下有道, 丘不與易也."

고주 ── (은자인) 장저와 걸닉이 각각 보습을 가지고 밭을 갈고 있었다. 공자께서 지나가시면서 자로에게 나루를 묻게 하셨다. 장저가 말했다. "(수레 안에서) 고삐를 잡고 있는 이는 누구인가?" 자로가 말했다. "공구이십니다." 장저가 말했다. "바로 노나라의 공구인가?" 자로가 말했다. "그렇습니다." 장저가 말했다. "그렇다면 (여러 차례 사방을 주유했으니 스스로) 나루터를 알 것이오." 걸닉에게 묻자 걸닉이 말했다. "그대는 누구요?" 자로가 말했다. "중유라 합니다." 걸닉이 말했다. "바로 노나라 공구의 문도인가?" 자로가 말했다. "그렇습니다." (걸닉이) 말했다. "물이 두루 넘쳐흐르듯, (지금) 천하가 모두 그러한데(혼란하기는 같은데) (공연히 이곳을 버리고 저곳으로 간다 한들) 누가 세상을 바꿀 수 있겠는가?(누가 도로써 세상을 바꾸어 유도한 세상을 만들 수 있겠는가?:형병) 또한(선비에게는 사람을 피하는 법이 있고, 세상을 피하는 법이 있는데) 사람을 피하는 선비(=공자:노고)를 따르는 것이 어찌 세상을 피하는 선비(장저와 걸닉:안일의 즐거움)를 따르는 것만 하겠소?" 하고는, 씨앗을 덮는 일을 계속했다. 자로가 돌아와 (공자께) 고하니, 공자께서 (자신의 뜻을 알지 못하고, 비판만 하니) 실의失意하여 말씀하셨다. "(산림에 은거하여) 조수와 무리지어 살 수 없으니(세상을 피할 수 없다), 내가 이 (천하의) 사람의 무리와 서로 친하게 지내지 않는다면 누구와 친하게 지내겠는가? 천하에 도가 있다고 하더라도, 나는 (나의 도는 크고, 저들의 도는 작으니, 저들의 도와) 바꾸지 않을 것이다."

주자 —— (은자인) 장저와 걸닉이 나란히 밭을 갈고 있었다. 공자께서 지나가시면서 자로에게 나루를 묻게 하셨다. 장저가 말했다. "(수레 안에서) 고삐를 잡고 있는 이는 누구인가?" 자로가 말했다. "공구이십니다." 장저가 말했다. "바로 노나라의 공구인가?" 자로가 말했다. "그렇습니다." 장저가 말했다. "그렇다면 (여러 차례 사방을 주유했으니 스스로) 나루터를 알 것이오." 걸닉에게 묻자 걸닉이 말했다. "그대는 누구요?" 자로가 말했다. "중유라 합니다." 걸닉이 말했다. "바로 노나라 공구의 문도인가?" 자로가 말했다. "그렇습니다." (걸닉

자원풀이 ■우耦는 뢰耒(쟁기)+우禺(원숭이 우)의 형성자로 짝(禺)을 이루어 나란히 쟁기질(耒)하다의 뜻으로 2인 1조, 짝, 상대라는 뜻이다.
■경耕은 耒(쟁기 뢰)+井(우물 정)의 형성자로 쟁기(耒)로 경지 정리된(井) 논밭을 일구는 것, 경작耕作을 말한다. 씨를 뿌리다, 어떤 일에 매진하다 등의 뜻이다.
■진津은 수水(물)+율聿(붓)의 회의자로 배를 타고 물을 건너는 모습을 그렸다. 강을 건너다, 혹은 강을 건너는 곳, 곧 나루를 의미한다.
■도滔는 수手(손)+요舀(퍼낼 요)의 형성자로 물을 퍼내야 할 정도로 가득하여 출렁거림, 크다, 출렁거리다의 뜻이다. 도도滔滔는 광대히 어지러운 모양, 도를 넘치다, 넓다, 크다, 모이다 등의 뜻이다.
■우耰는 뢰耒+우憂(근심하다)의 형성자로 씨앗을 덮거나 흙을 고르는데 쓰이는 농기구(耒)를 말한다.

이) 말했다. "도도히 흘러 돌아오지 않는 것이 (지금) 천하가 온통 그러한데(혼란한데), 누구와 더불어(以=與) 세상을 변역할 것인가? 또한 그대는(而=汝) 사람을 피하는 선비(=공자)를 따르는 것이 어찌 세상을 피하는 선비(장저와 걸닉)를 따르는 것만 하겠소?" 하고는, 씨앗을 덮는 일을 계속했다. 자로가 돌아와 (공자께) 아뢰니, 공자께서 (자신의 뜻을 알지 못하는 것을 애석해 하여) 슬퍼하면서 말씀하셨다. "(응당) 조수와는 더불어 같이 무리지어 살 수 없으니, 내가 이 사람의 무리와 더불어 하지 않는다면, 누구와 함께하겠는가?(어찌 사람들과 단절하고 세상을 피하는 것을 고결하다고 할 수 있겠는가?) 천하에 도가 있으면, 나는 (도로써) 더불어 변역하지 않을 것이다."

다산 —— (은자인) 장저와 걸닉이 나란히 밭을 갈고 있었다. 공자께서 지나가시면서 자로에게 나루를 묻게 하셨다. 장저가 말했다. "수레를 잡고 있는 이는 누구인가?" 자로가 말했다. "공구이십니다." 장저가 말했다. "바로 노나라의 공구인가?" 자로가 말했다. "그렇습니다." 장저가 말했다. "그렇다면 (많이 알고 계서) 나루터를 알 것이오(남에게 물을 필요가 없다)." 걸닉에게 묻자 걸닉이 말했다. "그대는 누구요?" 자로가 말했다. "중유라 합니다." 걸닉이 말했다. "바로 노나라 공구의 문도인가?" 자로가 말했다. "그렇습니다." (걸닉이) 말했다. "큰물이 져서 (지금) 천하가 온통 이와 같은데(혼란한데), 누가 이것으로써 (자기가 하던 일) 저것(공자와 함께하는 것)을 바꿀 것인가? 또한 그대는(而=汝) 사람을 피하는 선비(=공자)를 따르는 것이, 어찌 세상을 피하는 선비(장저와 걸닉)를 따르는 것만 하겠소?" 하고는, (흙덩이를 부수며) 고무질하기를 그치지 않았

■철轍은 거車(수레)+철徹(통하다)의 형성자로 수레(車) 바퀴가 지나가면서(徹) 남긴 자국이란 뜻으로 길, 그리고 다시 행동의 방침, 그리고 '하던 일을 멈추다'의 뜻이 나왔다(輟市).
■무憮는 심心(마음)+무無(없다)의 형성자로 마음이 실의에 빠진 모양, 멍한 모양을 말한다. 무연憮然이란 창연悵然 즉 낙담함, 무는 멍한 모양, 실망한 모양, 한탄함이다.

다(생각이 閑適했다). 자로가 돌아와 (공자께) 고하니, 공자께서 무연히 실심하여 말씀하셨다. "(군자는 도가 없으면 숨는데) 조수와는 더불어 같이 무리지어 살 수 없으니, 내가 이 사람의 무리(=장저와 걸닉)와 더불어 하지 않는다면, 누구와 함께하겠는가? 천하에 도가 있으면, 나도 (도를 실현하러 나타난 것이지, 장저와 걸닉처럼 운둔하는 삶과) 바꾸지 않을 것이다(장저와 걸닉을 부러워하고 있다)."

집주── ■二人은 隱者라 耦는 並耕也라 時에 孔子自楚反乎蔡하시니라 津은 濟渡處라

두 사람(二人)은 은자隱者이다. 우耦는 나란히 밭갈이함(並耕)이다. 당시 공자께서는 초나라에서 채나라로 돌아가시던 중이었다. 진津은 물을 건너는 나루이다.

■執輿는 執轡在車也라 蓋本子路御而執轡러니 今下問津이라 故로 夫子代之也라 知津은 言數周流하여 自知津處라

'수레를 잡다(執輿)'는 고삐를 잡고 수레에 있는 것이다. 대개 본래 자로가 수레를 몰며 고삐를 잡았지만, 지금은 내려서 나루를 물었기 때문에, 공자께서 대신하셨다. '나루를 안다'는 것은 자주 두루 다녔기에 스스로 나루터를 알 것이라는 말이다.

■滔滔는 流而不反之意라 以는 猶與也라 言天下皆亂하니 將誰與變易之리오 而는 汝也라 辟人은 謂孔子요 辟世는 桀溺自謂라 耰는 覆種也라 亦不告以津處하니라

도도滔滔는 흘러가 돌아오지 않는다는 뜻이다. 이以는 여與(더불어)와 같다. '천하가 온통 혼란스러우니, 장차 누구와 함께 변역變易하겠는가?'라는 말이다. 이而는 여汝(너, 그대)이다. 사람을 피하는 사람(辟人)은 공자를 말하고, 세상을 피하는 사람(辟世)은 걸닉 자신을 말한다. 우耰는 씨앗을 (흙으로) 덮는 것이다. 역시 나루터를 알려주지 않았다.

■憮然은 猶悵然이니 惜其不喩己意也라 言所當與同群者는 斯人而已니 豈可絶人逃世하여 以爲潔哉리오 天下若已平治면 則我無用變易之니 正爲天下無道라 故로 欲以道易之耳니라

'무연憮然'은 '창연悵然'과 같으니, 그가 자기의 뜻을 알지 못함을 애석해 하신 것이다. '마땅히 함께 같이 무리를 이룰 자는 이 사람뿐이니, 어찌 사람들과 단절하고 세상을 피하는 것을 고결하다고 할 수 있겠는가? 만일 천하가 이미 태평하게 잘 다스려지고 있다면, 내가 변역할 필요가 없다. 바로 천하에 도가 없기 때문에 도로써 바꾸고자 하는 것일 뿐이다.'라는 말씀이다.

■程子曰 聖人이 不敢有忘天下之心이라 故로 其言이 如此也시니라

정자가 말했다. "성인께서는 천하를 잊으려는 마음을 감히 지닐 수 없으셨으니, 그 말씀이 이와 같다."

■張子曰 聖人之仁은 不以無道라하여 必天下而棄之也시니라

장재가 말했다. "성인의 인仁은 무도하다고 천하를 단정하여 버리시지 않으신다."

고금주 ── ■補曰 時水浩汗, 不知所由濟. 輿者, 車所載. 子路御而執轡, 今無御者, 故孔子執輿. ○馬曰: "言數周流, 自知津處." ○補曰 譏孔子多知, 不宜問人." 滔滔, 大水貌. 言天下皆亂, 如涉大水而無津, 皆此津也, 今不可行道. 天下皆亂, 誰肯以此易彼? 自言不與孔子易其所爲. 時陳·蔡大夫, 謀圍孔子. 孔子蓋從間道, 行迷而問津, 故曰避人之士. 辟世, 自言隱於耕稼. 櫌, 椓塊椎也. [見『淮南子』注] 所以破田塊. ○鄭曰: "輟, 止也." ○補曰: 櫌而不輟, 示意思閑適. 斯人之徒, 謂長沮·桀溺之徒也. 苟欲辟世, 將誰與交好哉? 鳥獸非群, 唯沮·溺之徒可相與. 因答其語意曰: "若天下有道, 吾不與沮·溺易其所爲." 言彼時不必隱遯, 明今所羨慕.

보완하여 말한다. 당시 물이 크게 넘쳐 건널 경로를 알지 못한 것이다. 여興

란 수레의 사람을 태우는 부분이다. 자로가 수레를 몰면서 고삐를 잡았지만, 지금은 수레를 모는 사람이 없었기 때문에 공자께서 수레를 잡으신 것이다. ○마융이 말했다. "자주 두루 다녔기에 스스로 나루터를 알 것이라는 말이다." ○보완하여 말한다. "공자께서 많이 알고 계셔서, 남에게 묻는 것은 마땅하지 않다고 기롱한 것이다." ○보완하여 말한다. 도도滔滔는 큰물이 진 모양이다. 천하가 온통 혼란스런 것이 마치 큰물을 건너는 데 나루가 없는 것과 같으니, (천하가) 모두 이 (도도한) 물이니, 지금 도를 행할 수 없다는 말이다. 천하가 온통 혼란한데, 누가 기꺼이 이것으로 저것을 바꾸겠는가? 공자와 함께하려고 그(걸닉)가 하던 바를 바꾸지 않겠다고 스스로 말한 것이다. 당시 진陳・채蔡의 대부들은 도모하여 공자를 포위하고자 했다. 공자는 대개 사잇길을 따라 가다가 헷갈려 나루를 물었기 때문에, 사람을 피하는 선비라고 했다. 피세辟世는 농사지으면서 은거하는 자신을 말한 것이다. 우耰는 흙덩이를 치는 방망이(椓塊椎)인데(『회남자』의 주에 보인다), 논의 흙덩이를 부수는 것이다. ○정현이 말했다. "철輟은 그치다(止)이다." ○보완하여 말한다. 우이불천耰而不輟은 생각이 한적閑適함을 나타낸다. 이 사람의 무리(斯人之徒)란 장저長沮・걸닉桀溺의 무리이다. 진실로 세상을 피하고자 한다면, 장차 누구와 더불어 사귀어 좋게 지내겠는가? 조수는 (인간의) 동료가 아니니, 오직 장저・걸닉의 무리와 서로 함께할 수 있을 것이다. 이어서 그 말에 답하여, "만일 천하에 도가 있다면, 나는 장저・걸닉과 함께 하기 위해 내가 하던 바를 바꾸지 않을 것이다."라고 말했다. 천하에 도가 있는 때라면 은둔할 필요가 없다는 말이니, 지금은 부러워하고 있음을 밝힌 것이다.

■鄭曰: "耜廣五寸, 二耜爲耦." ○邢曰: "執輿, 謂執轡在車也." ○駁曰 非也. 執轡非執輿. ○孔曰: "滔滔, 周流之貌." ○案 孔子・子路所問者津也, 長沮曰 '是知津', 猶答津矣. 桀溺獨不答津乎? 滔滔者, 大水之貌, 爾獨以此水爲難濟乎? 天下皆此水也, 何以行道?

정현이 말했다. "보습(耟)은 너비가 5치(五寸)이니, 두 사람이 각각 보습을 가지고 밭을 가는 것이 우耦이다." ○형병이 말했다. "집여執輿는 고삐를 잡고 수레에 있는 것을 말한다." ○논박하여 말하면, 그릇되었다. 고삐를 잡는 것 (執轡)은 수레를 잡는 것(執輿)이 아니다. ○공안국이 말했다. "도도滔滔는 두루 흐르는 모양이다." ○살핀다. 공자·자로가 물은 것은 나루이다. 장저가 '그렇다면 나루를 알 것이다.'라고 했으니, 오히려 나루에 대해 답을 한 것이다. 걸닉만 홀로 나루에 답하지 않았겠는가? 도도滔滔란 큰물의 모양이니, 그대만 유독 이 물이 건너기 어렵다고 여기겠는가? 천하가 모두 이 물이니, 어찌 도를 행할 수 있겠는가?

■ 孔曰: "言當今天下治亂同, 空舍此適彼, 故曰'誰以易之.'" ○邢曰: "今天下皆是無道也, 空舍此適彼, 誰以易之爲有道者也?" ○案 孔意謂天下皆亂, 誰肯以衞易魯, 以楚易衞乎? 不如安坐一處. 朱子之意謂天下皆亂, 誰能以先王之道, 移風而易俗乎? [如『孟子』所云'易天下'] 兩義判殊, 而邢氏兩騎作說. 舍此適彼則上遵孔義, 易之爲有道則下合朱義, 不可用也. 孔義雖好, 與章末之'某不與易', 首尾不相應, 亦不可用也. 朱子之義雖好, 章末所釋, 違於事理, 尾旣難從, 首亦宜改, 玆所以不敢從也.

공안국이 말했다. "지금 천하가 (가는 곳마다) 치란이 동일한데, 공연히 이곳을 버리고 저곳으로 가는 것이기 때문에, '누가 바꿀 수 있겠는가(誰以易之)?'라고 말한 것이다." ○형병이 말했다. "지금 천하가 모두 이렇게 무도한데, 공연히 이곳을 버리고 저곳으로 가니, 누가 (도로써) 천하를 바꾸어 도가 있는 세상을 만들 것인가?" ○살핀다. 공안국의 생각은 '천하가 모두 온통 혼란한데, 누가 기꺼이 위나라를 노나라로 바꾸고, 초나라를 위나라로 바꿀 것인가? 편안히 한 곳에 앉아 있는 것만 못하다는 것이다. 주자의 생각은 천하가 온통 혼란한데, 누가 능히 선왕의 도로써 풍속을 바꿀 수 있는가(『맹자』「등문공상」가 말한 '易天下'와 같다)?'라는 것이다. 두 해석이 판이하게 다르니, 형병은 양쪽을 절충

하여 해설했다. 이곳을 버리고 저곳으로 간다는 것은 위로는 공안국의 해설을 존중하고, 변역하여 도가 있도록 한다는 것은 아래로 주자의 해석에 부합하지만, 수용할 수는 없다. 공안국의 해석은 비록 좋으나, 장 끝의 '구불여역丘不與易'과 수미首尾가 상응하지 않으니, 또한 수용할 수 없다. 주자의 해석은 비록 좋으나 장 끝의 해석이 사리에 위배되니 꼬리 부분은 이미 따르기 어렵고, 머리 부분 역시 마땅히 고쳐야 하니, 이에 감히 따를 수 없는 바이다.

■何曰: "士有辟人之法, 有辟世之法, 長沮 · 桀溺謂孔子爲士, 從辟人之法, 己之爲士則從辟世之法." ○駁曰 非也. 孔子何嘗辟人? 問津之時, 適有戒心, 桀溺知其方辟人故譏之.

하안이 말했다. "사람을 피하는 법이 있고, 세상을 피하는 법이 있는데, 장저 · 걸닉은 공자의 선비 됨이 사람을 피하는 법을 따르지만, 자신들의 선비 됨은 세상을 피하는 법을 따른다고 여겼다." ○논박하여 말하면, 그릇되었다. 공자가 어찌 일찍이 사람을 피했던가? 나루를 물었을 때, 마침 경계하는 마음이 있었으니, 걸닉이 공자가 바야흐로 사람을 피한다고 인식했기 때문에 기롱한 것이다.

■鄭曰: "櫌, 覆種也." ○案 二子方畊未播, 安得遽已覆種? 『說文』徐註曰: "櫌, 摩田器." 布種後以此器摩之, 使土開發處, 復合覆種也. 此亦鄭注之沿誤也. 櫌者, 椎也.

정현이 말했다. "우櫌는 씨앗을 (흙으로) 덮는 것이다." ○살핀다. 두 사람이 바야흐로 밭을 갈아 아직 씨앗도 뿌리지 않았는데, 어떻게 문득 이미 씨앗을 덮을 수 있었겠는가? 『설문』 서현의 주에서 "우櫌는 전기田器로써 두드리는 것이다."라고 했으니, 씨앗을 뿌린 후 이 기구로써 두들겨서, 흙이 파헤쳐진 곳을 다시 합하여 씨를 덮는 것이다. 이 또한 정현의 주의 연원인데, 오류이다. 우櫌란 추椎(방망이, 고무래)이다.

■何曰: "憮然, 爲其不達己意而便非己也." ○孔曰: "隱於山林, 是同群." ○孔曰: "吾自當與此天下人同群, 安能去人從鳥獸居乎?" ○案 孔子亦嘗曰: "賢者辟世, 其次辟地." 遯世無悶, 本亦聖人之一義, 豈必以子路'潔身亂倫'一語, 盡斥隱者爲鳥獸之群乎? 孔子栖栖四國, 卒無所遇, 聞沮‧溺所言, 悵然自失曰: "吾苟欲隱, 非斯人之徒, 是與爲群, 而將誰相從乎?" 有所懷伊人欲往從之之意, 不可作排斥語也. ○公牧云: "若指天下之人, 則當曰斯民, 不當曰斯人, 當曰斯人, 不當曰斯人之徒."

하안이 말했다. "무연憮然은 저들이 자신(공자)의 뜻을 알지 못하면서 자신을 비난했기 때문이다." ○공안국이 말했다. "삼림에 은거하는 것이 곧 (조수와) 같이 무리를 짓는 것이다." ○공안국이 말했다. "나는 본래부터 마땅히 이 천하 사람들과 더불어 무리를 지어야 하니, 어찌 능히 사람을 버리고 조수를 쫓아 살 수 있겠는가?" ○살핀다. 공자는 또한 일찍이 "현자는 세상을 피하고, 그다음은 땅을 피한다(「헌문」)."고 했으니, 둔세遯世하여도 민망하게 여김이 없는 것이 본래 또한 성인의 한 뜻이니, 어찌 반드시 자로의 '자신을 결백하게 하지만 인륜을 어지럽힌다(潔身亂倫).'는 한마디 말로 모든 은자를 배척하고 조수의 무리로 여길 수 있겠는가? 공자께서는 사방을 분주히 다녀도 끝내 (현군을) 만나지 못하다가, 장저‧걸닉의 말을 듣고 창연悵然히 스스로 실의하여(自失) "내가 진실로 은둔하고 싶다면, 이 사람의 무리와 더불어 무리 지어 살지 않는다면, 장차 누구와 상종相從하겠는가?"라고 말하셨다. 이 사람들을 품고 가서 그들을 따르려던 뜻이 있었으니, 배척하는 말로 볼 수 없다. ○윤공목이 말했다. "만일 천하 사람을 지시한다면 마땅히 사민斯民이라 하고 사인斯人이라 할 수 없으며, 마땅히 사인斯人이라 하고 사인지도斯人之徒라고 할 수 없다."

■何曰: "言凡天下有道者, 丘皆不與易也, 己大而人小故也." ○駁曰 非也. 不知何說. 沮‧溺云'誰以易之'者, 言我不易所守, 不欲與孔子易其所爲也. 故孔子答其意曰: "若天下有道, 吾亦不與彼相易." 蓋君子無道則隱, 有道則見, 當有道之時, 則吾義是也.

하안이 말했다. "무릇 천하에 도가 있다고 하더라도 나는 모두 (나의 도와 저들의 도와) 바꾸지 않을 것이니, 나의 도는 크고 저들의 도는 작기 때문이라고 말한 것이다." ○논박하여 말하면, 그릇되었다. 무슨 말인지 알지 못하겠다. 정저·걸닉이 말한 '수이역지誰以易之'란 내가 지키는 것을 바꾸지 않겠다는 말이니, 공자와 함께하거나 그들이 하던 것을 바꾸고 싶어 하지 않은 것이다. 그러므로 공자께서 그 뜻에 대답하여, "만일 천하에 도가 있다면, 나 또한 저들과 함께 서로 바꾸려 하지 않으려 했을 것이다."라고 말씀하셨다. 대개 군자는 도가 없으면 은둔하고, 도가 있으면 나오니, 도가 있을 때를 당했다면 나의 뜻이 옳다.

■朱子曰: "若已平治, 則我無用變易之, 正爲天下無道, 故欲以道易之耳." ○案 桀溺本以辟人辟世作爲對頭, 較其優劣, 爭其利害, 先言自己不易所守, 復勸子路易其所從. 故孔子憮然相許, 以其不易爲是, 繼之曰: "若天下有道, 則吾不易也." 變易天下, 恐非本旨. 與字宜詳玩. ['不與易'之與字]

주자가 말했다. "만일 이미 천하가 태평하게 잘 다스려지고 있다면, 내가 변역할 필요가 없다. 바로 천하에 도가 없기 때문에 도로써 바꾸고자 하는 것일 뿐이다(는 말씀이다)." ○살핀다. 걸닉은 본래 벽인·벽세로 대두對頭를 삼아서 그 우열을 비교하고, 그 이해利害를 따지고, 먼저 자기가 지키는 바를 바꾸지 않겠다고 말하고, 다시 자로에게 그 따르던 바를 바꾸라고 권했다. 그러므로 공자께서 무연히 그들이 바꾸지 않은 것이 옳다고 서로 허여하면서, 이어서 말씀하시길, "만일 천하에 도가 있다면 나도 바꾸지 않았을 것이다."라고 하신 것이다. 천하를 변역하는 것은 아마도 본뜻이 아닌 듯하다. 여與 자를 마땅히 상세히 음미해야 한다('不與易'의 與 자).

비평 —— 해석에서 논란이 많은 구절이다. (1) 차이且而에 대해 고주는 어사

語辭로 보았지만, 주자와 다산은 이而를 여汝(그대)로 보고 있다. 주자와 다산이 해석한 것에 따르는 것이 순조롭다. (2) 우耰를 ①써레질함, ②씨를 덮다로 볼 것인가? (3) 역易을 ①입장 혹은 자리를 바꾸다, ②(세상 혹은 도를)변역變易함으로 볼 것인가? (4) 마지막 구절 "조수鳥獸, 불가여동군不可與同群, 오비사인지도여吾非斯人之徒與, 이수여而誰與? 천하유도天下有道, 구불여역야丘不與易也."에 대해서는 적어도 네 가지 다른 해석(공안국, 형병, 주자, 다산)이 있다. 다산의 비정이 상세하다.

꧁꧂

18:7. 子路從而後, 遇丈人以杖荷蓧. 子路問曰: "子見夫子乎?" 丈人曰: "四體不勤, 五穀不分, 孰爲夫子?" 植其杖而芸. 子路拱而立. 止子路宿, 殺雞爲黍而食之, 見其二子焉. 明日, 子路行以告. 子曰: "隱者也." 使子路反見之, 至則行矣. 子路曰: "不仕無義. 長幼之節, 不可廢也, 君臣之義, 如之何其廢之? 欲潔其身, 而亂大倫. 君子之仕也, 行其義也. 道之不行, 已知之矣."

고주 —— 자로가 (공자를) 수행하다가 뒤처졌는데, 지팡이로 대 망태를 걸어 메고 있는 노인(丈人=老人)을 만났다. 자로가 물었다. "노인께서는 우리 부자를 보셨습니까?" 장인이 말했다. "사체로 부지런히 노력하지 않고, 오곡을 가꾸는 것도 분변하지 못하는데 누가 부자라 하(여 찾)는가?"하고 (자로를 책망하고), (밭 가운데로 가서) 지팡이를 비스듬히 세워 놓고 김을 매었다. 자로가 (대답할 줄 몰라) 두 손을 맞잡고 서 있으니, 자로를 머물게 하룻밤 묵어가게 하고는, 닭을 잡고 기장밥을 지어 먹이고, 자기의 두 자식을 뵙게 했다.

다음 날, 자로가 (공자께) 가서 아뢰니, 공자께서 "은자로구나!"고 하시면서 자로에게 되돌아가 만나게 하셨는데, (되돌아와 그 집에) 이르니, (장인은) 출행했다(집에 없었다). 자로가 (장인의 두 자식에게 留言하여) 말했다. "벼슬하지 않는 것은 도의가 없는 것이다. 장유의 예절(부자상양의 도의)도 폐할 수 없는데, 군신의 도의를 어찌 버릴 수 있겠는가? 그 자신만 깨끗이 하고자 큰 도리(倫=도리)를 어지럽히는 것이다. 군자가 벼슬을 하는 것은 그(군신간의) 도의를 행하는 것이니(자기의 도가 행할 수 있다고 기필해서가 아니니), (공자께서는) 도가 행해지지 않을 줄은 이미 알고 계셨다."

주자 —— 자로가 (공자를) 수행하다가 뒤처졌는데, 지팡이로 대 망태를 걸어 메고 있는 장인(=隱者)을 만났다. 자로가 물었다. "노인께서는 우리 부자를 보셨습니까?" 장인이 말했다. "(그대는) 사체를 부지런히 움직이지도 않고, 오곡을 분변하지도 못하는데 누가 (그대의) 부자인가(농업에 종사하지 않고, 스승을 따라 종유함)?" 하고, (밭 가운데로 가서) 지팡이를 세워 놓고 김을 매었다. 자로가 (그가 은자임을 알고 공경의 표시로) 두 손을 맞잡고 서 있으니, 자로를 머물게 하룻밤 묵어 가게 하고는, 닭을 잡고 기장밥을 지어 먹이고, 자기의 두 자식을 뵙게 했다. 다음 날, 자로가 (공자께) 가서 아뢰니, 공자께서 "은자로구나!"고 하시면서 자로에게 되돌아가 (군신의 의를 알게 하기 위해) 만나게 하셨는데, (되돌아와 그 집에) 이르니, (장인은 자로가 필시 다시 올 것이라 생각하여) 떠나 버렸다. 자로가 (공자의 뜻을 서술하여) 말했다. (자로가 돌아오니, 공자께서 말씀하시길?)

자원풀이 ■장丈은 우又(또)+십十(열)의 회의자로 10을 말한다. 또한 손(又)에 나무 막대(지팡이)를 쥔 모양으로 보기도 한다. 지팡이를 쥔 사람이라는 뜻에서 노인, 어른을 말하기도 한다.
■조蓧는 초艸+조條의 형성자로 삼태기를 말한다.
■식植은 목木(나무)+직直(곧다)의 형성자로 심다, 식물植物을 뜻하기도 한다. '치'로 읽을 때는 감독, 두다의 뜻이다.
■운芸은 초艸(풀)+운云(이르다)의 형성자로 향초를 말하나, 여기서는 김매다(=耘: 농기구: 耒로서 김을 매고 흙을 북돋우어 주는 것)의 뜻이다.

"벼슬하지 않는 것은 의가 없음이다. 장유의 예절도 폐할 수 없는데(장인이 알고 있는 것), 군신의 의를 어찌 버릴 수 있겠는가? 그 자신만 깨끗이 하고자 큰 질서(=오륜:부자유친·군신유의·부부유별·장유유서·붕우유신)를 어지럽히는 것이다. 군자가 벼슬을 하는 것은 그(군신 간의) 의를 행하기 위함이니, 도가 행해지지 않는다는 것은 이미 알고 있다(그래도 벼슬하는 것은 폐할 수 없다)."

다산 —— 자로가 (공자를) 수행하다가 뒤처졌는데, 지팡이로 대 망태를 걸어 메고 있는 노인을 만났다. 자로가 물었다. "노인께서는 우리 부자를 보셨습니까?" 장인이 말했다. "(그대는) 사체를 부지런히 움직이지도 않고, 오곡을 분변하지도 못하는데 누가 (그대의) 부자인가(농사짓지 않으면서, 벼슬을 구하는구나!)?" 하고, (밭 가운데로 가서) 지팡이를 세워 놓고 김을 매었다. 자로가 두 손을 맞잡고 서 있으니, (자로의 현명함을 보고) 자로를 머물게 하룻밤 묵어 가게 하고는, 닭을 잡고 각서角黍를 만들어 먹이고, 자기의 두 자식을 뵙게 했다. 다음 날, 자로가 (공자께) 가서 아뢰니, 공자께서 "은자로구나!"고 하시면서 자로에게 되돌아가 만나게 하셨는데, (되돌아와 그 집에) 이르니, (장인은 자로가 필시 다시 올 것이라 생각하여) 떠나 버렸다(간 곳을 알 수 없었다). 자로가 (자신의 생각을, 아마도 망태를 지고 오는 무리들) 말했다. "벼슬하지 않는 것은 의가 없음이다. 장유의 예절도 폐할 수 없는데, 군신의 의를 어찌 버릴 수 있겠는가? 그 자신만 깨끗이 하고자 큰 질서를 어지럽히는 것이다. 군자가 벼슬을 하는 것은 그(군신간의) 의를 행하기 위함이니, 도가 행해지지 않는다는 것은 이미 알고 있다."

집주 —— ■丈人은 亦隱者라 蓧는 竹器라 分은 辨也니 五穀不分은 猶言不辨菽麥爾니 責其不事農業而從師遠遊也라 植는 立之也라 芸은 去草也라
장인丈人 역시 은자隱者이다. 조蓧는 대 망태(竹器)이다. 분分은 분변(辨)이다.

오곡을 분변하지 못한다는 것은 '콩과 보리를 분별하지 못한다.'는 말과 같으니, 농업에 종사하지 않고, 스승을 따라 멀리 종유함을 책망한 것이다. 치植는 세우는 것이다. 운芸은 풀을 제거함이다.

■ 知其隱者하고 敬之也라

그가 은자임을 알고서 공경을 표한 것이다.

■ 孔子使子路反見之는 蓋欲告之以君臣之義러니 而丈人이 意子路必將復來라 故로 先去之하여 以滅其跡하니 亦接輿之意也라

공자께서 자로에게 되돌아가 만나게 하신 것은 대개 군신의 의리를 일러주려고 하신 것인데, 장인은 자로가 필시 다시 돌아올 것이라고 생각했던 때문에 먼저 떠나 그 종적을 없앴으니, 또한 접여의 뜻이다(「미자」 18:5).

■ 子路述夫子之意 如此라 蓋丈人之接子路 甚倨나 而子路益恭한대 丈人이 因見其二子焉하니 則於長幼之節에 固知其不可廢矣라 故로 因其所明以曉之하니라 倫은 序也라 人之大倫이 有五하니 父子有親, 君臣有義, 夫婦有別, 長幼有序, 朋友有信이 是也라 仕는 所以行君臣之義라 故로 雖知道之不行이나 而不可廢라 然이나 謂之義면 則事之可否와 身之去就를 亦自有不可苟者라 是以로 雖不潔身以亂倫이나 亦非忘義以徇祿也라 福州에 有國初時寫本하니 路下에 有反子二字하여 以此爲子路反而夫子言之也하니 未知是否로라

자로가 공자의 뜻을 이와 같이 서술했다. 대개 장인이 자로를 접견함은 심히 거만했지만 자로는 더욱 공손했다. 이에 장인이 그 두 아들을 인사시켰으니, 장유의 예절에 대해서는 본디 폐할 수 없는 것임을 알고 있었기 때문에, 그 밝은 바에 근거하여 깨우친 것이다. 윤倫은 질서(序)이다. 사람의 큰 윤리는 다섯이 있으니, 부자유친, 군신유의, 부부유별, 장유유서, 붕우유신이 그것이다. 벼슬하는 것은 군신의 의를 행하는 것이기 때문에 비록 도가 행해지지 않는다는 것을 알더라도 폐할 수 없다. 그러나 의義라고 했으니, 일의 가부可否와 몸의 거취 또한 그 자체로 구차스러워서는 안 된다. 이런 까닭에 비

록 자신을 고결하게 하여도 인륜을 어지럽히지 않으며, 또한 의를 잊고 녹을 따르지도 않는다. 복주福州에 (송)나라 초기의 사본이 있는데, '로路' 자 아래에 '반자反子'라는 두 글자가 있어, 이를 '자로가 돌아오자, 공자께서 말씀하셨다.'라고 했는데, 옳은지 그른지는 모르겠다.

■范氏曰 隱者는 爲高故로 往而不返하고 仕者는 爲通故로 溺而不止라 不與鳥獸同群이면 則決性命之情以饕富貴하니 此二者는 皆惑也라 是以로 依乎中庸者爲難이라 惟聖人은 不廢君臣之義而必以其正하니 所以或出或處而終不離於道也시니라

범조우가 말했다. "은자는 고상하다고 여기므로 떠나서는 돌아오지 않는다. 벼슬하는 자는 통달했다고 여기므로 빠져서 멈추지 않는다. 조수와 같이 무리 지어 살지 않으면, 성명性命의 실정(情)을 무너뜨려 부귀를 탐한다. 이 두 가지는 모두 미혹된 것이니, 이런 까닭에 중용에 의거하는 것은 어려운 것이다. 오직 성인만이 군신의 의를 폐하지 않으면서 반드시 그 올바름으로 하시니, 혹은 출사하거나 혹 처사로 있어도 끝내 도에서 떠나지 않는 것이다."

고금주 —— ■邢曰: "子路隨從夫子行, 不相及而獨在後." ○包曰: "丈人, 老人也. 蓧, 竹器." [邢云: "『說文』作莜, 芸田器也."] ○補曰 孔子前行遠, 子路失之故問之. 勤, 勞也. ○孔曰: "除草曰芸." ○邢曰: "子路隨至田中, 拱手而立." ○補曰 黍, 角黍也. 楚俗重之. ○邢曰: "知子路賢, 故又以二子見於子路." ○補曰 子路至則丈人已行, 不知所往. '子路曰'以下, 子路非丈人長往, 自明其義. ○純曰: "人仕斯有君臣之義, 不仕則無義." ○補曰 大倫, 謂君臣之義. ○包曰: "君子之仕, 所以行君臣之義." ○包曰: "丈人云, '不勤勞四體, 不分植五穀, 誰爲夫子而索之邪?'" ○案 '不分植'一句, 謬矣. 要之, 責不農而求仕.

형병이 말했다. "자로가 부자를 따라갔지만, 걸음이 서로 미치지 못하여 혼자 뒤에 처졌다." ○포함이 말했다. "장인丈人은 노인老人이다. 조蓧는 대 망

태이다."(형병이 말했다. "『설문』에 莜로 썼으니, 밭에 김매는 기구이다.") ○보완하여 말한다. 공자의 앞 행렬과 멀어져서, 자로가 놓쳤기 때문에 물은 것이다. 勤근은 수고로움(勞)이다. ○공안국이 말했다. "제초除草를 운芸이라 한다." ○형병이 말했다. "자로가 따라가서 밭 가운데에 이르러 손을 모으고 서 있었다." ○보완하여 말한다. 서黍는 각서角黍이다. 초나라 풍속에서 귀중하게 여긴 것이다. ○형병이 말했다. "자로의 현명함을 알아보았기 때문에, 또한 두 자식에게 자로를 뵙게 한 것이다." ○보완하여 말한다. 자로가 (다시) 이르니, 장인은 이미 떠나서 간 곳을 알 수 없었다. '자로왈子路曰' 이하는 자로가 장인이 멀리 가 버린 것을 비판하고, 스스로 그 의리를 밝힌 것이다. ○태재순이 말했다. "사람이 벼슬하면, 이에 군신의 의가 있고, 벼슬하지 않으면 의가 없다." ○보완하여 말한다. 대륜大倫은 군신의 의를 말한다. ○포함이 말했다. "군자가 벼슬하는 것은 군신의 의를 행하는 방법이다." ○포함이 말했다. "장인이 말하길, 사체四體를 근로하지 않고, 오곡을 분변하여 심지도 못하면서, 누구를 부자夫子로 여기면서 찾는 것인가?" ○살핀다. '분변하여 심지 못한다(不分植)'는 한 구절은 잘못이다. 요약하면 농사짓지 않으면서 벼슬 구하는 것을 책망한 것이다.

■孔曰: "植, 倚也."[邢云: "倚, 立也."] ○顧麟士曰: "初掛蓧於杖, 荷之而行, 與子路語畢, 輒植杖田中, 取蓧而芸也." ○案 顧說是也.

공안국이 말했다. "치植는 (지팡이를) 비스듬히 세움이다."(형병이 말했다. "倚는 세움:立이다.") ○고린사가 말했다. "처음에는 삼태기를 지팡이에 꿰어서 메고 가다가, 자로와 말을 마치고, 문득 지팡이를 밭 가운데에 세워 두고 삼태기를 취하여 김을 맨 것이다." ○살핀다. 고린사의 설명이 옳다.

■何曰: "拱而立, 未知所以答." ○案 此間不容有多少問答.

하안이 말했다. "손을 포개어 잡고 서 있었던 것은 대답할 바를 모른 것이다." ○살핀다. 이 사이에 다소의 문답이 있었던 것을 넣지 않았다.

■孔曰: "子路反至其家, 丈人出行不在." ○鄭曰: "留言以語丈人之二子." ○案 '使子路反見之'者, 子路受其慇懃, 認爲土著, 孔子料其必遯, 令子路反見之也. '至則行矣'者, 丈人料其必來, 竝其妻子, 歘然其逝也. 上章再言'孔子行', 上篇言 '明日遂行', 皆長逝也, 豈隣里出行之謂乎? 對人之子, 責其父之亂倫, 亦無是理.

공안국이 말했다. "자로가 그 집에 되돌아가 보니 장인은 출행하고 없었다." ○정현이 말했다. "장인의 두 아들에게 말을 하여 (아버지가 돌아오면 전하도록) 유언한 것이다." ○살핀다. '자로에게 되돌아가 그를 만나게 하신 것'은 자로는 그에게서 은근함을 느끼고 토착민으로 알았지만, 공자께서는 그가 필시 은둔했을 것으로 사료하여 자로에게 되돌아가 만나게 하신 것이다. '이르니, 떠났다.'는 것은 장인이 자로가 필시 올 것으로 사료하여 그 처자와 함께 획 가 버린 것이다. 앞 장에서 두 번 '공자께서 떠나셨다(孔子行)'고 말하고, 상편에서 '다음날 드디어 떠나갔다(明日遂行)'고 한 것은 모두 오래토록 가 버린 것이니, 어찌 이웃 마을에 출행한 것을 말하겠는가? 남의 자식 앞에서 그 부모의 난륜亂倫을 질책하는 것이니, 역시 이럴 리가 없다.

■朱子曰: "子路述夫子之意如此." ○案 子路之向誰說, 誠不可知. 要之, 向荷蓧之黨言之, 故末曰: "道之不行, 已知之矣."

주자가 말했다. "자로가 공자의 뜻을 이와 같이 서술했다." ○살핀다. 자로가 누구를 향해 말했는지는 진실로 알 수 없다. 요컨대 삼태기를 맨 무리들을 향해 말했기 때문에 끝에서, "도가 행해지지 않는 것은 이미 알고 있었다."고 말했을 것이다.

■朱子曰: "福州有國初時寫本, '路'下有'反子'二字." ○案 皇本·邢本, 兩相符合, 豈於千年之後, 忽有正本乎? 此段全無婉致, 且不合理. 『易』曰: "君子遯世无悶." 『易』曰: "天地閉, 賢人隱." 君子固有不仕之義. 虞仲·夷逸, 豈皆亂倫者乎? 子路仕於季氏, 未嘗事魯君, 仕於孔悝, 未嘗事衛君. 其所謂君臣之義, 不過如此, 豈可以此反譏高蹈之士, 歸之於亂倫乎? 子路此段, 全是武斷, 乃其本色, 先儒必欲以是爲夫子之言, 恐不然也.

주자가 말했다. "복주에 (송) 나라 초기의 사본이 있는데, '로路' 자 아래에 '반자反子'라는 두 글자가 있었다." ○살핀다. 황간본・형병본, 두 본이 서로 부합하는데, 어찌 천 년 뒤에 홀연히 정본이 있을 수 있겠는가? 이 단락은 전연 갖추지 못했고 또한 이치에도 부합하지 않는다. 『주역』「건괘」에서 말하길, "군자는 세상을 피해 살아도 민망함이 없다."고 했고, 『주역』「곤괘」에서는 "천지가 닫히면 현인은 은둔한다."고 했으니, 군자는 본래 벼슬하지 않는 의리가 있다. 우중・이일이 어찌 모두 난륜자이겠는가? 자로는 계씨에게 벼슬했지만 일찍이 노나라 임금을 섬기지는 않았고, 공리에게 벼슬했지만 일찍이 위나라 임금을 섬기지는 않았다. 자로의 이른바 군신의 의는 이와 같은 것에 불과하니, 어찌 이것으로 도리어 고답의 선비를 기롱하여 난륜으로 돌릴 수 있겠는가? 자로의 이 단락은 순전히 무단武斷이며 곧 그의 본색인데, 선유들은 이를 공자의 말씀으로 여겼으니, 아마도 그렇지 않은 듯하다.

■包曰: "倫, 道理也." ○駁曰 非也. 倫者, 序也, 次也.

포함이 말했다. "륜倫은 도리道理이다." ○논박하여 말하면, 그릇되었다. 륜倫이란 질서(序)이고, 차례(次)이다.

■包曰: "不必自己道得行, 孔子道不見用, 自己知之." ○陸氏『釋文』云: "己音紀, 一音以." ○駁曰 非也. 已者, 旣也.

포함이 말했다. "자기(공자)의 도가 행해질 수 있다고 기필한 것이 아니니, 공자께서는 도가 쓰이지 않을 것임을 자신이 이미 알고 계신다." ○육덕명이 『경전석문』에서 말했다. "기己는 음이 기紀이니, 다른 한편 이以로 읽는다." ○논박하여 말하면, 그릇되었다. 이已란 이미(旣)이다.

비평 —— (1) 위서爲黍를 '기장밥을 짓다'로 보지 않고, 각서角黍를 '만들다'라고 해석하는 다산의 고증이 돋보인다.

(2) '자로왈子路曰' 이하를 고주와 주자는 공자의 뜻을 자로가 서술한 것, 혹은 자로가 돌아오니 공자께서 하신 말이라고 된 것도 있다고 말한다. 이에 비해 다산은 자로의 개인적인 뜻으로 보면서, 『주역』의 언명을 인용하면서 다소 비판적인 견해를 제시한다. 원문의 그 어디에서도 공자의 언명이라는 말이 없다는 점에서 다산의 해석은 원문에 충실한 것이라 할 수 있다. 다만 전체 맥락에서 보면, 공자의 생각을 자로가 기술한 것으로 보는 것이 옳지 않을까 한다. 의義 또한 중요한 개념이기 때문에, 3권에서 장을 설정하여 상술하기로 한다.

꧁꧂

18:8. 逸民, 伯夷·叔齊·虞仲·夷逸·朱張·柳下惠·少連. 子曰: "不降其志, 不辱其身, 伯夷·叔齊與! 謂柳下惠·少連: 降志辱身矣, 言中倫, 行中慮, 其斯而已矣." 謂虞仲·夷逸: "隱居放言, 身中淸, 廢中權. 我則異於是, 無可無不可." [『釋文』云: "朱張, 鄭作侏張."]

고주 —— 일민(절조와 행실이 超逸한 사람)은 백이·숙제·우중·이일·주장·유하혜·소련이다. 공자께서 말씀하셨다. "그 뜻을 낮추지 않고(자기의 마음을 곧게 하고) 그 자신을 욕보이지 않은 자(용렬한 군주의 조정에 들어가지 않는 자)는 백이·숙제이다. 유하혜·소련을 평하면, 뜻을 낮추고 자신을 욕되게 했으나, 단지 말은 윤리에 맞았고 행실은 사려에 맞았으니 이와 같았을 따름이다." 우중·이일을 평하면, "은거하면서 세상일을 다시 말하지 않고, 자신은 순결함(淸=純潔)에 맞았고 (자신을) 버리고 (경상에는 상반되었지만:反常) 권도에 맞았다. 나는 이들과는 다르니, 나아가기를 기필함도 없고 또한 나아가지 않기를 기필함도 없다(오직 의가 있는 곳을 따를 뿐이다).”

주자 —— 일민(버려져 벼슬하지 않는 사람)은 백이·숙제·우중·이일·주장·유하혜·소련이다. 공자께서 말씀하셨다. “그 뜻을 낮추지 않고 그 자신을 욕보이지 않은 자는 백이·숙제이다. 유하혜·소련을 평하면, 뜻을 낮추고 자신을 욕되게 했으나, 단지 말은 윤리(의리의 순서:倫=義理之次第)에 맞았고 행실은 사려(慮=思慮)에 맞았으니, 그렇게 했을 따름이다. 우중(仲雍으로 大伯과 같이 荊蠻에 은둔한 사람)·이일을 평하면, 은거하면서 분방하게 말했고, (머리를 깎고 문신을 하고 벌거벗는 것으로 꾸밈을 삼아, 은거하며 홀로 선을 추구하여) 자신은 (도의) 맑음에 맞았고, (자신을) 버리고 권도에 맞았다. 나는 이들과는 다르니, 가함도 없고, 불가함도 없다.”

다산 —— 일민(절조와 행실이 超逸한 사람)은 백이·숙제·우중·이일·주장·유하혜·소련이다. 공자께서 말씀하셨다. “그 뜻을 낮추지 않고 그 자신을 욕보이지 않은 자는 백이·숙제이다. 유하혜·소련을 평하면, 뜻을 낮추고(수긍이 되지 않지만 따른 것) 자신을 욕되게 했으나(탐탐하게 여기지 않지만 나아가) 단지 언사는 이치(윤=이치)에 맞았고 행실은 (마음의) 헤아림(慮=度)에 맞았으니, 그렇게 했을 따름이다. 우중(중용이 아니다)·이일(『서전』에 나타나지 않은 인물이니 억지로 해석할 필요가 없다)을 평하면, 은거하면서 거리낌없이 말

자원풀이 ■일逸은 착辵(쉬엄쉬엄 갈 착)+토兎(토끼)의 회의자로 잘 달아나는(辵) 토끼(兎)로써 사냥감을 놓쳐 잃어 버리다, 도망가다, 석방하다, 은둔하다, 초월하다, 한적하다의 뜻이다.
■윤倫은 인人(사람)+윤侖(둥글다)의 형성자로 같은 무리 사이의 차서次序를 말하였는데, 차서次序가 윤리의 핵심으로 작용하였기 때문에 사람에게 두루 미치는 윤리 개념으로 발전하였다.
■권權은 목木+관雚(황새 관)의 형성자로 양쪽의 평형을 잡아 무게를 재는 기구인 저울의 추를 뜻한다. 저울추라는 의미에서 다시 권세, 권력, 권리를 뜻하게 되었는데, 인간 사회의 힘이나 세력을 재는 기구라는 뜻이다.
■방放은 복攵(攴:치다)+방方의 형성자로 변방邊方으로 강제로 내치는 것을 말한다. 추방, 버리다, 석방, 밖으로 내몰려 제멋대로 한다는 뜻에서 방종放縱을 의미하기도 한다.

하고, 자신의 품행이 (순결하여 더러움이 없어) 맑음에 맞았고, 자신의 흥폐가 (양을 헤아려 차이가 없어) 권도에 맞았다. 나는 이들과는 다르니, 나아가기를 기필함도 없고 또한 나아가지 않기를 기필함도 없다(오직 의가 있는 곳을 따를 뿐이다).”(『경전석문에서 말했다. “朱張은 정현본에 侏張으로 되어 있다.”)

집주 —— ■逸은 遺逸이요 民者는 無位之稱이라 虞仲은 卽仲雍이니 與泰伯으로 同竄荊蠻者라 夷逸朱張은 不見經傳이라 少連은 東夷人이라
‘일逸은 버려져 쓰이지 않음(遺逸)이다. 민民이란 직위가 없음을 칭한다. 우중虞仲은 곧 중옹仲雍이니, 태백泰伯과 같이 형만荊蠻으로 은둔한 사람이다. 이 일夷逸과 주장朱張은 경전에 보이지 않는다. 소련少連은 동이東夷 사람이다.
■柳下惠는 事見上이라 倫은 義理之次第也라 慮는 思慮也니 中慮는 言有意義合人心이라 少連은 事不可考나 然이나 記에 稱其善居喪하여 三日不怠하고 三月不解하며 朞悲哀하고 三年憂라 하니 則行之中慮를 亦可見矣니라
유하혜의 일은 앞(15:13)에 보인다. ‘륜倫’은 의리의 순서이다. ‘려慮’는 사려이다. ‘사려에 맞음(中慮)’은 의의意義가 인심에 부합함이 있었다는 말이다. 소련의 일은 고찰할 수 없다. 그러나 『예기』「잡기」에서 그는 “상을 잘 치렀으며, 사흘간 태만하지 않았고, 석 달간 해이하지 않았고, 1년을 비애하고, 3년을 근심했다.”라고 했으니, 행실이 사려에 맞았음을 알 수 있다.
■仲雍居吳에 斷髮文身하고 裸以爲飾이라 隱居獨善은 合乎道之淸이요 放言自廢는 合乎道之權이라
중옹仲雍은 오나라에 살면서, 머리를 깎고 문신을 하고 벌거벗는 것으로 꾸밈을 삼았다. 은거하며 홀로 선을 추구함은 도의 맑음에 부합했다. 말을 거리낌없이 하고 자신을 폐기했으니, 도의 권형에 부합했다.
■孟子曰 孔子는 可以仕則仕하고 可以止則止하고 可以久則久하고 可以速則速이라 하시니 所謂無可無不可也니라

맹자께서 말씀하시길, "공자는 벼슬할 만하면 벼슬하셨고, 그만둘 만하면 그만 두시고, 오래 머무르실 만하면 오래 머무르시고, 빨리 떠날 만하면 빨리 떠나셨다(「공손추상」2)."라고 한 것이 이른바 '가한 것도 없고, 불가한 것도 없다.'는 것이다.

■ 謝氏曰 七人이 隱遯不汚則同이나 其立心造行則異라 伯夷叔齊는 天子不得臣하고 諸侯不得友하니 蓋已遯世離群矣라 下聖人一等이면 此其最高與인저 柳下惠少連은 雖降志而不枉己하고 雖辱身而不求合하니 其心이 有不屑也라 故로 言能中倫하고 行能中慮라 虞仲夷逸은 隱居放言하니 則言不合先王之法者 多矣라 然이나 淸而不汚也하고 權而適宜也하니 與方外之士 害義傷敎而亂大倫者로 殊科라 是以로 均謂之逸民이시니라.

사량좌가 말했다. "일곱 사람이 은둔하여 더럽히지 않은 것은 같지만, 그 마음을 세움과 행동 방식은 달랐다. 백이·숙제는 천자도 신하로 삼을 수 없고 제후도 벗으로 삼을 수 없었으니, 대개 이미 세상을 피하고 무리를 떠났다. 성인보다 한 등급 아래로, 이들 중에 아마도 최고일 것이다. 유하혜·소련은 비록 뜻을 굽혔지만 자기를 굽히지는 않았고, 비록 자신을 욕되게 했으나 영합을 구하지는 않았으니, 그 마음에 달갑게 여기지 않는 것이 있었다. 그러므로 말은 륜(倫:윤리, 질서)에 맞고 행실이 사려에 맞을 수 있었다. 우중·이일은 은거하며, 말을 거리낌없이 하여, 말이 선왕의 법도에 부합하지 않는 것이 많았다. 그러나 맑으면서 더럽히지 않았고, 저울질(權)하여 마땅함에 적중했으니, 방외方外의 선비들이 의를 해치고 가르침을 손상시켜 큰 윤리를 어지럽힌 것과는 등급을 달리한다. 그래서 균등하게 일민逸民이라 불렀다."

■ 尹氏曰 七人은 各守其一節하고 而孔子則無可無不可하시니 所以常適其可하여 而異於逸民之徒也라

윤돈이 말했다. "일곱 사람은 각각 그 나름으로 하나의 절조를 지켰지만, 공자께서는 가함도 없고 불가함도 없으셨으니, 이것이 항상 그 가함에 적중하

면서, 일민의 무리와 달랐던 까닭이다."

■ 揚雄曰 觀乎聖人이면 則見賢人이라 하니 是以로 孟子語夷惠에 亦必以孔子斷之하시니라

양웅이 말했다. "'성인을 살펴보면 현인을 알 수 있다(『법언』3,「수신」21).'고 했으니, 맹자는 백이와 유하혜를 말하면서 반드시 공자를 기준으로 판단했다."

고금주 ── ■ 補曰 見遺曰逸, 不仕曰民. 七人之中亦有得位者, 通云逸民者, 據其初也. 虞仲者, 仲雍之孫, 吳子周章之弟, 武王封之於虞. ○薛曰: "夷逸, 夷詭之族也, 獨隱居不仕." ○王弼曰: "朱張字子弓, 荀卿以比孔子." [見邢疏] 補曰 善居喪. 志所不肯, 俯而從之, 是降志也. 身所不屑, 屈而就之, 是辱身也. [辱, 屈也] 倫, 理也. 慮, 度也. 言事必當於義理, 則言中倫也. 行己動合於虞度, 則行中慮也. [行己不乖於人心之所慮度] 柳下惠·少連, 雖降志辱身矣, 而若夫言中倫而行中慮者, 其唯斯人而已矣. 放言, 縱言也. 宗廟朝廷, 謹言不盡其意, 隱居無復忌諱. 身者, 身之操履也. 廢者, 身之興廢也. 純潔無汚, 則身中清也, 稱量無差, 則廢中權也. [其出處進退, 必爭毫釐之差] ○馬曰: "亦不必進, 亦不必退, 唯義所在." [釋'無可無不可']

보완하여 말한다. 버려진 이를 보고 일逸이라 하고, 벼슬하지 않은 이를 민民이라 한다. 일곱 사람 가운데 또한 직위를 얻은 이도 있었으니, 통상 일민이라 하는 것은 그 처음에 의거한다. 우중虞仲이란 중옹의 손자이며, 오자吳子 주장周章의 아우인데, 무왕이 우 땅에 봉했다. ○설방산이 말했다. "이일夷逸은 이궤夷詭의 친족인데, 홀로 은거하여 벼슬하지 않았다." ○왕필이 말했다. "주장朱張은 자字가 자궁子弓인데, 순경은 공자에 비견했다(형병의 소에 보인다)." ○보완하여 말한다. (소련은) 거상居喪을 잘 했으니, 『예기』「잡기」에 보인다. 뜻으로는 긍정하지 않지만, 굽혀 따르는 것이 바로 강지降志이다. 자신은 달갑게 여기지 않지만 비굴하게 취하는 것이 바로 욕신辱身이다(辱은 비굴:

屈이다). 륜倫은 윤리이고, 려慮는 헤아림(度)이다. 언사가 반드시 의리에 합당하다면 언중륜言中倫이다. 자기의 행동이 마음의 헤아림에 부합한다면, 행중려行中慮이다(자기의 행실이 인심의 헤아리는 바와 어긋나지 않는 것이다). 유하혜ㆍ소연은 비록 뜻을 굽히고 자신을 욕되게 했지만, 그 말이 윤리에 맞으면서 행동이 사려에 맞게 한 사람은 오직 이 사람들뿐일 것이다. 방언放言은 거리낌 없는 말(縱言)이다. 종묘와 조정에서는 말을 삼가서 그 뜻을 다하지 못하지만, 은거해서는 다시 꺼릴 것이 없다. 신신身이란 자신의 품행(操履: 志操와 行實)이다. 폐廢란 자신의 흥폐興廢이다. 순결하여 더러움이 없다면 자신의 품행이 맑음에 맞는 것이고, 양을 헤아려 차이가 없다며 흥폐가 권도에 맞는 것이다(그 출처진퇴는 반드시 털끝만큼의 차이를 다투어야 한다). ○마융이 말했다. "또한 나아가기를 기필하지 않고, 또한 물러나기를 기필하지 않으며, 오직 의가 있는 곳을 따를 뿐이다(無可無不可의 해석이다)."

■ 何曰: "逸民者, 節行超逸也." ○案 虞仲列於諸侯, 柳下惠官至士師, 若謂之遺逸ㆍ隱逸, 則義有不合. 故解之曰節行超逸. 然武王擧逸民而得虞仲, 柳下惠亦初年不仕, 遺佚而不怨,〔見『孟子』〕謂之逸民, 恐無不可.

하안이 말했다. "일민逸民이란 절조와 행실이 초일超逸한 사람이다." ○살핀다. 우중은 제후의 반열이었고, 유하혜는 관직이 사사士師에 이르렀으니, 만일 유일遺逸ㆍ은일隱逸이라고 한다면 의리상 부합하지 않음이 있기 때문에 해석하여 절조와 행실이 초일超逸한 사람이라고 하였다. 그러나 무왕이 일민을 천거하여 우중을 얻었고, 유하혜는 초년에 벼슬하지 않고 버려져 있어도 원망하지 않았으니(『맹자』「곤손추상」) 일민逸民이라고 했다. 아마도 불가함이 없을 듯하다.

■ 朱子曰: "仲雍居吳, 斷髮文身, 裸以爲飾." ○案 虞仲非仲雍, 且仲雍之斷髮文身, 非自晦其跡, 乃順俗爲治也. 諸家皆以斷髮文身爲隱遯之表, 非本旨也.

주자가 말했다. "중옹은 오나라에 살면서, 머리를 깎고 문신을 하고 벌거벗는 것으로 꾸밈을 삼았다." ○살핀다. 우중은 중용이 아니며, 또한 중용이 머리를 깎고 문신을 한 것은 스스로를 감춘 것이 아니라, 곧 풍속에 따르면서 다스린 것이다. 여러 해석자들은 제가들은 머리를 깎고 문신을 한 것을 은둔의 징표로 삼았지만 본뜻이 아니다.

■鄭曰: "言其直己之心, 不入庸君之朝."[釋'不降志, 不辱身']

정현이 말했다. "그들은 자기의 마음을 곧게 하고, 용렬한 군주의 조정에 들어가지 않았다는 말이다(不降志와 不辱身의 해석이다)."

■孔曰: "但能言應倫理, 行應思慮, 如此而已."

공안국이 말했다. "단지 말이 윤리에 응할 수 있고, 행실이 사려에 응할 수 있는, 그와 같을 뿐이다."

■包曰: "放, 置也, 不復言世務."

포함이 말했다. "방放은 방치(置)이니, 세상일을 다시 말하지 않는 것이다."

■馬曰: "淸, 純潔也. 遭世亂, 自廢棄以免患, 合於權也." ○邢曰: "權, 反常合道也." ○駁曰 邢說, 非也. 反經合道, 非君子所宜言也. 虞仲·夷逸行事, 不見於『書傳』, 不可强解.

마융이 말했다. "청淸은 순결純潔이다. 혼란한 세상을 만나 스스로를 버리고 환난을 면하는 것이 권도에 부합한다." ○형병이 말했다. "권權은 경상에는 상반되지만 도에 부합하는 것이다." ○논박하여 말하면, 그릇되었다. 경상에는 상반되지만 도에 부합하는 것은 군자가 마땅히 말할 바는 아니다. 우중·이일의 행사는 『서전』에 나타나 있지 않으니, 억지로 해석해서는 안 된다.

비평 ── (1) 중우虞仲·우일夷逸에 대해 근거 없이 해석하는 것에 대해, 다산은 『서전』에 나타나지 않는 인물이니 억지로 해석할 필요가 없다고 경계했다.

(2) 고주에서 권도權度를 반상합도反常合道로 해석한 것에 대해 다산이 비

판했다. 이는 중요한 논제라 할 수 있다. 9:30~31에 대한 다산의 주석을 참조하기 바란다.

❧

18:9. 大師摯適齊, 亞飯干適楚, 三飯繚適蔡, 四飯缺適秦, 鼓方叔入於河, 播鼗武入於漢, 少師陽 · 擊磬襄入於海.

고주 —— 태사(樂官之長) 지는 제나라로 가고, 아반(=次飯) 간은 초나라로 가고, 삼반(樂章의 이름) 요(악사의 이름)는 채나라로 가고, 사반(악장의 이름) 결(악사의 이름)은 진나라로 갔다. 북을 치는(鼓=擊鼓者) 방숙은 황하로 들어가 기거했고, 소고를 흔드는 무는 한중으로 들어갔으며, 소사 양과 경쇠를 치는 양은 바다로 들어갔다.

주자 —— 태사(樂官之長) 지는 제나라로 가고, 아반(=次飯:以下以樂侑食之官) 간은 초나라로 가고, 삼반(樂章의 이름) 요(악사의 이름)는 채나라로 가고, 사반(악장의 이름) 결(악사의 이름)은 진나라로 갔다. 북을 치는(鼓=擊鼓者) 방숙은 황하로 들어가 기거했고, 소고를 흔드는 무는 한중으로 들어갔으며, 소사 양과 경쇠를 치는 양은 바다로 들어갔다(현인의 은둔을 기록해 앞 장에 부가했는데, 반드시

자원풀이 ■파播는 수手(손)+번番(차례)의 형성자로 손(手)을 이용하여 파종播種하다, 널리 퍼뜨린다는 뜻이다. ■도鼗는 고鼓(두드리다)+조兆(튀어 오르다)의 형성자로 북에 작은 구슬을 메달고 자루를 잡고 흔들면 그 작은 구슬이 튀어 오르는 땡땡이를 나타낸다. ■경磬은 石+聲(소리 성)으로 석경石磬처럼 돌을 쳐서 소리를 내는 악기를 말한다. 돌은 실(絲), 대(竹), 박匏, 흙土, 가죽革, 나무木와 함께 여덟 가지 악기 재료의 하나였다.

공자의 말씀이라고 할 수는 없다).

다산 —— 태사(樂官之長) 지는 제나라로 가고, 아반(=次飯:以下以樂侑食之官) 간은 초나라로 가고, 삼반(樂章의 이름) 요(악사의 이름)는 채나라로 가고, 사반(악장의 이름) 결(악사의 이름)은 진나라로 갔다. 북을 치는(鼓=擊鼓者) 방숙은 황하로 들어가 기거했고, 소고를 흔드는 무는 한중으로 들어갔으며, 소사 양과 경쇠를 치는 양은 바다로 들어갔다.

집주 —— ■大師는 魯樂官之長이요 摯는 其名也라
태사大師는 노나라 악관의 장이며, 지摯는 그 이름이다.
■亞飯以下는 以樂侑食之官이라 干, 繚, 缺은 皆名也라 鼓는 擊鼓者요 方叔은 名이라 河는 河內라
아반亞飯 이하는 음악으로 식사를 권하는 관직이다. 간干・료繚・결缺은 모두 이름이다. 고鼓는 북을 두드리는 자이다. 방숙方叔은 이름이다. 하河는 하내河內이다.
■播는 搖也라 鼗는 小鼓니 兩旁有耳하여 持其柄而搖之면 則旁耳還自擊이라 武는 名也라 漢은 漢中이라
파播는 흔듦(搖)이다. 도鼗(땡땡이)는 소고小鼓이니, 양 옆에 귀가 있어 그 자루를 쥐고 흔들면 옆의 귀가 다시 자신을 두드린다. 무武는 이름이다. 한漢은 한중漢中이다.
■少師는 樂官之佐라 陽, 襄은 二人名이니 襄은 卽孔子所從學琴者라 海는 海島也라
소사少師는 악관의 보좌관이다. 양陽과 양襄은 두 사람의 이름이다. 양襄은 곧 공자께서 따르면서 거문고를 배운 자이다. 해海는 바다의 섬(海島)이다.
■此는 記賢人之隱遁하여 以附前章이라 然이나 未必夫子之言也니 末章放

此하니라

이 장은 현인의 은둔을 기록해 앞 장에 덧붙였다. 그러나 반드시 공자의 말씀이라고 할 수는 없다. 마지막 장(18:11)도 마찬가지이다.

■ 張子曰 周衰樂廢어늘 夫子自衛反魯하여 一嘗治之하시니 其後에 伶人賤工도 識樂之正이러니 及魯益衰하여 三桓僭妄한대 自大師以下 皆知散之四方하여 逾河蹈海以去亂이라 聖人俄頃之助가 功化如此하니 如有用我면 期月而可가 豈虛語哉시리오

장재가 말했다. "주나라가 쇠퇴하여 음악이 폐해졌지만, 공자께서 위나라에서 노나라로 돌아오셔서 한 번 바로 잡으시니, 그 후에 광대와 천한 악공들도 음악의 바름을 알게 되었다. 노나라가 더욱 쇠함에 이르러 삼환이 참람하게 망동하자, 태사 이하는 모두 사방으로 흩어져 가서 황하를 넘고 바다를 건너 어지러운 나라를 떠날 줄만 알았다. 성인께서 잠시 도우셨는데도 공업과 교화가 이와 같았으니, '만일 나를 등용함이 있다면, 1년이면 가능하다(「자로」13:10)'라고 하신 말씀이 어찌 빈말이었겠는가?"

고금주 —— ■ 孔曰: "魯 哀公時, 禮壞樂崩, 樂人皆去." ○ 邢曰: "天子·諸侯, 每食奏樂, 樂章各異, 各有樂師." ○ 孔曰: "陽·襄皆名."

공안국이 말했다. "노나라 애공 때에 예악이 붕괴되어, 악인樂人은 모두 떠났다." ○ 형병이 말했다. "천자·제후는 매 식사 때마다 음악을 연주하는데, 악장이 각각 다르고, 각각 악사도 있었다." ○ 공안국이 말했다. "양陽·양襄은 모두 이름이다."

■ 包曰: "三飯·四飯, 樂章名, 各異師." ○ 案 不言亞飯, 承孔注也.

포함이 말했다. "삼반三飯·사반四飯은 악장의 이름이고, 각각 악사를 다르게 했다." ○ 살핀다. 아반을 말하지 않은 것은 공안국의 주를 계승했다.

■ 引證 『周禮·大司樂』云: "王大食三有, 皆令奏鍾鼓."[鄭云: "大食, 朔月月半, 以樂

侑食時也."] ○〈禮器〉曰: "天子一食, 諸侯再, 大夫·士三, 食力無數." ○案 古禮
天子一饋, 一食而三飯, 諸侯一饋, 再食而六飯, 大夫·士一饋, 三食而九飯. 奏
樂之法, 一飯一侑, 故天子大食三侑也. 諸侯六飯, 其樂六侑, 而初飯及五飯·六
飯之師, 不在逃中, 故經不言也. 且所謂三飯·六飯, 不唯朔月之食有是法也, 宗
廟之祭亦象生時, 皆樂師按節以奏樂也.

인증한다. 『주례』「대사악」에서 말했다. "왕의 대식大食에는 세 번의 음악이
있는데, 모두 종고를 연주하게 했다."(정현이 말했다. "大食은 초하루와 보름에 음
악으로 식사를 권하는 때이다.") ○『예기』「악기」에서 말했다. "천자는 한 번 먹고
(배부르다 하고, 권함을 기다렸다 먹으며), 제후는 2번, 대부·사는 세 번 먹으며,
노동력으로 밥을 먹는 서민은 식사에 제한이 없다." ○살핀다. 고례古禮에 천
자는 일궤一饋에 일식삼반(一食而三飯)을 하고, 제후는 일궤에 이식육반을 하
고, 대부와 사는 일궤에 삼식 구반을 한다. 음악을 연주하는 법은 일반일유一
飯一侑인 까닭에 천자의 대식에는 삼유三侑를 한다. 제후의 육반六飯에는 그
음악이 육유六侑인데, 초반 및 오반·육반六飯의 악사가 떠나지 않았기 때문
에 경문에서 말하지 않았다. 또한 이른바 삼반·육반六飯은 초하루의 식사에
만 이런 법이 있었던 것이 아니라, 종묘의 제사에도 또한 살아 계실 때를 형
상하여, 모두 악사가 절차를 살펴서 음악을 연주한다.

■ 引證 『白虎通』曰: "王者平旦食·晝食·晡食·暮食凡四飯, 諸侯三飯, 大
夫再飯, 故魯之師官自亞飯以下, 蓋三飯也."[朱子引之] ○齊曰: "魯諸侯故止三
飯. 然不言一飯, 豈周公錫天子樂, 而魯僭之, 孔子正樂而去其一耶?" ○案 『白
虎通』之說, 全是自撰, 不足據也, 君子尙德, 小人食力, 故其位彌尊, 其食彌少,
古之禮也.

인증한다. 『백호통』에서 말했다. "왕은 평단식平旦食·주식晝食·포식晡食·
모식暮食으로 모두 사반四飯이고, 제후는 삼반이고, 대부는 이반인 까닭에 노
나라의 악관은 아반亞飯 이하는 대개 삼반三飯이다."(주자가 인용했다.) ○제이

겸이 말했다. "노나라는 제후국이기 때문에 삼반三飯에 그쳤다. 그러나 일반
一飯을 말하지 않은 것은 주공에게 천자의 악을 주었으나, 노나라가 그것을
참월했으므로, 공자께서 악을 바로 잡고 그 하나를 버린 것이다." ○살핀다.
『백호통』의 설은 전적으로 백찬白撰이니, 근거로 삼기에는 부족하다. 군자는
덕을 숭상하고, 소인은 노동력으로 먹는 까닭에, 그 지위가 더욱 높을수록 그
식사 분량은 더욱 적은 것이 옛 도이다.

비평 —— 해석에서는 이견은 없다. 다만 "군자는 덕을 숭상하고, 소인은 노
동력으로 먹는 까닭에, 그 지위가 더욱 높을수록 그 식사 분량은 더욱 적은
것이 옛 도이다."라는 관점에서 『백호통』의 설을 반박하는 다산의 언명이 철
학적으로도 의미가 깊다고 생각된다.

❧

**18:10. 周公謂魯公曰: "君子不施其親, 不使大臣怨乎不以, 故舊無
大故, 則不棄也, 無求備於一人."**[陸本, 施作弛]

고주 —— 주공이 노공에게 일러 말씀하셨다. "군자는 (남의 친척이라 하여도)
그 (나의 친척을) 친애함을 바꾸지 아니하며, 대신으로 하여금 (그 말을 듣고서)
써 주지 않음을 원망하게 하지 않으며, 옛 친구(故舊=朋友)를 (간악하여 도리에
어긋나는) 큰 이유 없이 버리지 않으며, (관직을 맡길 때에는 그 재주에 따르되) 한
사람에게 (모두) 갖추기를 요구하지 말아야 한다."

주자 —— 주공이 노공에게 일러 말씀하셨다. "군자는 그 친척을 버리지(弛= 遺棄) 않으며, 대신은 (마땅히 그 자리에 있어야 할 사람이 아니면 버리지만, 그 지위에 있으면 쓰지 않을 수 없으니) 쓰지 않음을 원망하게 하지 않으며, 옛 친구(故舊= 朋友)를 큰 이유(惡逆) 없이 버리지 않으며, 한 사람에게 (모두) 갖추기를 요구하지 말아야 한다."

다산 —— 주공이 노공에게 일러 말씀하셨다. "군자는 그 친척(=九族)을 버리지(弛=解弛, 放棄, 弛緩) 않으며, 대신으로 하여금 (그 말을 듣고서) 써 주지 않음을 원망하게 하지 않으며, 대대로 좋게 지낸 오래된 벗을 (간악하여 도리에 어긋나는) 큰 이유 없이 버리지 않으며, (관직을 맡길 때에는 그 재주에 따르되) 한 사람에게 (모두) 갖추기를 요구하지 말아야 한다."(육덕명의 『경전석문』에 施가 弛로 되어 있다.)

집주 —— ■施는 陸氏本에 作弛하니 福本同이라
시施는 육덕명의 본(『經典釋文』)에 이弛로 되어 있고, 복주본(福本)도 같다.
■魯公은 周公子伯禽也라 弛는 遺棄也요 以는 用也라 大臣이 非其人則去之요 在其位則不可不用이라 大故는 謂惡逆이라
노공魯公은 주공의 아들 백금伯禽이다. 이弛는 버림(遺棄)이다. 이以는 씀(用)이다. 대신大臣은 마땅히 그 자리에 있어야 할 사람이 아니면 버리지만, 그 지위에 있으면 쓰지 않을 수 없다. 대고大故는 간악하여 도리에 어긋나는 것을 말한다.
■李氏曰 四者는 皆君子之事니 忠厚之至也라
이욱이 말했다. "네 가지는 모두 군자의 일이요, 충후忠厚의 지극함이다."
■胡氏曰 此는 伯禽이 受封之國할새 周公訓戒之辭니 魯人傳誦하여 久而不忘也라 其或夫子嘗與門弟子言之歟아

호인이 말했다. "이는 백금이 책봉을 받고 (노)나라로 갈 때, 주공이 훈계한 말씀이다. 노나라 사람들이 읊조리며 전하여 오랫동안 잊지 않는 것이다. 혹 공자께서 일찍이 문하의 제자들에게 말씀하신 것일까?"

고금주 —— ■孔曰: "魯公, 周公之子伯禽, 封於魯."[邢云: "封於魯, 將之國, 周公戒之也."] ○補曰 施當作弛, 解也, 放也, 緩也. 不弛其親, 謂厚於九族. ○孔曰: "以, 用也, 怨不見聽用." ○補曰 故舊, 謂世好之舊人. ○邢曰: "求, 責也, 任人當隨其才, 無得責備於一人也."

공안국이 말했다. "노공은 주공의 아들 백금이니, 노나라에 봉해졌다."(형병이 말했다. "노나라에 봉해져, 장차 노나라에 갈 때에 주공이 그에게 훈계했다.") ○보완하여 말한다. 시施는 마땅히 이弛로 써야 한다. 해이(解), 방기(放), 이완(緩)이다. 불이기친不弛其親은 구족九族에게 후함을 말한다. ○공안국이 말했다. "이以는 씀(用)이니, 듣고 써 주지 않는 것을 원망하는 것이다." ○보완하여 말한다. 고구故舊는 대대로 좋게 지낸 오래된 벗이다. ○형병이 말했다. "구求는 요구함(責)이니, 사람은 마땅히 그 재주에 따라 임명하고, 한 사람에게 (모든 것을) 갖추기를 요구하지 말아야 한다."

■孔曰: "施, 易也. 不以他人之親, 易己之親." ○孫綽曰: "不施, 猶不偏也."[見皇疏] ○張憑曰: "君子於人, 義之與比, 無偏於親親, 然後九族與庸勳竝隆, 仁恩與至公俱著."[見皇疏] ○案 三說皆謬.

공안국이 말했다. "시施는 역易(바꾸다)이니, 남의 친족이라 하여도 나의 친애함을 바꾸지 않는 것이다." ○손작이 말했다. "불이不施는 치우치지 않는 것(不偏)이다."(황간의 소에 보인다.) ○장빙이 말했다. "군자는 사람을 대할 때 의義를 행할 뿐이니, 친족과 친함에 치우치지 않은 연후에 구족九族이 용훈庸勳과 더불어 융성하고, 인은仁恩과 지공至公이 함께 드러날 것이다."(황간의 소에 보인다.) ○살핀다. 세 설은 모두 그릇되었다.

■ 考異 『陸氏釋文』曰: "弛, 舊音絁. 孔云, '以支反, 一音勑紙反, 落也.'" ○ 案 陸本必有所據.

다름을 고찰한다. 육덕명의 『경전석문經典釋文』에서 말했다. "이弛는 옛 음이 시絁이다. 공안국이 말했다. '이以와 지支의 반절음인데, 한편으로는 음이 칙 勑과 지紙의 반절음이기도 하며, 떨어짐(落)이다.'" ○ 살핀다. 육덕명본은 필 시 근거한 바가 있을 것이다.

비평 —— "불시기친不施其親"의 '시施'를 고주에서는 역易(바꾸다)로 보았다. 주자는 『경전석문』과 『복주본』을 고찰하여 시施가 이弛라고 되어 있음을 밝 히며, 유기遺棄라고 해석했다. 다산은 주자의 해석을 굳건히 지지하고 있다. 주자의 경전 해석의 빼어남이 잘 드러나 있다.

❧

18:11. 周有八士, 伯達 · 伯适 · 仲突 · 仲忽 · 叔夜 · 叔夏 · 季 隨 · 季騧.

고주 —— 주나라에 (네 번 분만하여) 여덟 (자식을 낳아 모두) 현사賢士가 있었으 니, 백달 · 백괄, 중돌 · 중홀, 숙야 · 숙하, 계수 · 계와이다.

주자 —— 주나라에 (상고할 수는 없지만, 대개 네 번 분만하여) 여덟 (자식을 낳아 모 두) 현사賢士가 있었으니, 백달 · 백괄, 중돌 · 중홀, 숙야 · 숙하, 계수 · 계와 이다.

다산 —— 주나라에 여덟 (형제) 현사顯士가 있었으니, 백달, 백괄, 중돌, 중홀, 숙야, 숙하, 계수, 계와이다.

집주 —— ■ 或曰 成王時人이라 하고 或曰 宣王時人이라 하니 蓋一母四乳而生八子也라 然이나 不可考矣라

어떤 사람은 성왕成王 때 사람이라고 말하고, 어떤 사람은 선왕宣 때 사람이라고 말한다. 대개 한 어머니가 네 번 잉태하여 여덟 아들을 낳았다고 한다. 그러나 고증할 수는 없다.

■ 張子曰 記善人之多也라

장재가 말했다. "선한 사람들이 많음을 기록한 것이다."

■ 愚按 此篇은 孔子於三仁, 逸民, 師摯, 八士에 旣皆稱贊而品列之하시고 於接輿, 沮溺, 丈人에 又每有惓惓接引之意하시니 皆衰世之志也니 其所感者深矣라 在陳之歎도 蓋亦如此시니라 三仁則無間然矣요 其餘數君子者도 亦皆一世之高士니 若使得聞聖人之道하여 以裁其所過而勉其所不及이런들 則其所立이 豈止於此而已哉아

어리석은 내가 살핀다. 이 편에서는 공자께서 삼인三仁, 일민逸民, 사지師摯, 팔사八士에 대해 이미 모두 칭찬하고 등급으로 배열하셨고, 접여, 장저와 걸닉 그리고 장인에 대해서도 또한 매번 간절하게 끌어안는 뜻이 있으셨다. 모두 쇠락한 세상을 걱정하는 뜻이었으니, 그 감회가 깊다. 진나라에 계실 때의 탄식(在陳之歎) 또한 대개 이와 같다. 세 사람의 인자(三仁)는 간여할 것이 없지만, 그 나머지 여러 군자 역시 모두 한 시대의 고결한 선비였다. 만약 성인의 도를 들을 수 있어 지나친 것을 마름질하고 미치지 못한 것을 노력했다면, 그들이 수립한 것이 어찌 거기에 그쳤겠는가?

고금주 —— ■ 補曰 昆弟八人, 皆仕王朝, 有賢名.

보완하여 말한다. 형제 여덟 사람이 모두 왕조에 벼슬하여 현명하다는 명성이 있었다.

■ 包曰: "周時四乳生八子, 皆爲顯仕, 故記之爾." ○ 侃曰: "案師說曰非謂一人四乳, 乳猶俱生也. 有一母四過生, 生輒雙, 二子四生, 故八子也. 何以知其然? 就其名, 兩兩相隨, 似是雙生者也." ○ 案 此雖古訓, 未敢深信, 昆弟八人, 故兩兩分之, 以爲字耳.

포함이 말했다. "주나라 때 네 번 잉태하여 여덟 자식을 낳았는데, 모두 현사顯仕가 되었기 때문에 기록했을 뿐이다." ○ 황간이 말했다. "스승의 설을 살피니, 한 사람의 몸에 네 유방이 있는 것이 아니라, 유乳는 함께 태어남(俱生)과 같다. 한 어머니가 네 번 생산했는데, 낳으니 문득 쌍둥이며, 두 아들씩 네 번 태어났기 때문에 여덟 아들(八子)이다. 그것을 어떻게 알 수 있는가? 그 이름을 취하면 둘씩 서로 수반해 있어 쌍둥이로 태어난 것과 흡사하다." ○ 살핀다. 이는 비록 고훈古訓이나 감히 깊이 신뢰하지 못하겠으니, 형제가 여덟 사람인 까닭에 둘씩 나누어 자를 지었을 뿐이다.

■ 邢曰: "鄭玄以爲成王時, 劉向 · 馬融以爲宣王時."

형병이 말했다. "정현은 성왕 때라고 했고, 유향劉向 · 마융馬融은 선왕 때라고 했다."

비평 —— 고주에서는 "그 이름을 보고, 한 사람이 네 번 잉태(분만)하여, 모두 쌍둥이로 여덟 자식을 낳았는데, 모두가 현사가 되었다. 이 장은 괴이한 것을 기록했을 뿐이다."고 해설했다. 주자는 이러한 고주의 통설을 인용하면서, 상고할 수는 없다고 말한다. 그리고 이 장은 세상의 쇠락을 기록한 것이라고 한다. 다산 또한 조심스럽게 고주의 통설은 믿을 수 없다고 했다.

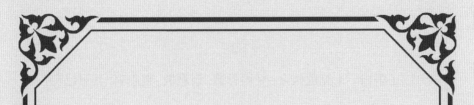

제19편

자장
子張

此篇은 皆記弟子之言이니 而子夏爲多하고
子貢次之라 蓋孔門에 自顔 子以下는 穎悟莫若子貢하고
自曾子以下는 篤實無若子夏라 故로 特記 之詳焉이라
이 편은 모두 제자들의 말을 기록했는데,
자하가 많고 자공이 그 다음이다. 대개 공자의 문하에서
인자이하로 영오함은 자공만한 이가 없고,
증자이하로 독실함이 자하만한 이가 없다.
그러므로 기록이 상세하다.
모두 25장이다.

꧁꧂

19:1. 子張曰: "士見危致命, 見得思義, 祭思敬, 喪思哀, 其可已矣."

고주 —— 자장이 말했다. "선비는 (임금의) 위난을 보면 (그 몸을 아끼지 않고) 목숨을 바치고(임금을 구하며), (이록을) 얻음을 보면 의를 생각하고, 제사에는 경건을 (다하기를) 생각하고, 상에서는 슬픔을 (다하기를) 생각한다면, (이러한 행실이 있으면) 선비라고 할 수 있다."

주자 —— 자장이 말했다. "선비(의 입신의 大節에)는 위난을 보면 목숨을 내맡기며, 얻음을 보면 의를 생각하고, 제례는 경건을 생각하고, 상을 치를 때 슬픔을 생각한다면, (선비가) 이와 같이 한다면 거의 괜찮다."

다산 —— 자장이 말했다. "선비는 위난을 보면 목숨을 내맡기며, (이록을) 얻음을 보면 의를 생각하고, 제사에는 경건을 (다하기를) 생각하고, 상에서는 슬픔을 (다하기를) 생각한다면, (이러한 행실이 있으면) 선비로서 (딱 알맞게) 괜찮다."

집주 —— ■ 致命은 謂委致其命이니 猶言授命也라 四者는 立身之大節이니 一有不至면 則餘無足觀이라 故로 言士能如此면 則庶乎其可矣니라

치명致命은 그 목숨을 내맡긴다는 것을 말하니, '목숨을 내어준다(授命, 14:12)'와 같다. 네 가지는 입신立身의 큰 절목이니, 하나라도 이르지 못하면 나머지는 볼 것도 없다. 그러므로 선비가 이와 같이 할 수 있다면, 거의 괜찮다는 말

자원풀이 ■치致는 攵(칠 복)+至(이를 지)의 형성자로 회초리로 쳐서(攵) 어떤 목적에 이르도록(至) 보내는 것을 말한다. 드리다, 봉헌하다, 알리다, 초치招致하다, 소집하다. 귀환하다의 뜻이다

이다.

고금주 —— ■邢曰: "有此行, 其可以爲士已矣." [補云: "已, 語辭."]

형병이 말했다. "이러한 행실이 있으면 선비라고 할 수 있다." (보완하여 말한다. "已는 어사이다.")

■孔曰: "致命, 不愛其身."

공안국이 말했다. "치명致命은 그 몸을 아끼지 않는 것이다."

■黃曰: "大節固所當盡, 然斷之以其可已矣, 則似亦失之太快." ○蔡云: "子張意謂盡可了, 註庶乎其可, 似少抑之." ○案 可者, 適可之意. 已者, 語辭. 勉齋讀已爲止, 故其言如此.

면재 황씨가 말했다. "큰 절목大節은 본래 마땅히 극진히 해야 하는 것이지만, '괜찮을 따름이다(其可已矣)'라고 잘라버린다면, 또한 지나치게 단정하는 잘못을 범하는 듯하다." (단정적으로 말하는 것은 성인이 말씀하시는 유형이 아니다. 『집주』에서는 '거의 괜찮다'고 해석한 것은 진정 그 말이 너무 단정적인 것을 싫어하기 때문이다:『논어집주대전』에 의거하여 필자가 첨가) ○채청이 말했다. "자장은 뜻은 지극히 괜찮다고 말하는데, 『집주』에서는 거의 괜찮다고 했으니, 조금 억지스러운 듯하다." ○살핀다. 가可란 적절하게 괜찮다는 뜻이다. 이已란 어사이다. 면재 황씨는 이已를 그치다(止)로 읽었기 때문에, 그 말이 이와 같다.

비평 —— 가이可已에 대해 주자는 서호기가의庶乎其可矣(거의 괜찮다)고 해석했다. 이에 대해 다산은 다소 이견(可=適可, 已=語辭)을 제시했다. 『세주』를 보면 주자는 다음과 같이 대답했다.

어떤 사람이 '기가이의其可已矣'와 앞 편의 '가야可也'의 설에 대해 물었다. (주자가) 대답했다. "'가可'라는 뜻은 같지만, '가야可也'는 그 어조가 억누르는 것(겨우 괜찮다(僅可)이고, '기가이의其可已矣'는 그 어조가 띄우는 것(거의 괜찮다, 괜찮음에 근접했다→그것만으로 충분하다)이다." (『논어집주대전』)

이렇게 본다면, 주자(거의 근접했다:庶乎其可矣)와 다산(딱 알맞게 괜찮다:適可)의 해석은 많은 차이가 나지는 않는다.

～✿～

19:2. 子張曰: "執德不弘, 信道不篤, 焉能爲有?焉能爲亡?"

고주 —— 자장이 말했다. "덕을 지킴이 크지 못하고(弘=大), 도를 믿음이 돈후하지 못하면(篤=厚), (이런 사람은 설령 세상에 생존해 있다고 하더라도) 어찌 있다고 하겠으며, 어찌 없다고 하겠는가(輕重을 논할 만한 것이 없다:無所輕重)?"

주자 —— 자장이 말했다. "덕을 지킴이 (局量이) 넓지 못하고(=너무 좁으면:不弘 =太狹:덕이 외로워진다), 도를 믿음(사람의 의지)이 독실하지 못하면(도가 폐해진다), 어찌 있다고 하겠으며, 어찌 없다고 하겠는가(경중을 논하기에 부족하다:不足爲輕重)?"

다산 —— 자장이 말했다. "(스스로 덕을 가졌다고 여기지만) 덕을 지킴이 광대(弘=大·光)하지 못하고(不弘=좁고 작으며), 도를 믿음이 두텁거나 견실하지(篤 =厚·固) 못하면(虛薄하면), 어찌 있다고 하겠으며, 어찌 없다고 하겠는가?(있다·없다고 말할 만한 존재가 되지 못한다.)"

집주 ── ■有所得而守之太狹이면 則德孤하고 有所聞而信之不篤이면 則道廢라 焉能爲有亡는 猶言不足爲輕重이라

얻은 것이 있더라도 지키는 것이 너무 좁으면 덕이 외롭고, 들은 것이 있더라도 믿음이 독실하지 않으면 도가 없어진다. '어찌 있다고 하거나 없다고 할 수 있겠는가?'는 '가볍다거나 무겁다고 할 만한 것이 되지 못한다.'고 말하는 것과 같다.

고금주 ── ■補曰 弘, 大也, 廣也.[有恢廓之意] 篤, 厚也, 固也. [有堅實之意] ○補曰 自以爲執德, [自以爲擇善而執之] 而所執偏小, 自以爲信道, [信先王之道] 而所信虛薄, 如此者不足言其有無.

보완하여 말한다. 홍弘은 '크다 · 넓다'이다(회확하다는 뜻이 있다). 독篤은 두텁고 · 견고함이다(견실하다는 뜻이 있다). ○보완하여 말한다. 스스로 덕을 가졌다고 여기지만(스스로 선을 택하여 잡고 있다고 여기는 것이다) 잡은 바가 좁고 작으며, 스스로 도를 믿는다고 여기지만(선왕의 도를 믿는 것이다) 그 믿는 것이 허박虛薄하면, 이와 같은 사람은 있다거나 없다거나 말할 만한 존재가 되지 못한다.

■孔曰: "言無所輕重." ○邢曰: "雖存於世, 何能爲有而重? 雖沒於世, 何能爲無而輕?"

공안국이 말했다. "(어찌 있다 없다고 하겠느냐는 것은) 경중을 논할 만한 인물이 될 수 없음을 말한 것이다." ○형병이 말했다. "비록 세상에 살아 있어도 어찌 있다고 해서 무겁게 여길 수 있으며, 비록 죽어 세상에 없어도 어찌 없다고 해서 가볍게 여길 수 있겠는가?"

비평 ── 고주의 해석이 주자와 다산으로 이어지면서 심화되고 있다. 특별한 쟁점은 없다. 주자의 다음과 같은 언명이 이 구절의 해석에 가장 절적하

다고 생각된다.

주자가 말했다. "홍弘은 넓고 크다는 뜻이 된다는 것은 사람의 국량에 관한 말이다. 사람이 도를 체득하는 것은 덕에 달려 있고, 덕을 지키는 것은 국량에 달려 있다. 국량에는 대소의 차이가 있으므로 사람이 덕을 지키는 것은 넓은 경우도 있고 넓지 않는 경우도 있다. 그 국량이 큰 사람이 아니라면, 누가 덕을 지키는 것이 넓고 커서 급박하지 않을 수 있겠는가? 도를 믿는 데 견실하고 확고한 것을 귀하게 여긴다는 것은 사람의 의지에 관한 말이다. 사람이 덕으로 나아가는 것은 도로 말미암지만, 도를 믿는 것은 의지에 달려 있다. 의지에는 강약의 차이가 있으므로 사람이 도를 믿는 것은 독실한 경우도 있고, 독실하지 않는 경우도 있다."(『논어집주대전』)

❦❧

19:3. 子夏之門人, 問交於子張. 子張曰: "子夏云何?" 對曰: "子夏曰, '可者與之, 其不可者拒之.'" 子張曰: "異乎吾所聞. 君子尊賢而容衆, 嘉善而矜不能. 我之大賢與, 於人何所不容? 我之不賢與, 人將拒我, 如之何其拒人也?"

고주 —— 자하의 문인이 자장에게 (다른 사람과) 교제(의 도리)에 대해 묻자, 자장이 말했다. "자하는 무어라고 하던가?" 대답했다. "자하선생께서는 '(그 사람이 어질어서, 교분을) 맺을 만한 사람은 교분을 맺고, 그 사람이 (어질지 못하여, 교분을) 맺을 만하지 못한 사람은 거절하라.'고 하셨습니다." 자장이 말했다. "내가 들은 바와는 다르구나! 군자는 현명한 사람을 존중하되 (비록) 많은 사람이라도 용납하며, 선을 행하는 사람은 아름답게 여기되 무능한 사람도 긍휼히 여긴다. (남을 거절할 수 없는 일을 논하면) 내가 크게 현명하다면 남에 대해 어느 곳이든 용납되지 못할 것인가?(있는 곳마다 용납된다:所在見容也) 내가 현명하지 못하다면 남이 장차 나를 거절할 것이니, 어느 겨를에 남을 거절하겠는가?(벗을 사귐에는 자하의 말처럼 해야 하고, 평범한 교류에는 자장의 말처럼 해야 한다.)"

주자 —— 자하의 문인이 자장에게 교제에 대해 묻자, 자장이 말했다. "자하는 무어라고 하던가?" 대답했다. "자하선생께서는 '교제할 만한 사람이면 교분을 맺고, 그 사람이 교제할 만하지 않는 사람은 거절하라.'고 하셨습니다." 자장이 (자하의 말이 박절·협애하다고 기롱하여) 말했다. "내가 들은 바와는 다르구나! 군자는 현명한 사람을 존중하되 대중을 포용하며, 선한 사람을 가상히 여기고 무능한 사람도 긍휼히 여긴다. 내가 크게 현명하다면 남에 대해 포용하지 못할 바가 무엇이겠으며, 내가 현명하지 못하다면 남이 장차 나를 거절할 것이니, 어찌 내가 남을 거절하겠는가?(자장은 말은 지나치게 높다. 초학자는 마땅히 자하의 말처럼 해야 하고, 덕을 이룬 자는 마땅히 자장의 말처럼 말해야 한다.)"

다산 —— 자하의 문인이 자장에게 (다른 사람과) 교제(의 도리)에 대해 묻자, 자장이 말했다. "자하는 무어라고 하던가?" 대답했다. "자하선생께서는 '(그 사람이 어질어서, 교분을) 맺을 만한 사람은 교분을 맺고, 그 사람이 (어질지 못하여, 교분을) 맺을 만하지 못한 사람은 거절(막거나 떠나라)하라.'고 하셨습니다." 자장이 말했다. "내가 들은 바와는 다르구나! 군자는 현명한 사람을 존중하되

자원풀이 ■거拒는 수手(손)+거巨(크다)의 형성자로 손에 거대한 무엇을 든 모습에서 막다, 거부拒否하다, 저항하다의 뜻이다.
■가嘉는 주壴(북)+가加(더하다)의 형성자로 북소리를 더하여 만들어지는 즐거움, 좋다, 아름답다가 원뜻이다. 경사, 혼례의 뜻도 나왔다.

(널리) 대중을 용납하며, 선을 행하는 사람은 아름답게 여기되 무능한 사람도 가련히 여긴다(矜=憐). 내가 크게 현명하다면 남에 대해 어느 곳이든 용납되지 못할 것인가? 내가 현명하지 못하다면 남이 장차 나를 거절할 것이니, 어느 겨를에 남을 거절하겠는가?(벗을 사귐에는 자하의 말처럼 해야 하고, 평범한 교류에는 자장의 말처럼 해야 한다.)"

집주 —— ■子夏之言이 迫狹하니 子張譏之 是也라 但其所言이 亦有過高之弊하니 蓋大賢은 雖無所不容이나 然이나 大故는 亦所當絶이요 不賢은 固不可以拒人이나 然이나 損友는 亦所當遠이니 學者不可不察이니라

자하의 말은 박절·편협하니, 자장이 기롱한 것은 옳다. 다만 자장이 말한 것 또한 지나치게 높은 병통이 있다. 대개 크게 현명하면 비록 포용하지 않은 바가 없지만, 큰 잘못(大故)에는 마땅히 절교해야 한다. 현명하지 못하면 본디 남을 거절해서는 안 되지만, 손해되는 벗은 또한 마땅히 멀리해야 한다. 배우는 자는 살피지 않으면 안 된다.

고금주 —— ■孔曰: "問與人交接之道." ○補曰 拒, 捍也, 違也. ○補曰 尊賢而容衆, 猶親仁而汎愛衆. 矜, 憐也. ○包曰: "友交當如子夏, 汎交當如子張."

공안국이 말했다. "남들과 교분 맺는 법을 물은 것이다." ○보완하여 말한다. 거拒는 막다(捍)·떠나다(違)이다. '현명한 이를 존중하고 대중을 포용하라'는 '인한 사람과 친하되 널리 대중을 사랑하라(「학이」).'는 말과 같다. 긍矜은 '가련히 여기다(憐)'이다. ○포함이 말했다. "벗과 사귈 때는 마땅히 자하의 말과 같이 하고, 널리 사귈 때는 마땅히 자장과 같이 해야 한다."

■鄭玄曰: "子夏所云, 倫黨之交, 子張所云, 尊卑之交也."[見皇疏] ○王肅云: "子夏所云, 敵體之交, 子張所云, 覆蓋之交也."[見皇疏] ○朱子曰: "初學當如子夏之言, 成德當如子張之說."[王陽明亦云] ○案 包說最長.

정현이 말했다. "자하가 말한 것은 윤당倫黨(같은 무리, 붕당) 간의 교제이고, 자장이 말한 것은 존비尊卑 간의 교제이다(황간의 소에 보인다)." ○왕숙이 말했다. "자하가 말한 것은 적체敵體(동렬) 간의 교제이며, 자장이 말한 것은 부개覆蓋(덮어 주고 숨겨 주는) 간의 교제이다(황간의 소에 보인다)." ○주자가 말했다. "초학자는 마땅히 자하의 말처럼 해야 하고, 덕을 이룬 자는 마땅히 자장의 말처럼 해야 한다(왕양명 또한 말했다)." ○살핀다. 포함의 설이 가장 낫다.

■質疑 朱子曰: "子夏之言迫狹, 子張譏之是也. 但其所言, 亦有過高之弊." ○案 孔門高弟, 槪不當輕加評議.

질의한다. 주자가 말했다. "자하의 말은 박절·편협하니, 자장이 기롱한 것은 옳다. 다만 자장이 말한 것 또한 지나치게 높은 병폐가 있다." ○살핀다. 공자 문하의 고제高弟는 대개 가볍게 평의評議해서는 안 된다.

비평 —— 고주의 포함은 "벗과 사귈 때는 마땅히 자하의 말과 같이 하고, 널리 사귈 때는 마땅히 자장과 같이 해야 한다."고 했다. 이에 대해 주자는 "자하의 말은 박절·편협하니, 자장이 기롱한 것은 옳다. 다만 자장이 말한 것 또한 지나치게 높은 병통이 있다."고 말하고, "초학자는 마땅히 자하의 말처럼, 성덕자는 자장의 말처럼 해야 한다."고 주장했다. 다산은 여기서 포함의 설명이 좀더 낫다고 말한다. 나아가 그는 (주자에 대해) 공문의 고제에 대한 가벼운 평론은 삼가야 한다고 비평했다.

19:4. 子夏曰: "雖小道, 必有可觀者焉, 致遠恐泥, 是以君子不爲也."[泥, 去聲]

고주 —— 자하가 말했다. "비록 작은 도(異端의 설과 百家의 말)라도 반드시 볼 만한 것(작은 이치)이 있지만, 먼 데에 이르러 (오랜 세월을 거치면) 막히고 (어려워, 통하지 않을까) 두렵다. 이 때문에 군자는 배우지 않는다(不學)."

주자 —— 자하가 말했다. "비록 작은 도(농사·원예·의술·점술 따위)라도 반드시 볼 만한 것이 있지만, 먼 곳에 이르면 통하지 않을까 두렵다. 이 때문에 군자는 하지 않는다."

다산 —— 자하가 말했다. "비록 작은 도(소체를 보양하는 것으로 군려·농포·의약 따위)라도 반드시 (각각) 볼 만한 것(=지극한 이치)이 있지만, (지선에 이르려고 위로 통달하는 것과 같은) 먼 곳에 이르는 데에는 통하지 않을까 두렵다. 이 때문에 군자는 하지 않는다(泥는 去聲이다)."

집주 —— ■小道는 如農圃醫卜之屬이라 泥는 不通也라
소도小道는 농사(農)·원예(圃)·의술(醫)·점술(卜) 따위이다. 니泥는 통하지 않음이다.
■楊氏曰 百家衆技는 猶耳目口鼻하여 皆有所明이나 而不能相通하니 非無可觀也요 致遠則泥矣라 故로 君子不爲也니라
양시가 말했다. "백가의 여러 기술은 마치 이·목·구·비가 모두 (각각) 밝은 바가 있지만 서로 통하지 못하는 것과 같다. 볼 만한 점이 없는 것은 아니지만 멀리 가면 통하지 않는 까닭에 군자는 하지 않는다."

자원풀이 ■니泥는 수水(물)+니尼(중)의 형성자로 원래는 강 이름을 지칭했으나, 물이 섞여 끈적끈적한 진흙, 막히다의 뜻이다.

고금주 —— ■何曰: "小道, 謂異端."[邢云: "異端之說, 百家之語也."] ○補曰 修治大體曰大道, [即性命之學] 輔養小體曰小道. [如軍旅·農圃·醫藥之類] 各有至理, 故可觀. 致遠, 猶言上達, 謂止於至善. 泥, 滯也. 滯則不通.

하안이 말했다. "소도小道는 이단을 말한다."(형병이 말했다. "이단의 설은 백가의 말이다.") ○보완하여 말한다. 대체大體를 닦고 다스리는 것을 대도大道라 하고(곧 성명의 학이다), 소체를 보양하는 것을 소도라 한다(군려·농포·의약 따위). 각각 지극한 이치가 있기 때문에 볼 만하다. 치원致遠은 상달上達과 같은 말이니, 지선至善에 머무르는 것을 말한다. 니泥는 정체(滯)니, 정체되면 통하지 않는다.

■包曰: "泥難不通."[邢云: "致遠經久, 則恐泥難不通."] ○案 泥之爲物, 黏著膠滯, 不能流通. 故假借用之.

포함이 말했다. "막히고 어려워 통하지 않는다."(형병이 말했다. "먼 곳에 이르고 오랜 시간을 겪으면, 막히고 어려워 통하지 않을까 두렵다.") ○살핀다. 니泥(진흙)란 끈끈하게 아교처럼 달라붙어 유통할 수 없기 때문에 가차假借하여 썼다.

■黃勉齋曰: "小道, 安知非指楊·墨·佛·老之類耶?曰, '小道, 合聖人之道而小者也, 異端, 違聖人之道而異者也.'" ○案 古者軍旅·農圃·醫藥之類, 謂之異端, 後世楊·墨·申·韓·佛·老之類, 謂之異端. 包咸之注, 勉齋之說, 宜分別看.

면재 황씨가 말했다. "'소도小道가 양주·묵적·부처·노자의 부류를 가리키는 것이 아니라는 것을 어떻게 아는가?' (대답하여) 말했다. '소도小道는 성인의 도에 합치하지만 작은 것이고, 이단은 성인의 도에 위반되어 다른 것이다.'" ○살핀다. 옛날에는 군여·농포·의약 따위를 이단이라고 했고, 후세에는 양주·묵적·신불해·한비자·부처·노자의 부류를 이단이라 했다. 포함의 주석과 면재의 설명은 마땅히 분별하여 보아야 한다.

비평 —— (1) 소도小道에 대해 고주는 이단의 학설과 백가의 말이라고 했다. 주자는 소도小道를 농사農 · 원예圃 · 의술醫 · 점술 따위라고 했다. 다산은 소도란 소체(신체)를 보양하는 것으로 군려 · 농포 · 의약 따위라고 했다. 그런데 공자는 "이단을 전공하면 해로울 따름이다(子曰 攻乎異端 斯害也已. 2:16)." 라고 말했다는 점에서, 소도를 이단으로 보는 것은 본문과 어긋난다(각각 지극한 이치가 있다는 점에서 유익한 점이 있다고 볼 수 있다)고 할 수 있다. 그런데 다산은 이전의 2:16 구절을 "백가의 기예인 농사를 짓는 법과 진을 치는 법 등과 같은 다른 단서만을 오로지 다루면, 이는 해로울 뿐이다."라고 해석한 바 있다. 즉 그는 백가의 기예인 농사를 짓는 법과 진을 치는 법을 이단으로 보면서, 그것만을 오로지 전공하며 대체(인의예지)를 기르기 위해 상달上達하지 않으면, 해롭다고 해석했다.

(2) 대도에 대해 다산만이 명확하게 설명하고 있다. 즉 대체(인의예지로 인간의 본성)를 닦고 다스리는 것이 바로 대도라고 한다. 따라서 소도의 소리小理에 의해서는 대도의 대리大理에 나아갈 수 없다고 할 수 있다. 다산의 소도 및 대도에 대한 해석이 타당하다고 생각된다.

19:5. 子夏曰: "日知其所亡, 月無忘其所能, 可謂好學也已矣."[亡, 音忘]

고주 —— 자하가 말했다. "날마다 자신이 (아직 들음이) 없던 것을 (배워서) 알고, 달마다 그 할 수 있는 것을 (거듭 익혀) 지키면서 (이미 능한 것을) 잃지 않는다면, 배우기를 좋아한다고 말할 만하다."

주자 —— 자하가 말했다. "날마다 자신에게 없는 것을 (새롭게) 알고, 달마다 그할 수 있는 것을 지키면서 잃지 않는다면, 배우기를 좋아한다고 말할 만하다."

다산 —— 자하가 말했다. "날마다 모르는 것을 새로이 알고(=知新), 달마다 그 할 수 있는 것을 잊지 않고 행하면(=溫故), 배우기를 좋아한다고 말할 만하다."(亡은 음이 忘이다.)

집주 —— ■亡는 無也니 謂己之所未有라
무亡는 없음(無)이니, 자기가 아직 지니지 못한 것을 말한다.
■尹氏曰 好學者는 日新而不失이니라
윤돈이 말했다. "학문을 좋아하는 자는 날로 새로우며 잃지 않는다."

고금주 —— ■補曰 日知, 知新也. 月無忘, 溫故也. 知新急故言日, 溫故緩故言月.
보완하여 말한다. 매일 안다(日知)는 것은 새 것을 안다(知新)는 것이고, 달로 잊지 않는다(月無忘)는 것은 옛것을 익힌다(溫故)는 것이다. 지신知新은 급하기 때문에 일日이라고 말했고, 온고溫故는 완만하기 때문에 월月이라고 했다.
■孔曰: "日知其所未聞." ○邢曰: "舊無聞者當學之, 舊已能者當溫尋之."
공안국이 말했다. "날마다 자신이 아직 듣지 못한 것을 아는 것이다." ○형병이 말했다. "예전에 듣지 못했던 것은 마땅히 배워야 하고, 예전에 이미 능했던 것도 마땅히 찾아 따사롭게(溫尋) 해야 한다."
■尹曰: "好學者, 日新而不失." ○黃曰: "求之敏則能日新, 守之篤則能不失." ○案 朱子謂此章與溫故知新不同. [朱子云: "彼是溫古之中而得新底道理, 此却是因知新而帶得溫故, 如得一善, 則拳拳服膺而不失之矣."] 然以其所得之先後, 則故先而新後也, 以其用工之緩急, 則新急而故緩也. 故彼先言溫故, 此先言知新, 其實或先或後, 無可分也. 若云守而不失, 恐所知無多, 微與本旨不同. ○又案〈周頌〉云‘日就月將’, 就者, 進取也, 將者, 承持也. [今以將爲進誤] 然則此章只是日就月將意.

윤돈이 말했다. "학문을 좋아하는 자는 날로 새롭고 잃지 않는다." ○황면재가 말했다. "민첩하게 구하면 능히 날마다 새롭고, 독실하게 지키면 잃지 않을 수 있다." ○살핀다. 주자는 이 장이 온고지신溫故知新 장과 같지 않다고 했다.(주자가 말했다. "저 溫故知新은 溫故 가운데 새로운 도리를 얻는 것이고, 이것은 도리어 知新으로 인해서 온고를 같이 따라 얻는 것이니, 말하자면 한 선을 얻으면 가슴속에 굳게 지켜 잃지 않는 것과 같다.") 그러나 그 얻는 것의 선후로 말하면 온고가 먼저이고 지신이 뒤이며, 그 공부하는 완급으로 말하면 지신이 급하고 온고는 느슨하다. 그러므로 저것은 먼저 온고를 말하고, 이것은 먼저 지신을 말했을 뿐, 그 실상은 혹 먼저가 되기도 하고 혹 뒤가 되기도 하니, 구분할 수 없다. 만약 지켜서 잃지 않는 것(守而不失)이라고 말한다면, 이는 아마도 아는 것이 많지 않을 것이니, 본뜻과는 미세하게 같지 않은 듯하다. ○또 살핀다. 『시경』「주송周頌」편에 ‘일취월장日就月將’이라 했는데, 취就란 진취進取이고, 장將이란 승지承持의 뜻이다(오늘날 將을 進으로 보는 것은 잘못이다). 그러니 이 장은 다만 일취월장의 뜻이다.

■ 牛春宇曰: "亡字不必作無. 道理原吾心所固有, 一不操存, 便亡失在外. 知所亡, 只是求其所亡失者." ○荻曰: "亡如‘亡羊’之亡, 失也." ○純曰: "如荻說, 則 ‘知其所亡’與‘無亡其所能’同意, 不可從也." ○案 純說是也. 然‘亡’當如字讀, 不必以訓‘無’之故, 竝其音而讀無也.

우춘우牛春宇가 말했다. "‘亡’ 자는 무無로 쓸 필요는 없다. 도리는 원래 내 마음에 고유한 것이지만, 만일 잡아 보존하지 못하면 망실亡失되어 밖에 있다. 지소망知所亡이란 단지 그 망실된 바를 구하는 것일 따름이다." ○적생쌍송은 말했다. "망亡은 망양亡羊의 亡과 같으니, 잃는다는 뜻이다." ○태재순은 말했다. "적생쌍송의 설과 같다면 지기소망知其所亡과 무망기소능無忘其所能

이 같은 뜻이니, 이는 따를 수 없다." ○살핀다. 태재순의 설이 옳다. 그러나 망亡 자는 마땅히 글자대로 읽어야 하며, 반드시 없다(無)의 뜻으로 풀이할 필요도 없기 때문에 마찬가지로 그 음도 무無로 읽을 필요가 없다.

비평 —— 주자는 이 장(새것을 알고 동시에 알게 된 것을 익힘으로 점점 익숙해진다)을 '온고이지신溫故而知新'장(2:11. 옛것을 익히는 도중에 새 것을 안다)과는 강조의 선후가 다르다는 점에서 그 뜻이 구분된다고 했다. 이에 대해 다산은 "체득한 것의 순서로 보면 온고가 먼저이고 지신이 나중이며, 그 공부하는 완급으로 말하면 지신이 급하고 온고는 느슨하다. 그러나 실천의 과정상에서 본다면 구분할 수 없다."는 점에서 같은 맥락에서 해석해야 한다고 주장했다. 다른 한편 이 장은 「학이」1:1과 연관하여 해석해야 한다고 주장되기도 한다. 즉 이 장은 매일 매월로써 말하고, 「학이」1:1은 시시時時로 말했다는 것이다.

❦

19:6. 子夏曰: "博學而篤志, 切問而近思, 仁在其中矣."

고주 —— 자하가 말했다. "널리 배우되 (잊지 않게) 돈독하게 기억(혹은 기록?)하고(志=識), (배웠으나 아직 깨닫지 못하는 바의 일을) 절실하게 묻고, (아직 능히 미치지 못하는 일을) 가까이에서 생각하면, 인은 그 가운데에 있다."

주자 —— 자하가 말했다. "널리 배우되 뜻을 독실하게 하고, 절실하게 묻되 가까이에서부터 미루어 생각하면, (仁을 행함에는 미치지 못하지만, 마음이 밖으로 내달리지 않고 보존된 것이 자연히 성숙해지기 때문에) 인은 그 가운데에 있다."

다산 —— 자하가 말했다. "(고루함에 정체되지 않게) 널리 배우되 (비속함에 흐르지 않게) 뜻을 독실하게 하고, 저미고 새기듯이 묻되 가까이 자신으로부터 생각하면, (이 네 가지에 능할 수 있으면 孝弟忠信에 힘쓰지 않을 수 없으니), 인(=인륜의 지극)은 그 가운데에 있다."

집주 —— ■四者는 皆學問思辨之事耳니 未及乎力行而爲仁也라 然이나 從事於此면 則心不外馳하여 而所存이 自熟이라 故로 曰仁在其中矣라 하니라
네 가지는 모두 배우고 · 묻고 · 생각하고 · 분별하는 일일 뿐이니, 힘써 실천하여 인仁을 행함에는 미치지 못한다. 그러나 이런 것들에 종사하면 마음이 밖으로 내달리지 않고 보존된 것이 자연히 성숙해지기 때문에 인仁이 그 가운데 있다고 한 것이다.

■程子曰 博學而篤志하고 切問而近思를 何以言仁在其中矣오 學者要思得之니 了此면 便是徹上徹下之道니라 又曰 學不博則不能守約이요 志不篤則不能力行이니 切問近思在己者하면 則仁在其中矣니라 又曰 近思者는 以類而推니라
정자가 말했다. "널리 배우고 · 뜻을 독실하게 하고 · 절실히 묻고 · 가까이에서부터 미루어 생각해 보면, 어째서 인은 그 가운데에 있다고 말하는지를 배우는 자는 생각해서 깨달아야 한다. 이것을 요해하면 곧바로 형이상 · 형이하의 도에 철저하게 관통한다." 또 말했다. "배움이 넓지 않으면 지킴이 요약되지 못하고, 뜻이 독실하지 않으면 힘써 행할 수 없다. 절실히 묻고 가까이에서부터 미루어 생각하여 나아감이 있는 자는 인은 그 가운데에 있다." 또 말했다. "가까이에서부터 미루어 생각한다는 것은 유類로써 미루어 나아가는 것이다(類推)."

■蘇氏曰 博學而志不篤이면 則大而無成이요 泛問遠思면 則勞而無功이니라
소식이 말했다. "널리 배워도 뜻이 독실하지 않으면 방대하나 이루는 것이 없

고, 범범하게 묻고 고원하게 생각하면 수고롭지만 공로를 이루지 못한다."

고금주 —— ■ 邢曰: "博, 廣也." ○ 補曰 篤, 固也. 切, 割也, 刻也. 近者, 身也.
汎博其學, 則不滯於陋, 堅固其志, 則不流於俗. 問之如刻割, 則所知者精, 思之
自本身, 則所悟者實. 仁者, 人倫之至也. 能是四者, 則孝弟忠信, 不能不勉, 仁
在其中矣. 言知者必行.
형병이 말했다. "박博은 넓다(廣)이다." ○ 보완하여 말한다. 독篤은 굳다(堅)
이고, 절切은 저미다(割)·새기다(刻)이다. 근近이란 자신(身)이다. 배우기를
넓게 하면 고루함에 정체되지 않고, 뜻을 견고하게 하면 비속한 데로 흐르지
않는다. 묻기를 새기고 저미듯이 하면 아는 것이 정밀해지고, 생각하는 것이
근본적으로 자신으로부터 말미암으면 깨닫는 것이 실질적이다. 인이란 인륜
의 극치이다(仁者 人倫之至也). 이 네 가지에 능할 수 있으면 효제충신孝弟忠信
에 힘쓰지 않을 수 없으니, 인이 그 가운데 있다. 아는 자는 반드시 행한다고
말했다.

■ 孔曰: "廣學而厚識之."[邢云: "志, 識也."] ○ 何曰: "切問者, 切問於己所學未悟
之事. 近思者, 思己所未能及之事. 汎問所未學, 遠思所未達, 則於所習者不精,
所思者不解." ○ 純曰: "切, 迫近也. 近思者, 即其所居而思也." ○ 駁曰 非也.
諸說皆荒雜, 以志爲識, 尤謬.
공안국이 말했다. "널리 배우고 많이 기억하는 것이다."(형병이 말했다. "志는
기억(록?)하다:識이다.") ○ 하안이 말했다. "절문切問이란 자기가 배워서 아직
깨닫지 못하는 바의 일을 절실하게 묻는 것이고, 근사近思란 자기가 아직 능
히 미치지 못하는 일을 가까이 생각하는 것이다. 아직 배우지 않은 것을 범
범하게 묻고, 아직 도달하지 못한 것을 고원하게 생각하면, 익히는 것이 정밀
하지 못하고, 생각하는 것이 풀리지 않는다." ○ 태재순이 말했다. "절은 '긴박
하게 가까이하다(迫近)'이다. 근사近思란 그 처지에 나아가서 생각하는 것이

다." ○논박하여 말하면, 그릇되었다. 이러한 설명들은 모두 거칠고, 조잡하다. 지志를 '기억(록?)하다(識)'로 간주한 것은 더욱더 잘못된 것이다.

■案 此章彼章, 同出一子夏之口. '賢賢'章謂人能孝弟忠信, 則其學可知, 學在其中矣. '博學'章謂人能學問思辨, 則其仁可知, 仁在其中矣. 兩章相反如黑白, 而其實相合如符契. 子夏之意, 蓋云知者必行, 行者必知. 天下無不學而能仁者, 亦無能仁而不學者. 兩章合觀, 其旨乃明, 各觀其一, 其言似偏.

살핀다. 이 장은 「학이」 1:7(子夏曰 賢賢易色, 事父母, 能竭其力, 事君能致其身, 與朋友交, 言而有信, 雖曰未學, 吾必謂之學矣.)과 같이, 모두 자하의 입에서 나온 말이다. 「현현」장은 사람이 능히 효제충신을 할 수 있으면 그 학學을 알 만하니, 학이 그 가운데 있음을 말한 것이다. 「박학」장은 사람이 능히 박학博學·심문審問·신사愼思·명변明辯할 수 있으면 그 인仁을 알 만하니, 인이 그 가운데 있음을 말한 것이다. 두 장은 서로 흑백처럼 반대되는 것처럼 보이지만, 그 실상은 부계符契처럼 부합된다. 자하의 뜻은 대개 아는 자는 반드시 행하고, 행하는 자는 반드시 안다고 말한 것이다. 천하에 배우지 않고도 능히 인을 행할 수 있는 자가 없으며, 또한 능히 인할 수 있는 자는 배우지 않는 자가 없다. 두 장을 합해서 보면 그 취지가 분명하지만, 각각 나누어 하나만 보면 그 말이 편협한 듯하다.

비평 —— (1) 독지篤志의 지志를 기억(기록)으로 해석하는 것을 분명 잘못된 해석이라고 할 수 있다. 주자와 다산의 비정은 옳다고 생각된다.

　(2) 이 네 가지(博學, 篤志, 切問, 近思)를 행할 수 있다면 그것이 곧 인仁이 아니라, 인이 그 가운데에 있다고 말한 것에 대해 주자와 다산의 해석이 약간 다르다. 주자는 체용론에 입각하여 선지후행의 입장에서 해석했다. 다산은 지와 행 혹은 학과 인은 상호 함축적이라는 입장에 서 있다. 이에 대해서는 3권에서 상론하기로 한다.

19:7. 子夏曰: "百工居肆以成其事, 君子學以致其道."

고주 —— 자하가 말했다. "모든 장인은 작업장(官府造作之處)에 있어야 그 일을 이루고(이룰 수 있듯이), 군자는 (부지런히) 배움으로써 그 도에 도달한다."

주자 —— 자하가 말했다. "모든 장인은 작업장(官府造作之處)에 있어야 (그 관심이 다른 곳으로 옮겨가지 않아) 그 일을 이루고, 군자는 배움으로써 (외물의 유혹에 마음이 빼앗기지 않아, 마음을 독실하게 하여) 그 도를 지극히 한다."

다산 —— 자하가 말했다. "모든 장인은 (타고난 재주만이 아니라) 진열장(肆=陳)에 있어야 (보는 것이 넓어지고, 보는 것이 넓어지면 기교가 완성되어) 그 일을 이루고, 군자는 (타고난 재능만이 아니라) 배움으로써 (간직하고 닦으면서, 쉴 때나 놀 때에도 늘 마음을 두어야) 그 도에 이르게 된다."

집주 —— ■肆는 謂官府造作之處라 致는 極也라 工不居肆면 則遷於異物而業不精하고 君子不學이면 則奪於外誘而志不篤이니라
사肆는 관부의 기물을 만드는 곳이다. 치致는 지극함(極)이다. 공인이 작업장에 있지 않으면, (관심이) 다른 것에로 옮겨가서 작업이 정밀하지 않고, 군자가 배우지 않으면 외물의 유혹에 마음을 빼앗겨 뜻이 독실하지 않게 된다.
■尹氏曰 學은 所以致其道也라 百工居肆에 必務成其事하나니 君子之於學

자원풀이 ■사肆는 장長(길다)+이隶(미치다, 근본이 된다)의 회의자로 짐승(隶)을 길게(長) 늘어놓고 파는 가게를 의미했다. 진설하다, 드러내다, 크고 넓게 늘어놓고 과시하다, 방종하다, 가게, 점포를 뜻하기도 한다.

에 可不知所務哉아

윤돈이 말했다. "배움은 그 도를 지극히 하는 방법이다. 백공이 작업장에 기거하는 것은 필시 그 일을 힘써 이루고자 하는 것인데, 군자가 배움에 있어 힘쓸 바를 알지 못할 수 있겠는가?"

■ 愚按 二說이 相須라야 其義始備니라

어리석은 내가 살핀다. 두 가지 설명이 서로 보완되어야 그 뜻이 비로소 갖추어진다.

고금주 ── ■補曰 百工, 衆匠. 肆, 陳物之處. [肆, 陳也] ○邢曰: "致, 至也." [補云: "至之也."] ○補曰 百工身恒居其肆, 手恒操其業, 乃成其事, 君子之學以致道, 宜亦如此.

보완하여 말한다. 백공百工은 뭇 장인(衆匠)이고, 사肆는 물품을 진열하는 곳이다(肆는 진열:陳이다). ○형병은 말했다. "치致는 이르다(至)이다." (보완하여 말한다. "이르게 한다:至之이다.") ○보완하여 말한다. 백공은 몸은 항상 그 진열장에 있고, 손은 항상 그 작업을 잡고 있어야만 그 일이 이루어진다. 군자의 학이 도에 이르게 하는 것 또한 이와 같다.

■邢曰: "審曲面勢, 以飭五材, 以辨民器, 謂之百工. 『考工』文] 肆, 官府造作之處." ○案『管子』曰: "處工就官府, 處商就市井." 然肆者, 陳也, 謂之造作處, 可乎?

형병은 말했다. "(金, 木, 皮, 玉, 土 등) 오재五材의 굽은 면면의 형세를 자세히 살펴 다듬어 백성에게 필요한 기구를 만드는 것을 백공百工이라 하고(『주례』「고공기」의 글이다), 사肆는 관부의 기물을 만드는 곳이다." ○살핀다. 『관자』에서 "공인은 관부官府가 있는 곳에 살게 하고, 상인은 시장에서 살게 했다."고 했다. 그러나 사肆는 진열하는 것이니, 기물을 만드는 곳이라고 하면 되겠는가?

■江熙曰: "亦非生巧也. 居肆則見廣, 見廣則巧成. 君子未能體足也. 學以廣其

思, 思廣而道成也."[見皇疏] ○案 君子之於學也, 藏焉修焉, 息焉遊焉. 〔〈學記〉
文〕 子夏所戒, 凡在是也.

강희江熙가 말했다. "(공인) 또한 태어나면서 기교技巧가 있었던 것이 아니다.
사肆에 있으면서 보는 것이 넓어지고, 보는 것이 넓어지면 기교가 완성된다.
군자는 타고난 재주에만 만족할 수 없으니, 배움으로써 그 생각을 넓히고, 생
각이 넓어짐으로써 도가 완성된다."(황간의 소에 보인다.) ○살핀다. 군자는 배
움에 있어 간직하고 닦으면서(藏焉修焉), 쉴 때나 놀 때에도 늘 마음을 두어야
한다(『예기』「학기」의 글이다). 자하의 경계하는 바는 모두 여기에 있다.

비평 —— 고주에서는 "사람들에게 학문을 권면하면서, 백공을 들어 비유했
다."고 해석한다. 즉 백공이 그 기물을 이루는 작업장에 있어야 그 작업을 이
루듯이, 군자는 부지런히 학문을 연마해야 도에 이를(致) 수 있다는 것이다.
그런데 작업장에 있으면서도 일을 이루지 못하는 경우가 있을 수 있다. 즉
한가롭게 잡담하면서 보내는 경우와 소도小道(각종 직업 기술)를 배우거나 도
중에 그만두는 경우가 그것이다. 바로 이런 까닭에 작업장에 있으면서 반드
시 그 일을 이루도록 힘써야 하고, 배움에 있어서는 반드시 그 도를 다하도록
힘써야 한다는 것이다(윤돈). 이 두 가지 설이 서로 보완되었을 때, 뜻이 비로
소 갖추어진다는 것이 주자의 생각이다.

이에 대해 다산은 사肆를 작업장이 아니라, 진열장으로 해석한다. 따라서
"백공의 기교는 타고난 것이 아니라, 사肆(진열장)에 있으면서 보는 것이 넓어
질 때 비로소 기교가 이루어져 교묘한 기물을 만들 수 있다는 것이다. 이와
마찬가지로 군자는 타고난 재주로만 도를 이루는 것에 만족할 수 없고, 배움
으로써 그 생각을 넓힐 때에 비로소 그 도를 완성한다."는 것이 이 구절의 뜻
이라는 것이다.

〰️

19:8. 子夏曰: "小人之過也必文."[文, 去聲]

고주 —— 자하가 말했다. "소인은 허물을 반드시 (그 허물을) 문식한다(실정을 말하지 않는다)."

주자 —— 자하가 말했다. "소인은 허물을 (고치기를 꺼리는 까닭에) 반드시 꾸며댄다(꾸며서 허물을 가중시킨다)."

다산 —— 자하가 말했다. "(군자는 허물을 드러내지만) 소인은 허물을 (가리는 방법을 생각하기 때문에) 반드시 꾸며댄다(文은 去聲이다)."

집주 —— ■文은 飾之也라 小人은 憚於改過하고 而不憚於自欺라 故로 必文以重其過니라

문文은 꾸미는 것(飾之)이다. 소인은 허물 고치는 것을 꺼리고, 자기 속이는 것을 꺼리지 않기 때문에 반드시 꾸밈으로써 그 잘못을 가중시킨다.

고금주 —— ■補曰 君子之過, 如日月之食, 人皆見之, 小人必思所以遮掩之, 故文之.

보완하여 말한다. 군자의 허물은 일식이나 월식과 같아서 사람들이 모두 보게 된다. 소인은 반드시 허물을 가릴 방법을 생각하기 때문에, 그것을 꾸며댄다.

■孔曰: "文飾其過, 不言情實."

공안국이 말했다. "그 허물을 문식文飾하고, 실정을 말하지 않음이다."

비평 —— 특별한 쟁점은 없다.

19:9. 子夏曰: "君子有三變. 望之儼然, 卽之也溫, 聽其言也厲."

고주 —— 자하가 말했다. "군자(↔소인)는 세 번의 변화가 있으니(다른 사람이 보기에 변화된 모습이지만, 군자 자신은 저절로 드러내는 것이다), (멀리서) 바라보면 (의관을 단정히 하고 눈빛을 존엄히 하여) 엄연하고, 가까이 나아가면 안색이 온화하고, 그 말을 들으면 엄정하다."

주자 —— 자하가 말했다. "군자(=공자?)는 세 번의 변화가 있으니(변화를 염두에 둔 것이 아니라, 병행하되 서로 어긋나지 않는 것이다), 바라보면 용모가 장엄하고, 나아가면 안색이 온화하고, 그 말을 들으면 명확하다."

다산 —— 자하가 말했다. "군자(=공자)는 세 번의 변화가 있으니(다른 사람이 보기에 변화된 모습이지만, 공자 자신은 저절로 드러내는 것이다), 바라보면 용모가 장엄하고, 나아가면 안색이 온화하고, 그 말을 들으면 엄정하다."

집주 —— ■儼然者는 貌之莊이요 溫者는 色之和요 厲者는 辭之確이라.

자원풀이 ■엄儼은 인人(사람)+엄嚴(엄하다)의 형성자로 엄격하고(嚴) 언행이 정중한 사람(人), 의젓하다의 뜻이다. 장정하다, 똑바로 서다, 아름답다, 가지런한 모습 등을 뜻한다.
■려厲는 엄厂(기슭 엄)+萬(일만 만)의 형성자로 재질이 거친 칼 가는 숫돌 혹은 칼을 가는 행위를 의미했다. 숫돌, 갈다, 떨치다, 소리가 높고 급하다, 엄하다(子溫而厲), 사납다, 권면하다 등으로 쓰인다.

엄연儼然이란 용모의 장엄함(莊)이다. 온溫은 안색의 온화함和이다. 려厲는 말이 명확함(確)이다.

■程子曰 他人은 儼然則不溫하고 溫則不厲로되 惟孔子全之시니라

정자가 말했다. "다른 사람은 장엄하면 온화하지 않고, 온화하면 명확하지 않지만, 오로지 공자께서는 그것은 온전히 갖추셨다."

■謝氏曰 此非有意於變이니 蓋並行而不相悖也라 如良玉溫潤而栗然이니라

사량좌가 말했다. "이것은 마음에 변화를 둔 것이 아니라, 대개 함께 행해져도 서로 어긋나지 않는다는 것이니, 마치 좋은 옥이 온화하고 윤택하면서도 단단한 것과 같다."

고금주 —— ■補曰 厲者, 辭之峻. [邢云: "厲, 嚴正也."] 即, 就也.

보완하여 말한다. 려厲란 말의 준엄함(辭之峻)이다.(형병이 말했다. "厲는 嚴正이다.") 즉即은 나아감(就)이다."

■李充曰: "人謂之變耳, 君子無變也."[見皇疏] ○邢曰: "常人, 遠望之則多懈惰, 即近之則顏色猛厲, 聽其言則多佞邪." ○案 君子謂孔子.

이충이 말했다. "사람들이 변화한다고 평할 뿐이지, 군자는 변화가 없다." (황간의 소에 보인다) ○형병이 말했다. "보통 사람은 멀리서 보면 태만함이 많고, 가까이 나아가면 안색이 사납고, 그 말을 들어보면 망령되고 사악함이 많다." ○살핀다. 군자는 공자를 말한다.

비평 —— 고주는 여기서 군자를 소인에 대한 말로 사용했다. 주자는 언급이 없지만, 정자가 공자라고 말한 것을 인용했다. 다산은 여기서 말하는 군자란 공자를 지칭한다고 명시했다. 「향당」편에 공자를 지칭하여 군자라고 한 용례가 있다.

19:10. 子夏曰: "君子信而後勞其民, 未信則以爲厲己也. 信而後諫, 未信則以爲謗己也."

고주 —— 자하가 말했다. "군자는 (상위에 있다면, 응당 그 백성에게) 신뢰를 받은 이후에 그 백성을 노역(勞=勞役)시켜야 할 것이니, 아직 신뢰하지 않는데도 (백성을 부리면) 자기들을 괴롭힌다(厲=病)고 여길 것이다. (신하가 되었다면, 응당 임금에게 충성을 다하여) 신임을 받은 이후에 간할 것이니, 아직 신뢰하지 않는데도 (임금의 잘못을 간하면) 자기를 비방한다고 여길 것이다."

주자 —— 자하가 말했다. "군자는 (성의가 측달하여 서로) 미더운 이후에 그 백성을 수고롭게 하여야 할 것이니, 아직 (서로) 미덥지 않는데도 (백성들 부리면) 자기들을 괴롭힌다(厲=病)고 여길 것이다. (윗사람을 섬김에 성의가 측달하여) 신임을 받은 이후에 간할 것이니, 아직 신뢰하지 않는데도 (윗사람에게 간하면) 자기를 비방한다고 여길 것이다."

다산 —— 자하가 말했다. "군자는 (상위에 있다면 응당 그 백성에게) 신뢰를 받은 이후에 그 백성을 노역(勞=勞役)시켜야 할 것이니, 아직 신뢰를 하지 않는데도 (백성을 부리면) 자기들을 괴롭힌다(厲=病)고 여길 것이다. (신하가 되었다면, 응당 임금에게 충성을 다하여) 신임을 받은 이후에 간할 것이니, 아직 신뢰하지 않는데도 (임금의 잘못을 간하면) 자기를 비방한다고 여길 것이다."

자원풀이 ■여厲는 엄厂(기슭 엄)+萬(일만 만)의 형성자로 재질이 거친 칼 가는 숫돌 혹은 칼을 가는 행위를 의미했다. 숫돌, 갈다, 떨치다, 소리가 높고 급하다, 엄하다(子溫而厲), 사납다, 권면하다 등으로 쓰인다.
■방謗은 언言(말씀)+방旁(곁)의 형성자이다. 곁(旁)에서 말로 잘못을 나무라다, 비방誹謗하다의 뜻이다.

집주 —— ■信은 謂誠意惻怛而人信之也라 厲는 猶病也라 事上使下에 皆必誠意交孚而後에 可以有爲니라

신信은 성의誠意가 측달惻怛하여 남이 그를 믿는 것이다. 려厲는 병病과 같다. 윗사람을 섬기는 것과 아랫사람을 부리는 것 모두 반드시 성의가 서로 미덥게 된 이후에 (일을 도모) 할 수 있다.

고금주 —— ■補曰 信謂見信. ○王曰: "厲, 猶病也."

보완하여 말한다. 신信은 신임을 받는 것(見信)을 말한다. ○왕숙이 말했다. "려厲는 '괴롭히다(病)'와 같다."

■邢曰: "君子當先示信於民, 當先盡忠於君, 待君信己."[節] ○駁曰 非也. 有意於信己, 則已不忠矣, 何以孚矣?

형병이 말했다. "군자가 마땅히 먼저 백성에게 신임를 보내야 하고, 마땅히 먼저 임금에게 충성을 다하고, 임금이 자기를 신임하기를 기다려야 한다 (節)." ○논박하여 말하면, 그릇되었다. 자기를 신임해 주기를 바라는 뜻이 있으면 이미 불충不忠이니, 어떻게 미더울 수 있겠는가?

■純曰: "夫人之信之, 或信其德行, 或信其高義, 或信其志節, 或信其才學, 或信其智術, 或信其忠信. 其所取信雖異, 而其可以勞民諫君則同." ○案 此說雖未醇, 其論見信之法則明矣.

태재순이 말했다. "대저 사람이 신임하는 것은, 혹 그 덕행을 신임하고, 혹 그 높은 의리를 신뢰하고, 혹 지조와 절개를 신임하고, 혹 그 재주와 학문을 신뢰하고, 혹 그 지혜와 기술을 신뢰하고, 혹 그 충신忠信을 신뢰한다. 그 신뢰를 취하는 바는 비록 달라도, 백성을 부리고 임금에게 간할 수 있는 것은 같다." ○살핀다. 이 설은 비록 순후하지는 못하지만, 신뢰를 받는 방법을 논한 것은 명확하다.

비평 ── 특별한 쟁점은 없다. 다만 '임금이 자기를 신임해 주기를 바라는 뜻이 있어 충성한다면, 이미 불충不忠'이라는 다산의 형병의 설명에 대한 논박은 윤리학적으로 깊은 의미가 있다고 하겠다.

❧

19:11. 子夏曰: "大德不踰閑, 小德出入可也."

고주 ── 자하가 말했다. "크게 덕 있는 사람(大德=上賢)은 법도(閑=法)를 넘지 않지만, 그다음의 덕을 조금 지니고 있는 사람(小德=次賢)은 (법도를) 넘나들어도 괜찮다."

주자 ── 자하가 말했다. "큰 절개가 한계를 넘지 않는다면(큰 규범이 이미 바르다면), 작은 절개는 (한계를) 넘나들어도 괜찮다(소소한 곳은 비록 완전히 선하지 않더라도 무방하다)."

다산 ── 자하가 말했다. "큰 덕이 있는 사람(大德=聖人)은 법도(閑=法)를 넘지 않지만, 작은 덕이 있는 사람(小德=學者)은 (법도를) 넘나들어도 (회복하면) 괜찮다."

집주 ── ■大德, 小德은 猶言大節小節이라 閑은 闌也니 所以止物之出入이라 言人能先立乎其大者면 則小節은 雖或未盡合理라도 亦無害也라

대덕大德·소덕小德은 큰 절개(大節)·작은 절개(小節)라는 말과 같다. 한閑은 란闌(가로막다)이니, 사물의 출입을 금하는 것이다. 사람이 능히 그 큰 것을

먼저 세울 수 있으면, 작은 절개가 비록 혹 이치에 전부 부합하지 않는다고 할지라도 아무런 해가 없다는 말이다.

■吳氏曰 此章之言은 不能無弊하니 學者詳之니라

오역이 말했다. "이 장의 말은 폐단이 없을 수 없으니, 배우는 자는 상세히 살펴야 한다."

고금주 —— ■補曰 大德, 謂聖人. 小德, 謂學者. 閑, 禮防也. [閑字象門有木, 以作內外之限] 出入, 謂不遠而復. 聖人不踰矩, 一有踰, 非聖人也. 學者未及成德, 時有過差, 但能不遠而復, [出而入] 則可矣. 此章意在包蒙恕尤.

보완하여 말한다. 대덕大德은 성인을 말하고, 소덕小德은 배우는 이(學者)를 말한다. 한閑은 예방禮防이다(閑 자는 門에 나무가 있는 것을 형상하여 내외의 한계를 짓는 것이다). 출입은 머지않아 회복하는 것을 이른다. 성인은 법도를 넘지 않는다(聖人不踰矩). 한 번이라도 넘는다면 성인이 아니다. 학자는 아직 덕을 이루는 데에 미치지 못했지만, 때때로 과오나 착오가 있더라도, 다만 머지않아 회복하면(나갔다가 들어온다) 괜찮다. 이 장의 뜻은 어리석은 자를 포용하여, 그 허물을 용서하는 것(包蒙恕尤)에 있다.

■孔曰: "閑, 猶法也. 小德則不能不踰法, 故曰出入可." ○邢曰: "大德, 謂上賢也, 所行皆不越法則也. 小有德者, 謂次賢之人, 不能不踰法. 有時踰法而出, 旋能入守其法, 不責其備, 故曰可也." ○案 大意中經旨.

공안국이 말했다. "한閑은 법칙(法)과 같다. 작은 덕은 법칙을 넘지 않을 수 없기 때문에 드나들어도 괜찮다." ○형병이 말했다. "큰 덕은 상현上賢을 이르니, 그 행하는 것이 모두 법칙을 넘지 않는다. 조금 덕이 있는 사람은 차현

자원풀이 ■한閑은 문門+목木(나무)의 회의자로 문 사이에 나무를 질러 마구간을 그렸는데, 이후 사람들이 들어오지 못하도록 잠그다, 한가閑暇하다, 틈, 겨를 등의 뜻으로 쓰인다.

次賢의 사람이니, 법칙을 넘지 않을 수 없다. 때때로 법칙을 넘어 벗어남이 있어도 곧 뒤이어 들어와 그 법을 지킬 수 있으니, 구비하기를 요구하지 않기 때문에 괜찮다고 말한 것이다." ○살핀다. 큰 뜻은 경문의 취지에 적중한다.

■ 質疑 大德・小德之謂大節・小節, 古無可據.『孟子』曰: "大德役小德."『中庸』曰: "小德川流 大德敦化." 皆以德之大小, 分爲等級, 豈大節・小節之謂乎? 君子之積累工夫, 全在小節. 一視一聽, 一言一動, 皆有禮防, 苟以大體無惡, 許其惟意出入, 則豈有成德之日乎? 曲禮三千, 惟意出入, 則經禮三百, 無所立矣. 梅氏作『書』, 猶云'不矜細行, 終累大德', 細行何可忽乎? 當從舊說. ○又按 吳氏謂此章不能無弊, 不亦難乎? 自誤其釋, 反病其言, 先哲其堪乎?

질의한다. 대덕大德・소덕小德을 큰 절개・작은 절개라고 말하는 것은 고경에는 근거할 수 없다.『맹자』에는 "소덕은 대덕에게 사역당한다(小德役大德: 이루상)."고 했고,『중용』(30장)에는 "소덕은 내처럼 흐르고 대덕은 만물의 화육을 돈후하게 한다(小德川流 大德敦化)."고 하여, 모두 덕의 크고 작은 것으로써 나누어 등급을 했으니, 이것이 어찌 대절와 소절을 두고 말하는 것이겠는가? 군자가 공부를 쌓아 가는 것은 오로지 소절에 달려 있다. 한 번 보고 한 번 듣고 한 번 말하고 한번 움직이는 데 모두 예방禮防이 있으니, 만약 대체大體에 악이 없다고 해서 오직 의지가 드나드는 것을 허여한다면 어찌 덕을 이룰 날이 있겠는가? 곡례曲禮 3천에서 오직 그 의지가 드나들면, 경례經禮 3백이 정립될 것이 없을 것이다. 매색이『서』를 지어서 오히려 '사소한 행위를 긍지하지 않으면, 끝내 큰덕에 누를 끼친다.'고 했으니, 사소한 행위라도 어찌 소홀히 할 수 있겠는가? 마땅히 구설을 따라야 한다. ○또 살핀다. 오역은 이 장은 폐단이 없을 수 없다고 했으니, 또한 난감하지 않은가? 자신이 해석을 잘못하고, 도리어 그 말에 병폐가 있다고 간주하니, 선철이 감내하겠는가?

비평 —— 고주에서 대덕大德은 상현上賢, 소덕小德을 차현次賢으로 해석했다.

주자는 대덕大德을 대절大節로 소덕小德은 소절小節로 해석했다. 다산은 주로 고주를 지지하면서 대덕은 성인聖人에, 소덕小德은 학자學者로 수정했다. 다산은 주자의 해석에는 전거가 없다고 비평했다. 한편 호병문은 다음과 같이 말하기도 했다.

> 『서경』「주서, 여오」편에 세행細行을 대덕大德에 대비시켜 말했으니, 세행은 곧 소덕이다. 큰 규범과 작은 교범은 그 관련된 일의 크고 작음을 가지고 나눈 것이다. 부자와 군신 등의 대륜大倫은 대덕이 있는 곳이고, 한 번 움직이고 멈추며 한 번 말하고 침묵하는 것이나 응대하고 진퇴하는 여러 규정은 소덕이 있는 곳이다. (『논어집주대전』)

19:12. 子游曰: "子夏之門人小子, 當洒掃應對進退, 則可矣, 抑末也. 本之則無, [句] 如之何?" 子夏聞之, 曰: "噫! 言游過矣. 君子之道, 孰先傳焉? 孰後倦焉? 譬諸草木, 區以別矣, 君子之道, 焉可誣也? 有始有卒者, 其惟聖人乎!"

고주 —— 자유가 말했다. "자하의 문인소자(=제자들)는 쇄소·응대·진퇴(빈객을 대하고 위의와 예절을 닦는 일)를 담당해서는 그런대로 잘하지만, (이는 사람의) 말단의 일(末事)일 뿐이니, (근본이 있어야 하는데), 근본(=선왕의 도)이 없으니, 어떻게 할까?" 자하가 듣고 말했다. "아!(마음이 평안하지 않은 탄성) 자유의 말은 잘못이다. 군자의 도에서 먼저 전한 것은 후에 싫증을 느껴 게을리하기 때문에 (먼저 작은 일:小事을 가르치고, 후에 큰 도:大道를 가르친다), (큰 도와 작은 일이 다른 것은) 비유하자면 초목이 종류가 달라서 구별되는 것과 같다(학문은 마땅히 순서에 따라야 한다). 군자의 도를 어찌 속일 수 있으리오(나의 문인들이 단지 쇄소에만 능할 뿐이라고 말하겠는가)? (도를 배우는 자들이 모두 시작은 있지만, 끝맺음을 잘하는 자는 드무니) 시작과 끝이 한결같은 이는 오직 성인뿐이시다."

주자 —— 자유가 말했다. "자하의 문인소자(=제자들)은 (威儀와 容節인) 쇄소 · 응대 · 진퇴와 같은 일은 그런대로 잘하지만, (이는 小學의) 말단일 뿐이니, (대학의 성의 · 정심과 같은) 근본을 미루어보면 없으니, 어떻게 할까(라고 기롱했다)?' 자하가 듣고 말했다. "아! 자유가 지나치다. 군자의 도가 어느 것을 먼저 전할 것이며(그 말단을 우선으로 여겨서 전하는 것이 아니며), 어느 것을 뒤로 미루어 게을리 할 것인가?(그 근본을 차후로 여기고 가르치기를 게을리 하는 것도 아니다.) 초목에 비유하면 종류별로 (구획지어) 구별하는 것과 같다. 군자의 도를 어찌 속일 수 있으리오.(배우는 자의 얕고 깊음, 초보자인지 숙련자인지를 헤아리거나 묻지 않고, 높고 먼 것으로 억지로 말해 주면, 이는 그들을 속이는 것일 뿐이다.) 시작과 끝(본과 말을 일이관지함이) 있는 분은 오직 성인뿐이시다.(어찌 문하의 제자들에게 성인의 경지를 요구할 수 있겠는가?)"

다산 —— 자유가 말했다. "자하의 문인들 중 젊은이들은 (사친 · 사장의 방법으로, 어린이들의 자잘한 예절인) 쇄소 · 응대 · 진퇴와 같은 일은 그런대로 잘하지만, (이는 예적인 예절로서) 말단일 뿐이니, (마음을 다스리고 본성을 기르는) 근본(=성명의 학:性命之學)적인 것은 없으니, 어떻게 할까(우려한 것이다)?' 자하가 듣

자원풀이 ■쇄洒는 수水(물)+서西(대바구니)의 형성자로 물을 부어서 씻다의 뜻. 소掃는 수手(손)+추帚(비)의 형성자로 비를 들고 청소하는 모습을 그렸다. 청소淸掃, 소제掃除하다의 뜻. 쇄소는 땅에 물을 뿌려 먼지를 젖게 하고, 비로 쓸어 먼지를 제거하는 것이며, 응대에서 응은 유락唯諾(명령하는 대로 순종함)이며, 대는 답술答述을 말한다.

고 말했다. "아!(한스런 탄성) 자유가 지나치다. 군자의 도는 (본말을 모두 전할 만한 것인데) 어느 것을 (급하다고) 먼저 전할 것이며 (여겨서 전하는 것이 아니며), 어느 것을 뒤로 미루어 게을리 할 것인가?(그 근본을 차후로 여기고 가르치기를 게을리 하는 것도 아니다.) 초목에 비유하면 구획지어 구별하는 것과 같다. 군자 (가 사람을 가르침)의 도리가 (본래) 이러니, (내가) 어찌 속일 수 있으리오. 시작 과 끝이 있는(아래로 인사를 배워 위로 천리에 통달하는:下學而上達) 분은 오직 성 인뿐이시다.(어찌 지금 성인의 일로 소자들에게 요구하는가?)"

집주 —— ■ 子游譏子夏弟子 於威儀容節之間則可矣나 然이나 此는 小學之 末耳요 推其本인댄 如大學正心誠意之事則無有니라
자유가 자하의 제자들이 위의威儀 · 용절容節과 같은 데서는 괜찮지만 이는 『소학』의 말단일 뿐이고, 그 근본을 추구하는, 말하자면 『대학』의 정심 · 성 의의 일과 같은 것이 없다고 기롱한 것이다.

■ 倦은 如誨人不倦之倦이라 區는 猶類也라 言君子之道 非以其末爲先而傳 之요 非以其本爲後而倦敎나 但學者所至가 自有淺深하니 如草木之有大小하 여 其類固有別矣라 若不量其淺深하고 不問其生熟하고 而槪以高且遠者로 强而語之면 則是誣之而已니 君子之道 豈可如此리오 若夫始終本末이 一以 貫之는 則惟聖人爲然이니 豈可責之門人小子乎아
권倦은 회인불권誨人不倦(사람 가르치기를 게을리 하지 않는다)의 권倦과 같다. 구 區는 종류(類)와 같다. '군자의 도는 그 말단을 우선으로 여겨서 전하는 것이 아니며, 그 근본을 차후로 여기고 가르치기를 게을리 하는 것도 아니다. 단 지 배우는 자가 이르는 바에 자연히 얕고 깊음이 있으니, 예를 들면 초목에 크고 작음이 있어 그 유형에 본래 구별이 있는 것과 같다. 만일 그 얕고 깊음 을 헤아리지 않고, 그 초보자인지 숙련자인지를 묻지를 않고, 대개 높고 먼 것으로 억지로 말해 주면, 이는 그들을 속이는 것일 뿐이다. 군자의 도가 어

찌 이와 같을 수 있는가? 무릇 시종·본말을 하나로써 관통할 수 있는 것은 오직 성인만이 그렇게 하실 수 있는 것이니, 문하의 제자에게 요구할 수 있겠는가?라는 말이다.

■程子曰 君子敎人有序하여 先傳以小者近者而後에 敎以大者遠者니 非先傳以近小而後에 不敎以遠大也니라 又曰 灑掃應對는 便是形而上者니 理無大小故也라 故로 君子只在謹獨이니라 又曰 聖人之道는 更無精粗하니 從灑掃應對與精義入神이 貫通只一理라 雖灑掃應對라도 只看所以然如何니라 又曰 凡物이 有本末이나 不可分本末爲兩段事라 灑掃應對是其然이니 必有所以然이니라 又曰 自灑掃應對上이면 便可到聖人事니라

정자가 말했다. "군자는 사람을 가르치는 데에 순서가 있으니, 먼저 작은 것과 가까운 것을 전수하고, 후에 큰 것과 먼 것을 가르쳐준다. 가깝고 작은 것을 먼저 전해주고, 멀고 큰 것을 가르쳐주지 않은 것이 아니다." 또 말했다. "쇄소·응대가 곧 형이상자인 것이니, 이치에 크고 작음이 없기 때문이다. 그러므로 군자는 단지 그 홀로 있음에 삼간다." 또 말했다. "성인의 도는 다시 정밀함과 거침이 없으니, 쇄소응대로부터 정의입신精義入神에까지 단지 하나의 이치로 관통한다. 비록 쇄소응대라고 할지라도 단지 그러한 까닭이 어떠한지를 볼 따름이다." 또 말했다. "무릇 사물에는 근본과 말단이 있으니, 본말을 나누어 두 가지 일이라고 할 수 없다. 쇄소응대가 바로 그러한 그러함(其然)이라면, 반드시 그러한 까닭(所以然)이 있다." 또 말했다. "쇄소응대로부터 올라가면 성인의 일에 도달할 수 있다."

■愚按 程子第一條는 說此章文意가 最爲詳盡이요 其後四條는 皆以明精粗本末이 其分雖殊나 而理則一이니 學者當循序而漸進이요 不可厭末而求本이라 蓋與第一條之意로 實相表裏하니 非謂末卽是本이라 但學其末而本便在此也니라

어리석은 내가 살핀다. 정자의 첫 번째 조목은 이 장의 뜻을 가장 상세하고

곡진하게 설명했다. 그 뒤 네 조목은 모두 정밀함과 거칢, 근본과 말단이 그 나누어짐은 비록 다르지만, 이치는 하나이니, 배우는 자가 마땅히 순서에 따라 점차 정진해야 하지, 말단은 누르고 근본을 추구할 수 없다는 것을 밝혔으니, 대개 첫 번째 조목의 뜻과 실상 표리表裏가 된다. 이는 말단이 곧 근본이기에, 단지 그 말단만 배우면 근본이 바로 거기에 있다고 말하는 것이 아니다.

고금주 —— ■補曰 門人小子, 於門人之中別擧小子而言之. 洒掃 · 應對 · 進退, 童子小小禮節, 所以事親 · 事長. 本者, 性命之學.『中庸』曰: "天命之謂性." 又曰: "中也者, 天下之大本."[董子云: "道之大本, 出於天."] 子游憂子夏敎人, 惟務在外禮節, 不令治心繕性. 如之何, 憂辭. 噫, 恨聲. [孔云: "心不平之聲."] 道之本末, 皆可傳. 何者爲急, 必先敎而傳焉, 何者爲緩, 必後敎而倦焉哉?惟視學者之所造淺深. [朱子之意如此] ○ 馮曰: "區, 丘域也. 別, 分也."[古者以園圃毓草木, 蓋植藝之事, 各分區域] 補曰 蒔藝各有其時, 早晚不齊, 故區以別之. 君子敎人之法, 本自如此, 我何可誣也? [言不敢欺人] 有始有卒者, 下學而上達也. 今以聖人之事, 責於小子, 可乎?

보완하여 말한다. 문인소자門人小子는 문인들 가운데 젊은이들만 별도로 들어서 말한 것이다. 쇄소 · 응대 · 진퇴는 어린이들의 자잘한 예절인데, 어버이를 섬기고 · 어른을 섬기는 방법이다. 본本이란 성명性命의 학學이다.『중용』에서 말했다. "천명을 성이라 한다." 또 말했다. "중中이란 천하의 큰 근본(大本)이다."(동중서가 말했다. "도의 큰 근원은 하늘에서 나왔다.") 자유子游는 자하子夏가 사람을 가르침에 오직 외면에 있는 예절에만 힘을 쓰고, 마음을 다스리고 본성을 닦도록 하지 않는다고 우려했다. 여지하如之何는 우려하는 말이다. 희噫는 한스럽다는 탄성이다.(공안국이 말했다. "마음이 평안하지 않다는 탄성이다.") 도의 근본과 말단은 모두 전해야 하는 것이다. 무엇을 급한 것으로 삼아 먼저 가르쳐 전하고, 무엇을 늦은 것으로 삼아 나중에 가르치며 게을리 할 것인가? 오직 배우는 자가 나아간바 얕고 깊음을 볼 따름이다(주자의 뜻은 이와 같다). 후재 풍씨가 말했다. "구區는 구역丘域이다. 별別은 분별(分)이다." (옛날에 園圃에 초목을 키울 때, 대개 나무를 심고 씨를 뿌리는 일은 각각 區域을 나누었다). ○보완하여 말한다. 모종하고 씨를 뿌리는 것은 각각 알맞은 시기가 있어, 일찍(早)과 늦음(晚)이 같지 않았기 때문에, 구역으로 나누었다. 군자가 사람을 가르친 방법이 본래부터 이와 같을 것이니, 내가 무엇을 속일 수 있겠는가(감히 사람을 속일 수 없다는 것을 말했다). 시작이 있고 마침이 있다는 것은 아래로 인사를 배워 위로 천리에 통달하는 것(下學而上達)이다. 지금 성인의 일로 소자들에게 요구하는 것이 옳은가?

■包曰: "言子夏弟子, 但當對賓客修威儀禮節之事則可. 然此但是人之末事耳, 不可無其本, 故云本之則無, 如之何?"○邢曰: "於其本先王之道則無有."○駁曰 非也.〈曲禮〉·〈少儀〉所論洒掃·應對·進退之節, 皆事親·事長之恒禮. 包氏嫌其爲孝悌之本務, 故以賓客威儀言之. 然此三事, 非所以接賓客, 非所以逞威儀, 豈可強擯之使外乎? 況本之爲何物, 都無所指, 豈可通乎? 邢氏以先王之道爲本, 豈事親·事長, 非先王之道乎?

포함이 말했다. "자하의 제자들은 단지 빈객을 접대하고 위의와 예절을 닦는 일을 담당하면 그런대로 잘 한다. 그러나 이것은 단지 사람의 말단적인 일일 따름이니, 그 근본이 없을 수 없기 때문에 근본이 없으면 어떻게 하겠는가?" ○형병이 말했다. "그 근본인 선왕의 도에서는 지니고 있는 것이 없다." ○논박하여 말하면, 그릇되었다. 『예기』「곡례」·「소의」에서 논한바, 쇄소·응대·진퇴의 예절은 모든 어버이를 섬기고·어른을 섬기는 항례恒禮이다. 포함은 그것이 효제의 본무가 된다는 것을 혐의했기에 빈객에 대한 위의로써 말했다. 그러나 이 세 가지 일은 빈객을 접대하는 것이 아니고, 위의를 단속하는 것도 아닌데, 어찌 억지로 배척하여 도외시할 수 있겠는가? 하물며 근본이 어떤 것인지, 전혀 지시한 것이 없으니, 어찌 통할 수 있겠는가? 형병은 선왕의 도를 근본이라고 보았는데, 어찌 어버이를 섬기고(事親)·어른을 섬기는 것(事長)이 선왕의 도가 아니겠는가?

■質疑 朱子曰: "此小學之末耳. 推其本, 如『大學』正心·誠意之事則無有." ○案 聖經言本, 其別有三. 有子曰: "君子務本, 本立而道生. 孝弟也者, 其爲仁之本. 此一本也." 『大學』曰: "自天子以至於庶人, 壹是皆以修身爲本." 此一本也. 『中庸』曰: "中也者, 天下之大本." 又曰: "惟天下至誠, 爲能立天下之大本, 知天地之化育." 此一本也. 然其所言, 各有界限. 孝弟則曰爲仁之本, 〔仁者, 人與人之成德〕 修身則曰治平之本, 性命則曰天下之大本, 不相渾, 亦不相妨, 亦不相貳, 細心精玩, 其義明矣. 若此經子游之所謂本, 不可易言. 若謂之孝弟, 則洒掃·應對·進退, 雖非孝弟之大節, 未嘗非孝弟之本務. 平居無事, 弟子之所以修其職分者, 非此三事, 無所著手. 子夏亦不應以孝弟爲高遠難行之事, 而不先傳焉, 其非孝弟可知也. 若謂之修身, 則洒掃·應對·進退, 自亦修身之恒務, 豈可曰本之則無乎? 誠意·正心雖爲修身之首功, 誠意·正心不能別自爲工夫, 每因事親·事長, 依附做去. 假如洒掃一事, 亦有誠有僞, 誠則是誠意, 僞則是自欺. 故曰 '心不在焉, 視而不見, 聽而不聞, 食而不知其味'. 明視·聽·食三者, 未嘗無治心之工. 不可以誠意·正心別作一頭, 與彼對壘, 且誠意·正心, 非高遠深微之事, 雖初學淺識, 不可不用力. 子夏安得自辨如是? 且小學者, 六書之學. 然朱子所論小學, 乃是〈曲禮〉·〈少儀〉·〈內則〉之類. 〈曲禮〉·〈少儀〉·〈內則〉, 皆事親·事長之法. 故朱子於〈大學序〉, 明云 '此因小學之成功, 以著大學之明法', 明小學者, 大學之根基. 今反以誠意·正心爲小學之本, 得無鉏鋙乎? 誠意·正心, 即修身之功, 而修身爲治平之本. 子夏之門人小子, 徑爲治平之業, 則責之以誠意·正心, 可也. 今其門人小子, 明明著力於修身之始工, 而責之以無本之學, 可乎? 子游所言, 明是性命之學. 性命者, 孔子之所罕言, 門人之所不能皆聞, 而子游欲使門人小子, 皆務大本, 故子夏辨其不然也.

질의한다. 주자가 말했다. "이는 『소학』의 말단일 뿐이고, 그 근본을 추구하는, 말하자면 『대학』의 정심 · 성의의 일과 같은 것이 없다." ○살핀다. 성경 聖經에 근본을 말한 것을 구별해 보면 셋이 있다. 유자가 말했다. "군자는 근본에 힘쓰나니, 근본이 정립되면 도가 생겨난다. 효제는 인의 근본이 된다." 이것이 첫 번째 근본이다. 『대학』에서 말했다. "천자로부터 서인에 이르기까지 하나같이 모두 수신으로 근본을 삼는다." 이것이 두 번째 근본이다. 『중용』에서 말했다. "중中이란 것은 천하의 큰 근본이다." 또 말했다. "오직 천하의 지성만이 능히 천하의 큰 근본을 정립할 수 있으며, 천지의 조화 · 발육을 알 수 있다." 이것이 세 번째 근본이다. 그러나 그 말한 것은 각각 경계 · 한계가 있다. 효제는 인의 근본이라고 했고(仁이란 사람과 사람이 이룬 덕: 人與人之成德이다), 수신은 치평治平의 근본이라고 했고, 성명性命은 천하의 큰 근본이라고 했으니, 서로 혼융되지 않고 또한 서로 방해하지 않으며, 또한 서로 배반하지도 않으니, 세심하고 정밀하게 완미하면 그 뜻이 분명해질 것이다. 이 경에서 자유의 이른바 근본이란 쉽게 말할 수 없다. 만일 효제를 말한다면 쇄소 · 응대 · 진퇴가 비록 효제의 큰 절목은 아니지만, 일찍이 효제의 본무가 아닌 적이 없었다. 평소 일이 없을 때에 제자들이 그 직분을 닦는 방법은 이 세 가지 일이 아니면 착수할 바가 없다. 자하 또한 효제를 고원하고 행하기 어려운 일이어서 먼저 전하지 못한다고 응답하지 않았으니, 효제가 아님을 알 수 있다. 만일 수신이라고 한다면 쇄소 · 응대 · 진퇴는 본래 또한 수신에서 항상 힘써야 할 것인데, 어찌 근본으로 여길 것이 없다고 하겠는가? 성의誠意 · 정심正心이 비록 수신修身의 으뜸 공로(首功)이지만, 성의 · 정심이 그 자체 별개로 공부가 될 수는 없으니, 매번 어버이를 섬김 · 어른을 섬김에 근거하여 의존 · 결부되어 행해지는 것이다. 가령 쇄소라는 하나의 일도 참됨(誠)이 있고 거짓(僞)이 있으니, 참되면 곧 성의誠意이고, 거짓되면 곧 스스로를 속임(自欺)이다. 그러므로 '마음이 있지 않으면 보아도 보이지 않고, 들어도 들리지 않고, 먹어도 그 맛을 알지 못한다(『대학』)'고 했다. 보고 ·

들고·먹는 세 가지도 일찍이 마음을 다스리는 공부가 아닌 적이 없었다는 것을 밝힌 것이다. 성의·정심을 별개로 하여 하나로 두서(一頭)로 삼아서 저 쇄소응대와 대루對壘시킬 수는 없으며, 또한 성의·정심은 고원하거나 심미深微한 일이 아니니, 비록 처음 배우고 지식이 얕다고 할지라도 힘쓰지 않을 수 없다. 자하가 어찌 스스로 이와 같이 논변했겠는가? 또한 소학이란 육서의 學(六書之學)이다. 그러나 주자가 논한 소학은 곧 『예기』「곡례」·「소의」·「내칙」 따위이다. 『예기』「곡례」·「소의」·「내칙」은 모두 어버이를 섬김(事親)·어른을 섬김(事長)의 방법이다. 그러므로 주자는 「대학서大學序」에서 '이는 소학의 성공에 근거하여 대학의 밝은 방법을 드러낸 것이다.'라고 명백하게 말했으니, 소학을 밝히는 것은 대학의 뿌리이자 기초이다. 지금 도리어 성의·정심이 소학의 근본이라고 한다면, 어긋남이 없겠는가? 성의·정심은 곧 수신의 일이며, 수신은 치평의 근본이 된다. 자하의 문인 소자들이 곧바로 치평의 사업에 종사했다면 성의·정심으로 꾸짖는 것은 옳다. 지금 그 문인 소자들은 명명백백하게 수신의 처음 공부에 착수하여 힘쓰고 있는데, 근본이 없는 학문이라고 꾸짖는 것이 옳겠는가? 자유가 말한 것은 명백하게 성명의 學(性命之學)이다. 성명性命이란 공자께서도 드물게 말씀하신 것이며, 문인들이 모두 알아들을 수 없던 것인데, 자유가 문인 소자들에게 모두 큰 근본에 힘쓰도록 했기 때문에, 자하가 그것이 그렇지 않다는 것을 분변한 것이다.

■包曰:"言先傳業者, 必先厭倦, 故我門人先敎以小事, 後將敎以大道." ○馬曰:"言大道與小道殊異, 譬如草木異類區別, 言學當以次." ○邢曰:"恐門人聞大道而厭倦, 故先敎以小事, 後將敎以大道也." ○駁曰 非也. 先傳後倦之義, 朱子所釋, 明白眞確, 不可易也.

포함이 말했다. "먼저 전한 학업은 필시 먼저 싫증을 내고 게을리하기 때문에 나는 문인들에게 작은 일(小事)로 가르치고, 후에 장차 대도로써 가르칠 것이라는 말이다." ○마융이 말했다. "대도大道와 소도小道가 다른 것은 비유하자면 초목이 종류가 달라서 구별되는 것과 같다는 말이니, 학문은 마땅히 순서에 따라야 함을 말했다." ○ 형병이 말했다. "문인이 대도를 들으면 싫증을 내어 게을리 할까 두려웠기 때문에, 먼저 작은 일을 가르치고 나서 뒤에 대도를 가르칠 것이다." ○ 논박하여 말하면, 그릇되었다. 선전후권先傳後倦의 뜻은 주자가 해석한 것이 명백하고 참으로 정확하기에 바꿀 수 없다.

■馬曰: "君子之道, 焉可使誣, 言我門人但能洒掃而已." ○ 朱子曰: "若不量其淺深, 不問其生熟, 而概以高且遠者, 強而語之, 則是誣之而已." ○ 案 二說恐與本旨不合. 君子之道, 即孔子之道也. 孔子之道, 本自如此, 門人小子, 必先以孝弟立敎, 而性與天道, 弟子未易得聞, 我焉敢誣哉云爾.

마융이 말했다. "군자의 도가 어찌 속이게 하여, 나의 문인들이 단지 쇄소에만 능할 뿐이라고 말하겠는가?" ○ 주자가 말했다. "만일 그 얕고 깊음을 헤아리지 않고, 그 초보자인지 숙련자인지를 묻지 않고, 대개 높고 먼 것으로 억지로 말해 주면, 이는 그들을 속이는 것일 뿐이다." ○ 살핀다. 두 설은 본뜻에 부합하지 않는 듯하다. 군자의 도는 곧 공자의 도이다. 공자의 도는 본래부터 이와 같아, 문인 소자들이 필시 먼저 효제로써 가르침을 수립하고, 성性과 천도天道는 제자들이 쉽게 알아듣지 못했으니, '내가 어찌 감히 속일 수 있으리오.'라고 말한 것이다.

■孔曰: "終始如一, 惟聖人耳." ○ 邢曰: "靡不有初, 鮮克有終. 能終始如一, 不厭倦者, 其惟聖人耳." ○ 案 邢說非也. 但一貫者, 恕也, 不可以本末論.

공안국이 말했다. "시종여일한 분은 오직 성인뿐이다." ○ 형병이 말했다. "(도를 배우는 사람이) 시작은 늘 있지만, 능히 끝맺음이 있는 자는 드물다. 능히 시종여일할 수 있어 싫증을 내거나 권태로워하지 않는 자는 성인뿐이다." ○ 살핀다. 형병의 설은 그릇되었다. 단 일관이란 서恕이니, 근본과 말단의 관계로 논할 수 없다.

비평 —— (1) "숙선전언孰先傳焉? 숙후권언孰後倦焉?"에 대해 고주에서는 '숙孰' 자를 생략해 버리고 "먼저 전한 학업은 후에 싫증을 낸다."라고 해석했다. 이에 대해 주자는 "어느 것을 먼저 전할 것이며(그 말단을 우선으로 여겨서 전하는 것이 아니며), 어느 것을 뒤로 미루어 게을리 할 것인가?(그 근본을 차후로 여기고, 가르치기를 게을리 하는 것도 아니다)"라고 해석하여 온전히 번역했다. 다산은 주자의 이 해석에 찬성하지만, 주자가 든 실례에 대해서는 장문의 「질의」를 통해 비정했다. 다산의 비정은 타당한 측면이 많다. 그런데 다산의 지적은 옳지만, 그것은 주자의 주석을 정면으로 논박한 것이 아니다. 주자의 해설은 자유가 그런 방식으로 말했다는 것을 보여주었을 따름이다. 뒤의 '유시유졸자有始有卒者'를 주자는 본말로, 다산은 하학이상달로 보는바, 각자의 철학체계의 차이를 배제하면 같은 주장을 하고 있다고 할 수 있다.

(2) 자유가 말한 근본(本)에 대해 고주는 선왕의 도, 주자는 『대학』의 성의·정심과 같은 것, 그리고 다산은 성명의 학(性命之學)으로 각각 규정했다. 경전에 '본本'이라고 말한 것을 망라하여 분류·정의하여, 이 구절에 대한 정확한 해석을 시도하는 것이 다산의 장점이라고 하겠다.

19:13. 子夏曰: "仕而優則學, 學而優則仕."

고주 —— 자하가 말했다. "(실천하고 남는 힘이 있으면 글을 배우듯이) 벼슬(관원으로서 맡은 직무처리)하고 여력이 있으면 (선왕이 남긴 글을) 배운다. 배우고 여력이 있으면 (덕업이 우수한 사람이라면 마땅히) 벼슬(=군신의 의를 행함)한다."

주자 —— 자하가 말했다. "(벼슬하는 것과 배우는 것은 이치는 같지만, 일이 다를 뿐이니) 벼슬하여 (먼저 맡은 일을 극진히 한 후에) 여력이 있으면 배우고(그 벼슬의 자질이 더욱 깊어진다), 배우고 여력이 있으면 벼슬한다(그 배운 것의 증험이 더욱 넓어진다)."

다산 —— 자하가 말했다. "(배움은 벼슬할 소이이니) 벼슬하여 남는 힘이 있으면 배우고, (배움은 벼슬에서 자뢰하니) 배우고 여력이 있으면 벼슬한다."

집주 —— ■優는 有餘力也라 仕與學이 理同而事異라 故로 當其事者는 必先有以盡其事而後에 可及其餘라 然이나 仕而學이면 則所以資其仕者益深이요 學而仕면 則所以驗其學者益廣이니라

우優는 '남은 힘이 있음'이다. 벼슬하는 것과 배우는 것은 이치는 같지만 일은 다르다. 그러므로 그 일을 담당하는 자는 반드시 먼저 그 일을 극진히 한 후에 그 나머지에 미칠 수가 있다. 그러나 벼슬하면서 배운다면 그 벼슬의 자질이 더욱 깊어지게 되고, 배우는 자가 벼슬한다면 그 배운 것의 증험이 더욱 넓어지게 된다.

고금주 —— ■補曰 學所以仕, 仕資於學, 故得相間.

보완하여 말한다. 배움은 벼슬할 소이(所以:조건, 까닭, 이유)이고, 배움은 벼슬에서 자뢰資賴한다. 그러므로 서로 연관된다.

■馬曰: "行有餘力, 則以學文." ○邢曰: "人之仕官行己職, 而優閒有餘力, 則以

자원풀이 ■사仕는 人+士의 형성자로 남성(士)으로서 사람(人)이 할 일을 나타내는데, 고대 남성 중심의 사회에서 벼슬살이, 즉 정치를 배워 남을 위해 일하는 것을 상징한다.
■우優는 인人(사람)+우憂(근심하다)의 형성자로 풍족하다, 넉넉하다의 뜻이며, 이후 아름답다, 뛰어나다의 뜻이 나왔다. 배우俳優를 뜻하기도 한다.

學先王之遺文也. 若學而德業優長者, 則當仕進, 以行君臣之義也." ○案 民之
類有四, 曰士・農・工・商. 士者, 仕也, 學也者, 學爲仕也. 朱子所謂理同而
事異者是也. 舊注無此語.

마융이 말했다. "실천하고 남는 힘이 있으면 글을 배운다." ○형병이 말했다.
"사람이 사관仕官이 되어 자기의 직무를 수행하고, 여력이 있고 한가하여 남
는 힘이 있으면 선왕이 남긴 글을 배운다. 만일 배워서 덕업이 우수한 사람
이라면 마땅히 벼슬길에 나아가서 군신의 의를 행해야 한다." ○살핀다. 백
성의 부류가 넷 있으니, 사士・농農・공工・상商이라 한다. 사士란 사仕(벼슬)
이다. 학學(배움)이란 벼슬할 것을 배움이다. 주자의 이른바 '(벼슬하는 것과 배
우는 것은) 이치는 같지만 일은 다르다.'고 한 것이 이것이다. 옛 주석에는 이
말이 없다.

비평 —— 학學에 대해 고주는 '선왕이 남긴 글'이라고 주석했다. 주자는 '벼슬
한 자질을 함양하는 것'이라 했다. 다산은 아예 학이란 '벼슬할 것을 배우는
것(學也者 學爲仕也)'이라고 했다. 고주는 학學과 벼슬(仕)의 연관성에 대한 주
석이 결여되어 있다. 이에 대해 주자는 "벼슬하는 것과 배우는 것은 이치는
같지만 일은 다르기에, 벼슬하면서 배운다면 그 벼슬의 자질이 더욱 깊어지
게 되고, 배우는 자가 벼슬한다면 그 배운 것의 증험이 더욱 넓어지게 된다."
고 해명했다.

　　다산은 주자의 의견에 찬성하면서 한걸음 더 나아간다. 그에 따르면 "배움
은 벼슬할 소이(所以:조건, 까닭, 이유)이고, 배움은 벼슬에서 자뢰資賴한다." 즉
"사士란 사仕(벼슬)이고, 학學(배움)이란 벼슬할 것을 배우는 것일 따름이다."
라는 것이다. 학에 대해서는 3권의 이론편에서 상세하게 논변하고자 한다.

19:14. 子游曰: "喪致乎哀而止."

고주 —— 자유가 말했다. "초상에는 슬픔을 극진히 하고 (훼상하여 목숨을 잃지 않는 데에서) 그친다."

주자 —— 자유가 말했다. "초상(의 禮)에는 슬픔을 극진히 하고, (문식을 숭상하지 않는 데에서) 그친다."

다산 —— 자유가 말했다. "초상에는 (슬퍼하지 않을 수 없으니, 성인이 예를 제정하여 그 곡읍과 벽용의 절도는) 슬픔을 극진히 하고 그치게 했다."

집주 —— ■致極其哀요 不尙文飾也라
(상례는) 그 슬픔을 지극히 다하고 문식文飾을 숭상하지 않는다.
■楊氏曰 喪은 與其易也론 寧戚이니 不若禮不足而哀有餘之意니라
양시가 말했다. "상喪에서는 잘 다스리는 것보다는 차라리 슬퍼함이 낫다(「팔일」3:8). 차라리 예는 부족하지만 슬픔이 남음이 있는 것이 낫다는 뜻이다."
■愚按 而止二字는 亦微有過於高遠而簡略細微之弊하니 學者詳之니라.
어리석은 내가 살핀다. 이지而止(그만이다, 그친다)라는 두 글자는 또한 고원高遠한 것에 지나치고, 세미한 것에서는 간략한 폐단이 조금 있으니, 배우는 자는 상세히 살펴야 한다.

자원풀이 ■치致는 攵(칠 복)+至(이를 지)의 형성자로 회초리로 쳐(攵) 어떤 목적에 이르도록(至) 보내는 것을 말한다. 드리다, 봉헌하다, 알리다, 초치招致하다, 소집하다, 귀환하다의 뜻이다.

고금주 —— ■孔曰: "毀不滅性."[邢云: "『孝經』文也. 注云, '不食三日, 哀毀過情, 滅性而死, 皆虧孝道, 故聖人制禮施敎, 不令至於隕滅.'"]

공안국이 말했다. "훼상하여 생명을 잃는 데에 이르지는 않는다."(형병이 말했다. "『효경』의 글이다. 주석에서 말했다. '3일간 먹지 않고, 슬퍼 훼상함이 실정에 지나쳐 목숨을 잃고 죽는 것은 모두 효도에 어긋나기 때문에 성인이 예를 제정하고 가르침을 베풀어 隕滅하는 데에 이르지 않게 한 것이다.'")

■質疑 李恕谷曰: "孔安國云此言毀不滅性, 謂治喪者, 遇盡哀即止, 過此卽滅性矣. 其所云止, 是止哀, 非止禮文也." ○案 此章有二義, 一是舊說. 一云喪不可以不哀, 故聖人制禮, 其哭泣擗踊之節, 必致乎哀而止. 其義亦通. 未見其有過於高遠, 略於細微之病.

질의한다. 이서곡李恕谷이 말했다. "공안국은 '이는 훼상하여 생명을 잃는 데에 이르지는 않는다는 말'이라고 했으니, 초상을 치르는 자(治喪者)는 슬픔을 극진히 하면 그쳐야 하며, 이를 과도하게 하면 목숨을 잃는다. 여기서 그친다고 말한 것은 곧 슬픔을 그치는 것이지, 예의 문식을 그친다는 것은 아니다." ○살핀다. 이 장은 두 가지 뜻이 있으니, 하나는 구설舊說(毀不滅性)이다. 다른 하나는 초상에는 슬퍼하지 않을 수 없기 때문에, 성인이 예를 제정하여 그 곡읍哭泣과 벽용擗踊(슬퍼 가슴을 치고 발을 구름)의 절도는 반드시 슬픔을 극진히 다하면 그치게 했다는 것이다. 그 뜻이 또한 통한다. (주자가 말한) 고원高遠한 것에 지나치고, 세미한 것에서는 간략한 폐단은 보이지 않는다.

비평 —— 고주는 『효경』의 "초상에서는 슬퍼하여 목숨을 잃는 데에 이르지는 않는다."는 구절에 입각하여 원문을 해석했다. 이에 대해 주자는 "상례는 그 슬픔을 지극히 다하고, 문식文飾을 숭상하지 않는다."는 뜻으로 해석하면서, 자유의 말이 고원高遠한 것에 지나치고, 세미한 것에서는 간략한 폐단이 조금 있다고 비판했다. 그런데 다산은 우선 고주가 무난한 해석이라고 평가한다. 그리고 그는 또 다른 해석으로 "초상에는 슬퍼하지 않을 수 없으니, 성인이 예를 제정하여 그 곡읍과 벽용의 절도를 제정하여 슬픔을 극진히 했으면 그치게 했다."라고 해석해도 통한다고 말하면서, 주자의 언명에 대해 비판적 태도를 보인다. 세 가지 해석을 상호 보완적으로 보면, 이 구절에 대한 이해가 명확해진다고 생각된다.

❧

19:15. 子游曰: "吾友張也, 爲難能也, 然而未仁."

고주 —— 자유가 말했다. "나의 벗 자장은 (준수한 풍모와 대범한 행동거지를 갖추어, 남들이 그처럼 容儀를) 능히 갖추기는 어렵지만, 그러나 (그 덕이) 아직 인하지는 않다."

주자 —— 자유가 말했다. "나의 벗 자장은 (행실이 과도하게 높아, 남들이 미치기) 어려운 일을 잘 한다. 그러나 (성실하거나 측달한 뜻이 적어) 아직 인하지는 않다."

다산 —— 자유가 말했다. "나의 벗 자장은 (남들이 능히 해 내기) 어려운 행실을 잘해 냈다. 그러나 (힘써 恕를 실천하지 못하여) 아직 인하지는 않다."

집주 —— ■ 子張이 行過高而少誠實惻怛之意하니라
자장子張은 행실이 과도하게 높고, 성실하거나 측달한 뜻이 적었다.

고금주 —— ■ 補曰 子張能爲人所難能之行. 然不能强恕.

보완하여 말한다. 자장은 남들이 능히 해 내기 어려운 행실을 잘해 낸다. 그러나 힘써 서恕를 실천하지는 못했다.

■ 包曰: "言子張容儀之難及." ○駁曰 非也. 不可作容儀說.

포함이 말했다. "자장의 용의容儀(몸가짐과 거동)는 미치기 어렵다는 말이다." ○논박하여 말하면 그릇되었다. 용의를 설명하는 말로 풀이할 수 없다.

■ 蔡曰: "師也辟, 再下便是'巧言令色, 鮮矣仁', 可不謹哉?" ○駁曰 非也. 孔門高弟, 不宜妄加啄毀.

채청이 말했다. "'자장(師)은 (容儀에) 치우쳤다(「선진」).'고 하고, 다시 아래편에 '말을 공교롭게 하고, 낯빛을 보기 좋게 하는 사람에게 인이 드물다.'고 했으니, (자장은) 삼가지 않을 수 있겠는가?" ○논박하여 말하면, 그릇되었다. 공자문하의 고제高弟들을 망령되게 비방해서는 안 된다.

비평 —— 고주는 이 구절을 자장의 용의容儀를 말하는 것으로 해석했다. 이에 대해 주자는 행실에 중점을 두고, "자장은 행실이 과도하게 높고, 성실하거나 측달한 뜻이 적었다."는 뜻으로 풀이했다. 다산은 주자의 입장을 지지하면서 고주를 비판했다. 그런데 그는 인仁을 서恕를 힘써 실천하는 것(强恕)으로 풀이했다. 이는 『맹자』의 언명에 전거를 두고 해석했다.

19:16. 曾子曰: "堂堂乎張也! 難與並爲仁矣."

고주 —— 증자가 말했다. "당당(용의가 성대)하구나, 자장이여! (그러나 仁道에는 薄弱하여) 함께 인을 행하기는 어렵구나."

주자 —— 증자가 말했다. "(용모가 성대하게) 당당하구나, 자장이여! (외모에 힘 쓰고 잘난 체하여 서로 도와) 함께 인을 행하기는 어렵구나."

다산 —— 증자가 말했다. "(體勢가 엄준하여) 당당하구나, 자장이여! (외모에 힘 쓰고 잘난 체하여 서로 도와) 함께 인을 행하기는 어렵구나."

집주 —— ■堂堂은 容貌之盛이라 言其務外自高하여 不可輔而爲仁이요 亦 不能有以輔人之仁也라
당당堂堂은 용모의 성대함이다. 자장이 외모에 힘쓰고 스스로 잘난 척하여 (다른 사람이) 도와서 인을 행하게 할 수 없고, 또한 다른 사람의 인을 도와주 지도 못한다는 말이다.
■范氏曰 子張이 外有餘而內不足이라 故로 門人이 皆不與其爲仁하니라 子 曰 剛毅木訥이 近仁이라 하시니 寧外不足而內有餘면 庶可以爲仁矣니라
범조우가 말했다. "자장은 밖은 여유가 있으나 안은 부족했기 때문에 문인들 이 모두 그가 인하다고 허여하지 않았다. 공자께서 '강하고 굳세고 질박하고 어눌한 것이 인에 가깝다(「자로」 24).'고 하셨으니, 차라리 밖으로 부족하고 안 으로 여유가 있는 것이 거의 인에 가깝다고 할 수 있다."

고금주 —— ■補曰 堂堂, 高顯貌. [『釋名』云: "正寢曰堂, 取當陽高顯之義."]
보완하여 말한다. 당당堂堂은 높게 드러난 모습이다.(『석명』에서 말했다. "正寢 을 堂이라고 하니, 陽에 해당하는 높이 드러난 것을 취한 뜻이다.")
■鄭曰: "言子張容儀盛, 而於仁道薄也." ○案 不必專作容儀說.

자원풀이 ■당堂은 토土(흙)+상尙(오히려)의 형성자로 흙(土)을 다진 기단 위에 높게(尙) 세운 집이라는 뜻이다. 같 은 집에서 산다는 뜻에서 사촌을 뜻하게 되었고, 당당堂堂처럼 크고 위엄이 있음을 말하기도 하였다. 『설문』에서 는 상尙 대신에 고高가 들어가 높다랗게 세워진 집을 강조했다.

정현이 말했다. "자장이 용의容儀는 성대하지만 인도仁道에서 박약하다는 말이다." ○살핀다. 오로지 용의容儀에 대한 설명으로만 삼을 필요는 없다.

■毛曰: "堂堂, 夸大之稱. 惟夸大不親切, 故難立爲仁." ○案 上章子游之言, 先譽而後病之, 此章亦然. 堂堂只是體勢嚴峻之意, 不是貶辭, 不必作夸大說. 모기령이 말했다. "당당堂堂은 과대夸大를 지칭한다. 오직 과대하고 친절하기 않기 때문에 함께 인을 행하기 어렵다." ○살핀다. 앞장의 자유의 말은 먼저 칭예하고 뒤에 병폐로 여겼는데, 이 장 또한 그러하다. 당당堂堂은 단지 체세體勢가 엄준하다는 뜻이니, 폄사貶辭가 아니므로 과대라는 뜻으로 설명할 필요가 없다.

비평 —— 당당堂堂에 대해 고주는 용의가 성대한 모양(容儀盛)으로 해석했고, 주자는 용모의 성대함(容貌之盛)으로, 그리고 다산은 체세體勢의 엄준함이라고 했다. 또한 함께 인을 행하기 어려운(難與並爲仁) 까닭에 대해 고주는 인덕이 박하기 때문이라고 했고, 주자와 다산은 자장이 외모에만 힘쓰고 스스로 잘난 척하여 (다른 사람이) 도와서 인을 행하게 할 수 없고, 또한 다른 사람의 인을 도와주지도 못한다는 뜻이라고 해명했다.

19:17. 曾子曰: "吾聞諸夫子, 人未有自致者也, 必也親喪乎!"

고주 —— 증자가 말했다. "내가 선생님께 들으니, 사람은 (평소 다른 일에서는) 스스로를 극진함을 다하지 않음이 있지만, 반드시 어버이의 상에서는 (스스로 극진함을 다할 것이다)!"

주자 —— 증자가 말했다. "내가 선생님께 들으니, 사람은 스스로를 궁극까지 다할 수 없지만, 반드시 어버이의 상에서는(眞情이 스스로를 그만두지 못해 궁극까지 정성을 다할 것이다)!"

다산 —— 증자가 말했다. "내가 선생님께 들으니, 사람은 (평소 다른 일에서는) 스스로를 극진함을 다하지 않음이 있지만, 반드시 어버이의 상에서는(스스로 극진함을 다할 것이다)!"

집주 —— ■致는 盡其極也라 蓋人之眞情이 所不能自己者라
치致는 그 궁극까지 다함이니, 대개 사람의 진정이 스스로 그만두지 못하는 것이다.
■尹氏曰 親喪은 固所自盡也니 於此에 不用其誠이면 惡乎用其誠이리오
윤돈이 말했다. "친상親喪이란 본래 스스로 다하는 것이다.(『맹자』「등문공상」:2) 친상에서 그 정성을 쓰지 않는다면, 어디에 그 정성을 쓰겠는가?"

고금주 —— ■馬曰: "言人雖未能自致盡於他事, 至於親喪, 必自致盡."
마융이 말했다. "사람이 비록 다른 일에서는 스스로 극진함을 다할 수 없다고 할지라도, 친상親喪에 이르러서는 반드시 스스로 지극함을 다한다."
■引證『孟子』曰: "親喪, 固所自盡也."〔滕文公〕
인증한다. 『맹자』에서 말했다. "친상親喪은 본래 스스로 다하는 것이다."(「등문공」상:2)

비평 —— 특별한 쟁점은 없다.

19:18. 曾子曰: "聞諸夫子, '孟莊子之孝也, 其他可能也. 其不改父之臣與父之政, 是難能也.'"

고주 —— 증자가 말했다. "내가 선생님께 들으니, '맹장자의 효행 중에 그 나머지 것들(곡읍하여 슬퍼한 것, 자최복이나 참최복을 입은 은정, 죽과 미음을 먹은 것 등)은 능히 할 수 있는 것이지만, (諒陰=諒闇 중에) 아버지의 신하와 아버지의 정사를 (비록 선하지 않은 것이 있더라도 차마) 고치지 않은 것은 능히 행하기 어렵다.'고 하셨다."

주자 —— 증자가 말했다. "내가 선생님께 들으니, '맹장자의 효 중에 (칭송할 만한) 다른 일들은 능히 할 수 있는 것이지만, (어진 덕이 있던) 아버지의 (어진) 신하와 아버지의 (선한) 정사를 고치지 않은 것은 능히 행하기 어렵다.'고 하셨다."

다산 —— 증자가 말했다. "내가 선생님께 들으니, '맹장자의 효행 중에 그 나머지 것들은 능히 행할 수 있는 것이지만, 아버지의 신하와 아버지의 정사를 (비록 모두 어질거나 완전히 선하지 않지만, 큰 악과 큰 폐단 없는 것들은 차마) 고치지 않은 것은 능히 행하기가 어렵다.'고 하셨다."

집주 —— ■孟莊子는 魯大夫니 名速이라 其父는 獻子니 名蔑이라 獻子有賢德이어늘 而莊子能用其臣하고 守其政이라 故로 其他孝行은 雖有可稱이나 而皆不若此事之爲難이니라

맹장자孟莊子는 노나라 대부로 이름은 속速이다. 그 아버지는 헌자獻子이니

이름은 멸蔑이다. 헌자는 덕이 있었으니, 장자가 그 신하를 등용하고 그 정사를 잘 지켰다. 그러므로 그 나머지 효행은 비록 칭송할 것이 있더라도 모두 이 일처럼 어렵지는 않았다.

고금주 —— ■ 馬曰: "父臣及父政, 雖有不善者, 不忍改也."

마융이 말했다. "아버지의 신하와 아버지의 정사에 비록 불선한 것이 있다고 하더라도 차마 고치지 않는 것이다."

■ 朱子曰: "孟獻子有賢德, 而莊子能用其臣, 守其政." ○ 又曰: "獻子歷相君五十年, 魯人謂之社稷之臣, 則其臣必賢, 其政必善矣. 莊子年少嗣立, 又與季孫宿同朝, 宿父文子忠於公室, 宿不能守而改之."〔季文子相三君, 無衣帛之妾, 無食粟之馬, 到季武子, 便不如此〕 ○ 案 賢父使賢臣立善政, 而其子不改之, 不足稱也. 惟臣未必盡賢, 政未必盡善, 而苟無大惡, 因而使之, 苟無大弊, 因而導之, 斯之謂難能也. 孟獻子固是賢大夫也. 然孔子之所以美莊子者, 其意恐不如此. ○ 又案 季文子不仁人也. 已見前.

주자가 말했다. "맹헌자는 어진 덕이 있었고, 장자는 그 신하를 등용하고 그 정사를 잘 지켰다." ○ 또 말했다. "헌자는 임금의 재상을 50년간 역임하여 노나라 사람들이 그를 사직의 신하라고 했으니, 그의 가신들은 틀림없이 현명했으며, 그 정치는 틀림없이 선했을 것이다. 장자가 어려서 자리를 잇고 또한 계손숙季孫宿과 조정을 같이 다스렸는데, 숙宿의 아버지 문자文子는 공실에 충성했지만, 숙은 잘 지키지 못하고 고쳐 버렸다." ○ 살핀다. 어진 아버지가 어진 신하를 부려 선정을 세웠는데, 그 자식이 고치지 않은 것은 칭찬할 만한 것이 되지 못한다. 오직 신하가 반드시 다 현명하지 않고, 정사가 반드시 다 선하지 않았지만 진실로 큰 악이 없다면 계속해서 그들을 부리고, 참으로 큰 폐단이 없다면 계속해서 따르는 것이어야, 이를 일러 능히 행하기 어렵다(難能)고 말한다. 맹헌자는 진실로 어진 대부이다. 그러나 공자가 장자를 찬미한 까닭은 그 뜻이 주자의 설명과 같지는 않을 것이다. ○또 살핀다. 계문자는 불인不仁한 사람이다. 이미 앞에 나왔다.

■ 馬曰: "謂在諒陰之中." ○邢曰: "其他哭泣之哀, 齊·斬之情, 饘粥之食, 他人可能." ○案 諒陰者, 天子居喪之名, 馬注非.

마융이 말했다. "양음諒陰 중에 있을 때를 말한다." ○형병이 말했다. "그 밖에 곡읍하여 슬퍼한 것, 자최복이나 참최복을 입은 은정, 죽과 미음을 먹은 것은 다른 사람도 능히 할 수 있다." ○살핀다. 양음諒陰이란 천자의 거상居喪을 일컫는 것이니, 마융의 주석은 그릇되었다.

비평 —— 고주는 맹장자가 양음(천자의 居喪) 가운데 곡읍하여 슬퍼한 것, 자최복이나 참최복을 입은 은정, 죽과 미음을 먹은 것 등은 다른 사람도 능히 할 수 있지만, 아버지의 신하와 아버지의 정사에 '비록 불선한 것이 있었다고 하더라도 차마 고치지 않은 것'은 능히 행하기가 어렵다고 해석했다.

이에 반해 주자는 맹장자가 비록 칭송할 만한 다른 효행이 있었다고 하더라도, 어진 덕을 지닌 아버지 헌자의 신하를 등용하면서 '그 선한 정사를 잘 지킨 것'만은 행하기가 어려웠다고 반대로 해석했다. 그리고 다산은 양음은 천자의 거상居喪이란 점에서 고주의 해석이 잘못되었다고 비판했지만, 다른 내용에서는 주로 고주를 받아들인다. 다산은 「질의」를 통해 주자의 이 해석이 비록 그릇되지 않았지만, 공자가 이 구절에서 말하고자 했던 의도는 아니었다고 반론했다.

19:19. 孟氏使陽膚爲士師, 問於曾子. 曾子曰: "上失其道, 民散久矣. 如得其情, 則哀矜而勿喜."

고주 —— 맹씨가 양부를 사사(=典獄之官)로 임명하자, 양부가 증자에게 (典獄之法에 대해) 물으니, 증자가 말했다. "윗사람이 그 임금의 도리를 잃어(上失爲君之道) 백성들이 흩어(져 가벼이 떠돌아다니며 범법자가)진 지가 오래되었다. (이는 윗사람이 그렇게 만든 것이고, 백성들의 허물이 아니니) 만일 (그대가) 범죄의 실정을 알아낸다면 (마땅히) 불쌍히 여기되 (스스로) 기뻐하지 말아야 한다."

주자 —— 맹씨가 양부를 사사로 임명하자, 양부가 증자(曾子)에게 (옥사의 처리에 대해) 물으니, 증자가 말했다. "윗사람이 도리(道理)를 잃어 (인정과 의리가 괴리되어, 상호 유지·연계되지 않아) 백성들이 흩어진 지가 오래되었다. 만일 백성들의 실정(其情=民之本情)을 알아낸다면, 불쌍히 여기되 기뻐하지 말아야 한다."

다산 —— 맹씨가 양부를 사사(=典獄之官)로 임명하자, 양부가 증자에게 (典獄之法에 대해) 물으니, 증자가 말했다. "윗사람이 그 도리를 잃어 (덕으로 이끌지 않고, 형벌로써 가지런히 했기에) 백성들이 흩어(져 가벼이 떠돌아다니며 범법자가)진(/된) 지가 오래되었다. (이는 윗사람이 그렇게 만든 것이고, 백성들의 허물이 아니니) 만일 (그대가) 범죄의 실정을 알아낸다면 (곤궁하여 악행을 저지른 것이기에), 불쌍히 여기되(간악함을 들추어내었다고) 기뻐하지 말아야 한다."

집주 —— ■陽膚는 曾子弟子라 民散은 謂情義乖離하여 不相維繫라

양부陽膚는 증자의 제자이다. 백성이 흩어진다(民散)는 것은 인정과 의리가 괴리되어 상호 유지·연계되지 않음을 말한다.

■謝氏曰 民之散也는 以使之無道하고 敎之無素라 故로 其犯法也는 非迫於不得已면 則陷於不知也라 故로 得其情이면 則哀矜而勿喜니라

사량좌가 말했다. "백성이 흩어지는 것은 무도하게 부리거나 평소에 가르침

이 없었기 때문이다. 그러므로 그들이 법을 어긴 것이 어쩔 수 없는 상황에 몰린 것이 아니라면, 무지한 탓에 빠진 것이다. 그러므로 그 실정을 알아내었으면, 불쌍히 여기되 기뻐하지 말아야 한다."

고금주 —— ■包曰: "陽膚, 曾子弟子. [補云: "陽氏亦孟氏之族, 見上'陽貨'章."] 士師, 典獄之官."[補云: "皐陶作士."] ○邢曰: "問其師求典獄之法." ○補曰 不道之以德, 齊之以刑, 故民散亂以陷於惡. 得其情, 謂覈實得獄之情. [張南軒云: "其可以得情爲喜乎?"] 窮斯濫, 故可哀, 發其奸, 不足喜.

포함이 말했다. "양부는 증자의 제자이다.(보완하여 말한다. "양씨 또한 맹씨의 일족이니, 앞의 「양화」장에 나와 있다.") 사사士師는 형옥을 맡는 관리이다."(보완하여 말한다. "고요가 士가 되었다.") ○형병이 말했다. "그 스승에게 형옥을 관리하는 법을 물은 것이다." ○보완하여 말한다. 덕으로 이끌지 않고, 형벌로써 가지런히 했기 때문에 백성들이 어지럽게 흩어져 악에 빠졌다. 득기정得其情은 사실을 조사하여 옥사의 실정을 알아내는 것이다.(장남헌이 말했다. "실정을 알아내었다고 하여 기뻐할 수 있겠는가?") 곤궁하여 이에 악행을 저지른 것이기 때문에 불쌍히 여길 일이며, 그 간악함을 들추어 낸 것은 기뻐할 것이 못 된다.

■馬曰: "民之離散, 爲輕漂犯法, 乃上之所爲, 非民之過, 當哀矜之, 勿自喜能得其情." ○案 馬以得情謂得獄情.

마융이 말했다. "백성들이 이산離散하여 가볍게 떠돌면서 범법 행위를 하는 것은 곧 윗사람이 그렇게 만든 것이고 백성들의 과오가 아니니, 마땅히 불쌍히 여기고 옥사의 실정을 알아내었다고 해서 스스로 기뻐하지 말아야 한다." ○살핀다. 마융은 득정得情을 옥사의 실정을 알아낸 것이라 했다.

■朱子曰: "故得其情, 則哀矜而勿喜." ○輔慶源曰: "惟能反思夫民情之所以然, 則哀矜之意生而喜心忘矣." ○案 此二說謂得民之本情也, 與舊說不同. [倪伯昭云: "得情, 是得其犯罪之情, 不是得其離散之情."]

주자가 말했다. "그러므로 그 실정을 알아내었으면 가엾게 여기되 기뻐하지 말아야 한다." ○ 경원 보씨가 말했다. "오직 백성들의 실정이 그러한 이유를 돌이켜 생각할 수 있어야만 불쌍히 여기는 뜻이 생기고, 기뻐하는 마음이 잊어진다." ○ 살핀다. 이 두 설은 백성들의 본정을 알아낸 것을 말하니, 구설과 같지 않다. (예백소가 말했다. "得情은 그 범죄의 실정을 알아낸 것이지, 백성들이 그 이산한 실정을 알아낸 것이 아니다.")

비평 —— 여기서 문제는 맹씨가 양부를 사사(典獄之官)로 임명하자, 양부가 증자에게 질문한 것은 '전옥지법典獄之法'(고주와 다산)인가, 아니면 '옥사의 처리 방법'(주자)인가 하는 점이다. 또한 득기정得其情의 기정其情을 범죄의 실정으로 볼 것인지, 아니면 '백성들의 본정'으로 볼 것인가 하는 점에 대한 논란이 있다. 여기서 다산은 조심스럽게 고주를 지지했다. 그런데 문맥으로 보면, 당시 사사로 임명되었던 양부가 증자에게 질문한 것은 사사로서 어떻게 일을 해야 하는 것이었지, 그 법에 관한 것은 아니었다고 할 수 있다. 즉 사사로서 양부의 일은 전옥의 법이 무엇인지에 대한 법리의 문제가 아니라, 전옥으로서 어떻게 일을 처리해야 하는가(옥사의 처리 방법) 하는 것이었다고 할 수 있다. 따라서 주자의 해석이 더 합리적이라고 생각한다.

~~~

19:20. 子貢曰: "紂之不善, 不如是之甚也. 是以君子惡居下流. 天下之惡皆歸焉."

고주 —— 자공이 말했다. "주의 불선함이 (천하를 잃고, 후세 사람들이 매우 중오

하여 천하의 악을 모두 주에게 돌리는데) 그와 같이 심하지는 않았을 것이다. 그런
까닭으로 군자는 하류에 처하는 것을 싫어하니, (지형이 낮아) 하류에 있으면
(모든 물이 그곳으로 모이듯이) (악행을 하여 하위에 처하면) 천하의 악(=惡名)이 모
두 그곳으로 돌아가기 때문이다."

주자 —— 자공이 말했다. "주의 불선함이 그와 같이 심하지는 않았을 것이
다. 그런 까닭으로 군자는 하류(지형이 낮은 곳으로 모든 물이 모여드는 곳이다. 사
람의 몸에 더럽고 천한 실상이 있으면, 또한 악명이 모여든다는 것을 비유)에 처하는
것을 싫어하니, 하류(=사람의 몸에 더럽고 천한 실상)에 있으면 천하(天下)의 악
(=惡名)이 모두 그곳으로 몰려들기 때문이다."(불선한 처지에 두면 안 된다는 뜻
이지, 주왕이 본디 죄가 없는데 헛되이 악명을 덮어썼다고 평한 것은 아니다.)

다산 —— 자공이 말했다. "주의 불선함이 (학자들이 주왕의 죄악을 죽 늘어놓고
그 음란과 학정을 의논하지만, 그 가운데 허실이 서로 착종된 것도 있으니) 그와 같이
심하지는 않았을 것이다. 그런 까닭으로 군자는 하류에 처하는 것을 싫어하
니, 하류에 있으면 (자연적인 형세에 의해 악물이 자연히 흘러 들어오듯이) 천하의
악(=惡名)이 모두 그곳으로 흘러들어 오기 때문이다."

집주 —— ■ 下流는 地形卑下之處로 衆流之所歸니 喩人身有汚賤之實이면
亦惡名之所聚也라 子貢言此는 欲人常自警省하여 不可一置其身於不善之地
요 非謂紂本無而虛被惡名也니라
하류下流는 지형이 낮은 곳으로 모든 물이 모여드는 곳이다. 사람의 몸에 더
럽고 천한 실상이 있으면 또한 악명이 모여든다는 것을 비유했다. 자공이 이
렇게 말한 것은 사람이 항상 스스로 경계·성찰하여 한 번이라도 그 몸을 불
선한 처지에 두면 안 된다는 뜻이지, 주왕이 본디 죄가 없는데 헛되이 악명을

덮어썼다고 평한 것은 아니다.

고금주 —— ■邢曰: "紂名辛, 字受德, 諡曰紂."[『諡法』: "殘義損善曰紂."] ○ 補曰 學者臚陳紂之罪惡, 議其淫虐, 其中有虛實相錯. 子貢因以戒之.

형병이 말했다. "주紂의 이름은 신辛이고, 자는 수덕受德이고 시호는 주紂라 고 했다."(『시법』에 "의인을 잔혹하게 죽이고, 선인을 손상시킨 사람을 紂라 한다.") ○ 보완하여 말한다. 학자들이 주왕의 죄악을 죽 늘어놓고 그 음란과 학정을 의 논하지만, 그 가운데 허상과 실상이 서로 착종된 것도 있다. 자공이 그로 인 하여 경계했다.

■孔曰: "紂爲不善, 以喪天下, 後世憎甚之, 皆以天下之惡歸之於紂." ○案 '憎 甚之'以下, 誤矣. 地有遠近, 時有後先, 所傳聞未必皆實. 而愚俗大抵浮誕, 有 一夫得惡名, 則以其舊所聞他人之惡, 依俙髣髴者, 悉歸之於其人, 又或增衍 附益, 造作虛假, 以訛傳訛, 久而爲實錄, 未必皆憎惡而然. 此無故無端自然之 勢, 如惡物之自然歸於下流, 非有憎於下流也. 子貢之戒, 凡在是也.

공안국이 말했다. "주紂는 불선하여 천하를 잃었으므로 후세가 그를 매우 증 오하여(憎甚之), 모두가 천하의 악을 주에게 귀속시켰다." ○살핀다. '증심지' 이하는 잘못이다. 지역에 원근이 있고, 시대에 선후가 있는데, 전해들은 것이 반드시 모두 사실인 것은 아니다. 어리석은 세속의 사람들은 대개 부탄浮誕 하여 어느 한 사람이 악명을 얻으면, 예전에 들었던 다른 사람의 악까지도 그 와 비슷한 것이 있으면 그 사람에게 전부 귀속시키고, 또한 혹 보태고 부연하 여, 허가虛假를 조작하여, 거짓으로 거짓을 전하여 오랜 후에 실록이 되어 버 리니, 반드시 모두 증오해서 그런 것은 아니다. 이는 아무런 까닭도 단서도 없는 자연적인 형세이니, 악물惡物이 자연히 하류에 흘러들어가는 것과 같이 하류에 대한 증오가 있는 것은 아니다. 자공의 경계는 무릇 여기에 있다.

비평 —— (1) '주의 불선함이 그와 같이 심하지 않은' 이유에 대해 고주는 '주가 천하를 잃고, 후세 사람들이 매우 증오하여 천하의 악을 모두 주에게 돌리고 있는 것'처럼 그와 같이 심하지는 않았다고 해석했다. 주자는 자공의 의도가 "주왕이 본디 죄가 없는데 헛되이 악명을 덮어썼다고 평한 것은 아니다."라고 경계하고 있다. 그리고 다산은 "학자들이 주왕의 죄악을 죽 늘어놓고 그 음란과 학정을 의논하지만, 그 가운데 허와 실이 서로 착종된 것도 있기"에 자공이 그로 인하여 경계했다고 평하였다.

(2) 하류에 처하는 것에 대해서 고주는 하류는 온갖 악물이 흘러들어 오듯이, 악행을 하여 하류에 처하면 천하의 악(=惡名)이 모두 그곳으로 돌아가기 때문에 하류에 처해서는 안 된다고 말한다. 주자는 "하류는 사람의 몸에 더럽고 천한 실상이 있으면 또한 악명이 모여든다는 것을 비유한 것으로, 자공은 사람이 항상 스스로 경계·성찰하여 한 번이라도 그 몸을 불선한 처지에 두면 안 된다."는 것을 말했다고 한다. 다산은 하류에 온갖 악물이 몰려드는 것은 자연적인 흐름이 그런 것이기 때문에, 자공이 하류를 증오한 것은 아니라고 해석했다.

<hr />

19:21. 子貢曰: "君子之過也, 如日月之食焉. 過也, 人皆見之, 更也, 人皆仰之."

고주 —— 자공이 말했다. "군자의 허물은 (모든 사람들이 아는 것은) 일식 · 월식과 같아서 (일식과 월식 때에 만물이 모두 보듯이) 잘못을 저지르면 사람들이 모두 보고, 잘못을 고치면 (일식과 월식이 끝나고 밝음이 되살아나면 만물이 우러러

보듯이) 사람들이 모두 (그 덕을) 우러러 본다."

주자 —— 자공이 말했다. "군자의 허물은 일식 · 월식 같다. 허물이 있으면 사람들이 모두 보게 되며, 고치면 사람들이 모두 우러러본다."

다산 —— 자공이 말했다. "군자의 허물은 일식 · 월식(지극이 밝은 것이 밝음을 잃음)과 같아서 잘못을 저지르면 사람들이 모두 보고(군자의 허물은 반드시 밝게 드러나며, 또한 문식하지 않는다), 잘못을 고치면 사람들이 모두 우러러 본다."

고금주 —— ■補曰 月掩日爲日食. 蓋日天在上, 月天在下, 合朔之時, 日月交會, 東西同度, 南北同度, 則月掩日. 然必日·月·眼參直, 乃見其食. [眼者, 人目也] 地隔日爲月食. 蓋月本無光, 得日光以爲明. 正望之時, 月·地·日參直, 地遮日光, 則人負地與日, 乃見月食也. 以至明而失其本明, 如人之作過然. ○孔曰: "更, 改也." ○補曰 言君子之過必陽明, 又不文飾其過.

보완하여 말한다. 달이 해를 가리면 일식日食이 된다. 대개 해가 하늘의 위에 있고, 달이 하늘의 아래에 있어 초하루가 되었을 때에 해와 달이 서로 만나고, 동서로 경도를 같이 하고, 남북으로 위도를 같이 하면 달이 해를 가린다. 그러나 반드시 해 · 달 · 눈眼이 셋이서 일직선을 이루어야 이에 일식을 볼 수 있다(눈이란 사람의 눈이다). 지구가 해와 달 사이에 있으면 월식이 된다. 대개 달은 본래 빛이 없고, 해의 빛을 얻어 밝게 된다. 바로 보름에 달 · 지구 · 해, 셋이 일직선이 되어 지구가 햇빛을 가리면, 사람이 지구와 해를 등지고 이에 월식을 보게 된다. 지극히 밝은 것이 그 본래의 밝음을 잃는 것은 사람이 과오를 범하는 것과 같다. ○공안국이 말했다. "경更은 개선(改)이다." ○보완하여 말한다. 군자의 과오는 반드시 밝게 드러나니, 또한 그 과오를 문식하지 말라고 말했다.

■ 邢曰: "君子苟有過也, 則爲衆所知, 如日月正當食時, 則萬物皆覩也. 及其改過之時, 則人皆復仰其德, 如日月明生之後, 則萬物亦仰其明."

형병이 말했다. "군자에게 만일 과오가 있으면 뭇 사람들이 알게 되는 것은, 마치 일식과 월식 때에 만물이 모두 보는 것과 같다. 군자가 과오를 고쳤을 때가 되면 사람들이 모두 다시 그 덕을 우러러보는 것은, 마치 일식과 월식이 걷히고 밝음이 되살아난 후 만물이 또한 그 밝음을 우러러 보는 것과 같다."

비평 —— 특별한 쟁점은 없다(주자는 주석하지 않았다). 일식과 월식에 대한 다산 특유의 과학적인 설명이 잘 나타나 있다.

◈

19:22. 衞 公孫朝問於子貢曰: "仲尼焉學?" 子貢曰: "文・武之道, 未墜於地, 在人. 賢者識其大者, 不賢者識其小者, 莫不有文・武之道焉. 夫子焉不學? 而亦何常師之有?" [識, 音志]

고주 —— 위나라 (대부) 공손조가 자공에게 물었다. "중니는 (생이지지의 성인이신데) 어디서 배웠는가?" 자공이 말했다. "문・무왕의 도가 아직 땅에 떨어지지 않아서 사람들에게 (행해지고) 남아 있다. 그리하여 현명한 자는 그 중에 큰 것을 기억하고, 현명하지 못한 자는 작은 것을 기억하고 있어 문・무왕의 도가 있지 않음이 없으니, 부자께서 (모두 찾아가서 배웠으니) 어찌 배우지 않았겠으며, 또한 (찾아가서 배우지 않은 곳이 없기 때문에) 어찌 일정한 스승이 계셨겠는가?"

주자 —— 위나라 (대부) 공손조가 자공에게 물었다. "중니는 어디서 배웠는가?" 자공이 말했다. "문·무왕의 도(모훈과 공훈 및 주나라의 예악·문장 같은 것)가 아직 땅에 떨어지지 않아서 사람들(노담, 장홍, 담자, 사양 등)에게 남아 있다. 그리하여 현명한 자는 그중에 큰 것(예의 강령)을 기억하고, 현명하지 못한 자는 작은 것(예의 조목)을 기억하고 있어 문·무왕의 도가 있지 않음이 없으니, 부자께서 어느 누구에겐들 배우지 않았겠으며, 또한 어찌 일정한 스승이 계셨겠는가?"

다산 —— 위나라 (대부) 공손조가 자공에게 물었다. "중니는 어디서 배웠는가?" 자공이 말했다. "문·무왕의 도가 아직 땅에 떨어지지 않아서 사람들에게 (보배로 여기고 아까워하면서, 다투어 받아들여) 남아 있다. 그리하여 현명한 자는 그중에 큰 것(=성명과 덕교)을 기억하고, 현명하지 못한 자는 작은 것(예악과 문장)을 기록하고 있어 문·무왕의 도가 (실려) 있지 않음이 없으니, 부자께서 어느 누구에겐들 배우지 않았겠으며, 또한 어찌 일정한 스승이 계셨겠는가?"(識:지는 음이 志:지이다.)

집주 —— ■ 公孫朝는 衛大夫라
공손조公孫朝는 위나라 대부이다.
■ 文武之道는 謂文王武王之謨訓功烈과 與凡周之禮樂文章이 皆是也라 在人은 言人有能記之者라 識는 記也라
'문무의 도'는 문·무왕의 모훈謨訓과 공훈을 말하는데, 무릇 주나라의 예악·문장 같은 것이 모두 이에 해당된다. '사람에게 있다(在人)'란 사람 중에

자원풀이 ■추墜는 토土(흙)+대隊의 형성자. 높은 곳으로부터 땅(土)으로 타락墮落함, 잃어버리다의 뜻이다.

는 능히 문무의 도를 기억(記, 기록)하고 있는 자가 있다는 말이다. 지식識은 '기억(記, 기록)하다'이다.

고금주 —— ■補曰 未墜於地, 謂人寶惜之, 爭承受焉. 大者, 性命德教, 小者, 禮樂文章. 識, 記也. ○孔曰: "夫子無所不從學." ○補曰 夫子無所不學, 亦無一人爲常教之師.

보완하여 말한다. 아직 땅에 떨어지지 않았다(未墜於地)는 것은 사람들이 보배로 여기고 아까워하면서, 다투어 받들어 받아들이는 것을 말한다. 큰 것(大者)이란 성명性命과 덕교德教를 말하고, 작은 것(小者)이란 예악禮樂과 문장文章을 말한다. 지식識이란 기록(記)이다. ○공안국이 말했다. "공자는 어느 누구를 쫓아서 배우지 않은 바가 없다." ○보완하여 말한다. 공자께서는 무엇(어느 것)이든 쫓아서 배우지 않은 것이 없었으며, 또한 항상 특정한 한 사람만을 가르침의 스승으로 삼지도 않으셨다.

■孔曰: "無所不從學, 故無常師." ○朱子曰: "'在人'之人, 正指老聃·萇弘·郯子·師襄之儔耳. 若入太廟而每事問焉, 則廟之祝史, 亦其一師也." ○案 在人者, 謂在人所記錄之典籍也, 非謂以人傳人, 以至孔子之世也. 若老聃·萇弘·郯子·師襄之等, 非子貢之本意, 宜以六經爲孔子之所從學. 然孔子之時, 『詩』與『春秋』已多殘缺, 孔子取東周列國之詩以補『詩』, 取魯史以爲『春秋』.

공안국이 말했다. "공자께서는 어느 누구를 쫓아서 배우지 않은 것이 없기 때문에 일정한 스승이 없다." ○주자가 말했다. "사람들에게 있다(在人)는 것은 바로 노담老聃, 장홍萇弘, 담자郯子, 사양師襄 등에 필적할 사람들을 가리킨다. 태묘에 들어가서 매사를 물으셨으니, 태묘의 축사祝史가 또한 한 사람의 스승이다." ○살핀다. 사람들에게 있다(在人)는 것은 사람들이 기록한 전적典籍에 실려 있다는 말이지, 사람과 사람 간에 전해져서 공자의 시대에 이르렀다고 말하는 것이 아니다. 노담, 장홍, 담자, 사양 등과 같은 이들이 자공의 본뜻이 아니고, 마땅히 육경六經을 공자의 학문이 유래하는 곳(所從學)으로 삼아야 한다. 그러나 공자 때에 『시』와 『춘추』는 이미 잔결殘缺이 많았다. 그래서 공자께서는 동주의 열국의 시로부터 취하여 『시』를 보완했으며, 노나라 역사를 취하여 『춘추』라고 했다.

■ 考異 『漢書·劉歆傳』及蜀石經, 識皆作志.

다름을 살핀다. 『한서』 「유흠전」 및 『촉석경』에는 지識는 모두 지志(기록하다)로 되어 있다.

비평 —— (1) 주자는 큰 것을 예의 강령, 작은 것을 예의 세목이라고 했다. 이에 대해 다산은 큰 것을 성명과 덕교, 작은 것을 예악과 문장이라고 했다. 상호 보완적이라고 하겠다.

(2) 주자는 재인在人의 인人의 실례로 노담, 장홍, 담자, 사양 등에 필적할 사람들을 가리킨다고 했다. 이에 대해 다산은 이런 부류의 사람이 아니라, 마땅히 육경六經을 공자의 학문의 출처로 삼아야 한다고 주장한다. 따라서 지識는 기록(志)으로 보아야 한다는 것이다. 다산은 「고이」를 통해 이것을 증명했다. 다산의 해석이 설득력이 있다.

❧

19:23. 叔孫武叔語大夫於朝曰: "子貢賢於仲尼." 子服景伯以告子貢, 子貢曰: "譬之宮牆, 賜之牆也及肩, 窺見室家之好. 夫子之牆數仞, 不得其門而入, 不見宗廟之美, 百官之富. 得其門者或寡矣, 夫子之云, 不亦宜乎?"

고주 —— 숙손무숙이 조정에서 대부들에게 말했다. "자공의 현명한 재능이 중니보다 낫다(賢才過於仲尼)." 자복경백이 자공에게 (이 말을) 알리니, 자공이 말했다. "궁실과 담장에 비유하면, 나의 담장은 (높이가) 어깨 정도에 미쳐 실가의 좋은 것들을 엿볼 수 있다. 선생님의 담장은 (높이가) 몇 길이나 되어서 그 문을 찾아 들어가지 못하면 종묘의 아름다움과 백관의 풍성함을 볼 수 없는 것과 같다. (성인의 문지방은 범인이 미칠 수 있는 것이 아니니) 그 문을 찾아 들어간 자가 적으니, 그분(=숙손무숙)이 그렇게 말하는 것이 또한 당연하지 않겠는가?"

주자 —— 숙손무숙이 조정에서 대부들에게 말했다. "자공이 중니보다 현명하다." 자복경백이 자공에게 (이 말을) 알리니, 자공이 말했다. "궁실과 담장에 비유하면, 나의 담장은 (높이가 낮아서) 어깨 정도에 미쳐 (얕은) 실가의 좋은 것들을 엿볼 수 있다. 선생님의 담장은 (높아서) 몇 길이나 되어서 (또한 궁궐은 넓어서) 그 문을 찾아 들어가지 못하면 종묘의 아름다움과 백관의 풍성함을 볼 수 없는 것과 같다. 그 문을 찾아 들어간 자가 적으니, 그분(=무숙)이 그렇게 말하는 것이 또한 당연하지 않겠는가?"

다산 —— 숙손무숙이 조정에서 대부들에게 말했다. "자공은 현명한 재능이 중니보다 낫다." 자복경백이 자공에게 (이 말을) 알리니, 자공이 말했다. "궁실과 담장에 비유하면, 나의 담장은 (높이가 낮아서) 어깨 정도에 미쳐 실가(=私室)의 좋은 것들을 엿볼 수 있다. 선생님의 담장은 (公宮이기 때문에 높아) 몇 길이나 되어서 그 문을 찾아 들어가지 못하면 종묘의 아름다움과 백관의 풍성

자원풀이 ■인仞은 인人(사람)+인刃(칼날)의 형성자. 높이를 잴 때 오른손을 위로, 왼손을 아래로 뻗어 마치 칼날을 세운 것 같은 모양인 데서, 높이 길이를 재는 단위를 나타낸다. 길 인(8척), 재다, 길다, 높다, 차다, 인정하다.

함을 볼 수 없는 것과 같다. 그 문을 찾아 들어간 자가 적으니, 그분(=무숙)이 그렇게 말하는 것이 또한 당연하지 않겠는가?'

집주 —— ■武叔은 魯大夫라 名은 州仇이다.

무숙武叔은 노나라 대부로 이름이 주구州仇이다.

■牆卑室淺이라

담장이 낮고 집은 얕다.

■七尺曰仞이라 不入其門이면 則不見其中之所有니 言牆高而宮廣也라

칠척七尺을 인仞(한 길)이라 한다. 그 문으로 들어가지 않으면 그 가운데 있는 것을 볼 수 없으니, 담장이 높고 궁궐이 넓다는 말이다.

■此夫子는 指武叔이라

여기서 부자란 무숙을 가리킨다.

고금주 —— ■馬曰: "魯大夫叔孫州仇. 武, 諡."[『諡法』: "剛強直理曰武."] ○邢曰: "景伯, 魯大夫子服何." ○補曰 及肩, 謂牆卑. ○包曰: "七尺曰仞." ○補曰 古者營國, 九分其區, 面朝後市, 左右六鄕, 而中爲公宮. 故左廟右社, 亦在宮牆之內. 百官朝會則亦在公宮之內. ○包曰: "夫子, 指武叔."[釋末句] ○案 牆卑者私室也, 故但言室家. 牆高者公宮也, 故必言宗廟.

마융이 말했다. "노나라 대부 숙손주구이다. 무武는 시호이다."(시법에 "강직하고 곧은 이치가 있으면 武라고 한다.") ○형병이 말했다. "경백은 노나라 대부 자복하子服何이다." ○보완하여 말한다. 급견及肩은 담장이 낮음을 말한다. ○포함이 말했다. "칠척七尺을 인仞(한 길)이라 한다." ○보완하여 말한다. 옛 날에 국도를 경영할 때 그 구역을 아홉으로 나누고, 앞에는 조정 뒤에는 저 자, 좌우에 육향六鄕, 중앙에는 공궁公宮을 두었다. 그러므로 왼쪽의 종묘와 오른쪽의 사직 또한 궁궐의 담장 안에 있었다. 백관들의 조회 또한 공실 안

에서 있었다. ○포함이 말했다. "부자는 무숙을 지칭한다(마지막 구절의 해석)." ○살핀다. 담장이 낮은 것은 사실私室이기 때문에 단지 실가室家라고 말했다. 담장이 높은 것은 공궁이기 때문에, 반드시 종묘라고 말한다.

비평 —— 특별한 쟁점은 없다.

⌒∽⌒

19:24. 叔孫武叔毀仲尼. 子貢曰: "無以爲也. 仲尼不可毀也. 他人之賢者, 丘陵也, 猶可踰也. 仲尼, 日月也, 無得而踰焉. 人雖欲自絶, 其何傷於日月乎? 多見其不知量也."

고주 —— 숙손무숙이 중니(의 덕)를 헐뜯으니, 자공이 말했다. "그렇게 헐뜯어도 아무런 소용이 없다(無用爲此毀訾). 중니(의 덕)는 헐뜯을 수 없으니, 다른 사람의 현명함은 (비유하자면) 구릉과 같아 (비록 광대하게 드러나도) 오히려 넘을 수 있지만, 중니(의 현명함)는 (비유하면) 해와 달이어서 넘을 수가 없다. 사람이 비록 스스로 (해와 달을 헐뜯으며) 끊어 버리려 한들, 어찌 해와 달을 손상할 수 있겠는가? 단지 족히 그 분량을 알지 못함을 스스로 드러낼 뿐이다."

주자 —— 숙손무숙이 중니를 헐뜯으니, 자공이 말했다. "그렇게 해도 아무런 소용이 없다(無用爲此). 중니는 헐뜯을 수 없으니, 다른 사람의 현명함은 (비유하자면 땅이 높은) 구릉과 같아 오히려 넘을 수 있지만, 중니는 (지극히 높은) 해와 달이어서 넘을 수가 없다. 사람이 비록 (해와 달, 즉 공자를 헐뜯으며) 자신을 (공자에게서) 끊으려 한들, 어찌 해와 달(즉 공자)을 손상할 수 있겠는가? 마침 그 분량을 자신이 알지 못함을 드러낼 뿐이다."

다산 —— 숙손무숙이 중니를 헐뜯으니, 자공이 말했다. "그렇게 해도 아무런 소용이 없다. 중니는 헐뜯을 수 없으니, 다른 사람의 현명함은 구릉과 같아 오히려 넘을 수 있지만, 중니는 해와 달이어서 (높아 땅과 절연되어 있어) 넘을 수가 없다. 사람이 비록 (해와 달, 즉 공자를 헐뜯으며) 자신을 (공자에게서) 끊으려 한들 어찌 해와 달(즉 공자)을 손상할 수 있겠는가? 단지 족히 그 분량을 알지 못함을 스스로 드러낼 뿐이다."

집주 —— ■無以爲는 猶言無用爲此라 土高曰丘요 大阜曰陵이라 日月은 喩其至高라 自絶은 謂以謗毀自絶於孔子라 多는 與祇同하니 適也라 不知量은 謂不自知其分量也라

'무이위無以爲'는 '그렇게 하는 것이 아무런 소용이 없다'는 말과 같다. 땅이 높은 곳을 구丘라 하고, 큰 언덕을 능陵이라 한다. 해와 달은 지극히 높음을 비유한다. 자절自絶은 헐뜯음으로써 스스로 공자와 절연함을 일컫는다. '다多'는 '지祇(단지)'와 같으니, 마침(適:다만)이다. 양을 알지 못한다(不知量)는 그 분량을 자신이 알지 못하는 것을 말한다.

고금주 —— ■補曰 毁, 訾也. 無以爲也, 爲彼之辭. 日月之高, 絶於地.

보완하여 말한다. 훼毁毁는 헐뜯음(訾)이다. 무이위야無以爲也란 저쪽으로 여

자원풀이 ■구丘는 언덕과 언덕사이에 움푹 들어간 구릉지를 그려 언덕을 말했다.
■릉陵은 부阜(언덕)+릉夌(언덕)의 형성자로 높은 언덕을 말한다. 갑골문에서는 한쪽 발을 땅에 다른 쪽 발은 흙 계단에 올려 흙 계단을 오르는 모습을 그려 왕릉처럼 큰 언덕에 만들어진 계단을 말했다.
■훼毁毁는 臼(절구, 허물 구)+土(흙 토)+殳(창 수)로 구성되어 흙(土)을 절구통(臼)에 넣고 창이나 몽둥이(殳)로 부수는 모습으로 부수다, 훼멸하다, 비방誹謗하다, 감손減損하다, 제거하다 등의 뜻이 있다. 훼毁毁란 남의 악을 칭하면서 그 참모습보다 깎아내리는 것이다.

긴다(도외시 한다)는 말이다. 해와 달은 높아서 땅과 절연된다.

■ 何日: "言人雖自絶棄於日月, 其何能傷之乎? 適足自見其不知量也." ○案 何註無錯, 但'自絶棄於日月'謬.

하안이 말했다. "사람이 비록 스스로 해와 달을 끊어 버리려 한들, 어찌 해와 달을 손상할 수 있겠는가? 단지 스스로 그 역량을 알지 못함을 드러낼 뿐이다." ○살핀다. 하안의 주석은 착오가 없다. 단지 다만 '스스로 해와 달을 끊어 버리려 한들'이라는 말은 오류이다.

비평 —— 인수욕자절人雖欲自絶을 고주에서는 '사람이 비록 스스로 해와 달을 끊어 버리려 한들'이라고 해석했다.

이에 대해 주자는 '자절自絶'은 '헐뜯음으로써 스스로 공자와 절연함'으로 보면서, '사람이 비록 (해와 달, 즉 공자를 헐뜯으며) 자신을 (공자에게서) 끊으려 한들'이라고 해석했다. 다산은 다른 구절에서는 고주에 착오가 없다고 하면서, 이 구절에 대해서는 주자의 해석을 수용했다.

❧

19:25. 陳子禽謂子貢曰: "子爲恭也, 仲尼豈賢於子乎?" 子貢曰: "君子一言以爲知, 一言以爲不知, 言不可不愼也. 夫子之不可及也, 猶天之不可階而升也. 夫子之得邦家者, 所謂立之斯立, 道之斯行, 綏之斯來, 動之斯和. 其生也榮, 其死也哀, 如之何其可及也?"

고주 —— 진자금이 자공에게 말했다. "(매번 스승 공자를 칭송하는데) 그대가 공손하기 때문이지, 중니(의 才德)가 어찌 그대보다 현명하겠는가?" 자공이 말했다. "군자는 한마디 말로 지혜롭게 되기도 하고, 한마디 말로 지혜롭지 못하게 되기도 하니, 말을 삼가지 않을 수 없다. 선생님께 미칠 수 없는 것은 마치 하늘에 사다리로 오를 수 없는 것과 같다. 선생님께서 제후(邦=諸侯)나 대부(家=大夫)가 되셨다면(정치를 하셨다면), 이른바 '(교화를) 세우면 이에 서고(서지 않음이 없고), (백성을) 인도하면 이에 (감동하여) 행하고(행하지 않음이 없고), (백성을) 편안하게 해 주면(綏=安) 이에 (멀리 있는 자가) 이르고, (백성들) 동원하면 이에 화목하(지 않음이 없)다. (그러므로) 그분이 살아 계실 때에는 몸은 귀하고 이름을 드날리며(榮=榮顯), 돌아가시면 애통해 한다.'는 것이니, 어떻게 그런 분에게 미칠 수 있겠는가?"

주자 —— 진자금이 자공에게 말했다. "그대가 (스승을) 공경하(여 추존하고, 자신을 낮추)기 때문이지, 중니가 어찌 그대보다 현명하겠는가?" 자공이 말했다. "군자는 한마디 말로 지혜롭게 되기도 하고, 한마디 말로 지혜롭지 못하게 되기도 하니, (자금을 꾸짖어 말하길) 말을 삼가지 않을 수 없다. (大의 경지에 오를 수 있지만, 化의 경지에는 오늘 수 없듯이) 선생님께 미칠 수 없는 것은 마치 하늘에 사다리로 오를 수 없는 것과 같다. 선생님께서 방가를 다스리게 되었다면, 이른바 '(민생을) 세우면 이에 (민생이 근거를) 세우고, (가르쳐서) 인도하면 이에 실행하고, 편안하게 해 주면(綏=安) 이에 귀순하고, 고무하면 이에 변하여 화목하니(그 감응의 오묘함이 이처럼 신묘하고 빠르다), 그분이 살아 계실 때에는 존경·친애(榮=尊親)하며, 돌아가시면 (부모를 잃은 듯) 슬퍼할 것'이니, 어떻게 그런 분에게 미칠 수 있겠는가?"

자원풀이 ■계階는 阜(언덕 부)+皆(모두 개)의 형성자로 흙 언덕(阜)에 일정한 높이로 나란히(皆) 만들어진 계단階段을 뜻한다. 섬돌, 사닥다리, 벼슬 등급, 승진, 이르다, 계기 등을 뜻한다.

다산 —— 진자금이 자공에게 말했다. "그대가 (스승을) 공경하(여 추존하고, 자신을 낮추)기 때문이지, 중니가 어찌 그대보다 현명하겠는가?" 자공이 말했다. "군자는 한마디 말로 지혜롭게 되기도 하고, 한마디 말로 지혜롭지 못하게 되기도 하니, 말을 삼가지 않을 수 없다. 선생님께 미칠 수 없는 것은 마치 하늘에 사다리로 오를 수 없는 것과 같다. 선생님께서 군주(邦家=人主)가 되셨다면, 이른바 '세우면 이에 (백성이 정형에 따라서) 서고, 인도하면 이에 (백성이 정령에 따라서) 실행하고, 품고 편안하게 해 주면 이에 (백성들이 교화되어) 귀의하고, 고무하면 이에 (백성들이 교화되어) 화목하니(성인의 지극한 공화이다), 그분이 살아 계실 때에는 존경·친애(榮=尊親)하며, 돌아가시면 (부모를 잃은 듯) 슬퍼할 것'이니, 어떻게 그런 분에게 미칠 수 있겠는가?"

집주 —— ■爲恭은 謂恭敬하여 推遜其師也라
위공爲恭은 그 스승을 공경하여 추존하고, (자신은) 낮추는 것을 말한다.
■責子禽不謹言라
자금이 말을 삼가지 않음을 꾸짖은 것이다.
■階는 梯也라 大可爲也어니와 化不可爲也라 故로 曰不可階而升也니라
계階는 사다리이다. 대大(의 경지)는 추구할 수 있지만, 화化(의 경지)는 추구할 수 없다. 그러므로 '사다리로 올라 갈 수 없다'고 말했다.
■立之는 謂植其生也라 道는 引也니 謂敎之也라 行은 從也라 綏는 安也요 來는 歸附也라 動은 謂鼓舞之也요 和는 所謂於變時雍이니 言其感應之妙가 神速如此라 榮은 謂莫不尊親이요 哀는 則如喪考妣라
입지立之는 민생이 근거를 두도록 하는 것(植其生)을 말한다. 도道는 인도(引)이니, 가르쳐 줌을 말한다. 행行은 따름(從)이다. 수綏는 편안함(安)이다. 래來는 귀부歸附이다. 동動은 고무하는 것을 말한다. 화和는 이른바 '오변시옹於變時雍(아! 변하여, 이에 화목했다)'이니, 그 감응의 오묘함이 이처럼 신묘하고 빠르

다는 말이다. 영榮은 모두가 존경하고 친애하지 않음이 없음을 말한다. 애哀는 마치 부모를 잃은 듯 (슬퍼)함이다.

■程子曰 此는 聖人之神化가 上下與天地同流者也라

정자가 말했다. "이것은 성인의 신묘한 조화가 위아래로 천지와 함께 흐르는 것이다."

■謝氏曰 觀子貢稱聖人語하면 乃知晩年進德이 蓋極於高遠也라 夫子之得邦家者인댄 其鼓舞群動이 捷於桴鼓影響하니 人雖見其變化나 而莫窺其所以變化也라 蓋不離於聖이요 而有不可知者存焉하니 聖而進於不可知之之神矣니 此는 殆難以思勉及也니라

사량좌가 말했다. "자공이 성인을 칭송한 말을 보면, 만년에 덕을 증진시켜 지극히 고원高遠함에 이르렀음을 알 수 있다. 공자께서 나라를 얻으신다면 뭇 백성들을 고무시켜 감동시킴이 북채로 북, (형체와) 그림자, 그리고 (소리와) 메아리(의 호응)보다 더 빠를 것이다. 사람들은 비록 그 변화는 보더라도 그 변화의 까닭은 아무도 엿볼 수 없다. 대개 성스러움에서 벗어나지 않으면 알 수 없는 것을 보존하고 있고, 성스러우면서 알 수 없는 신묘함에 나아간 것이니, 이는 생각하거나 노력함으로는 도달하기 거의 어려운 것이다."

고금주 ── ■ 補曰 子爲恭, 言子貢謙遜, 奉之爲師. 階, 所以自卑升高. 邦家, 猶言國家, 謂人主. 斯立斯行, 謂民從令. 綏, 謂懷而安之也. 動, 謂鼓之舞之也. 來, 歸也. 和, 雍也. 斯來斯和, 言民從化. ○案 聖人功化之極, 在於安民化民.

보완하여 말한다. 자위공子爲恭은 자공이 겸손하여 스승으로 받드는 것을 말한다. 사다리(階)는 낮은 곳에서 높은 곳으로 오르는 수단이다. 방가邦家는 국가라고 말하는 것과 같으니, 인주人主를 말한다. 사립斯立과 사행斯行은 백성이 명령에 따르는 것(民從令)을 말한다. 수綏는 품고 편안히 해주는 것을 말한다. 동動은 고무하는 것이다. 래來는 귀의(歸)이다. 화和는 온화(雍)이다. 사

래斯來와 사화斯和는 백성들이 교화에 따름(民從化)을 말한다. ○살핀다. 성인의 지극한 공화(功化之極)는 백성을 편안하게 하고 교화하는 데에 있다.

■邢曰: "此子禽不作陳亢, 當是同其姓字耳." ○案 恐亢與子禽, 或非一人.
형병이 말했다. "여기서 자금子禽은 진항이 될 수 없다. 이는 그 성姓의 글자를 같이 했을 뿐이다." ○살핀다. 아마도 진항과 자금은 혹 한 사람이 아닌 듯하다.

■孔曰: "謂爲諸侯若卿大夫." [釋'邦家'] ○駁曰 非也.
공안국이 말했다. "제후나 경대부같이 되는 것을 말한다." (邦家의 해석이다.)
○논박하여 말하면, 그릇되었다.

비평 —— (1) 고주에서 방가를 제후와 대부로 보았는데, 이에 대해 다산은 국가와 같은 말로 인주人主로 보아야 한다고 말한다. 미세한 차이라고 생각된다.

(2) 고주의 '기생야영其生也榮(그분이 살아 계실 때에는 몸은 귀하고 이름을 드날리며:榮=榮顯)'과 '기사야애其死也哀(돌아가시면 애통해한다)'에 대한 해석이 너무 소박하다고 생각하여, 주자와 다산은 좀더 깊은 의미의 이론적 해석을 했다.

(3) 그리고 입立, 도道, 행行, 수綏, 래來, 동動 등에 대한 각각의 해석에서 조금의 차이가 있지만, 크게 논쟁할 만한 것은 아니다.

제20편

요왈
堯曰

凡三章이라
모두 3장이다.

20:1. (1) 曰: "咨! 爾舜, 天之曆數在爾躬, 允執其中. 四海困窮, 天祿永終." (2) 舜亦以命禹.

고주 —— 요임금이 (천명으로 명한 말씀을 순임금에게) 말했다. "아! 그대 순아, 하늘의 역수(=제왕의 교체 순서를 써 놓은 하늘의 이름표)가 그대의 몸에 있으니, 진실로 그 중을 잡도록 하라. (그리하여 그 은택이) 사해 끝까지 미치면, 하늘이 내려주신 봉록이 영원히 이어질 것이다." 순임금 또한 (뒤에 우임금에게 선위할 때) 우임금에게 이 말씀으로써 명하였다.

주자 —— (1) 요임금이 (순에게 명하여 제위를 선양하면서) 말했다. "아! 그대 순아, 하늘의 역수(=제왕이 서로 계승하는 차례)가 너의 몸에 있으니, 진실로 그 중(=지나침과 모자람이 없음)을 잡도록 하라. 사해의 백성이 곤궁하면 하늘의 봉록이 영원히 끊어질 것이다." (2) 순임금 또한 (뒤에 우임금에게 선양할 때) 우임금에게 이 말씀으로써 명하였다.

다산 —— 요임금이 (천명으로 명한 말씀을 순임금에게) 말했다. "아! 그대 순아, 하늘의 (역상을 다스리는) 역수의 직책이 너의 몸에 있으니, 진실로 그 중(中=치우치지 않음:不偏=天命之性=人性之善)을 잡도록 하라(執中=建極→天下歸仁). 사해의 백성이 곤궁하면 하늘의 봉록(=寵命)이 영원히 끊어질 것이다." 순임금 또한 (뒤에 우임금에게 선양할 때) 우임금에게 이 말씀으로써 명하였다.

자원풀이 ■력曆은 일日(날)+력秝(다스리다)의 형성자로 책력을 말한다. 책력은 일 년 동안의 월일, 해와 달의 운행, 월식과 일식, 절기 특별한 기상변동 등, 날의 순서에 따라 적은 책, 다스림(秝)에 관한 일정표(日)라 할 수 있다.

집주 —— ■(20:1-1) 此는 堯命舜而禪以帝位之辭라 咨는 嗟歎聲이라 曆數는 帝王相繼之次第니 猶歲時氣節之先後也라 允은 信也라 中者는 無過不及之 名이라 四海之人이 困窮하면 則君祿亦永絶矣니 戒之也라

이는 요임금이 순에게 명하여 제위를 선양한 말이다. 자咨는 감탄의 소리이 다. 역수曆數는 제왕이 서로 계승하는 차례이니, 세시歲時·절기氣節의 선후 와 같다. 윤允은 참으로(信)이다. 중中은 지나침·미치지 못함이 없는 것의 명칭이다. 사해 사람들이 곤궁하면 임금의 봉록도 영원히 끊어질 것이니, 그 것을 경계했다.

■(舜亦以命禹:20:1-2) 舜後遜位於禹에 亦以此辭命之라 今見於虞書大禹謨하니 比此加詳이라

순임금이 후에 우에게 제위를 손양하면서 또한 이 말씀으로 명했다. 지금 『서경』「우서, 대우모」에 보이는데, 이에 비해서 상세함을 더했다.

고금주 —— ■邢曰: "此堯命舜以天命之辭. 咨, 嗟也." ○補曰 上古唯神聖乃治 曆象, 故掌曆數者, 終陟帝位. 言今曆數之職在爾躬. 中, 不偏也. 執中, 猶言建 極. 終者, 盡也, 象絲斷也. 天祿, 天之寵命. ○孔曰: "舜亦以堯命己之辭命禹."

형병이 말했다. "이는 요가 순에게 천명으로 명한 말이다. 자咨는 탄식(嗟)이 다." ○보완하여 말한다. 상고에는 오직 신성神聖만이 이에 역상을 다스렸기 때문에 역수를 담당하는 자만이 결국 제위에 올랐다. 이제 역수의 직책이 네 몸에 있다는 말이다. 중中은 치우치지 않음(不偏)이다. 중을 잡는다(執中)는 극을 세운다(建極)는 말과 같다. 종終이란 끝나다(盡)인데, 실이 끊어진 것을 형상했다. 천록天祿은 하늘의 총명寵命이다. ○공안국이 말했다. "순 또한 요 가 자기에게 명한 말로써 우에게 명했다."

■何曰: "曆數, 謂列次也." ○邢曰: "孔註『尙書』云, '曆數謂天道.' 謂天曆運之 數. 帝王易姓而興, 故言曆數謂天道. 鄭玄以曆數在身, 謂有圖錄之名, 何云列次, 義得兩通." ○駁曰 非也. 羲·農以來, 最重曆象, 能明此事, 即承帝統. 蓋此曆數之官, 欽若昊天, 敬授人時, 而鴻厖之時, 曆紀不明, 非神聖大智, 不能典職. 故能典是職者, 即承大統. 考之古籍, 其驗歷然.

하안이 말했다. "역수曆數는 (제왕의 교체) 열차列次를 말한다." ○형병이 말했다. "『상서』 공안국의 주註에 역수曆數는 천도天道를 말한다고 했으니, 하늘의 역운의 수를 말한다. 제왕이 역성하여 일어나기 때문에 역수를 천도라고 한다고 말한다. 정현은 역수가 몸에 있다는 것은 도록圖錄에 이름이 있음을 말한다고 했고, 하안은 열차列次라고 했으니, 뜻은 양쪽 모두 통한다." ○논박하여 말하면, 그릇되었다. 복희·신농 이래 가장 중시한 것은 역상이니, 능히 이 일에 밝을 수 있으면 곧 제통帝統을 승계할 수 있었다. 대개 이 역수를 맡은 관리는 삼가 하늘을 공경하여, 경건하게 사람에게 때를 알려주었는데, 태초에는 역기曆紀가 분명하지 않아 신성의 대지大智가 아니면 그 직책을 맡을 수 없었다. 그러므로 능히 이 직책을 맡을 수 있는 자가 대통을 계승했다. 고적을 상고하면 그 징험이 역연하다.

■案 中者, 天命之性也. 人性至善, 能執守此性, 則天下歸仁矣. 此亦一義.

살핀다. 중中이란 천명天命의 성性이다. 사람의 본성은 지극히 선하니, 능히 이 본성을 잡아 지킬 수 있으면, 천하가 인으로 귀의한다. 이 또한 한 뜻이다.

■包曰: "困, 極也. 永, 長也. 言爲政, 信執其中, 則能窮極四海, 天祿所以長終." ○邢曰: "困, 極也. 能窮極四海, 天之祿籍, 所以長終女身." ○案 困之爲字, 象剛在中被圍掩, 訓之爲極可乎? 〈檀弓〉云: "君子曰終, 小人曰死. 終者, 死也, 盡也." 『集註』不可易.

포함이 말했다. "곤困은 궁극(極)이다. 영永은 장구(長)이다. 정치를 함에 진실로 그 중을 잡으면 (은택이) 능히 사해의 끝까지 미쳐 천록이 길이 이어질 수 있다는 말이다." ○형병이 말했다. "곤困은 궁극이니, 능히 사해의 끝까지 미쳐 하늘의 녹적이 너의 몸에 길이 이어질 것이다." ○살핀다. 곤困이란 글자는 강강剛함이 가운데에서 에워싸여 있는 것을 형상화한 글자인데, 극極이라고 풀이하면 타당하겠는가? 『예기』「단궁」에서 말하길, "군자(의 죽음)는 종終이라 하고, 소인(의 죽음은)은 사死라고 한다.'고 했는데, 종終이란 죽음(死)이고, 다함(盡)이다."라고 했다. 『집주』(의 풀이)는 바꿀 수 없다.

■引證 梅氏〈大禹謨〉曰: "天之曆數, 在汝躬, 汝終陟元后. 人心唯危, 道心唯微, 惟精惟一, 允執厥中." ○又曰: "欽哉! 愼乃有位, 敬備其可願. 四海困窮, 天祿永終." ○梅氏『孔傳』曰: "困窮, 謂天民之無告者. 言爲天子, 勤此三者, 則天之祿籍, 長終汝身." ○案 '人心・道心' 二句, 乃古『道經』文也. [見『荀子』] 躬中窮終, 聲韻不落, 而忽入危微二韻, 揷于其中, 非亂經乎! 其釋困窮之義, 亦全不成理. 已詳余『尙書說』, 今不再述.

인증한다. 매색의 「대우모」에서 말했다. "하늘의 역수가 그대의 몸에 있으니, 그대는 마침내 왕의 지위에 오를 것이다. 인심은 오직 위태롭고, 도심은 오직 미미하니, 오직 정성스럽고 하나같이 하여 진실로 그 중을 잡으라." ○또 말했다. "공경하오! 그대의 지위를 삼가서, 그들이 바라는 일을 경건하게 갖추시오. 사해가 곤궁하면 영원히 끊길 것이오." ○매색의 『공안국전』에서 말하였다. "곤궁은 천민들 중 하소연할 곳이 없는 자를 말한다. 천자가 되어 이 세 가지를 부지런히 하면, 하늘의 녹적이 너의 몸에 영존할 것이다." ○살핀다. '인심人心・도심道心' 두 구는 곧 옛 『도경』의 글이다(『순자』에 보인다). 궁躬・중中・궁窮・종終은 성운이 이어가는데, 갑자기 위危・미微 두 성운이 그 가운데 끼었으니, 경문을 어지럽힌 것이 아니겠는가?

비평 —— (1) 천지역수(하늘의 역수)에 대해 고주에서는 제왕이 승계하는 차례(혹은 도록에 이름이 있음:하안)로 보고, '재이궁在爾躬'은 하늘의 서열이 그대에게 왔다는 말로 해석했다. 주자는 대체로 이 설을 받아들인다. 이 주석을 다산은 다소 강하게 비판한다. "하늘의 역수가 그대의 몸에 있다."는 말은 복희·신농 이래 가장 중시한 역상을 맡는 직책으로, 신성한 대지가 아니면 맡을 수 없는 것을 말하기 때문에, 곧 대통이 그대에게 있다는 뜻이라 했다. 다산은 고적을 상고하면 그 징험이 역연하다고 자신의 주장을 정당화했다. 그의 경전에 대한 해박한 지식이 잘 드러나 있다. (2) 다음으로 곤困과 종終의 해석에 의해, 그 뒤의 이어지는 구절을 완전히 다르게 이해한다. 여기서 다산은 고주를 비판하고, 주자의 신주를 바꿀 수 없다고 했다. (3) 다산은 여기서의 '중中'을 하늘이 명하여 인간이 지니고 태어난 지극히 선한 본성으로 정의했다. 이는 이 구절을『중용』수장과 연관하여 해석한 것으로, 중대하고 의미 있는 주석이라고 판단된다. (4) 윤집궐중允執厥中이 나오는 구절은 주자는『서경』「우서, 대우모」에 상세함을 더하여 나타난다고 했다. 이에 대해 다산은『서경』「우서, 대우모」란 매색의 위작이라고 평가했다. 이는 서지학적 상세한 논변을 필요로 한다.

❧

20:1-3. 曰: "予小子履, 敢用玄牡, 敢昭告于皇皇后帝. 有罪不敢赦, 帝臣不蔽, 簡在帝心. 朕躬有罪, 無以萬方, 萬方有罪, 罪在朕躬." [『集解』·『集註』, 連上連下, 通爲一章]

고주 —— 말씀하셨다. "나 소자 리履는 검은 소(夏禮를 바꾸지 않음)를 희생으로 써서 감히 위대하고(皇=大) 위대한 임금이신(后=君) 천제(帝=天帝)께 밝게 아룁니다. (하늘에 순종하고 법을 봉행하여) 죄가 있는 자를 (제가) 감히 사면하지 않았고, 천제의 신하(하나라 임금 걸의 罪過)를 (제가) 감히 은폐하지 않았으니, (천자를) 간택함은 천제의 마음에 달려 있습니다. 내 몸에 죄가 있는 것은 만방의 백성들과 관계가 없으며, 만방의 백성들에게 죄가 있는 것은 내 몸에 있는 (허물인) 것입니다."

주자 —— (20:1-3) (탕왕이) 말씀하셨다. "나 소자 리履는 검은 소(夏禮를 바꾸지 않음)를 희생으로 써서 감히 위대하고 위대하신 상제께 밝게 아룁니다. 죄가 있는 자(=하나라 걸 임금)를 (제가) 감히 사면하지 않았고, 상제의 신하(=천하의 賢人)를 (제가) 감히 가리지 않겠습니다. 살피시는 것은 상제의 마음에 달려 있습니다(오직 상제의 명령에 따르겠습니다). 내 몸에 죄가 있는 것은 만방의 백성들과 관계가 없으며, 만방의 백성들에게 죄가 있는 것은 내 몸에 있는 (허물인) 것입니다(이 구절은 제후들에게 고한 말이다)."

다산 —— (탕왕이 걸을 방벌하고 하늘에 고하여) 말씀하셨다. "나 소자 리履는 검은 소(夏禮를 바꾸지 않음)를 희생으로 써서 감히 위대하고 위대하신 임금인 천제께 밝게 아룁니다. (하늘에 순종하고 법을 봉행하여) 죄가 있는 자를 (제가) 감히 사면하지 않았고, 상제의 신하(=천하의 君牧으로 賢人)를 (제가) 감히 가리지 않겠습니다. 살피시고 선발하는 것은 상제의 마음에 달려 있습니다. 내 몸에 죄가 있는 것은 만방의 백성들과 관계가 없으며, 만방의 백성들에게 죄가 있는 것은 내 몸에 있는 (허물인) 것입니다."(몸소 천하의 죄를 자임한 것은 곧 옛 君

자원풀이 ■빈牝은 우牛(소)+비匕(비수)의 형성자로 소의 암컷을 말한다.
■죄罪는 罒(그물 망=网)+非(아닐 비)의 회의자로 옳은 것에 위배되는(非) 것들을 모조리 그물(罒)에 잡아들이는 것을 말한다. 죄, 죄를 짓다, 과실, 고통 등의 뜻이 나왔다. 원래는 코(自→鼻)를 칼(辛)로 자르던 형벌을 뜻하는 것이 변형되었다고 한다.
■제帝는 꽃꼭지(花帝)의 제帝, 제천의식祭天儀式에 사용되던 땔나무를 쌓던 틀, 부락연맹의 군사수장軍事首長·천재 혹은 인왕人王의 뜻을 가진 바빌론의 미米 자, 태양광선이 사방을 비추는 형상, 새가 하늘로 날아오르는 형상에서 인신引伸된 글자 등으로 설명된다. 그래서 첫째, 천상天上에 존재하면서 신들의 위계에 가장 높은 지위를 지닌다는 점에서 상제上帝(↔地上을 다스리는 下帝)라고 칭해졌으며, 둘째, 비, 천둥, 바람과 같은 자연현상과 운행을 주재하여 농업에 영향을 주어 경제적 풍흉豊凶을 좌우하고, 셋째, 인간만사를 주관하여 형벌을 내리는 권능을 지닌 동

師들이 하늘을 섬기는 대법이다. 『집해』와 집주』는 앞의 두 절과 연결하여 통틀어 하나의 장으로 삼았다.)

집주 ── ■ 此는 引商書湯誥之辭니 蓋湯旣放桀而告諸侯也라 與書文으로 大同小異하니 曰上에 當有湯字라 履는 蓋湯名이라 用玄牡는 夏尙黑하니 未變其禮也라 簡은 閱也라 言桀有罪하니 己不敢赦요 而天下賢人은 皆上帝之臣이라 己不敢蔽니 簡在帝心하여 惟帝所命이라 此는 述其初請命而伐桀之詞也라 又言 君有罪는 非民所致요 民有罪는 實君所爲라 하시니 見其厚於責己, 薄於責人之意라 此는 其告諸侯之辭也라

이것은 『서경』「탕고」의 말이다. 대개 탕왕이 이미 걸왕을 추방하고 제후들에게 이른 것이다. 『서경』의 글과 대동소이하니, '왈曰' 자 위에 마땅히 탕湯 자가 있어야 한다. 리履는 아마도 탕왕의 이름일 것이다. 검은 수소(玄牡)를 쓴 것은 하夏나라가 검은색을 숭상했는데, 그 예법을 아직 바꾸지 않은 것이다. 간簡은 열람(閱)이다. '걸왕이 죄가 있으므로 자기가 감히 사면할 수 없고, 천하의 현인들은 모두 상제의 신하이니 자기가 감히 (현능함을) 가릴 수 없다. 살펴보는 것은 상제에 달려있으니, 오직 상제의 명을 따른다.'라고 말씀하신 것이다. 이는 처음 명을 청하며 걸왕을 방벌할 때의 말을 기술한 것이다. 또한 '임금이 죄가 있는 것은 백성이 그렇게 만든 것이 아니고, 백성에게 죄가 있는 것은 실로 임금이 그렇게 만든 것이다.'라고 말했으니, 자기 책망에는

시에 왕권을 성립시키는 힘을 지닌 존재로 간주되었다. 이렇게 은나라에서는 절대적 주재신격主宰神格으로서 제帝가 인간사에 개입하여 길흉과 화복을 결정한다고 생각했기 때문에 재앙을 피하고 복을 얻기 위해 제사祭祀를 올리고, 점복占卜을 통해 상제上帝의 뜻을 묻고, 그 뜻에 따라 최후의 결정을 내렸다.
■간簡은 竹(대나무 죽)+間(사이 간)의 형성자로 글을 쓰기 위하여, 대로 만든 얇은 널빤지이다. 책이나 편지라는 뜻이 나왔고, 좁은 대쪽에 글을 써야 했기 때문에 간략하다, 소략하다, 드물다는 뜻이 나왔다.
■짐朕은 배를 그린 주舟와 손에 무엇(불, 도끼, 祭器 등)을 든 모습으로, 은나라 때부터 왕 자신을 지칭하거나, (배를 운항하거나 안전을 책임지는) 나, 우리라는 일인칭대명사로, 존중의 의미가 내포되었다.

엄중하고, 남의 책망에는 가볍게 하겠다는 뜻을 드러내었다. 이는 탕왕이 제후들에게 이른 말이다.

고금주 —— ■孔曰: "履, 殷 湯名." [邢云: "案『世本』, 湯名天乙, 至將爲王, 改名履, 故二名也."] 此伐桀告天之文. 殷家尙白, 未變夏禮, 故用玄牡. ○孔曰: "皇, 大, 后, 君也, 大大君. 帝謂天帝也. 『墨子』引〈湯誓〉, 其辭如此." ○包曰: "順天奉法, 有罪者不敢擅赦." ○補曰 天下君牧, 皆上帝之臣, 我不敢蔽賢, 其簡選以立天子, 惟在上帝之心. 簡, 閱也, 選也. ○孔曰: "無以萬方, 萬方不與也. 萬方有罪, 我身之過." ○補曰 身任天下人之罪, 卽古君師事天之大法也.

공안국이 말했다. "리履는 은나라 탕왕의 이름이다."(형병이 말했다. "『세본』을 살피면, 탕의 이름은 天乙이었는데, 장차 왕이 됨에 이르러 履로 개명한 까닭에 이름이 둘이다.") 이는 걸을 방벌하고 하늘에 고한 글이다. 은가殷家는 흰색을 숭상했으나, 하나라의 예를 아직 바꾸지 않았기 때문에 검은 수소(玄牡)를 쓴 것이다. ○공안국이 말했다. "황皇은 대大이고, 후后는 군君이니, 대대군大大君이다. 제帝는 천제天帝를 말한다. 『묵자』가 인용한 「탕서」에 그 말이 이와 같다." ○포함이 말했다. "하늘에 순종하고 법을 봉행하여, 죄 있는 자를 감히 마음대로 사면하지 않는다." ○보완하여 말한다. 천하의 군목君牧은 모두 상제의 신하이니, 내가 감히 현인을 가릴 수 없고, 그 가운데 선발하여 천자로 세우는 것은 오직 상제의 마음에 달려 있다. 간簡은 열람(閱)이며 선발(選)이다. ○공안국이 말했다. "무이만방無以萬方이란 만방과 관계가 없다는 것이다. 만방유죄萬方有罪(만방이 지닌 죄)는 나 자신의 허물이라는 말이다." ○보완하여 말한다. 몸소 천하의 죄를 자임한 것은 곧 옛 군사君師들이 하늘을 섬기는 대법이다.

包曰: "言桀居帝臣之位, 罪過不可隱蔽, 以其簡在帝心故." ○邢曰: "帝, 天也. 帝臣謂桀也. 桀是天子, 天子事天, 猶臣事君, 故謂桀爲帝臣也." ○韓曰: "帝臣, 湯自謂也. 言我不可蔽隱桀之罪也." [見『筆解』] ○朱子曰: "天下賢人, 皆上帝之臣, 己不敢蔽. 簡在帝心, 唯帝所命." ○案 梅氏〈湯誥〉曰: "爾有善, 朕不敢蔽."
包氏不見梅『書』, 故訓之曰: "蔽罪." 朱子旣見梅『書』, 故訓之曰"蔽賢." 然當從
朱子說. 若如包說, 則'簡在帝心'不可解. [但賢人通上下說, 恐不如但作諸侯說]

포함이 말했다. "천제의 신하의 지위에 있는 걸의 죄과는 은폐하지 않았으
니, 천자를 간택하는 것은 천제의 마음에 달려 있기 때문이라는 말이다." ○
형병이 말했다. "제帝는 하늘(天)이다. 제신帝臣은 걸을 말한다. 걸은 천자이
니, 천자가 걸을 섬기는 것은 신하가 임금을 섬기는 것과 같기 때문에 걸을
제신帝臣이라 했다." ○한유가 말했다. "제신은 탕임금이 자신을 말한 것이
다. 내가 걸의 죄를 은폐할 수 없다는 말이다(『필해』)." ○주자가 말했다. "천
하天下의 현인賢人들은 모두 상제上帝의 신하이니, 내가 감히 가릴 수 없으며,
간열簡閱하는 것이 상제의 마음에 달려 있어 오직 상제上帝의 명命에 따름을
말씀한 것이다." ○살핀다. 매색의 「탕고湯誥」에 말하길, "그대들에게 선함이
있으면 짐이 감히 은폐하지 않는다."고 했다. 포함은 매색의 『상서』를 보지
못했기 때문에 (蔽를) "죄를 은폐하다."로 해석했다. 주자는 이미 매색의 『상
서』를 보았기 때문에 "현인을 은폐한다."고 해석했다. 그러나 마땅히 주자의
해설을 따라야 한다. 포함의 설과 같다면 '간재제심簡在帝心'을 풀이할 수 없
다(다만 賢人으로 보아도 앞뒤로 통하지만, 단지 제후로 보는 것보다 못한 듯하다).

비평 —— 제신불폐帝臣不蔽에 대한 해석이 다르다. 고주는 천자였던 하나라
'걸 임금의 죄를 은폐하지 않는다.'고 보았다. 주자는 상제의 신하를 천하의
현인으로 보고, 그 '현인들의 인자함을 가리지 않겠다.'고 보았다.

다산은 (1)비록 주자가 매색의 『상서』를 보았기 때문에 그렇게 해석할 수
있었지만, (2) 만일 포함의 설로 해석한다면, 그 뒤의 '간재제심簡在帝心'과 연
결되지 않기 때문에, 마땅히 주자의 설로 해석해야 한다고 주장했다.

20:1-4. 周有大賚, 善人是富. (5) 雖有周親, 不如仁人, (6) 百姓有過, 在予一人. 謹權量, 審法度, 修廢官, 四方之政行焉. (7) 興滅國, 繼絶世, 擧逸民, 天下之民歸心焉. (8) 所重, 民‧食‧喪‧祭.

[『集解』‧『集註』, 連上二節通爲一章]

고주 —— 주나라가 (하늘로부터) 크게 내려 주심을 받아 선인이 품부했다(亂臣 十人 등). 무왕이 (민중들에게 맹서하여) 말했다. "주나라에 친척이 있다고 하더라도 (어질지 않거나, 충성스럽지 않으면 주살했으니) 어진 사람(기자와 미자)만 못했다. 백성들의 과실이 있다면, 나 한 사람에게 있는 것이다." (二帝‧三王의 정법을 총론하면) 도량형을 삼가고, 법도(=車服‧旌旗 등의 예의)를 살피며, 폐궐廢闕된 관직을 수치修治하니, 사방의 정치가 (성대하게) 행해졌다. (제후국으로 부당하게) 멸망한 나라를 일으켜 주고, (현자로서 부당하게 제사가 끊겼으면) 끊어진 대를 이어 (제사해) 주고, (절조와 품행이 뛰어나지만) 은거하여 (출사하지 않은) 백성을 등용하자, 천하의 민심이 그에게 귀복해 왔다. 가장 소중히 여긴 것은 (나라의 근본인) 백성, (백성의 생명인) 양식, (슬픔을 다하는) 상례, 그리고 공경을 다하는 제례였다.

주자 —— (4) 주나라에 (무왕이 상을 이기고, 四海의 선인에게) 크게 베품(뢰賚=선인에게 하사한 것)이 있었으니, 선인이 이에 부유하게 되었다. (5) 무왕이 (민중들에게 맹서하여) 말했다. "(紂에게) 지극히 가까운(周=至) 친척이 (많이) 있다고 하더라도 (주나라의) 어진 사람만 못했다. 백성들의 과실이 있다면, 나 한 사

자원풀이 ■뢰賚는 패貝(조개)+래來(오다)의 형성자이다. 재물(貝)이 오다(來)의 뜻으로 주다, 하사하다는 뜻이다.

람에게 있는 것이다."(6) (무왕이) 도량형을 삼가고, 법도(=예악과 제도)를 살피며, 폐지된 관직을 수치修治하니, 사방의 정치가 잘 시행되었다. (7) 멸망한 나라를 일으켜 주고 끊어진 대를 이어 주고(황제·요·순·하·상의 후예를 봉한 것), 버려진 백성은 등용하시자(기자를 풀어주고 상용의 지위를 회복시킨 것), 천하의 백의 마음이 귀복해 왔다. (8) 소중히 여긴 것은 백성이었고, 양식·상례·제례였다.

다산 —— 주가(周=周家)는 크게 베풂(무왕이 그 보옥을 갈라 제후들에게 나눠주고, 재물과 곡식을 방출하여 빈약한 사람들을 구제한 것)이 있었으니, 선인이 이에 (봉토와 포상을 받고) 부유하게 되었다.

　무왕이 (민중들에게 맹서하여) 말했다. "주의 친족(희씨의 친족으로 무왕의 형제)이 있다고 하더라도 어진 사람(미자, 기자 등)만 못했다(먼저 요·순의 후예들, 그리고 미자와 기자를 석방했으며, 同姓을 봉하는 데에는 이때까지 미처 겨를이 없었다). (무왕이 백성의 죄를 자임하여) 백성들의 과실이 있다면 나 한 사람에게 있는 것이다."

　(무왕이) 도량형을 삼가고, 법률과 도수(車服·旌旗·章采의 수목)를 살피며, 폐지된 관직을 수치修治하니, 사방의 정치(巡守·柴望과 考績·법률과 도량형의 통일·계절과 달의 협화·오례를 닦는 정치)가 잘 시행되었다. 망한 나라를 일으켜 주고 끊어진 대를 이어 주고(황제·요·순·하·상의 후예를 봉한 것), 버려진 백성은 등용하시자(기자를 풀어 주고 상용의 지위를 회복시킨 것), 천하의 백의 마음이 귀복해 왔다. 소중히 여긴 것은 민식民食(농정=무본), 상례(=愼終), 제례(=追遠)였다.(『집해』와 집주』는 앞의 두 절과 연결하여 통틀어 하나의 장으로 삼았다).

집주 —— ■(4)此以下는 述武王事라 賚는 予也라 武王克商하시고 大賚于四海하니 見周書武成篇이라 此는 言其所富者皆善人也라 詩序曰 賚는 所以錫

予善人이라 하니 蓋本於此라

이 이하는 무왕의 일을 기술했다. '뢰賚'는 베풂(予)이다. 무왕이 상나라를 이기고 사해에 크게 베푼 일은 『서경』「주서, 무성」편에 나온다. 이는 풍부하게 된 자는 모두 선한 사람이라는 말이다. 『시경』「서」에서 "뢰賚는 선한 사람에게 주는 것이다."라고 했으니, 대개 여기에 근본한 듯하다.

■ (5)此는 周書泰誓之辭라 孔氏曰 周는 至也니 言紂至親雖多나 不如周家之多仁人이라

이는 『서경』「주서, 태서」편의 말이다. 공안국이 말했다. "주周는 지극함(至)이니, 주왕의 지극한 친척이 비록 많더라도 주가周家의 인인仁人이 많음만 못하다는 말이다."

■ (6)權은 稱錘也요 量은 斗斛也라 法度는 禮樂制度皆是也라

'권權'은 저울추이다. '양量'은 말과 섬이다. '법도法'는 예악과 제도가 모두 그것이다.

■ (7)興滅, 繼絶은 謂封黃帝堯舜夏商之後요 舉逸民은 謂釋箕子之囚하고 復商容之位니 三者는 皆人心之所欲也라

'멸망한 나라를 일으키고 끊어진 세대를 이어 주었다(興滅繼絶)'는 것은 황제 · 요 · 순 · 하 · 상의 후예를 봉한 것을 말한다. '일민을 등용하였다(舉逸民)'는 것은 갇혔던 기자를 풀어주고, 상용商容의 지위를 회복시킨 것을 말한다. 세 가지는 모두 사람들의 마음이 바라던 것이었다.

■ (8)武成曰 重民五教호되 惟食喪祭라 하니라

『서경』「주서, 무성」편에서 말했다. 백성들의 오교五教를 중시하되 식량 · 상사 · 제례를 유념하였다.

고금주 ── ■ 何曰: "周, 周家. 賚, 賜也." ○補曰 武王分其寶玉, 班賜諸侯, 散財發粟, 以振貧弱. 『史記』文 善人是富, 言有功德者受封賞. 周親, 姬氏之親也.

仁人, 謂微子 · 箕子之屬. 武王未下車, 封黃帝 · 堯 · 舜之後, 旣下車, 封微子,
釋箕子, 表比干, 而同姓之封, 時未遑焉. 故曰 '雖有周親, 不如仁人'. 武王身任
百姓之罪, 自稱曰予一人, 明天子之責在己. ○邢曰: "此武王誅紂誓衆之辭."
○包曰: "權, 秤也. 量, 斗斛." ○補曰 法, 刑律. [如今『大明律』] 度, 謂車服 · 旌
旗 · 章采之數. ○邢曰: "謹飭之, 使均平, 審察之, 使貴賤有別, 無僭偪也." ○
邢曰: "官有廢闕, 復修治之, 使無曠也." ○補曰 四方之政行, 謂巡守四方, 而柴
望考績, 同律度, 協時月, 修五禮之政行焉. [〈周頌〉有巡守之詩] ○純曰: "滅國, 謂
有其人而無其國者. 絶世, 謂無後者. 繼謂立其遺孽." ○補曰 振拔遺逸之賢才.
[復商容封虞仲類] 民食謂農政也. 所重者三, 曰務本, 曰愼終, 曰追遠. [必言民食者,
嫌人君自重其食]

하안이 말했다. "주周는 주가周家이다. 뢰賚는 주다(賜)이다." ○보완하여 말
한다. 무왕이 그 보옥을 갈라 제후들에게 나눠주고, 재물과 곡식을 방출하여
빈약한 사람들을 구제했다(『사기』의 글이다). 선인시부善人是富는 공덕이 있는
자가 봉토와 포상을 받았다는 말이다. 주친周親은 희씨의 친족이다. 인인仁
人은 미자 · 기자 등이다. 무왕이 수레에서 미처 내리지도 않고 황제 · 요 ·
순의 후예들을 봉하고, 이미 수레에서 내려서는 미자를 봉하고 기자를 석방
하고 비간을 정표했는데, 동성同姓을 봉하는 일은 당시에는 아직 경황이 없
었다. 그러므로 말하기를 '주의 친족이 있었다고 하더라도 어진 사람만 못했
다.'고 했다. 무왕이 몸소 백성의 죄를 자임하고, 나 한 사람이라고 자칭한 것
은 천자의 책무가 자기에 있음을 천명한 것이다. ○형병이 말했다. "이는 무
왕이 주를 주벌하고 대중에게 맹서한 말이다." ○포함이 말했다. "권權은 저
울(秤)이다. 양量은 말과 섬이다." ○보완하여 말한다. 법法은 형률이고(지금
『대명률』과 같다), 도度는 거복車服 · 정기旌旗 · 장채章采의 수목을 말한다. ○
형병이 말했다. "신중히 정돈하여 균형 있게 하고, 자세히 살펴 귀천의 구별
이 있어 (윗사람에 대한) 참월과 핍박이 없게 한 것이다." ○형병이 말했다. "폐

해지거나 빠진 관직이 있으면 다시 수치修治하여 비어 있는 것이 없게 했다.”
○보완하여 말한다. 사방의 정치를 시행함(四方之政行)이란 사방의 순수巡
守·시망柴望(하늘과 산천)과 고적考績·법률과 도량형의 통일·계절과 달의
협화·오례를 닦는 정치를 시행함을 말한다(『시경』「주송」순수의 시에 있다). ○
태재순이 말했다. “멸국이란 사람은 있는데 나라가 없는 것을 말한다. 절세
絶世란 후사가 없는 것을 말한다. 계繼는 남은 서얼을 옹립하는 것을 말한다.”
○보완하여 말한다. 버려지고 숨은 현재를 발탁하는 것이다. (상용을 복권하고
우중을 봉한 것 등) 민식民食은 농정을 말한다. 중요하게 여긴 셋은 무본務本(근
본에 힘씀), 신종愼終(상례를 삼감), 추원追遠(멀리 추모함)을 말한다(반드시 민식을
말한 것은 임금 스스로가 민식을 중히 여기는 것을 싫어하기 때문이다).

■何曰: “周家受天大賜, 富於善人, 有亂臣十人是也.” ○侃曰: “或云周家大賜
財帛於天下之善人, 善人故是富也.” ○案 古者有邦有家者謂之富, 故〈洪範〉
言富而不言貴. 孔子曰‘富如可求’, 亦不言貴也. 善人是富, 言有功有德者得封
賞也. 舊說非.

하안이 말했다. “주가周家는 하늘로부터 크게 내려주는 것을 받아 착한 사람
이 풍부했다는 말이니, ‘난신 10인이 있었다(「술이」)’는 것이 그것이다.” ○황
간이 말했다. “어떤 사람이 말하길, 주가는 천하의 착한 사람들에게 재물과
비단을 크게 내려 주었다고 하니, 착한 사람이 때문에 이렇게 부유해진 것이
다.” ○살핀다. 옛말에 나라(邦)와 식읍(家)이 있는 자를 부富하다고 했다. 그
러므로 『서경』「홍범」에서는 부富는 말하고, 귀貴는 말하지 않았다. 공자께서
는 ‘부는 구할 수 있을 것 같으면’이라고 말하고, 또한 귀는 말하지 않았다. 착
한 사람이 이에 부하게 되었다는 것은 공이 있고 덕이 있는 자가 봉토와 상을
얻은 것이다. 구설은 그릇되었다.

■孔曰: “親而不賢不忠則誅之, 管·蔡是也. 仁人, 謂箕子·微子, 來則用之.”
○邢曰: “〈泰誓〉孔傳云, ‘紂之至親雖多, 不如周家之多仁人.’ 此文與彼正同,

而孔注與此異者, 蓋孔欲兩通其義, 故不同也." ○駁曰 非也. 誅管·蔡, 在成
王之時, 豈武之事乎? ○又按『論語』之注, 眞孔注也, 〈泰誓〉之傳, 贋孔傳也.
眞與贋不能相謀, 豈能相合? 此又梅氏造僞之鐵案, 何以脫矣?

공안국이 말했다. "친척이지만 현명하지 못하거나 충성하지 않으면 주살했
으니, 관숙과 채숙의 경우이다. 인인仁人은 기자·미자를 말하니, 귀순해 오
니 등용했다." ○형병이 말했다. "『서경』「태서」 공안국의 전에서 말했다. '주
紂의 지친이 비록 많으나, 주가의 인인이 많은 것만 못하다.'고 했다. 이 글
은 저 글과 똑같은데, 공안국의 주는 이것과 다르니, 대개 공안국은 양쪽 모
두 그 뜻을 통하게 하려고 했기 때문에 같지 않은 듯하다." ○논박하여 말하
면 그릇되었다. 관숙과 채숙을 주살한 것은 성왕 때 있었으니, 어찌 무왕 때
의 일이겠는가? ○또 살핀다. 『논어』의 주가 진짜 공안국의 주이다. 「태서」
의 전은 가짜 공안국의 전이다. 진짜와 가짜가 서로 도모할 수 없는데, 어찌
서로 부합하겠는가? 이 또한 매색이 위조한 확고한 단안이니, 무엇으로 벗어
날 수 있겠는가?

■孔曰: "重民, 國之本也. 重食, 民之命也. 重喪, 所以盡哀. 重祭, 所以致敬."
○駁曰 非也. 民者, 人也, 與食·喪·祭三者, 平爲一等, 有是理乎?〈洪範〉八
政, 一曰食, 二曰貨, 三曰祀, 七曰賓. 食·喪·祭三者, 本可平列, 即養生送死
之具也, 民可竝稱乎? ○又按 孔氏若見'重民五敎'之文, 必不以四者, 平爲一列,
此又造僞之鐵案也.

공안국이 말했다. "백성을 귀중하게 여기는 것(重民)은 나라의 근본이고, 양
식을 귀중하게 여기는 것(重食)은 백성의 생명이다. 상례를 귀중하게 여기는
것(重喪)은 슬픔을 다하기 위함이고, 제사를 귀중하게 여기는 것은 경건을 다
하기 위함이다." ○논박하여 말하면, 그릇되었다. 민民이란 사람인데, 양식·
상례·제사 등 세 가지와 똑같이 한 등급이라고 하니, 이럴 리가 있는가?『서
경』「홍범」의 팔정八政에 첫째는 양식(食)이라 하고, 둘째는 재화(貨)라 하고,

셋째는 제사(祀)라 하고, 일곱째는 빈객접대(賓)라 했다. 식食·상喪·제祭, 세 가지는 본래 똑같이 나열할 수 있으니, 곧 산 사람을 기르고 죽은 사람을 보내는데 갖추어야 할 것인데, 백성(民)과 병칭竝稱할 수 있겠는가? ○또 살핀다. 공안국이 만일 '중민오교重民五敎'라는 글을 보았다면, 반드시 네 가지를 똑같이 일렬로 간주하지 않았을 것이니, 이 또한 위조의 확고한 단안이다.

■邢曰: "法度, 謂車服旌旗之禮儀也." ○又曰: "節行超逸之民, 隱居未仕, 則擧用之." ○案 法者, 刑也. 度者, 數也. 當分而言之.

형병이 말했다. "법도法度는 거복·정기 등의 예의이다." ○또 말했다. "절조와 품행이 뛰어난 백성(節行超逸之民)으로 은거하여 벼슬하지 않으면 천거하여 등용한다." ○살핀다. 법이란 형벌(刑)이다. 도度란 수효이니, 마땅히 구분하여 말해야 한다.

■質疑 朱子曰: "擧逸民, 謂釋箕子之囚, 復商容之位." ○案 釋囚, 乃理枉之政, 不可曰擧逸民, 且箕子非逸民也.

질의한다. 주자가 말했다. '일민을 등용했다(擧逸民)'는 것은 갇혔던 기자를 풀어 주고, 상용의 지위를 회복시킨 것을 말한다." ○살핀다. 수인을 석방하는 것은 곧 사곡邪曲한 사람을 다스리는 정치로 거일민擧逸民이라 할 수 없고, 또한 기자는 일민逸民이 아니다.

■案 道之大本出於天, 而堯·舜·禹·湯, 繼天立極, 至終篇明此意也.

(『집주』20:1~8에 인용된 양시의 주석에 대해) 살핀다. 도의 큰 근본은 하늘에서 나왔고, 요·순·우·탕은 하늘을 계승하여 인극을 세웠으니, 마지막 편에 이르러 이 뜻을 밝혔다.

비평 —— (1) 주유대뢰周有大賚의 뢰賚와 선인시부善人是富의 부富에 대해 이견이 있다. 고주는 뢰賚를 석錫으로 풀었는데, 하늘의 선물로 보고, 뒤의 구절은 '선인이 풍부(富=豐富)했다.'라고 해석했다. 주자와 다산은 뢰(賚=予)의 주체를 무왕으로 보고, 무왕이 보옥을 나누어주고 창고를 방출하니, 선인들이 부유(부귀:다산)하게 되었다고 해석했다. 후자의 해석이 더 순조롭다.

(2) '수유주친불여인인雖有周親不如仁人'에 대해서는 고주, 주자, 그리고 다산이 모두 다르게 해석하고, 실례 또한 아주 다르다. 고주는 "주나라의 친족이지만 현명하지 않거나 충성스럽지 않는다면 주살하고, (친족이 아니지만) 인인(미자, 기자 등)은 귀속해 오니 등용했다."라고 해석했다. 이에 대해 주자는 『상서』「태서」편을 인용하여, "(紂王의) 지극한 친척이 많았지만, (周家의) 인인이 많은 것만 못했다."라고 해석했다. 이에 대해 다산은 주친은 주나라 무왕의 희씨의 형제라고 말한다. 그리고 나서 "무왕이 수레에서 아직 내리지도 않고 황제·요·순의 후예들을 봉했으며, 이미 수레에서 내린 후에는 미자를 봉하고 기자를 석방했으며, 비간을 정표旌表했지만 동성同姓을 봉하는 데에는 이때까지 미처 그렇게 할 겨를이 없었다. 그러므로 비록 주의 친척이 있었지만 인인만 못하다고 했다."라고 완전히 새로운 해석을 내놓았다.

(3) "소중민식상제所重民食喪祭"에 대해서도 다르게 해석했다. 고주는 귀중히 여긴 것은 민·식·상·제 등 네 가지로 보았다. 주자는 다소 애매하게 해석하고 남겨 두었다. 이에 비해 다산은 민식民食은 농정이라고 말하면서, 중요하게 여긴 셋은 민식(務本)·상례(愼終)·제례(追遠)였다고 해석했다. 다산의 해석이 설득력이 있다.

20:1-9. **寬則得衆, 信則民任焉, 敏則有功, 公則悅.**

고주 —— (제왕의 덕은 힘쓸 바가) 너그러우면 (백성이 귀속하기 때문에) 민중을 얻고, 신의가 있으면 (백성이 聽從하여 의혹되지 않아) 백성들이 신임(任用)하고, 민첩하면 (이루지 못할 것이 없기 때문에) 공적이 있고, (정치와 교화가) 공평하면 (백성들이) 기뻐한다.

주자 —— (제왕이) 너그러우면 민중을 얻고, 신의가 있으면 백성들이 신임하고, 민첩하면 공이 있고, 공평하면 백성들이 기뻐한다.(무왕의 일에는 나타나지 않으니, 혹 제왕의 도를 泛言한 듯하다.)

다산 —— (윗사람이) 너그러우면 (백성이 귀속하기 때문에) 민중을 얻고, 신의가 있으면 백성들이 (은혜로 서로) 신임하고, 민첩하면 공적이 있고, (정치와 교화가) 공평하면 (백성들이) 기뻐한다.(이 一節은 더욱이 앞의 몇 절과 상호 연속되지 않으니, 이는 윗자리에 있는 자들을 통틀어 경계한 것이다.)

집주 —— ■此는 於武王之事에 無所見하니 恐或泛言帝王之道也라
이는 무왕의 기사에는 나타난 바가 없는 것이니, 혹 제왕의 도를 범언泛言한 듯하다.
■楊氏曰 論語之書는 皆聖人微言이어늘 而其徒傳守之하여 以明斯道者也라 故로 於終篇에 具載堯舜咨命之言과 湯武誓師之意와 與夫施諸政事者하여 以明聖學之所傳者 一於是而已니 所以著明二十篇之大旨也라 孟子於終篇에 亦歷敍堯舜湯文孔子相承之次하시니 皆此意也니라
양시가 말했다. "『논어』의 글은 모두 성인의 미언微言이니, 그 문도들이 전수傳守하여 성인의 도를 밝힌 것들이다. 따라서 마지막 편에 요 · 순이 선양하면서 명한 말씀, 탕 · 무가 군사들에게 맹세한 뜻, 그리고 그들이 정사에 시행했던 것들을 갖추어 기재함으로써, 성학의 전한 바가 이와 같이 한결같을 뿐임을 밝혔으니, 20편의 대지大旨를 천명했다. 『맹자』의 끝 편에 또한 요 ·

순·탕·문·공자가 서로 계승한 순서를 차례대로 서술한 것도 모두 이런 뜻이다."

고금주 —— ■邢曰: "寬則人所歸附." ○補曰 以恩相信曰任. [《邶風》鄭箋云] ○補曰 敏謂疾於事. ○補曰 公則物情平. [孔云: "政敎公平則民悅矣."]

형병이 말했다. "너그러우면 사람들이 귀부歸附한다." ○보완하여 말한다. 은혜로 서로 믿는 것을 임任이라 한다.(『시경』「패풍」의 정현의 전에서 말했다.) ○보완하여 말한다. 민敏은 일에 재빠른 것을 말한다. ○보완하여 말한다. 공公하면 만물의 실정이 평형된다.(공안국이 말했다. "정교가 공평하면 백성들이 기뻐한다.")

■邢曰: "信則民聽不惑, 皆爲己任用焉." ○駁曰 非也.

형병이 말했다. "(윗사람을) 신뢰하면 백성들이 청종聽從하되 의혹되지 않으니, 모두가 자기를 임용하게 된다." ○논박하여 말하면, 그릇되었다.

■孔曰: "凡此二帝三王所以治也. 故傳以示後世." ○邢曰: "自‘謹權量’至‘公則說’, 總明二帝三王政化之法也." ○案 堯·殷·周三節, 不必通爲一章. 且‘謹權量’以下, 明是武王克殷之初政, 注疏通指爲二帝三王之政, 恐誤. ○又按 ‘寬則得衆’一節, 尤與上數節不相連屬, 此是爲人上者之通戒.

공안국이 말했다. "무릇 이것은 이제·삼왕이 다스렸던 방법이다. 그러므로 전하여 후세에게 보여 주었다." ○형병이 말했다. "‘근권량謹權量’에서부터 ‘공즉열公則說’에 이르기까지는 이제·삼왕의 정치와 교화의 방법을 총괄적으로 밝혔다." ○살핀다. 요堯·은殷·주周에 관한 삼절三節은 반드시 통틀어 1장으로 할 필요는 없다. 또한 ‘근권량謹權量’ 이하는 무왕이 은을 정복한 뒤 초기 정치임이 분명한데, 주소注疏들은 통틀어 이제·삼왕의 정치라고 지목하니, 오류인 듯하다. ○또 살핀다. ‘관즉득중寬則得衆’의 일절一節은 더욱이 앞의 몇 절과 상호 연속되지 않으니, 이는 윗자리에 있는 자들을 통틀어 경계한 것이다.

비평 —— (1) 장절의 구분에 대해 이견이 있다. 고주와 주자(20:1)는 전체를 1장(8~9절로 세분)으로 보았다. 이에 비해 다산은 대략 4장으로 나누고, 그렇게 나누어야 하는 근거를 설명했다. 다산의 상세함이 돋보인다.

(2) 각 절의 주체가 누구인가에 대한 이견이 있다. 고주는 '근권량謹權量'에서부터 '공즉열公則說'에 이르기까지는 이제·삼왕의 정치와 교화의 방법을 총괄적으로 밝혔다고 했다. 주자는 주유대뢰周有大賚 이하는 무왕의 일이고, 마지막 절(寬則得衆 이하)은 제왕의 도를 범언泛言한 듯하다고 했다. 다산은 주자의 견해에 동의한다. 다만 마지막 절은 윗자리에 있는 자들을 통틀어 경계한 것이라고 말하여, 주자의 견해를 보완했다.

20:2. 子張問於孔子曰: "何如, 斯可以從政矣?" 子曰: "尊五美, 屛四惡, 斯可以從政矣." 子張曰: "何謂五美?" 子曰: "君子惠而不費, 勞而不怨, 欲而不貪, 泰而不驕, 威而不猛." 子張曰: "何謂惠而不費?" 子曰: "因民之所利而利之, 斯不亦惠而不費乎? 擇可勞而勞之, 又誰怨? 欲仁而得仁, 又焉貪? 君子無衆寡無小大無敢慢, 斯不亦泰而不驕乎? 君子正其衣冠, 尊其瞻視, 儼然人望而畏之, 斯不亦威而不猛乎?" 子張曰: "何謂四惡?" 子曰: "不敎而殺謂之虐, 不戒視成謂之暴, 慢令致期謂之賊, 猶之與人也, 出納之吝, 謂之有司."

고주 —— 자장이 공자께 물었다. "어떻게 해야 정사에 종사할 수 있습니까?" 공자께서 말씀하셨다. "오미를 존숭하고, 사악을 제거하면 정사에 종사할 수 있다." 자장이 말했다. "무엇을 오미라 합니까?" 공자께서 말씀하셨다. "군자는 은혜롭지만 낭비하지 않으며, 수고롭지만 원망하지 않으며, 하고자 하지만 탐하지 않으며, 태연하지만 교만하지 않으며, 위엄이 있지만 사납지 않은 것이다." 자장이 말했다. "무엇을 은혜롭지만 낭비하지 않는 것이라 합니까?" 공자께서 말씀하셨다. "(오방의 토지에 거주하는) 백성들이 이롭게 여기는 것(산 중에는 금수, 물가에는 어류와 소금, 중원에는 오곡 등)에 인하여 그것을 이롭게 해주니, 이것이 또한 (백성을 이롭게 하는 것은 정치에 달려 있으니) 은혜롭지만 낭비하지 않는 것이 아니겠는가? 수고롭게 할 만한 때(농한기:使民以時)를 가려서 수고롭게 하니, 또 누가 원망하겠는가? (보통 사람들은 재물을 탐하지만, 나는) 인을 하고자 하여 인을 얻었으니, 또 어찌 탐이 되겠는가? (보통 사람들은 무리가 많거나 세력이 크면 존경하고, 무리가 적거나 세력이 작으면 무시하지만) 군자는 (무리가) 많거나 적거나 (세력에) 크거나 작거나에 관계없이 감히 오만하게 대함이 없으니, 이것이 또한 태연하지만 교만하지 않은 것이 아니겠는가? 군자는 의관을 바로하고, 모습을 존중하게 지녀 (평소 모습이) 엄숙하여 사람들이 바라보고 두려워하니, 이것이 또한 위엄이 있지만 사납지 않은 것이 아니겠는가?" 자장이 말했다. "무엇을 사악이라 합니까?" 공자께서 말씀하셨다. "(백성에게 교령을 시행했는데도 간곡하게 거듭 타일러 조심하게 하거늘, 하물며) 가르치지 않고 죽이는 것을 학虐이라 하고, 미리 경계하지 않고 (눈앞의) 성공을 요구하는 것을 졸폭卒暴이라 하고, (백성을 대함에 신의가 없어) 명령을 태만히 하고 (헛되이 기한을 정해) 기일을 각박하게 지키게 하는 것을 적해賊害라 하고, (재물을) 남들과 똑같이 물건을 주어야 하는데도 (인군이) 출납에 인색하여 아끼고 어려워하는 것은 유사의 임무이다(인군의 道가 아니다)."

자원풀이 ■학虐은 호虍(호피무늬)에 우又(또) 자를 뒤집은 형상의 회의자로, 범(虍)이 발톱을 세워(조爪) 사람(人)을 할퀴는 모습을 형상적으로 그렸다. 학정虐政, 학대虐待의 뜻이 나왔다.
■적賊은 貝(조개 패)+人(사람 인)+戈(창 과)의 회의자로 무기(戈)로 사람(人)에게 해를 입히고, 재산(貝)을 빼앗는 도둑이나 강도를 말한다. 도적盜賊, 상해를 입히다, 사악하다라는 뜻이다.

주자 —— 자장이 공자께 물었다. "어떻게 해야 정사에 종사할 수 있습니까?" 공자께서 말씀하셨다. "오미를 높이고 사악을 물리치면 정사에 종사할 수 있다." 자장이 말했다. "무엇을 오미라 합니까?" 공자께서 말씀하셨다. "군자는 은혜롭지만 낭비하지 않으며, 수고롭지만 원망하지 않으며, 하고자 하지만 탐하지 않으며, 태연하지만 교만하지 않으며, 위엄이 있지만 사납지 않은 것이다." 자장이 말했다. "무엇을 은혜롭지만 낭비하지 않는 것이라 합니까?" 공자께서 말씀하셨다. "백성들이 이롭게 여기는 것에 인하여 그것을 이롭게 해 주니, 이것이 또한 은혜롭지만 낭비하지 않는 것이 아니겠는가? 수고롭게 할 만한 일을 가려서 수고롭게 하니, 또 누가 원망하겠는가? 인을 하고자 하여 인을 얻었으니, 또 무엇을 탐하겠는가? 군자는 많거나 적거나 크거나 작거나에 관계없이 감히 오만하게 대함이 없으니, 이것이 또한 태연하지만 교만하지 않은 것이 아니겠는가? 군자는 의관을 바르게 하며 보기를 공경히 하여 엄숙해서 사람들이 바라보고 두려워하니, 이것이 또한 위엄이 있지만 사납지 않은 것이 아니겠는가?" 자장이 말했다. "무엇을 사악이라 합니까?" 공자께서 말씀하셨다. "가르치지 않고 죽이는 것을 학(虐=잔혹불인)이라 하고, 미리 경계하지 않고 성공을 요구하는 것을 포暴(갑작스러워서 점진성이 없음:卒遽無漸)라 하고, 명령을 태만히 하고 기일을 각박하게 지키게 하는 것(致期=刻期:앞에서는 느슨하게 해 놓고 뒤에서는 급박하게 하여 그 백성을 잘못되게 해 놓고 반드시 벌을 주는 것)을 적(賊=해친다)이라 하고, 남들과 똑같이 물건을 주면서도 출납할 때에 인색한 것을 유사(의 일이고 정치하는 체통은 아니)라고 한다(비록 주는 것이 많더라도 사람들 또한 그 은혜를 품지 않는다)."

다산 —— 자장이 공자께 물었다. "어떻게 해야 정사에 종사할 수 있습니까?" 공자께서 말씀하셨다. "오미를 높이고 사악을 제거하면 정사에 종사할 수 있다." 자장이 말했다. "무엇을 오미라 합니까?" 공자께서 말씀하셨다. "군자는 은혜롭지만 낭비하지 않으며, 수고롭지만 원망하지 않으며, 하고자 하지만 탐하지 않으며, 태연하지만 교만하지 않으며, 위엄이 있지만 사납지 않은 것이다." 자장이 말했다. "무엇을 은혜지만 낭비하지 않는 것이라 합니까?" 공자께서 말씀하셨다. "백성들이 이롭게 여기는 것에 인하여 그것을 이롭게 해주니, 이것이 또한 은혜롭지만 낭비하지 않는 것이 아니겠는가? 수고롭게 할 만한 일을 가려서(이익을 일으키고 환난을 막는 일) 수고롭게 하니, 또 누가 원망하겠는가? 백성을 편안하게 하고자 하여(欲仁=欲安民) 편안하게 했으니 또 무엇을 탐하겠는가? 군자는 많거나 적거나 크거나 작거나에 관계없이 감히 업신여김(慢=侮)이 없으니, 이것이 또한 태연(많고 크면 또한 감히 업신여기지 않음)하지만 교만하지 않은 것(적고 작아도 또한 업신여기지 않음)이 아니겠는가? 군자는 의관을 바르게 하며 (백성들이) 쳐다보면 위의와 존엄이 있어 공경히 하여 엄숙해서 사람들이 바라보고 두려워하니, 이것이 또한 위엄이 있지만 사납지 않은 것이 아니겠는가?" 자장이 말했다. "무엇을 사악이라 합니까?" 공자께서 말씀하셨다. "(백성들에게 교령을 시행하지만 간곡하게 거듭 타일러 조심하게 하거늘, 하물며) 가르치지 않고 죽이는 것을 학虐이라 하고(의를 가르치고 난 이후에 의를 범하면 죽인다), 미리 경계하지 않고 (눈앞의) 성공을 요구하는 것을 포暴라 하고, (백성을 대함에 신의가 없어) 명령을 태만히 늦추고 기일을 (빨리) 당겨서 지키게 하는 것을 적해賊害라 하고(앞에서 느슨하게 하고 뒤에서 다그치면 백성들이 많이 상한다), (재물을) 남들과 똑같이 물건을 주어야 하는데도 (인군이) 출납에 인색하여 아끼고 어려워하는 것(주지 않을 수 없는데, 차마 곧바로 주지 않는 것)은 유사의 임무이다(인군의 道가 아니다)."

집주 —— ■虐은 謂殘酷不仁이요 暴는 謂卒遽無漸이라 致期는 刻期也라 賊者는 切害之意니 緩於前而急於後하여 以誤其民而必刑之면 是賊害之也라 猶之는 猶言均之也라 均之以物與人이로되 而於其出納之際에 乃或吝而不果면

則是有司之事요 而非爲政之體니 所與雖多나 人亦不懷其惠矣라 項羽使人하여 有功當封이면 刻印刓이로되 忍弗能予라가 卒以取敗하니 亦其驗이니라

학학(虐)은 잔혹殘酷하고 불인不仁함을 말하고, 포는 갑작스러워서 점진성이 없음을 말한다. 치기致期는 기한을 각박하게 하는 것(刻期)이다. 적해賊害란 긴박하게 해친다는 뜻이니, 앞에서는 느슨하게 해 놓고 뒤에서는 급박하게 하여 그 백성을 잘못되게 해 놓고 반드시 벌을 준다면 이것이 적해賊害하는 것이다. 유지猶之는 마찬가지(均之)라고 말하는 것과 같다. 물건을 남에게 주는 것은 마찬가지인데, 그 출납의 시기에 혹 인색하여 과감하지 못하면 이는 유사有司의 일이고, 정치하는 체통이 아니니, 주는 것이 비록 많더라도 사람들 또한 그 은혜를 품지 않는다. 항우(項)가 사람을 부릴 때에 공로가 있으면 마땅히 봉작해야 하는데도, 인장을 새겨 놓고도 (주지 않고 만지작거려 인끈이) 닳도록 차마 주지 못하다가 마침내 패망했으니, 또한 그 징험이다.

■尹氏曰 告問政者多矣로되 未有如此之備者也라 故로 記之하여 以繼帝王之治하니 則夫子之爲政을 可知也니라

윤돈이 말했다. "정치에 대해 일러 주신 것은 많지만, 이와 같이 갖추어진 것은 없었다. 그러므로 기록하여 제왕의 정치에 이었으니, 공자의 정치를 알 수 있다."

고금주 —— ■孔曰: "屛, 除也." ○王曰: "利民在政, 無費於財." ○補曰 擇可勞, 謂興利禦患之事. 欲仁謂欲安民. 慢, 侮也. 衆且大, 亦無敢慢而已, 所謂泰也. 寡且小, 亦無敢慢而已, 不爲驕也. 尊其瞻視, 謂民之所瞻視, 威儀尊嚴. 教之以義, 犯義則殺. [邢云: "施教令於民, 丁寧申飭之, 教令旣治, 而民不從, 後乃誅也."] ○馬曰: "不宿戒而責目前成, 爲視成." ○朱子曰: "暴謂卒遽無漸." ○補曰 慢謂怠而緩之也, 致謂引而至之也. 先緩後急則民多傷. 不得不與而未忍卽與. ○孔曰: "此有司之任耳, 非人君之道."

공안국이 말했다. "병屛은 제거(除)이다." ○왕숙이 말했다. "백성을 이롭게 하는 것은 정치에 달려 있으니, 재물에서 낭비가 없다." ○보완하여 말한다. 택가로擇可勞(수고할 만한 것을 가린다)는 이익을 일으키고 환난을 막는 일이다. 욕인欲仁은 백성을 편안하게 하고자 하는 것(欲安民)을 말한다. 만慢은 업신 여김(侮)이다. 많고 크면 또한 감히 업신여기지 않을 따름이니, 이른바 태泰 이다. 적고 작으면 또한 업신여기지 않을 뿐이니, 교만하지 않는 것이다. 존 기첨시尊其瞻視란 백성들이 쳐다보는 대상이 위의와 존엄한 것이다. 의義로 써 가르쳐서 의를 범하면 죽인다.(형병이 말했다. "백성에게 교령을 시행했는데도 간곡하게 거듭 타일러 조심하게 하고, 교령이 내려 이미 다스려졌는데도 백성들이 따르 지 않으면 이후에 주살한다.") ○마융이 말했다. "미리 경계하지 않고, 눈앞의 성 과를 요구하는 것을 시성視成이라 한다." ○주자가 말했다. "포暴는 갑작스럽 게 하고 차츰차츰 하지 않는 것이다." ○보완하여 말한다. 만은 태만하여 늦 추는 것을 말하고, 치致는 끌어서 이르게 하는 것이다. 앞에서 느슨하게 하고 뒤에서 다그치면 백성들이 많이 상한다. 주지 않을 수 없는데 차마 곧바로 주지 않는 것이다. ○공안국이 말했다. "이것은 유사의 임무일 뿐이고, 임금 의 도는 아니다."

■邢曰: "民居五土, 所利不同. 山者利其禽獸, 渚者利其魚鹽, 中原利其五穀. 人君因其所利, 使各居其所安, 不易其利." ○案 不費之惠, 不但此一事.

형병이 말했다. "백성들이 (흩어져) 오방의 토지에 기거하니, 이익으로 여기 는 것은 같지 않다. 산중에 기거하는 자는 금수를 이익으로 여기고, 물가에 사는 자는 어류와 소금을 이익으로 여기고, 중원에 기거하는 자는 오곡을 이 익으로 여기니, 임금이 그들이 이익으로 여기는 바에 근거하여 각각 그들이 편안하게 여기는 바에 기거하게 하면서, 그 이익을 바꾸지 않는 것이다." ○ 살핀다. 낭비하지 않는 은혜(不費之惠)란 단지 이 하나의 일만은 아니다.

■邢曰: "擇可勞而勞之, 謂使民以時." ○駁曰 非也.

형병이 말했다. "백성들을 수고롭게 할 만한 것을 가려서 수고롭게 한다는 것은 백성들을 계절에 맞게 부린다는 것을 말한다." ○논박하여 말하면, 그릇되었다.

■孔曰: "與民無信而虛刻期." ○孔曰: "謂財物俱當與人, 而吝嗇於出納, 惜難之." ○案 所言不瑩.

공안국이 말했다. "백성들을 대함에 신의가 없으면, 헛되이 기한만 각박하게 하는 것이다." ○공안국이 말했다. "재물을 다 함께 사람들에게 주어야 하는데도, 출납에 인색하여 애석하고 어렵게 여기는 것이다." ○살핀다. 말한 것이 명확하지 않다.

■袁了凡云: "'出納'二字, 時皆以爲出于我而納于彼. 納即屬彼, 吝將誰屬耶? 按, 出者, 發其所藏而散之人也, 納者, 供其所有而獻之上也." ○駁曰 非也. 出納者, 用財之通稱. 分而二之, 拘曲甚矣.

원료범이 말했다. "출납出納 두 글자는 때로 모두 나에게서 나가, 저 사람에게로 들어가는 것으로 여긴다. 납納이 곧 저 사람에게 속한다면, 린吝은 장차 누구에게 속할 것인가? 살핀다. 출出이란 소장한 것을 방출하여 남에게 주는 것이고, 납納이란 소유한 것을 공손하게 윗사람에 바치는 것을 말한다." ○논박하여 말하면, 그릇되었다. 출납出納이란 재물을 쓰는 것의 통칭이니, 나누어 둘로 하면 구애되어 왜곡됨이 심하다.

■案 此章乃治民之妙訣. 故錄在王政之下.

살핀다. 이 장은 곧 백성을 다스리는 묘결이다. 그러므로 왕정王政의 뒤에 기록해 놓았다.

비평 —— 욕인欲仁에 대해 고주는 "인을 하고자 하여 인을 얻었다."로 해석했다. 이 해석에 대해 주자는 다음과 같이 대답했다.

"(欲仁而不貪을) '인을 하고자 하여 인을 얻었으니, 또 어찌 탐욕이 있으랴!'라고 해석하는 것은 어떻습니까?" (주자가) 답했다. "인은 내가 본디 가지고 있는 것(仁 是我所固有)으로 내가 얻었으니, 무슨 탐욕이 있으랴! 만약 밖의 사물이라면, 바라는 것이 탐욕이 된다. 이는 바로 인에 있어서는 스승에게도 양보하지 않는다 (「위령공」15:35)라는 말과 같은 뜻이다." 물었다. "정치를 물었는데, 이를 언급한 것은 왜 입니까?" (주자가) 답했다. "자신을 다스리는 것과 남을 다스리는 것은 그 이치가 하나이기 때문이다." (『논어집주대전』)

주자 역시 고주에 동의를 보냈다고 하겠다. 그런데 다산은 욕인欲仁을 백성을 편안히 하고자 함(欲安民)으로 해석했다. 이 또한 『논어』에 전거를 둔 해석이다. 여기서도 인仁에 대한 다산의 실천적 해석을 간취할 수 있다.

❧

20:3. 子曰: "不知命, 無以爲君子也, 不知禮, 無以立也, 不知言, 無以知人也."

고주 —— 공자께서 말씀하셨다. "(곤궁과 현달의) 운명을 알지 못하면 (함부로 움직여) 군자가 될 수 없다. 예(공손, 장엄, 검약, 공경 등 立身의 근본)를 알지 못하면 입신할 수 없다. 말을 (듣고 그 시비를 구별하여) 알지 못하면 사람(의 선악)을 알 수 없다."

주자 —— 공자께서 말씀하셨다. "(사생·요수·부귀·귀천의) 명을 알지 못하면 군자가 될 수 없다. 예를 알지 못하면 (이목과 손발을 둘 곳을 몰라) 설 수 없다. 말(의 얻음과 잃음)을 알지 못하면 사람(사악함과 정직함)을 알 수 없다."

다산 —— 공자께서 말씀하셨다. "명(=하늘이 사람에게 부여한 것으로 덕을 좋아하는 性)을 알지 못하면 (선을 좋아하거나 안분자족할 수 없어) 군자가 될 수 없다. 예(위아래의 분수를 정하고, 혐의를 분별함)를 알지 못하면 (보고, 듣고, 말하고, 움직일 수 없어) 몸을 세울 수 없다. (다른 사람의) 말(을 듣고 그 심술의 사악함과 올바름)을 알지 못하면 사람을 알 수 없다."

집주 —— ■程子曰 知命者는 知有命而信之也라 不知命이면 則見害必避하고 見利必趨하리니 何以爲君子리오

정자가 말했다. "명命을 안다는 것은 명이 있음을 알아 믿는 것이다. 사람이 명을 알지 못하면 손해를 보면 반드시 피하고, 이익을 보면 반드시 좇아갈 것이니, 무엇으로 군자가 되겠는가?"

■不知禮면 則耳目無所加요 手足無所措라

예禮를 알지 못하면 귀와 눈을 둘 곳이 없고, 손과 발을 놓을 곳이 없다.

■言之得失에 可以知人之邪正이니라

말의 얻음과 잃음으로 사람의 사악함과 정직함을 알 수 있다.

■尹氏曰 知斯三者면 則君子之事備矣라 弟子記此以終篇하니 得無意乎아 學者少而讀之로되 老而不知一言爲可用이면 不幾於侮聖言者乎아 夫子之罪人也니 可不念哉아

윤돈이 말했다. "이 세 가지를 알면 군자의 일이 갖추어진다. 제자들이 이 말로써 편을 맺은 것이 뜻이 없겠는가? 배우는 자가 어려서부터 이 책을 읽고도 늙어도 한마디 쓸 만한 말을 알지 못하면, 성인의 말씀을 모독하는 자에 가깝지 않겠는가? 공자께 죄지은 사람이 되니 유념하지 않을 수 있겠는가?"

고금주 —— ■補曰 命, 天之所以賦於人者, 性之好德, 是命也, 死生禍福榮辱,
亦有命. 不知命, 則不能樂善而安位. [不能素其位] 故無以爲君子. 禮所以定上下
別嫌疑, 不知禮, 則無以視聽言動, 故不能植其身. 知言, 謂聽人言, 知其心術之
邪正.

보완하여 말한다. 명命은 하늘이 사람에게 부여한 것인데, 성性(마음의 기호)
이 덕을 좋아하는 것은 바로 명命이니, 생사·화복·영욕 또한 명이 있다.
명을 알지 못하면, 선을 좋아하거나 지위에 편안할 수 없다(그 지위에 바탕할
수 없다). 그러므로 군자가 될 수 없다. 예禮는 위아래를 정하고 혐의를 분별
하니, 예를 알지 못하면 보거나 듣거나 말하거나 움직일 수 없는 까닭에 그
몸을 세울 수 없다. 지언知言은 남의 말을 듣고 그 심술의 사악함과 올바름을
아는 것이다.

■孔曰: "命, 謂窮達之分." ○案 上篇曰'小人不知天命而不畏也', 不知者旣云
不畏, 則知命者必知畏也. 奚但窮達之分而已? 詩云: "畏天之威, 于時保之."
공안국이 말했다. "명命은 곤궁과 영달의 분수를 말한다." ○살핀다. 상편에
서 '소인은 천명을 알지 못하여 두려워하지 않는다(「계씨」).'고 했다. (천명을)
알지 못하는 자는 두려워하지 않는다고 이미 말했으니, 명을 아는 자는 반드
시 두려워 할 줄 안다. 어찌 단지 곤궁과 영탈의 분수뿐이겠는가? 『시』「주송,
아장」에서 말했다. "하늘의 위엄을 두려워하여, 이에 보우할지어다!"

■馬曰: "聽言則別其是非."[邢云: "不能別其是非, 則無以知人之善惡."]
마융이 말했다. "말을 들으면 그 옳고 그름을 분별하는 것이다."(형병이 말했
다. "그 옳고 그름을 분별할 수 없으면, 사람의 선악을 알 수 없다.")

■引證 『韓詩外傳』云: "天之所生, 皆有仁義禮智順善之心, 不知天之所以命
生, 則無仁義禮智順善之心, 謂之小人. 故曰'不知命, 無以爲君子也.'" ○案 所
論正矣.
인증한다. 『한시외전』에서 말했다. "하늘이 낳은 바는 모두 인의예지와 선을

따르는 마음이 있지만, 하늘이 명하여 낳은 바를 알지 못하면 인의예지와 선을 따르는 마음이 없으니 소인이라고 말한다. 그러므로 '명을 알지 못하면 군자가 될 수 없다.'고 말했다." ○살핀다. 논한 것이 올바르다.

■引證 董仲舒〈策〉曰: "天令之謂命, 人受命于天, 固超然異于群生, 貴于物也. 故曰'天地之性人爲貴'. 明于天性, 知自貴于物, 然後知仁義禮智, 安處善樂循理, 謂之君子. 故孔子曰'不知命, 無以爲君子', 此之謂也." ○案 所論正矣. 『魯論』一部, 始之以學, 終之以命, 是下學上達之義.

인증한다. 동중서가 「책策」에서 말했다. "하늘이 명령한 것을 명命이라 하니, 사람은 하늘에서 명을 받아 본디 여러 생물보다 빼어나게 다르고, 만물 가운데에서 귀하다. 그러므로 '천지의 생물 가운데 사람이 귀하다.'고 했다. 하늘이 낳은 것에 밝으면 스스로 만물 가운데 귀하다는 것을 알고 난 뒤에 인의예지를 알아 선에 편안히 처하고 이치에 따르는 것을 좋아하면 군자라고 한다. 그러므로 공자는 '명을 알지 못하면 군자가 되지 못한다.'고 했으니, 이것을 말하는 것이다." ○살핀다. 논한 바가 올바르다. 『노론』한 책은 학學으로 시작하고, 명命으로 맺었으니, 이는 하학상달의 뜻이다.

■引證 『孟子』曰: "'何謂知言?'曰, '詖辭知其所蔽, 淫辭知其所陷, 邪辭知其所離, 遁辭知其所窮.'" ○案 孟子偏主不善者說, 其所以知善人者, 宜反是也.

인증한다. 『맹자』에서 말했다. "무엇을 지언知言이란 하는가? (맹자가) 말했다. '편벽된 말에 그 막힘을 알고, 음란한 말에 그 빠져 있음을 알고, 사악한 말에 그 이간하는 바를 알고, 회피하는 말에 그 궁한 바를 안다.'" ○살핀다. 맹자는 선하지 않은 사람을 위주로 치우쳐 말했으니, 선한 사람을 아는 방법은 마땅히 이와 반대가 되어야 한다.

비평 —— 명命에 대한 이견이 있다. 고주의 형병은 다음과 같이 말했다.

명命이란 곤궁과 영달의 분수를 말한다. 하늘이 부여한 운명에는 곤궁과 영달의 때가 있으니, 마땅히 때를 기다려 움직여야 한다. 만일 천명을 알지 못하고, 망령되이 움직이면 군자가 아니다.

그런데 이에 대해 주자는 다음과 같이 말하고 있다.

이 구절과 '쉰에 천명을 알았다(五十而知天命)'고 할 때의 명命은 같지 않다. 천명을 알았다는 것은 그 이치의 유래한 한 바를 알았다는 것을 말한다. 여기서 '명을 알지 못하다(不知命)'라고 할 때의 명은 사생·요수·부귀·귀천의 명을 말한다. (『논어집주대전』)

주자의 이 언명을 경원 보씨는 다음과 같이 풀이하여 설명했다.

이(不知命의) 명은 기氣를 가리켜 한 말이니, 빈부·부귀·궁통窮通의 얻음과 잃음이 한 번 정해져 바꿀 수 없는 것을 말한다. 반드시 이 명命을 알고 믿으면, 비로소 이익을 보고도 구차하게 나아가지 않고, 손해를 보고도 구차하게 피하지 않게 되는 까닭에 나의 의리를 온전히 할 수 있으니, (명을 알고 믿는 것은) 군자가 되는 방법이다. (『논어집주대전』)

그런데 다산은 아마도 여기서의 명을 『중용』의 이른바 '천명을 일러 성이라고 한다'고 할 때의 천명과 동일시한 듯하다. 그래서 그는 우선 "명命은 하늘이 사람에게 부여한 것인데, 성性(마음의 기호)이 덕을 좋아하는 것은 바로 명命이다."라고 말한다. 그런데 그는 또한 "생사·화복·영욕 또한 명이 있다."고 말함으로써 주자 및 경원 보씨가 말한 '기의 측면에서 빈부·부귀·궁통窮通의 얻음과 잃음의 명'과 비슷한 입장으로 귀결시킨다.

『논어』를 시작하는 장(「학이장」)과 이 마지막 장(「지명장」)은 이 책 전체의 대지를 말하고 있다. 3권에서 상세하게 논구했으니, 참고하기 바란다.

『논어』 개념 해설

1. 학學

『논어』에서 학學 자는 전체 498장 중 총 42장(공자의 언명은 32장)에 걸쳐 62회 내외로 등장한다. 학의 강령綱領으로 시작하는 『논어』는 15세에 학에 뜻을 두고, 평생 호학자로 자임했던 공자의 학문론이다. 『설문』에서 학이란 각오覺悟라고 하고 하여, 배워서 깨친다는 뜻이라 했다. 학이란 자신에게 가리어져 있어(蒙) 알지 못했던 어떤 무엇을 누구에게서 배워서 깨달아 알고, 본받아 체득하여 자기 것으로 만드는 총체적인 활동이다. 혹은 널리 배우고, 깊이 묻고, 신중히 생각하고, 밝게 분별하며, 돈독하게 행함(博學之 審問之 愼思之 明辨之 篤行之, 『중용』20장)의 연속적인 과정이라 할 수 있다.

고주 : 『백호통』에서 말하길, "학이란 깨달음(覺)이니, 아직 알지 못한 바를 깨닫는 것(覺悟)이다." 공자께서 '배우는 자가 능히 때로써 그 경업經業을 외우고 익혀서 그만둠이 없게 하면 또한 기쁘지 아니한가?'라고 말씀하셨다."

주자 : 학이란 말의 뜻은 본받는 것(效=爻)이다. 사람의 본성은 모두 선하지만 깨달음에는 선후가 있기 때문에 후각자가 선각자의 하는 바를 본받아서 선을 밝혀 그 처음을 회복하는 것이다.

다산 : 학이란 알기 위하여(學所以知) 가르침을 받는(受敎) 일체의 행위로

단순히 도만 배우는 것(業道之名)이 아니다. 나아가 습習이란 단순히 선왕의 『시』·『서』의 문장만을 송습하는 것이 아니라, 행하기 위한 것(習所以行)으로 몸소 익히는 것을 포함한다. 즉 알기 위하여 가르침을 받아 배운 것을 바로 그때 그날부터 행하기 위하여 끊임없는 습득해 나아가서 학과 습이 상호 병진하면 마음이 자연스럽게 유쾌해진다.

2. 명命

『논어』에서 명命 자는 20여 장에 걸쳐 출현한다. 공자는 "명命은 『설문』에 구口+령令의 형성자이다. 입을 열어 호령하는 모습으로, 시킨다(使)는 뜻이다. 명命과 령令은 모두 상하 위계를 전제로 명령과 복종의 뜻을 함축하므로, '거역할 수 없다'는 뜻을 지닌다."고 했다.

명命이란 우선 요수·사생·도의 흥폐를 결정하는 운명으로, 외재적·객관적 제약과 한계라는 뜻(命定之命)이다. 그런데 명命에는 외재적으로 정해진 운명 이외에, 내재적·주체적·자율적인 성명性命(人性·天命)의 명命이 있다(德命義, 使命). 즉 성명의 명 또한 주체에게 주어졌다는 점에서는 명이라고 할 수 있지만, 주체가 자각하여 자율적으로 실현해야 하는 도덕 명령이라는 점에서 그 성격이 완전히 다르다. 즉 어찌할 수 없는 것으로 주어진 운명은 인간에게 주어진 객관적인 제약·한계를 의미하지만, 자각과 자율로 실천해야 할 사명으로 주어진 천명은 인간의 가능성과 자유의 실현을 의미한다. 『논어』에서 공자는 처음으로 자율적으로 실천되는 천명의 인간 본성을 문제시했다고 할 수 있다.

고주 : 명命이란 하늘이 운명으로 부여한 궁곤·현달의 분수(天分)를 말한

다. 하늘이 부여한 운명에는 궁곤 · 현달할 때가 있으니, 때를 기다려 움직여야 한다. 만약 하늘이 부여한 운명을 알지 못하고 망동하면, 군자가 아니라는 말이다.

주자 : 명命은 다만 하나의 명이지만, 이치로써 말하는 경우가 있고, 기질로써 말하는 경우가 있다. 하늘이 사람에게 부여한 것은 이치이다. 사람이 요수 · 궁통하는 것은 기질이다. 이치는 정미하여 말하기 어렵고, 기수氣數 또한 그것에 완전히 외재적인 요인에 위탁하여 인사를 폐하는 데에 이르면 부당한 것이 되기 때문에 공자께서는 드물게 말씀하셨다.

다산 : 명命은 하늘이 사람에게 부여한 것인데, 성(마음의 기호)이 덕을 좋아하는 것이 바로 명이다. 생사 · 화복 · 영욕 또한 명이 있다.

3. 천天

'천天' 자는 본래 갑골문에서 머리가 돌출된(一) 사람(人)의 형상으로 '위대偉大한 사람'이란 뜻에서 출발하여, 그 사람의 사후 거주지인 하늘(大+一 = 天), 그리고 그 하늘에 거주하는 신神을 상징했다. 돌출된 머리를 형상했다는 점에서 천天은 고원高遠 · 광대廣大 · 존대尊大를, 그리고 존경尊敬 · 외경畏敬의 대상으로 의미가 확장되었다. 『설문』의 주석에서는 "천天은 정수리(顚)를 말하며, 지극히 높고 필적할 만한 것이 없다(至高無對). '일一'과 '대大'의 형성자로 사람이 머리 위에 이고 있는 바이다(人所戴)."라고 했다. 『논어』에서 '천' 자는 (天命과 天道는 포함하되, '天下와 天子'를 제외하면) 도합 22회 출현하며, 이 가운데 공자의 말로 기록된 것은 10문장(16회)에 불과하다. 공자는 천을 만물의 근원이자 사시를 운행하는 주재천이자, 덕의 근원(德生德於予)으로 정립했다.

고주 : 천天이란 궁달지분(운명)의 부여자로서 원형일신지도元亨日新之道이
다. 만물은 천에 의지하여 태어나고, 사시四時를 운행한다.

주자 : 천이란 곧 이치이니(天卽理也), 그 존귀함은 상대가 될 것이 없다. 다
만 마땅히 이치를 따를 뿐이다.

다산 : 천은 상제를 말한다(天謂上帝). 도를 굽혀 아첨하면 하늘에게 죄를
얻게 되는데, 하늘을 진노케 하면, 중신衆神의 복마저도 받을 수 없기 때문에
기도할 곳도 없다고 말했다.

또한 '지천명(知天命)'을 다음과 같이 각각 주석했다.

고주: 천명의 종시終始를 아신 것이다. 명命이란 하늘에서 받은 운명으로
궁곤窮困하느냐 현달顯達하느냐 하는 천분天分(窮達之分)을 말하는데, 궁곤과
현달에는 때가 있으니, 때를 기다려 움직여야 한다.

주자 : 천명이란 천도가 유행하여 사물에 부여된 것(곧 性)으로 곧 사물이
마땅히 그러해야 하는 까닭이다. 불혹은 일의 측면에서 아는 것이고, 지천명
은 이치의 측면에서 아는 것이다.

다산 : 지천명知天命은 상제의 법칙에 순응하여 궁함과 통함에 흔들리지 않
는 것을 말한다. 지천명이란 천덕天德에 통달한 경지이다.

4. 도道·덕德

『설문해자』에 따르면, 도道란 '착辶(辵=行止)'+'수首'(사람의 맨 위의 머리로서 가는 목적)로 구성된 회의문자로서, '향하여 가는 길(방법)이면서 목적'을 나타낸다. 즉 도道는 물리적인 도로道路라는 의미에서 출발하여 인간과 사물이 마땅히 경유해야(應由) 할 길, 사람들의 행위 활동을 어떤 방향으로 이끌어 주는 통로이면서, 궁극적으로 그 길을 통해 나아갈 때 도달하게 되는 목표나 목적을 의미한다. 그 후 그 의미가 더욱 확대 혹은 구체화·추상화되어 사람과 사물의 운용 원리이자 반드시 준수해야 할 법칙, 힘써 지켜야 할 원칙과 도리, 그리고 사물의 운동 변화 과정과 운용 원리까지 의미하게 된다. 『논어』에서 도 자는 약 50장에 걸쳐 72회 내외로 출현했다.

'덕德' 자에 대해 『설문』에서는 "승升(上昇=登)을 의미하며, 척彳이 형부가 되고 덕悳이 성부가 된다(從彳悳聲)."고 했다. 덕의 원형으로 간주되는 갑골문에서는 천자의 순행·순시·은혜·전렵·정벌 등과 같이 국가적으로 중요한 정치적·군사적·경제적 행위 일반을 의미했다. 그리고 서주 초기 이 글자는 '심心' 부를 더하여 의미가 확장·명료화되었다. 『논어』 전체 약 500장 가운데 '덕' 자는 약 31장에 걸쳐 40회 내외 등장한다.

고주 : 도는 형체가 없기에 사모(志=慕)할 뿐이다. 덕은 형체를 이루기 때문에 붙잡을 수 있다. 허통하여 잡을 수 없는 자연을 도라고 한다(虛通無擁自然之謂道). 덕德이란 얻음(得)이니, 만물이 제 자리를 얻는 것을 덕이라 한다.

주자 : 도는 인륜으로 일상생활에서 마땅히 행해야 할 것이 그것이다. 덕은 얻음(得)이니, 그 도를 마음에 얻어 잃지 않음을 말한다. 사람이 우주의 중화의 기운을 받아 생겨날 때, 이 덕도 이미 그 본성 속에 뿌리박고 있다. 모든

사람이 태어날 때부터 알아서 자연스럽게 실천하지는 못하는 까닭에 학문에 의지하여 덕을 완성하는 것이지, 학문에 의지해야 비로소 덕이 생겨는 것이 아니다. 어찌 덕이 순전히 습관의 결과일 뿐, 천부적인 것이 아니라고 할 수 있겠는가?

다산 : 여기에서 저기에 이르는 것을 도라 하고 마음이 바르고 곧은 것을 일러 덕이라 한다. 마음에는 본래 덕이 없다. 오직 곧은 성품(直性)으로 나의 곧은 마음(直心)을 행하는 것을 덕이라 말한다(德이라는 글자는 直心을 행行=彳 한다는 것이다: 德=彳+直+心). 선을 실행한 후에야 덕이라는 명칭이 성립되는 것이다. 행하기 이전에 어떻게 그 몸에 어찌 명덕明德이 있겠는가? 자신이 먼저 효제를 실천함으로써 천하 사람들이 인을 하도록 이끄는 것이다.

그리고 '덕치德治'에 대해서는 다음과 같이 주석했다.

고주 : 덕德은 무위無爲이니, 북신北辰이 이동하지 않지 않되(不移) 뭇별들이 '공존共尊'하는 것과 같다. 정치政治를 잘 하는 데에는 덕만 한 것이 없다. 덕은 얻음(得)이니, 만물이 얻어서 태어난 것을 덕이라 한다(物得以生謂之德). 임금이 덕으로써 정치하여 무위청정無爲淸靜하면, 역시 중인이 함께 존중하는 것을 비유했다.

주자 : 덕德이란 얻음(得)이니, 도를 행하여 마음에 체득한 것이다(行道而得於心也). 정치를 덕으로 하면 무위無爲하지만 천하가 그에게 귀속하니, 그 형상이 이와 같다. 덕과 정치는 두 가지 일이 아니다. 다만 덕으로 근본을 삼으면 백성이 돌아오게 할 수 있다. 정자가 말했다. "정치를 덕으로 한 연후에야 무위할 수 있다."

다산 : 청정무위淸淨無爲는 곧 한유들의 황로학이며, 진대晉代의 청허담淸虛談이다. 천하를 어지럽히고 만물을 파괴하는 이단사술異端邪術 중에서도 더욱 심한 것이다. 순임금이 비록 사람을 얻었지만 일찍이 무위로 다스린 적은 없다. 공자가 말한 무위란 사람을 얻어 편안함을 지극하게 말한 것이니, 찬탄하고 칭양한 것이다.

5. 인仁

『논어』의 핵심 주제는 인仁이며, 하나같이 예를 회복하여 인으로 돌아가는 것(復禮歸仁)을 말하면서 모두가 본성의 인을 조존·함양하는 요령을 제시하고 있다. 어원학적인 측면에서 살펴보면, 인仁 자는 갑골문에는 출현하지 않는 것으로, 비교적 늦은 시기에 출현했다. 두 사람 사이의 관계를 상징하는 인仁의 자형이 현존하는 가장 이른 자료는 전국시대 중산왕정中山王鼎에 새겨진 명문으로 사람이 앉아 있는 모습과 어떤 부호(二 곧 人人의 생략형)로 구성되어 있다. 이러한 인仁의 고형은, (1) 사람이 따뜻한 방석 위에 앉아 있는 형상으로 온화하고 따뜻한 사람의 모습(衽席溫暖)을 나타내며, (2) 처음에는 '두 사람'을 의미하는 문자로 쓰이다가 후에 '인이人二'와 '인仁'으로 나누어졌거나, 혹은 (3) 원래부터 독립적으로 사용되어 사람과 사람의 관계를 표시했지만, 이후에 인신引伸하여 사람의 관계상 인간다움의 도리를 다하는 것으로 발전했다. (4) 혹은 추상화되어 사람과 사람 사이의 마음, 즉 사람이 사람을 대할 때의 마음을 인仁이라고 표현했을 수도 있다. 사람의 마음(人心)이란 바로 다른 사람을 걱정하고 위하는 마음이다. 따라서 맹자가 인仁은 인심人心이라고 표현하면서, 측은지심은 인의 단서라고 했을 것이다. 그리고 (5) 이二를 상上으로 해석하여, 인仁이란 상인上人(고귀한 사람)으로 군자라는 말과 결합하여 그 덕목을 나타냈다는 해석도 있다.

『논어』에서 '인' 자는 전체 약 498장 중 약 59장에 걸쳐 대략 109회 내외로 가장 빈번하게 나타난 주도 개념이다. 공자는 그 이전에 『시경』과 『서경』에서 주도적이지 않았던 인 개념을 인간의 보편 덕으로 정립하여, 유가를 다른 학파와 구분하는 결정적인 역할을 했다. 그런데 『논어』에서 인 자는 가장 많이 출현하지만, 그 의미는 명료하게 제시되어 있지 않다. 공자 이후 인 개념은 맹자에 의해 인간 본성의 덕으로 증명되고(「유자입정의 비유」) 인심人心 혹은 사람의 본성이라는 점에서 '사람의 편안한 집(人之安宅)'으로 묘사되었다.

고주 : 인은 자애로움으로 다른 사람을 편안하게 해 주는 것(以仁安人·동중서)이다. 생명을 베풀고 사람을 사랑하는 것(施生愛人·『백호통의』)이다. 친애한다는 의미로 두 사람에서 유래(仁 親愛也 由人由二 會意·『설문해자』)하여, 박애博愛(韓愈) 등의 의미를 지닌다.

주자는 인을 (1) 이치(理), (2) 마음가짐(心), (3) 사업(事), (4) 공부(실천) 방법의 맥락에서 주석했다(『성리자의』).

(1) 이치(理)의 맥락 : 인이란 마음의 덕이자 사랑의 이치이다(仁者 心之德而 愛之理).
(2) 마음(心)의 맥락 : 인이란 이 마음이 순전히 천리의 공의로움(天理之公)이며, 한 터럭만큼의 인욕의 사사로움(人欲之私)도 절대 끼어들지 않는 것이다. 인의 도는 지극히 커서 마음의 본체를 온전히 하여 쉬지 않는 자가 아니라면 감당할 수 없다.
(3) 사업(事)의 맥락 : 이치에 합당하고 사사로운 마음이 없는 것이 인이다 (當理而無私心則仁矣).

(4) 공부(실천) 방법의 맥락 : 인욕을 제거하고, 천리를 회복하여 그 본심의 덕을 회복하는 것이 인이다.

다산은 『논어고금주』에서 총 35회에 걸쳐 인의 개념을 재천명하면서, (1) 마음에는 본래 덕이 없기 때문에 인은 마음의 덕이 아니며, (2) 공자가 인은 애인愛人이라고 했듯이 인이란 다른 사람을 향한 사랑(嚮人之愛也)이지 사랑의 이치 혹은 천리가 아니며, (3) 인仁은 두 사람(二人)으로 관계적 상황에서 실현되는 것이며, 따라서 행사 이후에 인의 명칭이 성립되며, (4) 효제가 인이며, 다만 인은 총명이고 효제는 전명專名일 뿐이라고 했다.

(1) 인仁은 두 사람(二+人)이다 : 인仁이란 이二+인人(두 사람)이다. 인仁이란 것은 사람과 사람의 지극함이다. 자식이 부모를 효로써 섬기니 자식과 부모는 두 사람이다. … 창힐과 복희가 문자를 제작한 처음부터 원래 행사로써 회의한 글자이다.

(2) 인仁은 향인지애嚮人之愛이다 : 인이란 다른 사람에 향한 사랑이다(仁者嚮人之愛). 자식이 어버이를 향하고(子嚮父), 신하가 임금을 향하고(臣嚮君), 목민관이 백성을 향하니(牧嚮民), 무릇 사람과 사람의 서로 향하여 온화하고 부드럽게 서로 사랑하는 것을 일러 인이라고 한다.

(3) 인이란 인륜의 완성된 덕이고, 효제충신총명이다 : 효제는 또한 인仁이며, 인 또한 효제이다. 다만 인은 총명이고 효제란 전칭專稱으로, 오직 어버이를 섬기고 형을 공경하는 것이 그 실상이 된다.

6. 충서忠恕

『논어』에서 공자는 '일이관지—以貫之'란 말을 2회 사용했는데, 이것과 연관되는 것이 '충서忠恕'이다. 충忠은 정치적인 외재적 규범이었지만, "마음 가운데 진실한 본마음을 헤아리는 것이 충忠이다(考中度衷 忠也)." 혹은 "진실한 속마음으로 외부에 응대하는 것이 충忠이다(中能應外 忠也)."로 풀이되어 내재화되었다. 또한 『설문』에서는 "충忠은 경敬인데 심心에서 유래하여 중中으로 소리 난다."고 했다. 단옥재의 주석에서는 '중中'이란 "외부(外)와 구별되는 말이며, 치우침(偏)과도 구별되며, 또한 마땅함에 부합(合宜)하는 말이다."라고 되어 있다. 이러한 전거들은 충忠이 중中과 결부하여 중정中正, 무사無私라는 함의를 지니게 되었다는 사실을 알려준다.

'서恕' 자의 출현은 비교적 늦어 갑골문에서는 보이지 않고, 『좌전』에서 단지 여섯 차례 보이는데, 여기서는 "자기 자신이 이해한 상황에 근거하여, 이성적으로 추론하면 사정의 결과가 그와 같다."는 의미이다. 나아가 비록 공자 이후에 획득된 의미이지만 『설문』에서는 "서恕는 인仁이다. 심心 자에서 유래하여 여如 자로 소리 난다."고 했고, 『이아』에서는 "여如는 가는 것이다(往也)."라고 풀이한다. 따라서 '서恕'란 '심心+여如(=往)'로 '자기의 마음을 미루어, 외부의 것에 나아가는 것'이다. 『논어』에서는 '충忠' 자는 18회 보이지만, 서恕 자는 단지 2회만 보인다.

> 고주 : (—以貫之의) 관貫은 통괄(統:큰 줄기, 본 줄기)이고, 충忠은 마음을 중에 두기를 다함을 말하고(忠謂盡中心也), 서恕는 자기를 헤아려 다른 사람을 재는 것이다(恕謂忖己度物也). 공자의 도는 오직 충서라는 하나의 이치로 천하만사의 이치를 통괄했으니, 다시 다른 법이 없다.(이 疏는 本旨를 올바르게 터득한 것으로 바꿀 수 없다: 다산)

주자 : 자기를 다하는 것을 충忠이라고 하고(盡己之謂忠), 자기를 미루어 나아가는 것을 서恕라고 한다(推己之謂恕). … 어떤 사람이 중심中心이 충忠이고, 여심如心이 서恕가 된다고 말하니 또한 통한다. … 정자가 말하기를, … 충서는 하나로써 관통함에 충忠은 천도天道이고, 서恕는 인도人道이며, 충은 무망无妄한 것이고 서恕는 충忠를 행하는 방법이다. 충忠은 체體요, 서恕는 용用으로 대본과 달도이다.

다산 : 하나로써 관통한 것은 서恕이다. 서恕를 행하는 것이 충忠이다. '충忠'이란 '중심中心(참마음, 본마음)으로 사람을 섬기는 것(中心事人)'이며, '서恕'는 '남의 마음을 자기 마음처럼 헤아리는 것이다(忖他心如我心).' 『중용』에 이미 '충서는 도에서 어긋나지 않는다.'라고 하면서 그 뜻을 풀이함에서는 '서' 한 글자로 했으니, 충서忠恕는 곧 서恕일 뿐이다. 본래 나누어 둘로 삼을 수 없다. 성의정심誠意正心으로 하늘과 사람을 잇는 추뉴로 삼았으니, 그 총명을 인仁이라 하고, 인仁(효제충신)을 실천하는 방법을 서恕라 했다.

7. 의義 · 리利

『논어』에서 의義(20회 내외)와 리利(11회 내외)는 상대적으로 많이 나오지 않는다. 『설문』에서 "'의義'란 자기 자신의 위엄(엄숙 · 장중) 있는 행동거지(己之威儀)이다. 의義의 본뜻은 예용이 각각 그 마땅함을 얻었음을 말하고(謂禮容各得其宜), 예용이 마땅함을 얻으면 선하다(禮容得宜則善矣). 또한 아我와 양羊에서 유래했는데, 위의威儀는 자기로부터 나오기 때문에 아我를 따랐다. 양羊에서 유래한 것은 모두 선善 · 미美와 같은 뜻이다."라고 했다. 그리고 '리利'는 『설문』에서 "'리利'는 가래(銛)를 뜻하며, '도刀(刂)' 자에 따른다. 화和가 있은 다음에 리利가 있는데, 화성和省에 따른다. 『역』「문언전」에 말하기를, 리利란 의義의 조화이다(義之和也)."라고 했다. 『논어』에서 공자는 의義·리利를 도덕의 동기로 정립하면서, 이를 기준으로 군자와 소인을 나누었다. 이는 유교에서 인간을 평가하는 가장 중요한 기준이다.

고주 : 동중서董仲舒는 '인仁이란 인人이며(仁者人也), 의義란 아我이다(義者我也)'라고 했는데, 인仁은 반드시 남에게 미치며(仁必及人), 의義는 반드시 중中에 말미암아 단제斷制한다(義必由中斷制)는 말이다. 마땅함에 부합하는 것이 의가 된다(合宜爲義). 그리고 그 마땅함을 '예법禮法에 마땅함을 얻는 것'이라 했다.('객관적 실재'로서의 義의 독자성을 인정하지 않고, 그 기원에 대한 어떠한 언급도 하지 않으면서, 주로 의로운 일:義事 혹은 의로운 사람:義人으로 대치했다.) 리利란 재리財利(→仁義) 이다 혹은 리利란 옳은 일을 했을 때 마땅히 귀속되는 조화로움이라는 것(利者義之和也)이다.

주자 : 의義는 천리天理의 마땅한 것이고, 리利는 인정이 욕망하는 것이다. 천리의 마땅한 것은 공公이고, 인정이 욕망하는 것은 사私이다. 도모할 것을 도모하고 취할 것을 취하는 것은 의義이다. 교묘한 속임수 같은 그릇된 방법으로 도모하지 말아야 할 것을 도모하고 취하지 말아야 할 것을 취하는 것은 리利이다. 조금이라도 사심이 있어 천리의 당연함을 실천하지 못하는 것도 모두 리利이다.

다산 : 선을 행하고 악을 제거하는 것을 의라고 한다(爲善去惡曰義). 일의 마땅함으로 제어하여 나를 선하게 하는 것이다(制其宜以善我). 맹자는 수오지심을 의의 단서로 삼았으니(羞惡之心 義之端), 의義란 본래 악을 버리고 선을 행하는 것을 말하는 것으로, 마땅히 힘써야 할 일은 악을 버리는 것보다 더 급

한 것이 없다. 군자는 선인이고, 소인은 악인이다. 의란 도심이 지향하는 것
(道心之所嚮)이고(義란 나를 선하게 하는 것이다:義者善我也), 리利란 인심이 추종하
는 것(人心之所趨)이다(利란 칼로 벼를 취하는 것이다:利者刀取禾).

8. 예禮

『논어』 전체에 '예禮' 자는 46장에 걸쳐 70여 회 등장한다. 『시』(9회) · 『서』
(18회)에 비해 예의 원리 · 제도 · 정신 · 내용 · 본질 · 형식 · 문채 및 다른 덕
목과의 관계 등 상대적으로 광범위한 주제와 연관하여 풍부한 함의(禮法, 禮
制, 禮節, 禮義, 禮儀, 『禮』 등)를 지니고 출현한다. 『시』 · 『서』의 예는 주로 왕과
대부의 제사 등과 연관되며, 그 주체는 왕 · 제후 · 대부 등과 같은 일부 귀족
에 한정된 신분적 행위 의례였다. 그 주제는 고대 성왕이 예를 지킨 위용과
예법의 제정과 준수 방법, 천명(덕)과 화복의 관계, 그리고 예의에 대한 찬미
등이었다. 왕과 귀족들은 예법을 통해 정당성을 인정받는 동시에 그 권위를
나타냈다. 그런데 『논어』에는 제사(9회/4장) 및 예제(15회/9장)와 연관하여 예
자가 출현한 비중(13회/46장, 24회/75장)이 많이 축소되었다. 그리고 예의 준
수와 위용에 대한 단순한 묘사가 아니라, 예와 연관된 여러 문제에 대한 이
차적 · 반성적 토론(예의 근본, 知禮者, 예와 여타 덕목과의 관계, 예의 실천과 그 공
효 등)이 다수를 차지한다. 『설문』에서 "예는 이행이다(禮履也). 그러므로 신
을 섬겨 복이 이르도록 하는 것이다(所以事神致福也). 시示와 풍豊에서 유래했
다."고 풀이했다.

고주 : 예란 이행이다(禮者履也), 도를 이행하여 문을 이룬다(履道成文). 예
란 입신의 방법이다(禮者所以立身也). 예는 군신 · 부자의 구별을 바로잡고, 남

녀 · 장유의 서열을 밝혀주는 것이다(禮所以正君臣父子之別 明男女長幼之序). 공손 · 검소 · 장엄 · 경근하기 때문에(以禮者恭儉莊敬), 사람이 예가 있으면 편안하고 예가 없으면 위태롭다(人有禮則安 無禮則危).

주자 : 예란 천리의 절도 · 문식이자 인사의 의식 · 준칙이다(禮者 天理之節文而人事之儀則也). 대개 예의 본체는 비록 엄격하지만, 모두 자연의 이치(自然之理)에서 나왔다. 절節이란 등급等級이다. 문文이란 곧장 자르지 않고 부드럽게 돌아가는 모습이니, 치장을 잘한 것이다. 천하의 마땅히 그래야 하는 이치(當然之理)가 있지만, 다만 이 이치는 형영形影이 없기 때문에, 이러한 예문禮文을 짓고 하나의 천리天理를 그려 사람들이 보게 하고, 규구規矩로써 의거할 수 있도록 하기 때문에, 천리의 절도 · 문식이라고 말한다.

다산 : 예禮란 제례祭禮이니, 시示는 신神이고, 곡曲은 대 그릇(竹器)이고, 두豆는 나무그릇(木器)이니, 신시神示의 곁에 변두籩豆 · 궤조簋俎를 진설한 것이 제례 아닌가? 제례가 예禮란 말의 원뜻이 아닌가? 길례吉禮를 오례五禮의 으뜸으로 삼고, 흉凶 · 빈賓 · 군軍 · 가嘉를 차명하여 예禮라 한 것은 그 승강 · 배읍 · 사양 · 진퇴의 절차가 제례와 동일하기 때문일 뿐이다. 이것으로 미루어보면, 인의예지는 모두 행사로써 이름을 얻었으니, 마음에 있는 이치(在心之理)라고 할 수 없다. 예禮란 본래 어떻게 하여 만들어졌는가? 백성은 욕심을 지니고 있기에 예로써 절제하지 않으면 사치하여 법도를 잃는다. 그러므로 사치함과 검박함의 중용을 권형(權於奢儉之中)하여 예를 만들었다(聖人作).

9. 정명正名

공자는 '정치란 무엇인가?'라는 질문에 "정치란 바로잡음(政正也)이다."라고 간명하게 정의함으로써 정치가 마땅히 발휘해야 할 작용과 추구해야 할 목적(정의구현)을 제시했다. 『설문』에 따르면, "정正은 옳음(是)으로 지止에서 유래하여 '일一'에 머무름이다."라고 말한다. 그런데 '일一'이란 (1) 모든 것의 근원(시발지이자 귀착처)으로 실체·본위이며, (2) 모든 명상名相과 사물·사태가 일치를 이룬 것(명실상부 : 적합 혹은 적중), (3) 우주에서 모든 존재가 각자의 위치와 공능을 균등하게 부여받고 발휘된 결과가 상호 조화와 균형을 이루는 것(공평과 균형) 등을 의미한다. 그리고 지止는 일一과 결합하여(止+一=正) 지나치거나 모자람이 없고(無過·不及), 좌우 어느 한쪽에 치우치지 않는 최중심에 자리하여 '일一'의 가장 이상적인 의미를 포괄·성취하고(最善·最良), '일一'에 도달하지 못한 것(乏:一+之:一로 가고 있음)의 목표 내지 본이 되어(止於至善) 미완성의 것들을 바르게 되도록 한다(格正, 政以正民, 政人治民)는 뜻이다. 그렇다면 "정政이란 정正이다."라는 공자의 정의는 곧 "정치란 (1) 최상·최량의 추구 대상이자 성취 내용을 궁극 목표로 하여, (2) 모든 것의 근원을 대본으로 하여, (3) 중용과 중화의 상태에 도달하고, (4) 균형과 조화를 이룬 최선·최량의 바른 상태에 정위하여(正位), (5) 아직 정正하지 못하는 것(乏=一+之)을 (성인이 만든 예악형정을 수단으로:攵) 정에 이르도록 바로잡는 것(格正)이다."라고 풀이할 수 있다.

고주 : 정政이란 정正이니, 임금이 임금의 도리를 잃지 않는 데서부터 시작하여 자식이 자식의 도리를 잃지 않는 데까지 이르러, 존비와 상하가 질서를 잃지 않은 뒤에야 국가가 바르게 된다. 정명이란 온갖 일의 명칭을 바로잡음(正百事之名)이다. 대체로 일은 (사리에) 순응함으로 이루어지고, 이름은 말로

인해 칭해지니, 이름이 바르지 않으면 말이 순리와 질서에 맞지 않고, 말이 순리와 질서에 맞지 않으면 정사政事가 이루어지지 않는다.

주자 : 정명은 인도의 크나큰 원리(人道之大經)이고 정사의 근본이다. 양시는 "명名이 그 실實에 합당하지 않으면(名不當其實) 말(言)이 순조롭지 않고, 말이 순조롭지 않으면 그 실을 고찰할 수 없어(無以考其實) 일이 이루어지지 않는다."고 했으며, 정자는 "이름과 실제는 서로 필요로 하는 것(名實相須)이다. 한 가지 일이 구차해지면, 그 나머지는 모두 구차해진다."고 했다.

다산 : 정政이란 정正이니, 자기를 바르게 한 이후에 남이 바르게 되는 것이다. 명名이란 부자 · 군신 간의 (身分상) 정해진 이름(定名)이다. 부자 · 군신의 이름이 전도되어 인륜을 상실했다. 살핀다. 명名이란 무엇인가? 선유들은 애매모호하게 지적한 것이 없으니, 공자의 이른바 정명이 무엇인지 어떻게 알 수 있었겠는가? 명名이란 본래 인륜에서 기원한다.

10. 경敬

'경敬'은 갑골문에서 구苟(진실하다)로 썼으나, 금문에는 손에 몽둥이를 든 모습인 복攵(치다) 자가 더해졌다. 구苟는 羊(양)의 머리에 꿇어앉은 사람을 그렸는데, 절대자(정복자) 앞에 꿇어앉아 '진실하고 경건한 마음'으로 복종하여 비는 모습을 나타낸다. 따라서 구苟+복攵(치다)의 회의자로서 경敬은 (1) 정복자에게 꿇어앉아 비는 것(恭敬, 尊敬), (2) 참된 마음으로 절대자를 섬기는 것(敬畏, 敬虔)을 의미했다. '경敬' 자의 초기 형태는 '경驚(敬+馬:놀란 말)'으로, 주체적 대처 능력이 없는 동물적 형태의 본능적 놀람을 의미했다. 그 후 경警(敬+

言:놀라움을 표현함)으로 발전하여 인간이 어떤 사태에 부딪치기 이전에 지식이나 경험에 의거하여 경계警戒·경비警備하는 상태를 의미한다. 종합하면, 경敬이란 본래 정복자(절대자)에 대한 참된 복종(순종) 또는 사태에 대한 본능적 놀라움(驚異感)에서 출발하여 그 놀라운 사태를 대비하는 '주체'의 마음가짐, 그리고 타자(사태)와의 만남에서 자신이 해야 할 도리를 다하기 위한 내적인 마음가짐, 마침내 천명이 부여한 운명을 책임지기 위한 참된 마음가짐(敬以直內) 등으로 내면화된다. 『서경』「소고」의 '경덕敬德'이란 말은 바로 이런 연유에서 형성되었는데, 여기서 경敬이란 덕을 자각·구현함으로써 바름을 지향하는 치자의 내적 마음가짐이라 하겠다. 『논어』의 경敬은 자기를 닦는 근본이며(修己以敬), 또한 예(祭祀)의 근본으로 자기의 행동을 바르게 하여 부모(孝)·인군·윗사람(上)·선배·귀신 등을 섬기는 방법이며, 나아가 정치에서 백성에게 임하거나 사역하고 정사를 처리하는 방법(敬事而信)이 된다.

고주 : '경敬'이란 정치하는 주체(己, 身)의 '경신敬愼·장경莊敬·공경恭敬·근경謹敬 등을 의미한다.(부연할 뿐, 특별한 철학적 의미를 부가하지 않았다.)

주자 : '경敬'이란 마음을 하나로 집중하여 다른 곳으로 가지 않는 것(主一無適·整齊嚴肅·常惺惺·其心收斂不容一物)을 말한다. 대개 이 마음이 (敬으로) 이미 정립되고, 이로 말미암아 격물치지格物致知(『대학』)로써 사물의 이치를 전부 궁구하면 이른바 존덕성尊德性·도문학道問學(『중용』)이며, 이로 말미암아 성의誠意·정심正心으로써 수신修身해 나가면 이른바 '먼저 그 큰 것을 정립하면 작은 것이 빼앗지 못한다.'(『맹자』)는 것이며, 이로 말미암아 제가齊家·치국治國하여 천하에 미루어 나가면 이른바 '수기이안백성修己以安百姓'이며… 경敬이라는 한 글자가 어찌 성학聖學의 시종을 관통하는 요체가 아니겠는가?

다산 : 향하는 대상에게 경계하고 삼가는 것(所嚮警謹)을 경敬이라고 한다 (향하는 대상이 없으면, 敬을 쓸 곳이 없다). 경敬이란 향하는 대상이 있는 것의 명칭이다. 만약 향하는 대상이 없다면, 이는 또한 경敬을 씀이 없는 것이다. 오직 본심을 함양하는 데는 '경으로써 안을 바르게 하는 것'보다 더 좋은 방법은 없다. 그러므로 군자는 초월하여 상제를 대면(對越上帝)하듯이, 주경主敬 공부를 한다. 경이란 사람과 사람이 만나는 인륜 가운데에서, 시종을 생각하고 유폐를 헤아려 예의를 행하는 것이다.

11. 성性

『중용』 및 『맹자』에서 매우 중시된 이 용어는 『논어』 5:12 및 17:2(子曰 性相近 習上遠也性)에서 단 2회 나왔다. 성性이란 심心+생生의 형성자로 우선 사람이 태어나면서 갖는 천성적인 마음(心)을 뜻한다. 나아가 심心이 우리 몸을 주관한다는 점으로 본다면, '성性'이란 우리의 생물학적 몸(生)을 주관하여(心), 인간을 (禽獸와 구별되게) 인간답게 해 주는 가치가 있는 것이다. 『설문』에서도 "사람의 양기陽氣로서 성性은 선善하다. 심心에서 유래하여 생生으로 발음된다."고 했다. 공자가 성性 개념을 제시함으로써 드디어 자연적·생물적 신체의 차원을 넘어서, 그것을 주재하는 도덕적 차원의 인간의 자기정립을 문제시하게 되었다. 이제 인간은 동물과 공유하는 식·색·안일과 같은 신체적 욕망을 추구하는 존재의 차원을 넘어서는 인간의 고유 본성과 그 본성에 따르는 인간의 길과 인문 세계를 추구할 단서를 마련했다.

고주 : 성性은 사람이 하늘로부터 부여받고 태어나서 고요한 것으로 외물外物의 자극을 받기 전에는 사람들의 성性은 모두 서로 비슷하지만, 선악의

습관에 의해 군자·소인으로 멀어진다.

주자 : 성(=氣質之性이 지닌 美·惡)은 처음에는 서로 멀리 않았지만, (선·악에) 습관에 의해 서로 (천양지차로) 멀어진다.

왕양명 : 본성(맹자가 말한 性善)은 서로 같지만(近=同), (剛·柔의 기질이 선·악의) 습관에 의해 서로 멀어진다.

다산 : 현·불초(知·愚)는 성(=本心의 好·惡)의 측면에서 본다면 서로 가까웠지만, 습관(聞見之慣熟)의 측면에서 보면 서로 멀어진다.

12. 군자君子

군자君子라는 용어는 공자에 의해 결정적인 의미 전환을 겪으면서 유교가 추구하는 이상적 인격의 전형으로 정립되었다. 그런데 '군자君子'라는 말은 '인仁'(59절)보다 더 많은 85절에 걸쳐 107회 내외로 나타났다. '군君' 자는 '윤尹'과 '구口' 자로 구성되어 있다. 그리고 '윤尹'(다스리다, 바로잡다, 벼슬이름)은 '곤ㅣ + 차叉'로 구성되어 있는데, '곤ㅣ'은 신장神杖으로 성직자가 손에 잡는 물건을, 그리고 '차叉'는 손을 나타낸다. 따라서 '군君'이란 신장을 손에 든 성직자로서 의례를 행하거나 정사를 맡아보는 사람을 뜻한다. 그리고 '군'이란 글자 의미는 '존귀尊貴'를 뜻하며, 군주가 앉아 있는 모양을 형상화한 글자이다. 독음은 벼슬 이름으로 다스린다는 의미를 지니는 '윤尹' 자에서 비롯되었으며, '구口(입)'으로 명령을 하달하여 백성을 통치한다는 의미에서 윤尹과 구口가 만나서 형성된 회의문자이다. 군자君子 또한 정치적 의미가 부여된

군君의 연장선상에서 생각할 수 있다. 공자 이전 문헌에서 사용된 용례를 보면, 군자는 (君, 人君, 君者, 人主 등과 거의 비슷한 의미로) 최고 통치자인 천자로부터 '정치하는 귀족 계급 일반'을 지칭하는 지위 또는 신분을 나타내다가, 점차 그 군자가 갖추어야 할 덕목을 말하기도 했다. 어쨌든 공자 이전에 '군자'라는 용어는 점차 도덕적 품성을 지칭하는 용어로 사용되기도 했지만, 어느 경우든 지위 혹은 신분의 의미를 다분히 내포하고 있었다. 고주는 군자를 주로 신분적인 의미로(在上之人, 大夫士, 卿大夫) 사용했지만, 주자는 도덕적인 의미로 사용했다(成德之士). 다산은 양자를 종합하여, 본래 신분과 도덕을 함께 지칭하는 것이었지만, 후대에는 주로 도덕적인 의미로 사용되었다고 했다.

주자 : 군자는 덕을 이룬 선비이다(成德之士, 君子成德之名). 덕을 이룬 선비는 체단(體)를 갖추지 않음이 없다. 그런 까닭에 작용(用)이 두루 미치지 않음이 없어 비단 하나의 재주와 하나의 기예에 국한되지 않는다. 군자가 군자인 까닭은 그 인仁 때문이다. 만약 부귀를 탐하고 빈천을 싫어한다면, 이는 스스로 그 인에서 떠나서 군자의 실상이 없는 것이니, 어디에서 그 이름을 이루겠는가?

다산 : 군자는 덕이 있는 이를 지칭한다. (고주의) 정현의 『예기』 「옥조」편의 주에 이르기를 '군자는 대부大夫와 사士이다.'라고 했고, 「소의」편의 주에 '군자는 경卿과 대부大夫이다.'라고 했다. 군자라고 말하는 것은 대군大君의 아들이니, 임금을 천자天子라고 이르는 것과 같다. 옛날에는 오직 덕 있는 자만이 벼슬자리를 얻을 수 있었기 때문에, 후세에는 비록 벼슬자리가 없더라도 모든 덕 있는 자를 군자라 칭했다.

『논어』III

3대 주석과 함께 읽는 논어 II

등록 1994.7.1 제1-1071
1쇄 발행 2020년 4월 30일

지은이 임헌규
펴낸이 박길수
편집장 소경희
편 집 조영준
관 리 위현정
디자인 이주향
펴낸곳 도서출판 모시는사람들
         03147 서울시 종로구 삼일대로 457(경운동 88번지) 수운회관 1207호
전 화 02-735-7173, 02-737-7173 / 팩스 02-730-7173
홈페이지 http://www.mosinsaram.com/

인 쇄 (주)성광인쇄(031-942-4814)
배 본 문화유통북스(031-937-6100)

값은 뒤표지에 있습니다.

ISBN 979-11-88765-79-9   04150
세트 979-11-88765-77-5   04150

이 도서의 국립중앙도서관 출판예정도서목록(CIP)은 서지정보유통지원시스
템 홈페이지(http://seoji.nl.go.kr)와 국가자료공동목록시스템(http://www.
nl.go.kr/kolisnet)에서 이용하실 수 있습니다. (CIP제어번호: CIP2020016143)

이 책은 2016년 대한민국 교육부와 한국연구재단의 지원을 받아 발간
되었음(NRF-2016S1A5B8914400)